한형조

동해안의 바닷가에서 태어나 자랐다. 부산의 경남
고등학교와 서울대학교 철학과를 졸업했다. 불교
로 동양학에 입문하여, 일상에서 구원을 모색하는
유학을 공부했다. 다산의 고전해석학(經學)을 다룬
〈주희에서 정약용으로의 철학적 전환〉으로 한국정
신문화연구원(현 한국학중앙연구원)의 한국학대학원
에서 박사학위를 받았다. 1994년부터 한국학중앙
연구원 교수로 재직하며 그동안 떠풀로 덮인 동아
시아 고전의 옛길을 헤치고, 고전을 통해 삶의 길
을 배우며, 문명의 비평적 전망을 탐색했다. 지병
으로 2024년 7월, 향년 65세에 생을 마감했다.
지은 책으로《왜 동양철학인가》《왜 조선유학인
가》《조선유학의 거장들》《붓다의 치명적 농담》
《허접한 꽃들의 축제》《성학십도, 자기 구원의 가
이드맵》《두 개의 논어》등이 있다.

표지 그림

박서보, 〈묘법描法 Ecriture No.990202〉, 1999, Mixed
media with Korean hanji paper on canvas, 195x130cm,
©박서보재단

디자인 유상현

두 개의 논어

이 책은 2018년 한국학중앙연구원 한국학기초모노그래프 과제로
수행된 연구임(AKSR2018-M04).

두 개의 논어: 철학자 주자와 정치가 다산, 공자의 가르침을 논하다

1판 1쇄 인쇄 2025. 11. 7.
1판 1쇄 발행 2025. 11. 24.

지은이 한형조

발행인 박강휘
편집 태호 | 디자인 유상현 | 마케팅 박유진 | 홍보 강원모
발행처 김영사
등록 1979년 5월 17일(제406-2003-036호)
주소 경기도 파주시 문발로 197(문발동) 우편번호 10881
전화 마케팅부 031)955-3100, 편집부 031)955-3200 | 팩스 031)955-3111

값은 뒤표지에 있습니다.
ISBN 979-11-7332-393-5 93140

홈페이지 www.gimmyoung.com   블로그 blog.naver.com/gybook
인스타그램 instagram.com/gimmyoung 이메일 bestbook@gimmyoung.com

좋은 독자가 좋은 책을 만듭니다.
김영사는 독자 여러분의 의견에 항상 귀 기울이고 있습니다.

한형조 독해

두 개의 논어

철학자 주자와 정치가 다산
공자의 가르침을 논하다

論語

김영사

차례

일러두기

1. 주자의 《논어집주論語集註》와 다산의 《논어고금주論語古今註》는 인용 분량이 상당하여 따로 출처 표기를 하지 않았다. 출처 표기가 있지 않는 인용은 이 두 주석서 중 하나다. 문맥을 읽어 나가면 출처가 어디인지 아실 줄 안다.
2. 이 책은 故 한형조 교수가 작고作故 직전에 완성한 원고를 토대로 제작했다. 고인과 유족의 뜻을 받들어 최대한 원고를 보존하되, 독자의 이해를 돕기 위해 부족한 부분은 한형조 교수의 제자들이 보충했다.
3. 인명이나 지명, 편명 등의 고유명사는 처음 나올 때만 병기했다.
4. 본문에 나오는 《논어》의 장 구분은 주자의 《논어집주》를 기준으로 삼았다.
5. 《논어》에 나오는 사건과 정황의 전체적인 맥락을 이해하기 위해서는 '부록 〈공자세가〉 번역'을 먼저 읽는 것도 도움이 되겠다.

서설

법과 제도가 무너지고 정치가 삶을 핍박한 것은 유교 고전의 의미가 왜곡되었기 때문이다. 그러한 바, 국가 질서의 재건은 고전을 올바로 해석하는 데서 출발한다.

〔臣謹案〕弊法虐政之作 皆由於經旨不明〔臣故曰〕治國之要 莫先於明經也.

(다산, 《경세유표經世遺表》卷10〈지관수제地官修制〉부공제賦貢制)

치마를 걷고 이 강을

'시경詩經'으로 불리는《詩》에는 고대 중국에서 부르던 노래들이 실려 있다. 그 가운데 정鄭나라의 시풍은 남녀 간의 사랑으로 유명하다. 거기〈치마를 걷고(褰裳)〉를 보자. 제목부터 은근한 핑크빛 분위기가 감지되지 않는가? 주자는 "여인이 춘정을 이기지 못해 부른 노래(集云 淫女語其所私)"임을 확인해주었다.

子惠思我　褰裳涉洧
子不我思　豈無他士
그대, 나를 사랑한다면야
치마를 걷고 이 강을 건너리오만
그 사랑이 식었다면

어디 다른 사내가 없으랴

사랑을 갈구하는, 임을 놓치고 싶어 하지 않는 간절함이 절절하다. 배신을 때린다면 칼을 들이댈 기세도 시퍼렇다. 시는 어느 모로 보나, 남녀 간의 정념을 노래하는 듯하다. 그런데 다산은 이 시의 맥락과 배경, 현장에 대해 가히 독자적인 상상력으로 파천황의 해석을 내놓는다.

《여씨춘추呂氏春秋》에 이런 이야기가 실려 있다. 진晉나라가 정鄭나라를 치고자 했다. 숙향叔向을 사신으로 보내, 거기 사람이 있는지를 정탐하게 했다. 정나라(의 정치가) 자산子産이 이런 시를 읊었다. '그대, 나를 사랑한다면야, 치마를 걷고 이 강을 건너리오만, 나를 더 이상 쳐다보지 않는다면, 어디 다른 놈이 없으랴?' 숙향이 돌아와 보고했다. "정나라에 사람이 있습디다. 자산이라고…. 안 되겠던데요. 진秦나라와 형荊나라가 가깝습니다. 시는 (불순한) 생각을 담고 있었습니다. 안 되겠습니다." 그래서 (진은) 정나라 공격을 철회했다.

다산은 이 시가 남녀 사이의 상열지사가 아니라, 전운이 감도는 외교적·군사적 공방이라고 단언한다. 속뜻은 이렇다. "너희(晉)가 우리(鄭)를 치겠다고? 우호를 깨고 도발한다면, 우리는 다른 동맹(秦, 荊)을 구해 대적해야겠지."

이 구절은 김영호 本《시경강의보詩經講義補》의 난외서欄外書에 적혀 있다.《시경강의보》초고를 정리할 때는 이 맥락을 미처 발견(?)하지 못했다가, 나중에 첨부된 것임을 알 수 있다.

다산은 인간의 감정을 토로한 시라는 장르에서조차 '정치가'로서의 시야를 흩뜨리지 않는다. 철학자들은 말한다. "사실은 없다. 다만 해석만이 있다." 여행기에는 풍경보다 여행자에 대해 더 많은 정보를 담고 있다. 다산의 해석을 통해, 우리는 고대의 사실들에 대한 새로운 발견들과 함께, 그 바닥에 깔린 그의 울분과 열망을 만난다.

이웃집 노인이 사마천司馬遷의 《사기史記》를 읽다가 흥분해 연암을 찾아왔다. "묘사가 어찌나 핍진한지 성벽 위에서 항우項羽와 유방劉邦의 전투를 직접 관람하는 것 같더라니까." 연암은 심드렁하게 대꾸한다. "그거야, 부엌에서 숟가락 주웠다는 것처럼 뻔한 이야기…. 내가 《사기》를 읽을 때는 나비를 잡으려다 놓친 어린아이가 떠오릅디다. 사방을 둘러보며 안타까움과 부끄러움에 어쩔 줄 몰라 하는…." 다산의 경학經學에서도 그의 '마음'을 읽는 것이 중요하다.

그러나 좀 너무하지 않은가? 남녀 간의 사랑 이야기를 꼭 정치적으로 해석해야 직성이 풀리는가? 다산은 《논어論語》에 하나 남아 있는 공자의 로맨스 라인도 그냥 두지 않았다.

子見南子 子路不說. 夫子矢之曰: "予所否者 天厭之 天厭之." (〈옹야雍也〉[1] 26장)

공자가 (위 영공의 부인) 남자를 만났다. 자로가 기뻐하지 않았다. 공자가 맹세하며 말했다. "내가 잘못한 일이 있다면, 하늘이 나를 싫어할 것이다. 하늘이 나를

---

1 〈옹야〉는 《논어》의 제6편에 해당한다. 《논어》를 누가 언제 편찬했는지는 분명치 않다. 여러 형태의 《논어》가 있었다고 한다. 지금 그 문제를 분명히 따질 수도 없고, 우리의 논의와 연관도 깊지 않다. 그러나 《노론魯論》이 중심이라는 것에는 이견이 없다. 이 책은 증삼曾參(증자)의 문인들이 주도한 편집이라고 한다. 현행본은 20편으로 그루핑되어 있고, 그 첫 두 글자를 따서 편명을 지었다. 가령 첫 편 〈학이學而〉는 "學而時習之 不亦說乎兒학이시습지 불역열호아"의 첫 두 글자를 따서 지은 것이다.

싫어할 것이야."

고향 노魯나라에서의 정치적 실험이 실패로 끝나고 천하를 주유, 처음 도착한 곳이 위衛나라였다. 국경을 넘어서며 "인구가 많구나"라고 외쳤고, 말의 고삐를 쥔 염구冉求는 "그럼 무엇을 해야 합니까?"라고 물었다. "부유하게 생업을 안정시켜 주어야지." "그런 다음에는요?" "가르쳐야지. 인간다운 삶이 무엇인지를…." 공자는 이곳에서 뜻을 펼 기회를 엿보았고, 오래 머물렀다. 당시 위나라의 제후가 영공靈公이고, 그의 부인이 남자南子다.

사마천의《사기》〈공자세가孔子世家〉에는 공자가 남자와의 대면을 꺼렸다는 이야기가 실려 있다.

공자가 한 달여 만에 다시 위나라로 돌아와 거백옥蘧伯玉의 집에 머물렀다. 남자가 사람을 시켜 공자에게 푸념했다. "사방 군자들이 나를 만나주려 하지 않는군요. 치욕이라 생각하는 모양입니다. 나는 당신과 만나고 싶습니다." 공자는 사양하다가, '마지못해' 어쩔 수 없이 만났다.

月餘 反乎衛 主蘧伯玉家. 靈公夫人有南子者 使人謂孔子曰: "四方之君子不辱欲與寡君爲兄弟者 必見寡小君. 寡小君願見." 孔子辭謝 不得已而見之.

그다음 서술이 묘하다.

부인은 주렴 속에서 흔들리고 있고, 공자는 들어가서 북쪽으로 머리를 조아렸다. 은은한 패옥 소리가 맑게 들렸다. 공자가 말했다. "만나고 싶지 않았는데, 예법이 있어…(이렇게 왔습니다)."

夫人在絺帷中. 孔子入門 北面稽首. 夫人自帷中再拜 環珮玉聲璆
然. 孔子曰: "吾鄕爲弗見 見之禮答焉."

12세기《논어》해석의 권위자, 조선조 500년을 주도한 주자의 의견
도 다르지 않다.

남자는 위나라 영공의 부인이다. 음란한 행실(淫行)이 있어, 만나자는
요청을 공자가 사양했다. (그러나) 부득이하게(글자 그대로, 어쩔 수 없어
서), 만나볼 수밖에 없었다. 왜냐고? 옛 법에는 초빙되거나 벼슬하는 선
비는 제후의 부인을 만나 뵙는 것이 예법이었기 때문이다. (자로는 어쨌
건) 이런 음란한 여자를 만나는 게 스승님께 치욕이라고 생각해서 인상
을 찌푸렸다.

南子 衛靈公之夫人 有淫行. 孔子至衛 南子請見 孔子辭謝 不得已
而見之. 蓋古者仕於其國 有見其小君之禮 而子路以大子見此淫
亂之人爲辱 故不悅.

주자는 "내가 잘못한 일이 있다면(予所否者)"을 "적절한 예법을 지키
지 않고 도리를 무시했다면(否謂不合於禮 不由其道也)"으로 해석했다.
그러면서 성인의 道는 완전하기에 누구를 만나든, 심지어 악인조차
만날 수 있다는 변명을 보탰다. 거기서 무슨 말이 오갔는지에 대해서
주자는 아무런 언급이 없다. 그는 다만 이 만남의 '형식'에 초점을 맞
추고 있음을 알 수 있다.

진실은 어디 있는가? 그게 전부일까? 만남은 다만 의례적이었고,

둘 사이에 장막 속의 로맨스 라인이 아련히 떴다가 사라진 것일까? 다산은 그렇지 않다고 단정한다. 두 사람의 대면은 당시의 역사와 사건과 정황을 배경으로 하고 있다. 사마천이 수많은 기록을 열람하고 천하를 답사했다고 하나, 공자 때로부터 500년 후의 인물임을 감안하자.

위나라는 당시 '문제 국가'였다. 《한비자韓非子》〈세난說難〉 편에 다음과 같은 일화가 전한다.

위 영공은 '미자하彌子瑕'라는 보이 프렌드(男寵)을 두고 있었다. 얼마나 총애(?)했던지 겁이 좀 없었다. 어머니가 아프다는 소리를 듣고 영공의 전용 리무진을 급거 타고 궐 밖의 엄마를 찾아갔다. 영공이 웃으면서 넘겼다. "효자로다. 발뒤꿈치 잘릴(刖刑) 각오를 하고 내 리무진을 징발하다니…" 어느 날 과수원을 거닐다가, 미자하가 먹다 만 복숭아를 영공에게 내밀었다. "맛이 좋습니다." 주변에서 "네 이놈!" 하고 목을 치려 하니 영공이 말렸다. "나를 얼마나 사랑하면 그리했겠느냐?" 나중에 총애가 식고 사이가 뜨자, 영공이 옛일을 떠올렸다. "이런 발칙한 놈이 있나? 감히 내 리무진을 타고, 지가 처먹던 복숭아를 내게 내밀지 않았더냐?"

昔者彌子瑕有寵於衛君. 衛國之法 竊駕君車者罪刖. 彌子瑕母病 人間往夜告彌子 彌子矯駕君車以出. 君聞而賢之 曰: "孝哉! 爲母之故 忘其刖罪." 異日 與君遊於果園 食桃而甘 不盡 以其半啗君. 君曰: "愛我哉! 忘其口味以啗寡人." 及彌子色衰愛弛 得罪於君 君曰: "是固嘗矯駕吾車 又嘗啗我以餘桃."

이 일화의 교훈, 여도지죄餘桃之罪. '판단의 객관성'을 믿지 마라! 불교 강의를 할 때 내가 가끔 이 이야기를 예로 든다.

아마도 남자의 음행은 영공 탓이 크지 않을까 싶다. 한창 뜨거운 나이에 보이 프렌드만 찾는 영공만 쳐다보고 있을 수만은 없지 않으냐? 남자는 송宋나라 출신으로, 결혼 후에도 옛 연인 송조宋朝를 불러 근친의 불륜을 이어가기도 했다. 부부가 다 엉뚱한 곳에서 짝을 찾았던 것. 아, 공자가 송조의 미모를 질투(?)한 적도 있다.

子曰: "不有祝鮀之佞而有宋朝之美 難乎免於今之世矣." 《옹야》 14장)
공자가 말했다. "이 험난한 세상을 건너려면, 제사관 축타祝鮀의 언변을 갖추든가, 아니면 송조 같은 얼짱 몸매를 갖추든가 해야겠지."

큰아들이자 세자인 괴외蒯聵는 어머니 남자를 증오했다. 어느 날, 칼을 들고 뛰어들어 어머니를 죽이려 했다. 그러나 거사는 실패했고, 외국으로 도망칠 수밖에 없었다. 그리고 몇 년 뒤, 영공이 세상을 떠났다. 문제는 '후계'였다. 세자는 타국에 망명해 있고, 남자는 둘째 공자公子 영郢에게 권력을 제의했지만, 공자 영은 사양했다. "그건 제 자리가 아닙니다. 임종 때 아무 말씀도 없지 않았습니까?" 남자는 도리 없이 세자의 아들, 즉 손자인 첩輒에게 제후의 자리를 물려주려 했다.

여기까지는 《좌전左傳》 등을 통해 잘 알려진 사실이다. 다산은 이 배경 위에서 두 사람의 '만남'을 추적해간다. 공자는 왜 남자를 만났을까? 공자는 부자간의 골육상쟁을 우려했다. 그리고 당연, 위나라의 혼란과 고통받을 민생을 우려했다. 다산은 말한다.

공자가 남자를 만난 것은, 괴외를 불러들여 모자 사이의 은의를 온전히 하라고 '권고'하려는 것이었다. 그래서 '내가 (남자를) 만나 조언하지 않았다면(予所否者), 하늘이 나를 싫어했을 것이다'라고 (변명)한 것이다. 대부들이 제후의 부인(小君)을 만난 것은 (특별한 사건이 아니라) 당시의 일반적 의례(恒禮)였다.

曰: "子見南子 欲勸使召蒯以全其母子之恩也. 故曰'予所否者 天厭之'. 若夫大夫之見小君 當時之恒禮也."

공자는 예법상 '마지못해' 그냥 '인사나 하려고' 남자를 만난 것이 아니라는 것. 그랬다면 《논어》에 실리지도 않았을 것이다. 공자는 그야말로 '正名', 이름을 바르게 하는 것이 혼란을 예방할 바른 해법임을 강조했다.

자로가 물었다. "위나라 군주가 스승님께 정치적 조언을 구한다면, 우선 무엇을 강조하시겠습니까?" "명칭을 바로잡는 것이 가장 시급하지." 자로가 말했다. "이것 보라니까요. 이렇게 뭘 모르신다니까. 그게 되겠습니까?" "철없는 자로야! 모르면 입을 다무는 법이다. 만일 명칭이 제자리를 잃으면 논의가 순조롭지 않고, 그럼 적절한 시책이 불가능해진다. 예약이 진작되지 않고, 형벌이 뒤엉킨다. 그렇게 되면 백성들이 어떻게 행동해야 할지 모르게 된다."

子路曰: "衛君待子而爲政 子將奚先?" 子曰: "必也正名乎!" 子路曰: "有是哉. 子之迂也. 奚其正?" 子曰: "野哉 由也! 君子於其所不知 蓋闕如也. 名不正則言不順 言不順則事不成 事不成則禮樂不興 禮樂不興則刑罰不中 刑罰不中則民無所措手足." 〈자로子路〉 3장)

사람들은 이 말을 '사실과 명칭'의 일치라는 철학적 언명으로 읽지만, 다산은 철두철미 관료적 자의식을 가진 사람이라 모든 언설을 정치적 맥락에서 읽어낸다.

세자의 아들이 후계를 잇고 정작 세자는 타국을 떠돈다? 그건 이름이 전도된 것이 아닌가? 이 미스매치는 필연적으로 혼란과 무질서, 분쟁을 초래할 것이다. 여기서 正名이란 구체적으로 '망명한 세자를 모시고 와서 뒤를 잇게 하는 것'을 말한다.

그러나 자로는 '도덕적으로' 어머니에게 칼을 들이댄 자에게 후계를 넘길 수 없고 '현실적으로'도 어머니 남자가 그를 부를 리가 만무하다는 생각에, 공자의 순진한 제안을 코웃음 치고 있다.

아, 그거 사람들이 의아해할 수도 있겠다. "아니, 孝를 지고의 가치로 삼는 유가에서, 그 창시자 공자께서, 어머니를 죽이겠다고 나선 패륜아를 다시 모셔 권력을 이양하라고 권했다는 것이 말이 되는가?" 실제 정통 주자학자들은 도무지 말이 안 된다고 생각했다.

주자학의 '합리적' 해법은 어땠을까?《논어집주論語集注》에서 주자는 호인胡寅의 입을 빌려 다음과 같이 말한다.

호인이 말했다. "위나라 세자 괴외가 어머니 남자의 음란을 부끄러워하여 죽이고자 했으나, 미수에 그치고 망명했다. 영공은 (둘째인) 공자 영을 세우고자 했지만, 사양했다. 영공이 죽고 부인(남자)이 또 권했지만, 사양했다. 그래서 괴외의 아들 첩을 세워 괴외를 막았다. 괴외는 어머니를 죽이려 했고, 아버지에게 죄를 지었기 때문이다. 첩은 온 나라를 방패로 아비를 거절했으니, '아비 없는 사람'이라 하겠다. 그 아비도 나라를 가질 자격이 없다. 공자가 정치를 맡으면 이름을 바로 세운다고 했는데(어떻게 하는 것이냐 하면), 일의 전말을 적어 천자에게 고하고, 여러 제후에게 청해 공자 영을 지목해 후계로 세운다. 이 해법이 인륜에 합당하고, 이성에 적합하다(人倫正 天理得). 그래야 (공자의 말씀처럼) '이름이 바르고, 일이 순조로워진다.' 공자의 이 설득을 자로는 도무지 납득하려 하지 않았다. 그래서 출공出公 첩을 모시다가 결국 난리 통에 죽었다. 그는 녹을 먹으면 재난을 피하지 않는 것이 도의라는 것만 알았지, 출공의 녹을 먹는 것이 잘못이라는 것을 몰랐다."

胡氏曰: "衛世子蒯聵恥其母南子之淫亂 欲殺之不果而出奔. 靈公欲立公子郢 郢辭. 公卒 夫人立之 又辭. 乃立蒯聵之子輒 以拒蒯聵. 夫蒯聵欲殺母 得罪於父 而輒據國以拒父 皆無父之人也 其不可有國也明矣. 夫子爲政 而以正名爲先. 必將具其事之本末 告諸天王 請于方伯 命公子郢而立之. 則人倫正 天理得 名正言順而事成矣. 夫子告之之詳如此 而子路終不喩也. 故事輒不去 卒死其難. 徒知食焉不避其難之爲義 而不知食輒之食爲非義也."

이 해법이 조선조의 정통 노선으로 자리 잡았다. "세자는 패륜이라 실격이고, 그 아들 첩은 멀쩡한 아버지를 제치고 권좌에 오를 수 없다. 오직 흠 없는(?) 공자 영이 유일한 대안이다." 유교의 도덕주의적 강박을 여기서도 확연히 느낄 수 있다.

그런데 다산은 전혀 다른 목소리로, 엉뚱한 주장을 펼친다. 다산은 공자가 도덕가 이전에 정치가라고 말하고 싶어 한다. 공자는 세자의 아들에게 후계가 돌아갈 경우의 혼란과 도탄을 더 걱정했다.《논어고금주論語古今註》에서 다산은 말한다.

그렇게 될 경우, '혼란'은 피할 수 없다. 천자는 승인하지 않을 것이고, 제후들도 비난할 것이라 외교가 길을 잃는다. 대부들은 불만이고 백성들도 손가락질할 것이니, 명령이 먹히지 않고 시행도 효과를 보지 못한다. '이름이 바르지 않으면' 한 가지도 되는 일이 없다.

〔補曰〕事不成者 施爲無所成也. 天子非之 諸侯議之 無以事大而交鄰 大夫心誹 庶人口謗 無以發號而施令 不正名則百事不成.

150년 전의 정치가 관중管仲에 대한 공자의 평가를 보자. 공자는 어떤 사안이든 '보다 큰 가치의 지평'에서 읽을 것을 주문했다. 관중은 주군을 따라 죽지 않고 반대편인 제나라 환공桓公을 위해서 봉사했고, 그 자신이 사치하고 방자했던 것이 사실이다. 그러나 이 작은 흠이 '중화 문명을 야만에서 지키고, 힘을 통해 천하 평화를 이룩한 공적'을 덮을 수 없지 않은가? 이는 나중 맹자가 자신을 관중 따위(?)와 견주는 것조차 불쾌해한 것과는 180도 다른 인식이다. 주자학은 공자의 '정치적 책임'이 아니라 맹자의 '심정적 도덕'에 공감했다.

다산은 권력의 현실적 속성에 주목한다. 다산은 이렇게 말하는 듯하다. "공상의 플래카드를 내세우지 말고 현실의 역사를 보라." 그곳은 도덕적 이상이 먹히지 않고, 가정의 친화를 찾기 힘든 냉혹한 권력의 역동을 보여준다. 그 안에서 무엇이 최선인지를 찾아야 한다.[2]

---

2 경학經學, 즉 고전 해석은 한가한 서재의 작업이 아니다. 해석은 구성원들의 가치를 흔들고 행동을 바꾼다. 고전의 '새로운' 해석은 지금과는 달리, 사회 전체에 심각한 파장을 불러일으킨다. 조선은 유교 사회임을 기억해야 한다. 다산이 경세학經世學 이전에 경학을 말하는 이유가 여기 있다. 가령 조선 후기를 달군 예송禮訟은 권력의 후계와 그 위상을 둘러싼 정치 논쟁임을 익히 알고 있을 것이다. 변호와 비판의 도구는 바로 고전이었다. 이처럼 경학은 정치적 현장, 사회적

당연히 여기서 제자인 자로와 의견이 갈렸다. 자로는 건달 출신답게 무인형의 과감함과 타협 없는 원칙을 고집했다. 공자는 정치적 안정을 위해 괴외를 후계로 받아들이라고 충고했고, 자로는 어머니 목에 칼을 들이댄 패륜아에게 권력을 줄 수 없다고 맞섰다. 자로가 공자의 방문을 싫어한 이유가 여기 있다.

요컨대, 이 구절은 공자의 변명이 아니라 확신이다! 그렇다면 위 《논어》는 전혀 다르게 번역된다. "予所否者여소비자"를 보자. 맨 처음 나는 통념에 따라 ① "내가 잘못한 일이 있다면"이라 풀었지만, 다산은 ② "내가 그렇게 하지 않았다면"으로 해석했다. 그러면 전체는 이렇게 번역된다.

"내 그렇게 (남자를 만나 적극적으로 조언)하지 않았다면, 하늘이 나를 싫어할 것이다. 하늘이 나를 싫어할 것이야."

남자가 공자의 충고(?)를 들었을 리 없다! 그예, 아들을 제치고 손자인 첩을 후계로 세웠다. 이가 출공이다. 정정政情은 불안했고, 이윽고 세자 괴외가 세력을 모아 위나라로 쳐들어왔다. 괴외가 성루를 점령, 싸움이 결판났는데도 자로는 이 속으로 당당히 걸어 들어가, 잘못을 꾸짖다가 목숨을 잃는다. 갓끈이 끊어지자 자로는 다시 갓을 고쳐 잡으며, "선비가 의관을 흐뜨리며 죽을 수는 없다"라고 외쳤다. 이 부분도 사서史書에 분명하다. 위나라에 정변이 일어났다는 소리를 듣고,

---

교환의 중심 원리를 뒤흔든다. 다산의 '해석'이 정당한 것으로 설득되고 용인된다면, 왕의 권력과 책임에 대한 통념과는 다른 인식이 유포되었을 수도 있다.

공자는 멀리서 탄식했다. "아, 자로가 죽는구나!"

《논어》에서 하나뿐(?)인 로맨스를 지워버린 것은 혹, 다산의 지나친 정치적 촉수, 그 결과가 아닐까? 다산은 그렇지 않다고 손을 내젓는다. 다산은 자신의 해석이 자의적 상상력이나 '희망이 현실을 도배'한 것이 아님을 극구 강조한다. "나는 사실을 추적하는 사람이다. 위의 해석은 공자와 《논어》를 치밀하게 고고考古한 결과인바, 즉 소설이 아니라 역사다."

남쪽 끝에 내던져진 유배객

1801년 가을, 서울로 압송될 당시, 다산은 그만 죽고 싶었는지도 모른다.

　秋風吹白雲　碧落無纖翳
　忽念此身輕　飄然思出世 《흰 구름(白雲)》
　가을바람, 흰 구름을 날려
　푸른 하늘, 티 한 점 없네
　이 몸, 가볍게 그만
　세상 밖에 서 있을 수 없을까?

가슴을 옥죄는 불안 속에서, 그는 꿈에서 둔괘屯卦 하나를 얻는다.

　夢得屯之復　聊題一詩.[3]

둔괘는 곤란 속을 헤쳐 나오는 '소생'의 괘다. 잠을 깬 새벽, 그는 아마도 가슴을 쓸어내렸을지 모른다.

다시금 심문이 이어졌지만, 황사영의 백서帛書[4]와 연루된 흔적이 없었다.

1801년 가을, 역적 황사영이 체포되었다. 惡人 홍희운과 이기경 등이 나를 죽이겠다고 모의했다. 온갖 계책을 짜내 조정의 허락을 받아냈다. 나와 형이 다시 붙들려 심문을 받았다. 내통한 흔적이 없어 옥사가 성립되지 않았다. 태비太妣(정순왕후)의 처분으로 나는 강진, 형은 흑산도로 유배되었다.

秋逆賊黃嗣永就捕 惡人洪羲運李基慶等謀殺鏞 百計得朝旨 鏞與銓又被逮按事 無與知狀 獄又不成. 蒙太妣酌處 鏞配康津縣 銓配黑山島. (다산, 〈자찬묘지명自撰墓誌銘〉)

나주의 율정 삼거리에서 형과 이별하는 장면은 지금도 눈물을 적시게 한다. 홀로 강진에 도착한 불청객은 서러웠다.

北風吹我如飛雪　南抵康津賣飯家 (〈나그네신세타령(客中書懷)〉)

3　그의 시집에는 〈흰 구름(白雲)〉에 이어서, 〈둔이 복으로 변한 점괘의 꿈을 꾸고 이렇게 한 수 읊다(夢得屯之復 聊題一詩)〉라는 시가 실려 있다.

4　1801년, 황사영은 충청북도 제천에 있는 토굴에서 조선 정부의 천주교 박해 사실을 자세히 기록하고, 신앙의 자유와 교회의 재건 방안을 호소하는 글을 썼다. 그리고 그 백서를 중국에 가는 황심, 옥천희 등을 통해 구베아A. Gouvea(탕사선湯士選) 주교에게 전달하려고 했으나 중도에 발각되어, 황사영은 역모를 꾀한 대역 죄인이 되어 27세에 극형에 처해졌다.

흩날리는 눈처럼 북풍이 나를 휩쓸어

남쪽 강진땅, 밥 파는 주막에 내동댕이쳤네

다들 죄인을 꺼려 문을 닫았고, 아이들은 구경하다가 담장을 부수었다. 밥 파는 주막 노파의 호의로 겨우 몸을 붙일 수 있었다. 지금 그곳으로 추정되는 자리에, '사의재四宜齋'라는 이름의 초가가 하나 복원되어 있다.

다산은 비로소 긴 한숨을 몰아쉬었다. 더 이상의 추국은 없을 것이고, 이제 목숨을 걱정하지 않아도 되지 않을까?

나는 바닷가에 유배되었다. 어렸을 때의 꿈을 떠올렸다. 20년간 정치와 관료의 삶에 매몰되어, 先王의 大道가 있다는 것을 까마득히 잊고 있었다. '이제야말로 (학문의) 여가를 얻었다' 하고 스스로 축하했다.
鏞旣謫海上 念幼年志學 二十年沈淪世路 不復知先王大道 今得暇矣 遂欣然自慶. (같은 곳)

경상도 끝 장기에서 강진으로 유배지가 옮겨진 것은 다행이었다. 시퍼런 동해의 물결은 얕고 잔잔한 남한강에 익숙한 그를 압도했고, 무엇보다 짠 바닷바람과 생선이 입에 맞지 않았다. 그는 강진의 야트막한 바다에서 편안함을 느꼈다. 무엇보다 외가가 가깝고 장서藏書를 이용하기 좋았다.

왜 경학인가?

다산의 목표는, 자신이 토로한 대로 '先王의 大道'를 밝히는 데 있었다. 그의 다양한 저술은 유교 문명의 체제를 확인하고, 그 시스템으로 조선 후기를 개혁하려는 방책들로 가득하다. 부문은 둘이다. 하나는 '국가 경영의 방책(經世)'이고, 다른 하나는 '고전의 새로운 해석(經學)'이다. 경세經世 3부작은 누구나 들어 익숙할 것이다.

경세란 무엇인가? 관료·지방 행정·토지·부세·공역·창고·군제·과거제·바다와 상업의 세금·군수·해양·국가 경영 등에 관한 제도다. 시대가 용납할까는 차치하고, 근본 원리를 세우고 펼쳐 내 나라를 새롭게 하고자 한다.

經世者 何也? 官制·郡縣之制·田制·賦役·貢市·倉儲·軍制·科制·海稅·商稅·馬政·船法·營國之制 不拘時用 立經陳紀 思以新我之舊邦也. (같은 곳)

①《목민심서牧民心書》는 지방 행정의 매뉴얼이고, ②《흠흠신서欽欽新書》는 이를테면, '인간의 얼굴을 한' 사법과 형 집행이며, ③《경세유표經世遺表》에는 효율적인 정부 조직과 정책 구상이 담겨 있다.

다산의 업적은 여기서 그치지 않는다. 오래된 유교 고전의 해석에 몰두한 것이다.

육경사서六經四書를 집어들고, 깊이 숙고·성찰했다. 중국 고대 한위에서 명청 대에 이르기까지 수많은 유학자의 창의를 두루 수집하고 널리 비교·고찰해서, 오류를 바로잡고 적절한 것을 골라 일가의 논의를 구축했다.

取六經四書 沈潛究索 凡漢魏以來 下逮明淸 其儒說之有補經典者 廣蒐博考以定訛謬 著其取舍 用備一家之言. (같은 곳)

그런데 다산은 왜 이 한가해 보이는 작업에 매달렸을까? 심지어 이 작업이 경세의 실용보다 더 근본적이고 중요하다고까지 자부했을까?

육경사서로 수기修己, 즉 나를 닦고, 일표이서一表二書로 천하와 국가를 위한다. 이로써 본말을 갖추었다. 그럼에도 아는 자는 적고 비난은 무성하니, 天命이 허락하지 않는다면 그만 불구덩이에 던져 넣어도 그만이다.

六經四書 以之修己 一表二書 以之爲天下國家 所以備本末也. 然知者旣寡 嗔者以衆 若天命不允 雖一炬以焚之可也. (같은 곳)

다산의 경학은 그가 꿈꾼 새로운 문명의 정신적 기초를 담고 있다. 지금부터 그 현장으로 투어를 떠나보고자 한다. 아마도 독자에게는 처음 보는 낯선 풍경일 것이다.

명상에서 정치로

조선에서 경전은 단순한 고전을 넘어, 일종의 헌법적 기능을 했다. 한 사회의 가치와 습속, 문화와 태도를 때로 혁명적으로 바꾸는 도구였다. 실제 주자학이 행사한 역할을 보면, 그 위력과 의미를 짐작할 수 있다. 다산의 경학 또한 그런 원대하고 근본적인 목표를 갖고 있었다. 그의 《고금주》가 주자 《집주》의 권위를 대신했다면, 일상과 정치에서 어떤 변화가 일어났을까?

두 사람의 고전 해석을 추적하는 것은 신나는 모험이다. 장면 하나하나마다 드라마틱한 대치가 손에 땀을 쥐게 만든다.

일이관지─以貫之, 그 파편들을 관류하는 중심이 있고, 보이지 않는 체계가 있다. 그것을 나는 한마디로, 아리스토텔레스의 입을 빌려 '명상(contemplativa)에서 행동(activa)으로'라는 캐치프레이즈로 정식화할 수 있지 않을까 한다.

주자학은 '자기의 발견'에서 시작한다. 사람들은 무엇을 할까를 고민하지만, 주자는 자신이 누구인지 모르면 자기를 구원할 수 없다고 생각했다. 자기 존재의 핵심은 불교의 불성처럼 우주적 동력이며, 그것은 근본적으로 선하다. 꽃이 피고 동물이 달리는 힘처럼, 인간도 선한 격정과 의지를 발현한다고 생각한다. 여기서 아마도 독자들은 납득하기 어렵다는 표정으로 고개를 갸우뚱할 듯하다.

인간의 악은 무지와 잘못된 습관에서 온다. 자신의 본성을 자각하고 잘못된 습관을 교정해 나간다면, 본래의 '본성'을 회복하고 건전한 사회인으로 살 수 있을 것이다. 교육과 정치는 이 목적을 위한 장치다. 각성한 현자는 가족과 이웃, 그리고 온 천하를 일깨워 자신의 본성을 되찾도록 도와주는 사람이다.

여기서 악은 우연적이고 빛의 결여일 뿐이다. 또한 악이란 일종의 결핍 혹은 소외다. 요컨대 악은 불건전의 다른 이름이다. 주자학의 기획은 이처럼 소외된 인간을 본래의 자신으로, 병든 심신을 고쳐 건강한 인간으로 살게 하려는 치유의 기술로 집약된다.

이 기획의 몇 가지 특징이 눈에 띌 것이다. 자연은 선하고, 사실 전부다. 인간의 도덕적 특질 또한 자연의 선물이다. "나는 모든 德(仁)을 갖추고 있다." 그러므로 어폐가 있겠지만, 따로 윤리학이 요청되지 않는다. 모든 것은 자기 속에 예비되어 있기 때문이다.

자기를 발견할 때, 선은 자신을 드러낼 것이다. 소크라테스처럼 "유일한 악덕은 무지"라고 주자는 말한다. 그러고 보니 주자학은 스피노자의 철학을 닮았다. 자연은 완전하고, 본성은 선하다. 그리고 지식이 길을 밝히는바, 의지의 선택은 적극적인 의미를 갖지 않는다.

그리하여 주자학은 '자기 발견'에 올인한다. "나는 누구인가?" 자기 존재의 본성은 유전적 제약, 이기적 관심, 나르시스적 자기기만과 감정 편향 등으로 덮여 있다. 이 장애를 뚫고 자신과 만나기 위한 오랜 적공積功이 필요하다.

인간의 마음 또한 여기 '현재'에 있지 않고, 늘 집을 나간다. 자기 망각이 삶의 현실이 되어버렸다. 주자학은 주시의 명성을 통해 '집 나간 마음'을 찾아오고, '굽은 손가락처럼' 병든 정신을 교정하고자 노력한다. 내가 이 체계를 '명상'으로 정위하는 이유다.

이 노력이 힘을 얻어 마음의 장애가 치유되고 은폐의 덮개가 헐거워지면, 그때 그는 자신과 대면할 것이고, 그렇게 자유로워진 '본성'이 외적 환경과 특정한 계기의 촉발에 따라 자신을 '자연스럽게' 발현할 것이다. 도덕은 거기서 완성된다. 주자학은 그런 점에서 도덕의 영역을 따로 설정하지 않고, 자연성의 회복으로 이해한다. 가령 화담 서경덕은 이런 표현을 쓴다. "어버이에게 효도하고 형을 공경하는 것은, 배가 고프면 밥을 먹고 피곤하면 쉬는 것과 같다."

자기 속에 잠자던 힘과 빛은 자연히 외부로 표출된다. 가정 내부의 화목뿐만 아니다. 사회적 교제에서, 공무를 처리하는 현장에서, 그가 만일 오래된 정신의 장애에서 자유롭다면 모든 상황에서 자연스럽게 반응할 것이다. 타인의 소리에 귀를 기울이고, 전체의 이익을 고려할 것이다.

살아 있는 모든 것은 반응한다! 인간의 '본성' 또한 고착이나 차단이 아니라 반응하고 교감하는 것이기 때문이다. 나머지는 범위의 문제다. 작은 사업을 할 수도 있고, 직장에 몸담을 수도 있다. 미관말직도 있겠고, 대국의 리더십을 행사할 수도 있다. 역할은 달라도 원리는 하나다. 이렇게 교육을 통해 자각된 개인들이 공적 광장에서 백성이나 시민으로 참여할 때, 덕성의 공동체가 만들어질 것이고 꿈꾸던 사회적 질서가 구현될 것이다. 이것이 주자학의 구상 개략이다.

다산은 이 '발견'의 기획이 도무지 마음에 들지 않았다. 이 순진한 기획은 철학자의 이상향이지, 현실 정치를 고려한 해법이 아니라고 판단한 것이다. 다산의 시대는 근본적인 변혁의 '인위적' 설계가 필요한 때였다. 그 자신의 개인적 불행도 여기 깊은 상흔을 남겼을 것이다.

안정된 세상에는 주자의 기획이 유효할지 모른다. 주자학이 '보수적' 성격을 띠는 것은 그 때문이다. 그러나 다산은 '혁신'을 꿈꾼다. 정조가 때 이르게 죽고 운명이 그를 좌절시켰을 때, 그는 광야에서 예언자의 목소리를 발하기 시작한다. 세상의 불의와 혼돈에 대한 질타는 이전의 유학자들과는 전혀 다르다. 1803년 강진 유배 후 2년쯤 지나 쓴 그의 시를 소개한다.

蘆田少婦哭聲長　哭向縣門號穹蒼

夫征不復尚可有　自古未聞男絶陽

舅喪已縞兒未燥　三代名簽在軍保

薄言往愬虎守閽　里正咆哮牛去皁

磨刀入房血滿席　自恨生兒遭窘厄

…

豪家終歲奏管絃　粒米寸帛無所捐

均吾赤子何厚薄　客窓重誦鳲鳩篇 《(강진에서 삼킨 눈물(哀絶陽)》)

갈밭 마을 어린 아낙, 통곡 소리 질펀하다

관아에 대고 울부짖는 소리, 하늘까지 울리네

전쟁터에 보낸 남편들, 더러 못 돌아온 안타까움은 있었지만

내 아직 남자가 자신의 성기를 잘랐다는 소리는 들어보지 못했다

시아버지 3년상 치른 지 오래고, 갓난 새끼 아직 배냇물도 안 말랐는데

3대의 이름이 몽땅 군적에 올라 있네

살펴 달라 읍소해도 범 같은 문지기가 가로막고

집달리 성질부리며 내 소 끌고 가버렸네

칼 갈아 방에 들어가더니, 피가 온 자리에 그득하네

"내가 이 물건 때문에 이런 곤욕을 당하지!"

…

부유하고 권세 있는 집은 해마다 풍악과 잔치를 벌이면서

한 톨 곡식, 베 한 조각도 내놓지 않는다네

이 땅의 백성 모두 같은 자식인데 이렇게 달리 대접할 수 있는가?

객창에 하릴없이 앉아 《시경》의) 〈시구鳲鳩〉 편을 다시 읽는다

이 시를 지은 경위에 대해 다산은 이렇게 적어두었다.

이 시는 가경嘉慶 계해년(1803) 가을, 내가 강진에 있을 때 지었다. 갈
밭에 사는 한 백성이 아이를 낳은 지 사흘 만에 군적에 등록되고, 관리
가 소를 빼앗아 갔다. 그 백성이 칼을 뽑아 자기의 생식기를 스스로 자
르면서, "내가 이것 때문에 곤액을 당했다"라고 말했다. 그 아내가 잘린
뿌리를 가지고 관가에 가니, 그때까지 피가 뚝뚝 떨어졌다. 아내가 울
며 호소했지만, 문지기가 막아버렸다. 내가 듣고서 이 시를 지었다.
此嘉慶癸亥秋 余在康津作也. 時蘆田民 有兒生三日入於軍保 里
正奪牛 民拔刀自割其陽莖曰: "我以此物之故 受此困厄." 其妻持
其莖 詣官門 血猶淋淋 且哭且訴 閽者拒之 余聞而作此詩. (다산,
《목민심서》)

이 현실 앞에서 다산은 한가한 철학자일 수 없었다. 그는 예언자의 목
소리를 내기 시작한다.

弱齡思學聖　中歲漸希賢
老去甘愚下　憂來不得眠
…
一顆夜光珠　偶載賈胡舶
中洋遇風沈　萬古光不白
脣焦口旣乾　舌敝喉亦嗄
無人解余意　駸駸天欲夜
醉登北山哭　哭聲干蒼穹

傍人不解意　謂我悲身窮

酗詬千夫裏　端然一士莊

千夫萬手指　謂此一夫狂 (《슬픔이 온다(憂來)》12장)

어릴 적에는 '성자聖者'를 꿈꾸었고

어른이 되고는 '현자賢者'를 바랐지

늙고 보니, 그저 어리석은 노인네일 뿐이라

그 자책에 잠 못 든다네

…

한 알 야광주를

잘못 오랑캐 배에 실었다가(西學)

풍랑을 만나 그만 침몰

영원히 그 빛을 다시 보지 못하네

입술은 타고, 입은 말라

혀는 갈라지고, 목은 껵껵

아무도 내 마음 알아주는 이 없고

점점 어둠은 깊어지네

취해 북산(강진의 지명)에 올라 울부짖으니

곡소리 하늘 끝을 치고 올라

옆 사람은 내 마음 알 리 없어

그저 궁박한 신세를 한탄하는 줄 알아

취해 떠드는 수많은 사람 속에

꼿꼿이 단정한 선비 한 사람

그를 온 사람이 손가락질하네

"이거, 순 미친놈 아냐?

다산의 시 가운데 이처럼 '격한' 작품은 예외적이다. 시대에 대한 울분과 유배된 자신의 운명이 한자리에 녹아 있다. 그는 자신을 '울부짖는 자'로, 남들이 손가락질하는 '미친 사내'로 묘사한다. 다산의 절규는 타락한 도시를 질타하는 구약의 예언자 이사야의 목소리를 닮았다.

신실하던 성읍이 어찌하여 창기가 되었는고? 공평이 거기 충만하였고 의리가 그 가운데 거하였더니, 이제는 살인자들뿐이로다. 네 은은 찌끼가 되었고, 너의 포도주에는 물이 섞였도다. 네 방백들은 패역하여 도적과 짝하고, 다 뇌물을 사랑하며, 사례물을 구하고, 고아를 위하여 신원치 아니하며, 과부의 송사를 수리치 아니하는도다. (《성경전서 개역한글판》)

여기 '예언자'라는 말에 유의해야 한다. 한자 낱자대로 '앞날을(豫) 알아맞히는(言)' 점술가나 관상가를 가리키는 말이 아니다. 예언자는 누구보다 아프게 인간의 타락에 분노하고 진리, 즉 인간의 형상에 대한 통찰을 선취한 자다.

다산은 이들을 위해 '계몽'을 시작한다. 다산은 오래된 고전에 담긴, 인간의 구원과 문명의 질서에 관한 자신의 통찰을 확신했다. 그 청사진이 후대의 무관심과 왜곡된 해석들로 인해 어둠 속에 묻혀 있다. 그래서 경학이라 불리는 고전에 대한 새로운 해석이 절실하다.

유교는 仁을 최고의 목표로 한다. 개인의 품성과 사회적 질서가 이 仁을 구현할 수 있다면 최상의 삶이 가능할 것이다. 그런데 대체 仁이란 무엇인가? 여기서 주자와 다산의 길이 갈라진다.

12세기 주자는 이 仁을 자기 내부에서 '명상'을 통해 발견하라고 권하는 데 비해, 다산은 이 덕성이 내부에 있지 않으며 사회적 공간에서 행동의 선택을 통해 힘겹게 축적되는 외재적 덕성임을 역설한다. 여기가 기초다. 그동안 유교의 최고 가치를 오해함으로써 유교의 기획이 어그러졌다고 그는 탄식한다.

다산은 德이 '발견'되는 것이 아니라고 생각한다. 내부에 존재하지 않기 때문이다. 그에 의하면 德이란 외부 활동을 통해서 '축적accumulation'되고 '성장growth'하는 것이었다.[5]

주자와 달리 다산은 四書를 사회적 관계 속의 인간, 거기에서 작동하는 양심과 욕구의 충돌, 그리고 그 전투를 감시하고 격려하는 신의 목소리라는 틀 속에서 읽는다. 이 사유의 대전환에 있어 그가 젊은 시절 몰두한 바 있는 서학西學이 깊은 영향을 끼쳤다.

다산은 아리스토텔레스가 말한 "인간은 정치적 동물이다"라는 명제 위에 두 발을 딛고 서 있다. 이 토대 위에 요순堯舜 이래 3대를 통해 다듬어진 '先王의 大道'가 자리 잡고 있다. 그런데 수자학이 불교의 명상 위에 '새로운 유학(Neo-Confucinism)'을 정초함으로써 이 오래된 원리가 흙속에 묻혀버렸다. 다산은 이 '잊힌 기억'을, 즉 오래된 유교의 정치학을 복원하고 싶어 한다.

---

5 백영선 교수는 자신의 "Fate and the Good Life: Zhu Xi and Jeong Yagyong's Discourse on Ming"(*Dao: A Journal of Comparative Philosophy* 14-2, 2015)에서, 아이반호P. J. Ivanhoe가 주자학을 '회복(recovery)' 모델로, 맹자를 '발전(developmental)' 모델로 구분한 것(Confucian Moral Self-Cultivation)을 소개하고 있다. 이어 백 교수는 말한다. "다산의 모델은 맹자의 '발전'에 가까워 보인다. 그러나 좀 더 면밀히 보면, 맹자가 인간성의 선한 경향의 발전을 말하는 데 비해, 다산은 선한 행동의 실천을 강조하는 점에서 다산의 모델을 '성취(achievement)'로 부를 수 있을 것이다." 이 구분은 섬세하고 정곡을 찔렀다.

사서삼경四書三經은 유교 정치학의 교과서였다. 주자가 이들 경전을 명상의 토대 위에서 자기 내적으로 구축한 것을, 다산은 사회적 행동 속으로 복원해 나갔다.

가령 핵심 경전인 《대학大學》을 보자. 다산은 3강령의 첫 明明德이, 주자가 정초한 대로 '자기 내적 영혼의 빛'이 아니라 '사회적 덕목'임을 역설한다. 德이란 글자의 형태에서 보듯 '行'과 연관된 말임에 주목하면, 明德이란 구체적으로 가정 내의 대타적對他的 덕목인 孝悌慈다. 이것이 가정의 화목을 가져오고, 나아가 사회적 기여로 확산될 것이다.

다산은 또 8조목에서 격물格物과 치지致知를 배제했다. 주자학은 '지적 탐구를 통한 이해'를 최전선에 내세웠다. "무엇이 옳은지를 모르면, 올바른 행동이 불가능하다. 경건한 자세로 지식 탐구에 몰두하는 것이 인간학적 과제의 중심에 있다." 탐구는 전방위에 걸쳐 있다. 인간의 역사와 사회뿐만 아니라, 개미의 생활에서 산꼭대기의 화석, 그리고 우주의 기원과 발생까지 통달하기를 촉구했다.

상황을 이해하고 자신을 성찰하는 것 외에, 당연히 독서를 통한 학습이 이 과제의 중심에 놓여 있다. 경전이 시공간을 넘어 지침이 되고, 그것을 해석한 주자학자들의 저작을 학습하는 것이 선비들의 일과가 되었다. 새로운 상황, 변화하는 환경에 맞추어 새 길을 모색하는 돌파와 변통이 위축될 수밖에 없었다.

다산은 구체적 지평의 행동을 위해 격물과 치지의 무게를 덜어내 버렸다. 격물치지란 다만 "모든 것이 자신으로부터 시작한다"는 유교적 전제를 강조한 것일 뿐이라는 것. 구체적 요목으로는 다만 6개가 남는다.

포인트는 수신修身, 제가齊家, 치국治國, 평천하平天下의 '인간관계'와 '사회적 행위'로 집약된다. 성의誠意와 정심正心은 이들 관계에서 최선을 추구하는 마음가짐일 뿐이다. 그동안은 어떠했던가? 성의와 정심은 심학心學의 중추로서 정신의 통제와 자기 발견을 위한 노력으로 특필되지 않았던가? 다산은 주자학이 불교로부터 근본적인 영향을 받았으며, 이 때문에 조선의 선비들 또한 심질心疾, 즉 정신적 파탄으로 고통받게 되었다고 안타까워했다.

> 불교는 治心을 事業으로 하고, 우리 유가는 事業으로 治心한다.
> 佛氏治心之法 以治心爲事業 而吾家治心之法 以事業爲治心. (다산,《대학공의大學公議》)

> 관계의 현장을 떠나 마음을 다스리려고 하면, 막연한 지경에서 허우적거림을 면할 수 없으니, 좌선의 병통에 빠질 수밖에 없다. 선배들이 心學을 하다가 초년에 마음의 병에 걸렸다고 많이 고백하지 않더냐?
> 若不據人倫 單取此意求所以誠之 單取此心求所以正之 則滉漾恍惚 沒摸沒捉 其不歸於坐禪之病者鮮矣. 尙何至善之可得哉! 先輩治心學 初年多得心疾 此先輩之所自言也. (같은 곳)

다산은 자기 내적으로 향하는 빛을 자기 밖으로, 타자와 사회적 공간으로 돌릴 것을 극구 촉구하고 있다.

인간은 시시각각 도덕적 결단에 직면하며, 그때 육신의 유혹에 맞서 도덕적 행동을 의지로 선택하면서 인간의 덕성이 힘겹게 구축된다. 그 선택을 지원하고 감시하는 존재가 없다면, 인간은 이 고통을 감내하지 못할지도 모른다. 그래서 초월적 존재, 天이 그의 사유의 토대로 자리 잡게 되었다.

다산은《맹자孟子》에서 말하는 性善의 근거인 天 또한 그 지평에서 읽는다.《중용中庸》은 이 존재의 의미와 위상을 본격적으로 다룬 책이다.

주자의 자연주의는《중용》을 버거워했다. 그래서 四書 가운데 '신비적'인 책으로, 맨 나중으로 밀쳐 두었다. 다산은 이 책의 독해를 초기 가톨릭의 선구자이자 큰형수의 동생인 이벽에게서 들었다.

정조는《중용》에 관한 질문을 받고 제출한 다산의 답안지를 보고 놀라 감탄했다. 다들 판에 박힌 주자의 해석을 앵무새처럼 외는 그 답답한 와중에, 새로운 해석의 실마리로 천고의 난제를 풀어나가는 젊은 학자에게 큰 충격을 받은 것이다. 다산과 정조의 케미는 다들 정치적 동지로 읽지만, 나는 두 사람이 시쳇말로 '같은 과'였기 때문이라고 생각한다. '가히 더불어 학문을 논할 동지'였던 것이다. 다산이 가톨릭에 깊이 빠진 까닭도 '새로운 종교'라기보다 자신의 표현대로 '유교의 보완'으로 읽었다고 볼 수 있지 않을까?

다산의 파격과 전복은 더 근본적이다. 다산은 이 '四書' 체계 이전에 '六經'이 있다고 말한다. 四書는 '공자 이후'의 책들 아닌가? '先王의 大道'는 공자 이전에 있었다! 공자가 자신의 역할을 '述而不作술이부작'이라 정위했던 것을 기억하자. "나는 창작자가 아니라 옛 기억을 보존하고, 전승하는 사람이다."

공자가 '기억하고자 했던 것'이 바로 五經이다. 다산은 주자가 새로 정착시킨 四書의 개인과 명상을 넘어, '先王의 大道'라 불리는, 유교의 잊힌 '문명'을 복구하고자 한다. 그것이 그의 경세학의 준거 혹은 토대가 될 것이었다.

유교 문명은 '요순'이라는 상징에 담겨 있다. 이들의 행적과 정치의 식을 담고 있는 책이 《서경書經》이다.

예를 하나 들어보자. 《논어》에는 "순舜은 무위無爲로 다스렸다. 그는 조용히 남면南面했을 뿐이다"라는 공자의 찬탄이 실려 있다. 주자는 이를 액면 그대로 읽는다. 이에 따라 조선도 성인聖人의 '모범'과 '감화'의 정치를 이념으로 설정했다. 그러나 다산은 갈등과 이해관계의 충돌을 겸양이나 양보로 해소하려는 순진한 낙관주의를 경계하고 정치학자의 목소리를 발하기 시작한다. 그는 《고금주》에서 이렇게 말했다.

지금 정치를 논하는 자들이 하나같이, "전하께서는 뭘 어찌해보겠다고 굳이 나서서 일 만들지 마시고 조용히 계시는 게 잘하는 것입니다" 하고 떠드는 바람에, 온갖 제도와 법도, 기강이 무너져 내리고 부스러져도, 세우고 바로잡을 줄 모른다. 이러다간 10년이 안 가 천하가 썩어 문드러질 것이다. 화난禍難이 잇따라 일어나고 몰락의 징후가 점점 깊어가는데도 사태의 심각성을 전혀 깨닫지 못하고 있으니, 이것은 그 알량한 無爲의 설이 망쳐놓은 결과다.
今人論治道者 率皆導人主端拱玄默 無所猷爲 百度頹墮而莫之整理 萬機叢脞而莫之搜撥 不十年而天下腐矣. 禍難相承 凋瘵不振而卒莫之開悟 皆無爲之說 有以誤之也.

그는 《서경》에서 요순 정치의 실제를 고증해 나간다. 그는 자신의 발견을 형 손암 정약전에게 보내는 편지에 적어주었다. 요순의 고과考

課가 얼마나 엄정하고 물 샐 틈 없었는지를…. 요순은 자신의 德만 믿고 팔짱만 끼고 있었던 것이 아니라, 정치의 각 부면에서 특히 인사에서 빈틈없는 치밀함과 공정성을 보여준 탁월하고 성실한 행정가로 드러난다. 詢事考言순사고언 三載考績삼재고적, 이른바 성왕들은 중앙과 지방 관료들의 기획과 실적을 대조해보며, 정기적 순시와 대면 보고를 통해 성과를 점검하고 상벌을 내리는 엄정한 통치자들이었다는 것이다.

공자가 말한 '無爲'란 그렇게 펼쳐진 이상적인 군주들의 정비된 통치 질서를 찬탄한 '감탄사'일 뿐이다. 이를 액면 그대로 '요순이 아무 일도 않고 있었어도 정치가 제대로 굴러갔다'는 소리로 알아서는 절대로 안 된다. 유학은 無爲가 아니라 위정爲政을 말할 뿐이다.

孔子言無爲者 甚言得人之效 可以寧謐 贊歎揄揚. 意氣洋溢 此聖人辭旨激昂處 正不必以辭害意也. 今人論治道者 率皆導人主端拱玄默 無所猷爲 百度頹墮而莫之整理 萬機叢脞而莫之搜撥 不十年而天下腐矣. 禍難相承 凋獘不振 而卒莫之開悟 皆無爲之說 有以誤之也.

다산은 이 성왕의 정치를 당대의 인사고과와 대비한다.

요즘 관리의 포상과 징계의 제목에, '이욕利慾의 생각이 없고 화평하고 단아하게 정치를 하여 다스리는 지역이 모두 평안하다'라고 적혀 있는데, 도대체 이 말로 무슨 일을 어떻게 했는지 어떻게 알겠습니까? (백성들이 이 때문에 도탄에 빠졌습니다.)

今襃貶題目 有曰'恬雅之治 一境晏如' 使此人升之帝舜之堂 使之
自奏其功 將何事之可奏? (다산, 〈상중씨上仲氏〉)

다산은 고려 때부터 전해져 오는 '수령오사守令五事'에 몇 가지를 더
보탠 항목을 제시했다. ① 논밭을 넓히고, ② 호구를 늘리고, ③ 부역
을 고르게 하고, ④ 소송을 간편히 하고, ⑤ 도적을 막는 것. 여기 조
선에 들어와 조준의 상소 등을 통해 성종조에 ⑥ 학교의 진흥과 ⑦
군정의 정비 등이 갖추어졌는데, 다산은 이런 항목 각각에 구체적인
'성적표'를 매기고 이것을 인사 파일로 작성하여, 이를 바탕으로 관리
를 승진·유임·체직遞職해야 한다고 강조한다.

　六經으로의 회귀는 실질적 행정과 정부 제도, 사회적 교환 등에
서 유교의 세부 프로그램과 규율을 마련하는 토대가 된다. 실제 그는
《경세유표》에서, 오래된 정전제를 조선에서 개량된 형태로 시행하고
싶어 했다.

어떻게 읽을 것인가?

(1) 두 개의 논어

일본의 이토 진사이伊藤仁齊는《논어》를 "우주 제1서"라고까지 했다.
유교의 실질적 창시자 공자의 삶과 언행이 여기 담겨 있고, 아울러 성
장과 질서에 대한 유교 원론의 구상을 확인할 수 있다. 건축에 비유하
자면, 다른 고전들이 인테리어나 창에 해당한다면,《논어》는 집을 떠
받치고 있는 들보와 기둥이라 할 만하다.

이 책을 읽기는 쉽지 않다. 우선《논어》는 서구권에서 'Selected Sayings'로 불리듯 '어록집'이다. 공자뿐만 아니라 후기 제자들의 것까지 실려 있다. 일관된 편집 원칙은 없고, 사유는 체계화되어 있지 않다. 기이하게도 2천 년 넘어 이 책을 주제별·인물별·시대별로 편집하려는 시도가 별로 없었다.

놀랍게도 어떤 중국 학자도, 독자들에게 내용을 더 잘 개념화하기 위해 이 책을 재편하거나 수정하려 하지 않았다. (Lin Yutang, *The Wisdom of Confucius*, The Modern Library)

우리에게《생활의 발견The Importance of Living》으로 잘 알려진 린위탕林語堂은 서구인들에게 공자와 유교를 알리기 위해 어록을 분류하고 제시해주었다.

1장 도입, 2장 생애(사마천의《사기》〈공자세가〉번역), 3장《중용》, 4장《대학》에 이어 5장을《논어》에 할양하고 있다. 6, 7, 8, 9장은《예기禮記》에서 예절과 교육, 음악을 다루는 챕터를, 그리고 마지막 10장은《맹자》인간론을 발췌했다. 나는 학자적 연구보다 '원문'을, 즉 고전을 그대로 읽히는 데 집중한 이 책을 좋아한다. 번역은 축자적이기보다 현대적이되, 억지가 없고, 자연스러우며, 때로 위트가 넘친다.

그는 5장을《논어》에서 1/4 정도만 골라 다음과 같이 배치했다. ① 공자라는 인물 묘사, ② 공자의 감정적·예술적 삶, ③ 대화 스타일, ④ 존슨식 터치, ⑤ 위트와 지혜, ⑥ 휴머니즘 그리고 진정한 인간성, ⑦ 군자와 소인, ⑧《중용》과 공자가 미워한 인물 타입, ⑨ 정부, ⑩ 교육, 예, 그리고 시로 구성되어 있다.

《논어》는 짧고 간결한 경구로 되어 있다. 글자 하나하나가 의문이고, 구절과 문장의 의미는 더욱 난감하고 불분명하다. 사건의 배경과 맥락은 묻혀 있고, 어투는 직설인지 반어인지 감탄인지도 논란이다. 대개 해석자들은 이 책을 진지한 충고로 직설로 읽고 있지만, 다산의 폭탄선언처럼 《논어》에는 정색한 교훈만이 아니라 때로 농담과 핑계, 때로 꼼수까지 섞여 있는 것도 감안해야 한다.

비의에 싸인 《논어》를 읽기 위한 그동안의 피나는 노력들은 한우충동汗牛充棟, 도서관을 채우고도 남는다. 나는 그 가운데 대표라 할 수 있는 두 해석자의 도움을 받기로 했다. 12세기 송대의 주자와 조선 후기의 다산이 바로 그들이다.

주자는 500년 조선의 사상과 교양의 중심이었으니 이견이 없을 것이고, 다산은 실학의 대표자로 先王의 大道를 재정립하는 데 필생의 정력을 기울였다. 물론 그 바탕에 조선의 현실에 대한 각성, 그리고 개혁의 열망이 가로놓여 있다.

이 둘의 《논어》 해석은 '전혀' 다르나. 같은 책을 두고 이렇게 서로 다른, 많이는 상반된 해석을 내리는 것을 어떻게 이해해야 할까? 그런 점에서 《논어》는 하나가 아니다. "티베트에는 승려 수만큼의 불교가 있고", "아버지의 집에는 수많은 방이 있다"고 하지 않던가? 그처럼 여러 《논어》가 밤하늘의 별처럼 빛나고 있다.

주자와 다산, 두 거장의 《논어》 해석 차이는 그들이 처한 환경, 문제, 그리고 개성의 산물이다. 주자와 다산의 경학적 대결은 불꽃을 튀길 정도로 격렬하고, 차이는 근본적이다. 두 '해석'의 정신을 체크하고, '전체' 기획을 조망하기는 쉽지 않다. 그 대비는 경학, 즉 '고전 해석'의 디테일한 설명들을 작은 벽돌로 하나씩 쌓아 올리고, 연관을 체크하면서 귀납될 것이다. 독해는 횡설수설, 사례를 통해 일반적 비전을 엿보고, 그 비전에 비추어 사례들을 읽어 나가는 순환적 도정을 밟을 것이다. 나는 두 거장의 해석 정신의 차이를, 서양의 고전적 어법으로 '명상(vita contemplativa) vs. 활동(vita activa)'으로 읽는다.

《집주》와 《고금주》를 대비해서 읽기 위해서는 다양한 부면의 훈련이 필요하다. 문자와 훈고의 기량은 필수다. 결정적인 것은 주자의 '새로운 사상'에 대한 이해다. 이기론理氣論으로 대표되는 주자학의 기초와 방법, 그리고 체계가 그의 해석 바탕에 깔려 있다.

먼저 《집주》와 《고금주》의 스타일을 비교해보자. 주자의 《집주》는 음운 음성, 단어의 의미, 전체 문장의 의미, 송대 선배들로부터의 인용, 자기 견해 보충으로 구성되어 있다. 그 안에 특히 정자程子를 위시한 송대 선배들의 글을 광범위하게 인용했다. 그래서 '여러 주석을 모음'이라는 뜻에서 《집주》라는 이름을 붙였다. 때로 원문과 동떨어져 있기도 하고 주자 자신의 해석과 어긋나기도 해서 혼란을 일으킨다. 더구나 주자의 《집주》는 자신의 '새로운 철학'을 그대로 반영하고 있어, 주자학의 기초와 사유 방식에 낯선 독자들은 따로 기초적 설명과 배경적 이해가 필요하다. 그런 점에서 이 책은 '주자학 개설'을 포함하고 있다.

다산의 《고금주》는 구성 방식부터 다르다. 이를테면 현대적이고 학술적이다.

• 해석解釋: 본문을 읽기 위한 설정. 글자나 구절의 의미 해설. 이전의 선구가 있으면 그의 이름을 달아 인용했다. 그는 자신의 것과 남의 것을 확실히 구분하는 성격이다. 마음에 드는 해석이 없으면

그제야 '補曰보왈'이라는 이름을 달고 자신의 견해를 내세웠다.

- 비평批評: 가장 활발하고 자신감에 넘치는 부분이다. 다산이 보기에, 재래의 오해와 잘못된 견해, 길을 잘못 들은 논의들은 그의 '駁曰박왈 非也비야' 앞에서 가차 없이 비판받는다.[6]

- 질의質疑: 이 부분이 아마도 가장 독특한 부분이 아닐까 생각한다. 이 부분은 전적으로 '주자'를 의식한 설정이다. 공손한 자세로 '질문'을 던지고, 대답도 '제가 생각하건대'로 자세를 낮추었다.

- 인증引證: 참고가 될 만한 자료들을 끌어와서 자신의 주장을 보강한다.

- 사실事實: 연대나 인물, 사건 등 관련된 역사적 자료들을 동원하여 자신의 해석에 논거를 제시한다.

아, 여기서 하나. 다산의 《논어》는 공자의 언설을 늘 '정색'하고 듣지 않는다. 다산은 공자가 점잖은 설교가가 아니라 불같이 화를 내고 슬픔에 통곡하던 격정적 인물이며, 떼로 거짓말(?)도 하고 약속도 팽개치고 농담도 즐긴, 살과 피를 가진 '인간 공자'의 풍모를 뚜렷이 부각한다. 그것이 다산의 《논어》 해석의 핵심적 특징 가운데 하나다.

요컨대, 《논어》는 직설의 언어만 담아놓은 교훈집이 아니다. 공자는 상대와 상황에 따라 역설과 반어를 썼고, 농담과 과장을 즐겼다. 때로는 변명조였고, 필요할 때에는 마음에도 없는 약속을 하기도 했다. 그동안의 《논어》 해석은 이 '역동적 현장'의 풍경을 놓친 것이 사

---

6 '駁曰 非也'는 글자 그대로, "논박하건대, 이 주장은 틀렸다"라는 뜻이다. 비판의 격렬함과 자신감이 팽팽하다.

실이다. 다산은 말한다.

《시경》에서 "농담도 잘 하지만, 상처를 주지는 않아!"라고 했다. 성인께
서도 때로, 농담(善謔)을 즐기셨다. 선유先儒들은 (공자의) 말씀을 오로
지 진담(眞實之言)으로 받들어 모셨다. 그건 아닐 것이다.
《詩》云: "善戲謔兮 不爲虐兮." 聖人亦有時乎善謔 先儒奉之爲眞
實之言 恐不然也.

반죽이든 도자기든 새 형태를 빚으려면 밀가루와 흙이 말랑말랑해야
한다. 다산이 《논어》의 발언을 유연하게 때로는 농담과 거짓으로 해
석함으로써, 공자의 상을 보다 가변적으로 성형하고 확장할 수 있는
가능성을 큰 폭으로 열어갈 수 있었다.

宰予晝寢. 子曰: "朽木不可雕也 糞土之牆不可杇也 於予與何誅?" (〈공야장
公冶長〉 9장)
재여宰予가 낮잠을 자자, 공자가 나무랐다. "썩은 나무는 무늬를 새기지 못하
고, 똥 흙으로는 담장을 세울 수 없다. 너를 탓해 무엇하리?"

낮잠 한 번 잤다고 그토록 제자를 닦아세운단 말이냐? 다산은 寢침
이 '잔다'는 소리가 아니라고 딴지를 건다. 공자는 "寢不言침불언"도 충
고하셨는데, 좀 이상하지 않은가? 누구든 잠들어 있으면 말하지 못
할 텐데…. 그래서 다산은 말한다. 寢은 '쿨쿨 잠잔다'가 아니라, '누
워 뒹군다'라는 뜻이라고. 누군가가 이 말을 남녀가 같이 '자는' 것으
로 읽을까 싶어 다산은 이런 관대한(?) 언급을 잊지 않는다. "허허, 아

무리 선생이지만 남의 내실을 어찌 엿볼 것이며, 혹 그렇다 해도 그게 무슨 큰 죄인가(若以時出入者 又非深罪)?"

(2) 저작 기획 및 개요

책은 크게 3부로 갈라 작업했다. 사건과 인물, 제자들, 공자의 사상이 그것이다.

《논어》는 대개 시간이 결여되어 있고, 맥락이 불분명하다. 죽간에 쓴 매체의 한계 때문이었을 것이다. 질문들은 짧게, "政을 물었다"거나 "仁을 물었다"는 한 글자로 끊겨 있고, 공자의 대답도 간결하기 이를 데 없다. 우리는 대화의 상대방과 사건의 정황을 통해 시간과 의미를 비정해 나갈 수밖에 없다. 이를 둘러싼 의견도 분분하다.

주자는 '철학자'답게 공자의 전기 사실들에 본격적 주의를 기울이지 않는다. 그러나 다산은 '정치가'답게 사건을 해석하고, '역사가'답게 연대기적 비평을 한사코 물고 늘어진다. 자식들에게 보낸 편지에서, 《사기》에서 가장 중요한 대목이 무엇인 줄 아느냐 묻고는, 그건 '연표'라고 강조했다.

그는 당대까지 축적된 훈고학과 경학의 성과를 백분 활용하여 그리고 자신의 통찰에 입각해서, 《논어》를 하나의 '사건'으로 재구성하고 있다. 《좌전》 등의 문헌과 흩어진 고전들의 틈새까지 확인하여, 연대와 사건을 집요하게 비정해 나간다. 이것이 다산 경학의 일반적 특징이기도 하다.

① 사건과 인물: 이 장은 공자의 일생에서 특기할 만한 사건과 인물들을 탐사해본다. 공자의 발언과 사건이 적절한 시공 속에 놓일

때, 그것은 생생한 광채를 띠게 될 것이고, 또 일반화된 화법에서 오는 위험을 제거해준다. 이 효과는 중요하다. 맥락이 거세되면, 언술은 부당한 의미 치환에 놓이고, 일반화 속에서 오해에 곧바로 노출된다.

《논어》안에 수많은 발언이 시간과 장소, 맥락이 배제된 채로 일반적 교훈으로 남아 있고 운위되고 있다. 다산의 해석을 토대로 공자의 전기를 새로 구성하면, 역동적 공자 상 하나를 얻게 될 것이다.

공자의 삶 속에서 주요 사건 몇 가지를 중점적으로 다루었다. 기원전 517년, 노 소공昭公의 망명이 최초의 큰 사건이었다. 이를 통해 공자의 문명관을 읽을 수 있다. 여기서 공자는 제 경공景公과 만나 정치적 참여를 타진하게 된다. 그와의 만남은 또한 공자의 정치사상을 읽는 중요한 단서를 제공한다.

또 일생 공자와 얽힌 인물 양호陽虎가 있다. 젊은 시절, 귀족이 연 잔치에 참석했다가 매몰차게 입구 컷을 당한 이래, 양호와의 악연이 계속되었다. 양호가 반란을 일으켰다가 실패하고 외국으로 망명한 후, 공자는 노나라의 정치에 참여하게 되었고, 대사구大司寇의 벼슬을 지내며 자신의 뜻을 펴는 듯했으나, 그 실험은 실패하여 결국 망명길에 오른다.

처음 간 곳이 위나라이고, 또 가장 오래 머물렀던 곳도 위나라다. 당시의 제후인 위 영공, 그리고 그의 아름답고 유력한 부인 남자와의 대화들이 있다. 이어 공자의 유랑은 저 멀리 남쪽 끝까지 이어졌다. 거기서 만난 은자들, 그리고 진채의 고난이 있다. 이 고난을 통해 공자의 양보할 수 없었던 道의 실제와 만날 수 있다. 지친 걸음으로 노나라 고향에 돌아온 후의 풍경이 있다. 이 대목은 중요하나, 여기서는 생략했다.

　독자들은 이들 주요 사건을 통해 공자가 어떤 사람인지를, 그의 풍모와 사상을 함께 엿볼 수 있을 것이다. 아울러 이 장면을 보는 주자와 다산, 두 사상가의 엇갈리는 시선을 접하게 될 것이다.

② 공자의 제자들: 3천 명이 있었다고 하나 과장일 것이고, 사마천이 열거한 '네 분야(四科)'의 대표적 제자는 10명이다. 이는《논어》〈선진先進〉편 2장에 의거한 것이다.

> "德行: 顏淵 閔子騫 冉伯牛 仲弓. 言語: 宰我 子貢. 政事: 冉有 季路. 文學: 子游 子夏."
>
> 덕행: 안연, 민자건, 염백우, 중궁. 언어: 재아, 자공. 정사: 염유, 계로. 문학: 자유, 자하.

나는 여기서 세 명을 골랐다. 덕행의 안회顏回(顏淵), 언어의 자공子貢, 그리고 정사이 지로子路(季路)가 그들이다. 나는 달리 '수도사 안회' '외교가 자공' '무인 자로'라고 부를 수 있다고 생각한다. 이 셋은 孔門의 가장 뛰어난 개성들이고, 공자와 오랜 유랑을 함께했으며,《논어》에도 가장 많이 등장한다. 공자와의 유대와 끈끈함은 말할 것도 없고, 거의 공자의 분신 같은 인물들이라 하겠다. 공자 사상에서 가장 중요하고 심오한 주제도 이들과의 대화를 통해서 드러난다.

　나머지 제자들은 기록이 적거나 단편적이며, 질문과 대화의 수준이 상대적으로 낮다. 자장子張, 자하子夏, 자유子游 등 손자뻘 제자들도 제쳐두었다. 염구冉求(冉有)를 같이 다룰 만한데, "공자의

道는 역부족"이라고 스스로 선을 긋고 관료적 봉사를 추구한 인물이기에, 세 사람에 집중하기 위해서 배제했다.

이 선택은 주자학의 정통적 계보를 고려하지 않은 것이다. 주자학은 공자의 법통을 '안회'에게 돌리고, 그에게 '아성亞聖'이라는 칭호를 부여했다. 이 정통은 만년 제자 증자를 거쳐, 자사子思, 맹자에게로 이어졌다. 그러나《논어》안에서 차지하는 증자의 위치는 크지 않고 분량도 적다.

요컨대 주자학은 언필칭 안회와 증자를 말하지만, 나는 달리 생각한다. 오히려 정통에서 배제된 자공과 자로가 더 특필되어야 하고, 孔門에서 차지하는 정당한 지위와 중요성을 되찾아주어야 한다고 생각한다. 또한 그들이 바로 '공자의 사상과 비전'을 더 뚜렷하게 보여주고 있기 때문에서라도 그렇다. 이들이 존중되고 특필되었다면 유학의 역사, 나아가 조선의 운명도 달라졌을 수도 있지 않았을까 싶은 생각까지 든다.

먼저 세 사람의 발언과 대화를 성격별로 그루핑하고 제목을 붙였다. 이것만 보아도, 그들의 관심과 개성을 대략 파악할 수 있을 것이다.

그런데 이런 질문이 있을 수 있겠다. 공자의 사상을 다루는 마당에 왜 하필 '제자들'에게 초점을 맞춘 것인가? 이유가 있다. 공자와 가장 가까이에서 대화하고 가르침을 받은 사람들이고, 그 가운데 가장 뛰어난 사람들이다. 공자의 삶과 사상의 진수를 이들이 접했을 것이다. 즉 제자들은 누구보다 더 공자의 '실상'을 잘 보여주는 거울이라고 생각해서다.《맹자》에서는 이렇게 말한 바 있다.

昔者竊聞之: "子夏·子游·子張皆有聖人之一體 冉牛·閔子·顔淵則具體而微." (《맹자》〈공손추公孫丑〉上 2장)

요컨대 제자들 가운데 어떤 부류는 '공자의 여러 재능과 덕성 가운데 일부(聖人之一體)'를 가지고 있었고(후기 제자들인 자하·자유·자장이 그렇다고 했다), 또 어떤 제자들은 '공자의 전체를, 그렇지만 아무래도 작은 버전으로 구현(具體而微)'해 나갔다. 물론 안회가 그 대표적 인물일 것이다. 이 두 점에서 공자의 '제자들'을 읽는 것은 공자 자신의 사상과 이념을 읽는 사다리 혹은 통로라고 할 수 있는 것이다.

제자들과의 문답을 통해 그가 생각한 정치적 이념과 덕성의 훈련 등을 개괄할 수 있다. 안회의 안빈낙도, 자공의 실무 능력, 자로의 용기, 증자의 엄격함 등을 인정하고, 그들의 결점과 부족을 보완해주려는 공자의 교사로서의 지도 능력도 잘 읽을 수 있다.

③ 공자의 사상: 이제 호랑이 굴 앞에 다가왔다. 공자의 사상, 바로 그것과 대면하는 일이다. 《논어》는 단편적이고 산만한 어록집이다. 그럼에도 그것들은 공자라는 통일된 인격이 발화한 언술이고, 그의 풍모를 기술한 것이 아닌가? 우리는 그가 남긴 이 부서진 단편을 통해 그의 삶 전체와 사유 핵심으로 곧장 들어가야 한다.

《논어》 전체를 리뷰하면, 대략 다음과 같은 주제들이 선별될 듯하다.

• 생애 & 전기
• 인물(정치, 교유)

- 제자(자로, 안회, 자공, 증자, 자하, 자장, 염구)
- 덕성(仁과 그 방법으로서의 忠恕, 기타)
- 군자(이상적 인간상)
- 학문 & 교육
- 정치
- 역사관
- 종교(天, 의례)
- 평가

첫 번째와 두 번째는 1부, 세 번째는 2부에서 다루었다. 나머지 주제를 어떻게 재구성할지를 고민했다. 최종적으로 4가지 주제를 골랐다. 學·仁·天·政이 그것이다.

- 學: 공자는 《논어》에서 자주 "나는 옛것을 좋아하고, 배우기를 좋아하며, 가르치는 데 지치지 않는 사람이다(學不厭 敎不倦)"라고 했다. 그는 15세에 學에 뜻을 두었고, 70이 되어 완성했다고 술회했다. 學은 즉 인간의 길(道)을 걷는 노력이다. 《논어》 전체를 관통하는 한마디가 있다면, 그것은 學일 것이다.
- 仁: 이 學을 통해 무엇을 완성하려 하는가? 그 이념이 바로 仁이다. 仁은 德의 벼리다. 이것이 무엇인지를 두고 《논어》는 다양한 품성과 행동을 제시했다. 그리고 이를 관통하는 원리가 恕라고 했다. "나는 단순히 박학다식의 추구자가 아니다. 내 삶과 행동은 일이관지, 즉 하나의 원리로 일관하고 있음을 기억해라." 주자는 이를 우주적 차원의 유기적 질서를 포괄하는 天理로 읽

었다. 그런데 다산은 본래의 문맥에 따라, 이것이 다만 '인간의 길'이며, 자공과 증자에게 일러준 대로 恕, 즉 사회적 상호성의 원리라고 역설했다.

- 天: 이 먼 길의 토대와 조건은 무엇일까? 아득한 주대 이후 인격신적 관념이 쇠퇴하고 인문화되었다고 하나, 공자의 삶이 세속을 넘어 道를 추구하는 한, 종교적 차원의 깊이를 배제할 수 없다. 병들어 아플 때, 자로가 기도 의식을 행하자, 공자는 "나는 하늘에 기도한 지 오래되었다(丘之禱久矣)"라고 했다. 자신을 알아주는 사람이 오직 天이라고도 했으며, 匡땅에서 위협을 받을 때도 자신의 문화적 사명을 종교적 확신으로 천명하기도 했다.

- 政: 가장 중요한 정치적 질서의 이상이 있다. 이 부분이 가장 까다롭고 어려울 것이라고 짐작한다. "정치란 바르게 하는 것(政者正也)"이라는 이념적 선언에서부터 인물평과 세세한 정무적 충고까지, 그리고 나라와 상대, 상황에 따른 충고들이 산만해서 공자의 정치사상과 기술을 다루는 것이 결코 만만치 않다고 생각한다. 동서의 기존 연구를 참고하겠지만, 다산과 주자의 해석들을 중심으로 재구성해보기로 한다. 그리고 그들의 서로 다른 해석이 전체적으로 어떤 정신에서 형성되었고, 그 의미는 무엇인지를 아울러 정리해보고자 한다.

대니얼 가드너Daniel Gardner가《논어》의 주제별 접근을 시도한 바 있다. *Zhu Xi's Reading of the Analects* (Columbia University Press, 2003)가 그것이다. 그는 주자의 '새로운 주석(新註)'인《집주》를 하안何晏의 古注와 비교해 나갔다. 당연하게도 하안의 훈고보다 주자의 해석에 담긴 새로움과 철학적 독창에 대해 더 많은 이야기를 할당했다.

그가 선택한 주제는 Learning, True Goodness, Ritual, Ruling, The Superior Man and the Way, Conclusion으로 되어 있다. 아마도 생각은 다들 비슷한가 보다. 공자와 《논어》를 다룰 때, 무엇을 중심으로 해야 하는지에 대해 비슷한 생각을 갖고 있다.

나는 가드너가 다룬 禮의 챕터를 따로 두지 않았는데, 극기복례克己復禮처럼 이것은 仁의 의미에 포괄되기도 하고, "또 예악이란 옥백玉帛이나 종고鍾鼓를 말하겠느냐?"는 공자의 발언, 그리고 나머지는 사회적 질서로서 政에 포괄되는 개념이라는 것을 고려했다. 나는 현대인들에게는 적어도 구체적 행동이나 제도적 측면에서의 禮를 제쳐두고 싶었다. 가드너는 군자와 소인 파트도 따로 만들었는데, 나는 이 챕터를 따로 구성하지 않고 적절한 장면에서 언급하는 데 그쳤다.

내 접근과 결정적으로 다른 것은, 가드너가 天으로 통칭되는 공자의 종교적 차원을 다루지 않은 점이다. 이유가 있다. 주자가 자신의 天理 개념으로 온 우주를 '자연화'했기 때문일 것이다. 주자는 이 天을 따라 性, 天, 道, 命 등의 종교적·신비적 언사들을 모두 理로 뭉뚱그림으로써, 이를테면 '유신론적 발상에서 자연철학으로' 사유의 대전환을 몰고 왔다. 그래서 따로 天의 종교적 측면을 다루지 않았겠지만, 나는 주자와 다산의 해석을 대비하고 있기 때문에 이 챕터를 빠트릴 수 없었다.

다산은 이 '자연론적 전향'을 주자의 자의라고 비평한다. 그는 공자가 의뢰하고 있는 신성의 복권을 외친다.

옛 성인의 초월자를 향한 경배(事天之學)는 사회적 관계의 지평(人倫)

을 벗어나지 않습니다. 여기 '상호성(恕)' 한 글자가 바로 사람을 섬기고(事人), 동시에 초월자를 섬기는(事天) 원칙입니다.

古聖人事天之學 不外乎人倫 卽此一恕字 可以事人 可以事天.

다산의 전회轉回는 그가 젊은 시절 접한 서학, 가톨릭의 영향 아래 있다. 주자의 자연론적 정착은 理에, 그리고 다산의 유신론적 전회는 天이라는 한 글자에 집약되어 있다. 형이상학과 신학의 대치라고 해도 좋겠고, 진화론적 사유와 신학적 계명으로 구분해도 좋겠다. 그 대비를 최종 결론에서 장문의 논설로 정리했다.

이제부터 여행을 떠나보자.

번역은 다양한 방식과 층위를 구사했다. 완전히 풀어놓은 곳이 있는가 하면, 현토식으로 최소한만 터치한 곳도 있다. 가능한 한 '원문'을 같이 제시했다. 번역만으로는 주석의 메시지를 충분히 읽을 수 없다. 때로 번역을 앞세우고 때로는 원문을 앞세웠는데, 내용을 바로 보자고 권할 때는 번역문을, 원문을 음미하자고 권할 때는 원문을 앞에 배치했다. 한문이 버겁거나 거추장스러운 분은 건너뛰어도 좋을 것이다.

한문 번역은 모두 내가 직접 했다. 예외적으로 도움을 받은 곳은 꼭 적기해서 그분들의 노고임을 밝혔다. 번역의 스타일과 층위도 서로 다르고,《논어》의 번역도 여러 군데서 약간씩 차이가 있는 것을 발견할 것이다. 이전의 번역을 대조하지 않고 원문을 보며 바로 번역한 결과다. 서로 약간씩 다른 번역을 보면서 즐거워하셔도 좋겠다.

두 거장의 '주석' 차이, 그리고 '논점'들을 점검하고 나면, 그야말로 우리는 《두 개의 논어》 앞에 서게 된다. 두 해석이 극적으로 대폭 차이가 있는 경우, 《논어》 원문을 그들의 해석에 따라 '두 벌'을 따로 번역해두었다. 독자들은 '어쩜 같은 문장을 이렇게 다르게 읽을 수 있구나' 하는 신기함에, 아니 책 전편에 걸쳐 놀랄 것이다.

여행을 떠나기 전에 하나 유의해둘 것이 있다. 주자와 다산의 《논어》를 같이 읽고 대비해 나가겠지만, 그럼에도 다산의 비중이 크고 그의 목소리를 더 많이 들려드릴 것이다. 그러면 다산이 옳고 주자는 틀렸는가?

유배지에서 《맹자요의孟子要義》를 집필할 무렵, 노론계의 학자 한 사람이 다산을 찾아왔다. 문산 이재의라는 인물이다. 둘은 仁의 내향적 본질(주자)과 외적 성취(다산)의 문제를 두고 긴 논의를 펼쳤다. 편지로 주고받은 논쟁은 《다산과 문산의 인성논쟁》(실시학사경학연구회역, 한길사)으로 정리·번역되어 있다.

열 살 연하의 문산은 만만한 학자가 아니다. 다들 다산의 손을 들어주겠지만, 주자학 또한 또 다른 완정한 체계다. 주자는 고전을 빌미로 새로운 이기론의 체계를 구축했다. 다산은 이 체계가 '자의적 재구성'이라고 비판해 마지않는데, 문산은 그 또한 존중되어야 한다고 변호한다.

고전의 본래 의미(造字家之原義)가 중요하지요. 그렇지만 세계와 인간의 보편적 원리(論理家之宗旨) 또한 잊어서는 안 됩니다.
造字家之原義 在所當究 而論理家之宗旨 亦難全棄. (문산, 〈다산문답茶山問答〉)

21세기에는 무슨 열망을 담아 다산의 이름을 부를 것인가? 서양은 중세 신의 지배에서 근대적 개인으로 옮겨 갔는데, 다산은 주자가 애써 구축한 자연과 과학을 거꾸로 도덕과 신학으로 돌려놓고 있지 않은가?

지금은 다원의 시대, 어느 쪽 편을 들든 좋다. 다만 한쪽을 권위로 추종하거나, 반대로 무조건 배척하는 것은 삼가야 한다. 공감하면서 이의를 제기하고, 배척하면서도 장점을 읽을 수 있는 균형 잡힌 안목, 실용적 접근이 필요한 시대다.

지금은 주자의 접근처럼 '명상'이 필요할 때가 아닌가? "너는 누구냐?" 무엇을 해야 할지를 알기 이전에, 자신이 누군지를 알아야 하지 않겠는가? 자신의 영혼을 돌보지 않고 인성 함양 없이, 가족과 사회에서 적절한 관계를 맺고 정치적 책임을 정의롭고 공정하게 감당할 수 있겠는가? 주자학은 낡은 사유, 무책임한 기획이 아니다. 책은 다산의 《논어》를 주축으로 흘러가겠지만, 주자의 주장에 충분한 근거와 해설을 잊지 않을 것이리고 약속한다.

1부

사건과 인물들

《논어》의 문자에는 시간과 맥락이 묻혀 있다. 이 무지는 메시지를 왜곡한다. 질문이 政 혹은 仁 등 한 글자로 축약되어 있고, 답변 또한 다양하고 때로 뜬금없다. 《논어》에 시간과 맥락을 찾아줄 수 있을까? 주자의 《집주》는 역시 철학적이다. 그는 고증과 연대에 그다지 집착하지 않는다. 고증이 불가능하다고 여겼을 법도 하고, 무엇보다 그의 철학적 열정이 시간과 사건을 이차적으로 돌리게 했다고 생각한다.

다산은 《논어》의 정황을 치밀하게 파고든다. 모든 에너지를 여기 쏟는다고 해도 과언이 아니다. 명청대에 걸친 훈고와 고증의 성과가 이 작업을 크게 도와주었다. 그는 자식들에게 보낸 편지에서, 가령 《사기》의 가장 중요한 파트가 〈열전列傳〉도 〈세가世家〉도 아닌 〈표表〉(연표)라고 강조했다. 《논어》를 읽으며, 《좌전》과 《사기》를 좌우에 두고, 새카맣게 선을 그으며 각 사건과 인물들의 시간표를 크로스 체크하는 모습이 떠오른다.

그는 당대까지 축적된 훈고학과 경학의 성과를 백분 이용하여, 그리고 자신의 통찰에 입각해서, 《논어》를 하나의 '사건'으로 재구성하고 있다. 《좌전》 등의 문헌과 흩어진 고전들의 틈새까지 확인하여 연대와 사건을 비정해 나가는 그의 솜씨는 치밀하고 담대하다. 이 작업은 결코 사소하지 않다. 맥락이 거세되면, 언술은 부당한 의미 치환에 놓이고 일반화 속에서 오해에 곧바로 노출되기 때문이다.

　공자의 일생, 중요한 터닝 포인트를 몇 군데 살펴보자. 공자의 일생에서 가장 중요한 사건과 인물들을 골랐다. 공자 생애에서 첫 번째 큰 사건은 노나라 소공의 친위쿠데타다. 여기서 공자는 제 경공과 만나 정치적 참여를 타진하게 된다. 또 일생 공자와 얽힌 인물 양호가 있다. 또 망명길에 오른 후 처음 간 위나라에서 당시의 제후인 위나라 영공과 그의 아름다운 부인 남자와의 대화가 있다. 이어 공자의 유랑은 남쪽으로 이어지며 초나라 섭공과의 만남, 거기서 만난 은자들, 진채의 고난이 있겠다. 독자들은 이들 주요 사건을 통해 공자가 어떤 사람인지를, 그의 풍모와 사상을 함께 엿볼 수 있을 것이다.

1장

노 소공의 망명

소공 재위 25년(기원전 517년, 공자 35세), 당시 노나라의 실권은 3가家라 불리는 유력한 귀족 가문(계손씨, 숙손씨, 맹손씨)이 장악하고 있었다. 소공은 자신의 힘과 권위를 되찾기 위해 이들과 맞섰다가 실패하고, 제나라로 망명길을 떠나게 되었다. 《논어》에는 짤막한 수수께끼 같은 다음 구절이 실려 있다.

子曰: "夷狄之有君 不如諸夏之亡也." (〈팔일八佾〉 5장)

다산은 그동안 의혹으로 남겨져 있던 이 발언의 배경과 시간을 확정해주고, 아울러 그 의미를 독창적으로 확인해주었다. 대체 이 구절을 어떻게 읽어야 할까? 해석은 두 갈래로 갈렸다. 古注는 다음과 같이 해석한다.

이적에게 군주가 있음은 문명 중국에 없는 것만 못하다.

'제하諸夏'란 세계의 중심으로 의식된 중국이며, '이적夷狄'은 주변의 야만족을 가리킨다. "미개와 야만의 민족에게는 군주가 있을지 몰라도 문명은 없다." 이에 반해 중국은 간혹 군주가 없는 상황이 되더라도 문화와 문명의 전통은 유구하지 않으냐? 그러니 "이적에게 군주가 있어 보았자, 제하에 군주가 없느니만 못하다." 이것이 포함包咸과 하안의《논어집해論語集解》, 황간皇侃의《논어의소論語義疏》, 그리고 형병邢昺의《논어정의論語正義》등 古注에서 대체로 일치된 견해였다.

그러나 新注, 즉 주자의 해석은 이와는 좀 다르다. 그는 자신의《집주》에서 선배 정자의 말을 인용하여, '不如'를 '-만 못하다'가 아니라 '-와 양상이 다르다'로 읽었다.

> 정자가 말했다. "이적에게 군주가 확고히 자리 잡고 있는 상황은, 중국의 왕권이 유명무실한 형편과 대비된다."
> 程子曰 : "夷狄且有君長 不如諸夏之僭亂 反無上下之分也."

주周의 동천東遷 이래 춘추시대의 중원은 천자의 권위가 땅에 떨어져 봉건제도에 기반한 예악의 질서가 무너지고, 빈번한 전쟁과 불안정한 회맹會盟으로 혼란을 거듭하고 있었다. 이에 비해 주변 변방에 있던 야만의 오랑캐들은 왕권을 중심으로 사회의 여러 조직이 통합되어 있음을 보고 공자가 비감해한 말이라는 것이다. 주자의 해석은 여진(金)의 침입으로 두 황제를 잃고 남쪽으로 밀려날 수밖에 없었던 남송 지식인의 통한과 대외적 위기감을 반영한다.

조선의 유학자들은 여기에 별 의문을 제기하지 않았다. 주자의 권위가 독보적이기도 했지만, 특히 17세기 만주족의 침입 앞에 무릎 꿇은 상처도 크게 작용했을 것이다.

두 해석 가운데 어느 것이 맞을까? 아니면 전혀 다른 해석의 가능성이 존재할까? 최근 일본의 현대 동양사학자인 카이즈카 시게키貝塚茂樹가 나섰다. 그는 기원전 517년 노나라 소공이 일으킨 친위쿠데타를 이 발언의 배경으로 지목했다.

소공은 실권자들인 3가의 전횡을 타도하려 분연히 일어섰으나, 실패하고 제나라로 망명했다. 공자는 그 망명의 7년간 노나라가 비록 공위空位이긴 했으나, 주공周公을 이은 최고의 문화국으로서 야만의 有君보다 도덕적으로 훨씬 우월함을 설파했다. (貝塚茂樹,《孔子》, 岩波新書)

카이즈카 시게키는 비로소 《논어》의 이 수수께끼 같은 구절의 의미가 풀렸다고 크게 자부했다. 그는 틀림없이 《사기》〈공자세가〉에서 힌트를 얻었을 것이다.

공자 나이 35세(기원전 517년), 계평자季平子는 닭싸움으로 후소백郈昭伯과 다투었고, 이것이 노 소공을 격분시켰다. 소공은 군사를 이끌고 계평자를 쳤고, 계평자는 맹孟씨와 숙손叔孫씨 가문과 합심하여 소공을 공격했다. 소공의 군사는 패해 제나라로 도망쳤다. 제나라는 그를 간후乾侯에 거처하게 했다. 곧 노나라는 혼란에 빠졌고, 공자는 제나라로 갔다. 경공과 연결되리라는 희망으로 고소자高昭子의 가신이 되었다. 제나라의 음악 마스터와 음악을 논했다. 거기서 소韶(기원전 23세기 무렵 순임금이 지었다는 상징적 댄스 음악)를 듣고 그것을 익혔다. 석 달 동안 고기 맛을 잊었다.

孔子年三十五 而季平子與郈昭伯以鬪雞故得罪魯昭公 昭公率師擊平子 平子與孟氏叔孫氏三家共攻昭公 昭公師敗 奔於齊 齊處昭公乾侯. 其後頃之 魯亂. 孔子適齊 爲高昭子家臣 欲以通乎景公. 與齊太師語樂 聞韶音 學之 三月不知肉味 齊人稱之.

과연 그럴까? 카이즈카 시게키는 ① 오래전 조선에 다산이라는 학자가 이 발언의 배경을 미리 밝혀놓았다는 것을 몰랐다. ② 그뿐인가? 그 취지 또한 공자의 생각과 어울리지 않는다.

중원의 무질서와 혼란, 그리고 노나라의 현실은 공자가 꿈꾼 세상이 아니었다. 3가의 역공으로 축출된 소공은 망명의 음울한 세월을 보내다가 간후에서 죽고, 3가는 세자를 폐하고 허수아비 정공定公을 세워 정권을 농단했다.[1]

공자는 안팎으로 무너진 예악의 질서를 회복히고지 '인 될 줄 뻔히 알면서도' 뜻을 구현할 군주를 찾아 천하를 철환했던 사람이다. 그런 그가 그저 '中華'를 앞뒤 없이 자부했다는 해석은 이해하기 어렵다.

다산의 독창적 해석을 들어보자. "우선 不如는 주자가 그랬듯이, '양상이 다르다'로 해석될 수 없다." 不如는 "-보다 못하다"는 뜻이다. 이 한마디로 주자의 해석은 빛을 잃는다. 실제《논어》의 용례들을 보면, 다산의 말이 틀리지 않는다. 가령 〈학이〉 편 8장의 "無友不如己

---

1   그런데 이들 또한 그들의 가신 읍재邑宰들의 전횡을 마주해야 했다. 양호와 공산불뉴公山不狃의 반란이 대표적이다.

者무우불여기자"는 "너보다 못한 자를 친구 삼지 말라"라는 뜻이고, 〈공야장〉 편 27장의 "十室之邑십실지읍 必有忠信如丘者焉필유충신여구자언 不如丘之好學也불여구지호학야"도 "나만큼 학문을 좋아하는 사람도 없다"라는 뜻이며, 〈옹야〉 편 18장의 "知之者不如好之者지지자불여호지자 好之者不如樂之者호지자불여락지자" 또한 "아는 것보다 좋아하는 것이 낫고 그보다는 즐기는 것이 낫다"라는 뜻 아닌가?

다산은 이 말이 가치의 우열을 정하는 단정적 어투로서, 'A 不如 B'란 "얼핏 좋아 보이는 A가 곰곰이 따져보면, 오히려 나쁘게 생각하던 B보다 못함을 드러내는 구문"이라고 설명했다. 그러면 위 구절은 빼도 박도 못하고 이렇게 읽어야 한다.

이적에게 군주가 있음은 제하의 없음만 못하다.

그러면 해석은 다시 원점으로 돌아온다. 공자가 이민족을 무조건 홀대하고, 중원의 혼란에도 불구하고 그 지역과 문화를 그저 칭송했다는 말인가? 다산은 제3의 출구를 비집고 열어간다.

구이九夷에 가서 살고 싶다고 했듯이, 공자는 이적을 천시하지 않았다. 더구나 죄목도 안 밝히고 '너희에게 군주가 있어 봤자 없는 우리보다 못해'라고 한다면, 이게 말이 되는 소리인가? 주소공화周召共和[2]는 천 년 백년에 한 번 있을까 말까 한 일인데, 공자가 이를 근거로 문명을 자

---

2   주나라 여왕厲王이 國人의 폭동으로 쫓겨나 주 정공定公과 소 목공穆公이 왕을 대신해 함께 집정한 사건을 말한다.

부했다니, 그럴 리가 있겠는가?

孔子欲居九夷 夷狄非其所賤. 況罪累不明 而無故斥之曰: '汝之有
君 不如我之亡君' 豈有味之言乎? 周召共和 此是千百年僅一有之
事. 孔子據此以自多 有是理乎?

다산은 이 발언의 배경을 이렇게 적고 있다.

노나라 소공 25년(기원전 517년, 공자 35세), 소공이 선대인 양공襄公의
제사를 지내려 했는데, 무인舞人과 악사樂士들이 두 사람만 남고 나머
지는 모두 당시 실권을 잡고 있던 계씨에게로 가서 천자만이 펼칠 수
있는 대무大武(무왕이 은을 정벌한 공을 찬미한 음악)를 추고 있자, 격분한
소공은 계씨(이때 실권은 계평자에게 있었다)를 죽이려 했다.
그렇지만 거사는 결국 실패로 돌아가 소공은 제나라로 망명했는데, 공
자도 그 무렵 제나라로 갔다. 이 때문에 노나라는 군주가 없어졌고, 國
人들이 이 상황에 대한 책임이 소공에게 있다고 하여 힐난하자, 공사
가 그렇지 않음을 밝히면서 '임금이 임금답지 않고 신하가 신하답지
않은' 이적의 상황에서 미봉하고 안주하느니, 난신亂臣을 죽이고 도적
을 토벌하여 제하의 법을 닦으려다가 군주의 지위를 잃게 되는 편이
오히려 떳떳함을 일깨우고자 했다.

昭公二十五年 祭于襄公 舞列不備【只二人】而舞工盡赴季氏 以
舞〈大武〉.【衆〈萬〉于季氏】昭公怒 欲誅季氏【議於子家駒】事敗
公奔齊【見《左傳》】孔子亦適齊.【見《史記》】魯遂無君 國人皆咎
昭公. 孔子明其不然曰: "與其君不君臣不臣 安於夷狄 而苟保君位
不若誅亂討賊 以修諸夏之法 而失其君位也." 其在國人 與其安此

賊而有君 反不若明此義而無君也.

이 정위는 파격적이다. 누구도 예상하지 못한 곳을 찔렀다. 그에 의하면, '이적'이란 폭력과 압제에 의한 통치를 가리키고, '제하'는 유교가 제창하는 오랜 문명적 질서를 가리킨다.

군주의 지위에 연연해, 다들 현실에 안주하지 마라. 진정한 권위를 행사하고 공동체의 질서를 구축하기 위해 때로는 목숨을 걸어야 한다. 그렇게 실패하는 것이 오히려 현실에 굴복하고 타협하는 것보다 위대하다. 〔補曰〕 安於夷狄 而苟保君位 不若遵先王之法 修華夏之禮 而不保其君位也.

이 구절만 보아도, 다산이 《논어》 전편을 통해 완전히 새로운 德과 정치학을 펼쳐나갈 것임을 예견할 수 있다.

다산의 해석은 얼마나 신빙성이 있는 것일까? 위의 도도한 논의는 상상력에 불과한 것이 아닐까? 다산은 이 발언의 앞뒤 맥락을 방증으로 제시한다. 《논어》는 관련된 챕터들을 한 군데 묶어 두었다. 이들은 서로 연관되어 있음을 알 수 있다.

子謂季氏: "八佾舞於庭 是可忍也 孰不可忍也?" 〈〈팔일〉 1장〉
공자가 계씨를 두고 이렇게 말했다. "자신의 뜰에서 (천자의 춤인) 팔일무를 추다니, 이런 짓을 할 수 있다면 무슨 일인들 못 하겠는가?"

3가가 雍(화목)의 곡을 연주하며 제사상을 치웠다. 공자가 말했다. "도대체 '제

三家者以雍徹. 子曰: "相維辟公 天子穆穆 奚取於三家之堂." (〈팔일〉 2장)

후들이 천자를 옹위하고, 천자는 평온하네'라는 가사가 3가와 무슨 상관이 있
단 말인가?"

子曰: "人而不仁 如禮何. 人而不仁 如樂何." (〈팔일〉 3장)

공자가 말했다. "사람이 사람의 자세(仁)가 되어 있지 않다면, 禮(의 절차와 형식)
를 어디다 쓸 것인가? 사람이 공공성을 놓친다면, (마음의 정화와 조화를 가져오는)
음악이 무슨 소용이 있겠는가?"

격에 맞지 않는 의례와 음악, 권력과 부를 앞세운 사치와 과시는 예악
의 근본정신을 망각한 것이고, 당연히 본래의 효과를 가져올 수 없다.
주변의 사람들은 눈살을 찌푸릴 것이고, 하늘이나 산천도 그 제사를
거절하게 될 것이다. 다음 4장은 단도직입으로 이 질문을 던진다.

林放問禮之本. 子曰: "大哉問 禮與其奢也 寧儉, 喪與其易也 寧戚." (〈팔일〉
4장)

임방林放이 禮의 근본을 물었다. 공자가 말했다. "그 질문이 위대하구나. 禮는
사치하기보다 검소해야 하고, 상을 당했을 때는 익숙한 절차보다 진정한 슬픔
이 중요하다."

상을 당했을 때는 마음에 치미는 슬픔이 매뉴얼의 지침보다 중요하
다. 행사 또한 외적 형식과 규모보다 분수를 넘지 않는 간소한 제기와
음식, 화려하지 않은 소박함이 중요하다. 다산은 여기서, 공자 발언의
초점이 후자에 있고, 이것은 계씨의 참람을 지적한 것이라고 말한다.

그런 다음 5장, 우리가 맨 처음에 읽은 이적과 제하의 대비가 등장한다. 그럼 저간의 사정이 뚜렷한 그림으로 떠오르는 것을 느낄 수 있을 것이다. 이어지는 6장도 이와 연관된 주제를 다루고 있다.

季氏旅於泰山. 子謂冉有曰: "女不能救與?" 對曰: "不能." 子曰: "嗚呼 曾謂泰山不如林放乎?" (〈팔일〉 6장)

계씨가 태산에서 하늘에 고유제를 지냈다. 공자가 염구에게 말했다. "네가 말리지 못하느냐?" "제 힘으로 할 수 있는 일이 아닙니다." 공자가 탄식했다. "오호, 태산이 임방보다 못할까?"

임방은 앞에서 禮의 근본을 물었었다. 태산은 그보다 더 위대한 존재 아닌가? 훤히 내려다보고 있을 것이다. 누가 지내는지, 적절한 상황에 합당한 방식으로 지내는지를…. 자격도 없는 계씨가 그저 넘치는 제물과 화려한 음악으로 요란을 떤다면, 태산이 그저 좋아라 웃고 있을 것인가? 계씨는 이 소용없는 참람한 짓을 왜 하고 있단 말인가?

다산의 해석에서 몇 가지를 더 짚어둘 필요가 있다. ①《논어》는 각각의 사례를 완전히 흩어놓은 것이 아니다. 때로는 그룹으로 뭉쳐 있다. 하나의 사건을 중심으로 연관된 주제들을 확인할 수 있다. 다산은 공자의 '농담'을 모아 놓은 부분을 짚어주기도 했다. 물론 이 추론에는 위험이 따르지만…. 그는 이 〈팔일〉 편의 앞부분 여섯 챕터가 이때의 일을 배경으로 한 발언을 모아 놓은 것으로 추정했다. 그리고 ② 그는 이 통찰을 제자 굉보 이강회의 것으로 돌려주었다. 다산은 아마 다 알았을 것인데, 짐짓 제자의 공로로 매김해주었다. 맨 앞의 구절을 번역하면 이렇다.

굉보가 말했다. "〈팔일〉 편 첫 챕터에서 (이적과 제하를 대비한) 이 장까지, 그리고 다음 장까지, 모두 공자가 제나라에서 계씨의 죄를 논한 것이다." 紘父云: "是篇自首章至此章 以及下章 皆孔子在齊 論季氏之罪者."

그러나 마지막 구절은 나중의 일이 아닐까 싶다. 팔일무를 추고 옹을 연주하던 참람은, 소공의 쿠데타와 제나라 망명 시기의 일이다. 그러나 임방이 禮의 근본을 묻고, 염구에게 태산의 제사를 말릴 수 없느냐고 다그칠 때의 일은 훨씬 나중의 일로 보아야 하지 않을까?

염구는 공자보다 29세 연하다. 소공의 쿠데타가 기원전 517년이면, 공자가 35세고, 염구는 갓 6살이 된다. 코흘리개이니, 이 일은 어불성설이다. 실제 다산은 이 챕터의 해석에서 태산의 제사를 공자가 대사구가 되어 계씨의 세력을 줄이던 시절의 일로 비정했다. 그때가 기원전 498년, 공자 나이 54세, 염구가 25세이니 시간이 얼추 무리하지 않다.

그러면 이렇게 읽을 수 있다. 시간상으로 사건들은 서로 떨어져 있되, 계씨의 참람은 소공의 망명 때나 그 이후 공자가 노나라 국정에 간여하고 염구가 계씨의 일을 맡고 있던 시기까지 변치 않고 쭉 이어졌다.

하여튼 공자의 생각 속에 禮에 관한 질서라는 관념이 깊게 뿌리박혀 있음을 알 수 있다. 그것은 일종의 사회 유기체적 발상으로, 곧이어 볼 제 경공과의 대화에서 분명하듯, 각자의 사회적 지위와 책임을 인지하고, 거기 걸맞은 생각과 행동을 해나가는 것으로 정의될 수 있다.

禮는 충돌을 막고 교환을 제어하는 장치다. 작게는 에티켓과 절도를 가리키지만, 일탈을 정죄하는 법률, 그리고 정치적 선택까지 포괄하는 전 사회적 시스템을 총칭한다.

돌이켜보면, 20세기 이후 농경에서 산업으로, 그리고 유교에서 근대사상으로 사회와 문명의 원리가 크게 바뀌었다. 그와 더불어 한 개인의 가치와 행동 양식도 획기적인 변화를 겪었다.

우선 '권위'의 쇠퇴를 들 수 있다. 정치적 권위는 말할 것도 없고, 연장자의 존중 또한 거의 빛을 잃었다. 정치를 향한 풍자, 권력의 희화화가 일상이 되었고, 젊은이가 지하철에서 노인을 향해 욕설을 던지고, 무개념의 다양한 군상이 인터넷을 달군다.

맹자가 말한 대로, "오직 이익과 손해의 관점에서 사태를 판단하고 이웃과 관계 맺는 물신의 시대"가 팽배해졌다. 계층 간·이념 간 간격이 커지고, 세대 간 갈등 또한 위험한 지경에 이르고 있다.

여기 '다문화의 도전'이 보태졌다. 한국이 빠르게 글로벌한 강국으로 등장하면서 해외의 비즈니스가 활발해졌고, 또 국내에서 일자리를 찾기 위해, 결혼을 위해 찾아오고 정착하는 외국인이 많아졌다.

禮는 결국 '관계'의 기술(art)이다. 그 근본정신은 상대방에 대한 배려이고, 나의 편견과 공격성을 제어하는 자기 훈련이다. 〈학이〉 편 15장에는 다음과 같은 대화가 실려 있다.

子貢曰: "貧而無諂 富而無驕 何如?" 子曰: "可也 未若貧而樂 富而好禮者也."

자공이 말했다. "가난하면서도 부유한 자에게 아첨하지 않고, 부유하면서도 가난한 사람들을 멸시하지 않는 사람이면 훌륭하겠지요?" 공자가 말했다. "훌륭하지. 그렇지만 가난하면서도 삶을 즐기고, 부유하면서도 禮를 아는 사람보다는 못 하겠지."

유교는 구성원들의 상호 의무를 강조한다. 기본은 상대방에 대한 존중이고 이해다. 물론 위상과 관계에 따라 행위자의 태도와 행동은 다를 수밖에 없다. 원리는 같되, 양식은 다를 수밖에 없고, 또 달라야 한다.

옛적의 禮는 그 행위 양식을 구체적으로 규정해 놓았지만, 세월이 달라지고 모든 것이 변한 지금, 그 절목들은 상당 부분 낡은 것이 되었다. 그럼에도 그 근본에 깔린 상대방에 대한 배려와 자신에 대한 겸양, 전체에 대한 협력은 지금도 유효하고, 문명과 야만을 가릴 것 없이 언제나 그럴 것이다.

법가는 공공의 질서를 위해 강제적 집행에 의존하지만, 유학의 道는 학습을 통해 이 품성을 제2의 천성처럼 습관화하고자 한다. 특히 《맹자》를 보라. "인간은 사회적 본능을 타고난다(性善)." 그 본능은 이기적·계산적 지평에 있지 않다. 그렇다면 도덕성은 강제가 아니라 자연의 질서이자 내적 본성을 실현하는 길이겠다(天命之謂性 率性之謂道). 이 길을 따라 좋은 품성과 공공의 선이 통합될 수 있었다.

다시 맨 앞으로 돌아가, 다산의 이 해석을 더 깊이 음미해보자. 그는 '오랑캐'에 대한 편견이 없을 뿐만 아니라, 그것을 지역이나 종족에 따른 구분이 아니라 道, 즉 휴머니티 문화와 예악 질서의 관점에서 읽고 있음을 알 수 있다.

조선 후기 '문명론적 인식'은 실학의 새 흐름 속에서 다양하게 피어났다. 일찍이 북학파는 명분론적 화이사상에 비판적이었다. 담헌 홍대용은 지구의를 돌리며 "중국이 어디인고? 중국 아닌 나라가 없구먼"이라고 외쳤다.

또 중국은 서양과 경도 차이가 180도에 이른다. 중국인이야 중국으로 정계正界를 삼고 서양을 도계倒界로 삼겠지만, 서양인은 자기의 땅으로 정계를 삼고 중국을 도계로 삼는다. 지구상의 여러 나라는 제 나름의 문화와 질서를 보유하고 있으므로 가치의 우열이 있을 수 없다.

且中國之於西洋 經度之差 至于一百八十. 中國之人 以中國爲正界 以西洋爲倒界. 西洋之人 以西洋爲正界 以中國爲倒界. 其實戴天履地 隨界皆然 無橫無倒 均是正界. (담헌,《의산문답毉山問答》)

장보를 쓰든 위모를 쓰든, 문신을 하든 조제를 하든 모두 나름의 습속이니, 하늘에서 내려다보면 내외의 구분이라는 것이 있을 수 없다. 각각 제 친한 사람을 사귀고 각기 제 임금을 높이고 각각 제 나라를 지키면서 제 고장 습속에 평안하고 한가로우니 화이의 구분은 없다.

章甫委貌 文身雕題 均是習俗也. 自天視之 豈有內外之分哉? 是以各親其人 各尊其君 各守其國. 各安其俗. 華夷一也. (같은 책)

그렇지만 다산은 모든 문명이 상대적이라고 생각하지 않았다. 그는 문명과 야만의 구분이 엄연히 존재하며, 유교적 이상 질서를 꿈꾼 점에서 정통적 유교도라고 할 수 있다.

성인의 法은 (지역적으로) 중국이면서도 (문화정치적으로) 이적의 道를 행하면 이적으로 여기고, (종족적으로) 이적이면서도 (문화정치적으로) 중국의 道를 행하면 중국으로 여겼다. 그런즉 중국이냐 이적이냐는 그 道와 政에 있지 강역疆域에 있는 것은 아니다.

聖人之法 以中國而夷狄則夷狄之 以夷狄而中國則中國之 中國與

夷狄 在其道與政 不在乎疆域也. (다산, 〈척발위론拓拔魏論〉)

　다산은 '문명'의 '상대주의'에 편들지 않는다. 그는 분명 유교가 구현하는 '문명'의 보편성을 믿었다. 다만 그것이 아직 안개에 가려 있고, 이 땅에 구현되지 않았을 뿐이다.

　하나 유의할 것은 이 문명의 건설에서, '중국'이 그것을 독점하거나 생래적으로 확보하고 있다는 생각에 단호하게 반대했다. 즉 '오랑캐'는 종족적 이름이 아니고, 문화적·문명적 개념이라는 것이다.

　그 이념과 체제를 '先王의 大道'라고 부른다. 요순을 발상지로 3대 이래 수정을 거치며 내려온 이 이념과 체계가 공맹 이래 그만 맥이 끊겨버렸다. 주자는 그 복원을 외치며 나섰으나, 불교에 물들고 내적 명상에 골몰함으로써 오히려 본래 면모를 돌이킬 수 없이 훼손해버렸다고 다산은 생각했다.

　경학은 그 복원을 위한 이념적 준거다. 그리고 그 사회과학적 적용은 《목민심서》《경세유표》《흠흠신서》 등 이른바 경세 3부작에서 읽을 수 있다. 이 둘 가운데 하나가 빠져도 곤란하다.

　다산의 믿음대로 유교 원리는 지금도 이식 혹은 실현이 가능할까? 무엇을 살리고 무엇을 적응시키며 무엇을 새로 만들 것인가? 유교는 전통적 유교국인 '아시아 안'에서만 생명력을 가질까? 다산을 위시하여 주자학자들까지 유교 문명이 보편적 가치와 적응력을 가지고 있다고 믿었다.

　미국의 일부 학자들의 생각처럼, 유교는 지역과 문화의 제한을 떠날 수 있을까? 보스턴 유교(Boston Confucianism)가 가능할까? 뚜웨이밍杜維明은 예전 하버드 옌칭 연구소에서 자신들의 유교적 과제를

'道' '학문' '적응'이라고 했는데, 가령 미국 같은 다문화 사회에서 이 일분수리一分殊의 원리를 접목하면 좋겠다고 말한 바 있다.

유교의 국가화는 이와는 다른 길을 걷는 것 같다. 유교의 생명은 일상의 관계와 의미 속에서 꽃피는 것으로, 다른 민족과 종교, 심지어 전통과 접목할 수 있을까?

2장

제 경공과의 대화

공자는 소공을 따라 제나라에 가 있었다. 《논어》 〈안연顔淵〉 편 11장
은 이때 제 경공과 나눈 대화다.

齊景公問政於孔子. 孔子對曰: "君君 臣臣 父父 子子." 公曰: "善哉! 信如君
不君 臣不臣 父不父 子不子 雖有粟 吾得而食諸?"
제 경공이 공자에게 정치를 물었다. "군주는 군주답고, 신하는 신하답고, 애비
는 애비답고, 아들은 아들다운 것입니다." 경공이 대답했다. "훌륭합니다. 진실
로 군주가 군주답지 않고, 신하가 신하답지 않으며, 애비는 애비답지 않고, 아
들은 아들답지 않다면, 곡식이 있다 한들 내가 어떻게 먹을 수 있겠소?"

이 문답의 배경에 대해 주자는 이렇게 짚어준다.

제 경공의 이름은 저구杵臼다. 노 소공 말년에 공자가 제나라로 갔다.

공자의 대답은 人道의 원칙, 정치의 근본을 설파해준 것이다. 이때 ① 경공은 정치에 실패하고 있었고, (엉뚱하게) 大夫인 진陳씨가 백성들에게 두터운 시혜를 베풀어 민심을 얻고 있었다. ② 거기에 첩도 많아 후계를 세우지 못하고 있었으니, 군신과 부자의 양 측면에서 모두 그 道를 잃고 있었다.

齊景公 名杵曰. 魯昭公末年 孔子適齊. 此人道之大經 政事之根本也. 是時景公失政 而大夫陳氏厚施於國. 景公又多內嬖 而不立太子. 其君臣父子之間 皆失其道 故夫子告之以此.

이어서 주자는 말한다.

경공은 공자의 말에 맞장구치면서도, 정작 그를 기용하지는 못했다. 후계를 정하지 못하는 바람에 진씨가 군주를 시해하고 나라를 찬탈하는 화근을 열었다.

景公善孔子之言而不能用 其後果以繼嗣不定 啟陳氏弑君簒國之禍.

그러면서 양구산楊龜山(양시)의 비평을 덧붙이고 있다.

양구산이 말했다. "좋은 말이라고 고개만 끄덕일 것이 아니라, 이를 계기로 군주의 도리를 성찰하고 개선을 모색했으면 제나라의 화란을 막을 수 있었을 텐데, 안타깝다."

楊氏曰: "君之所以君 臣之所以臣 父之所以父 子之所以子 是必有道矣. 景公知善夫子之言 而不知反求其所以然 蓋悅而不繹者.

齊之所以卒於亂也."

다산은 주자의 비평에 전적 공감하면서, 자신의 의견을 덧붙이고 있다. 우선 이 정황을 좀 더 구체적으로 적시했다.

소공 25년, 소공은 계씨를 죽이려 했는데 일이 틀어져, 소공은 제나라로 망명했고, 공자도 제나라로 갔다. 고소자의 가신이 되어 경공을 만났다.
昭公二十五年 昭公欲誅季氏 事敗 公奔齊. 孔子亦適齊 爲高昭子家臣 以通于景公.

정치(政)는 바로잡음(正)인데, 소공의 노나라나 경공의 제나라가 다 '어그러짐(관계의 무질서)' 속에 있었다.
政者 正也. … 是時魯昭公 亦被逐於三桓 主國本國皆喪倫義 所急在此.

君君, 臣臣, 父父, 子子. 우리는 이 충고를 일반론적으로 읽는다. 그러나 다산은 역사가답게 이 발언이 경공을 향해 발화된 것임을 잊지 않는다. 이를테면, 다름 아닌 경공이 "군주로서 군주답지 않았고" 또 "아버지로서 아버지답지 않았다." 다산은 《좌전》의 기사를 축으로 이렇게 정리해주고 있다.

① 君臣: 이보다 훨씬 이전 소공 3년(기원전 539년), 《좌전》에 다음과 같은 기사가 실려 있다.

"공자와 대면하기 20여 년 전에, 이미 진씨가 정권의 축으로 부상하고 있었다.[1] 경공이 과도한 세금을 징수하고 있을 때, 진씨는 도량형을 고쳐 많이 주고 적게 받았다. 그러자 백성들이 부모처럼 사랑하고, 물밀듯 민심이 귀의했다. 소공 26년(기원전 516년)에 재상 안영晏嬰(안자)이 이를 경계했다. '경공께서는 세금을 많이 걷고 진씨는 많이 베풀고 있어, 민심이 그리 돌아가고 있습니다.' 제나라의 위기는 오래된 것이었다."

《左傳》昭三年 齊侯使晏嬰請繼室於晉. 叔向從之宴 相與語. 叔向曰: "齊其何如?" 晏子曰: "此季世也. 齊其爲陳氏矣. 公棄其民 而歸於陳氏. 齊舊四量 豆·區·釜·鍾. 陳氏三量 皆登一焉 鍾乃大矣. 以家量貸 而以公量收之. 其愛之如父母 而歸之如流水. 欲無獲民 將焉辟之?" 【昭二十六年 晏子告景公曰: "公厚斂焉 陳氏厚施焉 民歸之矣. 後世若少惰 陳氏而不亡 則國其國也."】

② 父子: 애공哀公 5년(기원전 490년), 《좌전》에 다음과 같은 기사가 실려 있다.

"경공의 부인 연희燕姬가 낳은 아들이 성장하기 전에 죽었다. 경공에게는 첩이 많았는데, 그중 육사鬻姒가 낳은 도茶를 사랑했다. 대부들은 후계가 그리 정해질까 두려워했다. 경공은 속을 숨기고, 이리 눙쳤다. '우려가 많으면 병이 생길 것이니, 그저 즐겁게 지내시오. 후계를 걱정할 것이 무엇이오?' 경공은 병이 깊어지자 국혜자國惠子와 고소자로 하여금 도를 태자로 세우고, 모든 공자公子를 (제나라 동쪽 변방) 내萊땅에 안치하게 하였다. 가을에 제 경공이 죽자, 이들은 위나라 혹은 노나라

---

1   그 선조는 타국 출신으로 제나라로 망명 와서 뿌리를 내렸다.

로 흩어졌다."

《左傳》哀五年 齊燕姬【景公之夫人】生子 不成而死.【未冠也】鬻
姒之子荼嬖【妾子也】諸大夫恐其爲太子也. 言於公曰: "君之齒長
矣 未有太子 若之何?" 公曰: "二三子間於憂虞 則有疾疚 亦姑謀
樂 何憂於無君?"【景公意欲立荼而未發 故以此言塞大夫請】公疾
使國惠子·高昭子立荼 實群公子於萊. 秋 齊景公卒. 冬十月 公子
嘉·公子駒·公子黔奔衛 公子鉏·公子陽生來奔.

이처럼 다산은 '일반론적·추상적 설교'로 보이는 《논어》의 문구와
공자의 발언에 구체적 컬러와 생동감을 부여해주고 있다.

아무튼 경공은 공자를 중용할 뜻을 가졌으나, 안영의 건의와 귀족
들의 반발로 마음을 접었다. 다산은 《논어》〈미자微子〉편 3장이 이때
있었던 일임을 확인해주었다.

齊景公待孔子曰: "若季氏則吾不能 以季·孟之間待之." 曰: "吾老矣 不能
用也." 孔子行.
제나라 경공이 공자를 대면했다. "계씨 수준으로 대접하지는 못하겠고, 계씨와
맹씨 중간쯤으로 하면 어떻겠소?" 나중에는 이렇게 말했다. "나는 늙어서 (그대
를) 쓰지 못하겠소." 공자는 (이 말을 듣고 제나라를) 떠났다(노나라로 돌아갔다).

'계씨와 맹씨 사이'가 어느 정도인지 우리는 대강 짐작만 하는데, 다
산은 이 '수치'를 구체적으로 파고든다.

계씨는 노나라의 경이므로 3뢰牢(소·양·돼지로 접대하는 예)가 기본이지

만, 국정을 전담하고 있어 5뢰를 쓰기도 했다. 이에 비해 맹씨는 그런 실권이 없어 3뢰를 썼다. 공자는 비록 지위는 낮지만 聖德이 있어, 이런 파격적 대우를 하려 했다.

〔補曰〕牢禮如其命數. 季氏 魯卿 不過三牢 而以其專政 或用五牢 【義見下】孟氏無權 仍用三牢. 今孔子位卑 以有聖德 故其餼牢欲 亞於季氏 禮遇隆矣.

그러나 이 기용은 이루어지지 않았다. 왜 그랬을까? 다산은 《사기》 〈공자세가〉를 인용해서 저간의 사정을 들려준다.

제 경공이 정치를 묻자, 공자는 '재정의 절약'을 강조했다. 경공이 기뻐 했다. 그래서 니계尼谿의 땅(田)으로 대하려 했다. 안영이 나서서 말렸 다. "유학자들은, 말은 매끄러운데 오만하여 부리기 어렵습니다. 사람 의 죽음에 지나친 슬픔을 보이고, 상례에 파산할 정도로 몰두합니다. 이는 풍속에 도움이 되지 않습니다. 세 치 혀로 유세를 다니며 먹을 것 을 구하니, 나라에 이익될 것이 없습니다. 지금 공자는 복장을 꾸미고 세세한 의례를 강조하고 있습니다. 그 번다한 것을 평생 가도 다 공부 하지 못합니다. 그걸로 제나라의 풍속을 바꾸려 해서는 안 됩니다. 그 것은 백성을 우선 고려하는 법이 아닙니다."

〔事實〕〈孔子世家〉云: "齊 景公復問政. 孔子曰 '政在節財.' 景公說 將欲以尼谿田封孔子. 晏嬰進曰 '夫儒者 滑稽而不可軌法 倨傲自 順 不可以爲下 崇喪遂哀 破産厚葬 不可以爲俗 游說乞貨 不可以 爲國. 今孔子盛容飾 煩登降之禮·趨詳之節. 累世不能殫其學 當 年不能究其禮. 君欲用之以移齊俗 非所以先細民也.'"

경공은 이 말을 듣고, 공자를 등용하려던 생각을 접는다. 안영의 충고, 제나라 귀족들의 반발 등으로 경공은 결국 생각을 접고, 공자는 노나라로 돌아오고 만다!

다산은 이처럼 공자의 발언에 보다 분명한 함축, 무엇보다 사건의 맥락과 배경을 알려주고자 한다. 대화는 '추상적 원리'를 일반적으로 설파하는 교과서적 교설이 아닐 것이었다.

특히 《논어》 같은 오래된 고전, 당시 죽간 등 매체의 제한으로 압축된 것일수록, '보이지 않는 문자'들을 읽는 노력과 안목이 결정적이게 된다. 이 보이지 않고 가려진 곳을 접근하는 노력을 '경학'이라고 할 수 있다. 방식은 여럿이고, 그것은 시대와 개성의 산물이다. 해석은 그가 맞닥뜨린 시대, 그리고 각 '보는 자'의 개성이 결정적으로 작용한다.

가령 송대의 새로운 유학은 불교에 맞서 새로운 사회적 각성으로 출발했고, 그리하여 외면적 지식과 사회적 책임을 축으로 한 새로운 해석의 길을 열었다. 그러나 유학의 외면성은 내면성으로의 회귀를 불렀고, 그 대표 경향이 양명학陽明學의 대안과 흥기를 이끌었다.

다산은 전혀 다른 시대와 문제 위에서 고전을 고민한 사람이다. 나는 그것을 주자와의 대비 축 위에서 읽고 있다. 실제 그의 경학에서 기본 기조는 주자와 현격히 다르다. 이 말을 오해해서는 안 된다. 그는 청대의 모기령毛奇齡과는 달리, 주자의 통찰과 성취를 존중하고 인정한다. 그럼에도 《논어》를 읽는 눈, 그리고 공자가 창도하고자 한 유교의 근본 원리와 세부적 설계를 읽는 눈에서 두 사람은 완전히 다른 안목과 비전을 갖고 있다.

다시 강조하지만, 다산은 역사적 비평가의 안목을 갖고 있다. 《논어》에 나오는 수많은 기사와 발언의 정황은 무엇인가? 질문은 어디서 왜 나왔고, 대답은 구체적으로 무엇을 전해주고자 하는가? 공자의 발언은 '일반적' 충고인가, 아니면 '구체적' 내용을 한정적으로 갖고 있는가? 다산은 여기 분명한 구체적 맥락을 찾아 들어간다.

가령 독자들이 '정치'의 요체를 묻는 물음에, "군주는 군주답고, 신하는 신하답고, 아버지는 아버지답고, 아들은 아들답고"라는 충고를 들을 때, 우리는 대체로 ① 누구든 자신의 가족적·사회적 위상에서 요구되는 도리와 책무를 다하라는 공자의 교사적 충고로 탈맥락적으로 듣기 쉽다. "내가 아들 노릇을 제대로 하고 있나?" "내가 교수로서 책임을 다 하고 있나?"라는 일반적 반성의 자세를 촉구하는 것으로. ② 거기다 만일 이 원론적 충고가 매우 형이상학적이고 지나치게 철학적 설명 위에 놓이게 되면, 사람들은 더욱 막막함을 느끼고 이 고전에서 근접할 수 없는 거리를 느낄 것이다. 이 이중의 '거리감'이 유학을 특히 현대인들로부터 멀어지게 한 원인의 하나일 수도 있지 않을까?

지금 보듯 주자 또한 《논어》의 맥락과 현장을 찾아간다. 그러나 이 경우는 예외에 속한다. 앞의 경우는 《사기》 등의 도움을 받아 맥락이 알려진 경우에 속한다. 만일 숨겨진 것이라면? 그는 굳이 파고들지 않는다. 그는 《논어》 전편을 이렇게 역사적으로, 비평적으로 접근해 가지 않는다.

그는 역시 철학적 정향의 인물이며, 이를테면 '보편적 진리(理)'를 찾고자 한다. 그 진리는 그가 읽어낸, 우주와 인간에 대한 장대한 형이상학과 인간론, 그리고 삶의 길에 대한 독자적 통찰에 기초하고 있다. 그것이 《논어》를 위시한 四書의 해석에 담겨 있으며, 이것이 해석의 기초가 되어 조선조 선비들의 삶을 규율해온 것은 주지의 사실이다. 다산은 이 '체계' 전체를 문제 삼는다.

다산은 경학이라는 방법을 통해 유교와 공자, 그리고 《논어》를 읽는 눈을 완전히 새로운 방식으로 구축하고자 했다. 우리는 지금 그 새로운 해석과 체계 속으로 여행 혹은 모험을 떠나고 있다.

아무도 기억해주지 않는 군주

두 사람은 이렇게 만났다가 헤어졌다. 그러나 스토리는 아직 끝나지 않았다. 공자의 정치론을 읽는 데 두 사람의 인연이 좋은 참고가 될 듯하여, 마저 소개하고자 한다.

제나라 경공(재위 기원전 548-490년)은 대국의 군주로 누구보다 오랫동안 재위에 있었고, 안영(기원전 578-500년)의 활약으로 중원에 이름을 떨쳤다. 그가 죽었을 때, 공자는 이렇게 탄식했다.

齊景公有馬千駟 死之日 民無德而稱焉. 伯夷叔齊餓于首陽之下 民到于今稱之. 其斯之謂與? (〈계씨季氏〉12장)
"제 경공은 마천사馬千駟(네 필의 말이 끄는 천 대의 수레)를 자랑했으나, 그 죽는 날에 백성들이 칭송할 德이 아무것도 없었다. 백이伯夷·숙제叔齊는 수양산 아래서 굶어 죽었으나, 지금도 그들을 칭송하고 있다. 그것, 이를 말하는 것이 아닌가?"

우선 원문의 내용부터 살펴보자. 크게 난해한 곳은 없는데, 마지막 구절이 잘 이해가 안 갈 것이다. "그것, 이를 말한다니?" 여기 '그것'이 무엇인지를 찾을 수 없다.

　주자는 잘린 부분을 다른 곳에서 더듬어 찾고 있는데 적절하지 않다. 다산은 잃어버린 곳을 바로 가까이, 앞 챕터로 지목한다. 《논어》의 챕터들은 해석자에 따라 엉뚱하게 합쳐놓기도 하고, 또 부당하게 자르기도 했다. 이곳은 후자에 해당한다. 잘린 앞부분은 이렇다.

孔子曰: "見善如不及 見不善如探湯. 吾見其人矣 吾聞其語矣. 隱居以求
其志 行義以達其道. 吾聞其語矣 未見其人也." (〈계씨〉 11장)
공자가 말했다. "선한 일을 보면 놓칠세라 달려들고, 나쁜 일을 보면 어맛 뜨거
라 손을 뗀다. 나는 그런 사람이 있다고 듣기도 했고, 또 본 적도 있다. '홀로 은
거로 자신의 뜻을 지키고, 사회적으로 옳은 일을 행해 그 道를 완성한다.' 그런
사람이 있다는 말을 들었지만, 내 눈으로 직접 본 적은 없다."

공자의 道는 두 갈래다. 진정한 현자는 은거할 때는 자신을 지키고, 나아가 義를 행함에 道를 다하는 사람이다. 맹자의 어법을 빌리면, 독선기신獨善其身, 홀로 선을 도모하는 것과 겸선천하兼善天下, 세상과 더불어 선을 이루는 것으로 구분할 수 있다. 누가 이 둘을 겸전할 수 있었을까? 공자는 지금 그 전형으로 백이·숙제를 지목하고 있다. 제 경공은 이 추앙(?)에 대비되는 인물로 불쌍하게 끌려 나왔을 뿐이다.

　백이·숙제는 자주 나온다. 그런데 그 두 형제가 왜 그렇게 과도한 칭송을 받는지 현대의 우리는 좀 의아할 수도 있다. 전해지기는 그들의 德은 세 가지 정도다.

① 고죽국孤竹國의 아버지 왕은 숙제를 점지했다. 왕께서 돌아가시고 나자, 숙제는 형 백이에게 자리를 사양했다. 맏아들이 상속하는 것이 온당하다는 것. 그러나 맏아들 백이는 아버지의 뜻이라면서 숙제를 떠밀었다. 실랑이하던 형제는 제위를 팽개치고 외국으로 떠났다.

② 서쪽의 제후 문왕文王이 어질다는 소문을 듣고 그를 찾아가지만, 그는 죽고 아들 무왕武王이 뒤를 이었다는 소식을 듣는다. 무왕은 군대를 모아 상나라를 치려고 했다. 두 형제는 무왕의 군사를 가로막았다. "신하로 군주를 치는 것이 義가 아니며, 더구나 아버지의 장례도 마치지 않고 전쟁을 일으키는 것은 더욱 안 될 말이다." 강태공은 군사들의 창끝을 밀치며 "이들은 의로운 사람들이다"라며 죽이지 않았다.

③ 주나라의 상나라 정벌이 끝나고 두 형제는 불의한 나라의 곡식을 먹지 않겠다면서 수양산에 들어가 고사리를 캐다가 죽었다.

하나는 분명하다. 그들은 그들이 옳다고 생각하는 바를 행했다. 자신들의 이익을 추구하거나 권력을 탐한 것이 아니다. 오히려 주어진 밥그릇을 차버린 것이다. 나중에라도 후회나 원망이 없었을까? 공자는 그들이 "仁을 구해 仁을 얻었으니, 후회나 원망은 없었다"라고 확언했다.

사마천은 그의 《사기》 〈열전〉 첫머리에 이들의 행적을 싣고 있다. 그들은 바른길을 갔을 뿐인데, 왜 굶어 죽는 운명에 처했을까? "하늘은 과연 있는 것일까?" 이 배치는 이릉李陵을 변호하다 궁형의 치욕을 당한 사마천 자신의 운명과 오버랩되어 있다.

자신의 이익을 돌보지 않고 목숨도 내버린 백이·숙제의 '德'을 사람들은 수백 년이 지난 당시까지 마르지 않고 칭송하고 있다. 그에 비하면 당대의 제후나 권력자들은 생시에 떠그르르한 위세를 떨치고 일세를 호령했지만, 그뿐이었다. 죽고 나면 한 줌 흙으로 돌아갈 뿐이다. 그 대표로 불려 나온 것이 제나라 경공이다.

네 번의 만남

공자와 제 경공의 인연은 네 장면에 드러나 있다. 세 번은 직접 만났다.

(1) 소공 20년(기원전 522년, 공자 30세)

쿠데타에 실패한 소공을 따라 제나라로 가기 5년 전, 공자는 노나라에서 제 경공과 그 일행을 만난 적이 있다. 《사기》 〈공자세가〉의 기록을 그대로 옮긴다.

> 노 소공 20년(기원전 522년), 공자 나이 서른이었다. 제나라 경공이 재상 안영과 함께 노나라를 방문했다. 그가 공자에게 물었다. "진秦나라 목공穆公은 나라가 작고 서쪽 변방에 있는데, 어떻게 해서 이웃 나라들을 제압할 수 있었습니까?" 공자가 대답했다. "나라가 작았지만 그들은 야망이 컸고, 서쪽 구석에 자리 잡고 있었지만 그들의 행동은 도덕적 원칙을 따랐습니다. 목공은 백리해百里奚를 감옥에서 빼내 높은 작위를 주었습니다. 3일을 대화한 후, 그를 재상으로 임명했지요. 이것이 목공이 득세하게 된 이유입니다. 패자 정도가 아니라 천하를 호령할 수도

있었습니다." 경공은 이 말에 기뻐했다.

魯昭公之二十年 而孔子蓋年三十矣. 齊景公與晏嬰來適魯 景公
問孔子曰: "昔秦穆公國小處辟 其霸何也?" 對曰: "秦 國雖小 其志
大 處雖辟 行中正. 身擧五羖 爵之大夫 起纍絏之中 與語三日 授
之以政. 以此取之 雖王可也 其霸小矣." 景公說.

(2) 소공 25년(기원전 517년, 공자 35세)

3가의 위세에 눌려 지내던 소공이 닭싸움으로 그들 사이에 알력이
생긴 것을 기회로 친위쿠데타를 일으켰다가 실패하고, 제나라로 망
명했다. 노나라 백성들이 다들 그 무모함과 그로 인한 혼란을 탓할 적
에 공자 혼자 그 시도를 칭찬했다. 이 만남은 앞에서 자세히 적은 바
있다.

子曰: "夷狄之有君 不如諸夏之亡也." (〈팔일〉 5장)
공자가 말했다. "이적의 상황에서 군주의 지위를 지키느니, 제하의 정치를 위해
지위를 잃는 것이 차라리 낫다."

다산의 파천황의 해석을 따랐다. 앞에서 자세히 살펴본 바 있다. 다산
의 《고금주》에서 가장 창의적인 해석 가운데 하나다. 다산에 의하면,
이때 공자는 소공을 따라 제나라로 들어섰다. 그는 경공과 선이 닿기
를 바라며 고소자의 가신이 되었다. 이때 소의 음악을 듣고 석 달 동
안 고기 맛을 잊었다고 한다. 《사기》 〈공자세가〉의 기록이 저간의 사
정을 상세하게 들려준다.

어느 날 경공이 공자에게 정치에 대해 물었다. 공자가 대답했다. "군주는 군주답고, 신하는 신하답고, 아버지는 아버지답고, 아들은 아들다워야 합니다." 경공이 맞장구를 쳤다. "좋군요. 군주가 군주답지 않고, 신하가 신하답지 않고, 아버지는 아버지답지 않고, 아들이 아들답지 않으면, 나라에 곡식이 풍족해도 내가 어떻게 먹겠습니까?"

다른 날 그가 '좋은 정부'에 대해 물었다. "좋은 정부는 국가의 재용을 절약합니다." 경공이 흡족하여 공자에게 니계의 땅을 봉지로 주려고 했다. 그러나 재상인 안영이 막아섰다. "공자의 무리는 너무 수다스러워 본받을 수 없습니다. 신하로 삼기에는 자만이 높고 에고가 강합니다. 헛되이 장례에 힘써 그 비용 때문에 가계를 파산시킬 것이니 풍속으로 삼을 수 없습니다. 사방으로 유세를 다니며 관직을 구걸하고 있으니, 그들에게 유익한 정치를 기대하기 어렵습니다. 위대한 사람들은 죽고 주 왕실은 기울었습니다. 우리의 예악은 지금 퇴락했고, 대개 잊혔습니다. 지금 공자가 와서 의식적 복장과 세세한 의례 과정, 궁정 에티켓을 강조하고 있습니다. 평생을 바쳐도 그것을 마스터하지 못합니다. 그에게 권력을 주고 백성들의 풍속을 바꾸라고 권해도 좋을지 의문입니다. 부디 백성들을 고려해주시기 바랍니다."

나중에 경공은 공자를 만났어도 禮를 묻거나 하지 않았다. 다른 날, 경공이 공자를 불러, "그대를 계씨 급으로 대접할 수는 없습니다" 하고, 계씨와 맹씨 사이쯤으로 대접했다. 제나라 대부들이 공자를 해치려고 했다. 공자가 그 소식을 들었다. 경공이 말했다. "나는 늙었으니, 그대를 쓸 수 없소." 공자는 곧 떠나 노나라로 돌아왔다.

景公問政孔子. 孔子曰: "君君 臣臣 父父 子子." 景公曰: 善哉! 信如君不君 臣不臣 父不父 子不子 雖有粟, 吾豈得而食諸!" 他日又復問政於孔子. 孔子曰: "政在節財." 景公說 將欲以尼谿田封孔子.
晏嬰進曰: "夫儒者滑稽而不可軌法 倨傲自順 不可以爲下 崇喪遂
哀 破産厚葬 不可以爲俗 游說乞貸 不可以爲國. 自大賢之息 周室
旣衰 禮樂缺有間. 今孔子盛容飾 繁登降之禮 趨詳之節 累世不能
殫其學 當年不能究其禮. 君欲用之以移齊俗 非所以先細民也." 後
景公敬見孔子 不問其禮. 異日 景公止孔子曰: "奉子以季氏 吾不
能." 以季孟之間待之. 齊大夫欲害孔子 孔子聞之. 景公曰: 吾老矣
弗能用也." 孔子遂行 反乎魯.

그 후 공자는 노나라로 돌아왔다. 그게 언제일까? 피에르 도딘Pierre
Do-Dinh이 말한 것처럼, 공자가 다시 노나라로 돌아온 시점이 언제
인지는 확실하게 말할 수 없다. 공자가 제나라에 간 지 2년 뒤인지,
아니면 제나라에 망명했던 노 소공이 남의 나라의 궁벽진 땅 간후에
서 운명을 달리한 때였는지. 전자라면 기원전 515년이나 기원전 514
년이고, 후자라면 기원전 509년이 된다. 이즈음 몇 년 동안은 공자의
행적을 알만 한 기록이 보이지 않는다. 그는 어딘가로 물러나 온축하
고 있었을 것이다. 어쩌면 그는 이 시기에 저술에 몰두했을지도 모른
다. 자신이 말하기보다 글에 남은 성인의 목소리를 듣고 옮겨주고자
했을지도(피에르 도딘,《공자》(김경애 역, 한길사) 75쪽 참고).

(3) 정공 10년(기원전 500년, 공자 52세)
그 후 10여 년이 지나 공자는 노나라에서 국정의 한 축을 맡게 되었
다. 중도中都의 제宰를 거쳐, 사공, 그리고 대사구가 되었다. 어느 날

제나라와 노나라가 협곡에서 회맹을 하기로 했다. 공자는 이 일을 주관하게 되었다. 상대는 유명한 재상 안영이었다. 현실정치를 중시하는 그의 눈에는 공자가 언변에 능한 유세객이자 의식의 절차나 따지는 고지식으로 보였을 듯하다.《안자춘추晏子春秋》에는 공자와의 흥미로운 일화가 여럿 실려 있는데, 그중에서 하나를 읽어드린다.

경공이 사냥을 나갔다가 추위에 불을 피웠다. 군사와 말몰이꾼들이 옹기종기 앉은 중에 문득 안영에게 이런 질문을 던졌다. "혹시 이 가운데 공자가 섞여 있으면 찾을 수 있겠소?" 안영은 순임금이라면 못 찾겠지만, 공자라면 금방 찾아낼 것이라고 대답했다. 이유를 물으니, 공자는 청중 몇 명만 있어도 지식을 자랑하고 떠벌이느라 금세 표가 난다는 것이다. 순임금은 백성들과 더불어 조화롭고 평온해서 송곳이 드러나지 않는 데 비해….

景公出田 寒 故以爲渾 猶顧而問晏子曰: "若人之衆 則有孔子焉乎?" 晏子對曰: "有孔子焉則無有 若舜焉則嬰不識." 公曰: "孔子之不逮舜爲閒矣. 曷爲有孔子焉則無有 若舜焉則嬰不識?" 晏子對曰: "是乃孔子之所以不逮舜. 孔子 行一節者也 處民之中 其過之識 況處君子之中乎. 舜者處民之中 則自齊乎士 處君子之中 則齊乎君子 上與聖人 則固聖人之林也. 此乃孔子之所以不逮舜也."

각설. 노나라 정공이 이 '평화 회담'에 단촐한 차림으로 나서자, 공자는 "文의 일에는 반드시 武의 대비가 있어야 한다"면서 군사를 대동하기를 권했다. 서로 술잔을 주고받는 일이 끝나자 제나라에서 이상한 차림을 한 무리가 깃발과 창과 방패를 들고 괴성을 지르며 춤추기 시작했다. 공자는 바로 뛰어올라가 "신성한 화평의 자리에, 이게 웬 법석이냐!"고 제지했다. 잠깐 멈칫했다가 또 다른 무리가 소리를 지르고 재주를 부리자, 공자는 "이들 무뢰한들을 벌주라"고 다그쳤다. 경공은 일이 틀어졌음을 알고 두려움에 물러섰다. 화의의 내용은 제나라가 전쟁에 임할 때 노나라가 전차를 내어 돕기로 하고, 제나라는 노나라에서 뺏은 땅을 돌려주기로 했다. 이 활약은 공자가 단순한 책상물림이 아니라 전략가임을 잘 보여주고 있다.

(4) 정공 12년(기원전 498년, 공자 54세)

공자는 자로와 더불어 계씨 등의 본거지인 3도都를 타파해 나가다가, 결국 좌초했다. 공자의 영향력을 우려하고 노나라를 혼란시키려는 의도에서 제 경공은 미인계를 썼다. 가무단 80명과 말 120필이 선물로 도착하자, 정공은 사흘간 정무를 잊었고, 계강자季康子는 호기심에 변장을 하고 쇼를 구경했다고 한다. 공자는 더 이상 희망이 없다고 느끼고, 마침내 노나라를 떠나기로 하다 저간의 사정에 대해서는 전고에 분명한 설명이 없다.

빨리 떠나자는 자로의 독촉에, 공자는 교제郊祭(왕이 하늘에 올리는 제사)까지 기다리자고 말한다. "그 고기가 나누어져서 내게 오면, 아직 희망이 있다"는 말이었는데, 고기는 결국 오지 않았고, 공자는 노나라를 떠나 천하를 철환하는 십여 년의 여정을 시작했다.

그러나 제사 고기는 핑계 혹은 명분이었을 것이다. 계씨는 아마도 공자의 의도에 의구심을 품게 되었을 것이고, 정공 또한 더 이상의 모험을 접기로 했을 가능성이 있다. 공자는 이곳저곳에 아무런 원군도 없이, 생명의 위협을 느꼈을 수도 있지 않았을까?

내가 공자와 경공을 이렇게 자세히 짚어놓은 것은 공자가 생각한 '정치가의 德'에 대해 논하고 싶어서다. 왜 그는 경공이 오랜 부와 권세를 누렸음에도 아무런 德이 없다고 했을까?

군주의 德, 정치의 책임

필름을 거꾸로 돌려보자. 기원전 548년(공자가 네 살 때), 제나라 장공莊公은 최저崔杼라는 권신의 처와 정을 통하고 있었다. 이를 목격한 최저는 분노하여 그를 죽이고 그의 동생을 제후로 세웠으니, 이가 경공이다. 그러나 최저는 얼마 후 같이 공모했던 경봉慶封의 손에 죽고, 경봉 또한 기원전 545년 다른 귀족들에 쫓겨 멸문을 당하고 혼자 다른 나라로 도망갔다. 다산은《좌전》을 인용하며 말한다.

최저가 장공을 시해하고 경공을 세웠다. 경공은 넙죽(恬然) 그것을 받았고, 원수를 재상에 앉혔다. 그 후 3년 동안 도적(최저)은 벌을 받지 않았고, 형(장공)의 무덤은 방치되었다. 최저가 죽고 그를 돕던 경봉까지 망명한 후에야 개장을 할 수 있었다. 이는 서로 나라를 양보한 백이·숙제와 상반되지 않는가? 그가 얻은 나라(千駟之馬)는 不義한 富다. 그래서 둘을 대비했다.

崔杼弑莊公而立景公 景公恬然受之 以讎爲相. 比及三年 賊不受誅 君不改葬.【襄二十五年 莊公被弑 至二十八年 崔慶皆亡 乃改葬】與伯夷叔齊兄弟讓國之事 若相反. 然則其千駟之馬 所謂不義之富也 故必雙言之.

이제 정리해보자. 경공이라는 '거울'을 통해 공자가 생각하는 군주의 德이 무엇인지 확인할 수 있다. 거기 유교 정치의 기초가 자리 잡고 있다.

(1) 불의한 부와 지위를 넘보지 않는다.

공자가 백이·숙제를 그토록 기리는 이유다. 당시는 권력을 향한 피비린내가 어느 때보다 진동하던 때였다. 다산은 어디선가 군신유의, 부자유친의 덕목은 이 피의 한가운데 던져진 예언자적 경고라고 한 적이 있다. 지금처럼 최저가 장공을 죽이는 일이 일상이었기에 군신유의를, 또 나중 위나라에는 아들 첩이 제후가 되어 아버지 괴외와 싸우고 있었기에 부자유친을 안타깝게 외쳤다는 것이다.

　부당한 권력을 탐하지 마라. 그리고 정당한 권력이라도 사양하라. 이 관문에 부딪혀 벌써 떨어질 사람이 수두룩 부지기수일 듯하다. 춘추전국의 사태만이 아니다. 지금도 벌어지고 있는 우리네 일상이다. 그래서 사람들이 유교를 우활迂闊, 세상 물정 모르는 순진한 생각이라고 코웃음을 친다.

(2) 각자의 책임을 다하라. 군주는 권력이 아니라 직분이다.

"군주는 군주답고, 신하는 신하답다." 경공이 '정치(의 핵심)'를 물었을 때, 공자는 이렇게 대답했다. 각자의 지위에 걸맞은 책무를 다하는 것. 말이 쉽지, 실천은 어렵다. 공자는 노나라 정공에게도 이 마인드를 촉구한 바 있다.

　定公問: "一言而可以興邦 有諸?" 孔子對曰: "言不可以若是其幾也. 人之

言曰 '爲君難 爲臣不易.' 如知爲君之難也 不幾乎一言而興邦乎?" 曰: "一言而喪邦 有諸?" 孔子對曰: "言不可以若是其幾也. 人之言曰 '予無樂乎爲君 唯其言而莫予違也.' 如其善而莫之違也 不亦善乎? 如不善而莫之違也 不幾乎一言而喪邦乎?" (〈자로〉 15장)

정공이 물었다. "나라를 부흥하게 할 키워드 하나를 들 수 있겠습니까?" 공자가 대답했다. "한마디 말로 될 일이겠습니까마는, 굳이 고르자면 사람들이 '임금 되기 어렵고, 신하 노릇도 쉽지 않다'고 합니다. '임금 노릇이 어렵다'는 것을 안다면, 그게 나라를 흥하게 할 한마디가 아닐는지요?" "나라를 망하게 할 키워드 한마디를 고른다면요?" "그것도 마찬가지, 한마디 말로 기약할 수 없지만 사람들의 말에, '내, 임금이 되고서 별다른 낙이 없는데, 다만 내 말에 나서서 거스르는 자가 없다'고 합니다. 선한 말이라면 거스르지 않는 것이 좋겠지만, 불선한데도 거스르지 않는다면 그게 나라를 망하게 할 한마디라 할 수 있겠지요?"

이 대화는 아마도 공자가 50세 전후, 노나라에서 협곡의 회맹을 하고 대사구가 되어, 자로와 더불어 정치를 혁신하던 그 무렵이 아닐까 생각한다.

공자는 정공에게 말한다. 정치의 흥망은 쉽사리 예측할 수 없다. 그러나 이것 하나는 분명하다. 군주가 그 지위를 '권력'으로 감각할 때 하고 싶은 대로 폭정을 휘두르고, 거기 아무도 토를 달거나 반발하지 않을 때 그 나라는 확실히 망조에 들어선 것이다. 그렇지 않고 군주의 지위를 '책임'으로 이해할 때, 즉 백성들의 안정과 복지 걱정에 밤잠을 설칠 때, 그 나라는 틀림없이 흥륭의 트랙으로 올라선다. 이를 위해 군주와 신하의 관계 또한 일방적 지배와 종속이 아닌 상호 존중과 협력으로 맺어져야 한다. 그러나 정공은 오래된 세습의, 권위와 충성의 프레임을 고칠 생각이 없었던 듯하다.

> 定公問: "君使臣 臣事君 如之何?" 孔子對曰: "君使臣以禮 臣事君以忠."
> 〈팔일〉19장)
> 정공이 물었다. "군주는 신하를 부리고, 신하는 군주를 섬깁니다. 그렇지 않습
> 니까?" 공자가 대답했다. "군주는 신하를 禮로 부리고, 신하는 군주를 忠으로
> 섬깁니다."

노나라 정공이 물었다고 하니, 아마도 위의 제 경공과 비슷한 시기에
오간 대화일 것이다. 군주는 오랜 관성으로 일방적 상하 관계를 강요
하려 하는 데 대해, 공자는 이것이 '상호적 관계'임을 한사코 일깨우
고 싶어 한다.

"나라를 흥하게 할 한마디를 든다면?"이라는 정공의 물음에 공자는
말했다. "군주 되기 어렵고, 신하 되기 또한 쉽지 않다(爲君難 爲臣不
易)."

(3) 현자를 등용하라

가장 중요한 항목이다. 첫 대면에서 경공이 기원전 7세기 진秦나라의
성공 비결을 물었을 때, 공자는 현자를 찾고 등용하는 데 열심이었던
목공의 노력을 첫손으로 꼽았다.

> 목공은 백리해를 감옥에서 빼내 높은 작위를 주었습니다. 3일을 대화
> 한 후, 그를 재상으로 임명했지요.
> 身擧五羖 爵之大夫 起累絏之中 與語三日 授之以政. (사마천,《사기》

율곡이 《성학집요聖學輯要》에서 정치의 요결로 《서경》 〈우서虞書 · 대우모大禹謨〉의 경구를 인용한 바 있다.

좋은 시책은 남김없이 발굴하고, 현자들 또한 들판에 내버려두지 않게 하라.
嘉言罔攸伏 野無遺賢.

율곡은 〈위정爲政〉 편의 거의 절반을 용현用賢에 할애하고 있다! 다시 말하건대, 유교 정치사상은 공자가 전적으로 새로이 창안한 것이 아니다. 공자가 스스로 "술이부작述而不作"을 말할 때, 그것은 단순한 겸양이 아니다. 요와 순이 권력을 이양할 때 윤궐집중允執厥中을 강조했듯이, 정치적 원리 또한 분명한 전승을 가지고 있다.

哀公問曰: "何爲則民服?" 孔子對曰: "擧直錯諸枉 則民服 擧枉錯諸直 則民不服." 〈위정爲政〉 19장)
애공이 물었다. "어떻게 하면 백성들이 복종하겠습니까?" 공자가 대답했다. "바른 사람을 등용하고 굽은 자를 내치면 백성들이 복종할 것이고, 굽은 자를 등용하고 바른 자를 내치면 백성들이 불복할 것입니다."

좀 더 상세한 구절이 있다.

樊遲問仁. 子曰: "愛人." 問知. 子曰: "知人." 樊遲未達. 子曰: "擧直錯諸枉

能使枉者直." 樊遲退 見子夏. 曰: "鄕也吾見於夫子而問知 子曰 '擧直錯諸
枉 能使枉者直' 何謂也?" 子夏曰: "富哉言乎! 舜有天下 選於衆 擧皐陶 不
仁者遠矣. 湯有天下 選於衆 擧伊尹 不仁者遠矣." 〈안연〉 22장)

번지樊遲가 仁을 물었다. 공자가 말했다. "사람을 사랑하는 것이다." 知를 물었
다. "사람을 아는 것이다." 번지가 무슨 말인지 몰라 했다. 공자가 말했다. "바른
사람을 등용하고 굽은 자를 내치면, 능히 굽은 사람을 곧게 할 수 있다." 번지가
물러나 자하를 만났다. "좀 전 스승님을 만나 知를 물었더니, 스승님께서 '바른
사람을 등용하고 굽은 자를 내치면, 능히 굽은 사람을 곧게 할 수 있다' 하시는
데, 무슨 소립니까?" 자하가 말했다. "풍성하도다, 말씀이여! 순임금이 천하를
가지심에, 무리 가운데서 골라 고요皐陶를 등용하셨더니 不仁이 떨어져 나갔
다. 탕湯왕이 천하를 가지심에, 무리 가운데서 이윤伊尹을 등용하셨더니 不仁
이 멀어졌다." (주자의 해석)

"擧直錯諸枉거직조저왕"을 주자는 "直을 등용(擧)하고, 여러(諸) 왕枉을
버린다(錯)"로 풀이했다. 다산은 좀 다르게 읽는다. "直을 들어(擧) 왕
往 위에(諸) 둔다(錯)"의 뜻이라는 것. 다산은 악을 내치는 것에 방점
을 두지 않고, 사람의 덕성을 알아보고(知人) 그를 높은 직위에 올리
는 것이 정치의 요체라고 말한다. 그러면 나머지 정치적 골칫거리들
은 알아서 제자리를 찾고 점차 교정될 것이다.

진 목공은 백리해를 얻었을 뿐만 아니라 그가 추천하는 인재 그리
고 그 인재들이 찾아낸 인재들의 풀로 서쪽 변방 변두리에서 강성한
힘을 구축해 나갔다. 나중에 진시황秦始皇의 통일 또한 이 기반에 힘
입은 바가 적지 않다. 공자는 제 경공에게 '정치의 성공'이 용현에 달
려 있다는 것을 분명히 각인시키고자 했다. 경공은 아마도 안영을 얻

음으로 충분히 자족했을 수도 있다.

(4) 제도와 시책

그럼 어떤 정책을 펴야 할까? 몇 가지는 분명하다. 공자는 제 경공에게 "좋은 정부는 국가의 재용을 절약합니다"라고 충고했다. 정치가 감당해야 할 부면은 여럿이다. 《중용》은 그것을 구경九經이라는 제하에 정리했다. 참고로 보여드리면,

> 무릇 천하 국가의 경영에 핵심적 부문이 아홉 있다. 자신을 수양하고, 현자를 높인다. 친족을 가까이하고, 대신들을 존중하며, 신료들을 자기 몸처럼 여긴다. 백성들을 자식처럼 사랑하고, 백공을 부르며, 멀리 있는 사람들을 위무하고, 제후들을 회유한다.
> 凡爲天下國家有九經. 曰: "脩身也 尊賢也 親親也 敬大臣也 體群臣也 子庶民也 來百工也 柔遠人也懷諸侯也." 《중용》 20장)

정치가 감당할 영역으로는 산업, 재정, 국방, 외교, 생산, 형벌 등이 있을 것이고, 최종적으로 교육이 있다. 그중 가장 급선무는 백성들에게 먹고살 길을 열어주고, 세금을 가볍게 하며, 노역을 줄이고, 형벌을 신중하게 하는 일이다.

> 哀公問於有若曰: "年饑 用不足 如之何?" 有若對曰: "盍徹乎?" 曰: "二 吾猶不足 如之何其徹也?" 對曰: "百姓足 君孰與不足? 百姓不足 君孰與足?" 〈안연〉 9장)
> 애공이 (공자의 제자) 유약有若에게 물었다. "흉년이라 재용이 부족한데 어쩌니

까?" 유약이 대답했다. "왜 철법徹法을 쓰지 않습니까?" 애공이 말했다. "2/10도 부족한데 철법을 권하십니까?" "백성이 풍족하면 군주가 누구와 더불어 부족하겠습니까? 백성이 부족하면 군주가 누구와 더불어 풍족하겠습니까?"

철법은 다산의 해석대로 하면, 정전제하에서 公田에서 난 소출을 말 그대로 "싹 쓸어가는(徹)" 것을 말한다. 소출의 1/9이 세금으로 나가는 셈이다. 애공은 두 배도 오히려 부족하다고 불평했다. 유약의 대답이 공자의 생각을 대변하고 있다.

> 季氏富於周公 而求也爲之聚斂而附益之. 子曰: "非吾徒也. 小子鳴鼓而攻之 可也." (〈선진〉 16장)
> 계씨가 주 왕실의 대신들보다 더 부유한데, 염구가 그를 위해 '더 거두어(聚斂)' 보태주었다. 공자가 말했다. "(염구는) 내 제자가 아니다. 얘들아, 북을 쳐서 그를 공격해도 좋다."

공자가 화를 내는 경우는 드물다. 그가 이 문제를 얼마나 심각하게 생각하고 있는지를 단적으로 보여주는 장면이다. 아울러 염구가 누구인지를 단적으로 보여준다.

염구는 공자의 기준에 걸맞은 제자는 아니었던 듯하다. 스승의 이념이 너무 높아서 자신은 감당할 수 없다고 발을 뺐다. 공자는 "네가 스스로 한계를 짓는구나!"라고 안타까워했다. 그는 기능적인 관료형 인물이었던 듯하다. 그런 점에서 자로나 자공, 안회와도 다른 유형의 제자였다. 그런데 아이러니하게도 염구의 능력이 빛을 발했고, 공자가 만년에 노나라로 돌아오는 데 중요한 기여를 했다고 한다.

이런 제자라고 하더라도, 백성들보다 지배계급을 살찌우는 데 더 유능한 제자를 공자는 용납할 수 없었던 것이다. 정치의 목적은 권력자의 이익이 아니라 백성들의 삶을 안정시키고 그들의 복지를 증대하는 것이어야 한다. 공자는 '공포정치'를 반대했다.

哀公問社於宰我. 宰我對曰: "夏后氏以松 殷人以柏 周人以栗 曰使民戰栗." 子聞之曰: "成事不說 遂事不諫 旣往不咎." 〈팔일〉 21장)
애공이 社(토지신의 사당)에 대해 (공자의 제자인) 재아宰我에게 물었다. 재아가 대답했다. "하후씨夏后氏는 소나무를, 은인殷人은 잣나무를, 주인周人은 밤나무를 둘렀는데, 이는 백성들을 전율케 하려는 뜻에서입니다." 공자가 듣고는 말했다. "완결된 일은 언급할 것이 없고, 어쩔 수 없는 일도 따질 것이 아니며, 지나간 일은 허물하지 않는다."

재아의 엉터리 해석을 두고, 제자가 이미 저질러 놓은 일이니 되돌릴 수가 없다는 것이겠다. 핵심은 공자가 백성들을 형벌로 위협하고 강제로 동원하는 것을 극도로 혐오했다는 사실이다. 형벌의 사용은 신중해야 한다.

季康子問政於孔子曰: "如殺無道 以就有道 何如?" 孔子對曰: "子爲政 焉用殺? 子欲善 而民善矣. 君子之德風 小人之德草. 草上之風 必偃." 〈안연〉 19장)
계강자가 공자에게 '정치'를 물었다. "무도한 자를 죽여 질서로 이끄는 것이 어떨까요?" 공자가 대답했다. "어찌 '정치를 한다(爲政)'면서 죽임을 도구로 삼겠다 하십니까? 군주께서 선해지려 노력하면 백성들도 선해질 것입니다. 소인의

德은 풀과 같습니다. 풀 위에 바람이 불면, 반드시 눕지요."

季康子患盜 問於孔子. 孔子對曰: "苟子之不欲 雖賞之不竊." (〈안연〉 18장)
계강자가 도둑을 걱정하여, 공자에게 물었다. 공자가 대답했다. "진정 당신이
재물을 좋아하지 않는다면(탐욕을 부리지 않는다면), 그들을 떠민다고 해도 도둑
질을 하지 않을 것입니다."

이 또한 주자의 해석을 빌렸다. 일찍이 '계강자가 권력을 탐할' 차례
가 아닌데도 계씨의 종주권을 장악하지 않았던가. "당신이 탐욕을 부
리니 백성들이 따라 하는 것이 아니냐?"

다산의 해석은 좀 다르다. 아무리 그래도 면전에서 거의 욕을 퍼붓
는 것은 禮가 아니지 않을까? 다산은 이 구절을 '도덕'이 아니라 '정
치'로 읽는다. 즉 不欲은 "탐욕(欲)을 부리지 말라(不)"가 아니라, "(백
성들이 도적이 되기를) '원치(欲) 않는다면(不)"으로 읽어야 한다는 것.
그러자면 '정치'가 바르고 효율적이어야 한다. 정치가 생산을 보장하
고 각자 생업에 힘쓰게 하며 세금을 줄여주면, 도둑이 생기지 않을 것
이 아니냐는 것이다. 즉 모든 길은 정치로 통해 있다. 그러니 두려워
하고 신중해야 한다.

제 경공과의 대면 그리고 노 정공과의 대화를 통해 공자 정치사상
의 기초가 상당히 드러났다. 무엇보다 정치가 권력이 아닌 '책임'이
라는 것을 특필해야 할 듯하다. 욕심을 버리라고 현자들은 권고한다.
그러나 그것이야말로 정치가들이 가장 어려워하는 대목이다. 유교는
아득한 시절 전설로 전해지는 요순의 모범을 부활시키고자 한다.

이 권력은 또한 선양禪讓이라, 자식이 아니라 현자에게 전해진다.

세습보다 교양이 강조되고, 군주와 신하 사이의 관계 또한 상호 존중의 협력적 동반자로 재설정된다. 이를 군신공치君臣共治란 이념으로 부르기도 한다. 이 기초(紀綱)가 튼튼하면, 정책은 백성들의 복지, 안정과 번영을 위해 자연스럽게 펼쳐지게 될 것이다.

그러나 이 지극히 상식적인 '원칙'이 그때는 매우 낯설게 들렸을 것이다. 동서고금이 마찬가지다. 유럽의 계몽주의자들이 신을 떠나 합리 위에 세우고 전제 군주의 폭압을 넘어 피지배민들의 삶을 위한 세상을 꿈꾸었을 때, 먼 나라 동방의 가르침에 귀를 기울인 것은 극히 자연스러운 일이었을 것이다. 지금은 잊혔지만….

3장

양호와 반란자들

기원전 517년, 소공은 쿠데타에 실패하고 제나라로 망명했다. 2년 후, (아마도 노나라 경계인) 운읍鄆邑에 거처를 정했다. 이곳도 조용하지 않았다. 3가 쪽이 그를 노렸다. 맹의자孟懿子(중손하기)와 양호가 소공의 제후 자리를 빼앗으려고 이곳을 습격했다.

〔事實〕《春秋》昭二十七年 公至自齊 居于鄆.《左傳》云: "秋 孟懿子 陽虎伐鄆."【杜云: "陽虎 季氏家臣伐鄆欲奪公. 孔云: "使公不得居也."】

5년 후인 기원전 510년, 소공은 세상을 떴고, 동생 정공이 뒤를 이었다. 반란을 주도했던 계씨 가문의 수장 계평자도 기원전 505년에 죽고, 계환자季桓子(계손사)가 그 자리를 계승했다. 다산은《춘추春秋》에 의거해 이때의 풍경을 자세히 들려준다.

계평자가 죽었을 때, 가신 양호는 소공이 갖고 있는 패옥을 관에 넣어 주려 했다. 그런데 계씨의 다른 신하인 중량회仲梁懷가 거절했다. 물의와 비난을 우려해서였다. 양호가 중량회를 내쫓으려 하자 공산불뉴가 말했다. "제 주인을 위한다는데 어쩌겠소?" 계환자는 장례를 마치고 동쪽 비읍費邑을 방문했다. 읍재 공산불뉴가 중량회에게 경의를 표하고 노고를 치하했는데, 중량회가 시큰둥 거칠게 나왔다. 공산불뉴가 화를 내며 양호에게 '저자를 쫓아낼 수 없겠소?' 했다. 9월 결국 양호가 계환자와 공보문백公父文伯을 구금하고 중량회를 쫓아냈다. 10월 주변의 사람을 죽이고 직문 안에서 계환자와 회맹했다.

定五年《傳》云："六月 季平子卒. 陽虎將以璵璠斂【君所佩】仲梁懷弗與【懷亦季氏臣】曰 '改步 改玉.'【季孫復臣位】陽虎欲逐之【欲逐懷】告公山不狃.【亦季氏之臣】不狃曰 '彼爲君也 子何怨焉?'【爲君不使僭】旣葬 桓子行東野【季孫斯】及費.【句】子洩爲費宰【子洩卽不狃】逆勞於郊 桓子敬之【敬不狃】勞仲梁懷 仲梁懷不敬.【懷時從桓子】子洩怒 謂陽虎 '子行之乎?'【言能逐懷乎】九月乙亥 陽虎囚季桓子及公父文伯【季桓子從父昆弟】而逐仲梁懷. 冬十月丁亥 殺公何藐.【季氏族】己丑 盟桓子于稷門之內. 庚寅 大詛 逐公父歜【卽文伯】及秦遄【平子之姑婿】皆奔齊."

이듬해(기원전 504년) 2월, 노나라가 정나라를 침범해서 광땅을 취하고 돌아왔다. 양호는 계씨와 맹씨로 하여금 남문으로 들어서 동문으로 나오게 했는데, 이들이 주범임을 그곳 사람에게 각인시키고자 한 것이었다.[1]

---

1   나중 공자는 이곳을 지나다 양호로 오인되어 곤욕을 치르게 된다.

3환桓의 일족인 공숙문자公叔文子가 말했다. "하늘이 양호의 죄를 벌줄
것이니, 그때를 기다리십시오."

定六年春二月 公侵鄭 取匡. 及還 陽虎使季·孟自南門入 出自東
門. 【杜云: "陽貨將逐三桓 欲使得罪於鄰國."】公叔文子曰: "天將
多陽虎之罪以斃之 君姑待之."

가을 8월, 양호는 정공과 3환과 함께 주나라 사직(周社)에 모여 회맹을
했고, 은나라 사직(亳社)에서는 國人들과 맹세를 했다. 오부의 거리(五
父之衢)에서는 저주의 의식을 행하기도 했다. 요컨대, 3환이 미약하고
배신陪臣들이 득세하던 시절이었다.

秋八月 陽虎又盟公及三桓於周社 盟國人于亳社 詛于五父之衢.
【杜云: "三桓微 陪臣專政."】

〈공자세가〉는 위의 사정을 이렇게 정리하고 있다.

공자 42세(기원전 510년), 노 소공이 간후에서 죽었다. 정공이 즉위했다.
정공 5년 여름, 계평자가 죽고, 아들 계환자가 뒤를 이었다. … 중량회
는 계환자의 총신인데, 양호와 부딪혔다. 양호는 그를 쫓아내려 했으
나 공산불뉴가 말렸다. 중량회가 기세를 부리자, 양호는 그를 구금했
다. 계환자가 분노하여 날뛰자, 양호가 계환자까지 붙잡아 가두었다.
서약서를 받고 나서 그를 풀어주었는데, 이로부터 양호는 계씨를 더
욱 우습게 보았다. 계씨 또한 노 공실(제후)을 침범했다. 이렇게 신하가
국정을 장악함으로 노나라는 위아래 모두 바른 道를 벗어났다. 그래
서 공자는 벼슬하지 않고 물러나 시서예악을 학습하고 편집했다. 제자

들이 점점 더 많아졌고, 멀리서도 찾아왔다. 누구나 수업을 들을 수 있었다.

孔子年四十二 魯昭公卒於乾侯 定公立. 定公立五年 夏 季平子卒 桓子嗣立. … 桓子嬖臣曰仲梁懷 與陽虎有隙. 陽虎欲逐懷 公山不狃止之. 其秋 懷益驕 陽虎執懷. 桓子怒 陽虎因囚桓子 與盟而醳之. 陽虎由此益輕季氏. 季氏亦僭於公室 陪臣執国政 是以魯自大夫以下皆僭離於正道. 故孔子不仕 退而脩詩書礼樂 弟子弥衆 至自遠方 莫不受業焉.

이들 배신背信의 배신陪臣들이 자신들의 야망을 위해 공자를 주목했다. 공산불뉴가 공자를 불렀다.

公山弗擾以費畔 召 子欲往. 子路不說 曰: "末之也已 何必公山氏之之也." 子曰: "夫召我者而豈徒哉? 如有用我者 吾其爲東周乎?" 《양화陽貨》 5장)
공산불뉴가 비읍을 근거지로 (계씨에게) 반기를 들었다. 공자를 불렀다. 공자는 가려고 했다. 자로가 화를 냈다. "안 됩니다. 하필이면 공산씨에게 가려 하십니까?" 공자가 말했다. "나를 괜히 부르겠느냐? 나를 쓰게 되면, 내가 그곳을 동주東周로 만들텐데…."

다산은 이 사단을 정공 5년(기원전 505년)의 일로 비정했다.

이 무렵 계평자는 소공을 축출했고, 소공은 8년의 망명 끝에 간후에서 죽었다. 계씨가 실권을 쥐고 후계 정공을 손아귀에 쥐자, 國人 귀족들이 모두 분을 품었다. 정공 5년 계평자가 죽고 계환자가 섰을 때, 공산불뉴가 기회를 틈타 비읍을 근거지로 모반을 꾀했다. '3환의 전횡을 제거한다' 내걸었으니, 명분도 바르고 설득력이 있었다. 그래서 공자를 불러 같이 공모하자고 했던 것이다. 불뉴의 모반은 계씨를 향한 것이지 노 공실을 겨냥한 것이 아니었으니, 공자가 '갈까' 했던 것도 비록 농담이기는 하나, 본래 도의에 어긋나지 않는 것이었다. 그런데도 결국 주저앉은 것은 양호가 본시 난신이고, 불뉴 또한 개인적 원한에서 일을 꾸민 것이라 공적인 분노가 아니었기에, 마침내 일은 어그러지고 화를 부를까 걱정해서였다.

當此之時 季平子逐昭公 昭公八年在外 竟死乾侯 而季氏自立 定公在其掌握 國人咸憤. 定五年 季平子新死 桓子初立 公山不狃乘此時 據邑以畔 欲除三桓 可謂名正而言順矣. 所以召孔子要與共謀者 不狃之畔 畔季氏 非畔魯也. 孔子欲往 雖其戲言 本不害義 其畢竟不往者 陽虎本是亂人 不狃亦出私怨 皆非公正之憤 終恐事敗徒取禍耳.

여기 "爲東周위동주", 즉 "동주를 만들겠다"는 것은 무슨 말일까? 주자는 "주나라의 道를 동쪽에 일으키겠다"라는 포부로 해석했지만, 다산은 이념적이기보다 현실적 가능성 위에서 공자의 말을 읽는다.

조그만 노나라 한편에서 거창하게 주나라의 道를 세우니 마니도 우습고, 또 아니, 그럼 지금 주 왕조를 뿌리 뽑고 새 왕조를 세우겠다는 말인가? 둘 다 도무지 말이 안 된다. 공자가 아무리 行道에 급해도 그렇지, 공산불뉴와 함께 천하를 도모할 생각을 한단 말인가?

興周道於東方者 將使周室再興乎 將伐周而興 如湯·武然乎? 區

區一魯大夫之家臣 據小邑以畔 而孔子欣然慕之 意欲因此而得行
王道取天下 何其迂陋至此? 周之不興 尺童皆知 孔子乃欲再興 周
之無罪 愚婦皆知 孔子乃欲革命 二者皆不通矣. 聖人雖急於行道
赴公山以圖天下 必無是理.

또 3환의 족당이 곡부曲阜에 깊이 뿌리를 내리고 있어 이들을 한 번에
척살할 수도 없었고, 또 先王의 法에는 공족을 죽이지 말라 하지 않았
던가? 그러니 곡부 안에서는 혁신의 가능성이 없다. 도읍을 옮겨 새 조
정을 열고 세상의 이목을 일신하는 수밖에…. '동주'란 다름 아니라 '동
쪽으로의 천도(東遷)'를 말한다.

竊嘗思之 當時三桓 族黨甚盛 蟠根錯節 久於曲阜 一朝不可盡殺
況先王之法 公族不翦 孔子雖得勢 必不欲濫殺公族. 然則坐於曲
阜 革其僭亂 反其田祿 雖聖人不能爲也. 必遷邑於巖險之城 別叛
朝廷 以新一世之耳目 然後乃可以定其局 此所以東周爲上策也.
東周者 東遷之隱語也.

동주란 "동쪽 비읍에서 새 정치를 여는 것"을 말한다. 3환이 차지하고
있는 곡부는 그들에게 넘겨주고, 공실(노나라 제후)을 따르는 추종적
백성들과 동쪽 비읍에서 새로운 정치를 열어갈 수도 있지 않을까?

"나는 장차 동주를 만들 것이다(吾其爲東周)"라고 한 것은 노나라 군주
를 동쪽 비읍에 옮겨 《상서尙書》〈비서費誓〉의 '비費'란 노나라 동쪽 교외에 있
는(東郊)의 땅이다) 동로東魯를 만들고, 노나라는 차라리 계씨의 3가에
주어, 마치 東周가 西周의 땅을 진秦나라에게 준 것처럼, 그리하는 것

이 오늘의 실정보다는 나을 것이라는 말이다. (이때 3가가 노나라를 3분하
였으므로 작록爵祿이 공실을 떠났다.)

〔補曰〕 吾其爲東周者 欲以魯君東遷于費【案〈費誓〉費者 魯之東
郊】以爲東魯 寧以魯國付之三家 如西周之賜秦然 猶有愈於今日.
【時三家分魯 祿去公室】

다산은 말한다. "양호와 공산불뉴 그리고 공자는 3환을 몰아내고 공
실을 바로 세운다는 측면에서 뜻이 합했다 할 수 있으나, 정공 5년부
터 12년에 이르도록 양호와 공산불뉴가 비읍을 점령한 행태가 명분
을 퇴색시켰고, 3환과 타협하는 것을 보고 공자는 이 카드를 접었다."

만약 공산불뉴가 성인 공자를 신뢰해서 그 계책을 실행했다면, 공자는
정공을 모셔 와 비읍으로 천도했을 것이다. 노나라 동쪽 땅을 모두 거
두어 공실을 강화하고 곡부의 옛 땅은 3환이 가지라 하면, 전부田賦(토
지세)·자제子弟들이 다 공실로 모여들고 3환은 빈 껍데기만 끌어안게
되니, 얼마 못 가 스스로 자멸했을 것이 틀림없다. 곡부는 노나라 서쪽
이라 비읍을 잃으면 아무것도 아니게 된다. 양호와 공산불뉴가 더불어
大事를 도모하기 부족한 사람들이라, 농담으로 '가고자 한다'고 했다
가 결국 주저앉았다. '가겠다' 한 것은 농담이되, '그곳에 동주를 건설
하겠다'는 포부는 농담이 아니다.

然若使不狃能深信聖人 一聽其計 則孔子當迎定公 遷都費邑 盡
收魯東郊之地以強公室 仍以故國付之三桓 即田賦·子弟悉反公
室 而三桓徒擁虛器 不久自殘 此必然之勢也. 曲阜在魯西偏 一失
費則魯不足觀. 聖人心上 有此商量 直以虎與不狃皆不足與謀大

事 故戲言欲往 而畢竟不往. 其云欲往者戲也 其云吾其爲東周者
非戲言也.

양호와의 질긴 인연

공자의 삶에 빼놓을 수 없는 인물이 양호다. 첫 만남부터 어긋났다.
〈공자세가〉에는 노나라 제후가 선비들을 위해 베푼 연회에 공자도 참
석했는데, 양호가 가로막고 핀잔을 주었다는 기록이 있다. 공자 15세,
어머니 상중의 일이었다. "선비들을 위한 자리지, 너를 위한 잔치가
아니야!" 공자는 물러 나왔다. 짧은 기사인데, 공자가 느꼈을 모욕감
이 상당했을 것이다.

> 陽貨欲見孔子 孔子不見 歸孔子豚. 孔子時其亡也 而往拜之 遇諸塗. 謂孔
> 子曰: "來! 予與爾言." 曰: "懷其寶而迷其邦 可謂仁乎?" 曰: "不可." "好從
> 事而亟失時 可謂知乎?" 曰: "不可." "日月逝矣 歲不我與." 孔子曰: "諾. 吾
> 將仕矣." (〈양화〉 1장)

해석부터 보자. 이탁오李卓吾를 따라 다산은 두 개의 "曰: 不可"를 공
자의 대답이 아니라 양호의 자문자답으로 해석했다. 거기 빈정거림
이 담겨 있다.

> 李曰: "兩曰不可 乃是貨自問自答語 以諷夫子." 【李卓吾】

다산은 혐의를 꺼리지 않고 주장이 옳다 싶으면 적극적으로 가져다 썼다. 이단아 이탁오의 해석에 동의하고 아무 거리낌 없이 인용했다! 가히 "그 사람으로 하여금 말을 폐하지 않는 것"이 그의 해석 정신이다(子曰: "君子不以言擧人 不以人廢言."). 다산의 해석에 따른 번역은 다음과 같다.

> 양호가 공자를 보고 싶어 했다. 공자가 찾아오지 않기에, 돼지 한 마리를 보냈다. 공자는 양호가 집에 없는 것을 틈타 찾아가 인사를 차렸다. (그런데 돌아오는) 길에 (양호와) 마주쳤다. (양호가) 공자에게 말했다. "오시오. 얘기 좀 합시다. 보물을 품고 나라의 혼란을 방치한다면 仁이라 할 수 있겠소? 아니겠지. 의욕이 넘치는 줄 아는데, 기회를 자꾸 놓치면 知라 할 수 있겠소? 아니겠지. 세월은 가고 시간은 기다려주지 않아요." 공자가 말했다. "알겠습니다. 부름에 응하겠습니다."

잠깐, 당시의 관습을 이해할 필요가 있다. 아득한 옛적에는 '돈'보다 현물이 오갔다. 그래서 '주고받는 예(辭受)'가 정교하고 섬세했다. 조선조 선비들의 골머리를 제일 썩힌 것이 이 '거래'다. 물론 지금도 그렇다고 하겠다. 《예기》〈옥조玉藻〉에는 이런 지침(?)이 적혀 있다.

> 大夫가 친히 士에게 물건을 내리면 士는 절을 하고 받는데, 이어 그 집까지 가서 한 번 더 인사를 드려야 한다. 옷이라면 받아 입기 전에 절부터 한다. 만일 상대가 같은 급이라면 고맙다는 인사만 하면 되는데, 상급이고 만일 부재중으로 직접 수령을 못했다면, 나중에라도 찾아가 절을 하는 것으로 예를 차려야 한다.

〈玉藻〉曰: "大夫親賜士 士拜受 又拜於其室 衣服弗服以拜 敵者不在 拜於其室."

양호는 자신을 찾아오게 할 양으로, 공자의 부재를 틈타서 돼지 한 마리를 선물로 던져주고 왔던 것인데, 공자 또한 양호의 부재를 틈타 예를 차리려고 했다. 어째 성인의 대응이 좀 좀스럽고 점잖지 못해 보일 수 있다. 명색이 '군자'라면, 당당히 대문 안으로 걸어 들어가서, 선물을 주어 고맙다든가 아니면 선물을 받지 못하겠다든가 하는 것이 어울릴 법한데, 어떻게 그 역시 양호가 없는 틈을 타서 후다닥 인사 시늉만 하고 돌아온단 말인가?

이 '성인' 공자의 처신을 유학자들이 비난할 수는 없다. 해서 "애당초, 양호 그자가 먼저 꼼수를 부렸다"고 화살을 돌린다. 꼼수 게임은 양호가 시작한 것 아니냐? 그것을 '이직보원以直報怨', '억울한 일을 당하면 준 대로 갚는다'는 유가 정신의 발현으로 덮어주었다. 아무래도 구차한 둔사遁辭로 들린다. 솔직히 그게 공자의 품성임을 인정하는 것이 좋지 않을까 싶다. 맹자가 이 일을 두고 한 말이 있다.

양호가 공자를 만나고 싶었으나, 불렀다가는 무례하다 할까 싶어 공자가 없는 틈을 타서 새끼 돼지를 두고 왔다. 공자 또한 양호가 집에 없는 것을 확인하고 가서 예를 차렸다. 만일 이때 양호가 적절한 예법을 지켰으면 서로 만나지 못할 일이 무엇인가?

陽貨欲見孔子而惡無禮 大夫有賜於士 不得受於其家 則往拜其門. 陽貨瞰孔子之亡也 而饋孔子蒸豚 孔子亦瞰其亡也 而往拜之. 當是時 陽貨先 豈得不見? (《맹자》〈등문공滕文公〉下 7장)

공자는 이 인물을 만나기를 꺼렸다. 왜 그랬을까? 당시 전래의 권위는 실추하고, 권력은 뒤집혀 있었다. 앞의 소공의 경우에서 보듯, 노나라의 군주인 제후는 유명무실 허수아비이고, 그 아래 3가 권신들이 권력을 주물렀다. 그리고 그 3가에서도 봉지封地를 맡겨둔 가신들의 힘이 더 막강할 때가 많았다.

양호는 당시의 대표적 실세 가신 가운데 하나였다. 호시탐탐, 상전인 3가를 뒤엎고 실질 주도권을 장악할 야심을 키우고 있었다. 결국 얼마 후 진짜 반란을 일으켰다가, 실패하고 제나라로 망명한다. 다산은 《좌전》의 기록을 인용하여, 위의 '길거리 억지 대면'이 양호가 반란을 위해 힘을 모으던 시절, 아직 반란의 기치를 들기 전의 일이라고 확증해주었다.

정공 6년에 양호가 주사周社에서 3환과 맹약을 하였으니, 이때 이미 대부가 되었고, 정공 8년 겨울 10월에 양호가 난을 일으키고 도망쳤으니, 이 해(공자 50세)에 공자가 비로소 사구가 되었으며 또한 대부였다. 그렇다면 양호가 돼지를 예물로 보낸 것은 정공 6-7년에 해당한다.
〔補曰〕定六年 陽虎盟三桓於周社【見《左傳》】是時已爲大夫. 定八年冬十月 陽虎作亂而出.【見《左傳》】是年孔子始爲司寇 亦大夫也.【年五十】則陽貨歸豚 當在定六·七年.

즉 이 대화는 양호가 실권을 쥐고 있던 어느 날의 일이라는 것. 양호가 3환을 억류하고 맹약을 주도한 것이 정공 6년(기원전 504년)이고, 급기야 반란을 일으킨 때가 정공 8년(기원전 502년)이니, 공자와의 이 만남은 아마도 정공 6-7년(기원전 504-503년) 사이의 일일 것이라고 추정했다. 이때 공자 나이 50세, 처음 사구가 되었고, 대부의 벼슬에 있었다. 공산불뉴가 비읍을 근거지로 공자를 부른 것이 기원전 505년이라면, 그 일이 있고 얼마 후에 이 억지 만남(?)이 있었다는 말이 된다.

'공자가 도와주기만 하면 큰 힘이 될 텐데…'가 양호의 복심이었다. 그런데 만나주지 않고 슬슬 피해 다니는 것이다. 그래서 꾀(?)를 냈는데, 공자도 '꼼수에는 꼼수로' 대응했다. 앞에서처럼, 길에서 딱 마주치는 바람에 모양이 영 아니게 되었다. 아마도 양호는 공자가 이렇게 나오리라는 것을 예상하고 길목을 지키고 있었을 것이다.

공자를 가로막은 양호는 주군인 3가를 치는 것이 곧 유명무실한 공실(노나라 제후)의 위상을 바로 세우는 일이라고 공자를 설득했다. 공산불뉴의 논리와 다르지 않은 것을 알 수 있다. "적의 적은 아군이 아니겠소?" 공자를 훈계하는 언사로 보건대, 양호는 상당한 식견과 지적 자질을 갖고 있었던 듯하다. 그는 바로 공자의 바로 그 이념 혹은 가치를 치고 들어온다. "네가 그리도 사랑(仁)을 외치면서, 그래 이 혼란한 세상을 그냥 두고 본단 말이냐? 정치적 의욕이 넘치는 것을 내가 아는데, 기회를 자꾸 놓치는 것을 보니, 똑똑하다고(知) 하기는 어렵지 않을까?"

해석상의 뉘앙스를 먼저 살펴보자. 양호를 만난 공자는 "예, 알겠습니다. 곧 출사하지요"라고 했다. 공자는 정말 그럴 의도였을까? 그리고 실제 양호에게 나아갔을까? 이는 《논어》를 둘러싼 고금의 논란 중의 하나다.

앙리 마스페로Henri Maspero는 《고대 중국》에서 "공자가 양호의 관직을 수락한 것 같으며, 양호의 계획이 실패로 끝난 후에 체면을 구겼

다고 생각했다"라고 적었다. 공자의 전기를 쓴 헐리 크릴H. G. Creel은
《공자, 인간과 신화》에서 이 견해에 반대하며, ① 실제 출사했다는 언
급이 없고, ② 공자가 좋아할 만한 인물이 아니라고 적었다. 그는 난
폭하고 거들먹거리기 좋아하는 음모가가 아닌가?

피에르 도딘 역시 공자가 실제로 양호 밑에서 벼슬을 하지는 않았
다고 본다. 공자는 그러겠다고 말을 했을 뿐이다. 공자가 양호를 위해
일한 것은 아니며, 일할 생각이 없었어도 그에게 긍정적인 언질 정도
는 할 수 있다는 것이다. 물론 양호가 이만저만한 인물이 아니었으니,
이 대목에서 후대의 공자 추종자들은 곤란을 겪을 수밖에 없다. 道가
행해지는 환경이 공자의 출사 조건임을 생각하면, 양호는 긍정적 언
질조차 아까운 인물이다. 주석가들은 공자가 정말 양호에 봉사하려
했는지 여부를 따지고, 설령 아니라고 하더라도 저렇게 대담한 입장
과 의도를 설명해야 한다. 공자는 상황에 따라 다른 얼굴을 보여준다.
그는 일반의 기대와 달리 엄격한 도덕적 인간이 아니다. 꼼수에는 꼼
수로 대응하고, 마음에도 없는 소리를 하기도 하며, 맹세하고서 지키
지 않기도 한다. 그가 했다는 말, "강요된 맹서는 신도 들어주지 않는
다(要盟也 神不聽)"는 〈공자세가〉에 나와 있다(피에르 도딘,《공자》78-80
쪽 참고).

다산은 애당초 공자가 이 약속을 지킬 의사가 없었다고 생각했다.
인간세, 사세에 떠밀려 마음에도 없는 말을 할 때가 있지 않은가? 사
람 사는 세상이라, 이건 자연스럽다. 때로 약속은 못 지키기도 하고, 또
말을 바꿀 경우도 생긴다. 그런데 왜 공자는 "가고 싶어 하면서도 생각
을 접었을까?" 이 또한 주석가들을 곤혹시켰다. 피에르 도딘은 "공자
의 진정한 의도가 무엇이었는지는 알 수 없다"라고 고개를 저었다.

주자는 정자의 말을 따라, "성인은 누구라도 의미 있는 일을 하게 할 수 있고, 누구라도 교화시킬 수 있다"고 하면서 공자의 자신감을 특필했다. 그러나 결국 가능성이 희박하다고 판단해서 가지 않았다는 것이다. 공자가 가면 다 교화될 것이라는 주자학의 믿음은 너무 순진하고 낙관적이라는 생각이 들지 않는가? 다산은 전혀 다른 이야기를 풀어놓는다. 위의 대화가 '농담'이라는 것!

노나라 사람들이 양호를 골칫덩이로 여기는 것은 이웃 나라도 다 아는 사실이다. 공자만 몰랐겠는가? 모두 으뜸 화근이라 지목하는데, 공자가 그에게 가서 벼슬을 하겠는가?
秋八月 陽虎又盟公及三桓於周社 盟國人于亳社 詛于五父之衢.
【杜云: "三桓微 陪臣專政."】〔案〕魯人之患陽虎 鄰國皆知之 孔子獨不知之乎? 千人所指 知爲禍首 孔子其肯從而仕之乎?

다산의 경학사적 성취는 여러 부면을 들 수 있다. 그 가운데 무엇보다, 근엄한 《논어》에 농담과 딴지, 즉 '희언戲言'을 도입함으로써 다산은 경학 사상 일대 센세이션을 불러일으켰다. 아직 이 측면에 누구도 주목하지 않고 있는 듯하다. 유머 없는 인생은 얼마나 삭막한가?

다산이 보기에, 공자는 갈 의사가 없었고 판단은 벌써 정해져 있었다. 그러나 정치 혁신의 '열망'은 누구보다 절실한 것이었다. 그 사이에서 '농담'이 피어났다. 다산은 이 긴장을 적시한다. 다산은 말한다.

군자는 꼭 있는 그대로 말하거나 말한 것은 꼭 지키는 자가 아니다!
硜硜小信 君子不取!

이 발언은 정말 중요하다. 《논어》를 읽을 때, 유의해야 하는 키워드 가운데 하나이기 때문이다.

정공 8년(기원전 502년), 공산불뉴와 연맹하고 있던 양호가 마침내 반란을 일으켰다. 양호는 3환의 주인을 입맛대로 교체하고 맹의자의 자리를 차지하고자 했다.

양호가 맹씨를 쳤지만, 공렴처보公斂處父의 군사와 공방을 벌이다가 결국 패했다. 갑옷을 벗고 공실로 가서, 보옥과 대궁을 갖고 도시 한가운데 거리에서 자고 또 먹었다. 그의 무리들이 "추격이 곧 옵니다" 하자, 양호는 "나를 쫓을 주제나 있겠나?" 하고 태연했다. 공렴양公斂陽이 추격하자고 맹씨를 다그쳤지만, 양호를 두려워해 허락하지 않았다. 이 기회에 계환자를 죽이고 맹씨 세력을 강화하자고도 권했으나, 겁이 난 맹손씨가 그만두게 했다. 양호는 환讙의 양관陽關(산동성 태안현)에 자리 잡고 버텼다.

〔事實〕 定八年二月 … 陽虎欲去三桓 以季寤更季氏【代桓子】以 叔孫輒更叔孫氏【代武叔】己更孟氏.【虎自代懿子】冬十月 順祀 先公而祈焉.【媚閔公】辛卯 禘于僖公.【媚僖公】壬辰 將享季氏于 蒲圃而殺之.【節】陽虎前驅.【節】陽虎劫公與武叔【叔孫不敢之子 州仇】以伐孟氏. 公斂處父帥成人 自上東門入 與陽氏戰于南門之 內 弗勝 又戰 陽氏敗. 陽虎說甲如公宮 取寶玉·大弓以出 舍于五 父之衢 寢而爲食. 其徒曰: "追其將至." 虎曰: "魯人何暇追余?" 公 斂陽請追之 孟孫不許.【畏陽虎】陽欲殺桓子【欲因亂討季氏 以強 孟氏】孟孫懼而歸之. 陽虎入于讙·陽關以叛.

양호의 기세와 포부가 만만치 않음을 잘 보여주는 기사다. 주의할 것은, 양호의 실패에도 공산불뉴는 아직 비읍을 근거로 건재했다. 다산은 말한다.

비읍을 근거로 공산불뉴가 난을 일으킨 것은 정공 5년(기원전 505년)이 아니다. 이때는 다만 비읍을 점거하고 반기를 들었을 뿐(以費畔)이다. 양호는 정공 8년(기원전 502년)에 난을 일으켰다. (정변이 실패하자) 양호는 진晉나라로 도주했고, 공산불뉴는 아무 일이 없이 (정공 12년, 즉 기원전 498년까지) 계속 비읍을 근거로 지냈다.

皆以公山弗擾以費畔 爲定五年事. 考之《左傳》定五年 不狃但勸陽虎逐仲梁囚桓子 無據邑以畔之文. 然虎與不狃 同是家臣 不據費邑則無緣囚桓子 是年之據邑畔無疑. 是年據邑畔 至八年作亂 陽虎奔晉 而公山不狃安然無事. 至定十二年 季氏將墮費 而公山不狃率費人以伐魯 則其間八年 不狃常據費邑 季氏莫能除也.

정공 12년, 대사구의 지위에 있던 공자가 자로와 더불어 3환의 근거지인 3도를 부수기 위해 비읍을 공략했다. 공산불뉴는 여기 격렬하게 저항하다가, 결국 진압되었다.

반란이 실패한 후 양호는 어떻게 되었을까? 그는 양관으로 피했다가 그곳도 불안해지자 제나라로 망명했다. 제나라도 그를 골칫거리로 알았다. 양호는 꾀를 내어 원하던(?) 서쪽으로 피할 수 있었다. 《고금주》는 저간의 사정을 이렇게 말한다.

정공 9년(기원전 501년) 여름에 양호가 보옥과 대궁을 돌려보냈다. 6월에 (노나라가 양호가 있는) 양관을 토벌하니, 양호가 양관의 내문萊門(양관의 읍문)을 불사르게 하고 제나라로 달아났다. 그곳 군사를 청해 노나라를 치고자 하자, 제후(제 경공)가 이를 허락하려 했다. 포문자鮑文子가 간했다. "전하께서는 계씨보다 부자이고 제나라는 노나라보다도 큰데, 양호는 이 나라를 전복하려 하고 있습니다. 노나라는 그의 화를 면했는데 전하께서는 또 그를 맞아들이니, 이것이 어찌 해가 됨이 없겠습니까?" 하였다. 그래서 제후가 양호를 잡아 동쪽으로 추방하려 하니, 양호가 (이를 눈치채고) 동쪽을 원하기에 그를 서쪽 시골에다 가두었다.[2] 그는 그 고을 사람들의 수레를 모두 빌려 (수레가 제구실 못 하게) 바퀴 축을 잘라버렸다(추격을 끊은 것). 그러고서 양호는 짐을 실은 한 수레 속에 실려 누워 도망쳤다. (그러나 제나라는) 그를 추격해 잡아서 제나라 도성 안에 가두었다. (그러다가 그는) 또 짐을 싣는 수레에 얹혀 송나라로 달아났다가, 드디어 진나라로 도망쳐 조간자趙簡子(조앙)에게 몸을 의탁하였다. 공자가 말하기를, "조씨는 아마도 앞으로 대대로 난이 끊어지지 않을진저!"라 하였다.

定九年夏 陽虎歸寶玉·大弓. 六月 伐陽關【討陽虎】陽虎使焚萊門 出奔齊 請師以伐魯 齊侯將許之. 鮑文子諫曰: "君富於季氏而大於魯國 玆陽貨所欲傾覆也. 魯免其疾 而君又收之 無乃害乎?" 齊侯執陽虎 將東. 陽虎願東【陽虎欲西奔晉 知齊必反己 故詐以東爲願】乃囚諸西鄙. 盡借邑人之車 鍥其軸.【欲絶追者】載葱靈 寢於其中而逃. 追而得之 囚於齊. 又以葱靈逃 奔宋 遂奔晉 適趙

---

2   양호는 서쪽의 진晉나라로 도망치고자 했다. 제나라는 반드시 원하는 방향의 반대편으로 보낼 것을 알았기에, 거짓으로 동쪽을 소원했던 것이다.

氏. 仲尼曰: "趙氏其世有亂乎!"

쫓겨난 후의 양호의 파란만장한 신세를 읽을 수 있다. 그러면서도 양호는 태연했다 한다. 그의 배포를 짐작할 수 있다.

그 후 양호는 어떻게 되었을까? 그는 마침내 서쪽으로 도망가 진나라의 조간자에게 의탁했다. 조간자는 위나라의 정치에 깊이 개입한 사람이다. 즉 망명객 태자 괴외와 함께 위나라의 탈환에 힘을 보탠 것이다.[3] 노나라를 떠나 진나라에서 조간자에게 의탁하면서 위나라의 정치에 개입하는 양호를 만나게 된다. 양호는 매우 수완이 뛰어난 현실 정치가였음을 알 수 있다.

그로부터 10년이 지났다. 양호는 위나라의 변란에 개입하게 된다. 위 영공의 아들 괴외는 음란한 어머니 남자를 죽이려다가 실패하고 망명길에 오르는데, 양호가 그 세자의 도피를 도와주게 된 것이다. 《고금주》에는 그에 관한 기사가 이렇게 실려 있다.

애공哀公 2년(기원전 493년), 진나라 조간자가 위나라 태자 괴외를 척읍戚邑으로 들여보낼 당시 밤에 길을 잃었는데, 양호가 말하기를, "황하를 오른쪽으로 보면서 남쪽으로 가면 반드시 척읍에 도착할 것이다"라고 하였다. 그래서 태자로 하여금 발상發喪할 때의 상복을 입게 하여 척읍에 들어가게 했다. 8월에 조간자가 제나라 사람을 막으니, 양호가 말하기를, "우리는 수레가 적으니 병거兵車의 깃발을 뽑아다가 한달罕達과 사홍駟弘의 군사가 오는 앞에다 세워 진을 치면 이길 것이다"라

---

3   위나라는 공자의 망명지다. 이곳에서의 정치적 파란은 다음 장에서 다루고자 한다.

하였다. 그가 노나라에서 난을 도운 것 또한 이와 같았다.

又按陽虎至哀二年 晉趙鞅納衛太子于戚. 宵迷 陽虎曰: "右河而南
必至焉." 使太子絻. 八月 趙鞅禦齊人 陽虎曰: "吾車少 以兵車旆與
罕·駟." 其在魯國 亦助亂如是也.

그 후 소식은 끊긴다. 애공 9년(기원전 486년, 공자 66세)에 그에 관한 기
사가 사전史傳에 하나 실려 있다.

애공 9년에 조간자가 정나라를 구원하는 일로 점을 쳤다. 그런데 양호
가《주역周易》으로 점을 쳐서 말하기를, "송나라는 바야흐로 길운을 만
나고 있으니, 적으로 삼아서는 안 된다"라고 하였다.

又哀九年 趙鞅卜救鄭. 陽虎以《周易》筮之 曰: "宋方吉 不可與也."

이렇게 보면 양호는《논어》에 나오는 기사와 공자의 생애 전편에 걸
쳐 영향을 끼치고 있으며, 우리가 주로 살피는 세 개의 사건에 다 걸
려 있음을 알 수 있다. ① 친위쿠데타로 망명해 있는 소공을 핍박했
고, ② 노나라 정치에 깊이 간여하고 3환을 떨게 만들었으며, 실패한
이후에도 ③ 공자가 머물고 있던 위나라에서 조간자의 조력을 받아
위나라의 후계와 현실 정치에 깊숙이 영향력을 끼쳤다.

그런데 한 가지 유의할 일이 있다. "대체 왜 공자는 이 인물을 피해
다녔을까?" 배반의 인물이고 사악한 인간이라 상종하기 싫었다? 노
나라 공실의 권위 회복을 위해 협력할 수도 있지 않았을까? 다산은
그 이유를 놀랍게도, 예모禮貌에서 찾는다. 적절한 예를 갖추었지 않
았다는 것. 다산은 말한다.

〔案〕即此數事 虎之爲人可知. 然孟懿子於伐鄆之役 與虎同惡 而
孔子收之爲門人 費子洩以費畔 亦與虎同謀 而孔子欲往 即孔子
之不見陽貨 爲其禮貌不忠 非爲其惡人也. 孟子曰: "陽貨先 豈得
不見?" 此正義也.《易》曰: "見惡人無咎."【陳云: "陽貨與公山 皆
一時叛臣. 雖是惡人 苟其交際之誠 無不與之 陽貨則交際之禮不
誠."】

다산은 양호가 '악인'이기에 공자가 만남을 거부한 것이 아니라고 역
설한다. 양호와 같이 변란을 도모한 맹의자를 공자가 門人으로 받
아들인 것을 보라. 공산불뉴가 비읍을 근거지로 난을 일으키고 공자
를 초빙했을 때도, 공자는 가려고 했다. 이를 보매, 공자가 양호를 만
나지 않은 것은 그가 악인이라서가 아니라, 적절한 예와 존중을 결여
했고, 그래서 정치적 협력과 성취를 기약할 수 없었기 때문이라고 말
할 수 있다. "패륜에 폭군이어도 상관없다. 내가 일을 할 수 있는 여건
이라면, 누구든 사양하지 않는다. 다만 나를 존중하지 않는다면, 그런
사람과 더불어 무슨 일을 하겠느냐?" 이것이 다산의 정치적 사고다.
그러면서《주역》의 한 구절을 인용했다. "악인을 만나도, 허물이 없다
(見惡人無咎).

　주자학자들은 공자 주변의 인물들을 '선악'으로 가르고, 공자는 성
인이라 누구든 교화할 수 있다는 전제를 깔며, 그분의 판단에 따라 어
떤 선택이든 가능하다는 순진한 이상주의를 설파한다. 이는 주자의
《집주》에 실린 장경부張敬夫의 견해를 보아도 알 수 있다.

공산불뉴나 필힐佛肸의 부름에 모두 가려고 한 것은 천하에 변화시킬

수 없는 사람이 없고, 할 수 없는 일이 없기 때문이다. 끝내 가지 않은 것은 그 사람을 마침내 변화시킬 수 없고, 일을 마침내 할 수 없음을 알았기 때문이다.

夫子於公山佛肹之召 皆欲往者 以天下無不可變之人 無不可爲之事也. 其卒不往者 知其人之終不可變而事之終不可爲耳.

그러나 다산은 이것이 공자를 올바로 읽은 안목이 아니라고 생각한다. 당대의 제후들도 실력자들과 협력하고 국정을 맡기는 마당에, '선악'으로 이들을 선명히 가를 수 없고 이 현실과 더불어 정치적 가능성을 모색할 수밖에 없다는 것이다. 공자는 그들이 선인이냐 악인이냐를 물은 것이 아니다. 같이 일을 도모할 수 있느냐가 관건이었다.

양호와 공산불뉴가 옳음에 대한 헌신이 없고, 나중에 '반란'을 접고 계씨와 타협할 가능성이 컸다. 맹약을 하고 계씨를 석방한 것을 보건대, 처음의 뜻을 일관해 나가기 어렵겠다고 판단했던 것이다.

〔案〕孔子之終不往 正恐不狃有改 非以其不能改也. 陽虎・不狃本不秉義 胡能有定? 果然盟桓子而釋之 不能有爲矣 不狃之改過 魯國之不幸也. 使不狃誠舍逆而從順 是不過季氏之一犀臣 孔子何取焉? 當時心算 孔子與不狃・陽虎翕然相合 但伊等必敗事 故孔子不赴召耳.

다산의 안목으로, 공자는 순전한 도덕가, 탁상공론의 학자 타입이 아니었다.

계평자도 주군을 축출했지만 공자는 그 아래 관리를 지냈고, 맹의자도 군주를 쳤지만 제자로 받아들였다. 그런 마당에 어떻게 필힐만 '더럽다'고 내치겠는가? 당시는 이미 쇠란한 시기라, 이미 군은 군답지 않고, 신은 신답지 않으며, 아비는 아비답지 않고, 자식은 자식답지 않았다. 세상을 청평지세처럼 다그칠 수는 없는 시절이었다. 그러므로 군자의 처신은 '때를 고려하고 감안하는' 것이어야 했다.

季平子親身逐君 而孔子嘗爲其屬吏 孟懿子親身伐君【與陽虎伐郯】而孔子收之爲門人 奚獨佛肹爲穢物哉? 當時衰亂 君不君 臣不臣 父不父 子不子 不可一一苛責如淸平之世. 故君子之所以處其身者 亦自有時措之宜.

다산의 이 해석은 재래의 주자학적 순수주의, 명분주의와는 전혀 다른 정치적 원리를 표명하고 있다. 다산의 이러한 인식은 조선조 유학의 정치학적 인식을 일거에 뒤흔드는 뇌관을 끌어안고 있다. 조선 후기 당파와 예송의 현장을 보면, 자의적 군자 소신론이 사실과 이해를 뒤덮고 있는 것을 볼 수 있다. 그리하여 실무적 에너지가 명분 속에서 소모되고 소진되어 버린 안타까운 역사에 비추어 보면, 다산의 인식은 대서특필될 필요가 있는 것이었고, 지금도 참고해야 할 소중한 자산이라고 생각한다.

노나라 공직에서 공자의 활동은 거의 빈 자리로 남아 있다.《논어》안에 별다른 언급이 없는 것이다.《사기》〈공자세가〉도 기사는 소략한 편이다. 사마천은 이 시기 공자의 활약을 세 가지로 정리하고 있다. ① 협곡의 회맹과 ② 3가의 근거지인 3도 부수기, 그리고 ③ 소정묘少正卯의 처단이다.《고금주》의 기록을 통해, 이 무렵의 일정을 대략 적어보자. 앞에서 읽은 것들을 정리하면 다음과 같다.

(1) 정공 5년(기원전 505년, 공자 47세)

계평자가 죽고 계환자가 섰을 때, 기회를 틈타 공산불뉴가 비읍을 점거하고 공자를 불렀다. 공자는 가지 않았다.[4]

(2) 정공 6년(기원전 504년, 공자 48세)

2월, 노나라가 정나라를 침범해 광땅을 빼앗았다. 양호는 계씨와 맹씨로 하여금 남문으로 들어갔다가 서문으로 퍼레이드를 하게 했다. 원주민들의 원한을 불러일으키려는 의도였다.[5] 이 해 가을, 양호는 3환과 주나라 사직에서 맹약했다. 그리고 공자를 불렀다. 새끼 돼지 사건도 바로 이 무렵의 일이다.

(3) 정공 8년(기원전 502년, 공자 50세)

기어코 양호가 난을 일으켰다. 3환을 제거하고 자신이 전권을 잡으려 했지만, 실패로 끝났다. 양호는 공실에서 보옥과 대궁을 탈취해 달아났다. 양호의 속셈은 맹씨의 종주는 자신이 맡고, 다른 두 성씨를 허수아비로 세우는 것이었다.

(4) 정공 9년(기원전 501년, 공자 51세)

양호는 보옥과 대궁을 반납했다. 노나라가 양호의 거처를 쳤고 그는

---

4 공산불뉴가 성을 점거하고 계씨와 대치했다. 그러나 아직 난을 일으킨 것은 아니다.
5 이는 나중 공자가 광땅에서 곤욕을 치르는 빌미가 된다.

제나라로 튀었지만, 거기서도 환영받지 못했다. 양호는 짐짓 "동쪽으로 가고 싶다"고 거짓 탄원해, 원하던 서쪽의 진나라에 의탁할 수 있었다. 이때 공자는 중도의 책임자를 맡고 있었다. 공자의 활약은 눈부셨다.

노나라 소공이 제나라에서 죽자 노나라에서는 그의 아우 정공이 즉위했다. 정공 즉위 후 노나라는 어떤 싸움에도 휘말리지 않으면서 어느 정도 국력을 회복했다. 드디어 "이 사람이다!" 싶은 인재를 불러들였다. 그가 바로 공자였다. 공자는 덕성과 인품으로 명망이 높아 정공이 오래전부터 눈여겨보던 인물이었다.

공자는 기원전 501년에 중도라는 도시를 책임지게 되었다. 《공자가어孔子家語》에는 중도에서 공자가 베푼 선정이 얼마나 훌륭했는지 묘사되어 있다. 노인과 어린아이들을 구휼하고, 사람의 역량에 맞게 임무와 책임을 부여했으며, 도량형을 엄격하게 지키도록 하였다. 길을 구분하여 남녀가 분별을 지키도록 하였고, 시장에서 대중없이 사고 파는 일에도 규정을 만들었으며, 죽은 이를 묻고 무덤을 만드는 일에 검약하도록 하였다. 고대에서 길어올린 이상적 정치의 현현이었다. 곧 풍속의 교화가 뒤따랐다. 중도에서는 길에 떨어진 물건조차 가져가는 사람이 없었다. 공자의 정사가 일군 효과에 감탄한 정공은 이 훌륭한 정치를 전국으로 확산시키고자 하였다. 그것이 가능하다는 공자의 답을 듣고, 정공은 공자를 사공에 임명했고, 다시 대사구로 승진시켰다(피에르 도딘, 《공자》 82쪽 참고).

(5) 정공 10년(기원전 500년, 공자 52세)

이 무렵 공자는 이른바 협곡의 회맹에서 외교적 수완을 발휘했다. 앞

장에서 이때의 활약을 자세히 읽은 바 있다.

제나라는 이미 노나라 영토 일부를 차지하고 있었으나, 그것으로 만족하지 않았다. 제 경공은 협곡으로 노 정공을 불러내 무력을 과시하다가 형세가 유리해지면 아예 포로로 삼을 속셈이었다. 회맹이라는 허울을 꿰뚫어보지 못한 정공이 어떤 호위도 갖추지 않고 협곡으로 가겠다고 나서니, 공자가 그를 만류했다(피에르 도딘, 《공자》, 83쪽 참고).

〈공자세가〉는 이때의 정황을 이렇게 적고 있다.

제 경공은 사신을 보내 노 정공과 평화를 맺을 것을 제의했다. 회담은 협곡에서 열렸다. 공자는 무비武備를 갖추어 노 정공으로 하여금 대처하게 했다. 술잔이 돌고 예절을 마치자 창검으로 춤을 추었다. 이에 공자가 단상으로 올라가, "우의를 나누는데 오랑캐의 음악이 가당치 않다"고 나무랐다. 경공이 흠칫했다. "이 일을 주도한 자를 벌주라"고 하자, 경공은 자신의 나라로 돌아가서 말했다. "노나라는 군자의 道로 군주를 보필하는데, 그대들은 이적의 道로 과인을 가르쳐 죄를 짓게 하는가?" 사죄의 뜻으로 노나라의 땅 몇을 돌려주었다.

定公十年春 及齊平. 夏 齊大夫黎鉏言於景公曰: "魯用孔丘 其勢危齊." 乃使使告魯爲好會 會於夾谷. 魯定公且以乘車好往. 孔子攝相事 曰: "臣聞有文事者必有武備 有武事者必有文備. 古者諸侯出疆 必具官以從. 請具其左右司馬." 定公曰: "諾." 具左右司馬. 會齊侯夾谷 爲壇位 土階三等 以會遇之禮相見 揖讓而登. 獻酬之禮畢 齊有司趨而進曰: "請奏四方之樂." 景公曰: "諾." 於是旄旌羽袚矛戟劍撥鼓噪而至. 孔子趨而進 歷階而登 不盡一等 擧袂而言曰:

"吾兩君爲好會 夷狄之樂何爲於此! 請命有司!" 有司卻之 不去 則
左右視晏子與景公. 景公心怍 麾而去之. 有頃 齊有司趨而進曰:
"請奏宮中之樂." 景公曰: "諾." 優倡侏儒爲戲而前. 孔子趨而進 歷
階而登 不盡一等 曰: "匹夫而營惑諸侯者罪當誅! 請命有司!" 有司
加法焉 手足異處. 景公懼而動 知義不若 歸而大恐 告其群臣曰:
"魯以君子之道輔其君 而子獨以夷狄之道敎寡人 使得罪於魯君
爲之奈何?" 有司進對曰: "君子有過則謝以質 小人有過則謝以文.
君若悼之 則謝以質." 於是齊侯乃歸所侵魯之鄆 汶陽 龜陰之田以
謝過.

공자는 정말 위와 같은 직책을 맡고, 정치 외교에서 뛰어난 수완을 발
휘할 수 있었을까? 서구 연구자들이나 회의적 시각을 가진 사람들 가
운데는 '공자의 벼슬살이(仕宦)'를, 그를 신성시하는 사람들의 안타까
운 열망이라고 추측하는 사람들이 적지 않다. 나는 다음과 같은 도딘
의 견해가 균형 잡혀 있다고 생각한다.

마스페로와 같은 학자들은 맹씨 가문이 세습하던 사공과 장臧씨 가문
이 세습하던 대사구라는 직책을 공자가 맡았을 가능성이 적다고 여긴
다. 그래서 제임스 레그James Legge는 공자가 이 직책들을 단지 보좌했
을 뿐이라고 말한다. 그러나 양호와 공산불뉴의 난을 겪은 5년 뒤인 이
당시에는 지배 가문들의 확고한 기반이 상당히 침식당하고 있었을 것
이다. 제후의 권력이 회복된 후 정통성을 가진 군주에게 충성을 바치는
공자의 태도는 등용되는 데 유리한 작용을 했을 것이다. 사마천도《사
기》에서 공자가 벼슬을 한 것으로 기술했듯이, 나는 공자가 위의 직책

을 맡았다는 통상적인 견해를 따르는 것이 정당하다고 여긴다. (피에르 도딘,《공자》, 85-86쪽)

(6) 정공 12년(기원전 498년, 공자 54세)

공자는 대사구가 되었다. 이듬해 자로와 더불어 3도를 부수었다. 그 첫 타깃이 오랫동안 비읍을 점거하고 있던 공산불뉴였다. 양호가 실패하고 망명한 이후에도 공산불뉴의 비읍은 건재했고, 계씨는 본거지를 잃고 앙앙불락怏怏不樂하고 있었다.

이 사건은 공자의 정치적 이력 가운데 대표적인 것이다. 몇 해 전에 개봉한 저우룬파 주연의 영화 〈공자 춘추전국시대〉도 이 사건을 축으로 드라마를 전개하고 있다.《사기》〈공자세가〉는 이때를 정공 13년으로 적고 있다. 그러나 다산은 정공 12년의 일로 비정했다. 이 차이는 어디서 왔을까? 다산의《고금주》는《좌전》의 기사를 인용해 다음과 같이 말했다.

정공 12년 여름, 자로가 계씨의 읍재가 되어 3가의 도성을 무너뜨리려 했다. (비費, 후郈, 성成 셋이다. 이들이 강성하면 장차 나라의 해가 될 것이기 때문이다.) 숙손씨가 후성郈城을 먼저 허물고, 계씨도 비성費城을 허물려고 하니, 공산불뉴와 숙손첩叔孫輒이 반발, 노나라의 도성을 습격했다. 정공은 3환(계손사季孫斯, 중손하기仲孫何忌, 숙손주구叔孫州仇)과 더불어 계씨의 저택 누대로 올라갔다. 비읍 사람들이 누대 곁까지 진입하기도 했다. 공자가 신구수申句須, 악기樂頎에게 명해 그들을 토벌케 하니, 비읍 사람들이 도망쳤고, 이들을 추격, 고멸姑蔑에서 쳐부수었다. 공산불뉴와 숙손첩은 제나라로 도망가고, 마침내 비성을 함락시켰다. 이어 마지막 남은 성성成城을 무너뜨리려고 하자 공렴처보가 맹손씨에게 "성成을 무너뜨리면 제나라 사람들이 노나라 도성의 북문으로 쳐들어올 것이고, 이 성은 또 맹손씨의 보장이자 본거지이니 허물어서는 안 된다"고 부추겼다. 겨울에 정공이 성성을 포위했으나, 이기지 못했다.

〔事實〕 定十二年夏 仲由爲季氏宰 將墮三都.【費·郈·成也. 彊盛將爲國害 故仲由欲毀之】於是叔孫氏墮郈 季氏將墮費 公山不狃·叔孫輒帥費人以襲魯. 公與三子入于季氏之宮 登武子之臺 費人攻之 弗克. 入及公側【至臺下】仲尼命申句須·樂頎下伐之.【二子 魯大夫. 仲尼 時爲司寇】費人北 國人追之 敗諸姑蔑. 二子奔齊.【不狃·叔孫輒】遂墮費. 將墮成 公斂處父謂孟孫: "墮成 齊人必至于北門. 且成 孟氏之保障也 無成是無孟氏也. 子僞不知【佯不知】我將不墮." 冬十二月 公圍成弗克.

다산은 공자의 의도를 다음과 같이 적고 있다.

공산불뉴가 비읍을 점거, 반기를 든 것은 정공 12년까지 8년이 되었다. 계씨도 이를 근심했고, 공자도 사구가 되어 비읍을 걱정했다. 3가에게 모두 그 사읍私邑을 허물게 하니, 3가는 마지못해 이를 허락하였는데, 기실 공자의 속내는 이를 계기로 3환을 약하게 하고 공실을 강하게 하고자 했다. 공렴처보는 그 의도를 알았기 때문에 정공의 군사를 막아 성성을 허물지 못하게 했다.

〔案〕 公山不狃據邑以畔 于今八年矣. 季氏患之 孔子時爲司寇 怵之以費 令三家盡墮其私邑 三家不得已而許之. 其實孔子欲乘此機 弱三桓以強公室也. 公斂處父知其意 故距公師而不墮.

이것이 공자의 마지막 정치적 실험이 되었다. 공자는 더 이상 노나라에 희망을 걸지 못하고, 자신의 이상을 알아줄 나라를 찾아 천하를 철환하게 된다.

위 영공과 부인 남자

공자가 정치를 맡자, "사람들이 값을 속이지 않았고, 남녀가 구별하여 길을 갔으며, 떨어진 물건을 아무도 줍지 않았다." 제나라 경공이 이 사태를 두려워했다. 측근의 권고대로 미인계를 쓰기로 했다. 여악女樂과 치장한 말들이 노나라 성 남쪽 높은 문루에 진열되자, 계환자는 평복으로 몰래 가서 보고 좋아했다. 정사는 뒷전이었다.

齊人歸女樂 季桓子受之 三日不朝. 孔子行. (〈미자〉 4장)
제나라가 여악단을 보내왔다. 계환자가 그것을 받았고, (그 흥에 취해) 사흘 조회를 보지 않았다. 공자는 (마침내) 제나라를 떠났다.

여악을 선물로 주는 것은 드물지 않은 일이었던 듯하다. 다산은 인증引證에서 《좌전》 양공襄公 11년의 기사를 인용하고 있다.

《좌전》에서 이르길, "정나라 사람이 여악 16명을 진후에게 바쳤다" 하였다. 살펴보건대, 〈초혼부〉에 "16인의 무희가 동작을 같이하여 정나라 춤이 시작된다"라고 하였으니, 여악은 대개 8인으로 열을 만든 것 같다. 《左傳》云: "鄭人以女樂二八賂晉侯." 按〈招魂賦〉云: "二八齊容 起鄭舞些." 女樂蓋亦以八爲列也.

당시의 "계환자가 정공으로 하여금 여악을 받아들이라고 권했다. 군신이 이를 즐기느라 조례를 3일 동안 열지 않았다"고 한다. 공자는 이에 실망해 결국 노나라를 떠나게 된다.

정공 14년, 공자 56세. 대사구로 정무를 총괄했고, 정치를 혼란시키던 대부 소정묘少正卯를 죽였다. 국정을 맡은 지 3개월, 양고기·돼지고기를 파는 자가 값을 속이지 않았고, 남녀가 다른 길을 걸었다. 길에 떨어진 물건을 주워 가지 않았고, 사방에서 온 객들이 관청을 찾지 않고 다들 자기 집처럼 여겼다. 제나라 사람들이 듣고 두려워했다. "공자가 권력을 쥐고 있으면 다른 나라에 영향력이 파급될 것인데, 우리 나라가 제일 가깝소. 땅을 좀 떼 주어서 유대를 공고히 하는 게 좋겠소." "우선 그를 막는 시도를 해본 다음, 고려해도 늦지 않소."
80명의 미인을 뽑아 성장시킨 다음 강락무康樂舞를 익히게 했다. 이들을 4두마차 30대와 함께 노군에게 보냈고, 노나라 성문 남쪽 높은 문루에서 공연을 시켰다. 계환자가 미복을 하고 두세 번 가서 보고는 받아들일 생각을 했다. 노군에게 넌지시 가서 보라고 권했더니, 종일 구경하다가 정사를 게을리했다. 자로가 말했다. "이제 떠나야 할까 봅니다." "노나라가 이제 교제郊祭를 지내는데, 대부에게 고기를 나누어준다면 머무를 수도 있다." 계환자는 마침내 여악을 받아들였고, 3일을 정사를 돌보지 않았다. 교제를 지내고 나서도 구운 고기가 대부에게 이르지 않자, 공자는 마침내 떠났다.

定公十四年 孔子年五十六 由大司寇攝行相事. 於是誅魯大夫亂政者少正卯. 與聞國政三月 粥羔豚者弗飾賈 男女行者別於塗 塗不拾遺 四方之客至乎邑者不求有司 有司常共其職. 齊人聞而懼曰:"孔子爲政必霸 霸則吾地近焉 我爲之先竝矣. 盍致地焉?" 犁鉏曰:"請先嘗沮之. 沮不可則致地 庸遲乎?" 於是選齊國中女子好者八十人 皆衣文衣而舞〈康樂〉文馬三十駟, 遺魯君. 陳女樂 · 文馬於魯城南高門外. 季桓子微服往觀再三 將受 乃語魯君爲周道游觀終日 怠於政事. 子路曰:"夫子可以行矣." 孔子曰:"魯今且郊 如致膰於大夫 則吾猶可以止." 桓子卒受齊女樂 三日不聽政. 郊 又不致膰俎於大夫 孔子遂行.【遂適衛】

공자는 이제 기나긴 방랑길에 올랐다. 그는 어디로 갔을까? 공자의 발걸음은 위나라로 향했다. 13년간의 유랑에서 공자는 가장 많은 시간을 이곳 위나라에서 보내게 된다. 그리고 당연히 이 나라 정치의 한 가운데에 서게 된다.

지금 여기, 연대가 조금 틀린다. 〈공자세가〉는 공자가 자로를 시켜 3도를 부수는 해를 정공 13년(기원전 497년)으로 적고 있는데, 지금 보듯 다산은 정공 12년(기원전 498년)으로 적고 있다. 그리고 공자가 노나라를 떠난 시점을 〈공자세가〉는 정공 14년(기원전 496년)의 일이라 하고 있는데, 다산은 "공자가 처음 위나라로 간 것이 정공 13년(기원전 497년)의 일"이라고 짚어준다. 두 기록은 왜 차이가 나는 것일까?

이 부분은 더 대조가 필요해 보인다. 나는 다산의 비정이 맞다고 생각한다. 중국과 해외의 여러 학자도 비슷한 의견을 가지고 있다.

공자는 거백옥의 주선으로 제후인 영공을 만났다. 영공은 공자를 보자마자, 그에게 '군사'를 물었다. 현자라고 소문났으니, 당연히 군사적 전술이나 전략에 조언해줄 것이라 기대했다.

> 衛靈公問陳於孔子. 孔子對曰: "俎豆之事 則嘗聞之矣 軍旅之事 未之學也." 明日遂行. 《위령공衛靈公》 1장)
>
> 위 영공이 공자에게 진법에 대해 물었다. 공자가 대답했다. "제사상 그릇들을 진설하는 법은 들은 바 있지만, 대규모 군사를 움직이는 법은 배우지 못했습니다." 그런 다음 (위나라를) 떠났다.

'陳진'은 글자 그대로 '늘어놓는' 것을 말한다. 제사상에 그릇을 올려놓는 것과 군대를 배치하는 것은 닮았다. 공자의 연관적 상상력이 노련하다.

이 '만남'은 언제 있었을까? 주지는 《집주》에서 노 애공 3년(기원전 492년)의 일이라고 했다. 다산은 이 연대 배정이 아귀가 맞지 않는다고 지적한다. 《춘추》에 의하면, 위 영공은 애공 2년(기원전 493년, 공자 59세)에 사망하기 때문이다.[1] 다산은 이 만남을 정공 15년(기원전 495년, 공자 57세)의 일로 단정했다.

---

[1] 주자는 사건들의 연대나 배정에서 치밀하지 않다. 역시 그의 관심은 '역사적'이기보다 '철학적'이고, 정치학적 접근보다 도덕적 의욕이 두드러진다는 것을 다시금 확인할 수 있다.

〔事實〕《史記·世家》云: "孔子適衛 主蘧伯玉家. 他日靈公問兵陳
於孔子 明日與孔子語 見蜚鴈仰視之 色不在孔子 遂行遂如陳."
《集註》云: "是歲魯哀公三年 孔子年六十矣." 〔案〕《春秋》哀二年
四月丙子 衛侯元卒. 【卽靈公】安得魯哀公三年 靈公問陳乎? 靈公
問陳 蓋在定公之末年. 【十五年】是年孔子去衛 如陳而過鄭. 有匡
人之畏 至於絶糧之厄 明在哀六年 距問陳之年 已七年矣.

다산은 〈공자세가〉를 인용해 말한다.

위나라에 온 공자는 거백옥의 집에 머물렀다. 다른 날 영공이 공자에게
진법을 물었다. … 다음 날 공자와의 대화에서 (영공은) 날아가는 기러
기를 쳐다보며 딴청을 피웠다. 공자에게 관심이 없는 것을 알고 공자는
위나라를 떠나 진陳나라로 갔다.
而反乎衛 入主蘧伯玉家. 他日 靈公問兵陳. … 明日 與孔子語 見
蜚鴈 仰視之 色不在孔子. 孔子遂行 復如陳.

공자가 위나라를 떠난 것이 정공 15년이니, 두 사람의 만남은 그 이
전 어느 무렵이라는 것이다. 공자가 처음 위나라에 온 것이 497년, 영
공과의 이 대화까지 2년 정도의 시간이 걸린 셈인가? 만나기는 그 이
전이었으되, 특기할 기록이 없었는지도 모른다.
　이 무렵 영공은 무모한 전쟁을 벌이고 있었고, 공자는 여기에 말려
들고 싶지 않았다. 그래서 짐짓 "군사에는 문외한입니다"라고 핑계를
대고 물러난 것이다.
　다산은 여기 급히 위나라를 떠난 것에 주목하라고 말한다. 모른다

면 그만이지, 굳이 급하게 떠날 일이 무어냐는 것이다. 주자학자들은 공자의 말을 액면 그대로 믿는다. 그는 정말 '군사'에는 문외한이었을까? 조선조 주자학은 문치의 이상을 외치며 공자의 군사적 역량을 도외시하려는 경향이 있었다. 다산은 언필칭 실학자라는 이름에 걸맞게, 이를테면 '공자의 실학자적 면목'을 부각하고자 한다. "공자는 당대의 모든 '학문', 즉 지식과 기술을 한 몸에 구현하고 있는 종합 르네상스적 인물이고, 당연히 군사의 역량과 식견 또한 남달랐다."

다산은 강조한다. "위의 말은 단지 면피용 핑계일 뿐이다! 공자는 군사의 일에 문외한이 아니었음을 기억하라." 공자는 나중 위나라 대부 공문자孔文子에게도 똑같은 말을 한 적이 있다.

"제사에 그릇을 놓는 법은 배운 적이 있지만, 군사(甲兵)의 일은 들은 적이 없습니다" 하고서 물러 나와 수레를 몰고 가면서 말하기를, "새가 (깃들일) 나무를 선택하는 것이지, 어떻게 나무가 새를 선택하겠는가?" 했다(주인은 빈객을 잡을 수 없다는 말이다).
仲尼曰: "胡簋之事 則嘗學之矣【胡·瑚同】甲兵之事 未之聞也."
退 命駕而行曰: "鳥則擇木 木豈能擇鳥?"【言主人不能執賓】

《좌전》의 이 기록을 인용하면서 다산은 공자의 이 발언을 이렇게 해석했다.

묻는 말에 대답을 안 하면 그만인데, 하필 황급히 수레를 몰았을꼬? 병사를 일으키고 난을 얽어 타국을 정벌하는 것은 그 주모자를 위태롭게 하기 때문이다. 이 두 사태를 묶어서 보면 공자의 뜻을 읽을 수 있다.

위 영공이나 공문자는 모두 불의하게 군사를 일으킨 이유로, 공자는 이들을 피했던 것이다. 만일 이들이 의로운 전쟁을 일으켰다면, (공자는) 목욕재계하고 토벌을 주청했을 것이다.

〔引證〕哀十一年《左傳》云: "孔文子【即孔圉】之將攻太叔也【衛大夫大叔疾】訪於仲尼. 仲尼曰 '胡簋之事 則嘗學之矣【胡·瑚同】甲兵之事 未之聞也.' 退 命駕而行曰 '鳥則擇木 木豈能擇鳥?'"【言主人不能執賓】〔案〕仲尼於此 不對斯足矣 何必悻悻然命駕乎? 興兵搆亂 以伐人之國家 則其謀主危矣 合觀兩事 其志見矣. 且衛靈·孔圉 皆不義而用兵 故孔子避之. 苟其合理 則固嘗沐浴而請討矣.

다산은 공자가 필요하다면 전쟁을 불사하는 의기와 군사에 대한 전문적 식견을 갖추고 있었다고 강조한다. 우선 《사기》〈공자세가〉를 보라. 협곡의 회맹을 주도하면서, 공자는 "文事에는 필히 무장을 해야 한다(必有武備)"고 강조하며 군사를 준비하지 않던가? 《논어》의 몇 구절은 다산의 해석을 더 받쳐주고 있다.

子謂顔淵曰: "用之則行 舍之則藏 唯我與爾有是夫." 子路曰: "子行三軍則誰與." 子曰: "暴虎馮河 死而無悔者 吾不與也. 必也臨事而懼 好謀而成者也."(〈술이述而〉10장)

공자가 안회에게 말했다. "발탁이 되면 (적극) 포부를 실현하고, 내버린다면 (운명이라 그 뜻을) 가슴에 묻어두는 것, 이건 나나 네가 할 수 있겠지." 자로가 (벌컥) 나섰다. "스승님이 3군, 대규모 군대를 동원한다면 누구랑 함께하겠습니까?" 공자가 말했다. "맨손으로 호랑이를 때려잡고, 배도 없이 황하를 건너려는 사람, 그렇게 죽어도 그만이라는 사람과는 같이하지 않겠다. 반드시 일 앞에서 두려워하고, 계획과 예측을 통해 성공을 도모하는 사람과 같이하련다."

이 대화를 보매, 자로는 공자가 군사를 지휘할 능력을 갖고 있음을 의심하지 않았고, 공자 자신도 지휘관의 역량을 갖추고 있음을 인정하고 있음을 알 수 있다. 다산은 한 걸음 더 나간다. 다음은 공자 말년, 제나라의 하극상을 보고받은 공자의 반응을 싣고 있다.

陳成子弑簡公. 孔子沐浴而朝 告於哀公曰: "陳恒弑其君 請討之." 公曰: "告夫三子!" 孔子曰: "以吾從大夫之後 不敢不告也. 君曰: '告夫三子'者." 之三子告 "不可." 孔子曰: "以吾從大夫之後 不敢不告也." (《헌문憲問》 22장)
진성자陳成子(진항)가 (제의) 간공簡公을 시해했다. 공자는 목욕하고 조회에 나가 애공에게 고했다. "진항陳恒이 그 군주를 시해했습니다. 청컨대 토벌하소서." 애공이 말했다. "3환의 세 사람에게 고하시오." 공자가 3환을 찾아가 말했다. "저는 대부의 말석으로 고하지 않을 수 없었는데, 군주께서는 세 사람에게 고하라 하시는군요." 공자가 세 사람에게 고하니, 다들 "안 된다"고 했다. 공자가 말했다. "나는 대부의 말석으로 고하지 않을 수 없었습니다."

하극상의 시해 사건을 듣고, 목욕재계하고 토벌을 청하는 공자의 결기는 연약한 문치적 인물과는 결코 어울리지 않는다. 공자는 무인적 기상을 하나의 개성으로 갖고 있었음을 짐작할 수 있다. 다산은 한 걸음 더 나간다. "공자의 '토벌 주청'은 단순한 체면치레가 아니었다." 공자는 실제 이 토벌의 현실적 성공을 가늠하고 있었다는 것. 이것은 가히 파격적 해석이다. 제나라의 백성 가운데 이 시해에 반감이 있는 사람들이 절반, 거기 노나라의 군사가 가세하면 진항의 세력을 꺾고 그를 응징하는 것이 '실질적으로 가능하다'고 공자는 생각했다.

유학은 그저 책상물림의 도덕적 설교자를 키우려는 것이 아니다. '사대부士大夫'라는 이름처럼 학식과 실무를 겸비한 인재를 키우자는 것 아닌가? 다산은《경세유표》에서 사대부들의 '철학 일변도'를 다음과 같이 탄식하고 있다.

학자들의 독서가 정밀하지 않고 道를 배움에 편향적이어서 그렇게 생긴 폐단이, 山林이나 경악經幄의 신하가 책을 끼고 경연에 오르면 오직 理氣와 心性만을 논하고 아뢸 뿐, 일자반구도 재부財賦를 언급하지 않는다. 안목이 열린 사람은 천하 국가의 일을 모르지 않고 재부에 관심을 두기 마련인데, 이를 한번 꺼냈다가는 주변이 비웃고 조롱하여 명성이 크게 추락하고 만다. 차라리 식자들의 은밀한 비웃음을 받는 것이 낫지, 형편없는 자들이 대놓고 하는 손가락질은 견디기 어렵다. 공자가 제자들을 칭찬하기를, "자로는 천승千乘의 나라에 재정을 감당할 수 있다"거나, "염구는 천실千室의 읍에서 행정을 책임질 수 있다"고 했다. 자고로 재물을 늘리고 모으는 데에는 관중만 한 사람이 없어, 공자는 늘 그 공적을 치하했다. 재부를 더러운 물건이라 하여 입에 올리지도 않는다면 천하 국가를 어떻게 경영할 것인가?

儒者 讀書未精 學道有偏 其流之弊 凡山林經幄之臣 挾冊登筵 惟理氣心性之說 是論是奏 一字半句未敢或及於財賦. 其人本自疏通 非不知爲天下國家者 不能不留心財賦 而此奏一出 羣嘲衆嗤 名聲大落 寧受識者之暗笑 難當妄人之顯斥 故依例敷奏而出也. 孔子譽其弟子曰: "由也 千乘之國 可使治賦. 求也 千室之邑 可使

爲宰." 自古生財聚貨 莫如管仲 而孔子常稱其功. 專以財賦 爲汚 穢之物 不敢以登諸口吻 非所以爲天下國家也. (다산,《경세유표》卷7, 〈지관수제〉전제田制)

주자학자들은 군사뿐 아니라 재정·법률·기술·행정 등의 실무 지식과 기술도 등한시했다. 다산은 이 경향에 제동을 걸고, 경세가로서의 공자를 적극 보여주고자 한다. 그래서 '경학'이 중요하다. 인식과 태도의 극적인 변화를 촉구하기 때문이다.

실제 다산은 공자가 제나라와 협곡의 모임을 주재하면서 "문文과 더불어 무비武備가 중요하다"고 했고, 그가 "제계齊戒, 전쟁, 질병"을 삼갔다고 했다(시행에 신중했다는 것). 자로를 두고 "전쟁에 임할 때는 승패를 치밀하게 계산하고 접근해야 한다"고 권한 것 등이 저간의 사정을 보여준다. 그리고 대사구로서 3환의 근거지를 부수어 나가는 전략을 지휘하는 것은 군사적 식견이 없이는 불가능한 일이다. 그러나 전쟁은 신중, 또 신중해야 한다.《논어》에서 공자는 말한다.

子曰: "善人敎民七年 亦可以卽戎矣." (〈자로〉 29장)
공자가 말했다. "善人이 백성들을 가르치기 7년, 그때 가히 군사를 일으킬 수 있다."

주자는 백성들에게 孝悌忠信의 德을, 그리고 농사와 전쟁의 기술을 가르친 다음, 전쟁에 동원하라는 뜻이라고 해석했다.

백성들이 윗사람과 친하고 어른들을 위해 죽을 마음의 준비가 되어 있을 때, 그때 비로소 전쟁을 시작하라.

敎民者 敎之孝悌忠信之行 務農講武之法. 即 就也. 戎 兵也. 民知
親其上 死其長 故可以即戎.

다산의 해석도 비슷하다. 다만 善人이 '도덕적 인격'이라기보다 '해
당 방면의 기술에 능한 자'로 읽는 것이 좀 다르다. 군사 훈련에 북,
수레, 갑옷, 활 등을 더 자세히 적고 있다.

> 善人은 일에 잘 대처하는 사람이다. 교민敎民은 백성에게 仁義를 가
> 르쳐 그들로 하여금 윗사람을 친애하고 어른을 위해 죽는 법을 알게
> 하며, 백성에게 무용武勇을 가르쳐 그들로 하여금 앉고 일어서고 하는
> 것과 진퇴하는 법을 알게 하는 것을 이른다.
> 〔補曰〕善人 謂善於其事者.【義見前】敎民 謂敎之以仁義 使知親
> 上死長之法【子路所謂使知方】敎之以武勇 使知坐作進退之法.
> 【金云: "使其心志習於孝悌忠信·親上死長之義 耳目習於金鼓車
> 旗 身習於甲冑 手足習於弓矢干戈·坐作馳騁之節."】

윗사람에 대한 신뢰가 없으면 전쟁의 명분이 설득될 수 없고, 적절한
용병의 기술을 습득하지 않으면 승리할 수 없다. 만일 이 둘을 제대로
가르치지 않고 백성들을 전쟁에 동원한다면? 《논어》는 이어지는 챕
터에서 말한다.

> 子曰: "以不敎民戰 是謂棄之." (〈자로〉 30장)
> 제대로 (이 둘을) 가르치지 않고 전쟁에 동원하는 것은 그들을 내다 버리는 것과

같다.

다산의 주석을 전부 번역해보면 다음과 같다.

훈련 안 된 백성들을 전쟁에 동원하면, 부서지고 깨지기 마련이다. '버
린다'는 것은 '내다 버린다'는 뜻이다. 명분도 없이 전쟁의 기술도 익히
지 않고 전쟁을 벌였다가는 반드시 궤멸되기 마련이다. 이것은 백성들
을 구덩이에 내다 던지는 것과 같다. 이 챕터는 바로 위 챕터와 같이 읽
어야 한다.
馬曰:"言用不習之民 使之攻戰 必破敗." 邢曰:"棄之 若棄擲也."
〔補曰〕不知義不知兵者以戰 則必潰是委其民於溝壑也. 〔補曰〕當
與上章合爲一章.

아리따운 부인 남자와의 대화

애공 2년(기원전 493년, 공자 59세), 위 영공이 세상을 떠났다. 이 무렵
공자는 위나라에 돌아와 있었다.

子見南子 子路不說. 夫子矢之曰:"予所否者 天厭之. 天厭之." (〈옹야〉 26장)
공자가 (위 영공의 부인) 남자를 만났다. 자로가 기뻐하지 않았다. 공자는 맹세하
며 말했다. "내가 잘못한 일이 있다면(予所否者), 하늘이 나를 싫어할 것이다. 하
늘이 나를 싫어할 것이야."

12세기 주자의 도학자적 우려를 들어보자.

남자는 위나라 영공의 부인이다. 음행이 있어, 만나자는 요청을 공자가
사양했다. (그러나) 부득이하게 만나볼 수밖에 없었다. 왜냐고? 옛 법에
는 초빙되거나 벼슬하는 선비는 제후의 부인을 만나 뵙는 것이 예법이
었기 때문이다. (자로는 어쨌건) 이런 음란한 여자를 만나는 게 스승님께
치욕이라고 생각해서 인상을 찌푸렸다.

南子 衛靈公之夫人 有淫行. 孔子至衛 南子請見 孔子辭謝 不得已
而見之. 蓋古者仕於其國 有見其小君之禮. 而子路以夫子見此淫
亂之人爲辱 故不悅.

그럼에도 주자는, 성인의 道가 완전하기 때문에 누구를 만나든 심지
어 악인조차도 만날 수 있으며, 엉터리 사설이나 억지 주장에도 적절
히 대처할 수 있다고 창시자를 변호했다. 이 해석이 오랫동안의 통념
이었다. 과연 이 만남은 아련히 떠올랐다 사라진 장막 속의 로맨스 라
인이었을까?

다산은 손사래를 치며, 그렇지 않다고 단정한다. 모든 발언에는 '맥
락'이 있고, '배경'이 있다. 그리고 그 '인물'의 가치와 평소 지향이 있
다. 이 모든 것이 종합되어야 '발언의 진의'를 이해할 수 있다. 사마천
이 수많은 기록을 열람하고 천하를 답사했다고 하나, 공자 때로부터
500년 이후의 인물이 아닌가?

큰아들이자 세자인 괴외는 어머니를 증오했다. 어느 날, 칼을 들고
뛰어들어 어머니를 죽이려 했다. 그러나 거사는 실패했고, 결국 그는
외국으로 망명할 수밖에 없었다. 이때가 정공 14년(기원전 496년, 공자

56세), 그가 위나라에 도착한 후 이듬해의 사건이다. 그리고 3년이 지난 애공 2년(기원전 493년), 영공이 세상을 떠났다. 문제는 '후계'였다. 세자는 타국에 망명해 있고, 남자는 둘째 공자 영에게 권력을 제의했지만 공자 영은 사양했다. "그건 제 자리가 아닙니다. 임종 때 아무 말씀도 없지 않았습니까?" 남자는 도리 없이 세자의 아들, 즉 손자인 첩에게 제후의 자리를 물려주려 했다. 여기까지는《좌전》등에서 잘 알려진 사실이다.

공자는 아차, 부자간의 골육상쟁을 우려했다. 그리고 당연, 위나라의 혼란과 고통받을 민생을 우려했다. 공자는 그야말로 正名, 이름을 바르게 하는 것이 혼란을 예방할 해법임을 강조했다. "(내키지 않겠지만) 망명한 세자를 모셔 와 뒤를 잇게 해야 합니다!" 다산은 말한다.

공자가 남자를 만난 것은 괴외를 (다시) 불러들여 모자 사이의 은혜를 온전히 하라고 '권고'하려는 것이었다. 그래서 "내가 (남자를) 만나지(조언하지) 않았다면, 하늘이 나를 싫어했을 것이다"라고 (변명)한 것이다. 대부들이 제후의 부인(小君)을 만난 것은 (특별한 사건이 아니라) 당시의 일반적 의례(恒禮)였다.

孔子時在衛.【見《綱目前編》】見倫紀斁絶 衛國將亂 入見南子 意欲召蒯絶後患也. 朱子曰: "古者仕於其國 有見其小君之禮."【見《左傳》】〔補曰〕子路不說者 以蒯聵謀殺其母 爲父所逐 義不當復主衛國 故不悅孔子之所爲也. 朱子曰: "矢 誓也.【〈盤庚〉云: "發矢言." 〈鄘風〉云: "矢靡他."】所 誓辭也 如云所不與崔·慶者之類."【《左傳》襄二十五年 崔杼盟國人曰: "所不與崔·慶者 有如上帝." 又晉 重耳誓曰: "所不與舅氏同心 有如白水."】〔補曰〕否 謂不見

也. 厭 猶惡也. 孔子之見南子 必有以全其骨肉之恩而利其社稷者
故曰予若不見 天必厭之矣. 重言之者 明其必然.

사람들이 의아해할 것이다. "아니, 孝를 지고의 가치로 삼는 유가에
서, 그 창시자 공자께서, 어머니를 죽이겠다고 나선 패륜아를 다시 모
셔 권력을 이양하라고 권했다는 것이 말이 되는가?"
　주자학의 '합리적' 해법은 어땠을까?《집주》에서 주자는 호인의 입
을 빌려 다음과 같이 말한다.

　호인이 말했다. "위나라 세자 괴외가 어머니 남자의 음란을 부끄러워하
여 죽이고자 했으나, 미수에 그치고 망명했다. 영공은 (둘째인) 공자 영
을 세우고자 했지만, 사양했다. 영공이 죽고 부인(남자)이 또 권했지만,
사양했다. 그래서 괴외의 아들 첩을 세워 괴외를 막았다. 괴외는 어머
니를 죽이려 했고, 아버지에게 죄를 지었기 때문이다. 첩은 온 나라를
방패로 아비를 거절했으니, '애비 없는 사람'이라 하겠다. 그 아비도 나
라를 가질 자격이 없다. 공자가 정치를 맡으면 正名, 이름을 바로 세운
다고 했는데, (어떻게 하는 것이냐 하면) 일의 전말을 적어 천자에게 고하
고, 여러 제후에게 청해 공자 영을 지목해 후계로 세운다. 이 해법이 인
륜에 합당하고 이성에 적합하다(人倫正 天理得). 그래야 (공자의 말씀처
럼) '이름이 바르고, 일이 순조로워진다.' 공자의 이 설득을 자로는 도무
지 납득하려 하지 않았다. 그래서 출공 첩을 모시다가 결국 난리 통에
죽었다. 그는 녹을 먹으면 재난을 피하지 않는 것이 도의라는 것만 알
았지, 출공의 녹을 먹는 것이 잘못이라는 것을 몰랐다.
　胡氏曰: "衛世子蒯聵恥其母南子之淫亂, 欲殺之不果而出奔. 靈公

欲立公子郢 郢辭. 公卒 夫人立之 又辭. 乃立蒯聵之子輒 以拒蒯
聵. 夫蒯聵欲殺母 得罪於父 而輒據國以拒父 皆無父之人也 其不
可有國也明矣. 夫子爲政 而以正名爲先. 必將具其事之本末 告諸
天王 請于方伯 命公子郢而立之. 則人倫正 天理得 名正言順而事
成矣. 夫子告之之詳如此 而子路終不喻也. 故事輒不去 卒死其難.
徒知食焉不避其難之爲義 而不知食輒之食爲非義也."

이 해법이 조선조의 정통적 노선으로 자리 잡았다. 세자는 패륜아이
고, 손자 첩은 아버지를 제치고 권좌에 오를 수 없다. 오직 흠 없는(?)
공자 영이 유일한 대안이라는 것. 유교의 도덕주의적 강박을 여기서
도 확연히 느낄 수 있다.

그런데 다산은 전혀 다른 소리를 하고 있다. 그는 공자가 도덕가
이전에 정치가라고 말하고 싶어 한다. "이름을 바르게 하지 않으면,
위나라의 혼돈과 백성들의 고통이 걷잡을 수 없을 것이다." 여기서 도
덕적 명분은 뒷전이다.

공자의 이 '현실 정치적' 태도는 관중에 대한 평가에도 그대로 드
러난다. 주군을 따라 죽는 것은 '작은 절개'일 뿐, 그게 최고의 가치일
수는 없다. 관중은 주군을 따라 죽지 않는 대신 제 환공을 위해 봉사
했고, 자신은 사치하고 방자했지만 "그가 있어서 중화 문명을 오랑캐
로부터 지키고, 힘을 통한 천하의 평화를 누릴 수 있었다. 그리고 지
금도 그 혜택을 받고 있다."

당연히 여기 제자인 자로와 의견이 갈렸다. 자로는 무인형의 과감
함과 타협 없는 원칙으로 유명하다. 공자는 정치적 안정을 위해 괴외
를 후계로 받아들이라고 충고했고, 자로는 어머니 목에 칼을 들이댄

패륜아에게 권력을 줄 수 없다고 맞섰다. 자로가 공자의 방문을 싫어한 이유가 여기 있다. 요컨대, 이 구절은 공자의 변명이 아니라 확신이다! 그러면 공자의 말은 이렇게 번역된다.

"내 그렇게 (조언하기 위해 남자를) 방문하지 않았다면(否者), 하늘이 나를 싫어할 것이다. 하늘이 나를 싫어할 것이야."

이를 보아서도 분명하듯이, 주석이 달라지면 원문의 번역이 달라진다. 때로는 전혀 엉뚱한 번역이 서로 대치하고 있을 수도 있다.

남자가 공자의 충고(?)를 들었을 리 없다! 그예, 아들을 제치고 손자인 첩을 후계로 세웠다. 이가 출공이다. 정정은 불안했고, 10여 년 후 이윽고 세자 괴외가 세력을 모아 위나라로 쳐들어온다. 괴외가 성루를 점령, 싸움이 결판났는데도 자로는 이 속으로 당당히 걸어 들어가 잘못을 꾸짖다가 목숨을 잃는다. 갓끈이 끊어지자, 자로는 다시 갓을 고쳐 잡으며, "선비가 의관을 흐트리며 죽을 수는 없다"고 외쳤다. 이 부분도 史書에 분명하다. 위나라에 정변이 일어났다는 소리를 듣고 고향 노나라에 돌아와 있던 공자는 멀리서 탄식했다. "아, 자로가 죽는구나!" 다산의 새로운 해석은 정당할까?

子路曰: "衛君待子而爲政 子將奚先?" 子曰: "必也正名乎!" 子路曰: "有是哉 子之迂也! 奚其正?" 子曰: "野哉 由也! 君子於其所不知 蓋闕如也. 名不正則言不順 言不順則事不成 事不成則禮樂不興 禮樂不興則刑罰不中 刑罰不中則民無所措手足." (〈자로〉 3장)

자로가 물었다. "위나라 군주가 스승님께 정치적 조언을 구한다면, 무엇을 우선 강조하시겠습니까?" "명칭을 바로잡는 것이 가장 시급하지." 자로가 말했다. "이것보라니까요. 이렇게 뭘 모르신다니까. 그게 되겠습니까?" "철없는 자로야! 모르면 입을 다무는 법이다. 만일 명칭이 제자리를 잃으면 논의가 순조롭지 않고, 그럼 적절한 시책이 불가능해진다. 예악이 진작되지 않고, 형벌이 뒤엉킨다. 그렇게 되면 백성들이 어떻게 행동해야 할지 모르게 된다."

대개 공자가 강조한 '正名'을 '사실과 명칭' 사이의 일치라는 철학적 언명으로 읽는다. 그러나 이는 전형적인 탈맥락적 상상이다.

다산은 이 언설을 구체적·역사적 맥락 안으로 한정해서 추적한다. 이것이 다산《논어》독법의 특징이라고 앞에서도 언급한 바 있다. 다산은 철두철미 관료적 자의식을 갖고 있는 사람이고, 모든 언설을 정치적 맥락에서 읽어낸다. 다산은 말한다. "세자의 아들이 제후가 되고 정작 세자는 외국을 떠도는 것이 '올바른 이름'이 아니지 않은가? 이 미스매치는 필연적으로 혼란과 무질서, 분쟁을 야기하게 될 것이다."

자로는 '도덕적으로' 어머니에게 칼을 들이댄 자에게 후계를 넘길 수 없다는 것, 그리고 '현실적으로'도 어머니 남자가 그를 부를 리 만무하다는 생각에, 공자의 순진한 제안을 코웃음 치고 있는 것이다. 그러나 공자는 세자의 아들에게 후계가 돌아갈 경우의 혼란과 도탄을 더 걱정한다. 다산은 말한다.

그렇게 될 경우, '혼란'은 피할 수 없다. 천자도 승인하지 않을 것이고, 제후들은 비난할 것이라 외교가 길을 잃는다. 대부들은 탐탁치 않아 할 것이고 백성들도 손가락질할 것이니, 명령이 먹히지 않고 시행도 효과를 보지 못한다. '이름이 바르지 않으면' 한 가지도 되는 일이 없다.

〔補曰〕事不成者 施爲無所成也. 天子非之 諸侯議之 無以事大而
交鄰 大夫心誹 庶人口謗 無以發號而施令 不正名則百事不成.

다산의 해석을 방증하는 사례 하나를 더 들어보자.

冉有曰: "夫子爲衛君乎?" 子貢曰: "諾 吾將問之." 入曰: "伯夷叔齊何人
也?" 曰: "古之賢人也." 曰: "怨乎?" 曰: "求仁而得仁 又何怨?" 出曰: "夫子
不爲也." 《술이》 14장)
염구가 물었다. "스승님이라면 위나라 군주가 되실까요?" 자공이 말했다. "어
디, 내가 한번 물어보지!" (공자에게) 들어가서 말했다. "백이·숙제는 어떤 사람입
니까?" "옛적의 현인 아니냐?" "원망했을까요?" "仁을 구해서 仁을 얻었는데,
무슨 원망이 있었겠느냐?" 자공이 나와서 말했다. "스승님은 거절했을 것이네."
(다산의 해석)

주자는 "夫子爲衛君乎^{부자위위군호}"를 "스승님은 위나라 군주를 도우실
까요?"로 읽었는데, 다산은 공자가 이때 해외에 나가 있어 그럴 사정
이 아니라고 못 박는다. 이 기이한 어법은 위나라의 후계를 둘러싼 정
황을 떠나면 불가해한 문답이 되고 만다. 과연 세자의 아들인 첩은 어
머니가 권한다고 후계의 지위에 오를 것인가? 당대 제일의 관심이고
가십이었을 것이다. 염구는 공자라면 이 상황에서 그 제안을 받아들
일까가 궁금했다. 자공이 옛일에 빗대 공자를 떠보았다.[2]

---

2 자공은 공자 문하에서 가장 지적인 인물이다. 그의 변설은 천하의 전쟁을 세 치 혀로 막을 정도
로 뛰어났고, 그가 일군 부는 공자학단을 먹여 살릴 정도였다. 그러면서도 공자 사후 삼년상을

백이와 숙제는 고죽국이라는 소국의 왕자들이었다. 아버지가 동생 숙제에게 후계를 명하자, 숙제는 "당연히 형님이…" 하면서 사양했고, 형 백이는 "아버님이 너를 지목했다"고 난색했다. 결국은 둘 다 왕위를 팽개치고, 유랑 망명길에 오른다. 주의 무왕이 아버지 문왕의 관을 메고 포악한 은나라의 주紂왕을 정벌하러 갈 때 길을 막아선 이야기는 잘 알려져 있다. 둘이 세상을 피해 수양산에서 고사리를 캐며 연명하다가 죽었다.

자공은 그렇게 안락과 권력을 사양하고 고단한 행로를 걸은 두 사람이 혹 나중에 후회나 원망이 없었을까를 물었고, 공자는 '인간의 길(仁)'을 자발적으로 택한 바에 무슨 후회나 원망이 있었을 것이냐고 대답했다. 자공은 공자의 뜻을 곧바로 알아차렸다.

다산은 이 전거들을 더불어 엮어, 자신의 입론을 제시한다.《논어》의 세 에피소드를 한데 묶으면 그림 하나가 더 또렷해지지 않는가? 위의 세 에피소드는 위나라 영공 이후의 후계를 둘러싼 논란과 공자 학단의 관심을 극명하게 보여준다.

이 정쟁과 혼란의 한가운데에서, 공자의 꿈은 좌절되었다. 13년간 여러 나라를 떠돌았지만, 결과는 마찬가지였다. 공자의 마지막 발걸음은 저 먼 남방, 거의 야만이었던 초楚나라에까지 닿았고, 수많은 은자와 대면하고 그들의 삶에 공감하면서도 有道한 세상에 대한 희망을 놓지 않았다. 하지만 다산이 보듯, 공자의 꿈은 '정치적'인 것이었다. 도덕은 有道의 한 날개일 뿐, 전체일 수 없다.

가령 양호나 공산불뉴와 협력하지 않은 이유는 무엇인가? 이 둘이

치르고 나서, 다시 삼 년을 무덤 곁에서 지켰다.

악인이어서가 아니다. 공자는 얼마든지 이들과 손잡을 용의가 있었다. 목표를 공유하고 협력이 가능하다면…. 그런데 양호는 사나운 성격에 공자를 무시했고, 공산불뉴는 사적 복수심에 불타는 데다 결국 3가와 타협하리라 예측했기에 성과를 기대할 수 없었다.

공자가 소공의 처소를 습격한 맹의자를 제자로 받아들이고, 자로와 염구 등을 계씨의 가신으로 활동하게 한 것을 보라. 당시는 춘추시대, 흠 없는 도덕주의자들과만 대화하겠다는 것은 전혀 현실적이지 않다고 다산은 강조한다. 이 점에서 주자와 그 신봉자들의 '도덕주의'는 공자의 면목을 심각하게 탈색시킨다.

공자를 보라. 위나라의 후계 또한 '도덕주의자'의 안목으로 판단하지 않는다. 주자학은 세자 괴외와 손자 첩 모두 '정당성'이 없다고 말하지만, 현실 정치적 환경에서는 '正名, 즉 패륜아 괴외를 세우는 것이 더 이상의 혼란을 막고 정국을 안정시키는 길이라고 공자는 확신에 차 있고, 어설픈(?) 도덕적 시각을 가진 자로를 질타하고 있다. 영공과의 대화를 보면, 공자는 '군사' 부문에서의 전문적 식견을 갖고 있기도 하다. 도덕주의자들은 이 점을 간과하거나 고의로 무시한다.

독자들은 이 몇 가지 해석의 차이로도 주자와 다산이 갈라지는 지점을 촉지하실 듯하다. 구체적 대비는 3부 政을 다룬 곳에서 다시 만나기로 하자.

5장

초 섭공과 은둔자들, 진채의 고난

다산은 안회의 생몰년을 추정한 모기령의 말을 인용했다.

여러 책을 참고해보면, 안회의 죽음이 공자 나이 61세 때일 수 없다는 것은 분명하다. 왜냐고? 애공 3년(기원전 492년) 공자 나이 60세고, 이듬해(기원전 491년) 진陳에서 채蔡로, 그 이듬해(기원전 490년) 채蔡에서 섭葉으로 갔다. 그때 나이 62세고, 그 이듬해(기원전 489년) 섭에서 채로 돌아왔으니, 나이 63세였다.

이 해에 진채의 고난이 있었다. 이때 (〈공자세가〉에 기록된) 코뿔소와 호랑이의 대화가 오갔고, (공자의 뜻을) 안회 혼자 납득했다. 이 해가 공자 63세였다. 안회가 의연 살아 있었다. 안회의 죽음을 상고해보면, 《공양전公羊傳》과 《사기》에 실린 연월은 실제 애공 14년(기원전 481년) 봄에 해당한다. 이때가 '기린麒麟을 잡았다'는 무렵으로 공자가 눈물을 흘렸다는 그해다.

余嘗參校諸書 知顏淵之死斷不在六十一時 何也? 魯 哀公三年 夫子已六十矣. 明年自陳適蔡 又明年自蔡還葉 爲六十二 又明年自葉反蔡 爲六十三. 是年當陳‧蔡之厄 爾時子路慍見 子貢色作 匪兕之歌 獨顏淵能解之 則是夫子六十三時 顏淵依然在也. 嘗考顏淵之死《公羊傳》及《史記》所載年月 則實在哀公十四年春 獲麟之際 夫子是時 已泣麟矣.

공자의 유랑이 어느덧 7년으로 접어들었다. 기원전 490년 전후 세 가지 사건을 특필해야 한다. ① 공자는 천하를 편력하다 남쪽 끝 초나라까지 가게 되었다. 이때 초나라 섭공葉公과 나눈 대화가《논어》에 실려 있다. ② 이 무렵 공자는 몇몇 은둔자와 조우했고, 돌아오는 길에 ③ 진과 채 사이에서 위급과 고난을 겪게 된다. 이 세 장면은 서로 엮여 있다. 초 섭공과의 대화는 그의 시도가 결국 실패했음을 보여준다. 그리고 진채의 고난은 공자의 시도가 얼마나 위험한지를 극명하게 보여준다.

초 섭공과의 대화

공자의 발걸음이 남쪽 끝 초나라에 닿았다. 섭공은 아마도 공자를 보기 이전에 자로부터 만난 듯하다.

葉公問孔子於子路 子路不對. 子曰: "女奚不曰 其爲人也 發憤忘食 樂以忘憂 不知老之將至云爾." (〈술이〉 18장)

섭공이 자로에게 공자가 어떤 사람이냐고 물었다. 자로는 대답하지 않았다. 공자가 말했다. "너는 왜 이렇게 말하지 않았느냐? 그 사람은 필받으면 먹는 것도 잊고 그 즐거움에 빠져 근심도 달아나는 사람, 그러느라 세월이 가고 늙음이 닥치는 것도 모르는 그런 사람이라고…."

주자는 이 대화를 이렇게 정리한다.

섭공은 초나라 섭현葉縣을 책임지고 있는 심제량沈諸梁, 자는 자고子高다. 초나라는 왕을, 섭공은 제후의 지위를 참칭하고 있었다. 자로는 왜 대답을 안 했을까? 무례한 혹은 곤혹스런 질문이었을 수도 있고, 아니면 위대한 공자를 어떻게 소개할지 몰라서일 수도 있다. 공자가 나중에 듣고서, 그저 자신은 好學, 분발하여 배우고 익히는 것을 즐기는 사람일 뿐이라고 했다. 성인의 겸허한 자부를 곰곰이 잘 음미해야 한다.
葉公 楚葉縣尹沈諸梁 字子高 僣稱公也. 葉公不知孔子 必有非所問而問者 故子路不對. 抑亦以聖人之德 實有未易名言者與? 未得則發憤而忘食 已得 則樂之而忘憂. 以是二者俛焉日有孳孳 而不知年數之不足 但自言其好學之篤耳. 然深味之 則見其全體至極 純亦不已之妙 有非聖人不能及者. 蓋凡夫子之自言類如此 學者宜致思焉.

다산의 해석을 보자. 심제량에 관한 정보에 대해서는 별 이견이 없다.

① 자로가 대답하지 않은 것은 무례나 곤혹이 아니라, 나중의 짐작, 즉 성인 공자를 어떻게 그려주어야 할지 몰라서 그랬다. ② 공자의 독백은

자신이 섭공에게 아무것도 바라는 것이 없다는 것을 알아달라는 항변이었다. "나는 그저 학문을 통해 성장하고 道를 즐기는 사람일 뿐, 무슨 다른 정치적 의도가 있다고 생각하지는 말아주시오"라는…

孔曰: "不對者 未知所以答." 【朱子云: "聖人之德實未易名言."】〔補曰〕 發憤 勇於進就也. 欲語之以嗜學樂道者 要使葉公知我無求.

섭공이 마침내 공자를 만났다. "당신은 현자라고 들었다. 내 뜻을 알아줄 듯해, 내가 이 먼 곳까지 당신을 찾아왔다." 그는 다른 여느 정치가처럼 정치의 요체를 물었다.

葉公問政. 子曰: "近者說 遠者來." 〈자로〉16장
섭공이 정치를 물었다. 공자가 대답했다. "가까운 사람들은 기뻐하고, 멀리 있는 사람들은 찾아오게 하는 것입니다."

구성원들이 지도자를 신뢰하고 그 통치와 지배를 기뻐한다면, 그만한 이상적 정치가 없을 것이다. 그 소식을 듣고 멀리 있는 사람들이 다투어 찾아올 것이다. 혹시 이 말은 고급스러운 취향의 공자의 인사가 아닐까?

그리고 섭공과 공자 사이에 그 유명한 대화가 오가게 된다. '정직'이라는 덕목을 둘러싸고 벌어진 한판의 승부였다.

葉公語孔子曰: "吾黨有直躬者 其父攘羊 而子證之." 孔子曰: "吾黨之直者 異於是. 父爲子隱 子爲父隱 直在其中矣." 〈자로〉18장
섭공이 공자에게 말했다. "우리 관내에 궁躬이라는 정직한 자가 있는데, 아버지

가 양을 훔치자 아들이 고발했습니다." 공자가 말했다. "우리 동네의 '정직한 이'
와는 좀 다른데요. 아버지는 아들을 숨겨주고, 아들은 아버지를 숨겨줍니다. 정
직이 그 가운데 있습니다."

버트런드 러셀Bertrand Russell이 이 구절을 보고, 중국에서는 건전한 사
회적 규범을 기대할 수 없다고 단정했다고 한다(《중국의 문제The Problem
of China》). 그만큼 논란이 되는 구절이다. 이 대화를 주자는 어떻게 변
호해줄까?

아버지와 아들이 서로를 숨겨주는 것은 天理·人情의 극치다. 특별히
정직을 구하지 않아도 정직이 그 속에 있다. 사상채謝上蔡(사량좌)가 말
했다. "서로 숨겨주지 않는다면 그게 어디 순리이겠는가? 고수瞽瞍가
살인하면 순舜은 (천자의 지위를 헌신짝처럼 버리고) 아버지를 업고 도망
가, 어디 바닷가 끝에 숨어 살 것이다. 오직 아버지 사랑하는 마음이 주
도할 것이니, 정직 부정직을 계산할 겨를이 어디 있단 말인가?"
父子相隱 天理人情之至也. 故不求爲直 而直在其中. 謝氏曰: "順
理爲直. 父不爲子隱 子不爲父隱 於理順邪? 瞽瞍殺人 舜竊負而
逃 遵海濱而處. 當是時 愛親之心勝 其於直不直 何暇計哉?"謝氏
曰: "順理爲直. 父不爲子隱 子不爲父隱 於理順邪? 瞽瞍殺人 舜竊
負而逃 遵海濱而處. 當是時 愛親之心勝 其於直不直 何暇計哉?"

나중 구절은 좀 무책임해 보일 수도 있다. 부자가 서로 숨겨주는 것이
정직의 원칙에 저촉된다는 것을 함축하고 있지 않은가? 유교는 언필
칭 仁義를 외치지만, 仁과 義는 생각보다 자주 충돌할 수 있다.

독자들은 어떻게 생각하는가? 현대 형법에서도 부부간의 고지 의무는 면제해준다고 들었다. 부모와 자식 간에도 그럴 것이다. 그게 주자의 어법처럼, 天理와 人情에 부합하기 때문일 것이다. 이 벽이 무너지면 자칫 전체주의적 감시와 상호 고발이 일상화될 수도 있다. 법가와 달리 유교는 '고발'을 권장하지 않는다.

이 일화는 아주 유명해서 《한비자》 《장자莊子》 《여씨춘추》 등 여러 기록에 나타나고 있다. 다산이 이 모두를 소개해준다. 재미있게도 세 사람이 이 일화를 읽는 방식이 서로 다른 것을 감지할 수 있다.

《장자》: 직궁은 아버지를 고발하고, 미생尾生은 어느 여인을 다리 밑에서 기다리다가 불어난 비에 휩쓸려 떠내려가고 말았다. '믿음', 즉 사실을 있는 대로 말하고 어떤 약속이든 지키는 '신뢰(信)'가 인간사의 최종적 덕목이 될 수 없음을 알 수 있다.

〔引證〕《莊子》曰: "直躬證父 尾生溺死 信之患也." 【〈盜跖〉篇】

《한비자》: 직궁이 아버지를 고발하자, 오히려 영윤令尹이 이 자를 죽이라고 명령했다. '군주에는 정직했으나, 아버지를 저버린 자'이기 때문이다. 한비자는 이 두 덕목의 현실적 충돌을 리얼하게 묘사했다.

〔引證〕《韓非子》曰: "楚之有直躬 其父竊羊而謁之吏. 令尹曰: '殺之.' 以爲直於君 而曲於父 報而罪之. 以是觀之 夫君之直臣 父之暴子也." 【〈五蠹〉篇】

《여씨춘추》: 여불위呂不韋는 진시황을 설계한 인물이고, 천하를 걸고 장사를 했다. 진 제국의 통일 이후, 세상의 모든 지식을 다 끌어모아

《여씨춘추》를 편집했다. 여기 실린 이야기는 좀 다르다. 직궁이 아버지를 고발했고, 아버지를 잡아 죽이려 하자, 직궁이 자신을 대신 죽여달라고 청했다. 그래서 소원대로 해주려 하자, "잠깐" 하고 이의를 제기했다. "아버지를 고발한 것은 정직(信)이고, 대신해서 죽겠다는 것은 孝가 아닙니까? 이 두 덕목을 가진 사람을 죽인다면, 세상에 남아날 사람이 어디 있겠습니까?" 왕이 듣고 일리가 있다 싶어 살려주었다. 공자가 이 이야기를 듣고 말했다. "대단하다(異哉). 정직한 자 궁이여, 아버지 한 사람으로 두 가지 이름을 얻었으니, 그의 정직은 차라리 없느니만 못하다."

〔引證〕《呂氏春秋》楚有直躬者 其父竊羊而謁之上 上執而將誅之 直躬者請代之. 將誅矣 告吏曰: "父竊羊而謁之 不亦信乎? 父誅而代之 不亦孝乎? 信且孝而誅之 國將有不誅者乎?" 荊王聞之 乃不誅也. 孔子聞之曰: "異哉 直躬之爲信也! 一父而載取名焉."【載當爲再 聲誤也】故直躬之信 不若無信.【〈當務〉篇】

그런데 이 일화를 섭공이 왜 꺼내 들었을까? 독자는 그것이 궁금하지 않을 수 없다. 다산의 의견을 들어보자.

直躬직궁은 자기 자신을 곧게 해서 행하는 것이다. 攘양은 훔치는 것이고 隱은은 숨기는 것이다. 공자가 초나라에 가 있을 때 섭공이 노나라의 일을 묻자, 공자는 노나라를 위해서 그 나쁜 점을 숨긴 것이다. 그러므로 섭공이 이 말로써 풍자하자, 공자는 이와 같이 대답하였다. 살펴보건대, 〈술이〉편 30장에서 진陳나라 사패司敗가 묻기를 "소공은 禮를 압니까?" 하니, 공자가 말하기를 "禮를 안다"고 하였는데, 섭공이 노나라의 일을 물은 것도 이런 종류다.

孔曰: "直躬 直身而行." 〔補曰〕攘 竊也. 隱 匿之也. 〔補曰〕孔子遊
楚 葉公問魯事 孔子爲魯諱惡. 故葉公以此語諷之 而孔子答之如
是. 〔案〕上篇云: "陳司敗問 昭公知禮乎? 孔子曰: '知禮.'" 【〈述而〉
篇】葉公問魯事 亦此類.

포인트는 두 곳이다. 우선 ① 直躬직궁을 앞에서 '정직한 자, 궁'으로
읽었는데, 다산은 공안국孔安國의 해석을 따라 '정직하게(直) 행실하
는(躬) 자'로 읽었다. 그러면 이 에피소드의 주인공 이름은 아직 모르
는 셈이 된다. 그게 자연스러울 수도 있겠다. 또한 ② 이 발언은 은유
로 쓰였다. 이 사실을 기억하라. 무슨 말인가? 다산의 주장을 풀어 쓰
면 다음과 같다.

> 공자가 초나라로 유력할 때, 섭공은 공자의 고향인 노나라의 사정이 궁
> 금했다. 그러나 공자는 지배층의 전도顚倒와 무질서를 읊어대고 싶지
> 않았다. 섭공이 '정직'을 내세워 공자를 다그치자, 공자는 '새로운 정직
> 론'으로 자신을 변명했다.

다산의 기지와 상상력이 빛나는 장면 가운데 하나다. 이 해석에 직접
적인 근거는 대주지 않고 있어서, 내가 상상력이라고 표현했다. 다산
의 해석을 채택하면, 우리는 '고발'의 문제를 일반적 규범으로 논의할
필요가 없어진다. 공자의 말은 언제 어디서나 타당한 금언이 아니다.
'성인'의 말이 상대화됨으로써 행동의 원칙과 덕목을 보다 유연하게
읽을 수 있는 길이 열리는 것이다. 이것이 다산의 《논어》가 우리에게

보여주고 있는 중요한 해석적 지평이라고 생각한다.

또 하나의 특징은 예의 그 '정치적' 성향이다. 지금 '정직'을 둘러싼 도덕적 문제를 다산은 외교적 기술로 환원하고 있다. 다산의 눈을 거치면 모든 것이 '정치적' 컬러를 입고 재등장하게 된다고나 할까? 앞에 위나라 영공의 부인 남자와의 로맨스조차 세자의 후계와 관련한 정치적 조언으로 탈로맨스화(?)했던 것을 기억하자.

이런 로맨스의 '정치적 맥락화'의 다른 예를 하나 들어볼까 한다. 《시경》〈정풍鄭風〉에 〈치마를 걷고(褰裳)〉라는 시가 있다. 주자가 '음분 난 여인의 사적 고백(淫女語其所私)'이라고 토를 단 시다. 내용은 이렇다.

> 子惠思我　褰裳涉溱
> 子不我思　豈無他人
> 狂童之狂也且
> 네가 나를 사랑한다면
> 아우라지 불어난 이 강을 치마를 걷고 건너겠지만
> 네 사랑이 식었다면
> 어디 다른 사람이 없으리
> 이 미친놈의 자식아

주자의 촌평 그대로 영락없는 사랑 노래다. 그런데 놀라지 마시라. 다산은 이 시의 작자와 맥락을 전혀 다른 곳에서 파고든다.

진晉나라가 정鄭나라를 치려고 했다. 숙향을 사절로 보내, 거기 인물이 있는지 알아보게 했다. (숙향을 만난 자리에서) 정나라의 정치가 자산이 이런 시를 읊었다. "네가 나를 사랑한다면, 넘실대는 강을 치마를 걷고 서라도 달려가겠지만, 사랑이 식었다면 다른 사람을 알아보아야겠지." 숙향이 돌아와 "정나라에 사람이 있습니다. 공격이 불가하겠는데요. 진 秦과 형荊이 가깝습니다. 이들과 연합할 생각을 하고 있으니, 쳐서는 안 될 듯합니다"라고 했다. 그래서 침공 계획을 철회했다.

〔補曰〕《呂覽》云: "晉人欲伐鄭 令叔向聘焉 視其有人與無人. 子産爲之詩曰: '子惠思我 褰裳涉洧 子不我思 豈無他士.' 叔向歸曰: '鄭有人. 子産在焉 不可攻也. 秦·荊近 其詩有異心 不可攻也.' 乃輟攻鄭."

위 기록은 버젓이 《여씨춘추》에 실려 있다. 왜 거기에 주목하지 않았을까? 하기는 다산조차 처음 《시경강의보》를 정리할 때, 이곳을 놓친 듯하다. 윗글은 김영호 본 《시경강의보》의 난외서에 적혀 있다. 《시경강의보》의 초안을 완성한 뒤에 어느 날, 이 통찰이 번개처럼 찾아왔다는 것을 알려주고 있다. 공자는 초 소왕昭王을 만났을까?

或問子産. 子曰: "惠人也." 問子西. 曰: "彼哉! 彼哉!" 問管仲. 曰: "人也. 奪伯氏騈邑三百 飯疏食 沒齒 無怨言." (〈헌문〉 10장)

누군가가 정나라 자산에 대해 물었다. 공자가 말했다. "은혜로운 사람이다." 자서子西에 대해서 묻자, "그 사람 말이냐, 그 사람 말이냐?"라고 했다. 관중에 대해서 묻자, "(한 글자 탈락) 사람이다. 백씨가 관중에게 변駢읍 3백 호를 빼앗기고 거친 밥을 먹고 지내게 되었어도, 죽을 때까지 한마디 원망이 없었다."

자산은 일심으로 백성들의 복지와 안정을 염려하여 혜인惠人의 이름을 얻었다. 주자는 이어 말한다.

> 자서子産는 초나라의 公子였다. 왕위를 사양하고 소왕을 세워,[1] 정치를 혁신하고자 한 현명한 귀족이었다. 그렇지만 왕을 참칭하는 폐단을 고치지 못했고, 소왕이 공자를 기용하지 못하도록 막아 나중의 화란을 불렀으니, 그 위인됨을 알 만하다.
> 子産之政 不專於寬 然其心則一以愛人爲主. 故孔子以爲惠人 蓋擧其重而言也問子西. 曰: "彼哉! 彼哉!" 子西楚公子申 能遜楚國立昭王 而改紀其政 亦賢大夫也. 然不能革其僭王之號. 昭王欲用孔子 又沮止之. 其後卒召白公以致禍亂 則其爲人可知矣. 彼哉者外之之辭.

주자의 이 설명으로 보건대, 공자는 초 소왕을 만났고, 소왕은 공자를 통해 혁신을 꾀해보려고 생각했던 듯하다. 그러나 그 시도는 결국 무위로 돌아가고 말았다. 아마도 공자는 이제 더 이상 희망이 없다는 것을 알지 않았을까?

은둔자들

이 무렵 공자는 은자들과 만난다.

---

1 다산은 《좌전》을 인용해서, 이때가 소공 26년, 기원전 516년의 일이라고 짚어주었다

(1) 《논어》에는 이들과 나눈 대화가 몇 편 실려 있다.

楚狂接輿歌而過孔子曰: "鳳兮! 鳳兮! 何德之衰? 往者不可諫 來者猶可追.
已而! 已而! 今之從政者殆而!" 孔子下 欲與之言 趨而辟之 不得與之言.
〈미자〉 5장

초나라의 광인 접여接輿가 노래를 부르며 공자 일행을 지나고 있었다. "아, 봉
새여, 봉새여! 어쩌다 이렇게 德이 쇠했나? 지나간 것은 탓해도 소용없고, 다가
올 일은 어쩔 수 있나니⋯. 그만두게, 그만두게! 지금 정치에 참가하는 것은 위
태로우니⋯." 공자가 (수레에서) 내려 말하려 했는데, (접여는) 저만큼 빠른 걸음
으로 피해버려, 더불어 말을 나눌 수 없었다.

이름 그대로 '楚狂接輿초광접여'는 '초나라에서 미친 척 숨어 사는 은
자 접여'를 말한다. 이름을 보건대, 아마도 수레(輿)와 붙은(接), 즉 수
레를 몰거나 사람을 물리치는 낮은 직책을 가진 사람이었던 듯하다.
그는 공자 일행을 알아보고 자신처럼 은거를 권했다. 다산은 형병의
말을 인용하여 주자의 기본 해석에 동의한다.

형병이 말했다. "공자가 초나라에 갔고, 그곳에서 노래를 부르며 길을
가던 접여와 마주쳤다."
邢曰: "時孔子適楚 與接輿相遇." 〔補曰〕遇於塗 行且歌.

《장자》〈인간세人間世〉에도 같은 일화가 실렸다. 접여가 공자의 숙소
주변에서 노래를 불렀다.

공자가 초나라에 갔다. 광인 접여가 숙소 문 앞에서 노래를 읊었다. "봉새여, 봉새여! 어찌 德은 쇠락해지고 말았나? 오는 세월을 기대할 수 없고, 지나간 세월은 아득하다. 有道한 세상이면 성인이 뜻을 펴고, 無道한 천하에서는 그저 목숨을 부지한다. 지금이 바로 그런 때, 형틀에 걸리지 않도록 조심하라. 복은 깃털보다 가벼운데 실을 줄 모르고, 화는 땅보다 무거운데 피할 줄을 모르누나. 그만두어라, 德을 강요하기를…. 위태롭구나, 구획한 대로 세상을 끌고 가겠다니…. 가시, 가시여, 내 발을 찌르지 마라. 내 조심, 또 조심해서 다치지 않도록 하리."

孔子適楚 楚狂接輿遊其門曰: "鳳兮鳳兮 何如德之衰也! 來世不可待 往世不可追也. 天下有道 聖人成焉 天下無道 聖人生焉. 方今之時 僅免刑焉. 福輕乎羽 莫之知載 禍重乎地 莫之知避. 已乎 已乎 臨人以德! 殆乎殆乎 畫地而趨! 迷陽迷陽 無傷吾行! 吾行卻曲 無傷吾足!"

노장은 은둔자의 철학을 담고 있다. 사회적 참여는 위험하고, 공자의 시도는 무모하고 위태롭다고 생각했다. 장자는 쯧쯧 혀를 찬다. "새는 높이 날아 화살을 피하고 쥐는 사당 밑에 숨을 줄 아는데, 죽을 줄 모르고 철없이 공동체를 외치며 '인정(名)'을 향해 뛰어드는 이 철없는(?) 불나방들을 어찌할 것인가?" 공자처럼 도덕과 설교로 세상을 구제하겠다는 것은 "맨발로 바다를 건너고, 강을 곡괭이로 파헤치며, 모기에게 산을 지라는 것(《장자》〈응제왕應帝王〉 2장)과 마찬가지다.

군주는 설득시키기 어렵다. 특히《한비자》〈세난〉 편을 보라. 위나라 폭군을 교화시키겠다고 안회가 팔을 걷어붙이고 나섰다. 그가 내놓은 전략은 세 가지다. ① 그도 나와 같은 사람, 선한 본성과 의도를 가지고 있을 것이니, 내 마음을 알아줄 것이다. ② 다른 사람들이 하듯, 군주에게 깍듯이 禮를 지키면 책잡힐 일이 없을 것이다. ③ 그리고 설득에 들어간다. 내 주관을 내세우지 않고, 현자의 권위를 빌린다. 이 세 개의 전략으로 위나라 군주는 내 지혜에 감화될 것이다. 장자는 공자의 입을 빌려(?) 그를 말렸다.

간곡하지만 산만하다. 폭군의 지력에 말리고 기세에 눌려 더듬다가 하릴없이 물러날 것이다." 가진 실탄을 다 털린 안회가 "그러면 어떡해요?" 볼멘소리를 하자, 공자는 장자의 목소리를 대변해 충고했다. "다 내려놓아라. 그 자만심과 어설픈 소명 의식, 잘난 학식을 네 마음에서 깡그리 청소해야, 그때 그 빈 자리에서 지혜의 빛이 솟아날 것이다.

그러므로 "이름을 잊으라(無名人). 성인은 이름이 없느니(至人無己 神人無功 聖人無名)…." "허명에 타죽는 불나방이 되지 말라. 무슨 일을 할지를 묻지 말고, 네가 누구인가를 물어라(行名失己 非士也 亡身不眞 非役人也).

장자는 공자와 그 무리들의 '소명 의식'을 비현실적일 뿐만 아니라 위험하게 생각했다. "지금은 난세, 한 몸 건사하는 데 골몰할 때다."

(2) 이 무렵 공자 일행은 또 다른 은자들을 만난다.

子路從而後 遇丈人 以杖荷蓧. 子路問曰: "子見夫子乎?" 丈人曰: "四體不勤 五穀不分 孰爲夫子?" 植其杖而芸. 子路拱而立. 止子路宿 殺雞爲黍而食之 見其二子焉. 明日 子路行以告. 子曰: "隱者也." 使子路反見之. 至 則

行矣. 子路曰: "不仕無義. 長幼之節 不可廢也 君臣之義 如之何其廢之? 欲潔其身 而亂大倫. 君子之仕也 行其義也. 道之不行 已知之矣." (〈미자〉 7장)

자로가 어쩌다 일행에 뒤처지게 되었다. 길에서 풀 바구니를 지팡이에 걸어 멘 노인을 만났다. 자로가 물었다. "제 스승을 보지 못하셨습니까?" 노인이 말했다. "사지 육신을 놀리지 않고 오곡도 분간하지 못하는 사람을 어찌 스승이라 할까?" 그러곤 지팡이를 땅에 꽂고 계속 김을 매 나갔다. 자로는 팔짱을 끼고 그 앞에 서 있었다. 노인은 그를 자신의 집에 묵게 하고, 닭을 잡고 기장밥을 지어 대접했다. 노인은 그의 두 아들에게 인사를 시켰다. 다음 날 자로는 길을 갔고, 공자에게 그 일을 보고했다. 공자가 말했다. "은자다." 자로에게 다시 가보라고 보냈더니, 노인은 이미 떠나고 없었다. 자로가 말했다. "벼슬하지 않는 것은 옳지 않다. 어른과 젊은이의 관계도 소홀히 할 수 없는데, 군신의 의리를 어떻게 소홀히 할 수 있겠는가? 자신의 한 몸을 깨끗이 가지기 위해 大倫을 저버려서는 안 된다. 군자가 벼슬하는 것은 그 올바름을 추구하는 것이다. 道가 행해지지 않는 것을 나는 이미 알고 있다."

전체적 의미는 대체로 분명해 보인다. 주자는 말한다.

노인이 아들 둘을 자로에게 인사시킨 것으로 보건대, '장유지절長幼之節'을 폐할 수 없다는 것을 잘 알고 있다. "이런 작은 예절도 그러하거늘, 大倫을 어찌 폐하겠는가?" 여기 大倫은 五倫을 가리킨다.
丈人因見其二子焉. 則於長幼之節 固知其不可廢矣 故因其所明以曉之. 倫 序也. 人之大倫有五: 父子有親 君臣有義 夫婦有別 長幼有序 朋友有信是也. 仕所以行君臣之義 故雖知道之不行而不

可廢.

다산은 여기 大倫이 五倫을 가리키지 않고, '君臣之義'를 특칭한다고 주의를 환기했다. 타깃이 보다 뚜렷해졌다. 다산은 이 대목에 대해 엉뚱한(?) 관심을 보인다. 즉 군주와 신하 간의 의리를 각인시키거나 은둔과 출사의 긴장을 말하기보다, 뜬금없이 노인이 해준 '기장밥(殺雞爲黍)'의 종류에 대해 전문적 고증을 해주고 있다. 곡식이나 식물학에 관심 있는 사람들은 흥미를 느낄 듯하다.

이 세 은자의 일화는 당시의 삶의 모습을 생생하게 보여준다. 한편에 道를 구현하겠다는 유랑의 기사도들이 있고, 또 한편에 세상을 잊고 자신들의 삶을 존중하며 생업에 매진하는 은자의 무리도 있다. 자로와 은자의 서로 다른 길이 유가와 노장의 분기점이다.

(3) 다음 또 다른 은자 장저長沮와 걸닉桀溺과도 마주쳤다.

長沮·桀溺耦而耕 孔子過之 使子路問津焉. 長沮曰: "夫執輿者爲誰?" 子路曰: "爲孔丘." 曰: "是魯孔丘與?" 曰: "是也." 曰: "是知津矣." 問於桀溺 桀溺曰: "子爲誰?" 曰: "爲仲由." 曰: "是魯孔丘之徒與?" 對曰: "然." 曰: "滔滔者天下皆是也 而誰以易之? 且而與其從辟人之士也 豈若從辟世之士哉?" 耰而不輟. 子路行以告 夫子憮然曰: "鳥獸不可與同群 吾非斯人之徒與而誰與? 天下有道 丘不與易也." 《미자》 6장)

장저와 걸닉이 팀으로 밭을 갈고 있었다. 그곳을 공자가 지나고 있었는데, 자로에게 나루터(가 어딘지)를 물어보게 했다. 장저가 (자로에게) 물었다. "수레의 고삐를 쥐고 있는 이가 누구냐?" "공구孔丘입니다." "노나라의 그 공구 말이냐?"

"예, 그렇습니다." "(그가) 나루터를 알고 있겠지." 걸닉이 물었다. "그대는 누구신가?" "중유仲由입니다." "노나라 공자의 문도인가?" "그렇습니다." "천하는 (흙탕물로) 도도한데, 이 험준을 누가 바꿀 수 있으리. 그리고 당신은 '사람을 피해 다니는 자'를 추종하기보다, '세상을 피해 사는 사람'을 따르는 것이 낫지 않겠소?" 하면서 흙을 덮어 나갔다. 자로가 이를 공자에게 고하자, 공자가 한숨을 쉬며 말했다. "새나 짐승과는 무리 지어 살 수 없지. 내가 세상 사람들이 아니면 누구랑 함께하리. 천하에 질서가 잡혀 있다면 내가 바꾸어보겠다고 이리 뛰어다니진 않겠지."

이때가 언제였을까? 주자는 〈공자세가〉를 따라 "초나라에서 채나라로 돌아오던 때"라고 적었다. 다산도 여기 동의했다. 장저나 걸닉 또한 접여처럼 초나라 여행길에 만난 은자들이다.

다산은 위의 구절 '辟人之士피인지사'에서 辟人, 즉 '사람을 피해 다니는'을 '진채陳蔡의 액을 만나 쫓겨 다니는 공자와 제자들'을 지칭한다고 썼다.

이때 진나라와 채나라 대부가 공자를 포위하기로 모의하였다. 공자는 샛길로 가다가 길을 잃어 나루를 물었기 때문에 '사람을 피해 다니는 사람'이라고 말한 것이고, 피세辟世는 은거하여 농사짓는 스스로를 말한 것이다.
〔補曰〕 時陳·蔡大夫 謀圍孔子. 孔子蓋從間道 行迷而問津 故曰 避人之士. 辟世 自言隱於耕稼.

공자는 지금 쫓기고 있다. 일행은 진과 채의 귀족들의 포위망을 피해 샛길로 접어들었고, 그래서 나루터가 어디인지를 묻고 있다. 여기서도 '글자 하나도 놓치지 않고' 구체적 맥락을 추적해 나가는 다산의 분석력, 사실 고증의 벽을 확인할 수 있다. 때로 그게 지나치게 느껴질 때도 있지만…. 그리고 해석상의 이견 하나. 마지막 구절, 鳥獸同群조수동군의 탄식을 두고 주자와 다산의 해석은 엇갈린다. 주자는 이렇게 말한다.

짐승들과 같이 어울려 살 수 없으니, 우리는 밉든 곱든 '우리네 사람들(斯人)'과 더불어 살아야 한다. 어찌 제 한 몸 깨끗이 하자고 '인적을 끊고 세상을 도피해(絶人逃世)' 살겠는가? 천하가 평화와 질서를 이룩하고 있다면, 내가 나서서 혁신을 꾀할 필요는 없겠지. 천하가 무도하기에, 그 때문에 내가 道로 그것을 바꾸어보려고 하는 것 아닌가? 정자가 말했다. "성인은 한시도 천하를 잊은 적이 없다."
所當與同群者 斯人而已 豈可絶人逃世以爲潔哉? 天下若已平治則我無用變易之. 正爲天下無道 故欲以道易之耳. 程子曰: "聖人不敢有忘天下之心 故其言如此也."

아래 번역은 주자의 해석에 따른 것이다.

"세상이 험난하다고 어떻게 새나 짐승들과 섞여 사나? 고우나 미우나 사람들과 함께 살아야지. 그래서 이렇게 세상을 바꿔보려고 노력하는 것이 아닌가?"

그러나 다산은 달리 생각한다. '斯人之徒사인지도'는 '일반 세상 사람'을 가리키지 않고, '사문斯文'에서처럼 '바로 앞의 구체적 사람들', 즉 장저·걸닉의 무리를 가리킨다고 단언했다. 이 파격을 따르면 번역이 전혀 다른 길로 들어서게 된다.

"새나 짐승과 어떻게 같이 살겠는가? 세상을 피해 살아야 한다면, '지금 이 사람들', 장저·걸닉과 더불어 살아가야겠지. 그렇지만 세상을 바꾸려고 노력은 해야 하지 않겠나? 有道한 세상이 온다면 그때는 내가 굳이 이들처럼 삶의 방식을 바꾸어 살 필요가 없겠지."

이 또한 완전히 다른 해석의 실례다. 다산은 공자가 장저·걸닉을 비판한 것이 아니라 그들이 보이는 정에 느껍고 살가운 공감대를 갖고 있다고 생각했다.

만약 세상을 피해 살 양이면, 누구랑 함께할까? 새나 짐승과는 어울릴 수 없으니, 장저·걸닉 이들과 더불어 살아야겠지. 그러면서 덧붙였다. "천하에 道가 있다면, 내 하던 일을 뒤집고 굳이 장저·걸닉처럼 숨어 농사를 지을 필요는 없겠지."
내 생각은 이렇다. 장저·걸닉이 공자를 통 주지만 본시 착한 부류다. 그 마음에 애틋함이 서려 있다. 공자는 듣고 절로 감동했으니, 굳이 불끈 성질을 내고 서로 삐꺽하겠는가? 공자도 말한 바 있다. "현자는 세상을 등지고, 그다음 부류는 지역을 피한다(뜻이 맞지 않으면 다른 지역에서 포부를 도모한다)"고 했으니, 세상을 통째로 잊는 것이 성인의 한 길이기도 하다. 자로처럼 "제 한 몸 깨끗이 하자고, 인간의 사회성, 도리, 책임감을 저버렸다"는 것으로 이 은자의 무리를 새나 짐승 무리처럼 배척할 일은 아닌 것이다. 공자는 그토록 간절하게 천하를 돌았지만, 결국 뜻을 알아주는 군주를 만나지 못했다. 그래서 장저·걸닉이 했다는 말을 듣고 공자가 슬픈 감회에 젖어, "내가 은둔한다면, 이들이 아니면 누구랑 어울리며 상종할 것인가?"라고 탄식한 것이다. 이들에 감격하여 같이 종유할 소회를 품은 것이지, 그들을 배척한 말이 아니다.

〔補曰〕 斯人之徒 謂長沮·桀溺之徒也. 苟欲辟世 將誰與交好哉? 鳥獸非群 唯沮·溺之徒可相與. 〔補曰〕 因答其語意曰: "若天下有道 吾不與沮·溺易其所爲." 言彼時不必隱遯 明今所羨慕. 〔案〕 沮·溺雖譏孔子 本是善類. 其心未嘗不相愛 聞言自然感動 何必怫然以相戾乎? 孔子亦嘗曰: "賢者辟世 其次辟地." 遯世無悶 本亦聖人之一義 豈必以子路'潔身亂倫'一語 盡斥隱者爲鳥獸之群乎? 孔子栖栖四國 卒無所遇 聞沮·溺所言 悵然自失曰: "吾苟欲隱 非斯人之徒 是與爲群 而將誰相從乎?" 有所懷伊人欲往從之之意 不可作排斥語也. 公牧云: "若指天下之人 則當曰斯民 不當曰斯人 當曰斯人 不當曰斯人之徒."

로맨스도 정치로 읽는 다산의 성향을 감안하면, 이곳은 놀랍게도 파격적이고 예외적인 해석이다. 자로와 달리 역시 공자는 훨씬 유연하고 감정이입적(empathic)이다. 공자는 사회적 책임과 도덕만을 강조하는 불통이 아니다. 그는 인간의 일을 다하되, 결과를 겸허히 받아들이는 운명론자이기도 하다. 그는 세상을 탓하고 하늘을 원망하지 않는다. 이 사이에서 그의 유희 의식 혹은 유머 감각이 자랐다고 할 수 있지 않을까? 예를 들면, 《논어》에는 제자들을 모아 놓고, 각자의 포부를 묻는 유명한 장면이 하나 실려 있다.

子路 曾晳 冉有 公西華侍坐. 子曰: "以吾一日長乎爾 毋吾以也. 居則曰: '不吾知也!' 如或知爾 則何以哉?" 子路率爾而對曰: "千乘之國 攝乎大國之間 加之以師旅 因之以饑饉 由也爲之 比及三年 可使有勇 且知方也." 夫子哂之. "求! 爾何如?" 對曰: "方六七十 如五六十 求也爲之 比及三年 可使足民. 如其禮樂 以俟君子." "赤! 爾何如?" 對曰: "非曰能之 願學焉. 宗廟之事 如會同 端章甫 願爲小相焉." "點! 爾何如?" 鼓瑟希 鏗爾 舍瑟而作. 對曰: "異乎三子者之撰." 子曰: "何傷乎? 亦各言其志也." 曰: "莫春者 春服旣成. 冠者五六人 童子六七人 浴乎沂 風乎舞雩 詠而歸." 夫子喟然歎曰: "吾與點也!" 三子者出 曾晳後. 曾晳曰: "夫三子者之言何如?" 子曰: "亦各言其志也已矣." 曰: "夫子何哂由也?" 曰: "爲國以禮 其言不讓 是故哂之." "唯求則非邦也與?" "安見方六七十如五六十而非邦也者?" "唯赤則非邦也與?" "宗廟會同 非諸侯而何? 赤也爲之小 孰能爲之大?" (〈선진〉 25장)

자로, 증점曾點, 염구, 공서화公西華가 공자를 모시고 있었다. 공자가 말하길, "내가 너희보다 조금 나이가 많다고 해서 신경 쓰지 말고, 어떠냐? 평소 '나를 알아주지 않는다'고들 읊어대지 않았느냐? 혹시 알아주는 사람이 있다면 무엇을 하려느냐?"

자로가 불쑥 나서서 대답하기를, "천승지국千乘之國(제후가 다스리는 나라)이 대국들 사이에 끼어 전쟁에 휘말리고 그 때문에 기근에 고통받을 때 제가 나선다면, 3년 만에 그들을 용감하게 만들고 나아갈 바를 알게 하겠습니다." 공자가 빙긋 웃었다.

"염구야, 너는 어떠냐?" "사방 60-70리 혹은 50-60리 정도를 제가 맡으면 3년 만에 백성들을 풍족하게 해줄 수 있습니다. 예악 같은 것은 다른 군자를 기다리고요."

"공서화야, 너는 어떠냐?" "제가 그런 능력을 가졌다는 것은 아니고 배우고 싶은 것인데요. 종묘의 일이나 제후들의 회동, 그리고 예복과 모자를 쓰고 그들을 위해 작은 보조역을 하고 싶습니다."

"증점아, 너는 어떠냐?" 거문고를 잠시 멈추고 퉁긴 다음 한쪽에 치우더니, 증점이 일어나 말했다. "앞의 세 사람과는 좀 다른데요." "뭐, 어떠냐? 각자 자기 생각을 말하는 것인데…." "모춘莫春(음력 3월)에 봄옷을 갖추어 입고, 젊은이 5-6인, 어린이 6-7인과 기수沂水에서 목욕하고 무우舞雩에서 바람 쐰 다음 노래하며 돌아오는 것입니다." 공자가 탄식하며 말했다. "나는 증점과 같은 생각이다."

세 사람이 나간 다음, 증점이 남았다. "세 사람의 포부가 어떻습니까?" "각자 자신의 생각을 드러냈을 뿐 아니냐?" "자로의 말에는 왜 웃으셨습니까?" "나라의 다스림(爲國)은 禮로써 하는데, 그 말에 겸양이 없어서 웃었다네." "거기 염구는 국정(邦)을 말하지 않은 셈인가요?" "사방 60-70리 혹은 50-60리가 나라가 아니면 무엇인가?" "공서화는 국정(邦) 쪽이 아닌가요?" "종묘와 회동이 제후의 일이 아니면 무엇인가? 공서화의 일이 작다 하면 누가 큰일을 한다 하겠나?"

다들 정치적 포부를 밝히는 중에, 증점만이 거문고를 켜고 있다가 한가하게 "봄옷을 장만하여, 시냇가에서 목욕하고 노래를 부르며 돌아오겠다"고 읊었다. 공자는 놀랍게도 "나도 너와 같은 생각이다"라고 증점의 손을 들어주었다. 이 곤혹 앞에서 주자는 有爲 정치의 최종적 심급은 자연이고 유희라면서, 공자의 천기天機를 특필했다. 그러나 다산의 생각은 전혀 달랐다. 증점이 공자 문하의 최고 인물은 아니지 않느냐?

너희의 정치적 꿈은 이루어지기 어렵다. 부질없는 백일몽. 세상이 받아주지 않으면 홀로 자신의 道를 닦아 나갈 뿐 아니겠느냐?

〔案〕孔子本問爲邦之事 三子非失對也. 曾點爲異論者 謂時運否塞 三子之言 皆虛言也.【如坐談龍肉】富不可求 從吾所好 故孔子善之 三子非失對也.

공자는 그저 앞으로 나가기만 하는 돈키호테가 아니다. 맹자는 성자聖者의 유형을 몇 가지로 정리한 바 있다.

맹자가 말했다. "백이는 눈으로는 나쁜 모습을 보지 않았고 귀로는 나쁜 소리를 듣지 않았으며, 올바른 임금이 아니면 섬기지 않았고 올바른 백성이 아니면 부리지 않았다. 세상이 다스려지면 벼슬에 나아갔고 혼란하면 물러나 은둔했다. 포악한 정사를 펴는 조정과 포악한 백성들이 사는 곳에는 차마 거하지 않았으며, 무식한 시골 사람과 함께 있는 것을 마치 관복을 입고 조관朝冠을 쓴 채 진흙탕이나 잿더미 위에 앉은 것처럼 생각했다. 은나라 주왕 때, 그는 북해北海의 바닷가에 살면서 천하가 맑아지기를 기다렸는데, 백이의 풍도風度를 들은 사람들이 감화를 받아 지각이 없던 자들이 분별이 있게 되고 나약한 자들이 뜻을 세우게 되었다.

이윤은 '누구를 섬긴들 임금이 아니며 누구를 부린들 백성이 아니겠는가?'라고 하면서, 세상이 다스려져도 벼슬에 나아갔고 세상이 혼란스러워도 벼슬에 나아갔다. 그가 말하기를, '하늘이 이 백성을 낼 때는 먼저 안 자가 늦게 아는 자들을 깨우쳐주고 먼저 깨달은 자가 늦게 깨닫는 자들을 깨우쳐주도록 하였다. 나는 하늘이 낸 백성 중에 먼저 깨달은 자이니, 내 장차 요순의 道로 이 백성들을 깨우쳐줄 것이다' 하였으며, 천하의 백성 중 한 사람이라도 요순의 혜택을 받지 못하는 경우가 있으면, 마치 자기가 그를 구렁텅이로 밀어 넣은 것 같이 생각했다. 그는 이처럼 천하의 중책을 자임하고 나섰던 것이다.

유하혜柳下惠는 더러운 임금 섬기는 것을 부끄러워하지 않았고, 작은 벼슬을 사양하지 않았다. 벼슬에 나아가서는 능력을 숨기지 않은 채 반드시 자기 방식대로 했으며, 벼슬길에서 버림을 받아도 원망하지 않았고, 곤란한 상황에 처해도 걱정하지 않았다. 무식한 시골 사람과 함께 있어도 여유작작하며 결코 피하는 법이 없었다. 그러면서 그가 말하기를, '너는 너고, 나는 나다. 네가 아무리 내 옆에서 웃통을 벗거나 벌거 벗은들 네가 어찌 나를 더럽힐 수 있겠느냐?'라고 하였다. 유하혜의 풍도를 들은 사람들이 감화를 받아, 속이 좁던 자들이 관대해지고 각박하던 자들이 후덕해지게 되었다.

공자께서 제나라를 떠나실 적에는 밥을 지으려고 담갔던 쌀을 건져 서둘러 떠나셨는데, 이와는 반대로 노나라를 떠나실 적에는 '더디고 더디다, 내 떠나는 발걸음이여'라고 하셨으니, 이는 모국을 떠나는 도리였다. 속히 떠날 만하면 속히 떠나고, 오래 머물 만하면 오래 머물고, 은둔할 만하면 은둔하고, 벼슬할 만하면 벼슬한 분은 공자이시다."

맹자가 말했다. "백이는 성인 가운데 맑은 분이고, 이윤은 성인 가운데 자임自任한 분이며, 유하혜는 성인 가운데 조화로운 분이고, 공자는 성인 가운데 때에 맞게 하신 분이다. 그래서 공자를 집대성集大成한 분이라고 하는데, 집대성이란, 음악을 연주할 때 쇠종을 쳐서 소리가 퍼지게 하고 곡조를 마무리할 때 옥경玉磬을 쳐서 소리를 거두어들이는 것과 같은 것이다. 쇠종을 쳐서 소리가 퍼지게 하는 것은 연주의 시작을 의미하고 옥경을 쳐서 소리를 거두어들이는 것은 연주의 마무리를 의미하니, 연주를 시작하는 것은 지혜에 속하는 일이고, 연주를 마무리하는 것은 聖에 속하는 일이다. 지혜는 비유하자면 기교이고, 聖은 비유하자면 힘이다. 이는 100보 떨어진 곳에서 활을 쏘는 것과 같으니, 화살이 과녁까지 도달하는 것은 힘이지만, 과녁에 명중시키는 것은 힘으로 되는 것이 아니다."

孟子曰: "伯夷 目不視惡色 耳不聽惡聲. 非其君不事 非其民不使. 治則進 亂則退. 橫政之所出 橫民之所止 不忍居也. 思與鄕人處 如以朝衣朝冠坐於塗炭也. 當紂之時 居北海之濱 以待天下之淸也. 故聞伯夷之風者 頑夫廉 懦夫有立志. 伊尹曰: '何事非君? 何使非民?' 治亦進 亂亦進. 曰: '天之生斯民也 使先知覺後知 使先覺覺後覺. 予 天民之先覺者也 予將以此道覺此民也.' 思天下之民 匹夫匹婦有不與被堯舜之澤者 若己推而內之溝中 其自任以天下之重也. 柳下惠不羞汙君 不辭小官. 進不隱賢 必以其道. 遺佚而不怨 阨窮而不憫. 與鄕人處 由由然不忍去也. '爾爲爾 我爲我 雖袒裼裸裎於我側 爾焉能浼我哉?' 故聞柳下惠之風者 鄙夫寬 薄夫敦. 孔子之去齊 接淅而行 去魯 曰: '遲遲吾行也.' 去父母國之道也. 可以速而速 可以久而久 可以處而處 可以仕而仕 孔子也." 孟子曰: "伯夷 聖之淸者也 伊尹 聖之任者也 柳下惠 聖之和者也 孔子 聖之時者也. 孔子之謂集大成. 集大成也者 金聲而玉振之也. 金聲也者 始條理也 玉振之也者 終條理也. 始條理者 智之事也 終條理者 聖之事也. 智 譬則巧也 聖 譬則力也. 由射於百步之外也 其至 爾力也 其中 非爾力也." 《맹자》〈만장萬章〉下 1장)

맹자가 말했다. "아랫자리에 있으면서 어짊을 지키고 못난 사람을 섬기지 않은 분은 백이였고, 다섯 번 탕왕에게 나아가고 다섯 번 걸왕에게 나아간 분은 이윤이었고, 더러운 임금을 싫어하지 않고 작은 관직도 사양하지 않은 분은 유하혜였다. 이 세 분은 길이 같지 않았으나, 그 지향은 하나였다. 그 하나는 무엇인가? 仁이다. 군자는 또한 仁을 행하면 되는 것이지, 굳이 길이 같을 필요야 뭐 있겠는가?"

孟子曰: "居下位 不以賢事不肖者 伯夷也 五就湯 五就桀者 伊尹也 不惡汙君 不辭小官者 柳下惠也. 三子者不同道 其趨一也. 一者何也? 曰: '仁也.' 君子亦仁而已矣 何必同?"(《맹자》〈고자告子〉下 6장)

골자를 정리하면, 이들 모두 '인간성의 최고 가치(仁)'를 구현하려 한 점에서는 일치한다. 그러나 개성들은 서로 달랐다. ① 백이·숙제처럼, "탁한 세상, 더러운 군주와는 말도 섞지 않겠다는 결백형(聖之淸者)"이 있는가 하면, ② 유하혜처럼, "누군들 백성이 아니고, 누군들 군주가 아니랴? 작든 크든 일을 맡기면 하고 그만두라고 하면 차분히 인계하고 물러나는" 실무형(聖之和者), ③ 탕왕의 명재상인 이윤처럼, "백성의 안위를 제 일처럼 생각하고 천하를 자신의 책임이라고 생각하는 포부형(聖之任者)"이 있다. ④ 그럼, 공자는? "시대와 상황에 따라 나아가고 물러가는 것을 적절히 조율하는 상황형(聖之時者)"이라고 구분한 바 있다.

공자는《논어》에서, 백이·숙제 등의 결벽형과 유하혜 등의 실무형을 거론하면서, 자신을 이렇게 정위한 바 있다.

"我則異於是 無可無不可."(〈미자〉 8장)

"나는 이들과는 좀 다르다. 꼭 이렇게 해야 한다거나 '죽어도 이건 안 돼' 그런 것이 없다."

공자는 道의 열망을 가슴 깊이 간직하면서도 상황과 여건을 고려했다. 앞 장에서 보듯이, '도덕적 순수성'을 고집하지 않고 세상을 개선할 수 있다면 무엇이든 하려고 나섰다. 도도한 천하, 흙탕물이 가득한 세상에서 불가능한 시도를 하고 있는 공자를 바라보는 은자들의 동정이 짠하다. 곤경 속에서 양식은 떨어지고 목숨을 위협받는 지경에 이르기도 한다. 좌절과 절망 속에서 제자들의 믿음은 흔들린다. 마침내 분노한 그들이 묻는다. "우리가 길을 잘못 든 것이 아닙니까?"

진채의 고난

유랑기 공자는 여러 고초를 겪었다. 그의 기획을 존중하기는커녕 위태로운 일에 끌어들이려는 군주들을 피해 달아나야 했다. 광땅에서는 양호로 오인받아 잡히기도 했고, 송나라에서는 나무를 베어 깔려 죽게 하려는 시도도 있었다. 칼 든 무리에게 거짓 약속으로 빠져나가기도 했고, 군주의 호의를 염려한 세력가들의 시기와 견제로 생명을 위협받기도 했다. 아무래도 가장 큰 위기는 '진채지간陳蔡之間'이라 불리는, 초나라에서 진채로 돌아오던 시기의 곤경을 꼽아야 한다. 앞의 《논어》〈위령공〉 편의 1장을 기억할 것이다.

衛靈公問陳於孔子. 孔子對曰: "俎豆之事 則嘗聞之矣 軍旅之事 未之學

也." 明日遂行.

위 영공이 공자에게 진법에 대해 물었다. 공자가 대답했다. "제사상 그릇들을 진설하는 법은 들은 바 있지만, 대규모 군사를 움직이는 법은 배우지 못했습니다." 그런 다음 (위나라를) 떠났다.

바로 이어 다음과 같은 내용이 이어진다.

在陳絕糧 從者病 莫能興. 子路慍見曰: "君子亦有窮乎?" 子曰: "君子固窮 小人窮斯濫矣." (〈위령공〉 2장)
진陳에서 양식이 떨어졌다. 일행은 병들고 지쳐 일어서지도 못했다. 자로가 불만 가득한 얼굴로 말했다. "군자도 또한 이런 곤궁에 빠지는 것입니까?" 공자가 말했다. "군자도 곤궁에 빠질 때가 있다. 단 소인은 궁할 때 무리수를 둔다."

그런데 주자는 《집주》에서 이곳을 앞의 위 영공이 진법을 물은 챕터와 하나로 묶어 놓았다. 같은 시기의 이어진 사건으로 간주한 것이다.

다산은 이 둘은 전혀 다른 시간의 전혀 다른 사건이니, 묶어서는 안 된다고 강조한다. 왜냐? 진에서 양식이 떨어져 치른 곤욕이 '위나라를 떠난 지 7년 후'의 일이기 때문이다. 두 장은 당연히 분리되어야 마땅하다.[2]

《논어집해》에서는 '明日遂行명일수행'을 하장에 붙여 놓았고, 《논어집

---

2 중국의 고전 원문 사이트로 유명한 Chinese Text Project(ctext.org)도 이 두 챕터를 분리해 싣고 있다.

주》에서는 위아래의 장을 합하여 한 장으로 만들어 놓았다. 이제《사기》를 살펴보니, 진나라에서 공자의 양식이 떨어진 것은 위나라를 떠난 지 7년 뒤에 있었던 일이니, 마땅히 따로 한 장이 되어야 한다.

〔案〕《集解》'明日遂行'屬之下章《集注》上下章合之爲一. 今按《史記》在陳絶糧 在去衛七年之後 宜別爲一章.

다산은 양식이 떨어진 해가 애공 6년(기원전 489년, 공자 63세)의 일이라고 자신 있게 고증했다. 두 사건 사이에는 7년의 격차가 있으므로, 당연히 두 챕터는 분리되어야 한다는 것이다.

위 영공이 진법을 물은 것은 앞에서 본 대로 정공 말년(기원전 495년, 정공 15년)의 일이다. 이 해에 공자가 위나라를 떠나 진陳나라로 갔다. 정나라를 지나다가 광인匡人의 핍박을 받았다. 양식이 떨어지는 핍박을 받은 것은 분명코 애공 6년의 일이다. 이 두 사건 사이에 7년의 간격이 있다.

靈公問陳 蓋在定公之末年.【十五年】是年孔子去衛 如陳而過鄭. 有匡人之畏 至於絶糧之厄 明在哀六年 距問陳之年 已七年矣.

주자는 아마도 이 구절에 '孔子'라는 주어가 없기에, 앞 챕터와 묶었던 듯하다. 일본의 유학자 다자이 슌다이太宰春臺도 여기 동조했다. 그러나 다산은《논어》안에 '공자'라는 주어가 생략된 사례가 적지 않다고 일축한다. 더구나《사기》·《좌전》, 거기다 다산이 신뢰를 두지 않던《공자가어》까지 동일한 연대를 배정하고 있지 않은가?

태재순이 말했다. "(만약) 양식이 떨어졌던 것이 다른 시기의 일이라면, (경문의) '在陳재진'이란 어구 위에 마땅히 '子' 자가 있어야 따로 한 장이 된다(〈귀여歸與〉 장과 같은 예다). 지금 본문을 상고할 때, 아마도 《사기》에 오류가 있는 듯하니, 마땅히 주자의 설에서 《논어》로써 단정한 것에 따라야 할 것이다. 살펴보건대, 先儒들은 모두 이런 이유로 합하여 한 장으로 하였다. 그러나 '祭如在제여재'와 '互鄕難與言호향난여언'과 '舜有臣五人순유신오인'과 '柴也愚시야우' 같은 글들은 문장의 전례가 일정하지 않다('祭如在'에서는 마땅히 '子' 자가 있어야 하고, 柴也愚에서는 마땅히 '子曰'이라고 일컬어야 한다). ('子' 자가 있고 없는) 이것으로써 《사기》의 말을 깨뜨릴 수는 없다. 공안국의 주註와 사마천의 《사기》·《좌전》·《공자가어》의 말은 서로 부합하지 아니함이 없으나, 같은 시기의 일로 해서는 안 된다.

純曰: "絶糧是異時之事 則'在陳'之上當有'子'字 別爲一章. 【如'歸與'章例】今詳本文 疑《史記》有誤 當依朱說以論語爲斷. 〔案〕先儒皆以此之故 合爲一章 然'祭如在'·'互鄕難與言'·'舜有臣五人'·'柴也愚'之等 文例不一. 【'祭如在'宜有'子'字 '柴也愚'宜稱'子曰'】此不足以破《史記》也. 孔註·馬《史》·《左傳》·《家語》無不相合 不可作一時事.

그런데 왜 공자 일행이 진채에서 곤경을 당했을까? 〈공자세가〉는 그이유를 이렇게 적었다.

공자가 채나라로 옮긴 지 3년, 오나라가 진陳나라를 쳤고, 초나라는 이를 구하기 위해 성보城父에 진을 쳤다. 공자가 진나라와 채나라 사이에 있다는 말을 듣고, 일행을 모셔 오라 했다. 진채의 대부들이 모의했다. "공자는 유능한 사람이고, 제후들의 약점을 알고 있다. 그는 이곳 진채에 오래 머물렀는데, 아무래도 우리가 하는 일을 못마땅해할 것이다. 초나라는 강국이고, 그가 지금 공자를 중용하려 하고 있다. 그가 힘을 갖게 되면 이 나라는 곤경에 빠지고, 우리 안위는 위험하게 될 것이다." 그래서 군사를 풀어 공자 일행을 들판에서 에워쌌고, 일행은 빠져나가지 못했다. 양식은 떨어지고, 다들 지치고 병들어 누웠으며, 제대로 일어서지도 못했다. 그런데 공자만이 (태연하게) 책을 읊고, 노래를 부르고, 악기를 만졌다.

孔子遷于蔡三歲 吳伐陳. 楚救陳 軍于城父. 聞孔子在陳蔡之間 楚使人聘孔子. 孔子將往拜禮 陳蔡大夫謀曰: "孔子賢者 所刺譏皆中諸侯之疾. 今者久留陳蔡之間 諸大夫所設行皆非仲尼之意. 今楚大國也 來聘孔子. 孔子用於楚 則陳蔡用事大夫危矣." 於是乃相與發徒役圍孔子於野 不得行. 絕糧 從者病 莫能興. 孔子講誦弦歌不衰 子路慍見曰: "君子亦有窮乎?"

이 기술은 공자라는 '인물'을 뚜렷하게 보여준다. 〈공자세가〉는 이때 제자들과 나눈 문답을 적어놓고 있다. 이 곤경을 두고 다들 격앙되어 있었다. 예상하듯, 자로의 분노가 먼저 터져 나왔다. 자공도 이때 분노로 얼굴을 붉혔다. 제자들은 그렇게 믿고 따르는 스승의 길이, 그가 선포하는 道가 혹시 틀린 것은 아닐까를 묻는다. 이 물음은 흡사 기독교가 왜 착한 사람들에게 시련과 고난을 주고, 잔인하고 이기적이며 간악한 자들이 득세하는지를 하느님께 묻는 것과 닮았다.

다음은 〈공자세가〉의 해당 대목에 대한 번역이다. 공자의 이상과 제자들의 모습을 훌륭하게 표현하고 있는 걸작 가운데 하나다.

공자는 제자들 마음속에 싹튼 불만을 알고, 이렇게 물었다. "《시경》에
그랬지. '들소도 아닌 것이 호랑이도 아닌 것이 광야를 헤맨다'고. (이건
흡사 우리를 묘사하고 있는 것 같지 않으냐?) 너는 우리의 道(가르침)가 잘못
되었다고 생각하느냐? 우리가 어쩌다 이렇게 되었을까?" 자로가 대답
했다. "제 생각에, 우리가 仁하지 않았기 때문이 아닐까요? 그래서 사
람들이 우리를 신뢰하지 않습니다. 우리가 충분히 知하지 못하기 때문
이 아닐까요? 그래서 사람들이 우리의 가르침을 따르려 하지 않습니
다." 공자가 말했다. "그런가? 자로야, 仁者를 사람들이 신뢰했다면, 어
찌 백이·숙제가 유랑 속에서 굶어 죽었겠느냐? 知者를 사람들이 꼭
따른다면, 어찌 왕자 비간比干의 심장이 도려내졌겠느냐?"
孔子知弟子有慍心 乃召子路而問曰:"《詩》云: '匪兕匪虎 率彼曠
野.' 吾道非邪? 吾何爲於此?" 子路曰: "意者吾未仁邪? 人之不我
信也. 意者吾未知邪? 人之不我行也." 孔子曰: "有是乎! 由 譬使仁
者而必信 安有伯夷 叔齊? 使知者而必行 安有王子比干?"

자로의 기질을 그대로 느낄 수 있다. 우직하게 스승을 따라 이 길을
따라왔지만, 아무도 알아주지 않고 배척당하고 쫓기는 신세라니….
이제는 양식도 떨어지고, 탈출구도 없어 다들 일어서지도 못하는 지
경에 이르렀다. "뭐가 잘못되었을까? 내가 이 길을 잘못 선택한 것은
아닐까?" 예수의 말을 빌리면, "仁者는 고향에서 머리 둘 곳이 없다."
공자는 "자로야, 이 길은 고난의 길이지, 꽃밭이 아니다"임을 특히 알
려주고 싶어 한 듯하다. 이어 자공이 묻는다.

자로가 나가고, 자공이 들어왔다. 이렇게 물었다. "《시경》에 그랬지. '들소도 아닌 것이 호랑이도 아닌 것이 광야를 헤맨다'고. (이건 흡사 우리를 묘사하고 있는 것 같지 않으냐?) 너는 우리의 道(가르침)가 잘못되었다고 생각하느냐? 우리가 어쩌다 이렇게 되었을까?" 자공이 대답했다. "스승님의 道가 너무 위대하기 때문입니다. 그래서 사람들이 그 가르침을 받아들이지 못하는 것이고요. 눈높이를 조금 낮추시는 것이 어떻겠습니까?" 공자가 대답했다. "자공아, 유능한 농부가 밭을 갈아도 수확을 장담할 수 없고, 훌륭한 장인이 물건을 만들어도 주문자의 취향에 맞는다는 보장이 없다. 군자는 그저 자신의 道를 개발해 나갈 뿐이다. 그런데 지금 너는 그 道를 연마하기보다 사람들이 받아들여 줄까를 걱정하고 있구나. 자공아, 너의 뜻이 원대하지 않구나."

子路出 子貢入見. 孔子曰:"賜《詩》云: '匪兕匪虎 率彼曠野.' 吾道非邪? 吾何爲於此?" 子貢曰: "夫子之道至大也 故天下莫能容夫子. 夫子蓋少貶焉?" 孔子曰: "賜 良農能稼而不能爲穡 良工能巧而不能爲順. 君子能脩其道 綱而紀之 統而理之 而不能爲容. 今爾不脩爾道而求爲容. 賜 而志不遠矣!"

자공은 탁월한 외교적 재능과 현실적 경영 감각을 갖고 있었다. 그는 공자의 道가 너무 높다고 생각했다. 실제 공자의 구상은 당대 현실이 받아들이기에는 너무 이상적이고 우회적이며 때로 비현실적임을 숨길 수 없다. 지금에 이르기까지 동아시아가 언필칭 '유교 문명'을 표방했으되, 최고도의 품성으로 이상적 정치를 펼친 시대를 어느 정도나 꼽을 수 있을까? 자공은 이상의 눈금을 조금 낮추어 현실적 적응 가능성을 키우자고 주문한다. 그러나 공자는 고개를 저었다. "우리는 우리의 길을 갈 뿐이다." 그리고 마지막, 안회의 대답을 들어야 한다.

자공이 나가고 안회가 들어왔다. 공자가 물었다. "《시경》에 그랬지. '들
소도 아닌 것이 호랑이도 아닌 것이 광야를 헤맨다'고. (이건 흡사 우리를
묘사하고 있는 것 같지 않으냐?) 너는 우리의 道(가르침)가 잘못되었다고 생
각하느냐? 우리가 어쩌다 이렇게 되었을까?" 안회가 대답했다. "스승님
의 道는 위대합니다. 그래서 천하가 이를 수용할 수 없는 것이지요. 그
렇지만 스승님은 스승님의 가르침(道)을 펴나갈 뿐, 받아들이지 않는
것을 걱정하실 필요가 없습니다. 세상이 받아들이지 않아야 진정 군자
라 불릴 수 있습니다. 道를 닦지 않는 것(진리를 향해 나아가지 않는 것)은
우리 잘못이지만, 큰 道를 닦고 준비가 되었는데(도덕적 질서의 가르침을
부지런히 연마했는데) 세상에 쓰이지 못한다면, 이것은 유력자들의 잘못
이지요. 받아들여지지 않는다고 무슨 걱정입니까? 받아들이지 않아야
진정 위대한 자라 불릴 수 있습니다." 공자는 그제야 기쁜 마음에 웃으
며 말했다. "그러냐? 안씨의 아들아. 네가 부자라면 네 집의 집사가 되
런마는…."
子貢出 顔回入見. 孔子曰: "回《詩》云: '匪兕匪虎 率彼曠野.' 吾道
非邪? 吾何爲於此?" 顔回曰: "夫子之道至大 故天下莫能容. 雖然
夫子推而行之 不容何病 不容然後見君子! 夫道之不修也 是吾醜
也. 夫道既已大修而不用 是有國者之醜也. 不容何病 不容然後見
君子!" 孔子欣然而笑曰: "有是哉! 顔氏之子 使爾多財 吾爲爾宰."

안회는 공자의 '단 하나의 제자'였다. 그는 道의 운명에 대해 스승 공
자와 인식을 같이하고 있었고, 그런 점에서 진정 '道의 동지'라 할 만

한 사람이었다. 그렇지만 불행하게도 요절했다.

안회의 대답에 공자는 흡족해했다. 그는 자신의 길을 지금처럼 가겠다고 분명히 선언한 셈이다. 그런데 공자의 안도하는 웃음 끝에 한 말, "네가 부자라면 네 집의 집사가 되련마는"은 무슨 뜻이었을까? 이 말은 아마도 세상에 '쓰이지 않는 자신'을 최후로 의탁할 '쓰임'으로 자신의 구상과 포부를 알아주는 '안회'의 집에서 그 '집사' 노릇을 해도 좋지 않을까 하는 공자의 체념 혹은 달관, 거기 유머를 곁들인 것이 아닐까?

여기서 보더라도 공자는 유머에 능했고, 그것은 오랜 지식과 훈련의 연마 뒤에 자연스럽게 나오는 것이다. 이 점은 쇼펜하우어도 확인한 바 있다. "가장 진지한 사람만이 진정 웃을 수 있다."

말이 나온 김에, 유랑기 공자의 유머를 하나 짚어보고자 한다.

공자가 정나라에서 제자들과 헤어졌다. 공자가 혼자 성곽의 동문에 서 있는데, 정나라 사람 하나가 자공에게 말했다. "동문에 사람 하나가 있는데, 이마는 요임금 같고, 목은 고요, 어깨는 (정나라의 유명한 정치가) 자산을 닮았는데, 허리 아래쪽은 우임금에 비해 세 치가 모자랐습니다. 축 처진 것이 '상가지구喪家之狗' 같더군요." 자공이 그대로 전하자, 공자가 흔연 웃으며 말했다. "생긴 묘사는 잘 모르겠지만, 상가지구와 닮았다고? 정말 그렇네. 정말 그래!"

孔子適鄭 與弟子相失. 孔子獨立郭東門 鄭人或謂子貢曰: "東門有人 其顙似堯 其項類皐陶 其肩類子産 然自要以下不及禹三寸. 纍纍若喪家之狗." 子貢以實告孔子 孔子欣然笑曰: "形狀 末也. 而謂似喪家之狗 然哉! 然哉!" (사마천,《사기》〈공자세가〉)

놀라운 유머 감각 아닌가? 여기 하나 적어두고 싶다. 공자를 '상가지구喪家之狗'에 빗댄 것은 잘 알려져 있는데, 이를 대체로 '상갓집의 개'로 번역한다는 것이다. 상갓집의 개는 어떨까? 상례에 바빠 밥을 잘 챙겨줄 사람이 없어 혼자 구석에서 비를 맞으며 웅크리고 있는 개? 여기서는 그런 뜻이 아니라 그야말로 '집(家)을 잃고(喪) 헤매는 개(狗)'를 가리킨다. 린위탕은 *The Wisdom of Confucius*에서 "a homeless wandering dog"라고 위트 섞어 번역했다. 〈공자세가〉는 이 곤경을, 공자가 자공을 초나라에 보내고 초나라가 이들을 초빙·영접하면서 벗어났다고 했다. 공자는 마침내 위나라로 돌아왔다.

子曰: "從我於陳·蔡者 皆不及門也." (〈선진〉 2장)
공자가 말했다. "진채에서 나를 따르던 자들이 모두 '문에 이르지(及門)' 못했다."

그런데 '及門급문'이 무슨 말일까? 주자는 이 말을 나중의 '회고'로 읽었다. 공자는 14년의 긴 유랑을 마치고, 마침내 고향으로 돌아왔다.

그전 나와 유랑의 고난을 같이하던 제자들 가운데 지금 아무도 (살아)남아 있지 않구나.
孔子嘗厄於陳蔡之間 弟子多從之者 此時皆不在門. 故孔子思之蓋不忘其相從於患難之中也.

또 다른 해석도 있다. 한대의 정현鄭玄은 及門을 '고위직에 등용, 출세한 인물이 아무도 없다'는 탄식으로 읽기도 했고, 한유韓愈 같은 이는 이를 '학문의 문턱'으로 읽어 공자가 기대하는 '학문의 수준'에 이

른 제자가 없다는 탄식으로 읽기도 했다. 후자에 대한 다산의 비평은
드문 유머와 위트를 과시한다.

그러면 진채 사이에서는 어디 모자라는 제자들만 수행했단 말인가?
韓曰: "門 謂聖人之門 言弟子學道 由門以及堂 由堂以及室 分等
降之差 非謂言仕進而已."【見《筆解》】〔駁曰〕非也. 陳·蔡之行 惟
不肖者從之乎.

다산은 이때가 노 애공 6년 바로 당시라고 말한다. 진채의 곤경을 겪
고 위나라로 돌아온 공자가, 제자들 가운데 아무도 와 있지 않은 것을
보고 비감해하며 좌우를 둘러보았다.

2부

공자의 제자들

—

3천의 제자들이 있었다고 하나 과장일 것이 틀림없다. 《사기》〈중니제자열전仲尼弟子列傳〉은 공자에게 "가르침을 받고 육예六藝[1]에 통달한 제자"로 77명을 꼽았다. 《논어》는 전공을 '네 분야(四科)'로 가르고 거기 10명이 이름을 꼽고 있다

德行: 顔淵 閔子騫 冉伯牛 仲弓. 言語: 宰我 子貢. 政事: 冉有 季路. 文學: 子游 子夏. (〈선진〉 2장)

덕행: 안연, 민자건, 염백우, 중궁. 언어: 재아, 자공. 정사: 염유, 계로. 문학: 자유, 자하.

---

1   여섯 가지 기술. 공자 시대의 학습 교과. 의례(禮), 음악(樂), 궁술(射), 마차 몰기(御), 쓰기(書), 수학(數). 때로 여섯 가지 고전(六經)과 같은 의미로 쓰이기도 한다.

나는 여기서 3명을 골랐다. 덕행의 안회, 언어의 자공, 그리고 정사의 자로가 그들이다.[2] 이들은 각자 개성이 뚜렷했고, 공자와 오랜 유랑을 같이 했다. 당연히《논어》에 가장 많이 등장하는 인물들로 도전적인 질문을 던지고 심오한 가르침을 받는다(나머지는 기록도 거의 없고 단편적이다). 한 사람을 더 다루어야 한다면 염구인데, 세 사람에 집중하기 위해서 이 인물은 배제하기로 했다.

주자학 이래 유교의 정통은 '안회'에게 돌아갔다. '아성亞聖'이라는 이름이 그의 위상을 잘 보여준다. 그리고 그 계보는 만년 제자 증자를 거쳐 자사, 맹자로 이어졌다.

그러나《논어》를 볼 때, 증자의 기사도 많지 않고 무게감이 앞의 세 사람과는 아무래도 비교할 수 없다. 유교를 통해 근대 중국을 혁신하고자 했던 캉유웨이康有爲는 이렇게까지 혹평한다.

《논어》는 증자 문하에서 편집했고, 증자의 학문은 오로지 지키고 단속함(守約)만 주장하였다. 그가 임종시 정중하게 언급한 군자의 道를 보면, 겨우 안색·용모·말투 따위의 조잡한 것뿐이었다. "손과 발을 들추어보라" 할 때도 전전긍긍 신체를 지켜 훼손을 면하라는 계율에 불과하였다.《논어》에 편집된 증자의 말은 모두 18장이다. 전부 몸단속에 독실히 삼가라는 것이니,《대대례기大戴禮記》의 증자 10편의 분위기와도 부합한다. 송나라 섭적 葉適(1150-1223)은 증자가 공자의 大道를 들은 적이 없다고 여겼는데, 아마도 지나친 말이 아닐 것이다. 증자 학파는 종지宗旨와 학식이 이처럼 편협하였다. (박성규 역주,《논어집주》, 소나무, 309쪽)

---

2 문학은 공자 만년, 고향에 돌아와 고전을 정리하고 후진을 가르치던 때의 풍경이다.

나도 이 말에 공감한다. 그는 공자의 말년 제자다. 공자와 함께 천하를 유랑하면서 고락을 같이하며 배운 그 땀 냄새가 자로나 자공, 안회와 견줄 수 없다. 궁금해할 사람들이 있을 듯해, 참고로 《논어》에 나오는 증자의 이야기 몇 가지를 소개해드린다.

曾子曰: "吾日三省吾身 爲人謀而不忠乎? 與朋友交而不信乎? 傳不習乎?" (〈학이〉 4장)

증자가 말했다. "나는 매일 세 가지를 반성한다. 남과 얽힌 일에 정성을 다했는지, 친구들 사이의 교제에 믿음을 저버리지는 않았는지, 그리고 스승이 전수해준 가르침을 삶에 접목시키기 위해 노력했는지를…."

증자가 병이 들었다. 때를 예감했나 보다.

曾子有疾 召門弟子曰: "啓予足! 啓予手! 《詩》云: '戰戰兢兢 如臨深淵 如履薄冰.' 而今而後 吾知免夫! 小子!" (〈태백泰伯〉 3장)

증자가 병이 들어 제자들을 불렀다. "내 다리를 그리고 손을 들추어보아라. 《시경》에 그런 말이 있었지. '두렵고 조심스럽게 깊은 연못가에 선듯, 얇은 얼음을 밟듯….' 이제는 그 오래된 긴장과 염려로부터 벗어날 수 있겠구나, 제자들아."

그는 죽음에 임해 다음과 같은 충고를 유언처럼 남겼다.

曾子有疾 孟敬子問之. 曾子言曰: "鳥之將死 其鳴也哀 人之將死 其言也善. 君子所貴乎道者三 動容貌 斯遠暴慢矣 正顔色 斯近信矣 出辭氣 斯遠鄙倍矣. 籩豆之事 則有司存." (〈태백〉 4장)

증자가 병이 들었다. 맹경자孟敬子가 (남기고 싶은 말을) 물었다. 증자가 입을 열었다. "새가 죽을 때는 그 울음이 애처롭고, 사람이 죽을 때는 그 말이 선하다 합니다. (지금 내가 마지막으로 하는 말을 부디 유념해주십시오.) 행동할 때는 위압이나 거만을 멀리하시고, 표정은 솔직하고 자연스럽게, 그리고 말투는 천박하거나 거칠지 않도록 유의하십시오. 나머지 의례의 절차나 예법은 담당자가 알아서 할 것입니다."

증자는 세 가지를 충고했다. 태도와 표정 그리고 말이다. '몸'으로 표출하는 거기에 모든 것이 있다. 이 점에서 유교는 안팎을 일체로 생각했다. 얼굴은 '얼의 꼴', 즉 마음의 모양이라는 설도 있다. 마음은 자세와 표정 그리고 말에 그대로 드러난다. 거꾸로 외면적 신체가 곧 마음의 풍경을 조형하기도 한다.

주자는 이 증자를 안회를 이은 유학의 정통으로 세웠다. 이것이 조선 유학의 뇌리에도 그대로 새겨졌다.

사상채가 말했다. "공자의 학문은 여러 제자에게 전파되었다. 시간이 갈수록 (스승의) 진면목은 흐려졌는데, 오직 증자의 학문만이 그 '내면성'의 집중으로 (가르침을) 충실히 지켰다. 이는 (이어진) 자사·맹자를 통해서도 분명히 알 수 있다. 아깝다. 그의 훌륭한 말과 행실이 세상에 다 전해지지 못했으니…. 그나마 요행히 남아 있는 것에 마음을 다해 배우도록 하라."
謝氏曰: "諸子之學 皆出於聖人 其後愈遠而愈失其眞. 獨曾子之學 專用心於內 故傳之無弊 觀於子思·孟子可見矣. 惜乎! 其嘉言善行 不盡傳於世也. 其幸存而未泯者 學者其可不盡心乎!"

퇴계가 정리한 주자학의 매뉴얼《성학십도聖學十圖》의 마지막 장은〈숙흥야매잠夙興夜寐箴〉이다. 거기 선비의 일과가 시간대별로 정리되어 있다.

닭이 울고 잠에서 깨어나면, 상념이 점점 치달린다. 어찌 그 시간에 마음을 차분히 정돈하지 않으랴? 때로는 지난 허물을 반성하고, 때로는 새로 깨친 것을 음미한다. 순서와 연관이 마음속에 또렷하다.

이렇게 근본을 세운 다음, 동틀 무렵 일어난다. 세수하고 머리 빗고 의관을 갖추고 단정히 앉아 자세를 곧추세운다. 이 마음을 다잡으니 환하기가 떠오르는 해 같다. 엄숙하고 단정하게, 그리고 밝고도 고요하게···.

이에 서책을 열어 성현과 대면한다. 공자께서 앉아계신 듯, 안자(안회)와 증자가 둘러선 듯. 성현의 말씀을 절실하게 경청하고, 제자들의 질의를 반복하여 참고한다.

일이 닥치면 여기 대응하여 배운 것을 증거한다. 天命의 환한 뜻이 언제나 눈앞에 닥쳐 있다. 일을 마치고 나면, 나는 다시 옛적 그대로다. 마음은 연못처럼 투명하고 고요하다.

나아갔다 돌아오는 끝없는 순환에도, 이 마음은 모든 것을 장악하고 있다. 고요할 때는 본바탕을 지키고, 움직일 때는 혹시 싶어 살펴보아 네 마음이 두 갈래 세 갈래로 찢어지게 하지 마라.

독서하는 나머지에 간간이 유영游泳하고, 정신을 릴랙스하며, 정성情性을 휴양休養하라. 하루해가 넘어갈 때쯤이면, 피곤이 밀려오고 혼미한 기운을 타기 쉽다. 몸과 마음을 추스르고, 정신의 빛을 다시 떨치라. 늦은 밤 잠자리에 들 때는 손발을 가지런히, 생각은 그만 그치고 정신에 휴식을 준다. 한밤의 신선한 기운이 너를 다시 채울지니, "다하고 나면 다시 새로워진다" 하지 않더냐? 이를 늘 명심하고 또 명심하여, 날마다 달마다 꿋꿋하게 나아가라.

鷄鳴而寤思慮漸馳 盍於其間澹以整之? 或省舊愆或紬新得 次第條理瞭然黙
識. 本旣立矣昧爽乃興 盥櫛衣冠端坐斂形. 提掇此心皦如出日 嚴肅整齊虛
明靜一. 乃啓方冊對越聖賢 夫子在坐顔曾後先. 聖師所言親切敬聽 弟子問
辨反覆參訂. 事至斯應則驗于爲 明命赫然常目在之. 事應旣已我則如故 方
寸湛然凝神息慮. 動靜循環惟心是監 靜存動察勿貳勿參. 讀書之餘間以游泳
發舒精神休養情性. 日暮人倦昏氣易乘 齋莊整齊振拔靜明. 夜久斯寢齊手斂
足 不作思惟心神歸宿. 養以夜氣貞則復元 念玆在玆日夕乾乾.

이처럼 주자학은 언필칭 안증顔曾을 말하지만, 이 선택이 유학을 협소하
게 만들지 않았을까? 다산이 새로운 경학을 통해 보여주고 있듯, 정통에
서 배제된 자공과 자로가 더 특필되어야 하고, 孔門에서 차지하는 정당한
지위와 중요성을 되찾아주어야 한다. 이들을 통해 '공자의 사상과 비전'
을 더 뚜렷하고 풍부하게 읽을 수 있다.

1장

자로, 포호빙하

《사기》에 의하면, 자로는 공자보다 9살 연하다. 이를테면 그는 건달 출신으로 공자를 괴롭히다가, 거꾸로 그 사람됨에 반해 제자가 되었다고 한다.

"자로가 내 문하에 들어온 이후로 나를 괴롭히는 자가 없어졌다."
故孔子曰: "自吾得由 惡言不聞於耳." (사마천,《사기》〈중니제자열전〉)

주제를 대략 5부로 나누었다. ① 기상 ② 성격&공부 ③ 정치적 포부 ④ 스승을 위한 기도 ⑤ 죽음이 그것이다.
자로의 풍모부터 보자, 처음 공자를 대면했을 때의 일이라 한다.

子路曰: "君子尚勇乎?" 子曰: "君子義以爲上. 君子有勇而無義爲亂 小人有勇而無義爲盜." (〈양화〉 23장)

자로가 말했다. "군자도 용기를 중시합니까?" 공자가 대답했다. "군자는 義를 가치로 안다. 군자가 용기는 있되 義가 없으면 난을 일으키고, 소인이 용기는 있되 義가 없으면 도적이 된다."

그의 성격은 거칠고 직선적이며 타협 없는 원칙을 고수한다. 앞 장에서 스승 공자와도 사사건건 부딪치는 것을 살펴본 바 있다. 그는 노나라에서 공산불뉴와 손잡으려는 스승을 말렸고, 위나라에서는 남자와 회동하는 것을 불편해했다. 진채에서 극한의 곤경에 처했을 때, "우리가 길을 잘못 든 것이 아닙니까?"라고 스승에게 항의했던 그를 기억한다. 그렇다고 그를 스승에게 시도 때도 없이 대드는 고약한 학생으로 생각하지 않도록 유의해야 한다.

까투리 한 마리

《논어》〈향당鄕黨〉 편은 공자의 '일상'을 담고 있다. 음식, 습관, 공직 생활의 자세 등을 엿볼 수 있다. 거기에 주자도 잘 모르겠다는 난감한 구절이 하나 실려 있다.

> 色斯擧矣 翔而後集. 曰: "山梁雌雉 時哉! 時哉!" 子路共之 三嗅而作. (〈향당〉 27장)

무슨 말일까? 주자의 해석에 따라 번역하면 다음과 같다.

(까투리가) 사람의 안색을 보고 위협을 느끼면(色), 그럼(斯) 날아올라(擧矣) 하늘을 빙빙 돌다가(翔), 그러다가(而後) 다시 (나무에) 모여 앉는다(集). 공자가 말했다. "산길 통나무 다리(山梁)의 까투리는(雌雉) 물을 마시고 음식을 쪼는 때를 아는구나, 때를 알아(時哉! 時哉!)!" 자로는 (공자의 말을 잘못 알아듣고) 제철(時哉) 음식에 입맛을 다신 줄 알고 (잡아다) 바쳤다(子路共之). 공자는 (먹지 않고) 세 번 냄새만 맡고(三嗅) 일어났다(而作).

① 주자는 "까투리가 기미를 알고 날아오르듯이, 사람도 상황을 잘 읽고 처할 바를 잘 선택해야 한다는 뜻이 아닐까?" 했다. 아무래도 해석이 미심쩍었나 보다. "위아래 어디 문장이 빠진 듯하다"고 고개를 갸웃했다.

새가 사람의 안색이 좋지 않은 것을 보고 날아가 빙빙 돌면서 살펴본 뒤에야 내려앉으니, 사람이 기미를 보고 행동하여 거처할 곳을 잘 살펴 선택하는 것도 이와 같아야 한다는 말이다. 하지만 이 앞뒤에는 반드시 빠진 글이 있을 것이다.
言鳥見人之顏色不善 則飛去 回翔審視而後下止. 人之見幾而作 審擇所處 亦當如此. 然此上下 必有闕文矣.

② 주자는 다른 가능한 해석들도 같이 제시했다.

자로가 잡으려고 했는데(子路共之), 새가 세 번 '울고'(晁氏曰: "石經'嗅'作戛 謂雉鳴也") 혹은 세 번 '날개를 폈다가'(劉聘君曰: "嗅 當作臭. 古闃反. 張兩翅也. 見《爾雅》) 날아가고 말았다(而作).

주자는 이처럼 세 개의 가능한 해석을 제시하고도 미심쩍어, 나중에 궐문이 발견되거나 제대로 된 해석자가 나오기를 기다리자고 제안했다.

> 하지만 여기에는 반드시 빠진 문장이 있으니, 억지로 해설할 수는 없다.
> 然此必有闕文 不可强爲之說. 姑記所聞 以俟知者.

어쨌거나 '자로'가 스승을 위해 까투리를 잡아 요리해서 올려다 바치는 '정성'이 눈에 밟힌다. 자로의 직선적 성격 못지않게 그 충직함은 공자학단에서도 단연 독보적이다.

이 구절을 다산은 어떻게 읽었을까? 그의 해석에 따라 번역하면 이렇게 된다.

> '놀라(色) 날아올라(斯擧) 빙빙 돌다(翔) 다시 내려앉는다(而後集).' 공자가 (안타깝게) 말했다. "산간의 통나무 다리(山梁)의 저 까투리(雌雉), 피해야 할 때이데, 피해야 할 때인데(時哉! 時哉!)!" 자로가 까투리 요리를 내놓았다(子路共之). 공자는 (먹지 않고) 세 번 냄새만 맡고(三嗅) 일어났다(而作).

다산은 '色'을 '안색의 기미'가 아니라 '놀라'라고 읽었다. 그리고 첫 구절은 속담 혹은 경구라고 일러준다. '새가 해를 피하고 환난을 두려워하듯, 군자도 물러나기를 쉽게 나아가기는 어렵게 처신해야 한다'는 뜻이다.

기본 취지는 주자와 궤를 같이한다. 다만 "時哉시재! 時哉시재!"를 주자는 "물을 마시고 음식을 쪼는 때를 안다(時哉 言雉之飮啄得其時)"라고 번역했는데, 다산은 이 설은 앞뒤의 맥락과 맞지 않는다고 지적했다. 다산은 말한다.

> 결국 까투리는 죽었다. 자로는 공자가 "때다(時哉) 때다" 한 것을 '제철(時哉)'인 꿩에 입맛을 다시는 줄 알고 삶아 바쳤다. 이는 공자의 본의가 아닌 것을…. 그래서 공자가 차마 먹지 못하고 자로의 성의를 보아, 세 번 냄새만 맡고 일어선 것이다.
>
> 〔補曰〕雉竟死矣. 子路謂孔子亟稱'時哉' 意其以時物而思食之 故熟而進之. 孔子非本意 不忍食 故三嗅而作.

뗏목을 타고 바다로

자로는 그 직선적이고 급한 성격 때문에, 공자가 제자들에게 요구한 이상적인 행동규범과는 거리가 먼 사람이라는 평가를 받아왔다. 왜 그랬을까? 린위탕은 *The Wisdom of Confucius*에서 자로의 제자나 대변자들이 없었던 것을 큰 이유로 든다. 후대의 주석들, 특히 주자학은 자로에게 그다지 호의적이지 않다. 이는 '학자형'과 '무인형' 사이의 불화를 말해주는 것이 아닐까? 특히 다음 장은 자로를 읽는 주자와 다산의 시선이 극명하게 충돌하는 곳이다. 유랑과 설득에 지쳐가던 어느 날일 것이다.

子曰: "道不行 乘桴浮于海. 從我者其由與." 子路聞之喜. 子曰: "由也好勇 過我 無所取材." 〈공야장〉 6장)

주자의 해석에 따르면, 위 구절은 이렇게 번역된다.

> 공자가 말했다. "道가 행해지지 않는구나. 뗏목을 타고 바다로 나설 때, 나를 따라올 사람은 자로겠지." 자로가 (나중에) 듣고는 기뻐했다. (이를 두고) 공자가 말했다. "자로는 용기는 드높은데, 도무지 사리를 따져보지 않는구나."

주자는 정자의 언급을 여기에 첨부해두었다.

> 정자가 말했다. "바다로 나가겠다는 것은 천하에 어진 군주가 없음을 탄식한 것이다. '자로는 義에 용기가 충만해서 나를 따라올 수 있겠지.' 이는 가설로 언급한 것인데, 자로는 실제 상황인 줄 알고 공자가 자신을 인정해주었다고 기뻐했다. 공자는 그 용기를 가상하게 여기면서도, 사리를 따져 적절한 행동에 이르지 못하는 것을 기롱했다."
> 程子曰: "浮海之歎 傷天下之無賢君也. 子路勇於義 故謂其能從己 皆假設之言耳. 子路以爲實然 而喜夫子之與己 故夫子美其勇 而譏其不能裁度事理 以適於義也."

주자학의 통념은, 자로가 용기는 가상하나 도무지 '생각'을 하지 않는 사람, 무엇이 적절한지 숙고하고 판단하는 능력이 부족한(其不能裁度 事理 以適於義) 사람으로 채색한다.

그러나 다산의 해석은 주자와 정반대다. 해석 몇 군데를 짚자면, ① '뗏목'은 대나무나 나무를 엮어 만드는데, 부栫는 그중에서도 작은 것이다. 이것으로는 작은 강에 띄울 정도나 될까? 바다는 언감생심 어림도 없다. ② 자로는 그 자리에 없다가 나중 전해 듣고 스승이 자기를 인정했다고 좋아했다(〔補曰〕 子路聞之者 時不在坐 追聞之也. 喜者 喜其知己). 관건은 마지막 구절. ③ '無所取材무소취재'인데, 다산은 材가 財재와 통하고 財는 義와 통한다고 한 다음, '取材취재'란 "사리의 적절성을 가늠하고 계산하는 것(謂裁度事理之當否也)"이라고 해석했다. 주자와 비슷한 해석같이 보이지만, 뉘앙스는 정반대임을 눈여겨보아야 한다. 다산은 말한다.

공자는 자로가 기뻐한 것을 알고, (편잔이 아니라) 왜 유독 자로만 허여했는지에 대한 이유를 밝혔다. 작은 뗏목으로는 시내 정도나 건널 뿐 大海를 건너기는 어림도 없다. '사태를 합리적으로 판단하는 자'라면 절대로 따라나설 리가 없다. 오직 자로만이 용기가 나보다 더 뛰어나고 일을 만나면 현실적 고려 없이 앞으로 곧장 직진하는 스타일이라서, 내가 특별히 자로만이 나를 따를 것이라고 인정한 것이다. 그렇다고 門人들 가운데 자로만 현자라고 인정한 것은 아니다(오해는 없어야 한다). 나중 구절은 자신이 왜 자로를 허여했는지에 대한 '해명'이다!
孔子知子路喜 乃明言所以獨許子路之意. 曰: "桴可以濟小水 不可以涉大海. 凡裁度事理者 必不從我 獨由也好勇過我 又遇事直前 無所裁度 故我特許由從行. 非謂門人之中惟由獨賢也." 下節特自解其本意 非先揚而後抑之也.

이는 완전히 기존의 해석을 뒤집는 것이다. 다산은 이 구절의 파격을 의식해서, 《고금주》 맨 앞 〈원의총괄原義總括〉'에서 이곳을 특필해두

---

1 《논어》, 그 새로운 발견의 주요 리스트들.

었다.

> 뗏목의 언급은 자로의 간담을 형용하기 위한 것이다.
>
> 辨乘桴浮海 本所以形容子路肝膽.

즉 자로의 무모를 기롱한 것이 아니라 목숨을 돌보지 않고 스승을 따라 道에 헌신하는 그의 간담을 그려주었다는 것. 다산의 해석에 따르면, 번역은 이렇게 달라진다.

> 공자가 말했다. "道가 행해지지 않는구나. 작은 뗏목을 얽어 바다로 나설 때 나를 따라나설 자, 아마 자로 하나겠지." 자로가 (나중에) 듣고는 기뻐했다. (이를 두고) 공자가 말했다. "자로의 용기는 나보다 더하다. 현실적 계산으로 주춤하거나 물러서지 않는다."

크릴은 공자학단을 '道의 기사도들'이라고 부른 바 있다. 그 선봉에 선 사람이 자로라 불러도 괜찮지 않을까? 이 챕터를 두고 고금의 해석이 분분했다. 크릴은 "無所取材"를 액면 그대로 "자로는 나보다 용기 있는 사람이니 뗏목도 필요 없겠지"라고 번역했다. 또 어디선가는 "(바다를 건너려 하나) 배를 만들 재료(材)가 없구나"라고 번역한 것도 보았다.

다산은 자로를 폄하하는 여러 설을 인용한 후, 다음과 같이 그를 변호한다.

> 先儒의 기록에 자로는 어리석고 사리에 어두운 사람으로 그려져, 보는

사람으로 하여금 미친 사람이나 되듯 우롱하고 비웃는데, 이것은 큰 폐단이다. 공자가 자로를 허여하기를, "자로는 천승지국에서 가히 군사를 다스릴 수 있다" 했으니, 우리나라로 치면 호조판서 겸 선혜청 제조에 해당한다. 그 사무를 속속들이 자세하게 밝히려면 반드시 추호같이 치밀해야 하니, 어찌 후세의 장구나 따지는 편협한 유생들이 업신여기고 놀릴 수 있는 사람이겠는가?

작은 뗏목으로 바다를 건너겠다는 것은 어린아이도 그 불가능함을 알거늘, 여기 자로가 그 (공자의) 미언微言을 모르고 실제 따라나서고자 했다면, 그게 말이 되는 소리인가? 공자의 뜻은 "한 조각 뗏목을 타고 만 리 바다를 건넌다면 위험하고 죽음이 기다리고 있을 것이다. 그렇지만 진실로 道를 행하기 위해 나 홀로 이 길을 갈 때, 자로는 틀림없이 나를 따라나설 것이다"였다. 하나는 자로가 道를 행함에 뜨거운 열정을 갖고 있음을 인정하고, 또 하나는 자로가 목숨을 버리면서 스승을 따라나설 것을 알았으니, 하나는 성인으로 하나는 현인으로 의기意氣를 서로 허여한 것이다. 천년이 지나서 오히려 사람들을 감격시키는데, 자로가 어찌 기뻐하지 않으리오. 기뻐한 것은 스승이 자신을(道를 행하는 정성과 성인이 되기를 바라는 진심이 있음을) 알아주었기 때문이다. (그런데도 자로가) 공자의 미언을 읽지 못하고 그 따라나섬을 기뻐했다니, 그럴 리가 있겠는가? 숙맥이나 그렇고 아프고 가려운 곳을 모르는 사람이나 그렇지, 천승의 군사(千乘之賦)를 감당할 만한 사람이 그럴 리가 있는가?

先儒筆頭 子路爲癡騃不曉事之人 直令覽者愚弄侮笑若狂夫然 此大蔽也. 孔子許子路曰: "由也 千乘之國 可使治其賦." 其在我邦 卽戶曹判書兼宣惠提調者也. 其綜覈事務 必細入秋毫. 豈後

世章句腐儒所可侮弄者乎? 夫乘桴浮海 尺童且知其不可 乃謂子路不解微言 實欲從行 豈不遠於情乎? 孔子之意 若曰: '乘一片之桴 涉萬里之海 此是危險必死之地. 然苟以行道之故 吾將獨行 則由也必從之.' 一則許子路心熱於行道 一則知子路舍命以從師. 一聖一賢 意氣相許 千載之下 尚令人感激 子路安得不喜? 喜者 喜其知己也.【知有行道之誠 知有翼聖之誠】不解微言 喜其從行 有是理乎? 此唯不辨菽麥 不知痛癢者然矣. 豈治千乘之賦者所應然者乎?

道의 열정에 충만하고 실무 재능을 두루 갖추고 있는 사람, 유교가 진정 고취하고 있는 인물상이다. 공자가 그랬고, 자로가 그 뒤를 잇고 있다. 다산은 이 '오래되고' 잊힌 유형을 다시금 상기시키고 싶어 한다. 그래서 경세학 이전에 경학이 있다.

각설. 누가 물었다. 혹시 위의 '바다를 건너겠다'는 것은 공자의 진심이 아닐까? "야만의 구이에 가서 살고 싶다"는 말을 한 적도 있지 않은가?

子欲居九夷 或曰: "陋 如之何!" 子曰: "君子居之 何陋之有?" (〈자한子罕〉 13장)

공자가 구이에 가서 살려고 하자, 어떤 이가 말했다. "그곳은 누추하니, 어찌 사실 수 있겠습니까?" 공자가 대답했다. "군자가 산다면 어찌 누추하겠는가?"

이 물음에 다산은 답한다.

그렇지 않다. 진정 바다를 건널 양이면 큰 배를 바다에 띄워야지 작은 뗏목이 웬 말이냐? 작은 뗏목은 위험하고 죽을지도 모를 자리인데, 자로는 또한 이를 따를 것이다. 자로의 마음은 道를 행함에 급했고 또 공자께서 수화도탄水火塗炭에 가신다고 해도 버리지 않을 것이다. 공자의 한마디가 자로의 진심 어린 마음을 도려내어 여러 사람에게 보여준 것이다. 자로가 감격한 까닭이 여기 있다. 그래서 기쁨을 이기지 못한 것이다. 자로의 기쁨에 기롱할 것이 무엇인가? 공자의 뒤 구절 또한 자로를 비난한 것이 아니라 앞 구절의 '설명'이다. 오직 용기가 나를 넘어서고, 또 능히 일을 당하면 곧장 앞으로 나아가 재고 헤아리는 바가 없는 까닭에 내가 그 따라나섬을 허여한다고 말한 것이다.

〔駁曰〕非也. 苟如是也 當云乘舟浮海 何以曰乘桴乎? 乘桴云者 明危險必死之地 子路亦從也. 子路之心 急欲行道 又於夫子 雖水火塗炭 誓不相捨. 孔子一言 剔出子路一片肝膽 昭示衆人. 此子路所以感激知己. 而喜不自勝也. 子路之喜 何可譏乎? 下節亦非譏子路者 乃上節之釋義也. 唯其好勇過我 又能遇事直前 無所裁度 故我許其從行云耳.

다산은 그동안 자로가 부당한 오해와 무시를 당해왔다고 탄식한다. 그리고 그 주범(?)이 先儒, 즉 송대 주자학자들이라고 지목했다.

先儒의 붓끝에서 자로는 어리석고 사리에 어두운 사람으로 그려져, 보는 사람으로 하여금 미친 사내나 되듯 우롱하고 비웃게 하는데, 이것은 크나큰 폐단이다.

先儒筆頭 子路爲癡騃不曉事之人 直令覽者愚弄侮笑若狂夫然 此

大蔽也.

자로는 지금의 기획재정부나 경제기획원 장관을 감당할 능력이 있는 사람이다. 엄청난 규모의 자금을 기획하고 집행하자면, 당연히 세밀한 계산과 추진력이 필요하다. 공자는 자로가 그 일을 훌륭히 감당할 만하다고 장담했다.

왜 공자의 '추천'을 제대로 기억하지 않는가? 그러고서 자로를 공자의 말을 제대로 알아듣지도 못하는 어리석은 미친 사내, 팔뚝을 걷어붙이고 나서기만 하는 건달 비슷한 인물로 조롱하고 무시하는가?

자로는 이전 노나라에서 공자를 도와 3가를 허물고 공실의 중심을 세우기 위해 노력했다. 이 스토리는 앞에서 자세히 다룬 바 있다. 군대를 동원하고 정치적 계산이 부딪혔다. 이 무렵의 긴장을 보여주는 한 챕터를 읽어보자.

公伯寮愬子路於季孫. 子服景伯以告 曰: "夫子固有惑志於公伯寮. 吾力猶能肆諸市朝." 子曰: "道之將行也與 命也 道之將廢也與 命也. 公伯寮其如命何!" (〈헌문〉 38장)
공백료公伯寮가 계손씨에게 자로를 참소했다. 자복경백子服景伯이 공자에게 이를 고하면서, "계손이 공백료의 참소를 믿는 듯합니다. 내 힘만으로도 (공백료를) 죽여 시장과 조정에 내걸 수 있습니다." 공자가 말했다. "道가 장차 행해지는 것도 운명이고, 道가 장차 폐하는 것도 운명이다. 공백료가 운명을 어찌할 수 있겠느냐?" (주자의 해석)

주자는 끝에 이렇게 적었다.

내 생각에, 이 말을 통해 공자는 자복경백을 일깨우고, 자로를 안심시키며, 공백료에게 경계를 보냈다. 성인은 利害가 걸릴 때, 운명의 결정이 있고 나서야 태연해지는 것이 아니다.

愚謂言此以曉景伯 安子路 而警伯寮耳. 聖人於利害之際 則不待決于命而後泰然也.

다산의 주석을 보자. 근본 취지는 같지만, 디테일이 훨씬 풍부하고 구체적이다.

마융馬融이 말했다. "공백료는 노나라 사람이다(《사기》에 이르길, "백료의 자는 자주子周"라고 했다). 愬소는 참소하는 것이다(형병이 이르길, "(공백료가) 자로를 죄가 있다고 무고했다"고 했다)." 주자가 말했다. "자복子服은 성(氏)이고(상고하건대, 자복은 맹손씨의 별족別族이다), 경景은 시호(諡)이며, 백伯은 자字이니, 노나라 대부 자복하子服何다." 형병이 말했다. "夫子는 계손을 가리킨다. 계손은 의혹스럽게 여기는 마음이 있었다(공안국이 이르길, "계손은 (공백료가) 참소한 것을 믿고 자로에게 분개했다"라고 했다)." 정현이 말했다. "나의 세력으로 능히 자로의 무죄를 계손에게 밝혀서, 계손으로 하여금 공백료를 죽여 (그 시체를 시조市朝에) 내걸게 할 수 있다. 죄가 있어 처형되면 그 시체를 (시조에) 내거는데, 이를 '肆사'라 한다(형병이 이르길, 《주례周禮》〈추관秋官 · 향사鄕士〉에서는 '사형 날짜를 협의하여 처형하고, 사흘 동안 시체를 내걸어 놓는다'고 했다"라 했다)." 형병이 말했다. "大夫 이상은 (시체를) 조정에 내걸고, 士 이하는 저자에 내건다."
보충하건대, '朝조'란 백관百官의 부서府署가 늘어서 있는 곳이다. 《주례》〈고공기考工記〉에 "앞에는 조정이 있고, 뒤에는 저자가 있다"라 하

였다. 군자가 벼슬하는 것은 장차 道를 행하려 하는 것이다. 그러나 道
가 행해지고 행해지지 않는 것은 命이 있어 하늘에 달려 있으니, 한 사
람의 공백료가 어떻게 할 수 있는 바가 아니다(참소하여도 마음을 움직일
수 없고, 天命을 맞이할 수 없음을 말한다).

馬曰: "伯寮 魯人.【《史記》云: "伯寮 字子周."】愬 譖也."【邢云: "誣
子路以罪."】朱子曰: "子服 氏【案 子服 孟孫氏之別族】景謚 伯字
魯大夫子服何也." 邢曰: "夫子 謂季孫." 邢曰: "季孫有疑惑之志."
【孔云: "季孫信讒 恚子路."】鄭曰: "吾勢力猶能辨子路之無罪於季
孫 使之誅寮而肆之. 有罪旣刑 陳其尸曰肆."【邢云: 〈秋官·鄕士〉
云 '協日刑殺 肆之三日.'"】邢曰: "大夫已上於朝 士以下於市."〔補
曰〕朝者 百官府署之所列也.〈考工記〉曰: "面朝後市."〔補曰〕君子
仕 將以行道. 然道之行廢 有命在天 非一伯寮所能爲.【言讒愬不
足以動心 誅戮不足以迓命】

다산은 이 참소가 공자가 유람하기 이전 노나라에서 관직을 맡아
3가를 무너뜨릴 무렵의 일이라고 암시한다.

자로는 왕을 보좌할 만한 인재가 아니고 가신은 경상卿相(최고 행정관)
의 지위가 아닌데, 공자는 왜 공백료의 참소가 道의 행함과 그침에 관
련되어 있다고 했을까? 노나라에서 나라를 좀먹는 좀벌레(公室之蠹)가
된 것은 계씨 만한 자가 없다. 공자가 노나라에서 위정할 때 무엇보다
그 참람을 제어하고자 했는데, (공자의) 명을 받들고 용감하게 비장한
군사(藏甲)를 내어 (3가의 근거지인) 후·비(의 성)를 무너뜨리려 한 것이
자로였다. 공백료가 자로를 참소한 것은, 바로 자로를 빌려 공자를 저

지하고자 한 것이다. 그래서 공자는 참소를 자로의 화복禍福으로 따지지 않고 道의 흥패興廢로 생각한 것이다. 그러나 道의 실행 여부는 하늘의 도움에 달려 있지 백료의 참소에 달려 있지 않다는 것. 경백은 사람을 탓했으나 공자는 하늘에 위임했다. 이는 맹자가 장창臧倉이 노후魯侯(평공)와의 대면을 저지시킨 것을 두고 하늘에 돌린 것과 같다.

齊曰:"子路非王佐之才 家臣非卿相之位 而孔子以公伯寮之愬爲關吾道之行止 何也? 魯爲公室之蠹者 莫如季氏. 孔子爲政於魯大率欲裁其僭 而勇於承令以出藏甲墮郈·費者 子路也. 伯公寮愬子路 固將假以沮孔子也. 故孔子不爲子路禍福計 而爲吾道興廢計. 然吾道之行與不行 繫於天之祐不祐 而不繫於寮之愬不愬也. 景伯尤諸人 而孔子委之天. 孟子於臧倉之沮魯侯 亦歸之天焉."

참소의 칼끝은 기실 공자를 향한 것이었다. 3가가 전횡하는 곡부를 내어주고 동쪽 비읍에서 새로운 나라를 건설해볼까 궁리했던 공자였다. 지금 3가의 세력을 약화하기 위해 그들의 근거지를 허물고 있는데, 명목은 3가들의 화근을 제거해주겠다는 것이지만, 기실은 공실의 권위를 회복하고 노나라의 정치적 질서를 바로 세우겠다는 것이었다. 그것은 섬세하고 위태로운 줄타기였을 것이다. 이 정치적 실험은 실패하고, 공자와 자로는 천하를 유랑하는 고달픈 길에 나서게 된다.

다산은 자로를 '왕을 보좌할 만한 인재'로 읽었다((案) 說得有理 但謂'子路非王佐之才' 謬). 이 말을 잘 기억해야 한다. 이는 그가 공자와 더불어 천하를 평정하고 경영할 능력을 갖고 있다는 뜻이 아닌가?

공자의 시도는 노나라에서 좌절되었다. 그래서 새 기회를 찾아 천하를 유랑하게 된다. 천하는 넓고, 나라는 많다. 그렇지만 공자의 포부를 알아줄 제후가 있을까?

子路宿於石門. 晨門曰: "奚自?" 子路曰: "自孔氏." 曰: "是知其不可而爲之
者與?" 《〈헌문〉 41장)
하루는 자로가 석문石門에서 묵게 되었다. 문을 지키는 이가 말했다. "당신은
어디서 왔소?" "공자의 문하에 있습니다." "그 안 되는 줄 알면서도 굳이 하겠다
는 사람 말이오?"

주자에 의하면, 晨門신문은 새벽에 문을 여는 사람이고, 대개 현자들
이 여기 숨어 지냈다고 한다.

호인이 말했다. "문지기는 세상을 어떻게 할 수 없다고 생각해서 공자
를 기롱했다. 그러나 성인이 천하를 봄에 어떻게 해볼 수 없는 시절은
없었다."
胡氏曰: "晨門知世之不可而不爲 故以足譏孔子. 然不知聖人之視
天下 無不可爲之時也."

불가능할지라도 천하를 위해 노력을 멈추지 않는 사람이 진정 위대
하다. 크릴은 다들 은퇴를 생각할 50대 중반, 불확실한 지푸라기를
붙들고 천하를 유랑함으로써 공자가 위대하게 되었다고 했다. 다산
은 이 석문이 제나라 땅에 있다고 짚어주었다.

석문은 제나라 땅이니(《좌전》에서는 "제후齊侯와 정백鄭伯(정나라 장공莊公)
이 석문에서 회맹했다"고 했다), 교관交關으로서 성城이 있는 곳이다. 하안

이 말했다. "'晨門'이란 혼인閹人이다(형병이 "새벽과 밤에 문을 여닫는 일을 맡은 사람이다"라 했다)." 주자가 말했다. "아마도 현자로서, 문지기로 숨어 있는 자인 듯하다."

〔補曰〕石門 齊地.【隱三年云: "齊侯·鄭伯 盟于石門."】郊關之有 城者. 何曰: "晨門者 閹人也."【邢云: "掌晨昏開閉門者."】朱子曰: "蓋賢人隱於抱關者也."

일본의 오규 소라이荻生徂徠는 문지기의 말을 거꾸로 읽는다.

오규 소라이가 말했다. "안 되는 것을 알고 포기한 자는 양·주 노장의 무리다. 안 될 줄 알면서도 하는 것은 백성을 버릴 수 없기 때문이다. (주왕의 폭정에 맞선) 은나라의 세 현자처럼…. 문지기는 공자가 천하를 안정시키는 데 뜻을 둔 것을 보고 이들을 칭찬했다."

荻曰: "知其不可而不爲 果於已者也 如楊朱·老·莊之徒 … 知其 不可而且爲之 不棄斯民者也 如殷三仁是已. 晨門知孔子志于康 濟 故以此稱之."

그러나 다산은 구차하게 감싸고 돌 일은 아니라고 말한다. 이 말은 격려가 아니라 안타까움이다.

이때가 언제인지에 대한 언급은 없다. 세상은 알고 있었다. 공자의 이상이 실현될 수 없다는 것을…. 세상의 도도한 물결을 어떻게 되돌릴 수 있겠는가?

자로는 무모한 이상주의자 공자를 따라 평생을 걸었고, 그가 가는 곳이라면 작은 뗏목을 타고서라도 바다를 건널 용기와 자세를 갖추고 있었다.

성격과 공부

공자와 제자들이 모인 풍경 하나.

> 閔子侍側 誾誾如也. 子路 行行如也. 冉有·子貢 侃侃如也. 子樂: "若由也
> 不得其死然." (〈선진〉 12장)
> 민자건閔子騫이 단정한 자세로 공자를 곁에서 모시고 있었다. 자로는 강직한
> 모습이었고, 염구와 자공은 온화한 빛이었다. 공자는 기뻐했다. (공자가 말했다.)
> "자로는 제 명을 챙기지 못할 듯해." (다산의 해석)

주자의 말대로, 천하의 영재를 얻은 그의 뿌듯함이 가득하다. 주자는
허신許愼이 《설문說文》을 따라, 誾誾ee을 부드럽고 조용한 모습(和
悅而諍), 行行행행은 격앙된 모습(剛強), 侃侃간간은 강직한 모습으로
읽었고, 다산은 "誾誾을 단정한 모습(中正之貌), 行行은 격앙된 모습
(剛強之貌), 侃侃은 화기 있는 분위기(和樂之貌)로 읽었다. 혹시 우리
말의 '깐깐하다'가 '侃侃'에서 온 것은 아닐까? 주자의 '剛直강직'이라
는 해석과 함께 말이다. 나는 다산의 해석에 기운다.

> "朝 與下大夫言 侃侃如也 與上大夫言 誾誾如也. 君在 踧踖如也 與與如
> 也." (〈향당〉 2장)
> 조정에서 하대부下大夫와 더불어 말할 때는 강직하게 하고, 상대부上大夫와 더

불어 말할 때는 온화하게 하였다. 임금이 조회를 볼 때는 공경하여 마음을 편안히 하지 않고 조심하며 망설이는 모습을 취했다.

하급자를 대할 때 '강직하게'는 어울리지 않는다. 아무래도 부드럽고 화락한 분위기였을 것이 아닌가? 윗사람과 대면할 때는 흐트러지지 않는 공식적 자세(中正)가 적절해 보인다. 그리고 무엇보다 제자들 각자의 성격에 어울린다. 민자건은 원칙론자였고, 자로의 결기는 익숙하다. 염구는 재능(藝)이 많고 사교적이었으며, 자공은 세상 이치에 통달한(達) 사람이고 무엇보다 '언어'에 능숙했다. 이런 유형들은 늘 여유가 있고 누구를 만나도 자연스레 대화를 이끌어간다. 스승과의 자리에서도 필요 이상의 긴장을 하지 않을 인물들이다. 그래서도 '侃侃은 화기 있는 분위기(和樂之貌)'라는 다산의 생각이 적절해 보인다.

멋진 풍경 아닌가? 각기 다른 개성의 제자들에 둘러싸인 공자, 흐뭇함을 이기지 못하는 그의 모습이 떠오른다. "子樂자락"이라는 두 글자가 많은 이야기를 전해준다.

각자의 포부를 말하라고 했을 때, 자로는 역시 무인적 기상을 내비쳤다.

顔淵·季路侍. 子曰: "盍各言爾志?" 子路曰: "願車馬 衣輕裘 與朋友共 敝之而無憾." 顔淵曰: "願無伐善 無施勞." 子路曰: "願聞子之志." 子曰: "老者安之 朋友信之 少者懷之." (〈공야장〉 25장)

어느 날, 안회와 자로가 공자를 모시고 있었다. 공자가 말했다. "각자 품은 뜻을 말해보면 어떨까?" 자로가 나섰다. "수레와 말 그리고 가벼운 갑옷을 친구들과 같이 타고 입다가 낡고 부서져도 유감이 없기를 바랍니다."

안회가 말했다. "내 우월을 자랑하지 않고 내 공적을 과시하지 않도록 노력하렵니다." 자로가 말했다. "스승님의 뜻을 듣고 싶습니다." 공자가 말했다. "나이 든이가 편안해하고, 친구들은 믿으며, 젊은이들을 사랑하는 그런 사람이고 싶다."

자로는 여기서도 '무사적 동지의식'을 피력하고 있다. 화랑들의 기상이 이와 비슷했을 듯하다. 자세한 음미는 3부에서 하기로 한다.

子曰: "衣敝縕袍 與衣狐貉者立 而不恥者 其由也與. '不忮不求 何用不臧?'" 子路終身誦之. 子曰: "是道也 何足以臧?"(〈자한〉 26장)
공자가 말했다. "낡은 솜옷을 걸치고 여우 가죽옷을 입은 고관대작 옆에서도 절대 꿀리지 않는 사람은, 아무래도 자로이리라. (《시경》에서 말하듯) '시기하지도, 욕구하지도 않는다. 선하지 않은가?'" 자로는 늘 이 말을 외우고 다녔다. 공자가 말했다. "당연한 일(道)로 웬 자랑인가?"

그는 화려한 옷을 걸친 고관대작 앞에서도 전혀 주눅 들지 않는다. 두려워하지도, 시기하지도, 분발(?)해야겠다고 주먹을 쥐지도 않는다. 역시 '道의 기사도'답다.

스승이 자신을 칭찬하자 그게 너무 감격스럽고 자랑스러워, '不忮不求불기불구 何用不臧하용부장'이라는 시구를 늘 외고 다녔다. 공자는 자로가 자만하고 안주할까 싶어 그의 등을 떠밀고 있다. 주자는 말한다.

자로는 빈부에 흔들리지 않기에 道로 나아갈 수 있다. 그래서 공자가 칭찬한 것이다. '忮기'는 '해친다'는 뜻이고, '求구'는 '탐한다'는 뜻이며,

'臧장'은 '선하다'는 뜻이다. 즉 "능히 남을 해치지 않고 남의 것을 탐하지 않는다면, 어찌 선하지 않겠는가?"라고 말한 것이다. 이는《시경》〈위풍衛風·웅치雄雉〉의 시로, 공자가 이를 인용하여 자로를 칭찬했다. 여대림呂大臨이 말했다. "가난한 자가 부자와 사귀면, 강한 자는 반드시 (부자를) 해치고, 약한 자는 반드시 (부자의 것을) 탐한다."

공자의 핀잔은 자로가 자만해서 道로 나아가지 않을까 걱정되어서다. 사상채는 말한다. "나쁜 옷과 나쁜 음식을 부끄러워하는 것은 학자들의 큰 병통이다. 선한 마음이 있지 아니한 것이 대개 여기 연유한다. 자로의 뜻이 이러하므로 보통 사람보다 뛰어나다. 그러나 보통 사람이 이에 능하면 즉 선하다 할 수 있으나, 자로의 어짊(賢)은 여기 머물러서는 안 된다. 나날이 시구를 읊어대는 것은 자신을 일신日新해 나가는 길이 아니니, 그래서 (공자께서) 격려해서 나아가게 했다.

子路之志如此 則能不以貧富動其心 而可以進於道矣 故夫子稱之. 忮 害也. 求 貪也. 臧 善也. 言能不忮不求 則何爲不善乎? 此 衛風雄雉之詩 孔子引之 以美子路也. 呂氏曰: "貧與富交 强者必忮 弱者必求." 終身誦之 則自喜其能 而不復求進於道矣 故夫子復言此以警之. 謝氏曰: "恥惡衣惡食 學者之大病. 善心不存 蓋由於此. 子路之志如此 其過人遠矣. 然以衆人而能此 則可以爲善矣 子路之賢 宜不止此. 而終身誦之 則非所以進於日新也 故激而進之."

다산의 '不忮不求'에 대한 설명이 주자와 약간 다르다. 주자는 '忮'를 '해를 끼친다'고 했는데, 다산은 '시기·선망'으로 보았다.

이굉조李閎祖가 말했다. "忮는 남이 가진 것을 시기·질투하는 것이고, 求는 내가 가지지 못한 것을 부끄러워하는 것이다." 사람이 바라는 바 (人之所欲)는 부귀로 인한 즐거움(富貴逸樂)에 있어, 타인이 이를 가지면 즉 시기(忮之)하고, 내게 없으면 즉 갈망(求之)한다. 모든 악이 다 여기서 일어나니, 그래서 이 두 가지가 없으면 선하지 아니함(不善)이 어디 있겠느냐고 한 것이다. 그래서 공자께서 이를 인용하여 자로를 칭찬한 것이다. 終身종신은 '언제나 늘'이란 뜻. 不忮不求에 그치면 그건 악을 떨치는 것(去惡)일 뿐, 어찌 선함에 충분하겠는가?

李閎祖曰: "忮是疾人之有 求是恥己之無."【馬云: "忮 害也."】〔補曰〕人之所欲 在於富貴逸樂 人有是則忮之 我無是則求之 萬惡皆從此起 故曰非此二者 何用不善?【馬云: "臧 善也."】邢曰: "此〈邶風·雄雉〉之篇." 朱子曰: "孔子引之 以美子路."【案 立而不恥 是不忮不求】〔補曰〕終身 猶恒也.《孟子》云: "樂歲終身飽."】不忮不求 而止 則去惡而已【如無諂無驕 不如樂道好禮】故曰何足以臧?

자로의 자부가 눈에 보이는 듯하다. 스승의 인정을 받고 늘 그 시구를 외우고 다니는 낡은 솜옷을 입은 사나이의 모습이 그려진다. 다산의 해석은 정곡을 찔렀다.

다산의 표현을 빌리면, 그야말로 인간세의 모든 문제가, 모든 惡이 '마음'을 둘러싸고 일어난다. 시기와 탐욕, 인간사가 이 두 문제의 직간접적 변용이라고 말하면 지나칠 것인가?

가령 서양학자 판토하Diego de Pantoja의《칠극七克》〈평투平妬〉조에 나오는 이야기가 섬뜩하다. 시기하는 자가 하나 있었다.

왕이 두 사람을 불러 소원을 들어주겠다고 했다. 단, "나중 말하는 사람에게는 첫 사람의 두 배를 주마." 시기하는 자가 먼저 지목되었다. 잠깐 생각하다가 이렇게 주문했다. "내 눈 하나를 빼주십시오."

西土有兩人 一甚妬 一甚慳 俱聞於國. 國王賢者 設計以探其情 召謂之曰: "任爾所求 我皆聽爾 先請者予一 後請則倍." 兩人各遜居後 欲倍之也. 王命妬者先 妬者諦思曰: "願王鑿我一目."

'시기'라는 정신의 병폐, 정신의 악덕을 섬뜩하게 일러준다. 이 두 마음을 다스려 그만 무심할 수 있다면 인간사의 일을 거지반 마쳤다고 할 수 있지 않을까? 자로의 자부는 인정해주어야 하지 않을까?

이 구절은 자로의 '공부', 그 훈련과 경지를 잘 보여준다. 공자의 學은 여러 부면이 있지만, 이 같은 '성격'의 연마가 그 중심에 있는 것을 놓쳐서는 안 된다.

여기서 '세속적 부와 지위'를 대하는 공자의 사상을 정리해보자. 동서양의 철학·인문학이 거의 이 도전 위에 세워졌다. 《논어》에서 공자는 말한다.

子曰: "不曰'如之何如之何'者 吾末如之何也已矣." 〈위령공〉 15장)
"얼른 길을 찾아 나서야지! 이러고 살다 죽을 셈이냐?"

子曰: "君子食無求飽 居無求安 敏於事而慎於言 就有道而正焉 可謂好學也已." 〈학이〉 14장)
"부귀·쾌락은 영원의 가치가 아니다."

子曰: "貧而無怨難 富而無驕易." (〈헌문〉 11장)

"보통 사람은 이 중력을 거스르기 어렵다."

자로는 앞에서 보듯이,

子曰: "衣敝縕袍 與衣狐貉者立 而不恥者 其由也與! '不忮不求 何用不臧?'" 子路終身誦之 子曰: "是道也 何足以臧?" (〈자한〉 26장)

"나는 그딴 것에 시샘·질투하지 않아."

라고 했다. 자공은 정면 돌파를 택했다.

子貢曰: "貧而無諂 富而無驕 何如?" 子曰: "可也. 未若貧而樂 富而好禮者也." (〈학이〉 15장)

"저는 가난에 비굴하지 않았고, 당당히 일군 부에도 꼰대 갑질은 아니했습니다."

그런데 놀랍게도 안회는 가난 속에서 즐거워하여 모두를 무색하게 했다. 사회와 문명에 원망도 분노도 없었던 사람(不遷怒!), 그래서 공자의 '단 한 사람'이 되었다.

子曰: "賢哉回也! 一簞食 一瓢飲 在陋巷 人不堪其憂 回也不改其樂. 賢哉回也!" (〈옹야〉 9장)

"현명하구나, 안회는! 대그릇 밥 한 그릇과 표주박의 물 한 바가지로 달동네에 사는 것을 사람들은 그 근심을 감당하지 못하는데, 안회는 그 즐거움을 바꾸지 않으니. 현명하구나, 안회는!"

세 인물의 개성이 한눈에 잡힐 듯하다. 그런데 안회는 대체 무엇을 그 토록 즐거워했을까? 그것이 유가의 최대 화두였다. 공자는 말한다.

子曰: "富與貴 是人之所欲也 不以其道得之 不處也. 貧與賤 是人之所惡 也 不以其道得之 不去也." (〈이인里仁〉5장)
"세속적 열망은 자연스럽다. 그러나 그 추구에서 정당한 방법을 잊지 마라!"

子曰: "富而可求也 雖執鞭之士 吾亦爲之. 如不可求 從吾所好." (〈술이〉 11장)
"그렇더라도 부귀는 내가 '추구할 만한(可求)' 가치가 아니다. 나는 길(道)을 찾 는 사람, 그와 조우한다면, 당장 죽어도 여한이 없다."

그럼 이 道란 무엇인가? 로마의 황제 마르쿠스 아우렐리우스Marcus Aurelius는 대답한다.

The fruit of this life is good character, and acts for the common good.
(Marcus Aurelius, *Meditations*)

道는 '좋은 품성(good character)', 그리고 '공통의 선을 향한 행동(acts for the common good)'의 추구다. 그 성취를 위해 공자는 두 가지 길을 구 분하고 있다. 굳이 이름 붙이자면, '소극적 준비'와 '적극적 행동'이라 불릴 만한 것이다.

자로는 고관대작들 앞에서 주눅 들지 않는다. 시기·질투도 하지 않고, 탐욕의 의지를 불태우지도 않는다. 또 자공을 보라. 흙수저로 태어났지만, 세력가에게 빌붙거나 동냥 그릇을 내밀지 않았다 하지 않나? 그리고 당당히 부자가 되고서 교만을 떨거나 위세를 부리지 않았다는 것 아닌가? 이 둘은 쉽게 넘볼 수 없는 경지다. 특히 주자학이 이 '비어 있음'을 찬양해 마지않는다.

그러나 다산은 이들 '덕성'이 기초적 단계라고 말한다. 인간의 성장은 아직 더 먼 길을 가야 한다. 공자가 자로를 향해 "그게 뭐 대단하다고 그래?"라고 하는 것과 자공을 향해 "훌륭하지만 충분하지 않다"고 유보하는 것을 보라. '가난 속에서도 삶의 기쁨을 느끼고, 부유하면서도 공동체에 기여하는 삶'을 살라.

이렇게 보면 공자의 道는 크게 둘로 갈라진다. 소극적 준비와 적극적 기여, 정신의 평정과 사회적 기여로 구분할 수 있겠다. 특히 다산은 이 둘의 결합과 연장을 강조한다. 요컨대 만일 최고의 德이 사회성의 완성이라면, 그리고 웰빙이 오직 덕성에서 피어난다면, 개인이 행복과 사회적 책임이 일치한다.

다시 이야기를 계속하자. 강한 성격은 지기를 싫어하고 자신이 옳다고 우기는 경향이 있다. 공자는 자로의 직진에 제동을 건다.

子曰: "由! 誨女知之乎? 知之爲知之 不知爲不知 是知也." 〈위정〉 17장)
공자가 말했다. "자로야, 네게 안다는 것을 가르쳐줄까? 아는 것을 안다 하고 모르는 것을 모른다 하는 것, 이것이 바로 '아는 것'이다."

이 구절은 공자의 위트를 보여주는 유명한 구절이다. 주자는 자로의 무지를 일깨운 것이라고 썼다.

자로는 용맹함을 좋아해서 대개 모르는 것도 안다고 우기는 사람이다.
그래 공자께서 '안다는 것의 道(知之之道)'를 가르쳤다. 아는 것은 안다
고 하고 모르는 것은 모른다고 해야, 비록 다는 모르더라도 스스로 속
여 가림(自欺之蔽)이 없고 지식이 다치지 않는다. 모른다는 자각이 없
이는 진정한 지식으로 나아갈 수 없다.
子路好勇 蓋有强其所不知以爲知者. 故夫子告之曰: "我敎女以知
之之道乎! 但所知者則以爲知 所不知者則以爲不知 如此則雖或
不能盡知 而無自欺之蔽 亦不害其爲知矣. 況由此而求之 又有可
知之理乎?"

다산의 해석도 다르지 않다. 다산은 형병의 해석을 인용한다.

형병이 말했다. "자로의 성품이 강해서 즐겨 모르는 것을 아는 것으로
알기에, 그래서 이를 억제했다."
邢曰: "子路性剛 好以不知爲知 故此抑之."

그리고 순자를 인용한다.

공자가 말했다. "자로야, 기억해두어라. 내 네게 말해주마. 논쟁은 화려
한 수다를 부르고, 열정은 과시로 이어진다. 아는 척, 유능한 척하는 자
는 소인이다. 그래서 군자는 아는 것을 안다 하고, 모르는 것을 모른다
한다. 그것이 말의 법도다. 능한 것은 할 수 있다 하고, 못하는 것은 못

한다고 하는 것이 행동의 극치다."

〔引證〕《荀子·子道》篇 子曰: "由 志之. 吾告汝. 奮於言者華 奮於
行者伐. 夫色智而有能者小人也. 故君子知之曰知之 不知曰不知
言之要也. 能之曰能之 不能曰不能 行之至也."

자로가 달랐던 것은 그의 학습 의지다. 그는 스승의 가르침을 듣는 대
로 곧바로 행동에 옮기는 사람이었다.

子路問: "聞斯行諸?" 子曰: "有父兄在 如之何其聞斯行之?" 冉有問: "聞斯
行諸?" 子曰: "聞斯行之." 公西華曰: "由也問聞斯行諸 子曰: '有父兄在' 求
也問聞斯行諸 子曰: '聞斯行之'. 赤也惑 敢問." 子曰: "求也退 故進之 由也
兼人 故退之." (〈선진〉 21장)

자로가 물었다. "들으면 바로 행해야 합니까?" 공자가 말했다. "부형이 계신데
어찌 듣는 대로 바로 행하겠느냐?" 염구가 물었다. "들으면 바로 행하리이까?"
공자가 말했다. "들으면 바로 행해야지." 공서화가 말했다 "자로가 물었을 때는
부형이 계시다고 말리고, 염구가 물었을 때는 듣는 대로 행하라 하시니, 저는
헷갈립니다. (왜 그러셨는지를) 감히 묻습니다." 공자가 말했다. "염구는 소극적
(退)이라 떠밀었고, 자로는 남보다 앞서기에 잡아당긴 것이다."

공자가 제자들의 성격과 자질에 따라 전혀 다른 교육을 '맞춤형'으로
펼친 것을 알 수 있다. 고금의 위대한 스승들은 다 그러했다. 주자는
장경부의 말을 그대로 인용하고 있다.

옳은 바(義)를 들으면 마땅히 용감히 해야 한다. 부형이 계시면 즉 멋대

로 해서는 안 된다. 알리지도 않고 행하게 되면, 거꾸로 義를 상하게 된다. 자로는 한 가르침을 듣고 행동하기 전에 새 가르침이 주어질까 두려워한 사람이다. 염구의 품성은 유약하고 쉽게 위축되어 마땅히 해야 할 일을 주저할까 싶어 떠밀었다. 이처럼 성인은 하나는 떠밀고 하나는 끌어당겨, 과불급 없이 옳은 이치에 맞게 묶어두려고 했다.

曰: "聞義固當勇爲 然有父兄在 則有不可得而專者. 若不稟命而行 則反傷於義矣. 子路有聞 未之能行 唯恐有聞 則於所當爲 不患其 不能爲矣 特患爲之之意或過 而於所當稟命者有闕耳. 若冉求之 資稟失之弱 不患其不稟命也 患其於所當爲者逡巡畏縮 而爲之不 勇耳. 聖人一進之 一退之 所以約之於義理之中 而使之無過不及 之患也."

다산은 대체로 주자의 해석에 동조한다. 다만 聞義문의, 즉 '옳은 바를 듣는 것'을 '부모에게 효도하라' 등의 도덕규범에 한정하지 않고, 재난 구제 등 사회정치적 시책으로 확장했다. 여기서도 그의 실학자적·정치가적 면모가 뚜렷이 드러난다.

여기 대비되는 인물이 염구다. 공자의 주요 제자 가운데 가장 현실적인 유형이었다. 관직에 나가 봉사할 자세가 되어 있었고, 공자의 이상을 너무 고원하다고 생각하고 있었다. 염구는 어느 날 이렇게 고백한 적이 있다.

冉求曰: "非不說子之道 力不足也." 子曰: "力不足者 中道而廢. 今女畫."
《옹야》 10장
염구가 말했다. "스승님의 道를 좋아합니다마는, (제가 감당하기에는) 역부족입니다." 공자가 말했다. "힘이 부족하면 길을 가다가 쓰러지지만, 지금 너는 미리 선을 긋고 있지 않느냐?"

주자는 말한다.

힘이 부족한 자는 나아가고 싶은데 힘이 부치는 사람이고, 선을 그은 사람은 나아갈 수 있는데도 그럴 생각이 없는 사람이다. … 이 때문에 염구는 안회와 달리 나날이 퇴보했다. 그가 '행정 기술자'에 그친 까닭이 바로 여기 있다.

力不足者 欲進而不能. 畫者 能進而不欲 謂之畫者 如畫地以自限也. … 然使求說夫子之道 誠如口之說窈爹 則必將盡力以求之 何患力之不足哉? 畫而不進 則日退而已矣 此冉求之所以局於藝也.

다산은 여기 '中道而廢중도이폐'에 특별히 집중한다. 이 구절은 '중도에 그만둔다'가 아니라, 《중용》에서처럼 '길을 가다가 힘이 다해 쓰러진다(遵道而行 半塗而廢)'는 뜻이다.

요쌍봉饒雙峯은 "'중도이폐'란, 예를 들면 사람이 무거운 짐을 지고 먼 길을 가는데, 중도에 이르러 기운이 다하고 힘이 빠져 더 이상 갈 수 없어, 거기에서 바야흐로 짐을 내려놓는 것과 같다"고 했다.

논박하건대, 아니다. 짐을 내려놓는다는 것은 '멈추고 그만둔다(停廢)'는 것을 말한다. 이는 '廢폐'를 마치 '대공폐업大功廢業(大功에는 하는 일을 그만둔다)'이라고 할 때의 '廢'로 읽은 것이니, 이 또한 잘못되지 아니하였는가? '廢'는 마땅히 '형가荊軻가 廢하다'고 할 때의 '廢'의 뜻으로 읽어야 하니, 이 '廢'는 힘이 다하여 몸이 쓰러지는 것이다(《좌전》에 이르길, "주자邾子가 스스로 평상에서 뛰어내리려다가 화로의 숯불에 떨어졌다. '廢'는 쓰러지고 떨어지는 것을 이른다"고 했다). 어찌 가다가 그만두는 정행停行을 말하겠는가?

饒曰: "中道而廢者 如人擔重擔行遠路 行到中途 氣匱力竭 十分 去不得 方始放下." 〔駁曰〕 非也. 放下者 謂停廢也. 是讀之如大功 廢業之廢也 不亦謬乎? 廢當讀之如荊軻廢之廢 謂力盡而身頹也. 【《左傳》定三年 邾子自投於牀 廢於爐炭 廢 謂頹墮也】豈停行之 謂乎?

道의 책무는 그만큼 무겁고, 우리는 이 소명으로부터 벗어날 수 없다. 군자가 80의 나이에 죽는 것도 역시 半塗而廢반도이폐, 즉 힘이 다하고 기력이 쇠해 낡은 수레처럼 주저앉는 것이다. 목숨이 붙어 있는 한, 그는 이 길을 걷는다.

군자가 비록 여든의 고령에 죽는 것도, 이 또한 중도에서 쓰러지는 것이다. '반도이폐半塗而廢'란 힘이 다하고 기운이 다하여 몸이 스스로 쓰러져 죽는 것이다. 이는 죽음에 이르러도 그만두지 않는다는 지극한 말이다. 그 말이야말로 측달惻怛하고도 격렬한 것인데, 어찌 '廢'가 그만둔다는 뜻이겠는가?

君子雖八十而死 亦半塗而廢也. 半塗而廢者 力盡氣竭 身自崩頹 而死也. 此是至死不已之至言. 其言惻怛激烈 豈罷止之意乎?

위정자들은 누구의 성격을 좋아할까? 자로가 아니라 염구다. 윗사람의 의도를 미리 알고 사태를 잘 파악하여 일을 능숙하게 처리하는 사람.《논어》는 한마디로 "求也藝구야예"라고 했다. 나중 계강자가 아버지 계환자의 유언에도 공자를 부르지 않고 결국 염구를 불러 쓴 것을 보라.

자로의 정치적 포부

노나라에 돌아온 어느 날이었을 것이다. 계강자가 공자의 제자들이 쓸 만한지를 넌지시 공자에게 떠 보았다.

> 季康子問: "仲由可使從政也與?" 子曰: "由也果 於從政乎何有?" 曰: "賜也
> 可使從政也與?" 曰: "賜也達 於從政乎何有?" 曰: "求也 可使從政也與?"
> 曰: "求也藝 於從政乎何有?" (〈옹야〉 6장)
> 계강자가 물었다. "자로는 가히 종정從政할 만합니까?" "자로는 과단성(果)이
> 있으니 종정에 무슨 문제가 있겠습니까?" "자공은 가히 종정할 만합니까?" "자
> 공은 사리를 꿰고(達) 있으니 종정에 무슨 문제가 있겠습니까?" "염구는 가히 종
> 정할 만합니까?" "염구는 다재다능(藝)하니 종정에 무슨 문제가 있겠습니까?"

공자는 일종의 인사 추천 파일을 건네준 셈이다. 과단성의 자로는 군사나 재정에, 사리에 통달한 자공은 외교나 기획에, 다재한 염구는 행정 실무에 어울린다. 주자는 여기 덧붙인다.

이들만 아니라 제자들이 각자 재능을 갖고 있으므로, 그 장점을 잘 취

해 쓰면 될 것이다.

非惟三子 人各有所長 能取其長 皆可用也.

'從政종정'이 무엇인가? 주자가 '대부의 신분(從政 謂爲大夫)'에 초점을 맞추는 데 비해, 다산은 '벼슬하여 정무를 맡는 것(謂仕而行政也)'으로 읽었다. 그런데 종정은 위정과 또 어떻게 다른가?《고금주》의 스타일을 볼 수 있는 예라 소개해드리고자 한다

일본의 오규 소라이는 '위정자=大夫, 종정자=士'로 구분했고, 다자이 슌다이도 선배 오규의 편을 들었다. "춘추시대 제후국에서 위정자란 그 正卿정경(재상) 한 사람만 가리켰다."

다산은 여러 논거를 들며 이 주장을 부인하고 주자의 편을 들었다.

초나라의 광인 접여가 이르길, "오늘날의 종정자들은 위태롭구나!"라고 했고,《춘추전春秋傳》에는 "진晉나라의 종정자가 새로 임명되어 아직 그의 명령이 행해지지 않는다"고 했으며,《국어國語》〈진어晉語〉에는 조선자趙宣子가 "임금을 섬기면서 편을 가르면(偏黨), 내가 어떻게 종정할 수 있겠는가?"라고 하였다.

〔駁曰〕非也. 楚狂接輿曰: "今之從政者殆而."【見下篇】《春秋傳》曰: "晉之從政者新 未能行令."【宣十二】〈晉語〉趙宣子曰: "事君而黨 吾何以從政?"

이 '종정'의 용례들이 다 大夫의 政柄정병을 가리키고 있다는 것. "지금 꼭 주자의 말이라면 모두 반대하고 싶어, '위정자=大夫, 종정자=士'라고 가르는 것은 또한 심술병(心術之病)이 아니겠는가?"

자로는 재판 옥사에도 유능한 사람이었다. 그럼 벌써 재부·군사·재판 등 전혀 다른 세 영역에서 실력을 닦았다는 말이 아닌가?

孟武伯問: "子路仁乎?" 子曰: "不知也." 又問. 子曰: "由也 千乘之國 可使治其賦也 不知其仁也." "求也何如?" 子曰: "求也 千室之邑 百乘之家 可使爲之宰也 不知其仁也." "赤也何如?" 子曰: "赤也 束帶立於朝 可使與賓客言也 不知其仁也." (〈공야장〉 7장)

맹무백孟武伯이 물었다. "자로는 仁한가요?" 공자가 대답했다. "모르겠습니다." 다시 묻자 이렇게 말했다. "자로는 천승지국千乘之國에서 가히 그 군사(賦)를 다스릴 만합니다만, 그가 仁한지는 모르겠습니다." "염구는 어떻습니까?" "염구는 천실지읍千室之邑 백승지가百乘之家에 가히 우두머리(宰)를 시킬 만하지만, 그가 仁한지는 모르겠습니다." "공서화는 어떻습니까?" "큰 띠를 매고 조정에 서서 가히 빈객賓客과 더불어 말할 만하지만, 그가 仁한지는 모르겠습니다."

맹무백은 맹의자의 아들 중손체仲孫彘로, 공자에게 孝를 물었던 적이 있다. 그런데 왜 제자들의 仁을 물었을까? 누가 공자가 생각하는 이상적 인간으로 성장했을까 궁금했던 듯하다. 여기서 주자는 자로를 평한다.

자로의 仁은 며칠 혹은 한 달에 한 번 도달할까 말까다. 따질 깜냥이 안 되어 공자가 모른다 했다.

子路之於仁 蓋日月至焉者 或在或亡 不能必其有無. 故以不知告之.[2]

주자는 자로의 전문인 賦부를 두고 재부보다 兵병을 가리킨다고 썼다. "예전에는 전부田賦(토지에 부과하던 조세)로 출병했기에, 兵을 賦라고 말했다." 즉 주자는 지금 자로의 '재정적' 능력을 '군사적' 능력으로 치환해 놓았다. 왜 그랬을까? 무인형 자로를 의식해서일 것이다. 재정적 능력은 군사적 단순함(?)과는 달리, 더욱 섬세하고 복잡한 방정식에 유능해야 한다. 다산은 여기 賦가 '재정'임을 분명히 한다.

《주례》에 "구부九賦로 재화를 징수한다"는 용례가 있다(〈천관天官·총재 冢宰〉 편의 글이다. 나라 안의 사교四郊·관시關市·산택山澤·폐여幣餘 등의 부세를 포함한다). 물론 여기 田賦에서 兵을 낸다. 邑은 공읍公邑, 家는 경대부卿大夫의 집을 말하는데, 그 田賦가 병거兵車 백승百乘을 낼 규모다. 읍재邑宰·가재家宰는 모두 주제主制의 이름이다.

〔補曰〕賦 《周禮》所謂以九賦斂財賄者也.【〈冢宰〉文也. 若邦中· 四郊·關市·山澤·幣餘之類. 鄭云: "口率出泉也."】又田賦出兵. 【襄八年《左傳》云: "悉索敝賦."】邑 公邑也.【如中都·武城之類】 家 卿大夫之家 其田賦出車百乘者也. 邑宰·家宰 皆主制之名.

자로는 천승의 나라와 그 재정을 감당할 인물이라는 것을 기억해 두자.

---

2   日月至焉의 용례는 〈옹야〉 편 5장에 나온다. 子曰: "回也 其心三月不違仁 其餘則日月至焉 而已矣." 주자는 이를 '며칠에 한 번 혹은 한 달에 한 번'으로 읽었다. 이 해석은 너무 야박하지 않은가? 안회는 3개월간 仁을 유지했는데, 나머지는 근처에도 못 갔다는 말이⋯. 다산은 자로나 자공 등 다른 제자들도 "며칠 혹은 한 달 정도 유지했다"가 옳다고 했다.

子曰: "片言可以折獄者 其由也與." 子路無宿諾. 〈안연〉 12장)

공자가 말했다. "말이 끝나기도 전에 송사를 판단할 수 있는 사람, 그는 자로다." 자로는 약속을 묵히는 법이 없었다.

위는 주자의 해석에 따른 번역이다. 논란이 되는 구절은 둘이다.

(1) 片言

주자는 片言 편언을 半言 반언이라고 해석했다. 반언은 '토막말'을 뜻한다. 자로는 장황한 사설 없이 곧바로 옥사를 판결했다?

> 자로가 성실(忠信)과 판단력(明決)으로 말을 시작하면, 사람들이 믿고 복종(信服)하여 굳이 그 말이 끝나기를 기다리지 않아도 되었다.
> 子路忠信明決 故言出而人信服之 不待其辭之畢也.

즉 말이 끝나기도 전에 판결 내용을 사람들(원고와 피고)이 믿어버린다는 뜻이다(박성규 역주, 《논어집주》, 490쪽 참고). 자로에 대한 신뢰가 이 정도였다. 그러면서 윤화정 尹和靖(윤돈)의 말을 인용했다. 《춘추좌씨전 春秋左氏傳》에도 이 일화가 나온다.

> 윤화정이 말했다. "소주 小邾의 역 射이 구역 句繹의 땅으로 바삐 도망 와서 말하길, '자로가 약속을 해준다면 다른 맹약은 필요 없소.' 천승지국의 맹약을 믿지 않고 자로의 말 한마디를 믿었던 것으로 보아, 자로가 사람들로부터 받은 신뢰를 가히 알 수 있다. 한마디 말로 송사를 판결하는 것은, 신뢰가 말하기 이전에 있어서 사람들이 절로 믿었기 때문

이다."

尹氏曰: "小邾射以句繹來奔 曰'使季路要我 吾無盟矣.' 千乘之國
不信其盟 而信子路之一言 其見信於人 可知矣. 一言而折獄者 信
在言前 人自信之故也 不留諾 所以全其信也."

그런데 다산의 생각은 전혀 다르다. 그는 片言을 '한쪽 편'이라고 읽
었다. 송사는 양쪽 편의 말을 다 들어보아야 한다. 부엌의 며느리와
안방의 시어머니 소리를 다 들어보아야 허실·시비를 가릴 수 있지
않은가? 그런데 자로만은 '한쪽 편'의 말을 듣고도 그 허실을 간파하
고 판결을 내릴 수 있었다는 것이다. 다산의 주석을 읽어보자. 공안국
의 설을 인용했다.

공안국이 말했다. "片은 偏편과 같다. 옥사를 처리함(聽獄)에는 양쪽의
말(兩辭)을 듣고 시비를 정하는 것이 필수인데, 偏信으로 一言으로 형
을 처결(折獄)하는 사람은 오직 자로라야 가능하다."

孔曰: "片 猶偏也. 聽獄必須兩辭以定是非 偏信一言以折獄者 唯
子路可也."

주자는 자로의 솔직하고 직선적인 성격에 방점을 두었고, 다산은 그
의 예리한 안목과 판단력을 특필하고 있다. 두 해석의 차이는 미묘하
지만 중대하다.

(2) 無宿諾

주자는 無宿諾무숙낙을 자로가 "약속을 묵히거나 질질 끌지 않았다"라

고 해석했고, 다산은 여기 宿은 '묵히다(留)'의 뜻이 아니라 '미리(豫)'라는 뜻이라고 반론했다. 다산은 이런 예를 들고 있다.

《주례》〈춘관春官·종백宗伯〉에 '세부世婦(천자를 모시던, 빈 아래의 후궁)는 여궁女宮의 숙계宿戒를 관장한다'고 했는데, 정주鄭注는 "숙계란 일에 처하기 전에 '예고하는 것(豫告之)'이라고 했다. 宿이 豫예의 의미라는 것에는 근거가 있다. 또 사람의 실천에는 본시 기회라는 것이 있으니, 급히 행동에 옮기려고 해도 때가 이르지 못하면 행동에 옮길 수 없다. 가령 계씨가 자로에게 청하기를, "내년에 그대가 비재費宰가 되어주시오" 했을 때 자로가 승낙하면, 부득불 내년까지 기다려야 비로소 그 말을 실천할 수 있다. 1년의 기간에는 그 사세가 無宿諾이 불가능한 것이다. 세간에는 이런 일들이 많다. 어찌 無宿諾할 수 있겠는가? 가령 계씨가 자로에게 청하여 "내년에 그대가 비재가 되어주시오" 했을 때 자로가 사양하여 말하길, "내년의 일을 어찌 예정하리오. 감히 허락할 수 없습니다" 하면, 이것이 바로 無宿諾이 아니겠는가?"
〔案〕《周禮·春官》'世婦掌女宮之宿戒' 鄭注云: "宿戒 當給事 謂豫告之也." 宿之爲豫 其有據矣. 且人之踐言 本有期會 雖欲急踐 期未至則不可踐也. 假使季氏請子路曰: "來年子爲費宰." 子路諾之則不得不留待來年 始踐其言. 一年之間 其勢不能無宿諾. 世間事如是者多. 何得無宿諾? 假使季氏請子路曰: "來年子爲費宰." 子路辭曰: "來年之事 何以豫定? 不敢許也." 此豈非無宿諾乎? 舊說不可易.

여기서도 다산은 앞에서처럼, "舊說不可易구설불가역"이라고 명토를 박았다. 그러면서도 주자를 위한 변명을 잊지 않았다.

미리 약속하지 않으면 자연히 허락을 미루는 일이 없을 터이니, 이런
점에서 보면 宿을 留로 읽어도 안 될 것은 없다.
【不豫諾 則自然無所諾之宿留者. 以此言之 雖訓宿爲留 未爲不
可.】

요컨대 다산의 해석에 따르면, 위 챕터는 이렇게 번역된다.

공자가 말했다. "한쪽 편의 말만 듣고도 송사를 판단할 수 있는 사람, 그는 자로
일 것이다. (그리고) 자로는 미리 (섣불리) 약속하지 않았다.

공자의 '찬탄'이 역력하다. 자로는 어리숙한 사람이 아니라 그야말로
명단明斷의 판단력을 갖고 있어, 송사나 옥사에서 한쪽 편의 말만으
로도 그 허실을 간파할 수 있는 사람이었다. 그는 또 지키지 못할 약
속을 남발하거나, 나중 어찌 될지 모르는 일을 '미리 약속'하지 않는
독신篤信의 원칙을 고수했다.
　　그런 인물이었기에, 가령 앞의 소주 역의 경우처럼, 자신의 봉토를
들고 옴에 제후와의 맹약은 필요 없고, 다만 자로와의 '약속'만 있으
면 된다는 자못 황당해(?) 보이는 요구를 내걸기도 했다. 물론 자로는
이 제안을 거절했다. '불충한 사람'이라고 생각해서다. "그의 잘못을
승인해주는 일은 할 수 없다."
　　자로의 포부를 들어보자. 주석은 상세하고, 점검할 논점은 여럿이다.

子謂顔淵曰: "用之則行 舍之則藏 唯我與爾有是夫!" 子路曰: "子行三軍 則誰與?" 子曰: "暴虎馮河 死而無悔者 吾不與也. 必也臨事而懼 好謀而成 者也." (《술이》 10장)

공자가 안회에게 말했다. "발탁이 되면 (적극) 포부를 실현하고, 내버린다면 (운 명이라 그 뜻을) 가슴에 묻어두는 것, 이건 나나 네가 할 수 있겠지." 자로가 (벌컥) 나섰다. "스승님이 3군, 대규모 군대를 동원한다면 누구랑 지휘하겠습니까?" 공자가 말했다. "맨손으로 호랑이를 때려잡고 배도 없이 거친 황하를 건너려는 사람, 그렇게 죽어도 그만이라는 사람과는 같이하지 않으련다. 반드시 일 앞에 서 두려워하고 치밀한 계획으로 성공을 도모하는 사람과 같이하련다."

주자의 해석부터 보자.

쓰이고 버려지는 것은 나를 떠나 있고, 참여와 칩거는 상황의 수용이 다. 운명을 굳이 논할 것이 없다. 안회는 성인에 가까이 갔기에 능히 이 렇게 할 수 있었다.
尹氏曰: "用舍無與於己 行藏安於所遇. 命不足道也. 顔子幾於聖 人. 故亦能之."

1군은 12,500명이고, 대국은 3군을 둔다. 자로는 공자가 안회만 추켜 세우는 것을 보고 자신의 용맹을 자부하여, 공자가 군사를 움직일 때에 는 자신과 함께하리라고 생각했다.
萬二千五百人爲軍 大國三軍. 子路見孔子獨美顔淵 自負其勇 意 夫子若行三軍 必與己同.

暴虎포호는 '맨손으로 때려잡기(徒搏)'를 뜻하고, 馮河빙하는 '맨몸으로 건너기(徒涉)'를 뜻한다. 두려움(懼)이란 일을 삼가 처리하는 것을 가리킨다. 成성은 그 계책을 완성시키는 것. 공자는 그 용기를 억눌러 가르치고자 했다. 군사를 움직이는 일반적 교훈도 이 안에 있다. 자로는 이를 잘 몰랐다.

暴虎 徒搏. 馮河 徒涉. 懼 謂敬其事. 成 謂成其謀. 言此皆以抑其勇而敎之. 然行師之要實不外此. 子路蓋不知也.

주자는 사상채의 말을 인용한다.

사상채가 말했다. "성인의 참여와 은둔은 의도나 기필이 아니다. 그 참여는 지위를 탐하는 것이 아니고, 그 은둔은 홀로 선하고자 하는 것이 아니다. 만약 욕심이 있다면, 부르지 않는데 군이 나서고, 떠나면서도 미련을 버리지 못한다. 그래서 (공자가) 이는 오직 안회만이 할 수 있다고 했다. 자로는 비록 욕심이 있는 사람은 아니었지만, '기필코(固必)'를 버릴 수 없었다. 3군을 거느리는 물음에 이르러서는 그 논의가 더욱 졸렬하다. 공자의 말씀은 그 '실책'을 바로잡은 것이다. 무릇 도모하지 않으면 이룰 수 없고 조심하지 않으면 반드시 패하는 것은 작은 일도 그러하거늘, 하물며 3군을 거느림이야?"

謝氏曰: "聖人於行藏之間 無意無必. 其行非貪位 其藏非獨善也. 若有欲心 則不用而求行 舍之而不藏矣. 是以惟顏子爲可以與於此. 子路雖非有欲心者 然未能無固必也. 至以行三軍爲問 則其論益卑矣. 夫子之言 蓋因其失而救之. 夫不謀無成 不懼必敗 小事尚然 而況於行三軍乎?"

다산의 해석도 주자와 거의 같다. "用之則行용지즉행 舍之則藏사지즉장" 이 고어古語, 즉 격언이라면서 짧은 평어 하나를 보탰다.

> 발탁하는데도 나가지 않으면 '제 한 몸 위해 도리를 저버리는 자(潔身 亂倫者)'이고, 원치 않는데도 나서는 것은 '부끄러움 없이 녹을 노리는 자(無恥干祿者)'다.
> 用之而不行 則潔身亂倫者也. 舍之而不藏 則無恥干祿者也.

사대부는 이름 그대로 지식인 관료들이다. 기회가 와서 등용되었을 때는 나아가야 한다. 그렇지 않으면 제 몸 하나 챙기겠다는 무책임이라 할 것이고, 쓰지도 않는데 나가겠다고 우기는 것은 벼슬이나 봉록을 엿보는 모리배일 뿐이다.

이처럼 등용 여부에 연연해하지 않는 내공을 안회에게만 허용했으니, 자로가 발끈하고 나선 것은 가히 짐작할 수 있는 일이다. 그는 '군사'를 끌고 나왔다.

우리가 보았듯이, 안회는 수도사형이라 그의 정치적 재능이나 분야가 어디인지를 알 수 없다. 아마 제자들도 안회를 그런 조용한 샌님으로 보았을 듯하다. 그러나 모를 일이다. 그는 자신을 '내세우지' 않는 사람이라, 그가 배운 실무적 지식과 기술을 그야말로 '자랑하지' 않아서인지도 모른다. 어쨌거나 자로는 샌님 안회를 군사軍事로 겁박 (?)하고 나섰다. "삶과 죽음, 대군을 움직일 때 안회같은 샌님이 어떻게 감당하겠습니까? 당연히 저이지요." 공자는 자로의 저돌적 무모함를 경계하고는 있지만, "자로, 너는 안되겠다"는 박절한 언사는 결코 하지 않는다.

하여튼 우리는 적어도 자로가 두 가지 현실적 부문에 재능을 가졌음을 확인하게 되었다. 재부와 군사가 그것이다. 다시 한번 짚어두지만, 자로는 공자학단에서 가장 나이가 많았고(공자와 9살 차이), 공자의 신임이 두터웠으며, 그를 위해 목숨을 바칠 각오도 되어 있는 사람임을 기억하자. '문학文學'이라 불리는 고전 문헌을 읽고 행실을 닦는 데 골몰하는 어린 제자들, 더구나 공자와 천하를 주유하며 다져진 유대감도 없이 나중 노나라로 귀향해서 비로소 배우기 시작한 젊고 어린 제자들이 놀리고 무시할 만한 재목이 아닌 것이다. 다산은 그 점을 기회가 있을 때마다 상기시킨다.

공자는 제자들과 함께한 자리에서 각자의 '포부'를 물어본 적이 있다. 자로의 포부를 들어보자.

子路·曾晳·冉有·公西華侍坐. 子曰: "以吾一日長乎爾 毋吾以也. 居則曰: '不吾知也!' 如或知爾 則何以哉?" 子路率爾而對曰: "千乘之國 攝乎大國之間 加之以師旅 因之以饑饉 由也爲之 比及三年 可使有勇 且知方也." 夫子哂之. "求! 爾何如?" 對曰: "方六七十 如五六十 求也爲之 比及三年 可使足民. 如其禮樂 以俟君子." "赤! 爾何如?" 對曰: "非曰能之 願學焉. 宗廟之事 如會同 端章甫 願爲小相焉." "點! 爾何如?" 鼓瑟希 鏗爾 舍瑟而作. 對曰: "異乎三子者之撰." 子曰: "何傷乎? 亦各言其志也." 曰: "莫春者 春服旣成. 冠者五六人 童子六七人 浴乎沂 風乎舞雩 詠而歸." 夫子喟然歎曰: "吾與點也!" 三子者出 曾晳後. 曾晳曰: "夫三子者之言何如?" 子曰: "亦各言其志也已矣." 曰: "夫子何哂由也?" 曰: "爲國以禮 其言不讓 是故哂之." "唯求則非邦也與?" "安見方六七十 如五六十而非邦也者?" "唯赤則非邦也與?" "宗廟會同 非諸侯而何? 赤也爲之小 孰能爲之大?" (〈선진〉 25장)

자로·증점·염구·공서화가 공자를 모시고 있었다. 공자가 말했다. "내가 너희보다 조금 나이가 많다고 해서 신경 쓰지 말고, 어떠냐? 평소 '나를 알아주지 않는다'고들 읊어대지 않았느냐? 혹시 알아주는 사람이 있다면 무엇을 하려느냐?"

자로가 불쑥 나서서 대답했다. "천승지국이 대국들 사이에 끼어 전쟁에 휘말리고 그 때문에 기근에 고통받을 때, 제가 나선다면 3년 만에 그들을 용감하게 만들고 나아갈 바를 알게 하겠습니다." 공자가 빙긋 웃었다.

"염구야, 너는 어떠냐?" "사방 60-70리 혹은 50-60리 정도를 제가 맡는다면, 3년 만에 백성들을 풍족하게 해줄 수 있습니다. 예악 같은 것은 다른 군자를 기다리고요."

"공서화야, 너는 어떠냐?" "제가 자부하는 것은 아니고 배우고 싶은 것인데요. 종묘의 일이나 제후들의 회동 그리고 예복과 모자를 쓰고 그들을 위해 작은 보조역을 하고 싶습니다."

"증점아, 너는 어떠냐?" 거문고를 잠시 멈추고 퉁긴 다음 한쪽에 치우더니, 증점이 일어나 말했다. "앞의 세 사람과는 좀 다른데요." "뭐 어떠냐? 각자 자기 생각을 말하는 것인데." "늦은 봄에 봄옷을 갖추어 입고 젊은이 5-6인, 어린이 6-7인과 기수에서 목욕하고 무우에서 바람 쐰 다음, 노래하며 돌아오는 것입니다." 공자가 탄식하며 말했다. "나도 증점과 같은 생각이다."

세 사람이 나간 다음 증점이 남았다. "세 사람의 포부가 어떻습니까?" "각자 자신의 생각을 말하지 않았느냐?" "자로의 말에는 왜 웃으셨습니까?" "나라를 다스리는 일은 禮로써 하는데, 그 말에 겸양이 없어서 웃었다네." "거기 염구는 국정(邦)을 말하지 않은 셈인가요?" "사방 60-70리 혹은 50-60리가 나라가 아니면 무엇인가?" "공서화는 국정(邦)을 말한 게 아닌가요?" "종묘와 회동이 제후의 일이 아니면 무엇인가? 공서화의 일이 작다 하면 누가 큰일을 한다 하겠나?"

제자들의 포부를 묻는, 《논어》 안에 흐뭇한 장면 가운데 하나다. 역시 자로가 가장 먼저 나섰다.

위 번역은 주자의 주석에 입각한 것이다. 몇 군데 해석을 살펴보자.

자로: 師사는 2,500명, 旅여는 500명의 군사가 된다. … 곡식이 익지 않은 것을 饑기, 채소가 익지 않은 것을 饉근이라 한다. 자로가 말한 方은 방향, '義를 향해 나아가겠다'는 뜻. 즉 '백성이 義를 향하면, 윗사람에게 친히 하고 어른을 위해 능히 죽을 것이다.'
二千五百人爲師 五百人爲旅. … 穀不熟曰'饑'. 菜不熟曰'饉'. 方向也. 謂向義也. 民向義 則能親其上 死其長矣.

염구: 50-60리는 소국小國을 가리킨다. 백성을 풍족하게 해줄 자신은 있는데, 예악은 다른 사람에게 미루었다. 이것이 염구의 겸양을 보여준다.
方六七十里 小國也. 足 富足也. 俟君子 言非己所能. 冉有謙退 又以子路見哂 故其辭益遜.

공서화: 더욱 겸손해서 '배우고 싶다'는 쪽으로 가닥을 잡았다.
公西華志於禮樂之事 嫌以君子自居. 故將言己志而先爲遜辭 言未能而願學也.

증점: 기수는 노나라 성 남쪽에 있고 온천이 있다 한다. 무우는 기우제

를 지내는 곳.

沂 水名 在魯城南 地志以爲有溫泉焉 理或然也. 風 乘涼也. 舞雩
祭天禱雨之處 有壇墠樹木也.

그런데 왜 공자는 열정에 불타는 '道의 기사도들'을 제치고, 봄날 소
풍을 즐기겠다는 증점의 손을 들어주었을까? 이 구절은 오랫동안 주
석자들을 곤혹스럽게 했다.

주자의 설명에 유의해보자. 주자학의 '자연주의적' 특질을 극명하
게 읽을 수 있다. 그리고 왜 그토록 다산이 주자학에 비판적 스탠스를
취했는지도 아울러 납득할 수 있을 것이다.

증점의 학문은 人欲이 다한 곳에 天理의 유행流行이 가는 곳마다 충
만하고(隨處充滿) 조금치의 결여도 없는 것(無少欠闕)을 엿보았던 것
같다. 그래서 그 움직임과 정지 사이(動靜之際)가 자연스럽고 무리가
없었다(從容如此), 그 언지言志 또한 자신이 선 자리를 떠나지 않고 일
상사(日用之常)를 즐겨, 애초 '나를 버리고 남을 위하는 뜻(舍己爲人之
意)'이 없이 그 흥회가 느긋(悠然)해서 곧바로 천지만물과 더불어 위아
래로 함께 흘러서 '각각 자신의 자리를 얻은 신묘(各得其所之妙)'가 은
연중 저절로 밖으로 드러났다. (앞의) 세 사람이 '말단의 업무(事爲之
末)' 추구에 급급한 것과 그 기상이 전혀 다르다. 그래서 공자가 탄식하
여 깊이 허여한 것이다. 門人들이 그 본말을 유독 상세히 기록한 것은
이를 알았기에 그리했던 것이다.

曾點之學 蓋有以見夫人欲盡處 天理流行 隨處充滿 無少欠闕. 故
其動靜之際 從容如此. 而其言志 則又不過即其所居之位 樂其日

用之常 初無舍己爲人之意. 而其胸次悠然 直與天地萬物上下同
流 各得其所之妙 隱然自見於言外. 視三子之規規於事爲之末者
其氣象不侔矣. 故夫子歎息而深許之. 而門人記其本末獨加詳焉
蓋亦有以識此矣.

《논어혹문論語或問》에서 주자는 위의 뜻을 더 부연해주고 있다.

"무슨 근거로 곧장 천지만물이 저마다 합당한 자리를 얻는 경지라고
말하십니까?" "늦봄의 날씨는 만물이 화창한 시절이다. 봄옷을 갖춰 입
고 몸이 아주 편안한 시절에 어른 대여섯이 아이 예닐곱과 장유유서
화합하며, 노나라의 명승지인 기수와 무우에서 목욕하고 바람을 쐬며
노래하고 돌아오니, 저마다 즐거움으로 흡족하다. 처한 지위를 보자면
그 즐거움이 일신에 그치는 것 같지만, 그 마음으로 논하자면 본디 왕
성한 우주 생육의 심성이고 성인이 절기에 맞게 만물을 양육하는 일이
다. 그러니 어찌 물아物我와 안팎의 구분이 있겠는가? 정자께서 성인
의 뜻과 같다고 여기셨는데, '요순의 기상'이란 바로 이런 것이다." (박
성규 역주,《논어집주》, 455쪽)

독자들도 의아할 것이다. 有道한 세상을 만들겠다고 천하를 유랑한
공자와 그 일행이 한가한 소풍을 즐기고 있다? 유가의 도덕적 열정은
어디 가고, 노장 풍의 자연 찬가가 울려 퍼진단 말인가? 주자는 이 지
점을 자신의 새로운 사유의 주축에 세웠다.
　주자는 "천지와 더불어 유행하기"를 예찬한다. 인간은 그 우주적
무도에 동참하고, 자기 속의 생명을 발양하는 자발성(自然)을 최고 이

상으로 내세웠다. 여기 개인과 전체는 유기적으로 협력하고(理一分殊), 인간을 그토록 괴롭히고 인간사의 혼란을 야기했던 '너와 나 사이의 단절'이 치유된다(天人合一).

이렇게 유교의 이상이 주자학을 만나, 사회적 관계에서 자연에의 동참으로 일대 전회를 하게 된 것이다. 그 전회의 기축을 대표적으로 주자 고심의 에세이 〈인설仁說〉에서 만날 수 있다. 퇴계의 《성학십도》 제7도가 이것이고, 이를 바탕으로 제8도 〈심학心學〉, 제9도 〈경재잠敬齋箴〉, 제10도 〈숙흥야매잠〉의 '훈련'이 근거를 얻는다.

주자는 《집주》에서 다시금 정자의 말을 인용한다.

정자가 또 말했다. "공자가 왜 증점의 손을 들어주었나? 성인들의 뜻과 같았기 때문이니, 이것이 요순의 기상이다. 진실로 세 사람의 포부와는 달랐다. 그러나 그의 행실이 말을 감당하지 못했다. 그래서 '狂'이라 부른다. 자로 등의 소견은 작다(小). 자로는 다만 '나라를 다스리는 일은 禮로써 한다'는 도리를 몰랐기에 (공자께서) 빙그레 웃으신 것이다."
또 말하기를, "세 사람이 모두 나라를 얻어 다스리기(得國而治之)를 원했는데, 공자가 이를 취하지 않았다. 증점은 狂者다. 성인의 일을 능히 감당하지 못했지만 공자의 뜻을 알 수 있어서, 기수에서 목욕하고 무우에서 바람 쐬고 노래하며 돌아오겠다고 했다. '즐겁게 자신의 자리를 얻었다(樂而得其所)'는 말이다. 공자의 뜻은 '나이 든 사람을 편안하게 해주고 친구를 믿어주고 어린 사람은 품어주는 것(老者安之 朋友信之 少者懷之)'에 있어, 만물로 하여금 각각의 본성을 완수하도록 하는 것이었다(使萬物莫不遂其性). 증점이 이를 알았기에 공자가 위연喟然히 탄식하며 '나는 증점을 허여한다'고 했던 것이다."

又曰："孔子與點 蓋與聖人之志同 便是堯·舜氣象也. 誠異三子者
之撰 特行有不掩焉耳. 此所謂狂也. 子路等所見者小 子路只爲不
達爲國以禮道理. 是以哂之." 又曰："三子皆欲得國而治之. 故夫子
不取. 曾點 狂者也. 未必能爲聖人之事 而能知夫子之志. 故曰：'浴
乎沂 風乎舞雩 詠而歸.'言樂而得其所也. 孔子之志 在於'老者安
之 朋友信之 少者懷之'使萬物莫不遂其性. 曾點知之. 故孔子喟
然歎, 曰：'吾與點也.'"

정자와 주자의 주석을 정리하면 다음과 같다.

① 자로 등의 포부가 잘못은 아니다. 실제 행정(實事)을 감당하겠다는
　열의가 가상하지 않은가(夫子許之)?

② 이는 후세 학자들이 '지상에 발을 붙이고도 뜬구름을 잡으며 마음
　을 千里 밖에 노니는(後之學者好高 如人游心千里之外 然自身卻只在
　此)' 것에 비해 훌륭하다.

③ 그런데 자로 등의 포부는 작았고, 더구나 나라를 禮로 다스려야
　한다는 도리도 몰랐다.

④ 공자의 뜻을 읽고 진정 道를 깨달은 사람은 증점과 칠조개였다.

⑤ 어째서? 그들은 '남을 위해서가 아니라 진정 자신을 위해서(初無舍
　己爲人之意)' '즐겁게 자신의 자리를 확보한(樂而得其所)' 사람들이
　었기 때문이다.

⑥ 이 태도가 공자의 포부인 '나이 든 사람을 편안하게 해주고 친구
　를 믿어주고 어린 사람은 품어주는 것'과 궤를 같이한다.

독자들은 마지막 구절이 잘 납득되지 않을 듯하다. 증점은 지금 남을 돌보지(爲人) 않고 자신의 실존적 요구(爲己)에 충실하겠다는 '개인주의자'의 뜻을 표명하고 있지 않은가? 어떻게 공자의 정치적 이상인 '나이 든 사람을 편안하게 해주고 친구를 믿어주고 어린 사람은 품어주는 것'과 궤를 같이한다고 하는가?

주자의 논리는 이렇다. 공자의 원대한 포부 또한 '만물로 하여금 각각의 본성을 완수하도록 하는 것(使萬物莫不遂其性)'이 아닌가? 각자의 위상(天地位焉)에서 자신의 생명(萬物育焉)을 온전히 발양한다는 점에서 인간세와 자연계는 다르지 않다. 인문적 가치의 최고 이념은 자연에 있다. 주자는 한 걸음 더 나아간다.

⑦ '사물들이 각각 제 자신의 자리를 찾게 하는 것', 이것은 자연을 주재하는 天理의 활동이다.

본시 天理는 자발적이고 완전했다. 기질(氣質)이라 불리는 유전적 제약에 감각적 욕망이 가세해 평화와 질서를 교란시켰다. 불순한 정념을 정화해 나가면(淨盡), 우리 안의 '본래 선한 본성'이 기지개를 켜고 전체를 향한 자발적 협력이 회복될 것이다. 이를 '天理의 유행'이라 일컫는다. 여기서 더 이상의 인위적 노력은 필요없다. 도덕은 그런 점에서 자연의 회복으로 인식된다(復其初). 이 발상은 주자학이 새로 '창안한' 것이다. 그래서 '새로운 유교'라 부른다.

위의 설명을 잘 음미하고 꼭 마음에 새겨두시기 바란다. 이 '위기지학'의 기획에 도전해볼 사람이 없을까? 1558년, 계상으로 찾아온 율곡에게 퇴계는 이렇게 탄식했다.

세상에 영재와 절식絶識(뛰어난 식견을 가진 자)이 얼마나 많은가? 그러나 다들 과거에 목을 매고, 급제한 이후에는 관직과 녹봉에만 골몰할 뿐이다. 혹 예외적으로 道學, 즉 '삶의 길'에 관심이 있다 해도 용기 있게 이 길로 나서지 못한다. 이게 세상의 도도한 물결이다.

顧嘗以是觀於一時之人 其英材絶識 未可一二數. 未達則奪於科目 已達則沒於利害. 縱或有意 而不能勇爲者滔滔也. (퇴계, 〈답이숙헌答李叔獻〉)

그는 이렇게도 탄식한다.

세상에 인재가 어디 한정이 있겠습니까만, 도무지 '옛 학문(古學)'을 하려 하지 않습니다. 도도히 다 그래요. 이 세상의 흐름(流俗)에서 발을 뺀 사람이 간혹 있기는 한데, 실력이 안 되거나 너무 늦게 찾아옵니다.

世間英才何限 只爲不肯存心於古學 滔滔盡然. 其有自拔於流俗者 或才不逮 或年已晚. (율곡, 〈쇄언瑣言〉)

지금 퇴계가 '古學'의 기획을 말할 때, 그 구체적인 설계가 위에서 설명한 것에 기초하고 있다는 것을 새겨두시면 좋겠다. 그래야 다산의 주자학 비판을 따라잡을 수 있고, 왜 그토록 '공맹 유학의 복원'을 외쳤는지도 아울러 납득할 수 있게 된다.

이제 다산의 해석을 읽어보기로 하자. 자구의 차이는 번역 속에 녹아 있다. 해석이 갈라지는 곳은 맨 마지막 구절이다. 증점이 남아 공자와 나누는 품평 부분인데, 다산은 이 부분을 대화가 아니라 공자의 '자문자답'으로 읽었다.

세 사람이 나간 다음 증점이 남았다. "세 사람의 포부가 어떻습니까?" "각자 자신의 생각을 드러냈을 뿐 아니냐?" "자로의 말에는 왜 웃으셨습니까?" "나라를 다스리는 일은 禮로써 하는데 그 말에 겸양이 없어서 웃었다네. 거기 염구도 국정(爲邦)을 말했지 않아? 사방 60-70리 혹은 50-60리가 나라가 아니면 무엇인가? 공서화도 국정을 말했는데, 종묘와 회동이 제후의 일이 아니면 무엇인가? 공서화의 일이 작다 하면, 누가 큰일을 한다 하겠느냐?"

다산은 이 챕터의 주안점을 전혀 다르게 짚는다. "이 챕터는 '자연론의 고취'가 아니라 '정치적 탄식'이다."

오직 증점만이 정답을 맞혔고, 나머지는 다 틀렸다? 《논어》에서 그동안 논의해온 정치와 경제, 외교 등의 언술은 다 빈말이었다는 말인가? 다산은 이 의문을 가질 독자들에게 이렇게 일러준다.

내 생각에 공자는 본래 '爲邦之事위방지사'(나라를 다스리는 일)를 물었다. 세 사람이 엉뚱한 대답(失對)을 내놓은 것이 아니다! 증점만 다른 얘기를 한 것은 시운時運이 비색否塞하여 세 사람의 포부가 (흡사 둘러앉아 용 고기 맛을 논하는 것처럼) 모두 허언虛言이 되었기 때문이다. 공자는 '부를 구할 수 없다면, 내가 좋아하는 바를 좇겠다'고 했다. 그래서 증점의 말을 공자께서 선지善之하신 것이지, 세 사람이 잘못 응답한 것은 아니다.

〔案〕孔子本問爲邦之事 三子非失對也. 曾點爲異論者 謂時運否塞 三子之言 皆虛言也.【如坐談龍肉】富不可求 從吾所好 故孔子善之 三子非失對也.

제자들은 각자 나름의 기량과 포부를 가지고 있었다. 그렇지만 '시대 상황과 여건'이 그들에게 일할 기회를 주지 않는 것을, 이 '운명'을 누구보다 공자 자신이 잘 알고 있었다. 그들의 구세救世의 꿈은 이제 기대할 수 없이 되었다. 공자는 "부를 구할 수 없다면, 내가 좋아하는 바를 좇겠다(〈술이〉 11장)"라고 탄식한 바 있다. 지금 그 마음으로 증점에 '동의'하고 있다는 것이다. "부귀는 한 몸이라, 높은 직책에 오르면 둘을 다 얻게 된다. 그렇지만 지금은 그것을 기대할 수 있는 시절이 아니다. 그렇다면 내 즐거워하는 바를 추구할 일이다."

이제는 나라를 다스리고자 하는 포부를 다 내려놓고, 좋은 날 바람 쐬고 소풍을 다니며 자적하는 것이 맞을지도 모른다. 그렇다고 주자처럼, 아예 '소풍'이 공자의 진정한 희망이라 '단정'할 것이냐! 유희는 '소요유逍遙游'를 말하는 노장과 은자 무리의 것이지, "나이 든 사람을 편안하게 해주고 친구를 믿어주고 어린 사람은 품어주는 것"을 꿈꾸는 공자의 포부는 절대 아니다.

역시나 다산의 비평은 신랄하다. 당연히 형식은 질의를 빌렸다. 주자의 '우주-자연론적 해석'에 격한 비판을 쏟아냈다.

유화품劉華嵓이 말했다. "증점의 뜻은 일개 狂者의 것이다. 세속의 진적塵跡(티끌 먼지)에 묶이지 않겠다는 게 아닌가? 그래서 사상채가 '셋은 홀로 동풍東風으로 대답하는 증점을 만나 그 차가운 눈에 간파당했다'고 했다. 이에 송대 유학자들의 지나친 장황張皇이 마침내 증점의 대답을 '천지와 동류(天地同流)'니, '요순의 기상(堯舜氣象)'이니, '人欲을 깨끗이 비웠다(人欲淨盡)'느니 하는 데까지 이르렀다. 무릇 '천지와 동류다' '요순의 기상이다' 하는 것은, 반드시 공자께서 말씀하신 '나

이 든 사람을 편안하게 해주고 어린 사람은 품어주는 것(老安少懷)'이
라야 하는 것이다. 늦봄의 유희는 음풍농월唸風弄月하며 자적하는 것
일 뿐이고, '사욕을 깨끗이 비우는 것(私欲淨盡)'은 반드시 안회의 '무벌
무시無伐無施(재능을 자랑하지 않고 공로를 과시하지 않음)'라야 가능한 것이
다. 증점은 다만 한때 세상일에 꼭 얽매일(拘滯) 필요가 없음을 보여준
사람인데, 어찌 일일극기一日克己의 (이제는 자신을 완전히 정복한) 경지
에 도달한 사람이겠는가? 송대 유학자들은 공자가 '한 번 허여'한 것으
로 마침내 '고슬鼓瑟' 3구(鼓瑟希 鏗爾 舍瑟而作: 비파를 잠시 멈추고, 퉁긴
다음, 한쪽에 치우더니)를 동정動靜에 온통 좋은 것으로 보았다. 그러나 스
승과 벗들이 지금 뜻을 말하고 있는 자리임을 알지 못하고 비파를 두
드리고 있는 것은 광태狂態다."(다자이 슌다이:《예기》〈소의少儀〉에서 말하
기를, "어른을 모신 자리에서는 비파를 잡지 않는다" 했는데 증점이 비파를 탄 것은
아마 공자가 시켰을 것이다.)

〔質疑〕劉華崑云: "曾點之志 只是個狂者 不覊絆于塵跡. 故謝上
蔡謂三子爲曾晳獨對東風 冷眼看破. 乃宋儒張皇之過 遂謂其天
地同流 謂其堯·舜氣象 謂其人欲淨盡. 夫天地堯·舜 必如夫子之
老安少懷 方是. 若莫春之遊 不過唸風弄月 自適其適者也. 私欲淨
盡 必顏回之無伐無施 方是. 曾點只是一時見得世事不必拘滯 而
豈遂到一日克己田地? 宋儒因夫子一與 遂把'鼓瑟'三句 動靜都看
好了 不知師友方言志而鼓瑟 此狂態也."【純曰: "〈少儀〉云: '侍坐
弗使不執琴瑟.' 曾晳之鼓瑟 蓋孔子使之也."】

증점은 세상사에 구애되지 않겠다는 뜻을 가진 활달한 사람일 뿐이
다. 그를 '사욕을 깨끗이 비운 天理와 합치한' 성인으로 추켜세울 일

이 아닌 것이다.

다산의 비평을 정리하자면, ① 소요는 공자의 정치적 열정과 어울리지 않는다. 만일 증점에 동의했다면, 그것은 시대와의 불화로 인한 운명의 현실적 수용이지, 그 자신의 정치적 이상(道)을 포기한 것이 결코 아니다. ② 주자가 외치는 완전한 인간은 사욕이 없는 인간인데, 그것은 안회의 극기복례에서나 읽을 수 있는 경지다. 주자학은 완전한 자연을 성취한 사람을 꿈꾼다. 그러나 '천지와 동류'한다느니 '요순의 기상'이라느니 하는 운운은(다산은 그것이 무엇인지 미심쩍어 하지만), 어쨌거나 증점 정도의 인물에 어울리는 헌사가 아닌 것이다.

다산은 이 해석을 통해 공자의 《논어》를 노장의 자연론이나 주자학의 우주–인간론적 모형으로부터 건져내 '인간사의 도전'으로 복귀시킬 수 있었다.

다산은 1791년 7월 정조가 낸 《논어》 문제들에 대해 '대책對策'을 내놓은 바 있다. 정조는 왜 공자가 세 사람을 제치고 증점에 동의했는지를 물었다.

정조: 세 사람의 포부는 다들 '현실적 일(實事)'인즉, 어째서 공자가 유독 증점의 욕기풍우浴沂風雩에만 찬탄하셨을까?
다산: 신은 이렇게 생각합니다. 세 사람의 응답은 밖을 향하느라 안을 빠트린 데 비해, 증점의 대답은 물物에 초연하고 진실로 돌아온 데(超物而返眞) 있습니다. 천년이 지난 후에도 사람들로 하여금 융화동탕融和動盪하고 절로 춘풍과 크게 화하는 즐거움(春風太和之樂)을 갖게 합니다. 공자께서 허여한 것이 이것입니다.
問: 三子之言志 自是實事 則浴沂風雩之對 何獨歎於曾點?

臣對曰:"浴沂風雩之對 臣以爲 三子之言騖外而遺內. 曾點之對
超物而返眞. 千載之下 尙令人融和動盪 自然有春風太和之樂. 夫
子之許之者 此也."

이 대답은 주자의 뜻에 따라 자신의 생각을 부연해본 것이다. 아직 본
격적인 사유가 무르익기 전의 것임을 알 수 있다.

주자와 다산의 전투는 곳곳에서 치열하다. 지금 이 욕기풍우 챕터
는 無爲와 有爲 혹은 명상과 정치 사이의 접전이다. 〈안연〉 편에서
는 仁의 정체를 두고 안이냐 밖이냐를 다투고, 〈자공〉 편에서는 그 구
현의 원리인 일이관지를 둘러싸고 논란이 거세진다. 이들 세 주제는
공자와 그 사상의 핵심으로서, 서로 연동되어 있다.

공자는 어떤 세상을 꿈꾸고 있었을까? 그가 생각하는 정치적 이상
은 무엇일까? 다음은 有道한 세상의 청사진을 보여준다. 안회의 극
기복례克己復禮 자공의 박시제중博施濟衆처럼, 최고의 지침은 들을
만한 수준이나 자격이 되었을 때 비로소 발화되는 것이다.

子曰:"可與言而不與之言 失人. 不可與言而與之言 失言. 知者不失人 亦
不失言." 〈위령공〉 7장)
공자가 말했다. "말해야 할 사람에게 말을 아끼는 것은 사람을 잃는 것이고, 그
게 아닌 사람에게 말하는 것은 말을 잃는 것이다."

공자는 '나이 든 이는 편안해하고, 젊은이들을 사랑하는(老安少懷)'
세상을 꿈꾸었다. 자로에게는 더 구체적으로 "수기하여 백성을 편안
하게 하는 것(修己以安百姓)"을 촉구했다.

子路問君子. 子曰: "修己以敬." 曰: "如斯而已乎?" 曰: "修己以安人." 曰: "如斯而已乎?" 曰: "修己以安百姓. 修己以安百姓 堯舜其猶病諸!" 〈헌문〉 45장)

자로가 군자에 대해서 물었다. 공자가 말했다. "경敬으로 수기修己하는 것이다." "그것뿐입니까?" "수기하여 사람들을 편안하게 하는 것이다." "그것뿐입니까?" "수기하여 백성을 편안하게 하는 것이다. 수기하여 백성을 편안하게 하는 것, 그것은 요순도 걱정하던 바였다." (주자의 해석)

이 충고 안에는 孔門의 지향과 이상이 집약되어 있다. 이 챕터는 자공이 물은 박시제중과 더불어 읽어야 그 맛이 더욱 분명해진다.

주자는 敬을 방법의 중심에 세운 철학자답게, 공자의 "敬으로 수기한다(修己以敬)"는 한마디가 지극하고 다했다고(至矣盡矣) 생각한다.

수기이경修己以敬 한마디가 모든 것을 알려준다. 그런데도 자로는 아직 미흡하게 생각했다. 그래서 공자는 그 충적充積이 성해 자연히 '다른 사람과 사물에게로 확장되는(及物)' 것으로 알려주었다. 무엇 다른 道는 없다. 人은 己와 대비되는 말이고, 百姓은 모든 사람을 가리킨다. "요순도 이를 걱정했다"는 말은 여기 더 이상 보탤 것이 없다는 뜻으로, 그렇게 자로를 억눌러 가까이 자기 자신을 돌이키게(反求諸近) 한 것이다. 대개 성인의 마음은 무궁하여 세상이 비록 지극히 잘 다스려지더라도, 어찌 능히 사해 안에 과연 '제자리를 찾지 못한(不得其所)' 物이 하나도 없다는 것을 알겠는가? 그래서 요순이 백성을 편안하게 하는 것으로 病을 삼았다. 만약 '나를 다스리는 것(吾治)'이 이미 족하다 하면, 즉 그건 성인된 바의 자세가 아니다.

修己以敬 夫子之言至矣盡矣 而子路少之. 故再以其充積之盛 自
然及物者告之 無他道也. 人者 對己而言. 百姓 則盡乎人矣. 堯·
舜猶病 言不可以有加於此. 以抑子路 使反求諸近也. 蓋聖人之心
無窮 世雖極治 然豈能必知四海之內 果無一物不得其所哉? 故
堯·舜猶以安百姓爲病. 若曰吾治已足 則非所以爲聖人矣.

자기 수련은 '敬'을 통해 진전된다. 그것이 충실해지고 탄력을 받으
면, 다른 사람과 사물에게도 그 영향이 전달·확장된다. 이윽고 천하
의 모든 사람이 그 감화를 받을 것이다. 그러므로 관건은 '자신의 德
을 충실히 완성하는 데(反求諸近)' 있다. 그러면 만천하, 온갖 사물이
앞에서 살핀 것처럼, '자신의 자리를 찾게' 될 것이다.

여기서 보듯, 주자는 논점의 중심을 '자신의 德을 돌아보기'로 돌
렸다. 나머지는 자연히 타자와 사물 전체로 파급될 것이라는 것이다.
역시 그는 명상과 철학의 사람이다.

敬이 무엇인지 아마도 무척 궁금할 것이다. 그러자면 주자학의 '명
상'에 대해 자세히 들어보아야 한다. 앞의 '자신의 德을 충실히 완성
한다(反求諸近)'를 주목하자.

설명이 좀 길어질 것이다. 앞에서 주자와 다산의 갈림길을 '명상'과
'정치'로 구분한 바 있다. 다음은 주자학이 채택한 명상의 길, 그 기초
를 정리해본 것이다. 주자는 말한다.

나는 敬이라는 글자 하나가 聖學의 처음과 끝을 완성하는 방법(所以)
이라고 들었다.

吾聞敬之一字 聖學之所以成始而成終者也. (퇴계,《성학십도》〈소학도

여기 '들었다'는 것은 특히 정이천程伊川(정이)으로부터 배운 바라는 뜻이다. 주자는 정명도程明道(정호)·정이천 형제 가운데 이천의 방법과 이론을 채택했다.[3]

敬은 주자학 공부의 알파요, 오메가다. 이것은 삶의 일거수일투족을 각성된 집중 혹은 경건으로 살아가는 것을 말한다. 주자학의 공부가 이 키워드에 집약되어 있다.

시작은 '방심을 거두어들인다(求放心)'에서 출발한다. 대체로 우리 마음은 집을 나가 있다. 일종의 비자각적 상태, 멍한 정신 나간 상태를 가리킨다. 맹자의 비유를 들면, 개나 닭이 집을 나서면 다들 찾아나설 줄 안다. 그런데 자신의 마음을 잃어버리고서는(放心) 찾을 줄을 모른다.

모든 악의 근원은 바로 방심放心, 즉 자기 망각에 있다. 외면적 행악 이전에 이 '방심'의 상태 안에 악이 미리 준비되어 있음을 기억하라. 방심을 거두어들이는 것은 바로 이 오래된 병폐를 극복하려는 최초의 노력이다. 집 나간 마음, 의식의 혼침昏沈 상태를 깨고 생생한 자기의식으로 돌아오려는 노력은 아주 쉽다. 필요한 것은, '아차, 내가 정신을 어디에다 두고 있었지?'라는 자각이 전부다. 그것은 순간적이고 즉각적으로 일어난다. 그 자각 혹은 각성이 바로 敬이다. 이 노력은 단순해 보이지만, 근본적이고 심원한 효과를 가져온다.

---

[3] 이 점에서 앵거스 그레이엄Angus Graham은 주자보다 정이천이 더 독창적인 사상가라고 평가하기까지 했다. (A.C. 그레이엄,《정명도와 정이천의 철학》참조)

문제는 이 각성을 유지하기가 어렵다는 것이다. 자각은 잠시이고, 또다시 혼침의 파도가 그 빛을 삼켜버리기 십상이다. 그럴 때, '아하, 내가 다시 나를 떠났었네!'라고 다시금 의식의 빛을 자기 속으로 불러오도록(收斂) 해야 한다.

처음에는 잘 안 된다. 자각의 빛은 쉽게 끊기고(間斷) 흐려진다. 자각을 되찾는 노력이 힘을 얻으면, 운전 연습 때처럼 자각의 지속이 길어지고 밝은 상태가 고양된다.

이로써 유전과 경험의 복합으로 인하여 구조화되어 있던 자기 망각의 장애가 엷어지면서, 동시에 인간 내부에 본래 있던 덕성의 빛(明德)이 점점 더 크게 밝아진다. 점점 끊기는(間斷) 횟수가 줄어들고, 각성은 더 예리하게 빛난다. 주자학은 결국 '잃어버린 마음을 찾아'가는 오래된 여행이다.

일상에서 우리 '마음'은 어둠에 가려 혼탁해져 있다. 편견과 트라우마, 의도와 선입견 등이 마음의 질병으로 자리 잡고 있다. 이 기질의 장애는 사람마다 다양한 지형을 보인다. 유전적 특질, 살아온 환경, 상처받고 좌절한 일들, 만나고 헤어진 사람들의 흔적 등이 마음속에 자리 잡고 있어, 본래 있는 마음의 빛을 어둡게 방해하고 있는 것이다 (氣質之拘). 여기 외적 사물의 자극에 시기·질투, 분노·탐욕 등이 가세하여(人欲所蔽), 그 빛을 더욱 짙게 차단한다. 주자의 《대학혹문大學或問》은 '어둠'에 대해 이렇게 부연하고 있다.

우리가 이렇게 기질에 차폐된 마음으로 사물의 무궁한 변화에 접하게 되면, 눈이 색을 욕구하는 것과 귀가 소리를 욕구하는 것과 입이 맛을 욕구하는 것과 코가 냄새를 욕구하는 것과 사지가 안일을 욕구하는 것이 그 德을 해치게 됨을 말로 다할 수 없다. 이 둘(기질에 차폐된 마음과 거기 접하는 무궁한 사물)은 서로 상승 작용하여 반복·고착되는데, 이렇게 되면 이 德의 빛(明)이 날로 점점 혼매昏昧해진다. 그렇게 되면, 이 마음(心)의 신령(靈)이 아는 바가 정욕과 이해(情欲利害)의 사사로움(私)밖에 없게 된다. 이건 사람 꼴만 하고 있지 짐승(禽獸)과 멀지 않다. 況乎又以氣質有蔽之心 接乎事物無窮之變 則其目之欲色 耳之欲聲 口之欲味 鼻之欲臭 四肢之欲安佚 所以害乎其德者 又豈可勝言也哉! 二者相因 反覆深固 是以此德之明. 日益昏昧 而此心之靈 其所知者 不過情欲利害之私而已. 是則雖曰 '有人之形' 而實何以遠於禽獸?

이 정황을 주자학은 여러 비유로 빗대고 있다. 가령 '재에 파묻힌 불씨' '진흙에 덮인 구슬' '먼지에 뒤덮인 거울' 등이 그것이다. 재를 헤치고, 진흙을 털고, 먼지를 닦으면 된다. 그 제거를 통해 불씨는 작열하는 빛을, 구슬은 영롱한 색을, 그리고 거울은 본래의 기능을 되찾을 것이다.

이 '오래된 오염'을 어떻게 제거할 것인가? 놀라지 마시라. 어렵지 않다. 방법은 하나, 즉 '자각'이면 된다. 그래서 敬이 이 학문의 주춧돌에 놓이게 되었다. 《대학혹문》은 이렇게 이어진다.

그렇지만 본래 밝은 (마음의) 바탕(本明之體)은 하늘(天)로부터 얻은(得) 것이라 끝끝내 어둠에 잠겨(昧) 버리고 말 수는 없다. 그래서 비록 그 차단(昏蔽)의 극極에 있을지라도, 갑자기 한순간에 자각이 있게 되면, 이 빈틈 사이에서 그 본바탕이 환히 밝아진다. 그 짙은 어둠 속에서도 빛은 마침내 사그라드는 법이 없다. 그것은 어느 순간, 그 뒤덮인 어둠의 한 틈서리를 뚫고 솟아오른다. 그때 '내 속에 있던 덕성의 빛'이 '분명하게' 드러난다.

然而本明之體 得之於天 終有不可得而昧者. 是以雖其昏蔽之極 而介然之頃一有覺焉 則卽此空隙之中 而其本體已洞然矣.

이는 흡사 불교의 깨달음이나 선가의 돈오頓悟 같은 것에 비할 수 있다. 학문은 밖에서 무엇을 가져다가 덧붙이거나 축적하는 일이 아니라, 오래된 내적 방해물들(氣質物欲之累)을 제거하고 자신의 본래성(本體)을 되찾는 일일 뿐이라고 강조한다. 그러나 마음 안의 내적 방해물들은 엄밀히 말해서 외적인 것이다. 그것은 본래의 구슬에 묻은 때이지 구슬이 아니며, 덕지덕지한 먼지이지 거울 자체가 아니며, 걸러내야 할 찌꺼기이지 물의 성분이 아니다.

깨달음은 누구나 경험할 수 있고, 일상에서 다반사로 일어난다. 편견에 휩싸이지 않을 때, 열린 자세로 사물에 인할 때, 공정한 자세로 일을 처리할 때, 우리는 '사물들을 볼 수 있다.' 자신의 에고에 사로잡히지 않고 외계의 소음을 차단할 때, 마음의 덕성은 자신의 본래 빛을 드러낼 것이다. 이것이 있어야 할 모든 것이다.

그러므로 주자학의 기획은 철저히 내면적이고, 그 중심은 자각에 있다. 그 어둠을 벗겨냄으로써 우리가 얻은 것은 아무것도 없다. 다만, 우리는 우리의 본래 '마음의 빛(明德)'을 회복했을 뿐이다. 이것이 '자신의 明德을 밝힌다'는《대학》첫머리의 과제다. 이것은 자기실현, 혹은 자기 구원의 프로젝트에 해당한다.

그럼 더 물어보자. 마음의 오래된 오염을 벗겨내고 나면 무슨 일이 일어나는가? 다른 말로 성격이 건전해질 때, 그때 무슨 기적(?)이 일어나는가? 주자는 자기 자각의 상태에서 明德은 다음과 같은 본래의 특성을 회복한다고 말한다.

> 明德이란 인간이 하늘로부터 얻은 허령불매虛靈不昧(私心이 없고 마음이 영묘하여 어둡지 아니함)로서, 그 안에는 온갖 이치(衆理)가 갖추어져 있어 만사萬事에 (적절히) 응해 나가는 기능을 발휘한다.
>
> 明德者 人之所得乎天而虛靈不昧 以具衆理而應萬事者也. (주자,
> 《대학장구大學章句》)

바로 이처럼, 주자는 《논어》의 '修己以敬수기이경'을, 敬의 명상법을 통해 오래된 정신적 장애물을 제거하고 明德의 빛을 되찾는 것이라고 생각한다.

자기 수련은 그렇다고 하자. 그럼 유가가 고취하는 사회적 행동, 적절한 도덕은 어떻게 되는가? 여기서 주자학의 명상이 불교와 갈라진다.

마음은 그저 아무것도 없는 빈 공간이 아니다. 보이지 않지만 거기에는 사물에 적절히 반응하게 하는 원칙들이 자리잡고 있다(具衆理). 흡사 옹달샘이 그저 투명한 것 같지만, 손을 넣어보면 차갑게 시린 것을 느끼게 되는 것과 닮았다. 불순물에 방해받지 않는 정화된 마음은 주어진 상황에 따라 적절한 반응을 자연스럽게 해나가게 될 것이다(應萬事).

요컨대 인간이 해야 할 일은 자기 내부의 독소를 제거하고, 원래의 자기 자신을 발견하는 것이다. 나머지는 자연(天理)이 스스로를 발양

해 나갈 것이다. 사회적 행동은 자연스러워지고, 주변 가족과 사회는 그 德에 감화될 것이며, 이윽고 그 신비한 영향력은 치국평천하 온 천하로 퍼져나갈 것이다. 공자께서 "성인은 無爲로 다스렸다" 하지 않으시던가?

주자학을 禮로 대표되는 외적 강제와 사회적 규율을 중심으로 읽어온 사람들에게는 전적인 내면성과 자율성의 지향이 충격적일 것이다. 이 점에서 주자학은 도덕학이라기보다 미학적 특성을 갖고 있다.

세상은 감응의 연속이다. 꽃이 봄바람에 반응하듯, 인간도 주변의 일에 응답한다. 퇴계가 흥에 못 이겨 읊은 시 가운데 하나를 소개한다.

춘풍春風에 화만산花滿山 호고 추야秋夜에 월만대月滿臺라
사시가흥四時佳興이 사롬과 호가지라
호 물며 어약언비魚躍鳶飛 운영천광雲影天光이아 어늬 그지 이슬고
(퇴계, 〈도산십이곡陶山十二曲〉 제6곡)

주자학은 인간의 이기성과 고착, 자기중심성이 인간성의 밖에 있다고 역설한다. 즉 그것은 인간의 타고난 본질도, 자연적 본성도 아니라는 것이다. 이 점에서도 주자학은 순자를 내치고 맹자에 터를 잡았다.

이 발상을 납득할 수 있겠는가? 주자학의 관문에 설치된 시험대가 바로 이것이다. 맹자의 어법을 빌리면, 거짓말이라고 생각하면 돌아설 것이고(自暴), 믿어도 스스로 증거하지 않으면(自棄) 집 안으로 들어설 수 없다.[4]

---

4   필립 아이반호Philip Ivanhoe 교수는 이 같은 덕성론을 '회복 모델(recovery model)'이라고 부른 바

이처럼 주자학의 낙관주의는 명상과 정치를 연속으로 읽는다. 그런데 이건 너무 순진한 생각이 아니냐는 비판이 늘 있어왔다. 조선에서 그 역할은 다산이 맡았다. 그의 비판은 신랄하고 전방위적이다. 다산 해석의 포인트를 우선 짚어보자.

'군자'는 재상지인在上之人(윗사람)을 가리킨다. 오규 소라이가 짚은 대로, 지금 생략된 '敬'의 목적어는 天이다. '安人'은 효제돈목孝悌敦睦으로 구족을 친하게(親九族) 하는 것을 가리킨다. '百姓'은 백관百官 만민萬民을 가리킨다. '病'은 어렵게 여겼다는 뜻.
〔補曰〕 君子 謂在上之人. 荻曰: "不言所敬 敬天也. 修己以敬天."
〔補曰〕 安人 謂孝悌敦睦以親九族. 〔補曰〕 百姓 謂百官萬民. 〔補曰〕 病 猶難也.

다산의 해석을 기초로 〈헌문〉 편 45장을 번역하면 이렇게 될 것이다.

자로가 군자(윗사람)에 대해서 물었다. "수기하여 敬天하는 것이다." "그것뿐입니까?" "수기하여 친족들과 잘 지내는 것이다." "그것뿐입니까?" "수기하여 백관 백성들을 편안하게 하는 것이다. 수기를 통해 백관 백성들을 편안하게 한다. 요순도 그만큼 수기를 어렵게 여겼다."

───────

있다. 이와는 달리 다산의 비판적 대안처럼, 덕성은 도덕적 갈등의 현장에서 결단을 통해 조금씩 축적되어 간다고 믿는 유형을 '성취 모델(achievement model)'이라 불러주었다. 나로서는 좀 더 극적으로 주자의 모델을 '발견의 모델(discovery model)'로, 그리고 다산이 강조한 유형을 '축적의 모델(accumulation model)'로 하여 사이를 더 벌리면 어떨까 하고 생각하고 있다.

다산의 주석에 몇 가지 논란 포인트가 있다.

(1) 敬

앞에서 주자는 '修己以敬'을 '敬으로 修己한다'고 읽고, 그것을 자신의 명상법으로 정초시킨 것을 보았다. 다산은 전혀 다르게 해석한다. 오규 소라이를 따라 '修己以敬天' 즉 '修己로 敬天한다'고 읽었다. 주자가 敬을 '방법'으로 설정한 데 대해, 다산은 이것을 '효과'로 읽고 있음을 알 수 있다.

공안국이 敬의 목적어로 敬其身경기신을 말하자, 다산은 이렇게 말한다.

> 敬이란 대상이 있다. 그게 없으면 敬할 바가 없다. 군자가 자신을 敬하는 것(敬其身)은 또한 경천敬天하고 경친敬親하는 까닭이기도 하다. (주자는 말한다. "敬이란 비단 외면으로 공경하는 것만 말하는 것이 아니고, 반드시 (마음) 이면에 털끝 하나라도 바르지 못한 곳이 없는 것으로, 이때를 경이직내敬以直內라 한다.")
>
> 孔曰: "敬其身." 〔案〕 敬者 有所嚮之名. 無所向則無所敬矣. 君子之敬其身 亦所以敬天而敬親.【朱子云: "敬非但是外面恭敬而已. 須看裏面無一毫不直處 方是敬以直內."】

敬은 본래 '공경'의 의미로 상대를 갖고 있는 말이다. 형, 부모, 임금, 연장자, 나아가 하늘까지… 敬人·敬天·敬長·敬君. 그런데 주자학은 여기 목적어를 탈각시켜 시선이 자기 내부를 향하게 했다. 이 내향화 위에 명상의 공부가 자리 잡고 있다. 주자의 〈경재잠敬齋箴〉이 특징적으로 보여주듯, 敬은 心學, 즉 '마음의 자기 훈련'을 가리켰다.

다산은 다시금 주자학이 지워버린 구체적 대상을 복원하고자 한다. "유학의 德이란 바로 이런 관계 속의 공공적 태도를 말하는 것이지, 고립적인 정신의 자기 내적 순수와 평정을 의미하지 않는다."

요컨대 '修己'란 극기복례에서 보듯이, 자신을 넘어 전체와 연결하는 경험이다. 이 전쟁에서 승리해야(克己) 德을 말할 수 있고, 이는 天의 뜻을 받든 것과 같다. 유교의 주춧돌은 인간이 사회적 본성을 갖고 태어난다는 것이다. 그 목소리의 발화 지점을 두고 초월적 명령을 떠올린 사람도 있고(퇴계), 혹은 자연적 진화를 고집한 사람도 있다(율곡). 다산은 퇴계를 이어 그 목소리를 신학적 인격으로 감지했다. 그가 "修己가 곧 敬天일 수 있다"고 할 때는 바로 그 지점을 짚고 있다고 생각하시길 바란다. 이 지점은 3부 天을 읽는 지점에서 더 구체적으로 나올 것이다.

두 사람의 敬을 읽는 방식이 천지 현격인 것을 볼 수 있었다. 하나 더 예를 들어보자. 공자는 정치의 요체를 다음과 같이 정리한다.

子曰: "道千乘之國 敬事而信 節用而愛人 使民以時." (《학이》 5장)
천승지국을 이끌자면 경사敬事로 신뢰를 얻고, 절용節用으로 백성을 사랑하며, 사민使民을 때에 맞게 해야 한다.

세 가지 일 가운데 "節用而愛人절용이애인"이란 씀씀이를 아끼고 재정을 절약하는 것, 백성들에게 부담을 주지 않는 것이다. 이것이 곧 '백성을 사랑하는' 구체적 행동이다. "使民以時사민이시"는 성채를 쌓거나 도랑을 정비하는 부역이나 동원을 바쁜 농사철을 피해서 하는 배려를 말한다. 맨 처음 "敬事而信경사이신"은 무엇일까? 주자는 이렇게 적었다.

> 敬이란 주일무적主一無適을 가리킨다. 敬事而信은 경기사敬其事하고 신어민信於民하는 것을 가리킨다.
> 敬者 主一無適之謂. 敬事而信者 敬其事而信於民也.

주자의 주일무적主一無適(한 가지에만 집중하여 다른 곳에 마음을 두지 않음)은 敬의 핵심 규정이자 주자학 공부를 일관하는 중심 훈련으로, 마음의 산만과 분열이 없는 의식의 통일성과 집중을 가리킨다. 그의 〈경재잠〉은 말한다.

> 입을 병마개로 틀어막은 듯, 의지는 성벽처럼 견고히 지킨다. 동동촉촉洞洞屬屬(진실하고 경건하게), 어느 것 하나 가볍게 생각하지 않는다. 동쪽으로 갈 때는 서쪽을 돌아보지 않고, 남쪽으로 갈 때는 북쪽에 흔들리지 않는다. 지금 내 앞의 현재에 집중할 뿐, 어디 다른 곳으로 치달리지 않는다(無適). 마음을 두 갈래 혹은 세 갈래로 분열시키지 말라. 내 마음 오직 '하나'이기에, 수많은 변화를 장악해 나간다(主一). 이 원리에 투철한 것, 그것을 '敬의 유지(持敬)'라 한다. 움직일 때나 멈출 때나 敬을 벗어나지 않으면, 내 안과 밖이 서로를 도와 완전해지리라.
> 守口如瓶 防意如城 洞洞屬屬 罔敢或輕. 不東以西 不南以北 當事而存 靡他其適. 弗貳以二 弗參以三 惟心惟一 萬變是監. 從事於斯 是曰持敬 動靜弗違 表裏交正.

앞의 4구가 무적無適, 나중 4구가 주일主一을 가리킨다. 이것은 '명상'을 토대로 한 정신의 자세에 가깝다. 주자는 지금 敬事를 '지금 현재(事)에 자각적으로 집중하여 흐트러지지 않는(敬) 것'으로 읽고 있다. 그래서 주석에 "이것은 자기 자각에 관련된 것이지, 아직 구체적으로 정치적 시책이나 행동에 나선 것이 아니다(然此特論其所存而已 未及爲政也. 苟無是心 則雖有政 不行焉.)"라고 굳이 부연하는 이유가 여기 있다.

그러나 다산은 敬事가 일에 대한 '책임감'이라고 단적으로 정의하고 있다.

> 敬事란 사태의 처음과 끝을 고찰하고, 그 유폐流弊(나쁜 풍속)를 헤아리는 것을 말한다. 그런 후에 실행하면 가로막고 어지럽히는(沮撓) 바가 없어 백성(民)이 (군주를) 신뢰하게 된다.
> 敬事 謂慮其始終 度其流弊也. 然後行之 無所沮撓 則民信之矣.

요컨대 敬은 대상을 갖고 있으며, 내면적 정신의 집중이 아니라 상대방에 대한 공경(敬人)과 맡은 일에 대한 책임감(敬事)임을 누누이 강조한다.

(2) 《대학》과의 연결

다산은 위의 세 항목을 《대학》의 6조목에 비견했다.

修己以敬＝誠意正心
修己以安人＝修身齊家

修己以安百姓=治國平天下

그는 자신의《대학》해석에서, 8조목 가운데 격물格物과 치지致知를 빼고 나머지 6조목을 말한다. 격물·치지란 '사물들(物)' 간의 중요도를 간파(格)하는 능력, 구체적으로는 '修己'를 토대로 유효한 제가齊家 ·치국治國·평천하平天下의 구현이 가능하다는 것을 뚜렷이 '자각'하는 것을 의미한다는 것(그의《대학공의》참고).

  다산은《논어》의 이 구절과《대학》의 기획이 서로 연동되어 있다는 것을 밝혀냈다. 공자 이래 유교 전통의 정체성과 일관성을 읽을 수 있게 해주었다.

(3) 修己, 요순도 어려워한 훈련

"요순도 병으로 여겼다"를 다시 번역하자면, "요순이 가장 어렵고 도전적인 일로 여겼다"는 뜻이다. 무엇을? 다산은 주자와는 달리 그것이 '安百姓'이 아니라 '修己'로 읽었다. 백성이 편안하지 못한 것은 내가 수양이 아직 덜 된 탓이라고 자책했다는 것! 다산은 손월봉의 이 해석이 극히 정미精微하다고 칭찬했다.

  孫月峰云: "堯·舜 非以百姓之不安爲病 病己之不修 無以安百姓也. 百姓有未安處 乃己未修也."〔案〕此說甚精.

역시 유교는 修己治人수기치인의 학문이다.《중용》에도 修己가 이 모든 일의 중심이고 토대라는 것을 강조하고 있음을 보라. 주자의 유학도 다산의 유학도 이 점에서는 일치한다.

마지막으로 이 챕터를 내가 주목하는 것은 자공의 박시제중과 겹쳐서다.

子貢曰: "如有博施於民而能濟衆 何如? 可謂仁乎?" 子曰: "何事於仁 必也聖乎! 堯舜其猶病諸! 夫仁者 己欲立而立人 己欲達而達人. 能近取譬 可謂仁之方也已." (《옹야》 28장)

자공이 물었다. "백성들에게 (필요한 것을) 널리 베풀고 무리를 능히 (가난과 곤경에서) 건질 수 있다면 어떻습니까? 그 성취를 (스승님이 늘 강조하신) 仁(의 성취)이라고 할 수 있을까요?" 공자가 대답했다. "어찌 그게 仁에 그치겠느냐? 반드시 聖이라고 불러야겠지. 요순도 그 성취를 위해 애를 태웠나니. 무릇 仁者는 내가 서고 싶은 곳에 다른 사람을 세우고, 내가 가고 싶은 곳에 다른 사람을 보낸다. 가까운 곳에서 비유(대비)를 취하는 것을 가히 仁의 방법이라고 부른다."

여기서도 "堯舜其猶病諸요순기이병저"가 나온다. 공자의 제자 중 이 말을 들은 이는 자공과 자로 둘이다. 공자가 꿈꾼 세상이 어느 수준인지를, 무엇을 그리도 구현하고 싶어 했는지를 이 두 챕터로 확연히 짐작할 수 있다.

이것이 공자의 뜻이다. 자공에게 말하듯 그의 꿈은 박시제중을 향해 있고, 자로에게 말하듯 '修己하여 백성을 편안하게 하는 것'을 향해 있으며, 공자가 자신의 꿈을 "나이 든 사람을 편안하게 해주고 친구를 믿어주며 어린 사람은 품어주는 것"으로 술회한 것을 기억하자. 욕기풍우에 동의한 속뜻은 다른 데 있을 것이다. 아마도 다산의 해석이 정곡을 찔렀는지도 모른다. 그런데 이 발언은 언제의 것일까? 유랑을 마치고 고향 노나라에서 전적을 정리하고 제자들을 교육하고 있을 때가 아닐까 싶다.

자로의 기도

스승 공자에 대한 자로의 존경과 사랑은 어느 정도였을까? 이 장 첫머리에서 산까투리를 잡아 올리는 자로의 정성을 소개해두었다. 다음은 공자가 병석에 누웠을 때의 일이다.

> 子疾病 子路請禱. 子曰: "有諸?" 子路對曰: "有之. 誄曰: '禱爾于上下神祇.'" 子曰: "丘之禱久矣." (〈술이〉 34장)
> 공자가 병이 들었다. 자로가 기도를 청했다. 공자가 말했다. "(그런 禮가) 있는가?" 자로가 답했다. "있습니다. 뇌誄에 '천지신명에게 너를 기도한다'고 했습니다." 공자가 말했다. "내 기도는 오래되었다."

공자 말년의 일일 듯하다. 아니면 유랑 중에 얻은 병일지도⋯. 맥락은 모른다. 그러나 공자의 의연함과 제자 자로의 안타까움을 한 번에 보여준다. 주자는 이 기도가 '귀신에게 하는 것'이라고 했다.

그것은 '이치'에 맞아야 한다. 이치란 잘못을 회개하고 선을 향함으로써 신의 도움을 바라는 것이다. 그러나 공자는 평소 잘못이 없고 따로 선으로 나아갈 바도 없이 평소의 행동이 이미 신명神明에 합했기에, "내 기도는 오래되었다"라고 한 것이다. 그러나 혹 '이치(理)'에 없더라도 신하 된 자의 절박함으로 허용된다고 적었다. 그래서 공자도 자로의 기도를 적극 말리지 않았다.

禱者 悔過遷善 以祈神之佑也. 無其理則不必禱 旣曰有之 則聖人
未嘗有過 無善可遷. 其素行固已合於神明 故曰: "丘之禱久矣." 又
士喪禮 疾病行禱五祀 蓋臣子迫切之至情 有不能自已者 初不請
於病者而後禱也. 故孔子之於子路 不直拒之 而但告以無所事禱
之意.

주자의 理는 철두철미 자연의 과학과 질서에 의존한다. 그리고 자신
에게 주어진 가능성을 최고도로 발휘하는 것이 곧 신에 대한 경배다.
그러므로 따로 나를 향해 드릴 기도나 예배는 없다. 이 자세는 스토아
철학을 연상시킨다. 다산의 생각은 어떨까?

'질疾'이 심한 것을 病이라 한다. '유저有諸'라고 한 것은 (주자는 이치를
말하나) '禮에 있는가'를 가리킨다. 자로는 고뢰문구古誄文句로 질병이
있을 때의 기도를 납득시키려 했다. 天=神, 地=祇다(주자의 설명을 인
증). 공자의 평소 행실이 신명과 합치했기에 "내 기도는 오래되었다"라
고 했다. 사람의 행동이 신명에 거스를 경우, 그리하여 허물과 재앙에
걸리면, 가히 기도할 수 있다.

〔補曰〕疾甚曰病.【包氏云: "見〈子罕〉篇."】有諸 謂於禮有之乎? 朱
子曰: "誄者 哀死而述其行之辭."【《周禮》大祝掌六辭 六曰誄】〔補
曰〕子路引古誄文句 以證疾病之有禱. 朱子曰: "天曰神 地曰祇."
孔曰: "孔子素行 合於神明 故曰丘之禱久矣."【邢云: "若人之履行
違忤神明 罹其咎殃則可禱."】

다산은 이렇게 정리한다.

> 자로는 제단에서 기도하고, 공자는 옥루屋漏에서 기도한다. 자로는 축
> 사祝史로 기도하고, 공자는 정신精神으로 기도한다.
> 瀛波老叟云: "子路在壇壝前禱 夫子在屋漏中禱 子路以祝史禱 夫
> 子以精神禱."

기도란 무엇일까? 유교가 이 종교적 행위를 문제삼고 있다는 것을 신
기해할 사람들이 있을 것이다. "괴력난신怪力亂神"을 말하지 않겠다
는 공자가 아닌가?

공자는 그런 신 앞에 기도하라는 禮가 있느냐고 물었고, 자로는 자
신이 기억하고 있는 뇌문 하나를 읊었다. 공자는 그런 자로가 고맙고
기특했을 것이다. "그러나…" 하고 공자는 말한다. "나는 오래도록 기
도해왔다."

이는 다산의 천관天觀과도 맥을 같이 한다. 다산의 신은 어떤 매개
없이, 가령 교황과 교회, 사제들이라는 중간적 매개 없이 직접 자신과
교통하며, 그 심판은 각자의 일상에서 선을 구현했는지 여부에 달려
있다고 생각했다. 그것은 "내 기도는 오래되었다"는 공자의 뜻과 부합
한다고 볼 수 있다.

다음 장에서 일이관지를 논할 것인데, 거기서 다산은 다음과 같이
말한다.

> 하늘이 사람의 선악을 관찰하는 지점도 이 '사람 사이의 관계(惟是二
> 人相與之際)'에서 그 선행과 악행(淑慝) 여부를 감독하는 것인데, 여기

또 이들에게 식색안일食色安逸의 욕구를 주어 두 사람 사이를 살펴 그 쟁투와 사양을 확인하고 그 성실과 태만을 점검하는 것이다. 이로 보매 옛 성인의 하늘을 섬기는 학문은 관계의 도리를 벗어나지 않으니 (不外乎人倫), 즉 이 '恕' 한 글자가 사람을 섬길 수 있고 하늘을 섬길 수 있으니, 무슨 까닭에 이를 '작다' 하는가(何故而小之也)? '하나(一)'란 恕다.

天之所以察人之善惡 亦惟是二人相與之際 監其淑慝 而又予之以 食色安逸之慾 使於二人之際 驗其爭讓 考其勤怠. 由是言之 古聖 人事天之學 不外乎人倫 即此一'恕'字 可以事人 可以事天. 何故 而小之也? 一者 恕也.

다산은 유교의 '원리'를 우주론적 형이상학이 아니라 '사회적 관계' 속에서 되찾고 싶어 한다. 그것이 비조 공자를 축으로 내려온 유교의 유구한 전통이다. 그런데 주자를 위시한 송대 유학이 이 프레임을 왜곡해버렸다고 주먹을 쥔다. "하나의 이치가 인간과 우주를 섞음으로써 형이상학의 늪에 빠졌고, 인간은 일상에서 무엇을 성취해 나가야 할지 모르게 되었다." 가령 증자의 물음에 대한 주석에서 주자는 말한다.

대체로 쉼 없는 지극한 정성(至誠無息)이 道의 體다. 다양성(萬殊)이 이 하나의 근본(一本)을 근거로 하고 있다. 만물이 각각 자신의 위상을 갖는 것(各得其所者)은 道의 用이다. 하나의 근본은 다양성으로 발용되어 나가는 원천이다. 이를 보면 '일이관지一以貫之'의 실제를 가히 볼 수 있다.

蓋至誠無息者 道之體也 萬殊之所以一本也. 萬物各得其所者 道
之用也 一本之所以萬殊也. 以此觀之 一以貫之之實可見矣.

자연뿐만 아니라 인간사회의 장 속에서, 가족 질서의 계열 속에서 자신의 '자리'를 확인하고 잘 머무르는 것이 주어진 책무다. 우주는 선한 의지로 가득 차 있고 인간 또한 선한 본성을 갖고 있으니, 사적 불순물만 걷어내면 이 우주적 동참은 자연스럽게 이루어질 것이다.

앞의 욕기풍우에서 한 차례 격돌했듯이, 다산은 이 생각이 너무 자연론적이고 낙관적이며 추상적이라고까지 생각했다. 그리고 무엇보다 '유교의 본령인 인간세'의 현실과 그 안에서의 갈등과 충돌 그리고 인간의 주체적 역할에 대해서 안이한 생각을 표명하고 있다고 생각했다.

다산은 공자 이래 유교 전통의 정맥을 '인간관계'와 '정치학'의 코드로 복원하고자 한다.《논어》본문을 읽은 사람이라면, 주자의 자연론적 해석이 공자의 사유로부터 상당히 벗어나 있다는 것을 바로 확인할 수 있을 것이다. 그런데도 누구도 본격적으로 이 정통에 질문을 하고 대안을 제시하지 못했다. 그만큼 관성은 무서운 것이다. 다산이 여기에 도전한 것이다. 다산은 유배지에서 이렇게 적었다.

내가 바닷가에 유배되고 나서 어린 시절에 '학문'에 뜻을 두었던 것을 기억했다. 20년 관직과 일상에 빠져 先王의 大道가 있는 것을 알지 못했다. 지금 이제 비로소 여가를 얻었다. 마침내 흔연히 스스로 축하했다.

鏞旣謫海上 念幼年志學. 二十年沈淪世路 不復知先王大道. 今得

暇矣. 遂欣然自慶. (다산, 〈자찬묘지명〉)

주자학 독존의 시대에 이것은 그야말로 '이단'의 이름을 받을 만한 것이었다. 세상은 독단이 오래되면 상식이 먹히지 않는 듯하다.

주자는 공맹 유학에 함의된 天·命·上帝·鬼神 등의 초월적 존재와 그 명령을 모두 理로 통일하고 자연론적 사유의 틀을 구축했다. 다산은 지금 보듯 공맹의 사유 원형을 일상의 관계, 덕성의 구축이라는 테제에서 확인하고자 한다. 거기 끝에 다음과 같은 구절이 나왔다.

옛 성인이 하늘을 섬기는 學은 인륜을 벗어날 수 없으니, 곧 이 하나의 '恕' 자는 사람을 섬길 수 있는 데에도 해당하고, 하늘을 섬길 수 있는 데에도 해당한다.

古聖人事天之學 不外乎人倫 即此一'恕'字 可以事人 可以事天.

다산은 인간의 책무가, 사람 사이에 있고 그것을 선하게 만들며 그리하여 忠恕를 실현하는 길에 있다면서, 그것이 사람을 섬기는(事人) 도리이자 동시에 하늘을 섬기는(事天) 도리라고 적고 있다.

인간의 도리는 인간세에 한정되지 않고 보다 초월적 지평에서 의미를 획득한다. 이 문제를 둘러싼 많은 논의가 있다. 여기서 분명히 할 수 있는 것 하나는, 만일 다산이 초월적 존재를 믿었다면 그를 경배하는 것은 인간에게 주어진 관계에서의 책무, 윤리적 선을 지켜 나가는 것과 궤를 같이하고 있다는 것이다.

자로의 죽음

《논어》에는 자공의 이런 질문이 등장한다.

> 子貢問曰: "孔文子 何以謂之文也?" 子曰: "敏而好學 不恥下問 是以謂之
> 文也." (〈공야장〉 14장)
> 자공이 물었다. "공문자는 어떻게 文의 시호를 얻게 되었습니까?" 공자가 대답
> 했다. "명민하면서도 배우기를 좋아했다. 아랫사람에게 묻는 것을 부끄러워하
> 지 않았기에 文이라 했다."

자공은 이 인물에게 文의 시호가 도무지 어울리지 않는다고 불만이
다.[5] 공문자는 누구일까? 공문자의 이름은 공어孔圉, 위 영공의 사위
다. 즉 괴외의 누나 백희伯姬의 남편이었다. 영공처럼 공문자가 군사
의 일을 묻자, 공자는 이렇게 대답했다.

> "제사에 그릇을 놓는 법은 배운 적이 있지만, 군사(甲兵)의 일은 들은
> 적이 없습니다" 하고서 물러나와 수레를 몰고 가면서 말했다. "새가 (깃
> 들일) 나무를 선택하는 것이지, 어떻게 나무가 새를 선택하겠는가(주인
> 은 빈객을 잡을 수 없다는 뜻)?"
> 仲尼曰: "胡簋之事則嘗學之矣【胡·瑚同】甲兵之事 未之聞也." 退

---

5   주자는 공문자의 의심스러운 품행에도 그의 호학 습관을 높이 샀다고 해석하고, 다산은 이와
    달리 공자가 차마 시호가 엉뚱하게 붙었다고 할 수 없어 시호의 원론을 읊었을 뿐이라고 짚어
    준다.

命駕而行曰:"鳥則擇木 木豈能擇鳥?"【言主人不能執賓】

왜 공문자는 군사를 동원하려 했을까? 그해 이런 사건이 있었다.

겨울, 태숙질太叔疾이라는 귀족이 송나라 자조子朝의 딸과 결혼했는데,
(옛 습속에 따라 같이 온) 여동생을 총애했다. 자조가 실각한 것을 기회로
공문자는 이 여인들을 내쫓게 하고 자기 딸을 시집보냈다. 그러나 태숙
질은 측근을 시켜 총애하던 첫 부인의 여동생을 리犂라는 곳에 머물게
했다. 딴 살림을 차리고 두 아내를 거느린 셈이었다. 공문자는 대로하
여 그를 치려고 했다. 공자가 말렸다. 결국 자기 딸을 도로 회수해갔다.
태숙질은 송나라로 쫓겨갔다.
〔事實〕 冬 衛大叔疾出 奔宋【左氏曰:"初 太叔疾娶于宋 子朝 其
娣嬖. 子朝出 孔文子使疾出其妻而妻之. 疾使侍人誘其初妻之娣
實於犂 而爲之一宮 如二妻. 文子怒 欲攻之. 仲尼止之. 遂奪其妻.
或淫于外州. 恥是二者 故出. 衛人立遺 使室孔姞."】

《좌전》의 이 기록을 인용하면서, 다산은 공자의 발언을 이렇게 해석
했다.

묻는 말에 대답을 안 하면 그만인데, 하필 황급히 수레를 몰았을꼬? 병
사를 일으키고 난을 읽어 타국을 정벌하는 것은 그 주모자를 위태롭게
하기 때문이다. 이 두 사태를 묶어서 보면 공자의 뜻을 읽을 수 있다.
위 영공이나 공문자는 모두 불의하게 군사를 일으킨 고로, 공자는 이들
을 피했던 것이다. 만일 이들이 의로운 전쟁을 일으켰다면, (공자는) 목

욕재계하고 토벌을 주청했을 것이다.

〔案〕仲尼於此 不對斯足矣 何必悻悻然命駕乎? 興兵搆亂 以伐人
之國家 則其謀主危矣 合觀兩事 其志見矣. 且衛 靈·孔悝 皆不義
而用兵 故孔子避之. 苟其合理 則固嘗沐浴而請討矣.

이렇게 해서 공자는 오랜 유랑을 마치고 고향 노나라로 돌아왔다. 이
때가 기원전 484년 겨울이었다. 예전 괴외가 도망가면서 그의 잔당
들 또한 함께 소탕되었다. 출공 첩의 세력들이 위나라를 장악할 때 공
문자가 건재했고, 아들인 공회孔悝 또한 출공과 잘 협력하고 있었다.
자로는 바로 이 공회의 읍재邑宰를 맡고 있었다.

저간의 사정과 자로의 죽음에 대해 〈중니제자열전〉에는 이렇게 적
혀 있다.

출공 재위 12년간 아버지 괴외는 망명 생활을 했고, 위나라로 돌아오
지 못했다. 자로는 위나라 대부 공회의 읍재를 맡고 있었다. 괴외가 마
침내 공회와 더불어 난을 일으켰다. 마침내 무리들로 출공을 습격했다.
출공은 노나라로 도망쳤고, 괴외가 권좌에 올랐다. 이가 장공莊公이다.
공회가 난을 일으켰을 때, 자로는 (성 밖으로) 출타 중이었다. 소식을 듣
고 달려갔는데, 도중에 성문을 빠져나가는 자고子羔와 부딪쳤다. 자고
가 말했다. "출공은 달아났고, 성문은 닫혔습니다. 돌아가는 것이 좋겠
습니다. 괜히 화를 입지 마시고…." 자로가 말했다. "녹을 먹는 사람은
난을 피하지 않는다." 결국 자고는 떠났고, 심부름꾼이 도착해 성문이
열리자, 자로는 그 틈에 따라 들어가 괴외에게로 갔다. 괴외는 공회와
함께 누대에 올랐다. 자로가 말했다. "임금께서는 공회를 어디다 쓰시

겠습니까? 내가 잡아 죽이게 해주십시오." 괴외는 듣지 않았다. 이에 자로가 누대를 태우겠다고 나서자, 괴외는 겁이 나서 석걸石乞·호염壺黶에게 자로를 공격하게 했다. 자로의 갓끈이 잘리자 자로가 말했다. "군자는 죽어도 갓을 벗지 않는다." 마침내 갓끈을 다시 묶고 죽었다.

위나라에 난이 일어났다는 소식을 듣고 공자는 탄식했다. "아, 자로가 죽는구나."

出公立十二年 其父蕢聵居外 不得入. 子路爲衛大夫孔悝之邑宰. 蕢聵乃與孔悝作亂 謀入孔悝家 遂與其徒襲攻出公. 出公奔魯 而蕢聵入立 是爲莊公. 方孔悝作亂 子路在外 聞之而馳往. 遇子羔出衛城門 謂子路曰:"出公去矣 而門已閉 子可還矣 毋空受其禍." 子路曰:"食其食者不避其難." 子羔卒去. 有使者入城 城門開 子路隨而入 造蕢聵. 蕢聵與孔悝登臺. 子路曰:"君焉用孔悝? 請得而殺之." 蕢聵弗聽. 於是子路欲燔臺 蕢聵懼 乃下石乞·壺黶攻子路 擊斷子路之纓. 子路曰:"君子死而冠不免." 遂結纓而死.

孔子聞衛亂 曰:"嗟乎 由死矣!"

《사기》의 기사에는 좀 납득이 안 되는 곳이 있다. 자로는 왜 모시던 공회를 죽이겠다고 나섰을까? 불의의 괴외에게 붙었다고?《사기》의 영역본 *The Grand Scribe's Records vol.7: The Memoirs of Pre-Han China*에는《좌전》이 전혀 다른 버전을 싣고 있다고 알려준다.

《좌전》의 버전을 정리하면 다음과 같다. ① 공회는 자발적으로가 아니고 협박에 못 이겨 괴외의 반란에 참가·협력할 수밖에 없었다. ② 자로가 뛰어든 것은 그를 벌주겠다가 아니라 그를 구출하기 위해서다. ③

성문으로 들어설 수 있었던 것은 사자使者가 문을 열고 나오는 틈을 타 잽싸게 뛰어들어 간 것이다. ④ 자로는 공회가 괴외의 거사에 별 도움이 되지 않음을 설득하고, ⑤ 말을 안 듣는다고 공회를 죽여도 다른 사람이 그 자리를 맡게 될 것이라고 말했다. ⑥ 요컨대 자로는 공회를 죽이러 뛰어든 것이 아니라 그를 살리려고 목숨을 건 것이다. ⑦ 누대를 불태우려는 것도 마찬가지 의도였다.

내가 보기에도 《좌전》 버전이 훨씬 설득력이 있고 일관성이 있다.

주자학자들은 자로의 죽음을 크게 기리지 않는다. 출공 첩의 시대, 공회 같은 같잖은 인물에게 충성하고 또 그를 위해 목숨까지 바치는 것이 그다지 거룩해보이지 않는다고 생각한다.

다산은 공자가 가령 필힐의 부름에 응하고자 했던 것을 두고, 주자학자들의 생각이 너무 이상적이고 순진하다면서 다음과 같이 말한다. "시대가 달라졌다. 당대의 제후들도 실력자들과 협력하고 국정을 맡기는 마당에, '선악'으로 이들을 선명히 가를 수 없고 이 현실과 더불어 정치적 가능성을 모색할 수밖에 없다."

계평자도 주군을 축출했지만 공자는 그 아래에서 관리를 지냈고, 맹의자도 군주를 쳤지만 제자로 받아들였다. 그런 마당에 어떻게 필힐만 '더럽다'고 내치겠는가? 당시는 이미 쇠란한 시기라 이미 왕은 왕답지 않고 신하는 신하답지 않으며 아비는 아비답지 않고 자식은 자식답지 않았다. 세상을 청평지세처럼 다그칠 수는 없는 시절이었다. 그러므로 군자의 처신은 '때를 고려하고 감안하는' 것이어야 했다.

季平子親身逐君 而孔子嘗爲其屬吏 孟懿子親身伐君【與陽虎伐

郫】而孔子收之爲門人 奚獨佛肸爲穢物哉? 當時衰亂 君不君 臣
不臣 父不父 子不子 不可一一苟責如淸平之世. 故君子之所以處
其身者 亦自有時措之宜.

자로 또한 가능한 군주 아래에서 더 나은 세상을 만들려고 애쓰다 산
화해갔을 뿐이다. 그는 "그 녹을 먹으면서 어려움을 피해 도망갈 수
없다"는 자신의 원칙에 충실했다. 그는 책임감이 무엇인가를 보여주
고 삶보다 더한 가치가 있다는 것을 알려주고 있는 무언의 목탁이다.

자공, 박시제중

화려한 그릇

자공은 어떤 사람일까?

> 공자가 복자천宓子賤을 두고 말했다. "군자네, 이 사람. 노나라에 군자가 없다
> 면, 그가 어디서 이 德을 연마했겠는가?"
> 子謂子賤. "君子哉若人! 魯無君子者 斯焉取斯?" (〈공야장〉 2장)

> 이 말을 들은 자공이 물었다. "저는 어떻습니까?" 공자는 말했다. "너는 그릇이
> 다." "무슨 그릇이요?" "호련瑚璉이다."
> 子貢問曰: "賜也何如?" 子曰: "女 器也." 曰: "何器也?" 曰: "瑚璉也." (〈공야
> 장〉 3장)

이 대화가 공자가 그를 어떻게 생각했는지를 단적으로 알려준다. 주자는 말한다.

> 호련은 옛 하은주 3대에 종묘에서 제사 지낼 때 음식과 제물을 담던 귀한 그릇들이다. 대나무에 보석을 박은 화려한 것이었다.
> 夏曰'瑚' 商曰'璉' 周曰'簠簋' 皆宗廟盛黍稷之器而飾以玉 器之貴重而華美者也.

공자는 왜 자공을 옛적 제기에 비유했을까? 주자의 해석은 이렇다.

> 군자는 불기不器, 특정한 용도에만 쓰이는 것이 아니다. 자공이 아직 그 경지까지는 못 갔지만, 그릇 가운데 귀한 그릇임은 틀림없다.
> 然則子貢雖未至於不器 其亦器之貴者歟.

군자는 不器라고 했다. 특정한 실무에 적합한 '자원'이 아니라는 뜻이다. "자공은 전인적 품성을 갖추지 못했지만, 외교·언어 등에 능했다. 탁월한 것은 인정하자."

그러나 다산은 여기 이의를 제기한다.

> 이 오래된 그릇의 비유는 자공이 하은주 3대의 학문을 꿰고 있다는 인증일 뿐, 다른 미진함이나 유보를 드러낸 것이 아니다.
> 朱子曰: "子貢見孔子以君子許子賤 以己爲問." 〔補曰〕瑚璉 宗廟黍稷之器. 夏曰'璉' 殷曰'瑚' 周曰'簠簋'【詳見〈明堂位〉】竹器飾以玉也.【朱子云】子貢學貫三代 故許之以夏·商之古器.

즉 여기 '그릇'을 "군자불기君子不器"의 맥락과 뒤섞지 말라는 것이다. 포인트는 자공이 '3대의 학문을 꿰고 있는 자'라는 데 있다. 그를 나무를 깎거나 수레를 고치는 '작은 기능인'으로 보아서는 안 된다. 당시 그릇은 다들 소박했지만, 종묘에서 쓰는 것만 유독 화려한 장식으로 꾸며져 있었다. 이를 자공에 비유한 것이다. 옛 그릇 가운데 빛나는 물건이라는 뜻이다.

공자는 자공을 안회에게 견주어 누가 더 나으냐고 물을 정도였으나, 그 기대가 컸던 것이다. … 마땅히 하나의 그릇으로 다시 폄하해서는 안 된다. 자공의 學은 3대에 관통하였으므로 하夏·상商의 귀한 제기로써 허여한 것이며, "군자는 한 가지 용도로만 쓰이는 그릇은 되지 않는다(君子不器)"는 말은 그 자체가 하나의 뜻이 있는 것으로, 반드시 이 경문과 연관시켜 말할 필요는 없을 듯하다. 왕린주王麟洲가 이르길, "하·상의 그릇은 내리 질박하였는데, 종묘의 기물만은 유독 화려하게 장식되어 있었다. 이것으로써 자공이 여기에 해당한다고 인정한 것은, 아마도 그 고법古法스러운 기물의 광채를 두고 한 말인 듯하다"고 했다.
〔質疑〕孔子以子貢擬於顏子 問其孰愈 則其期許大矣. 不應復以一偏之器貶之. … 子貢學貫三代 故許以夏·商之器. 君子不器 自是一義 恐不必與此經牽連言之也. 王麟洲云: "夏·商之器 仍于樸素 宗廟之物 獨以華飾. 以此許子貢 蓋謂其古法物中之光也."

공자의 말은 순전한 '감탄'이고 '인정'이다. 공자의 기대와 인정이 남달랐음을 여기서도 분명히 읽을 수 있다.

부자 자공

가난을 찬미한(?) 공자 학단에서 자공은 예외적 인물이다. 사마천은 《사기》에서 자공이 '천금'을 모았다면서, '부자들의 전기' 〈화식열전 貨殖列傳〉에 그의 화식貨殖을 실어주었다.

> 子曰: "回也其庶乎 屢空. 賜不受命 而貨殖焉 億則屢中." 〈〈선진〉 18장〉
> 안회는 道에 가까이 갔다. 쌀독이 자주 비었다. 자공은 타고난 금수저는 아니었는데, 스스로 부를 일구었다. 기획과 경영이 빛을 발했다.

주자학은 부귀에 대한 야망과 집착을 경멸한다. 그래서 자공이 높은 평가를 받지 못한 듯하다. "빈부는 하늘에 달려 있다(貧富在天). 그런데 그 운명(命)을 받아들이지 않고, 자신의 판단과 경영 능력으로 부를 일군다(貨殖)? 다른 졸부들처럼 금전에 집착한 사람은 아니지만, 여기 미련을 떨치지 못했다." 주자가 인용한 범조우范祖禹의 비판은 더 노골적이다.

> 범조우가 말했다. "안회는 단사표음이 끊겨도 그 즐거움을 바꾸지 않았으니, 천하의 무엇이 그를 흔들 수 있었겠는가? 빈부는 하늘에 달려 있는데(貧富在天), 자공은 화식에 마음을 두었으니, 이 때문에 그는 天命에 안주하지 못했다. 말이 적중하는 것도 억측 우연이었지 궁리락천窮理樂天(진정한 이해, 홀로의 즐거움)이 아니었다. 그래서 공자도 '자공은 불행하게도(여기서는 '우연히도'일 것) 말하면 들어맞는 것이 많았으니, 더욱 말이 많게 되었다'라고 했다. 성인께서 말을 귀하게 여기지 않음이 이

와 같았다."

范氏曰:"屢空者 簞食瓢飮屢絶而不改其樂也. 天下之物 豈有可動
其中者哉? 貧富在天 而子貢以貨殖爲心 則是不能安受天命矣. 其
言而多中者億而已 非窮理樂天者也. 夫子嘗曰:"賜不幸言而中 是
使賜多言也 聖人之不貴言也如是."

자공의 재부도, 그 뛰어난 언변도 영 마뜩잖았다. 그런데 그게 과연
공자의 생각일까? 주자의 평가대로 공자는 안회의 가난을 기리고, 자
공의 축재를 비판하고 있는 것일까?

　그전에 몇 가지 의미상의 문제를 읽어보자. 우선 자공의 "不受命불
수명"은 무슨 뜻일까? 이 말은 "자공이 命을 받지 않고도"일까, 아니면
범조우의 뉘앙스처럼 자공이 "命을 받기를 거부하고"일까? 이 命은
누구의 命일까? 대체로 주자의 '天命', 즉 운명이나 숙명론에 동의하
지만, 혹자는 '군주의 명령'이라고도 하고, '스승 공자의 승인'이라고
지적한 사람도 있다.

　다산은 여기서 '운명(命)'이란 '귀족의 세습적 신분'을 가리킨다고
말했다. 운명론적인 의미가 아니고 사회적인 의미라는 것. 즉 예전의
부귀는 귀족에게 주어지는 것이었고, 신분과 출생에 달려 있는 것이
었다. 그런데 춘추시대, 사회가 급격히 변하고 있었다.

　자공은 자신에게 주어진 흙수저의 운명을 거부하고, '경영'을 통해
부를 축적했다. 물론 공자의 교육 또한 귀족과 평민을 가리지 않았고,
이 교육을 통해 정치적 재능을 펼칠 수 있는 세상이었다. 다산의 해석
은 당시의 신분 사회와 그 변화를 고려한 것이었다.

　또 "億則屢中억즉루중"은 무슨 말일까? 다산은 왕충王充의 말을 인

용한다.

왕충이 말했다. "자공은 부자가 될 운명을 타고나지 않았지만, 화재貨財
를 쌓아 세상의 부자가 되었다. 그의 화식 기술을 통해서다. 억즉루중
億則屢中은, 자공이 물품의 매점을 잘하고 물가의 등락을 예측해서 그
타이밍을 잘 알았기 때문에 거부를 축적한 것을 공자가 비난한 것이다."
王充曰: "賜本不受天之富命 貨財積聚 爲世富人者 得貨殖之術
也."【《論衡·率性》篇】又曰: "億則屢中 罪子貢善居積 意貴賤之期
數得其時 故貨殖多 富比陶朱."【〈知實〉篇】

다산은 이 해설이 틀렸다고 단정한다. 운명론적인 해석 때문이다. 그
렇지만 "공자가 비난했다"라는 평가를 빼면, 億則屢中의 의미에 대
한 설명으로는 적절하지 않을까 한다.
《사기》〈중니제자열전〉 속, 자공을 적은 대목 끝에서 사마천은 이
렇게 적고 있다.

자공은 물건 사고팔기를 좋아했으며, 상품과 자본의 흐름을 제어하는
시장 상황에 잘 적응했다. 남의 德을 칭찬하기 좋아했고, 남의 결점을
덮어두지 못했다. 노나라와 위나라의 재상을 지냈고, 집에는 천금을 쌓
아두었다. 죽기는 제나라에서 죽었다.
子貢好廢擧 與時轉貨貲. 喜揚人之美 不能匿人之過. 常相魯衛 家
累千金. 卒終于齊.

이처럼 자공은 '경영'에 뛰어났다. 공자가 이 능력을 '億억'이라고 한

것은 공자학단이 가르치는 '정통 유교적 지식'이 아니었기 때문이었을 것이다. 경기를 예측하고 수요와 타이밍을 잡아서 물건을 사고팔아 이문을 남기는 것은 쉽지 않은 일이고, 공자학단의 목표 또한 여기 있지 않다.[1]

다산은 주자학자들의 주석처럼, 아예 가난을 숙명처럼 받아들이라고 권하지 않는다. 이 점에 포인트가 있다. 道에 가까이 가려면 가난을 숙명으로 안아야 한다? 다산의 현실주의는 말한다.

쌀독이 비었다는 말은 안회를 안타까워해서 한 말이지, 칭찬한 말이 아니다. … 쌀독이 빈 것을 좋은 일이라 한다면, 안회의 '道에 가까이 갔다'가 쌀독 빈 곳에 있을 것이다. 무릇 군자의 道는 부귀를 떠날 수 없다. 만일 아침도 못 먹고 저녁 땟거리도 없는 것을 道에 가까이 간 증거로 삼는다면, 무릇 道를 공부하는 사람들은 다 굶어 죽고 말 것이다. 屢空者 夫子病回之言 非譽之也. … 若以屢空爲善 則是顔子之庶乎近道 歸重乎'屢空'一節. 夫君子之道 不離乎富貴. 若必以朝不食夕不食 爲近道之表準 則凡學道者餓矣.

다산은 '가난'을 찬미하지 않는다. 그것은 실상에도 맞지 않고, 유교가 지향하는 바도 아니다. 《논어》에 나오는 공자의 발언과도 엇갈린다. 공자는 "그 정당한 道를 통해 부귀에 가까이 가고, 그 정당한 道를 통해 가난에서 벗어나기"를 권하지 않았던가? 공자가 이렇게 말한

---

1 다산은 '화식貨殖'을 주자처럼 "貨를 殖한다"라고 읽지 않고, 貨를 물품의 유통, 殖을 가축의 번식으로 갈라 읽었다.

바 있다.

子曰: "富與貴 是人之所欲也 不以其道得之 不處也. 貧與賤 是人之所惡
也 不以其道得之 不去也. 君子去仁 惡乎成名? 君子無終食之間違仁 造次
必於是 顚沛必於是." (〈이인〉 5장)

공자가 말했다. "부귀는 사람들이 모두 원하는 바다. 그러나 그 정당한 방법이
아니라면 거기 처해서는 안 된다. 빈천은 사람들이 다 싫어하는 바이지만, 정당
한 방법이 아니라면 피해서는 안 된다. 사람됨(仁)의 원칙을 내버린다면, 그를
어떻게 군자라 하겠느냐? 군자는 한 끼 밥의 (짧은) 시간에도 이 원칙을 어기지
않고, 다급할 때 넘어졌을 때도 이 원칙을 고집한다." (다산의 해석)

다산의 생각은 조선조 선비들의 막무가내식 안빈낙도를 말하지 않는
다. 그는 실학자답게, 그리고 가정경제를 책임지는 가장답게, 무엇보
다 정치가답게, 경세제민經世濟民의 구호가 일러주듯, '경제 문제'가
얼마나 중요한지를 알고, '경영'을 강조하는 사람이다. 그는 특히 자
공과 자로에게서 도덕이 아닌 경영을 더 분명히 읽어내고자 한다.
   자공은 흙수저에서 일약 거부로 올라선 사람이다. 자공은 이 삶을
자랑스럽게 여겼다. 다음의 일화를 보자. 공자와 유교가 가난과 부를
대하는 태도 그리고 성장의 이념까지 한눈에 알 수 있다.

子貢曰: "貧而無諂 富而無驕 何如?" 子曰: "可也. 未若貧而樂 富而好禮者
也." 子貢曰: 《詩》云: '如切如磋 如琢如磨' 其斯之謂與?" 子曰: "賜也 始可
與言詩已矣. 告《諸》往而知來者." (〈학이〉 15장)

자공이 말했다. "가난해도 비굴하지 않고 돈이 있다고 함부로 갑질하지 않는

것, 이 정도면 대단하지 않습니까?" 공자가 말했다. "그렇지. 그러나 말이야, 가난 속에서 자신의 삶을 즐기고 부의 안정 위에서 禮를 좋아한다면(타자를 배려하고 공공성에 눈뜬다면) 더 좋지 않을까?" 자공이 말했다. "《시경》에 이르기를, '자르고 가다듬은 듯, 쪼으고 연마하는 듯'이라 하더니, 이를 두고 하는 말입니까?" 하니 공자가 말했다. "자공아, 이제 너와 《시경》을 말할 수 있겠구나. 하나를 말해주니, 연관된 의미까지 알아채는구나."

자공의 일생을 보는 듯하다. 그는 흙수저일 때도 비굴하거나 아첨하지 않았고, 부자가 된 지금도 잘난 체하거나 거들먹거리지 않았다고 자랑(?) 중이다. 부와 권세를 갖고서도 뻐기거나 잘난 체하지 않고, 요즘 사회 문제로 등장한 '갑질'은 더욱 하지 않았다는 것이다. 자공은 말한다. "이 정도면 적절한 처신이 아닐까요?"

공자의 대답은 역시 "훌륭하다(可也)"였다. 그러나 아직 완전하지 않다. 삶에서 나아가야 할 더 훌륭한 태도를 개발해야 한다. 그것은 "가난 속에서도 즐거운 나날을 보내고, 부자가 되어서도 禮를 중이하는 삶"이다.

아첨하지 않는 것이 소극적이라면, 즐거움을 찾는 것은 적극적 발양이다. 교만하지 않은 것은 소극적 제어이고, 禮를 좋아하는 것, 이를테면 타인을 존중하고 사회적 책임감을 느끼는 것은 적극적 기여라 할 것이다. 공자는 자공으로 하여금 소극적 자기 제어에 자족하지 말고 더 적극적인 삶을 발양해 나가라고 권하고 있다. 나는 이 대목에서 '역시 공자다'라는 생각을 했다.

주자는, 자공이 보통 사람들과 달리 '가난과 부' 양쪽에서 스스로를 지킬(自守) 줄 알았다고 그를 칭찬했다.

(그렇지만 그것을 넘어서는 경지가 있다.) '可也가야'라는 공자의 말은 겨우 괜찮다는 정도이고, 아직 미진하다는 언사다. '즐거움'을 알면 마음이 넉넉하고 몸은 편안해서 그 가난을 잊게 되고, '禮를 알면' 善에 편안히 처하고 즐거이 순리를 따라가니, 자신의 부를 의식하지 않는다.

凡曰可者 僅可而有所未盡之辭也. 樂則心廣體胖而忘其貧 好禮則安處善 樂循理 亦不自知其富矣.

다시 본문을 보자. 자공은 공자의 권고에 《시경》으로 화답한다. "如切如磋여절여차 如琢如磨여탁여마"는 〈위풍·기욱淇澳〉의 구절이다. 《대학》에도 군자의 道學과 自修를 독려하는 말로 인용되었다.

《시경》〈위풍·기욱〉 편에 이르길, "저 기수淇水 가를 바라보니, 푸른 대(竹)가 무성하다! 훌륭한 군자여! 자른 듯하고 가다듬은 듯하며, 쪼은 듯하고 갈아낸 듯하다. 엄밀하고 굳세며 빛나고 점잖으니, 훌륭한 군자여! 끝내 잊을 수 없다" 하였다. '자른 듯하고 가다듬은 듯하다(如切如磋)'는 것은 학문을 말한 것이고, '쪼은 듯하고 갈아낸 듯하다(如琢如磨)'는 것은 스스로 행실을 닦는 것이다. '엄밀하고 굳세다(瑟兮僩兮)'는 것은 마음이 두려워하는 것이고, '빛나고 점잖다(赫兮喧兮)'는 것은 겉으로 드러나는 위의威儀이며, '훌륭한 군자여! 끝내 잊을 수 없다'는 것은 성대한 德과 지극한 善을 백성들이 잊을 수 없음을 말한 것이다.

《詩》云: "瞻彼淇澳 菉竹猗猗. 有斐君子 如切如磋 如琢如磨. 瑟兮僩兮 赫兮喧兮 有斐君子 終不可諠兮!" 如切如磋者 道學也. 如琢如磨者 自修也. 瑟兮僩兮者 恂慄也. 赫兮喧兮者 威儀也. 有斐君子 終不可諠兮者 道盛德至善 民之不能忘也.

돌을 다듬을 때는 우선 자른 다음 가다듬으며, 옥을 세공할 때는 쪼은 다음 갈아나간다. 첫 작업은 대강이고, 두 번째 작업은 정교한 세련을 위한 것이다. 주자는 덧붙인다.

자르지 않으면 어떻게 가다듬겠는가? 먼저 쪼지 않으면 어떻게 갈아내겠는가? 그러므로 학자는 작은 성취에 안주하여 道의 극치에 나아가는 것을 놓쳐서는 안 된다. 또한 허원虛遠에 힘써서는 안 되고 자기의 절실한 병통을 살펴나가야 한다.
然不切則磋無所施. 不琢則磨無所措. 故學者雖不可安於小成 而不求造道之極致. 亦不可騖於虛遠 而不察切己之實病也.

다산의 해석도 주자와 내용상 별반 다를 바 없다. "비굴하거나 갑질하지 않는 것(無諂無驕)이 1차 거악去惡(악의 제거)이고, 그 공정은 거칠다(麤). 삶을 즐기거나 禮를 좋아하는 것(樂與好禮)은 2차 위선爲善(선의 행함)이고, 그 공정은 정밀하다(精)"로 둘을 구분해주었다 자공의 비유를 들은 공자는 다시 감탄했다. "이제 비로소 너와 《시경》을 논할 수 있겠구나. '지난 것'을 일러주니, '이제 올 것'을 아는구나."

"지난 것"이란 공자가 일러준 가난과 부를 대하는 자세를 말하고, "이제 올 것"이란 자공의 창발적 '언어'를 가리킨다. 자공은 공자의 권고를 듣고 아무도 주목하지 않은 '아직 오지 않은 것'을 여기 오게 만들었다고 할까?

서로 다른 두 사태를 연결하는 것, 적절한 연관을 찾고 정확한 비유를 찾는 능력이 지적 능력의 한 징표다. 아마도 자공이 "저는 겨우 하나를 들으면 둘을 아는(聞一知二) 정도입니다"라고 했을 때, 이런 연관과 유추의 능력을 가리키고 있는 것이 아닐까 생각한다. 이 대화는 깔끔한 한 편의 '작품'처럼 느껴진다. 여기서도 자공의 '언어'를 확인할 수 있다.

언어의 사람들은 다른 사람의 품성과 역량에 대해 남다른 촉각을 갖고 품평을 잊지 않는다.

子貢方人. 子曰: "賜也賢乎哉? 夫我則不暇." 〈〈헌문〉 31장〉
자공이 '사람들을 비교·평가'했다. 공자가 말했다. "자공은 현자인가 보네? 나는 그럴 여가가 없다."

方은 생소하겠지만 '비교한다'는 뜻이다. 주자는 "인물들을 견주어 그 장단을 비교하는 것"이라고 적었다. 당연히 공자는 미간을 찌푸리며 토를 단다. "자신이나 돌볼 것이지…."

그 또한 궁리窮理의 일(탐구, 학습)이지만, 여기에만 몰두하고 있으면 마음이 밖으로 내달려 자기 수양(自治)에 소홀해지고 만다. 그래서 칭찬인 듯하면서 의문을 남겼고, 다시 자신을 낮추어 (나는 그럴 시간이 없다며) 자공을 억제했다.
雖亦窮理之事 然專務爲此 則心馳於外 而所以自治者疏矣. 故襃之而疑其辭 復自貶以深抑之.

이 구절이 자공을 비판한 것이라는 데 다산도 동의한다.

공자는 "나는 아직 거기 자신이 없다" 혹은 "그럴 한가한 겨를이 없다"

고 말했다.

〔補曰〕我則自修未盡 弗暇爲此閑漫.【蔡云: "急於自治者 自不暇
於方人."】

다만 둘 사이에 작지만 중요한 차이가 있다. 다산은 자공이 '비교(方)'
한 인물들이 당대의 인물만이 아니라 고금의 역사적 인물들을 두루
포괄한다고 적었다.

고금의 사람을 취하여, 서로 비교하고 그 장단점을 논했다.
方人者 取古今人 兩兩相比 議其長短也.

자공은 단순한 가십으로 혹은 일면적 시각에서 당대 인물들을 평하
고 있지 않다는 말이 아닌가? 그는 지금은 없는 역사적 인물들의 허
실과 장단을 아울러 고민하고, 아마도 주변의 제자들과 함께 토론하
는 것을 즐겨했을 듯하다. 그의 언어는 이런 과정에서 단련되고 다듬
어져 간 것이다.

자공은 당대 인물들을 비평했다. 일상에서도 그렇지만, 정치에서
는 특히 '사람'을 보는 눈이 정확하고 뚜렷해야 한다. 율곡은 일찍이
동시대의 인물평에 탁월했는데, "율곡 눈 아래(眼下)에 완전한 사람
은 없다(無完人)"라고 할 정도로 평가가 짜고 매서웠다. 그의 《경연일
기經筵日記》에는 당대의 내로라하는 인물들의 장단점이 수두룩하게
열거되어 있다. 그렇게 기록한 것도 대단한 것인데, 그는 자신의 그런
품평의 성향을 숨기지 않았다.

1584년 병이 깊었는데도 이조판서를 맡으면서는 수많은 사람을

집에서 만났다. 쉬어야 한다고 하자, 그러자면 애초에 일을 맡지를 말았어야지 하면서, 사람들을 만나고 각자의 포부와 지식, 인물의 그릇을 가늠했다. 정치의 실패는 인물 등용의 실패이고, 인사가 만사라는 말은 고금의 진리다. 사람을 모르고 어떻게 사람과 교제하고 일을 도모하나? 특히나 고위급 CEO나 옛 제후들에게 이 능력은 아무리 강조해도 지나치지 않다.

우리는 역사에서 무엇을 읽는가? 역사는 거울이고, 거기 수많은 인물이 등장한다. 마키아벨리는《로마사논고》에서, 로마의 흥망성쇠 비밀을 파고든다. 역사는 단순한 이야기책이 아니다. 로마의 성쇠에 기여한 환경적 요소와 더불어 정치를 담당한 인물들의 성격과 개성, 판단과 정책을 분석하지 않으면, 역사에서 우리는 필요한 '교훈'을 얻을 수 없다. 그것이 '거울'이기 위해서는 이런 적극적 분석과 판단이 우선되어야 한다. 단순한 '이야기'로서의 역사는 우리를 변화시키지 못한다. 동양의 역사관은 특히나 이 점을 중요시했다. 역사는 거울이자 교훈이다.《사기》등이 보여주는 것은 인물들의 성격과 행동이다. 인물을 등용하고 정책을 집행하고 사태를 판단하는 성향과 능력이, 작게는 집안을, 크게는 한 국가의 운명과 성쇠를 결정한다.

공자도 나름의 감식안을 갖고 있었다. 자공보다 더 섬세하고 까다로웠을(?) 것이다. 다만 그것을 드러내놓고 떠들지 않았을 뿐이다.

이 챕터의 배경이나 맥락은 알려지지 않았다. ① 아마도 '구체적으로' 자공이 평한 어떤 인물에 대해 공자의 생각이 달랐을 가능성이 크다. 아니면 ② 드러내놓고 확성기를 틀지 말라는 주의일 수도 있다. 그러므로 이 구절은 사람을 평가해서는 안 된다거나, 역사적 인물에 대한 탐구는 필요 없다는 식으로 일반화해 나가는 우를 범하면 곤란하다.

자공의 언어 능력을 앞 장에서 읽어본 바 있다. 위나라의 후계를 둘러싸고 공자와 제자들 사이에 오간 대화를 기억할 것이다. 우선 자로부터 보자.

子路曰: "衛君待子而爲政 子將奚先?" 子曰: "必也正名乎!" 子路曰: "有是哉! 子之迂也! 奚其正?" 子曰: "野哉 由也! 君子於其所不知 蓋闕如也. 名不正則言不順 言不順則事不成 事不成則禮樂不興 禮樂不興則刑罰不中 刑罰不中則民無所措手足." (〈자로〉 3장)

자로가 묻는다. "위나라 군주가 스승님께 정치적 조언을 구한다면, 우선 무엇을 강조하시겠습니까?" "명칭을 바로잡는 것이 가장 시급하지." 자로가 말했다. "이것 보라니까요. 이렇게 뭘 모르신다니까. 그게 되겠습니까?" "철없는 자로야! 모르면 입을 다무는 법이다. 만일 명칭이 제자리를 잃으면 논의가 순조롭지 않고, 그럼 적절한 시책이 불가능해진다. 예악이 진작되지 않고, 형벌이 뒤엉킨다. 그렇게 되면 백성들이 어떻게 행동해야 할지 모르게 된다."

자로의 생각에, '도덕적으로' 어머니에게 칼을 들이댄 자는 용납할 수 없고, 또 '현실적으로' 실권을 맡고 있는 어머니 남자가 세자를 부를 리도 만무했다. 그래서 공자의 순진한 제안을 코웃음치고 있는 것이다. 앞에서 본 대로, 자로는 출공과 손잡은 공회 밑에서 벼슬살이하다가 그를 위해 목숨을 버리는 지경에 이른다.

자공은 어떨까? 이 문제를 두고 이런 대화가 오갔다.

冉有曰: "夫子爲衛君乎?" 子貢曰: "諾 吾將問之." 入曰: "伯夷叔齊何人

也?" 曰: "古之賢人也." 曰: "怨乎?" 曰: "求仁而得仁 又何怨?" 出曰: "夫子
不爲也." (〈술이〉 14장)

염구가 물었다. "스승님이라면 위나라 군주가 되실까요?" 자공이 말했다. "어
디, 내가 한번 물어보지!" (공자에게) 들어가서 말했다. "백이·숙제는 어떤 사람입
니까?" "옛적의 현인 아니냐?" "원망했을까요?" "仁을 구해서 仁을 얻었는데,
무슨 원망이 있었겠느냐?" 자공이 나와서 말했다. "스승님은 (위나라 군주를) 하
지 않으실 것이네." (다산의 해석)

자공은 자로의 직설과 달리 은유로, '옛일에 빗대' 공자의 생각을 살
피고 있다. 위나라 군주가 될 것인가를 두고, 뜬금없이 백이·숙제의
일을 물어보고 있는 것이다. 언어는 사물의 통찰이기도 하지만, 서로
낯선 두 사태를 연관시키는 기술이기도 하다.

자공은 문자와 이름에 민감하다. 앞 장에서 자공의 이런 질문을 본
적이 있을 것이다.

子貢問曰: "孔文子何以謂之文也?" 子曰: "敏而好學 不恥下問 是以謂之
文也." (〈공야장〉 14장)

자공이 물었다. "공문자는 어떻게 '文'의 시호를 얻게 되었습니까?" 공자가 대
답했다. "명민하면서도 배우기를 좋아하며, 아랫사람에게 묻는 것을 부끄러워
하지 않기에, '文'이라 했겠지."

자공은 이 인물에게 文의 시호가 도무지 어울리지 않는다고 불만이
다. 공문자는 자로가 모신 공회의 아버지다. 정략적으로 딸을 시집보
내고, 품성이 각박하며, 호전적이었다. 이런 인물에 文이 가당하냐는

물음이다. 여기 공자는 타당성 여부를 제쳐두고, 文의 의미를 시침 떼고 들려주고 있다.

공자는 《논어》에서 '말 잘하는 입(巧言)'을 자주 경계하고 있다.

> 子曰: "巧言令色 鮮矣仁!" (〈학이〉 3장)
> 공자가 말했다. "말 잘하는 인간 중에 되먹은 놈이 드물다."

주자는 한술 더 떴다. "드물다(鮮矣)라고 하셨지만 실상은 없다(絶無)는 소리다." 그러면 자공의 '언어'에 대해서도 부정적 시각을 갖고 있었을까?

> 子貢問君子. 子曰: "先行其言 而後從之." (〈위정〉 13장)
> 자공이 군자에 대해 물었다. 공자는 대답했다. "말을 앞세우기보다 먼저 행동하고 말한다."

충고는 분명하다. 어쨌든 "말하기 전에 행동부터 하고, 이미 행한 뒤에 말하라."

별 애매한 구절은 없다. 그런데 공자의 이 대답은 자공을 넌지시 비판한 것일까? 주자는 그렇다고 하고, 다산은 그렇지 않다고 말한다. 주자는 범조우의 입을 빌려, 이 구절이 자공의 '언변'을 향한 쓴소리라고 적었다.

> 범조우가 말했다. "자공의 병통은 행동보다 말이 쉬운 데 있다. 그래서 이렇게 말씀하신 것이다."

范氏曰:"子貢之患 非言之艱而行之艱. 故告之以此."

다산의 생각은 전혀 다르다. 공자의 대답은 '군자'를 향해 있지, '자공' 면전에서의 쓴소리가 아니다. 다산은 《고금주》 여러 곳에서 송대 학자들의 실수를 지적한다. 제발 공자의 '일반론적 대답'을 질문자를 향한 '맨투맨 처방'으로 단언하지 말자. 가령 "자유가 孝를 물으면, 공자가 '敬으로 대하라'라고 대답하는데, 과연 공자가 자유라는 인물이 공경이 모자라기에 이런 대답을 해주었다는 말인가?"

다산은 이런 '맞춤형' 해석을 우려했다. 지금 자공만 해도 그렇다. 다산은 질의의 형식을 빌려 주자의 해석에 맞섰다.

자공이 군자를 묻자, 공자는 말보다 행동을 앞세우라 하셨다. 이를 두고 범조우는 "자공의 병폐는 말을 쉽게 하는 데 있다"고 콕 집어 말한다. 비록 그 말이 그 병폐를 겨냥하고는 있지만, 뚜렷한 증거가 없다면 함부로 이렇게 딱 잘라 말할 수 없을 것이다. 그렇다면 안회가 仁을 묻자 공자는 克己로 대답했는데, 그럼 안회는 전혀 克己를 못했던 인물인가? 자사(原憲)가 '부끄러움(恥)'을 묻자, 공자는 無道한 나라에서 받는 녹봉이라고 했는데, 그럼 자사가 당시 어지러운 나라(亂邦)에서 벼슬을 살고 있었단 말인가? 그럼 안회의 '잘못은 곧 돌이켰다(不遠復)'나, 원헌의 '가난하지만 삶을 즐겼다(貧而樂)'라는 말이 모두 실상이 아닌 터무니없는 소리가 아닌가? 가령 자로가 정치를 물으니, 공자가 '게으르지 말라(無倦)' 하고, 군주를 섬기는 일(事君)을 물으니, '군주의 눈치를 보지 말고 있는 대로 간하라(犯顏)'고 했다. 자로는 넘치는 용기(兼人之勇)를 갖고 있고 정치도 지나치게 분발할까 걱정인 사람이라 군주에게 지나치게 간할까(敢諫) 봐 걱정인데, 그럼 공자께서는 (자로의) 그 병폐를 공격하지 않으시고 자로의 장점을 더 격려하시니, 병통을 더 키우는 셈 아닌가? 이런 것들은 일률적으로 말할 수 없는 일이다.

〔質疑〕子貢問君子 告之以先行其言 則范氏曰: "子貢之患 在於易言." 雖箴砭之言 本欲中病 然旣無明驗 恐難質言. 審如是也 顔淵問仁 而告之以克己 顔子爲不能克己之人. 原憲問恥 而告之以無道 原憲爲仕於亂邦之人. 將顔子之不遠復 原思之貧而樂 皆過實之言乎? 子路問政 而告之以無倦 子路問事君 而告之以犯顔. 夫子路有兼人之勇 以之爲政 惟恐其過於奮發 以之事君 惟恐其過於敢諫 而夫子不惟不攻其病 又從而勉其所有餘 將病不添乎? 諸如此類 恐不必一槪論也.

군자는 말하기 이전에 행동한다는 말이 자공의 '언어'에 대한 비판이라고 볼 수 없다는 뜻이다. 이 해석은 다산 자신이 '언어'에 뛰어난 것과도 연관이 있을 것이다. 500권의 책을 남긴 학자, 거의 모든 분야에 백과사전식으로 통달했으며, 정말 모르는 지식, 안 다루는 분야가 없는 사람이라면, '언어'는 개발해야 할 도구이고 세련시켜야 할 지식이지, 그저 입 다물고 조용히 있는 것이 미덕이 아닌 것을 다산 자신이 누구보다 뼈저리게 통감하고 있어서일 것이다.

언어에 능하기 위해서는 文이라 불리는 당대의 교양과 지식에 능통해야 한다. 자공은 공자학단에서 가장 박식한 인물이었다. 스승이 그를 '호련'이라는 그릇에 비유한 것을 앞에서 본 바 있다. 하은주 시대의 빛나는 문화를 한 손에 장악하고 있다는 찬사를 들을 정도였다.

물론 공자는 忠信, 인간성을 가장 중요하게 생각한다. '忠信을 중심에'라고 거듭 강조한다. '회사후소繪事後素'(그림 그리는 일은 흰 바탕이 있은 후에 한다), 모든 인문적 교양은 그다음의 일이다. 인간성의 중심에는 늘 '진실'이 있어야 한다.

그러나 또한 이렇게도 자부했다.

子曰: "十室之邑 必有忠信如丘者焉 不如丘之好學也." 〈공야장〉 27장)
공자가 말했다. "열 가구 정도의 마을이면, 그곳엔 반드시 忠信이 나만 한 자가 있을 것이나, 내가 好學하는 것만은 못할 것이다."

공자는 기본적 품성 못지않게, 문화적 도야가 그만큼 중요하다고 말한다. 忠信이 바탕(質)이라면, 거기 好學이 문화(文)로 보완되어야 한다. 그런 점에서 문질빈빈文質彬彬, 둘 중 하나도 결여될 수 없다.[2]

어느 인사가 인간의 요건으로, '품성(質)' 하나면 되었지, '문화나 지식(文)' 등이 굳이 필요하냐고 물었을 때, 자공은 이렇게 대답했다.

棘子成曰: "君子質而已矣 何以文爲?" 子貢曰: "惜乎! 夫子之說 君子也. 駟不及舌. 文猶質也 質猶文也. 虎豹之鞟 猶犬羊之鞟." 〈안연〉 8장)
극자성棘子成이 물었다. "군자는 質이면 되었지, 文을 어디다 쓰겠소?" 자공

---

2 언어에 대해 우리는 양면적 태도를 갖고 있다. '필요한 사회적·문화적 기술'이지만, 그것은 또 '자기를 변명하고 과시하며 이익을 도모하는 기술'이기도 하다. 그 언어는 '진실'일 수도 있고 '거짓'일 수도 있으며, 또 '간결'할 수도 있고 '장황'할 수도 있으며, '직설'로 치고들 수도 있고 '우회'로 암시할 수도 있다. 공자는 언어의 기능을 믿었으되, 그것이 진실이어야 한다는 것, 사실을 전하는 간결한 어투를 좋아했다. 때로는 직설로 충고하지만, 때로 우회로 상대방을 배려했다. 《논어》 전편을 통해 공자는 거의 '각박한' 언사를 쓰지 않는다. 자공에 대한 충고는 이러한 공자의 성향을 감안해서 읽어야 하지 않을까 싶다.

이 대답했다. "아깝다, 선생의 군자론이여. 네 필 말도 혀끝의 속도를 따라가지 못하지. 文은 質만큼, 質은 文만큼 중요한 것입니다. 호랑이나 표범 가죽에 털을 밀어버리면, 개나 양의 가죽과 뭐가 다르겠소?" (다산의 해석)

극자성은 위나라 대부다. 당시에 文의 교양이 승한 것을 보고, 아마도 실질 진심이 쇠하고 형식과 허례가 기승한 것을 풍자한 듯하다. 그러나 자공의 생각은 달랐다.

質은 순박, 진정, 인간의 기본 품성, 로열티와 신뢰(忠信) 등을 가리킨다. 文은 이에 대해 언어, 지식, 예절, 에티켓, 인문적 자질, 사회적 기술을 가리키고, 때로 자연 그대로(野)에 대한 문화적 특질(文)을 총칭하기도 한다. 주자는 말한다.

文과 質은 같은 가치를 갖고 있다. 서로 없어서는 안 된다. 그 文을 싹 없애고 質만 남기면, 군자와 소인을 구분할 길이 없다. 극자성이 당시의 (文이 승한) 폐단을 교정하려다 잘못을 저질렀다. 자공은 극자성의 폐단을 고치려고 (둘 사이에) 본말本末과 경중輕重의 차이가 없다고 했다. 둘 다 잘못이다.

言文質等耳 不可相無. 若必盡去其文 而獨存其質 則君子小人無 以辨矣. 夫棘子成矯當時之弊 固失之過 而子貢矯子成之弊 又無 本末輕重之差 胥失之矣.

둘 다 중요하다고 역설했는데, 주자는 또 왜 자공의 말을 반박하는 것일까? '文은 필요하지만, 質이 우선'임을 놓쳤다는 것. 다산은 자공이 틀렸다고 말하지 않는다.

文과 質은 군자가 공히 필수로 갖추어야 할 바다(하나도 빠트릴 수 없다). 만일 털의 무늬를 제거한다면 호랑이나 표범과 개나 양을 구분할 수 없다. 만약 文의 예악을 제거한다면 군자와 야인을 어떻게 분간하리? 〔補曰〕文猶質 質猶文 謂君子所須均也.【兩不可闕一】朱子曰: "文質等 不可相無."〔補曰〕若去毛文 虎豹與犬羊無別.【無貴賤】 若去禮樂 君子與野人奚擇?

역시 文質彬彬문질빈빈이 유교의 이념이다.

子曰: "質勝文則野 文勝質則史. 文質彬彬 然後君子." (《옹야》16장)
"質이 文보다 승하면 '촌스럽고', 文이 質보다 승하면 '빤질하다.' 文質彬彬한 뒤라야 군자답다."

《사기》〈중니제자열전〉에는 자공의 성격을 서술한 한마디가 있다.

타인의 장점을 칭찬하기를 즐겨 했고, 타인의 잘못을 숨기지 못했다.
喜揚人之美 不能匿人之過.

이 한 구절이 자공의 성격을 강렬하게 부각해준다. 자공은 '有德'이란 이름하에, 좋은 게 좋은, 물에 물 탄 듯한 개성이 아니었다. 웬만해서는 화를 내지 않을 것 같은 안회와는 달리, 그는 이를테면 호오가 분명하고, 맺고 끊음이 칼같은 스타일이라는 인상을 준다.

그는 역시 '언어'의 사람이다. 언어에 민감하고 유능한 사람들은 명료하지 않은 개념이나 모호한 표현을 참지 못한다. 그리고 그들은 말하는 자의 숨겨진 의도와 맥락의 이면을 읽어내고, 기록한 것이 모두 진실은 아니라는 것을 알고 있다.

자공의 비평적 감식안

> 子貢問友. 子曰: "忠告而善道之 不可則止 無自辱焉." (〈안연〉 23장)
> 자공이 '친구' 혹은 '우정'에 대해서 물었다. 공자가 대답했다. "충심으로 충고하여 선으로 이끌되, 안 되면 그만두어라. 스스로 욕이 되지 않도록…."

자공의 언어는 분명하고 직설적이다. 이런 성격은 타인을 생각하지 않고 '충고'와 '비판'을 자동으로 쏟아낸다. 율곡과 다산이 고백한 것이 있다. "마음속에 있는 것, 느끼고 생각하는 것을 속에만 담아두지 못했다"는 것이다. 그래서 수많은 적을 만들었다고 자책(?)했다.

> 子貢曰: "君子之過也 如日月之食焉. 過也 人皆見之. 更也 人皆仰之." (〈자장子張〉 21장)
> 자공이 말했다. "군자의 과실은 일식이나 월식과 같다. 잘못이 있으면 누구나 볼 수 있다. 잘못을 고치면 또 누구나 우러러볼 수 있다."

주자는 더 보탤 말이 없었고, 다산은 과학자답게 일식과 월식의 원리에 대해서 길게 설명한다. 내용이 전문적이라 자문을 구했다.

달이 해를 가리면 일식이 이루어진다. 무릇 해는 천구(육안으로 보이는 하늘을 가상 구체의 안쪽 표면으로 개념화한 것)의 위에 있고, 달은 천구의 아래에 있다(해가 달보다 지구에서 더 멀리 있기 때문에 두 천체가 일렬로 위치할 때는 지구에서 봤을 때 해가 항상 달 뒤에 있다). 합삭(그믐 중에도 일식이 생길 조건이 충족되는 그믐날)의 때에는 해와 달이 길을 교차하여 만나는데, 동서 각도가 같고(해가 뜨기부터 지기까지의 한가운데) 남북 각도가 같을 때(정오 때 해가 가장 높은 날로부터 가장 낮은 날까지 중 한가운데) 곧 달이 해를 가린다.[3] 그리하여 꼭 해와 달과 관찰자의 육안 세 가지 요소가 직선상에 있어야 일월식을 볼 수 있다. 땅이 해를 가로막으면 월식이 이루어진다. 달은 본디 스스로 내는 빛이 없으므로 해의 빛을 빌려서 밝아진다. 완전한 '보름의 때'[4], 달과 땅과 해의 세 천체가 직렬하는데, 땅이 햇빛을 가로막고 사람(육안의 관찰자)이 땅과 해를 등지고 나면,[5] 곧 월식이 보이는 것이다. 아무리 지극한 밝음(태양광)이라 하여도 자신의 본래 밝음을 잃게 되는 것(일식)이 사람이 짓는 과실과 닮았다는 것이다.

〔補曰〕月掩日爲日食. 蓋日天在上 月天在下 合朔之時 日月交會 東西同度 南北同度 則月掩日. 然必日·月·眼參直 乃見其食.【眼者 人目也】地隔日爲月食. 蓋月本無光 得日光以爲明. 正望之時 月·地·日參直 地遮日光 則人負地與日 乃見月食也.〔補曰〕以至

---

3 일식은 지구와 달의 궤도 형태의 특징 때문에 춘분과 추분 정오에만 관측이 가능한데, 이 조건을 "낮과 밤의 길이가 같고(춘추분) 일출몰의 정중점(정오)에 달이 해를 가린다"라고 표현했다.

4 보름날하고 보름의 순간에는 구분이 있다. 보름의 순간은 해-지구-달이 이 순서대로 직렬하는 시점을 가리키는 말인데, 달력을 만들 때는 자정으로부터 자정 사이의 구간에 이 보름의 순간이 포함되는 24시간 구간을 보름날로 정한다.

5 해가 지고 나면, 해는 지구 반대편 관찰자 발아래 가 있게 된다. 이를 "사람이 땅과 해를 등졌다"라고 표현했다.

明而失其本明 如人之作過然.

그러고는 이렇게 말했다.

군자의 과실은 반드시 양명해야 한다. 또 그 잘못을 변명하고 분식하지 않는다.
〔補曰〕言君子之過必陽明. 又不文飾其過.

《맹자》에도 거의 같은 구절이 있다.

옛 군자들이 (짓는) 그 잘못이 일식과 월식 같아서, 백성들이 그것을 다 보았고, 잘못을 고치면 백성들이 우러러보았다.
古之君子 其過也 如日月之食 民皆見之 及其更也 民皆仰之. 《맹자》〈공손추〉下 9장)

여기서도 자공의 성격을 뚜렷이 볼 수 있다. 사람이 잘못이나 실수가 없을 수는 없다. 그것을 숨기지 말고 드러내라. 실수는 바로잡고, 잘못은 고쳐야 한다. 그러면 누구나 그것을 우러러볼 것이다. 누구나 실수를 한다. 음습한 곳에 숨지 말고 밝은 곳으로 나서라. 변명도 분식도 하지 말고, 잘못을 저지르면 솔직히 인정하고 더 나은 사람이 되도록 노력할 일이다.

인물을 보는 감식안이 빠질 수 없다.

子貢問曰: "鄕人皆好之 何如?" 子曰: "未可也." "鄕人皆惡之 何如?" 子曰:

"未可也. 不如鄉人之善者好之 其不善者惡之."(〈자로〉24장)

자공이 물었다. "마을 사람 모두가 좋아하면 어떻습니까?" 공자가 대답했다. "안 되는데…" "그럼 마을 사람 모두가 미워하면 어떻습니까?" 공자 대답했다. "그것도 안 되지. 마을의 착한 사람들이 좋아하고, 착하지 않은 자들에게는 미움을 받아야지."

공자의 절묘한 대답 아닌가? 이것은 자공과 공자 두 사람 모두에게 절절하고 오래된 체험이었을 것이다. 지금 우리네 삶도 마찬가지다. 주자는 여기 한마디를 보탠다.

마을에는 公論이 있을 것이지만, 그들 사이 무리에 따라 호오가 갈라진다. 마을의 선한 자들이 좋아하는데 악한 자들이 그를 미워하지 않는다면, 이것은 반드시 (악한 자들에게) '영합'하는 행동이 있을 것이다. 악한 자들이 미워하는데 선한 자들이 그를 좋아하지 않는다면, 그에게는 진정 좋아할 만한 실질이 없을 것이다.

一鄉之人 宜有公論矣 然其間亦各以類自爲好惡也. 故善者好之 而惡者不惡 則必其有苟合之行. 惡者惡之而善者不好 則必其無 可好之實.

주자의 부연 설명은 상당한 울림을 갖고 있다. 다산 또한 이 구절을 인용하고 있다. 그러면서 한마디 보충했다.

같은 마을[11] 사람들이 모두 좋아한다면, 이는 시류에 편승하고 더러움에 몸을 담그는 인간일 것이고, 다들 싫어한다면 사기꾼이거나 세상과 어긋하게 사는 인간일 것이다.

輔云："鄕人皆好 恐是同流合汚之人. 鄕人皆惡 恐是詭世戾俗
之人."

자공은 '미워하는 법'에 대해서도 묻는다. 그만큼 자공의 성격을 분명
히 알려주는 대목이다. 제자들 가운데 누구도 이 문제를 던진 적이 없
다. 너무 '어진(仁) 사람'이 되는 데 신경 쓴 탓인지도 모른다.

유교의 덕목은 仁이고, 이것은 미움이나 증오와는 거리가 멀어 보
인다. 인후함은 너그럽고 용서하고 도와주고 인내하는 덕성이다. 그
런데 미움이라니….

옛 지혜인들은 그저 사람 좋은 무지랭이들이 아니었다. 그들은 선
과 악을 분명히 갈랐고, 그리하여 그들을 따르는 열혈 추종자들 못지
않게, 그들을 비난하고 무시하는 적들을 그만큼 가지고 있었던 것이
다. 자로가 죽었을 때 공자는 이렇게 탄식한 바 있다.

"자로가 내 문하에 들어오고 나서, 나를 욕하는 소리가 들리지 않았다."
故孔子曰："自吾得由 惡言不聞於耳."（사마천,《사기》〈중니제자열전〉)

공자와 자공의 바로 앞 대화가 그 점을 분명히 일깨워준다. 착한 자들
의 호의와 귀의를 받고, 악한 자들의 비판과 무시를 받는 것이 '군자'
의 증표다. 그러고서 공자는 말한다.

---

6   다산은 여기 鄕을 同鄕으로 해석했다.

子曰: "唯仁者能好人 能惡人." (〈이인〉 3장)

仁한 자만이 사람을 좋아할 수 있고, 사람을 미워할 수 있다.

앞의 다산의 주석처럼, 모두가 좋아하는 인간은 '시속에 편승하고 더러움에 같이 몸을 담근(同流合汚)' 사람일 것이고, 모두가 싫어하는 인간은 필시 '사기꾼이거나 세상과 어긋하게 사는(詭世戾俗)' 사람일 것이다. 그런 점에서 자공과 공자는 호오가 분명하고, 사마천의 말처럼 자공은 그것을 숨기려 하지 않았다.

호오가 분명하지 않은 것은, 그가 추구하는 가치나 롤 모델, 인간성에 대한 인식을 갖추지 않고 있다고 해도 되지 않을까? 그 기준을 갖고 있다면, 어떤 행동 어떤 성격이 바람직한지 아닌지가 저절로 나의 감정과 판단을 일깨울 것이다.

그런 점에서 호오를 알면, 바로 그 사람이 누구인지 거꾸로 읽을 수 있다. 그것은 흡사 여행기가 답방지의 풍경보다 여행자에 대해 더 많은 이야기와 정보를 담고 있는 것과 비슷한 이치다.

子貢曰: "君子亦有惡乎?" 子曰: "有惡. 惡稱人之惡者 惡居下流而訕上者 惡勇而無禮者 惡果敢而窒者." 曰: "賜也亦有惡乎?" "惡徼以爲知者 惡不孫以爲勇者 惡訐以爲直者." (〈양화〉 24장)

자공이 물었다. "군자도 누구를 미워하거나 증오하는 일이 있습니까?" 공자가 말했다. "있지. 다른 사람의 단점을 떠벌리고 다니는 자, 하류에 있으면서 상류를 헐뜯는 자, 만용을 용기로 착각하는 자, 앞뒤 없이 밀어붙이는 꽉 막힌 자." "자공아, 너도 미워하는 자들이 있느냐?" "빌린 지식을 끌어다 지적인 척하는 자, 불손을 용기로 아는 자, 남의 결점을 들추는 것을 정직으로 아는 자입니다."

자공과 공자가 미워하는 부류 가운데 둘은 일치하는 것이 신기하다. ① 미주알고주알 남의 결점을 들추는 자들, 그리고 ② 무례하게 들이대는 것을 용기로 아는 자들.

① 공자는 남의 결점을 들추는 자들을 어떻게 대했을까? 앞의 공문자의 경우에서 보듯, 공자는 공문자의 잘못을 들추기보다 원론적으로 文의 시호의 의미를 일러주는 선에서 그쳤던 것을 보았다. 현지의 대부를 굳이 비판하지 않으려는 공자의 태도를 확인할 수 있다.

② 그러면 무례하게 들이대는 자들은? 아마도 공자가 천하를 돌면서 만난 인물들은 제후나 고위 관료였을 테고, 그들 가운데는 공자나 그의 학단에 대해 우습게 여기는 무리가 많았을 것이다. 아는 것은 많고 재주는 있어 보이는데, 실용적 지식이나 전문성이 '글쎄, 어디다 쓸꼬?' 하는 회의적 인사도 많았을 것이다.

達巷黨人曰: "大哉孔子! 博學而無所成名." 子聞之 謂門弟子曰: "吾何執? 執御乎? 執射乎? 吾執御矣." (〈자한〉 2장)

달항達巷 마을 사람이 말했다. "위대하도다, 공자여! 박학하면서도 한 가지 기예로 이름을 낸 것은 없구나." 공자가 이 말을 듣고 제자들에게 말했다. "그럼 내 무엇을 전문으로 해볼까? 수레 모는 일을 해볼까? 활 쏘는 일을 해볼까? 내 수레 모는 일을 잡아서 하리."

공자와 자공은 그들의 눈빛과 태도에서 모욕감을 느낀 적이 많았을 것이다. 그것이 지금의 '미움'으로 나타난 것은 아닐까?

③ 그 해석을 받쳐주고 있는 것이 바로 '惡居下流而訕上者오거하류이산상자'다. 공자는 무슨 뜻을 담아 이 말을 한 것일까?

주자는 下流를 그냥 신분과 직위를 기준으로 잡아 '아랫사람'으로 해석했다. 그래서 이 구절을 "아랫사람이 윗사람을 존중하고 충성하는 마음이 없다(下訕上 則無忠敬之心)"고 번역했지만, 이것은 禮를 중시하는 정치적 일반론에 가까워서 실존적 느낌이 약하다. 만일 그랬다면 下流가 아닌 下를 쓰지 않았을까? 다산의 해석을 보자.

下流는 '덕성과 재능이 없는 이들'을 가리킨다. 이들은 천박한 삶을 누리며 무비판적 삶을 영위한다. 그들은 뛰어난 자, 德을 갖춘 자들을 헐뜯는다. 그것은 일종의 '질투'다.

〔補曰〕居下流 謂無德藝 身卑如污渠.〔補曰〕上 謂德藝居人上者. 孔曰:"訕 謗毁." … 居下流而訕上者 妬也.

나는 다산의 해석이 탁월하다고 생각한다. 인간의 심성을 족집게처럼 짚어내지 않았는가?

다산의 만년 시 가운데 〈노인의 쾌사 여섯 가지(老人一快事六首)〉가 있다. 그 가운데 4번째는 '귀가 먹어' 좋은(?) 일을 적고 있다.

老人一快事　耳聾又次之
世聲無好音　大都皆是非
浮讚騰雲霄　虛誣落污池
禮樂久已荒　儇薄嗟群兒
嚶嚶蝗侵蛟　喞喞鼷穿獅
노인의 쾌사 가운데 하나가
귀먹은 것이 또 그다음이네

세상에 칭찬의 소리는 없고

온통 비난뿐이네

헛된 찬가는 하늘 구름을 뚫고

근거 없는 모함은 (멀쩡한 사람을) 구렁텅이로 처박아

예악은 오랫동안 거칠어졌고

아, 약고 경박한 뭇 아이들이여

개미가 떼 지어 교룡을 침범하고

생쥐가 사자를 밟아 뭉개도다

다산이 하루아침에 멸문당하고 유배의 몸으로 떨어지자, 그동안 다산을 칭송하던 무리, 덕을 보려던 친척 친구들이 다 떨어져 나가고, 오히려 앞장서서 깎아내렸다. "개미들이 떼를 지어 교룡을 침범하고, 생쥐들이 사자를 밟아 뭉갠다"는 표현의 의미는 분명하다. 교룡과 사자는 자신을 빗댄 것이고, 개미와 생쥐는 당대의 하류들을 가리킨 것일 것이다. 여담이지만, 다산은 2천 수가 넘는 시 가운데 수많은 '동물'을 등장시켰다. 선비들의 음풍농월에는 동물들이 잘 등장하지 않는다. 자연 감상이 위주라서 그렇다. 그러나 다산은 자신 삶의 굴곡이 보여주는 대로, 그를 둘러싼 인간들의 행태를 묘사하기 위해 '동물들'을 끌어들여야 했다. 실명을 쓸 수는 없지 않은가? 그리하여 아마 조선조 누구보다 많은 우화시를 남겼을 것이다.

그래서 노인의 쾌사 가운데 하나가 "이제 귀가 들리지 않는다"는 것이다. "이제 나를 비난하고 우습게 여기는 비웃음 소리를 듣지 않아도 되었으니, 이 아니 즐거운가? 그뿐인가? 잘나가는 권력자들을 위한 저 엉터리 없는 칭찬들, 아부와 아첨, 때로 무지에서 오는 그 경박한 소란도 듣지 않을 수 있게 되었네."

"이 아니, 유쾌한 일인가!"라는 감탄에는 다산의 쓰디쓴 삶의 경험들이 녹아들어 있다. 이 경험이 《논어》의 해석에 깊은 영향을 끼쳤을 것이다.

子貢曰: "紂之不善 不如是之甚也. 是以君子惡居下流. 天下之惡皆歸焉."
〈자장〉 20장)

자공이 말했다. "주의 不善이 어찌 그토록 심했겠는가? 그래서 군자는 하류에 거하는 것을 싫어한다. 천하의 惡이 모두 여기 몰리기 때문이다."

잘 아는 대로 주紂왕은 은의 마지막 임금이다. 하나라 걸桀왕과 더불어 '폭군'의 대명사로 불린다. 역사에 기록된 주왕은 머리가 좋고, 언변이 좋으며, 힘이 장사였다고 한다. 그의 패악은 그야말로 막장이라 할 만하다. 총첩 달기妲己의 소원은 무엇이든 들어주고, 난교 파티를 즐겼으며, 술로 호수를 만들고 고기로 숲을 만드는(酒池肉林) 등 악행이 끝이 없었다고 적혀 있다. 기자箕子는 간하다가 몸을 숨겼고, 비간은 잔혹한 형을 만류하다가 주왕이 "듣자 하니 성인은 심장에 7개의 구멍이 있다면서?"라며 심장을 갈라 죽였다고 한다.

과연 그 정도로 광폭했을까? 역사는 이긴 자의 기록이다. 정복하거나 쿠데타를 일으키면 그 정당성을 위해 상대방은 '철저히 악인'이어야 한다.

자공이 말했다. "주왕의 악이 그 정도는 아니었을 것이다. 그럼에도 그가 한 번 나라를 잃자, 그의 작은 잘못들과 흠결들이 과장되고 증폭되어 온갖 불명예와 욕됨이 그를 향해 쏟아졌다. 어찌 군주만이겠는가?"

자공은 인간이 하류로 떨어지고 나면, 온갖 더러움과 오물이 그 빈 곳으로 쏟아져 들어온다고 경계했다. 가령, 처신을 잘못해서 자칫 이름이나 명예에 손상이 가면, 사방의 손가락질과 과장된 비난이 그를 향해 날아들 것이다. 그래서 늘 행실을 조심하고 불명예를 경계해야 할일이다. 주자는 말한다.

下流란 지형이 낮은 곳을 말한다. 모든 물이 이리 쏟아진다. 이는 人身에 더러움과 천함이 있을 때, 또 모든 악명이 몰리는 것을 비유한 것이다. 자공이 이 말을 한 것은 사람들이 늘 스스로 경계하고 살펴서(自警省) 不善한 곳 근처에 가지 말도록 바랐기 때문이다. 주왕이 본래 무죄라거나 그 악명이 근거 없다고 두둔하는 것이 아니다.
下流 地形卑下之處 衆流之所歸. 喩人身有汙賤之實 亦惡名之所聚也. 子貢言此 欲人常自警省 不可一置其身於不善之地. 非謂紂本無罪 而虛被惡名也.

다산의 주는 주자의 주석에 약간의 부연을 더해주고 있다.

학자들이 주왕의 죄악을 늘어놓고 그 음란하고 잔악함을 따지는데, 그 가운데는 허실이 서로 섞여 있다. 자공은 이것을 경계하고 있다.
〔補曰〕學者臚陳紂之罪惡 議其淫虐 其中有虛實相錯. 子貢因以戒之.

하나 유의할 것은 다음과 같은 다산의 비평이다.

공안국이 말했다. "주왕에게 온갖 더러운 욕이 덮어씌워진 것은, 그가 不善하여 나라를 잃은 것을 후세가 '증오'하기 때문이다." 생각건대 그건 '증오' 때문이 아니다. 지역이 멀고 시대가 멀어지면, 전문傳聞이 모두 사실일 수는 없다. 대중의 습속이 대개 부탄浮誕하기에, 어떤 사람 하나가 악명을 얻으면, 다른 사람의 악으로 전해 들은 것도 몽땅 그 사람에게 돌려버린다. 그뿐인가? 거기에 더 보태고 때로 조작까지 해서 잘못된 정보는 와전되어 계속 전해지다, 오래되면 결국 실록實錄에 기록된다. 이건 '증오' 때문이 아니다. 뚜렷한 이유 없이 무단히 자연히 흘러가는 추세라, 이는 구정물이 하류에 자연히 몰려드는 것과 같다. 그게 하류를 '증오'해서 그런 것은 아니다. 자공이 경계하고자 한 바가 바로 여기 있다.

孔曰: "紂爲不善 以喪天下 後世憎甚之 皆以天下之惡歸之於紂." 〔案〕 '憎甚之'以下 誤矣. 地有遠近 時有後先 所傳聞未必皆實. 而愚俗大抵浮誕 有一夫得惡名 則以其舊所聞他人之惡 依俙髣髴者 悉歸之於其人. 又或增衍附益 造作虛假 以訛傳訛 久而爲實錄. 未必皆憎惡而然. 此無故無端自然之勢 如惡物之自然歸於下流. 非有憎於下流也. 子貢之戒 凡在是也.

누가 역사를 진실이라 하는가? 역사에 비평이 필요하고, 역사학자는 사료와 통념에 의문을 가진다.

자공은 '호련'이라 하은주 3대의 전적에 통달했고, 그 안목으로 '기록'에서 허실을 갈라보는 눈이 자랐을 것이다. "한 번 악명을 덮어쓰면, 당대의 온갖 허접쓰레기를 같이 뒤집어쓰게 된다." 그게 성찰의 계기가 되었을 것이다.

다산의 마지막 주석은 그의 삶이 가르쳐준 바였을 것이다. 예를 들면, 그의 서학 경험이 당대의 금기로 낙인되었다면, 그 점을 '비평'만 하면 되었을 것이다. 그런데도 이때다 하고, 한때 그가 잘나갈 때 입도 벙긋 못하던 사람들이 온갖 이유와 핑계를 대면서, 그를 완전히 하류의 상종도 못 할 사람, 대역 죄인으로 단죄하고 멀리했을 것이다. 다산은 그 한과 외로움을 유배 내내, 아니 돌아와서 죽을 때까지 잊지 못했을 것이다.

다산은 처음 경상도 장기로 유배를 갔다. 그가 쓴 시 가운데 '그 외로움'이 잘 나타난 것이 있다. 그는 자못 출세가도를 달리는 듯싶었다. 그는 정조의 지기, 남인의 준재로서 기대와 촉망을 한 몸에 받았다. 그런데 그것이 급전직하急轉直下, 하루아침에 나락으로 떨어질 줄 몰랐다.

好花方艶時　誰不願爲花
迨其萎而隕　不如凡草芽 (〈고시古詩〉)
꽃이 흐드러질 때는 다들 그 꽃이 되고 싶어 하지
그러나 시들어 떨어지고 나면 잡풀의 싹만도 못하게 되지

"그 좋던 꽃이 지고 보니" 사방에는 냉소와 손가락질만 무성하다. 차가운 새벽 한기로, 그는 이제 오랜 "취기에서 벗어난다." 화려했던 꿈이 걷히고 보니 인정물태人情物態의 맨살들이 그대로 흉측하게 드러나 있다.

옛 벗들은 발길을 끊었다. "참새떼는 마당에 모여드는데, 옛 손님 아득히 볼 수가 없네." 그는 스스로 묻고 자답한다. "어쩌겠나, 염량炎 凉이 같지 않은걸."

그는 자신을 "진창에 빠져 갈기가 요동치는 말(泥沙滿地掉鬐晚)"과 "넓게 쳐놓은 그물에 꼼짝없이 걸려 날개를 푸득거리는 새(網罟彌天 舒翼輕)"에 비유했다. 다산은 이 운명을 예측하지 못한 '어리석음'을 내내 자책하고 탄식한다. 다산은 지독한 외로움에 떨었다.

> 浮世論交問幾人　枉將朝市作情眞
> 菊花影下詩名重　楓樹壇中讌會頻
> 驥展好看蠅附尾　龍顚不禁蟻侵鱗 (〈스스로를 비웃다(自笑)〉)
> 뜬 세상, 사귈 벗이 몇이나 되었던가
> 시정잡배를 잘못 알고 참된 이로 여겼다네
> 국화 그림자 아래 시명詩名이 드높았고
> 단풍나무 단 위에선 연회가 잦았었지
> 천리마가 내달을 땐 꼬리에 붙은 파리도 잘나가지만
> 고꾸라진 용은 개미에게 코앞을 물어 뜯긴다네

그는 밤에 잠들지 못한다. 자주 깬다. 그러다가 그들을 이해하고 용서해주려는 생각도 든다. 그는 이것이 운명이고 하늘의 뜻이라고 마음을 다잡는다. 당연히 그는 잠들지 못한다. 〈근심(愁)〉이라는 제목의 시가 있다.

> 愁將石壓猶還起　夢似煙迷每不明

바위로 눌러도 근심은 다시 일고
안개인 듯 꿈 자리는 언제나 흐릿하다

다산의 《고금주》는 고금의 주석을 '객관적'으로 정리하여, 공자라는
인물과 그 사상을 '복원'하겠다는 기염이지만, 그 해석은 언제나 그의
실존적 삶과 그 경계를 벗어날 수 없는 것이 아닐까?

다산이 예외적으로 자신의 묘지명을 자찬自撰한 것도, 앞에서 본
쾌사快事에서처럼, 내게 돌아오는 욕을 다 방패로 막고 내 일생을 내
손으로 쓴다는 '전쟁터 한가운데'의 결기가 아니었을까 생각해본다.
다산은 언젠가 그렇게 토로한 바 있다. "내가 그냥 죽으면, 서학을 잘
못 믿다가 죄를 얻어 죽은 자로 기억될 것이 아니냐?"

자공, 정치를 논하다

이제 그의 '정치론'을 본격적으로 살펴볼 차례다.

공자는 제후들을 만났다. 은자들도 그를 알아보았으니, 그의 명성
이 천하를 울리고 있었음을 알겠다.

진陳나라의 대부 자금子禽이 자공에게 이렇게 물었다.

子禽問於子貢曰: "夫子至於是邦也 必聞其政 求之與? 抑與之與." 子貢曰:
"夫子溫·良·恭·儉·讓以得之. 夫子之求之也 其諸異乎人之求之與?" (〈학이〉
10장)

자금이 자공에게 물었다. "공자께서 가는 나라마다 반드시 그 나라 정치에 대해

서 듣고 실력자들과 담론하는데, 이것은 공자가 나서서 요구한 바입니까, 아니면 그쪽에서 요청해온 것입니까?" 자공이 대답했다. "공자께서는 온화하고 솔직하며 존중감과 절제 그리고 겸양의 德을 갖추고 계시기에 그리되는 것입니다. 공자께서 만남을 갖는 방식은 다른 사람들이 나서서 '요구'하는 것과는 다릅니다." (다산의 해석)

주자는 공자의 德을 온溫(和厚) · 량良(易直) · 공恭(莊敬) · 검儉(節制) · 양讓(謙遜) 다섯으로 열거했다.

성인께서 가는 곳마다 교화가 이루어지고, 신비를 보존하게 되는 비밀은 쉽게 엿볼 수 있는 것이 아니다. 그러나 이 자리를 잘 보면, 그 德이 높고 禮가 공손함으로 다른 것을 바라지 않음을 알 수 있다. 학자들은 여기 이곳을 깊이 성찰하여 공부에 힘쓸 일이다.

聖人過化存神之妙 未易窺測. 然即此而觀 則其德盛禮恭而不願乎外 亦可見矣. 學者所當潛心而勉學也.

다산은 공자의 德으로 앞의 온溫(和也) · 량良(善也) · 공恭(驕之反) · 검儉(侈之反) 넷을 꼽았다. 이 대화의 포인트는 讓以得之양이득지에 있다. 즉 "사양하는데도 굳이 만나게 된다"는 뜻.[7] 다른 사람들은 나서서 면담을 요구하거나 들이대는 데('求'而得之) 비해, 공자의 경우는 굳이 사양하는데도 만나자는 요청이 온다('讓'以得之)는 것.

---

7 이 해석이 〈원의총괄〉의 목록에도 실려 있다. 자신 있는 창견創見이라는 뜻이다.

자금이 공자가 요구하여 얻었을 것으로 의심했기에, 자공은 '공자는 겸양함으로써 그것을 얻었다'고 하여 바로 그의 의혹을 깨뜨려주었으나, '讓양' 자를 위로 붙여 읽어서는 안 된다. ⋯ '讓以得之양이득지'는 비록 겸양하였으나 종국에는 들을 수 있었다는 말이다. '夫子之求之부자지구지'의 '求'는 마땅히 '自求多福자구다복'의 '求'처럼 훈독해야 한다(군자는 일찍이 복을 구한 적이 없지만 善을 행하여 복을 얻게 되기 때문에, '스스로 많은 복을 구한다'고 했다).

子禽疑夫子'求'而得之 故子貢謂'夫子讓以得之' 正以破其惑 不可以讓字屬上句讀. ⋯〔補曰〕讓而得之 謂雖退讓 而終亦得聞也. 夫子求之之求 當讀如自求多福之求.【君子未嘗求福 而行善以得福 故曰'自求多福'】

자금은 공자의 제자가 아니다. 주자도 그렇고 주석가들은 논어에 나오는 인물을 몽땅 제자로 몰아가는데, 그러지 말자고 타이른다.

자금이 孔門의 제자라는 사실이 正史에는 보이지 않는다.《공자가어》는 위서僞書로 왕숙王肅의 보충과 정현의 절충을 거친 것인데, 주자는 《가어》를 믿지 않았기 때문에 자금은 자공의 제자일 것이라고 여겼다. 그러나 이름이 《논어》에 실린 자는 모두 孔門의 제자라고 先儒들이 여겼던 까닭에, 드디어 신정申棖의 무리까지 성묘聖廟에 종사宗祀하였으니, 이는 유학계의 한 가지 폐단이 된 것이다. 어찌 자금만이 그렇겠는가?

〔質疑〕子禽之爲孔門弟子 不見正史 而《家語》者僞書 王肅所補以折鄭玄者也. 朱子不信《家語》故疑子禽爲子貢弟子. 然凡名載《論

語》者 先儒悉以爲孔門弟子 遂使申棖之類從祀聖廟 此斯文之一
蔽也. 奚但子禽然矣?

그렇게 천하를 두 발로 돌았으나, 이렇다 할 성과는 없었다. 자공은
그것이 안타까웠을 것이다.

子貢曰: "有美玉於斯 韞匵而藏諸? 求善賈而沽諸?" 子曰: "沽之哉! 沽之
哉! 我待賈者也." (〈자한〉 12장)
자공이 물었다. "여기 빛나는 보석이 있는데, 궤에 잘 싸서 보관하시겠습니까,
아니면 좋은 상인에게 파시겠습니까?" 공자가 말했다. "팔아야지, 팔아야지. 나
는 임자를 기다리고 있다."

자공은 스승이 기준을 낮추고 적정선에서 타협해주기를 바랐다. 그
러나 공자의 보석(玉)은 아무에게나 팔 수도 없고, 팔아서도 안 되는
것이었다. 주자는 그 점을 지적하면서 범조우의 말을 인용한다.

자공은 공자가 道를 지니고도 벼슬하지 않는 것을 두고 이 질문을 던
졌다. 공자는 팔아야 하지만 상인이 찾아와야지, 내가 나서서 구걸할
수는 없지 않느냐고 했다. 범조우가 말했다. "이윤이 들에서 밭을 갈고
있을 때나 백이나 강태공이 바닷가에서 살고 있을 때, 세상에 성왕, 탕
왕, 문왕 같은 이가 없다면 (공자의 발탁은) 기대할 수 없다. 공자께서 道
를 굽혀 사람을 따를 일도 없고, 옥을 자랑하며 팔고자 할 리도 없다."
子貢以孔子有道不仕 故設此二端以問也. 孔子言固當賣之 但當
待賈 而不當求之耳. 范氏曰: "若伊尹之耕於野 伯夷·太公之居於

海濱 世無成湯文王 則終焉而已. 必不枉道以從人 衒玉而求售也."

다산의 의견도 주자와 같다. ① "팔아야지"를 두 번 반복한 것은 마땅히 팔아야 한다는 강조다. 다만 하나, ② 여기 善賈선가는 '좋은 상인'이라는 뜻이지, '높은 값'을 말하는 것이 아니다.

> 善賈를 높은 값으로 여기는 것은 잘못되었다. 군자가 보배를 품으면 현명한 임금을 기다려 자신의 道를 팔고, 옥공(玉人)이 좋은 상인을 기다려 옥을 파는 것과 같다. 만약 善賈를 높은 값으로 여긴다면, 이는 높은 관직과 두터운 녹봉을 기다려 자신의 道를 파는 것이니, 이게 옳은가?
>
> 相傳善賈者高價 豈不謬哉? 君子懷寶 待明王而售其道 如玉人藏玉 待善估而售其貨. 若以善賈爲高價 則是待高官厚祿售其道也 而可乎?

이 구절을 통해 공자의 정치적 열망을 절실하게 읽을 수 있다. 천하를 경영할 자신과 기예를 갖고 있으면서도 포의布衣로 지내야 하는 안타까움을 절실히 읽을 수 있다.

그럼에도 그는 스스로 자부했다.

> 子曰: "苟有用我者 期月而已可也 三年有成." 〈자로〉 10장
>
> "만약 나를 쓴다면, 1년 안에 성과를 보이고, 3년이면 성공을 거둘 것이다."

공자의 도덕적 이상주의는 당대 제후와 실력자들의 관심, 즉 군사적

긴장, 영토 분쟁, 외교력 강화, 생산의 안정과 증대라는 현실적 문제에 직접 어필하지 못하고 있었다. 맹자가 그랬듯이, 그런 전쟁과 각축의 시대에 仁義를 말하는 것이 너무 우활하고 고원했을 수도 있다. 그런 고원한 이상을 한 수 접는다면, 공자의 제자들은 '유능한 관료'로서 자신들의 실력을 발휘할 길이 늘 열려 있었다. 실제로 자로는 위나라에서, 자공은 천하를 유력하는 활약을 하게 된다.

> 子之武城. 聞弦歌之聲. 夫子莞爾而笑 曰: "割雞焉用牛刀?" 子游對曰: "昔
> 者偃也聞諸夫子曰: "君子學道則愛人 小人學道則易使也." 子曰: "二三子!
> 偃之言是也. 前言戲之耳." 《양화》 4장)
> 공자가 무성武城에 갔다. 현악기에 맞춰 노래하는 소리를 들었다. 공자가 빙그레 웃었다. "닭을 잡는 데 어찌 소 칼을 쓰누?" 자유가 대답했다. "제가 스승님께 듣기론, '군자가 道를 배우면 사람들을 사랑하고, 소인이 道를 배우면 통솔이 편하다' 하셨지 않습니까?" 공자가 말했다. "얘들아! 자유의 말이 옳다. 아까는 농담이었다."

천하를 경영할 道가 저쪽 어디 작은 나라에서 행해지고 있었다. 공자의 빙그레 웃음은 대견함과 허전함이 교차하는 곳이라 생각한다.

> 子貢問爲仁. 子曰: "工欲善其事 必先利其器. 居是邦也 事其大夫之賢者
> 友其士之仁者." 《위령공》 9장)
> 자공이 仁의 실천(爲仁)에 관하여 물었다. 공자가 대답했다. "장인이 일을 잘 하려면, 우선 연장부터 갖추고 다듬어야 한다. 그 나라에 가거든, 大夫 가운데 현자(유능자)를, 士 가운데 仁(의 德)을 갖춘 자와 벗하거라."

仁의 실천을 위해서는, 대장간 장인이 연장부터 다듬듯이, 그 나라의 현자를 잘 섬기고 有德한 자들과 벗해야 한다

주자의 주석을 그대로 번역해드릴까 한다.

賢은 유능함으로, 그리고 仁은 덕성으로 말한 것이다. 공자는 자공이 늘 자기만 못한 자(와 어울리기)를 즐거워하므로 이런 충고를 했다. 그래서 '경각심을 갖고' 엄탄嚴憚 · 절차切磋하여 그 德을 이루게 하고 싶었다.

賢以事言 仁以德言. 夫子嘗謂子貢悅不若己者 故以是告之. 欲其有所嚴憚切磋以成其德也.

다산도 여기에 동조하는 듯하다.

器는 목공의 도끼 톱 같은 것이다. 주자의 "賢은 유능함으로, 그리고 仁은 덕성으로 말한 것이다"는 옳다, 大夫는 높아서 '모신다(事)'고 했고, 士는 좀 낮기에 '벗한다(友)'라고 했다. 大夫는 수가 적기에 유능하기만 해도 사귀고, 士는 많기에 仁者를 고를 수 있다.

〔補曰〕 工 匠也. 器如木工之斧鋸 是也. 朱子曰: "賢以事言 仁以德言." 【邢云: "大夫尊 故言事. 士卑 故言友."】〔補曰〕 大夫少 故苟賢則取之. 士多 故必仁乃取之.

관심의 초점은 바로 '仁의 실천'에 있다. 문맥상으로도 이것이 모종의 정치적 행위와 연관되어 있음을 알 수 있다. 다산은 단적으로 말한다.

仁의 실천은 바로 백성을 편안하게 하는 것(安民), 그리고 그들이 (정치의) 혜택을 받게 하는 일이다.

〔補曰〕爲仁 謂安民使被其澤.

그래야 공자의 응답이 의미를 갖게 되지 않겠나? 백성을 편안하게 하자면, 반드시 자원과 협력이 있어야 한다. 그것은 백공百工이 잘 다듬은 연장으로 일을 해나가는 것과 같다. 그래서 적절한 사람의 지원이 필요하다. 당연히 유덕하고 유능한 사람들이 받쳐주지 않으면 정치의 혜택은 불가능하다. 그는《중용》20장을 예로 들었다.

《중용》은 말한다. "아래 지위에 있으면서 위의 발탁을 받지 못하면, 백성들을 제대로 다스릴 수 없다. 위의 발탁을 받는 데 道가 있으니, 붕우들에게 신뢰를 얻지 못하면 위의 발탁을 받을 수 없다."

《中庸》曰: "在下位 不獲乎上 民不可得而治矣. 獲乎上有道 不信乎朋友 不獲乎上矣."

춘추전국시대, 귀족계급이 몰락하고, 유능한 재능을 가진 사람들의 역할이 중요해졌다. 그 역할을 담당한 신진 관료들을 '士'로 불렀던 듯하다. 이들은 다양한 분야에서 '관료'로서 정치에 참여하고 있었다. 공자는 이들과의 유대와 협력을 강조했다. 그런데 그들의 자질과 등급을 어떻게 판단할까?

子貢問曰: "何如斯可謂之士矣?" 子曰: "行己有恥 使於四方 不辱君命 可謂士矣." 曰: "敢問其次." 曰: "宗族稱孝焉 鄕黨稱弟焉." 曰: "敢問其次."

曰: "言必信 行必果 硜硜然小人哉! 抑亦可以爲次矣." 曰: "今之從政者何
如?" 子曰: "噫! 斗筲之人 何足算也." (〈자로〉 20장)

자공이 물었다. "관료(士)는 어떤 자질을 갖추어야 합니까?" 공자가 대답했다.
"자기 행동에 부끄러움을 알아야 하고(자기 관리를 잘해야 하고), 사방 다른 나라로
사신을 갈 때 군주의 명(君命)을 욕되지 않게 해야 가히 士라 할 수 있겠지." "그
다음 급을 꼽는다면요?" "친족들이 孝라 칭하고, 마을에서는 弟라 칭하는 사람
들." "그다음 급은요?" "자기가 한 말은 지키고 행동에 책임을 지도록 하는 사람
들. 꼼꼼히 노력하는 소인들이지만, 그다음 부류에는 들겠지." "지금 정치를 담
당하는 부류(從政)는 어떻습니까?" "어휴, 한 말 들이 정도 되는 사람들이야 따
질 것이 뭐 있겠나?"

자공은 정치에 참여하는 관료들의 자질과 수준을 묻고 있다. ① 최상
급은 자기 관리에 투철하고 사방에 사신으로 가도 군주의 명을 잘 완
수하고 오는 사람이다. 이는 아마도 자공의 언어능력에 대한 칭찬인
듯도 하다. ② 그런 정치적 능력이 없다면, 종족과 마을에 孝悌의 德
을 과시하는 인물도 훌륭한 사람으로 평가받을 수 있을 것이다. ③ 다
음 부류는 적어도 자신의 말과 행동에 책임을 지는 사람들이다. 이 대
답을 듣고 자공은 그 현지의 정치 담당자들에 대한 평을 부탁한다. 공
자는 기본적 자질이 되어 있지 않은 부류들이라, 더 말할 필요도 없다
고 고개를 흔든다. 주자는 '行己有恥행기유치'에 주목한다. 선비·관료
는 '부끄러움을 아는 자'다.

그는 하지 말아야 할 일은 아니 할 것이다. 그래야만 올바르게 재능을
행사할 수 있다. 자공은 언어에 능했으므로, 사신을 가는 것으로 일러

주었다. 사신의 직무는 언어능력 이상을 요구한다. 두 번째 등급은 인간의 '기본'은 갖추었지만 재주가 부족한 부류를 가리키고, 세 번째는 그 지식의 양이 얕고 좁지만 최소한 스스로를 지키기 위해 노력하는 자들을 말한다. 이 아래로 내려가면 시정지인市井之人이지, 士를 운운할 수 없다.

此其志有所不爲 而其材足以有爲者也. 子貢能言 故以使事告之. 蓋爲使之難 不獨貴於能言而已. 此本立而材不足者 故爲其次. 硜小石之堅確者. 小人 言其識量之淺狹也. 此其本末皆無足觀 然亦不害其爲自守也 故聖人猶有取焉. 下此則市井之人 不復可爲士矣.

다산의 해석도 별반 다르지 않다.

士(선비)=仕(벼슬)이고, 이들은 '사람을 다스리는 자(治人者)'다. 그러므로 '士란 사람을 다스리는 기술을 익히는(學) 자'다.

士農工賈 謂之四民 士者 仕也. 仕者 治人者也. 故學治人之術者亦謂之士.

다산은 여기 士를 선비라는 이름의 독서인이나 학자로 읽지 않고, 행정을 담당하는 관료로 읽었다. 다산은 기회 있을 때마다 유교의 목표와 인간 양성이 훌륭한 '관료'를 육성하는 데 있다고 역설했고, 지금 이 《논어》의 주석도 정치적 맥락과 시각에서 쓰고 있음을 유의하자.

① (군주의 명을) '욕되게 한다'는 것은 禮를 잃고 대처에 실패하는 것을

말한다. ② 가까운 친족들로부터는 孝를, 바깥의 향당으로부터는 弟의 평가를 받는 부류다. 이들은 '단지 內行에 결점이 없는 자'들이다. ③ 言必信은 약속을 꼭 실천하고 시기를 넘기지 않는 것. 行必果는 일을 맡으면 꼭 결과를 마무리하는 것을 말한다.

〔補曰〕仕者曰士.【卿大夫·士之通名】孔曰:"有恥者 有所不爲." 【邢云:"若有不善 恥而不爲."〕〔補曰〕辱 屈也 恥也. 使而失禮失對 以誤使事 是辱君命. 邢曰:"宗族內親 見其孝而稱之. 鄕黨差遠 見 其弟而稱之."【朱子云:"此本立而材不足者 故爲其次."〕〔補曰〕名 聞不出於宗族·鄕黨之外 唯內行無缺者.〔補曰〕言必信者 有約必 踐 不度時也.【古所云微諒】行必果者 有事必結【果者 必也 如草 木之必結實】不揆義也.

여기 세 번째 부류의 소인을 유의해야 한다. 이들은 '德이 작은' 사람 이지, 군자와 대비되는 간사한 부류의 인간을 가리키는 말이 아니다.

경경硜硜은 돌 소리다. 그 행실의 거칠지 않음이 마치 돌 소리와 같은 상태다. 소인은 德이 작은 사람이다(벼슬의 위계로써 말한 것이 아니며, 또 간사한 小人도 아니다).

〔補曰〕硜硜 石聲. 其行已不驪 如石聲然.〔補曰〕小人 小德之人 也.【非以位言 又非奸邪之小人.】

이렇게 보면 소인의 뜻에 세 가지가 있다.《논어》를 읽을 때 누구를 지칭하는지 잘 음미해야 한다. 우리가 알기로는 ① 간사한 사람, 자기 이해만 돌보는 사람. 즉 義에 관심이 없고 利를 따라 처신하는 사람.

② 지금처럼 '德의 그릇이 작은 사람.' 큰 성취나 기여는 아니나 약속은 지키고 맡은 일에는 책임을 다하는 유형. ③ 그리고 직업으로서의 소인이 있다. 군자가 머리를 쓰는 관리자(士)라면, 소인은 직업을 통해 사회에 기여하는 직업군들(農工商)을 가리킨다. 즉 플라톤이 구분한 '생산자 계급'을 총칭한다.

> '抑亦可以억역가이'는 위 두 등급과는 차이가 있지만 그런대로 괜찮다는 뜻이고, '今之從政者금지종정자'는 당시의 大夫와 士를 말한다. '噫희'는 불만 섞인 소리이고, '斗두'는 열 되들이, '筲소'는 대나무 그릇으로 2되가 들어간다. '斗筲두소'는 작은 그릇으로 그 사람의 국량局量이 좁고 작음을 말한다.
>
> 〔補曰〕抑亦可以者 僅可之意.【比之上二等 其差相懸】〔補曰〕今之從政者 當時之大夫·士. 鄭曰: "噫 心不平之聲." 邢曰: "斗 量名容十升." 鄭曰: "筲 竹器 容斗二升.【案〈士喪禮〉有苞筲】算 數也." 〔補曰〕斗筲 小器 言其人局量褊小也.

여기서 하나 짚어보자. 유교는 孝悌를 근본 덕목으로 삼는다. 그런데 지금 자공의 물음에 공자는 孝悌의 인물을 2등급으로 두고 있음은 왜인가? 孝悌는 모든 행실의 근본(百行之本)이라고 하지 않았나? 지금도 일반의 상식은 그렇다.

그러고 보니, '孝悌'를 강조하는 어구는 주로 〈학이〉 편과 〈위정〉 편에 망라되어 있다. 그래도 유교에서 "孝悌가 바로 仁의 근본이다 (孝悌也者 其爲仁之本與)"라고 했는데, 이들을 2등급에 둔 것은 아무래도 편집의 실수가 아닐까 하고 누가 의문을 제기하자, 다산은 그렇지 않다면서 이렇게 대답했다.

'자기 행동에 부끄러움을 알고 군주의 명을 욕되지 않게 하는 자(行己
有恥 不辱君命者)'들은 당연히 孝悌를 할 것이다. 그 재주가 출중해서
內行의 칭찬을 넘어서는 사람들이 있다. 더구나 지금 자공의 물음은
정치를 담당하는 관료(從政之士)인데, 그들은 반드시 文質을 겸비해야
가히 그 과목에 합격할 수 있다. 그래서 '孝라 칭하고 弟라 칭하는 자
(稱孝稱悌者)'를 두 번째로 둔 것이다.
〔駁曰〕非也. 行己有恥 不辱君命者 未必是不孝不悌. 特其人才智
出衆 不但以內行見稱也. 且子貢所問 本是從政之士 必文質兼備
然後可中其科目. 此所以稱孝稱悌者 居第二等也.

'언어'와 '정치'가 자공을 읽는 키워드다. 정치적 유능함은 內行으로
서의 孝悌 범주를 훨씬 넘어서는 일이다. 이 둘이 인간의 근본 덕목
이지만, 이것이 사회·정치의 영역으로 넘어서는 순간, 또 다른 식식
과 기능을 요구한다. 다른 과목 수업을 받아야 하는 것이다. 다산은
"정치 관료들은 반드시 文質을 겸비해야 함"을 재삼 강조했다.
번지가 농사짓는 법을 묻자, 나이 든 농부에게 물으라 했다.

樊遲請學稼 子曰: "吾不如老農." 請學爲圃. 曰: "吾不如老圃." 樊遲出. 子
曰: "小人哉 樊須也! 上好禮 則民莫敢不敬 上好義 則民莫敢不服 上好
信 則民莫敢不用情. 夫如是 則四方之民襁負其子而至矣 焉用稼?"(〈자로〉
4장)
번지가 농사짓는 법을 배우고 싶어 하자, 공자가 말했다. "나는 늙은 농부만 못

하네." (다시) 채마밭 가꾸는 법을 배우고 싶어 하자 공자가 말했다. "나는 늙은 원예사만 못하네." 번지가 나가자 공자가 말했다. "번지는 德이 작은 사람이구나! 윗사람(사회 지도층 인사)이 禮를 좋아하면 백성들 중 누구도 감히 공경하지 않는 이가 없고, 윗사람이 義를 좋아하면 백성들 중 누구도 감히 복종하지 않는 이가 없으며, 윗사람이 信을 좋아하면 백성들 중 누구도 감히 실상대로 하지 않는 이가 없다. 그리되면 사방의 백성들이 자식을 포대기에 업고 귀의할 텐데, 농사짓는 법이 무슨 소용인가?"

실제 산업에 종사하는 것은 소인의 일이고, 공자 제자들의 목표는 군자라 불리는 '관료'를 양성하는 것이었다. 공자의 정치적 이상은 산업과 부의 바탕 위에서 최종적으로 '교육'을 통해 품성을 기르는 것이었다.

《관자管子》의 말처럼, "의식이 족해야 예절을 안다." 사람됨은 더불어 살아가는 기술을 익히는 것이고, 관용과 배려의 유교적 덕성을 익히는 것이며, 나아가 자기 존재의 의미를, 나아가 知天命, 이 땅에 존재하는 생명의 의미를 이해하고 납득해가는 데까지 이르러야 한다.

기실 《논어》에서 산업과 부의 생산에 대한 언급은 상대적으로 적다. 오히려 무시하거나 때로 경멸의 논조를 가지고 있다. 그것은 공자가 키우고자 하는 인재가 생산형이 아니라 관료형이었기 때문이다.

'정치의 기술'과 관련된 자공의 묵직한 정치적 질문을 읽어보자.

子曰: "人而無信 不知其可也. 大車無輗 小車無軏 其何以行之哉?" (《위정》 22장)
공자가 말했다. "사람이 신뢰가 없다면 그게 되겠느냐? 큰 수레에 끌채가 없고 작은 수레에 멍에가 없으면, (수레가) 어떻게 갈 수 있겠느냐?"

큰 수레는 소가 끄는 짐수레이고, 작은 수레는 사냥이나 전장에서 사용하는 말 네 필이 끄는 수레다. 수레는 소나 말을 연결하는 멍에나 끌채의 횡목이 없이는 갈 수 없다. 인간 사이의 신뢰 또한 이와 같다는 것.

> 수레와 소는 본래 두 물건이고, 몸도 따로다. 서로 연결이 없다. 오직 멍에와 끌채가 둘을 단단히 묶어 서로 연결해준다. 그런 다음에야 소와 수레가 일체가 되어 소가 가면 수레가 가는 것이다. 이를 사람 사이의 '신뢰'에 비유했다. 신뢰로 단단히 묶여 있지 않으면, 어떤 것도 시행될 수 없다. (동양 허씨가 말했다. "멍에와 끌채는 수레와 말이 접하는 곳이다. 신뢰 또한 나와 남이 연결되는 곳이다." 이 비유는 정말 적절하다.)
> 〔補曰〕車與牛本是二物 其體各別. 不相聯接. 惟以輗軏固結而聯接之. 然後車與牛爲一體 牛行而車亦行, 所以喻信也. 我與人本是二人 不以信固結之 則亦無以行.【東陽 許氏云: "輗軏是車與牛馬接處. 信是己與人接處."此喻最切】

공자는 다른 곳에서 같은 비유를 들어 그 중요성을 강조했다.

> 子張問行. 子曰: "言忠信 行篤敬 雖蠻貊之邦行矣. 言不忠信 行不篤敬 雖州里行乎哉? 立 則見其參於前也 在輿 則見其倚於衡也. 夫然後行." 子張書諸紳. (〈위령공〉 5장)
> 자장이 행함(가르침의 실천)에 대해 물었다. 공자가 말했다. "말에 충실함과 믿음

이 있고 행동에 도타움과 공경이 있으면, 비록 오랑캐의 나라에서도 행할 수 있다. 말에 충실함과 믿음이 없고 행동에 도타움과 공경이 없으면, 비록 자신의 마을에서도 행할 수 있겠는가? 서 있으면 앞에 있는 수레의 끌채가 보이고, 수레에 타고 있으면 얹혀 있는 수레의 횡목이 보이니, 그런 연후에 행해야 한다." 자장은 이것을 허리띠에 적어 두었다. (다산의 해석)

이 점을 염두에 두고, 자공과 공자의 '정치적 대화' 가운데 가장 유명한 것을 읽어보자.

> 子貢問政. 子曰: "足食 足兵 民信之矣." 子貢曰: "必不得已而去 於斯三者何先?" 曰: "去兵." 子貢曰: "必不得已而去 於斯二者何先?" 曰: "去食. 自古皆有死 民無信不立." (〈안연〉 7장)
>
> 자공이 정치를 물었다. 공자가 대답했다. "풍부한 식량, 충분한 군사, 그리고 백성들로부터의 신뢰다." 자공이 말했다. "부득이해서 버려야 한다면, 여기 셋 가운데 무엇부터 버릴까요?" "군사부터 포기해야지." "부득이해서 여기 남은 둘 가운데 하나를 버린다면요?" "식량을 포기해야겠지. 예부터 죽음은 늘 있는 일이었다. 그러나 백성들이 신뢰하지 않고는 나라가 유지되지 않았다."

기본 의미는 이해하기 어렵지 않을 것이다. 주자는 말한다.

> 백성은 식량이 없으면 죽고 마는데, 죽음은 사람이 피할 수 없는 바다. 신뢰가 없으면 비록 산다고 해도 자립할 수 없으니, 죽어 편안하느니만 못하다. 그러므로 차라리 죽더라도 백성들에게 믿음을 잃어서는 안 되고, 백성으로 하여금 차라리 죽더라도 내 믿음을 저버리게 해서는 안

된다. … 내 생각에 '人情'으로 말하자면, 군사와 식량이 넉넉한 후에야 내 믿음이 가히 백성들을 미덥게 할 수 있는 듯한데, '民德'으로 말하자면 믿음이 본시 '인간의 고유한 바(人之所固有)'라 군사와 식량이 이보다 앞설 수는 없다. 그러므로 위정자는 마땅히 백성들을 이끌어 죽음으로부터 지키는 것이고, 위급하다고 (신뢰를) 버릴 수 있는 것이 아니다.

民無食必死 然死者人之所必不免. 無信則雖生而無以自立 不若死之爲安. 故寧死而不失信於民 使民亦寧死而不失信於我也. … 愚謂以人情而言 則兵食足而後吾之信可以孚於民 以民德而言 則信本人之所固有 非兵食所得而先也. 是以爲政者 當身率其民而以死守之 不以危急而可棄也.

짐짓 고투로 번역해보았다. 이 물음은 《집주》에 인용된 정자의 말처럼, "자공이니까 할 수 있는 질문이고, 공자라서 대답할 수 있는 말이다(非子貢不能問 非聖人不能答也)." 여기서 주자의 해석상 눈여겨보아야 할 것은 세 가지다.

먼저 ① "식량과 군사가 풍부해야 교화를 통해 백성들의 신뢰가 쌓인다"라는 주자의 말이다. 이 '조건적' 해석은 자공의 질문과 거리가 있어 보인다. 여기서 ② '신뢰'는 누가 누구에게 보내는 것인가? 주자는 식량이 끊겨(?) 죽음을 앞두고서라도 내가 백성들의 신뢰를 저버리지 않아야 하지만, 백성들 또한 나를 배반해서 내 신뢰를 팽개쳐서는 안 된다는 '상호적인' 덕목으로 읽었다. 과연 그런가? 그리고 ③ 주자는 人情과 民德을 대비했다. 신뢰는 풍부한 식량과 군사적 안정 위에서 단단히 구축되는 것이지만, 이 신뢰는 주자의 '본성론적 체계'

에서 인간 내부의 본성인 仁義禮智信 가운데 하나다. 즉 식량과 군사의 '정치적 현실' 이전에 이미 民德, 즉 백성들의 본성으로 심어진 것이다. 이 본성의 신뢰를 군주나 백성 누구도 저버리거나 훼손하지 말라는 뜻이 담겨 있다. 신뢰가 인간의 본성이라는 테제를 과연 납득할 수 있을까?

다산의 주석을 읽어보자.

식량은 안을 충실하게 하고, 군사는 바깥을 막는다. 산업과 국방이 백성들을 살리는 장치다. '백성이 믿는다는 것'은 상부의 법령을 믿는다는 뜻이다. '去於斯三者'는 하나의 구句로 읽어야 한다(가령 《맹자》의 '擇於斯二者'처럼). 군사를 버려도 꼭 죽지는 않지만, 식량을 버리면 죽기 마련이다. 백성들이 위를 신뢰하는 마음이 없다면 부서지고 무너져 (질서가) 제대로 서지 않을 것이다(흙이 무너지고 기와가 깨지듯이). 백성들이 서지 못하면 군사가 있어도 환란을 막을 수 없고, 식량이 있어도 삶을 즐길 수 없다.

〔補曰〕食以實內 兵以禦外 皆所以不死.〔補曰〕民信之者 信上之法令.〔補曰〕'去於斯三者'爲一句.【句法如孟子所云'擇於斯二者'】去兵不必死 去食則必死.〔補曰〕民無信上之心 則頹墮而不立.【有土崩瓦解之勢】民不立 則雖有兵 無以禦患 雖有食 無以享樂.

無信不立무신불립에서 '立'은 무슨 뜻일까? '넘어지지 않고 서 있다'는 뜻이겠다. 다산은 여기서의 의미는 '나라를 세운다(創業謂之立國)'는 뜻이 아니라, 이를테면 '정치적 질서와 안정'을 수립하는 것이라고 말했다.

立이란, (백성들이) 위를 향해 호응하여, 결속된 마음으로 그 명령을 듣는 것이다.

立也者 興起向上束心聽命之意.

백성들이 위의 마음을 신뢰하지 않으면, 무너지고 (볏단처럼) 풀어 흩어져 '결속해서 서는(束立)' 기세가 없어진다.

民無信上之心 則頹墮渙散 而無束立之勢也.

다산의 해석을 종합하면, 이 챕터의 번역은 대략 이렇게 된다.

자공이 정치를 물었다. 공자가 대답했다. "풍부한 식량, 충분한 군사, 그리고 백성들로부터의 신뢰다." 자공이 말했다. "이 셋 가운데 부득이 하나를 버려야 한다면, 무엇을 고르겠습니까?" "군사부터 포기해야겠지." "남은 둘 가운데 또 하나를 꼭 버려야 한다면요?" "식량을 포기해야겠지. 예부터 죽음은 늘 있는 일이었다. 그러나 백성들의 신뢰 없이는 나라가 결속되지 않았다."

다산은 주자 주석에 세 가지 이견을 첨부한다.

① 셋은 독립된 항목이지 식량과 군사가 신뢰의 조건인 것은 아니다. 주자의 말대로라면, 군사와 식량을 없애고 나면 '신뢰' 또한 사라지게 될 것이다.

《집주》에서는 "창고가 꽉 차고 무비가 갖추어진 뒤에라야 교화가 행해져서 백성이 나를 믿는다"고 했다. 살펴보건대, 군사·식량·신뢰 세 가지는 제각기 하나의 일이며, 서로 연결되어 있지 않다. 그렇게 된 뒤에라야 세 가지가 정립鼎立되고 분리되어, 그 버리고 남기고 하는 것을 논의할 수 있다. 만약 군사와 식량으로 백성의 신뢰를 얻었다면, 이는 두 가지 일이지 세 가지가 되지 못한다. 만약 군사와 식량을 버리면 신뢰도 역시 함께 없어진다. 신뢰가 처음 일어나는 것은 이미 군사와 식량에 의한 것이니, 군사와 식량이 버려지면 신뢰만 홀로 남아 있겠는가?

《集注》云: "倉廩實 武備修 然後敎化行 而民信於我." 〔案〕三者 各爲一事 不相牽連. 然後三者可以鼎峙瓜分 而議其去存. 若以兵食之故 得有民信 則仍是二事 不成三也. 若去兵食 信亦偕亡. 何者? 信之初起 旣由兵食 兵食之去 信其獨存乎?

② 여기 '신뢰'는 내가 백성들의 신뢰를 얻는 것이지, 백성들이 나를 배반하느냐의 여부를 말하고 있지 않다(且民信之者 信其上也. 民之失信 何以責矣?).

③ 늘 강조하지만, 仁은 인간의 '덕성'이지 '본성'이 아니다. 본말 안팎은 뒤바뀔 수 없다. 마찬가지로 신뢰 또한 씨나 과일처럼 '본성'에 심어진 것이 아니라, 너무나 당연하게도 인간 사이에서 구축해야 할 덕성이다.

자공의 정치적 포부가 남달랐다. 공자의 수제자 가운데 한 사람이 아닌가? 그는 '경영'의 귀재답게 천하를 경영하고자 한다. 그는 스승에게 묻는다. "박시제중博施濟衆, 백성들의 경제적·정치적 안정이 '유교의 궁극적 가치(仁)'라 할 것입니까?"

子貢曰: "如有博施於民而能濟衆 何如? 可謂仁乎?" 子曰: "何事於仁? 必
也聖乎! 堯舜其猶病諸! 夫仁者 己欲立而立人 己欲達而達人. 能近取譬
可謂仁之方也已." (〈옹야〉 28장)

자공이 물었다. "백성들에게 (필요한 것을) 널리 베풀고, 그들을 능히 (가난과 곤경
에서) 건질 수 있다면 어떻습니까? 그 성취를 (스승님이 꿈꾼) 仁(의 성취)라고 할
수 있을까요?" 공자가 대답했다. "어찌 그게 仁에 그치겠느냐? 반드시 聖이라
고 불러야겠지. 요순도 그 성취를 위해 애를 태웠나니…. 무릇 仁者는 내가 서
고 싶은 곳에 다른 사람을 세우고, 내가 가고 싶은 곳에 다른 사람을 보낸다. 가
까운 곳에서 비유(대비)를 취하는 것을 가히 仁의 방법이라고 부른다."

익히 들어왔듯, 공자는 仁을 삶의 목표로 설정했다. 우리는 이것을
주로 '덕성의 완성'이라는 개인적 지평에서 읽어왔다. 그런데 놀랍게
도 자공은 박시제중의 사회적 책임에서 찾고 있다. 이처럼 仁이 '개
인적 덕성'에서 '공동체의 풍요'로 이동하고 있다.

백성들의 삶을 구제하는 것은 어느 시대 누구나 꿈꾸는 최고의 열
망이다. 공자는 "그것을 성취할 수 있다면, 그것은 仁을 넘어서 聖이
라 불러야겠지"라고 말했다. 聖은 지금 서구의 영향으로 '종교적 거
룩함'의 의미를 가지는데, 공자 시대의 용법으로 '위대한 인격, 위대
한 정치'에 가깝다.

공자의 꿈은 보다 원대한 것이었다. 제자들과의 포부 릴레이에서,
공자는 자신의 꿈을 "나이 든 사람을 편안하게 해주고 친구를 믿어주
고 어린 사람은 품어주는 것"이라고 들려준 바 있다. 지금 자공에게
해준 대답이 바로 이것과 궤를 같이하고 있다. 공자가 50 중반의 나
이에 노구를 이끌고 천하를 철환한 것도 바로 그 꿈을 실현하기 위함

임을 상기하자.

이 챕터는 상세히 읽어야 한다. 안회를 대표하는 구절이 극기복례라 한다면, 자공의 문 앞에는 이 박시제중이 걸려 있지 않을까 싶어서다. '博施박시'는 말 그대로 혜택을 '널리 베푼다'는 뜻이다. 그러자면 물자와 자원이 풍부해야 한다. 《맹자》에 그가 꿈꾼 유토피아가 적혀 있다. "나이 50된 이가 비단을 입고, 70된 이가 고기를 먹을 수 있는 세상"이 그것이다. 그런데 어찌 성왕들이 그들에게만 좋은 옷, 맛난 음식을 먹이고 싶어 했겠는가? 다만 자원이 모자란 것을 한했을 뿐이다.

'濟衆제중'은 재난과 곤경으로부터 건져내는 것을 말한다. 성왕들은 통치의 효과가 자기 땅을 넘어 사해에 두루 미치기를 바라지만, 그것은 바랄 수 없는 꿈이다. 하여튼 박시제중은 유교 정치가 "땅에서 이루어지는 최고의 성취(聖以地言 則造其極之名也)"라는 것은 틀림없다.

그럼 仁은 무엇이고, 어떻게 성취해야 하는가? 공자는 단적으로 "무릇 仁者는 내가 서고 싶은 곳에 다른 사람을 세우고, 내가 가고 싶은 곳에 다른 사람을 보낸다. 가까운 곳에서 비유(대비)를 취하는 것을 가히 仁의 방법이라고 부른다"고 충고했다.

유교의 권고는 '인간'을 벗어나지 않는다. 《중용》이 말하는 대로, 만일 道가 '일상(日用)'을 벗어난다면, 그것은 道일 수 없다. 즉 유교는 초월적 가치를 구현하거나 비현실적 도피를 권장하지 않는다. 그것은 그야말로 '사람과 사람' 사이의 일을 축으로, 거기서 필요한 태도와 선택 그리고 행동을 권장할 뿐이다.

이런 점에 비추어 주자의 해석은 좀 의아할 것이다. 그는 '정치적 차원'에서 다시금 '내부의 자연'으로 초점을 이동시키고 있다. 직접 목소리를 들어보자. 주요 논점, 그리고 점검할 곳만 잘라냈다. 편의상 번호를 붙였다.

① '仁'은 理의 관점에서 말했는데, 上下에 통한다.[8] '聖'은 경지(地)로 서 말했은즉, 그 극에 이르렀다는 칭호다.[9] 공자는 "어찌 仁에 그칠까? 반드시 聖이라야 가능하다"고 대답한다. 그래서 요순과 같은 성인도 그 마음이 이 성취에 부족함을 느꼈다. (聖을 목표로) 求仁해 나가면, 그 것은 더욱 어렵고 또 먼 길이 될 것이다.

仁以理言 通乎上下. 聖以地言 則造其極之名也. 乎者 疑而未定之 辭. 病 心有所不足也. 言此何止於仁 必也聖人能之乎! 則雖堯舜 之聖 其心猶有所不足於此也. 以是求仁 愈難而愈遠矣.

② 나를 돌이켜 남을 살피는 것, 이것이 仁者의 마음이다. 이 사실에서 보면, 가히 天理가 두루 간격 없이 펼쳐지는 것을 볼 수 있다. 仁의 실 체는 이보다 절실한 것이 없다.

以己及人 仁者之心也. 於此觀之 可以見天理之周流而無間矣. 狀 仁之體 莫切於此.

③ '近取諸身근취저신'이란 '내가 원하는 바를 타인에게 빗대, 그가 바라 는 바가 나와 다르지 않다는 것을 아는 것'이다. 그래야 '내가 바라는

---

8 仁은 우주의 뜻이면서 생명의 본질이기도 하다. 당연히 신분·덕성 상관없이 인간의 보편적 본 질이다.
9 聖은 그 가능성을 최고도로 완성한 사람이다.

바를 미루어 다른 사람에게 미칠 수 있은즉', 이것이 상호성의 원칙(恕之事)이고, 仁을 이루는 방법(仁之術)이다. 여기 면려하면, 개인적 욕구(人欲之私)를 이겨 자연의 공공성(天理之公)을 온전하게 할 수 있다.

近取諸身 以己所欲譬之他人 知其所欲亦猶是也. 然後推其所欲以及於人 則恕之事而仁之術也. 於此勉焉 則有以勝其人欲之私而全其天理之公矣.

④ 정자가 말했다. "의서醫書에 손발의 마비(痿痹)를 '不仁'이라고 하는데, 이 말이 사태의 실상을 잘 그려주고 있다. 仁者는 천지만물을 일체로 보아, (그 모든 것이) 나 아님이 없다. 그것들이 모두 나라면, 이 나의 범위가 어딘들 미치지 않으리오. 만약 내게 속하지 않는다면, 그것들은 나와는 전혀 상관없는 물건이 되고 만다. 그것은 마치 손발이 마비되어 氣가 통하지 않아, 내 손이 아닌 것처럼 느껴지는 것과 같다. 그래서 박시제중을 곧 성인의 功用이라 하는 것이다. 仁은 말하기 어렵다. 그래서 다만 (공자께서는) 이렇게 말할 수 있었을 뿐이다. '仁者는 내가 서고 싶은 곳에 다른 사람을 세우고, 내가 가고 싶은 곳에 다른 사람을 보낸다. 가까운 곳에서 비유를 취하는 것을 가히 仁의 방법이라고 부른다.' 이렇게 仁을 볼 수 있다면 가히 仁의 體를 얻을 수 있을 것이다."

程子曰: "醫書以手足痿痹爲不仁 此言最善名狀. 仁者以天地萬物爲一體 莫非己也. 認得爲己 何所不至? 若不屬己 自與己不相干. 如手足之不仁 氣已不貫 皆不屬己. 故博施濟衆 乃聖人之功用. 仁至難言. 故止曰: "己欲立而立人 己欲達而達人. 能近取譬 可謂仁之方也已." 欲令如是觀仁 可以得仁之體."

⑤ 무릇 '博施'가 어찌 성인의 바람이 아니겠는가? 그러나 (맹자가) '나이 50에 비단옷을 입고 나이 70에 고기를 먹는다'라고 말한 것은, 성인의 마음이 어린 젊은이들도 비단옷을 입고 고기를 먹게 하고 싶지만, 그 자원이 넉넉지 못해 그 '베풂(施)'이 넓지 못한 것을 안타까워하신 것이다. '濟衆'이 어찌 성인의 바람이 아니겠냐마는, 통치의 영역이 구주를 넘지 못하고, 성인이 사해 밖을 넘어 두루 겸제兼濟하고 싶지만 그 통치력이 거기 미치지 못하기 때문에, 그 '건짐(濟)'의 부중不衆을 안타까워하신 것이다. 이로 미루어 봄에, 修己하여 백성을 편안하게 하는 것이 염려요, 안타까움임을 알 수 있다. 내 통치는 이만하면 되었다고 한다면, 그는 성인이 아니다.

夫博施者 豈非聖人之所欲? 然必五十乃衣帛 七十乃食肉 聖人之心 非不欲少者亦衣帛食肉也 顧其養有所不贍爾 此病其施之不博也. 濟衆者 豈非聖人之所欲? 然治不過九州 聖人非不欲四海之外亦兼濟也 顧其治有所不及爾 此病其濟之不衆也. 推此以求 修己以安百姓 則爲病可知. 苟以吾治已足 則便不是聖人

앞에서 주자학의 '명상' 기획을 정리한 바 있다. 이 부분을 다시 음미해보면, 위의 주석을 납득할 수 있을 듯하다.

독자들은 좀 혼란스러울 것이다. 주자학은 우주적 원리가 인간의 본성으로 내재해 있다고 말한다. 이를 "성즉리性卽理"라 캐치프레이즈화했다. 그 性의 구체적 내용이 바로 仁이다. 이 仁은 또 인간만의 덕성이 아니라 사물과 다른 생명과 공유하고 있는 공통의 지반이다. 우주는 생명으로 서로 연관되어 장엄한 전체를 구성하고 있다. 그래서 "上下에 통한다"라고 토를 단다. 그것을 완성하는 것이 '聖의 경지'다.

인간의 본성이 仁임을 어떻게 알 수 있는가? 맹자의 예에서 보듯, 인간은 '타인을 향한 동정과 안타까움(측은지심)'을 억압(?)할 수 없다. 그것은 자연적 유로이고, 이로 보건대 인간 내부에, 비가 초목과 들판을 적시듯, 자연이 자신의 모든 것을 생명을 위해 내어주듯, 인간 또한 타인의 욕구를 의식하고 그를 향해 자신을 내어주는 마음을 '본성'으로 하고 있음을 알 수 있다. 본성은 방해받지 않으면 자연히 자신을 발현할 것이다. "天理는 우주 간 빈틈없이 두루 흘러넘치고 있다(周流而無閒).

그런데 이것은 너무 낙관적 찬사 아닌가? 인간은 이기적인 데다가 쾌락을 찾고 욕망을 추구하는 본성을 갖고, 이것이 좌절될 때 분노와 슬픔과 공격성을 보이는 존재가 아닌가?

주자는 이 '개인적 욕구'를 제어하고 무화시켜, 본래의 자연이 예비하고 있던 '두루 간격 없이 펼쳐지는 天理'를 회복하는 것을 과제로 삼았다. 하여 주자학의 캐치프레이즈는 "그 개인의 욕구(人欲之私)를 이겨, 자연의 공공성(天理之公)을 온전하게 한다"가 되었다. 즉 나르시시즘과 이기적 고착을 버리고, 공적 자아로 거듭나는 것이 자신의 '본성'을 온전히 하는 길이라고 말한다. 그 구상은 不仁의 의학적 유비에 잘 드러나 있다.

주자학은 우주를 거대한 생명의 유기체로 본다. 그 중심에 仁이 있다. 우리 인체를 보자. 각각의 기관과 세포 등등이 서로 유기적으로 소통하고 협력함으로써 생명을 유지하고 건강을 확보한다. 이 연결 혹은 소통에 단절이 생기면, 건강을 잃고 암 같은 독소들이 번성할 것이다. 인간과 인간 사이도 그와 같다. 우리는 서로 연관되어 있다는 것. 단절은 병적 징후임을 주자학은 강조한다. 퇴계는 선조에게 해준 강의에서 이렇게 말한다.

> 나와 천지만물은 그 理가 본래 하나입니다. 그러니 仁의 體를 드러내어 '사적 자아(有我之私)'를 깨뜨리고 공적 자기를 확대하며, (자기 속에 유폐되어) 돌처럼 딴딴해진 마음을 녹이고 교통시켜, 物과 我 사이에 간극이 없게 해야 합니다. 하여 그 자리에 한 점의 私意도 끼어들지 못하게 하면, 가히 천지가 한 집안이고 중국이 한 사람임을 보게 될 것입니다. (사람들의) 아픔과 가려움이 내 몸의 그것처럼 절실할 때 '사람 사랑의 길(仁道)'이 성취됩니다.
>
> 吾與天地萬物其理本一之. 故狀出仁體 因以破有我之私 廓無我之公 使其頑然如石之心 融化洞徹 物我無間. 一毫私意無所容於其間 可以見天地爲一家 中國爲一人. 痒痾疾痛 眞切吾身 而仁道得矣. (퇴계, 〈서명고증강의西銘考證講義〉)

인간의 일은 이렇게 '마비된(不仁)' 근육을 루슨 업하듯이, 마음의 마비를 풀고 사람과 사람 사이의 소통을 확보하는 일과 다름없다고 생각했다. 그러나 어디 쉽겠는가? 자칫 '천지만물이 일체'라는 고원한 사상은 무책임한 구호로 그치기 십상이다. 다시 선조에게 이 점을 일깨웠다.

> 장횡거張橫渠(장재)의 생각도 다음과 같은 것이었습니다. 仁이라는 것이 비록 만물과 더불어 일체라고는 하나, (그것은 미리 확보된 것이 아니라) 반드시 나(自己)를 原本으로 주재하여 (다가가야) 합니다. 그래야만 物

我가 하나의 이치(一理)로 얽혀(相關) 있다는 것이 절실(親切)한 의미를 갖게 됩니다. 가슴에 가득한 연민(惻隱之心)과 함께 어디든 막힘없이 뚫고 들어가는 것, 이것이 다름 아닌 仁의 정체(實體)입니다. 만일 이 이치(理)를 모르고서, '천지만물이 仁 안에서 한 몸'이라고 반성 없이 단정해버리면, 이른바 仁이란 구체성을 찾을 수 없는바, 그것이 나의 (실존적) 몸과 마음에 무슨 상관이 있겠습니까?

今橫渠亦以爲仁者 雖與天地萬物爲一體 然必先要從自己爲原本 爲主宰 仍須見得物我一理 相關親切意味. 與夫滿腔子惻隱之心 貫徹流行 無有壅闕 無不周遍處 方是仁之實體. 若不知此理 而泛以天地萬物一體爲仁 則所謂仁體者莽莽蕩蕩 與吾身心 有何干預哉. (같은 곳)

다산의 생각을 들어보자. 다산은 기이하게도 이 챕터에 대해 많은 이야기를 해주고 있지 않다. 자신의 仁과 恕의 해석이 여기 담겨 있기 때문이다.

내가 바라는 바를 미루어 다른 사람에게 미칠 수 있는즉, 이것이 상호성의 원리(恕之事)이고, 사랑의 德을 완성하는 방법(仁之術)이다. 여기 면려하면 그 개인의 욕구를 이겨, 그 자연의 공공성을 온전하게 할 수 있다.

然後推其所欲以及於人 則恕之事而仁之術也. 於此勉焉 則有以勝其人欲之私 而全其天理之公矣.

주자는 상호성의 원리, 사랑의 德이 '인간 내부'에 내재해 있다고 믿는다.

주자: 천지는 나와 일체이므로, 우리는 타인과 교감하고, 내가 바라는 것을 그도 바란다고 즉각 알게 된다. 일상의 이기심이 이 연결을 단절시키고 있다. 그것은 흡사 손발의 마비를 닮았다. 그러므로 마비를 풀고 본래 예비된 자연의 소통을 되찾자.

다산: 상호성의 원리는 도덕적 규범이다. 사람과 사람은 단절되어 있다. 그것을 '상호성'의 다리가 두 개체 사이를 연결해준다. 동서고금의 모든 윤리적 규범은 하나다. "네가 싫어하는 바를 다른 사람에게 베풀지 마라." 유대의 신학자 힐렐Hillel의 말이다. "나머지는 다 그 각주다." 유교가 바로 이 원리 위에 자신의 체계를 세웠다. 상호성을 구현하는 것이 바로 仁의 德을 쌓아가는 방법이고 기술이다.

이를테면 주자는 내부를 향해 자연을 찾고 있고, 다산은 타자아 더불어 덕성을 구축한다. 내가 주자를 명상, 다산을 정치로 대치시킨 이유가 여기 있다.

다산의 목소리를 더 들어보자. 내용은 크게 네 부분이다. 편의상 현토식 번역에 번호를 달았다.

① '博'은 넓게(廣), 두루(普)의 뜻이다. 은혜를 베푸는 것(布惠)을 '施'라 하고《주역》에서 말하길, "하늘이 베풀고(施) 땅이 낳는다(生)"라고 했다), '濟'는 환난의 구제(救患)를 말한다(본시 물을 건넌다는 뜻이었다). 베푸는 바가 넓으면 몫은 작아지기 마련이라, 다수를 구제(濟衆)할 수는 없다.

둘을 갖추는 것이 어렵다(진씨가 말하기를, "무리를 구제하는 것이 널리 베푸는 것보다 어렵다"고 했다).

〔補曰〕博 廣也 普也. 布惠曰'施'.【《易》曰: "天施地生."】救患曰'濟'.【本涉水之稱】所施旣博 則其及易薄. 無以濟衆. 兼者難也.【陳云: "濟衆難於博施."】

② '仁'은 (내면에 장착된 덕성이 아니라) 타인을 향한 사랑(嚮人之愛)이다. 군주는 백성을 仁으로 이끈다(君收仁於民). '聖者'는 하늘의 德에 도달한다(達天之德). '病'은 걱정(患也)이다.

仁者 嚮人之愛也.【君收仁於民】聖者 達天之德也. 病 猶患也.

③ 몸을 세워 지위를 얻는 것(樹身得位)을 '立'이라 한다(立身揚名과 같은 것이다). 하고 싶은 바를 막힘없이 하는 것을 '達달'이라 한다(여기서 저기로 가는 것이다). 내가 하고 싶은 것을 먼저 다른 사람에게 베푸는 것이 '恕'다(己之所欲 先施於人 恕也).

〔補曰〕樹身得位曰'立'.【如所云立身揚名】邃性無闕曰'達'.【自此之彼謂之達】己之所欲 先施於人 恕也.

④ 주자의 말대로, '譬비'는 비유(喻也)의 뜻이고, '方'은 방법(術也)을 말하며, '近取諸身근취저신'은 내 욕구를 미루어 타인의 욕구를 이해하는 것이다. 즉 《대학》이 말한) 絜矩之道혈구지도(공감의 원리로 사태를 가늠하는 것)가 그것이다. 아랫사람의 행태를 거울로 삼아 윗사람을 섬기고, 왼쪽 사람이 하는 진상을 보고 오른쪽 사람에게는 하지 않는다. 공자가 말했다. "恕를 힘써 행해나가는 것, 求仁이 바로 여기 있다.

朱子曰: "譬 喻也. 方 術也. 近取諸身 以己所欲譬之他人 知其所
欲."〔補曰〕能近取譬者 絜矩也. 取譬於下以事上 取譬於左以交右
也. 孔子曰: "强恕而行 求仁莫近焉."[10]

다산은 정치가의 실무 경험에서 말한다. "널리 베풀기(博施)'보다 '곤
궁으로부터 건지기(濟衆)'가 더 어렵다." 가난 구제는 나라도 못한다
고 했던가?

핵심 논란 포인트는 仁의 안팎을 둘러싼 해석이다. 다산의 비평을
정리해보자.

① 仁은 관계에서의 덕목이고, 구체적으로 사람을 향한 사랑(嚮人之
愛)임을 다시금 강조했다. 여기서는 '군주가 백성들에게 베푸는 것
(君收仁於民)'을 말한다. 그리고 聖이란 그 德이 하늘에 닿은 사람
이다(聖者達天之德). 이를테면 聖者란 정치를 통해 종교적 승인을
획득한 사람이다. '다산의 종교'는 그의 정치적 소명 의식과 뗄 수
없다.
② 仁의 방법으로서의 恕에 대해, 역시 주자의 주석을 인용했다. 그
렇지만 仁이 앞에서 본 우주론적 해석이나 인간 본성이 아니라,
역시 '사람과 사람 사이의 관계'에서 성립하며, '사람을 향한 구체
적인 사랑'임을 꼭 짚었다. "군주는 백성을 仁으로 이끈다." 이 대
목은 다음 '일이관지'를 논할 때, 다시 구체적으로 재론하기로 한

---

10 "强恕而行 求仁莫近焉"은《맹자》〈진심盡心〉上에 나오는 맹자의 말이다. 다산의 착오인 듯하
다.

다. 자신의 입론 근거 혹은 정당성으로 공자의 한마디를 무겁게 눌러 두었다. "恕를 힘써 행해 나가는 것, 求仁이 바로 이 근처에 있다(强恕而行 求仁莫近焉)."

忠恕, 공자의 일이관지

유교의 목표인 仁을 달성하는 '방법' 혹은 '원리'를 들어보자. 이곳이 사실 《논어》에서 가장 중요한 대목이라고 해도 과언이 아니다.

앞에서 공자는 仁의 기술 혹은 원칙을 이렇게 집약했다.

夫仁者 己欲立而立人 己欲達而達人. 能近取譬 可謂仁之方也已." (〈옹야〉 28장)

仁者는 자기가 인정받고자 하면 남도 인정해주고, 자기가 현달하고자 하면 남도 현달하게 해주네.

仁의 德은 어떻게 만드는가? 단순하다. "내가 원하는 곳에 그를 세워주며, 내가 가고 싶은 곳에 그를 보낸다."

공자는 이 원리를 이렇게도 정리했다. "네가 싫어하는 바를 남에게 베풀지 마라." 그러므로 德은 멀리서 찾을 것이 없다. 네 욕구가 있는 곳, 그리고 동일하게 다른 이의 욕구가 있는 곳, 거기에 德을 행하는 비결이 있다.

자공이 이를 몰랐을 리 없다. 오랫동안 스승을 따라다녔고, 스승과 '대화'를 할 수 있는 언어의 사람이 아닌가?

子貢曰: "我不欲人之加諸我也 吾亦欲無加諸人." 子曰: "賜也 非爾所及
也." (〈공야장〉 11장)

자공이 말했다. "다른 사람들이 내게 가하기를 원치 않는 것, 그것을 나도 또한
다른 사람에게 가하고 싶지 않습니다." 공자가 말했다. "자공아, 아직 네가 미칠
수 있는 경지가 아니다."

자공은 공자의 충고를 자신의 성격에 맞게 약간 까칠하게 고쳤다는
생각이 든다. "네가 나한테 들이대거나 피해를 주거나 하지 않으면,
나도 너를 터치하지 않으마."

주자의 해석부터 들어보자. 정자의 해석을 빌려 이렇게 말한다.

자공은 내게 들이대기를 원치 않는 일을 나도 남에게 하고 싶지 않다
고 했다. 이 仁者의 일은 인위적 노력에 기대지 않는다(不待勉强). '내
가 원하지 않는 바를 나도 다른 이에게 가하지 않아야겠다(施諸己而不
願 亦勿施於人)'고 '노력'한다면, 그는 (仁이 아니라) 아직 恕의 경지에 있
는 것이다. 자공은 恕를 향해 노력할 수는 있겠지만, 仁은 넘볼 경지가
아님을 공자가 일깨워준 것이다.
子貢言 我所不欲人加於我之事 我亦不欲以此加之於人. 此仁者
之事 不待勉强. 故夫子以爲非子貢所及. 程子曰: "我不欲人之加
諸我 吾亦欲無加諸人 仁也 施諸己而不願 亦勿施於人 恕也. 恕則
子貢或能勉之 仁則非所及矣."

주자는 지금 무슨 말을 하고 싶어 하는 것일까? 주자는 '자연'을 중시
한다. 그것을 삶의 이념으로 설정했다고 해도 과언이 아니다. 유교를

도덕적 규범으로 알고들 있지만, 그것은 과정 혹은 초보로 이해된다. 목공의 솜씨나 자동차 운전처럼, 처음에는 의도와 노력이 필요하지만, 익숙해지면 모든 有爲가 떨어져 나가고 손과 몸의 자연스러운 동작이 절로 표현된다. 그것처럼 도덕은 '내가 원하지 않는 것을 남에게 베풀지 않도록 유의해야겠다'로부터 이 모든 일이 시작되지만, 그것이 완전해졌을 때 우리는 그것을 의식하지 않고 자연스럽게 실천하게 된다. 주자는 노력의 단계를 恕, 자연스러운 탈각의 상태를 仁으로 구분했다. 주자는 이렇게 말한다

> '無', 즉 '않는다'가 '저절로 자연스럽게(自然而然)'의 경지라면, '勿'은 금지의 언사다. 이것이 仁과 恕의 구분이다.
>
> 愚謂無者自然而然 勿者禁止之謂. 此所以爲仁恕之別.

주자의 '자연'에 대해 좀 더 분명한 이해를 하게 되었을 것이다. 당연히 다산은 이 설정을 터무니없어한다.

그는 恕를 '방법', 仁을 '목표'라고 말한다. 이것은 주자가 仁을 '자연', 恕를 '도정'으로 보는 것과 전혀 다른 프레임이다.

> 자공은 지금 '恕의 원리'를 말하고 있다. 맹자가 "仁을 구하려면, 힘써 恕를 실현해 나가는 수밖에 없다(强恕而行 求仁莫近焉)"고 하지 않았나? 공자께서도 "군자의 道는 넷이 있는데, 나는 그중 하나도 온전히 하지 못했다(《중용》)"고 고백하지 않으셨나? 그만큼 이 상호성(恕)의 성취는 어렵다. 자공이 쉽게 이 말을 꺼내기에 공자께서 유의시킨 것이다.
>
> 子貢所言者 恕也. 强恕而行 求仁莫近. 故孔子曰: "君子之道四 某

未能一焉."【見《中庸》】道之難成在此. 子貢或易言之 故夫子抑之.

다산이 인용한 부분은《중용》13장이다.

인간의 길은 忠恕, 즉 진정(忠) 자신을 읽고 남을 이해(恕)하는 데 있다. 내가 싫은 것은 남에게 지우지 마라! 군자의 책임에는 네 가지가 있는데, 나는 그중 하나도 온전히 하지 못했다. 아들한테 거는 기대로 아버지를 모시지 못했고, 신하에게 거는 기대 그대로 군주를 섬기지 못했다. 동생이 내게 해주었으면 하는 바로 내 형을 받들지 못했고, 친구들이 내게 해주었으면 하는 일들을 정작 나는 그들에게 해주지 못했다. 忠恕違道不遠. 施諸己而不願 亦勿施於人. 君子之道四 丘未能一焉. 所求乎子 以事父未能也. 所求乎臣以事君 未能也. 所求乎弟 以事兄 未能也. 所求乎朋友先施之 未能也.

이 원칙이《대학》〈평천하平天下〉장의 혈구지도와 연결되어 있다.

平天下가 나라를 다스림에 있다는 것은 무슨 말인가? 위에서 노인을 노인 대접하면 백성들이 아래에서 孝를 일으킬 것이고, 위에서 어른을 어른으로 모시면 백성들이 아래에서 상호 존중을 일으킬 것이다. 위에서 외로운 자를 돌보면 백성들은 등지지 않을 것이다. 그래서 군자는 혈구지도絜矩之道(곱자로 각을 잡듯, 사람의 행동을 상호성의 규범으로 재보기)를 갖고 있다. 그래서 꼴 보기 싫은 윗사람의 행태를 보고 아랫사람에게는 저지르지 않고, 아랫사람이 하는 좋지 않은 행태를 보고 윗사람을 섬기는 데 참고한다. 앞뒤 좌우도 마찬가지다. 이를 '혈구지도'라고 한다.《시경》에서 말했다. "즐거운 저 군자여, 백성들의 부모로다." 사람들이 좋아하는 것을 좋아하고, 그들이 싫어하는 것을 미워한다. 이것이 '백성들의 부모' 된 도리다. 또《시경》에서 말했다. "저 남산을 보라, 돌들이 우람하다. 혁혁한 사윤師尹(주나라 유왕 때 정권을 장악해 나라를 위태롭게 만든 태사 윤씨)이여, 백성들이 모두 지켜보도다." 그러니 나라를 맡은 자, 신중해야 한다. 엇나가면 천하가 그를 도륙할 것이다.

所謂平天下在治其國者 上老老而民興孝 上長長而民興弟 上恤孤而民不倍. 是以君子有絜矩之道也. 所惡於上 毋以使下 所惡於下毋以事上 所惡於前 毋以先後 所惡於後 毋以從前 所惡於右 毋以交於左 所惡於左 毋以交於右. 此之謂絜矩之道.《詩》云: "樂只君子 民之父母." 民之所好好之 民之所惡惡之. 此之謂民之父母.《詩》云: "節彼南山 維石巖巖. 赫赫師尹 民具爾瞻." 有國者不可以不慎. 辟則爲天下僇矣.

유교의 기본 기획이 더 뚜렷해졌을 것이다. 개인 간 관계에서 타인의 욕구를 이해하는 것(易地思之)이 모든 것의 출발점이다. 이를테면 "나의 자유는 타인의 권리가 시작되는 곳에서 멈춘다." 교제의 범위가 커지고 사회적 책임이 무거워져도, 이 원칙은 변하지 않는다. 타인이 원하지 않는 것을 내 욕심대로 밀어붙이면 안 되듯이, 위정자는 백성들의 이익을 보살피고 그들의 호오를 존중해야 한다. 恕는 이처럼 개인 품성의 도야에서 바른 정치 질서의 구축까지 일관되어 있는 원칙이다. 그래서 공자는 말한다. "일이관지, 내 道는 하나로 일관되어 있다."

위에서 보듯, 이 恕 한 글자가 공자와 그 이후를 꿰고 있다.《논어》

의 "己所不欲기소불욕 勿施於人물시어인(내가 하기 싫은 일은 남에게 시키지 말라)", 《맹자》의 "强恕而行강서이행 求仁莫近焉구인막근언(恕를 밀어붙여 나가는 것, 仁을 구함에 이보다 가까운 것이 없다)", 《중용》의 "忠恕違道不遠충서위도불원 施諸己而不願시저기이불원 亦勿施於人역물시어인(忠恕는 道에 어긋나지도 멀지도 않으니, 내게 베풀어 원하지 않는 것을 다른 사람에게 베풀지 마라)", 그리고 《대학》의 "絜矩之道혈구지도"에 이르기까지, 四書를 일관하는 유교의 道는 한마디로 恕 한 글자다. 이것이 일이관지의 의미였고, 이것은 자사와 맹자를 거쳐 유교의 중심 원리로 기능해 전해졌다.

그런데 주자의 해석은 창발적이나, 공자와 그 제자들의 전통과는 전혀 다른 길을 잡고 있음을 알 수 있다. 다산은 주자의 해석을 이렇게 비판했다. 예상하듯이, 조심스럽게 질의의 형식을 취했다.

仁이란 人倫의 德을 이루는 것이다. 恕란 仁을 이루는 방법을 가리킨다. 죽순이 대나무가 되듯이, 연의 봉오리가 연꽃이 되듯이, 제대로 익은 것을 일러 仁, 아직 미숙한 것을 恕라고 구분한 것이 아니다. 《중용》의 "내게 베풀어서 원치 않는 것, 그것을 다른 사람에게 베풀지 마라"란 말씀은 지금 여기서 말하는 것과 한 터럭도 다를 바 없는데, 둘로 가르다니 아마도 그렇지 않은 듯하다."

〔質疑〕仁者 人倫之成德. 恕者 所以成仁之方法. 不是已熟爲仁 未熟爲恕 如筍之爲竹 菡萏之爲芙蕖也. 施諸己而不願 亦勿施於人 與此經所言 毫髮不差 分作兩層 恐未必然.

어세는 부드럽지만, 주자와 다산의 仁과 恕를 읽는 방식의 근본 차이를 다시금 분명히 해주었다. 공자는 자공에게 자신의 가르침을 일관하는 원리를 다시 한번 분명히 짚어준다.

子貢問曰: "有一言而可以終身行之者乎?" 子曰: "其恕乎! 己所不欲 勿施於人." (〈위령공〉 23장)

자공이 물었다. "평생을 안고 갈 만한 한 글자가 있다면 무엇입니까?" 공자가 대답했다. "그것은 恕가 아니겠느냐? 네가 원하지 않는 바를 다른 사람에게 베풀지 마라."

이 원리는 동서양의 인문적·종교적 전통들이 한목소리로 역설하는 지혜 혹은 도덕률의 공유지반이다. 예수 이전, 유대의 현자 힐렐은 "율법이 무엇이냐?"라는 이방인의 물음에, 공자에게 들은 듯, "네가 싫어하는 것을 이웃에게 시키지 말라. 이것이 율법의 전부다. 나머지는 그 해설이나 주석일 뿐"이라고 대답했다.

자공은 평생을 지니고 가야 할 '원리'를 물었고, 공자는 그건 恕, '나로 미루어 남을 이해하는 것'이라고 다시금 확인해주었다. 지금 자공에게 들려준 "네가 원하지 않는 바를 다른 사람에게 베풀지 마라"는 이 원칙을 가장 간결하게 표명한 것이라 할 수 있다.

주자는 여기 별다른 상세한 주석을 달지 않았다. 윤화정의 주석을 빌려 이렇게 적었다.

윤화정이 말했다. "학문은 핵심을 알아차리는 것이 중요하다. 자공은 핵심을 짚을 줄 안다(知要). 공자께서는 (恕로) 仁을 구하는 방법을 일러주었는데, 성인의 無我도 이 훈련을 통해 성취된다. 평생 행하는 것이 마땅치 아니한가?"

尹氏曰: "學貴於知要. 子貢之問 可謂知要矣. 孔子告以求仁之方
也 推而極之 雖聖人之無我 不出乎此. 終身行之 不亦宜乎?"

이 해석은 다산의 그것과 궤를 같이한다. 주자는 왜 여기에서 아무런
이의나 자신의 의견을 적극 개진하지 않았을까? 앞에서 설익은 것을
恕, 잘 익은 것을 仁이라고 한 주자의 해석은, 여기 恕가 종신 가져야
할 삶과 행동의 원리이며, 이것이 仁뿐만 아니라 성인에 이르게 하는
훈련이라는 윤화정의 말과는 엇갈리는 것을 몰랐을까?

이 점은 다음 일이관지의 해석에서 더욱 뚜렷이 드러난다. 다산은
이렇게 말한다.

一言이란 한 글자를 말한다. 인간의 길은 仁의 성취에 있고, 仁의 성
취는 人倫을 벗어나지 않는다. 기본적 禮 3백 가지(經禮三百)와 구체
적 禮 3천 가지(曲禮三千)에서 천하의 만사만물에 이르기까지 모든 문
제가 人倫에서 일어난다. (앞에서 살핀 바 있다.) 상호성(恕)이란 바로 그
人倫에 처하는 방법이다(絜矩之道). 일이관지라 했기에, '한 글자'로 가
히 종신 동안 행할 수 있다.

〔補曰〕一言 謂一字.〔補曰〕人道不外乎求仁 求仁不外乎人倫. 經
禮三百 曲禮三千 以至天下萬事萬物 皆自人倫起.【義見前】恕者
所以處人倫.【即絜矩之道】一以貫之 故一字而可終身行之.

아, 그리고 여기 발견 하나.《논어》를 읽다가 자공이 말한 終身종신이
'평생'이란 뜻이 아닌 것을 알았다.

子曰: "衣敝縕袍 與衣狐貉者立 而不恥者 其由也與? '不忮不求 何用不臧?' 子路終身誦之. 子曰: "是道也 何足以臧?"(〈자한〉 27장)

공자가 말했다. "다 떨어진 솜옷을 걸치고 호화로운 가죽옷을 입은 권세가 옆에 섰어도 부끄러워하지 않는 사람, 그가 자로겠지? 《시경》에 이런 노래가 있다.) '시샘하지 않고 갈망하지도 않는다. 그 아니 착한가?'" 자로가 이 싯귀를 늘 외고 다녔다. 공자가 말했다. "그게 뭐가 큰 자랑이냐?"

"子路終身誦之자로종신송지"는 자로가 싯귀를 '늘' 읊고 다녔다는 뜻이지, '평생' 노래한 것은 아니지 않은가? 자공 또한 '나날이, 언제나' 유념해야 할 원리 혹은 지침을 공자에게 물은 것이 틀림없다. 그러면 恕 한 글자는 '평생에 걸쳐' 구현해야 할 원리가 아니라, '일상의 언제 어디서든' 놓치지 않아야 할 원리가 된다. 유념! 위의 논리를 정리해 보자.

子曰: "賜也 女以予爲多學而識之者與?" 對曰: "然 非與?" 曰: "非也. 予一以貫之."(〈위령공〉 2장)

공자가 말했다. "자공아, 너는 내가 배운 것이 많고, 그것을 다 기억하는 사람이라고 생각하느냐?" 자공이 대답했다. "예, 아닌가요?" "아니다. 나는 하나로 꿰뚫고 있다(一以貫之)."

증자에게도 같은 원리를 일깨웠다.

子曰: "參乎! 吾道一以貫之." 曾子曰: "唯." 子出 門人問曰: "何謂也?" 曾子曰: "夫子之道 忠恕而已矣."(〈이인〉 15장)

공자가 말했다. "삼아, 내 道는 일이관지, 하나로 꿰뚫고 있다." 증자가 말했다. "예." 공자가 나간 다음, 門人들이 물었다. "무슨 소립니까?" 증자가 말했다. "스승님의 道는 忠恕일 뿐이다."

그런데 주자가 인용한 사상채의 말은 좀 난해하고 납득하기 어렵다.

사상채가 말했다. "성인의 道는 위대하다. 사람들은 그 전체를 이해하지 못하기 때문에 (그래서 공자를 보고) '많이 배워서 이를 아는 자(多學而識之)'로 안 것이다. 그러나 성인은 조물주가 일일이 생명을 찍어내고 새기듯, 지식을 넓히는 데 힘쓰는 사람이 아니다. 그래서 '나는 일이관지'라고 했다. '德은 가볍기가 털과 같은데, 오히려 털은 물질에 해당한다. 하늘의 일은 소리도 없고 냄새도 없다'라고 하였으니 실로 지극하다."

謝氏曰: "聖人之道大矣. 人不能遍觀而盡識 宜其以爲多學而識之也. 然聖人豈務博者哉? 如天之於衆形 匪物物刻而雕之也. 故曰 '予一以貫之.' '德輶如毛 毛猶有倫. 上天之載 無聲無臭.' 至矣!"

주자가 하는 말이 납득이 잘 안 될 듯하다. 포인트는 공자가 "학습을 통해 세상 만물을 하나로 연결한 사람이 아니다(不待多學而一知之 一理以貫通之)"라는 말에 있다. 이야기를 좀 더 들어보자.

대개 지성무식至誠無息이 道의 體다. 수많은 다양성(萬殊)이 이로써 하나의 근본(一本)을 갖는다. 만물이 각자 자신의 자리(其所)를 얻는 것이 道의 用이다. 하나의 근본이 수많은 다양성이 되는 까닭이다. 이로써 관찰하면(觀之), ‘일이관지’의 실상을 가히 볼 수 있다.

蓋至誠無息者 道之體也. 萬殊之所以一本也; 萬物各得其所者 道
之用也. 一本之所以萬殊也. 以此觀之 一以貫之之實可見矣.

무슨 소리인지 잘 다가오지 않을 듯하다. 윗글의 취지는 이렇다. 우주
는 단일한 유기체. 수많은 생명은 제각각(萬殊)이지만, 하나의 통일된
중심(一本) 아래 유기적으로 통합되어 있다. 그 생명의 흐름은 거짓이
나 오차가 없다(至誠無息). 이것이 영원한 운동의 토대(道之體)다. 우
주 간 모든 생명과 현상은 바로 이 실체(道)의 활동 혹은 운용(道之用)
이다.

　그와 마찬가지로 성인은 자연의 생명력, 그 모델을 구현하는 사람
이다. 전체로서의 자연이 수많은 생명을 그 안에서 낳고 기르듯이, 성
인 또한 자신의 ‘멈추지 않는 지극한 정성’으로 사람을 온전히 대하
고, 일에 완전한 대응을 얻는다.

공자는 하나의 토대(一理渾然)로부터 수많은 대응을 발화시켰다. 비유
하자면, 자연의 ‘쉬지 않는 성실’이 만물을 제자리에 낳고 기르는 것과
같다. 이 밖에 다른 이치는 없다. 성인은 이들 원리를 인위적으로 적용
(推)할 필요가 없다. 그러므로 일이관지란, 성인의 자연적 토대(體)로부
터 수많은 반응 활동이 나오는 것을 의미한다. 이렇게 자연의 토대로부
터 사물에 자연히 적용되는 것을 仁, 아직 이 경지에 이르지 못해 ‘자
신을 미루어’ 사물에 적용해 나가는 것을 恕라 한다. 그런 점에서 仁은
자연의 도(天道), 恕는 인간적 노력(人道)으로 구분할 수 있다.

夫子之一理渾然而泛應曲當. 譬則天地之至誠無息 而萬物各得其

所也. 自此之外 固無餘法 而亦無待於推矣. … 蓋至誠無息者 道
之體也 萬殊之所以一本也 萬物各得其所者 道之用也 一本之所
以萬殊也. 以此觀之 一以貫之之實可見矣. … 程子曰:"以己及物
仁也 推己及物 恕也 違道不遠是也. 忠恕一以貫之 忠者天道 恕者
人道."

주자는 인간의 내면이 불순하게 오염되어 있다고 생각한다. 그 찌끼
로 하여 자연의 예비된 생명력, 순수 활동이 방해받고 있다. 이 어둠
과 부자유를 걷어내고 허령虛靈의 지각知覺을 확보하게 되면, 어둠에
덮여 있던 빛 혹은 갇혀 있던 순수한 에너지가 주어지는 상황과 변화
하는 환경에 맞추어 '자연'으로 최고도의 완전성을 발휘하게 될 것이
라고 생각한다. 그러므로 일일이 用에 대처하는 것은 방편적이지만,
수고롭고 산만하기 쉽다. 근본적이고 래디컬한 대처, 즉 體를 확보하
는 것이 중요하다.

心學, 주자학의 마음공부는 中和 양면에 걸쳐 있다. 당연히 和, 즉
감정의 조화와 올바른 사유가 빠질 수 없다. 주자는 나중 이 발현된
정의情意의 뒤를 추적하는 것이 수고롭고 산만하다는 것을 알고, 그
근본 뿌리인 中의 확보에 일차적 중요성을 부여했다(中和新說). 감정
이나 사유가 촉발되기 이전, 바로 그 미발未發의 體를 확보하지 않으
면 이 사업이 모두 사상누각이라고 말한다.

주자는 지금 일이관지를 '자연의 이치(天理)를 확보하고 되찾는 것'
이라고 역설하고 있다. 그때 모든 것이 제자리를 찾을 것이다. 그 궁
극에서 내부의 본성인 仁은 비로소 기지개를 켜고, 恕의 '미루는 노
력'도 더 이상 힘들일 필요가 없게 된다.

이렇게 고원한 우주론적 발상을 적용해도 될까? 다산은 이를 지상으로 끌어내린다. 즉 "유교의 일관된 원리는 理가 아니고 恕다!"

이 포인트는 주자와 다산의 《논어》 해석뿐만 아니라, 둘의 전 사유 체계를 가르는 분수령이라 할 만하다. 그래서 우리는 지금 아주 상세하게 이 대목을 짚어보고 있다. 다산은 말한다.

하안이 말했다. "善에는 元(여러 善의 으뜸)이 있고, 일에는 모임(會)이 있으니, 세상의 일이 길은 다르지만 돌아가는 곳은 같고, 생각은 백 가지이나 그 이치는 하나다. 그 元을 알면 모든 善을 알 수 있다. 그러므로 많이 배우기를 기다리지 않고도 하나의 이치를 미루어 모든 것을 알 수 있다." 형병이 말했다. "나는 단지 하나의 理로써 모든 것을 꿰뚫고 있다." 이게 대체 무슨 소린가? 하안은 지금 공자와 자공이 무슨 문답을 주고받는지 알고나 하는 소린가? 一貫의 뜻은 증자가 직접 말한 것이 명명백백한데, 후세 유학자들은 익숙하게 보면서도 의심을 품는다(復熟視舍疑). 그런데도 이 분명한 해석을 따르지 않는 이유는 忠恕가 일관된 원리로는 너무 '초라하다(小)'고 여겨서다. 노자는 "하나가 둘을 낳고, 둘이 셋을, 그리고 여기서 만물이 나온다" 하고, 불교는 "만법은 하나로 돌아간다(萬法歸一)"고 하니, 공자의 일이관지도 여기 짝이 될 수 있겠다고 생각해서, 이 세상에 지고지대한 (理의) 언사로 읽은 것이다. 그래 놓고 증자의 말을 낮추고 깎아서 忠恕 두 글자를 극히 미미하게 만들어버렸다. 진유晉儒도 엇나갔고, 송유宋儒도 틀렸다. 그들은 "증자가 혼자 道의 비밀을 깨치고도(自領妙道), 門人들에게는 (忠恕라는) 찌꺼기(糟粕)로 응답해주었다"고 평가하고, 여기서는 "자공이 공자의 말을 깨닫지 못하고 성인의 쭉정이(秕穅)만 배웠다"고 하니, 이것이 우리 道의 거대한 장애물이다.

何曰:"善有元 事有會 天下殊塗而同歸 百慮而一致. 知其元 則衆善擧矣. 故不待多學而一知之." 邢曰:"我但用一理以貫通之."〔駁曰〕非也. 平叔知孔子與子貢問答爲何說乎? 一貫之解 曾子親口言之 明明白白 後之儒者 猶復熟視含疑. 不肯往從者 其心以忠恕爲小也. 老子言'一生二 三生萬物' 佛氏言'萬法歸一' 孔子言'一以貫之' 可以相配 爲天地間至高至大之言. 曾子落而下之 斲而少之 爲'忠恕'二字 極卑極小. 故晉儒違之 宋儒違之. 於彼則曰'曾子自領妙道 以糟粕酬門人' 於此則曰'子貢不能妙悟 以秕穅學聖人' 此吾道之巨蔀也.

다산의 '울분'과 한탄이 절절이 묻어 있다. 주자학은 노장·불교와 대결하는 과정에서 그에 필적하는 장대한 체계를 세웠다. 노장의 우주론적 발상, 불교의 형이상학과 수양론을 받아들이고, 그것을 유교적 덕목과 결합한 거대한 3교 통합의 체계를 세운 것이다.

다산은 분노한다. "송대 유학은 공자의 忠恕가 '일이관지'로 내걸기에는 노장·불교에 비해 너무 일상적이고 천박하다고 생각했다." 그러고는 자공이 일이관지의 심오함(?)을 몰랐다고 비하한다. "그는 스승으로부터 '쭉정이(秕穅)' 지식들이나 익힌 사람일 뿐이다." 증자는 어떤가? 그는 스승의 비밀을 잘 깨닫고 있으면서도 門人들에게는 忠恕라는 찌기(糟粕)만을 보여주었다. 시쳇말로 오리발을 내밀었다는 것 아닌가? 이런 억지와 모독이….

다산은 '忠恕'에 대해서, 그것이 유교의 단 하나 일관된 원리임을 힘찬 목소리로 웅변한다.

무릇 사람이 이 세상을 살아감에, 응애 울음을 터뜨릴 때부터 관에 뚜껑이 덮일 때까지, 그 더불어 처하기는 '(다른) 사람'일 뿐이다. 가까이는 부모와 형제에서 멀리는 친구와 고향 사람, 그 낮기는 신복臣僕과 어린아이에서 그 높기는 군사君師와 어르신을 포괄하기까지, 무릇 둥근 머리와 평평한 발로 하늘을 이고 땅을 밟는 자들은 모두 '나와 더불어' 서로 의지하고 도우며 교제하고 서로 접촉하면서 함께 부대끼며 살아간다.

나도 한 사람이고 저도 한 사람이다. 두 사람 사이에 교제가 생긴다. 이 관계를 선하게 하면, 효도·우애·우정·자애·충성·신뢰·화목·화합이 되고, 그것이 틀어지면 패륜·반역·완고함·우둔함·간사함·사특함·원흉·악의 우두머리가 된다. 우리 道는 무엇을 하자는 것인가? '사이 교제에 선하기(爲善於其際)'에 불과하다. 이리하여 예법을 만들어 선을 이끌고 악을 막는 것이니, 일동일정一動一靜, 일언일묵一言一默, 일사일념一思一念에 모두 형법(刑式)과 금계禁戒가 있어, 백성들이 따르고 혹은 피하게 한다. 그 文에는 《시경》·《서경》·《주역》·《춘추》에 이미 수많은 말이 있으며, 경례삼백經禮三百 곡례삼천曲禮三千에 지지엽엽枝枝葉葉, 단단편편段段片片, 호호만만浩浩漫漫 하니, 일일이 탐색하고 궁구하지는 못할지나, 그 귀착지는 '사이 교제에 선하기'에 불과하다.

'사이 교제에 선하기'란 무엇을 이르느뇨? 미운 윗사람의 행태를 아랫사람에게 하지 말고, 미운 아랫사람들의 행태를 윗사람에게 하지 말며, 앞 사람의 미운 짓을 뒷사람에게 하지 말고, 뒷사람의 미운 짓을 앞 사람에게 하지 마라. 오른쪽 사람의 미운 짓으로 왼쪽 사람과 교제하지 말고, 왼쪽 사람의 미운 짓으로 오른쪽 사람과 교제하지 말지니, 이를 일러 '사이 교제에 선하기'라 한다.

그것을 한 글자로 총괄하면 상호성(恕)이 아니겠는가? 그런즉 상호성이라는 물건이 한 가닥 노끈처럼 천만 개의 동전을 꿰고 있으니, 공자의 이른바 '일이관지'는 이를 가리킨 것이 아닌가?

天이 인간의 선악을 살피는 까닭 또한 바로 이 '두 사람 사이의 교제'에서 그 선악을 감찰하는 것인데, 여기 또 이들에게 식색안일의 욕구(慾)를 주어, 두 사람 사이에서 그 쟁투와 사양을 확인하고 그 성실과 태만을 점검하는 것이다. 이로 보매 옛 성인의 하늘 섬김의 學은 인간관계를 벗어나지 않으니, 즉 이 한 개의 恕 자로 가히 사람을 섬기고 하늘을 섬길 수 있으니, 무슨 까닭에 이를 '작은 것(小)'으로 만드는가? '하나(一)'란 恕다.

原夫人生斯世 自落地之初 以至蓋棺之日 其所與處者 人而已. 其近者曰父子兄弟 其遠者曰朋友鄉人 其卑者曰臣僕幼穉 其尊者曰君師耆老 凡與我同圓顱而方趾 戴天而履地者 皆與我相須相資 相交相接 胥匡以生者也. 我一人 彼一人. 兩人之間 則生交際. 善於際 則爲孝·爲弟·爲友·爲慈·爲忠·爲信·爲睦·爲婣 不善於際 則爲悖·爲逆·爲頑·爲嚚·爲奸·爲慝·爲元惡·爲大憝. 吾道何爲者也? 不過爲善於其際耳. 於是作爲禮法 以道其善 以遏其惡 一動一靜 一言一默 一思一念 皆有刑式禁戒 俾民趨辟. 其文則《詩》·《書》·《易》·《春秋》旣千言萬語 而經禮三百 曲禮三千 枝枝葉葉 段段片片 浩浩漫漫 不可究學 要其歸 不過曰善於際也. 善於際 何謂也? 所惡於上 毋以使下 所惡於下 毋以事上 所惡於前 毋以先後 所惡於後 毋以從前. 所惡於右 毋以交於左 所惡於左 無以交於右 斯之謂善於際也. 括之以一字 非卽爲恕乎? 然則恕之爲物 如一條緣索 貫得千萬箇錢 孔子所謂'一以貫之' 非是之謂乎? 天

之所以察人之善惡 亦惟是二人相與之際 監其淑慝 而又予之以食色安逸之慾 使於二人之際 驗其爭讓 考其勤怠. 由是言之 古聖人事天之學 不外乎人倫 即此一'恕'字 可以事人 可以事天 何故而小之也? 一者 恕也.

다산은 유교의 정신을 '우주론적 자연론'이 아니라 '사회적 관계' 속에서 되찾고 싶어 한다. 그것이 비조 공자를 축으로 내려온 유교의 유구한 전통 아닌가? 그런데 주자와 송대 유학이 이 기본 원리를 왜곡·변질시켜 버렸다. 그렇게 유교가 무력해졌고 낯설어졌다. "하나의 이치(一理)가 인간과 우주를 통관하고 뒤섞음으로써 형이상학의 늪에 빠졌고, 인간은 일상에서 무엇을 성취해 나가야 할지 모르게 되었다."

다산의 목소리는 주자학의 초석을 뒤흔들고 있다고 해도 과언이 아니다. 그는 공맹의 근본정신으로 회귀하고자 했으나, 조선조 500년 주자학 독존의 시대, 이것은 그야말로 '이단'의 이름을 받을 만한 것이었다. 독단이 오래되면, 상식이 먹히지 않는 법이다. 다산의 말을 더 들어보자.

四書는 우리 道의 나침반(指南)이다.《대학》·《중용》은 두 상호성(恕字)의 연장 혹은 부연(衍義)이다.《논어》·《맹자》에서 줄기차게 '상호성의 노력으로 仁의 성취(強恕以求仁)'를 역설하는 것을 보라. 거듭 반복하는 것이 손가락으로 꼽기도 힘들 정도이니, 공자의 道는 역시 恕 한 글자에 있다 하겠다.

이 한 글자(恕)를 붙들고 사람을 접하면 仁은 어디든 적용이 가능한데, 지금의 유학자들은 그것을 모호한 곳에서 더듬고 이리저리 갖다 붙여

매번 말하기를, "수많은 다양성(萬殊)이 하나에 근원(一本)하고 있어, 결국 다시 하나의 원리(一理)로 돌아간다"라고 한다. 천지의 만사만물을 집어 몽땅 하나의 원리로 돌리고 말하기를, "이것이 공자의 道"라고 한다. 공자의 道가 너무 허공에 막막히 매달려 있는 셈이 아닌가? 하나의 원리가 만물을 꿰고 있다 한들, 내 일신의 선악(도덕적 지평, 실천적 관심)과는 아무런 관련이 없지 않은가? 온종일 엄숙히 몸을 세우고 앉아 다양성(萬殊)과 보편성(一理) 사이를 구하고 있는데, 옆에서 부모 처자가 비방해도, 향당의 빈우賓友가 뭐라고 충고해도 신경 쓰지 않는다. 이는 (선가의 화두인) '뜰 앞에 잣나무(庭前柏樹子)'를 화두로 붙들고 씨름하는 것과 그리 멀지 않으니, 이는 학도자學道者가 마땅히 경계해야 할 바라.

四書者 吾道之指南也. 而《大學》·《中庸》都是恕字之衍義.《論語》·《孟子》其言强恕以求仁者. 重見疊出 不可殫指 則夫子之道 一'恕'字而已. 執此一字 以之接人 仁不可勝用也 而今之儒者 摸撈探索 東塗西抹 每云'萬殊一本 復合一理,' 執天坤萬事萬物 都歸之於一理 曰'此夫子之道.' 夫子之道 無亦空曠渺茫矣乎? 以一理貫萬物 於自己善惡 毫無所涉. 終日儼然危坐 究得萬殊一理 不念父母妻子在傍訕己 鄉黨賓友歸而議己 其與'庭前柏樹子' 相去未遠. 此學道者 所宜戒也.

다산의 주석 가운데 몇 포인트를 리뷰해보자.

(1) 다산의 天관

사회적 관계 속에서의 책임이 곧 天에 닿아 있다. 주자의 자연과 다산의 신학이 여기서 부딪힌다.

　주자는 공맹 유학에 함의된 天, 命, 上帝, 鬼神 등의 초월적 존재와 그 명령을 모두 理로 통일하고, 자연론적 사유의 틀을 구축했다. 다산은 공맹 사유의 원형을 일상의 관계, 덕성의 구축이라는 테제에서 확인하고자 한다. 다음과 같은 구절이 나왔던 것을 눈여겨보자.

　　옛 성인의 하늘 섬김의 學은 인간관계를 벗어나지 않으니, 그러한 바이 '恕' 한 글자가 '사람을 섬기는(事人)' 방법이면서, 아울러 '하늘을 섬기는(事天)' 도리다.

　　古聖人事天之學 不外乎人倫 卽此一'恕'字 可以事人 可以事天.

다산은 인간의 책무가 사람 사이에 있고, 거기 선을 구축해 나가는 것이 바로 하늘을 섬기는 길이라고 말한다. "인간의 사회적 행동은 곧 종교적 초월과 닿아 있다." 이것이 다산 신학의 기초이자 원론이다.

　인간의 도리는 인간세에 한정되지 않고, 보다 초월적 지평에서 의미를 획득한다. 이 문제를 둘러싼 많은 논의가 있다. 여기서 분명히 할 수 있는 것 하나는, 다산이 초월적 존재를 믿었다면, 그를 경배하는 것은 인간에게 주어진 관계에서의 책무와 윤리적 선을 지켜나가는 것과 궤를 같이하고 있다는 것을 알 수 있다. 나는 이것이 결국 가톨릭으로부터 몸을 돌린 근본 이유가 아닐까 생각한다.

(2) 忠恕는 한 글자

자공에게 공자는 '恕' 한 글자를 제시했고, 증자는 그것이 '忠恕'라고 답했다. 증자는 자세하고, 자공은 짤막하다.

왜 그랬을까? 다산은 말한다. 忠은 '마음 깊이에서, 진정으로'의 수식 혹은 태도를 가리키는 말이고, 중점은 역시 恕 한 글자에 있다는 것. 이는《중용》의 예를 보아도 분명하다.

주자가 忠恕를 갈라, "우주적 본성을 확보하는 것을 '忠'이라 일컫고(盡己之謂忠), 이것을 삶의 일상에서 발휘해 나가는 것을 '恕'라 한다(推己之謂恕)"고 가른 것은 理의 체용적 사유의 결과이지만, 이렇게 둘로 나누면 일관이라 할 수 없다고 다산은 비평한다.

先儒들은 자신을 다하는 것을 忠이라 하고, 자신을 미루어 남을 이해하는 것을 恕라 했다. 지금 사람들은 그것을, 마치 먼저 하나의 物이 마음 속에 있어 忠이 된 뒤에, 이를 미루어 적용하여 발휘해 나가는 것이 恕가 된다고 여기니, 이는 큰 잘못 아니겠는가? 만약 이와 같다면, 공자께서 '이이관지二以貫之'라고 하셨겠지, 어찌 '일이관지一以貫之'라고 하셨겠는가? 恕가 그것에 근본이 되고 恕를 행하는 방법이 忠이니, 忠恕가 곧 恕가 아니겠는가?

先儒謂盡己之謂忠 推己之謂恕. 今人知之 若先有一物 在內爲忠 然後自此推轉 發之爲恕 豈不大謬? 審如是也 孔子二以貫之 豈一以貫之乎? 恕爲之本 而所以行之者忠也 忠恕非恕乎?

(3) 증자와 자공의 품급

증자는 스스로 알았고, 자공은 일이관지에 더 이상 대꾸하지 않았다. 그래서 주자학자들은 증자의 품급이 자공보다 높다고 말한다.

다산의 생각은 전혀 다르다. 공자가 자공에게는 반만 알려준 것도 아니고, 특히 무엇보다 자공이 공자의 일이관지에 대해 아무 대꾸도

하지 않은 것을 몰라서 그랬다고 단정해서도 안 된다. 자공은 알아듣고 그것을 다시 마음속으로 새겼을 뿐이니, 그것으로 둘의 품급을 나누는 것은 지나친 억측일 수 있다.

공자의 내면과 종교적 심층

자공은 공자의 거의 유일한 대화 파트너가 아닐까? 안회는 그야말로 공자의 가르침을 스펀지처럼 빨아들였고, 자로는 나이 차이도 적고 성격도 괄괄해 공자와 자주 부딪혔다. 공자는 자공에게 자신의 '내면 세계'의 풍경까지 보여준다.

> 衛公孫朝問於子貢曰: "仲尼焉學?" 子貢曰: "文武之道 未墜於地 在人. 賢者識其大者 不賢者識其小者 莫不有文武之道焉. 夫子焉不學? 而亦何常師之有?" (〈자장〉 22장)
> 위나라 공손조公孫朝가 자공에게 물었다. "공자는 어디서 배웠소?" 자공이 대답했다. "文왕과 武왕의 道가 땅에 떨어지지 않아, '사람에게 있습니다(在人).' 현자는 그 큰 것을 알고 있고, 일반인은 그 작은 것을 기억하고 있으니, 모두 문무文武의 道를 갖고 있는 셈입니다. 공자는 이들 모두에게 배웠으니, 특별히 한 스승을 지정할 것이 있었겠습니까?"

공자의 학습 소스에 대해 말하고 있다. 사람들의 기억 속에 있는 주대의 문화적 자산을 캐고 물으면서 자신의 기량을 향상시켜 나갔다? 주자는 말한다.

문무의 道는 문왕·무왕의 모훈謨訓(후대 왕에게 주는 가르침)과 공렬功烈(큰 공적)이고, 그리고 두루 周의 예악과 문장이 모두 이것이다. 이것들이 사람들의 기억과 경험 속에 있다.

文武之道 謂文王·武王之謨訓功烈 與凡周之禮樂文章皆是也. 在人 言人有能記之者. 識 記也.

다산은 다른 얘기를 들려준다. 공자는 당대 사람들의 '기억'을 섭렵한 것이 아니라, 하은주 3대가 남겨 놓은 수많은 '기록'을 뒤져 그것을 학습해 나간 사람이다. 그래서 고전과 문헌의 최고 전문가가 될 수 있었다.

마융이 말했다. "공손조는 위나라 대부다." '未墜於地미추어지'는 사람들이 보배처럼 아껴, 다투어 받들어 모셨다는 뜻이다. 大者는 인간의 소명(性命)과 덕성의 가르침(德敎)이고, 小者는 예악과 문장이다. 識식은 기억(記也)이다. 공자는 쫓아서 배우지 않은 바가 없다, 그랬기에 따로 정한 스승이 없었다.

馬曰: "公孫朝 衞大夫."〔補曰〕未墜於地 謂人寶惜之 爭承受焉.〔補曰〕大者 性命德敎 小者 禮樂文章.〔補曰〕識 記也. 孔曰: "夫子無所不從學."〔補曰〕夫子無所不學 亦無一人爲常敎之師.

둘의 해석이 갈라지는 곳은 '在人'이라는 구절이다. 주자는 '그 사람들(在人)'이란 다름 아니라 노담老聃·장홍萇弘·담자郯子·사양師襄의 무리라고 적시한다. 가령 《논어》에는 공자가 태묘太廟(노나라 주공周公의 사당)에 들어가서 늘 좌우에 禮를 물었다 하지 않던가? 그것도 공자가 문무의 道를 '사람에게서' 배운 한 禮다. 다산은 '在人'을 사람들이 남긴 '기록과 전적'으로 읽는다.

'在人'이란 사람들이 기록한 전적을 가리킨다. 문무의 道가 '사람에서 사람으로 전해져(以人傳人)' 공자에게까지 이어졌다는 것은 자공의 本意가 아니다. 六經이야말로 공자가 쫓아 배운 바(所從學)다. 그렇지만 공자 때에는 《시경》과 《춘추》 등이 많이 누락된 상태(殘缺)였고, 공자는 동주열국東周列國의 詩로 《시경》을 보완하고, 노나라의 역사를 취해 《춘추》로 삼았다.

〔案〕在人者 謂在人所記錄之典籍也. 非謂以人傳人 以至孔子之世也. 若老聃·莨弘·郯子·師襄之等 非子貢之本意. 宜以六經爲孔子之所從學. 然孔子之時 《詩》與 《春秋》已多殘缺 孔子取東周列國之詩以補 《詩》取魯史以爲 《春秋》.

다산의 생각에 따르면, 번역은 다음과 같이 바뀐다.

위나라 공손조가 자공에게 물었다. "공자는 어디서 배웠소?" 자공이 대답했다. "사람들이 문왕과 무왕의 道를 '땅에 떨어질세라(未墜於地)' 받들어 모셔, 문헌으로 '기록'해 보존했습니다(在人). 현자는 그 큰 것, 즉 인간의 소명과 덕성의 가르침(性命德敎)을, 좀 못한 이(不賢者)는 작은 것, 즉 사회적 질서와 문화적 양식(禮樂文章)을 기록해 두었습니다. 공자는 이렇게 어디에나 있는 문무의 道를 배워 나갔습니다. 특별히 한 스승을 지정할 것이 있었겠습니까?"

이 해석은 다산의 '독창'이지만, 좀 과도해 보이지 않는가? 분명히 在

人은 '사람에 있다'이지, '전적典籍' 속에 있다는 말이 아니지 않은가? 주자는 공자가 당대의 현자들, 가령 노자에게도 배웠다는 설에 큰 부담이 없다. 다산은 공자와 유교 문명에 노자가 끼어드는 것이 불편했던 것은 아닐까?

공자는 스스로 "오래 기도해왔다(禱久矣)"고 토로했다(《술이》 34장). 《논어》는 "天命을 모르면 군자가 될 수 없다(不知命 無以爲君子也)"로 끝맺고 있고(《요왈堯曰》 3장), 자공은 드물게 공자의 내밀한 종교적 삶을 엿보는 제자다. 놀랍지 않은가? 가장 현실적 정치가·외교가로 평가받는 사람이 공자의 내면을 속 깊이 나누고 있다는 것이….

> 子貢曰: "夫子之文章 可得而聞也 夫子之言性與天道 不可得而聞也." (《공야장》 12장)
> 자공이 말했다. "공자의 문장文章은 얻어들을 수 있었는데, 스승님의 性과 天道에 대해서는 얻어들을 수 없었다."

① 여기 '문장'은 무엇일까? 주자는 "德이 밖으로 드러난 것, 위의威儀와 문사文辭 모두를 가리킨다"라고 썼다. 다산의 생각은 다르다. "위의는 보는 것이지 듣는 것이 아니다." 그러므로 문장은 기록과 전적 등의 책을 가리킨다.

> 여기 文章은 《詩》·《書》·《禮》·《樂》의 설을 가리킨다.
> 〔補曰〕文章 謂《詩》·《書》·《禮》·《樂》之說. 【子所雅言《詩》·《書》·執禮也】

② 그러면 '性與天道성여천도'는 무엇일까? 여기가 논의의 주 포인트다. 역시나 주자는 그의 '새로운' 天理의 형이상학을 설파해 나간다.

> 性이란 사람이 부여받은 天理다. 天道란 천리자연의 本體이고, 그 실상은 하나의 원리(一理)로 관통하고 있다. 자공의 말은 공자의 문장(말과 행동)이 날마다 밖으로 드러나서 학자들이 같이 듣는 바였는데, 性과 天道에 이르러서는 스승이 말을 아껴(罕言之) 학자들이 들을 기회(得聞)가 없었다는 것이다. 대개 聖門의 가르침(敎)은 단계를 건너뜀(躐等)이 없어, 자공이 비로소 처음 얻어들을(得聞之) 수 있었는데, 그것을 찬탄한(歎其美也) 것이다.
>
> 性者 人所受之天理. 天道者 天理自然之本體 其實一理也. 言夫子之文章 日見乎外 固學者所共聞. 至於性與天道 則夫子罕言之 而學者有不得聞者. 蓋聖門敎不躐等 子貢至是始得聞之 而歎其美也.

天道·天理는 너무 높고 심원해 초보들이 감당하기 어렵다. 자공이 수준에 올라섰다 싶어 그 비밀을 알려주었고, 자공이 기쁨의 탄성을 질렀다는 것이다.

그런데 어투가 내게는 '기쁨'보다는 '아쉬움'과 '낯섦'이 더 느껴지는 것은 왜일까? 다산은 긴 반론을 펼칠 만한데, 반복에 지쳤다 싶었는지,《중용》을 보라는 것으로 반론을 대신했다. 天道는 테이블에 가볍게 올릴 수 있는 주제가 아니다.

《주어周語》에서 단양공單襄公이 말했다. "나는 눈먼 악사(瞽師)가 아닌데, 어찌 天道를 알리!"

〔駁曰〕非也.《周語》單襄公之言曰: "吾非瞽師 焉知天道." 俗習如
此 夫子何以言之!

天道 등 '현실 너머'의 일들을 장님이나 무당의 일로 치부한 것이다.
이런 마당에 '인간 존재의 본성(性)'이나 '하늘의 道(天道)'에 대해서
쉽게 일러줄 수 있었겠느냐?

이를테면 주자는 이 天을 과학으로 정위하고, 다산은 본래의 신학
으로 되돌리고 싶어 했다. 그렇지 않으면《논어》《맹자》는 물론이고,
특히《중용》의 뜻을 밝힐 수 없다고 덧붙였다.

《중용》은 "天命之謂性천명지위성"이라는 장엄한 선언에서 출발한다.
"天命, 그것을 일러 性이라 한다"는 지금 자공이 거론한 性과 天道
의 문제를 일러주고 있음을 알 수 있다.《중용》의 저자 자사가 공자의
손자라는 것도 참작해야 한다. 할아버지의 가장 가까이에서 그 내면
과 종교적 지평을 느낄 수 있었던 최적의 위치에 있었다. 다산은 말한
다. "道가 이루어지지 않는 근본 이유가 세 가지 있는데, 그 첫째가 天
을 理로 읽은 것이다." 이 문제는 3부에서 자세히 만나기로 하자.

자공은 어떻게 보면 안회보다 더 공자의 종교적 순간 혹은 감정에
더 많이 함께하는 듯하다. 다음 챕터를 보자

子曰: "莫我知也夫!" 子貢曰: "何爲其莫知子也?" 子曰: "不怨天 不尤人. 下
學而上達 知我者 其天乎!" (〈헌문〉 37장)
공자가 말했다. "나를 아는 사람이 없구나!" 자공이 말했다. "어찌 스승님을 아
는 이가 없다고 하십니까?" 공자가 말했다. "하늘을 원망하지 않고, 사람을 허

물하지 않는다. 下學으로 上達하니, 나를 아는 자, 그 하늘인저."

세 가지 포인트가 눈에 띈다.

① 여기 知我지아는 '알아준다'일까, 아니면 '이해한다'일까?
② '不怨天불원천 不尤人불우인', 즉 '하늘을 원망하지 않고, 인간을 탓
   하지 않는다'에서 '하늘'은 운명일까, 절대자일까?
③ '下學而上達하학이상달'에서 '下學'은 고전 학습과 다양한 삶의 기
   술을 총칭할 것이다. 그 연습과 습득을 통해 '도달하는 저 위'는 어
   디일까? 기량의 향상? 아니면 초월자와의 대면?

이 세 가지 점에 특히 유의하여 이 구절을 읽어보자. 먼저 주자의 해
석을 보자.

하늘에서 (운명을) 얻지 못해도(不得於天) 그를 원망하지 않고(不怨天),
사람과 투합하지 못해도(不合於人) 그를 탓하지 않는다(不尤人). 다만
아노니, 구체적 학습(下學)을 거쳐 자연히 위에 가 닿는다(上達). 이 말
은 오직 성찰과 자기 수양을 순서와 단계로 밀고 나간다는 뜻이다. 이
는 다른 사람들도 그렇게 지식을 추구해 나가는 것처럼 보인다. 그렇
지만 이 말을 깊이 음미해보면, 그 가운데 사람들은 알 수 없고 오직 하
늘만 아는 신비의 경지가 있음을 볼 수 있다. 대개 공자의 문하에는 자
공의 지혜(智幾)만이 이를 언급할 만했기에, 특별히 그에게만 말해주었
다. 아깝다. 그럼에도 아직 미치지 못한 것이 있으니…. 정자가 말했다.
"하늘을 원망치 않고 사람을 탓하지 않는다(不怨天 不尤人)는 것은 理

에 있어 당연히 이와 같을 뿐이다!" 또 말했다. "학자들은 '下學上達'
이란 말을 잘 지켜야 한다. 학문의 요체가 여기 있다. 下學人事(인간의
일상적 일에 철저한 것)가 곧 上達天理(초월적 지평으로 올라서는 것)다. 그
렇지만 습관적으로 매몰되어 잘 성찰하지 않으면, 上達에 이르지 못할
것이다."

不得於天而不怨天 不合於人而不尤人. 但知下學而自然上達. 此
但自言其反己自修 循序漸進耳. 無以甚異於人而致其知也. 然深
味其語意 則見其中自有人不及知而天獨知之之妙. 蓋在孔門 惟
子貢之智幾足以及此 故特語以發之. 惜乎其猶有所未達也! 程子
曰: "不怨天 不尤人 在理當如此." 又曰: "下學上達 意在言表." 又
曰: "學者須守下學上達之語 乃學之要. 蓋凡下學人事 便是上達天
理. 然習而不察 則亦不能以上達矣."

다산의 해석을 들어보자.

知我: 당시 사람들이 공자를 성덕盛德이라 추켜세웠지만, 공자가 이를
듣고 말한다. "저들은 모두 나를 모르고 떠들고 있다."[11]
不怨天 不尤人: "세상에 쓰이지 않아도 하늘을 원망하지 않고, 사람
들이 몰라주어도 사람을 탓하지 않는다(마음)." 不怨天 不尤人은 공자
마음속의 밀공密功이라 타인이 엿볼 수 있는 바가 아니다.
下學而上達: 下學은 學道를 가리킨다. 사람을 섬기는 일(人事), 즉 孝
悌仁義로부터 시작한다. 上達은 적공積功이 天德에까지 이른 것을

---

11 여기 **知我**는 '나를 알아주는'이 아니라, '나를 진정 아는'이라는 뜻이다.

말한다(그래서 "부모를 섬기는 데에서 시작하고(始於事親), 하늘을 섬기는 데에서 끝난다(終於事天)"고 했다). 下學은 행하는 일이라 사람들의 눈에 띄지만(人所知), 上達은 사람들이 엿볼 바(人之所知)가 아니다."

〔補曰〕時人皆稱夫子盛德. 夫子聞之 曰: "彼皆不知我而言之耳." 馬曰: "不用於世【句】而不怨天 人不知己 亦不尤人."〔補曰〕不怨天 不尤人 乃心內之密功 非人所知.〔補曰〕下學 謂學道 自人事而始.【即孝悌仁義】上達 謂積功 至天德而止.【即所云'始於事親' 終於事天】下學 人所知【見於行事者】上達 非人之所知.

다산은 여기 上達을 "군자의 道는 하늘을 섬기는 일(事天)로 끝난다. 이를 일러 達이라 한다(君子之道 終於事天 此之謂達也)"라고 하여 종교적 의미와 연관시켰다. 사람을 섬기는 일(人事)을 익히는 것이 下學, 그리고 그 학습의 축적을 통해 하늘을 섬기는 일(事天)에 이르는 것이 上達이라는 것이다. 다산이 《논어》 등을 통해 '하늘 섬김(事天)'을 말하는 것에 특히 유의할 필요가 있다. 이 구절은 주자의 말대로 공자의 '탄식'일까? 다산의 생각은 다르다.

공자는 늘 입버릇처럼, "다른 사람이 몰라 주어도 상관 않는다"라고 했다. 그런데 지금에 "나를 알아주는 사람이 없구나"라고 했을 리가 없다. 그게 탄식이었다면 "나는 요순을 조술祖述하고, 문무를 헌장憲章한다"로 이어졌을 것인데, 하필 "하늘을 원망하지 않고, 사람을 탓하지 않는다. 下學으로 上達한다"라고 했겠는가? 이것은 세상에 쓰이고 말고와는 전혀 해당 사항이 없다. 이 말은 당대인들이 자신을 聖德이라 칭하기에, 공자께서 밝히기를, "저들은 다 나를 모르고 있다. 오직 하늘만이

(나를) 알진저"라고 하신 것이다.

〔案〕夫子有恒言曰 '不患人之不己知.' 今乃以 '莫我知'而發歎 恐無是理. 苟其歎之 則必繼之曰: '我祖述堯·舜 憲章文·武'何必言: '不怨天 不尤人 下學而上達'乎? 此與見用於斯世者 無所當矣.【朱子云: "反己自修 循序漸進 無以甚異於人."】時人稱述聖德 孔子明之曰: "彼皆不知我者也. 我之學業 惟天知之."

다산이 공자를 너무 감싸고 도는 것은 아닐까? 천하를 돌았지만 뜻을 함께할 군주를 찾지 못했다. "운명과 시대를 탓하지 말자"는 것은 그 반대로 읽어야 할 듯하다. 그렇다면 "남이 알아주지 않아도"가 더 적실해 보인다. 공자는 자공에게 비슷한 심경을 토로하기도 했다.

子曰: "予欲無言." 子貢曰: "子如不言 則小子何述焉?" 子曰: "天何言哉? 四時行焉 百物生焉 天何言哉? 〈양화〉 19장)

공자가 말했다. "나는 더 말하지 않으련다." 자공이 말했다. "스승님이 말씀을 안 하시면, 우리는 무엇을 논하리이까?" 공자가 말했다. "하늘이 어디 말이 있던가? 四時가 운행되고 뭇 생명이 피어나는 데, 하늘이 무슨 말이 있던가?"

제자들이 자신의 말을 흘려듣는 것이 섭섭했을까, 아니면 말이 많은 자신에게 느낀 공허함이었을까? 이 無言의 선언을 어떻게 읽어야 하나? 주자는 '자연론자'답게 말한다. 학자들은 성인의 입을 쳐다볼 뿐, 그 자연의 流路, 天理의 流行을 놓치기 쉽다.

四時가 갈마들고, 百物이 生하는 것은 天理가 발현되고 유통되는 실질이니, 언어를 기다릴 것이 없다. 성인의 일동일정도 오묘한 道와 정밀한 義의 발현이 아님이 없다. 역시 天일 뿐이다. 어찌 '말(言)'을 기다려 드러난단 말이냐? 이 또한 자공을 위해 열어준 가르침이었는데, 안타깝게도 알아듣지 못했다. 안회라면 알아들었을 텐데….

四時行 百物生 莫非天理發見流行之實 不待言而可見. 聖人一動一靜 莫非妙道精義之發. 亦天而已. 豈待言而顯哉? 此亦開示子貢之切 惜乎其終不喩也. 程子曰: "孔子之道 譬如日星之明 猶患門人未能盡曉 故曰: '予欲無言.' 若顔子則便默識 其他則未免疑問 故曰: '小子何述.'" 又曰: "天何言哉 四時行焉 百物生焉 則可謂至明白矣." 愚按: 此與前篇無隱之意相發 學者詳之.

제자들은 성인의 일거수일투족에 유의할 뿐, 성인 됨의 실질을 제대로 캐치하지 못한다. 공자는 그동안 말을 통해 가르침을 펴고, 예악과 문장을 통해 제자들을 일깨워왔다. 그것은 성인의 거죽이지 실체는 아니다. 이제 '말이 없는 자연'을 통해서 자연 우주의 원리를 깨닫게 하려 한다. 그러나 이 깨우침을 자공, 그 언어의 사람이 알아듣기 어려웠을 것이다. 주자는 덧붙인다. "아마도 안회라면 스승의 말을 알아들었을 텐데…."

이 대화의 의미가 지금 주자가 짚어주고 있는 그대로일까? 다산은 이 해석이 납득하기 어렵다고 고개를 흔든다. 다산은 인간의 일을 "계절이 가고 만물이 피고 지는 곳"의 天理에 맡기지 않는다. 그는 주자학이 이렇게 자연과 인간을 뒤섞는 바람에 진정 인간의 일을 올바르게 다루는 데 길을 못 찾고 실패하고 있다고 비판해 마지않는다.

공자가 말하지 않겠다는 이유는 쉽고 단순하다. 이제부터는 '말'보다 '행동'으로 보여주겠다고 선포한 것일 뿐이다.

> 이제부터는 (말이 아니라) '행동(行事)'으로 보여주련다. 이에 대해 자공
> 은 스승님이 말이 없으면 우리는 무엇을 받고 전하겠느냐고 난감해했
> 다. 四時가 돌고 百物이 生하는 것이 특별한 言語敎命이 있어서가
> 아니다. 이로써 공자는 "단순히 그 행동만 있어도 좋지 않겠느냐?"는
> 뜻을 보였다는 것이다.
> 〔補曰〕欲以行事示之.〔補曰〕述 循而傳也.【受之於人 傳於人】
> 〔補曰〕天有行而無言.【邢云: "四時之令遞行焉 百物皆依時而生
> 焉 天何嘗有言語敎命哉? 以諭人若無言 但有其行 不亦可乎."】

다산의 신학은 주자의 자연학에게 이렇게 반론한다. "天道(초월자의
역사)가 세상을 주재한다. 주자가 말하는 자연의 天理(자연의 과정)는
'아무 지각'이 없어 말하려 해도 할 수가 없다." 다산은 서학으로부터
종교적 관점을 촉발받았다. 서학의 그림자가《논어》해석에 그림자
를 짙게 드리우고 있다.

또한 자공이 꼭 '언어'로만 성인을 살피고 대한 것은 아니다. 그를
공자의 말을 잘 알아듣지 못하는 하품으로 취급해서는 안 된다고 경
고하고 있다. 질의의 형식은 역시 주자를 향한 비판임을 알 수 있다.

> 언어로 백성을 교화하는 것은 말절이다. 혀와 입술이 닳도록 가르쳐주
> 고 깨우쳐주어도 오히려 따르지 않는 자가 있고, 묵연히 스스로 행하여
> 보이기만 해도 오히려 보고 느끼는 자가 있다. 단, 이 天道로 징험해도
> 일월성신日月星辰의 운행이나 四時가 착오 없는 것, 풍뢰우로風雷雨露

의 베풂에 百物이 번성하는 것 역시 묵묵히 스스로 주재할 뿐이다. 만약 다만 理의 발견으로 말한다면, 理는 본래 無知이니 말로 하고자 해도 되겠는가? 또 자공이 언어를 통해서만 성인을 살핀다는 것도 분명한 증거가 없고, 자공이 종시 깨우치지 못했다는 것도 실증이 없는데, 혀를 차고 탄식하며 마치 미련한 사람(下愚)의 우매(迷)처럼, 변화를 몰랐다(不知變者然)고 생각하는 것도 지나치다.

〔質疑〕言語之於化民 末也. 敎之誨之 勞脣敝舌 而民猶有不從者. 默然躬行 見諸行事 而民猶有觀感者. 但以天道驗之 日月星辰之運而四時不錯 風雷雨露之施而百物以著 亦默自主宰而已. 若但以理之發見而言之 則理本無知 雖欲言語得乎? 且子貢之以言語觀聖人 未有明驗 子貢之終不喩未有實證 而咄咄嗟惜 有若下愚之迷不知變者然 斯亦過矣.

위의 몇 챕터로 알 수 있다. 자공은 공자와 가장 높은 수준의 정치적 대화를 이끌고 있고, 또 아울러 가장 심도 있는 공자의 내면과 종교적 관념까지 듣고 동참하고 있다. 어찌 보면 안회보다 더 중요한 공자의 파트너처럼도 여겨지기도 한다.

자공, 당신이 공자보다 뛰어나오

여러 곳에서 자공은 공자보다 더 뛰어난 '현자'라는 칭송을 들었다. 공자는 이제 늙었고, 세상은 늘 젊은이들의 것이어서일까? 공자는 '말'을 싫어한(?) 사람이고, 자공은 '언어'라는 이름표답게 누구를 만나도 사람을 휘어잡는 마력을 갖고 있었을 것이다.

叔孫武叔毀仲尼. 子貢曰: "無以爲也! 仲尼不可毀也. 他人之賢者 丘陵也
猶可踰也 仲尼 日月也 無得而踰焉. 人雖欲自絶 其何傷於日月乎? 多見其
不知量也." (〈자장 24장〉)

숙손무숙叔孫武叔이 공자를 헐뜯었다. 자공이 말하기를, "그래 봐야 소용없소.
공자는 허물 수 없는 사람이오. 다른 현자는 가령 구릉과 언덕이라 넘을 수 있
지만, 공자는 해와 달과 같아 넘을 수 없소이다. 상대하지 않겠다고 나선들, 그
게 해와 달의 밝음에 무슨 영향을 주겠소? 다만 자신들의 수준을 보여줄 뿐입
니다."

주자와 다산 사이에 작은 의견 차이가 있다. ① '無以爲무이위'를 주자
는 '소용없다'로, 다산은 '그러지 말라'로 읽었다. ② '人雖欲自絶인수
욕자절'을 다산은 '숙손무숙' 하나가 아니라 '일반 사람들'로 일반화했
다. 숙손무숙은 노나라 대부 숙손주구다. 시대는 공자 말년인 것 같
다. 공자를 비난하다가, 급기야 자공이 스승보다 더 뛰어나다고 떠들
기에 이르렀다.

叔孫武叔語大夫於朝曰: "子貢賢於仲尼." 子服景伯以告子貢. 子貢曰: "譬
之宮牆 賜之牆也及肩 窺見室家之好. 夫子之牆數仞 不得其門而入 不見
宗廟之美 百官之富. 得其門者或寡矣. 夫子之云 不亦宜乎!" (〈자장〉 23장)

숙손무숙이 조정에서 다른 대부에게 말했다. "자공이 공자보다 더 현명합니
다." 자복경백이 이를 자공에게 알렸다. 자공이 말하기를, "궁실 담장에 비유하
자면 나의 담장은 어깨 정도, 그래서 집 안의 풍경을 한눈에 엿볼 수 있습니다.

공자의 담장은 몇 길 높이라, 그 문으로 들어서지 않으면 종묘의 아름다움이나 조정 백관의 풍성함을 알 수 없지요. 그 문 안에 들어선 사람은 거의 없습니다. 그러니 숙손무숙의 말도 당연하지 않겠소?"

자복경백은 노나라의 또 다른 대부 자복하다.

다산은 궁실의 담장(宮牆)을 궁금해할 사람들에게 역사적 지식을 발휘하여 그 설계와 구조를 설명한다.

> 앞에는 조정, 뒤에는 시장, 좌우에는 육향이 있고, 중앙에는 궁실이 있
> 으므로, 왼쪽에는 종묘, 오른쪽에는 사직이 있다.
> 面朝後市 左右六鄕 而中爲公宮 故左廟右社 亦在宮牆之內.

한 길(仞)은 일곱 자(七尺). 당시 도량형은 확정되지 않았지만, 한 자가 25-30센티미터면 일곱 자 한 길은 사람 키 정도 되지 않았을까? 그게 몇 길이니, 꽤 높은 축에 속한다. 담장 높이가 몇 길이면, 들어가 보지 않고는 그 안에 뭐가 있는지, 어떻게 생겼는지 알 수가 없다. 공자의 경지가 바로 그렇다.

스승과 거의 같이 살다시피 한 자신도 스승의 진면목을 가늠하기 어려운데, 보통 사람들이야 말해 무엇하랴? 안회의 탄식처럼, 공자는 "뚫을수록 단단하고, 다가갔다 싶으면 저만큼 멀어져 있고, 여긴가 하면 훌쩍 뒤에 있다."

또 다른 인물이 또 나섰다. 공자가 가는 나라마다 유력자들에게 선을 대는 것이 고까웠던 그 인물을 기억할 것이다.

陳子禽謂子貢曰:"子爲恭也 仲尼豈賢於子乎?" 子貢曰:"君子一言以爲知 一言以爲不知 言不可不愼也. 夫子之不可及也 猶天之不可階而升也. 夫子之得邦家者 所謂立之斯立 道之斯行 綏之斯來 動之斯和. 其生也榮 其死也哀 如之何其可及也?"〈자장〉 25장)

진자금이 자공에게 말했다. "그대가 겸손해서 그렇지, 공자가 어찌 당신보다 낫겠소?" 자공이 말했다. "군자는 한마디 말로도 그 사람의 지적 수준을 가늠하는데, 그래서 말은 조심해야 하는 거요. 스승 공자를 따라잡을 수 없는 것은 하늘을 계단으로 오르지 못하는 것과 같소. 스승이 나라나 봉지를 책임지게 되면, 이른바 '생계를 마련해주고, 교화로 이끌며, 삶을 안정시키고, 기쁨으로 충만하도록' 할 것입니다. 살아서는 영예를, 죽으면 애도를 받을 것이니, 그것을 어떻게 따라잡을 수 있겠소?"

주자는 계단과 하늘을 '업적'과 '교화'로 대비했다.

자공이 성인을 칭하는 말을 보매, 그가 만년에 進德함을 알 수 있겠다. 이곳은 극히 고원한 경지다. 공자가 나라를 얻어 무리를 고무시키면 북소리, 그림자, 메아리보다 빠른 효과를 보인다. 사람들은 그 변화를 보면서도 왜 그러는지 까닭을 짐작하지 못한다. 가까이 있어도 聖에 '알 수 없는 것(不可知者)'이 있음을 안다. 이것은 거의 생각과 노력(思勉)으로 접근하기 어려운 경지다.

程子曰:"此聖人之神化 上下與天地同流者也." 謝氏曰:"觀子貢稱聖人語 乃知晚年進德. 蓋極於高遠也. 夫子之得邦家者 其鼓舞群動 捷於桴鼓影響. 人雖見其變化 而莫窺其所以變化也. 蓋不離於聖 而有不可知者存焉. 此殆難以思勉及也."

주자는 斯立사립을 '주거와 생계'로, 斯行사행은 '교화에 순응'으로 읽었는데, 다산은 斯立과 斯行을 묶어 '백성들이 명령을 따르는(民從令) 것'이고, 뒷부분 綏來수래 動和동화는 '백성들의 감화(民從化)'를 의미한다고 했다.

'子爲恭자위공'은 자공이 겸손한 마음으로 공자를 받들어 스승으로 삼은 것을 말한다. '階계'는 낮은 데에서 높은 데로 올라가기 위한 사다리다. '邦家방가'는 국가를 말하는 것과 같으니, 군주(人主)를 말한다. 주자가 말했다. "道는 이끄는 것이다." '斯立'과 '斯行'은 백성이 정령政令을 따르는 것이다(〈안연〉7장에서는 "백성이 (위를) 믿지 못하면 서지 못한다"고 했고, 〈위령공〉5장에서는 "(비록) 주리州里라 하더라도 시행될 수 있겠는가?"라고 했다). '綏유'는 품어서 편안하게 해주는 것을 말하고, '動'은 고무시키는 것을 말한다. '來'는 귀순하는 것이고, '和'는 화하게 어울리는 것이며, '斯來사래'와 '斯和사화'는 백성이 교화됨을 말한다. 주자가 말했다. "榮영'은 존경하고 친애하지 않는 이가 없다는 것을 말하고, '哀애'는 부모를 잃는 것처럼 한다는 것이다."

〔補曰〕子爲恭 言子貢謙遜 奉之爲師.〔補曰〕階 所以自卑升高. 〔補曰〕邦家 猶言國家 謂人主. 朱子曰: "道 引也."〔補曰〕斯立斯行 謂民從令.【上篇云: "民無信不立." 又云: "州里行乎哉?"】〔補曰〕綏 謂懷而安之也. 動 謂鼓之舞之也. 來 歸也 和 雍也 斯來斯和 言民從化. 朱子曰: "榮謂莫不尊親 哀則如喪考妣."

위대한 정치는 그 명령을 백성들이 따르고 교화에 반응하는 데 있다. 살아서는 존경과 사랑을 받고, 떠나면 슬픔과 애도의 행렬이 이어질 것이다.

다른 해석은 큰 차이가 없다. 다산은 말한다.

> 성인의 功化의 지극함(極)은 백성을 편안하게 하고(安民)과 백성을 교
> 화하는(化民) 데 있다.
> 〔案〕聖人功化之極 在於安民化民.

공자가 생각한 성인은 '최고의 정치적 리더십'을 보이는 인물이다.

마지막으로 공자의 진정한 경지를 알 수 있는 챕터를 같이 읽어보
자. 그의 겸허와 유머를 아울러 읽을 수 있다.

> 大宰問於子貢曰: "夫子聖者與? 何其多能也?" 子貢曰: "固天縱之將聖 又
> 多能也." 子聞之 曰: "大宰知我乎! 吾少也賤 故多能鄙事. 君子多乎哉? 不
> 多也." (〈자한〉 6장)
> 태재大宰가 자공에게 물었다. "공자는 성자이신가? 어찌 그리 다능하신가?" 자
> 공이 말했다. "진실로 하늘이 성자를 내려 하실 적에는, 다능한 재주를 함께 주
> 신다네." 공자가 듣고서 말하기를, "태재가 나를 아는군. 나는 어렸을 때 천했기
> 때문에 험한 일을 여럿 했다. 군자가 꼭 다양한 재능을 가져야 할까? 그럴 필요
> 는 없다."

태재는 지금 공자의 다재다능함에 감탄하고 있는 것일까, 아니면 비
꼬는 중일까? 자공은 '감탄'으로 읽어 스승의 능력에 신비한 위광을
부여하고 있고, 공자는 그 대접을 사양하고 별것 아닌 것으로, 굳이
필요치 않은 것으로 한껏 낮추고 있다.

여기 태재는 누구일까? 주자는 오吳나라 혹은 송나라 사람일까 했는데, 다산은 오나라 태재 백비伯嚭라고 특칭했다.

자공은 애공 6년(기원전 489년)에 애공을 따라 증鄫에서 오나라 태재와 대화한 적이 있다. 애공 12년에도 애공을 대신해 태재와 회맹을 협의한 적이 있다.

형병이 말했다. "《좌전》 애공 12년에 '애공이 오나라와 탁고橐皐에서 회합을 가졌는데, 오나라 제후는 태재 비를 시켜 맹약을 따뜻하게 거듭 다지기를 청하였으나, 애공이 이를 원하지 않아 자공을 시켜 (거절하는) 대답을 하게 하였다.' 또 자공이 일찍 오나라에 간 적이 있기 때문에 정현이 오나라의 태재 비라고 여긴 것이다." 두예杜預가 말했다. "공자는 송나라를 지나가다가 환퇴桓魋의 액을 만나 미복微服으로 거기를 피해 떠났는데, 어찌 또 (이때 송나라 태자가) 자공에게 물은 적이 있었겠는가? 태재는 곧 오나라의 비다." 모기령이 말했다. "애공 6년에 애공이 오나라와 증鄫에서 회합할 때 (오나라 태재가) 자공과 대화하였고, 12년에 애공이 오나라와 탁고에서 화합할 때도 (오나라 태재가) 자공과 대화하였으며, 그해 가을에 애공이 위나라 제후와 송나라 황원皇瑗을 운鄖에서 회합할 때도 자공과 대화하였으니, (태재는) 오나라 태재 비임을 알 수 있다." (어떤 이는 말했다. "애공 6년 오나라가 진陳나라를 침범하였을 때, 진나라에도 또한 태재 비가 있어 오왕인 부차夫差와 문답한 것이 《예기》〈단궁檀弓〉에 보인다. 이 해에 공자가 바로 진나라에 있고 자공이 수행하였으니, 이른바 '진陳·채蔡에서 나를 따르던 자들(從我於陳·蔡)'이라고 한 것이 이때의 일이다. 그러니 경문에 나오는 태재라는 이가 혹시 진나라 태재인지도 모를 일이다.") 살펴보건대, 형병의 말이 옳다.

邢曰:"《左傳》哀十二年 '公會吳于橐皐 吳子使太宰嚭請尋盟 公不
欲 使子貢對.' 又子貢嘗適吳 故鄭以爲是吳太宰嚭也."杜曰:"孔
子過宋 遭桓魋之厄 微服而去 豈復有問子貢者? 太宰即吳 嚭也."
毛曰:"哀六年 公會吳于鄖 與子貢語 十二年 公會吳于橐皐 與子
貢語 其秋公會衛侯·宋 皇瑗于鄖 與子貢語 則爲吳太宰嚭可知."
【或曰:"哀六年 吳侵陳 陳亦有太宰嚭 與夫差問答 見〈檀弓〉. 是年
夫子正在陳 而子貢隨之 所謂從我於陳·蔡 是也. 則此或是陳太
宰 亦未可知."哀公如越 季孫因太宰嚭而納賂 則越亦有太宰嚭】
〔案〕邢說 是也.

《사기》를 읽은 사람이라면, 이 사람이 누군지 잘 알 것이다. 초나라
에서 망명 와서 오자서伍子胥의 도움으로 오나라에서 권세를 쥐게
된 사람. 그는 오왕 부차의 신임을 한 몸에 받으며 승승장구, 태재의
자리에까지 올랐다. 그러나 그는 오자서의 은혜를 헌신짝처럼 차버
렸다.

오왕 부차가 아버지의 원수인 월왕 구천鳩淺을 와신臥薪 3년, 회계
會稽까지 몰아 막 죽일 참인데, 뇌물을 받은 태재 백비의 만류로 그를
살려주게 된다. 구천을 죽여야 한다는 오자서의 거듭된 간언은 받아
들여지지 않았다. 백비의 모함으로 오자서는 결국 자결하라는 명을
받게 된다. "내 눈을 뽑아 동문에 걸어놓아라. 월왕 구천의 손에 오나
라가 망하는 것을 내 눈으로 보게."

이 말을 들은 부차는 그를 말가죽에 담아 강물에 수장시켰다(기원
전 485년). 중원을 넘보며 제나라, 진나라와 전쟁을 벌이던 부차는 허
를 찌른 월왕 구천에게 결국 패하고 만다. 부차는 자결했다.

남은 백비의 운명에 대해서는 설이 갈린다.《사기》는 뇌물을 받고 구천을 살려준 그를 구천이 "죽여버렸다"라고 하고,《좌전》은 구천이 "그를 등용했다"라고 쓰고 있다. 이 스토리는 너무 유명해서 다산이 따로 언급하지 않은 것일 것이다.

이 오월吳越의 대전에 자공이 큰 역할을 했다는 것을 〈중니제자열전〉에서 읽을 수 있다. 월나라는 이로부터 중원의 패자를 자처하게 된다. 자세한 내용은 생략한다.

다산은 성자에 대해, 다음과 같은 오규 소라이의 말을 들려주고 있다.

> 자공은 말한다. 안타깝게도 공자는 아직 天命을 받지 못했기에, 성자의 일을 행할 수 없었다. 성자의 일은 '제작制作'에 있으니, 제작자를 일러 聖이라 한다. 만약 하늘이 허락하여 마음대로 하게 했다면 공자는 장차 성인이 되실 분인데, 그분이 마침 또 능함이 많았던 것이다.
> 荻曰: "縱 謂縱之 聽其所爲也. 子貢言夫子未受天命 是以不得行聖者之事耳. 聖者之事 謂制作也 作者之謂聖. 若天縱之則夫子且聖【將且也】而其人適又多能也." 〔案〕此說甚好. 恐是正義.

다산은 이 설이 아주 좋고, 아마도 '정설'일 것이라고 전폭 지지했다. '作者之謂聖작자지위성'이라는 구절은 다산과 오규 소라이의 회심의 해석이 있는 곳이다. 다산 정치관의 중요한 논점이기도 하다. 다산은 이 인물에 지대한 영향을 받았다. 드러내지는 않지만, 서학 못지않게 일본 유학에 충격을 받았다. 마루야마 마사오丸山眞男는 일본의 근대를 주자학을 극복해 나가는 과정으로 읽었다. 여기 사상적 전회를 마련한 것이 古學이며, 그를 통해 '유교의 정치화'를 이룩한 사상가가 오규 소라이다.

여기서는 성자론만 짚어보자. 앞에서 박시제중을 말할 때, 자공과 공자가 聖의 개념을 분명히 정치적 의미에서 읽었던 것을 보았다. 주자학은 內聖이라는 표어처럼, '내적 덕성의 완성자'를 의미했다. 명상을 통해 자신의 이기적 자아를 완전히 버린 사람, 그리하여 마침내 자연과 동형화한 경지에 이른 사람을 가리켰다. 그 德의 완성이 곧 사회적 파장을 몰고 오고, 교화가 온 백성을 변화시킬 것이다. 이것이 내성외왕의 이념이었다.

오규 소라이는 이 기획에 대해 신랄한 비판을 퍼붓는다. 성자는 위대한 정치가를 의미하며, 그 실제 내용은 '문물의 제작'에 있다는 것이다. 《예기》는 이를 '作者之謂聖'으로 특칭했다. 오규 소라이에게 道란 오로지 성인의 道를 의미하는 것이었다.

우리 道의 시조는 요순이다, 요순은 백성들을 다스리는 군주다. 따라서 성인의 道는 오로지 나라와 천하를 다스리는 道일 뿐이다. 요순은 이른바 先王이다. 그래서 성인의 道는 곧 先王의 大道라고도 한다. 先王의 大道는 천하를 평온하게 하는 것이다. 그 근본은 하늘의 命을 공경하는 데 있다. (오규 소라이,《변도辨道》)

유학자들은 성인의 道가 천하 국가를 다스리는 길이라는 것을 제쳐두고, 天理 · 人慾 · 理氣 · 陰陽 · 五行 등과 같은 추상적인 주장들을 앞세웠으며, 持敬 · 主靜 · 格物 · 致知 · 誠意 · 正心 등과 같은 승려들에게나 어울리는 것들을 聖의 덕목으로 생각했다. 그리하여 시비를 가리는 논의만 번거롭게 되어버리고 마침내는 성인의 道는 세상에서 정치의 道와는 완전히 다른 것처럼 생각하게 되어버렸으니, 이것은 과연 누구의 잘못인가? (오규 소라이,《태평책太平策》)

설령 아무리 마음을 다스리고 몸을 닦아서 흠 하나 없는 옥처럼 수행이 이루어진다 하더라도, 그가 이 세상의 일들에 대해서 관심을 가지려는 생각이 없고 또 실제로 국가를 다스리는 道를 알지 못한다면, 아무런 도움도 되지 못할 것이다. (오규 소라이,《답문서答問書》上)

오규 소라이는 개인 도덕과 정치가 연속되지 않는다는 것을 예로 들며, 주자학의 자연적 낙관주의를 비판해 나갔다. 미나모토 료엔源了圓은 말한다.

그렇다면 소라이가 말하는 정치의 내용은 무엇인가? 소라이가 말하는 정치의 道란 예악형정禮樂刑政 및 先王이 만든 제도 문물을 가리킨다. 결국 道란 자연의 道가 아니라, 성인에 의한 '작위의 道'라는 것이다. 소라이는 왜 先王의 大道를 외부에 설정했는가? 그러면 소라이가 "先王의 大道는 외부에 존재한다《辨名》"고 하여 예악 제도라는 외적인 것을 지배 원리로 삼은 까닭은 무엇인가? 이는 소라이가 마음의 문제에 대해 비관적으로 생각했기 때문이다. 소라이는 "마음이 형체가 없으므로 그것을 제어할 수 없기 때문에, 先王의 大道는 禮로써 마음을 제어한다《辨道》"고 말했다. 인간성을 냉철하게 관찰한 현실주의자 소라이는 주자학의 도덕 정치나 진사이의 도덕에 대해 아무것도 기대하지 않았다. 그는 오직 제도를 통해 행해지는 정치에 기대를 걸었을 뿐이다. (미나모

토 료엔,《도쿠가와 시대의 철학사상》, 박규태·이용수 공역, 예문서원, 85쪽)

다산은 일본 유학의 수준에 놀라 입을 다물지 못했다. 고전의 해석도 자유롭고, 창의적 발상을 억압하지 않았다. 이토 진사이와 오규 소라이의 저작을 읽고, 그는 자식들에게 다음과 같은 편지를 보냈다.

두 아들 보거라. 일본에서는 요즈음 이름 있는 유학자가 배출되고 있다. 오규 소라이 같은 사람은 海東夫子라 일컬으며, 제자를 많이 거느리고 있다. 지난번 통신사가 오는 편에 사사모토 렌篠本廉의 글 세 편을 얻어왔는데, 글이 모두 정예하였다. 대개 일본이라는 나라는 원래 백제에서 중국 책을 얻어다 보았는데, 처음에는 매우 몽매하였다. 그후 중국의 강소江蘇와 절강浙江 지방과 직접 교역을 트면서 좋은 책을 모조리 구입해갔다. 책도 책이려니와, 과거를 보고 관리를 뽑는 그런 잘못된 제도가 없어 제대로 학문을 할 수 있었기 때문에, 지금 와서는 그 학문이 우리나라를 능가하게 되었으니, 부끄럽기 짝이 없는 일이다. 日本 近者名儒輩出. 如物部雙柏號徂徠 稱爲海東夫子 其徒甚多. 往在信使之行 得篠本廉文三度而來 文皆精銳. 大抵日本本因百濟得見書籍 始甚蒙昧. 一自直通江·浙之後 中國佳書 無不購去. 且無科擧之累 今其文學遠超吾邦 愧甚耳. (다산,〈시이아示二兒〉)

일본 유학에 놀란 다산의 목소리가 역력하다. 그 저작과 수준을 보고, '다시 일본의 침략이 없을 것'이라고까지 예단할 정도였다. 조선은 과거시험으로 '학술'의 자유와 창의는 죽고, 시험을 위한 도구, 출세를 위한 수단으로 유교적 교양과 지식이 고착되고 타락하고 있었는데,

일본은 그 '과구科臼'로부터 자유로웠던 것. 그 다양성과 실험적 창조력을 우리는 배워야 한다. 500년 유교국임을 깔고 자랑만 할 것이 아니라….

소라이와 다산은 주자학의 불교적 명상에서 본래의 정치학으로 회귀를 촉구하는 점에서 견해를 같이하고 있었다.

이는(소라이의 정치학은) 위정자가 도덕적으로 탁월하다면 동심원적으로 나아가 천하와 국가도 잘 다스려질 수 있다고 하는 주자학의 정치 도덕과는 근본적으로 상이한 것이다. 정치와 도덕은 구분되어야 한다. 그리고 이때 위정자의 주관적·심정적 테크닉보다도 그 정치적 행위가 어떤 결과를 초래하는가를 묻지 않으면 안 된다. 이것이 소라이의 정치철학이었다. 그것은 한편으로 공리적인 성격을 지니고 있다. 소라이는 정치가가 도덕적으로 탁월한 행위에 마음을 쓰는 것은 그럼으로써 백성들이 정치가에게 더 잘 복종하기 때문인 것에 지나지 않는다고 생각했다. 이 점에서 도덕의 세계로부터 독립된 정치의 세계가 발견되었다고 말할 수 있는 것이다. (미나모토 료엔,《도쿠가와 시대의 철학사상》, 85쪽)

그러나 다른 점을 간과해서는 안 된다. 소라이는 아코의 의사들의 복수[12]에서 보듯, '개인적 도덕'과 법률로 대표되는 '사회적 규율'을 구분

---

12 1701년 3월에 에도 성 안 복도에서 아코赤穂의 번주藩主였던 아사노 나가노리淺野長矩와 키라 요시나카吉良義央 간에 우발적인 작은 싸움이 일어났는데, 이 사태와 관련해 막부에서는 아사노 나가노리에게 할복을 명령하고 영지도 몰수한다. 그 후 아사노의 번주를 주군으로 섬기던 47명의 가신은 3년간 숨어 지내며 와신상담 복수의 칼날을 갈며 지낸다. 마침내 12월 15일 이들은 주군의 원수 요시나카의 집에 숨어들어 통렬한 복수극을 펼친다.

해야 한다고 역설했다. 그리고 지금 보듯, 정치가의 有德은 백성들을 효율적으로 통치하기 위한 '기술'이지, 꼭 도덕적일 필요는 없다고 생각한다. 마루야마 마사오는 이를 '유교의 정치화' 혹은 '정치의 발견'이라는 이름으로 부르고, 그것이 근대로의 길을 재촉했다고, 어폐가 있겠지만 뿌듯해했다.

그러나 하나 유의해야 한다. 다산과 오규 소라이는 先王의 大道에 대한 '정치적 접근'을 공유하지만, 그 방향이나 세부 설계는 현저하게 다르다. 다산은 도덕을 통치의 수단 혹은 기술로 삼는 패도적 접근에 회의적이었고, 본래 先王의 大道, 즉 도덕적 통치를 강조하는 王道를 원론적으로 고집했다.

3장

안회, 극기복례

자공은 거부가 되어 천하를 무대로 외교전을 펼쳤고, 안회는 가난한 은자로 명상의 삶을 살아갔다.

> 子曰: "回也其庶乎. 屢空. 賜不受命 而貨殖焉. 億則屢中." (〈선진〉 18장)
> 안회는 道에 가까이 갔다. 쌀독이 자주 비었다. 자공은 타고난 금수저는 아니었는데, 스스로 부를 일구었다. 기획과 경영이 빛을 발했다.

"안회는 道에 가까이 갔다." 그런데도 지독히 가난했다. "자주 쌀독이 비었다." 자공은 그와는 달리 경영 수완과 능력이 뛰어났고, 《사기》의 '부자들의 전기'인 〈화식열전〉에 이름을 올릴 정도였다. 그처럼 道와 富는 양립할 수 없는 것일까? 주자는 안회의 가난을 찬미하고, 자공의 화식을 비판한다.

안회는 대그릇의 밥과 표주박의 물이 자주 끊겼어도 그 즐거움을 바꾸지 않았으니, 천하의 무엇이 그를 흔들 수 있었겠는가? 빈부는 하늘에 달려 있는데(貧富在天) 자공은 재물을 늘리는 데(貨殖) 마음을 두었으니, 이 때문에 그는 天命에 안주하지 못하였다. 말이 적중하는 것도 억측 우연이었지, 理를 궁구하고 天을 즐긴 것이 아니었다. 그래서 공자께서도 "자공은 불행히(?) 말하면 들어맞는 것이 많았으니, 더욱 말이 많게 되었다"라고 했다. 성인께서 말을 귀중하게 여기지 않음이 이와 같았다.

范氏曰:"屢空者 簞食瓢飮屢絶而不改其樂也 天下之物 豈有可動其中者哉? 貧富在天 而子貢以貨殖爲心 則是不能安受天命矣. 其言而多中者 億而已 非窮理樂天者也. 夫子嘗曰:'賜不幸言而中 是使賜多言也.' 聖人之不貴言也如是."

가난을 '찬미'하고 부를 은근 '비난'하는 주자의 풍모를 잘 읽을 수 있다. 정자는 자공의 '화식'이 세속의 '탐욕'과는 다르다고 변호를 해주기는 하나, 자공의 경영과 축재를 흘겨보는 시선은 어쩔 수 없다.

다산은 수도사가 아니라 정치가다. 그는 실학자답게 가정의 생계를 걱정하고, 정치를 책임진 사람답게 '경제'가 얼마나 중요한지를 알고 '경영'에 눈을 뜬 사람이다. 강진 유배지에서도 논밭을 장만했고, 고향의 아들들에게 누에치기와 양계법을 코치하기도 했다. 놀고먹는 양반들에게 '훈장' 노릇이라도 하라고 다그친 사람 아닌가? 옛적 노비였던 최가네 집에서 하루를 의탁하며, 읊은 시가 다산의 심중을 잘 보여준다.

奴崔與汝別十年　今宵我來汝家眠

汝今築室乃弘敞　瓶罍桁卓皆華鮮
沙田種菜水種稻　教妾當壚兒騎船
上無笞罵下無債　一生浩蕩江湖邊
我雖簪笏將何補　行年四十猶煩苦
讀書千卷不救飢　佩符三歲無寸土
白眼睢盱滿世間　朱顏憔悴常閉戶
度絜衡秤與汝爭　我眞百輸汝百贏
秋風會借箄鱸興　雪恥酬憤與汝竝

〈평구역¹에서 숙박하며(宿平邱)〉

헤어진 지 십년

이 밤, 너희 집에서 신세 지는구나

너는 번듯하니 집도 창고도 지어놓고

가재며 집기들이 다들 새것에 고급지네

밭에는 채소, 논에는 벼 심고

첩은 가게를 보고, 자식은 배를 젓고

위에서 괴롭힐 일도, 아래로 갚을 빚도 없이

일생을 호탕하게 강호에서 노니누나

나야 벼슬을 한다지만 살림에 뭔 보탬

나이 마흔에 아직도 고생길인 것을

독서 천 권을 했어도 입에 풀칠도 못 하고

관직 3년에 아직 땅뙈기 하나 없어

1　하남에서 미사대교 건너면 보이는 삼패 사거리 부근. 서울에서 강원, 경상, 충청으로 가는 교통
　　의 요지.

시기 질투하는 무리만 온 세상에 가득하니

초췌한 얼굴로 그저 두문불출할 뿐

누가 나은 팔자인지 저울 자로 재본다면

그거야 천번 만번 네가 훨 낫고 말고

가을에 다시 만나 순갱노회 흥이 일면

부끄러움도 쓸고 분노도 접고 너와 함께 지내보자

안회는 가난 속에서 신세를 한탄하거나 운명을 탓하지 않고, 자신의 길을 묵묵히 걸어갔다. 안회의 가난을 보여주는 또 다른 구절 하나를 읽어보자.

子曰: "賢哉 回也! 一簞食 一瓢飮 在陋巷. 人不堪其憂 回也不改其樂. 賢哉 回也!" (〈옹야〉 9장)

공자가 말했다. "현자로다, 안회여! 도시락 한 그릇, 표주박 한 바가지로 누추한 동네에 살고 있으니. 사람들은 그 불편을 견디지 **못할지나**(人不堪其憂), 안회는 그 즐거움(其樂)을 고치지 않는다. 현자로다, 안회여!"[2]

해석의 논점은 두 가지다.

(1) 人不堪其憂

주자는 人不堪其憂인불감기우를 '사람들은 그 불편을 견디지 못할지

---

2   《장자》〈양왕讓王〉 편에는 "안회가 성곽 밖에 밭 50묘, 성곽 안에 전택 10묘"를 갖고 있었다는 이야기가 실려 있다. 다산은 이 설을 일축한다.

나'로 읽었다. 그게 자연스러워 보인다. 그러나 다산은 "옆에서 차마 그 곤궁을 보지 못하고(旁人來見而代憂也)"로 읽은 옛 형병의 해석을 인용했다. 딱해서 차마 볼 수 없었다는 이웃의 '동정'으로 해석한 것이다. 독자들은 어느 편이 맞다고 생각하시는가? 다산은 후자에 편들지만, 나는 주자의 해석이 맞다고 생각한다. 가난은 무엇보다 스스로 견디기 힘들다.

(2) 不改其樂

문제는 안회가 不改其樂불개기락, 즉 그 가난과 곤궁 속에서도 고치지 않았다는 '그 즐거움(其樂)'이 무엇이냐는 것이다. 주자도 여기서 말을 아낀다. 선배인 정이천과 정명도의 설명도 모호하거나 추측이다.

이천: 안회가 도시락, 물통, 그리고 누추한 골목을 즐겼을 리가 없다. 다만 그 가난과 궁핍에 얽매이지 않고 자신의 즐거움을 고치지 않았기에 공자가 찬미한 것이다.
程子曰: "顏子之樂 非樂簞瓢陋巷也. 不以貧窶累其心而改其所樂. 也 故夫子稱其賢."

명도: 누가 단사표음을 즐거워하랴? 안회에게는 스스로의 즐거움이 있었다. 바로 그 '그'라는 글자를 잘 음미해야 한다. 내가 옛적 주무숙周茂叔(주돈이)에게 수학할 때, 매번 공자와 안회의 '즐거움'이 무엇인지, 무슨 일을 그리 즐거워했는지를 탐구하게 했다.
又曰: "簞瓢陋巷非可樂 蓋自有其樂爾. 其字當玩味. 自有深意." 又曰: "昔受學於周茂叔 每令尋仲尼顏子樂處 所樂何事?"

주자: 정자의 말씀도 단서만 알려줄 뿐, 핵심을 찌르고 있지는 않다. 독자들이 스스로 깊이 생각해서 '그것'을 자득하도록 하기 위한 교육적 배려다. 나 또한 함부로 떠들지 않고 말을 아끼고자 한다. 학자들은 박문약례博文約禮(널리 배우고 예로써 단속함)의 가르침에 마땅히 종사하여, 그만두려고 해도 그만둘 수 없어 자신의 재주를 다할 때, 아마 안회의 이 즐거움이 무엇인지 알 수 있으리라.

愚按: "程子之言 引而不發 蓋欲學者深思而自得之. 今亦不敢妄爲之說. 學者但當從事於博文約禮之誨 以至於欲罷不能而竭其才 則庶乎有以得之矣."

주자도 똑 부러지게 안회의 즐거움, 그 정체를 바로 짚어주지는 않는다. 다만 "박문약례의 가르침에 공부가 깊어, 그만두려고 해도 그만둘 수 없는 지경에 이르도록 노력했다" 정도로 추측했을 뿐이다. 미진했던지,《주자어류朱子語類》와《논어혹문》에서 약간의 설명을 보탠다.

"제 생각에 공자와 안회의 학문은 물질에 집착하는 세속적인 것과 물론 다릅니다. 그러나 공자와 안회의 즐거움이 樂道에 있다고 여기면, 공자와 안회는 결국 道와 바로 분리되고 맙니다. 공자와 안회의 즐거움은 오직 私心이 말끔히 사라지고 天理가 조화롭게 비추어, 저절로 털끝만 한 속박도 없어진 경지입니다." "바로 그렇다. 요즘 사람들이 말하는 樂道의 논의가 천박하다." (박성규 역주,《논어집주》, 232쪽)

"天理의 流行은 털끝만 한 단절도 없고, 잠시의 정지도 없습니다. 크게는 천지의 변화, 작게는 사물의 영고성쇠榮枯盛衰, 미미하게는 한 마음의 운용, 넓게는 천지 사방의 통괄(總攝)에 이르기까지, 혼연일체로 관통하고 있는 것이 바로 그 하나의 존재(道)입니다. 안회는 널리 배우고 禮로써 단속하여 공부가 주밀하니, 그로부터 출발하여 맥락을 찾을 수 있었습니다. 그 재주를 송두리째 바쳐, 어느 날 활연관통豁然貫通하여 저 존재(물건)를 눈앞에 있는 것처럼 분명히 통찰했으니, 그 즐거움은 본래 그만둘 수 없는 것이었습니다." (같은 책, 74쪽)

정자가 말하기를, "이 몸을 만물 속의 하나의 사례로 놓고 보면 얼마나 즐거운가?" "사람이 우주 사이에 아무런 막힘이 없다면 얼마나 즐거운가?"라고 하였다. 이것이 곧 안회가 즐거워한 바다. 이 도리를 우주 사이에서 철저하고도 섬세하게 완전히 통찰하여 포괄하지 않음이 없는 경지에 이르면, 만물이 하나도 장애가 되지 않으니, 가슴속이 태연하여 어찌 즐겁지 않겠는가? (같은 책, 59쪽)

주자학은 안회의 '즐거움'에 대해 깊이 천착하고 있다. 그것이 무엇인지에 따라 주자학의 명운이 달렸다고 할 정도다. 앞에서 이 '자연-인간 동형론'의 사유를 적어준 적이 있다. 짧게 정리하면 이렇다.

우주는 생명의 무대이고, 서로 연관되어 있다. 인간도 그 안에서 태어나 자신의 생명력을 최고도로 발휘하도록 조건과 가능성(本體)을 부여받았다. 기질의 장애와 사적 욕망이 방해하지 않는다면, 이 본체는 자신의 힘과 빛을 발휘하게 될 것이다. 기질의 장애가 줄어들면 天理가 기지개를 켤 것이고, 욕심이 가로막지 않으면 나와 너, 전체와 부분 사이에 간격이 사라질 것이다. 그것은 불쾌한 희생이 아니라 본연의 축복으로 경험된다. 여러 종교적 감성이 가르치고 있듯이, 인간의 불행은 타자와 단절되고 전체로부터 분리되면서 생긴 소외의 결과다. 안회는 극기복례를 통해 자신의 사적 자아에서 해방되었기에, 그것이 주는 전체의 경험, 그것의 기쁨을 누리는 삶을 살게 되었다.

이 축복은 나의 자아를 극복하면서 '저절로' 찾아오는 경험이다. 만일 이를 위해 특정한 대상을 지표로 삼거나 모종의 경험을 획득하려 한다면, 역설적으로 이 경험은 찾아오지 않는다. 이것이 위에서 말한 '樂道의 역설'이다. 中을 '확보'할 수 없듯이, 道 또한 '소유'되지 않는다. 불교가 이 역설을 기회 있을 때마다 각성시키고 있다. 가령《금강경金剛經》과 선사들의 일화를 보라. 이는 또한 모든 종교적 신비주의적 전통이 경계하는 바이기도 하다.

그러나 다산은 여기 단순명료하게 제동을 건다. 주자는 "樂道의 논의가 천박하다"고 인상을 찌푸렸지만, 다산은 일본의 다자이 슌다이의 도움을 받아, 안회의 樂은 다름 아닌 樂道이며, 이 道는 다름 아닌 '요순의 道'라고 구체적으로 지목했다. 이 말로 주자학의 신비한 내면 경지를 더듬는 풍조를 일거에 쓸어버렸다.

> 형병: 안회는 안빈낙도安貧樂道의 뜻을 바꾸지 않았다. (공안국도 또한 이를 樂道라고 했다.)
> 다자이 슌다이: 맹자가 말했다. "이윤이 유신有莘의 들에서 밭을 갈며, 요순의 道를 즐거워했다." 안회 또한 이와 같았다.
> 邢曰: "他人見之 不任其憂 回也不改其樂道之志."【孔亦云樂道】
> 純曰: "孟子曰 '伊尹耕有莘之野 而樂堯·舜之道焉.' 顔子亦猶

是也."

즉 안회가 즐긴 것은 구체적으로 '요순의 道'일 뿐이다! 다산은 안회의 즐거움을 낙천지명樂天知命이라 내걸고, 무슨 선가의 화두처럼 논하지 말라고 경종을 울린다.

선가에 화두법이라는 것이 있다. 문제 하나를 내고 사람들로 하여금 궁구하게 하는데, 종시 의미를 분명히 말해주지 않는다. (가령 조주趙州의 '뜰 앞에 잣나무' 같은 것들.) 이것이 이른바 선의 화두라는 것이다. 주렴계周廉溪(주돈이)가 사람들에게 공자와 안회가 '즐거워한 곳'을 찾으라 했고, 또 즐긴 바가 무엇일까라고 했다. 이것이 무엇인지 분명히 찾아갈 단서가 있으니, 어찌 선가의 法과 같다고 하는가? (화두법 운운한) 왕초당王草堂은 틀림없이 양명학을 하는 자가 분명하다.
〔案〕禪家有話頭禪法. 出一題 使人窮究 終不明言.【如庭前柏樹子類】此所謂禪和子也. 周茂叔令人尋孔·顏樂處 且云所樂何事. 明有條路可尋 豈與禪法同乎? 王草堂必陸學也.

안회의 즐거움을 두고 주자와 다산이 다시 한번 부딪혔다. 주자가 '天理에의 합일'을 목표로 삼는 데 비해, 다산은 '요순의 道'라는 문명을 이상으로 제시했다. 주자의 명상과 다산의 정치 사이의 대치를 여기 '안회의 즐거움'이 무엇이냐를 두고도 벌어지고 있음을 목도하고 있다.

요순의 道란 이윤이 즐겼다는 그 道다. 누군가가 이윤이 요리 솜씨로 탕湯에게 발탁되었다고 하자, 맹자가 "무슨 소리"라고 하면서, "이

윤이 유신의 들에서 밭을 갈면서 요순의 道를 즐기고 있었는데(《맹자》〈만장〉上 7장)", 탕의 간곡한 부탁으로 세상에 나오게 되었다고 말했다. 道를 혼자 즐기기보다 요순의 세상을 만드는 것이 더 보람될 것이라고 생각해서였다.

그는 "누구 하나 요순의 혜택을 받지 못하는 사람이 있다면, 그것은 자신이 그들을 구덩이에 떠다민 것처럼 생각했다(《맹자》〈만장〉上 7장)." 신비한 天理, 자연의 道를 즐기는 것과 요순의 정치적 이상을 품고 연마하는 것은 완전히 다른 차원의 것이다.

2장에서 보듯, 다산은 성인을 '作者'로, 현실정치적 영웅으로 되돌리는 것을 보았다. 지금 여기서도 다산은 안회의 '즐거움'이 수도사의 종교적 일상을 막연히 지칭한 것이 아니라 요순과 하은주 3대의 문명과 제도의 학습으로 특칭하고 있다.

주자는 안회가 '철학자의 삶(vita contemplativa)'을 즐겼다고 말하고, 다산은 그가 '정치가의 道(vita activa)'를 연마하고 있었다고 강조한다.

3대의 문명과 제도는 '사람에 의해(在人)' 기록되어왔다. 공자는 자신이 그 문명의 실제를 읽고 현실에 재적용시키고자(述而不作) 노력했다. 자연히 제자들의 교육에 이 '고전의 학습'이 중심에 놓이게 된다. 안회는 그 가운데에서도 열심으로 그 '학습'을 즐기는 사람이었다. 지독한 가난과 곤궁 속에서도 '공부'를 좋아하는 사람, 그가 바로 안회였다.

안회의 학습

子謂子貢曰: "女與回也孰愈?" 對曰: "賜也何敢望回? 回也聞一以知十 賜
也聞一以知二." 子曰: "弗如也. 吾與女弗如也." 〈공야장〉 8장)
공자가 자공에게 말했다. "너랑 안회, 둘 중 누가 나으냐?" 자공이 대답했다. "제
가 어떻게 안회를 넘보겠습니까? 안회는 하나를 들으면 열을 깨닫고, 저는 하
나를 들으면 겨우 둘 정도를 이해하는 수준인데요." 공자가 말했다. "못 미치지.
나도 네가 못 미친다고 생각한다." (주자의 해석)

주자는 '與여'를 '인정한다, 동의한다(與 許也)'로 읽었다. 그럼 이렇게
번역된다. "나(吾)는 與(동의한다) 女(네가) 안회보다 못하다(弗如也)는
것을…." 주자가 보기에 둘의 수준 차이가 크다. 안회의 예지叡智는
이미 경지에 통달했고, 자공은 추측을 통해 지식을 확장하려 노력하
고 있다.

> 안회는 밝은 지혜가 비추는바 시작하자마자 끝을 알았고, 자공은 추측
> 하여 알았으므로 이것에 인하여 저것을 알았다. (다른 장에서 공자가 안회
> 에 대하여) "(나의 말에) 기뻐하지 않음이 없다" 하고, (다른 장에서 공자가 자
> 공에 대하여) "지나간 것을 말해주면 올 것을 알았다"고 하였으니, 이것
> 이 그 증거다. '與'는 허여함이다. 호인이 말했다. "자공이 사람들을 비
> 교하자 공자는 '나는 그럴 겨를이 없다'고 했고, 또 자공에게 그와 안회
> 중 누가 더 낫냐고 물어 자공이 스스로를 아는 바가 어떠한가를 본 것
> 이다. '하나를 들으면 열을 아는' 것은 上智의 자질이니, 나면서부터 아
> 는 자의 다음 등급이다. '하나를 들으면 둘을 아는' 것은 中人 이상의

자질이니 '배워서 아는' 자질이다. 자공이 평소 자신을 안회와 비교하여 그에게 미칠 수 없음을 알았기에, 이와 같이 비유한 것이다. 공자는 자공이 <u>스스로</u>를 앎이 분명하고 또한 <u>스스로</u> 낮추기를 어려워하지 않았으므로, 그에게 동의하고 또 거듭 허여한 것이다. 이것이 자공이 마침내 性과 天道를 들었던 까닭이다. 그는 하나를 들으면 둘을 아는 데 그치지 않았던 것이다."

顏子明睿所照 即始而見終 子貢推測而知 因此而識彼. "無所不悅" "告往知來" 是其驗矣. 與 許也. 胡氏曰: "子貢方人 夫子旣語以不暇 又問其與回孰愈 以觀其自知之如何. '聞一知十' 上知之資 生知之亞也. '聞一知二' 中人以上之資 學而知之之才也. 子貢平日以己方回 見其不可企及 故喩之如此. 夫子以其自知之明 而又不難於自屈 故旣然之 又重許之. 此其所以終聞性與天道. 不特聞一知二而已也."

다산은 이 등급 구분에 동의하지 않는다. 자공을 우습게 보지 마라! '吾與女'는 "나(吾)도 함께(與) 너(女)와"라는 뜻이다. 《이아爾雅》에 나온 '與여 許也허야'가 주자 해석의 바탕이 되었으니 근거 없지는 않지만, 여기서는 '더불어'의 뜻으로 읽어야 한다. "너뿐만 아니라 나도 안회에게 못 미친다." 지금 공자는 스스로 망가지면서(?) 자공을 위로하고 있다. 주자학자들은 "설마 그럴 리가?" 하고 있지만, 나는 다산의 견해가 옳다고 생각한다. 진정 겸허가 무엇인지 몸에 밴 사람이 아닌가? 제자 앞에서 "내가 모자란다. 네가 나보다 낫구나" 할 수 있는 사람.

공안국이 말했다. "愈유는 勝승과 같다." 형병이 말했다. "하나를 들으면 둘을 안다는 것은 자신이 안회의 10분의 2에 미침을 안 것이니, 이는 현격한 차이다." 포함이 말했다. "이미 자공이 안회만 못하다고 하고 다시 나와 너 모두 안회만 못하다고 한 것은, 아마 자공을 위로하고자 해서다(형병은 "자공이 수치스러워할 것을 염려했기에, 다시 '나와 너 모두 안회만 못하다'한 것"이라고 말했다)."

孔曰: "愈 猶勝也." 邢曰: "聞一知二. 明己與回十分及二. 是縣殊也." 包曰: "旣然子貢不如 復云吾與女俱不如者 蓋欲以慰子貢也."【邢云: "恐子貢慚愧 故復云'吾與女俱不如'."】

다산은 이 해석을 받쳐주는 수많은 자료와 사례를 동원했다. 다산 경학의 특징을 잘 보여주는 대목이다. 그의 동원 능력은 정말 대단하고 화려하다. 이 글자 하나의 의미를 변호하는 데 6개의 사례를 몰고 왔다.

①《논형論衡》〈문공問孔〉 편에 나온다. "공자가 말했다. '안회만 못하다. 나와 너 모두 안회만 못하다.'" ②《후한서後漢書》 조조曹操의 〈제교현문祭橋玄文〉에 "중니(공자)는 자신이 안회만 못하다"고 했다(주석: "공자가 자공에게 '나와 너 모두 안회만 못하다'고 했다"). ③ 살펴보건대, 왕응린王應麟의 《고이考異》에도 이 설이 실려 있다(또한 《낭야대취편琅邪代醉編》을 보라). ④《세설신어世說新語》 주석에서 〈정현별전鄭玄別傳〉을 인용하여 말하기를, "부풍 사람 마계장馬季長(마융)이 뛰어난 유학자로 이름이 드러나자, 정현이 가서 그에게 수학하였는데, 탁군 사람 노자간盧子幹이 문인 가운데 으뜸가는 제자였다. 마계장이 일곱 가지 일을 갈

라 찢어 놓은 것에 대해 이해가 가지 않았는데, 정현은 다섯 가지를 생각하여 알고 노자간은 두 가지만 알았으므로, 마계장이 노자간에게 '나와 자네는 모두 정현만 못하다'고 했다." ⑤《위지魏志》: 하후연夏侯淵의 자는 묘재妙才다. 조공이 명령하여 말하길, "호랑이처럼 관우 지방을 걸어가라. 가는 길에 대적할 자가 없네. 중니의 말에 '나와 너 모두 안회만 못하다'고 했다"라고 했다. ⑥ 살펴보건대,《가어家語》〈재액在厄〉편에서 공자가 안회에게 말하기를, "가령 너에게 재물이 많았다면, 나는 너의 집사가 되리라"라고 하였으니, 이 역시 스스로 안회만 못하다는 의미다.

① 〔引證〕《論衡·問孔》篇云: "子曰 '弗如也 吾與女俱不如也.'" ②《後漢書》曹操〈祭橋玄文〉曰: "仲尼稱不如顔淵."【注云: "孔子謂子貢曰 '吾與女 俱不如也.'"】③ 〔案〕 王應麟《考異》亦載是說.【又見《琅琊代醉編》】④《世說》注引〈鄭玄別傳〉曰: "扶風 馬季長以英儒著名 玄往從之 涿郡 盧子幹爲門人冠首. 季長又不解剖裂七事 玄思得五 子幹得二 季長謂子幹曰 '吾與汝 皆弗如也.'" ⑤《魏志》夏侯淵字妙才. 曹公下令曰: "虎步關右. 所向無前. 仲尼有言 '吾與女俱弗如也.'" ⑥ 〔案〕《家語》孔子謂顔子曰 '使爾多財 吾爲爾宰'【〈在厄〉篇】亦自以弗如之意也.

⑥은《공자가어》에서 왔다. 다산은 틈날 때마다《공자가어》가 위작이며 믿을 수 없는 책이라고 그토록 강조했는데, 자신의 해석을 도와주고 있다 싶어 원군으로 삼았다.

안회는 스승의 가르침에 가장 열심인 사람이었다.

子曰: "語之而不惰者 其回也與!" (〈자한〉 19장)

공자가 말했다. "내가 무슨 말을 하면, 게으름 피우지 않고 적극 실천하는 사람, 그건 안회다."

주자는 안회의 학습과 성장을 꽃이 개화하는 모습에 빗대어 그려주고 있다.

> 범조우가 말했다. "안회는 스승 공자의 말을 들으면 마음으로 이해하고 힘써 행하여 급박하고 넘어지는 순간조차 일찍이 어기지 않았다. 마치 만물이 단비를 맞아 꽃을 피우고 점점 자라는 것과 같으니, 어찌 태만함이 있겠는가? 이는 여러 제자가 미치지 못하는 바다."
> 范氏曰: "顏子聞夫子之言 而心解力行 造次顚沛未嘗違之. 如萬物得時雨之潤 發榮滋長 何有於惰? 此群弟子所不及也."

다산은 안회가 스승의 말씀을 듣고 기뻐하며, 학습에 '태만'하지 않았다고 말한다. 그렇다고 안회만이 스승의 말씀을 알아들었다고 과장 혹은 곡해해서는 안 된다!

> '不惰불타'란 안회가 공자의 말을 들으면 기쁨에 부지런히 노력했다는 말이다. 이를 두고 하안처럼, "안회만이 이해했기에 부지런했고, 나머지는 이해가 안 되어서 게으름을 피웠다"라고 읽는 것은 곤란하다.
> 〔補曰〕 不惰 謂顏子聽夫子之言 而欣勤不怠也. 何曰: "顏淵解 故語之而不惰 餘人不解 故有惰語之時."【邢云: "餘人不能盡解 故有懈惰於夫子之語時."】 … 〔駁曰〕 非也. 何晏之說謬.

특히 주자학자들이 안회 하나를 너무 특필하느라 자로나 자공을 비롯한 다른 제자들을 무시하는 경향이 있다. 다산은 건건이 이를 바로잡고자 노력한다.

子曰: "吾與回言終日 不違如愚. 退而省其私 亦足以發. 回也 不愚." (〈위정〉 9장)

공자가 말했다. "안회와 종일 얘기를 해도, (안회는) 어리석은 사람처럼 아무런 이의도 반발도 없다. 그러나 물러나 그가 '혼자 지낼 때(私)'를 보면, 그 말의 의미를 '분명하게 밝히는(發)' 것을 볼 수 있다. 안회는 어리석지 않다." (주자의 번역)

안회는 역시 '논쟁하거나 토론하는' 스타일의 인물은 아닌 듯하다. 주자는 스승에게 들었다면서 다음과 같은 이야기를 들려준다.

안회는 순수하게 성인의 자질과 기초를 갖추고 있어서, 스승이 하는 말은 무엇이건 즉각 납득되고(默識心融) 선명히 환해져서(觸處洞然), 지절로 이해의 가닥이 잡히고 정돈되었다(自有條理). 그래서 종일 말을 해도 어리석은 사람처럼 이의를 제기하거나 반발하지 않았다. 물러나 그가 혼자 있을 때를 보면 일상의 동정어묵動靜語默에 스승의 道를 발양하고, 평탄히 그 길을 따름에 의심이 없었다. 그래야 '어리석지 않음'을 알 수 있다.

愚聞之師曰: "顏子深潛純粹 其於聖人體段已具 其聞夫子之言 默識心融 觸處洞然 自有條理. 故終日言 但見其不違如愚人而已. 及退省其私 則見其日用動靜語默之間 皆足以發明夫子之道 坦然由之而無疑. 然後知其不愚也."

다산은 원문 끊어 읽기에 이견을 제시한다. "吾與回言終日오여회언종일 不違如愚불위여우"에서 終日을 뒤로 끊는 것이 자연스럽다는 것. "吾 與回言오여회언 終日不違如愚종일불위여우." 그럼 의미가 '온종일 대화하 다'에서 '말할 때면 언제나'로 이동한다. 다산은 우선 문구 해석에 '두 가지'에 이의를 제기한다.

① '私'란 주자처럼 '홀로' 지내는 燕居獨處연거독처를 말하는 것이 아니라, 스승과의 대면이 끝난 후의 '사적인 교제'를 가리킨다. 스승 의 말에는 아무 대꾸도 없지만, '저희 제자끼리 하는 말들을 보니(退 而省其私), 안회가 스승의 말을 분명히 알고 뜻을 뚜렷이 밝히고 있음 (亦足以發)'을 알겠더라는 것이다. ② 공자의 말은 간명하고 압축적이 었을 것이다. 안회는 다른 제자들에게 꽃 뿌리를 토해내듯이, 그 숨겨 진 의미와 함축을 온전히 전달하고 있었다.

공안국이 말했다. "회는 제자이니, 성은 안顔이고 자는 자연子淵이다." 《사기》에서는 "(안회는) 노나라 사람이고 공자보다 30세 연하다. 29세 에 머리칼이 모두 희어졌으며, 일찍 죽었다"고 했다. 주자가 말했다. "어기지 않는다는 것은 뜻이 서로 어긋나지 않아 듣고서 받들 뿐, 논란 함이 없는 것이다." 보충하자면, 물러나 살펴본다는 것은 안회가 물러 난 뒤에 공자가 그를 살펴본다는 것이다. 다자이 슌다이가 말했다. "私 는 公의 반대다. 공자의 제자들이 나아가 공자를 뵙는 것을 公이라 하 고, 다른 붕우들과 더불어 있는 것을 私라 하였다." 공안국이 말했다. "그가 물러나서 다시 다른 제자들과 道義를 의론하고 大體를 밝히는 것을 살펴본 것이다." 보충하자면, '發'이란 꽃망울을 맺고 나서 꽃을 피우는 것과 같다. 《주역》에서 이르길 "아름다운 뜻(章)을 머금고 있어

올바름이 될 수 있으나, 때에 맞게 발해야 한다"라고 하였다(공자의 말은 간략하고 엄정하여 꽃망울을 품고 있는 것과 같고, 안회가 그 뜻을 밝히는 것은 꽃을 피우는 것과 같다).

그런데 한가로이 혼자 있을 때는 다만 묵묵히 단좌하고 있었을 터, '發'하기에 족했는지 아닌지 공자가 어떻게 알 수 있었겠는가? '私'란 붕우들의 사적인 의론이다. 증자 또한 이러한 일이 있었다. 공자가 "나의 道는 하나로 관통한다"고 하자 증자는 "예"라고 대답하였으니, 이것은 어기지 않은 것이다. 공자가 물러난 뒤 門人들의 질문에 답하여 "스승님의 道는 忠恕일 뿐이다"라 하였으니, 이는 또한 發하기에 족한 것이었다.

孔曰: "回 弟子 姓顔 字子淵."【《史記》云: "魯人 少孔子三十歲. 年二十九 髮盡白 早死."】朱子曰: "不違者 意不相背 有聽受 無問難."〔補曰〕退而省者 顔子退而孔子省之也. 純曰: "私者 公之對. 孔門弟子以進見孔子爲公 其他朋友相與 謂之私." 孔曰: "察其退還與二三子說繹道義 發明大體."〔補曰〕發如花之含蕤而吐英也. 《易》曰: "含章可貞 以時發也."【夫子之言簡嚴如含蕤 顔子發其旨如吐英】〔質疑〕燕居獨處 但當默然端坐 其足以發 不足以發 夫子何以知之? 私者 朋友之私講也. 曾子亦有此事. 子曰: "吾道一以貫之." 曾子曰: "唯." 是不違也. 退而答門人之問曰: "夫子之道 忠恕而已." 此亦足以發也.

가령 이런 그림을 연상할 수 있다. 공자가 "내 道는 하나로 일관하고 있다(吾道一以貫之)"고 하자, 증자는 "그렇습니다"라고 수긍했다. 다른 제자들은 다들 고개를 갸우뚱했는데, 증자는 나와서 그것이 '忠恕'임을 분명히 일러주었다.

스승의 뜻을 증자가 잘 알고 있었기에, 스승의 말을 '어기거나' 토를 달지 않았고, 나와서는 제자들에게 그 점을 분명히 더 '밝혀'준 것이다. 대학 수업에서의 학습 조교와 같은 역할을 연상하면 되겠다. 그만큼 안회의 이해력과 수준이 이미 경지를 넘어서 있음을 짐작할 수 있다.

子曰: "回也非助我者也. 於吾言無所不說." 《선진》 3장)

공자가 말했다. "안회는 내게 별 도움이 안 된다. 내가 하는 말은 다 기뻐하기만

하고…(아무런 대꾸도 질문도 없다)."

이 구절도 위의 챕터와 같은 취지를 표명하고 있다. 문장의 기본 의미에서는 주자와 다산 사이에 별 이견이 없다. 다만 맥락을 읽는 시각이 좀 다르다. 주자는 이 문답에 '섭섭함'의 뉘앙스를 읽는다.

자하처럼 질문하고 응답하는 대화가 있어야, 공자가 스스로를 성찰하며 더 나은 성장을 향해 나아갈 것인데, 안회는 그저 듣고 좋아할 뿐 반문이나 의혹을 가지지 않는다.

若子夏之起予 因疑問而有以相長也 顏子於聖人之言 默識心通

無所疑問. 故夫子云然 其辭若有憾焉 其實乃深喜之.

다산은 대화의 기조가 '뿌듯함'이라고 생각한다.

군신 간에는 '간쟁'이 있어야 하고, 붕우 간에는 '충고'가 귀하다. 그런

데도 입 닫고 있으면, 이것은 아첨이라 무슨 도움이 되겠는가? 공자의 이 발언은 세상의 '아첨' 풍조를 의식한 것이다. 정말로 안회와의 대화에서 '격동(發起)'하는 바가 없었다고 생각한다면, 한참 빗나간 해석이다!

〔駁曰〕 非也. 君臣之際貴諫爭 言而莫之違者諂也 朋友之間貴切偲 言而莫之違者諛也. 諂諛者能相助乎? 顏子於孔子之言 有順無違【即所云不違如愚】則聲入而心通 非諂諛而然 然孔子言之者 借世之諂諛者而言之. 若以爲無所發起 則失之遠矣!

일반적으로 이견이나 비판이 없는 것은 사회생활의 팁으로 '아첨'이고 부합이기 십상이지만, 지금 여기 공자와 안회의 경우는 진정 '투합이고 공감'이라는 것이다.

다산은 지금 《논어》의 숨겨진 의미를 과장·천착하고 있는지 모른다. 그러나 정치의 한가운데서 20년을 보낸 다산이 그가 경험한 것과 구체적으로 연관되는 것에 주목할 필요도 있다.

안회의 실력은 눈부시고 범접할 수 없는 것이었다. 공자학단에서 가장 지적이라고 할 만한 자공조차 뒷머리를 긁적거렸다.

子謂顏淵曰: "惜乎! 吾見其進也 未見其止也." (〈자한〉 20장)
공자가 안회를 두고 말했다. "아깝다! 나는 그가 나아간 곳은 알았지만, 그가 도달하게 될 곳을 보지 못했다."

공자는 일찍 떠난 안회를 추억하며 그 미래의 성취를 안타까워했다. 안회가 그 열정으로 나아갔다면, 어디까지 도달했을지 알 수 없다. 주자와 다산 둘 다 같은 의견이다.

> 주자: '進진'과 '止지' 두 글자에 대한 설명이 위의 장에 보인다. 안회가 죽은 뒤 공자가 애석히 여겨, 그가 나아가기를 그치지 않았음을 말한 것이다.
> 進止二字 說見上章. 顔子既死 而孔子惜之 言其方進而未已也.

'위의 장'이란 〈자한〉 18장으로, 공자는 "비유하면 산을 만듦에 마지막 한 삼태기를 완성하지 못하여 중지하는 것은 내가 중지한 것이다. 비유하면 평지에 한 삼태기를 처음 쏟아붓더라도 그 나아감은 내가 나아간 것이다"라고 하였다.

> 다산: 형병에 따르면, 안회가 일찍 죽자 공자가 후에 이를 탄식한 것이다. 오정吳程의 말에 따라, '謂위'는 논한다는 말과 같으니, 〈옹야〉 편에서 공자가 중궁仲弓에 대하여 논평한 것과 같다. 보충하자면, 그의 나아감이 헤아릴 수 없음을 애석해한 것이다.
> 邢曰顔回早死 孔子於後歎之也. 吳程云謂猶論也 與雍也篇子謂仲弓同. 〔補曰〕惜其進未可量.

정리해보자. 안회는 지독한 가난과 곤궁의 삶을 살았다. 그러면서도 운명에 자족하며 '즐거움'을 잃지 않았다. 스승 공자가 가르치면, 그대로 알아듣고 주변의 제자들에게 취지를 알려주었고, 자신은 그 가르침을 몸으로 실천하기 위해 노력했다. 자만도 과시도 하지 않았다. 스승 공자는 안회가 "3개월을 仁에 어긋나지 않았으며(三月不違仁)"

끝없는 克己를 통해 禮를 구현해 나가, 마침내 "道의 근처에 도달한 사람(其庶乎)"이라고 인정했다. 그가 오래 살았다면, 그 성취를 가늠하기 어려웠을 것이라는 얘기도 듣는다. 그가 젊은 나이로 죽었을 때, 공자는 "하늘이 나를 버렸다(天喪予)"면서 목놓아 대성통곡을 할 정도였다. 누가 체신머리를 들먹이자, "내가 이 사람이 아니라면 누구를 위해 울겠는가(非夫人之爲慟 而誰爲)?"라고 할 정도였다.

그러나 안회 자신은 스승이 까마득히 멀게 느껴졌다. 도무지 아무리 열심히 따라가고 쫓아가도 더욱더 멀어지는 좌절과 존경이 뒤섞인 느낌에 휩싸였던 것 같다.

顔淵喟然歎曰: "仰之彌高 鑽之彌堅. 瞻之在前 忽焉在後. 夫子循循然善誘人. 博我以文 約我以禮. 欲罷不能. 旣竭吾才 如有所立卓爾. 雖欲從之 末由也已." (〈자한〉 10장)

안회가 한숨을 쉬며 탄식했다. "우러러보면 아득히 높고, 뚫고 들어가면 더 단단한 것을 느낀다. 앞에 계신가 하고 손을 내밀면, 흘쩍 어느새 내 뒤에 서 계신다. 스승께서는 차근차근 사람들을 일깨워 인도하신다. 책으로 나를 넓혀주시고, 禮로 나를 체화시키신다. 이 길은 그만두려 해도 그럴 수 없다. 내 온몸의 힘과 재주를 다했지만, 여전히 저 앞에 우뚝 서 있는 것을 어쩌랴? 그분을 따라가고자 해도 그럴 방도가 없다."

공자는 제자들을 강압적으로 혹은 교과서적으로 가르치지 않았다. '순순연하게' '부드럽게' 이끌었다는 것을 여기서 읽을 수 있다. '이끈다(誘)'는 말이 '가르친다'보다 부드럽고 친절하다. '卓탁'은 스승을 따라잡을 수 없는 안회의 좌절감을 보여준다.

안회의 탄식은 스승 공자를 향한 한없는 경외다. 아울러 학문의 먼 도정에 신들메를 다시 매겠다는 각오이기도 하다. 앞에서 읽은바, 자공의 '사다리로 오를 수 없는 하늘' 혹은 '몇 길 담장 속의 궁실'과 비교된다. 함께 읽어보면, 스승에 대한 경외와 더불어 두 제자의 차이를 아울러 가늠할 수 있다.

안회가 배운 '지식'은 무엇이고, 그는 무엇을 그토록 '학습'했을까? 여기 두 사람의 의견이 좀 엇갈린다. 주자는 후중량侯仲良의 입을 빌려, 博文박문을 "책으로 나를 넓혀주었다는 것은 치지와 격물이고, 禮로 나를 체화시켰다는 것은 극기복례다(博我以文 致知格物也 約我以禮 克己復禮也)"라고 하여, 文을 '지식의 탐구 일반'으로 해석했는데, 다산은 이와 달리 '六經의 고전 텍스트 학습'으로 구체적으로 특칭했다.

> '博'은 넓게 펼치는 것이다. '約'은 묶어서 줄이는 것이다. 六經이 文이 되고, 四勿이 禮가 된다. 보충하자면, '卓'은 높은 모양이다. 우뚝하고 절연히 솟아올라 더위잡을 수가 없는 것을 '卓'이라 한다('卓越탁월'이란 초절超絶의 뜻이다). '末'은 없음이다(형병). '末由말유'란 더위잡을 길이 없음을 말한다. 이는 안회가 '공자가 나아간 경지의 높음'을 찬탄한 것이다.
> 博 廓而廣之也. 約 束而小之也. 六經爲文 四勿爲禮.〔補曰〕卓 高貌 截然超絶 無所攀援 曰卓也.【卓越者 超絶之意】末 無也.【邢氏云】末由 言無逕路可攀援也. 此顔子嘆夫子所造之高也.

주자는 거경居敬의 준비, 궁리窮理의 지식, 그리고 역행力行의 실천을 가르쳤다. 지식을 찾고 확장해 나가는(博我以文) 것이 우선 관건인데, 이를 '禮로서 자신의 행동을 단속함(約我以禮)'으로 적용해 나감으로써 학습이 완성된다. 禮란 올바른 사회적 행동을 가리킨다. 자신의 변덕과 욕구를 누르고 타자와 전체를 고려하는 것을 원칙으로 한다.

다산은 여기 지식과 학습의 교재를 보다 분명히 적시한다. 공자가 안회에게 가르친 것이 六經의 '文'이라는 것. 다산은 주자학의 '지식' 체계, 그리고 그 실현 방도까지 전면적 쇄신을 촉구하고 나섰다. 다산이 다시 강진으로의 유배가 결정되었을 때, '先王의 大道'를 탐구하겠다고 한 기염을 기억할 것이다. 지금 보듯, 그것은 개인과 정치 양면에서, '주자학의 대안적 체계'를 구축하겠다는 포부다. 일본 고학파의 성과가 그에게 큰 자극과 용기를 주었다.

다산이 판단하기에, 주자가 四書의 철학을 내걸고, 仁義禮智의 德을 내면화하고 명상에 집중했을 때, 요순 3대의 문화적·제도적 집약은 추상화되었고, 학습의 구체적 내용 또한 알아볼 수 없게 되었다. 禮라는 것 또한 자기 내부에 예비된 본래적 조화로 축소해서는 안 되고, 또 그 범위 또한 세세한 사회적 에티켓에 한정할 수 없다. 다산은 《경세유표》의 본래 이름인 '방례초본邦禮草本'에서 분명히 하듯이, 국가의 체제, 경영의 전 시스템을 '禮'의 이름으로 불렀다.

안회는 스승이 넘볼 수 없는 넘사벽이고, 뚫을 수 없는 단단한 쇠이며, 깊이를 가늠할 수 없다고 찬탄했다. 앞에서 자공도 자신에게 감탄하는 실력자들에게 철 없는 소리라고 일축하는 것을 들었다. 대문에 들어서지 않으면 안방의 풍경을 읽을 수 없고, 해와 달은 사다리로 올라갈 수 없다면서…. 그런 생각이 든다. 수십 년을 같이 다닌 제자들도 공자의 깊이를 가늠하지 못하고, 그 단단한 속을 깨고 들어서지 못했는데, 아득하고 언어도 다르며 이념도 세속화된 지금, 얼마나 그를 이해할 수 있을까?

풍모

안회는 공자가 가르친 바를 따라, 어느 정도의 경지에 이르렀을까?
증자는 안회를 두고 이런 감탄을 했다.

> 曾子曰: "以能問於不能 以多問於寡 有若無 實若虛 犯而不校 昔者吾友嘗
> 從事於斯矣." (〈태백〉 5장)
>
> 증자가 말했다. "유능하면서도 못 하는 듯 다른 사람에게 묻고 식견을 갖추고도
> 겸손하게 묻는 사람, 있으면서도 없는 듯 꽉 차 있지만 비어 있다고 생각하는
> 사람, 누가 치고 들어와도 받아치거나 복수를 생각하지 않는 사람. 옛적 내 친
> 구가 바로 그런 사람이었다."

'吾友오우'는 안회를 가리킨다. 그는 '의리의 무궁함을 알고, 나와 너
사이에 간격이 없는(주자의 해석) 사람'이다. 늘 부족하다고 여기는 사
람, 자신을 비우고, 남을 도와주는 사람, 거의 '無我를 실현한 사람'이
바로 안회다.

> 顏淵·季路侍. 子曰: "盍各言爾志?" 子路曰: "願車馬·衣輕裘 與朋友共. 敝
> 之而無憾." 顏淵曰: "願無伐善 無施勞." 子路曰: "願聞子之志." 子曰: "老者
> 安之 朋友信之 少者懷之." (〈공야장〉 25장)
>
> 어느 날 안회와 자로가 공자를 모시고 있었다. 공자가 말했다. "각자 품은 뜻을
> 말해보면 어떨까?" 자로가 나섰다. "수레와 말, 그리고 가벼운 갑옷을 친구들과
> 같이 타고 입다가 낡고 부서져도 유감이 없습니다." 안회가 말했다. "바라기는
> 내 우월을 자랑하지 않고, 내 공적을 과시하지 않도록 노력하렵니다." 자로가

말했다. "스승님의 뜻을 듣고 싶습니다." "나이 든 이는 편안하고, 친구들은 서로 믿으며, 젊은이에게는 은혜를 베풀고 싶다."

주자는 안회의 '無施勞무시로'를 "공적을 자랑한다"라고 번역했지만, 다산은 "남에게 일을 시킨다"라고 고쳐 읽는다.

> 안회의 無施勞는 '다른 사람에게 일을 시킨다'라는 뜻이다.[3] 그는 자신의 善을 칭하지 않았고(공적을 과장하는 것을 伐이라 한다), 힘든 일을 남에게 시키지 않았다.
>
> 孔曰: "不自稱己之善【邢云: 誇功曰伐.】不以勞事施於人."

유학의 기초는 恕이고, 이것은 "내가 하고 싶지 않은 일을 타인에게 전가하거나 시키지 않는 역지사지의 정신" 위에 서 있지 않은가? 이 대목에서도 주자는 안회의 '내면'에 치중하고, 다산은 관계의 '외향'에서 읽고 있다.

주자는 자로의 衣를 "가벼운 옷을 입고"라는 동사로 해석했는데, 다산은 이를 "관복 등 옷의 종류"라고 명사로 읽었다((補曰) 衣 謂朝服 祭服之類). 그리고 "자로의 이름이 안회보다 먼저 나온 것은 이 기록이 안회가 죽은 이후의 것이기 때문"((補曰) 季路年長 先顔淵者 記載之 時 顔子已死)이라고 노트했다. 뭘 그렇게까지 하나 싶지만, 나이 서열이 지금보다 더 엄격한 때라 일리가 있는 설일지도 모르겠다. 공자와 두 제자의 경지에 대해, 주자는 정자의 다음과 같은 평론을 첨부하고

---

3 주자가 或曰의 대안으로 제시한 것이기도 하다.

있다. 의역하면 이렇다.

공자는 "노인들을 편안하게 하고, 친구들은 믿음으로 대하고, 젊은이들을 품고 싶다"고 했다. 이것은 공자가 사람들을 대하는 것으로 해석했는데, 거꾸로도 가능하다. 즉 "노인들이 나를 편안하게 대하고, 친구들은 나를 신뢰하며, 젊은이들은 나를 의지하는 그런 사람"으로…

老者養之以安 朋友與之以信 少者懷之以恩. 一說: 安之 安我也 信之 信我也 懷之 懷我也.亦通.

程子曰: "夫子安仁 顏淵不違仁 子路求仁." 又曰: "子路·顏淵·孔子之志 皆與物共者也 但有小大之差爾." 又曰: "路勇於義者 觀其志 豈可以勢利拘之哉? 亞於浴沂者也. 子不自私己 故無伐善 同於人 故無施勞.其志可謂大矣 然未免出於有意也. 至於夫子 則如天地之化工 付與萬物而己不勞焉 此聖人之所爲也. 今夫羈靮以御馬而不以制牛 人皆知羈靮之作在乎人 而不知羈靮之生由於馬 聖人之化 亦猶是也. 先觀二子之言 後觀聖人之言 分明天地氣象.凡看論語 非但欲理會文字 須要識得聖賢氣象."

이어 세 사람의 수준 차이를 들려준다.

자로는 용기의 사람이다. 그는 '권세와 이익(勢利)'에 붙잡히지 않는다. 그 바탕 위에서 '仁을 구하려' 노력하는 인물이다. 안회는 이보다 높다. 그는 자아를 탈각했기에 자만도 자랑도 하지 않는다. 아무나 넘볼 수 없는 경지다. 그렇지만 그에게는 아직 '자의식(有意)'의 흔적이 남아 있다. 그래서 '석달 후'에는 자못 仁의 궤적에서 삐끗해지곤 했던 것이다.

물론 다시 돌아오기는 했지만…. 공자께서는 이 폐단이 없으셨다. 그는 '천지의 化工'처럼, 완전한 자연을 구현하셨다. 사물들을 움직이면서도 자의를 세우거나 힘든 노력을 가하지 않으셨다. 백성들은 자연 감화될 것이다. 이는 이를테면 말에 굴레와 재갈을 씌우는 것과 같다. 소에게는 그렇게 하지 않는다. 굴레와 재갈을 매기는 것은 물론 사람의 일이지만, 이 또한 '말의 본성'에 따른 자연성이라고 해야겠다.[4] 그처럼 성인은 백성들에게 일을 부과하고 풍속을 바꾸면서도, 그것을 자기 내적 본성으로 생각하게 만든다.

두 사람의 말과 공자의 그것을 대비하면, 기상이 현격히 다름을 알 수 있다. 《논어》를 읽을 때는 문자만 붙잡고 있을 것이 아니라, 발화자의 기상을 캐치할 수 있어야 한다.

顔子 不自私己 故 無伐善 知同於人 故 無施勞 其志可謂大矣. 然未免於有意也 至於夫子 則如天地之化工 付與萬物而己不勞焉 此聖人之所爲也. 今夫羈靮以御馬 而不以制牛 人皆知羈靮之作 在乎人 而不知羈靮之生 由於馬 聖人之化 亦猶是也. 先觀二子之言 後觀聖人之言 分明天地氣象 凡看論語 非但欲理會文字 須要識得聖賢氣象.

주자는 자로와 안회의 그릇을 비교하고 있다. 자로는 義의 사람이라 세력과 이익에 구애받는 사람이 아니다. 그러나 그는 여전히 '노력하는' 제자이고, 안회는 仁이 '자연히' 흘러넘치는 사람인 점에서 구분

---

4 이 생각은 노장의 생각과 바로 부딪힌다. 가령,《장자》〈마제馬蹄〉편에서는 소의 코뚜레를 뚫고 말에 편자를 박는 것이 말의 본성을 얼마나 훼손하는지를 힘차게 외치고 있다.

된다. 물론 아직 공자처럼 완전하지는 않지만…. 안회는 "이 자연성을 3개월이나 유지할 수 있었다" 하지 않던가?

안회는 사적 자아의 굴레를 벗었기에 자랑하지 아니하고, 자신이 남과 같다는 것을 알기에 공적을 내세우지 않는 사람이다. 자로가 仁을 구하고자 노력한 사람이고, 안회는 仁에서 벗어나지 않은 사람이라는 관점에서 보면, '안회의 뜻이 더 크다' 하겠다.

그럼에도 안회는 아직 有意, 즉 의도적 흔적을 지우지 못하고 있다. 공자는 사물이 자연의 법칙대로 저절로 움직일 뿐, 내가 개입할 여지가 없다는 것을 안 자연의 사람이므로 따로 노력할, 즉 포부를 가질 필요가 없다고 말한다. 제자들과 공자의 서로 다른 기상을 여기서 잘 살펴야 한다.

주자학의 기획은 부귀 등의 세속적 열망을 내려놓고, 자기 존재의 의미를 되찾는 것으로 집약된다.[5] 그런데 공자는 자신의 권세와 이익을 무조건 배척하지는 않았다. 《논어》의 한 챕터를 증거로 제시한다.

子曰: "富與貴是人之所欲也 不以其道得之 不處也. 貧與賤是人之所惡也 不以其道得之 不去也. 君子去仁 惡乎成名? 君子無終食之間違仁 造次必於是 顛沛必於是." 〈〈이인〉 5장〉

부귀는 사람들이 모두 원하는 바이지만, 정당한 방법이 아니라면 거기 처해서는 안 된다. 빈천은 사람들이 모두 싫어하는 바이지만, 정당한 방법이 아니라면 피해서는 안 된다. 군자가 이 인간성의 원칙을 내버린다면 어찌 군자라는 이름

---

5   조선조 유학의 위선이 여기서 생겼다. 구호와 책으로는 도덕과 天理를 내세우되, 실제 숨겨진 동기는 권력과 이권이 아니었던 사람을 몇이나 꼽을 수 있을 것인가?

을 얻겠느냐? 군자는 밥 먹는 시간 동안에도 이 원칙을 어겨서는 안 되고, 다급

하거나 거꾸러졌을 때도 이 원칙에 준해야 한다. (다산의 해석)

부귀, 권세와 이익을 대하는 제자들의 자세를 앞에서 적어준 바 있다.

일반 백성이 가난에 허덕이면 원망하지 않기는 어렵다. 가지면 또 교만

에 갑질이다.

貧而無怨難 富而無驕易.

공자와 제자들은 부귀 문제에 초연 혹은 담박하기를 주문한다. 어느

상황에서든 우리는 道를 지향하고, 그 즐거움을 잊지 말자.

자로: 나는 부귀에 시샘·질투하지 않아.

子曰: "衣敝縕袍 與衣狐貉者立 而不恥者 其由也與? '不忮不求 何

用不臧?'" 子路終身誦之. 子曰: "是道也 何足以臧?"

자공: 가난에 비굴하지 않고, 당당히 부를 일구겠다.

子貢曰: "貧而無諂 富而無驕 何如?" 子曰: "可也. 未若貧而樂 富

而好禮者也."

안회: "가난 속에서 나는 즐겁다네" 하고 외쳤다. 그는 "자신의 가난을

원망하거나 운명과 사회를 향해 분노하지 않았다."

子曰: "賢哉回也! 一簞食 一瓢飮 在陋巷. 人不堪其憂 回也不改其

樂. 賢哉回也!"

공자: 부귀는 당연한 욕구다. 그러나 정당한 방법을 잊지 마라!

子曰: "富與貴 是人之所欲也 不以其道得之 不處也. 貧與賤 是人之所惡也 不以其道得之 不去也."

이 준비와 태도 위에 '학문'이 기다리고 있다. 心學의 과제가 앞에 놓여 있다. 이제는 '마음'을 다스려야 한다. 여전히 우리의 마음은 자기 망각과 미성숙, 편향된 격정과 욕망 속에서 미혹된 삶을 살아가고 있다. 안회는 이 점에서 둘째 지위에 놓일 만하다. 그는 가난과 곤경 속에서도 원망하지 않고 자신의 운명을 수용함으로써 첫 단계를 거쳤고, '학문'을 통해 자기 성숙을 이루어 나갔다. 그 체계와 구성은 《대학》이 집약해주고 있다. 이렇게 정리할 수 있다.

우리 마음속에 불건전한 감정과 격정들이 있다. 이것을 교정해야 한다 (正心). 이들의 발현은 성격이라는 구조를 통해서 무의식적 동기에 바탕을 두고 발현된다. 동기에 유의하고 무의식의 왜곡을 바로잡는 훈련이 필요하다(誠意). 이 과정을 거쳐야 건전한 정신으로, 공정한 자세로 내 자신의 사적 관심과 편견 없이 사람을 만나고, 일을 처리하는 경지로 들어서게 된다(修身). 이것이 가정에서 발현되면 齊家가 되고, 정치에서 발현되면 治國이 되는데, 그 확장은 平天下의 세계 질서와 평화를 몰고 올지 모른다.

안회는 이 노력을 그토록 열심히 해나간 사람이다. 그러나 정자가 보기에 안회는 아직 이 '학문'의 노력을 의도적으로, 힘을 들여 해나가는 사람이라서 공자와는 한 층의 격절이 존재한다고 강조한다.

최고의 성자는 더 이상 아무것도 생각할 필요가 없고, 더 이상 아무것도 노력할 필요가 없는 사람을 말한다. 공자는 이제 無爲에 도달했다. 자신의 마음속에 어떤 불건전한 정념도 없고, 무엇을 해야겠다는 의지(意)나 추진도 없이, 그는 본래 天命이 자신 속에 부여한 본체의 가능성을 적절한 계기에 따라 자발적으로 구현하게 된 것이다. 백성들은 이 성자의 기상과 풍모에 바람에 풀이 눕듯 감화되어, 자신의 기질을 바꾸고 풍속을 변개해 나갈 것이다.

　　이것이 주자가 그린 성자의 모습이다. 주자는 자주 말한다. "나는 내 속의 자신을 되찾은 사람일 뿐, 밖에서 무언가를 보태거나 성취해 낸 것이 아니다." 모든 가치와 힘은 자기 내부에 있다. 인간의 할 일은 그 은폐를 빛 속에 벗겨내고 질곡을 풀어 자유를 얻게 하는 것, 그것 하나다.

　　주자는 장자를 따라 이를 '천기天機'라는 개념으로 특칭했다. 주자학은 이렇게 노장처럼 자연을 최고도의 이념으로 설정하였다. "노인들을 편안하게 하고, 친구들에게 신뢰를 받고, 젊은이들을 품는 것"이 공자의 포부라지만, 오해해서는 안 될 것이 이 모든 덕성이 공자가 자기 내부에 아무것도 존치시키지 않음으로써, 자신의 자연을 확보함으로써 얻어진 것이지, 무슨 다른 노력이나 활동을 보탠 것이 아니라는 것을 유의해야 한다고 주자는 말한다. 다산은 이 철학자의 기획에 대해 격한 비판을 잊지 않는다.

　　노인을 편안하게 함은 봉양함으로써 하고, 친구들이 믿음으로 대함은 믿음을 줌으로써 하고, 젊은이를 품어줌은 은혜로써 하는 것이다.
　　〔補曰〕安之以養【邢云: "老者安 已事之以孝敬也."】信之以信【邢

云: "朋友信己 待之以不欺也."】懷之以愛.【邢云: "少者歸 己施之
以恩惠也."】

이것이 과연 명상의 결과인가? 인간의 품성은 사람들과의 관계에서
길러지고 판가름나는 것이다. 仁을 넘어 聖으로 가는 것은 '정치가'
의 영웅적 성취이고, 이것은 내면을 거울처럼 닦는다고 얻어지는 것
이 아니다. 다산은 적극적 정치의 영역을 각성시키고자 한다. 先王의
大道는 요순이 창안하고 3대를 거치며 심화·수정된 '문물'을 가리킨
다. 그러므로 이제 '명상'을 유보하고, '정치'를 새로 발견해야할 때다.
마루야마 마사오가 오규 소라이를 가리켜 '정치의 발견자'라는 타이
틀을 붙여주었는데, 다산이 하고 싶은 말의 골자가 이 말에 들어 있다.
    제자들에 비해, 과연 공자의 포부는 위대하다. 읽을수록 그 큰 뜻에
고개를 숙이고 마음속으로 음미하게 한다.

안회의 죽음

顔淵死. 子曰: "噫! 天喪予! 天喪予!"《〈선진〉 8장》
안회가 죽었다. 공자가 탄식했다. "아, 하늘이 나를 버리는구나! 하늘이 나를 버
리는구나!"

이 해가 노 애공 14년(기원전 481년) 공자 71세 때의 일이다.[6] 다산은

---

6   "이때가 안회의 나이 31세였다" 하는데, 연대가 맞지 않는다. 《사기》〈중니제자열전〉에서 안회

말한다.

《춘추》는 "이해 봄에 서쪽에서 기린을 잡았다(西狩獲麟)"고 했다.《공양전》은 말한다. "기린은 올바른 왕이 오면 오고, 없으면 오지 않는다. 어떤 사람이 사슴의 일종(고라니)처럼 생겼고 뿔이 있다고 고하니, 공자는 '누구를 위해 왔는가? 누구를 위해 왔는가?' 하는데, 눈물이 도포자락을 적셨다. (이 해에) 안회가 죽었다. 공자는 '하늘이 나를 버린다' 했고, 자로가 죽었을 때는 '하늘이 나를 끊는구나' 했다. 서쪽에서 기린을 잡았다. 공자는 '내 道가 이제 궁하다(막혔다)'고 했다."
〔引證〕《春秋》哀公十有四年春 西狩獲麟《公羊傳》曰: "麟者 仁獸也. 有王者則至 無王者則不至. '有以告者曰 '有麏而角者.' 孔子曰 '孰爲來哉! 孰爲來哉!' 反袂拭面 涕沾袍. 顔子死 子曰: '噫! 天喪予.' 子路死 子曰: '噫! 天祝予.' 【杜云: "祝 斷也."】西狩獲麟 孔子曰: '吾道窮矣.'"

공자는 자신과 道의 운명을 예감했다. '진정한 王道'를 위해 천하를 떠돌았지만, 빈손으로 돌아온 그에게 '기린'이 나타난 것은 어인 일이뇨? 목숨은 꺼져가고, 그 와중에 아끼던 제자들이 죽었다는 소식이 잇달아 들려온다. 안회는 기원전 481년에, 그리고 자로는 이듬해 기

는 공자보다 30세 어리다고 했다. 다산은 이 기록이 틀렸고, 실제는 40세 어렸다고 정정한다. 그런데 내 생각에는 《사기》의 기록이 정확하고, 그가 "31세에 죽었다"는 것이 오기인 듯하다. ① 안회는 자공과 한 살 차이, 염구 등과 동년배였을 것이다. ② 앞에서 공자가 자공과 안회, 둘 중 누가 낫냐고 묻는 것을 보더라도 둘은 또래였을 것이다. ③ 공자가 31세, 한창 청년에게 道를 위임했다는 것도 무리가 있어 보인다.

원전 480년 위나라의 정변 때 죽음을 맞는다.

안회를 잃은 슬픔은 컸다. "하늘이 나를 버렸다!" 왜 그렇게 슬퍼했을까? 왕충이 '王道를 일으키지 못하게 된 절망'으로 몰아가자, 다산은 핀트가 틀렸다고 지적한다.

공자 나이 벌써 70, 어찌 다시 王道를 일으킬 뜻이 있겠는가? '하늘이 나를 버렸다'는 것은 자신의 道가 전해지지 못함을 슬퍼한 것이다. 한나라 유학자들이 늘 왕좌 운운하는데, 어거지가 심하다.

〔案〕顏淵死時 孔子年已七十 豈復有興王之志哉? 天喪予者 悼道之無傳. 漢儒每以王佐言之 誣之甚矣.

혹 다산은 안회가 자로나 자공과 달리 내향적 인물이라, 정치적 경륜에는 어울리지 않는다고 생각하고 있는 것은 아닐까?

안회의 죽음이 준 충격은 컸다.

顏淵死 子哭之慟. 從者曰: "子慟矣." 曰: "有慟乎? 非夫人之爲慟而誰爲!"
〈선진〉 9장〉

안회가 죽었다. 공자는 통곡했다. 주변에서 말했다. "선생님, 통곡을 다 하십니까?" 공자가 말했다. "이 사람을 위해서가 아니라면, 누구를 위해 통곡한단 말인가?"

공자는 하늘을 향해 탄식하고 통곡했다. 《논어》에서 공자가 이렇게 격한 감정을 드러낸 곳이 없다. 그런 점에서 얼마나 안회를 아꼈는지를 짐작할 수 있다.

안회의 아버지 안로顏路가 요절한 아들을 위해 후한 장례를 치러 주고 싶어 했다. 그런데 놀랍게도 공자는 반대했다.

> 顔淵死 顔路請子之車以爲之椁. 子曰: "才不才 亦各言其子也. 鯉也死 有 棺而無椁. 吾不徒行以爲之椁. 以吾從大夫之後 不可徒行也." (〈선진〉 7장)
> 안회가 죽었다. 안로가 공자의 자가용 수레를 팔아 아들의 곽(관을 싸는 겹널)을 해주자고 청했다. 공자가 대답했다. "잘났든 못났든 다 자식인데, 내 아들 이鯉 가 죽었을 때도 관만 했지, 곽은 해주지 않았소. 수레를 팔고 걸어 다니라니, 그 럴 수는 없소. 대부의 말석에 서 있는 몸으로 (다산: 한때 말석이나마 대부를 지낸 몸 으로) 맨발로 걸어 다닐 수는 없습니다."

하늘이 나를 버렸다고 통곡을 하던 사람이, 그토록 아끼던 제자의 죽음에 낡은 수레를 내놓지 않겠다고 버티는 것이 너무 쩨쩨하지 않느냐고 할 수도 있겠다.

이 구절을 두고 주자와 다산의 해석은 갈린다. 문자의 의미는 거의 일치하나, 주자는 이 구절을 '정색'하고 들었고, 다산은 이른바 '미사 微辭(둘러대기)'로 읽었다. 먼저 주자는 호인의 말을 빌려 말한다.

> 호인이 말했다. "공자는 저번 여관 주인이 상을 당하자, 말 네 필 가운 데 두 필을 부의로 내놓았다(《예기》 〈단궁〉). 그런데 지금 안로의 요청을 거절한 것은 왜인가? 곽은 없어도 되고 말 두 필은 다시 보충하면 되지 만, 수레를 통째로 팔고 걸어 다닐 수는 없으니 대부의 체면이 아니고, 더구나 임금이 하사한 수레(命車)를 시장에 내다 팔아서는 안 되지 않 는가(《예기》 〈왕제王制〉)? 누가 손을 벌리면 형편에 따라 도와주면 된다

고 하지만, 옳고 그름부터 적절한지 따져야 하는 것 아닌가?"

胡氏曰: "孔子遇舊館人之喪 嘗脫驂以賻之矣. 今乃不許顏路之請
何邪? 葬可以無槨 驂可以脫而復求 大夫不可以徒行 命車不可以
與人而鬻諸市也. 且爲所識窮乏者得我 而勉強以副其意 豈誠心
與直道哉? 或者以爲君子行禮 視吾之有無而已. 夫君子之用財 視
義之可否 豈獨視有無而已哉?"

주자가 든 이유는 두 가지로 집약된다. ① 대부는 실제 수레 없이 걸
어 다닐 수 없고, ② 임금이 하사한 수레는 시장에 내다팔 수 없다.

다산의 생각은 다르다. 공자는 지금 수레를 아까워하는 것이 아니
다. 포인트는 바로 '후장厚葬'에 있다! 걸어 다닐 수 없다는 운운이,
이를테면 '핑계'에 해당한다는 것.

후장이란 장례를 화려하게 지내는 것을 말한다. 구체적으로 "좋은 옷,
관과 겹널, 깨끗한 그릇, 수레와 말, 그리고 석회와 석탄 등으로 문식文
飾을 다 갖추는 것을 말한다.

〔補曰〕厚葬 謂衣衾·棺槨及棺飾·明器·車馬·灰炭之類 皆備
文也.

다산이 읽은 《논어》의 특색은 농담과 역설, 비유 등을 자유롭게 썼다
는 것이다. 공자는 의미를 행간에 숨기기도 하고, 때로는 위기를 모면
하기 위해 임기응변의 거짓말도 한 사람이다. 다산은 《논어》 전체를
'정색'하고 읽는 것이 큰 병폐임을 지적한 바 있다.

《시경》에 "농담도 잘하지만, 상처 주지는 않아!"라고 했다. 성인께서도 때로 농담(善謔)을 즐기셨다. 선대 유학자들은 (공자의) 말씀을 오로지 진담(眞實之言)으로 받들어 모셨다. 그건 아닐 것이다.

《詩》云: "善戲謔兮 不爲虐兮." 聖人亦有時乎善謔 先儒奉之爲眞實之言 恐不然也.

지금 이 구절도 그렇다. 선가의 비유를 빌리면, "달을 가리키면 달을 보아야 하는데, 우리는 공자의 손가락만 열심히 들여다보아 왔는지 모른다."

공자는 '후장'에 반대했다. 다음 구절을 보면, 그 실상을 더 자세히 볼 수 있다.

그렇지 않다. 걸어 다닐 수 없다고 한 것은 공자의 둘러대는 말이다. 어찌 그 말이 진정이겠는가? 안회의 죽음에 門人들이 후하게 장사를 지내니, 공자가 애통해했다. 만일 정말로 걸어 다니는 것을 걱정했다면 수레를 내놓지 않으면 그만이지, 왜 후한 장례를 슬퍼했겠는가? 성인의 뜻을 여기서 읽을 수 있다.

성인은 사생의 이치에 통달하여 상례의 지나침을 늘 깊이 억제했는데, 하물며 가난한 선비의 장례랴? 자유가 상구喪具를 물으니, 공자가 말하길, "재산이 있어도 禮를 넘지 말고, 없으면 돌아가신 분의 머리와 발을 염습한 뒤 관을 내려 장사 지내면 누가 비난하겠느냐(《예기》〈단궁〉)?"라고 했다. 자로가 말하길, "슬프다, 가난이여. 어버이가 돌아가셔도 장사에 禮를 다할 수 없다" 하니, 공자가 "머리와 발을 염습하고 곧 장사하며, 곽이 없어도 이를 禮라고 한다(《예기》〈단궁〉)"라고 했다.

공자의 뜻이 여기서 분명히 드러난 것이다. 연릉延陵의 계자季子가 아들을 영嬴·박博 부근에 장사하였다. 평소 입던 옷으로 염하고 매장한 다음 봉분을 하였는데, 넓이가 겨우 묘혈을 덮을 정도였으니, 공자가 "禮를 안다《예기》〈단궁〉)"고 했다.

〔駁曰〕非也. 不可徒行者 夫子之微辭也 豈其情哉? 門人厚葬之 孔子慟之.【見下章】若其本情在於徒行 則不贈車斯足矣 又何以厚葬爲悲乎? 聖人之情 於是乎可見矣. 聖人達死生之理 喪之過禮 本欲深抑 況於貧士之葬乎?. 子游問喪具. 子曰: 有 無過禮. 苟無矣 斂首足形 縣棺而封 人豈有非之者?【見〈檀弓〉】子路曰: "傷哉貧也 死死無以爲禮." 子曰: "斂首足形 還葬而無槨 此之謂禮."【見〈檀弓〉】孔子之意 於斯明矣. 延陵 季子葬其子於嬴·博之間 斂以時服. 旣葬而封 廣輪掩坎 則孔子以爲知.【見〈檀弓〉】

이런 예문을 널리 찾을 필요도 없이,《예기》〈단궁〉 한 편만 보더라도 공자의 道를 가히 알 수 있다. 그 집례執禮를 논할 때는 재산이 있더라도 禮를 넘지 말라고 했으니, 자세히 그 뜻을 읽으면 늘 박장薄葬을 좋게 여겼음을 알 수 있다. 그런데 안회를 후장하니, 공자가 덜컥 슬퍼하여 이승과 저승 사이에 서로 저버린 듯한 느낌이 있었다. 이로 보건대, 공자가 수레를 내놓지 않은 것은 어찌 진정 걸어 다님(徒行)을 계산해서였겠는가? 여관집 주인에게 참마驂馬(네 필의 말이 끄는 마차에서 바깥의 두 말)를 풀어준 것은 긴밀한 관계가 아니었기 때문이고, 안회의 아버지에게 수레를 아낀 것은 관계가 가까웠기 때문이다. 걸어 다니는 것, 수레를 타고 다니는 것이 여기 무슨 상관이 있는가?

不必廣搜 只觀〈檀弓〉一篇 孔子之道可知者 雖其執禮之論 第云

‘有 無過禮’而細觀歸趣 每以薄葬爲善. 故顔子厚葬 孔子·怛焉悲惻 有若幽明之相負者然. 由是觀之 孔子之不贈車 豈眞以徒行爲慮哉? 脫驂於舊館人 疏之也 惜車於顔子之父 親之也. 徒而行 乘而行 何與於是哉!

공자는 신분과 형편에 어울리지 않는 과도한 禮를 늘 경계했던 사람이다. 이 해석이 우리에게 주는 함축·울림이 있다.

지금도 돈을 벌면, 조상 묘를 더 크고 웅장하게 만들고, 비석을 붙이며, 석상을 만드는 사람들이 있다. 명목은 조상을 위한 현창이라고 하는데, 자신의 재력과 사회적 위상, 가문의 위세를 드높이자는 것이다. 이건 사회적 경쟁에 해당하는 것이지, 원초 공자가 창도한 오래된 유교의 습관이 아니고, 오히려 크게 경계한 바임을 여기서도 분명히 볼 수 있다.

돌아가신 부모를 위한답시고 빚을 지며 후장하는 것이 도리인 줄 알았던 후손에게 큰 경종을 울린다. 평소에 입던 옷 그대로 염습하고, 가벼운 홑널로 시신을 담아 조촐하게 장사 지내는 것이 유교의 법도임을, 지금 다산의 해석을 통해서 읽을 수 있다. 다산의 해석이 사회적 설득력을 얻어 간소한 장례가 관례로 정착되었다면, 조선조 사회가 좀 더 건전해졌으리라 생각한다.

조선조는 무덤 등 죽은 자를 위한 절차와 禮에 너무 많은 에너지를 쓰고, 그로 인한 갈등과 송사에 너무 큰 소모를 벌였다는 생각이다. ‘山訟’은 전통 시대를 읽는 키워드 가운데 하나다. 명당을 찾아 전국을 헤매고, 남의 묘를 파고, 거기에 자신의 어버이를 묻고, 때로 이 송사들은 몇 세대를 걸쳐도 해결되지 않아, 가문들이 떼로 불구대천의 원수가 되고 마을은 분열될 수밖에 없었다. 죽은 이들이 산 사람들을 지배하게 된 문화라고 읽을 수도 있겠다. 다산의 해석이 적극적 공감을 얻고 가문들의 동의를 얻어, 후장 여부로 사회적 체면과 가세를 자랑하는 풍토가 없었다면, 조선조는 좀 더 여유로울 수도 있지 않았을까 하고 생각해본다.

그러나 어쩌랴? 당장 안회의 장례부터 심상치 않은 것을….

顔淵死 門人欲厚葬之 子曰: "不可." 門人厚葬之. 子曰: "回也視予猶父也 予不得視猶子也. 非我也 夫二三子也." 《〈선진〉 10장》

안회가 죽었다. 주변 제자들이 후한 장례를 치르고 싶어 했다. 공자는 "안 된다" 고 버텼다. 門人들은 후하게 장례를 지냈다. 공자가 말했다. "안회는 나를 아비처럼 여겼는데, 나는 그를 아들로 대접하지 못했다. (후한 장례는) 내 탓이 아니다. 너희가 주도한 일이다." (주자의 번역)

공자의 '우려'와 달리 안회의 장사는 후하게 치러졌다.

상구喪具는 집안 형편에 맞추어서 해야 한다. 가난하면서 후장을 하는 것은 순리循理(적절, 합리)가 아니다. 그래서 공자가 말린 것이다. 아마 안로가 '들은(聽)' 것 같다. 공자는 아들 백어伯魚의 경우처럼, 적절한 장례를 치르지 못한 것을 탄식하며, 제자들을 책망하고 있다.

喪具稱家之有無 貧而厚葬 不循理也. 故夫子止之. 蓋顔路聽之. 歎不得如葬鯉之得宜 以責門人也.

공자는 이렇게 자신의 뜻을 따르지 않는 제자들에게 섭섭함을 토로

했다. 그런데 이런 '원망'의 어투가 성인 공자에게 어울리지 않는다고 해석하는 사람도 있다.

다산은 마지막 구절을 달리 읽는다. "非我也비아야 夫二三子也부이삼자야"는 "非我也夫비아야부 二三子也이삼자야"로 끊어 읽어야 한다는 것. 이렇게 되면 원문의 해석은 사뭇 달라진다. "내(我) 탓이 아니다(非). 너희(二三子) 탓이다"가 아니라, "나(我)를 비난(非=誹)해라, (나라 밖에 있는) 제자들(二三子)아!"다. 다산은 이 해석을 놀랍게도 일본의 오규 소라이에게서 빌렸다.

> 오규 소라이가 말했다. '비아非我'는 비방함이다. 《예기》〈단궁〉에 "사람이 어찌 비방하겠느냐(人豈有非之者哉?)?"라고 했다. '夫' 자는 앞쪽에 붙여서 구를 만든다. '二三者'는 외국에 나가 있는 門人들을 말한다(二三者가 돌아와 공자를 허물할 것을 두려워한 것이다).
> 荻曰: "非 謂非議也.【〈檀弓〉云: "人豈有非之者哉?"】'夫'字屬上爲句. 二三子謂門人在他邦者.【恐二三子歸而咎孔子】"

다산의 설명은 이렇다. 공자는 지금 자신이 스승으로서 안회를 대하지 못했음을 자책하고 있지 않은가? 그래 놓고 책임을 제자들에게 돌리는 것은, 즉 "너 잘났다, 내가 옳다"라는 송정訟庭의 어법은 성인 공자에게 어울리지 않는다는 것.

> 二三子는 다른 나라에 가 있는 제자들을 가리킨다. 이때 자로는 위나라에서 벼슬하고 있었고, 자공은 오나라와 초나라를 다니고 있었다. 자고 또한 위나라 사람이라 거기서 벼슬하고 있었다(《좌전》 애공 15년 참

고). 二三子는 제자들 가운데 타방에서 (활약하고 있는) 나이와 德이 많고 현명한 이들을 가리킨다. 지금 문하의 제자들은 무엇이 옳은지를 모르고 의리를 그르치고 있는데, 공자는 이들이 돌아와서 "아니, 스승님이 계신데 왜 말리지 않으시고 수수방관하셨나요?"라고 자신을 허물할 것 같아 두려웠다. 이것이 본래 뜻이다. 오규의 설은 뒤바꿀 수 없다.

〔案〕孔子旣自引其咎 忽又歸罪於二三子 有是理乎? 觀其語法 有若訟庭之相詰者然 必非聖人之言. 時子路仕於衛 子貢游於吳·楚 子羔亦本衛人 時亦仕衛.【事見哀十五】二三子者 蓋指弟子之年德稍賢而在於他邦者. 門人小子不知義理 誤此大事 孔子恐二三子歸而咎之曰: "夫子旣在 何不禁止 顧乃袖手而旁觀乎?"此本旨也. 荻氏之說不可易.

다산은 명청대의 경학을 널리 수집했는데, 저 멀리 일본의 유학까지 《고금주》의 자료로 삼았다. 다산은 일본 유학의 성과에 대해서 놀라움을 금치 못했다. 다산은 이토 진사이나 오규 소라이, 그리고 다자이 순다이 등 일본 古學의 거장들의 경학적 성과를 때로 찬탄하고, 때로 비평하며 적극적으로 활용했다. 그 점을 이미 몇 군데에서 확인한 바 있다. 다산은 일본이 이제 문화적으로 성장한 만큼, 예전의 야만적 행태나 침략 등을 하지 않을 것이라고까지 낙관했다.

학문의 경지

이제 안회가 다다른 학문의 경지를 가늠해보자. 안회가 세상을 떠나고 난 어느 날이었다.

季康子問: "弟子孰爲好學?" 孔子對曰: "有顔回者好學 不幸短命死矣! 今
也則亡." 《선진》 6장)
계강자가 물었다. "제자 가운데 누가 '학문'을 좋아합니까?" 공자가 대답했다.
"안회라는 사람이 있었습니다. 학문을 좋아했지요. 불행하게도 단명했습니다.
지금은 없지요." (주자의 해석)

노나라의 군주인 애공도 똑같은 질문을 했다.

哀公問: "弟子孰爲好學?" 孔子對曰: "有顔回者好學 不遷怒 不貳過. 不幸
短命死矣! 今也則亡 未聞好學者也." 《옹야》 2장)
애공이 물었다. "누가 가장 학문을 좋아합니까?" 공자가 대답했다. "안회가 학
문을 좋아했습니다. 분노를 옮기지 않았고, 잘못을 두 번 저지르지 않았습니다.
지금은 없습니다. 그만큼 학문을 좋아하는 사람이…," (주자의 해석)

질문자는 둘이다. 한 사람은 계씨의 맹주 강자이고, 다른 한 사람은
제후다. 제후가 더 높기에 대답이 상세했다. 공자는 안회 학문의 내용
혹은 경지를 단 두 마디, "不遷怒불천노 不貳過불이과"로 집약했다.
이 구절의 포인트는 "有顔回者好學유안회자호학 不遷怒불천노 不貳
過불이과. 不幸短命死矣불행단명사의! 今也則亡금야즉무"이다. 우선 "今也
則亡금야즉무", 즉 "지금은 없습니다"는 두 갈래로 읽을 수 있다. 주자는
"지금은 학문을 좋아하는 사람이 없다(無)"고 읽었고, 다산은 "그 안회
가 지금 이 세상에 없다(亡)"는 뜻이라고 일러준다.

본론으로 들어가자. '好學', 학문을 좋아한다는 말을 눈여겨볼 필요가 있다. 지금 보듯, 옛적의 '배움(學)' 혹은 '학문'은 대학의 전공이나 전문적 지식을 말하는 것과는 번지수가 다르다. 《논어》는 '學而時習之학이시습지'로 시작한다. 이 책을 관통하는 키워드는 역시 학습이다. 학습으로 구원에 이른다? 道는 초월자의 은총이나 단박의 깨달음이 아니라 지루한 학습을 통해서 연마한다는 것. 그런 점에서 유교는 다른 종교의 정신적 전통과 구분된다. 이를테면 학습은 '다시금 인간으로 태어나는 일'이다. 또는 성숙의 기술을 연마하고, 삶의 길을 찾아 나가는 노력이라 해도 좋겠다.

공자는 스스로를 "배우는 데 질리지 않았고, 가르치는 데 지치지 않은 사람(《맹자》 〈공손추〉 上 2장)"이라 했다. 또는 섭공에게는 자신을 "발분發憤하면 먹는 것도 잊고, 그 즐거움에 근심은 멀리 가고, 늙음이 오는 것도 모르는 사람(〈술이〉 18장)"이라고 어필했다. 안회가 공자에게서 배운 것도 바로 이것이다. 그 학습을 통해 안회는 "不遷怒 不貳過"에 이르렀다. 이것은 무슨 말일까? 우선 주자와 다산 사이에 이견이 있다.

(1) 운명에의 사랑

주자는 "不遷怒"를 'A에게 당한 일을 B에게 화풀이하는 것(遷 移也. 怒於甲者 不移於乙)'으로 평범하게 읽었다. 아침에 아내에게 혼난 남편이 직장에서 부하 직원을 뜬금없이 닦달하는 것을 연상하면 되겠다. 그러나 다산은 이 해석이 오해라고 말한다. 이 위세 혹은 갑질은 성격 이상(?)에 가깝지 않은가? 보통 사람도 그러지는 않는다. 그런데 안회의 '학문'을 통한 경지가 겨우 '동대문에서 뺨 맞고 남대문에서 화풀이하지 않는 것' 정도일까 보냐?

不遷怒는 가난과 궁핍의 삶을 주어진 운명으로 수용하는 자세를 말한다. 그것은 동대문에서 뺨 맞고 남대문에서 화풀이하는 것을 가리키지 않는다. 이건 미친놈이나 하는 일 아닐까? 어찌 안회라야 가능한 일이겠는가? 여기 '옮긴다(遷)'는 말은 '자신의 가난과 곤경을 사회에 대한 울분으로, 술독의 자기연민으로, 초월적 집행자에 대한 원망으로 표출하는 것'을 말한다

〔補曰〕遷 移也. 不以貧苦而有怨尤 是不遷怒也. … 朱子謂怒於甲者 不移於乙 … 爲怒甲移乙 此則誤矣. 此惟狂亂者有之. 豈必顏子而後能之? 貧賤憂患 君子順受 不怨天不尤人 此之謂不遷怒也.

여기 '옮긴다(遷)'는 말은 이를테면 내부의 심리적 전이를 가리킨다. 이 대목은 다산의《논어》해석 가운데 가장 탁월한 창견 가운데 하나라고 생각한다.

안회는 자신의 가난과 곤경을 사회에 대한 울분과 원망(怒)으로 전이(遷)시키지 않았다! 놀랍지 않은가? 욕구나 야망이 좌절되면 짐승이나 아이, 어른 할 것 없이 공격성을 보인다고 어느 심리학자는 쓰고 있다.

소망이나 욕구가 '좌절'되었을 때, 동물, 어린아이, 어른들은 공격적인 행동을 한다. (John Dollard, *Frustration And Agression*, Praeger)

부자가 교만하지 않기는 쉬워도, 가난에 쪼들리며 원망하지 않기는

어렵다(〈헌문〉 11장). 안회는 그 지독한 가난과 곤궁 속에서도 '不怨天불원천 不尤人불우인', 사회나 운명을 탓하지 않고 그 곤궁 속에서 자신의 즐거움을 누렸다.

　자공이 "저는 가난 속에서 비굴하지 않았습니다"라고 자부하자 공자는 훌륭하다. 그러나 더욱 성숙해야 한다. 안회처럼, 가난 속에서도 즐거움을 놓치지 말라"고 당부했다. 그럴 수 있을까? 그때나 지금이나 결코 쉽지 않다.

　또 다른 항목 "不貳過"를 주자는 "잘못을 두 번 저지르지 않았다(貳復也. 過於前者 不復於後)"라고 읽는다. 유교가 도덕적 성찰과 실천의 학문이라는 점에서 자연스러워 보인다. 그러나 다산은 '貳'는 '거듭하다'는 중첩의 뜻이 아니라 '갈라지다, 분열되다'이며, 잘못을 회피하거나 정당화하는 일, 그리하여 성장을 포기하는 일로 정리한다.

　'貳'는 '중첩(疊說)'의 포개는 의미로 쓰인 적이 없다. 그것은 이를테면 '가로(橫說)', 즉 분열의 뜻으로 '不貳過'는 "잘못을 거듭하지 않는다" 가 아니라, "자신의 잘못을 자각하고 개선에 적극적으로 나선다"는 뜻이다. 여기 '貳'는 의혹이나 갈등을 의미한다. 안회는 공자의 말처럼, "잘못이 있으면 늘 알았고, 알고서는 다시 행하지 않았다."
〔補曰〕貳 歧也 攜也. 有過則勇改之 無所歧攜 是不貳過也.【心無餘戀 爲不貳】子曰："有不善 未嘗不知 知之未嘗復行."

니체처럼 주어진 운명을 사랑할 수 있을까? 타고난 체력과 미모에서, 지적 능력과 가정환경, 사회적 제도와 정치적 조건 등에서 우리는 서로 다르다. 지금 새 신분이 고착되고 있고, 성공의 사다리는 더욱 험준해지고 있으며, 부의 문은 더욱더 좁아지고 있다. 뉴스, 드라마, 영화에는 화려한 성공 신화, 금수저의 삶이 으리 번쩍하게 시선을 홀린다. 이 色의 잔치 속에서 누가 평정을 유지할 수 있겠는가?

"왜 나는 이리 열악한 삶의 조건과 환경에서 고투해야 할까?" 이를 영웅적으로 수용하기 위해서는 거의 종교적 믿음과 의뢰가 필요할지 모른다. 이 불가사의가 납득되지 않아, 그 억울함을 풀기 위해 불교는 전생의 업을 들고, 기독교는 하느님의 뜻을 세우고 내생을 기약했다. "네 현생이 그리된 것은 이유가 있다. 잘 살다 가라. 그러면 다음 생 혹은 영원한 삶이 기다리고 있으니…." 이런 위안과 희망이 없어도 '不遷怒'가 가능할까? 안회는 무엇을 믿었을까? 소크라테스와 비슷한 사생관과 운명관을 갖고 있었을까?

다산은 아마도 그가 한때 심취한 서학의 교리처럼, '하늘'의 뜻으로 알았을 수 있다. 그가 유교 경전에서 읽은 것도 마찬가지다. 이 모든 것이 하늘의 뜻이므로 우리는 운명을 그대로 수용할 수밖에 없다. 그 조건 속에서 우리는 우리가 가야 할 길을 갈 뿐이다. 다산은 이 '운명'에 자신을 겹쳐 보았을 것이다. 공자는 초월자와 대화하고 운명을 받아들이지 않았을까?

《중용》은 공자의 손자 자사가 쓴 책으로 알려져 있다. 아무래도 한 발 건너 있는 제자들과 달리, 손자는 공자의 구체적 삶을 아주 가까이 접했을 것이다(다산의 《중용자잠中庸自箴》《중용강의보中庸講義補》참고). 할아버지의 기침 소리와 '오래했다는 기도(丘之禱久矣)'도 낯설지 않았을 것이다. 그 '하늘(天)'이 주자학처럼 '필연성'이나 '자연적 과정' '유기적 연관'의 총체가 아니라, 다산은 어쩌면 의지가 있는 초월적 존재로 느꼈을 것이다. 《중용》의 다음 구절은 이 운명 수용적 '태도'를 잘 보여준다. 이것이 '不遷怒'의 자세다.

군자는 주어진 자리에서 최선을 다할 뿐, 그 밖의 것은 바라지 않는다. 마침내 부와 명예를 가졌다면 거기 걸맞게 살고, 가난과 궁핍 속에 있다면 또 그에 걸맞게 산다. 야만의 환경 속에 있을 때는 거기 적응해서 살 것이며, 환난이 닥칠 때는 거기에 의연히 대처해 나간다. 이렇게 군자는 어느 상황에서나 자신의 힘과 가치를 실현한다. 높은 지위에 섰다고 아랫사람을 억압하지 않고, 낮은 자리에 처했다고 위를 향해 손 벌리지 않는다. 그는 다만 자신을 돌아볼 뿐, 남에게 바라는 바가 없다. 그리하여 위로 운명을 탓하지 않고, 아래로 세상을 원망하지 않는다. 군자는 이처럼 운명을 사랑하며 주어진 삶에 최선을 다한다. 반면, 소인은 행운을 기대하며 위태로운 함정으로 발을 들이민다. 공자가 말했다. "활쏘기는 군자와 닮았다. 과녁에서 빗나가면, 자신을 돌아다본다는 점에서 그렇다."

君子素其位而行 不願乎其外. 素富貴 行乎富貴 素貧賤 行乎貧賤 素夷狄 行乎夷狄 素患難 行乎患難. 君子無入而不自得焉. 在上位 不陵下 在下位 不援上. 正己而不求於人 則無怨. 上不怨天 下不尤人. 故君子居易以俟命 小人行險以徼幸. 子曰: "射有似乎君子. 失諸正鵠 反求諸其身." 《중용》 14장)

(2) 도덕적 긴장과 결단

운명을 수용한 다음, 이제 무엇을 할 것인가? 다산은 '학문'을 고요한 명상이 아니라 포화 속의 혈전으로 묘파한다. 인간의 마음은 상반되는 두 충동의 전쟁터다. 그 전쟁터에서의 승리를 "不貳過"라 불렀다.

공자는 말한다. 잘못이 있다면 즉각 깨달았고, 그 후에는 다시 저지르지 않았다(子曰: 有不善 未嘗不知 知之未嘗復行).

다산은 두 마음이 벌이는 전쟁터에서 '의혹'하거나 '주저'하거나 '방치'하거나 '외면'하지 말 것을 주문한다. 이것이 공자가 가르치고, 안회가 배운 바라고 그는 말하고 있다. 이 챕터의 주석 끝쯤에서 그는 말한다.

> 人心은 위태롭고 道心은 은미하다.[7] 한쪽에서는 잘못을 고치고자 하고, 또 다른 한쪽은 안 고쳤으면 한다. 人心과 道心, 이렇게 양쪽에 걸쳐 있는 것을 '잘못(過)의 두 갈래(貳) 마음'이라고 한다. 잘못을 쳐내서 다시는 돌아보지 않는 것. 그리하여 흉중에 한 점 찌꺼기도 남기지 않아야, 가히 '不貳過'라고 할 수 있다.
> 人心惟危 道心惟微. 旣欲改過 又欲無改 兩屬之於人心道心 此之謂貳過也. 一刀兩段 去之勿吝 無復一毫查滓留著胷中 然後方可謂之不貳過.

이처럼 주자와 다산의 윤리학은 서로 다르다. 안회의 학문 경지를 주자학은 감정을 다루는 명상의 기술로 전환했고, 다산은 주어진 운명에의 승인으로 읽었다. 차이가 확연히 느껴지실지 모르겠다.

(3) 분노를 다루는 기술

주자의 '학문'은 감정을 다루는 기술이라 부를 수 있다. '심통성정心統

---

7   이 여덟 글자가 다산 윤리학이 가진 문제의식의 중추다.

性情(마음이 성정을 주재한다)'이란 명제에서 보듯, 주자학은 인간의 '감정'과 의지에 깊이 유의하며, 그것을 교정하고 합리화하려는 기획이다. 특히나 '분노'는 그 속도와 제어할 수 없는 폭발력 때문에 더욱 큰 주의와 통제의 대상이었다. 세계를 유람하는 인도의 현자가 가장 많이 받는 질문이 "어떻게 화를 다스립니까?"였다고 한다.

앞에서 주자가 '분노를 옮겼다'를 "동대문에서 뺨 맞고 남대문에서 화풀이한다"처럼 읽었다고 했다. 그러나 여기서 끝이 아니다. 더욱 중요한 의미는 따로 있다. '不遷怒'의 진정한 의미는 다시 '마음속에 분노를 담아두는 것'이다.

가령 이런 것이다. 불교 유식의 종자식(의식에 자리한 씨앗)처럼, 일상의 경험에서 우리는 수많은 상처를 입고 불만족을 쌓는다. 그런 경험의 흔적들은 우리의 흉중에 남아 사태에 반응하고 행동을 결정하는 데 지대한 영향을 끼친다. 그렇지 않은가? 같은 사안이라도 적이냐 친구냐에 따라 전혀 다른 반응을 보이는 것을 보라. 그것을 시쳇말로 '내로남불'이라 부른다. 그때 사물에 반응하는 것은 '나 자신'이라기보다, 오히려 '과거의 상처와 트라우마'가 대신 나선다고 해도 좋겠다. 가령《대학》〈정심장正心章〉은 말한다.

마음속에 분노가 있으면 그 올바름을 얻지 못하고, 공포와 두려움이 있어도 그 올바름을 얻지 못하며, 기쁨과 선호가 있어도 그리고 우환이 있어도 그 올바름을 얻지 못한다. 마음이 주재하는 바가 없으면, 보아도 보이지 않고, 들어도 들리지 않으며, 먹어도 음식 맛을 모른다.

所謂修身在正其心者 身有所忿懥 則不得其正 有所恐懼 則不得其正 有所好樂 則不得其正 有所憂患 則不得其正. 心不在焉 視而

不見 聽而不聞 食而不知其味. 此謂修身在正其心.

난해한 곳은 없다. 그저 읽기로는 분노, 공포, 선호, 우환 등의 부정적 감정에 휩쓸리지 않도록 노력하라는 권고로 들린다.

그런데 주자학의 해석은 좀 다르다. 분노, 공포, 선호, 우환 등은 '없을 수 없다'고 그 감정을 '인정'한 것이다. 그러면서 그 감정들을 내 마음속에 '존치(有)'시키지 않도록 노력하라고 권한다.

이 네 가지는 모두 마음의 用이니 사람에게 없을 수 없는 것이다. 그러나 하나라도 살피지 않으면 欲이 발동하고 情이 우세해져서, 그 用이 행하는 것이 바름을 잃게 마련이다.
蓋是四者 皆心之用 而人所不能無者. 然一有之而不能察 則欲動 情勝 而其用之所行 或不能不失其正矣. (주자,《대학장구》)

주자학은 말한다. 우리네 감정들이 상황에 따라 분노, 슬픔 등으로 일어나는 것은 자연스럽고 당연하다. 다만 그것은 '상황적'이고 '일회적'인 것으로, 사태에 따라 일어났다 사라지도록 해야지, 마음속에 '그 흔적' 혹은 '남은 뿌리'가 남아 있도록 해서는 안 된다. 마음속의 그 뿌리를 잘 점검해보지 않고 그대로 두면, 이들이 준동(欲動情勝)하여 인간 내부의 자연적 에너지가 올바로 발현되지 못할 것이다.

그래서 주자학은 완전히 마음을 비우고자 한다(虛靈). 여기에 어떤 자기 외적 흔적(有)도 있어서는 안 된다. 그러나 보통 사람의 마음은 '무엇인가로 가득 점유되어 있다.' 心學은 이 오래된 정신의 폐단을 고치고자 하는 노력이다. 이 기질의 치유가 없으면, 자연으로부터 받은 天理가 자신을 온전히 발휘하지 못하게 될 것이다.

모든 감정 중에서 '분노'만큼 맹렬하고 위태로운 것은 없다. 한 번 일어난 '분노'가 마음속에 잠복하고 성장해서 다른 기회에 발휘되는 것을 막아야 한다. 이것이 주자학이 해석하는 '분노를 옮기지 않는다'의 의미다.

이쯤에서 주자학이 '감정'을 다루는 기법에 대해 더 자세히 들어보자. 주자는《집주》에서 선배들의 입을 빌려 다음과 같이 말한다.

정자가 말했다. "안회의 분노는 사물(대상, 환경, 자극)에 있지, 자신에게 있지 아니하다. 그 때문에 '옮기지 않는다'라고 했다. 잘못이 있으면 곧바로 알았고, 알았으면 다시 행하지 아니했다. 그래서 '不貳過'라고 했다." 또 이렇게도 말했다. "'사물'에 기쁨과 분노가 있지, 즉 理에 마땅히 기쁨과 분노가 있지, 血氣에 있지 아니한 고로, 옮기지 않는다.[8] 이를테면 순임금이 사흉四凶을 죽인 것을 보자. 노할 만한 빌미는 저쪽에 있지, 나랑 연관된 바가 없다(可怒在彼 己何與焉). 그것은 거울이 사물을 비추는 것과 같아서 아름답고 추한 얼굴은 저기(거울 밖에) 있고, 거울은 이들을 다만 그대로 비출 뿐이니, 어디 '옮길' 바가 있겠는가?" "안회는 이 완전한 경지에 조금 못 미쳐, (앞의 3개월처럼) 자칫 실수가 있을 때 바로 알아차리고, 그로부터 다시 이 잘못의 싹이 자라나지 않게 했다."

程子曰: "顏子之怒 在物不在己 故不遷. 有不善未嘗不知 知之未嘗復行 不貳過也." 又曰: "喜怒在事 則理之當喜怒者也 不在血氣

---

8   사물 자체의 자극 혹은 도발에 있지, 내 성격이나 기질에 의한 것이 아니다.

則不遷. 若舜之誅四凶也 可怒在彼 己何與焉. 如鑑之照物 妍媸在彼 隨物應之而已 何遷之有?" 又曰: "如顏子地位 豈有不善? 所謂不善 只是微有差失. 纔差失便能知之 纔知之便更不萌作."

주자가 《집주》에서 不遷怒를 "A에서 받은 분노를 B에게 옮기지 않았다"고 하고 있긴 하지만, 그것이 이야기의 전부가 아님을 알 수 있다.[9]

지금 보듯, 주자학은 마음속에 "아무것도 존치시켜서는 안 된다"고 역설한다. 마음은 비어 있어야 한다. 심지어 '후회'나 '반성'마저 정신의 독소로 작용한다. 즉 '아무것도 흉중에 남겨두어서는 안 된다.' 과거와 미래, 그리고 너에게서 받은 상처와 내가 갖고 있는 자만까지…. 그렇게 모든 것을 비울 때, 비로소 사물들이 제 길을 갈 것이고, 내 속의 자연이 본래 갖춘 힘을 발휘하게 될 것이다. 이때 天命으로 받은 仁義禮智가 상황에 맞게 발현해 나갈 것이다.

주자학은 세계를 '감응感應'으로 단순화했다. 즉 세계는 자극과 반응의 체계다. 인간은 건전한 내적 에너지의 풀(體)을 갖고 있고, 이것이 외부의 자극에 합리적으로 표출(用)되도록 설계되었다.

이 至善의 발현을 방해하고 훼손하는 것들이 있다. 이 장애물들을 치우고 교정하는 것이 '학문'의 과제다! 분야는 세 가지다. 심통성정 心統性情에서 감정과 의지(情)를 제어하고, 성격(心)을 교정하며, 본성

---

9 여기 짚어둘 것은, 다산의 비평은 상대를 자신이 원하는 코너에 몰고 과장하거나 극단화하여, 그 지점에 집중포화, 혹독한 비평을 퍼붓는다. 율곡도 그런 경향이 있다. 천재들의 특성인지 모르겠다.

(性)의 자연을 잘 보존하는 것이 그것이다. 《중용》은 말한다.

中和가 이루어질 때, 천지가 제자리를 찾고 만물이 육성될 것이다.
致中和 天地位焉 萬物育焉. (《중용》1장)

정명도가 장횡거의 물음에 답해 쓴 〈정성서定性書〉라는 글이 있다.
이 글이 주자학 공부의 이상을 잘 집약해 보여주고 있다.

① 무릇 천지의 영원함은 그 마음이 만물을 덮지만 무심하고, 성인의
영원함은 그 情이 만사에 응하지만 무정하다. 그러므로 군자는 탁 트
여 공정한 마음, 상황에 순조롭게 응하는 법부터 배워야 한다. 《주역》
에서 말하기를, "확고하면 길하고 후회가 없다. 종종 걸음으로 오가면
친구들이 너를 따를 것이다"라고 했다. 외부의 유혹을 일일이 제거하려
고 들면, 동쪽 하나가 사라질 만하면 서쪽에서 새 유혹이 생길 것이다.
시간도 무한정 있지 않고 유혹의 계기도 끝이 없으니, 그것을 다 제거
할 수는 없다.
夫天地之常 以其心普萬物而無心. 聖人之常 以其情順萬事而無
情. 故君子之學 莫若擴然而大公 物來而順應. 《易》曰: "貞吉悔亡.
憧憧往來 朋從爾思. 苟規規於外誘之除 將見滅於東而生於西也.
非惟日之不足. 顧其端無窮 不可得而除也."

② 인간의 정동(의 표출)은 무엇엔가 덮여(은폐되어) 있어, 최적의 이상
(道)에 나아가지 못한다. 그 병폐를 정리하자면, '이기적 고착(自私)'과
'계산적 고려(用智)'다. 자신의 관심에 고착되어 있으면 의미 있는 성과

를 구현해내지 못하고, 계산적으로 고려하면 자각적 통찰로 사물을 있는 그대로(自然) 보지 못한다.[10] 외부의 사물을 싫어하는 마음으로, '아무것도 존재하지 않는' 경지를 찾아 나서는 것은 흡사 거울을 뒤집은 다음 얼굴을 비추어 보는 것과 같다.

人之情各有所蔽 故不能適道. 大率患在於自私而用智. 自私則不能以有爲爲應迹 用智則不能以明覺爲自然. 今 以惡外物之心 而求照無物之地 是反鑑而索照也.

③《주역》(의 간괘)에서 말했다. "등 뒤에 자리 잡아 얼굴을 볼 수 없고, 뜰을 거닐되 사람을 보지 못한다." 맹자도 말했다. "내가 지식을 미워하는 것은 천착, 즉 엉뚱한 데를 뚫고 들기 때문이다." 외부의 사물을 배척하고 내부의 자신을 지키려고 하기보다 안과 밖을 함께 잊는 것이 낫다. 안팎을 다 잊으면 깨끗하게 아무 일이 없다. 일이 없으면 안정되고, 안정이 있는 곳에 통찰력이 있다. 투명한 정신이 존재할 때, 사물에 대응하는 것이 (정신에) 무슨 누를 끼칠 수 있을 것인가?

《易》曰: "艮其背 不獲其身 行其庭 不見其人." 孟子亦曰: "所惡於智者 爲其鑿也." 與其 非外而是內 不若內外之兩忘也. 兩忘則澄然無事矣. 無事則定 定則明. 明則尙何應物之爲累哉?

④ (예를 들어) 성인의 기쁨은 사물이 기쁠 만하기에 그런 것이고, 성인의 분노도 사물이 분노할 만하기에 그러하다. 그러하기에 성인의 희로애락은 마음에 연루된 것이 아니라 사물에 달려 있다. 성인은 사물에

---

10 문제는 내부에 있지, 외부를 탓하지 마라. 불교처럼….

응하지 않는 사람이 아니다. 그러니 외부에 응하는 것이 틀렸고, 내부를 추구하는 것이 옳다고 할 수 있겠는가? 지금 이기적 고착과 계산적 고려에 물든 (일반인의) 희로애락으로 성인의 희로애락의 '올바름'을 판단하면, 대체 어쩌자는 것인가?

聖人之喜 以物之當喜 聖人之怒 以物之當怒. 是聖人之喜怒 不繫於心 而繫於物也. 是則聖人豈不應於物哉? 烏得以從外者爲非 而更求在內之爲是也. 今以自私用智之喜怒 而視聖人喜怒之正 爲何如哉?

⑤ 무릇 사람의 격정 가운데 쉽게 격발되고 제어가 어려운 것이 분노다. 분노가 일어날 때 거기 휩쓸리지 않고 사태의 시비를 객관적으로 읽게 되면, 외적 자극이 나를 현혹시킬 수 없다는 것을 알지니, 그때 목표(道)에 거의 절반 너머 도달한 것이라 하겠다.

夫人之情 易發而難制者 惟怒爲甚. 第能於怒時 遽忘其怒 而觀理之是非 亦可見外誘之不足惡 而於道亦思過半矣.《근사록近思錄》〈위학지요爲學之要〉〉

주자학의 과제는 불교처럼 私, 즉 이기적 자아의 제어에 있다. 즉 有我의 私를 깨고 無我의 公을 확장해 나가는 것이었다. 놀랄지도 모르겠다. 불교처럼 유교, 특히 주자학의 전 과제가 이처럼 이기적 자아의 준동을 줄이고, 타자를 향해 전체의 유기적 자아를 확대해 나가는 데 있었다. 주자는 그 유명한 공자의 노력 또한 '무아毋我'를 향해 있다고 말한다.[28]《논어》에 짤막한 구절 하나가 있다.

子絶四: 毋意 毋必 毋固 毋我. (〈자한〉 4장)

공자가 네 가지를 끊었다(子絶四). 불건전한 동기(意), 그 고집(必), 그것의 패턴
화(固), 그리고 그것의 성격화(我)다. (주자의 해석)

주자의 설명을 자세히 들어보자.

意 私意也. 必 期必也. 固 執滯也. 我 私己也. 四者相爲終始 起於
意 遂於必 留於固 而成於我也. 蓋意必常在事前 固我常在事後 至
於我又生意 則物欲牽引 循環不窮矣. 程子曰:"此毋字 非禁止之
辭. 聖人絶此四者 何用禁止."

정리하면 이렇다. ① 意: 불건전한 성격은 불건전한 의지와 욕구를
가지고 있을 것이다. ② 必: 욕구들은 실현되기를 바라며, 강력한 충
동이 된다. ③ 固: 충동의 반복은 습관이 된다. ④ 我: 이것의 구조화
된 체계를 우리는 '성격' 혹은 '자아'라고 부른다. 자아는 사문에 대한
관점과 사람을 보는 시각을 특정 방식으로 갖고 있고, 자신의 욕구를
구현하는 패턴화된 습성을 가지고 있다. 욕구는 자아에서 피어나고
성격을 떠날 수 없다. 그래서 ④는 다시금 ①을 부른다. 이렇게 이 넷
은 사이클을 갖고 있다. 공자는 이 고리의 불건전한 사슬을 끊고자 그
토록 노력했다는 것이다.

공자가 "스스로를 비운다(毋我)"고 한《논어》의 말은 예사로 흘려
들어서는 안 된다. "나는 아무것도 아는 바가 없다" "나는 꼭 이것이다

11　毋는《사기》에서 無로 되어 있다(毋 史記作〈無〉是也).

싶은 것도, 이건 꼭 안 된다고 생각하는 것도 없다"고 하는 말을 유의 깊게 들어야 한다.

子曰: "吾有知乎哉? 無知也. 有鄙夫問於我 空空如也 我叩其兩端而竭焉."
(〈자한〉 7장)
공자가 말했다. "누가 나를 知者라 하는가? 나는 무지한 사람이다. 평범한 사람이 내게 와서 물으면 나는 그저 멍하니 있을 뿐, 나는 그가 하는 말의 장단을 고려하여 최선을 찾도록 도와줄 뿐이다."

子曰: "君子之於天下也. 無適也 無莫也 義之與比." (〈이인〉 10장)
공자가 말했다. "군자가 천하에 임할 때는 꼭 이래야 한다는 것도 없고, 꼭 안 된다는 것도 없다. 다만 최선의 균형과 도덕성에 비추어서 선택할 뿐이다.

공자는 특정한 '이념'이나 '편견'에 사로잡힌 사람이 아니었다. 유교식 표현에 의하면, 中은 붙잡을 수 있는 것이 아니다. '집중執中'은 中을 놓치고, 때로 中에 어긋난다. 상황과 여건에 따라 '최선'은 그 얼굴을 달리하기 때문이다. 이 '놓음' 혹은 '비움'은 진정 아무것도 '소유'하지 않는다. 안회 역시 그러했다.

유교의 '학문'은, 스승 공자가 강조한 대로, '子絶四자절사', 즉 無我를 지향하는 바가 될 수밖에 없다. 자기를 비우지 않으면, 그것은 먼지 낀 거울이나 곡면이 고르지 않은 거울처럼 사물을 올바로 비추지 못하고 왜곡된 이미지만 만들어낼 것이다. 그 상황에서 바른 판단과 적절한 행동을 기대할 수 없다.

주자학은 극단적으로 순임금이 사흉을 죽인 것은 (다른 정치적 고려와 이의를 제기하지 않는다면) 그들의 잘못에 의한 자업자득이지, 순임금이 사감으로 혹은 영토나 개인적 야망을 위해서 죽인 것은 아니라고 역설한다. 영어의 '개인적 감정은 없다(not personal)'라는 표현이 떠오른다. 마피아들은 주로 이기적 행동에 책임을 지지 않을 때 쓰지만, 유교는 액면 그대로 이해되기를 바란다.

다시 주자의 《집주》로 돌아가서, 이 '학문'을 둘러싼 곡절을 마저 보자. 과연 안회가 그 가난 속에서도 그토록 좋아했던 학문은 무엇이었을까?

> 장횡거가 말했다. "그 많은 제자가 시서육예詩書六藝에 다들 통달했을 텐데, 오직 왜 안회에게만 好學을 허여하셨을까? 안회가 좋아하는 학문은 무엇이었을까?"
> 張子曰: "慊於己者 不使萌於再." 或曰: "詩書六藝 七十子非不習而通也 而夫子獨稱顏子爲好學. 顏子之所好 果何學歟?"

장횡거는 다시 묻는다. "안회는 그 가난과 결핍 속에서도 자신의 삶을 즐겼다는데, 무슨 공부, 어떤 수양을 해서 그럴 수 있었습니까?"

천지는 정기를 담고 있는데, 그 가장 순수한 것을 받은 것이 인간이다. 그래서 그 바탕은 참되고 고요하다. 발현되지 않을 때, 그것은 仁義禮智信의 다섯을 본질로 하고 있다. 그런데 인간이 형태(신체)를 가지므로 외물이 그 신체(의 감각)를 촉발시켜, 내부(中)에 갖춘 에너지가 발동·반응한다. 그것이 희로애락애오욕喜怒哀樂愛惡欲의 칠정七情으로 드러난다. 칠정이 불꽃처럼 치성하고 질펀히 펼쳐지면, 본래 본성(에너지)이 훼손된다.

天地儲精 得五行之秀者爲人. 其本也眞而靜. 其未發也五性具焉
曰仁·義·禮·智·信. 形旣生矣 外物觸其形而動於中矣. 其中動而
七情出焉 曰喜·怒·哀·樂·懼·愛·惡·欲. 情旣熾而益蕩 其性鑿
矣. 《근사록》〈위학지요〉)

안회는 공자의 수제자다. 지독한 가난과 궁핍 속에서도 자신만의 즐
거움을 지켜 나갔다. 그 즐거움의 정체가 무엇일까가 주자학의 핵심
화두 가운데 하나였다.

　사물의 자극에 반성 없이 미성숙하게 반응하는 것이 일상화되면,
본래의 '본성'이 훼손된다. 그러면 어떻게 해야 하나? 당연히 반응을
성찰하고 그 구조를 교정해야 한다. 이것이 유교 수련의 중심에 있다.
어떻게? 정이천은 세 가지 층위에서의 훈련을 주문한다.

　그러므로 배우는 자는 ① 감정을 적정한 상태, 합리적 수준(中)으로 통
　제하고, ② 마음의 구조, 즉 성격을 교정해 나가며, 나아가 ③ 발현 이
　전의 내부 본성에 유의하고, 그것을 양성해가야 한다.
　故學者約其情使合於中 正其心 養其性而已. 然必先明諸心 知所
　往 然後力行以求至焉. 若顔子之非禮勿視·聽·言·動 不遷怒貳過
　者 則其好之篤而學之得其道也.

수행자는 '자기 마음'의 움직임과 변화, 반응의 패턴 등을 깊이 유의
해야 한다. 그런 다음 나아갈 바를 알고, 적극적으로 그 길을 구현하
려고 노력해야 한다. 안회가 공자에게서 배운 것이 바로 이것이다.

성인에 도달하지 못한 사람은 이를 지켜 나갈 뿐, 감화는 어렵다. 몇 년을 해나가다 보면, 어느 날 감화가 가능할 것이다. 지금 사람은 성인이 타고나는 줄 알고 '학문을 통해 도달하는 것'이 아니라고 한다. 그래서 학문이라고 익히는 것이 문장을 외우는 것일 뿐이니, 안회의 학문과는 다르다.

然其未至於聖人者 守之也 非化之也. 假之以年 則不日而化矣. 今人乃謂聖本生知 非學可至 而所以爲學者 不過記誦文辭之間 其亦異乎顔子之學矣.

주자학이 '마음의 움직임에 유의하고 그 수련과 교정'에 집중하는 것을 불교도들이 보면 놀랄지도 모른다. 유교의 학문은 외적으로는 禮學이지만, 또 하나의 중심은 心學, 즉 '마음의 훈련'이다.

無我, 퇴계의 표현을 빌리면, 자기중심적 고착(私欲蔽錮)의 돌덩어리가 깨어져 나가면, 감정의 반응이 '자연'이 준 그대로를 표현하게 된다. 하루에 수천의 일을 응대해도 피곤한 일이 없다. 내가 없기 때문이다. 이것이 진정한 '평정(定性)'이다.

성인의 기쁨은 자기 것이 아니다. 사물이 기쁘므로 그는 기쁘고, 사물이 화를 일으키므로 성인은 화를 낸다. 성인의 기쁨과 분노는 '자신의 성격 구조'와 '편향된 인식'에 기인한 것이 아니다.

聖人之喜 以物之當喜 聖人之怒 以物之當怒. 是聖人之喜怒 不繫於心 而繫於物也.《근사록》〈위학지요〉)

이제야 주자의《집주》에 실린 기이한 표현을 이해하게 되셨을 듯하다. 기억해두시라. 성인의 화는 "내가 내는 것이 아니라 사물이 내는 것(是聖人之喜怒 不繫於心 而繫於物也)"이다.

주자학자들은 이를 '거울' 혹은 '저울'에 비유하기를 즐겨한다. 거울은 그 자체로 無다. 사물들은 있는 그대로 자신을 비추고 지나갈 것이다. 미인을 추녀로, 추녀를 미인으로 비출 능력이 거울에는 없다. 거울은 그야 말로 無 혹은 無我의 상징이다. 저울추도 마찬가지. 추는 사물의 무게를 그대로 반영할 뿐, 그것은 그 자체로는 無다. 내 속이 無일 때, 비로소 공적 인간으로 다시 태어날 수 있다. 사람을 편견 없이 대하고, 사태를 공정하게 그리고 전체를 위한 최선의 방책을 필드의 정가운데에서 치우침 없이(中) 실현해 나갈 수 있게 된다.

고착을 벗고 자유로워진 성격, 즉 성숙한 성현은 '자연'을 닮는다. 하늘과 땅을 보라. 사물에 차이를 두거나 편애하는 법이 없다. 때가 되면 이 웅덩이와 저 밭에 똑같이 비를 내리고 만물을 적신다. 성현도 마찬가지다. 그 또한 자신의 자연적 반응으로 만물을 대한다. 그에게는 사적 욕구나 편견이 없다. 군자는 이 태도를 배울 것인바, 핵심은 탁 트인 공적 자세로 사물이 오면 맞고 자연스럽게 응하는 것이다.

자연이 無心으로 골고루 비를 뿌리듯이, 성현은 無情, 즉 자기 편향이 없다. 이를테면 그는 '자아'가 없다고 말할 수도 있다. 그렇다면 당송대 유학자들의 해법은 불교적 이념의 사회화 혹은 업그레이드 버전이라고 읽을 수도 있겠다.

지금까지 주자학의 心學의 얼개를 길게 적어보았다. 독자들은 지금의 해설에서, 주자의 《집주》에 담긴 구상과 그 함축을 살펴보았다. 《논어》뿐만 아니라 주자학의 '주석'은 거기 기반하고 있는 철학적 바탕이나 맥락 없이는 제대로 읽을 수 없거나 엉뚱한 상상으로 독자들을 이끌기 십상이다. 이 점을 유의하고 늘 텍스트 밖에서 주석을 읽는 연습을 해야 한다.

어찌 보면, 주자가 《논어》를 해설했다고 하기보다, 주자가 자신의 철학을 표명하기 위해 《논어》에 의존했다고도 할 수 있다. 이 사태를 잊지 않고 기억하고 있어야 한다.

종합하자면, 주자는 심오하고, 다산은 심플하다. 주자는 철학적 명상을 고취하고, 다산은 종교적 회심을 강조한다. 주자는 액면 그대로 '無我'를 향해 닻을 내리고 있는데, 그 심연은 어디인지 감을 잡기 어렵다. 이에 비해 다산은 나날의 '갈등'이라는 허들을 하나씩 건너뛰며 목표를 향해 달리는 육상 선수 같은 느낌을 준다. 실제 다산은 《중용》 11장의 이 말을 늘 리마인드시켜준다.

道를 향한 이 허들 경기를 향해 뛰다가 지쳐서 낡고 병들어 쓰러진다고 해도, 나는 그만둘 수 없다.
君子尊道而行 半途而廢 吾弗能已矣.

유교의 최고 이념

子曰: "回也 其心三月不違仁 其餘則日月至焉而已矣." (《옹야》 5장)
공자가 말했다. "안회는 그 마음이 3개월간 仁을 어기지 않았다. 그 나머지는 날과 달이 고작이었다."

주자학은 '새로운 유학'이라는 이름 그대로 유학의 완전한 혁신이다.

조지프 니덤Joseph Needham은 이렇게 말한다.

주자학이 깨달았던 것은, 도덕적인 것이 근본적으로 자연 안에 심겨 있다는 것이었다. 그것은 자연으로부터 생겼는데, 일종의 진화 과정에 의해서, 그리고 올바른 조건이 존재했다고 우리가 말할 수 있을 때 나타났다. 그렇다면 주자학은 진화론적 유물론과 유기체 철학의 세계관에 아주 가깝게 근접했던 셈이다. 이러한 관점에서 주자학은 도가로부터 더 많은 것을 빌렸던 듯하다. (조지프 니덤, 《중국의 과학과 문명: 사상적 배경》, 김영식·김제란 역, 까치, 292쪽)

仁이 무엇이냐는 물음에, 공자는 엉뚱하고(?) 서로 연관없는 대답들을 내놓기 일쑤였다. 사람을 지목해서 말하면, "그는 아닌데…"라고 고개를 저을 뿐이었다. 그는 자기 자신에게도 이 덕성을 허락하지 않았다.

예외적으로 수제자 안회에게만, "그는 석달이나 仁을 어기지 않았다"고 허락해주었다. 대체 仁은 무엇이고, 주자와 다산은 이를 어떻게 이해했을까? 주자의 해석을 보자.

3개월은 오랫동안을 말한다. 仁이란 心의 德이다. 心이 仁을 어기지 않는 자는 사욕이 없어 그 德(仁)을 소유한다. '日月至焉일월지언'이란, 혹 하루에 한 번 혹은 한 달에 한 번 도달한다는 뜻. 그 경지에 가더라도 오래 버티지 못한다.
三月 言其久. 仁者 心之德. 心不違仁者 無私欲而有其德也. 日月至焉者 或日一至焉 或月一至焉 能造其域而不能久也.

정자가 말했다. "3개월이면 天道가 소변小變하는 절기라 오랫동안을 말한다. 이를 넘어서면 즉 성인이다. '不違仁불위인', 즉 仁을 어기지 않았다는 것은 추호纖毫(조금치)의 사욕도 없는 것이니, 조금이라도 사욕이 남아 있다면, 이는 곧 不仁이다."

程子曰: "三月 天道小變之節 言其久也 過此則聖人矣. 不違仁 只是無纖毫私欲. 少有私欲 便是不仁."

윤화정이 말했다. "이는 안회가 성인에 한 칸이 모자란다는 뜻이다. 성인이라면 혼연히 (仁의 유지에) 끊김(閒斷)이 없다."

尹氏曰: "此顏子於聖人 未達一閒者也 若聖人則渾然無閒斷矣."

장횡거가 말했다. "공부를 시작하는 요체는 '三月不違'와 '日月至焉'의 안과 밖, 손님과 주인을 판별해내는 데 있다. 마음과 뜻으로 하여금 순순히 나아가 그치지 않도록 해야 한다. 이 단계를 지나면, 대개 공부가 내 의도적 노력을 떠난다.

張子曰: "始學之要 當知'三月不違'與'日月至焉'內外賓主之辨. 使心意勉勉循循而不能已 過此幾非在我者."

번역을 반쯤만 했다. 주자의 어법은 좀 기이해 보인다.

주자의 "仁이란 心의 德이다"라는 선포를 기억하자. 이곳이 주자 철학의 핵심이다. 仁이란 우리네 마음(心)에 선천적으로 갖추어진(得=德) 본성이라고 말한다. 주자의 〈인설〉은 말한다.

주자가 말했다. "사랑(仁)이란 천지가 생명을 낳는 '의지(心)'이면서, 동시에 인간이 그로부터 부여받아 가진바 '마음(心)'이기도 하다. 탄생(元), 성장(亨), 결실(利), 휴식과 저장(貞)은 천지의 의지(心)다."

朱子曰: "仁者天地生物之心 而人之所得以爲心 元亨利貞 便是天地之心."

仁은 사랑이고, 그것이 지금 우주적 지평으로 확장된 것을 감지할 수 있을 것이다. 사람들은 서로 사랑하고, 동정과 배려를 보인다. 이 '표현(用)'은 어디서 온 것일까? 자연 상태에서 성격이나 환경의 방해가 없으면, 누구나 이 사랑의 감정이 자연스럽게 펼쳐질 것이다. 주자는 이곳이 '인간의 본성(體)'이 있는 자리라고 생각했다. 그리고 이 특성은 인간만의 것이 아니라 우주가 갖고 있는 '본연의 생명력(生意)'을 닮았다. 그리고 이 생명과 사랑의 능력은 천지간 모든 생명이 갖고 있는 보편적 특질이기도 하다. 그것이 仁의 의미다.

위의 〈인설〉의 괄호 안을 보라. 우주적 생명력은 '원형리정元亨利貞'이라 탄생과 성장, 결실과 보관의 사이클을 갖는다. 그것이 天地之心, 즉 천지의 의지 아닌 의지다. 이 자연적 과정은 동시에 사랑이라는 가치 혹은 의미를 구현하는 과정이기도 하다. 이로써 자연과 도덕의 지평이 통합되었다.

주자는 이 우주적 과정이 노장의 생각처럼 무의미한 연속이 아니라 특정한 가치가 구현되는 마당이라고 보았다. 仁은 모든 생명체에 잠재된 특성(德)이자, 인간에게만 완전히 열려 있는 덕성이다. '적연부동寂然不動'이라 하듯, 그 바탕은 고요하고 빈 듯하지만, 아무것도 없는 無가 아니다. 그것들은 잠재된 가능성으로 인간 내부에 갖추어져 있다가(未發), 상황의 자극과 요청에 따라 구체적으로 반응(已發)

한다.[12]

삶의 기술 혹은 성장의 방향은 이렇게 받은 仁을 삶의 수많은 계기에서 훼손이나 왜곡 없이 온전히 발양하는 것이다. 그러므로 주자학에서 도덕은 외부의 강제나 축적이 아닌, 자발성이 최고도로 발현하는 것으로 설정된다.

그런데 무엇이 문제인가? 인간의 병리는 어디에서 오는가? 私, 한 글자가 그 중심에 있다. 현대적으로는 이기적 고착과 나르시시즘으로 번역할 수 있겠다. 주자학의 공부 혹은 훈련은 자기 내부의 이기적 고착을 깨고 '본래의 德'을 되찾는 것을 목표로 한다. 주자는 안회가 이 仁의 자연적·자발적 덕성을 '손상'시키지 않고 3개월을 '보존'할 수 있었다고 해석한다.

이 차이는 너무 큰 것이 아닐까? 다산은 이 구절이 너무 야박하다고 생각한다. 다른 제자들도 그렇게 엉터리는 아닐 터. 이 구절은 "다른 제자들은 며칠 혹은 한 달 정도 仁을 어기지 않는다"라고 해석해야 한다는 것.[13]

주자는 仁者를 "자기 집에 거하는 자"로 비유하고 있다. 주인은 혹 집을 잠깐 나가더라도 내 집이 아닌 것을 알고 다시금 돌아온다. 그처

---

12 주자학은 불교가 이 '바탕'을 空, 즉 비어 있다고 생각하면서 불완전해졌다고 비판한다. 아무것도 없는 듯하지만, 그것은 理로 가득 차 있다. 性이 理를 구체적으로 갖추고 있어, 수많은 자극에 인간적으로 반응하고, 수많은 환경에 적절히 행동하는 것이라 말한다. "옹달샘은 그저 투명해 보인다. 그러나 손을 넣어 보기 전에는 얼마나 시린지 모를 것이다."

13 《집주》의 뒷부분은 선배들로부터의 인용이다. 특히 장횡거가 언급한 '內外賓主之辨'을 주목하자. 仁은 자기 내부의 본성(內)이 외부의 감각과 욕구(外)에 방해받지 않아야 한다. 그리고 마찬가지로, 내 밖의 사물들(賓)이 내적 주도의 힘(主)을 빼앗지 않도록 유의해야 한다. 주자학은 현대적 용어로, '자기 망각' 혹은 '비주체성' 등의 이름으로 불릴 만한 문제를 다루고 있다.

럼 仁이 아니라는 판단이 서면, 곧 각성하고 본래의 자기로 돌아오는 성찰과 훈련을 게을리해서는 안 된다는 것.

다산은 이런 '仁의 내면화'와 명상의 고취를 정면으로 반박하고 나섰다. 이를테면, 다산은 仁을 '내부'가 아니라 '외부'에서 찾았다. 다산은 말한다. 취지를 살려 약간 의역했다.

주자의 해석대로 '三月'은 긴 시간을 말한다. 그러나 안회가 3개월이 지나면, 꼭 仁을 어겼다는 말이 아니다. 仁이란 사람을 향한 구체적 사랑을 말한다. 아들은 아버지를 향해, 동생은 형을 향해, 신하는 군주를 향해, 목민관은 백성을 향해, 무릇 사람과 사람 사이에서 서로를 향해 따뜻하게 피어나는 사랑이 바로 仁이다. (안회는) 그 마음을 어기지 않았던 것이다. 실제 '行事(관계와 일과 행동)'에 뚜렷이 드러났지만, 그 내면 또한 진정이었다. 그 나머지 제자들은 "며칠 혹은 한 달 정도 仁을 유지했다"라고 읽어야 한다.

朱子曰: "三月 言其久." 【非謂三月後必違】〔補曰〕違 猶離也. 【上篇云: "君子無終食之間違仁."】仁者 嚮人之愛也. 子嚮父 弟嚮兄 臣嚮君 牧嚮民 凡人與人之相嚮而藹然其愛者 謂之仁也. 其心不違 則不止顯於行事而已 中心實然也.〔補曰〕其餘 謂諸弟子. 日月 至 謂不違仁. 或引至一月 或引至數日也.

글자를 보라. 仁은 '사람 人' 변 옆의 '둘 二'로 구성되어 있다. 글자 형태만 보더라도 이 단어는 사람들 사이의 관계를 형상한 것이며, 공동체 안의 사회적 대면에서 필요한 '덕목'을 구현해 나가는 것을 형상화하고 있다.

仁은 두 사람으로 구성되어 있다. 어버이를 모심에 孝가 仁이다. 아들과 아버지가 두 사람 아닌가? 임금을 모심에 忠이 仁이다. 신하와 군주가 두 사람 아닌가? (목민관이) 백성을 기름에 慈가 仁이다. 목민관과 백성이 두 사람 아닌가? 사람과 사람 사이에 그 본분을 다해야, 비로소 仁을 성취했다 할 수 있다.

仁者 二人也. 事親孝爲仁 子與父二人也 事君忠爲仁 臣與君二人也 牧民慈爲仁 牧與民二人也. 人與人 盡其分 乃得爲仁."(다산,《맹자요의》)

고전의 무수한 용례가 다산의 말을 증거하고 있다.《예기》〈표기表記〉와《중용》《맹자》에서 공히 "仁者人也"라고 강조한 것을 보라. 다산은 문산과의 편지 왕래를 통해 이 문제를 집중 거론했다.

仁은 두 사람이다. 고전古篆에 人人의 첩자疊字로 쓰는데, 이는 전문篆文에 孫을 子子의 첩자로 쓰는 것과 같다(孫에는 孒로 적는다) 아버지를 孝로 섬기는 것이 仁이니, 아들과 아버지가 두 사람이고, 군주를 忠으로 섬기는 것이 仁이니 신하와 군주가 두 사람이며, 친구를 信으로 사귀는 것이 仁이니 벗과 벗이 두 사람이고, 백성을 慈로 기르는 것이 仁이니 목민관과 백성이 두 사람이다. 무릇 사람과 사람 사이에서 그 직분을 다하는 것, 이를 일러 仁이라 한다. 先聖들이 모두 "仁은 人"이라고 仁을 훈고했고,《중용》20장,《맹자》〈진심〉下 16장,《예기》〈표기〉에도 "仁은 人이다"라 했다. 仁을 人이라고 한 것은, 仁이라는 것은 사람과 사람 사이에서 생겨난다고 생각했기 때문이다. 그러므로 "仁(의 덕목)은 사람 사이에 있다. 그중에서도 어버이를 親하는 것이 가장 크다"고 했다. 이는 군주를 사랑하고 백성을 기르는 것이 모두 仁이지만, 모든 仁 가운데서 親이 가장 크다는 뜻이다.

仁者 二人也. 古篆作人人之疊文, 如篆文'孫'字 爲子子之疊文也. 【孫作子】事父孝爲仁 子與父二人也 事君忠爲仁 臣與君二人也 與友信爲仁 友與友二人也 牧民慈爲仁 牧與民二人也 凡人與人 盡其分 斯謂之仁. 故先聖訓仁字 皆曰: "仁者 人也"《中庸》曰: "仁者 人也"《孟子》曰: "仁者 人也"〈表記〉曰: "仁者 人也". "仁者人也"者 謂仁之爲物 生於人與人之間也. 故曰: "仁者 人也. 親親 爲大" 謂愛君牧民 無非仁也 而諸仁之中 親親爲大也. (다산, 〈답리여홍재의 答李汝弘載毅〉)

주자의 仁이 철학적이고 유기체적이며 자연론적 '원리'인 데 비해, 다산의 仁은 관계적이고 사회적이며 인위적인 '덕목'임을 알 수 있다. 주자와 다산의 길이 여기서 갈렸다.

이 사업은《중용》의 庸에서처럼 '지구력, 지속성'이 관건이다. 지속할 수 있다면 성인이다. 안회는 不貳過, 즉 실수와 허물을 피할 수 없었다. 그렇지만 그 끊김은 자주 있지 않았고, 바로 깨닫고 고치기에 주저 없었다는 점에서 학문의 사람이었다.

생각하건대,《중용》에서 "능히 오래하는 民이 드물다"고 하였으니, 능히 오래하는 것은 성인이다. 안회는 허물이 없을 수 없으므로 "허물을 고치는 데 망설이지 않는다"고 하였다. 허물이 없을 수 없으면 중간에 단절이 없을 수 없는데, 다만 그 중간의 단절이 심히 성글기 때문에 "석 달을 떠나지 않는다"고 하였다.

〔案〕《中庸》曰：“民鮮能久矣.”能久則聖人也. 顔子不能無過 故曰
不貳過. 不能無過則不能無間斷 但其間斷甚疏 故曰三月不違.

얼핏 보아도 주자는 어렵고, 주자를 이해하려면 유기체적 시선과 철
학적 상상력이 필요하다. 다산은 말한다. ① 주자의 仁이 난해 모호
하고, ② 내적 발견을 권하나 도무지 손을 대기 어려우며, ③ 혹 방불
한 그림자를 보았다고 해도 사회적 유익이 없기에 德이라 부를 수 없
다고 비판한다.

사회적 실용성이 先王의 大道, 요순 3대를 이어져 내려온 유교의
유구한 전통이다. 공자가 술이부작述而不作으로 이어받은 유교의 정
신은 명상이 아니라 정치 위에 서 있다. 이제 ‘본래의 유교’로 다시 돌
아갈 때다.

顔淵問仁. 子曰：“克己復禮爲仁. 一日克己復禮 天下歸仁焉.爲仁由己 而
由人乎哉?” 顔淵曰：“請問其目.” 子曰：“非禮勿視 非禮勿聽 非禮勿言 非
禮勿動” 顔淵曰：“回雖不敏 請事斯語矣.”〈안연〉 1장)
안회가 仁을 물었다. 공자가 말했다. “극기복례가 仁의 실천이다. ‘하루’ 극기복
례하면 천하가 여기 함께 동조할 것이다(그만큼 仁의 감화력이 빠르다). 仁의 실천
은 타인과는 상관없이 오직 나에게 달려 있다.” 안회가 그 세목을 묻자, 공자가
말했다. “禮가 아니면 보지 말고, 禮가 아니면 듣지 말며, 禮가 아니면 말하지
말고, 禮가 아니면 움직이지 마라.” 안회가 말했다. “제가 비록 불민하지만, 이
말씀을 받들겠습니다.” (주자의 해석)

주자는 말한다.

仁은 내 本心의 全德이다. 내게 있으므로 그 구현은 어렵지 않다. 문제는 이를 방해하는 사욕이다. 이를 나날이 극복해 나가다 보면, 본래 내 안에 주어진 天理의 빛과 힘이 흘러넘치게(流行) 된다. 이때 사물들의 응접이 적절히 도리에 맞게 되고, 나는 내 본성을 완전히 되찾게 된다.

仁者 本心之全德. 克 勝也. 己 謂身之私欲也. 復 反也. 禮者 天理之節文也. 爲仁者 所以全其心之德也. 蓋心之全德 莫非天理 而亦不能不壞於人欲. 故爲仁者必有以勝私欲而復於禮 則事皆天理而本心之德復全於我矣. 歸 猶與也. 又言 一日克己復禮 則天下之人 皆與其仁 極言其效之甚速而至大也. 又言 爲仁由己 而非他人所能預 又見其機之在我而無難也. 日日克之 不以爲難 則私欲淨盡 天理流行 而仁不可勝用矣.

주자학은 그런 점에서 외부의 사건들을 합리적으로 조정하기 이전에, 마음의 동기와 성격이라는 장애를 극복해야 한다고 주장한다. 사욕이 숨을 죽이면, 天理가 공정성과 정의 그리고 사랑과 지혜의 이름으로 사태를 최선으로 이끌고 갈 것이라고 믿은 것이다. 주자는 사상채의 말을 인용하여, "인간의 성격에는 편협과 고집의 각각 서로 다른 장애물이 자리 잡고 있다. 여기부터 교정해 나가라(謝氏曰: "克己 須從性偏難克處克將去)"고 권하고 있다.

위의 해설을 통해 주자의 뜻을 가늠할 수 있을 것이다. 주자학의 두뇌는 仁을 우주적 덕성으로 드높인 데 있다. 우주는 생명으로 가득 차 있고, 그것은 일종의 '사랑'이라고 해야겠다. 그 사랑이 원형리정, 즉 장엄한 생성·변화·성장·쇠퇴의 우주적 사이클을 몰고 간다.

만물에 이 사랑을 펼치라 했는데, 인간만이 그 소명을 완전하게 최고도로 발휘할 수 있다. 天命을 다 감당하지 못하는 것은 하늘의 편견이나 은총이 아니라, 기질이라 불리는 각 생명의 몸이 가진 제약 때문이다.

그러므로 인간의 일은 외부적 성취를 기약하지 않아도 좋다. 자기 내부의 사랑을 가로막는 장애(사욕)가 없다면, 그는 본래 사랑의 德을 일과 사람에 넘치도록 펼치게 될 것이기 때문이다. 그러므로 仁은 우리 내부에 미리 확보되어 있다. 다만 우리가 그것, 즉 자연을 망각하고, 훼손시켰을 뿐이다. 그것을 '회복'시키는 것이 삶의 책무다. 그 德은 외부에서 취득하거나 인위로 확보(按排)할 수 있는 것이 아니다. 위대한 성자들의 업적도 '의도'나 '의지'의 산물이 아니라 자기 내부의 仁이 자연스럽게 발양된 것일 뿐이다. 만일 여기에 '천하를 소유하고 있다'는 긍지나 '천하를 평화롭게 하겠다'는 의도가 개입한다면, 그것은 '사적 동기'에 휩쓸리게 되는 것이고, 이것은 仁의 덕성을 훼손시키고 소외시키게 된다. 특히 지금 주자의 《집주》에 수많은 논의가 '자연'과 '의도' 사이의 간격을 늘 강조하고 있는 것을 눈여겨보아야 한다.

> 하늘(의 뜻)은 사물들에 가득 차 있다. 흡사 仁이 온갖 일에 없는 곳 없이 체화되어 있는 것처럼⋯. 사람이 하는 온갖 선택과 활동, 교제에 어느 것 하나 仁이 아님이 없다.
> 天體物不遺 猶仁體事而無不在也. 禮儀三百 威儀三千 無一物而非仁也. 《근사록》〈도체道體〉)

이 사랑의 힘은 공감 혹은 동정심으로만 나타나지 않는다. 그것은 때로 '정의감(羞惡)'으로, 때로 상대방에 대한 '존중(辭讓)'으로, 또 건전한 '판단력(是非)'으로 드러난다. 이들이 발현되는 것으로 보아, 마음속에는 각각의 연원으로서의 德, 즉 義와 禮, 그리고 智가 아울러 있음을 짐작할 수 있다. 이는 흡사 계절의 순환을 닮았다. 봄기운이 시작될 때(仁), 만물이 무성할 때(禮), 추수와 낙엽(義), 그리고 겨울 갈무리할 때(智)로…. 겨울을 나고 봄은 다시 새 생명의 기운을 뿜어낼 것이다.

問: 仁何以能包四者? 曰: "人只是這一箇心 就裏面分爲四者. 且以惻隱論之. 本只是這惻隱 遇當辭遜則爲辭遜 不安處便爲羞惡 分別處便爲是非. 若無一箇動底醒底在裏面 便也不知羞惡 不知辭遜 不知是非. 譬如天地只是一箇春氣 (振錄作"春生之氣") 發生之初 爲春氣 發生得過 (李錄云: "長得過") 便爲夏 收歛便爲, 消縮便爲冬. 明年又從春起 渾然只是一箇發生之氣. (주자, 《주자어류》)

이 셋(義·禮·智)은 서로 달라 보이지만, 타자에 대한 고려와 전체에 대한 협력이라는 점에서 '공감(仁)'의 변형 혹은 확장이라 부를 수 있다. 주자는 仁義禮智로 네 가지 덕성이 갈라지지만, 그 뿌리는 하나, 즉 仁이라고 강조한다. 정적 상태에서는 혼륜渾淪, 전체 한 덩어리의 가능성으로 존재하고 있다가, 상황에 따라 네 갈래로 자신을 드러낸다. 때로는 사랑으로, 때로는 엄격한 정의로, 때로는 적절한 예절로, 때로는 미리 저장해 놓은 판단으로…. 한편, 이 넷은 서로 얽혀 있기도 하다. 잘못에 대한 분노와 수치, 타인을 향한 적절한 태도, 그리고 사물에 대한 판단력은 모두 타인을 의식하고 전체를 고려하는 내부의 동력이 추동한 것이다. 그것을 총괄하고 있는 말이 적극적 지평에서의 사랑이다. 그런 점에서 이들 넷은 구분되지 않고 하나라고 할 수 있다. 그래서 〈인설〉에서 말한다.

> 仁은 뭇 생명의 타고난 특성(生之性)이고, 인간이 사랑하는 능력의 기초(愛之理)이며, 동정 혹은 공감의 잠재태(仁之體)다.
>
> 所謂生之性愛之理 仁之體也.

주자학은 사람을 만나는 지혜를 묻기 전에, 사건들을 합리적으로 처리하는 법을 배우기 전에, 자기 마음속의 독소를 유의하여 제거하라고 권한다. 문제는 불건전한 동기, 편협한 감정, 앞뒤 없는 탐욕들이다. 이 모두를 비워주어야 본래의 德이 자신의 힘과 빛을 발양할 수 있다.

사욕이 숨을 죽이면, 天理가 내 속의 仁義禮智를, 즉 공정성과 정의, 그리고 사랑과 지혜의 빛이 환하게 발양되고, 그때 적절한 행동, 사물들의 질서가 자리 잡게 될 것이다. 시작은 자기 속의 편향된 '성격'부터 집중 공략하는 데 있다.

> 인간의 성격에는 편협과 고집의 각각 서로 다른 장애물이 자리 잡고 있다. 여기부터 교정해 나가라.
>
> 克己 須從性偏難克處. 克將去.

이 '마음의 장애'를 제거하는 것이 공부의 모든 것이라 해도 과언이 아니다. 그래서 주자학을 따로 '心學'이라고 부른다. 수많은 공부의 방법과 기술이 있지만, 여기서는 자세히 논하지 않는다. 졸저《성학십도, 자기 구원의 가이드맵》에 상세히 적어준 바 있다.

주자는《집주》의 보충 설명이라 할《혹문》에서 위의 구상을 집약해주고 있다. 이 대목은 퇴계가 신명神明처럼 믿고 엄부嚴父처럼 받든 진덕수眞德秀의《심경心經》에도 인용되어 있다.

문: 안회의 질문에 공자가 왜 이렇게 답하셨을까요?
或問顔淵問仁 而夫子告之以此 何也?

답: 인간은 천지의 생명력을 받아 태어난다. 이때 仁義禮智의 性을 그 心에 갖추게 된다. 仁이 비록 사랑(愛)의 감정에 초점을 맞추고 있지만, 그 실질은 心體의 '장착된 에너지의 본체(全德)'다. 禮는 또 공경(敬)에 포인트를 두고 있지만, 그 실질은 天理의 '예비된 행위의 자연적 질서(節文)'다.

그렇지만 인간은 '신체'를 갖고 있어 이목구비의 감각에 사욕의 누累가 끼어들어 理를 배반하고 仁을 해치게 된다. 이때 나는 나의 주인이 되지 못하고 상황에 밀려 뒤집힘과 혼란(顚倒錯亂)을 겪는다. 방치하면 걷잡을 수 없다. (克己復禮에서) 己는 人欲의 私를, 禮는 天理의 公을 가리킨다. 한 마음 안에 이 둘이 병존할 수는 없다. 그 거리는 아주 가까워서 터럭 하나도 끼어들 수 없다. 이것이 아니면 저것이고, 이것을 벗어나면 저것으로 들어선다. 克과 復의 여부는 손바닥을 뒤집는 것과 같고, 팔을 접고 펴는 것과 같다. 이 선택의 책임은 오직 나에게 있다. 타인이 간여할 바가 아니다.

안회의 자질은 성인에 근접했기에, 질문에 이렇게 핵심을 자상하게 대답해준 것이다. 禮가 아닌 것을 '보고 듣지 말라'는 것은 바깥을 제어해서 안을 뒤흔들지 않도록 하려는 것이고, '말하고 행동하지 말라'는 것은 나로부터 밖을 향하는 것을 삼가고 조심하라는 뜻이다. 이렇게 안팎을 교차 진행하면 仁을 실현하는 노력에 부족함이 없게 될 것이다. 안회는 이 가르침을 받들고 힘써 실천해 나갔기에, 3개월간 仁을 떠나지 않을 수 있었고, 마침내 성인의 경지(域)에 도달할 수 있게 되었다.

曰: "人受天地之中以生. 而仁義禮智之性 具於其心. 仁雖專主於愛 而實心體之全德. 禮則專主於敬 而實天理之節文也. 然人有是身 則耳目口體之間 不能無私欲之累 以違於理 而害夫仁. 人而不仁 則自其一身 莫適爲主 而事物之間 顚倒錯亂 益無所不至矣. 然己者人欲之私也 禮者天理之公也 一心之中 二者不容竝立 而其相去之間 不能以毫髮. 出乎此則入乎彼 出乎彼則入於此矣 是其克與不克 復與不復 如手反覆 如臂屈伸. 誠欲爲之 其機固亦在我而已 夫豈他人之所得與哉? 顔子之質 幾於聖人. 故其問仁 夫子告 獨爲要切而詳盡耳. 且非禮而勿視聽者 防其自外入而動於內者也 非禮而勿言動者 謹其自內出而接於外者也 內外交進 爲仁之功不遺餘力矣. 顔子於是 請事斯語而力行之 所以三月不違而卒進乎 聖人之域也. 然熟味聖言 以求顔子之所用力 其機特在勿與不勿之間而已. 自是而反 則爲天理 自是而流 則爲人欲 自是而克念 則爲聖 自是而罔念 則爲狂 特毫忽之間耳. 學者可不謹其所操哉."

이것이 心學의 얼개다.

이제 다산의 《고금주》를 보자. 다산은 이 '발견'의 기획이 도무지 마음에 들지 않았다. "내부의 본성을 회복한다?" 그것으로는 윤리와 책임의 문제를 해결할 수 없다. 주자는 너무 순진한 낙관에 고명한 방법을 제시하고 있다. 이 기획은 수도사의 것이지, 사회적 인간의 학습과는 동떨어져 있다. 그것은 철학자의 이상향이지, 정치가의 해결책은 아니다.

다산의 시대는 근본적 변혁의 '인위적' 설계가 필요한 때였다. 자신의 개인적 불행도 여기 깊은 상흔을 남겼을 것이라고 생각한다.[14] 다산의 말을 들어보자. 해석의 차이들을 챙겨보면 이렇다.

(克己復禮에서) 克은 전쟁에서 승리하는 일이고, 己는 욕구를 품은 몸을 말한다. 그렇다면 무슨 전쟁? '욕구'와 '예의' 사이의 전쟁이다. 예의가 이 욕구와의 전쟁에서 승리하면, 그것이 바로 仁이다. 왜 '돌아간다(復)'고 했는가? 인간의 욕구가 예의로 조정되지 않고 떠나 있다가, 다시금 제자리로 오는 까닭에 '돌아간다'고 했다. 己는 나이고, 나에게는 두 가지 몸과 마음이 있으니, 道心이 人心을 이기면 큰 몸(大體)이 작은 몸(小體)을 이기는 것이다. 一日은 주자처럼 '하루'로 읽어서는 안 되고, '어느 날'로 읽어야 한다. '시간'이 아니라 '계기'로 읽어야 한다는 것. 일상을 늘 해오던 대로 살다가, 특정한 계기를 만나 각성, 심기일전하는 것을 가리킨다.

劉炫曰："克 勝也. 己 謂身也. 身有嗜慾 當以禮義齊之. 嗜欲與禮義戰 使禮義勝其嗜慾 身得歸復於禮 如是乃爲仁也."【言情爲嗜慾所逼 已離禮而更歸復之 見邢疏】〔補曰〕己者 我也. 我有二體

---

14 졸저, 〈다산 경학: 유교 고전의 실학적 독법〉, 《다산학 공부》(박석무 외 저, 돌베개, 2018), 390-391쪽.

亦有二心 道心克人心 則大體克小體也. 一日克己 謂一朝奮發用力行之.【非謂一日而遂止】

天下歸仁천하귀인은 천하가 그 仁에 '감화'되는 것이다.[15] 가까이는 구족九族이, 멀리는 온 백성이 仁으로 귀환하게 된다(天下歸仁 謂近而九族 遠而百姓 無一人不歸於仁). 감화되는 것은 누구인가? 나와 상대하고 있는 사람이다. 나와 연관된 사람들이 나의 극기복례에 감화되고 그 仁에 흔연하여 감화를 보이는 것이다.[16] 순이 지극한 정성으로 완악한 부모를 감화시킨 것이 그 전형적인 사례라고 할 수 있다.

〔案〕仁者 二人之事也. 二人之事 而專責之於一人 故孔子說其功效曰: "一日克己復禮 而天下之人 無不歸化."【凡天下與我相關者 無不歸化也 非謂普天之下 無一不歸】舜一日克己復禮 而頑父嚚母與其傲弟 無不諧協. 堯一日克己復禮 而九族百姓以至黎民 無不雍睦. 此之謂天下歸仁. 若以歸其美名 謂之歸仁 則仁之極功 惟在乎得其美名而止 豈聖人爲己之學乎? '我欲仁 斯仁至矣' 歸也者 至也.

다산은 인간의 마음을 전쟁터로 본다. 감각적 욕구를 '작은 몸', 이를 막아서는 양심을 '큰 몸'이라 부른다. 작은 몸은 '육신'의 것이고, 큰 몸은 '정신'의 것이다. 이 '전쟁터'에서 승리해야 한다. 큰 몸이 작은

---

15 주자는 **事事皆仁**사사개인(사물들이 제자리를 찾는다)을 '본래의 사랑과 정의를 구현한다'고 해석했었다.
16 주자의 해석처럼, 온 천하가 仁으로 돌아선다는 뜻이 아니다.

몸을, 즉 道心이 人心을 이겨야 한다.

　삶보다 더 중한 것이 있고, 죽음보다 더 싫은 것이 있다. 맹자의 말을 빌려, 어여웅장魚與熊掌, 물고기와 곰 발바닥을 두고 골라야 한다면, 물고기를 버리고 곰 발바닥을 취해야 한다. 의로움 앞에서 생명을 던져야 할 때도 있다. 유교는 이 실존적 전투에서 도덕이 승리하기를 고취한다. 이 싸움의 승패는 전적으로 내게 달려 있다.

　仁은 나에게서 말미암는 것이지, 남에게서 말미암는 것이 아니다.
　然爲仁由我 不由人也.

그의 윤리학은 단순하다. 이 싸움에서 이기는 것이 仁을 성취하는 길이다.

　인간에게는 항상 상반된 두 의지가 동시에 피어난다. 여기가 지상과 천상의 관문(人鬼之關)이고, 선악이 갈라지는 곳(善惡之幾)이며, 人心과 道心의 교전장이고, 義가 이기느냐 欲이 이기느냐가 판가름 나는 곳이다. 이 자리에서 깊이 반성하고 힘써 (자신의 이기적 욕망을) 극복하면 道에 가까이 가는 것이다. (하지 않아야 할 것을) 하지 않고 (욕심내지 않아야 할 것을) 욕심내지 않는 것은 道心에서 발한 것으로, 이는 天理다. (하지 않아야 할 것을) 하고 (욕심내지 않아야 할 것을) 욕심내는 것은 人心에서 발한 것으로, 이는 私欲이다. 하지 않고 욕심내지 않는 것, 이는 人心을 극복하고 제압하여 道心의 명령을 들은 것이니, 이른바 극기복례가 이것이다. 이 경구는 공자, 안회, 증자, 자사가 서로 전하고 은밀히 당부한 긴요한 뜻이다. 그래서 "오직 이것일 뿐"이라고 매듭지은 것

이다. "이것일 뿐"이라고 말한 것으로 보아, 道란 이를 벗어나지 않는
다. 오호, 그 지극함이여.

人恒有二志相反 而一時幷發者 此乃人鬼之關 善惡之幾. 人心道
心之交戰 義勝欲勝之判決 人能於是乎猛省而力克之 則近道矣.
所不爲·所不欲 是發於道心 是天理也 爲之·欲之 是發於人心 是
私欲也. 無爲·無欲 是克制人心 而聽命於道心 是所謂克己而復
禮也. 此一章 孔·顔·曾·思相傳密付之要旨也. 故結之曰'如此而
已矣'. 旣云'如此而已' 則道無外是也. 嗚呼! 至矣. (다산,《맹자요의》)

다산은 이 두 가지 중요한 문제를 길게 논구하고 있다. ① 실존적 정
황이 단적으로 이 '윤리적 전쟁터' 위에 서 있다는 것을 그동안 역사
가 오랫동안 망각해왔다. 주자학을 보라. ② 그와 더불어 仁을 성취
하는 방법을 놓쳐버렸다. 그것은 거듭 말하지만, 자기 속에서 발견되
는 것이 아니라 관계의 완성을 통해 구축된다. 다산은 '유교 정신의
망각'을 다음과 같이 탄식한다.

맹자가 떠난 이후로 道의 맥은 마침내 끊기고 말았다. 문헌은 전국시
대에 멸실되고, 진시황과 항우를 거치며 경전은 불태워졌다. 한나라 고
조는 술친구 잡배들로 일으킨 왕조였고, 한나라 문제는 황로 사상에 푹
빠져 지냈다. 이에 '무지개다리 끊기고, 천길 바위가 연무에 휩싸이듯',
우주는 둘로 부러지고 말았다. 한나라 문제가 책을 구입하면서 해진 책
과 끊어진 죽간(殘編斷簡)들이 조금씩 사람들 사이에서 출현했지만, 수
많은 성인(千聖)이 서로 전하던 法은 이미 요원해졌다. 한나라 유학의
설경說經은 '문자적 측면', 즉 '훈고'에 집중했을 뿐이다. 거기 人心과

道心이 어떻게 갈라지는지, 작은 몸과 큰 몸이 어떻게 구분되는지, 무엇이 人性이고 무엇이 天道인지 막연할 뿐, 뚜렷이 이해하지 못했다. 가령 지금 마음처럼, 克己를 '사치를 줄이고 몸가짐을 단정히 하는 것(約身)' 정도로 희석하는 것이 그 증거다.

〔案〕孟子之沒 道脈遂絶 籍滅于戰國 經焚于秦·項 而高祖起於酒徒 文帝溺于黃·老 於是宇宙折爲兩段 若虹橋一斷 千巖鎖烟. 武帝購書之後 殘編斷簡 雖稍出人間 而千聖相傳之法 已遙遙遠矣. 漢儒說經 皆就文字上 曰詁曰訓 其於人心道心之分 小體大體之別 如何而爲人性 如何而爲天道 皆漠然聽瑩. 馬融以克己爲約身 卽其驗也.

다산은 여기서 仁을 성취하는 것은 克己를 통해서이며, 이는 영혼 혹은 정신의 전쟁터에서의 피 튀기는 승리를 통해서 성취된다는 것을 역설한다.

단서丹書에 이르기를, "경건(敬)이 태만(怠)을 이기면 길하고, 태만이 경건을 누르면 흉하다"고 했다. 여기서 분명하다. 경건과 태만은 둘 다 내 몸에 있으며 일승일패를 겨루는 서로를 원수로 여긴다.《회남자淮南子》에는 이런 일화가 실려 있다. 자하가 증자를 만났을 때, 자하의 모습이 한 번은 수척하고, 한 번은 비윤했다. 증자가 이유를 물었더니, 자하가 말했다. "나가서 부귀의 즐거움을 보니 거기 욕망이 동했고, 들어와서 先王의 大道를 보았더니 그 또한 기쁜 일이었다. 이 둘이 마음속에 전쟁을 일으켰을 때 나는 수척했고, 先王의 大道가 이겼을 때 내 몸은 윤택했다오." 분명하지 않은가? '욕망'과 '도의'가 마음속에서 각축, 전쟁을 일으키고 있다. 유현劉炫과 주자가 아무 근거 없이 (人心과 道心의 각축을) 말한 것이 아니다.

丹書曰: "敬勝怠者吉 怠勝敬者凶." 明明敬怠二者 皆在我身 而一勝一敗 視爲仇敵. 子夏見曾子一臞一肥 曾子問其故 曰: "出見富貴之樂而欲之 入見先王之道 又說之. 兩者心戰故臞 先王之道勝 故肥."【淮南子】明明慾道二物 心戰角勝. 劉炫·朱子 非無據而言之也.

맹자는 '本心(양심)'을 山木에 비유했다. 그리고 사욕을 도끼에 비유했다. 도끼와 山木은 대적의 원수다. "나로써 나를 이긴다(以己克己)." 이것이 수많은 성인과 여러 왕이 홀로 전하고 은밀하게 부촉한, 오묘한 뜻이고 중요한 말이다. 이를 통찰하면 성인·현인이 될 수 있고, 여기 어두우면 짐승·금수가 되고 만다. 주자가 우리 道의 중흥자가 된 것은 다름 아닌《중용》의 서문에서 이 원리를 밝힐 수 있었기 때문이다. 근세 학자들이 宋元 여러 선비의 氣를 평가하고 理를 말하면서 안으로는 참선하고 밖으로는 유학하는 폐단을 교정하겠답시고 경전의 해석과 논의를 漢晉의 설로 끌고 가면서, 송대의 義理를 불문곡직하고 그저 반대하는 데 바쁘다.

孟子以本心譬之於山木 以私欲譬之於斧斤. 夫斧斤之於山木 其爲敵讎也大矣. 以己克己 是千聖百王單傳密付之妙旨要言. 明乎此 則可聖可賢 昧乎此 則乃獸乃禽. 朱子之爲吾道中興之祖者 亦非他故 其作《中庸》之序 能發明此理故也. 近世學者 欲矯宋·元諸儒評氣說理內禪外儒之弊 其所以談經解經者 欲一遵漢·晉之說 凡義理之出於宋儒者 無問曲直 欲一反之爲務.

여기 다산은 주자와 송대 유학자들의 업적을 드높이고 있는 것에 유의할 필요가 있다. 주자의 '새로운 유학'이 다산이 표방한 '공맹의 본래 유학'과 서로 다른 체계이기는 하지만, 인간을 도덕적 전쟁 위에서 읽은 것은 다산의 생각과 궤를 같이한다. 특히 앞에서 적은 대로 《중용》의 서문이 그렇다. 人心과 道心의 기원과 격전을 실감 나게 부각했다. 조선 유학 논쟁의 중심에 이 '서문'이 있다. 요순 이래 성왕들이 전해준 心法은 다음 16자로 집약되어 있다.

> 人心은 위태롭고, 道心은 은미하다. 오직 정밀하게, 오직 한결같이 삼가 그 中을 잡으라!
> 人心惟危 道心惟微. 惟精惟一 允執厥中.

주자는 《중용장구中庸章句》의 서문에서 이 16자의 의미에 대해서 이렇게 말한다.

> 내 일찍이 말한 바 있다. 心의 허령지각虛靈知覺은 하나다. 그럼에도 人心과 道心의 구분이 있는 것은 形氣의 私에서 생기는(生) 것도 있고, 性命의 正에 기원하는(原) 것도 있어, 그 '지각되는 바'가 다르기 때문이다. 그래서 (마음 가운데) 위태롭게 난동하는 것이 있고, 혹 미약해서 잘 보이지 않는 것도 있다. 사람은 다들 육신(形)을 갖고 있기에 지혜로운 자(上智)라도 人心이 없을 수 없고, 또 다들 자연(性)을 갖고 있기에 어리석은 자라도 道心이 없을 수 없다. 이 둘이 마음의 공간에서 뒤섞여 있으니, 다스리는 법을 알지 못하면 위태로운 것은 더욱 위태로워지고, 미약한 것은 더욱 미약해지고 말아서, 天理의 公이 마침

내 人欲의 私를 이길 수 없게 되고 말 것이다. 精의 노력은 둘의 사이를 간파하여 뒤섞지 않게 될 것이고, 一의 노력은 本心의 正을 지켜 (이 바탕을) 이탈하지(離) 않게 할 것이다. 이 일에 종사하여 끊기지 않고 일관되게 밀고 가면, 道心이 일신을 주도하고 人心은 이 명령을 다소곳이 듣게 될 것이니, 위태로운 것은 안정되고 미약했던 것은 뚜렷이 드러나게 될 것이다. 이때 동할 때나 정할 때, 말할 때나 행할 때 저절로 과불급의 차이가 없게 되리라.

蓋嘗論之 心之虛靈知覺一而已矣 而以爲有人心道心之異者 則以其或生於形氣之私 或原於性命之正 而所以爲知覺者不同. 是以或危殆而不安 或微妙而難見耳. 然人莫不有是形 故雖上智不能無人心 亦莫不有是性 故雖下愚不能無道心. 二者雜於方寸之間 而不知所以治之 則危者愈危 微者愈微 而天理之公卒無以勝夫人欲之私矣. 精則察夫二者之間而不雜也 一則守其本心之正而不離也. 從事於斯 無少間斷 必使道心常爲一身之主 而人心每聽命焉 則危者安 微者著 而動靜云爲自無過不及之差矣.

지금 주자도 인간의 마음을 단도직입 人心과 道心, 天理와 人欲의 격전장으로 설명하고 있지 않은가? 인간은 윤리적 마음을 맹자가 말한 牛山의 울창했던 나무처럼 '본성'으로 갖고 있지만, 이 마음은 미약하고 쉽게 도끼질에 넘어가고 만다. 인간의 신체적 욕구가 人心으로 더 강력한 힘을 행사하고 있는 것이다. 하여 위태롭고 날뛰는 人心은 제어하고, 미약하고 상처받기 쉬운 道心은 적극 힘써 양성해 나가는 것이 유학의 핵심 과제가 되었다. 다산은 유학의 역사에서 오랫동안 잊힌 이 '과제'를 주자가 보다 확연히 해준 것이라고 상찬해 마지않는다.

그러나 이 '도덕적 대치'의 언술은 앞에서 우리가 살핀 仁과 天理의 '유기체적 자연론'과 어딘가 어울리지 않아 보이지 않는가? 조선 유학의 논쟁은 여기서 불거졌다. 특히 퇴계의 主理는 다산처럼 윤리적 대치와 결단을 강조했고, 율곡의 主氣는 자연적 합리성을 이념으로 설정했다. 앞에서 다산이 주자를 비판할 때는 후자에 초점을 맞추었고, 지금은 전자의 입장에서 주자에 동의하고 있다. 이 점을 잘 새겨두고 있어야 한다. 주자의 《중용》 서문의 취지를 정리해드린다.

우리네 삶은 人心이 가는 대로 간다. 즉 육신이 고삐를 쥐고 있다. 요즘 말로는 먹고사니즘이 포도청이다. 그래서 다들 위태롭고 불안하다. "누구나 신체를 가지므로 현자(上智)도 다 人心을 갖고 있다." 그러나 또 한편 인간은 누구나 (영원의) 본성을 갖고 있다. 이 사회적 충동은 人心에 가려 잘 보이지 않는다. 그러나 누구에게나 있다. "무지한 자(下愚)라고 해서 道心이 없을 수 없다." 이 둘이 마음에서 뒤섞여 충돌한다. 이것이 인간의 실존이다. 이를 통제하고 다스리지 못하면 위태로운 것은 더 위태로워지고, 미약한 것은 더욱 미약해진다. 그리하면 天理의 公이 欲의 私를 굴복시키지 못하게 된다.

이 때문에 유정유일惟精惟一의 훈련이 필요하다. 惟精은 이 둘 사이를 갈라 보는 힘이고, 惟一은 바른 마음이 우리를 이끌고 나가는 지속적인 노력이다. 그러므로 진실로 '윤궐집중', 바른 길(中)로 나아가라! 中은 균형, 합리성, 평정 등을 총칭하는 말이다. 그것은 인간 내부의 힘이면서 동시에 사회적 관계에서 힘을 발휘한다.

곳곳에서 전투가 벌어지고 있지만, 다산과 주자의 경학적 대치, 그 건곤일척의 결전장이 바로 이곳이다. 그의 경학의 사명이 바로 仁, 이것의 인식을 환기하려는 것이었다. 나중 문산과의 본격 서신 논쟁에서도 이 점을 다시금 강조하게 된다.

《논어》만이 아니다. 가령《대학》을 보자. 주자의 새로운 기획은《대학》의 발견과 재해석을 통해 천명되었다. 퇴계는 자신을 찾아온 율곡에게 이렇게 말했다.

그대가 불교 책들을 읽고 거기 중독되었다는 얘기를 전해 듣고, 안타깝게 여긴 지 오래다. 그랬는데 올봄에 만났을 때, 그 과오를 숨기지 않고 털어놓았고, 또 지금 보내준 두 편지를 읽어보니, 그대가 '가히 더불어 道에 나아갈 수 있는 사람'임을 알겠다. 다만 두려운 것은 '새로 접한 맛은 낯설고, 익숙한 곳은 잊기 어렵다'는 것이다. 오곡이 익지도 않았는데 쭉정이(稊稗)의 가을이 닥칠까 두렵다. 이를 면하려면, 다른 것 기다릴 것 없이 궁리와 거경에 십분 면려해야 한다. 그 방법은《대학》에 나와 있고,《장구》가 이를 밝혔으며,《혹문》이 남김없이 풀어주었다. 足下讀釋氏書而頗中其毒 心惜之久矣. 日者之來見我也 不諱其實而能言其非 今見兩書之旨又如此 吾知足下之可與適道也. 所懼者 新嗜靡甘 熟處難忘 五穀之實未成 而稊稗之秋遽及也. 如欲免此 亦不待他求 惟十分勉力於窮理居敬之工 而二者之方 則大學見之矣 章句明之矣 或問盡之矣. (퇴계, 〈답이숙헌〉)

주자는《대학》한 권을 통해 자신의 길을 제시했다. 거기 첫머리에 등장하는 '明明德'을 내면의 덕성인 仁과 등치해 인간학적 체계를 세웠다. 주자의 철학적 과제는 모든 사람이 망각된 자신의 본성을 깨달아 그 본래성을 회복해 나가는 것이었다.

그러나 다산은 이 '내면의 각성'이라는 기획을 비평하고, '외면의 실천'에서 仁의 구현을 재정위했다. 그는 위정의 德을 논하는 자리에서 이렇게 목소리를 높인다. 대체 '道德'이란 무엇인가?

요즘 사람들은 德이라는 글자가 무엇인지를 몰라, 고전(聖經)을 읽다가 '德' 자를 만나면 망연히 '이게 뭐지?' 하고 있다. 그래서 순후淳厚하고 혼박渾朴하여 청탁淸濁을 구분하지 않는 사람을 有德하다고 생각한다. 이런 기상으로 천하를 다스려 만물이 저절로 귀화(감화)하기를 기다리며, 일에 처해서는 어디서부터 손을 써야 할지를 모르니, 정말 우활한 일이 아닌가? 이것이 천하가 날로 썩어 들어가 새롭게 떨치지 못하는 이유다. 德이란 인간관계(人倫)가 돈독한 것을 말한다. 구체적으로 孝悌慈가 바로 이것이다. 《예기》에서 말하기를, "자고로 천하에 明德을 밝히고자 하는 자는 먼저 자기 나라를 잘 다스려야 한다"고 했다. 〈치국평천하〉 장에 이르러서도 孝悌慈를 근본으로 했으니, 孝悌慈가 바로 明德이 아닌가? 《서경》〈상서商書·요전堯典〉에서도 말하기를, "준덕峻德을 밝혀 구족九族을 화합하게 했다"라고 했으니, 준덕이란 바로 孝悌가 아닌가? 《효경孝經》에는, "先王이 지덕至德과 요도要道를 갖추고 있었고, 이로써 천하를 다스렸다"라 했으니, 지덕이 孝悌가 아닌가? 先王의 大道는 몸소 먼저 孝悌로 천하를 이끈다. 이를 일러 '도지이덕道之以德'이라 한다. 德은 모호하고 애매한 것이 아니다.

〔駁曰〕非也. 道德何物? 今人認德字元不淸楚 讀聖經遇德字 茫然不知爲何物 第以淳厚渾朴 不辨淸濁者 爲有德意 欲以此簡氣象

坐理天下 庶幾萬物自然歸化 而當局臨事 不知從何處著手 豈不
迂哉? 此天下所以日腐爛而莫之新也. 德者 篤於人倫之名 孝悌慈
是已.《禮》曰: "古之欲明明德於天下者 先治其國." 及至'治國平天
下'章 乃以孝悌慈爲本 孝悌慈非明德乎?〈堯典〉曰: "克明峻德 以
親九族." 峻德非孝悌乎?《孝經》曰: "先王有至德要道 以順天下."
至德非孝悌乎? 先王之道 身先孝悌以率天下. 此之謂道之以德 德
非模糊漫漶之物也.

다산은 말한다. "德을 내면화한 주자의 기획은 오랜 '불교'의 영향이
며, 유교의 본래, 즉 공맹의 원 기획의 심각한 일탈이다." 유교가 힘을
발휘하고 있지 못한 것도 仁을 '내면'으로 밀어 넣었기 때문이다. 사
람들은 이 내면의 실재를 찾아 '명상'에 몰두하거나 그 실체를 어떻게
구체화해야 할지 몰라, 손 놓고 멍해 있는 것이다. "그래서 도덕이
죽고 사회는 방치되었다. 정치 또한 실종되었다. 경연에서는 理氣와
心性을 논할 뿐, 先王의 大道나 시무의 방책을 도론하지 않는다."
　다산은 아직 할 말을 다 하지 못했다. 다시 질의를 통해《집주》에
이의를 거듭 제기한다. ① 역시나 仁의 내면성에 관한 것이다.

주자의《집주》는 "仁이란 本心의 全德이다"라고 했다. 그렇지 않다.
仁은 두 사람이다. 관계에서 그 본분을 다하는 것이 바로 仁이다. 나는
이렇게 생각한다(여러 경전에서 말한다). "仁은 人"이라고. (글자 형태로 보
아도) '두 사람(二人)'이 (있어야) 仁이다(仁을 말할 수 있다). 부자가 각각
의 본분을 다하는 것이 仁이고, 군신이 각각의 본분을 다하는 것이 仁
이며, 부부가 각각의 본분을 다하는 것이 仁이다. 仁이라는 이름은 반

드시 두 사람 사이에서 생긴다(仁之名 必生於二人之間). 달랑 혼자서는 仁이 성립되지 않는다. 가까이는 (군신유의 등의) 五敎에서부터 멀리는 천하 만백성에게 이르기까지 무릇 인간과 인간 사이에서 그 본분을 다하는 것을 일러 仁이라 한다(즉 仁民이 그 뜻이다). 그래서 《논어》〈학이〉편에서) 有子가 "孝悌야말로 仁을 행하는 근본이다"라고 했다.

〔質疑〕《集注》曰: "仁者 本心之全德." 〔案〕仁者 人也. 二人爲仁 父子而盡其分則仁也【父與子二人】君臣而盡其分則仁也【君與臣二人】夫婦而盡其分則仁也.【夫與婦二人】仁之名 必生於二人之間.【只一己 則仁之名無所立】近而五敎 遠而至於天下萬姓 凡人與人盡其分 斯謂之仁.【即所云仁民】故有子曰: "孝悌也者 其爲仁之本."【孝悌爲仁民之本】

② 仁을 성취하기 위해서는 '자기 극복의 훈련'이 필요하다.

仁의 의미가 본래 이러한데, 안회가 仁을 물음에 공자는 '두 사람' 베이스에서 仁의 의미를 응답하지 않고, 자기 마음을 닦고 다스리는 것(修治)으로 仁에 이를 수 있다고 말했다(克己가 仁의 기술이게 했다). 공자의 이 대답을 보니, 신기출범新奇出凡, 거의 동문서답처럼 들려 사람을 놀래킨다. 이는 평범한 어법이 아니다(유약이 물었을 때는 "孝悌하는 것이 仁에 이르는 근본(爲仁之本)이다"라고 평범한 덕목으로 대답하지 않았나?). 그래서 그 아래 단락에서 그 이유를 부연해준다. 말하기를, "내가 自修하면(즉 극기복례하면), 사람들이 모두 내게 귀순할 것(천하가 仁으로 돌아올 것)"이라 했다. 父子·兄弟·夫婦·君臣, 천하의 만물에 이르기까지 모두 仁의 사람에게 감화된다. 여기서 仁이 완성된다.

仁字訓詁 本宜如是. 於是顏淵問仁 孔子却不把二人爲仁之義以
答其問 另就自己心上修治 使之爲仁.【令克己以爲仁術】看來孔
子此答 新奇出凡. 殆若問東而答西 使之警發 非平平地順下說話
也.【有若及論然】故下段敷說其所以然 曰: "我若自修【即克己復
禮】人皆歸順.【天下歸仁焉】父子·兄弟·夫婦·君臣 以至天下萬
民 無一人不歸於仁人之所感化 於是乎仁成矣."

③ 그러므로 仁은 인간의 마음에 박힌 '씨알' 같은 것이 아니다.

원래 두 사람이 있어야 仁이 성립한다. 그래서 仁을 구함에 있어서 자
기가 아니라 타인에게 요구하는 경우도 있다. 공자는 여기 엄격히 변파
하기를, "自修해야 백성들이 복종하고, 여기서 仁이 이루어진다"고 했
다. 그것은 내 본분을 다하는 것이지, '다른 사람으로부터'가 아니다.
(주자처럼 만일) 한 알의 仁德이 원래 마음의 구멍 속에 존재하고 있다
가 그것이 측은지심의 본원이 되는 것이라면, "어느 날 극기복례하며"
이하 20글자는 도무지 밋밋한 소리가 되고 만다. 본래 仁이라는 글자
는 내면에 존재하는 理가 아니라(非在內之理), 마땅히 '일, 사태 관계(事
爲)' 위에서 보아야 한다.
原來二人爲仁 故求仁者 或於自求之外 更求諸人. 孔子嚴嚴辨破
曰: "自修則民服 於是乎爲仁.【盡二人本分】豈由人乎哉?" 若有一
顆仁德 原在心竅之內 爲惻隱之本源 則'一日克復禮'以下二十字
都泊然無味也. 從來仁字 宜從事爲上看.【非在內之理】

④ 天下歸仁, 그 노력에 감화되지 않을 사람이 없을 것이다.

다산은 天下歸仁을 克己를 통한 仁의 구현이 사람들에게 끼치는 감화력이라고 생각했다. 순임금은 완악한 아버지와 계모를 향해 지극한 마음을 발휘함으로써 그들을 감화시킬 수 있었다. 이것은 仁의 사람에게 "천하가 동참할 것"이라는 주자의 해석과 얼핏 비슷해 보이지만, 전혀 다른 의미다. 다산의 말을 들어보자.

나는 생각한다. 仁이란 두 사람의 일이다. 두 사람의 일이지만, 책임을 한 사람에게 지운 것이다.[17] 가령 안회가 물었으므로, 仁의 실현은 안회 한 사람에게 있다. 다른 사람에게 기대는 것이 아니다. 그래서 공자가 그 효과(功效)를 말하기를, "어느 날 극기복례하면 천하에 귀화(감화) 되지 않는 사람이 없다"고 했다. 무릇 천하에 나와 관련된 사람이 귀화하지 않는 사람이 없다. 이는 천하의 모든 사람이 (나와 관련이 없더라도) 귀화된다는 말이 아니다. 순임금이 어느 날 극기복례하자, 완악하고 그 악한 부모와 그 오만한 동생이 모두 협화·친화했다. 요임금이 어느 날 극기복례하자, 구족 백성에서 일반 백성에 이르기까지 모두 친목했다. 이를 일러 '天下歸仁'이라 했다. 만일 歸仁을 '그에게 (仁者라는) 찬사를 돌렸다'라고 해석한다면, 仁의 궁극적 결과가 美名을 얻는 데 그칠 것이니, 이것을 어찌 성인의 위기지학爲己之學이라 하겠는가? '내가 仁을 원하면 여기 仁이 있다.' 歸란 '이른다'는 뜻이다('돌린다'는 뜻이 아니다).

〔案〕仁者 二人之事也. 二人之事 而專責之於一人 故孔子說其功效曰: "一日克己復禮 而天下之人 無不歸化." 【凡天下與我相關者

無不歸化也 非謂普天之下 無一不歸】舜一日克己復禮 而頑父嚚
母與其傲弟 無不諧協. 堯一日克己復禮 而九族百姓以至黎民 無
不雍睦. 此之謂天下歸仁. 若以歸其美名 謂之歸仁 則仁之極功 惟
在乎得其美名而止 豈聖人爲己之學乎? '我欲仁 斯仁至矣' 歸也
者 至也.

仁이라는 德을 둘러싼 주자와 다산의 견해를 대조해보았다. 이 대치
는 앞의 '자공, 박시제중' 편에서도 읽어보았다. 이처럼 두 체계는 격
렬하게 칼과 칼이 부딪히는 것처럼 살벌하다. 독자들은 어떻게 생각
하시는지 모르겠다. 다시 한번 두 체계의 얼개를 다음과 같이 정리해
드린다.

• 주자
나는 누구인가? 그런데 인간은 자신이 누구인지를 잘 모른다. 그 본
성이 유전적 제약과 이기적 관심, 나르시스적 자기기만, 감정적 편향
등으로 덮여 있기 때문이다. 이 장애를 뚫고 자신과 만나기 위한 오랜
적공積功이 필요하다. 핵심은 경건(居敬)과 지식(窮理)으로 정리될 수
있다.

소외된 인간의 마음은 여기 '현재'에 있지 않고, 늘 집을 나간다. 자
기 망각이 삶의 현실이 되어버렸다. 주자학은 주시와 명상을 통해 '집
나간 마음'을 찾아오고, '굽은 손가락처럼' 병든 정신을 교정하고자
노력한다. 내가 이 체계를 '명상'으로 정위하는 이유다.

이 노력이 힘을 얻고 마음의 장애가 치유되고 은폐의 덮개가 헐거
워지면, 그때 그는 자신과 대면할 것이고, 그렇게 자유로워진 '본성'

이 외적 환경과 특정한 계기의 촉발에 따라 자신을 '자연스럽게' 발현하게 될 것이다. 도덕은 거기서 완성된다. 주자학은 그런 점에서 도덕의 영역을 따로 설정하지 않고, 자연성의 회복으로 이해한다. 가령, 화담은 이런 표현을 쓴다. "어버이에게 효도하고 형을 공경하는 것은 배가 고프면 밥을 먹고 피곤하면 쉬는 것과 같다."

자기 속에 잠자던 힘과 빛은 자연히 외부로 표출된다. 가정 내부의 화목뿐만 아니다. 사회적 교제에서, 공무를 처리하는 현장에서…. 그가 만일 오래된 정신의 장애로부터 자유롭다면, 자연스럽게 상황에 반응하게 된다. 타인의 소리에 귀를 기울이고 전체의 이익을 고려하게 된다.

살아 있는 모든 것은 반응한다! 인간의 '본성' 또한 고착이나 차단이 아니라 반응하고 교감하는 것이다. 나머지는 범위의 문제다. 작은 사업을 할 수도 있고, 직장에 몸담을 수도 있다. 미관말직도 있겠고, 대국의 리더십을 행사할 수도 있다. 역할은 달라도 원리는 하나다. 이렇게 교육을 통해 자각된 개인들이 공적 광장에서 백성이나 시민들로 참여할 때, 덕성의 공동체가 만들어질 것이고 꿈꾸던 사회적 질서가 구현될 것이다. 이것이 주자학 구상의 개략이다.

인간의 악은 무지와 잘못된 습관에서 온다. 자신의 본성을 자각하고 잘못된 습관을 교정해 나간다면, 그는 본래의 '본성'을 회복하고 건전한 사회인으로 살 수 있게 될 것이다. 교육과 정치는 이 목적을 위한 장치다. 각성한 현자는 가족과 이웃 그리고 온 천하를 일깨워, 자신의 본성을 되찾도록 도와주는 사람이다.

• 다산

인간에게는 두 가지 욕구가 있다. 신체와 정신. 신체는 감각과 욕망에
사로잡혀 있고, 정신은 이를 넘어서려 한다. 유교는 사회 윤리를 다루
는 학문임을 잊지 말자.

이 윤리적 과제는 오직 '인간만의 것'이다. 주자학이 도덕을 온 우
주의 생명 위에 보편적으로 설정한 것은 납득할 수 없다. 개는 그저
짖고 소는 짐을 옮길 뿐, 그들에게 무슨 윤리적 선택을 기대할 수 있
겠는가?

주자학은 우주의 공통된 가치를 설정하고, 인간이 그로부터 '소외'
되었다고 말한다. 다시 말하지만, 개와 소 등의 동식물은 논의의 테이
블에 끼워주지 말자. 우리는 인간의 일을 논하자. 그리고 소외는 타고
난 성격과 자질(氣質), 그리고 후천적·상황적 욕구(人欲)로 인해 생긴
다고 말한다. 그래서 선천적으로 개인차가 있다고 하는데, 이 또한 납
득할 수 없다. 인간의 조건은 평등하다. 앞에서 말한 대로, 모두가 신
체의 욕구를 갖고, 이를 제어하는 도덕적 지각을 모두가 부여받고 있
지 않은가? 이 가능성은 天命으로 모두에게 공평하게 주어졌다. 인
간은 그런 점에서 평등하고 존엄하다.

윤리와 도덕은 단순하다. 복잡한 심리학적 기제로 분석하거나 심
오한 명상에 의존할 필요가 없다. 도덕의 정식은 이 미약한 힘을 발휘
하여 타자의 이익을 배려하고, 전체를 위해 보탬이 되는 데 있다. 이
일은 한순간에 완성되지 않고, 오랫동안 노력을 쉼 없이 해나가야 하
는 일생의 과제다.

도덕이 '관계 내에서'의 자기초극적(克己) 행동이라고 했다. 그 일
차적 장소는 당연히 가족이다. 부모를 섬기고 형을 존경하며 아내와

화합하고 자식을 보듬는 것이 그 첫걸음이다. "孝悌가 仁의 실천 토대다"라는 공자의 말을 기억하자. 성장하면서 관계는 학교, 사회 등으로 확산하고, 도덕적 실천의 영역도 넓어진다. 그 원리는 '孝悌의 섬김'과 같다. 마을에서 인정받고 부모를 욕되게 하지 않도록 하라. 그가 사대부라면, 과거시험을 통해 정치의 무대에서 관료로서 자신의 德을 행사해 나갈 수도 있다. 이것이 유교가 고취하는 길이다. 오직 사람과 연관될 때, 우리는 도덕을 말할 수 있다.

주자학은 "仁義禮智의 德이 타고난 본성 속에 자리 잡고 있다"고 난데없는 소리를 하고 있다. 인간 속에 있는 것은 도덕적 지각 하나이고, 이것이 사회적 공간에서 실현되고 확장될 때, 우리는 그것을 '덕성'이라고 부를 뿐이다. 도덕은 인간에게 가능성으로만 주어져 있을 뿐이고, 그 실현은 인간과 인간 사이, 그 교제의 현장 속에서만 의미를 갖는다. 만일 仁義禮智가 인간 속에 있다면, 그리고 그것을 확보하기 위해 명상(靜坐)과 추적에만 몰두한다면, 가족의 의무나 사회적 책임은 아무도 돌보지 않게 될 것이다. 당대 조선의 고질적 병폐에 주자학의 공부가 끼친 해독이 적지 않다고 생각한다.

안회는 석 달간 이 '원칙'을 흩트리지 않고 실천해 나갈 수 있었던 사람이다. 그는 명상 속에서 자신의 仁의 빛을 보듬고, 그 빛이 흐트러지거나 자각이 끊기지 않도록 노력한 사람으로 보아서는 안 된다. 명상은 자기 내적 관계이고, 이것은 엄밀한 의미에서 '도덕'과는 무관하다.

다시금 이제 자기 내적 유폐로부터 사회로 나와야 할 때다. 둘러보니 "털끝 하나 문드러지지 않은 것이 없는 세상" 아닌가? 정치든 행동이든 세상을 더 낫게 만들려는 지식인들의 노력이 절실하다.

이 서로 다른 목소리를 들으며, 독자들은 그 안에 울리는 공통의 곡조를 들을 수 있을 것이다. 특히나 주자의 人心과 道心은 두 사유가 터하고 있는 공유지반을 보여준다.

요컨대, 주자학과 다산은 오로지 대립적으로만 볼 수 없다. 두 체계 모두 거시적 전망에서 理學에 속한다. 理學은 삶의 의미를 세속적 관행 너머에서 찾는다. 개인의 감각과 욕망을 제어해서 타자를 배려하고, 전체의 질서에 협력하는 것을 권고한다. 덕성의 내재와 축적을 두고 격렬한 전투를 벌이고 있지만, '사회적 도덕'의 기획인 점에서 둘은 서로 다르지 않다. 이 점을 다음과 같이 적어보려 한다. 유교의 道를 어떻게 요약할 수 있을까? 로마의 황제 마르쿠스 아우렐리우스는 말한다.

삶의 열매는 좋은 품성이며, 공통의 선을 향한 행동이다.
The fruit of this life is good character, and acts for the common good.
(Marcus Aurelius, *Meditations*)

道는 '좋은 품성(good character)' 그리고 '공통의 선을 향한 행동(acts for the common good)'의 추구다. 이 기획의 이론적 체계는 12세기 주자가 완성했다. 앵거스 그레이엄은 이 프레임의 독창을 정이천에게 돌린다 (A.C. Graham, *Two Chinese Philosophers: The Metaphysics of the Brothers Ch'eng*).

그가 집대성한 이 학문을 '새로운 유학'이라 부른다. 그럼에도 이 체계는 완전히 새롭지는 않다. 이기론은 요순이 서로 전하면서 내려온, 유교의 오랜 '덕성'의 정식화이기 때문이다. 핵심구는 이렇다.

人心(개인적 욕구 충동)은 위태롭다. 그리고 道心(전체를 향한 협력)은 미약하다. 이 사이에서 중용, 바른 선택과 행동을 붙들지니….

人心惟危 道心惟微 惟精惟一 允執厥中.《서경》〈우서·대우모〉

인간의 자연 상태는 토머스 홉스의 '이리떼'를 닮았다. 배가 고프면 남의 목줄을 뜯고, 성적으로 거리낌이 없으며, 수컷이 지배하는 힘이 곧 정의인 세상을 無道, 즉 인간적 질서가 결여된 자연 상태의 세상이라고 불렀다.

음식·남녀는 인간의 자연적 욕구이고, 사망·빈고는 그 반대편의 혐오다. 고로 욕구와 혐오는 마음의 큰 단서다. … 이들 본능을 규율하는 사회적 장치가 필요하다. 각자의 자연적 충동(情)을 다스리고 사회성(義)을 개발하는 장치가…. 여기 실패하면 투쟁과 살상을 피할 수 없고, 공동체는 와해될 것이다. 위대한 통치자(聖人)들은 사회적 규율(禮)을 통해 쟁탈을 막고 서로 사양하는 장치를 세우는 데 성공한 사람들이었다.

飲食男女 人之大欲存焉; 死亡貧苦 人之大惡存焉. 故欲惡者 心之大端也. … 以天地爲本 故物可擧也; 以陰陽爲端 故情可睹也; 以四時爲柄 故事可勸也; 以日星爲紀 故事可列也; 月以爲量 故功有藝也; 鬼神以爲徒 故事有守也; 五行以爲質 故事可復也; 禮義以爲器 故事行有考也; … 故禮義也者 人之大端也 所以講信修睦 而固人之肌膚之會 筋骸之束也. 所以養生送死 事鬼神之大端也 所以達天道 順人情之大竇也. 故唯聖人爲知禮之不可以已也 故壞國 喪家 亡人 必先去其禮.《예기》〈예운禮運〉

이처럼 이기론은 인간의 자연적 욕구(氣)를 어떻게 이성적으로 제어(理)할 것이냐를 둘러싼 실천이성적 논의다. 이 점에서 플라톤에서 칸트까지 서양철학의 주조와 평행하고 있다.

> 진리는 여인처럼 늘 옷을 갈아입는다. 그렇지만 달라진 것은 없다.[18] 그처럼 도덕에는 혁신이 없다. 소피스트와 니체의 흥미로운 모험에도, 모든 도덕적 개념은 전체의 선을 중심으로 회전한다. 도덕은 연계와 상호 의존과 조직에서 시작된다. 사회적 삶을 영위하려면 개인의 주권 일부를 공동의 질서에 내어놓아야 한다. 궁극적으로 우리의 행위 규범이 집단의 복지가 된다. 자연은 그렇게 되기를 요구하며, 그 판단은 언제나 최종적이다. 다른 집단과의 경쟁과 갈등 속에 있는 집단의 생존은 그 집단의 단결력과 힘에 달려 있다. (Will Durant, *The Story of Philosophy*, Simon and Schuster)

그렇다. 결집된 힘이 없으면 동물의 이빨과 이웃의 창칼을 어떻게 막고, 수확과 교환의 활기를 어떻게 끌고 올 수 있을 것인가?"

유교의 목표는 사회성의 완성(perfectio), 즉 德에 있다. 이기적 고착을 넘어 이 德을 가족, 사회, 국가, 그리고 천하의 평화로 확장하는 것이 정치가의 소명이자, 유구한 문명의 과제다. 그래서 '위대한 성취(大學)'라 부른다. 윌 듀런트Will Durant는 《대학》 첫 장이 '유교 이념의 골자'를 담은, '철학의 황금 저작' 가운데 하나라고 엄지를 세웠다.

---

18 시간이 지나면서 우리가 직면하는 문제의 형태나 상황은 달라지지만, 그 문제를 해결하는 기본적인 사고방식이나 접근 원리는 크게 변하지 않는다는 뜻.

3강령三綱領·8조목八條目은 유교 철학의 토대이자 키노트다. 다른 것은 다 잊어도 좋다. 그럼에도 이 에센스는 늘 지니고 다니라. 이것은 완벽한 삶의 가이드다.

이것은 완전에의 권고다. 그리고 인간은 육식성 동물임을 잠시 잊고 있다. 그러나 기독교처럼 그것은 우리가 도달해야 할 목표, 올라야 할 사다리를 제공한다. 이 책은 철학의 황금 텍스트 가운데 하나다. (Will Durant, *Our Oriental Heritage*, Simon and Schuster)

린위탕은 공자가 "거의 무정부주의자"였다고 말한다. 모든 사람의 도덕적 조화가 구축된 곳에는 결국 정부가 필요치 않을 것이기 때문이다.

공자는 거의 무정부주의자에 가까웠다. 법과 처벌보다는 도덕적 모범을 통한 통치를 믿었기 때문이다. (Lin Yutang, *The Wisdom of Confucius*, The Modern Library)

이 근본 기획에 비추어 주자와 다산 사이에 있던, 아니 조선 유학의 수많은 논쟁이 사실은 마이너한 논란이라고도 볼 수 있다.

다산은 주자학을 비판할 수 있었다. 이는 후발의 장점이고, 주자는 대답을 할 수 없다. 그를 대신해 다산의 창견을 본다면 어떻게 반론할 것인가? 실제 다산은 유배지에서 노론의 주자학자 문산을 만나, 이 문제를 본격 논란한 바 있다. 1813년 이 무렵이 《논어고금주》를 완성하고 《맹자요의》를 본격적으로 매만지고 있을 때라서 더욱 논란에 물이 올랐다.

다산은 고전의 원의原義를 파고든다. 그러나 문산은 造字家의 입장만 고집할 것이 아니라 論理家의 말을 들으라고 촉구한다. 고전이 그 디테일까지 만세의 성전일 수는 없지 않은가? 가령 주자학이 유교의 덕성에 형이상학적 근거를 주고 그 보편성을 탐색하며 새로운 공부와 방법론의 체계를 새로 세운다는 것은 놀라운 창안이 아닌가?

또 문산은 '원의'의 측면에서 다산이 역설하고 있는 주장, 즉 四端의 '도덕적 단서'만 인간에게 있을 뿐이라는 주장도 일리가 있다고 수긍한다. 그렇지만 '仁義禮智'가 사회적 관계에서 실천을 통해 구축된다는 것과 인간 내부의 본성에 자리 잡고 있다는 주장 사이에 실질 캐시 밸류cash value의 차이는 그다지 크다고 볼 수 없지 않을까를 묻는다.

법가의 강제적 질서와는 달리 유교는 자발적 협력을 목표로 한다. 맹자도 그렇고 그 가능성이 인간 내부에 있고, 자각과 노력을 통해 바람직한 질서를 만들 수 있다고 강조한다. '자발성'의 논점에서 볼 때 두 사상가의 거리는 생각보다 좁을 수도 있다.

다산은 인성의 선함을 도덕적 지각과 행동의 결과 양면에서 역설해 나간다. 문산 또한 설명의 방식은 다르지만, 주자가 仁義禮智를 인간의 본성이라고 말할 때, 바로 그 비슷한 지점을 알리고 싶어 한다고 강조했다.

다산이 인성의 선함을 말하면서 음란을 저지르고 후회하는 아낙과 도둑질로 생계를 잇다 다산 앞에서 통곡하는 사람을 예로 들 때, 그리고 에리히 프롬Erich Fromm이 '존재' 중심의 삶을 말하면서 거금을 받고 졸부의 전기를 수락했다가 꿈속 낭떠러지에서 떨어지는 작가를 예로 들 때, 그리고 그가 인간의 모든 불행과 신경증의 뿌리에 '도덕적 갈등'이 있다고 정신병리학적으로 단정할 때, 이들은 같은 얘기를 하고 있는 것이다. 도덕은 인간의 근본적 상황이라는 것. 그것은 '존재론적' 문제라는 것을 공히 설파하고 있지 않은가? 지금은 특히 차이보다 공유지반이 더 중요한 시대라고 생각한다.

주자와 다산 모두 그 理의 귀착지로 禮를 말하고 있다. 주자는 가례를 중심으로 '개인'과 가정에 집중했다. 그런 점에서 다산 또한 다르지 않다. 그의 저작이 거의 1/3인 143권이 상례 등 전통적 의례에 집중되어 있다. 그의 독창은 禮를 국가의 전장법도, 문물제도까지 확장해 나간 데 있다.《경세유표》로 개작한《방례초본》이 그것이다.

그러나 다산이 강조하듯, 국가 경영, 사회적 지평에서의 확장은 주자학의 부정 위에서만 가능한 것이 아니다. 퇴계는 개인적 수행의 지평을 고수했지만, 율곡은 전혀 다르게 주자학적 수련 위에서 국가 경영의 매크로 프로그램을 기획해 나갔다.《성학집요》가 그것이다. 사회적 참여와 경영의 프로그램이 꼭 실학 위에서만 가능하다는 것은 역사적 편견일 수도 있다.

또 한편 다산이 주자학의 철학적 보편주의를 역사적 경험으로 한정해 나감으로써 잃은 것은 없을까? 가령《대학》을 주자는 보편 교육의 관점에서 재해석해 나갔는데, 다산은 이 책이 '태학', 즉 귀족 자제들을 위한 교육 프로그램이었다고 한정한다. 이 역사적 복고는 고전의 이념과 프로그램을 매우 제한적으로 규정하게 되는 결과로 이어질 수도 있다.

불교가 동아시아 전역을 넘어 세계로 전파될 수 있었던 것은 각각의 문화적·인종적 제약이 최소한도로 적었기 때문이다. 그것은 어떤 삶이 이상적인지에 대해 구체적 프로그램을 제시하지 않는다. 여기서 그 놀라운 적응력이 가능했다.

유교는 과도한 이단 의식에다가 삶의 양식과 제도와 문물을 과도하게 특정함으로써 적응력과 전파력을 제한할 수밖에 없었다. 주자학도 理學과 心學이 강화되면 개방성은 늘어나지만, 禮學이 결합하면 효과와 함께 부작용도 그만큼 커진다. 다산은 일본의 오규 소라이처럼 作者로서의 聖, 제도로서의 古學을 디테일하게 규정함으로써 조선의 당대를 위한 적응력을 협소화했다고 볼 수 없을까?

공자의 사상

＿

고전을 읽는 데 두 가지 함정이 있다. 하나는 '독단'이라 부를 만한 것으로 자신의 선입과 인상에서 고전을 재단하는 것이고, 다른 하나는 '지리'라 부를 만한 것으로 고전의 산만이나 모호함 앞에서 길을 잃는 것을 말한다. 이 두 위험한 해협을 지나 고전과 가까이 만나는 방법은 무엇인가?

《논어》를 읽기 위한 수많은 천재의 노력이 있었고, 엄청난 양의 주석이 축적되었다. 그 모든 소란을 정리하고 우뚝 표준으로 자리매김한 것이 주자의 주석이다. 그 권위가 절대적이었기에, 자칫 이의를 제기하고 새로운 해석을 제시했다가 사문난적斯文亂賊이란 오명을 쓰고 죽어 나가기도 했다.

주자의 《집주》는 조선의 유교문화를 이해하기 위한 사다리다. 퇴계와 율곡을 위시한 조선의 선비 사대부들은 처음 문자를 익힐 때부터 무덤에 묻힐 때까지, 그의 《집주》와 《장구》를 공기처럼 호흡하며 살았다.

조선 후기 노론과 정치적으로 대치하던 소론과 남인 계열에서 주자학의 교조를 회의하는 학자들이 나오기 시작했고, 이들이 주자의 고전학에 대한 반발로 새로운 '주석'을 내놓았다. 백호 윤휴의 독창, 서계 박세당의 사색(《사변록思辨錄》), 하곡 정제두의 양명학이 그것이다. 그리고 다산이 있다. 그는 주자학을 향해 거의 전쟁을 선포하다시피 했다. 주자학이 터 하고 있던 四書에서 六經의 체제로 복귀할 것을, 그리하여 이를테면 주자의 '명상'에서 유가의 '행동'으로 돌아설 것을 촉구했다.

다산은 四書 전체를 통해 주자의 해석에 반발하고 자신의 새로운 주장을 펼쳤다. 《논어》는 그 최전선에 있다. 《고금주》라는 이름에는 동아시아에서 제출된 모든 해석을 음미하고 비판하며, 거기 자신의 견해를 제시하겠다는 결연한 의지가 담겨 있다. 다만 다산의 《고금주》는 주자의 《집주》만큼 권위를 인정받지 못했고, 사회적 유포의 측면에서 비교가 되지 않는다. 그러나 누가 책의 가치를 '유행'으로 판단하는가? 다산은 자신의 신아구방新我舊邦, 새로운 세상을 이 땅에 구현하고자 했고, 그 작업을 일표이서一表二書의 경세서에 담았지만, 그보다는 의식의 각성과 전환이 근본적이라고 생각했다. 《고금주》는 이 점에서 혁명의 책이다. 주자는 《집주》에서 무엇을 이루려 하고, 다산은 《고금주》에서 무엇을 혁신하고자 하는지 곧 만나게 될 것이다.

그럼 다른 주석가들은 더 돌아볼 필요가 없는가? 그럴 리가…. 한우충동의 주석서들을 어떻게 다 보겠는가? 그리고 이들을 곳곳에서 일일이 언급하면 논점이 흐려지고 산만해질 수밖에 없다. 다행히도 다산의 《고금주》 안에는 고금 동아시아의 수많은 주석가의 견해가 원용되고 망라되고 있다. 거기에는 일본의 이토 진사이나 오규 소라이, 다자이 슌다이 등의 해석들도 포함되어 있다. 주자의 새로운 해석이 표준적 권위를 인정받았고, 다산의 주석은 고금의 주석을 종합·비평하고 있다는 점에서, 두 사람의 저작을 축으로 하면 《논어》의 해석을 대략 포괄한다고 나는 생각한다. 이 선택은 다름 아니라 조선의 유학 바로 그 현장을 고려한 것이기도 하다. 주자학과 실학이라는 테제를 경학의 차원에서 점검해볼 좋은 기회이기도 한 것이다.

그런데 이상하게도 다산은 조선의 유학자들을 별로 언급하고 있지 않다. 혐의 때문일까? 국제적으로 동아시아를 상대로 하는 그의 포부 때문일까? 나는 가령 서계 박세당의 《사변록》을 들추며 다산의 생각과 닮은 곳을 여럿 발견할 수 있었다. 서계의 작품이 주자의 《집주》를 '독자적으로 생각하고(思), 진실을 가리겠다(辨)'는 발분의 작품이고, 다산 또한 주자 해석의 전면적 비평과 대안을 도모하고 있기에, 그 둘은 상당히 근접할 수 있었다.

그런데 왜 다산은 일본 유학의 성과를 시시콜콜 테이블에 올려놓으면서, 서계의 《사변록》은 일언반구 언급이 없는 것일까? 당파가 달라서일까? 사문난적의 사냥이 두려워서일까? 아니면 그의 국제적 자부심 때문일까? 이 셋 모두일 수도 있고, 이 가운데 하나일 수도 있겠다. 이 물음에 대한 답이 어디 다른 곳에 적혀 있거나 암시되어 있을지 모른다. 화두로 남겨둔다. 나는 學을 다루는 1부에서 특별히 《사변록》의 견해를 같이 소개해 드리고자 한다. 노론 등에서 이 작품을 비난하고 처벌을 주청했지만, 나중 정조, 그 까다로운 학자 군주는 "볼 만한 대목이 많다"고 격려했던 것을 기억하자.

나는 처음, 두 사람의 해석이 싸우는 현장을 보여주기만 하면 될 줄 알았다. 그러나 《논어》와 공자에 대한 제3의 지점이 확보되지 않으면, 이 둘의 전쟁을 온전히 보여줄 수 없다는 생각이 들었다.

이 요청으로 각 주제를 본격적으로 다루기 전에 간단한 '인트로'를 제공했다. 여행을 시작하기 전 오리엔테이션 정도로 생각해도 좋겠다. 《논어》를 펼쳐, 복잡한 주석에 의존하지 않고 의미를 가늠하고, 다른 장절과 연관시켜 보며, 빈자리는 상상력을 동원해보았다. 독자들도 가벼운 차림으로 산책에 따라나서면 될 듯하다.

《논어》의 핵심 주제는 무엇인가? 사람마다 다르겠지만, 나는 넷을 골랐다. 學, 天, 仁, 政이 그것이다. 이것들이 공자의 인물과 사상을 엮고 있는 벼리 혹은 키워드라고 생각한다.

學은 그의 삶을 관통하는 공부를, 天은 學을 지탱하는 근거를, 仁은 天의 소명을 學으로 완성해가는 인간성의 이념을, 그리고 政은 仁을 발휘하는 궁극적 현장이다. 그 밖의 주요 개념들도 이 넷에 다 걸쳐 있고 서로 연관되어 있다.

군자는 임중도원任重道遠, 즉 仁을 어깨에 지고 먼 길을 가는 사람들이고, 道는 안으로 자신의 인간성을 최대로 발휘하고 사회적 질서를 구축해나가는 것으로 완성된다. 사회적 질서로서의 道는 禮와 짝이 되어 있는데, 여기에서는 이 항목을 본격적으로 다루지 않는다.

이 프로젝트를 위한 인간의 조건은 무엇인가? 그 물음에 대한 답이 性에 있을 것이고, 그 기원 혹은 근거는 天이 제공한 것이다. 그러나 공자는 이 지점을 논의의 테이블에 올리기를 좋아하지 않은 듯하다. 이유가 있을 것이다. "性과 天道에 대해서는 별말씀이 없으셨다"고 자공은 토로한다. 혹은 "말했어도 잘 알아듣지 못했다"일 수도 있다.

그럼에도 天에 대한 언급은 적지 않다. 仁에 대해서도 말을 아꼈다(罕言)고 했으나, 정작 많은 양의 언급이 《논어》에 실려 있다. 性은 단 두 군데에서만 언급하고 있다. 희소한 만큼 이 개념을 둘러싼 논란은 거세다. 부족한 것은 손자 자사가 《중용》에서 설파한 性을 같이 정리해 놓았다.

탐구를 계속해 나가면 개념들 사이의 연관이 점차 뚜렷해지고, 주자와 다산의 사유 전모가 드러난다. 두 사유가 어떻게 이렇게 다른 '체계'인지를 가늠하게 될 것이다.

이 작업을 통해 우리는 세 사람의《논어》를 만나게 된다. 그러나 공자는 주자와 다산의 해석을 통해 드러날 뿐이기에, 제목을《두 개의 논어》라고 했다.

나는 이 책에서 기본적으로 '해설자'로 자임하고자 한다. 읽고 보여주는 자. 전면에 나서기를 꺼리지만, 이것은 자체 모순인지도 모른다.《논어》를 주제별로 정리하고 편집하는 일이 곧 개입이고, 더구나 주자와 다산의 해석을 현대적으로 독해하고 그 차이를 알려주는 해석 또한 기본적으로 주제넘은 개입일 수밖에 없어서다. 그럼에도 나는 이것이 '고전'이 말해주는 것을 따라가는 일이지, 내 독창은 아님을 독자들이 알아주었으면 한다. 이제 그 길로 여행을 떠나보자.

1장

學

어떡해야 하나?

《논어》의 입구는 어디일까? 나는 그게 늘 궁금했다. 다양한 주제와 정황을 언급하고 있는, 단편적이고 모호한 교훈들은 무엇인가? 이들은 대체 무엇을 우리에게 알려주고 있는 것일까? 책을 열면 첫머리는 "배우고 때로 익히면(學而時習之)"으로 시작한다. "왜 배움일까?" 그리고 세상에 배우는 것이 한 둘인가? 공자는 지금 '무엇'을 배우라고 다그치고 있는 것일까? 물음은 끝이 없다.

> 子曰: "不曰'如之何如之何'者 吾末如之何也已矣." 〈위령공〉 15장
> 공자가 말했다. "어떡해야 할까, 어떡해야 할까?'라고 조바심치지 않는 사람들, 그들을 나도 어떡해야 할지 모르겠다."

공자 어법의 재치를 특필하기 위해 많이 드는 예인데, 나는 여기가 공자와 《논어》로 들어서는 길목이라고 생각한다.

동물은 좋겠다. 본능이 모든 것을 지시해주니까. 인간은 본능의 결정력이 거의 제로에 가깝다. 모든 선택은 '숙고'를 거쳐야 한다. 그 빈자리를 문화와 관습이 채워주고 있다. 그러면 공자는 지금 전래의 문화와 관습을 잘 학습하라고 권하고 있는 것일까? 물론 그는 이 '학습'을 중요시했지만, 그것뿐이라면 공자가 인류의 교사가 되기에는 부족하지 않을까? "어찌해야 할까?"라는 물음에는 선생이 가르치는 것에 만족해서는 안 된다는, 삶 앞에서 실존적 자신을 고민하라는 촉구가 깔려 있다고 나는 생각한다.

인간은 막막함 앞에 서 있다. 길은 자신을 드러내지 않는다. 퇴계는 이 곤혹을 《성학십도》 서문에서 "道無形象도무형상 天無言語천무언어"라고 토로한 바 있다. "인간이 가야 할 길은 형체를 숨기고 있고, 초월자는 말이 없다." 공자 또한 이 물음 앞에 서서, 자신의 길을 개척해나간 사람이다. 우리 누구나가 그렇다. 길을 묻지 않는 자에게 "가르침은 미리 베풀어질 수 없다."

子曰: "不憤不啓 不悱不發. 擧一隅不以三隅反 則不復也." (〈술이〉 8장)
공자가 말했다. "발분하지 않으면 인도하지 않고, 간절하지 않으면 깨우쳐주지 않는다. 한 방면을 일러주어 나머지 세 방면으로 스스로 반응하지 않으면 다시 거론치 않았다."

답은 물음에 대한 반응이다. 물음이 없다면 일러줄 필요가 없다. 하나를 던져 셋으로 반응하지 않으면, 즉 자발적이고 실존적인 반응이 없으면, 공자는 그만 입을 다물었다.

공자의 질문은 하나로 이렇게 요약된다. "어떻게 좋은 삶을 영위할 것인가?" 이 물음에 응답하는 것이 '철학'이다. 철학이란 이름 그대로 '지혜를 갈구하는 것'인데, 지혜란 다름 아니라 '삶의 기술'을 가리키기 때문이다.

이 질문은 현대에 낯설어졌다. 우리는 '생활'의 필요에 밀려, 이른바 먹고사니즘에 바빠, 이런 한가한 사춘기적 의문에 매달릴 여유가 없다. 그러나 누구도 이 질문에서 자유로울 수는 없다. 인간 존재는 궁극적으로 자신의 존재를 묻기 때문이다. 바쁘면 수면 밑으로 가라앉는다. 그러나 그 물음을 마냥 언제까지나 물리칠 수는 없다.

인간은 쾌락을 추구하지만, 그것이 곧 행복은 아니다. 쾌락은 수동적 해소이지만, 행복은 적극적 기쁨이기 때문이다. 먹고사니즘이 해결되어도 인간의 문제는 여전히 남는다. 인간은 이 점에서 동물이 아니다. 에리히 프롬은 그동안의 '과학'과 '정치-경제학'이 인간을 동물적 차원에서 다루는 데 만족해왔다고 비평한다. 인간은 그 너머에 인간적 욕구를 갖고 있다. 그것은 맹자가 말한 대로, "극히 작고 미미해 보이지만, 결정적으로 중요하다." 맹자는 또 말한다. "바로 그 지점을 군자는 보존하고, 소인은 내버린다." 군자는 정신적 요구가 있는 사람이다.

이 질문은 다양한 형태로 다그친다. "나는 왜 사는가?" "무엇이 내 존재의 의미인가?" "인간답게 산다는 것은 무엇인가?" 공자는 이 물음으로 자신의 인생 여정을 시작했다고 나는 생각한다.

공자의 물음은 '사춘기적'이다. 어느 학생은 "밥 먹고 학교 가라는 엄마의 잔소리가 지겨워질 때쯤, 사춘기가 시작된다"고 썼다. 사춘기는 엄마와 학교에 반항하고, 자신이 누구인지, 어디로 가야 하는지를 고민하는 시기다. 공자는 "내가 열다섯 살에 學에 뜻을 두고…"라고 회고한 바 있다. 공자의 일생이 사춘기의 회의와 반항으로 시작되었다고 말하면, 너무 오버하는 것인지도 모르겠다.

율곡은 나이 16세에 어머니를 잃었다. 이후 3년을 방황하며 허튼 글을 끼적거렸다고, 친구에게 보낸 편지에서 썼다. 상을 마치고 그는 금강산으로 들어갔다. 물론 1년 만에 다시 돌아오지만, 이 이력이 그의 10대에 일어났다는 것이 단순한 일이 아니라고 나는 생각했다.

그 방황이 때로 절간이나 수도원으로 이끌 수도 있다. 술과 이성에 빠져 방탕한 삶을 살 수도 있고, 게임이나 음악 등에 한없이 몰두할 수도 있다. 공자는 이 가운데 어디에도 만족할 수 없었다. 그의 고민은 깊어만 갔고, 잠은 오지 않았다.

子曰: "吾嘗終日不食 終夜不寢 以思 無益. 不如學也." 《〈위령공〉 30장)
공자가 말했다. "내 일찍이 종일 먹지도 않고 밤새 생각에 생각을 거듭했으나, 결국 아무것도 얻지 못했다. 결국 '배우는 것(學)'이 해답임을 알았다."

이 구절이 공자의 젊은 날, 그 방황과 모색을 집약해주고 있지 않은가? 이 회상이 언제였는지는 알 수 없다. 고향에 돌아와 아득한 젊은 날을 회상하며 읊은 것일까, 아니면 學에 매진하던 어느 날 제자들을 가리키며 나와 같은 실수를 하지 말라면서 일러준 것일까? 여기 '嘗상'은 '일찍이'란 뜻이다. 옛날 그런 적이 있다는 말이다.

여기서 미리 하나는 잘 새겨두어야 한다. 논어의 첫머리 "學而時習之학이시습지(배우고 때로 익히면 또한)"라고 할 때, 이 學이 무엇인지에 대한 단서를 지금 공자의 회고에서 읽을 수 있다는 말이다. 적어도 그가 젊어 천했던 시절, 밥벌이 때문에 익혔던 '직업적 기술과 지식'을 말하는 것이 아닌 것은 분명하다. 이 잠 못 드는 고민은, 맨 앞에서 말한 "어떻게 해야 할까? 인생을 어떻게 살아야 할까?"를 묻는 사춘기적 실존적 열망임을 알 수 있고, 그리하여 學은 이 문제를 돌파하는 방법으로 제시된 것이었다.

이때 우리는《논어》전편이 學의 내용임을 알 수 있게 된다. 공자 자신이 익힌 삶의 지혜, 성장의 비결을 담고 있는 것이다. 그는 그 지식과 기술을 제자들에게 알려주는 데 열성적이었다.

공자는 밤낮을 끙끙대며 이 문제를 '사색'했다. 그러나 생각만으로 어떻게 답을 찾을 것인가? 누구나 그런 경험이 있을 것이다. 흡사 왕양명王陽明이 주자학의 권고에 따라 며칠을 대나무만 쳐다보다가 마음 병이 도진 것처럼, 문제를 끙끙대고 있다고 시원한 해결책이 나오는 것은 아니다.

나는 알고 태어난 사람이 아니다

그러고 보니, 주자학자들은 공자의 이 방황과 모색을 믿지 않는다. 그들은 공자를 신격화한다. 공자는 태어나면서 길을 알았고, 힘들이지 않고 道를 이루었다고 추켜세운다. 이런 억지가 다시 없다. 그들은 "나는 生而知之생이지지, 태어나면서 모든 것을 안 사람이 아니다"라는 공자의 술회를 액면 그대로 믿지 않는다.

子曰: "我非生而知之者 好古 敏以求之者也." 《술이》 19장)

공자가 말했다. "나는 태어나면서 길을 알았던 것이 아니다. 다만 好古라, 옛 자원을 좋아하고 그것을 열심히 추구한 사람일 뿐이다."

태어나면서 길을 알면 얼마나 좋겠는가? 그러나 그런 축복은 아무에게나 오지 않는다. "그런 사람이 있겠지. 그렇지만 나는 아니라니까." 공자는 이를테면 둔한(?) 사람이었다. 그랬기에 훌륭한 교육자가 될 수 있었다. 천재에게는 제자가 없다. 여담이지만 율곡은 천재형이었고, 퇴계는 학구형이었다.

孔子曰: "生而知之者 上也; 學而知之者 次也; 困而學之 又其次也; 困而不學 民斯爲下矣." 《계씨》 9장)

공자가 말했다. "태어나면서 길을 아는 사람이 최상이고, 學을 통해서 아는 사람이 그다음이며, 곤경에 부딪혀 學하는 사람이 또 그다음이다. 곤경을 겪으면서도 學하지 않는 사람, 그런 사람이 최하라 하겠다."

고뇌와 방황 없이 길을 안다? 공자는 삶의 현실 앞에서 길을 고민했던 사람이다. 때로 길은 고난과 역경을 통해서 각성된다. 그런 사람이 적지 않다. 사업의 실패, 가까운 사람의 죽음, 그리고 존재의 허무 등의 한계 상황을 겪으며, 인간 존재의 의미와 관련하여 실존의 조건과 대면한 사람들은 더 이상 이전의 나일 수가 없는 것이다. 이런 일을 겪고도 존재에 대한 새로운 각성에 눈뜨지 못한다면, 그 경험은 자신의 역할을 다하지 못했다고 할 수 있겠다. 가령, 톨스토이의 소설 〈이반 일리치의 죽음〉을 보자. 주인공은 이름 모를 병에 걸리면서, 그동안의 자기 삶을 근원적으로 반성하고, '존재'의 의미에 새로 눈을 뜬다. 공자의 손자 자사는《중용》20장에서 위의 세 부류가 계기와 도정은 달라도, 결국 道에 이르는 점에서 마찬가지라고 변호해주었다.

혹은 태어나면서 알고, 혹은 學으로써 알고, 혹은 곤경으로 안다. 그 '알게 된다(知)'는 점에서는 다 마찬가지다.

或生而知之 或學而知之 或困而知之 及其知之 一也.

이제 몇 가지는 분명해졌다. 공자는 지금 길(道)을 찾고 있다. 그것은 인간이 태어나면서 알 수 있는 것이 아니기에, '學'을 통해 알고 익혀야 하는 것이다. 여기 道는 '삶의 기술'을 가리킨다. 공자는 道를 향해 나아가기 위해 學에 헌신하기로 마음먹었다. 이때가 열다섯 무렵의 일이었다고 그는 회고한다.

다시 언급하자면 주자학자들은 이 회고를 믿지 않는다. 그분은 '태어나면서 모든 것을 알고, 완전히 행동하신 분인데' 인생의 여러 단계를 거치는 것이 어불성설이라는 것이다. 공자의 회고는 다만 후대를 위한, 단계를 힘겹게 올라가야 할 후학들을 위한 가설적 배려일 뿐이라는 것이다. 이런 폭거가 있나!

삶의 기술을 익히다

子夏曰: "日知其所亡 月無忘其所能 可謂好學也已矣." (〈자장〉 5장)

자하가 말했다. "날마다 그 모르는 것을 깨우치고, 달마다 그 능한 바를 잊지 않는다면 學을 좋아한다고 할 만하다."

學이란 차근차근의 점진적 걸음이다. 하루아침의 깨달음으로 모든
것을 해결하는 그런 법은 없다. 임중도원, 짐은 무겁고 길은 멀다.

> 군자의 道는 비유하자면 먼 길을 감에 가까운 곳에서 시작해야 하고,
> 높은 곳을 오름에 낮은 곳에서 시작하는 것과 같다.
> 君子之道 辟如行遠必自邇 辟如登高必自卑. 《중용》 15장)

공자의 놀라운 점은 이 도정이 지치고 힘든 길이 아니라, 기쁘고 즐거
운 소풍이라 말하는 데 있다.

> 子曰: "學而時習之 不亦說乎? 有朋自遠方來 不亦樂乎? 人不知而不慍 不
> 亦君子乎?" (〈학이〉 1장)
> 공자가 말했다. "배우고 때로 익히면, 또한 기쁘지 아니한가? 벗이 멀리서 오
> 니 즐겁지 아니한가? 사람들이 몰라도 고까워하지 않으니 또한 성숙한 자가 아
> 닌가?

몰랐던 것을 알고 그 지식을 몸에 새겨 나가는 일은 즐겁다. 익숙해지
기까지 상당한 수련과 시간을 요한다. 그런 점에서 태권도나 무예, 춤
이나 기타를 익히는 것과 비슷하다. 기본 원리나 동작으로 가르쳐주
는 것은 '배움'의 시작에 불과한 것. 그것은 끊임없이 연마되고 복습
되어야 한다. 그래야 기량이 늘어갈 것이다. 이것이 '삶의 기술'의 특
징이다. "인생은 짧고 예술은 길다"는 서양의 격언이 있다. 이 말의 라

틴어 원문은 "Ars longa, vita brevis"다. 원래의 뜻은 예술 작품의 생명력과는 아무 관련이 없다. 의술에 있어 온전한 기술(ars)를 익히기에 인간의 한 생으로는 부족하다는 탄식이었다고 한다. 그 무엇보다 삶에 '기술'이 필요하고, 이를 연마하는 일도 그만큼 어렵고 극진한 노력을 요한다.

섬김의 가르침

공자의 '깨달음'은 붓다나 예수에 비해 크게 드라마틱하지 않다. 기대했던 사람들은 적잖이 실망할지 모르겠다. 그래서일 것이다. 그는 가령 종교적 헌신이나 과학적 발견, 영웅적 행동을 고취하지 않는다. 공자의 '빌둥Bildung'은 조성기의 〈라하트 하헤렙〉이나 김성동의 〈만다라〉 혹은 이문열의 〈사람의 아들〉 같은 이 시대의 성장 소설과도 어울리지 않고, 괴테의 〈파우스트〉, 장자의 자유 영혼 등의 '길'과도 거리가 멀다. 유교는 좀 갑갑하고 심심하다. 공자가 보이는 學의 길이 그렇다. 공자는 이 學의 목표와 방향, 기법에 대해서 친절한 설명을 해주지 않는다.

공자는 목표를 '인격과 품성'으로 잡은 것이 틀림없다. 즉 한 개인이 가족과 사회 속에서 룰을 어기지 않고 상대를 배려하는 '건전한 사회인'을 목표로 설정했다. 시시하다고 고개를 돌리는 사람도 많겠다. 나도 젊은 시절 그랬다. 그러나 사람들과 더불어 살아야 하는 이들은 공자가 가르치는 사회적 기법이 정말 중요하다고 느낄 것이다. 이는 특별한 '교육'과 '기법'을 필요로 한다. 공자가 제시한 그 핵심을 나는 '섬김(事)'에서 찾는다.

子夏曰: "賢賢易色 事父母能竭其力 事君能致其身 與朋友交言而有信 雖
曰未學 吾必謂之學矣." (〈학이〉 7장)
자하가 말했다. "그만 여색을 접고, 현자를 존중하며, 부모를 모심에 정성을 다
하고, 임금을 섬김에 온몸을 바치며, 붕우와의 교제에 신의를 잃지 않으면, 비
록 그가 學하지 않았다고 해도 나는 그를 學했다 하리라."

이 구절은 공자와 그 학단이 생각한 學의 목표와 커리큘럼(?)을 대략
알려준다. 공자가 말하는 學은 가족적(부모) 헌신과 사회적(군주, 친구)
의무를 다하는 것을 배우는 일이다! 너무 익숙해서 우리는 이 점을
자주 까먹는다.

그러자면 '현자를 존중하고, 그 지혜를 배우는' 자세가 필요하다.
"현자를 만나면 그와 같아지기를 노력하라"고 공자는 다른 곳에서 권
고했다. 위 영공이 부인 남자를 1호 리무진에 태우고 자신을 뒤 차량
에 시종들과 같이 앉히자, 비위가 상한 공자가 읊었다. "여색보다 현
자를 사랑하는 사람을 보지 못했다."

이렇게 말할 수 있다. 공자의 學은 '섬김(事)'으로 집약된다! 우선
집안의 부모와 형제를 모시고, 집을 나서면 이웃과 사람들과 친화하
며, 마침내 군주를 모시는 법을 갖춘다. 이것이 學의 기초 혹은 주요
내용인 듯하다.

子游問孝. 子曰: "今之孝者 是謂能養. 至於犬馬 皆能有養 不敬 何以別
乎?" (〈위정〉 7장)

자유가 孝를 물었다. 공자가 말했다. "지금의 효자는 봉양할 줄만 안다. 개와 말도 봉양은 할 줄 안다. 敬이 빠지면 개·말과 다를 것이 무엇이냐?"

이것이 얼마나 중요한지는 두말할 필요가 없다. 나중에 이 덕목 하나를 위해《효경》이란 책을 따로 편찬했을 정도다.

子曰: "事父母幾諫. 見志不從 又敬不違 勞而不怨." (〈이인〉 18장)
공자가 말했다. "부모를 모심에 섬세하게 간해야 한다. 따를 수 없다는 것을 내보이되, 더욱 존경을 다해야 한다. 힘들더라도 원망해서는 안 된다."

부모의 뜻을 그대로 따르고 언제나 복종하는 것이 孝가 아니다. 부모의 판단이 틀릴 수도 있고, 전혀 의롭지 않은 선택을 강요할 수도 있다. 자식은 스스로의 판단으로 아니다 싶으면 저항하고 거부해야 한다. 그런데 여기 대놓고 삿대질하고 전쟁을 벌이지는 말라고 충고한다.

가정 안에서는 孝를 다하고, 집을 나서면 사람들을 존중하고 모실 것. 그것이 인간이 學을 해야 할 기초적 훈련이다.

子曰: "弟子入則孝 出則弟 謹而信 汎愛衆 而親仁. 行有餘力 則以學文."
(〈학이〉 6장)
공자가 말했다. "젊은 사람이 집에 들어가면 孝하고, 나가면 공경하며, 언행을 삼가 信을 얻는다. 두루 무리를 사랑하고, 특히 仁한 사람과 친한다. 그런 행실을 하고 나서 여력이 있을 것이니, 그때 文을 學한다."

子曰: "出則事公卿 入則事父兄. 喪事不敢不勉 不爲酒困. 何有於我哉?"

〈자한〉 15장)

공자가 말했다. "나가면 공경公卿을 섬기고, 들어오면 父兄을 섬긴다. 상사喪事
는 당연히 힘쓰고, 술로 엉망이 되지 않는다. 나는 그 정도는 되는 사람이다(내
게 더 이상의 미덕이나 재주를 기대하지 마라)!"

이곳을 잘 음미해야 한다. 공자는 자신이 바로 그 '섬김' 하나를 몸에
익힌 사람일 뿐이라고 말하고 있다. 자신의 삶이 그것이고, 제자들을
가르친 핵심이라고 할 수 있다.

가정 내부의 孝悌는 이를테면 위로 그리고 옆으로 확장된다. 즉
① 孝悌는 최고의 인간성인 仁의 토대다. 인격의 완성은 가족 내부
의 사랑과 존중이라는 씨앗으로부터 자라고 형성된 것이다. "먼 곳은
가까운 곳에서 시작하고, 높이 오르려면 낮은 데서 시작해야 한다."
② 또 孝悌는 가정 밖으로 사회적 관계와 정치의 공간에서 자연히
발휘된다. 속담처럼 '국수장국 잘 담그는 솜씨가 찌개도 잘 끓이게'
되어 있다.

有子曰: "其爲人也孝悌 而好犯上者 鮮矣; 不好犯上 而好作亂者 未之有
也. 君子務本 本立而道生. 孝悌也者 其爲仁之本與!"〈학이〉 2장)

유자가 말했다. "그 사람됨이 孝悌이면서, 위를 범하기 좋아하는 사람은 드물
다. 위를 범하기 좋아하지 않으면서 난을 일으키는 사람은 없다. 군자는 근본에
힘쓰니, 근본이 서야 道가 자란다. 孝悌란 仁의 근본이고녀."

공자는 '왕을 섬김(事君)'에 관한 여러 충고를 《논어》에 남기고 있다.

子曰: "事君盡禮. 人以爲諂也." (〈팔일〉 18장)

공자가 말했다. "(나는) 왕을 섬김에 禮를 다한다. 그런데 사람들은 아첨이라 생각한다."

子曰: "事君 敬其事而後其食." (〈위령공〉 37장)

공자가 말했다. "왕을 섬기는 일에 최선을 다할 뿐, 작록은 2차적이다."

子曰: "鄙夫可與事君也與哉? 其未得之也 患得之; 旣得之 患失之. 苟患失之 無所不至矣." (〈양화〉 15장)

공자가 말했다. "비루한 사람과 같이 왕을 모실 수 있을까? (작록을) 얻기 전에는 얻는 데 골몰하고, 얻고 난 후에는 혹 잃을까 걱정한다. 이런 사람은 못할 짓이 없다."

子路問事君. 子曰: "勿欺也 而犯之." (〈헌문〉 23장)

자로가 왕을 섬김을 물었다. 공자가 말했다. "눈치 보지 말고 따지고 들어라."

子游曰: "事君數 斯辱矣. 朋友數 斯疏矣." (〈이인〉 26장)

자유가 말했다. "왕을 섬길 때 자주 간하게 되면 욕을 본다. 친구 사이에도 충고가 잦으면 멀어진다."

柳下惠爲士師 三黜. 人曰: "子未可以去乎?" 曰: "直道而事人 焉往而不三黜? 枉道而事人 何必去父母之邦." (〈미자〉 2장)

유하혜가 사사士師가 되었다가 세 번 쫓겨났다. 사람들이 말했다. "왜 다른 나라로 가지 않습니까?" "道를 바르게 하여 사람을 섬기면 어딘들 세 번 쫓겨나지

않겠습니까? 道를 굽혀 사람을 섬기려면 굳이 부모의 나라를 떠날 필요가 있을
까요?"

定公問: "君使臣 臣事君 如之何?" 孔子對曰: "君使臣以禮 臣事君以忠."
〈팔일〉 19장)
정공이 물었다. "임금이 신하를 부리는 것과 신하가 임금을 섬기는 것은 어떻게
하지요?" 공자가 답했다. "임금은 禮로써 신하를 부리고, 신하는 忠으로 임금
을 섬깁니다."

이를 보매 공자는 사람이 배워야 할 모든 것이 '섬김(事)' 한 글자라고
일깨우고 있는 듯하다. 이 '섬김'이 천성으로 몸에 밴 사람도 있을 것이
다. 그런 사람이라면 배운 사람이라고 할 수 있다. "비록 學하지 않
았더라도 그를 學이라 부르겠다"는 말에 저간의 사정이 잘 들어 있다.
'섬김'의 기술은 단순해 보이지만, 현장에서 이를 구체화하기는 쉽
지 않다. 《중용》 12장의 말을 빌리자면, "누구나 알고 하는 일이지만,
한편 성인도 잘 모르고, 그분들이라고 다 할 수 있는 일이 아닌 것이
다(夫婦之愚 可以與知焉 及其至也 雖聖人亦有所不知焉 夫婦之不肖 可以
能行焉 及其至也 雖聖人亦有所不能焉). 공자가 몸으로 가르치고 책으
로 학습해 나간 것이 다 이를 위한 제반 '기술'이라고 할 수 있지 않
을까?
제왕의 學도 다르지 않다. 왕실도 가정 내부의 화목과 섬김을 기
초로 한다. 이 기획은 《대학》에 잘 집약되어 있다. 주자는 3강령의 첫
번째 항 明明德을 '우리 모두에 잠자고 있는 빛과 힘을 되찾는다'로
읽는 데 비해, 다산은 明德이 단적으로 孝悌慈를 가리킨다고 고증했

다. 孝悌가 위로 그리고 옆으로 퍼지는 德이라면, 慈는 아래로 내리쬐는 德이다. 《대학》은 태학에서 가르치는 교재였고, 태학은 군주와 귀족들의 학교였으므로 궁실 귀족 내부에 孝悌慈가 바로 서면, 그 연장에서 親民, 즉 백성들이 안정과 행복을 누리는 아름다운 정치가 가능해질 것이었다.

유교의 德은 孝悌로부터 시작한다. 그것은 마을과 사회로 이어지고, 그 극점에서 정치적 리더십까지 감당하게 될 것이다. 이 德을 최고로 완성한 사람이 역사에 있었으니, 그 전형이 바로 순임금이었다.

《상서》나 《맹자》는 말한다. 순의 아버지 고수는 완악했고, 새로 온 어머니는 그악스러웠다. 데리고 온 배다른 동생은 망나니였다. 아버지는 앞이 보이지 않았다. 수발을 어머니에 기대고 있어서였는지 모른다. 한통속으로 순을 학대했다. 그러나 순은 불평 없이 구박을 참으며 자신의 정성을 다했다. 불평은 없었지만, '원망'은 있었다. "왜 내 마음을 몰라 주십니까!"라고 들판에 나가서 울부짖었다. 맹자는 이 '원망'이 孝임을 재삼 강조한다. "뭐 안 되겠으니, 인연 끊고 각자 길 갑시다"는 사랑이 아니라는 것이다. 박해 정도가 아니고 순을 아예 죽이려고 했다고 기록은 전한다. 한번은 지붕을 수리하라고 하고선 사다리를 치우고 불을 질렀고, 또 한번은 우물을 손보라 하고는 위에서 구덩이를 메꾸었다는데, 그때마다 기지를 발휘해서 빠져나왔다고 한다.

요임금은 순임금이 현덕하다는 소문을 듣고, 자기 두 딸과 신하들을 딸려 보내, 그 정치를 살피게 했다. 그리고 마침내 자기를 이어 후계를 잇도록 했다.

천하의 주인이 되고서도 순의 마음은 편치 않았다. 어버이의 마음을 돌리지 못했기 때문이다. 그의 변치 않는 孝心으로 부모는 마침내 감화되었고, 순은 그때야 기쁜 빛을 얼굴에 되찾았다고 한다. 맹자는 감탄한다. "나이 오십에 부모를 그리는 사람, 천하를 들고 안아도 기뻐하지 않고 오직 부모의 마음을 얻고서야 기뻐하는 사람을 나는 보았다(五十而慕者 子於大舜 見之矣)."

제자 3명이 터득한 學의 경지

孝悌를 닦고 왕을 섬김에 忠을 다하는 것이 學의 전부는 아닐 것이다. 學이란 궁하면 곧 통하는 것(窮則通)이라, 상황에 대한 타결을 배우는 것이 아닐까?

태어나면서 아는 사람(生而知之)도 있고, 스승이나 책을 통해 습득하는 사람(學而知之)도 있다. 그러나 대개 삶의 지식은 고난과 역경이 가르쳐주는 것(困而學之)이 아닐까? 인간의 일생은 사람을 만나고 일에 부딪히는 것일 따름이다. 어떤 태도로 사람을 만나고, 일 앞에서 어떤 선택을 할 것인가?

《논어》에는 學의 이름을 달고 있지는 않지만, 수많은 사람과의 대면, 수많은 상황에서의 행동과 권유를 만난다. 이 모두가 學의 편린이라 할 수 있다. 그것을 일일이 다 짚을 수는 없다. 공자가 익히고 가르친 '學'이 무엇인지를 보여주는 사례를 들어보자. 주요한 제자 세 사람, 자공, 자로, 안회와의 대화다.

哀公問: "弟子孰爲好學?" 孔子對曰: "有顔回者好學 不遷怒 不貳過. 不幸

短命死矣! 今也則亡 未聞好學者也."(〈옹야〉 2장)

노나라 애공이 물었다. "문하에 누가 好學했습니까?" 공자가 대답했다. "안회라고 있었지요. 분노를 옮기지 않고, 주저없이 잘못을 고쳤습니다. 불행하게도 일찍 죽었습니다. 지금은 없습니다."

不遷怒불천노는 모종의 '감정'의 제어, 不貳過불이과는 '행동'의 선택을 가리킨다. 즉 學에는 몸과 마음의 훈련이 포함되어 있음을 알 수 있다. 사람이나 동물이나 욕구가 좌절되면, 곧바로 공격성을 내보인다. 어른이나 아이나 한치 다르지 않다고, 미국의 심리학자 존 돌라드John Dollard가 *Frustration and Aggression*에서 갈파한 바 있다. 안회는, 《논어》에서 자주 언급되고 공자가 그렇게 안타까워했듯이, 불운하고 궁핍한 삶을 살았다. "쌀독이 자주 비었고" "도시락 하나로 끼니를 해결"하기 일쑤였다. 공자는 "다른 사람 같으면, 그 곤궁을 감당하기 어려웠을 것"이라고 했다. 그러나 안회는 자신의 불운한 처지를 사회적 분노로 쏟아내거나 운명에 대한 푸념으로 돌리지 않았다. 오히려 그 곤궁 속에서도 기뻐하는 삶을 살았다. 이것이 不遷怒의 의미다. 다산의 해석이 정곡을 찔렀다고 나는 생각한다.

子貢曰: "貧而無諂 富而無驕 何如?" 子曰: "可也. 未若貧而樂 富而好禮者也." 子貢曰: "《詩》云: '如切如磋 如琢如磨' 其斯之謂與?" 子曰: "賜也 始可與言《詩》已矣! 告諸往而知來者."(〈학이〉 15장)

자공이 말했다. "가난 속에서도 아첨하지 않고, 부자가 되어도 교만하지 않으면 어떨까요?" 공자가 대답했다. "훌륭하다. 그렇지만 가난 속에서도 기뻐하고, 부자이면서도 禮를 좋아하면 더 좋겠지." 자공이 말했다. "《시경》에 '(돌을) 자르고

다듬는 듯, (옥을) 쪼고 갈아내는 듯'이라 하더니, 이를 가리킨 것입니까?" 공자
가 말했다. "자공아, 비로소 너와 더불어 《시경》을 말할 수 있겠구나. 사실을 짚
어주었더니, 비유까지 끌어오는구나."

약간 의역했다. 가난 속에서 의연하기 어렵다. 그만하면 훌륭하다. 그
렇지만 그 속에서도 기쁨을 누리는 삶이면 더욱 훌륭하겠지. (안회가
그런 사람 아니냐!) 겸손한 부자는 찾기 어렵다. 갑질을 안 하면 다행이
다. 그러나 가진 것을 기꺼이 나누고, 특권을 자제하고 공정의 가치를
존중하는 사람이 더 훌륭하지 않을까?

> 子曰: "衣敝縕袍 與衣狐貉者立 而不恥者 其由也與? '不忮不求 何用不
> 臧?'" 子路終身誦之. 子曰: "是道也 何足以臧?" (〈자한〉 26장)
> 공자가 말했다. "다 떨어진 솜옷을 걸친 채 호화로운 가죽옷을 입은 권세가 옆
> 에 서 있어도 부끄러워하지 않는 사람이 자로겠지? '시샘하지 않고 갈망하지도
> 않는다. 그 아니 착한가?'" 자로가 이 말을 늘 외고 다녔다. 공자가 말했다. "그
> 게 뭐가 큰 자랑이냐?"

이 대화는 자로의 기상과 學의 경지를 잘 보여준다. 자로는 다 떨어
진 솜옷을 걸치는 것이 남루가 아니라고 여겼고, 명품에 화려한 옷을
걸친 고관대작과 마주하고도 전혀 꿀리지 않았다. 저 부귀와 권세는
내 德에 필적할 수 없다는 자신감의 발로일 것이다. 공자가 그를 기
렸다. 그러면서 《시경》〈패풍邶風〉 편에 있는 〈장끼(雄雉)〉라는 제목
의 시를 인용했다.

雄雉于飛　下上其音
展矣君子　實勞我心
瞻彼日月　悠悠我思
道之云遠　曷云能來
百爾君子　不知德行
不忮不求　何用不臧

수꿩이 날고 우는 것을 보니,

먼 길 떠난 임이 더욱 그립다.

저 해와 달을 보니 그리움은 깊어 가고,

길이 멀다 하시는데 어떻게 오시려나.

"이 보시오, 남정네들. 처신을 바로 하소.

(내사) 시샘도 바람도 없으니 이만하면 되었잖소."

"不忮不求불기불구 何用不臧하용부장"의 의미는 비교적 분명하다. 주
자는 忮기를 '해친다'라고 읽는데, 다산의 해석처럼 '시샘한다'가 옳
겠다.

　자로는 부귀에 초연했다. 열등감도 느끼지 않았다. 다만 그는 스승
을 따라 길을 가고자 했을 뿐이다. 그를 다른 사람도 아닌 스승께서
알아주시니, 기분이 하늘을 나는 듯했다. 그래서 이 시구를 나날이 읊
조리고 다닌 모양이다. 공자가 이를 보고 한소리를 했다. "그게 뭐, 대
단한 일이라고 이리 호들갑이냐?" 앞의 자공의 예에서 보듯, 學은 첫
단계에 머물러서는 안 된다. 시기·탐욕이 없는 것은 첫걸음일 뿐, 아
직 먼 길이 기다리고 있다. 공자가 자공에게 일러주지 않았던가? "가
난 속에서 기뻐하고, 가진 것이 넉넉하면 이웃과 공동체를 돌봐야

한다."

이 일화는 현대의 우리에게 특히 시사하는 바 크다. 인간 삶의 현장과 그 비극적 풍경을 단적으로 그려주고 있지 않은가? 세상은 풍요로워지고, 밥 굶을 걱정은 그리 안 하게 되었다. 마트에는 쌀값이 너무 헐하고, 계란이 흔해졌다. 나이 든 세대는 옛적 물자가 귀하던 시절을 아득하게 기억한다. 그런데 그때보다 더 행복해 보이지 않는다. 왜 그럴까? 상대와의 비교가 큰 몫을 하는 것이 틀림없다.

알렉시스 드 토크빌Alexis de Tocqueville은《미국의 민주주의》에서 근대산업 초기 미국의 노동자들이 당시 유럽의 중간계층보다 더 잘 살고 있었다고 진단했다. 그런데 더 행복하지는 않았다. 그는 그 이유를 계급의 벽이 무너지고, 모든 사람이 모든 사람에게 비교의 대상으로 떠올랐기 때문이라고 썼다. 즉 철도 노동자가 카네기나 포드와 부를 견줘 마음으로 다투고 있기 때문이다. 한국의 현재도 비슷해 보인다. 산업이 발전하고 부가 쌓이면서 상대적 격차에 불평등이 심화되었다. 권력과 부가 사람들을 다단계로 계층화하고 있다. 도시 한복판에 있는 아파트가 지역별로, 평수별로, 자가와 임대로 갈라놓고 차별한다.

이 물신의 시대, 德이 설 자리가 비좁다. 사람이 좋다든가, 품성이 고귀하다든가 하는 말은 더 이상 회자되지 않는다. '정신 승리'란 비아냥을 듣기 십상이다. 말이 사라지면서 실체도 같이 떠나갔다. 세속과 다른 가치를 설정하고 그에 헌신하는 삶은, 가족들로부터 외면받고 사회로부터 짓밟히는 물신의 야만 시대를 우리는 살고 있다.

공자는 지금 자로를 통해 德의 복권을 촉구하고 있다. 그러자면 그때보다 더한 영웅적 결단이 필요할지 모른다.

제자 세 명을 특필한 것은 공자가 말한 學의 지평을 리얼하게 읽자는 뜻이었다. 修己의 측면에서 감정을 제어하고 신체를 끌고 가는 제반 기술이 포함되어 있고, 治人으로 나아가면 사람들과 어울리고 일을 처리하는 경영의 노하우가 기다리고 있다. 역시 길은 멀다. 공자는 그 길을 기쁨으로 나아가라고 격려하고 있다.

전통과 고전, 책을 통한 학습

《논어》는 학습에 대한 조언들로 가득하다. 정리하자면 ① 시작은 孝悌였다. 그리고 밖에 나가 사람을 존중하고, 친구와 사귀며, 임금을 모시는 데로 나아간다. 그리고 ② 사람과 만나고, 상황에 대처하며, 돌파해 나가는 學이 있다. 감정을 제어하고, 삶 앞에 의연한 태도가 기초적으로 요구되는 학습이었다. 마지막으로 ③ 學의 빠질 수 없는 영역, '文을 통한 學'이 있다. 책과 고전으로 나아가는 학습. 이것이 후대 유교의 보편적인 학습법으로 자리 잡았다. 그 시작은 역시 공자가 했다.

처음으로 다시 돌아가보자. 공자는 삶의 길(道), 혹은 '기술(ars)'이 온종일의 고민이나 밤을 지새우는 '사색'으로 얻을 수 없다고 했다. 그래서 '學'이 필요하다고 했다. 학습이란 자신이 아닌 책, 스승, 경험 등 외부로부터의 자원에 의존한다는 뜻이다.

공자는 이 점을 강조한다. 思가 아닌 學에서 출발해라. 공자는 옛 지식과 경험을 출발점으로 삼았다. 자신을 늘 "나는 그저 옛것을 믿고 좋아하는 사람"이라고 했고, 또 자신의 길이 독창적 창안이 아니라 '옛것의 전달자(述而不作)'라고 토로한 것을 겸양으로만 보아서는 안 된다.

공자는 전통과 고전의 사람이다. 그는 자신을 새로 만드는 사람이 아니라 전달자라고 자임했다. 孝悌라는 기초 덕목, 그리고 제자들이 도달한 修己의 경지 등은 고전이 일러주는 길이기도 하다.

우리는 공자가 정리한 시서예악에 대해 본격적 지식을 갖고 있지 않다. 《논어》조차 버거운데 저 아득한 시절의 문자는 생소하기 그지 없다. 공자를 이해하려면 이들 옛 문헌에 대해 상당한 조예를 쌓아야 한다. 다산이 四書에서 六經으로 초점을 이동시키고, 전 문헌을 새로 해석한 것은 이런 인식에 기초하고 있다.

공자가 믿고 따른 옛길의 총체는 '先王의 大道'라고 불린다. 요순 이래 중국 문명이 보유한 정통적 이념과 문화적 전승을 총칭한다. 이를 또 주대 초기의 문물에 한정해서 '문무의 道'라고 일컫는다. 공자는 하은주 3대가 손익損益을 통해 연속성을 갖고 있다고 강조했다.

衛公孫朝問於子貢曰: "仲尼焉學?" 子貢曰: "文武之道 未墜於地 在人. 賢者識其大者 不賢者識其小者 莫不有文武之道焉. 夫子焉不學 而亦何常師之有?" (〈자장〉 22장)

위나라 귀족 공손조가 자공에게 물었다. "공자는 어디서 배우셨소?" 자공이 대답했다. "문무의 道가 땅에 떨어지지 않아 사람(들의 기록)에게 있습니다. 현자는 그 큰 것을 기록했고 현자가 아닌 자는 그 작은 것을 기록했는데, 어느 것 하나 문무의 道가 아닌 것이 없습니다. 공자께서는 이렇게 크고 작은 것을 기록을 통해 배우셨으니, 굳이 일정한 스승이 있을 필요가 있을까요?"

공자는 하은주의 문화 문법이 손익에 있지만 서로 연속되어 있다고 생각했고, 이들을 간직하고 있는 것이 바로 고전이라고 생각했다. 그 중심되는 것이 詩와 書, 그리고 禮와 樂이었다. 學의 구체적 대상은 이렇게 고전과 문헌이 되었다. 자로가 내뱉듯이 던진 "어찌 책을 읽어야만 學이 되는 것입니까(何必讀書 然後爲學)?" 안에 저간의 사정이 뚜렷이 드러나 있다.

子曰: "述而不作 信而好古 竊比於我老彭." (〈술이〉 1장)
공자가 말했다. "나는 기술자, 전달자이지 창작자가 아니다. 옛것을 믿고 그것을 좋아하는 사람. 나를 아마도 노팽에 빗댈 수 있을까?"

공자는 스스로를 옛 문화와 가치의 전달자일 뿐이라고 생각했다. 그만큼 옛것에 대한 그의 믿음은 확고했다. 그의 공부는 하은주를 꿰고 있었지만, 지금 그 후예로 남아 있는 기杞, 송宋, 노魯에 그것을 증거해줄 문헌이 부족하다고 말하기도 했다. 그만큼 그의 학식은 대단했음을 알 수 있다.

子曰: "夏禮 吾能言之 杞不足徵也. 殷禮 吾能言之 宋不足徵也. 文獻不足 故也. 足則吾能徵之矣." (〈팔일〉 9장)
공자가 말했다. "하나라의 제도와 문물을 내가 능히 말할 수 있는데, (그 유적이 남아 있는) 杞에 충분한 증거가 남아 있지 않다. 은나라의 제도와 문물을 내가 능히 말할 수 있는데, 宋에 충분한 증거가 남아 있지 않다. 문헌이 부족하기 때문이다. 충분했다면 내가 그것을 증거할 수 있었을 텐데…."

'옛 문화에 대한 헌신' 그리고 '독서'를 강조하는 것을 보고, '그러면 그렇지' 하며 고개를 돌리는 사람이 있을지 모른다. '독서는 수동적 행위이고, 기존의 가치와 관행을 묵수하는 쪽으로 사람을 조형하지 않는가? 더구나 낡고 보수적인 생각과 관례를 담고 있을 그 아득한 옛 문헌에? 거기 道를 의탁했다면 안 봐도 알겠다. 유교가 보수를 중시하고 관행에 매몰되는 이유를 알겠네. 저 아득한 시절의 문화와 의례를 답습하는 것이 길이라니…' 하며 고개를 갸웃거리는 사람이 많겠다.

이렇게 하면 작은 변명이 될까? 낡은 것이 꼭 버려져야 할 것은 아니지 않는가? 동서양의 고전이 가진 생명력을 어떻게 생각하는가? 그 책들은 시공을 넘어 우리에게 말을 건네고 정신의 자양이 되지 않는가? 어쨌든 四書든 六經이든 전심해서 치밀하게 읽어본 적이 있는가? 거기 상상도 하지 못할 새로운 이야기, 시대를 넘어 문명의 원리를 담고 있을지도 모르지 않는가?

청년들은 진취적이고 독자적이라 문화적 전승에 대해서 반항적이다. 그건 위태롭다. 또 한편 나이 든 사람들은 기존의 것이 너무 익숙해서 새로운 발상과 진취를 받아들이지 못하기도 한다. 공자는 이 둘의 위험을 잘 알고 있었다. 공자는 책과 사색의 변증에 대해 다시 이렇게 조언한다.

子曰: "學而不思則罔 思而不學則殆." (〈위정〉 15장)
공자가 말했다. "學에만 치중하고 思하지 않으면 속는다. 思만 하고 學을 통하지 않으면 위태롭다.

앞에서 읽은 대로 공자는 '사색'을 통해서는 길을 찾을 수 없었다. 자기만의 고민과 생각으로 "이것이 길이다"라고 나설 경우, 그는 엉뚱한 곳에서 헤매거나 함정에 빠져 허우적거릴 수 있다. '위태로운' 것이다. 이건 아니다 싶어 공자는 思에서 學으로 길을 잡았다. 그런데 공자는 "다만 學에만 의존해서는 안 된다"고 브레이크를 걸었다. "學을 통하되, 思를 거쳐야 한다"는 것이다.

'독서'에는 함정이 있다. 읽고 나면 횅하니 남는 것이 없거나(주자의 해석), 책이 너를 점령하고 기만할지 모른다(다산의 해석).

子曰: "德之不脩 學之不講 聞義不能徙 不善不能改 是吾憂也." (〈술이〉 3장)
공자가 말했다. "德이 닦이지 않고, 學이 講해지지 않는 것, 의로움을 듣고도 그리 나아가지 못하고, 不善을 고치지 못하는 것, 이것이 내 걱정이다."

여기 포인트는 講學강학, 즉 學에는 講이 필요하다는 것이다. 講은 따지고 음미한다는 뜻이고, 또 한편 '밝힌다'는 뜻이기도 하다. 책을 읽는 것으로, 그 가르침을 일방적으로 수용하는 것으로 學이 끝나지 않는다. 적극적인 독서가 필요하다.

이웃의 조언이 있고, 스승의 지도가 있으며, 전승된 고전이 있다. 學은 이들을 지남차指南車 삼아, 여기 귀를 기울이는 것에서 시작한다. 그러나 이들을 그냥 묵수만 해서는 곤란하다. 學은 思를 통해 연마되어야 한다! 즉 그것들을 성찰하고 질문을 던지며 비평적으로 판단하는 '정련'의 과정을 거쳐야, 비로소 살아 있는 지혜로 거듭날 것이다.

子夏曰: "博學而篤志 切問而近思 仁在其中矣." (〈자장〉 6장)

자하가 말했다. "널리 學하고 志를 돈독히 하되, 절실하게 묻고 가까이 생각한다. 仁은 바로 그 속에 있다."

學은 넓어야 한다. 독서량을 말하는 것은 아닐 것이다. 삶의 기술이 하나일 리 없다. 수많은 경우와 수준이 있으니, '넓게' 기량을 확대해야 한다. 이리 나아가는 길에 단단한 의지(篤志)가 받쳐주어야 한다.

"어찌해야 할까, 어찌해야 할까?"라는 절문切問이 이 길을 인도해야 하고, 근사近思라는 구체적 사유가 길을 확정해야 한다. 최고의 인간성(仁)은 이 학습의 과정에서 자라나고 숙성되어 갈 것이다. 이렇게 구축한 지식을 실행으로 완성하는 것이 인간의 길이다.

공자, 학습의 사람

공자는 스스로를 學에 질리지 않는 사람으로 소개했다. "착한 사람은 어디에나 있지만, 나처럼 學을 좋아하는 사람은 없을걸?"이라고 자부했다.

> 子曰: "十室之邑 必有忠信如丘者焉 不如丘之好學也." (〈공야장〉 27장)
> 공자가 말했다. "열 가구 정도만 되어도 거기에 신실한 사람이 꼭 있지. 그렇지만 나처럼 學을 좋아하는 사람은 없어라."

그게 공자였다. 그 자부는 《논어》에 두 번씩이나 등장한다.

子曰: "若聖與仁 則吾豈敢? 抑爲之不厭 誨人不倦 則可謂云爾已矣." 公西
華曰: "正唯弟子不能學也." 《술이》 33장)

공자가 말했다. "내가 어찌 감히 聖이나 仁을 자부하리오. 그저 나는 學에 질리
지 않고, 사람들을 가르치는 데 지치지 않는 사람이라고 할 수는 있겠지." 공서
화가 말했다. "그게 바로 저희가 배울 수 없는 것입니다."

子曰: "默而識之 學而不厭 誨人不倦 何有於我哉?" 《술이》 2장)

공자가 말했다. "묵묵히 사색하고, 學에 질리지 않고, 사람을 가르침에 피곤하
지 않다. 그 밖에 내게 무엇이 있겠느냐?"

공자는 역시 겸허한 사람이다. 그리고 이 學이 꾸준히 지속되어야 하
는 지적·실천적 훈련임을 알려주고 있다. 선가의 깨달음처럼 한번에
일대사인연을 해결하는 것이 아니다. 공자는 이 學의 길을 고되다고
생각하지 않았다. 그에게는 그야말로 기쁨의 길이었다.

子曰: "知之者不如好之者 好之者不如樂之者." 《옹야》 18장)

공자가 말했다. "아는 사람은 좋아하는 사람보다 못하고, 좋아하는 사람은 그것
을 즐기는 사람보다 못하다."

공자가 천하를 유랑하던 끝 무렵, 저 남쪽 초나라까지 간 적이 있다.
유력한 정치가 섭공은 공자가 어떤 사람인지 궁금해했다.

葉公問孔子於子路 子路不對. 子曰: "女奚不曰 其爲人也 發憤忘食 樂以
忘憂 不知老之將至云爾." 《술이》 18장)

섭공이 자로에게 공자가 어떤 사람인지 물었다. 자로가 대답하지 못했다. 나중 사정을 듣고 공자는 이렇게 나무랐다(?). "너는 왜 이렇게 말하지 않았느냐? 그 사람됨이 어딘가 꽂히면 먹는 것도 잊고 몰두한다고, 그 즐거움에 근심도 잊고 노년이 찾아오는 것도 의식하지 못하는 사람이라고…."

이것이 공자다. 이는 다른 사람의 관찰이 아니라, 자신을 있는 그대로 묘사한 절창이라고 나는 생각한다. 공자는 學으로 삶을 완성해 나갔는데, 그것은 힘들었겠지만 즐겁고 기쁜 여정이었다. 공자는 아득한 시간을 넘어, 중국의 동쪽 끝에서 이 즐거움과 기쁨의 도정에 동참하기를 바라고 있다.

이제 우리는 《논어》의 첫 벽두, 너무나 익숙한 구절을 읽을 수 있게 된 듯하다.

子曰: "學而時習之 不亦說乎? 有朋自遠方來 不亦樂乎? 人不知而不慍 不亦君子乎?" (〈학이〉 1장)
공자가 말했다. "學하고 때로 그것을 익히니, 기쁘지 아니한가? 친구가 멀리서 찾아오니 즐거운 일이 아닌가? 사람들이야 알건 모르건, 마음에 담지 않으니 또한 군자가 아닌가?"

그 學의 길은 70이 되어 경지에 도달하게 되었다.

子曰: "吾十有五而志于學 三十而立 四十而不惑 五十而知天命 六十而耳順 七十而從心所欲 不踰矩." (〈위정〉 4장)
공자가 말했다. "나는 열다섯에 學에 뜻을 두었다. 삼십에 토대가 서고, 사십에 흔들리지 않았다. 오십에 내게 주어진 소명을 인식했고, 육십이 되어 남의 말이 전혀 거슬리지 않았다. 칠십에 이르러 하고 싶은 대로 해도 규범을 벗어나지 않았다."

그는 이를테면 삶의 길을 가고자 했다. 그것은 '타인을 위한 學이 아니라 자신을 위한 길'이었다. 남의 인정을 받고 세속적 가치를 얻는 데 노력하는 대신, 나의 '존재'를 각성하고 그 의미를 최고도로 인간화하는 데 온 힘을 쏟았다. 그는 남들이 다 추구하는 부귀의 길을 선택하지 않았다.

> 子曰: "富而可求也 雖執鞭之士 吾亦爲之 如不可求 從吾所好. 《술이》 11장)
> 공자가 말했다. "부를 구할 수 있는 것이라면 천한 일도 사양하지 않겠지만, 구할 수 없다면 나는 내가 좋아하는 길을 가겠다."

식당을 운영하거나 비즈니스에 뛰어들어 자공처럼 큰돈을 벌 수 있다면, 공자는 그 일에 뛰어들었을까? 아닐 것이다. 이 말은 "부를 추구할 가치가 있다면"으로 읽는 것이 맞지 않을까? 그게 공자다. 부는 수단이고 때로 운명이라, 공자나 유교가 여기 무슨 악감정을 갖고 있는 것은 아니다. 그러나 이를 위해 전력투구하는 것은 그보다 중요한 가치에 집중하지 못하게 방해할 수도 있다.

공자는 자신이 좋아하는 것, 자신이 추구할 가치가 있다고 생각하는 것에 혼신을 다하려 했다. 그것이 學이다. 이것은 다들 돌보지 않는 외로운 길이었기에, 부단한 유혹과 싸워야 한다. 공자라고 해서 유혹과 방황이 없었겠는가? 고관대작이나 부유한 상인들이 그의 마음을 흔든 적이 없었을까?

'서른에 立했다'는 것은 그런 유혹과 산란, 시기의 곁눈질과 은밀한 욕망으로부터 이제 자유로워졌다는 것을 말하는 것이 아닐까? 그러고 나서 십 년 뒤인 '마흔에 不惑'은 자신이 가야 할 길에 확신을 갖게 되었다는 것이 아닐까? 세속의 유혹을 떨쳐도, 동서고금의 수많은 인문과 종교, 철학이 보여주듯, 길은 여러 갈래로 뻗어 있다.

道라는 글자가 갈림길에서 머리 둘 곳을 몰라 하는 사람의 주저를 가리키고 있다는 설명을 본 적이 있다. 《논어》에 등장하듯, 은자들의 무리는 안 되는 일을 붙들고 용쓰지 말고 더불어 농사를 짓자고 하고, 위정자들은 자신들이 감당할 만한 부국강병의 기술을 펼쳐달라고 주문한다. 공자는 자신의 길에 대한 양보가 없었다. 즉 자신이 걷는 길이 인간의 길로, 보편적 의미를 띠고 있다고 확신했기 때문이다.

그러고 십 년이 흘러, '쉰에 知天命'이 무슨 소리일까? 주자가 그랬듯, 이 단계들을 궁리의 심화 과정으로 읽어야 할까? 자신을 추동하는 이 열망의 진원지, 즉 초월적 존재와 대면한 것일까? 아니면 학문의 성숙에서 자연스럽게 백성들의 삶을 윤택하게 하고, 지상의 道를 이루어야겠다는 사회적 책임을 소명으로 품게 되었다는 뜻일까? 아니면 그 둘 다일까?

子曰: "莫我知也夫!" 子貢曰: "何爲其莫知子也?" 子曰: "不怨天 不尤人. 下學而上達. 知我者 其天乎!" (〈헌문〉 37장)

공자가 말했다. "나를 아는 사람이 없구나." 자공이 말했다. "어찌 스승님을 아무도 모른다 하십니까?" 공자가 말했다. "하늘을 원망하지 않고, 사람을 탓하지 않는다. 下學으로 上達하니, 나를 아는 자는 그 하늘인저."

이 토로로 보건대, 知天命 안에는 자신의 운명에 대한 의연한 수용의 태도가 포함된 듯하다. 공자의 오십 대는 천하를 돌며 세상을 구원하기 위해 애쓰던 시절이다. 그러고 나서 10년, 공자 '예순에 귀가 순해졌다.' 지천명의 차오르던 어세가 일순 누그러지고 하강하는 느낌이다. 공자는 이제 '안 될 줄 알면서도 그리 노력하던' 짐을 내려놓은 것이 아닐까? 날을 세우며 세상과 대적하던 그가, 이제 모든 것을 수용하며 운명에 고개를 끄덕이게 된 것은 아닐까? 자신을 향한 비난과 원망에도 흔들리지 않을 정도로 그는 무심해진 것이 아닐까?

그러고 나서 일흔, 그는 고향에 돌아와 있었다. 지친 몸이었지만, 그는 고전을 정리하고 제자들을 키우는 데 온 힘을 쏟았다. 간간이 유력한 정치인들에게 조언을 해주고, 외국에서 온 손님들과 대화를 나누었다. 오나라의 태재 백비는 "공자는 성인이신가? 어찌 그리 유식하고 다능하신가?"라고 감탄을 아끼지 않았다. 그는 이제 더 이상의 노력이 필요 없는 경지에 들어선 듯하다. 자유와 규범이 마침내 하나가 되었다. 이 합일을 그는 學을 통해 완성했다.

끝 대목은 상상력을 동원해 보았다. 下學而上達하학이상달, 공자의 경지를 누가 가늠하겠는가? 자공은 스승의 경지가 "몇 길 높이의 담장이라 문을 통해 직접 들어가 보지 않으면, 그 화려한 아름다움을 알 수 없을 것이다"라고 찬탄했다. 안회는 "앞에 다가가면 훌쩍 뒤에 계시고, 뚫고 들어갔다 싶으면 더 견고하니, 아득하다"라고 좌절감을 토로했다. 아득한 세월 뒤의 누가 있어 그의 문정門庭이라도 엿볼 수 있겠는가?

《논어》가 보여주는 學의 개요를 살펴보았다. 그러나 구체적으로 그 방법과 세부 프로그램은 아직 다루지 않았다. 이 화두를 두고 수많은 주석가가 자신의 의견을 제시했다. 대표적으로 두 명의 사상가의 목소리를 듣는다.

첫머리가 그 유명한 '학이시습지'로 시작한다. 유교의 중심이 학습임을 웅변으로 알려준다. 시작인 만큼, '전문'을 다 읽어보는 것도 의미가 있을 것이라고 생각한다. 주장뿐만 아니 각자의 주석, 그 스타일과 구성, 그리고 특질을 가늠해볼 수 있다.

《논어》첫 구절

> 子曰: "學而時習之 不亦說乎? 有朋自遠方來 不亦樂乎? 人不知而不慍 不亦君子乎?"《학이》1장)

너무 익숙해서 다들 외고 있을 것이다. 하지만 내 눈에는 암호투성이다. 옛사람들도 그랬을 것이다. 대체 學이 무엇을 익히고, 習은 무엇을 연습한다는 것인지, 時는 가끔씩인지 언제든인지 적절한 상황에서를 말하는지 궁금하다.

說은 왜 悅로 읽는지, 그리고 說과 樂의 차이는? 그리고 有朋은 또 누구이고, '멀리서'라 함은 어디서 오는 것인지…. 人不知는 대강 "사람들이 몰라주어도"라고 하는데 정말 그런 뜻인지, 끝으로 '君子'는 '훌륭한 사람'이 분명한데, 어떤 유형의 인간인지 그리고 지금도 권고되는 인간형인지 등 궁금이 끝 간 데없다.

어디 안쪽뿐인가? 바깥이 더 안개가 자욱하다. 공자의 사유 체계에서 이 구절이 갖는 의미와 중요성은 무엇인가? 그리고 이 인간형은 지금도 구현하는 것이 바람직한가? 우리도 공자를 따라 學을 해야 하는가? 할 수 있는가? 아니 그 길을 따르는 것이 시대착오적인가? 현대의 교육과 자기 성장의 이념과는 어디가 어떻게 다른가? 이런 중구난방의 물음들을 안고, 선현의 목소리에 귀를 기울여보자.

먼저 주자의《집주》전문을 소개한다. 편의상 원문은 분절했고, 번역에는 번호를 붙였다.

① 說 悅同.

② 學之爲言效也. 人性皆善 而覺有先後 後覺者必效先覺之所爲 乃可以明善而復其初也.

③ 習 鳥數飛也. 學之不已 如鳥數飛也. 說 喜意也. 旣學而又時時習之 則所學者熟 而中心喜說 其進自不能已矣.

④ 程子曰: "習 重習也. 時復思繹 浹洽於中 則說也." 又曰: "學者將以行之也. 時習之 則所學者在我 故說."

⑤ 謝氏曰: "時習者 無時而不習. 坐如尸 坐時習也; 立如齊 立時習也."

⑥ 樂 音洛.

⑦ 朋 同類也. 自遠方來 則近者可知.

⑧ 程子曰: "以善及人 而信從者衆 故可樂." 又曰: "說在心 樂主發散在外."

⑨ 慍 紆問反. 慍 含怒意. 君子 成德之名.

⑩ 尹氏曰: "學在己 知不知在人 何慍之有." 程子曰: "雖樂於及人 不見是而無悶 乃所謂君子."

⑪ 愚謂及人而樂者順而易 不知而不慍者逆而難 故惟成德者能

之. 然德之所以成 亦曰學之正·習之熟 說之深 而不已焉耳. 程子曰: "樂由說而後得 非樂不足以語君子."

① 說은 悅과 같다.

② 學은 效를 가리킨다. 人性은 모두 선하다. 그래서 깨달음(覺)에 선후가 있다(먼저 깨닫는 사람도 있고, 나중 깨닫는 사람도 있다). 나중 깨닫는 사람(後覺者)이 반드시 먼저 깨닫는 사람(先覺)이 행한 바(所爲)를 본받으면(效), 곧 선을 밝히고(明善) 그 처음(자신의 본래성)을 회복할 수 있다(復其初).

③ 習은 새의 연거푸 날갯짓이다(鳥數飛也). 學을 그치지 않는 것(不已)이 새의 날갯짓과 닮았다. 說은 기쁜 마음(喜意)이다. 배운 것을 때때로 익혀 나가면(旣學而又時時習之), 배운 것이 무르익고(所學者熟) 마음속에 기쁨이 가득 찬다(而中心喜說). 그렇게 나아가면 이제 그만둘 수 없다(其進自不能已矣).

④ (북송의 선배) 정자가 말했다. "習은 거듭 연습이다(重習也). 때로 다시금 생각하고 사색하여(時復思繹) 마음속에 충분히 젖으면(浹洽於中), 기쁨이다(說)." 또 말했다. "學은 장차 행하려는 것이다(將以行之也). 때로 익히면(時習之) 그 배운 것이 바로 내 것이 되므로, 기쁜 것이다(所學者在我 故說)."

⑤ (또 다른 선배인) 사상채가 말했다. "때로 익힌다(時習)는 말은 '언제 어디서든 연습한다(無時而不習)'는 말이다. (가령) 시동처럼 앉는 것(坐如尸)은 앉을 때의 연습이고(坐時習), 제사에 참석하듯 (엄숙하게) 서는 것(立如齊)은 설 때의 연습(立時習也)이다."

⑥ 樂의 음은 낙(洛)이다.

⑦ 朋은 同類를 가리킨다. '멀리서 온다니(自遠方來)', 가까운 사람은

어떨지 짐작할 것이다(近者可知).

⑧ 정자가 말했다. "자신의 선함이 다른 사람에게 퍼져가니(以善及人), 믿고 따르는 사람이 많다(信從者衆). 그래서 즐겁다(故可樂)." 또 말했다. "기쁨은 마음속에 있고(說在心), 즐거움은 밖으로 발산된다(樂主發散在外)."

⑨ 慍(의 음)은 紆우 問문의 反절이다. (그래서 '운'이다.) 慍이란 '분노' 띤 감정이다(含怒意). 君子는 덕을 이룬 사람을 가리킨다(成德之名).

⑩ (또 다른 선배) 윤화정이 말했다. "學은 내가 감당하는 일이고(在己), 알아주고 말고는 남에게 달려 있다(知不知在人). 화를 낼 일이 무엇 있는가(何慍之有)?" 정자가 말했다. "즐거움은 다른 사람에게 미치지만(雖樂於及人), 사람들의 인정을 받지 못함에도 번민이 없으면(不見是而無悶), 그가 바로 군자다(乃所謂君子)."

⑪ 어리석은(愚) 나 주자는 말한다. "즐거움이 다른 사람에게 미치는 것은 (마음에) 순조롭고 (이를 성취하기는) 쉽다(謂及人而樂者順而易). 그런데 나를 알아주지 않아도 화를 내지 않는 것은 (마음을) 거스르는 일이라서, (성취하기) 어렵다(不知而不慍者逆而難). 오직 德을 이룬 자(惟成德者)만이 그렇게 할 수 있다(能之). 그럼에도 이 德을 이루자면 또한 學의 올바름, 習의 익숙함, 說의 깊음으로 끊임없이 나아가야 한다(然德之所以成 亦曰學之正 習之熟 說之深 而不已焉耳)."

⑫ 정자가 말했다. "즐거움(樂)은 기쁨으로부터(由說) 나중 획득(後得)되는 것이다. 즐거움이 아니라면 군자를 말하기에 부족하다(非樂不足以語君子)."

주석의 모습을 보여주기 위해서 한자를 일부러 노출했다. 그리고 의미를 취득하기 편하라고 과감히 의역을 보탰다. 대략 주자가 무슨 말을 하고 싶어 하는지를 캐치하실 것이라고 생각한다. 우선 구성을 보자.

먼저 소리, 즉 한자어의 발음을 제시한다. 說은 일반적으로 '말한다'는 의미의 '설'로 읽지만, 여기서는 '기쁘다'는 의미의 '悅열'로 읽으라고 권한다. 예전 한자어에 이 둘이 혼용되었을 가능성이 크다. 樂은 음이 달라지면 의미가 바뀐다. 가령 '음악'을 가리킬 때는 '악', '즐겁다'를 가리킬 때는 '낙'으로 읽는다. 여기서는 '낙'이라 한다. 반절은 발음이 애매한 글자 앞에서 다른 한자 두 글자를 빌려 음을 표기하는 방식이다. 첫 글자는 초성, 두 번째 글자는 중성과 종성을 담당한다. 그래서 慍의 음은 紆우 問문의 반절인 '운'이다.

그리고 단어의 뜻과 구절의 풀이가 있다. 주자는 이 '해석' 부분에서 자신의 철학을 실어놓는다. 이곳을 면밀하게 살펴야 한다. 이 구절에 함축된 주자의 철학을 곧이어 파헤쳐보자.

주자는 자신의 주석에 선배들의 견해를 적극 원용했다.[1] 주자는 '집대성'이라는 이름답게, 특히나 북송 선배들의 다양한 주석을 적절히 배지하고 있다. 주자의 선배 가운데 대표적인 네 사람이 있다. 이들을 북송사자北宋四子라고 부른다. 주렴계(주돈이), 정명도(정호)·정이천(정이) 형제, 그리고 장횡거(장재)가 그들이다. 위에 '정자'는 정씨 형제 가운데 주로 동생 정이천을 가리킨다. 윤씨는 윤화정(윤돈)으로, 정이천의 제자이고, 낙양에서 강학에 힘썼다고 한다. 사씨는 사상채(사량좌)로, 역시 정이천의 문인이다. 양씨는 양구산(양시)으로, 역시 정명도와 정이천의 제자다. 주자는 이 계열을 잇고 있다.

---

1   《집주》란 이름을 붙인 이유도 여기 있다. '주석의 모음집'이란 뜻이다.

주자의 스타일을 대략 짐작하실 것이다. 단어의 소리, 의미, 구절, 문장의 의미를 제시한 다음, 자신의 독자적 해석을 첨부했다. 그런 다음 자신의 해석을 도와줄 선배들의 의견을 같이 배치했다. 이 과정에서 주자와 선배들 사이에 엇갈리거나 상치하는 곳도 적지 않게 드러난다. 예를 들면, 時習을 주자는 '時時習之(때때로)'라고 했는데, 인용된 사상채는 '無時而不習(언제나)'으로 독해한 것을 보라. 그런데 주자는 이들 엇갈림을 절충 논변하기보다 모른 척 열거만 해놓음으로써, 독자들이 알아서 가늠하고 판단하도록 열어두었다. 주자학이 널리 전파되고 이해가 깊어지면, 이것들이 다 학자들 사이의 문젯거리로 떠오를 것이었다.

이제 다산의 주석을 읽어보기 전에 다산의 스타일에 대해 몇 마디 미리 알려드리는 것이 유익할 듯하다. 《고금주》라는 이름은 고금의 주석들을 통틀어 체로 걸러보겠다는 기염을 담고 있다. 지역적으로도 중국과 조선은 물론, 일본의 성과들까지 놓치지 않는다. 그런 점에서 독자들은 이제 수많은 듣도 보도 못한 사람과 책과 부딪힐 것임에 마음의 준비를 하셔야 한다.

다산의 주석은 크게 세 부분으로 나누어져 있다. ① 해석부, ② 비평부, ③ 질의부가 그것이다.

첫머리 해석부는 원문의 뜻을 제대로 짚은 자원들을 선별해서 실었다. 유파와 이단을 가리지 않고 수많은 인물과 책이 동원되었다. 왕양명은 물론 이탁오, 그리고 청대 고증학의 대가들의 목소리도 들을 수 있다. 그런데 이들 파편화된 조각들은 그림의 전부를 보여줄 수 없다. 수많은 빈 곳이 남아 있다. 그래서 다산은 '보충해서 말한다(補曰)'. 그의 실질 독창이라 할 것인데, 이 분량이 상당하다. 지금 《논어》

첫 장만 해도 다산은 거의 '補曰'로 도배하고 있다. 그만큼 그의 독자적 해석의 폭이 크고 전복적이라고 할 수 있다.

독자들은 '다산의 지적 결벽성' 같은 것을 감지했을 것이다. 그는 경계가 모호하고, 뒤섞는 것을 그렇게 싫어했다. 어디가 이전의 성과인지, 어디가 자신만의 독창인지가 분명해야 할 것이 아닌가? 요즘의 연구 윤리(?)를 그는 분명히 의식하고 있었다. 그는 성호 이익이 남긴 박람의 저작들을 읽고 학문에 대한 각오를 다졌다고 술회한 바 있다. 그러나 정작 그 저작의 스타일에 대해서는 불만을 표시했다. 가령, 《성호사설星湖僿說》 등의 자유로운 노트를 보매, 남의 주장과 자신의 독자성이 구분 없이 섞여 있다는 것이었다. 그는 학문에서 정직성과 치밀함을 무엇보다 중시했다.

이렇게 기본적 의미를 짚어준 다음, 자연스럽게 비평부가 잇따른다. 엉뚱한 주장, 길을 잘못 든 사람들을 테이블 위에 올려두고 신랄한 비판을 퍼붓는다. "비판하여 가로되 틀렸어(駁曰 非也)!"라는 과격한 언사에 뒷머리가 서늘할 정도다. 다산의 학자적 역량을 유감없이 읽을 수 있다.

질의부는 무엇인가? 다산의 라이벌은 단연 주자다. 만일 주자의 설이 잘못되었다면? 서학의 혐의로 멸문의 화를 입고 먼 땅에 오랫동안 유배를 떠났던 다산이기에, 주자의 설을 향한 그의 접근은 조심스러울 수밖에 없다. 다산은 두 갈래 전략을 짠다. 주자의《집주》또한 이전의 많은 해석에 빚지고 있다.《집주》가 아닌가? 다산은 모른 척하며 원작자를 찾아내 흠씬 두들겨 팬다. 직접 칼을 들이댄 것은 아니지만, 결국 타깃은 주자인 것이다. 그래서 독자는 다산이 다른 사람의 설을 비판할 때, 그것이 혹 주자와 연루(?)되어 있지 않은지를 늘 의식하고 살펴야 한다! 그런데 만일 선구가 없고 주자의 독창적 해석이라면? 직접 대면을 피할 길이 없다. 다산은 이 곤혹 앞에서 '질의부'라는 겸손한 코너를 따로 만들었다. '조심스럽게 의문 나는 점을 물어본다'는 뜻이다. 이 코너를 만나면 독자들은 '아, 지금 다산이 주자와 맞짱을 뜨겠다는 것이구나' 하고 생각하시면 된다. 자주 이 코너와 만날 것이다.

다산은 주자의 해석에 전면 도전장을 냈고, 후발의 약자였기에 응원해줄 지원군이 절실할 수밖에 없다. 그는 한편으로 응원을 받고, 다른 한편으로 자신의 해석이 근거 없는 억측이 아니라는 것을 알리기 위해 ④ 인증引證과 ⑤ 사실事實 코너를 필요할 때마다 보강했다. '인증'은 자신의 주장에 근거를 제공했고, '사실'에서는 역사적 증거를 확인해주었다.

이제 다산의《고금주》와 직접 만나보자. 〈학이〉 편 1장의 주석 전문이다. 두 부분으로 구성되어 있다. 먼저 해석부가 나온다.

邢曰: "稱師曰子. 【《公羊傳》曰: "子沈子." 何休云: "稱子冠氏上者著其爲師也."】直言子曰者 以其聖德著聞 師範來世 不須言其氏人盡知之也." 【荻云: "孔門稱夫子曰子者 內辭也. 如《春秋》稱魯君曰公."】

형병이 말했다. "스승(師)을 일컬어 子라고 한다(《공양전公羊傳》에 "子沈子자심자"라고 했다. 하휴何休는 "氏 위에 子를 씌우는 것은 그가 스승임을 드러내기 위해서다"라고 했다). 곧바로 '子曰'이라고 한 것은 그 聖德이 뚜렷하여(著聞) 후세의 사범(師範來世)이 되므로, 그 氏를 굳이 말하지 않아도 누군지 모두가 안다." 오규 소라이가 말했다. "孔門에서 夫子를 칭해

'子'라 한 것은 자기들 내부의 언사(內辭)다(예컨대,《춘추》에서 (노나라 연대기이기에) 노나라 군주를 (그냥) '公'이라고 부르는 것처럼)."

〔補曰〕學 受敎也. 習 肄業也. 時習 以時習之也. 說 心快也.【皇云: "懷抱欣暢也."】兌卦上開 夬卦亦然 悅·快 義相近也.【兌卦〈象傳〉云: "說以先民."】

보충해서 말한다. 學은 가르침을 받는 것이다. 習은 그것을 공부해 나가는 것이고, 時習이란 때때로 그것을 연습하는 것을 말한다. 說은 마음의 쾌락이다(황간은 "가슴에 품은 생각이 통창한 것이다"라고 했다). (《주역》의) 태兌괘는 (모양이) 위로 열려 있고, 쾌夬괘도 같은 모양이다. 悅과 快는 뜻이 비슷하다(兌괘 단전象傳에는 "기쁨으로 백성들을 이끈다(說以先民)"라고 했다).

〔補曰〕朋 同道者也.【坤卦注】自遠方來 則其人必豪傑 致之者 亦賢哲也. 樂 深喜也.【朱子曰: "悅是感於外而發於中 樂是充於中而溢於外."】人不知 謂人不知我之學成也. 慍 心有所蘊結也.【詩·檜風》云: "我心蘊結兮."】《易》曰: "不見是而无悶."【程子云】

보충해서 말한다. 朋은 道를 같이하는 사람들이다(곤坤괘의 注에 있다). 먼 곳에서부터 찾아온다니 그 사람은 반드시 호걸일 것이고, 초빙한 사람도 현철일 것이다. 樂은 깊숙한 기쁨이다(주자는 "悅이 밖에서 촉발되어 마음속에 피어난 것이라면, 樂은 가슴속을 채우고 밖으로 흘러넘치는 것이다"라고 말했다). '人不知'는 '타인이 내 학문의 성취를 몰라주어도'라는 뜻이다. 慍은 마음속에 맺힌 것이다(《시경》〈회풍檜風〉에 "내 마음에 맺힌 것이 있다"라는 표현이 있다).《주역》에서 이르길, '인정받지 못해도 번민이 없다'라고 했다(정자의 말이다)."

〔補曰〕君子 有德之稱. 鄭玄〈玉藻〉注曰: "君子 大夫·士."【又云:
"君子 士已上."】〈少儀〉注曰: "君子 卿·大夫."【孟子云: "非野人 莫
養君子."】君子云者 大君之子也 猶王者之稱天子也. 古惟有德者
得在位 故後世雖無位 凡有德者稱君子.

보충해서 말한다. 君子는 有德함을 가리킨다. 정현의《예기》〈옥조〉의
注에서 이르길, "君子는 大夫·士다"라고 했다(또 "君子는 士 이상을 말한
다"라고 말했다).《예기》〈소의〉의 注에서도 "君子는 卿·大夫다"라고 했
다(맹자는 "野人이 아니면 군자를 먹일 수 없다"라고 했다). 君子라 함은 大君
의 자식을 말한다. 흡사 王者를 天子라 칭하는 것처럼…. 옛적에는 有
德者가 재위在位를 얻었다. 그래서 후세에는 비록 無位라도 무릇 有
德者를 군자라 칭했다.

다음은 비평부다. 중간쯤 '인증' 하나가 붙어 있는 것을 볼 수 있을 것
이다.

或曰: "學者 業道之名."【賈誼《新書》引《逸禮》: "小學業小道 大學
業大道."】〔駁曰〕非也.〈學記〉曰: "人不學 不知道." 孔子曰: "吾十
有五志于學." 此方是業道之名.《說文》曰: "學 覺也." 謂先覺覺後
覺也. 然此亦造字之原義 非此經之所宜引.

혹자는 말한다. "學은 道를 닦는 것을 말한다(가의賈誼의《신서新書》에 인
용된《일례逸禮》에서 "小學은 小道를 익히고, 大學은 大道를 익힌다"고 했다)."
논박하건대, 아니다.《예기》〈학기學記〉편에 이르길, "사람은 배우지

않으면 道를 모른다"고 했고, 공자가 (여기《논어》에서) 말하길, "나는 열다섯에 學에 뜻을 두고"라고 했는데, 이 둘이 바로 '道를 닦는 것'으로서의 學이다. 허신의 《설문》에서 "學은 覺이다"라고 했고, (주자가 이를 인용하며) "先覺은 後覺을 일깨운다"라고 했는데, 이것이 글자의 원래 구성이라고 해도 지금 이 자리에 끌어올 것은 아니다.

侃曰: "學有三時 一 身中時【〈學記〉云: "時過然後學 則勤苦而難成."】二 年中時【〈王制〉云: "春秋敎以禮樂 冬夏敎以詩書."】三 日中時.【〈學記〉云: "藏焉 脩焉 息焉 游焉." 是日日所習也】"〔駁曰〕非也. 時習者 時時習之也.【朱子云】學晨省昏定 便自是日習晨省昏定 學日乾夕惕 便自是日習日乾夕惕 學祭禮 習祭禮 學鄕禮 習鄕禮【飮射投壺等】學樂 習樂【〈月令〉云: "孟春命樂正 入學習舞 季秋命樂正 入學習吹."】學誦 習誦 學射御 習射御【〈月令〉云: "孟冬習射御."】學書數 習書數 皆所以肄業也. 學所以知也 習所以行也 學而時習者 知行兼進也. 後世之學 學而不習 所以無可悅也.

황간이 말했다. "學에는 세 시기가 있다. 하나는 '평생의 때'다(《예기》〈학기〉 편에서 말하기를, "때가 지난 후에 學하면 수고스럽기만 하고 이루기가 어렵다"고 했다). 둘은 '한 해의 때'다(《예기》〈왕제王制〉 편에서 이르기를, "봄·가을에는 예악을 가르치고, 겨울·여름에는 시서를 가르친다"고 했다). 셋은 '하루의 때'다(《예기》〈학기〉 편에서 말하기를, "물러나 닦고 쉬고 논다"고 했는데, 이는 하루하루 연습해 나가는 것이다)." 논박하건대, 아니다. 時習이란 때때로 연습한다는 뜻이다(앞에서 주자가 그리 말했다). (자식이 아버지를) 새벽에 살피고 저녁에 자리 보아 드리는 것을 學했으면 곧 자신이 날마다 그것을 연습하고, 낮에 부지런하고 저녁에 성찰하기를 學했으면 곧 자신

이 날마다 그것을 연습한다. 제례祭禮를 學했으면 그것을 연습하고, 향

례鄕禮(마시고 활 쏘며 투호하는 것 등)를 學했으면 그것을 연습한다. 樂을

學했으면 樂을 연습하고(《예기》〈월령月令〉 편에서 말하기를, "이른 봄에 악정

樂正에게 명하여 국학에 들어가 춤을 연습하게 하고, 늦가을에는 악정에게 명하여

국학에 들어가 피리를 연습하게 한다"고 했다), 誦을 學하면 그것을 연습하

고, 사어射御(활쏘기와 말타기)를 學했으면 그것을 연습한다(《예기》〈월령〉

편에서 말하기를, "이른 겨울에 사어를 연습한다"고 했다). 서수書數를 學하면

그것을 연습한다. 이 모두가 '학습'해 나가야 할 대상이다. 여기 學이란

곧 알기 위한 것이고, 習이란 바로 실천 행동에 나서는 것이다. 이처럼

'學而時習'이란 知와 行이 함께 나아감을 가리킨다. 후세의 學은 學

만 있고 習은 하지 않아, 즐거움이 없다.

王曰: "學者 以時誦習之." 〔駁曰〕 非也. 誦習而已者 後世之學也

禮樂射御 可習者多 奚但誦而已? 《易》曰: "朋友講習." 【兌〈大象〉】

講者 論辨也 無所不包. 誦則《詩》·《書》而已 學止是哉? 〔引證〕《大

戴禮》曰: "君子旣學之 患其不博也 旣博之 患其不習也." 【〈曾子立

事〉篇】

왕숙이 말했다. "學이란 때로 읊조리고 외는 것을 말한다." 논박하건대,

아니다. 외는 연습만 하는 것은 후세의 學이다. 예악과 사어는 연습할

것이 많은데, 어찌 단지 외고만 있겠느냐? 《주역》에서 이르기를, '朋友

講習붕우강습'이라 했는데(태兌괘 〈대상大象〉에 있다), 여기 講이란 논변이

라 모두에 해당되지만, 외는 것은 시서에만 해당되니, 學이 여기 그치

겠는가? [인증] 《대대례기》에서 말했다. "군자가 學한 것이 넓지 못할

까 걱정하고, 넓게 學한 것은 연습하지 않은 것을 걱정한다(〈증자입사曾

子立事〉편에 있다)."

包曰: "同門曰朋."〔駁曰〕非也.《公羊傳》注云: "同門曰朋."【兌卦
疏】《周禮》注云: "同師曰朋"【〈大司徒〉聯朋友之注】《集注》云: "同
類曰朋." 總之 朋者 志同而意合者也 何必同門?

포함이 말했다. "同門을 朋이라 한다." 논박하건대, 아니다.《공양전》의
注에서 "同門을 朋이라 한다"라고 했다(兌괘의 疏에 있다).《주례》의 注
에서 이르길, "同師를 朋이라 한다"라고 했다(〈대사도大司徒〉 편의 "聯朋
友(붕우와 연대하여)"라는 구절의 注에서 나온다). (주자의)《집주》에서는 "同
類를 朋이라 한다"라고 했다. 종합하자면, 朋이란 '뜻을 같이하고 의기
투합한 자'를 가리키지, 하필 '同門'만 콕 집어 말하는 것이 아니다."

何曰: "凡人有所不知 君子不怒."【邢云: "古之學者爲己 含章內映
他人不知 而我不怒也." 一云: "若有人鈍根 不能知解者 君子恕之
而不怒也."】或曰: "夫子一生學不厭 敎不倦. 此正指'誨人'一節. 故
魏文靖講學余山 有學者辨論不釋 怫形于色. 文靖曰: '人不自知
于我何慍?' 正得此意."〔駁曰〕非也. 此章乃成己成物之全體 首節
成己之事也. 旣成己矣 人知之而從我則樂 人不知之而不宗我則
不慍. 明成物之權 不在己也. 邢氏鈍根之說 豈足述乎?

하안이 말했다. "사람들이 알지 못해도 군자는 화를 내지 않는다(형병이
"옛 학자는 자신을 위해 學했으니, 빛을 내부에 품고 있어 타인이 알지 못해도 자신
은 노기를 띠지 않는다"고 말했다. 또 다른 곳에서는 "만약 둔한 사람이 있어 (어떤
사안을) 잘 이해하지 못해도 용서하고 화를 내지 않는다"라고 했다)." 혹자가 말
했다. "공자는 일생 學을 싫어하지 않고 가르침을 게을리하지 않았으

니, 지금 이 구절은 사람을 가르칠 때의 德을 가리킨다. 그래서 위문정魏文靖이 여산余山에서 강학할 때, 어느 학자가 변론이 선명치 못해 얼굴이 불끈했는데, 문정이 말하기를, '저가 모르는 것을 내가 화낼 일이 무엇인가?' 했는데, 바로 이 뜻이다." 논박하건대, 아니다. 이 장은 바로 성기성물成己成物의 전체를 짚고 있다. 첫머리는 자신을 완성하는 일이다. 자신을 완성했는데(成己) 사람들이 따르면 즐거운 일이고, 몰라주고 받들지 않아도 화내지 않는다. 이것은 남을 완성하는(成物) 권한이 내게 있지 않기 때문이다. 형병의 '우둔한 근기' 설을 어디 언급할 가치가 있으랴?

처음이라서 전문을 번역해보았다. 해설을 위해 번역을 자제했다. 이 곤혹은 옛 방식의 주석을 통해 원문에 접근하는 것의 어려움을 그대로 보여준다 싶다.

독자들은 흡사 실내 야구장에서 자신을 향해 연속 날아드는 야구공을 느낄지 모른다. 다산의 논설은 속사포처럼 쏟아진다. 이들을 하나하나 상대해야 한다. 그것도 노련하게….

문제가 되는 논점과 각 사유의 배경들을 음미해보고자 한다.

다산은 '子曰' '君子' 등 우리에게 익숙하고 자잘한 용어들에게도 친절을 빠트리지 않는다. 주자는 이런 곳에까지 신경을 쓰지는 않던 것을 기억한다.

다산은 "子가 스승을 가리키는데, 孔씨를 빼먹은 것은 학단 내부이기에 그랬다"고 했다. 아마 그랬을 것이다. 이는 가령 기원전 4세기의 인물 상앙商鞅을 보아도 알 수 있다. 그의 원래 이름은 공손앙公孫鞅이었다. 나라 안에서 그가 공족의 귀족 출신임을 알 수 있다. 해외로

나가면 당연히 국적을 표식해야 해서, 이때는 '위앙衛鞅'으로 불렸다. 나중 서쪽 진秦나라 효공孝公의 인정을 받아, 활약을 펼치고 받은 땅이 상商이었다. 그래서 상군商君 혹은 상앙이라는 이름을 얻었다.

공자가 타국에서 쫓기며 길을 헤맬 때, 은자들과 만났다. 자로가 나루를 묻자, 장저가 묻는다. "누구 수레를 몰고 있느냐?" 이 물음에 자로는 "공구를 모십니다(爲孔丘)"라고 했고, 이들은 "거, 노나라 공구 말이냐(是魯孔丘與)?"라고 되묻는다. 그러나 지금 《논어》는 학단 내부에서 오간 대화들이고, '스승 공자'는 자연스럽게 '스승(子)' 한 글자로 불리게 되었다는 것이다.

君子는 '임금의 아들'로, '귀족 계급'을 가리켰다. 다산은 이 말의 원래 의미가 지배자, 통치 계급이었고, 나중 하급의 관료들에게까지 확대되었다고 말한다. "고대에는 德과 지위가 일치했다." 유교 전통은 그렇게 말한다. 그러나 예상하듯 여기 균열이 생겼고, "그래서 지금은 비록 지위나 권력이 없어도 德을 갖춘 사람을 군자라 부르게 되었다"고 말한다. 공자의 전기를 쓴 크릴은 이렇게 말한다.

공자의 제자 가운데는 미천한 출신도 있었지만, 공자는 이들을 명실공히 지배 능력을 갖춘 사람으로 만들려고 노력했다. 제자들이 지향해야 할 이상적인 인간형을 공자가 '군자'란 말로 표현한 것은 아마 이 때문이었던 것 같다. 이 말은 문자 그대로 '군주의 아들' 즉 군주의 친척을 의미하며, 따라서 귀족의 성원을 뜻하는데, 이런 의미에서 '小人' 즉 평민과 대비되는 말이다. 세습 귀족을 지칭하는 의미의 군자란 단어는 초기 문헌에 아주 흔한데, 공자보다 앞선 시기의 문헌 가운데에서 이와 다른 의미로 사용된 예는 거의 없다. 공자도 때때로 이 단어를 예전의 의미대로 사용하기도 했지만, 그것은 예외적인 것에 불과하며, 군자를 언급할 때는 귀족이 이상형으로 갖추어야만 하는 덕성을 가진 사람, 즉 진정한 귀족(단순한 세습적인 귀족이 아니라)을 지칭한 것이 보통이다. 이런 의미상의 변화는 영어 젠틀맨gentleman의 의미변화와 매우 유사하다. 이 단어도 본래는 사회적 지위가 우월한 집안에 태어난 사람을 의미했으나, 지금은 출생 신분을 불문하고 올바른 태도와 교양을 가진 사람을 지칭하는 것이 보통이다. 이 때문에 군자를 영어로 젠틀맨이라고 번역해도 무방한 것 같다. (H.G. 크릴,《공자, 인간과 신화》, 이성규 역, 지식산업사, 107-108쪽)

다산은 맨 끝에 재미있는 해석 하나를 점검해주고 있다. 그러고 보니, "人不知而不慍인부지이불온 不亦君子乎불역군자호?"를 "다른 사람이나 학생이 도무지 말귀를 못 알아들어도, 선생이 성질을 내지 않으면 군자가 아닐까?"로 읽을 수도 있지 않을까? 하안과 형병의 古注가 이 해석을 따르고 있다.

　나는 이 해석을 듣고 밥알을 튀겼는데, 다산은 웃음기 없이 진지하게 타박한다. 다산의 논리는 이렇다. "이 챕터는 成己成物의 전체를 언급하고 있다." 成己는 말 그대로 '자신(己)의 완성(成)'을 말한다. 그리고 成物은 '타인과 공동체(物)의 완성(成)'을 가리킨다. 道가 개인의 완성과 공동체의 질서 양 방면을 가리키듯이, 유학은 자신의 인격적 완성을 기초로 사물을 이용하고 공동체의 번영을 가져올 책임을 동시에 지고 있다.

　지금《논어》첫 장이 이 기획의 전체를 들려주고 있다. '배우고 익혀 자신을 완성하는 것'은 온전히 내게 달려 있다. 그러나 그 성취를 사람들이 기뻐해주고 인정해줄지 말지는 알 수 없다. 그것은 순전히 남의 손에 달려 있는 것이다. 기뻐해주지도 않고 인정해주지도 않을 때, 그것을 숙명으로 알고 마음에 울분이나 좌절감을 품지 않는 것, 그것이 진정 군자의 태도라는 것이다.

지금 공자는 일생의 과제를 단 세 구절로 요약하고 있다. 그런데 공자가 가르침에 지치지 않는(誨人不倦) 교사라서 '남을 가르칠 때' 성질을 내지 않으셨다니, 이런 망발이…. 진지한 회의에 불쑥 끼어든 농담에 황당해하는 다산의 표정과 화난 목소리가 역력하다. "둔한 녀석들을 보고도 화를 내지 않았다고? 무슨 말이 되는 소리를 해야지!"

한편 나는 이런 생각도 들었다. 부부 사이에 운전 연습은 절대 금물이라는 충고가 있다. "이혼하기 싫으면"이라는 단서까지 붙여서…. 그리고 옛적에도 아버지가 자식을 직접 가르치지 않았고, 자식들을 서로 바꾸어서 교육시켰다고 한다. 이런 점을 감안하면, 위와 같은 엉뚱한 해석도 일상의 현실을 반영하고 있다는 생각이 들기도 한다.

學이란 무엇인가?

이제 근본적 테마를 논의할 때다. 관건은 學이다. 대체 學은 무엇일까? 나는 앞의 '서설'에서, 이 學을 삶의 기술을 향한 도정으로 가늠한 바 있다. 과연 두 사람도 같은 생각일까?

주자와 다산은 '學'을 전혀 다르게 읽고 있는 것을 알 수 있다. 이 지점을 같이 탐험해보자.

(1) 주자의 '자각 혹은 깨달음'의 길

주자는 한마디로 "學之爲言效也학지위언효야"라고 단언한다. 배움이란 '본받는' 것이다. 누구를? 바로 선각先覺을…. 여기 선각자란 누구인가? 주자는 이어 말한다.

인간의 본성은 착하다. 그런데 그 사실을 깨닫는 데 먼저와 나중이 있다. 나중에 온 자는 선각들의 깨달음과 행동을 '본받아' 가히 선이 무엇인지를 밝히고, '그 처음을 되찾는다.'
人性皆善 而覺有先後 後覺者必效先覺之所爲 乃可以明善而復其初也.

아하, 이제 알겠다. 주자가 공자의 學이 '깨달음(覺)'이라고 했지만, 그 실질이 불교식의 '한 소식'이 아니라 인간의 선한 본질에 대한 자각, 각성을 말하는 것임을 알겠다. 주자는 지금, "인간은 진정 선하다. 그런데 사람들이 이를 모른다. 그것을 '자각' 혹은 '각성'하는 노력이 바로 學이다"라고 말하고 있는 듯하다. 여기가 주자학의 초석이 있는 곳이다.

주자의 생각은 이렇다. 일찍이 맹자가 탄식했듯이, 사람들은 이 사태를 잘 모른다. 즉 우리는 우리 자신이 누군지 모른다. 일상에 매몰되어 존재를 망각한다. 그 소외는 오래되었다. 다만 예외적 선각들만이 자신과 대면하고 자신의 존재를 '되찾았다.' 이것이 인간의 길이다. 후각들은 선각들이 열어준 이 옛길을 그저 '따라' 걸을 일이다. 그러다 보면 자신의 본성과 대면하고, 자신의 존재를 되찾을 수 있게 될 것이다. 이것이 學이다.

얼핏 보면, 주자의 말에 별 신기한 주장이 없어 보인다. 그러나 흘려들으면 곤란하다. '인간의 본성이 진정 선하다'고 믿는 사람이 있는가? 선한 부분도 있겠지, 희미하고 미약하지만…. 그런 사람들도 인간성의 '전체'가 선하다고 말할 수 있을까? 주자는 과감하게 불교의 불성처럼, 인간이 사적 자아와 그 편견, 탐욕으로부터 자유로워질 수 있다면, '전체'인 자연의 지식과 빛이 힘을 발휘할 것이라고 믿었다.

율곡이 19살 금강산에서 유력할 때, 한 노승을 만난 적이 있다. 불도 땐 흔적 없이 썰렁한데, 한 스님이 방 안에서 좌선하고 있었다. "스님은 무엇을 드십니까?" 스님은 소나무를 가리켰고, 율곡은 불교가 오랑캐의 가르침이라고 폄하하자, 스님은 유교의 성자로 칭송받는 순임금도 동이東夷 출신 아니냐고 퉁겼다. 율곡은 아차 싶어, 자세를 가다듬고 회심의 일격을 날렸다. "불교의 핵심이 유교 안에 다 있는데, 굳이 이를 버리고 저기서 찾고 계십니까? 더구나 우리 유교가 더 實한데 말이오." 아연 충격에 빠진 스님이 "무슨 근거로?"라고 묻자, 율곡은 맹자가 말한 "인간의 본성이 선하다"는 말 한마디가 그것이라고 말해준다. 그 이후 불교와 유교를 두고 한 판의 진검승부가 펼쳐진다.[2]

율곡은 《맹자》의 성선론이 아니라, 그것을 재구성한 주자학의 성선론을 말하고 있다는 것을 감안해야 한다. 즉 맹자는 인간의 미약한 가능성이 性善의 자리라고 했는데, 주자는 性善을 인간 마음의 전체로 설정했고, 이것은 기본적으로 불교의 불성론과 기본 구상을 공유

2　졸저, 《조선 유학의 거장들》 1장, "1554년 금강산, 율곡과 어느 노승과의 대화" 참고

하는 것이었다. 다만 불성이 선의 지형을 구체화하지 않는 데 비해, 주자는 이것을 仁義禮智라는 덕성의 발현으로 특화할 수 있었다. 주자는 이를 옹달샘에 비유하기도 했다. 샘물은 투명하다. 그러나 손을 넣어보기 전까지는 그것이 '또한' 시리다는 사실을 모를 것이다. 마찬가지로 "불교는 심성이 空하다는 것만 알았지, 그 실상이 무엇으로 가득 차 있다는 것은 미처 몰랐다." 여기도 주자학의 초석이 있는 곳이다. 이곳을 잘 기억해두시길 바란다.

그런데 왜 사람들은 선하기보다 악한가? 선한 힘이 있다고 해도, 그것을 제압하기는 역부족 아닌가? 주자는 인간의 악이 본원적인 것이 아니라는 것, 무지와 미성숙 그리고 잘못된 습관의 결과라고 생각했다! 이 장애를 뚫고 너의 본성과 만나라. 그것이 바로 學의 도정이다.

그의 비유를 들자면, 악이란 본성에 묻은 먼지나 생채기 같은 것이다. 먼지를 닦아낸 거울이나 진흙을 털어낸 학처럼, 혹은 생채기가 아문 피부나 부러진 다리를 수리한 의자처럼, 인간의 본성도 청소나 세탁, 수리나 치유를 거치면 자신의 본래 모습을 '회복'하게 될 것이다. 주자가 위에서 "선의 정체를 알고, 그 처음을 되찾는다(明善而復其初也)"고 적은 이유, 저간의 사정을 짐작하실 것이다. 주자는 공자의 '學習'을 이 자각의 도정으로 설득했다. 즉 인간의 과제는 자신이 누구인지를 알고(明善), 그 본래의 (선한) 모습을 되찾는 것(復其初)이 되었다.

이 학습의 기획을 새삼 새겨놓자. 주자의 《집주》와 그의 철학을 읽을 때, 이 원론을 놓치면 그의 얼핏 모호한 언설을 납득할 수 없게 된다.

그런데 이것이 공자의 學의 기획인가? 이 물음에 주자학자들은 그렇다고 말하겠지만, 이를 이상하다고 느끼고 새로운 해석의 길을 모색한 사람들이 적지 않았다.

다산은 래디컬한 비판자에 속한다. "《집주》는 《논어》를 보여주기보다 주자 자신의 고유한 사유를 보여줄 때가 더 많다." 그리하여 공자의 참모습을 찾아나가는 데 학문의 정열을 쏟았다.

(2) 다산의 '제 교과 학습'의 길

다산은 주자와는 다른 학습의 길을 제시한다. 그는 주자의 이런 기획이 다분히 불교적이며, 송대 유학의 일반적 병폐를 답습하고 있다고 생각한다. 그 말에 일리가 있음을 독자들도 감지하실 것이다.

그는 주자가 제시한 '깨달음'의 길에 동의하지 않는다. 學而時習之의 學을 내가 서설에서 적은 포괄적 인간화의 도정, 즉 업도業道로 거창하게 읽는 것에도 고개를 저었다. 다산은 말한다. 공자가 "열다섯에 學에 뜻을 두었다"고 할 때는 분명 인간화의 도정을 말하지만, 여기서의 學而時習之는 일상에서 다양한 교과를 배우고 익히는 것이라고 단순하게(?) 정리한다.

여기서 말하는 學은 "사람은 배우지 않으면 道를 모른다"라는 〈학이〉 편의 말이나 공자가 자신의 일생을 회고한 "열다섯에 學에 뜻을 두었다"의 그 거창한 인간학적 프로젝트를 가리키고 있지 않다! 그리고 學 또한 覺과 비슷한 형태이긴 하나, 여기서 인용할 것은 아니다.

여기서 學이 인간학적 프로젝트를 가리키고 있지 않다는 다산의 주장은 우선 제쳐두자. 주자가 제시한 '覺'으로서의 學에 대해서 더 본격적인 설명이 필요하겠다 싶다.

'주자가 그토록 비판적이었는데, 설마 불교식의 깨달음을 고취했을
까?' 하고 의아해하는 독자가 많을 것이다. 주자가 자신의 새로운 유
학을 정초하기 위해 기존의 六經 체제를 四書 체제로 전환했다는 얘
기를 앞에서 들어보셨을 것이다. 그 가운데 그가 가장 중시한 고전은
《대학》이다. 《논어》는 어록이고, 《맹자》는 변론이며, 《중용》은 형이
상학을 다룬다. 주제가 편중되어 있거나 언술이 산만하다. 오직 《대
학》만이 인간의 과제를 수미상관의 조리를 갖추고 修己治人의 스케
일을 포괄한 체계적 저작이라고 생각했다. 3강령·8조목이 한 인간이
이 땅에서 실현해야 할 프로젝트를 간결하게 집약해주고 있다는 것
이다.

　그 첫 항목이 '明明德'이다. 개인의 성숙 완성의 핵심 요결이 여기
담겨 있다. 주자는 明德을 '개개 인간의 영혼에 장착된(得) 빛(明)과
힘(德)'이라고 적시했다. 이것이 이른바 '본성(性)'이라고 불리는 것이
다. "그러므로 이 본성은 선하다." 이 빛과 힘은 현실의 이런저런 장애
때문에 온전히 자신의 기능을 발휘하지 못한다. 인간 본성의 빛이 가
려지고 힘은 마비되어 제 역량을 발휘하고 있지 못하는데, 무엇 때문
에? 크게 두 가지다. 이를테면 성격의 결함이 손발을 묶고(氣質之拘),
이기적 욕망이 빛을 덮는다(物欲之蔽). 이 두 가지 장애로 인해 인간
은 자신의 본성으로부터 소외되었고, 마침내 자신이 누구인지 알 수
없게 되고 말았다. 그런데 이 어둠을 뚫고 나간 사람이 있었다. 주자
가 말하는 '覺者'가 그다. 그는 차폐된 영혼 속에서 문득 새어 나오는
본래의 빛과 힘을 본 사람이다. 자각이 연속되고 심화되면서, 틈새는
더 넓어지고 자신과 만나는 강도는 더욱 뚜렷해진다.

　주자가 이것을 習이라고 불렀던 것을 기억한다. 주자는 공부의 처

음이자 끝이 敬이라고 말했다. 퇴계의 일생 또한 그렇고, 그가 선조를 위해 만든《성학십도》에서도 전편이 敬으로 관통하고 있다고 일러주었다. 敬이란 주자학에서 정신의 자각을 지속적으로 유지해 나가는 자세이고 훈련이다. 각성 상태에서 인간은 죄를 짓지 않는다고 주자학은 믿는다. 모든 죄와 악덕은 자신을 놓칠 때 움트고 번성한다. 주자학은 물론 안과 밖에서, 그리고 정신에도 감정과 의지 등에 수많은 학습을 설정해두고 있지만, 근본 지향은 바로 여기 정신의 각성 유지에 있다고 유보 없이 말할 수 있다.

이렇게 치유된 정신은 본래 장착된 본성을 유감없이 발휘하게 될 것이다. 그 본성의 정체는 다름 아닌 仁義禮智다. 자각이 무르익고 정신의 병폐가 치유되면, 본성이 자신의 힘과 빛을 자유롭게 발휘할 것이다. 그것은 사람을 향해 공감으로 반응하고(惻隱), 정의감을 구현할 것이다(羞惡). 그것은 또 사회적 배려(辭讓)로, 그리고 건전한 판단력(是非)으로 자신을 드러낼 것이다.

이렇듯 주자학의 모든 수양의 노력은 '자기 자신'에게로 향한다. 충동의 농기를 놓아보고, 정신의 불건전한 요소를 제거하는 것, 그리고 의식을 지속적으로 감시하고 각성 상태를 지속적으로 유지하는 것이 관건이다. 이 바탕(體)이 잘 확보되면 감정과 정서는 건강하게 표출(用)될 것이고, 사람 사이의 관계나 책임 있는 역할의 수행은 자연히 따라올 것이다.

다산은 고전 해석의 여러 전장에서 주자의 이 같은 기획에 집중포화를 퍼붓고 있다. 지금 주자는 아득한 공자·맹자가 구상한 道가 아니라는 것. 멀어져도 너무 멀어졌고, 그 폐단이 조선조의 정신적 해이와 사회적 실패를 낳았다고까지 윽박지른다.

관심 있는 독자는 주자와 다산의 《대학》 해석을 읽어보기를 권한다. 주자는 《장구》와 그 보충인 《혹문》을 썼고, 다산은 《공의》와 《강의》를 썼다. 《장구》는 대학 텍스트를 분절하고 보완했다는 뜻을 담고 있고, 《혹문》은 거기 못다 한 생각을 누군가의 질문에 대한 응답의 형식으로 적은 것이다. 다산의 《공의》는 그야말로 '객관적'으로 《대학》을 논의한다는 기염이 담겨 있고, 《강의》는 옛적 정조와 나눈 학문 문답을 정리한 것이다. 둘은 서로를 보완하고 있다.

'明德' 읽기부터 길이 갈라진다. 주자는 이를 정신의 빛과 순수(虛靈知覺)로 읽었고, 다산은 가족 관계의 기초 덕목(孝悌慈)을 가리킬 뿐이라고 맞섰다. 주자는 정신의 빛과 순수를 모두가 각성하고 회복하도록 계몽하는 것을 깨달은 자의 소명이라고 생각했기에, '親民'을 '新民'으로 고쳤다. 일찍이 왕양명이 이 개작에 이의를 제기한 적이 있다. 다산 또한 古本에 아무런 착간錯簡이 없다면서, 親民이란 백성들의 삶을 돌보고 그들과 함께하는 정치를 의미한다고 역설했다.

대체 德이란 무엇인가? 주자는 인간 내부에 장착된(得) '본성'이라 했고, 다산은 행동을 통해 쌓이는 '공적'임을 일깨웠다. 주자는 다름 아닌 仁義禮智가 그 본성이라 설득했고, 다산은 이것들은 有德한 행동의 결과임을 결코 잊지 말라고 나섰다. 과연 仁 등의 德은 안에 있는 것인가, 아니면 밖에 있는 것인가? 주자와 다산이 갈라지는 남상濫觴이 바로 이곳이다. 주자는 자연이 仁義禮智와 四德을 인간 정신에 장착해주었다고 말하고, 다산은 신이 그 德의 가능성(四端)만을 주셨을 뿐이라고 맞받았다. 이 문제를 두고 유배지에서 만난 10년 연하의 선비 문산과 본격적 논쟁을 벌이기도 했다.

다산은 그 '사단四端'이 신이 임재하는 곳이라고 썼다. 사단은 초월을 향한 열정이며, 당연히 육신의 욕구와 충돌하게 되어 있다. 우리는 하도 그것을 배반하고 싹을 잘라버려, 실제 이 신성이 우리에게 존재하는지도 잊어버렸다. 맹자가 든 牛山의 비유가 그것이다. 저 민둥산은 그 본래의 모습이 아니었다. 울창한 나무를 하도 잘라버려 저렇게 되었을 뿐이다. 그 숲을 보존하고 그 나무의 싹을 키워 나가는 것이 德으로 가는 길이며, 그것에 융성한 사람이 현자요, 나아가 성자의 이름을 얻을 것이다. 이것이 유교의 길이다. '四德이 안에 있느냐, 밖에 있느냐?'라는 주자와 다산의 논의는 지금도 논란 중이다. 이 논설은 다음으로 미루기로 한다.

정말 달라도 너무 다른 체계 아닌가? 어떻게 같은 책, 같은 글자를 두고 엇갈리다 못해 이렇게 서로 부딪히는 해석들이 존재할 수 있는가? 과연 누가 공자를 더 리얼하게 보여주고, 유학 정신에 더 가까이가 있는가? 아니면 둘 다 기실은 서로 가까우며, 병존함에 아무런 해됨이 없는가?

자세한 것은 앞으로 계속될 것이다. 지금 세 가지는 살짝 언급해두었다. 仁에 대한 견해가 學을 달리하게 했고, 이는 기원이자 토대인 天을 보는 눈이 달랐던 데 연유할 수 있다. 政도 따라서 갈라진다. 다산은 주자학이 자기 발견에 치중함으로써 선불교의 흔적을 지니게 되었고, 이로써 특히 지식인 관료들의 사회적·정치적 책임을 소홀히 하게 되었다고 비평했다.

다시 논의의 시작으로 돌아가 보자. 다산은 學而時習之를 어떻게 읽고 있는가? 그는 이 말이 주자처럼 '道의 완성'을 위한 필생의 프로젝트가 아니라, '다양한 부면의 지식과 기예를 익히는 것'이라고 심플하게 적었다.

여기 學이란 일상에서 가르치고 배우는 '수업들(肄業)'을 가리킨다.
〔補曰〕學 受教也.

주자가 한껏 심각하게 긴장을 유발시켰더니, 다산은 그 스팀을 끄고 풍선의 공기를 빼버렸다고 할까? "자신의 본질을 각성하는 과정이라고? 아니, 그건 학교에서 이루어지는 수업의 풍경을 말하는 거야"라고 말하는 듯하다.

이렇게 주자의 견해를 일축한 다산은, 여기 學이 수업이되 지금처럼 '읽고 외는 교습'에 한정해서는 안 된다고 유의시킨다. "외는 연습만 하는 것은 후세의 學이다." 또 學은 단순한 '독서'에 그치지 않는다. "《주역》에서 '朋友講習붕우강습'이라 했으니, 이는 논변을 포괄하고 있다." 그러면 질문은 이렇다. 주자처럼 거창한 일생의 道도 아니고, 그렇다고 책을 읽고 외우는 것만도 아니라면, 그럼 그 學은 대체 무엇인가? 다산은 다방면의 학습의 예를 다음과 같이 들고 있다.

① 우선 六禮라 불리는 '고전'의 교과다. 禮樂射御(예절, 음악, 활쏘기, 말타기 등)를 익혀야 하고, 詩와 書를 공부해야 한다. ② 그리고 가정에서, 그리고 사회에서 일반적으로 권장되는 '규범'들이 있다. '부모님께 아침에 문안드리고 저녁에 자리 보아 드리기' '낮에 부지런히 힘쓰고 저녁에 성찰하기' 등이다. 《논어》에서는 공자가 배우고 가르친 다양한 학습의 요목들을 만날 수 있다. ③ 그리고 당연히 '고전'의 학습이 있다. 詩와 書를 포함한 전래의 문헌들이 여기 포함된다. 나중 이 전적들은 '六經'으로 정리되었다. 공자가 직접 《시경》을 위시한 이들 경전에 손을 댔다는 것이 정통적 견해로 전해진다.

공자는 세상의 모든 지식에 통하고 모든 분야에 익숙할 필요는 없다고 안심(?)시킨다. 공자가 말했다. "나는 어려서 미천했기 때문에 수많은 기예에 능하게 되었다." 그는 그 모두를 '군자'가 배워야 할 것은 아니라고 선을 그었다. 공자는 제자가 농사짓기를 묻자, "유능한 농부에게 묻는 것이 낫다"고 물리쳤다.

공자가 강조한 것은 인간의 성숙을 위한 인격 훈련 그리고 그를 바탕으로 한 정치적 참여와 리더십이었다. 위에서 열거한 부면 가운데, 六藝와 기초적 덕성은 "물 뿌리고 비질하며 어른에게 대답하는 법을 익히는" 小學이 감당할 것이었고, 본격적 고전 학습과 세상의 이치에 대한 탐구 그리고 정치적 참여의 훈련은 大學이 감당할 몫이었다.

이 가운데 공자와 후세 주자학이 특별히 강조한 것은 두말할 것도 없이 '文, 즉 문헌에 대한 탐구와 학습'이다. "행하고 나서 여력이 있을 것이니, 그때 文을 學한다(行有餘力 則而學文)"라 했던 것을 기억한다. 이리하여 기본적 덕성의 고취와 더불어 고전 학습이 공자 혹은 유교의 핵심으로 떠올랐다. 공자가 광땅에서 생명의 위협을 받았을 때, "하늘이 장차 이 '文'을 없애지 않으실진대"라고 외쳤던 것을 기억한다. 文이라는 글자 안에는 유교 문명과 고전 문헌의 의미가 함께 들어 있다. 저간의 사정을 이 글자 하나가 상징적으로 보여준다.

子曰: "君子博學於文 約之以禮 亦可以弗畔矣夫!" 《옹야》 25장)
공자가 말했다. "군자는 文(고전, 전적)을 널리 學하고, 그것을 禮로 집약해 나간다. 그러면 道를 어기지 않을 것이다."

유일하게 인정받은 수제자 안회는 이렇게 탄식했다.

顔淵喟然歎曰: "仰之彌高 鑽之彌堅. 瞻之在前 忽焉在後. 夫子循循然善
誘人 博我以文 約我以禮 欲罷不能. 旣竭吾才 如有所立卓爾. 雖欲從之 末
由也已." (〈자한〉10장)

안회가 한숨 쉬며 탄식했다. "우러러보면 아득히 높고, 뚫고 들어가면 더 단단
한 것을 느낀다. 앞에 계신가 하고 손을 내밀면, 훌쩍 어느새 내 뒤에 서 계신다.
스승께서는 차근차근 사람들을 일깨워 인도하신다. 책으로 나를 넓혀주시고,
禮로 나를 체화시키신다. 이 길은 그만두려 해도 그럴 수 없다. 내 온몸의 힘과
재주를 다했지만, 여전히 저 앞에 우뚝 서 있는 것을 어쩌랴? 그분을 따라가고
자 해도 그럴 방도가 없다."

공자는 고전 교육, 요즘 말로 하자면 인문 교육을 주축으로 했다. 여
기에는 옛 선인들의 삶의 태도와 교제, 그리고 정치적 역할까지 인간
이 습득해야 할 수많은 지혜를 담고 있다. 공자는 이들 학습을 넓고
단단하게 해서, 그 핵심을 실행으로 집약, 즉 약례約禮해 나가는 길을
제시했다 하겠다. "文을 널리 學하고, 그것을 禮로 집약해 나간다" 혹
은 "책으로 나를 넓혀주시고, 禮로 나를 체화시키신다"가 공자의 학
습을 대표하고 있다고 해도 될 듯하다.

(3) 서계의 해석

그런데 좀 어딘가 허전하지 않은가? 주자의 해석은 너무 고원하고,
다산의 것은 너무 교과적이라는 생각이 드는 것은 나만인가?
  예외적으로 다른 해석 하나를 같이 답사해보자. 조선 후기 서계의
《사변록》〈논어〉 편이다. 제목은 다시금 '사유하고 판정한다'는 뜻을
담고 있다. 노론이 기대고 있던 '독존의 권위' 주자의 해석을 자신만

의 방식으로 점검하고 비판하겠다는 의지를 담고 있다.

人從師讀書質問講究 求知行己處物之方 是謂之學. 旣得其方 又
須熟習 理明功到 其心說喜 若荒嬉者 安得有此乎. 學雖可訓爲效
但只言效則恐於傳受講質之義或有未備 上蔡之說雖巧 殊非孔子
本旨 坐如尸立如齊 此只莊敬自修 不可取作學習之一事 朱子謂
伊川之說 專在思索 上蔡之說 專於力行 似皆偏了 今觀伊川後說
固不專思索 而若如上蔡 其失恐不但在偏而已 蓋論釋經義 只當
深明立言本意 不當泛濫旁出如此也.

사람들이 스승을 따라 독서하고 질문하며 토론하고 탐색하여, 행동하
고 처신하는 법을 구해 나가는 것, 이것을 學이라고 한다. 그 방도를 알
아 반드시 익숙하게 연습해 나가면, 이치가 밝아지고 공적이 도착할 것
이니, 그 마음에 기쁨이 있다. 되는대로 사는 사람이 어찌 이런 기쁨을
누릴 수 있으리. (주자처럼) 學을 效로 읽을 수도 있겠지만, '본받는다
(效)'고만 하면, '스승에게 전해 받고, 강의·논변하고, 질의·응답하는
(傳受講質)' 의미가 결여될 수 있다. 사상채의 말이 비록 교묘하나, 공
자의 본뜻이 전혀 아니다. "앉을 때는 시동처럼, 설 때는 경건하게(坐如
尸立如齊)"란 다만 '근엄한 자세(莊敬自修)'일 뿐, (지금 공자가 말하는) 학
습의 한 예라고는 할 수 없다. 주자가 인용한 정이천의 말이 오로지 '사
색'을 말하고, 사상채의 말은 오로지 '역행力行'을 말하는데, 다 한편에
치우친 것 같다. (또) 지금 (인용된) 정이천의 나중 말을 보면, 또 '사색'
부면만 말하는 것은 아닌 듯하고, 사상채의 말 또한 그 잘못이 단순히
치우친 데 있는 것만도 아니다. 대개 경의經義를 논석論釋할 때에는 마
땅히 말의 본래 취지를 깊이 밝혀야지, 이처럼 옆길로 이리저리 뻗어가

서는 안 된다.

첫 항목이라 서계의 해석도 전문을 번역해드렸다.

  學을 읽는 서계의 해석은 '실존적'이고 '문제 해결적'이다. 즉 學이
란 삶의 문제 앞에서 무엇을 어떻게 해나가야 할지에 대한 조언과 선
택을 배우는 것으로 규정한다. 그런 다음, 주자의 해석을 조목조목 비
평하고 있다. '주자'라는 이름을 본격 거론하고 있지 않지만, 그의 전
비평은 오로지《집주》와 주자를 향해 있다.

  서계는 주자의 심오한 해석을 과감하게 현실적 지평으로 끌고 왔
고, 진정 학습이 무엇인지를 뚜렷이 알려주고 있다고 나는 생각한다.
그는 독자적 사유로 논어의 이 구절의 진정한 의미에 도달한 것이 아
닐까? 서계의 비평 부분을 음미해보자.

① 주자가 읽은 '본받는다(效)'로는 바로 이 '스승에게 전해 받고 강
   의·논변하고 질의·응답한다(傳受講質)'는 의미를 다 포괄할 수 없
   다. 서계는 學의 과정이 일방적 주입이나 권위의 맹신일 수 없다
   고 역설한다! 수업과 독서는 열린 과정이고, 주체적 돌파여야 한
   다. 조선 학술의 비극도 '주자의 立說, 그 一言一句'도 의심하지
   않겠다는 닫힌 자세가 고착시킨 것이 아닐 것인가?
② 주자가 인용한 사상채의 말을 유의하자. 그는 學을 가령 '앉을 때는
   시동처럼, 설 때는 경건하게(坐如尸立如齊)'로 적고 있는데, 이는
   '경건'의 자세를 강조한 것이지 공자의 學과는 거리가 멀다는 것.
③ 지금 사상채는 어쨌든 '행동'을 통한 연습을 말하는데, 정자는 "때
   로 다시금 생각하고 사색하여 마음속에 충분히 젖으면(時復思繹

浹洽於中)"이라 하여 '사색'을 강조한다.

④ 그뿐인가? 정자는 또 "學이란 장차 행하려는 것이다(學者 將以行之
也)"라고 하여 學을 실천으로 이어질 '지식' 혹은 '지침'을 말하고
있지 않나? 서계가 보기에는 인용된 해석들이 산만하고 엇갈린다.

⑤ '사색'과 '행동' 모두 學의 실질이다. 정자나 사상채처럼 한쪽만 강
조하면 편향된다. 더구나 사상채는 그 '행동'도 않고 서는 기계적
(?) 동작을 강조함으로써 본뜻을 더 심하게 훼손했다.

⑥ 서계는 결론적으로 매듭을 짓는다. 경전의 의미는 본래의 의도에
깊이 다가가려는 노력이어야지, 이렇게 중구난방, 자신의 의견을
곁가지로 뻗쳐서는 안 된다!

주자 해석에 대한 작심의 공세가 예사롭지 않다. 《사변록》은 주자의
권위에 대한 회의이고 도전이다. 비판적 음미의 선구로 서계가 있다.
그런데 다산은 《고금주》에서 중국과 일본의 거의 모든 해석을 동원
하면서, 왜 정작 서계의 이 작품에 대해서는 아무런 언급이 없는가?
서계가 받은 '사문난적'의 이름이 자신에게도 떨어질 것을 두려워했
을까, 아니면 당파가 서로 달랐기 때문일까?

태어나면서 아는 자

공자 학습의 한 날개가 고전을 통한 교육임이 틀림없다. 그를 향한 존
경의 중심에도 이 '특별한 지식'이 자리하고 있을 것이다. 그러나 공
자는 책에만 의존하는 사람은 아니었다.

學은 知行을 통틀어 말한다. 둘을 분리하여 '學=知, 習=行'으로 구분할 수도 있다. 무엇을 알아야 하나? 포괄적으로 사물의 이치와 인간의 행로로 집약될 수 있을 것이다. 이를 道라고 부른다. 주자학은 이 둘을 통일시켜 거대한 天理의 사상을 구축했다. 그게 공자 자신의 생각이 아니었던 것만은 분명하다. 學이란 앞에서 서계가 말했듯이, '상황에 따라 적절한 행동을 하고, 사물을 처리하는 법'을 습득해 나가는 일을 가리킬 것이다.

이걸 미리 알고 태어나는 사람도 혹 있지 않을까? 꼭 그렇게 평생을 고투하면서, 한 걸음씩 디뎌 나가야 하는 것일까?

> 공자가 말했다. "타고나면서 아는 사람이 제일 위이고, 배움을 통해서 아는 사람이 그다음. 그리고 곤경에 처해서 배우는 사람이 그다음이다. 곤경에 처해서도 배우지 않는 사람은 하급이다."
> 孔子曰: "生而知之者 上也; 學而知之者 次也; 困而學之 又其次也; 困而不學 民斯爲下矣." 〈〈계씨〉 9장〉

그런데 사람이 다 같을 수는 없다. 누구는 태어나면서 아는 사람도 있고, 교과 학습을 통해서 습득하는 사람도 있으며, 곤경을 당해 그 돌파의 과정에서 길을 찾는 사람도 있다.

공자는 자신을 성인이라 하거나 태어나면서 모든 것을 알았다고 한 적이 없다. 그는 學의 도정을 걸으면서, 곤경을 돌파해 나가면서, 자신의 지식과 기예를 연마해 나간 사람이다. "그 길은 기쁨과 즐거움으로 충만했다." 왜 후세는 공자의 말을 액면 그대로 믿지 않고, 자신들의 상상력을 발휘하고 그를 우상화하려는 것일까? 주자의 말을 들어보자.

(위 구절은) 인간의 기질이 서로 달라 대략 네 등급이 있음을 알린다. 양
구산이 말했다. "生知, 學知에서 困學에 이르기까지, 그 기질은 서로
달라도 마침내 知에 이르는 것은 마찬가지다. 그래서 군자가 學을 귀
하게 여기는 이유가 여기 있다. 곤경에 처하고도 學하지 않으면 下등
급이 된다."

言人之氣質不同 大約有此四等. 楊氏曰: "生知學知以至困學 雖
其質不同 然及其知之一也. 故君子惟學之爲貴. 困而不學 然後
爲下."

주자의 독특한 기질론이 여기서 펼쳐진다.

다산은 '타고나면서 아는 사람(生而知之者)'이 없다고 부정하지는
않는다. 그는 분명 '하늘'의 선물이다! 여기서도 그의 도저한 종교적
신념을 읽을 수 있다. "하늘은 이 백성을 위해 개물성무開物成務, 위내
한 일을 감당할 신성한 이를 특별히 내려보내신다."

그러나 이는 드문 케이스다. 보통은 學을 통해 간다. 다산은《논어》
서장에서의 學의 독해에서 그랬듯이, 이 學을 일정한 학교 교육으로
읽는다.

學而知之者학이지지자는 어린 나이에 적절히 교육을 받을 수 있었던 사
람을 가리키고, 困而學之者곤이학지자는 나이와 때를 놓치고 중년이 되
어 발분한 사람을 가리킨다.

〔案〕學而知之者 自幼年蒙養以正者也. 困而學之者 幼年失學 而

中年發憤者也.

그런데 곤경에 처하고서도 고민하지 않거나 중년에도 지식에 목말라하지 않는 사람, 그들은 공자도 어쩔 수 없다고 한 적이 있다. "어찌할까, 어찌할까? 고민하지 않는 사람은 나도 어쩔 수가 없다."

學에 너무 늦은 때란 없다. 요즘 생업에 몰두하느라 보낸 세월을 돌아보며 인문학 공부에 뜻을 세우고 열중하는 사람들이 상당히 늘었다. 그 발분, 목마름의 정체는 무엇일까? 먹고사는 문제가 해결되어도 인간의 문제는 여전히 남는다는 증좌가 아닐까? 즉 우리가 지혜라고 부르는 '삶의 기술'이 궁금하고, 내가 어디로 가야 할지가, 즉 道가 여전히 뚜렷하지 않아서가 아닐까? 우리는 '고전'이라 불리는 옛 선각들의 행적과 가르침을 통해 그 길을 모색하고 있다.

그런데 주자는 위의 네 경우를 그의 독특한 기질론으로 설명한다. 이게 무슨 말일지 궁금해하실 듯하다. 우선 다산의 비평부터 듣고, 설명을 보태기로 한다.

주자가 말했다. "인간의 기질이 서로 달라, 대략 네 등급이 있다." 생각건대, 타고나면서 아는 사람은 上이고, 곤경에 처해서도 배우지 않는 사람은 下다. (이는 분명하다. 그러나) 만일 배운 후에 아는 사람을 배우지 못하게 하면 곤경에 빠질 것이다. 곤경에 처해서 배운 사람도 잘 가르쳐주면 곤경을 기다리지 않아도 될 것이다. 곤경에 처해서도 배우지 않는 사람도 발분하게 되면 知에 동참하게 될 것이다. 곤경에 처해서도 배우지 않는 경우만 下愚로 귀착된다. 만일 그 기질이 본시 下等이라면 다시 죄를 물을 것이 있겠는가? 공자는 그 '결과(成效)'로 네 등급을 나누었고, 주자는 '타고난 자질(氣質)'로 네 등급을 나누었는데, 이건 아닌 것 같다. 만약 인간이 서로 비슷한 가운데 그 세부의 차이를 논하자면, 열층 백층에 그치겠는가? 자세한 것은 "인간의 性은 서로 비슷한데 습관으로 멀어진다(性相近 習相遠)"라고 한 챕터에서 만나자.

〔質疑〕朱子曰: "人之氣質不同 大約有此四等." 〔案〕生知者 上也. 困而不學者 下也. 然學而后知者 使其不學 則亦將困也. 困而能學者 使有蒙養 則不待困也. 困而不學者 使其發憤 亦與知也. 困而不學 故歸於下愚 若其氣質本是下等 豈可罪乎? 孔子論其成效 故分爲四等 朱子以氣質言 而亦分四等 恐不然也. 若於相近之中 細剖其等 又何但十百層而已? 詳見'性相近'章.

앞에서 다산의 《고금주》가 해석부, 비평부, 질의부로 구성되어 있다고 말씀해 드렸다. 〈학이〉 편 첫머리에는 이 가운데 질의부가 없었던 것을 기억하실지 모르겠다. 위의 질의부에서는 주자의 견해를 직접 테이블에 올려놓고 따지겠다는 결의를 읽을 수 있다. 다산의 비평 논지는 이렇다. 수자는 왜 모든 것을 일종의 '숙명론'으로 끌고 가는 것인가?

주자의 기질론을 대략 소개해 드려야 할 듯하다. 앞에서 다산이 말한, "공자는 그 '결과(成效)'로 네 등급을 나누었고, 주자는 '타고난 자질(氣質)'로 네 등급을 나누었는데, 이건 아닌 것 같다"를 주목하자. 주자는 타고난 자질로 등급을 나누고 있다?

첫머리 學而時習之의 주석에서 주자가 "인간은 본래 선하다"라고 한 바 있다. 그럼 도무지 아무 문제가 없지 않을까? 문제는 어디서 오나? 왜 인간은 서로 다투고, 세상은 타락해 있는가?

주자의 설명은 이렇다. 道는 자연의 길이다. 즉 꽃이 피고 새가 울며 계절이 바뀌고 만물이 생장한다. 이 거대한 우주적 생명의 흐름(流行)에서 음양이 갈라졌고, 이들이 휘돌고 뒤섞이면서 온갖 생명이 무성했졌으며, 마침내 인간이 출현했다.

주자는 〈소학제사小學題辭〉에서 인간의 정황을 이렇게 그린다.

탄생과 성장, 결실과 저장은 자연의 어김없는 과정이고, 仁義禮智는 인간 본성의 중추다. 인간은 '그 시초에 있어' 선하지 않음이 없으니, (그 본성은) 상황에 따라 동정, 수치, 겸양, 지식의 四端으로 뭉게뭉게 드러난다. 어버이를 사랑하고 형을 공경하며 임금에게 충성하고 어른 앞에 다소곳한 것, 이들 태도는 변치 않을 덕성이니, 다만 순종하고 거스르지 않는다. 성인은 자신의 본성에 서서 하늘처럼 높아졌으니, (자기 본성에) 조금도 보탠 것이 없이 온갖 선이 본래 갖추어져 있었다. 보통 사람들은 어리석은 데다 물욕이 가로막아, 자기 존재의 본질을 타락시키고 거기 안주하고 있다.

元亨利貞天道之常 仁義禮智人性之綱. 凡此厥初無有不善 藹然四端隨感而見. 愛親敬兄忠君弟長 是曰秉彝 有順無疆. 惟聖性者浩浩其天 不加毫末萬善足焉 衆人蚩蚩物欲交蔽 乃頹其綱安此暴棄.

자연이 탄생, 성장, 결실, 저장을 추동하는 동안, 즉 봄·여름·가을·겨울이 번갈아 갈마들 듯이, 인간 또한 그 생명력을 받아 仁義禮智를 내면에 갖추고 있다. 즉 우리가 도덕이라 부르는 것, 우리가 삶에서 요구하는 인간성의 덕목들은 사실상 자기 내부에 미리 장착된 것들이다. 성자는 이 자연의 德을 최고도로 발휘하는 사람들이다. 그들이 무엇을 성취했다기보다 애초에 장애물에 의해 방해받지 않는 사람들이라고 하는 것이 더 맞을지 모른다. 주자의 구상에 의하면, 德은 밖으로 쌓는 것이 아니다. 자기를 발견하고 그 본래의 모습을 '되찾아 오면' 되는 일이다.

주자학의 공부는 자기 속의 장애물을 포착하여 그것을 제거하는 것으로 완성된다. 이 방해물은 어떻게 만들어지는가? 그 중심에 '기질氣質'이 있다. 이게 무엇일까? 생명은 창조의 의지와 더불어 구체적 '물질(氣)'을 필요로 한다. 이것이 특정한 형태로 '구성'된 것을 기질이라고 부른다. 물질이 구체적 형태를 갖추었다는 뜻에서 '기품氣稟'이라고도 쓴다.

이 '물질'이 인간의 몸을 구성하고 있다.[3] 그런데 각각 너무 다르지 않은가? 형태와 근골, 오장의 강약, 지적 성향, 도덕적 품성, 심지어 수명과 복락까지 우리는 각자 서로 다른 '운명'으로 타고난다. 이렇게 물질(氣質)은 생명의 축복으로 仁義禮智를 구현하는 몸이면서, 그 본싱을 사私로 제약하는 이중적 숙명을 안게 된다. 이 발상이 현대인들에게는 참 낯설고 기이하게 들릴 듯하다.

인간은 최고의 물질(秀氣)을 부여받았다. 그래서 만물 중에 가장 정교하고 귀하다. 생긴 것을 보아도 알 수 있다. 머리는 하늘을 본떠 둥글고, 발은 땅을 본떠 바닥이 평평하다. 생명의 뜻인 仁義禮智를 최고도로 발현할 가능성은 오직 인간에게만 열려 있다. 이 발상에서 주자학은 도가와 갈라진다. 도가는 우주의 구성원이 높낮이가 없고, 더

---

3   여기에는 마음도 포함된다. 주자학은 마음도 물질의 한 형태로 간주한다.

구나 그것도 仁義禮智의 구현 가능성으로 생명을 위계화하는 것에 전혀 동의하지 않을 것이기 때문이다. 주자학의 생명관은 서구 기독교의 거대한 생명의 사슬(The Great Chain of Being)을 연상시킨다.

아직 안심하기는 이르다. 동식물과 인간이 '물질'의 순도와 민감성에서 구분되듯이, 인간 사이에서도 품급의 차이를 면할 수 없다. 여기 성인은 최고 중에서도 가장 세련되고 맑고 순수한 기질을 부여받았다. 그들은 본래 부여받은 본성을 아무런 제약 없이 자연스럽게 최고의 수준에서 구현할 수 있는 자들이다. 기질론은 사람의 품급에 선천적 차등이 있다는 것을 분명히 드러냈다. 당연히 공자께서는 타고나면서 도리를 알고, 힘들이지 않고 그 길을 가시는 분이 아니겠는가? 이 구상을 잘 기억해두시기 바란다. 주자학의 원론이 있는 곳이고, 주자가 《집주》에서 한사코 고집하는 자신의 생명관이자 인간관이기 때문이다.

다시 한번 복기해보자. 그는 이렇게 생각했다. 세상의 질료는 氣다. 세상은 곧 氣다. 만물이 형태를 갖추기 전에 이 氣는, 이를테면 안개 같은 미세한 원질들로 채워진 빈(?) 공간 같은 것이었다. 화담은 이 氣의 존재를 '바람'에서 확인할 수 있다고 말했다. 고요할 때는 그것이 아예 존재하지 않는 듯하나, 찌는 더위에 부채를 한번 부쳐보라. 시원한 바람은 어디에서 왔을까? 보이지 않지만 분명히 존재하는 그 무엇이 있다. 그것이 있었기에 바람이 헛것이 아니라 실체로 내 뺨을 시원하게 해주고 있지 않은가?

구체적 생명과 사물들은 이 보이지 않는 氣가 특정한 형태로 '모여' 조직된 것이다. 일정한 시간과 공간을 차지하다가, 이들은 때가 되면 다시 흩어지고 부서질 것이다. 모든 것이 그러하다. 인간 또한

氣의 집적으로 태어나고, 그 해산으로 사라진다. 영원한 생명은 없다. 윤회도 없다. 이것이 주자의 생명관이다. 더구나 저 너머 불사의 세계, 신들의 나라가 있다는 것은 허황한 잠꼬대다.

해체 이후에 그 흩어진 氣들이 어디로 가는가는 생각이 갈린다. 생명은 왔다가 다시 사라진다고도 하고, 그렇지 않고 원래 왔던 태허太虛의 氣의 풀로 돌아간다는 주장도 있다. 이를테면 밥을 지을 때 솥뚜껑을 열면 김이 공중으로 사라진다는 사람이 있고, 그 수증기는 저 하늘의 구름에 어디 엉켰다가 비로 내려 우물로 돌아오고, 그 물로 다시 솥에서 밥을 짓는다는 것이다. 이 문제를 두고 조선 유학에서 삼봉 정도전과 율곡, 화담이 펼치는 논의는 흥미진진하다.

성인은 최고의 순수하고 정련된 기질을 품부받아 태어난다고 했다. 그 아래 여러 층차의 사람들이 있다. 최하층은 금수와 구분이 되지 않는다. 주자는 가령 이적의 오랑캐가 원숭이 고릴라와 그리 멀지 않다고까지 극언한다. 그의 말에 따르면, 보통 사람들은 성자와 원숭이 사이 어디쯤에 속해 있을 것이다.

인산 사이의 차이는 체력, 용모, 건강, 수명 등의 신체적 요소는 물론, 지력과 감성의 지적 요소에 덕성이라 불리는 도덕적 자질을 두루 포괄하고 있다. 이를 '성격'이라 단순화할 수도 있다. 다른 말로 하면, 사람마다 '장애'와 불균형을 안고 있다. 물론 요순처럼 그런 장애가 아예 없는 축복받은 사람도 있고, 걸주桀紂와 도척盜跖처럼 망나니로 살도록 못 박힌 부류도 있다.

그럼에도 환경과 교육에 따라 기질은 변화한다. 몸의 자세를 가다듬는 것에서 시작하여, 물 뿌리고 응답하는 小學에서, 감정과 의지의 정화에 이르는 心學, 그리고 사회 정치적 참여와 역량의 발휘라는 大

學에 이르기까지, 이 모든 노력은 결국 '기질의 혁신(革舊習 矯氣質)'을 위한 것이었다. 《격몽요결擊蒙要訣》첫 장에서 율곡은 말한다.

무릇 보통 사람과 성인은 똑같은 본성을 타고났다. 비록 (각자의 타고난) '기질'과 맑고 순수한 정도가 다르지만, 힘껏 지식을 얻고 실천을 해나가 '오래된 오염(舊染)'을 물리치고 자신의 '최초의 가능성(性初)'을 회복한다면, 거기 아무것도 더할 것 없이 (이미) 모든 것을 갖추게 된다. … 사람의 용모는 고칠 수 없다. 추한 얼굴을 아름답게도, 약골을 강한 근육질로 만들 수도 없다. 작은 키를 늘여 길게 할 수도 없다. 이들은 이미 (어쩔 수 없이) 결정된 운명이기 때문이다. 다만 '마음'만은 의지에 따라 어리석은 자를 지혜롭게, 덜떨어진 자를 현명한 자로 바꾸어놓을 수 있다. 마음의 '비어 있고 신비한 능력(心之虛靈)'은 타고난 유전적·신체적 제약에 구속되지 않기 때문이다. '지혜'보다 아름다운 것이 있으며, '현자'보다 더 귀한 것이 있으랴? 그런데도 무지와 어리석음에 안주하여, 하늘이 내게 내린 본성을 훼손시킨 채 살고 있단 말인가? 이 '결단'을 품고 견고히 물러서지 않으면, (최선의) 삶의 길에 도달할 수 있을 것이다.

蓋衆人與聖人 其本性則一也. 雖氣質不能無淸濁粹駁之異 而苟能眞知實踐 去其舊染而復其性初 則不增毫末而萬善具足矣. … 人之容貌 不可變醜爲妍 膂力不可變弱爲强 身體不可變短爲長 此則已定之分 不可改也. 惟有心志 則可以變愚爲智 變不肖爲賢 此則心之虛靈 不拘於禀受故也. 莫美於智 莫貴於賢 何苦而不爲賢智 以虧損天所賦之本性乎? 人存此志 堅固不退 則庶幾乎道矣.

이 선언은 주자학의 학문적 구상을 컴팩트하게 집약하고 있다.

다산은 이 학문적 구상이 도무지 마뜩잖았다. 기질로 인간을 결정하다니? 인간은 불평등하게 태어난다는 것이 아닌가? 다산은 인간성의 기원을 '물질' 밖에서, 즉 天에서 찾았다. 두 체계가 서로 다를 것임을 짐작하실 수 있을 것이다.

인간의 도덕성이 '기질'이라는 이름의 선천적 결정이라면, 결국 사람됨은 운명에 맡긴 셈이 되지 않는가? 눈 뜨고 보니 요순이고 타고나기를 걸주라면, 요순이 무슨 찬양 거리가 되겠으며 무슨 근거로 걸주를 벌줄 수 있겠는가? 다산은 주자의 기질론이 도덕적 주체와 책임을 방기하는 논의라고 비평의 포문을 열었다.

그러면 공자는 타고난 성자인가? 그럼《논어》는 왜 있겠는가?《논어》에서 공자는 자신이 生而知之생이지지, 즉 태어나면서 아는 사람이 아니고, 다만 평생 學을 좋아하고 그 길을 걸었을 뿐임을 극구 확인하고 있지 않은가?

주자는 공자를 타고난 성자로 매김을 했다. "내가 열다섯에 學에 뜻을 두고, 먼 시간을 걸어 자유의 고지에 도달했다"라는 진술도 공자 자신의 일생을 회고했다기보다, 제자 후학들을 위한 가이드라인으로 제시한 것이라고 본다. "나는 聖者도 仁者도 아니다. 다만 옛것을 믿고 학문을 좋아하는 사람일 뿐"이라고 해도 사람들은 도무지 곧이곧대로 들으려 하지 않는다.

다산은 위의 네 부류를 읽는 다른 독법을 제시한다. 學而知之학이지지는 정규 학교를 다닐 기회가 있었던 사람들, 困而學之곤이학지는 때를 놓쳤지만 늦게라도 學을 할 수 있었던 사람들, 그리고 困而不學곤이불학은 결국 공부를 하지 못하게 된 사람들을 가리킨다는 것이다. 주자는 이 네 부류를 '기질'로 인한 등급으로 읽었다. 주자의 해석에 의하면, ① 최상급은 生而知之, ④ 최하급은 困而不學이고, 그 사이에 ② 學而知之, ③ 困而學之가 포진하고 있다. 내 생각에도 이는 좀 억지스럽다.

공자는 이 등급을 선천적으로 결정된 도덕성의 품급이라 말한 적이 없다. 다산의 지적대로 이 넷은 분명 '후천적 선택'과 관련한 것이지, '선천적 자연 결정'이 아닌 것이다. 그러니 生而知之는 잊을 일이다. 우리는 다만 학습으로 길을 찾아나갈 수 있을 뿐이다. 그 길은 즐거움으로 가득하다는 공자의 말을 믿고….

마지막으로 외람되게 말을 보태자면, 나는 좀 다른 생각을 갖고 있다. 다산의 해석도 어딘가 미진하다고 느꼈다. 나는 學을 "어떻게 해야 할까, 어떻게 해야 할까?"에 대한 응답으로 읽은 바 있다. 生而知之는 태어나면서 삶의 길에 자연스럽게 들어선 부류를 가리킨다. 공자의 말을 빌리면, "마을에는 열 가구만 되어도 忠信한 사람들이 있다." 그 품성은 타고나기도 하고 훈련되기도 한다. 繪事後素회사후소, 이 바탕(質) 위에서 문화와 교양(文)을 갖추어 나가면 되지 않을까? 이것이 文質彬彬문질빈빈의 뜻이고, 行有餘力행유여력 則而學文즉이학문(행하고 나서 여력이 있을 것이니, 그때 文을 學한다)의 취지를 표명하고 있다고 생각한다.

學而知之는 이런저런 學의 과정을 거쳐 道에 이르는 사람들을 가리킨다. 그것은 고전의 학습이나 스승의 조언, 삶의 현장 등에서 이루어지는 학습이지, 다산이 말하는 정규 교과와 학교를 염두에 둔 것은 아니라고 생각한다. 물론 일정 부분 둘이 겹치기도 한다.

무엇보다 困而學之에 대해 이견이 있다. 困而學之는 말 그대로

'문제적 상황에 부딪혀' 길을 찾아 나가는 현장형 知를 뜻한다고 생각한다. 경험이 없이 무슨 지식이 있겠는가? 삶과 부딪혀 묵은 세계가 깨어지고 전혀 다른 삶의 길을 모색하게 될 수도 있지 않은가?

困而不學은 이 인생의 도전 앞에서 질문을 던지고 해법을 고민하는 적극적 학습의 태도를 결여한 사람들을 가리키고 있는 듯하다. 부류는 넷이되, 결국 세 번째 '困而學之'가 사실 學의 길을 대표하고 있지 않은가? 다시 공자의 탄식을 음미해본다. "어찌해야 할까, 어찌해야 할까?"를 고뇌하지 않는 사람을 나도 어찌할지 모르겠다.

배우기만 하거나 생각만 하거나

> 子曰: "學而不思則罔 思而不學則殆." (〈위정〉 15장)
> 공자가 말했다. "學하고 思하지 않으면 얻는 것이 없다. 思하고 學하지 않으면 위태롭다."

공자는 예전에 길을 찾기 위해 깊이 사색에 빠졌다고 고백한 바 있다.

> 子曰: "吾嘗終日不食 終夜不寢以思 無益 不如學也." (〈위령공〉 30장)
> 공자가 말했다. "나는 종일 먹지도 않고 자지도 않고 생각에 몰두했지만, 아무 소득이 없었다. 배우는 것만 못 했다.

역시나 아무것도 없는 곳에서 출발할 수는 없다. 인간은 문화와 전통의 틀 속에서 태어나고 선배들의 경험과 책을 등불로 삼을 수밖에 없다. 그러나 여기 또 유의해야 한다. 思가 길이 아니라고 해서 순전히 學에, 즉 고전과 스승의 입에 길을 의존할 것인가? 이 딜레마에서 공자의 위와 같은 충고가 있게 되었다고 생각한다. 주자는 이 구절을 다음과 같이 독해했다.

마음에서 구하지 않으면 체험적 진실이 되지 않고, 배운 것을 익히지 않으면 든든한 안정감이 없다. 정자가 말했다. "널리 학습하고(博學), 절실하게 물으며(審問), 깊이 숙고하고(愼思), 분명히 선택해서(明辨), 이를 차분히 실천해 나가는 것(篤行), 이 다섯 가운데 하나라도 빠지면 學이 아니다."
不求諸心 故昏而無得 不習其事 故危而不安. 程子曰: "博學 審問 愼思 明辨 篤行五者 廢其一 非學也."

이 해석은 취지는 알 듯한데, 주석으로는 명료하지 않아 보인다. 그는 思를 '마음에서 구하는 것(求諸心)', 學을 '배운 것을 익히는 것(習其事)'으로 갈랐다. '무엇'을 마음에서 구하는지, 익혀야 할 '그 일'은 무엇인지는 추측에 맡겨 놓았다. 아마도 주자는 사물의 이치와 도리를 탐색하고 실천으로 밟는 것을 염두에 두고 있었던 듯하다.

주자는 격물치지를 공부의 출발점에 두었다. 즉 사물에 대한 이해를 추구하고, 그 바탕에서 적절한 행동을 해나갈 것을 촉구했다. 만일 그렇다면, 그가 思를 '마음에서 구하는 것'으로 읽은 것은 '궁리'의 지적 활동을 가리킨다고 볼 수 있을 듯하다. 그러면 그렇게 얻은 지식을 '연습'하는 것을 學이라 읽은 셈이 된다. 그럼 주자의 취지를 이렇게 고쳐 쓸 수 있다.

만일 지식이 행동으로 정착되지 않으면, 그 지식은 뿌리가 부실한 나무처럼 안정을 다지지 못할 것이다(殆). 거꾸로 분명한 사색 없이 책의 지식을 따라가는 것은 맹목에 가까울 것이라 실익이 없다.

주자는 이 뜻을 표명하고 있다고 생각한다. 주자는 學과 思의 대비를 지식과 행동의 先後와 병진竝進을 말하는 자신의 '학문'에 빗대서 읽고 있다.

《중용》은 지식과 행동의 변증을 다섯 단계로 좀 더 리얼하게 그려준다. 널리 학습하고(博學), 절실하게 물으며(審問), 깊이 숙고하고(慎思), 분명히 선택해서(明辨), 이를 차분히 실천해 나간다(篤行). 앞의 넷 박학博學·심문審問·신사慎思·명변明辨은 '지식'을 얻는 단계이고, 독행篤行은 '행동'하는 단계에 해당한다. 그렇다면 주자가 《논어》의 思를 신사에, 學을 박학에 비정하지 않고, 박학·심문·신사·명변을 思, 독행을 學으로 배정한 셈이 된다.

《중용》은 知行을 축으로 학문의 도정을 박진감 있게 전해준다. 그럼에도 이것이 공자가 경계한 思와 學의 대비를 적실히 짚었는가는 다른 문제다.

서계는 《사변록》에서 주자 해석의 둘째 구절 "不習其事불습기사 故危而不安고위이불안", 즉 "(배운) 그 일을 익히지 않으면 위태롭고 불안하다"에 문제가 있다고 지적한다. 원문의 不學을 不習으로 읽은 것은 궤도를 벗어났다는 것이다. 역시 예리하다. 문제를 제대로 짚었다. 서계는 여기서 學을 從師讀書종사독서로, 思를 存心窮理존심궁리로 풀이했다. 그러면 공자의 뜻은 이렇게 풀이된다.

스승의 가르침을 듣고 열심히 독서해도 학생이 주체적으로 사유하지 않으면 멍하니 소득이 없고, 머릿속으로 궁리만 하고 스승과 독서의 지도를 받지 않으면 삿되고 엉뚱한 쪽으로 빠지고 만다.

學而不致思 則空空而無所得 故曰罔 致思而不學 則或易流於邪 故曰殆. (서계,《사변록》)

주자와 서계의 차이가 눈에 밟히시는지 모르겠다. 주자는 思와 學을 지식과 실천의 구도에서 읽었고, 서계는 적극적 성찰과 수동적 학습의 대비로 읽었다. 思는 겹치는 듯하지만, 學을 둘러싼 차이는 선명하다. 주자는 學을 "習其事습기사" 즉 '궁리'의 내용을 '실천'하는 것이라 했고, 서계는 學이란 '스승의 지도와 독서'를 가리킨다고 적었다.

어느 편이냐 하면 나는 서계의 해석에 기운다. 공자가 말한 "나는 종일토록 '사유'했어도 결국 소득이 없었다. 學을 하느니만 못했다"라는 토로와 잘 맞아떨어진다고 생각한다.

다산의 해석은 또 다르다. 다산은 더 큰 스케일에서 접근한다. 그는 思와 學의 대비를 통해 '궁극적 道'를 찾는 방법에서 서로 다른 길을 알리고 있다고 생각한다. 즉 지금 공자는 무엇을 통해 '진리'에 닿을 것인가를 강론하고 있다는 것이다.

한편에 思, 즉 '사색'을 통해 진리에 닿으려는 노력'이 있다. 다른 한편에는 學, 즉 '고전과 문헌'을 통해 진리에 닿겠다는 부류가 있다. 여기 둘 다 일방적이고 폐단이 따른다. 이 둘을 병용해야 흠 없는 진리에 닿을 수 있을 것이다.

다산의 해석에 따르면, 해당 본문은 다음과 같이 번역된다.

(道를 구함에) 주어진 전적에만 의존한다면 속기 쉽고, 자신의 사유로 道를 구하겠다는 선택은 위험하다.

즉 자신을 믿고 길을 나섰다간 위태롭고, 그렇다고 책이 일러주는 대로 따라갔다간 함정에 빠진다는 뜻. 다산은 여기 學이란 "전적을 계고稽考하여 先王의 大道를 증거하는 것이지, 스승을 따라 책을 수업받는 것이 아니다"라고 강조했다.

다산이 말하는 진리는 더욱 큰 스케일의 것이다. 어떻게 자신을 완성하고 문명을 흥성시킬 것인가? 누구는 자신의 내면을 따라 길을 찾아 들어갈 것이다. 또 다른 누구는 옛길을 등불 삼아 길을 찾아갈 것이다. 공자는 이 두 길에 함정이 있다고 경고하고 있다. 자신을 믿고 나서다간 함정에 빠질 것이고, 옛 책과 문헌을 맹신하다가는 너를 잃기 십상이다.

다산은 공자가 學과 思의 병용을 제시했다고 생각한다. 즉 "길을 찾는가? 그렇다면 책(典籍)으로 성찰(稽考)하라." 옛 책과 문헌에 담긴 先王의 大道에 기초하되, 그것을 반성적 사색으로 담금질하고 정련해 나갈 일이다. 이 길은 다산 자신의 길이기도 했다. 주자가 그랬듯, 다산 또한 자신이 걸은 길을 공자에게 의탁하고 있는지도 모를 일이다.

다산 필생의 작업이 '先王의 大道'를 찾아가는 노력이었음을 상기하자. 그가 황사영 백서사건으로 또 한 번의 죽을 고비를 넘기고 강진으로 유배되었을 때, 그는 이렇게 외쳤다.

나는 바닷가에 유배되었다. 어렸을 때의 꿈을 떠올렸다. 20년간 정치와 관료의 삶에 매몰되어, 先王의 大道가 있다는 것을 까마득히 잊었다. 나, '이제야말로 여가를 얻었다' 하고 기쁘게 축하했다.

鏞既謫海上 念幼年志學 二十年沈淪世路 不復知先王大道. 今得暇矣 遂欣然自慶. (다산,《자찬묘지명》)

다산은 유교 문명이 남겨 놓은 인간과 사회, 성숙과 정치의 道를 재정립하려는 열망에 불탔다. 지금의 이《논어》도 그 일환이다.

다산의 비평은 역사로 향한다. 유교 문명의 道를 탐구함에, 思와 學 어느 한쪽에 기울면 온전한 道를 구현하지 못한다. 그런 사례들이 있다. 가령 漢學은 學이되 思가 빠졌고, 반대로 宋學은 思에 골몰하여 學을 잊었다.

古學(漢대의 학문)이 學만 하고 思는 하지 않는 폐단을 갖고 있다면, 지금의 學은 思만 하고 學을 아니하는 폐단을 갖고 있다.

〔案〕上節深中古學之病 下節深中今學之病.

한나라 유학자들이 經을 주석하면서 고고考古함을 法으로 삼았으나, 명확히 변별하지 못했다. 그래서 참위讖緯와 사설邪說도 담기게 되었으니, 이는 學만하고 思가 결여된 폐단이다. 후대의 유학자들이 經을 해석하면서 궁리가 주가 되어 고거考據에는 또 소원한 바, 제도制度와 명물名物이 때때로 어긋남이 있었다. 이것은 思만하고 學이 결여된 허물이다.

後儒說經 以窮理爲主 而考據或疎 故制度名物 有時違舛. 此思而不學之咎也.

한대의 학술은 박사의 전문직을 두고 훈고에 치중했다. 사물의 분류와 개념의 분석(考古)에는 능했지만, 경전의 정신에 접맥해서 그것을 삶과 정치의 지혜로 이끌지 못했다. 이 과정에서 술수와 참위, 음양오행 등 무분별한 사이비 과학이 그 틈을 파고들었다. 다산은 이때를 '학습(學)'만 있고, '사유와 판단력(思)'이 결여된 시절로 규정했다.

반대로 송학은 어떤가? 가히 '사색'으로 새로운 세계를 열었다. 우주를 읽는 理氣의 프레임으로 인간의 조건과 가능성을 탐구했다. 이 '새로운 유학'은 內聖外王이라는 캐치프레이즈처럼, '학문을 위한 학문'이 아니라 '인간을 위한 학문'을 지향한 점에서 유교 본래의 정신을 계승한 것이지만, 유교 본래의 정신과 전통을 상당히 훼손하는 지경에 이르렀다. 이를 '사유'가 앞서고 '학습'이 부진한 케이스라고 할 수 있을 것이다.

다산은 이 두 해협을 지나 목적지 항구에 안전하게 정박하고자 한다. 이것이 또한 그의 길이 될 것이었다.

위에서 주자, 서계, 다산 세 사람의 해석과 그들의 입장을 자세히 귀 기울여 들어보았다. 각자 자신의 관심이 추동하는 방향으로 해석의 길을 잡고 있음을 알 수 있었다. 주자는 知行의 프레임을, 서계는 삶의 지혜를 얻는 법을, 다산은 유교 문명의 원리라는 스케일을 각각 갈파하고 있었다. 다시 생각하면 누가 더 공자의 원뜻에 가까이 갔느냐는 물음도 중요하지만, 이 셋을 다 종합해 습득해도 좋은 일이 아닐 것인가?

독자들은 유교가 책과 전통에만 의지하지 않고, 적극적 사색과 비평을 동시에 발진시켜 길을 찾아나간다는 것을 분명히 알 수 있었을 것이다. 짐짓 칸트를 원용하여 이렇게 읊을 수도 있겠다. "독서 없는 사색은 위태롭고, 사색 없는 독서는 맹목이다."

공자, 학습의 길 회고

공자는 자신의 평생을 '학습의 길'로 정위하고, 그 진전을 다음과 같
이 술회했다.

> 子曰: "吾十有五而志于學 三十而立 四十而不惑 五十而知天命 六十而耳
> 順 七十而從心所欲 不踰矩." (〈위정〉 4장)
> 공자가 말했다. "나는 열다섯에 學에 뜻을 두었다. 서른이 되어 중심을 잡았고,
> 마흔이 되어 의혹이 없어졌다. 오십에 하늘의 소명을 자각했고, 육십이 되어서
> 는 귀가 순해졌다. 칠십이 되어서야 마침내 내 마음이 가고 싶은 곳을 따라가도
> 법도를 넘어서지 않았다."

소략한 번역이다. 우선 "三十而立삼십이립 四十而不惑사십이불혹"이 썩
다가오지 않았는데, 그러다가 서계의 《사변록》에서 무릎을 쳤다. 그
는 立이 "利害가 나를 뒤흔들지 않았다"는 뜻이고, 不惑은 "의혹과
유사(類似)가 나를 혼란시키지 못했다"라는 뜻이라고 짚어주었다.

공자는 好學을 자임했고, 그의 인생 목표는 오직 '學'을 통해 도달
했다. 그는 자신의 구원을 초자연적 은총에 기대지 않았고, 그 '말씀'
에 맹목적으로 순종하지 않았다. 그는 다만 주변의 지혜와 문헌의 가
르침을 널리 익히고, 그것을 주체적으로 사색해 나갔을 뿐이다.

이와 더불어 지식은 넓어지고, 실천은 단단해졌다. 그는 나이 칠십

에 더 이상의 의도적 노력이나 시행착오 없이 "내가 원하는 것이 곧 길인 경지"에 도달했다고 술회하고 있다. 인간의 길이 그로써 완성되었다.

이들 각 단계의 대강은 들어 알겠다. 세부적 설명이 궁금한데, 학자마다 의견이 갈린다. 먼저 주자의 해석을 보여드린다.

(1) 열다섯, 志學

옛적에는 15세에 태학에 입학한다. 공자는 거기서 大學의 道를 성취하고자 했다. 모든 생각과 관심을 여기 집중했다.

古者十五而入大學. 心之所之謂之志. 此所謂學 即大學之道也. 志乎此 則念念在此而爲之不厭矣.

주자는《대학》을 철학의 출발점이자 규모로 삼았다. 일찍이 공자가 걸어온 길을 담고 있다고 했다.《대학》이 전하고 있는 바가 '大學의 道'다. 책을 펼치면, 거기 明明德명명덕과 新民신민 그리고 止於至善지어지선의 이른바 3강령이 있다. 정리하면, '위대한 인간의 길(大學之道)'은 우선 자기 자신을 발견하고(明明德), 이를 확장해서 사회적·정치적 성취로 나아간다. 백성들은 그 감화를 통해 자신을 정화하고 건전한 사회질서에 동참하게 될 것이다(新民). 그 개인적 성숙과 사회적 완성 모두를 최고도로 발휘하는 것이 지어지선이다. 이로써 인간의 책무가 완성된다.

이 이념을 캐치프레이즈로 걸고 한 걸음씩 발걸음을 옮기자면, 어떻게 해야 하나? 이른바 8조목, 여덟 가지의 학습 영역이 있다. ① 사물을 탐구하여(格物), ② 지식을 얻고(致知), ③ 의지를 정화하고(誠意), ④ 불건전한 정신을 교정한다(正心). ⑤ 차별하지 않는 공정한 자세를 갖추어(修身), ⑥ 가정의 화목과 질서를 유지하고(齊家), ⑦ 나아가 나라를 경영하며(治國), ⑧ 천하에 평화를 이룩한다(平天下).

⑦과 ⑧이 좀 낯설 수도 있겠지만, 다산이 말한 대로 원래 태학은 일반인들을 위한 교육기관이 아니라, 지배계급인 왕족과 귀족을 위한 학교였음을 기억하면 고개를 끄덕이리라 생각한다.

그런데 정말 그럴까? 공자가 열다섯 "태학에 입학한 것을 계기로 大學의 道를 완성하겠다"고 뜻을 세운 것일까?

다산은 學이 무엇인가에 대해 달리 언급하지 않았다. 앞에서 學而時習之의 學이 '業道'라고 말한 바 있다. 그렇다면 공자는 15세에, '道를 익혀 나가기로' 뜻을 세웠다가 된다.

다시 주자의 이야기를 더 들어보자.

(2) 서른, 立

자립했다. 단단히 지키게 되어서 각오를 다지거나 할 필요가 없었다.
有以自立 則守之固而無所事志矣.

주자는 立을 일정한 '성취'라기보다 '더 이상 각오를 다질 필요가 없다'로 읽었다. 공자의 삶의 방향은 이로써 공고해졌다.

(3) 마흔, 不惑

마흔이 되어 공자는 사물의 所當然소당연, 즉 필연성에 대해 아무런 의
심이 없었다.

於事物之所當然 皆無所疑.

'所當然'이란 사물들의 필연성과 당위성을 가리킨다. 모든 사물은 각
자의 방식으로 존재한다. 도덕적 규범도 이 존재 방식 안에 자리 잡고
있다. 의아해하실지 모르지만, 주자학은 자연과 도덕을 理의 이름 아
래 같은 지평에 배치했다. 인간이 비도덕적 행동을 하는 것은 사물의
필연성에 대한 무지의 소치다.

도덕이란 자기 밖의 규범을 자신에게 부과하는 것이 아니라 자신
의 본래성을 회복하고 잠재성을 구현해 나가는 일과 다름없다. 즉 각
자가 자신의 존재에 대한 이해가 분명하면, 그는 자연스럽게 도덕적
행동으로 나아갈 것이다.

공자는 나이 마흔에 세계의 실상과 인간의 조건에 대한 도저한 인
식에 도달했다. 이제 더 '무엇을 해야 하나? 어디로 가야 하나? 혹 내
가 길을 잘못 든 것은 아닐까?'를 더 이상 고민하고 의혹하지 않게 되
었다.

지금까지 언급한 부분에서 다산의 생각은 주자와 크게 다르지 않
은 듯하다. 志=정향(心有定向) 立=확립(安身不動), 不惑=사물에 대한
분명한 인식(見理明確). 핵심은 나이 오십의 知天命이다.

(4) 쉰, 知天命

天命이란 天道가 流行하여 사물에 부여된 것으로, 곧 사물이 당연하게 된 所以의 이유다. 이를 알면 知가 그 정밀을 극하여, 不惑이란 말로는 부족한 경지다.

天命 即天道之流行而賦於物者 乃事物所以當然之故也. 知此則知極其精 而不惑又不足言矣.

이 부분이 까다롭다. 그리고 주자의 독창적 사고가 선명한 곳이다. 天과 天命을 둘러싼 파트에서 본격적으로 투어하게 될 텐데, 그전에 예비적 이해를 도모하고자 한다.

우주의 무수한 생명과 사건, 이들은 '하늘이 자신의 힘과 역량을 펼쳐나간 결과'다. 이를 주자는 '天道의 流行'이라고 부르고 있다. 명령은 말로 발호된 것이 아니라서 사물들 속에 특정한 '질서'로 부여되어 있다. 이를 天命, 즉 '하늘의 명령'이라 불렀다.

그렇다면 天命을 안다는 것은 사물들의 원리와 질서를 이해한다는 말이 될 것이다. 그래서 거경과 더불어 궁리가 주자학 공부의 두 날개가 되었다. 주자가 《대학》을 그토록 중시하는 것도 이 책이 공부의 시작을 격물과 치지로부터 시작하기 때문이다. 주자학을 '주지주의적'이라고 부르는 이유도 여기 있다.

'天命을 안다'는 것은 사물의 원리와 필연성을 이해하는 것과 다름없다. 세상에는 수많은 사물이 있고 내부가 복잡하고 심오하다. 그것을 어떻게 모두 이해하라고 촉구하는가? 주자 자신은 모든 지식의 분야에 정통하고자 했고, 역사와 정치, 사회과학 그리고 과학적 지식까지 아니 파고든 분야가 없다. 그의 과학 지식은 산 위에서 조개의 화석을 발견하고 옛적 그곳이 바다였을 것이라고 추정하는 데까지 이르렀다. 조수 간만의 차와 달의 관계를 읽은 것도 그의 책 속에 남아 있다.

이들 '사실의 필연성'을 가능한 넓게, 그리고 치밀하게 읽고 이해해 나가라고 그는 권한다. 여기 철저할수록 선택과 행동의 길이 스스로를 드러낼 것이라고 생각한다. 주자는 하나의 사물을 안다고 해서 전체를 아는 깨달음이 바로 오는 것은 아니라고 말한다. 그렇지만 하나의 사물을 탐구하고 또 다른 하나의 사물을 탐구해 나가다 보면, '유추'를 통해 그것들이 서로 연관되고 종합된다. 지식의 폭이 넓어지고 통찰력이 깊어지다가, 사물들의 전체와 유기적 연관이 큰 깨달음으로 폭발되는 사태까지 올 것이다. 이를 그는 자신의 《대학장구》에서 '활연관통豁然貫通'이라고 불렀다.

주자가 天命을 "乃事物所以當然之故也내사물소이당연지고야"라고 읽은 대목을 찬찬히 읽어보자. "事物이 當然하게 된 所以의 故다"라는 뜻이나. 埋에는 두 측면이 있다. ① 특정한 사물들은 고유의 방식으로 존재하고, 사건들도 바로 그렇게 일어난다. 이를 '所當然之則소당연지칙'이라 한다. 요즘 말로 하자면 '필연성의 규칙'이라고 부를 수 있겠다. 이 필연성은 '멈출 수 없다'는 뜻에서 '不容已불용이'를 덧붙이기도 한다. ② 이 필연성의 규칙에는 분명한 이유와 작동의 메커니즘이 있을 것이다. 이를 '所以然之故소이연지고' 즉 '존재의 근거 혹은 이유'라고 번역할 수 있겠다. 이 뒤에는 이 원리를 뒤바꿀 수 없다는 뜻에서 '不可易불가역'을 덧붙인다. 주자의 본문을 보면, 當 자가 하나 더 끼어 있지만, '所以然之故'를 특필하고 있음을 쉽게 알 수 있다.

소크라테스는 '유일한 악덕은 무지'라고 한 바 있고, 스피노자 또한 '지식'이 행동의 관건이라고 강조한 바 있다. 주자는 우리가 사물의 필연성에 익숙해지고 그 이유까지를 탐구하고 나면, 무엇이 바른 선택인지가 선명해지고 자연스럽게 그 길을 따라가게 되리라 생각했다. "그러니 궁리하라." 만일 '지식'을 갖고도 행동하지 않으면, 그것은 '지식'이 분명하지 않거나 절실한 지식이 아니거나 자신을 배반하는 자기기만일 것이다. 배가 고프면 밥을 먹을 것이고, 독약인 줄 알면 절대 입에 대지 않을 것이 아닌가?

주자는 天命=天理로 등치했다. 종교를 과학화한 것이다. 그는 우주와 인간을 지배하는 초월적 존재가 있다고 믿지 않았다. 그는 계몽을 말한다. 그럼에도 유교의 고전, 가령 《시경》과 《서경》에는 인간의 운명과 왕조의 흥망을 주관하는(主宰) 절대자가 '上帝' 혹은 '天'의 이름으로 수북이 나온다.

주자는 이들 종교적 개념, 인격신을 연상하는 초월적 개념들을 탈색시켜 과학적 원리로 환원했다. "저 하늘 어디에 인간의 일을 관장하는 초월자가 있다고 절대로 상상하지 마라." 그리하여 天命은 초월자의 명령(天命)에서 자연의 원리(天理)로 치환되었다.

주자는 지금 쉰의 공자를 '초월자의 뜻을 안' 예언자 혹은 '소명을 자각한' 선지자가 아니라, 자연의 과정(天道)에 달통한 지식자·과학자로 소개하고 있다.[4] 이 '지식-과학의 탐구'는 앞의 不惑에서 강조된 것이었다. 주자의 해석에 의하면, 不惑과 知天命이 똑부러지게 구분되지 않는다. 그래서 그는 知天命을 不惑의 '확대'로 읽을 수밖에 없

---

4   라틴어의 scientia가 이 두 의미를 동시에 갖고 있다고 들었다.

었다. 즉 知天命은 "즉 知가 그 정밀을 극하여, 不惑이란 말로는 부족한 경지"라고 했던 것이다.

주자학적 사유의 특징인 所以然소이연과 所當然소당연에 대해 더 알아보자. 두 가지 점을 유의해야 한다. ① 하나는 사람들이 대개 이 쌍을 '존재'와 '당위'라는 프레임으로 읽는데, 이는 적절치 않은 듯하다. 앞에서 적은 대로, 所當然은 '사물의 필연성'이고, 所以然은 그 필연성의 '이유 혹은 근거'를 말한다. ② 그러면 윤리와 도덕의 문제는 어디로 갔느냐는 물음이 뒤따른다. 이곳이 주자학의 독특한 지점이 있는 곳이다. 주자학은 윤리 문제 또한 '사실'의 지평에서 다룬다. 즉 윤리적·도덕적 지침은 '사실'과 '자연' 속에 '이미' 존재한다!

이 발상에 난감해할 사람이 많을 것이다. 이런 엉터리가 있나? 사실은 도덕은 윤리학이 감당하는 별개의 영역임은 누구나 아는 것인데, 과학과 도덕을 어떻게 한 바구니에 뒤섞을 수 있단 말인가? 사람들은 묻는다. "사실과 그 원리를 전부로 한 문명이, 왜 과학은 뒷전이고 도덕적 규범만 내세우게 되었을까?" 이 질문에 대한 대답은 간단치 않고, 여기서 다룰 것도 아니다. 다만 주자학의 발상을 좀 더 자세히 부연해 드리고자 한다.

주자학은 법가와 달리, 윤리적 권고를 '강제'가 아니라 '사실' 위에 정초했다. 윤리는 정의상 전체에 대한 부분의 협력이다. 이 협력이 강제가 아니라 자발적이면 얼마나 좋겠는가? 주자학은 이 테제를 파고든다.

인간이라는 짐승이 이기적이고 자기중심적이어서 외적 강제를 통하지 않고서는 필요한 협조를 이끌어낼 수 없다는 것이 일반적 통념이다. 그래서 법과 제도와 형벌이 등장했고, 법가가 춘추전국을 득세하게 되었다. 법가는 공자의 실패를 조롱한다. 道의 기초를 자발적 협력 위에 세우겠다니, 이런 무모하고 시대착오적(?) 돈키호테가 있나?

그렇지만 유가는 공자 이래 자발적 협력 위에 선 사회질서를 꿈꾸어왔다. 주자학은 이를 좀 더 래디컬하게 밀고 나갔다. 인간의 '자연' 안에, 즉 본성 속에 자발적 협력의 씨앗이 심겨 있다는 것이다.

"그러므로 인간의 본성은 선하다!" 타인의 불행에 대한 동정, 못난 짓을 한 후의 후회, 사회적 불의에 대한 분노 등이 인간을 개선하고 사회정의의 구현에 기여하지 않는가? 그리고 그 '사회적 감정들'은 인간 내부에 엄연히, 누구에게나 존재한다. 즉 도덕의 씨앗은 '자연'에 토대를 두고 있다. 이를 숙고해보면, 다음과 같이 말할 수 있게 된다. 규범이나 도덕은 '자연' 안에 있다. 사실과 당위는 연속되어 있고, 과학과 윤리는 일치한다. 주자는 말한다. "理의 필연성 안에, 즉 사실의 세계 속에 도덕적 행동이 숨 쉬고 있다." 또 주자는 생각한다. "공자가 '오십에 天命을 알았다'고 할 때, 성인께서는 아마도 이 무렵, 이 원리를 최고 수준에서 통찰하신 듯하다."

이제 다산의 해석을 보자.

나이 오십, 天命을 안다는 것은 하느님의 규칙(帝之則)에 순종함을 말한다. 여기 궁하고 통함(窮通)에 흔들리지 않는다. 《맹자》에서 이르길, "요절하거나 장수하는 것에는 별 차이가 없고, 자신의 몸을 닦아 기다릴 뿐이니, 이를 '운명에 선다'라고 한다"라고 했다.)

知天命 謂順帝之則 窮通不貳也. 【《孟子》云: "夭壽不貳 修身以俟之 所以立命也."】

이 해석은 다산의 종교적 신념을 반영하고 있다. 주자와는 완전히 다른 인식이다. 주자는 天命을 사물의 所以然과 所當然이라는 '지식'과 '과학'의 측면에서 논의하고 있는 데 비해, 다산은 天命에 대해 운명론적·초월적 해석을 내리고 있다. 요컨대, 공자는 나이 오십에 하느님이 자신에게 부과한 뜻, 즉 존재의 소명을 알았다는 것이다. 天과 命을 둘러싼 서로 다른 이야기는 곧 뒤에서 살펴보자.

(5) 예순, 耳順

소리가 들리면 마음에 곧 통했다. 거슬리는 바가 없었다. 지식의 끝이다. 생각하지 않아도 깨닫는 경지에 이르렀다.
聲入心通 無所違逆 知之之至 不思而得也.

여기 '心通심통'은 소리가 들리면 무슨 말인지 알아들었다는 뜻이다. 혹시 '용서가 되었다'는 뜻은 아닌가? 주자는 이 단계 또한 독립적으로 설성하지 않는다. 이 모든 단계를 天理의 이해 수준으로 환원한 것이다. 知天命을 거쳐, '지식'은 이제 극치에 다다르고 있다(知之之至). "더 이상 생각하지 않아도, 음미하지 않아도 이미 모든 것을 다 알고 있는 상태로…." 그렇다면 心通은 '즉각 무슨 말인지 이해가 되었다'는 뜻이 맞는 듯하다. 그런데 사십, 오십, 육십까지를 '知의 심화 및 완성'으로 읽어도 괜찮은 것일까?
　이제 다산의 해석을 보자.

耳順은 말이 거슬리지 않음을 가리킨다(귀에 거슬리면, 마음에 패썸이 일

어난다). 화순和順이 흉중에 쌓여, 비록 턱없는 말이라도 귀에 거슬리지
않는다.

耳順 謂言不逆耳【逆于耳 則拂于心】和順積中 雖非理之言 無所
逆耳也.

누군가가 耳順을, 어떤 말을 듣고 그 안에 담긴 함축이나 숨겨진 뜻
을 이해하는 것이라고 하자, 다산은 가령 공자와의 대화에서 발휘된
자공의 순발력을 耳順이라고 할 것이냐고 되묻는다.

"가난하면서 아부하지 않고, 부자이면서 교만하지 않으면 어떠합
니까?"라는 자공의 물음에, 공자는 "가난하면서 즐거워하고, 부자이
면서 禮를 아는 것이 더 훌륭하다"라고 대답했다. 자공이 이 말을 듣
고 《시경》의 절차탁마切磋琢磨로 증거하자, 공자는 기뻐하며 "함께
더불어 《시경》을 논할 만하다"라고 감탄한다. 그러면 이때 자공이 耳
順에 이르렀단 말이냐고 되묻는다.

다산은 부연한다. 보통 사람들의 말에 무슨 심오한 비밀의 뜻이 있
다고 그것을 이해하는 데 60년 세월이 걸릴 것이냐? 더구나 공자 같
은 분이? 知天命을 지나 耳順에 이르렀는데, 그 단계를 고려하면 耳
順은 '바깥의 말이 마음에 어떤 내적 동요도 일으키지 않는 상태'로
읽어야 한다. 그게 공자 공부의 '진보' 아닌가? 그는 말한다.

知天命이란 天德에 이르는 것이다. 그 급수는 지극히 높은데, 이른바
耳順이 또 그 위에 있다. 耳順을 어찌 쉽게 말하는가? 비방과 칭찬(毁
譽), 영화와 오욕(榮辱)이 올 때 대개 귀에 거슬리는 말은 마음에 고까
울 수밖에 없는데, 만약 깊이 知天命하고 있어 완전히 융화하고 익혔

다면, 그것들이 그 마음을 격동시킬 수 없다. 마음을 격동시키지 못하면, 그 귀에 거슬릴 수가 없다. 이를 일러 耳順이라고 한다.

후세에 성인을 말하는 자들이 모두 추대하고 높여서 신비하고 황홀한 사람으로 만들어 성인이 이룬 바가 무엇인지를 알 수 없게 했다. 성인은 진실로 높고 신령하여 나랑 관련이 없다고 생각하니, 성현을 사모한들 무엇 하리오? 이것이 성인이 일어나지 않는 까닭이고, 道가 마침내 묻혀버린 이유다. 슬프다!

知天命者 達天德也. 其級至高 而所謂耳順 又在其上 耳順豈易言哉? 毀譽榮辱之來 凡逆耳之言 不能不拂其心 若深知天命 渾融純熟 則毀譽榮辱 無可以動其心者. 無可以動其心 則無可以逆其耳 此之謂耳順也. 後世言聖人者 皆推而尊之 爲神異恍忽之人 邈然不可見其所成者爲何事. 聖人則固尊矣神矣 於我了無分矣 慕聖何爲? 此聖人之所以不作 而道之所以終晦也 噫!

(6) 일흔, 從心所欲不踰矩

從종은 글자 그대로 읽으면 된다. '따른다'는 뜻이다. 矩구는 법도法度의 도구다. 직각을 만든다. 그 마음이 욕구하는 바를 따라가도 법도를 벗어나지 않았다. (노력이나 갈등 없이 도리를) 편안히 행했다. 노력하지 않아도 중용에 맞았다.

從 如字. 從 隨也. 矩 法度之器 所以爲方者也. 隨其心之所欲 而自不過於法度 安而行之 不勉而中也.

이 구절에 대해서는 별 이견이 없다. 마음이 가고자 하는 바를 따라가도 일정한 법도와 규범을 벗어나지 않았다. 별다른 노력 없이도 자연히 마음이 갈 수 있었고, 노력하지 않아도 중용을 벗어나지 않았다.

이쯤에서 주자는 일종의 폭탄선언을 한다. 공자의 지금까지의 술회가 '사실'이 아니라는 것이다. 이게 무슨 말인가? 주자는 정자를 따라, 공자의 이 술회가 후인들을 위한 단계를 대략 설정해준 것이지, 자기 삶의 도정을 그대로 회고한 것은 아니라고 생각했다. 왜냐? 공자는 태어나면서 모든 것을 알고 절로 모든 것을 행하는 자라, 이런 지리한 단계적 학습이 필요치 않았다는 것이다. "공자는 성인이다!"

정자가 말했다. "공자는 태어나면서부터 안 사람이다. 그런데도 배움으로 말미암아 이르렀다고 말한 것은 후학을 격려한 것이다. '立입'은 이 道에 스스로 설 수 있음이다. '不惑불혹'은 의심하는 바가 없음이다. '知天命지천명'은 理를 궁구하여 性을 실현하는 것이다. '耳順이순'은 들은 것을 모두 깨닫는 것이다. '從心所欲不踰矩종심소욕불유구'는 힘쓰지 않아도 道에 맞음이다." 또 말했다. "공자가 德에 나아가는 순서가 이와 같다고 말한 것은 성인이 반드시 그러하다는 것이 아니라, 다만 배우는 자를 위하여 법도를 세워 그로 하여금 구덩이를 채운 뒤 나아가고 문장을 이룬 뒤에 영달하게 한 것일 뿐이다." 호인이 말했다. "성인의 가르침에 방법이 많으나, 그 요체는 사람들로 하여금 本心을 잃지 않게 함일 뿐이다. 이 本心을 얻고자 하는 자는 오직 성인이 보여준 배움에 뜻을 두고서 그 차례를 따라 나아가야 한다. 한 점 흠결도 남지 않고 모든 理가 다 밝아진 뒤에는 일상에서 本心이 빛나, 하고자 하는 바를 따라도 지극한 도리 아님이 없을 것이다. 마음은 곧 體이고 하고자 함은 곧 用이니, 體는 곧 道이고 用은 곧 義여서, 목소리가 음률이 되고 몸가짐이 법도가 되는 것이다." 또 말했다. "성인이 이를 말하여, 한편으로는 배우는 자들에게 마땅히 편안한 마음으로 푹 젖어들어야 하고 등급을 뛰어넘어 나가서는 안 됨을 보여주었고, 다른 한편으로는 학자들에게 응당 날마다 나아가야 하고 달마다 진보해야 하며 중도에 포기해서는 안 됨을 보여준 것이다."

程子曰: "孔子生而知之也 言亦由學而至 所以勉進後人也. 立 能自立於斯道也. 不惑 則無所疑矣. 知天命 窮理盡性也. 耳順 所聞皆通也. 從心所欲 不踰矩 則不勉而中矣." 又曰: "孔子自言其進德之序如此者 聖人未必然 但爲學者立法 使之盈科而後進 成章而後達耳." 胡氏曰: "聖人之敎亦多術 然其要 使人不失其本心而已. 欲得此心者 惟志乎聖人所示之學 循其序而進焉. 至於一疵不存 萬理明盡之後 則其日用之間 本心瑩然 隨所意欲 莫非至理. 蓋心即體 欲即用 體即道 用即義 聲爲律而身爲度矣." 又曰: "聖人言此 一以示學者當優游涵泳 不可躐等而進; 二以示學者當日就月 將不可半途而廢也."

주자는 말한다. "공자는 生知安行생지안행이라, 점진적 성장의 단계를 밟지 않았다." 다만 스스로 나는 이루었노라 자임하지 않았고 평소 진보한 정신의 경지를 다른 사람들은 몰랐기 때문에, 대략 이런 단계를 적어두어 학자들로 하여금 스스로 면려하게 했다는 것이다.

내가 생각건대, 성인은 태어나면서부터 알고 편안하게 행하므로, 진실로 쌓으면서 차츰 진행해 나가는 것이 아니다. 그러나 그 마음이 이미 여기에 이르렀다고 스스로 생각하지 않았다. 이는 일상 가운데 반드시 홀로 나아감을 깨달았지만 사람들은 미처 알지 못함이 있었으리라. 그러므로 그 가까운 것으로 스스로 이름을 붙이고, 배우는 사람이 이를 법칙을 삼아서 스스로 면려하게 하려 함이다. 실제로 자기를 성인이라 여기면서 일부러 겸손한 척한 것이 아니다. 뒤에 나오는 겸사 따위는 뜻이 모두 이와 같다.

愚謂聖人生知安行 固無積累之漸 然其心未嘗自謂已至此也. 是其日用之間 必有獨覺其進而人不及知者. 故因其近似以自名 欲學者以是爲則而自勉 非心實自聖而姑爲是退託也. 後凡言謙辭之屬 意皆放此.

송대 유학자들의 일반적 경향을 따라, 주자는 공자를 타고난 성자로 신성시했다. 그래도 되는 것일까? 공자 스스로 자신은 生而知之者가 아니라고 했는데…. 밤새워 생각해도 길을 못 찾고, 그리하여 學으로 길을 찾아나간 사람일 뿐이라고 했는데…. 자신은 그저 옛것을 믿고 부지런히 면려해 나간 사람이라고 했건만…. 늦은 나이에도 발분망식發憤忘食, 새로운 지식과 관심에 꽂히면 그 기쁨에 나이를 잊고 죽음도 저만큼 달아난다고 했는데…. 다산은 말한다.

하느님이 두 가지 욕구를 주셨다. 육신을 위한 人心과 도의를 위한 道心이 그것이다. 하느님은 악을 미워하고 선을 기뻐하시기에, 道心이 승리하기를 바라신다. 선택의 책임은 인간 각자에게 있다. 從心所慾에서의 '마음'은 바로 道心을 가리킨다. 道心을 따르면 규구規矩를 따르게 되지만, 인심을 따르면 악에 빠진다. 《예기》〈곡례曲禮〉에서 말하듯, "욕망을 그대로 따라서는 안 된다." 矩란 직각자를 가리킨다(상하사

방上下四方이 方正한 것을 말한다). 이를테면, 공자의 "벼슬할 만하면 벼슬
하고, 그만둘 만하면 그만두고, 오래 있을 만하면 오래 있고, 빨리 떠나
야 할 때는 떠나는 것"이 그것이다.

〔補曰〕道心爲之主 而人心聽命 則從心所欲 爲從道心之所欲 故
不踰矩也. 若衆人從心所欲 則爲從人心之所欲 故陷於惡也. 【曲
禮〉云: "欲不可從."】矩 正方之器.【上下四方 均齊方正者】可以
仕則仕 可以止則止 可以久則久 可以速則速 所謂從心所欲不踰
矩也.

짐작하겠지만, 다산의 윤리학은 주자보다 더 험준하다. 나날의 전쟁
터 앞에 서 있는 듯할 것이다. 주자는 天道의 자연성을 회복한다는
점에서 훨씬 평탄하다. 다만 기질과 물욕으로 인한 일탈에 유의하고,
자신을 잘 보존해 나가면 될 것이다. 다산은 그렇지 않다. 인간 속에
상반되는 욕구들이 주도권을 갖고 다툰다. 흡사 천사와 악마가 인간
내부에서 끊임없이 싸우는 것으로 윤리적 정황을 소묘했다. 주자가
天理를 말하고, 다산이 天命의 본연을 강조할 때, 이 서로 다른 윤리
학의 방향이 예고된 것이나 다름없다.

　내 생각에, 공자의 역정을 궁리의 심화로 읽은 주자보다 다산의 해
석이 아무래도 실상에 더 근접해 있다는 생각이 든다. 그러나 공자 삶
의 결산이라 할 70세, 從心所欲不踰矩에 대한 그의 해석은 너무 날
카롭고 지나치게 긴장되어 있다고 생각한다.

　3, 40대라면 도덕적 자아의 건립에 그런 고투가 자연스럽고 당연
해 보인다. 공자는 서른쯤에 立이라 전투의 승패가 갈렸고, 마흔에는
不惑이라 더 이상의 본격적 전투가 필요 없다고 고백하고 있지 않은

가? 天命을 알고 耳順에 이르는 길은 산을 오르는 험한 자갈길이라기보다 들판으로 난 평탄한 소풍 길에 가깝지 않았을까? 이전에 도덕적 전투에 투입되었던 에너지들은 제자들을 가르치고 정치적 소명을 완수하는 데 바쳐졌을 것이라고 나는 생각한다. 물론 내 의견이다.

下學과 上達

공자는 나이 오십에 "天命을 알게 되었다"고 했다. 존재의 의미와 대면했다고 번역해도 될 듯하다. 그러다가 문득 달리 읽을 수도 있지 않을까 하는 생각이 들었다. 혹시 사회적 책임과 소명에 대한 자각을 말하는 것이 아닐까? 공자는 자주 道가 이루어지지 않은 사태를 탄식했고, 자기를 써주지 않은 제후 실력자들에게 좌절했다. 자로를 만나 "뗏목을 타고 저 먼 바다로 나가볼까?"나 "구이 오랑캐 땅으로 가볼까?"라는 말에 공자의 심정이 잘 드러나 있다. 그는 "道가 실현되는 것도 命이고, 또 폐기되는 것도 命이다(道之將行也與? 命也. 道之將廢也與? 命也. 公伯寮其如命何)"라며 노력해도 어쩔 수 없는 사태를 안타까워했다. 그러면 "天命을 안다"는 것은 자신의 道가 실현될 수 없는 현실을 이제 받아들이게 되었다는 말이 아닐까?

공자는 50세에 본격 노나라에 출사해서 협곡의 회맹을 감당하고, 중도에서 대사구까지 올랐으며, 자로와 더불어 3도의 타파를 꾀하다가 실패한 것이 55세 무렵. 그 이듬해 노나라를 떠나 천하를 돌면서 뜻을 알아줄 군주들을 찾아 나서게 된다. 그는 아직 "道가 행해지지 않는 것은 운명"이라는 것을 받아들일 수 없었던 것이다. 그러면

知天命은 이제 본격 내 道를 구현해보겠다는 각오를 담고 있다고 볼 수 있지 않을까? 아니면 탄식과 희망, 둘 다를 포함하고 있는 복합적 토로일 수도 있겠다. 그냥 웃고 넘기시기를 바란다.

마지막으로 그가 '자신의 學'을 정위한, 예사롭지 않은 구절 하나를 같이 음미해보고자 한다.

子曰: "莫我知也夫!" 子貢曰: "何爲其莫知子也?" 子曰: "不怨天 不尤人. 下學而上達. 知我者 其天乎!" (〈헌문〉 37장)

공자가 말했다. "나를 알아주는 사람이 아무도 없구나." 자공이 말했다. "어째서 알아주는 사람이 없다 하십니까?" "하늘을 원망하지 않고, 사람을 탓하지 않는다. 일상의 學에 매진하여 자연히 天理에 가 닿는다. 나를 알아주는 사람은 그 하늘인저." (주자의 해석)

공자가 말했다. "(사람들이 나를 성자라고 칭송하는데) 나를 진정 아는 사람이 없구나." 자공이 말했다. "어째서 아무도 스승님을 모른다 하십니까?" "(쓰이지 못하는) 운명을 한탄하지 않고, (알아주지 않는) 세상을 탓하지 않는다. 일상의 學을 통해 天德에 이르니, 나를 이해하는 사람은 오직 하늘뿐일지라." (다산의 해석)

번역을 보면 어디가 다른지 짐작할 것이다. 차이는 크게 두 곳이다. 주자는 이 구절을 공자의 '탄식'으로 읽었고, 다산은 '자기 정위'로 읽었다. 완전 딴판이다. 과연 위의 구절이 주자의 해석처럼 '세상이 자신을 알아주지 않는' 것을 탄식한 것일까, 아니면 다산의 해석처럼 '주위의 무성한 칭송을 걷어내고 자신의 참모습을 그려낸' 것일까?

주자의 《집주》는 天의 존재를 아무래도 곤혹스러워한다. 天은 아무런 저항 없이 理로 변신하기 어렵다. 내가 그의 주석을 읽고 느낀

것이다. "不怨天불원천 不尤人불우인 下學而上達하학이상달 知我者其天
乎지아자기천호!"의 주석에서 주자는 이렇게 말했다.

> 天의 도움을 받지 못해도(不得) 하늘을 원망하지 않고, 사람의 도움을
> 만나지 못해도(不合) 사람을 탓하지 않는다. 다만 下學으로 자연히 上
> 達하는 것을 알 뿐이다. 이 말씀은 다만 자신을 돌이켜 스스로 수양하
> 여 순서에 따라 점진하는 것일 뿐이니, 특별히 다른 사람과 달리 '지식'
> 으로 나아간 바가 없다(다른 사람과 똑같이 지식으로 나아갔을 뿐이다). 그렇
> 지만 그 말씀의 뜻을 깊이 음미해보면, 그 가운데 다른 사람은 미처 알
> 지 못하고 天만 홀로 아는 묘한 신비가 있다.
> 不得於天而不怨天 不合於人而不尤人 但知下學而自然上達. 此
> 但自言其反己自修 循序漸進耳 無以甚異於人而致其知也. 然深
> 味其語意 則見其中自有人不及知而天獨知之之妙.

주자의 天理는 '사실'의 세계를 떠나지 않는다. 그런데 지금 공자의
天은 모종의 초월적 지평을 함축하고 있다. 이 당혹을 어떻게 무마할
것인가? 주자가 생각하는 天理의 과학에 의하면, 그것은 특별히 사
람에게 "도움을 줄 수도 없고", 더구나 그 "天만 홀로 아는 묘한 신비"
란 어불성설이다. 이 곤혹은 上達의 해석에 두드러진다. 주자는 上達
의 목적지를 적시할 수 없었다. "위로 어디 가 닿는다는 거지?"
　주자는 다른 곳에서 下學은 '사물'의 탐구이고, 上達은 그를 통
해 '이치'에 가 닿는 것으로 읽기도 했다. 또《어류》에서 그는 上達을
"사상과 식견이 높은 경지에 도달하거나" "天理의 오묘함을 통달하
는 것"이라고 적었다. 요컨대 주자는 下學而上達을 격물치지와 마찬

가지로, '사물의 탐구를 통해 이치를 밝혀나가는 것'으로 독해했다.

　누구나 그렇게 하지 않는가? 그렇기에 주자는 공자의 행로가 "특별히 다른 사람과 다를 바 없다!"고 말한다. 그래 놓고도 공자에게는 모종의 신비적 식견이 있다고 언급한다. 이 특별함이 무엇이고, 어떻게 가능한지에 대해서는 별말이 없다. 주자가 인용하고 있는 정자의 말들도 하나 마나 하거나 초점을 빗나가 있다. 선현을 함부로 평가한다고 혼날지 모르겠다. 참고삼아 읽어보자.

　　정자가 말했다. "하늘도 원망치 않고 사람도 탓하지 않는 것은 이치상 당연하다." 또 말했다. "下學과 上達의 의미는 글자 밖에 있다." 또 말했다. "학자들은 모름지기 下學而上達이란 말을 잘 지켜야 한다. 그것이 학문의 요체다. 대개 人事를 닦으면 곧 天理에 上達한다. 그렇지만 연습만 하고 통찰이 없다면, 上達에 이르지 못한다."
　　程子曰: "不怨天 不尤人 在理當如此." 又曰: "下學上達 意在言表."
　　又曰: "學者須守下學上達之語 乃學之要. 蓋凡下學人事 便是上達天理. 然習而不察 則亦不能以上達矣."

마지막 인용에만 들을 내용이 있다. 그렇지만 人事 안에 이미 天理가 있는데, '그 위에' 있다는 天理는 또 무엇일까? 다산의 말에 의하면, 이 말은 '탄식'이 아니라 일종의 '밝힘'이다.

　① 다들 공자의 성덕을 찬양하는 소리에 공자는 "저들은 진정 내가 누군지 모르고 떠들어!"라고 했다.
　〔補曰〕時人皆稱夫子盛德. 夫子聞之曰: "彼皆不知我而言之耳."

다산은 나중 질의부에서, 이 구절이 '탄식'이라는 주자에게 이렇게 반론했다.

공자는 다른 사람의 인정에 연연해하지 않는다고 늘 말씀하셨다. 그런데 지금 여기서 왜 나를 알아주지 않냐고 탄식하셨다고? 그럴 리가 없다. 만일 탄식하셨다면 이어서, '내가 요순을 조술하고 문무를 헌창했다' 등의 자부가 따라와야 하는데, 하필 '하늘과 세상을 원망하지 않겠다'라고 하면서 下學과 上達을 말씀하시는가? 공자의 술회는 세상에 쓰이느냐 마느냐 하고는 아무런 상관이 없다. 당시 사람들이 성덕을 칭송하니 공자가 저들은 진정 나를 아는 사람들이 아니라는 것, 나의 학업은 오직 하늘만이 알고 있다는 것을 밝힌 것이다.

〔案〕夫子有恒言曰'不患人之不己知' 今乃以'莫我知'而發歎 恐無是理. 苟其歎之 則必繼之曰'我祖述堯·舜 憲章文·武' 何必言'不怨天 不尤人 下學而上達'乎? 此與見用於斯世者 無所當矣. 時人稱述聖德 孔子明之曰:"彼皆不知我者也. 我之學業 惟天知之."

다산의 해석 부분을 다 짚어보자.

② "세상에 쓰이지 않아도 하늘(운명)을 원망하지 않고, 사람들이 몰라주어도 세상을 탓하지 않는다."
馬曰:"不用於世 【句】而不怨天 人不知己 亦不尤人."

③ 이 태도는 내밀한 마음속의 일이라서 남들은 알 수 없다.
〔補曰〕不怨天 不尤人 乃心內之密功 非人所知.

④ 下學이란 學道를 人事로부터 시작하는 것이다(孝悌나 仁義가 그것이다). 上達이란 그 적공으로 天德에 이르는 것을 말한다. 그래서 "(學은) 事親에서 시작해서 事天으로 마친다"고 한다. 下學은 사람들 눈에 보이지만(行事에 다 드러난다), 上達은 남들이 엿볼 수 있는 것이 아니다.

〔補曰〕下學 謂學道 自人事而始.【即孝弟仁義】上達 謂積功 至天德而止.【即所云 '始於事親' 終於事天】下學 人所知.【見於行事者】上達 非人之所知.

⑤ 군자의 道는 事天으로 끝난다. 이를 일러 達이라 한다.

君子之道 終於事天 此之謂達也.

여기 끝에 적힌 '事天'이란 말을 주의 깊게 새겨야 한다. "學은 事親에서 시작해서 事天에서 끝난다!" 아, 내가 앞에서 공자의 學 중심에 '섬김'이 있다고 말한 바 있다. 다산은 이 생각이 터무니없지 않다고 승인해주는 듯하다.

다산은 어느 편이냐 하면, 주자와 달리 '하느님(天, 上帝)'을 믿었다. 서교西敎를 믿었다가 나중에 돌아섰다고 공식 표명했다는 것을 우린 모두 알고 있다. 그런데 그가 여전히 '하느님'을 믿었다니 고개를 갸웃할 사람이 많겠다. 가톨릭 쪽에서는 그를 비밀의 가톨릭, 공식적인 배교背敎에도 끝끝내 믿음을 저버리지 않고, 나중 임종 시에 종부성사까지 맡은 인물로 그를 붙들고 있다. 그 문제는 여기서 더 논하지 않는다.

다산의 마음속에는 무엇이 자리 잡고 있을까? 에드워드 콘즈Edward

Conze는 불교의 종교성을 말할 때, 우리는 신(God)과 신성(Godhead)을 구분해야 한다고 제언한 바 있다. 마찬가지로, '하느님'은 하나가 아니다. 다산은 지금 '하늘(天)'을 말하는데, 이것은 주자학의 '과학(天理)'도 아니고 가톨릭의 '신(天主)'과도 다르다. 그 특징을 어떻게 읽어야 할까? 앞에서 다산은 이렇게 웅변한 바 있다.

> 하늘(天)은 각자의 선악을 다음과 같이 관찰한다. 즉 '사람과 어울리는 자리'에서 착한지 못된지 여부를 감독하는 것이다. 또 이들에게 식색안일의 욕구를 주고, 둘 사이를 살펴 다투는지 양보하는지를 징험하고 성실과 태만를 고찰한다. 이로 보매 옛 성인의 事天의 學은 관계의 지평을 벗어나지 않으니, 즉 이 恕 한 글자로 사람을 섬길 수 있고 하늘을 섬길 수도 있다 한다. 무슨 까닭에 이를 '작다' 하는가? (一以貫之의) 一이란 恕다.
>
> 天之所以察人之善惡 亦惟是二人相與之際 監其淑慝 而又予之以食色安逸之慾 使於二人之際 驗其爭讓 考其勤怠. 由是言之 古聖人事天之學 不外乎人倫 卽此一恕字 可以事人 可以事天. 何故而小之也? 一者 恕也.

여기서 보듯, 하늘(天)은 관찰자(察)이고, 감독자(監)다! 그렇다면 이 하늘이 모종의 인격신적 함축을 가질 것은 불가피해 보인다. 다산은 이 인격신적 함의가 《시경》과 《서경》에 수없이 등장하고, 공자 또한 이 전통을 지키고 있다고 생각한다!

중국에 온 예수회 선교사 마테오 리치Matteo Ricci(이마두)가 새 교리를 전파할 때, 주자의 '새로운 유학'을 버리고, 중국의 옛 경전에서 원군을 찾아 전거典據를 대거 동원한 것은 주지의 사실이다. 이유가 있다. 앞에서 보았듯이, 주자는 자신의 철학을 '자연'의 세계 위에 정초했고, 이전의 종교적 외피를 거의 탈각시켜 버렸던 것이다. 天 대신 들어선 理는 이름 그대로 과학이고 이성이지, 종교나 신비와는 거리가 먼 것이었다.

다산은 주자의 이 래디컬한 전도가 유교의 생명을 거의 '말살'했다고까지 말한다. 유교의 몰락은 天이 理로 치환되면서 시작되었다고 극언한다. 지금의 天에 대한 해석에서도 그 점을 읽을 수 있다. 그렇다면 리치가 말한 대로 天을 서구 종교의 인격신적 관념에서 읽을 것인가? 다산의 '하늘(天)'이 서교의 天主와 다른 점을 몇 가지 적시해 드리는 것이 도움이 될 듯하다.

① 다산의 '하느님'은 질투하거나 변덕을 부리지 않는다. 그런 점에서 전혀 '인간적'이지 않다.
② 하느님은 특정 지역, 가령 유대의 땅에서 특정 인물, 가령 예수를 통해 사신을 선포하지 않는다.
③ 교회가 하느님의 집이며, 사제 계급과 교황이 신의 뜻을 대리하고 있다는 것은 어불성설이다.

다산의 하느님은 종교개혁의 마인드와 닮았다. 성경과 교회를 떠나 우리는 모두 단독자로서 하느님과 대면한다. 지금의 무교회주의도 그런 생각에서 출발했다고 들었다.

각자가 하느님과 대면하는 장소는 어디인가? 교회나 성소는 아니다. 하느님이 임하는 장소는 타인이 모르는 내 마음의 소리이고, 살피기는 교제, 즉 '사람과 사람이 만나는 곳'을 주로 보신다. 우리는 시시 각각 기로에 선다. 이 만남을 착하게 승격시킬 것이냐, 아니면 못되게 망쳐버릴 것이냐?

인간의 마음은 두 갈래다. 뜨거운 욕망(人心)이 나를 '위태롭게' 달구는 만큼, 그 앞에 늘 타인의 얼굴(道心)이 '수줍게' 가로막고 서 있다. 이를 유교 전통이 설정한 인간의 실존이라 부를 수 있다. 이 전쟁터가 바로 學의 현장이다.

이 전투에서 어느 편이 승리하느냐가 생사와 선악의 갈림길이 된다. 다산은 말한다. "하느님은 저 은미한 道心의 미약한 힘이 승리하기를 원하신다." 하느님은 어디 계신가? 바로 모두의 마음속 '양심'에 자리 잡고 계신다. 그것은 즉각적으로 알려지고, 언제나 나와 더불어 있다. 그래서 다산은 하늘의 존재를 추론하거나 변증하지 않는다. 즉각이면 충분하다. 《중용》에서 말했다. "道는 한순간도 인간을 떠나지 않는다."

양심은 상호성의 원리로 작동한다. 내가 찔려 아프다면, 다른 사람을 칼로 찌르지 못한다. 배고파 본 경험은 옆에서 굶고 있는 사람을 두고 차마 혼자 숟가락을 뜨지 못한다. 지난 세기 아프리카의 어느 부족은 문명 세계에 거지가 있다는 것을 이해하지 못했다고 한다. "그곳에는 친구도 형제도 없어요?"라고 되물었다는 것이다. 숲에서 도시락을 열면, 그들은 온 숲이 떠나가도록 "거기 아무도 없어요?" 하고 소리 지른다는 것이다. 아무도 없다는 것을 확인하고서야 비로소 수저를 들더라는 것이다.

양심은 타인의 사정에 '공감'하는 능력이다. 나의 자유는 타인의 자유가 시작되는 곳에서 멈춘다고 했던가? 그것이 소극적 발양이라면,

타인의 고통을 제거해주고 복리를 도와주려는 마음은 그 적극적 지평이라고 하겠다. 공자는 자신의 삶과 문명의 기초가 바로 여기 '공감'과 '상호성'에 서 있다고 역설했다. 그것이 바로 "恕를 예리하게 다듬고, 그 목소리에 따라 행동해 나가는 것", 바로 仁의 도정이었다.

이 양심의 목소리가 곧 하느님이다. 그러므로 따로 모시거나 경배할 하느님은 없다. 우리는 오직 이웃과 인간 사이의 '관계'를 통해서만 하느님과 교통할 수 있다. 이 점을 이해하는 것이 공자 유교의 관건이라고 생각한다. 지금 다산이 그 점을 분명한 목소리로 전해주고 있다. "하느님을 따로 모시는 공간은 없다! 즉 교회나 기도실, 신비적 합일이나 계시 등에서 하느님과 만날 생각을 하지 마라. 그야말로 연목구어緣木求魚, 하느님은 당신이 시시각각 만나고 있는 바로 그 '얼굴' 속에 임재해 계신다. 그 얼굴을 잘 모실 것. 거기 하느님이 굽어보고 감시(?)하고 계신즉…." 다산의 하느님이 주자의 과학 그리고 유대 기독교와 어떻게 갈라지는지를 대략 짐작하셨을 줄 안다.

인간이 일차적으로 '관계'하는 곳은 가족 내부일 것이다. 한 일원으로서 나는 부모를 섬기고(孝), 형제와 화목하며(悌), 자식을 키운다(慈). 이 기본적인 책무에서 모든 일이 시작된다. 그것이 인간으로서의 책무(仁)를 감당해 나가는 시발점이 된다(孝悌慈爲仁之). 그리고 《논어》가 고취하고 있는 제반의 덕성, 즉 신뢰·용기·판단력·정의감·사회적 예절·배려 등 이 모두가 '인간관계'에서 선을 추구하는 지침들이다.

이를 잘하는 것이 바로 天命을 온전히 수행하는 길이라는 것이다. 하느님은 저 높이에 계시지 않고, 너의 일상 바로 그 시시콜콜한 것들 속에서 늘 임재하고 계신다. 어찌 엄숙하지 않을 수 있으랴?

다산은 말한다. 下學이란 이렇게 일상에서 관계를 완성하려는 수많은 노력을 말하는데, 이들을 자각적으로 해나가다 보면, 우리는 그 길이 어느덧 초월적 의미를 띠고 있음을 느끼게 된다. 이를테면 도덕과 종교는 그렇게 만난다. 이것이 上達이다. 하느님은 제물이나 아부에 기뻐하지 않는다. 다만 인간의 덕성과 정치적 공적을 기릴 뿐이다. 天命은 일정치 않아, 여기 실패하면, 그는 지지를 거두고 다른 유덕자에게 바통을 넘길 것이다.

공자가 열다섯에 學에 노력을 기울인 이래, 이해관계에 흔들리지 않은 서른의 나이, 그리고 길에 대한 확신을 가진 마흔의 나이를 거쳐, 쉰이 되어서야 알게 된다! 그 노력이 단순히 인간관계의 기술을 더 세련되게 해왔던 것이 아니라, 그렇게 道에 매진해온 것이 곧바로 종교적 의미, 초월적 지평과 닿아 있음을…. 공자가 연마한 '학습'은 동시에 종교적 '수련'이기도 했던 것이다. 다산은 끝에서 말한다. "군자의 道는 결국 天을 섬기는 것이다." 공자의 손자 자사는 《중용》 14장에서 이 영웅적 도정을 다음과 같이 그려준다.

군자는 주어진 자리에서 최선을 다할 뿐, 그 밖의 것은 바라지 않는다. 마침내 부와 명예를 가졌다면 거기 걸맞게 살고, 가난과 궁핍 속에 있다면 또 그에 걸맞게 산다. 야만의 환경 속에 있을 때는 거기 적응해서 살 것이며, 환난이 닥칠 때는 거기에 의연히 대처해 나간다. 이렇게 군자는 어느 상황에서나 자신의 힘과 가치를 실현한다.
높은 지위에 섰다고 아랫사람을 억압하지 않고, 낮은 자리에 처했다고 위를 향해 손 벌리지 않는다. 그는 다만 자신을 돌아볼 뿐, 남에게 바라는 바가 없다. '위로 운명을 원망하지 않고, 아래로 세상을 탓하지 않는다!' 군자는 이처럼 운명을 사랑하며 주어진 삶에 최선을 다한다. 반면, 소인은 행운을 기대하며 위태로운 함정으로 발을 들이민다. 공자가 말했다. "활쏘기는 군자와 닮았다. 과녁을 빗나가면 자신을 돌아다본다는 점에서 그렇다."

君子素其位而行 不願乎其外. 素富貴 行乎富貴. 素貧賤 行乎貧賤. 素夷狄 行乎夷狄. 素患難 行乎患難. 君子無入而不自得焉. 在上位 不陵下 在下位 不援上. 正己而不求於人 則無怨. 上不怨天下不尤人. 故君子居易以俟命 小人行險以徼幸. 子曰: "射有似乎君子. 失諸正鵠 反求諸其身."

나는 이렇게 적은 바 있다.

유교에서의 합일은, 다시 말하지만, '자신과의 대화'이고, 이것의 무대는 '일상의 생활'을 떠나지 않는다. 조지프 니덤은 도가가 "과학과 모순되지 않은 유일한 신비주의"라고 칭찬한 바 있다. 나는 유학을 "사회적 존재로서의 인간과 모순되지 않은 유일한 신비주의"라고 말하고 싶다. 노장과 불교, 기독교는 유학의 관점에서 보면, 교각살우矯角殺牛의 혐이 있다. 즉 우상을 숭배하고 환상에 취한 인간의 집단적 병증을 치료하기 위해 너무 독한 약을 쓴 나머지 '일상'을 넘어버리기 일쑤였다. 주자가 불교를 비판하는 핵심이 이것이다. 그럼에도 이 극약 처방은 역설적으로 인간의 소외와 비본래성이 얼마나 깊이 인간의 삶을 왜곡하고 있는지 방증하고 있다.

유교는 두 극단을 피해 중용을 기획했다. 의미는 오직 생활 속의 규율과 일상적 습관에 있다. 바로 그 신기할 것도 없고 통속적인 삶의 자잘한 현장이 의미가 구현되는 聖所다. "중용의 道는 부부에서 출발한다."
가장 비근하고 친근한 기거와 교제, 일과 놀이를 의미로 승화시키는 것
이야말로 가장 어렵다.《중용》은 말한다. "높은 지위와 많은 재물을 사
양할 수도 있고, 흰 칼날을 맨발로 밟기는 쉬워도 道, 중용을 지키기는
정말 어렵다."

사람들은 자신의 의미와 존재를 '자신의 밖에서' 추상적으로 찾으려는
유혹에 쉽게 빠진다. 중용은 그것을 경계해 마지않는다. 道가 행해지
지 않는 것은 목표를 현실 바깥에서 그리고 자신의 일상적 삶의 공간
밖에서 찾고 있기 때문이다. 일상이 곧 聖事다.

그런 점에서 유학은 하드웨어가 필요하지 않다. 밥을 먹고 차를 마시며
일을 하고 휴식하는 바로 그 자리가 의미가 구현되는 공간이기 때문이
다. 그러므로 교회나 위계는 거추장스럽다. 서원이나 사당은 없어도 좋
다. 족보도 가부장도 필요하지 않다. 단 하나의 조건이라면, 자신과 관
계하고 동시에 타자와 관계하는 인간 조건이 있을 뿐이다. 서원이든 사
당이든 유교의 건축과 상징에 장식과 문양이 극도로 절제된 이유가 여
기에 있다. 서원의 좁은 방, 가구도 없는 무채색의 좁은 방, 그 빈 공간
이 바로 유학이 임하고 있는 居所다. 유학은 바로 그 자잘하고 통속적
인 일상에서 보상도 기대도 없이 올리는 자신을 향한 예배다. (졸저,《왜
동양철학인가》, 문학동네, 237~239쪽)

2장

天

쇼펜하우어는 인간의 운명을 이렇게 비유한 적이 있다. "인간은 바다 위에 떠 있는 배와 같다. 작은 노를 붙들고 애를 쓰지만, 항로는 대개 바람이 결정한다. 막강한 바람과 미약한 노 젓기가 만드는 벡터의 궤적이 바로 인간의 운명이다." 운명은 어쩔 수 없이 온다. 맹자가 말했다.

> 나도 모르게 일은 벌어져 있고, 부르지도 않았는데 여기 와 있다.
>
> 莫之爲而爲者 天也 莫之致而至者 命也. 《맹자》〈만장〉上 6장)

우리가 命이라고 부르는 것의 대표적인 것이 수명, 건강, 부귀 등이다. 누구나 간절하게 원하지만 사람의 힘으로 쥘 수 있는 것이 아니고, 또 그 반대의 요절, 질병, 빈천 등은 누구나 그토록 피하고 싶어하지만 뜻대로 될 수 있는 것이 아니다. 여담인데, '미인박명美人薄命'

이라고 할 때, 사람들은 여기 '수명이 짧다'를 떠올리지만, 실제로는 '삶이 기구하고 박복하다'라는 뜻이다.

공자는 이들 숙명은 현자답게 받아들이라고 권한다. 애면글면 저항해 본들 무슨 변화를 기약하겠는가? 솔로몬은 아들이 병에 걸렸을 때, 밤낮으로 낫기를 간구했다고 한다. 그러다가 아들이 죽자, 솔로몬은 더 이상 돌아보지 않았다고 한다. 공자는 염백우冉伯牛가 병에 걸렸을 때, "운명이구나, 이 사람이 이런 병에 걸리다니…" 하고 안타까워했고, 애제자 안회의 때 이른 죽음에 대성통곡을 했다.

伯牛有疾 子問之 自牖執其手曰: "亡之 命矣夫! 斯人也而有斯疾也! 斯人也而有斯疾也!" 〈옹야〉 8장)

백우가 큰 병이 들었다. 공자가 찾아갔다. 창문 밖에서 손을 잡고 말했다. "이럴 수가, 운명이로구나! 이 사람이 이런 병에 걸리다니! 이 사람이 이런 병에 걸리다니!"

哀公問: "弟子孰爲好學?" 孔子對曰: "有顔回者好學 不遷怒 不貳過. 不幸 '短命'死矣! 今也則亡 未聞好學者也." 〈옹야〉 3장)

애공이 물었다. "제자 가운데 누가 好學, 학문을 좋아합니까?" 공자가 대답했다. "안회라고 있었지요. 분노를 옮기지 않았고, 잘못을 반복하지 않았습니다. 불행하게도 단명했습니다. 지금은 없습니다. 학문을 좋아하는 사람을 듣지 못했습니다."

그러나 공자가 할 수 있는 일은 없었다. 천하에 道를 가져다주고 싶은 그의 열망은 자주 좌절되었다. 그럴 때도 그는 그것이 '운명'이라고 의연히 받아들였다. 그 실현 여부는 '운명'이 하는 일이라고 생각하여, 특정한 인물이나 시대를 탓하지 않았다.

公伯寮愬子路於季孫. 子服景伯以告 曰: "夫子固有惑志於公伯寮 吾力猶能肆諸市朝." 子曰: "道之將行也與? 命也. 道之將廢也與? 命也. 公伯寮其如命何!" 〈헌문〉 38장)

공백료가 계손씨에게 자로를 참소했다. 자복경백이 이 사실을 공자에게 알렸다. "계씨 어른이 그 말에 혹한 듯합니다. 내 이놈을 죽여 시장바닥에 늘어놓아야겠습니다." 공자가 말했다. "道가 장차 시행되는 것도 命이고, 道가 장차 폐기되는 것도 命이다. 공백료가 그 命을 어찌하겠느냐!"

아마도 이 말은 공자가 대사구로 노나라의 정치에 본격 개입하고, 자로와 더불어 3도를 타파하던 시절의 일일 것이다. 진인사대천명盡人事待天命, 인간은 다만 노력할 뿐, 결과는 내 손을 떠나 있다. 공자는 이 '운명'에 대해 말을 아낀다.

子罕言利 與命 與仁. (〈자한〉 1장)

공자는 이익과 운명 그리고 고귀한 인간성에 대해 드물게 말했다.

공자는 '이익'을 말하지 않았다. 왜 그랬을까? 이익보다 더 중요하게 義를 강조했기 때문이기도 하지만, 命이라 원한다고 되는 일이 아니어서 그랬을지도 모른다. 삶과 죽음, 질병, 부귀 등 인간이 욕망할 수 있는 기본 가치들이 자신의 손이 아니라 운명의 손에 달려 있다면, 무엇을 해야 할까? 공자는 여기서 무슨 가치를 추구했을까?

司馬牛憂曰: "人皆有兄弟 我獨亡." 子夏曰: "商聞之矣: 死生有命 富貴在天. 君子敬而無失 與人恭而有禮 四海之內 皆兄弟也. 君子何患乎無兄弟也?"(〈안연〉5장)

사마우司馬牛가 근심하며 말했다. "사람들은 다 형제 가족들이 있는데, 나만 없다." 자하가 말했다. "내가 듣기에, '생사가 命에 달려 있고 부귀가 天에 달려 있다' 하더라. 군자가 敬을 흐트리지 않고 사람들과 공손히 禮를 지키면, 사해의 모든 사람이 형제다. 군자가 무엇 때문에 형제 없음을 고민하는가?"

자하의 발언이지만, 공자의 생각을 훌륭하게 대변하고 있는 듯하다. 목숨이나 부귀처럼 형제나 가족의 유무 또한 너무나 중요하지만, 유교는 그 위에 더 높은 가치가 있다고 생각한다. "삶과 죽음은 우리가 어찌할 수 없는 운명이고, 부귀는 하늘 즉 신분이나 운수에 달려 있다. 우리가 해야 할 일은 운명을 거기 맡기고, 우리가 해야 하는 일에 집중하는 일이다."

《논어》 전체를 살피면, 거기서 나오는 命의 용례는 예외 없이 운명·숙명을 가리키고 있고, 그 내용은 앞에서 적은 대로 수명·질병·부귀 등이다. 단 하나의 예외는 다음과 같은 구절이다.

子曰: "不知命 無以爲君子也. 不知禮 無以立也. 不知言 無以知人也."(〈요왈〉3장)

공자가 말했다. "命을 모르면 군자가 될 수 없다. 禮를 모르면 설 수 없다. 말을 모르면 사람을 알 수 없다."

다른 용례들은 "命矣夫명의부(운명이로구나)"처럼 한 글자이거나 有命

(운명이 있다), 受命(운명을 타고났다)처럼 수동적 용법인데, 여기 知命만 적극적·능동적 행위를 적시하고 있다. 이는 知命의 命이 수명, 질병, 부귀 등의 命과는 또 다른 범주의 '명령'임을 짐작케 한다. 그것은 《논어》의 중심 주제인 '天命'을 가리킨다. 《논어》에서 天命은 그저 '숙명'의 의미로 쓰인 적이 없다.

부귀

수명, 질병 외에 인간의 근본 관심은 역시 부귀일 것이다. 누구나 원하지만 아무에게나 주어지는 것은 아닌 가치. 우리는 팔자를 탓한다. 부귀는 노력과 상관없이 모종의 운명이 결정해 놓았다는 생각이 들 때가 많았을 것이다.

> 子曰: "回也其庶乎 屢空. 賜不受命 而貨殖焉 億則屢中." 《〈선진〉 18장)
> 공자가 밀헸다. "안회는 그에 가까이 갔구나. 그런데 자주 쌀독이 비었다. 이에 비해 자공은 '운명을 받지도 않았는데', 상당한 부를 쌓았다. 판단이 자주 들어맞았다."

자공의 부는 스스로 일군 것이다. 그는 이른바 흙수저 출신이었다. 여기 "命을 받지 않았다"는 말은 신분을 통한 혜택, 요즘 말로는 부모 찬스와는 거리가 멀었다는 뜻일게다. 교육을 통해 새로운 기회가 열리고 있던 시절이었지만, 역시나 기본은 물려받은 핏줄과 가문이었다는 것을 이 구절이 일러주고 있다.

부귀와 빈천이 '운명'의 한가운데 자리하고 있다. 가장 중요한 관심 사이면서 대체로 내 의지를 떠난 것처럼 느껴진다. 공자는 부와 가난에 대해서 어떻게 생각했을까?

子曰: "富而可求也 雖執鞭之士 吾亦爲之. 如不可求 從吾所好."(《술이》 11장)

공자가 말했다. "부귀가 노력해서 얻을 수 있는 것이라면, 말몰이 채찍을 잡는 일도 마다치 않겠다. 그렇지만 그게 구해서 될 일이 아니라면 내 좋아하는 바를 하겠다."

공자는 노력해서 얻을 수 있다면, 정말 몸으로 하는 편의점 알바나 음식 배달에 뛰어들었을까? 역시 고전은 쉽게 읽히지 않는다. 주자의 말을 들어보자. 전문을 소개한다.

好는 거성이다.[1] 채찍을 잡고 사람들을 물리치는 일은 천한 사람의 일이다. 만약 부가 구해서 얻어지는 것이라면, 몸이 천한 일에 종사하더라도 구하는 일을 사양하지 않을 것이다. 그렇지만 (부를 얻음에는) 命이 있기에, 구한다고 얻어질 수 있는 것이 아니다. 그래서 (내가 좋아하는) 義理에 편안할 뿐이다. 군이 헛되이 욕된 일을 취하겠는가? 소동파蘇東坡가 말했다. "성인(공자)은 부를 추구하실 생각이 아예 없으셨으니, 가능함과 불가능함을 어찌 따지셨겠는가? 이 말씀을 하신 것은 그것이 결단코 구해서 얻을 수 없음을 밝히신 것이다." 양구산이 말했다. "군자

---

1   여기 好는 '좋아하다'라는 동사로 읽으라는 권고다.

가 부귀를 싫어해서 안 구하는 것이 아니다. 그 성공 여부는 하늘(운명)에 달려 있기에, 그것을 구할 길이 없는 것이다."

好 去聲. 執鞭 賤者之事. 設言富若可求 則雖身爲賤役以求之 亦所不辭. 然有命焉 非求之可得也 則安於義理而已矣 何必徒取辱哉? 蘇氏曰: "聖人未嘗有意於求富也 豈問其可不可哉? 爲此語者特以明其決不可求爾." 楊氏曰: "君子非惡富貴而不求 以其在天無可求之道也."

주자의 독법은 "부귀는 노력해도 가질 수 없다. 즉 운명이 허용하지 않는다"라는 것이었다. 논란의 포인트는 '可求가구'에 있다. 주자는 이를 '노력해서(求) 손에 쥘 수 있는(可) 물건'으로 읽었음을 알 수 있다.

다산의 생각은 전혀 다르다. 그는 이를 '노력해도(求) 되는(可) 시절'로 읽었다. 포인트는 넷이다.

① 예전에는 田을 나누어 녹을 제정해서, 벼슬하지 않으면 부를 얻을 수 없었나. 그래서 富를 말하면 貴가 그 안에 들어 있었다(옛적에는 富와 貴가 동행했다).

〔補曰〕古者分田制祿 非仕不富 故獨言富 言富而貴在其中.

② 可求란 바로 치세治世를 가리킨다. (공자가 말한) '벼슬할 만할 때 벼슬하고(可以仕則仕)'가 바로 이를 가리킨다. 반대로 不可求란 그럴 수 없는 시절, 즉 난세亂世를 말한다. '그만두어야 할 때 그만둔다(可以止則止)'는 말이다.

〔補曰〕可求 謂治世.【可以仕則仕】不可求 謂亂世.【可以止則止】

③ 형병이 말했다. "《주례》〈추관〉에 따르면, 말 위에서 채찍을 들고 사람들을 물리치는 조랑條狼씨라고 있는데, 왕이 출입할 때는 8인, 제후는 6인, 후백은 4인, 자남은 2인을 둔다. 천한 일이다."

邢曰: "《周禮·秋官》'條狼氏掌執鞭以趨辟 王出入則八人夾道 公則六人 侯伯則四人 子男則二人.'"

④ 공안국이 말했다. "'내가 좋아하는 것'이란 무엇인고 하니, 옛사람의 道다."

孔曰: "所好者 古人之道."

다산은 주자의 해석이 핀트가 어긋났다면서, 이렇게 부연했다.

만일 그 해석대로라면 공자는 이렇게 말해야 하지 않았을까? '부가 구해서 얻어질 수 있다면, 나는 재상이라도 떠맡겠다'고⋯. 그런데 왜 말몰이꾼을 자처했을까? 공자의 말은 벼슬할 수 있는 여건, 즉 道가 있는 시절이라면 비록 미관말직이라도 사양하지 않겠지만, 그럴 수 없는 세상이라면 3公의 벼슬로 나를 부르더라도, 나는 내 道를 닦고 즐거워하겠다는 말이다. 어세가 그렇지 않은가?

若如先儒之說 孔子當曰'富而可求 雖天官冢宰 吾亦爲之' 豈宜以執鞭之士爲準乎? 其言若曰 '若當可仕之世 則雖卑官末職 吾當仕焉. 若當不可仕之世 則雖召我以三公 不如修道而自樂也.' 語勢不然乎?

독자들은 어떻게 생각하시는지 모르겠다. 나는 좀 다른 생각을 갖고 있다. 다산의 주자 비판은 설득력이 떨어진다. 오히려 "부를 구할 수만 있다면, 성공이 보장된다면, 허드렛일도 마다하지 않겠다"가 오히려 더 적절한 어세이지 않나 싶다.

그러면 주자의 해석이 맞느냐고? 여기도 이런 의문이 남는다. 과연 노력해서 얻을 수 있다면, 공자는 자신이 '좋아하는 것'을 팽개치고 돈벌이 비즈니스에 매달렸을까? 그렇지 않을 것이다. 나는 주자의 해석 또한 길을 잘못 들었다고 생각한다.

아, 물론 린위탕처럼, 이 발언의 허두를 공자의 농담이라고 읽을 수도 있겠다. 자신은 전혀 그럴 생각이 없지만, 짐짓 사람들이 다 원하는 것이니, 이런 가정을 미끼로(?) 던졌을 수도 있겠다. 굳이 고르라면 이 세 해석 가운데 린위탕의 것이 근접하다 하겠으나, 미진함은 여전하다.

나는 '可求'의 可가 주자의 '가능성'이나 다산의 '여건'이 아니라, '가치'를 가리킨다고 생각한다. BBC 다큐멘터리에서 기축 시대의 옛 현자인 공자, 붓다, 소크라테스를 다룬 적이 있다. "신화시대를 넘어 인간의 이성적 전회가 이 시대의 특징이고, 인간은 인간의 운명에 책임을 지게 되었다"라는 내레이션 뒤에, 인간의 질문 세 가지를 이렇게 요약했다. "부는 좋은 것일까?" "좋은 삶은 어떻게 사는 것일까?" "공정한 사회는 어떻게 만들까?" 인류의 근본 문제 가운데 첫 번째 등장한 물음이 부에 관한 성찰이다.

공자는 부귀의 추구가 인간 중심이 되어서는 안 된다고 생각했다고 나는 생각한다. 몇 가지 예를 들어보자.

子曰: "士志於道 而恥惡衣惡食者 未足與議也." 〈〈이인〉 9장〉

공자가 말했다. "선비가 道에 뜻을 두면서 허름한 옷과 거친 음식을 부끄러워 한다면, 더불어 (道를) 같이 논할 만한 사람이 아니다."

子曰: "君子食無求飽 居無求安 敏於事而愼於言 就有道而正焉 可謂好學 也已." 《학이》14장)
공자가 말했다. "군자는 배부름을 구하지 않고, 편안한 거처에 집착하지 않는 다. 해야 할 일에 집중하고, 말은 신중하게 고르며, 道를 갖춘 사람에게 나아가 자신을 바로잡는다. 이런 사람을 好學, 배움을 좋아한다고 일컫겠다."

군자는 음식과 거처에 관심을 두기보다, 道에 뜻을 두고 그 실현에 민첩한 사람이다. 이것이 공자가 평생을 살고, 그렇게 가르친 '배움' 의 길이다. 군자는 "死生有命사생유명 富貴在天부귀재천", 즉 목숨과 부 귀는 숙명에 맡겨 놓고 자신의 길을 가는 사람이라고 해야겠다. 《중 용》14장에서 말한다.

군자는 다만 주어진 역할과 처한 상황에 철저할 뿐, 그 밖을 넘보지 않 는다. 부귀에 처했다면 그에 걸맞게 살고, 빈천에 처했다면 그 삶에 충 실하다. 오랑캐 속이라면 오랑캐의 삶에 적응하고, 환난에 처했다면 그 운명에 성실하다. 군자는 어디에 있든지, 어느 상황이든지 자신의 힘과 가치를 실현한다.
君子素其位而行 不願乎其外. 素富貴 行乎富貴; 素貧賤 行乎貧 賤; 素夷狄 行乎夷狄; 素患難 行乎患難 君子無入而不自得焉.

이 운명을 함부로(?) 벗어나려고 해서는 안 된다.

子曰: "富與貴是人之所欲也 不以其道得之 不處也; 貧與賤是人之所惡也 不以其道得之 不去也. 君子去仁 惡乎成名? 君子無終食之間違仁 造次必 於是 顚沛必於是." (《이인》 5장)

공자가 말했다. "부와 귀는 사람들이 모두 욕망하는 바다. 그렇지만 정당하지 않게 얻은 것이라면 거기 처하지 않는다. 빈과 천은 사람들이 다들 싫어하는 바다. 그러나 부당하게 처한 운명이라고 해서 거기를 벗어나서는 안 된다. 군자가 仁을 떠나면 군자의 이름을 어떻게 얻겠는가? 군자는 밥 먹는 시간에라도 仁에 어긋나지 않는다. 다급할 때도 仁을 지키고, 거꾸러져도 仁을 따른다."

위의 해석은 주자를 따른 것인데, 약간 이상해 보인다. 같은 '不以其道得之불이기도득지'를 앞에서는 "-라면"으로, 나중 것은 "-라도"로 달리 읽어도 되는 걸까? 여기서는 다산의 해석이 적절해 보인다. 그 해석에 따르면, 번역은 이렇다.

공자가 말했다. "부와 귀는 사람들이 모두 욕망하는 것이지만, 정당하지 않은 방법을 농원해서 그것을 누리려 하지는 않는다. 빈과 천은 사람들이 다들 싫어하는 것이지만, 정당하지 않은 방법을 동원해서 그곳을 벗어나려 하지는 않는다. 仁을 떠나면 군자의 이름을 어떻게 얻겠는가? 군자는 밥 먹는 시간에도 仁에 어긋나지 않는다. 다급할 때도 仁을 지키고, 거꾸러져도 仁을 따른다."

이것이 부귀에 대한 공자의 자세다. 처한 상황을 받아들이고 오직 정당한 방법에 의존하는 것, 그것이 仁의 길이고, 군자는 이 원칙과 자세를 흩트리지 않는다. 공자는 부귀에 대한 세속적 관심을 접고, 자신이 좋아하는 일에 온 관심과 정열을 쏟았다. 仁을 성취해 나가는 길,

즉 學이 그의 삶의 전부가 되었다고 해도 좋겠다. 그러면 앞의 구절 〈술이〉 11장은 이렇게 번역된다.

> 공자가 말했다. "부가 추구할 만한 가치라면, 나는 허드렛일도 마다하지 않겠다. 그러나 그것이 진정 추구할 만한 가치가 아니라면, 나는 '내가 좋아하는 것'을 등불로 나아가련다."

그러고 보니, 이의를 제기한 사람이 있었다. 앞의 《집주》를 찬찬히 들여다보시길 바란다. 소동파의 언급이 실려 있다.

소동파는 알고 있었다. 주자처럼 읽으면 안 된다는 것을…. 공자는 부귀에 관심이 없었다. 그런데 "부가 구해서 얻을 수 있는 것이라면…"이라니, 그럴 수 있다면 공자는 자신이 좋아하는 것을 버리고 장사에 뛰어들거나 취업에 분주하셨겠는가 말이다. 소동파의 "特以明其決不可求爾특이명기결불가구이"라는 주석은 不可求를 '가치 없다'로 읽기를 촉구한 듯하다. 포인트는 '決' 한 글자에 있다. 만일 주자처럼 읽으면, "인간이 아무리 노력해도 '결코' 부귀를 손에 얻을 수 없다"가 되는데, 이건 심한 단정 아닌가? 자공만 해도 그의 노력과 수완으로 막대한 부를 쌓았고, 그의 외교력은 천하의 판도를 바꿀 정도였음을 기억하자. 그리고 공자는 사적 교육을 통해 수많은 제자를 정치 행정에 필요한 역할을 하도록 교육시킨 사람 아닌가?

그러면 주자는 자신의 생각과 어긋날 수 있는 소동파의 언급을 여기 왜 실어놓았느냐는 의문이 남는다. 더구나 소동파는 주자의 선구라 할 정이천과 전혀 다른 성격과 지향을 갖고 있었다. 소동파는 장자풍의 天機를 중시하는 자유로운 영혼으로, 엄격한 예의 격식과 경건을 강조하는 낙학파洛學派와는 거의 상극에 가깝다. 어느 날 조회에서 한 재상이 근엄한 얼굴로 서 있자, 소동파는 화를 벌컥 냈다. "내 언제 이놈의 敬을 제대로 때려 부술까?" 형식적 근엄에 대한 그의 생리적 구토를 단적으로 드러내주는 에피소드다.

당연히 주자 또한 소동파에 호의적이지 않다. 그런데 왜 소동파의 이 해석을 자신의 말 속에 끼워 넣고, 일언반구 말이 없었을까?

天理를 말하는 주자

'운명'이 수명이나 부귀만은 아닐 것이다. 공자는 어느 편이냐 하면, 이와는 다른 운명에 주목하고 그것을 말하기 시작한다. 그는 이 운명을 知天命, 나이 오십에 본격 대면했다고 고백한 바 있다.

《논어》의 맨 마지막 장을 읽어보자. 시작을 學으로, 그리고 마지막을 命으로 배치한 것은 결코 우연이 아니다.

> 子曰: "不知命 無以爲君子也. 不知禮 無以立也. 不知言 無以知人也." (〈요왈〉3장)
>
> 공자가 말했다. "命을 모르면 군자가 될 수 없다. 禮를 모르면 설 수 없다. 말을 모르면 사람을 알 수 없다."

禮는 사회적 행동이다. 이를 모르면, 즉 제대로 실행하지 못하면, 사람들 사이에 설 수 없다. 말은 사람과 사람을 이어주는 소통의 도구다. 사람을 알려면 말과 행동을 읽는 법을 익혀야 한다. 그 말에 담긴 뉘앙스, 숨겨진 의도 등도 잘 감지해야 한다. 나중에 맹자는 자신이 "남의 말을 알아듣는 데 탁월하다"고 자부한 바 있다. 주자는 말한다.

> 禮를 모르면, 귀와 눈을 어디에다 두어야 할지, 손과 발을 어떻게 놀려야 할지 모른다. 사람이 하는 말의 실질을 잘 캐치하면 바로 그 사람의 정체를 알 수 있다.
>
> 不知禮 則耳目無所加 手足無所措. 言之得失 可以知人之邪正.

문제는 첫 구절이다. "命을 모르면 군자가 될 수 없다." 성숙한 인간, 그 완전에 이르는 데 핵심이 바로 命을 아는 데 있다는 것이 아닌가? 이게 무슨 의미인지를 같이 짚어보자. 주자는 선배 정이천의 주석을 빌려왔다.

> 정자가 말했다. "'命을 안다' 함은 命이라는 것이 있음을 알아, 그것을 믿는 것이다. 사람이 命을 모르면, 해롭다 싶으면 피할 생각만 하고, 이로운 것을 보면 그저 달려든다. 그러면 무엇으로 군자가 되리오?"
>
> 程子曰:"知命者 知有命而信之也. 人不知命 則見害必避 見利必趨 何以爲君子?"

인용구는 이것이 전부다. 독자들은 고개를 갸웃할 것이다. 이제부터 이 안에 말해지지 않은 것을 탐험해야 한다.

우선 몇 가지 정보는 확인할 수 있다. ① 命이 있다. 그런데 사람들은 이것의 '존재'를 잘 모른다! ② 命의 존재와 실상을 모를 경우, 우리는 이로운 것에는 허겁지겁 달려들고, 해로운 것은 무조건 피하려

는 생물학적 반응에 매몰될 것이다.[2]

이 정도는 캐치하게 되었다. 그럼에도 독자들은 여전히 命이 무엇인지는 오리무중에 있어 난감해하고 있을 것이다.

주자도 여기 더 이상 말을 보태지 않았다. 이 말을 알아듣자면, 주자의 '철학'을 조회해야 한다. 그의 방대한 저작이 이 문제를 둘러싸고 전개되어 있다고 해도 과언이 아니다. 개략만 들려드리도록 한다.

命은 '명령'이다. 인간의 명령이 아니라 하늘에서 발해진 것이라서 天命이라고도 한다. 주자는 이 하늘과 하늘의 명령을 어떻게 이해하고 있었을까?

재래의 초월적 존재와 관련된 개념은 여럿이다. 天, 天命 외에도 鬼神, 上帝, 道, 太極 등이 있다. 주자는 이들을 한데 묶어 '天理'의 우산 아래 통합했다. 이렇게 몰아세워 무엇이 어떻게 바뀌었는가?

(1) 절대자의 인격적 위상이 탈각되었다.

주자는 上帝 등의 이름이 옛적에 쓰였다고 해서, 저 하늘 위에 어떤 인격적 존재가 계시냐고 말하는 것이 결코 아니라고 말한다. 天 또한 스스로 그러한 자연의 힘과 과정을 가리킨 것일 뿐, 이 물질적 우주 밖에서 자의나 변덕을 부릴 수 있는 자는 없다. 太極은 집의 대들보처럼 모종의 우주적 '중심'을 가리킨다. 이 중심은 無極이라 물질성을 띠고 있지만, 오직 물질적 과정을 통해서만 자신을 드러낸다.

저간의 사정을 짐작하실 것이다. 주자의 절대자는 신이 아니라 자연이다. 신의 섭리는 이제 자연의 원리로 낙착되었다. 天理의 제창은

---

2   이때 인간은 비자각의 상태에서, 그저 자동기계로 살아가게 된다.

이 거대한 전환의 중심에 자리 잡고 있는 키스톤이었다.

이제 신은 오직 자연의 필연성을 통해서만 인간사에 개입할 수 있게 되었다. 그는 더 이상 저 너머의 절대자로서 자의나 변덕, 의도에 의해 자신의 힘을 행사할 수 없게 된 것이다.

아, 하나 빠졌다. 주자는 귀신 또한 자연의 과학 속으로 탈색시켰다. 귀신은 그 비물질성과 초자연성의 특성을 빼앗기고 순수하게 물질적 힘으로, 즉 '정지하고 희박화하는 회귀의 힘(鬼=歸)'과 그에 짝하는 '활동하고 밀집하는 확산의 힘(神=伸)'으로 환원되었다. 이들의 활동은 누구나 뚜렷하게 관찰할 수 있다. 일상에서 우리는 늘 귀신과 대면(?)하고 살고 있는 셈이다. 이처럼 최고의 신은 물론, 여러 귀신조차 보이지 않는 존재성을 박탈당하고, 자의로 인간들을 괴롭히거나 도와주는 권능을 부릴 수 없게 되었다. 주자의 철학은 이러한 점에서, 래디컬한 합리주의로 불릴 만한 것이었다.

(2) 다양한 사물은 질서가 있고 유기적으로 통일되어 있다.

초자연적 간섭은 없다. 자연이 절대를 대신했고, 모든 것은 합리적 이해와 과학적 접근으로 '인식'이 가능한 것이었다.

理라는 글자는 본래 옥의 결이나 무늬를 가리켰다고 한다. 자연의 모습을 보자. 사물은 다양하게 분화되고, 생명은 생명으로 이어지며, 계절은 순환한다. 이것이 전부다. 이들 자연에는 거역할 수 없는 질서가 있고, 사물과 사건은 크고 작은 수준에서 서로 유기적으로 통합되어 있다. 전체로서의 우주는 거대한 단일체다.

주자는 우주를 수축과 응축, 분화와 통합이 들끓는 생명의 쉼 없는 폭죽으로 읽었다. 그는 이를 부글부글 끓는 솥에 비유하기도 했고, 天

地라는 맷돌에서 끝없이 갈려 나오는 곡식 가루로 묘사하기도 했다.

다시 말하지만 이 활동은 '필연적'이다. 누구도 이 법칙의 영역 안에 손을 대거나 진로를 수정할 수 없다. 예전 시기의 天이나 上帝는 여기 개입할 힘이 전혀 없다.

사람들은 이제 묻는다. 자연은 그렇다고 치고, 도덕은? 독자들의 질문은 두 가지일 것이다. ① 종교에서 과학으로, 신화에서 자연으로 대전환을 이룩했다면서, 왜 주자학은 서구가 이룩한 것과 같은 과학 혁명을 불러오지 못했는가? 그리고 또 하나, ② 모든 것이 자연과 과학으로 전환되면, 이제 도덕과 규범의 영역은 어떻게 확보하려는가?

첫 번째 물음은 조지프 니덤의 《중국의 과학과 문명》이 다루는 주 테마이고, 지금도 열띤 논란에 열려 있다. 여기서는 두 번째 질문에 간략하게 답하고자 한다. 내 답이라기보다 주자의 생각을 정리해서 들려드린다.

나 역시 이 문제를 읽는 데 상당한 시간이 걸렸다. 예전에도 그러했을 것이고, 현대의 구미권이나 중국의 학자들 역시 자주 이해에 실패했다니, 위안을 삼을 만하다. 맞고 틀리고를 떠나 주자의 발상 자체를 이해하도록 노력하는 것이 급선무라고 생각한다.

만일 무엇인가가 있다면 거기에는 구성과 원리가 있을 것이다. 주자학은 이를 "세상에 理가 없는 氣가 없고, 氣가 없는 理가 없다"라고 표현한다. 당연한 말이다. 사물이 있는 곳에 조직이 있고, 사건이 있다면 동기가 있을 것이다. 격물치지 혹은 궁리는 이들을 찾아가는 과학적 탐구다. 좋다. 인정한다. 사실(當然)과 원리(所以)의 세계에 대한 그들의 열정을…. 그런데 윤리나 도덕은 어떻게 할 것인가?

주자의 발상을 단적으로 이렇게 말할 수 있다. "자연이 윤리를 지시한다!" 이렇게도 말할 수 있다. "인간은 도덕적으로 태어난다." 앞에서 "天命을 안다"고 했을 때, 주자의 마음속에 있는 생각이 이것이다. 주자의 생각에 따르면, 인간이 윤리적 행동을 하지 않는 것은 '사실'에 대한 지식이 결여되어 있기 때문이다. 소크라테스도 그렇게 말한 적이 있다. "유일한 악덕은 무지다(The only evil is ignorance)."

안타깝게도 사람들은 자신들의 도덕적 본질에 대한 자각이 없다. 이 자각이 없으면, 사람들은 어떤 사태가 이익이냐 아니냐에 따라 행동하게 될 것이다. 인간은 도덕적 본질을 숙명(命)으로 타고났다. 그것을 이해하고 자각하는 것(知), 여기 모든 것이 달려 있다!

이 지식의 개략은 이렇다. 인간세를 둘러보아 도처에 악이 범람하고 있다. 더 설명이 필요 없을 정도다. 그런데 무엇을 믿고 주자학은 맹자를 따라 인간의 본성(性)이 선하다 하는가?

자연은 창조의 과정이고, 생명의 약동이다. 누가 시킨 것도 아닌데, 어디선가 수많은 생명이 태어나고 성장하며 살아가다 사라진다. 우주는 흡사 대장간의 풀무를 닮았다. 이 특성을 주자는 《주역》에서 빌려온 원형리정, 즉 생명의 탄생, 성장, 원숙, 저장으로 특화했다. 이는 곡식의 생장과 결실 그리고 이와 연관된 계절에 비견되었다.

인간의 생명은 본시 천지의 사랑으로 만들어졌다. 사람 또한 그 모습을 닮아 사람을 사랑하고, 천하를 동정하는 마음을 갖고 있다. 그뿐인가? 선천적으로 악을 미워하고, 죄를 부끄러워하도록 프로그램되어 있다. 타인을 존중하고 옳고 그름을 가리는 능력은 모든 사람이 갖고 있는 보편적 특성이다. 그렇지 않은가? 주자가 만년에 쓴 편지글 하나를 읽어보자.

性은 태극의 혼연한 體라서 본시 적절한 이름을 붙일 수 없다. 그렇지만 그 안에는 오만가지 理가 담겨 있는데, 주요한 벼리로 넷이 있다. 그것이 仁義禮智다.

공자의 문하에서 갖추지 못한 논의를 맹자에 이르러서야 충분히 갖추게 되었다. 그 조목을 세세히 짚진 않았어도 성선의 이치가 공자 때에 밝아져 있었는데, 맹자 때가 오면 이단이 우르르 일어나 性이 不善하다는 사람까지 있어, 맹자가 이 이치가 어두워질까 염려하여 밝히기로 작정한 것이다. 그렇지만 그 혼연한 전체만 말해서는 눈금 없는 저울, 마디 없는 자의 형국이 되어 종시 천하를 깨우치기에 부족하리라 여겨, 따로 네 경계를 설정하였다. 이로써 四端의 논의가 성립한 것이다.

생각건대, 四端이 피어나지 않을 때는 적연부동寂然不動이긴 하나, (그렇다고) 마냥 흐릿한 두루뭉수리가 아니다. 그 안에는 스스로 조리條理와 칸(間架)이 있어, 외부 자극이 있으면 내부가 바로 반응한다. 가령 어린아이가 우물에 빠지려는 사태가 (감관에) 자극을 일으키면, 곧 仁의 理가 응하여 측은지심惻隱之心이 구체화되어 드러난다. 가령 사당祠堂을 지나거나 조정朝廷을 지나는 일로 자극되면, 禮의 理가 곧 반응하여 공경지심恭敬之心이 구체화되어 드러나는 것이다.

(마음) 가운데 여러 理가 한데 섞여(渾) 갖추어 있지만, 각각 (조리가) 분명해 외적 자극이 있으면 곧 반응한다. 四端의 피어남(반응)이 각각 다른 면모를 보이게 되는 것은 바로 이 때문이다.

맹자는 이렇게 넷으로 나누어 학자들에게 보여줌으로써, 혼연한 전체인 가운데서도 각각 조리가 분명하다는 사실을 알리고자 했은즉, 性이 선함을 알겠다.

그렇지만 四端이 피어나지 않을 때는 혼연한 전체라서 소리도 냄새도 형체도 확인할 수 없는데, 각각 분명한 조리가 있다는 것을 어떻게 알 수 있는가? 理는 그것에 의거하여 피어나는 곳에서 징험할 수 있다! 무릇 物에는 모두 바탕과 뿌리(本根)가 있는 법이다. 性의 理가 비록 형태가 없지만, 드러난 실마리에서 가장 잘 징험할 수 있다. 그리하여 그 측은惻隱으로 말미암아 그 仁이 있음을 알겠고, 그 수오羞惡로 말미암아 그 義가 있음을 알겠다. 그 공경恭敬으로 말미암아 그 禮가 있음을 알겠고, 그 시비是非로 말미암아 그 智가 있음을 알겠다. 본래 그 (仁義禮智의) 理가 내부에 있지 않았다면, 어떻게 四端이 밖으로 드러나겠는가? 그 밖으로 드러난 四端을 통해 그 理가 내부에 있음을 속일 수 없다. 그래서 맹자가 '그 情(性이 발현된 현상)을 보면 가히 선을 행할 수 있다. 그래서 선이라 말한다'고 했다. 그러한즉, 맹자가 말하는 성선은 대체로 드러난 情을 거꾸로 소급하여 확인한 결과다.

性是太極渾然之體 本不可以名字言. 但其中含具萬理 而綱理之大者有四 故名之曰仁義禮智. 孔門未嘗備言 至孟子而始備言之者 蓋孔子時 性善之理素明 雖不詳著其條 而說自具. 至孟子時 異端蜂起 往往以性爲不善 孟子懼斯理之不明 而思有以明之. 苟但曰渾然全體 則恐其如無星之秤 無寸之尺 終不足以曉天下 於是別而言之 界爲四破 而四端之說於是而立. 蓋四端之未發也 雖寂然不動 而其中自有條理 自有間架 不是儱侗都無一物. 所以外邊纔感 中間便應. 如赤子入井之事感 則仁之理便應 而惻隱之心於是乎形. 如過廟過朝之事感 則禮之理便應 而恭敬之心於是乎形. 蓋由其中間衆理渾具 各各分明 故外邊所遇 隨感而應 所以四端之發各有面貌之不同. 是以孟子析而爲四 以示學者 使知渾然全體之中而粲然有條若此 則性之善可知矣. 然四端之未發也 所

謂渾然全體 無聲無臭之可言 無形象之可見 何以知其粲然有條
如此. 蓋是理之可驗乃依然就他發處驗得. 凡物必有本根. 性之理
雖無形 而端的之發最可驗. 故由其惻隱 所以必知其有仁 由其羞
惡 所以必知其有義. 由其恭敬 所以必知其有禮. 由其是非 所以必
知其有智. 使其本無是理於內 則何以有是端於外? 由其有是端於
外 所以必知有是理於內 而不可誣也. 故孟子言 '乃若其情 則可以
爲善矣 乃所謂善也.' 是則孟子之言性善 蓋亦遡其情而逆知之耳.
(주자, 〈답진기지答陳器之〉)

사람들은 여전히 미심쩍어 할 것이다. 주자의 이야기를 더 따라가 보
자. 질문은 두 개다. ① 만일 인간의 본질이 이토록 선하다면, 사람들
의 악은 어디서 연유하는 것이냐는 것이고, ② 그러면 인간은 무슨 노
력을 어떻게 해야 하느냐는 것이다. 이 둘은 서로 연관되어 있다.

악은 어디서 생기는가? 이상하게 들릴지 모르는데, 그것은 '신체
의 구성(氣稟)'에서 온다. 인간의 '물질'은 서로 다르다. 이 물질(氣)
은 신체적·정신적 나아가 영적 특질을 포함한다. 각자의 유전적 구
성이 다르기 때문에, 본성인 仁義禮智는 일정한 제약과 왜곡을 피할
수 없다. 즉 그 '본성'을 온전히 구현하는 것은 요순 같은 예외적 성인
뿐이다. 이 제약의 지도는 천차만별이다. 누구는 仁에 치우쳐 인정에
눈물이 많고, 누구는 義의 성분이 많아 정의에 단호한 성격일 수도
있다. 당태종처럼 권력을 잡기 위해 형제를 죽였지만, 백성들을 위한
정치에 밤낮으로 애쓴 사람도 있다. 이 차이를 주자학은 '氣의 청탁
수박淸濁粹駁'으로 정식화했다. 氣가 맑은 사람들은 지적 센스가 뛰
어나고, 탁한 사람은 우둔하다. 氣가 순수한 사람은 법 없이도 살 사

람이고, 잡박한 사람에게는 도덕적 센스를 기대할 수 없다. 氣의 순수성과 민감성 그리고 견고성이 그려내는 지도는 사람마다 뚜렷한 차이가 있다. 인간의 노력은 이들 '편중'과 그로 인한 일탈을 교정하고 되돌려 본래의 본성을 '회복'해 나가는 일과 다름없다.

그 방법은 너무 많아 일일이 열거할 수가 없다. 자세한 곡절을 알고 싶은 사람은 졸저《성학십도, 자기 구원의 가이드맵》을 참고하시기를 권한다. 여기서는 기본 골격만 새겨둔다.

지금 보듯이, 주자학의 수련은 '氣의 교정'으로 집약된다. 신체나 용모는 결정된 氣라서 손을 댈 수 없다. 지금이라면 그것도 교정 가능하다고 하겠지만…. 오직 마음의 氣와 신체의 습관으로서의 氣만 교정과 재설정이 가능하다. 이를 위해 주자학은 공부 프로그램으로 小學과 大學을 설정한다.

비질하고 물 뿌리고 대답하는 기초적 습관을 익히고, 마음을 교정하고 학문을 익혀 적절한 사회인이 되며, 나아가 천하를 평정하는 리더십을 키운다. 이런 학습의 스케일에도 불구하고, 이 교정으로 '획득된 것'은 아무것도 없다. 외부에서 덧붙인 것은 아무것도 없으니, 그는 다만 자신의 '본성'을 자각하고, 그것의 힘과 빛을 온전히 발휘하게 되었을 뿐이다. 그때 알아차리게 된다. "모든 것은 나에게 있었다(萬物皆備於我)." 이 모든 공부를 관통하고 있는 중심적 태도가 있다. 바로 敬이라는 것이다. 그것은 원래 상대방을 존중하고 적절한 禮를 다하는 것 혹은 일에 임하는 진지한 자세를 의미했는데, 주자학은 이를 자신의 감정과 현재를 주시하고, 내적 본질을 파지하는 명상적 태도로 치환했다.

수련을 통해 자신의 '본성'과 대면하는 것이 힘을 얻고 지속이 길어지면 무슨 일이 일어나는가? ① 자신이 누구인지 뚜렷해지는 것만큼, 그를 그렇게 있게 한 '운명'에 대한 각성도 더불어 자란다. ② 그는 흔들리지 않는 中을 확보, 그 평정은 다양한 자극과 환경에서 적절한 조화를 발현해 나간다.

인간의 본성이 도덕적 행동을 하도록 프로그램되어 있다면, 더 이상 강제가 필요 없을 것이다. 그래서 주자학은 무엇보다 자신의 자각을 모든 수련의 첫걸음으로 설정했다. "너 자신을 알라"라는 말은 자신의 도덕적 본성을 자각하라는 말과 다름없었다. 이 '운명 지어진' 것을 모르면, 앞에서 주자가 말했듯이, 인간은 이익에 따라 행동하고 필요에 따라 배신하는 행동을 서슴지 않게 된다는 것이다.

주자학은 말한다. 자식에 대한 사랑이 자연스럽듯이, 어버이에 대한 존경과 일체감 또한 자연스러운 일이다. 화담은 "어버이를 사랑하고 존경하는 것은 목마르면 물을 찾고 배고프면 숟가락을 드는 것과 같이 '자연스러운' 일"이라고 말했다. 즉 이렇게 해서 과학과 윤리는 합치한다. 이것이 주자학의 독특한 사고방식이고, 인간을 동물적 욕구의 수순에서 읽는 습관이 밴 우리를 곤혹스럽게 하는 주장이기도 하다.

주자학을 위해 두 가지 변명을 해두고자 한다. 인간의 본성 '전체'가 선하다는 것은 과도한 주장이 아닌가? 인간은 타인과 공동체 전체를 희생하더라도 개인적 욕구를 충족시키고자 하는 무서운 동물 아닌가? 쇼펜하우어는 모든 형태의 낙관에 대해서 부정적이다. 그는 인간을 묘사하는 한마디를 이렇게 떠올렸다. "인간은 자기 구두에 기름 칠하기 위해 사람을 태연하게 죽일 수 있는 존재다." 중국 고대의 역사를 들추면 그리고 조선 시대의 풍경, 지금의 정치를 흘끗 보기만 해도, 우리는 이 엄청난 반대 증거에 전율하게 된다. 다산이 주자학을 납득하지 못하고 그에 맞서는 새로운 체계로 도전한 것도, 바로 이 같은 '최고도로 순진한 낙관주의'를 회의한 결과다. 실제 우리는 조선조의 만연한 '위선'과 만난다. 너와 나는 서로 공감으로 엮여 있고, 하여 세계는 하나라고 외치던 사람들이, 이해관계가 걸리면 원칙은 일찌감치 저버리고, 파당적 투쟁이 불거지면 우정과 관용을 내버리고 피비린내만 가득 풍기지 않는가?

그럼에도 인간성은 선한가? 인간이 不善한 일을 하고자 할 때, 인간은 저항에 부딪힌다. 떳떳하지 않은 일 아닌가? 그 수치심에 불편한 마음을 어쩌지 못한다. 물론 사람마다 분야와 정도의 차이는 있다. 회의에서의 작은 실수에 잠 못 드는 사람이 있는가 하면, 자신을 도와주던 노인을 실수로 죽이고도 달게 잔 조조 같은 유형도 있다. 불편함은 내내 마음을 찜찜하게 붙잡고 꿈속에서도 나타난다. 사회적으로는 용인되고 법의 둘레에 저촉하지는 않는다고 해도, 자신이 아니라고 할 때 그것은 내내 마음을 놓아주지 않는다. 더구나 심각하게 자신을 훼손하고 배반하는 일은 더하다. 에리히 프롬은 꿈을 분석할 때 다음과 같은 예를 들려준 적이 있다. 어느 작가가 떳떳지 못한 과정으로 성공한 졸부의 전기를 써달라는 부탁을 받아들였다. 보수가 두둑했기 때문이다. 그는 그날 밤에 언덕을 올라가다 절벽에서 떨어지는 꿈을 꾸었고, 이것이 의미하는 바는 명확하다고 프롬은 진단했다. 그는 '자신을 배반한 것이다.' 의식이 누르면 무의식이 반발한다.

주자의 철학은 섬세한 무의식과 도덕감, 자기 진실성이라는 테제를 다루고 있다. 그가 不善한 일을 했을 때, 그것은 타인과 사회에 해를 끼침과 동시에 자신의 존재에 상처를 입힌다. 그는 다름 아닌 자신을 위해서 악을 저지르지 않는다. 도덕은 자기의 복리(?)를 위한 훌륭한 선택이고, 만일 악을 행한다면 그는 자신을 해치는 것이 된다. 그렇다면 주자학은 도덕의 보증을 위해 초자연적 개입이나 신의 심판과 은총이 필요하지 않다는 것이 된다. 이것이 주자가 생각한 자율적 도덕의 기획이다.

그러면 누가 징벌하고, 누가 보상하는가? 유교는 '복선화음福善禍淫'을 말한다. 선을 행함에 복을 받고, 악을 행함에 벌을 받는다? 공정은 어렵고 억울한 일은 많다. 《사기》의 사마천은 옳은 일을 했어도 궁형의 치욕을 받았고, 정도전 또한 유배의 운명을 씹으며 과연 '하늘'이 있는지를 물었다.

이 점에서 주자학은 차갑고 냉정하다. 앞에서 적었듯이, 칼로 징벌할 심판의 주는 없고, 사후에라도 보상할 천국과 지옥은 더욱 없다. 보상과 징벌은 오직 '자연'을 통해 필연성의 범위 안에서만 일어난다! 주자학의 응보론은 이렇다. 《사자소학四字小學》에서 말하듯, "선을 쌓은 집에는 반드시 경복이 남아 있고, 不善한 집에는 반드시 재앙이 남아 있을 뿐이나(積善之家 必有餘慶 不善之家 必有餘殃)". 그리고 심판과 응보는 현세가 아니면 역사의 기록을 통해 두고두고 이루어질 것이다. 이 소프트한 권선징악은 설득력이 있을까? 이 문제를 언급한 대표적 구절을 읽어보자.

문: 선한 행위는 복을 받고, 악한 행위는 화를 당하는 것은 어째서입니까?
답: 이것은 스스로 그러한 理다. 선을 행하면 복이 있고, 악을 행하면 화가 있다.

문: 天道는 어떤 것입니까?

답: 다만 理이니, 理가 바로 天道다. 예를 들어, "황천皇天이 진노한다"라고 말하는데, 결국 어떤 사람이 위에 있어 진노하는 것은 아니다. 다만 理가 이와 같을 뿐이다.

문: 요즘 사람들이 선악에 대해 보답을 받는 것은 어떠합니까?

답: 운이 따르느냐, 그렇지 않느냐의 문제일 뿐이다. (A.C. 그레이엄, 《정명도와 정이천의 철학》, 이현석 역, 심산문화, 69쪽)

분명한 것은 황천의 초자연적 개입은 없다는 것이다. 모든 일은 理의 자연과 과학, 그 필연성 안에서만 일어난다. 현실에서는 나쁜 사람들이 득세하고 어리석은 사람들이 목소리를 높인다. 그렇다고 무작정 악이 번성하는 것은 아니다. 결국 악은 응징된다. 그것은 자기 영혼을 벌하는 양심으로도 오고, 사람들의 평판으로 지목되기도 하며, 역사의 포폄 등으로 기록된다. 선한 평가와 영향력은 모여들 것이고, 악을 둘러싼 응징의 기운 또한 사그라지지 않는다. 신은 바로 이들을 통해 역사한다고 주자학은 생각한 듯하다.

김기봉 교수는 이런 이야기를 들려준다.

국제 관계에서 힘이 정의라는 걸 논증하는 유명한 사례가 투키디데스의 《펠로폰네소스 전쟁사》에 나오는 '멜로스 대담'이다. 기원전 416년 아테네는 중립을 지켜온 작은 섬 멜로스에 쳐들어가 항복하여 자기편에 설 것을 강요하는 담판을 벌였다. 아테네 사절은 국제 관계에서 서로 힘이 백중할 때나 정의에 대해 논할 뿐, 강자와 약자 간에는 힘이 정의라고 했다. 이에 대해 멜로스 대표는 평화를 사랑하는 자신들이 어느 편에도 가담하지 않고, 적이기보다는 친구로 남아 있는 걸 용인해줄 것을 간청했다. 아테네인들이 거부하자, 멜로스인들은 자신들은 신을 경외하고 정의롭지 못한 자들에게 대항하고 있으니, 신의 개입이 있을 거라 말했다. 아테네인들은 강자가 약자를 지배하는 것은 인간의 본성이고 신들도 마찬가지라며, 그들을 비웃고 공격해 멸망시켰다. 멜로스인들이 갈망하는 신의 개입은 없었다.

그렇다면 약자가 강자의 힘에 굴복하는 게 인간의 본성이며 정의일까? 투키디데스가 이 사례를 통해 말하고 싶었던 것은 신의 개입은 결국 있다는 것이다. 그는 이런 신의 개입을 우연 또는 행운이라 번역되는 그리스어 '티케tyche'로 표현했다. 결국 아테네는 펠로폰네소스 전쟁에서 스파르타에 패배함으로써 쇠락했다. 이것이 아테네인들의 오만에 대한 신의 징벌이었다. 서양 역사의 아버지 헤로도토스는 인간의 오만에 대한 신의 징벌로 역사는 반복한다고 했다. 그는, 강대국이 됐다는 것은 행운이지만, 그 행운이 언젠가는 다시 약소국이 되는 불행을 초래하는 이유는 인간의 오만에 대한 신의 징벌 때문이고, 이것이 바로 우연으로 실현되는 신의 정의라고 했다.

나는 이것이 주자학이 믿은 역사에서의 정의 구현이고, 권선징악이 역사하는 방식이라고 생각한다.

대략 주자의 처음 말을 이해할 수 있게 된 듯하다. 그는 다음과 같은 취지를 설파하고 싶어 한다. "운명(命)의 그물은 허술하고 느려 보이지만, 결국 권선징악, 복선화음으로 낙착될 것이다. 그러니 어찌 삼가지 않을 수 있겠는가?"

天命을 듣는 다산

이제 不知命에 대한 다산의 이야기를 들어보아야 할 때다.

> 子曰: "不知命 無以爲君子也. 不知禮 無以立也. 不知言 無以知人也." (〈요왈〉 3장)
>
> 공자가 말했다. "命을 모르면 군자가 될 수 없다. 禮를 모르면 설 수 없다. 말을 모르면 사람을 알 수 없다."

《고금주》 해석부 전문을 번역해드린다.

> 命은 하늘이 사람에게 부여한 것으로, 性이 德을 좋아하는 것이 命이고, 생사와 화복, 영욕에도 命이 있다. 命을 알지 못하면, 선을 즐기면서 처한 상황에 편안할 수 없다(처한 위치에 따라 걸맞은 삶을 영위할 수 없다). 그러면 군자가 될 수 없다. 禮는 上下를 정하고 갈등(嫌疑)을 정리하는 수단이다. 禮를 모르면, 어떻게 보고 듣고 말하고 행동해야 할지 모른다. 그러면 사회 속에 자리 잡을 수 없다(주자는 "禮를 알지 못한다면, 이목을 둘 곳도, 수족을 놓을 곳도 없다"고 말했다). 말을 안다는 것은 남의 말을 듣고 심술의 삿되고 바름을 아는 것이다.
>
> 〔補曰〕 命 天之所以賦於人者 性之好德 是命也 死生禍福榮辱 亦有命. 不知命 則不能樂善而安位.【不能素其位】故無以爲君子.
>
> 〔補曰〕 禮所以定上下 別嫌疑. 不知禮 則無以視聽言動 故不能植其身.【朱子云: "不知禮 則耳目無所加 手足無所指."】〔補曰〕 知言 謂聽人言 知其心術之邪正.

禮와 말에 대해서는 별다른 이견이 없을 것이다. 관건은 첫 부분 知命에 있다. 다산의 술회는 주자와는 다른 목소리를 들려준다. 그는 여기서 두 가지의 命에 대해 말하고 있다. ① 命은 하늘이 사람에게 부여한 것으로, 性이 德을 좋아하는 것이 命이다. ② 생사와 화복, 영욕에도 命이 있다.

두 번째 항목부터 살펴보자. 운명의 한 갈래는 삶과 죽음, 그리고 행복과 재난, 그리고 영광과 오욕이다. 이 몇 가지는 그의 삶의 집약처럼 다가온다.

그는 1836년, 회혼, 즉 아내와의 결혼이 한 갑자를 돌던 그날, 세상을 떠났다. 며칠 전 미리 써놓은 시는 다음과 같다. 이것이 그의 마지막 작품이 되었다. 지금 그의 고향 마재 생가에 병풍으로 서 있다.

六十風輪轉眼翻　濃桃春色似新婚
生離死別催人老　戚短歡長感主恩
此夜蘭詞聲更好　舊時霞帔墨猶痕
剖而復合眞吾象　留取雙瓢付子孫
육십 년 모진 풍파, 그저 눈 깜짝할 사이네만
이 짙은 복사꽃 향기, 장가들던 그날 아닌가
살아 이별하고, 죽어 떠나보낸 세월들
그래도 슬픔은 짧았고 기쁜 날이 많았어. 모두 그분(主)의 은혜일세
오늘 밤 들려주는 목란 스토리는 더 좋네
당신 치마에 그려준 그림은 여직 간수하고 있지?
이 표주박, 우리를 닮았네, 갈라졌다 합친 것이
잘 보관했다가 애들에게 물려주소

그는 자신의 생을 "살아 이별하고, 죽어 떠나보낸" 시간으로 회고한다. 그 사정을 우리는 잘 알고 있다. 무덤에 들어갈 묘지명을 보자. 그는 남의 손에 더럽혀질까 싶어, 관례를 무시하고 이 글을 스스로 지었다.

신유년 봄, 대신(사헌부 관원) 민명혁 등이 서교의 일로 계를 발하여, 이가환, 이승훈 등과 함께 하옥되었다. 곧 약전, 약종 두 형도 잡혀 왔다. 하나는 죽고, 둘은 살았다. 여러 대신이 백방을 제안(議)했는데, 서용보하나가 불가하다고 고집했다. 나는 장기현으로, 형은 신지도로 유배되었다.

辛酉春 臺臣閔命赫等 以西敎事發啓 與李家煥·李承薰等下獄 旣而二兄若銓·若鍾 皆被逮 一死二生. 諸大臣議白放 唯徐龍輔執不可 鏞配長鬐縣 銓配薪智島.

여기 "하나는 죽고, 둘은 살았다"가 그의 압축된 심회를 그대로 보여준다. 그에게 닥친 환난, 멸문의 풍파, 폐족으로 살아갈 자식들의 모습까지, 그는 스스로 잘못한 것도 없이 화난의 불길 한가운데를 걸어가야 했다. 영광은 적고 오욕은 많은 날들을 견뎌, 그는 조선 500년, 전무후무한 작업을 이룩하고 떠났다. 이 묘지명의 마지막 구절은 이렇다.

荷主之寵　入居宥密
爲之腹心　朝夕以眤
荷天之寵　牖其愚衷
精硏六經　妙解微通

憸人旣張　天用玉汝

斂而藏之　將用矯矯然遐擧

임금님이 총애하사 승지가 되어 일했네

임금님의 심복이 되어 늘 가까이서 모셨지

하느님이 총애하사 내 어리석음 일깨워주셔서

六經을 정밀히 연구하여 미묘한 이치 깨쳤네

악인들이 날뜀은 '하늘'이 나를 단련하신 것

거두어 간직하고 흔들림 없이 살아가리

그는 《고금주》에서 이 '운명'에 대해 말한다. 이 해석에는 그의 실존적 체험이 절절히 박혀 있다. 삶과 죽음, 복락과 재앙, 영광과 오욕…. '내게 닥친 이 운명을 나는 거부하거나 원망하지 않겠다.' 이것이 '운명'의 한 단면이다. 이것만 있다면 관조와 체념이 삶의 태도가 되었을 것이다. 그러나 인간에게는 또 다른 운명이 있다. 그것은 내 적극적 자각과 실현을 기다리는 것이다.

이제 첫 번째 항복을 보자. 인간은 이 두 가지 '운명'을 동시에 알아야 한다. 삶과 죽음, 복락과 재난, 영광과 오욕을 성스럽게 수긍하면서, 내게 주어진 덕성을 삶에서 완성하라는 명령을 아울러 증거해 나가야 한다. 다산은 이 영웅적 수용을 '지금 있는 곳에서의 편안함(安位)'이라고 했고, 그리고 德의 실천을 '樂善'이라고 구분했다.

《중용》에서 말한바, 군자는 자신이 처한 처지를 받아들이고 어디서건 인간의 선한 본성을 완성하기 위해 노력해 나간다. 그것이 군자의 길이다. 이것이 유교다. 《논어》의 마지막 챕터가 공자의 평생 고투를 단적으로 집약하고 있다고 해도 과언이 아님을 느끼셨을 듯하다.

이제 다산과 주자의 지향이 어떻게 같고 다른지를 짚어드려야 할 듯하다. 짐작하고 계신 분들도 있겠고, 고개를 갸웃하시는 분들도 있겠다.

다산에게 이 '운명'을 주재하시는 분은 다름 아닌 '하느님(天)'이다. 그분은 저 너머 어디에선가 계신다. 주자가 일껏 이 종교적·절대적 타자성을 탈각시키고 자연적 과정으로 낙착시켜 둔 것을, 다산은 다시금 복권하고자 한다. 다산은 주자학의 래디컬한 '합리화'가 유교의 근본정신을 훼손했다고 생각한다.

우리는 지금 종교적 의제의 한복판에 들어와 있다. 다산이 젊은 시절, 천주교에 왜 그렇게 몰두했는지, 그리고 왜 그는 배교背敎할 수밖에 없었는지, 정치적 이유를 떠나 실존적 차원에서 이 문제를 읽을 길이 열린다. 앵거스 그레이엄은 말한다.

송대 이전의 유가적 세계상에 있어, 중심적 지위를 차지했던 하늘(天)은 제왕 곧 천자가 인간을 지배하는 것과 같이 자연을 지배하는 아주 모호한 인격적 힘으로 여겨졌다. 사물들이 따르는 혹은 따라야만 하는 경로, 예를 들어 계절의 순환, 천체의 주기, 인간의 관습 등이 天道라면 인간이 바꿀 수 없는 모든 것, 예를 들어 본성, 운명과 같은 것은 天命에서 기인한다. 우리가 앞에서 보았던 것처럼, 이정二程의 위대한 혁신은 이전에 하늘이 차지하고 있던 자리에 理를 올려놓은 것이다. (A.C. 그레이엄,《정명도와 정이천의 철학》, 67쪽)

다산은 이렇게 절대적 존재성이 탈각된 '하늘'에 본래의 주재성을 복권하고자 한다. 그것이 공자가 믿은 바라는 것을 한사코 설득시키고

자 한다. 다산의 판단에 의하면, 주자의 구상은 공맹 유학의 심각한 일탈이고 왜곡이다. 天이라는 아르키메데스의 축부터 잘못 놓이기 시작했다. 이를 축으로 한 주자학의 전 체계를 뒤흔들고 본래의 공맹 정신과 구상을 되돌려놓겠다는 것이 다산의 기염이다.

다시 말하지만, 그 초석이 저 초월적 주재, 옛 이름으로 '天' 혹은 '上帝'라고 부르는 그분이다. 다산은 말한다. 바로 그분이 인간 각자에게 好德 경향을 내 영혼 속에 심어두셨다! 그것을 자기 속에서 읽어내야 한다. 즉 "너의 命을 알아야 한다." 그것을 느끼는 자는 그 불가사의함을 심어준 분에게 당연히 두려움을 느끼고 경건한 자세를 취할 것이다.

여기서 인간과 금수, 군자와 소인이 갈라진다. 《중용》이 말하듯이, 군자는 그런 점에서 "그 보이지 않는 것을 삼가 조심하고, 그 들리지 않는 것을 두려워하는" 사람이다. 다산에게 그 대상은 진정 압도적 존재감으로 다가온 듯하다. 다산의 종교적 태도가 여기서 분명히 드러난다.

여기서 분명히 아실 것이다. "유교는 무신론적 사유가 아니다." 조선 후기 서교의 이름으로 온 가톨릭은 어느 편이냐 하면, 서양이라는 타자, 가톨릭이라는 종교가 조선의 유교를 대체한 것이 아니었다. 마테오 리치가 호교護敎를 위해 《천주실의天主實義》에서 중국의 고대 고전인 《시경》과 《서경》에 있는 수많은 종교적 언사, 초월자들의 존재를 연상시키는 많은 구절을 원용한 것을 거꾸로 음미해보아야 한다. 곧 보겠지만, 공자는 "하늘에 죄를 지으면 빌 곳이 없다"고 했고, "나는 기도한 지 오래되었다"고 고백한 바 있다.

다산은 공자와 유교의 깊은 종교적 경건을 주자학이 제멋대로 탈

신화했고, 또 그 새로운 체계는 놀랍게도 불교적 구상을 차용함으로써 유교를 훼손했다는 것이 다산의 생각이었다. 다산은 자신의 사유를 '수사학洙泗學'이라고 불렀다. 사수泗水는 공자의 고향을, 수수洙水는 맹자의 강학을 가리킨다. 수사학은 주자학으로 부당하게 묻혀버린 공맹 유교의 근본정신을 회복하겠다는 기염과 다름없다.

다산의 天은 살아계신 하느님이고, 命은 그분이 직접 내린 '명령'이다. 누구도 이 명령으로부터 자유롭지 않다. 즉 인간은 선을 행하라는 명령을 몸에 새기고 태어났다. 그 명령의 수행을 우리는 道라고 부른다. 이 道의 구현에는 수많은 방해가 있고, 그래서 그 길은 수리가 필요하다. 우리는 그것을 교육, 정치, 규범 등의 이름으로 부른다. 그 난해한《중용》의 첫 선언을 다산의 해석을 따라 과감하게 의역하자면 이렇다.

하느님이 내게 주신 명령, 그것이 우리의 본성. 선을 행하고 악을 피하라 말씀하셨네. 그 명령을 그대로 따르는 것이 우리가 갈 길. 여기 주저하지 말게나. 그 길에 수많은 방해가 기다리고 있으니, 교육과 정치와 규범이 필요하다네. 하느님의 명령은 어디 숨을 데가 없어. 그분의 말씀이 우리 안에 있음이야. 군자는 인간의 길을 가는 사람. 그는 저 보이지 않는 모습을 놓치지 않고, 저 들리지 않는 소리에 화들짝 놀란다네. 보이지 않는 것보다 더 분명한 것은 없고, 들리지 않는 것보다 더 확실한 것은 없지. 그래서 군자는 바로 그곳, 다른 사람은 모르는 자신과의 대화를 소중히 한다네.

天命之謂性 率性之謂道 修道之謂敎. 道也者 不可須臾離也 可離非道也. 是故君子戒愼乎其所不睹 恐懼乎其所不聞. 莫見乎隱 莫

顯乎微. 故君子愼其獨也. 《중용》1장)

다산의 해석을 보충적으로 더 들어보자. 《고금주》는 해석부 다음에 비평과 성찰 부분이 이어진다고 한 바 있다. 거기 인증 항목에서 命에 관련된 것 세 가지를 음미해보자.

⑴ 두려움에 대하여

공안국이 말했다. "命은 (각자에게 주어진) 곤궁과 영달의 몫을 말한다." (내가) 생각건대, 《논어》〈계씨〉 8장에서 "소인은 天命을 알지 못하기에, 두려워하지 않는다"고 하였다. 알지 못하는 자는 두려워하지 않는다고 했으니, (반대로) 命을 아는 자는 반드시 두려워하게 될 것이다. (여기 命이) 어찌 한갓 곤궁과 영달의 분수뿐이겠는가? 《시경》에서 말했다. "하늘의 위엄과 힘(天之威)을 두려워하여 이에 늘 보전할지어다."

孔曰: "命 謂窮達之分." 〔案〕上篇曰: '小人不知天命而不畏也' 不知者旣云不畏 則知命者必知畏也. 奚但窮達之分而已? 詩云: "畏天之威 于時保之."

命을 아는 자는 두려워하게 될 것이다. 그것은 곤궁과 영달의 운수뿐만 아니라 자기 속의 도덕적 명령이고, 그를 통해서 감지되는 초월자의 존재다. 이것을 아는 자는 그 앞에 두려움을 느끼게 될 것이다. 《시경》에서 그러지 않았는가. "하늘의 위엄과 그 힘을 두려워하라고…." 인용된 '天之威천지위'는 그저 자연의 위세를 말하는 것이 아니다. 초월적 힘과 그 존재의 압도를 단적으로 지시하는 말이다. 다산은 그분의 임재를 분명히 알고 있었다.

(2) 본성의 仁義禮智

《한시외전韓詩外傳》에서 이르길, "하늘이 낳은 것은 모두 仁義禮智와 善을 따르는 마음이다. 하늘이 생명에 명령한 바를 알지 못하면, 仁義禮智와 善을 따르는 마음이 없어진다. 그를 소인이라 하나니, 그래서 '命을 모르면 군자가 될 수 없다'고 한 것이다." (내가) 보기에 (여기) 논한 바가 올바르다.

〔引證〕《韓詩外傳》云: "天之所生 皆有仁義禮智順善之心 不知天之所以命生 則無仁義禮智順善之心 謂之小人 故曰'不知命 無以爲君子也'." 〔案〕所論正矣.

다산이 이 구절을 인용한 이유는 분명하다. 인간은 善을 향해 나아가고, 仁義禮智라는 德을 완성해 나가는 존재다. 그것을 모르면 소인, 그것을 각성하는 자가 군자가 될 것이다. 유교는 "나는 누구인가?"라는 근본적 질문에, 아마도 '德을 좋아하는 자'라고 정의할 것이다.

　여기 두 가지 사항을 유념해서 잘 읽어야 한다. 다산은 두 가지를 경계한다. ① 지금 여기 '하늘이 낳은 모든 생명은…'이라고 할 때 대상은 오직 사람이라는 것이 그 하나이고, ② 지금 말하는 仁義禮智는 '인간의 본성'이 아니라, '본성을 토대로 구현해야 할 외적 덕성'이라는 것이 다른 하나다. 이들의 차이는 다음, 仁을 다루는 현장에서 자세히 살펴보자.

⑶ 동중서의 하늘

동중서董仲舒의 〈책策〉에서 말하길, "하늘이 명령한 것을 命이라 한다. 사람은 하늘로부터 命을 받아, 본래부터 뭇 생물과는 훌쩍 달라 만물 중에서 귀하다. 그러므로 '천지가 내린 性에 사람이 귀하다'고 했다. 하늘의 性에 밝아 자신이 만물보다 귀함을 안 뒤라야, 仁義禮智를 알고 편안히 善에 거하며 즐거이 이치에 순응하니, 이를 군자라 일컫는다. 그래서 공자께서 '命을 알지 못하면 군자가 될 수 없다'고 하신 것이니, 바로 이를 말씀하신 것이다." (내가) 생각건대, 논한 바가 올바르다. 노나라의 《논어》는 學으로 시작하여 命으로 끝맺으니, 이는 下學上達의 뜻이다.

〔引證〕董仲舒〈策〉曰: "天令之謂命 人受命于天 固超然異于群生 貴于物也. 故曰'天地之性人爲貴'. 明于天性 知自貴于物 然後知 仁義禮智 安處善樂循理 謂之君子. 故孔子曰'不知命 無以爲君子' 此之謂也."〔案〕所論正矣.《魯論》一部 始之以學 終之以命 是下學上達之義.

여기서는 한대의 대표적 유학자 동중서의 대책對策을 인용했다. "하늘이 인간에게 명령을 내렸고, 그 명령으로 하여 여타 다른 생명체를 능가한다. 그 특질(性)은 仁義禮智라는 도덕적 가치의 각성에 있다. 그에 따라 善을 행하고, 道義를 실현해 나가는 사람이 바로 군자다." 다산은 동중서의 이 논의가 핵심을 정확하게 짚고 있다고 추인해주었다.

子曰: "莫我知也夫!" 子貢曰: "何爲其莫知子也?" 子曰: "不怨天 不尤人. 下學而上達. 知我者 其天乎!" (〈헌문〉 37장)

공자가 말했다. "나를 아는 사람이 없구나." 자공이 말했다. "어찌 스승님을 아는 이가 없다고 하십니까?" 공자가 말했다. "하늘을 원망하지 않고, 사람을 탓하지 않는다. 下學으로 上達하니, 나를 아는 자, 그 하늘인저."

지금까지의 사설을 참고하여 이 구절과 다시 만나니, 그 뜻이 더욱 분명하게 다가올 듯하다. 공자의 學은 초월자와의 대화를 축으로 하고 있다. 그가 '하늘을 원망하지 않고, 사람을 탓하지 않는다' 함은 생사, 부귀, 명예 등 지상의 운명에 발목 잡히지 않겠다는 의연한 용기와 하늘의 뜻에 따라 가고 있는 자신의 길에 대한 확신의 표명이다.

그 길은 남이 알 수 없는 길이다. 그것은 오직 자신과의 대화이고, 초월자가 명령한 뜻의 구현이라는 점에서 하느님과의 대화라고 읽을 수도 있다. 실제로 다산은 이 윤리학적 스킴을 분명히 제시했다. 《중용》16장은 이 초월적 존재에 대해 이렇게 적고 있다.

공자가 말했다. "신의 활동이 성대하고녀. 보아도 보이지 않고 들어도 들리지 않는데, 사물 속에 구체화되어 떠나시지 않는다. 그래서 사람들은 그를 위해 재계하고 몸을 깨끗이 하며 의복을 성대히 갖춰 입고 제사를 받드니, 저 위에 일렁이며 계신 듯, 좌우에 계신 듯하다. 《시경》에서 말했다. '신이 내게 임하심을 헤아릴 수 없느니, 하물며 싫어할 수 있을까?' 무릇 숨은 것은 뚜렷하다. 진실의 힘(誠)이 은폐되지 않음이 이와 같도다."

子曰: "鬼神之爲德 其盛矣乎. 視之而弗見 聽之而弗聞 體物而不

可遺. 使天下之人齊明盛服 以承祭祀 洋洋乎如在其上 如在其左右.《詩》曰:'神之格思 不可度思! 矧可射思?'夫微之顯 誠之不可掩如此夫."

다산은 여기 鬼神이 神을 특칭하고 있다고 말한다. 구체적으로는 단 하나의 그분, 上帝다.

왜 그를 鬼神이라 했는가? '물질과 신체성을 갖고 있지 않다'는 뜻에서, 그러면서 '나와 소통하고 이곳을 비추고 계신다'는 뜻에서다. 그분은 소리도 없고 냄새도 없다. 그러니 볼 수도 없고 들을 수도 없다. 그분은 어떻게 계시는가? 바로 만물 한가운데 자리하고 계신다. 흡사 물고기가 물속에 있듯이, 물고기의 헤엄과 호흡은 물을 떠날 수 없지 않은가? 인간 또한 이분 속에서 호흡하고 숨 쉬며 살고 있다.

시인은 노래한다. "내가 지성을 다해도 그분의 흠격歆格(여기 임하심)을 잘 알 수 없다." 하물며 그분을 태만히 대할 수 있겠는가? 하늘을 공경하고 두려워히기를 잊지 마라. 그분은 무형부질無形無質, 보이지도 들리지도 않지만, 이 지상의 창조와 진행의 과정을 통해 자신을 분명하고 빛나게 내보이고 있다.

上帝之體 無形無質 與鬼神同德 故曰鬼神也. 以其感格臨照而言之 故謂之鬼神. 上天之載 無聲無臭 故曰'弗見弗聞'. 萬物在上天造化之中 如魚在水中 游泳呼吸 不能離水. 故曰:'體物而不可遺'. 體物者 物體之充也 詩人之意 若曰我雖至誠 神之歆格 猶不可知 況可以厭斁而不敬乎? 鬼神之體 無形無質 物之至微者 無以踰於鬼神也. 然天道至誠 其顯於功化者 至昭至著.

이 구절을 보아도, 다산이 '하늘'을 어떻게 읽고 있는지를 단적으로 알 수 있을 것이다. 이 묘사는 기독교의 하느님과 별다른 차이가 없어 보인다. 그렇지 않은가? 우주를 창조하고 만물을 빚으신 분이 鬼神이고 上帝, 즉 神이고 하느님이다. 그분은 또 우리 마음속에 그분의 목소리를 명령으로 남기셨다. "선을 행하고, 악을 멀리하라"라는 계명이 그것이다. 이 목소리를 우리는 양심이라고 부른다. 이 목소리에 눈 뜨지 못한 자는 인간의 길로 나서지 못한다. 그는 군자가 아니라 소인으로 이 땅을 나침반 없이 헤매다 그만 생을 뜻 없이 마감하게 될 것이다.

다산은 공자의 일생이, 하느님의 명령, 즉 天命을 두려워함으로 점철·일관하고 있다고 역설한다.

무엇을 두려워할 것인가?

孔子曰: "君子有三畏: 畏天命 畏大人 畏聖人之言. 小人不知天命而不畏也 狎大人 侮聖人之言." (〈계씨〉 8장)

공자가 말했다. "군자는 세 가지를 두려워한다. 첫 번째는 天命, 하늘의 명령이고, 두 번째는 大人(현자 혹은 군주), 세 번째는 성인의 말씀이다. 소인은 天命을 모르기에 두려워할 줄 모르고, 大人을 함부로 대하며, 성인의 말씀도 하찮게 여긴다."

예측하듯이, 주자는 여기서도 天命을 天理로 등치한다. 주자의 해석에 따르면, 이 셋은 '실질적으로' 구분되지 않는다. 왜? 大人은 그 天

理를 구현한 사람이고, '성인의 말'은 그 天理를 담고 있는 고전이기 때문이다.

天命은 天이 부여한 正理이니, 그것을 두려워할 줄 알면, 곧 삼가고 두려워하는 마음이 저절로 그칠 수 없어서, 부여받은 무거운 책임을 잃지 않을 것이다. 大人과 성인의 말씀 모두 당연히 두려워해야 할 天命이니, 天命을 두려워할 줄 안다면, 大人과 성인의 말씀도 두려워하지 않을 수 없는 것이다. … 天命을 모른다는 것은 義理, 즉 무엇이 옳은지를 모른다는 것이기에, 이들 셋을 대함에 거리낌이 없고 함부로 무시한다.

天命者 天所賦之正理也 知其可畏 則其戒謹恐懼 自有不能已者 而付畀之重 可以不失矣. 大人聖言 皆天命所當畏 知畏天命 則不得不畏之矣. … 不知天命 故不識義理 而無所忌憚如此.

문제 하나를 제기해보자. 주자의 사유는 자연과 과학에 입각해 있다고 했다. 지언 속에 도덕이 있으니, 잘 살펴 거기 숨통을 틔워주라고 권했다. 이 발상에 설 때, 지금 공자의 '두려워한다'는 언사는 너무 센 주문처럼 들리지 않는가? 주자는 이를 의식하고 있었다. 주석의 첫머리에서 이렇게 완화했다. "두려워한다(畏)는 말은 '엄하게 조심한다(嚴憚)'는 뜻이다."

다산은 이 '완화'가 신의 신성을 탈각시킨 후의 둔사라고 생각한다. 신에게서 존재를 빼앗고 그 위력을 더 이상 경이하지 않게 만든 결과라는 것이다. 다산은 신의 죽음과 함께 윤리학의 지렛대가 사라졌다고 탄식했다. 그래서 한사코 주자가 사망선고를 내린 신을 복권하고

자 한다.

신의 죽음과 부활을 둘러싼 오랜 격론은 서양의 것만이 아니다. 동양에서도 양상은 달랐지만, 똑같은 문제를 안고 격한 쟁론이 벌어졌다. 서양의 근대가 합리주의와 과학이 점차 신의 지위를 탈환해 나갔다면, 동양의 근대는 이미 12세기 주자에 의해 완성된 형태로 등장했다고 할 수 있다. 그 도저한 합리주의에 대한 '신학적 반동'이 18세기에 일어났고, 그 운동에 불씨를 제공한 것이 서학이라 불리는 서양의 종교였다. 불씨만 있었다면, 불은 붙지 않았을 것이다. 풍부한 기름은 동양의 오랜 고전적 전통이 마련했다. 다산은 사서삼경이라는 고전을 정제함으로써 공맹 유학이라는 원시 유교를 재발견해 나갔다. 그 중심에 그의 유신론적 신학이 자리 잡고 있다. 다산의 비평, 그 목소리를 직접 들어보자.

(天命을) 두렵고 또 두려워라. "그것을 따르면 길하고 거스르면 흉하다고, 하늘이 네게 명했으니…." 大人은 군주를 가리킨다. 성인의 말씀은 시서육경에 담긴 훈계의 말씀이다. 소인들은 이 말을 무시한다. 그분들이 말씀하신 복과 재앙의 변증은 당장은 눈에 띄게 나타나지 않을지도 모른다. 혹 거꾸로 길을 잡아 득세하기도 하는데, 유의하라. 하늘의 그물은 촘촘하다. 복과 재앙의 참모습이 나타나기까지는 시간이 걸린다. 소인은 이 이치를 모르고, 눈앞에 것만 보고 성현의 말씀을 무시한다. 주변의 환관 집사들이 천지를 분간하지 못하고 날뛰다가 죽고 다친다. 조심하고 두려워하라.

〔補曰〕畏, 恐懼也. 何曰: "順吉逆凶 天之命也."〔補曰〕大人者 人主也.〔補曰〕聖人之言 六經所載訓戒.【純云: "聖人之言 信而有徵

故可畏也."〕〔補曰〕天命隱微若自然 故小人不知.〔補曰〕聖人所
言 祥殃之戒 必久而後驗 故小人侮之.【邢云: "侮 謂輕慢."】〔補曰〕
狎 謂褻也. 嬖倖之臣 忘天地之分 故狎之.【邢云: "狎 謂慣忽."】

天道(여기서는 '하느님의 수단')가 화복을 부르는 이치, 군주가 상벌을 휘
두르는 힘, 성인이 복과 재앙을 알리는 경고, 이 셋이 군자가 두려워하
는 것이다.
天道昭禍福之理 人主操刑賞之權 聖人著祥殃之戒 此君子之三
畏也.

다산은 다시 목소리를 높인다.

이 두려움은 구체적이다. 주자가 말한 "꺼린다(嚴憚)"나 天理를 "실추
시키지 않는다(畏者 不敢失墜之意)"는 정도의 뜻이 아니다.《중용》에서
"하늘이 내린 명령(天命之謂性)"이라 않더냐?《대학》에서도 말하길, "하
늘의 밝은 명령을 돌아보라(顧諟天之明命)"고 했다. 그런데 주자는 性
이 곧 理라고 했고, 마침내 天命을 理와 동일시했다. 그러나 天命이
란 ① 인간의 心性에 부여된 목소리, 즉 선을 향하고 악에서 돌아서라
는 명령(向善違惡 固天命也)을 가리킨다. ② (이 명령을 내린 그분이) 날마
다 우리를 감시하여(日監在玆) 행동에 합당한 복과 재앙을 내리는 것
(福善禍淫) 또한 天命이다.《시경》과《서경》에서 말하는 天命을 어찌
싸잡아 本心의 正理로 몰아붙이는가?《시경》에서는 "하늘의 명령을
두려워하여, 이를 길이 보전한다(畏天之命 于時保之)"고 했다. 이를 만
일 "마음의 理를 두려워하여, 이를 늘 보전한다(畏心之理 于時保之)"로

고쳐 읽으면 말이 되겠는가? 《서경》 〈주서周書 · 강고康誥〉에서 이르길, "오직 그 (天)命은 늘 여기 있는 것이 아니다(惟命不于常)"하고, 《시경》 〈대아大雅 · 문왕文王〉에서는 또, "天命은 영원하지 않다(天命靡常)"고 했다. (天命이) 마음의 正理라면, 어찌 無常이라 하겠는가? 또 '畏'는 말 그대로 '공포(恐懼)'를 말한다. 그것은 '삼간다'는 것 이상이다.

〔案〕《中庸》曰: "天命之謂性." 《大學》曰: "顧諟天之明命." 朱子以性爲理 故遂以天命爲理也. 雖然 賦於心性 使之向善違惡 固天命也. 日監在玆 以之"福善禍淫"亦天命也. 《詩》·《書》所言天命 豈可棃之曰本心之正理乎? 《詩》云: "畏天之命 于時保之." 若云'畏心之理 于時保之' 豈可通乎? 〈康誥〉曰: "惟命不于常." 《詩》云: "天命靡常." 【〈文王〉篇】心之正理 豈無常乎? 且畏者 恐懼也 恐不但嚴憚而已.

다산의 생각이 여기서 더 분명해졌다. 하늘의 명령은 "선을 행하고 악에 대항하라"는 것이었다. 하늘은 이 명령을 구체적 목소리로, 서판에 새긴 계명으로 준 것이 아니다. 아니, 성현의 말씀을 통해 전했다고도 볼 수 있다. 그러나 직접적으로는 다름 아닌 생명의 탄생 초기, 그 명령이 '心性의 한가운데' 부과되었다. 양심의 소리가 그것이다. 다산은 말한다. "우리는 신을 볼 수 없고, 들을 수도 없다. 다만 그분은 우리의 양심을 통해 자신을 알린다. 그 명령을 잊지 말고 거부하지 말라."

이는 흡사 소크라테스의 다이몬과 닮았다. 다산은 신의 존재 증명을 논증하느라 시간을 허비하지 않았다. 우리 내부의 불가사의한 힘 혹은 충동으로 양심이 존재한다면, 그곳이 신의 명령이 있는 곳이자 바로 신이 존재하는 장소이기도 하다! 우리가 한시도 이 양심의 소리로부터 벗어날 수 없다면, 신은 우리가 생각하고 행동하는 곳에 늘 임재해 계신다는 뜻이 된다.

②를 보라. 그분은 우리를 날마다 감시하는 분이다. 착한 일을 하는지 못된 짓을 하는지, 순간순간 날마다 내려다보고 판단하시는 분이다. 그 행동을 보고 복과 화를 내리실 것이다. 누구도 이 감시와 평가로부터 벗어날 수 없다.

나는 오십에 天命을 알았다

이제 공자의 평생 회고를 더듬어볼 수 있게 되었다.

> 子曰: "吾十有五而志于學 三十而立 四十而不惑 五十而知天命 六十而耳順 七十而從心所欲 不踰矩." (〈위정〉 4장)
> 나는 **열다섯**에 **學**에 뜻을 두었고, 서른에 섰으며, 마흔에 不惑, 그리고 쉰에 天命을 알았다. 예순에 귀가 순해졌고, 일흔에 자유와 규범의 일치를 얻었다.

자세한 분석과 음미는 앞에서 다룬 바 있다. 몇 가지 포인트만 짚어보자. ① 앞에서의 논의를 통해, 여기서 學은 기능적 지식과 기술을 연마하는 것이 아니라, 인간의 길을 완성해가는 것, 이를테면 '삶의 기술을 연마해 나가는 도정'임을 더 분명히 알 수 있을 것이다. ② 주자는 이 도정을 '자기 망각을 타파하고 진정한 자신으로 복귀'하는 것으로 정식화한 것을 보았다. 그래서 學은 覺과 등치되었다. 자신이 진정 누구인지를 알면, 자신을 둘러싼 불건전한 장애물을 정신의 집중과 각성을 통해 태우고 정화해 나가면, 우리는 자신의 본래 존재와 대면할 것이다. 그때 그는 외친다. "아, 나의 본질은 바로 仁義禮智였네. 우주가 원형리정의 德으로 운행하고 천지가 그 사랑으로 충만하듯이, 나도 작은 우주로서 이 땅에 사랑과 정의를 가득히 하라는 命을 받았네."

그 각성의 예리함과 지속적 파지는 삶의 굴곡, 수많은 계기를 통해 자신을 증거해 나갈 것이다. 우리는 더 이상 인위적 노력을 할 필요가 없다. "나는 모든 것을 갖추고 있으니, 그것이 숨 쉬도록 우리는 장애물을 제거해주기만 하면 된다?" 주자는 말한다.

> 天命이란 天道(자연)가 천지사방 흘러넘쳐 그 본질이 사물에게 구현된 것으로, 사물과 사건들이 '그렇게 되고만(當然) 근거로 놓이게 된 것(乃事物所以當然之故也)'을 가리킨다. 이를 알면 그 정밀한 곳의 극치를 다하게 되는데, (마흔의) 不惑은 이에 견줄 수 없다.
> 天命 卽天道之流行 而賦於物者 乃事物所以當然之故也. 知此 則知極其精 而不惑又不足言矣.

문장이 좀 까다롭다. 주자에게서 天命은 넘치는 생명의 충동으로 천지를 만들고 무한히 다양한 사물을 낳았다. 그것을 주자학의 전문어로 '유행流行'이라고 부른다. '물이 흘러넘쳐 가는 모습'을 연상하면 되겠다. 이 활동으로 개별 사물들은 형태와 구조를 부여받는다. 그 형태와 구조는 각자의 에너지를 발현하고, 환경에 적응하는 나름의 방식을 갖게 된다. 天命=天理는 이처럼 생명의 기원과 구조, 의미를 한

줄로 꿰고 있다.

주자에게 천상의 의지와 사물의 질서 그리고 삶의 의미는 기실 하나다. 첫 번째는 종교와 형이상학이, 두 번째는 과학이, 세 번째는 윤리 도덕학의 영역인데, 주자학은 이 셋을 '자연의 필연성'이라는 원리 하나로 꿰는 장대한 체계를 세워놓았다.

위의 언급에서 하나 유의할 점이 있다. 언급된 당연當然은 '마땅히 해야 한다'라는 뜻의 '당위當爲' 즉 '규범'으로 읽기 쉬운데, 그렇지 않다. 이 말은 우리가 항용 '당연하다'라고 말할 때의 그것에 가깝다. '당연하다'는 사물의 질서와 사건의 필연성을 가리키지 않는가? "그럴 리가 있나?"라는 말도 그렇다. 있을 일은 있고, 없을 일은 없다. 일어날 일은 일어나고, 일어날 수 없는 일은 일어나지 않는다. 그래서 나는 理를 말할 때, 언필칭 회자되는 '所當然之則소당연지칙'을 '사물의 필연성'으로 읽어야 한다고 강조한다. 그 안에 우리가 '해야 할 바'의 당위가 포함되어 있다. 주자학의 이상한(?) 어법은 이렇다. "배는 물 위로 가게 설계되었다. 그래서 배는 물에 띄워야 한다!" 인간에 적용하면 이런 어법이 될 것이다. "자식은 어버이에게 효도하는 성질(性)을 갖고 있다. 그래서 효도한다." 만일 효도하지 않는다면, 그것은 자연의 설계에 반하는, 일탈의 자기 파괴적 행동이라 아니할 수 없다.

주자는 '사물들의 필연성' 위에 바로 그 사물들의 필연성을 있게 한 소이所以, 까닭이 있다고 생각한다. 이를 '所以然之故소이연지고'라고 불렀다. 사물의 필연성에는 그 원인, 이유, 근거가 당연히 있을 것이다. 주자는 공자가 오랜 학습과 탐구를 거쳐 나이 오십에 그 '필연성'과 그 '근거'를 최극점까지 꿰뚫어 알게 되었다고 해석한다.

말은 이렇게 하고 있으나, 인간의 유한한 정신이 수많은 사물의 구조와 의미를 어떻게 다 알 수 있을까? 주자는 '지식'의 범위를 어디까지 넓히고 혹은 한정하고 있는가? 격물치지의 이름 아래, 우주의 시작과 끝, 미토콘드리아와 DNA까지 한 인간의 한정된 시간과 역량으로, 그 발끝도 못 따라가지 않는가? 장자가 경계한 바 있다. "유한한 생으로 무한한 지식을 추구하는 것은 위험하다."

주자 당시, 강력한 반발이 있었다. 육상산陸象山은 지식과 도덕 사이에는 심연이 있으며, 주자의 격물·궁리는 '지리하고 번쇄할 뿐', 진정한 도덕적 자아의 육성을 기약할 수 없다고 주장했다. 둘 사이에 격한 논쟁이 벌어졌다. 지식과 품성의 동시 개발을 말하는 주자가 주도적 지위를 얻게 되었다. 주자의 방식은 사물의 구조와 필연성을 모르고서 무엇이 선한지를 이해할 수 없으며, 이해가 없다면 올바른 행동을 기약할 수 없는 先知後行의 정신에 입각해 있다. 나중 육상산을 이어받은 왕양명이 지식은 실천과 한 몸이고 분리될 수 없다면서, 자기 속의 양식, 그 직각에 윤리의 기초를 둔 방식을 제창했던 것은 주지의 사실이다.

다산의 말을 들어보자. 다산은 공자가 오랜 지적 훈련 끝에 사물에 대한 이해를 심화시켜 종교와 과학 그리고 윤리에 대한 활연관통의 통찰에 이르렀다고 해석하지 않는다. 天命은 天理가 아니라, 天命은 그분의 명령이고, 그 소리를 듣고 마음속에 새기는 '소명' 같은 것이다. 공자는 오랜 학습의 축적을 통해, 인간의 길이 결국 신의 목소리를 존중하고 그 내재된 의지를 구현해 나가는 도정임을 선명히 알게 되었다고 고백했다.《고금주》는 말한다.

'나이 오십에 天命을 알았다' 함은 초월자(上帝)의 뜻에 순응하고, 번창과 궁박에 흔들리지 않게 되었다는 뜻이다. 《맹자》〈진심〉上 1장에서 이르길, "요절과 장수는 별다른 차이가 없고, 나는 다만 내 몸을 닦으며 (그분의 뜻을) 기다릴 뿐이다. 그것을 이른바 운명에 선다고 한다." 知天命 謂順帝之則 窮通不貳也.【《孟子》云: "妖壽不貳 修身以俟之 所以立命也."】

다산의 도저한 종교적 신념을 여기서도 선명히 읽을 수 있다. 다산은 이것이 자신의 억측이 아니라고 항변한다. 공자의 심중 한가운데 있는 소리를, 지금까지 묻혀 있던 것을 파헤쳐 사람들 앞에 공개하는 것이라고 자부했다.

제사와 신들의 세계

논의를 다시 거늘러 가보자. 성사 공자는 그럼 '신들의 세계'를 어떻게 이해했을까? 신은 여럿이다. 세상을 지배하는 단 하나의 신이 있는가 하면, 하늘과 땅, 산천과 부뚜막에 이르기까지 수많은 직역이 있다. 그리고 무엇보다 이 땅을 살다 죽은 사람들의 혼령이 있을 것이다.

월 듀런트는 죽은 자들의 혼령이 존재한다는 믿음이 아마도 꿈에서 왔으리라고 말한 바 있다(월 듀런트, 《문명이야기 1-1》 (왕수민·한상석 역, 민음사) 참고). 돌아가신 분이 꿈속에 나타나는 것은 엄청난 공포를 불러일으켰으리라. 그분들이 다시 돌아와 산 사람들을 성가시게 하지 않도록, 한쪽 벽으로 시신을 내어간 다음 그 벽을 막아버렸다는 이야기도 실려 있다.

공자의 시대에도 조상신과 여러 제신에 대한 믿음은 여전히 뚜렷했다. 쉬푸관徐復觀이 말하듯, 새로운 사상이 혁신적으로 도입되어도 옛 믿음이나 관습이 하루아침에 사라지지는 않는다. 딴은 그렇다. 근 100년이 넘었어도, 이런 과학과 합리의 시대에도, 제사 등의 의례는 아직 자신의 존재를 고집하고 있지 않은가?

공자는 옛 관습을 지키되, 그를 통해 얻어질 효과는 기대하지 않는 쪽으로 가닥을 잡았다. 공자의 합리주의 초석이 여기 있다. 공자의 태도는 '경원敬遠'이라는 한마디에 단적으로 집약되어 있다.

樊遲問知. 子曰: "務民之義 敬鬼神而遠之 可謂知矣." 問仁. 曰: "仁者先難
而後獲 可謂仁矣." (《옹야》 20장)
번지가 知에 관해 물었다. 공자가 대답했다. "사람이 해야 할 일에 집중하고, 귀신을 존중하되 멀리하면 가히 知라 하겠지." 번지가 (이번에는) 仁에 관해 물었다. "仁者는 어려움을 먼저하고, 나중에 획득을 생각한다. 그럼 仁이라 할 수 있겠지."

季路問事鬼神. 子曰: "未能事人 焉能事鬼?" 敢問死. 曰: "未知生 焉知死?"
(《선진》 11장)
자로가 귀신을 어떻게 모셔야 할지에 관해 물었다. 공자가 말했다. "아직 사람을 섬기지 못했는데, 어찌 귀신을 섬길 수 있겠느냐?" 감히 죽음에 대해 물었다. 공자가 대답했다. "삶을 모르거늘, 어찌 죽음을 알겠느냐?"

위 두 구절이 전하는 메시지는 분명하다. 인간은 살아 있음으로 무엇을 해야 할지를 고민하고 길을 찾아나가는 것이 급선무다. 죽음의 세계를 천착하거나 귀신을 분명한 '존재'로 설정하고 그를 지나치게 가까이(?)하는 것은 위태롭다. 그리하여 공자는 신과 사후에 대해 이중적 스탠스를, 즉 경원하도록 권고했다. 여기 존경(敬)은 관습적 태도를, 그리고 멀리함(遠)은 합리적 태도를 가리킨다. 그는 이들 신의 존재에 대해 왈가왈부 떠들지 않는다.

子不語怪力亂神. (〈술이〉 20장)
공자는 해괴, 강압과 폭력, 무도, 그리고 신들에 대해 말하지 않았다.

공자의 합리주의적 태도를 단적으로 보여주는 대목이다. 그렇지만 그는 한편 관습적 태도를 중시했다. 제사는 사회의 의례를 존중하는 것이고, 무엇보다 그 의례는 돌아가신 분들에 대한 그리움 그리고 보이지 않는 존재들에 대한 존중의 표시가 아닌가? 공자는 우임금을 다음과 같이 칭송했다.

子曰: "禹 吾無間然矣. 菲飮食 而致孝乎鬼神; 惡衣服 而致美乎黻冕; 卑宮室 而盡力乎溝洫. 禹 吾無間然矣." (〈태백〉 21장)
공자가 말했다. "우임금은 흠잡을 데가 없으시다. 거친 음식을 먹고 귀신에게 孝를 다하셨다. 거친 옷을 입었지만, 제사 때 의복은 화려했다. 거처하는 집은 남루했지만, 농사지을 경계와 도량의 정비에는 힘을 다하셨다. 우임금은 도무지 흠잡을 데가 없으시다."

제사에 임하는 태도는 경건하고, 진심으로 참예해야 한다.

祭如在 祭神如神在. 子曰: "吾不與祭 如不祭." (〈팔일〉 12장)

제사는 살아계신 것처럼 한다. 신에게 제사 지낼 때는 그 신이 존재하듯 한다. 공자가 말했다. "내가 직접 제사에 참가하지 않으면 제사 지내지 않은 것 같다."

다산은 공자가 초월적 존재와 그에 짝하는 성왕들의 세계를 믿었다고 생각했다.

或問禘之說. 子曰: "不知也. 知其說者之於天下也 其如示諸斯乎!" 指其掌. (〈팔일〉 11장)

누가 체禘 제사에 관해 물었다.[3] 공자가 대답했다. "모른다. 누가 아는 사람이 있다면, 그 사람은 천하를 여기 올려놓은 듯할 것이다." 그러면서 자기 손바닥을 가리켰다.

누군가가 '저 위의 帝'에게 지내는 제사의 의미를 묻고 있다. 다산의 견해에 의하면, 禘는 上帝를 모시는 제사였는데, 어느덧 왕조의 조상신을 모시는 것으로 '일변'했고, 그러다가 각 제후국에서 각각의 시조를 모시는 제사로, 급기야는 '계절'마다 지내는 일상의 제사로 변모했다고 한다.

---

3   체禘는 '上帝'에게 지내는 제사다. 교외에서 지낸다고 하여 교제郊祭라고도 했다. 上帝는 주대에 와서 天과 병칭되기도 하고 흡수되기도 했다. 주대 문화는 은대 문화와 전통을 완전히 지운 위에서가 아니라 보존·흡수·수정하는 방식으로 승계되었다.

여기서 說이라 한 것은, 상대에서는 왕조를 보존하고 삶을 지배하고 있다고 믿은, 보이지도 들리지도 않는 존재인 上帝에 대한 합리적 회의가 깊어가던 때였기 때문이다. 그럼에도 제사를 계속 지냈고, 그 불일치 사이에 회의와 반발이 자랐다.

그런데 공자의 합리주의는 제사를 철폐하자고 나서지 않았다. 초월적 존재가 있는지도 모른다. 그 존재를 뚜렷이 알 수 있다면, 천하에 임하기는 손바닥을 가리키는 것보다 쉬울 것이다. 주자는 말한다.

선왕들이 조상의 음덕을 추모하는 뜻(報本追遠)이 체 제사에 깊이 담겨 있다. 지극한 仁孝誠敬이 아니면 이에 참여할 수 없다. 질문자가 낄 수 있는 곳이 아니다. … 만일 禘의 說을 알게 되면, 理가 밝혀지지 않음이 없고, 誠이 감격하지 않음이 없어 천하를 다스리기 어렵지 않을 것이다. 여기 성인께서 어찌 진짜로 몰랐겠는가?

先王報本追遠之意 莫深於禘. 非仁孝誠敬之至 不足以與此 非或人之所及也. … 蓋知禘之說 則理無不明 誠無不格 而治天下不難矣. 聖人於此 豈眞有所不知也哉?

이 주석은 좀 곤혹스럽다. 주사는 그 노서한 합리수의석 태도로 하여 하느님이나 上帝 같은 절대적 존재는 물론 영혼불멸이나 사후세계는 불교의 혹세로 생각했다. 주자학이 채택한 氣의 과학은 생명의 탄생과 소멸이 미세한 물질의 응축과 확산과 다름없었다. 만일 어떤 것이 모였다면, 그것은 마침내는 흩어지게 되어 있다. 영혼 또한 氣의 구성이므로 죽으면 담배 연기처럼 흩어지는바, 윤회는 잠꼬대이고 사후세계란 혹세무민에 불과하다. 이 땅에 존재하는 것은 그 누구도 음양의 순환과 토글로부터 벗어날 수 없다.

그러면 왜 제사는 그토록 고집했는가? 이 물음에 대한 대답은 간단치 않다. 지금 주자는 "禘의 說을 알게 되면 理가 밝혀지지 않음이 없고, 誠이 감격하지 않음이 없다"라고 했다.[4] 이 말은 다음과 같은 생각을 집약하고 있다. 理의 과학은 말한다. "조상과 후손은 같은 氣로 연결되어 있다. 인간의 氣는 그 조직이 정밀하고 복잡했던 만큼, 하루 아침에 흩어지지 않는다. 그래서 3년상이 있다." 그 시간이 지나면? 誠의 진실은 다시 말한다. "누가 그분들을 사라진다고 하는가? 후손이 공경과 정성을 다하면, 조상님의 氣를 여기 불러모을 수 있다. 내 그리워하는 마음이 있는 곳에 부모님, 조상님들이 여기 오시지 않는가?

독자들에게 설득력이 있는지 모르겠다. 이 '절충'과 변명(?)은 주자학이 초자연적 세계를 다루는 이전의 관습과 문화를 합리적 과학 속으로 끌어들이고자 했을 때 예상되는 곤혹의 해결책이었다.

저 이미 흩어진 氣는 진실로 듣지도 보지도 생각하지도 못하지만, 내 정성으로 그분의 거처하던 곳을 생각하고 웃고 말씀하시던 것을 생각하며 즐거워하시던 일을 생각하고 좋아하시던 것들을 생각하여, 완연히 조고祖考가 눈앞에 계시듯 한다면, 이미 흩어졌던 氣가 여기에 또한 '모이는' 것입니다.

彼已散之氣 固無聞見思慮矣 而以吾之誠 思其居處 思其笑語 思其所樂 思其所嗜 而宛見祖考 常在目前 則已散之氣 於斯亦聚矣.

---

4 조상과 후손이 교감하는 일 그리고 그 그리움과 임재를 감격感格이라고 부른다.

주자학의 인식으로, 조상신의 존재는 후손들의 정성이 있는 자리에 '응취'되어 '잠시 머물렀다' 사라진다. 그런 점에서 "없다고 하면 없는 것이 되고, 있다고 간절히 믿으면 임재한다." 귀신은 이로 하여 이른 바 "유무지간有無之間", 즉 있기도 하고 없기도 한, 있는지 없는지 모호한 지경에 배치되었다.

다산은 유신론적 입장에 서 있다고 했다. 또한 다산은 古禮에 대한 풍부한 식견을 가지고 있었다. 다산의 견해는 이렇다.

이를 '禘'라고 불렀는데, 글자 안에 들어 있는 帝를 보면 짐작할 수 있다. 그런데 언젠가 이 제사가 왕조의 조상신을 모시는 것으로 태묘에서 거행되더니, 이윽고 제후들이 다투어 지내게 되었고, 마침내 봄가을에 지내는 시제時祭로까지 격하되었다. 공자는 그래서 이 제사를 차마 볼 수가 없었고, 그 의미를 누가 묻자, "나는 모르겠다"라고 대답했다.

〔補曰〕 禘者 帝祭也.【義見上】一變而爲太廟之禘 再變而爲群公 之禘 遂爲四時常祀之名 魯之僭也滋甚. 夫子之所不敢言 故答曰 不知.

공자는 제사의 질서를 단순히 '의례'로만 생각하지 않았다. 지금 같으면 뭐, 그게 그다지 중요할까 싶지만, 그때는 인간의 일거수일투족이 의례로 신성시되어 있었고, 그것 자체가 지상의 질서를 대변하고 있던 시절이었음을 알아야 한다. 공자는 禮의 질서가 곧 인간의 질서라고 믿었던 사람이다. 그래서 포함의 말을 인용해 말한다.

포함이 말했다. "이 제사의 의미를 알고 그 정신과 양식을 구현한다면, 천하를 다스리기는 손바닥 가리키기보다 쉽다."

包曰: "知禘禮之說者 於天下之事 如指示掌中之物 言其易了."

우리가 살펴볼 것은 제신들에게 제사 지내는 상세한 의절이 아니다. 다산이 근본적으로 이른바 신의 세계를 어떻게 이해했느냐다. 크게 셋이 있다. ① 최고의 上帝 혹은 하느님이 있고, ② 문화적 영웅들과 전설적 성왕들이 있다. 그리고 ③ 왕조의 조상신들이 있다.

五帝(전설적·문화적 영웅들)는 모두 신성대덕神聖大德이라 '上帝와 짝해 있다.' 그래서 이들을 (도성 밖) 교단郊壇에서 제사 지낸다. 제곡帝嚳(고대 중국의 전설적 제왕) 또한 하늘에 짝하기 때문에 그를 조묘祖廟에서 禘를 지냈다(《예기》〈대전大傳〉에 이르기를, "王者는 그 조상들의 기원에게 禘를 지낸다"라고 했다). 《주역》은 말한다. "성인이 神道로 가르침을 베푸니 천하가 복종했다." 禘의 說을 아는 자는 능히 神道로 설교設敎할 수 있기에 천하는 쉽게 다스려질 것이다.

〔補曰〕 五帝皆神聖大德 克配上帝 故禘之於郊壇【《周禮》祭五帝】嚳亦以配天之故 禘之於祖廟.【《大傳》曰: "王者禘其祖之所自出."】《易》曰: "聖人神道設敎 而天下服."【《觀》之象】知禘之說者 能神道設敎 故天下易治也.

다산은 《중용》과 《예기》의 일절씩을 참고로 인용하고 있다.

《중용》에서 말했다. 교사郊社(도성 밖에서 하늘과 땅에 지내는 제사)의 禮는

上帝를 모시기 위한 것이다. 종묘宗廟의 禮는 선조에게 제사 지내는 것이다. 郊社의 禮와 체상禘嘗(종묘에서 지내는 제사)의 義에 밝으면, 나라를 다스리는 것은 손바닥 가리키는 것처럼 쉽다.

〔引證〕《中庸》曰:"郊社之禮 所以事上帝也. 宗廟之禮 所以祀乎其先也. 明乎郊社之禮 禘嘗之義 治國其如示諸掌乎!"

《예기》〈중니연거仲尼燕居〉: 공자가 말했다. "郊社의 義는 귀신을 仁하려는 것이고, 상체嘗禘의 禮는 소목昭穆(제사에서 조상의 신주를 모시는 순서)을 仁하려는 것이다." 공자가 말했다. "郊社의 義와 嘗禘의 禮에 밝다면, 나라를 다스리는 것은 손바닥 가리키는 것과 같다."

〔引證〕〈仲尼燕居〉: "子曰: '郊·社之義 所以仁鬼神也 嘗禘之禮 所以仁昭穆也.' 子曰: '明乎郊社之義 嘗禘之禮 治國其如指諸掌而已乎!'"

다산은 초자연적 존재와 귀신, 조상신의 존재 그리고 그들에게 제사했던 이들 과거의 '시간'을 치밀하게 복원해낸다. 세부는 복잡하고 어지럽다. 잊힌 문화를 추적하는 것이 얼마나 고단한 작업이인가? 그렇게 밝혀놓은 것을 후내의 녹자가 따라가기도 허겁지겁이다.

지금 물어볼 것은 이것 하나다. 그러면 다산은 이 시대의 시간을 복원하는 데 역사학적 객관성 혹은 거리를 두고 있느냐, 아니면 이들의 믿음을 믿고 가능하다면 이 문화를 그대로 복원하고 싶어 했던 것이냐. 이 질문은 근본적이다.

나는 잘 모르지만, 적어도 하나는 분명하다. 그는 최고의 존재 上帝=天에 대한 확고한 믿음을 갖고 있었다. 다산은 이 믿음이 자신의 독창이 아니라, 스승 공자께서 일찍이 이 믿음에 기초해서 자신의 일생을 걸어왔고, 또 그의 학문과 덕행을 완성해 나갔다는 것을 증명해 나간다. 하늘과 조상신에 대한 제사 또한 바로 그 믿음의 기초 위에서 행해졌다고 그는 생각한다.

하늘의 징벌

子疾病 子路請禱. 子曰: "有諸?" 子路對曰: "有之. 誄曰: '禱爾于上下神祇.'" 子曰: "丘之禱久矣." 《술이》 34장)
공자가 병이 들었다. 자로가 기도를 청했다. 공자가 말했다. "그런 禮가 있는가?" 자로가 대답했다. "있습니다. 뇌문에 '너를 위해 상하의 신들에게 기도한다'고 했습니다." 공자가 말했다. "나는 기도한 지 오래되었다."

공자는 누구에게 기도한 것일까? 그리고 어떤 방식으로 기도해왔다는 것일까? 그 점을 분명히 말하기는 어렵다. 분명한 것은 앞에서 적었듯이, 일신의 복락을 위해서 빌지는 않았던 것 같다. 그리고 그것은 별다른 효과가 없다는 것을 알고 있었다. 또 그런 행위가 신을 기쁘게 하지 못한다는 것을 확실히 알고 있었다.

王孫賈問曰: "與其媚於奧 寧媚於竈 何謂也?" 子曰: "不然 獲罪於天 無所禱也." 《팔일》 13장)
왕손가王孫賈가 물었다. "'안방에 아부하느니, 차라리 부엌에 빌붙는다'가 무슨 말입니까?" 공자가 대답했다. "그렇지 않습니다. 하늘에 죄를 지으면 빌 곳이 없습니다."

약간 의역했다. '오奧'는 방의 서남쪽 집안의 어른이 앉는 곳이라고
한다. '조竈'는 부엌이다. 주자는 일 년에 방의 다섯 곳에 각각 제사를
지냈는데, 부뚜막도 그 하나라고 한다. 모쪼록 먹을 것이 끊기지 않게
잘 보살펴 달라는 뜻을 담고 있을 것이다. 주자는 이 제사의 방식에
대해, 부뚜막에 제사를 지낸 다음 안방으로 가서 음식을 갖추고 시동
을 세운다고 설명한다.

　다산은 이 두 제사를 연속으로 읽지는 않는다. 별개의 禮로 본 것
이 틀림없다.

> 속담은 신들의 이름을 빌려, 음식의 권한이 안방의 주인이 아니라 부엌
> 을 맡은 여인에게 있다는 것을 알리고 있다. 그러니 음식을 얻으려면
> 아랫사람에게 아부하라.
>
> 鄙諺曰: '與其媚於奧 寧媚於竈'者 外借祭神之名 以喩飮食之權在
> 於爨女 而不在主婦 寧媚下而得食也.

이런 현실적 밀당과 눈치 보기를 놓고, 공자는 단호히 '하늘'을 내세
운다. 공자가 사태를 판단하고 행동을 결정하는 기준 혹은 근거가 이
해관계가 아니라 전혀 다른 곳에 있음을 단호히 선포했다.

　왕손가는 위나라의 권신이다. 대부의 신분으로 군사의 요직을 쥐
고 있었다고 한다. 공자가 영공의 부인인 남자 등과 만나 정치를 논하
고 영향을 끼치는 것이 거슬렸을까? 이 시절, 여러 나라의 실정이 비
슷했다. 노나라는 제후가 아니라 3가가, 3가가 아니라 가신·읍재가

틀어쥐고 있어 분란이 계속되었고, 거대한 진나라는 여러 가문이 발호하다가 세 가문이 틀어쥐더니, 결국 한·위·조 3국으로 쪼개졌다.

위나라도 영공의 포악, 남자의 음란, 세자의 변란, 그리고 후계의 곤혹까지 뒤엉켰지만, 왕손가는 이 와중에 실권을 가진 자신에게 빌붙는 것이 어떠냐고 공자를 다그치고 있다. 이 장면은 데자뷔, 일찍이 양호가 공자에게 왜 나를 찾아오지 않느냐고 다그치는 장면을 그대로 떠올리게 한다. 공자는 길가에서 양호를 맞닥뜨려 "그럼, 나가보지요"라고 면피했다면, 지금 왕손가에게는 "하늘에 죄를 지으면 빌 곳이 없다"로 자신의 뜻을 선명히 내보였다. 이 '하늘'은 무엇이고, 누구일까? 주자는 역시 이 天=理라는 정식을 통해 접근한다.

天이란 즉 理를 말한다. 그 존귀가 짝할 것이 없다. 안방이나 부엌에 비할 바가 아닌 것이다. 역리逆理, 즉 理를 거스르는 것이 바로 '하늘에 죄를 짓는 것'이 된다. 어찌 안방이나 부엌에 빌붙어(媚) 기도한다(禱)고 (죄를) 면할 수 있겠는가? 그저 순리順理, 즉 理를 따를 것이지, 부엌은 물론이고 안방도 기웃거려서는 안 된다.
天 即理也; 其尊無對 非奧灶之可比也. 逆理 則獲罪於天矣 豈媚於奧灶所能禱而免乎? 言但當順理 非特不當媚灶 亦不可媚於奧也.

理는 자연의 힘이라고 했다. '하늘에 빈다'는 것은 결국 '당연한 일'을 하라는 권고가 된다. 이를테면 자기 속에 자연히 울리는 양심의 목소리를 따라가거나 사람들이 공동체의 삶을 위해 마련해 놓은 관습과 규칙, 즉 禮를 존중하고 그 양식을 준수하는 것 등이 포함된다. 주자학의 삶의 원칙은 결국 順理, 하나로 귀착된다고 하겠다. 그러나 이 理는 누구에게나 언제나 뚜렷하고 확실한 것은 아니다. 모르는 경우가 더 많지 않은가? 그래서 理의 탐구, 즉 궁리가 필요하다.

역사를 읽고 사람들을 연구하는 이들의 노력을 격물이라고 한다. 그 중심에 당연히 '독서'가 있고, 핵심 교재는 고전이라 불리는 사서삼경이 대표한다. 그렇게 얻은 '지식'과 확신에 따라 판단하고 행동해 나가라. 여기 획득된 理는 사적 이해관계의 건너편에 있는 경우가 더 많을 것이다. 왜? 理는 公이고, 利는 私이기 때문이다. 주자학의 행동 모토는 "義를 바르게 함에 있어 利를 도모하지 않고, 道를 밝힘에 있어 그 功을 따지지 않는다(正其義 不謀其利 明其道 不計其功)"다.

주자는 이를 학도들의 행동 지침으로 "백록동白鹿洞 서원의 규계"로 대서특필해 두었다. 퇴계는 이 규례를 자신의 《성학십도》의 다섯 번째 그림에 일반 행동의 규칙으로 실었다.

주자학은 그것이 자신의 본성이 지시하는 대로 사는 삶임을 한사코 설득하고자 한다. 규율은 너의 의지에 반하고 너를 해치고 옥죄는 것이 아니라, 자연이 마련해준 理法을 실현해 나가는 도정이다. 이 엇갈려 보이는 두 벡터를 합치고 조율하는 것이 주자학자들의 변증 목표이자, 해결하기 어려운 곤혹의 중심에 있게 되었다. 퇴계와 율곡 그리고 그 이후 벌어진 숱한 논란이 이 문제를 중심으로 돌고 있음에 유의해야 한다. 이는 주자학이 本性=天命=天理로 정식화한 데서, 그리하여 性을 '太極의 전체'로 설정하면서 피할 수 없이 예비된 것이었다.

만일 이 理를 어기면 어떻게 되는가? 서양 기독교의 핵심 문제 중의 하나, 율법을 어기고 하느님을 배반하면 어떻게 될까? 지상의 심판도 없고 영원한 지옥 불도 없다면, 그때도 사람들은 義를 행하고 하느님을 경배할 수 있을까? 니체는 "신은 죽었다"를 통해 그나마 그 근거를, 교화와 강제의 사다리를 치워주었다.

주자의 생각은 이렇다. 앞에서 살폈듯이, 복선화음은 자연의 이치다. 그것은 하늘처럼 텅텅 허술해 보이지만, 촘촘이 역사하는 '과학'이라서, 이 그물을 누구도 벗어날 수 없다. 죄는 지은 대로 가고, 선행은 나중 보답을 받을 것이다. 만일 현세가 아니라면 남겨진 자손들이 그 나머지 복과 화를 얻게 될 것이다. 후손들도 없다면, 그 또한 어쩔 수 없는 일이다. 왜냐고? 理는 다만 사실의 세계를 기약할 뿐이므로….

天理의 배반은 곧바로 사회적 비난과 형벌까지 초래할 수 있는 것이 사실이다. 그런데 믿는 세력이 강고하고 악행을 들키지 않는다면, 그로부터 얻은 이익으로 자신뿐만 아니라 자손까지 영화를 누릴 수 있다면, 그런데도 저 너머의 징벌은 없고 사후세계의 희망마저 없다면, 이 화복의 불공정을 어디 가서 하소연할 수 있을까?

주자학이 가진 비장의 무기는 최종적 심판대로 '자기 자신'을 내세우는 것이다. 天理를 따르지 않는 것은 곧 나 자신을 해치고 배반하는 일이므로, 반드시 내적 고통과 훼손을 몰고 온다. 그것이 형벌이다. 다산은 이 같은 간접적 방식의 징벌을 믿지 않는다.

여기 하늘(天)은 上帝를 가리킨다. 정당한 방법을 쓰지 않고 아첨하고 빌붙는 것은 하늘에 죄짓는 일이다. 하늘이 노하면 여러 제신이 (이를 거슬러) 능히 복을 줄 수 없다. 그래서 '빌 곳이 없다'라고 한 것이다.

〔補曰〕天 謂上帝也. 枉道求媚 則獲罪於天. 天之所怒 非衆神之所

能福 故無所禱也.

다산은 저 너머의 초월적 존재에 대해서 말한다. 그분은 여기 계신다. 그분의 분노는 수많은 제신이, 그것이 부엌의 신이든 안방의 신이든, 천신天神과 지기地祇, 인귀人鬼로 불리는 천지간 온갖 종류의 귀신이 무마할 수 있는 것이 아니고, 하늘의 분노를 제치고 복을 줄 수 있는 성질의 것이 아니다. 액면 그대로, 빌 곳이 없는 것이다. 다산은 위의 구절을 에누리 없이 읽었다. "신은 존재한다. 그분은 감시하고 징벌하며 복을 준다."

다산은 주자의 합리적 설명이 공자가 말한 '하늘'의 리얼한 의미를 전해주지 못한다고 생각한다. 신은 자연이 아닌 것을…. 그분은 자연을 만드신 분이고, 그리하여 그보다 높이 계신 분이다. 보이지 않는 그분의 모습, 들리지 않는 그분의 목소리를 두렵고 조심스럽게 받들어야 한다! 그렇지 않고 그분의 뜻에 어긋나는 행동을 하고 태만한 삶을 영위한다면, 그분의 분노가 머리에 떨어질 것이다. 그때는 어디 도망갈 곳도 없다.

하늘은 속일 수 없다

子疾病 子路使門人爲臣. 病閒 曰: "久矣哉! 由之行詐也 無臣而爲有臣. 吾誰欺? 欺天乎? 且予與其死於臣之手也 無寧死於二三子之手乎? 且予縱不得大葬 予死於道路乎?"〈〈자한〉 11장)

공자가 병이 들었다. 자로가 문인들로 하여금 (공자의) 신하로 삼았다. 병이 차도가 있자, 공자가 말했다. "오래되었구나, 자로가 거짓을 행한 것이. 신하가 없는데 신하로 삼으니, 내가 누구를 속이겠는가? 하늘을 속이랴? 나는 신하들의 손에서 죽기보다, 너희 손에서 죽고 싶다. 또 내 비록 크고 호화로운 장례를 기대하지는 않지만, 그렇다고 길바닥에서 죽기야 하겠느냐?"

공자의 인간적인 목소리, 그리고 하늘을 속이지 않겠다는 결의가 분명한 구절이다. 주자는 이 대목에 별말이 없다. 다만 "사람이 하늘을 속이면, 그보다 더 큰 죄가 없다(人而欺天 莫大之罪)"라고만 적었다.

짚어볼 사항은 "신하를 삼았다(有臣)"에 있다. 주자 또한 다른 학자들처럼, 공자의 큰 덕에 비추어 걸맞은 제왕의 지위를 갖지 못했으니, 자로를 위시한 제자들이 그것이 못내 억울하고 안타까워서 돌아가실 마당에라도 제자들을 신하들로 분장시켜 조정의 풍경을 연출한 것으로 여긴 듯하다.

다산은 이 문제를 정면 거론하고, 실상은 그것이 아님을 풀어간다. 여기 臣은 '신하'가 아니라 '몸을 부축하는 자들'을 가리킨다는 것(그러고 보니, 臣의 원래 의미도 '시종하는 집사'였다). 팔 다리에 각각 小臣 네 사람을 배치해, 人君을 부축하게 했다 한다. 숨이 끊어지면 이들이 속광屬纊, 즉 코에 솜을 대어 죽었는지를 확인한다. 그것이 "신하들의 손에서 죽기보다(死於臣之手)"라는 말의 뜻이라고 했다.

당시의 제후들뿐만 아니라 귀족 대부들도 가신을 시켜, 이 역할을 하게 했다. 자로 또한 한때 대사구를 지낸 스승에게 합당한 의례를 해주고 싶었다는 것이다. 그러나 공자는 禮의 질서가 무너지고 천자의 禮를 거리끼지 않게 행하던 당대의 작태를 누구보다 혐오한 사람이다. 공자의 탄식을 이해할 수 있다.

마지막 구절이 인간 공자를 그대로 보여준다. "화려한 궁정의 의식과 그들의 형식적 존경보다, 나는 그동안 고락을 같이하고 道를 같이 추구해온 너희 손에서 생을 마감하고 싶다. 장례는 간소해도 좋다. 설마 내가 아무도 없이 길바닥에 내버려지기야 하겠느냐?"

다산은 공자가 하늘이 이 모든 것을 내려다보고 있다는 것, 그 감시의 망에서 숨을 곳은 어디에도 없다는 것을 말하고 싶어 했다고 말한다. "정직하라. 하늘은 속일 수 없다."

> 子曰: "莫我知也夫!" 子貢曰: "何爲其莫知子也?" 子曰: "不怨天 不尤人. 下學而上達. 知我者 其天乎!" (〈헌문〉 37장)
>
> 공자가 말했다. "나를 알아주는 사람이 없구나." 자공이 말했다. "어째서 알아주는 사람이 없다 하십니까?" 공자가 말했다. "하늘을 원망하지 않고, 세상을 탓하지 않는다. 일상의 공부(下學)를 통해 저 天理에 닿으니(上達), 나를 알아주는 자, 저 하늘이구나!" (다산의 해석)

미안한데, 주자의 주석은 혼란스럽다. 다신에 기울이시가 아니다. 공자의 말은 '초자연적 교감'을 토대로 하고 있다. 자연과 과학의 理는 이 다이내믹스를 담기는 역부족일 수밖에 없다. 궁금해하는 사람들을 위해 전문을 번역해드린다.

> 하늘의 도움을 받지 못해도(不得) 하늘을 원망하지 않고, 사람의 도움을 만나지 못해도(不合) 사람을 탓하지 않는다. 다만 下學으로 자연히 上達하는 것을 알 뿐이다. 이 말씀은 다만 자신을 돌이켜 스스로 수양하여 순서에 따라 점진하는 것일 뿐이니, 특별히 다른 사람과 달리 '지

식'으로 나아간 바가 없다(다른 사람과 똑같이 지식으로 나아갔을 뿐이다). 그렇지만 그 말씀의 뜻을 깊이 음미해보면, 그 가운데 다른 사람은 미처 알지 못하고 하늘만 홀로 아는 묘한 신비가 있다. 대체로 공자 문하에서 오직 자공의 지식 수준이 여기 미칠 수 있어서 그를 위해 해준 말인데, 아깝다, 자공은 그 경지에 이르지 못하였다. 정자가 말했다. "하늘을 원망하지 않고, 사람을 탓하지 않는다.' 理가 마땅히 이와 같다." 또 말했다. "下學上達의 뜻은 말 밖(言表)에 있다." 또 말했다. "學者는 모름지기 下學上達의 말씀을 지켜야 한다. 이것이 학문의 요체다. 무릇 人事를 下學하면, 天理에 上達한다. 그렇지만 익히기만 하고 통찰이 없다면 上達할 수 없다."

不得於天而不怨天 不合於人而不尤人 但知下學而自然上達. 此但自言其反己自修 循序漸進耳 無以甚異於人而致其知也. 然深味其語意 則見其中自有人不及知而天獨知之之妙. 蓋在孔門 惟子貢之智幾足以及此 故特語以發之. 惜乎其猶有所未達也! 程子曰: "不怨天 不尤人 在理當如此." 又曰: "下學上達 意在言表." 又曰: "學者須守下學上達之語 乃學之要. 蓋凡下學人事 便是上達天理. 然習而不察 則亦不能以上達矣."

이 주석은 내가 보기에는 주자의 곤혹(?)을 그대로 보여준다. 익숙한 구절은 반복했고, 난해한 구절은 두들기지 못했으며, 감당할 수 없는 부분은 정자의 말로 대치했다.

그런데 공자의 下學上達이 다른 사람들이 걷는 길과 별반 다르지 않다니, 이건 좀 아니다 싶다. 그러면 공자의 무엇이 대단한가? 그러면서 주자는 "그 말뜻을 깊이 음미해보면, '다른 사람은 모르지만, 하늘만 아는' 신비적 지평이 있다"고 했다. 그것이 무엇인지는 말하지 않는다.

주자의 天理 사유에서 '하늘만 아는(天獨知) 신비(妙)'는 성립할 수 없다. 인용한 정자의 말이 그 점을 분명히 해준다. 이는 그동안의 관습적 용례를 반복하며 해석의 책임을 방기한 것이라고 생각한다. 그런데 "理가 마땅히 이와 같다"는 무슨 말일까? 당연히 원망도 푸념도 하지 말라는 뜻일까? 본래 아무도 그렇게 하지 않는다는 뜻일까? 모든 것이 운명이니 그저 받아들이라는 뜻일까?

맨 마지막 정자의 말을 보건대, 주자는 上達을 天理에 도달하는 것으로 읽었다. 天理는 사물의 자연에 도달하는 것, 그 구조와 필연성을 이해하는 것을 말한다. 下學은 그 노력이니, 上達은 '보다 높은 차원의 자연과 사물, 인간과 역사의 이해'라고 불러도 되겠다.

그런데 문제는 "나를 아는 하늘"은 어디 갔는가다. 공자는 분명, "나를 아는 자, 나를 알아주는 자, 그 하늘인저"라고 말했다. 하늘의 주체성, 인격성 등을 부여하지 않고서는 이 구절을 이해할 수 없다.

이를 두고 주자는 제자들과 문답을 피할 수 없게 된다. 주자는 분명, "저 하늘, 돌고 돌아 인간을 감시하고, 죄와 복을 주는 초월적 존재는 없다"라고 못을 박았던 것을 기억하자. 《주자어류》에서 주자는 말한다.

"하늘은 심장도 없고, 창자도 없다. 그러니 어찌 지각 작용이 있겠는가?" (박성규 역주, 《논어집주》, 588쪽)

제자가 물었다. "'하늘이 알아준다' 함은 하늘과 딱 일치한다는 뜻이지,

진짜로 지각 있는 존재가 있다는 말은 아니지요?" 주자는 곤혹스레 두 손을 들었다. "하늘은 지각하는 것 같기도 하고, 지각하지 않는 것 같기도 하다. 이 점은 말하기 어렵다." (같은 책, 589쪽)

저 너머의 초월자 하늘은 없다. 그러나 공자의 이 말을 보건대, 그리고 그 이전《시경》《서경》 등의 고전으로 보건대, "그들은 있었고, 사람들에게 영향력을 행사했다." 그래서 "있는 듯도 하고, 없는 듯도 하다"고 발뺌한 것이다.

주자의 本心은 "저 너머 하늘의 존재는 없다"다. 그러면 공자의 말을 어떻게 이해해야 하나? "공자는 오랜 학문의 연마로 모종의 알 수 없는 초월적 감성을 가졌을 수 있겠다." 이것이 주자의 절충안이었다.

"나를 알아줄 이는 하늘뿐이라고 함은 공자 스스로 자각했다는 뜻입니까?" "물론 그렇다." (같은 책, 589쪽)

다산의 생각은 다르다. 하나는 이 문장이 탄식이 아니라 고백이고, 다른 하나는 여기 '하늘'은 얼굴 없는 天理가 아니라 생생히 역력한 '하느님(天)'이라는 것이다. 그럼 번역은 이렇게 바뀐다.

공자가 말했다. "나를 아는 사람이 없구나." 자공이 말했다. "어째서 아는 사람이 없다고 하십니까?" 공자가 말했다. "하늘을 원망하지 않고, 세상을 탓하지 않는다. 일상의 공부(下學)를 통해 저 초월자에 닿으니(上達), 나를 아는 자 그 하늘이구나!"

다산의 주석을 자유롭게 풀어보면 다음과 같다.

공자의 말은 이렇다. "세상이 내 德을 칭송하는데, 그들은 진정 나를 몰
라! 나는 세상에 쓰이지 않아도 하늘을 원망하지 않고, 사람들이 인정
해주지 않아도 그들을 탓하지 않아. 사람들은 그 마음을, 그 내밀한 속
내를 알 수 없지. 下學이란 道를 향한 공부를 말해. 그것은 孝悌·仁義
처럼 人事를 닦는 데서 시작하지. 上達은 그 노력이 쌓여 天德에 닿
은 것이고. 그래서 처음 事親으로 시작해서 나중 事天으로 끝난다고
들 하지 않던가? 下學은 드러난 行事라 사람들이 알 수 있지만, 上達
은 그들에게는 보이지 않는 것."
〔補曰〕時人皆稱夫子盛德 夫子聞之 曰: "彼皆不知我而言之耳."
馬曰: "不用於世【句】而不怨天 人不知己 亦不尤人."〔補曰〕不怨
天 不尤人 乃心內之密功 非人所知.〔補曰〕下學 謂學道 自人事
而始.【即孝弟仁義】上達 謂積功 至天德而止.【即所云'始於事親'
終於事天】下學 人所知.【見於行事者】上達 非人之所知.

다산은 덧붙인다.

군자의 道는 事天으로 끝난다. 이를 達이라고 한다. … 나의 학업은
오직 하늘만이 안다.
君子之道 終於事天 此之謂達也. … 我之學業 惟天知之.

사람들은 묻는다. 下學은 일상의 공부, 자신의 덕을 닦아나가는 사회
적 차원의 활동이다. 그런데 여기 어떻게 하늘과 하늘의 德이 관여되

어 있는가? 도덕적 인간이 된다는 것이 어떻게 종교적 차원을 담보하는가 하는 것이다. 주자는 앞에서도 적었지만, 과학적 연마, 사물과 사람들의 특성과 관계, 질서와 구조, 효용과 폐단을 탐구함으로써 그들이 제시하는 길을 따라가도록 한다. 즉 知가 먼저이고, 行이 다음이다. 물론 중요성은 당연히 行에 있지만, 知의 준비와 선행 없이는 올바른 행동을 최고의 수준에서 발휘할 수 없다. 요컨대 사실이 길을 보여줄 것이다.

이 기획에서는 굳이 초월적 존재와 종교적 믿음이 주요한 역할을 하지 않는다. 초월적 존재란 인간과 사물에 고유의 특성(性)을 부여해 준 '근거'로만 의의를 지니는 것이었다. 그들은 초월 없이 오직 내면만으로 인간의 삶을 기획하고 주도해 나갈 수 있었다. 하늘의 뜻이 있다면, 그것은 이미 사람과 사물 안에 '본성'을 부여한 것이다.

그러나 다산은 이를 우려한다. ① 만일 초월적 존재가 없다면, 우선 인간 '본성'의 불가사의를 해명할 수 없다. ② 주자학은 늘 자연을 말하면서 본성대로 따르리라는 것을 낙관하는 듯한데, 길을 닦아나가는 것은 힘들고 고통스러운 작업이다. 할 수만 있다면 다들 피할지도 모른다. 그러므로 이 도정에 감시와 격려가 필요하다. ③ 그 길은 그분과 함께하는 길이다. 德은 그분의 보이지도 들리지도 않는 권고를 따를 때 얻어진다. 孝悌라는 작은 시작에서 위대한 仁과 聖의 성취까지 모두 下學과 上達, 그분의 말씀을 따르고 그 존재와 대면하는 과정이다. 사람들은 자신의 행실은 볼 수 있지만, 이 도정이 초월적 존재와의 오랜 대화임을 알아차리기는 어렵다. 그래서 제자들조차도 이에 관한 언급을 들어볼 수 없었던 것이다.

子貢曰: "夫子之文章 可得而聞也; 夫子之言性與天道 不可得而聞也." 《공야장》 12장)

자공이 말했다. "스승님의 文章은 가히 들을 수 있었습니다. 그렇지만 스승님이 말씀하신 性과 天道에 대해서는 가히 들을 수 없었습니다."

인간의 본질(性)과 초월적 도정(天道), 일상의 행동과 태도를 주로 말하고 있는《논어》에서 이 두 단어는 갑자기 난감과 추상으로 독자들을 곤혹스럽게 한다. 예전 학자들에게도 마찬가지였으니, 너무 떨 것 없다.

그런데 여기 文章은 '시서예악의 교과서'를 말하는 것일까? '시서예악'은 전승된 고전이지 공자의 것은 아니지 않는가? 이 반론에 대해 "夫子之文章부자지문장"을 '공자가 가르치는 시서예악'이라고 읽을 수도 있지 않느냐고 우길 수도 있다. 그러나 文章은 역시 '위의, 말, 인품, 업적' 등을 포괄적으로 가리키는 말로 읽는 것이 자연스럽다.

子曰: "大哉 堯之爲君也! 巍巍乎! 唯天爲大 唯堯則之. 蕩蕩乎! 民無能名焉. 巍巍乎! 其有成功也; 煥乎 其有文章!" 《태백》 19장)

공자가 말했다. "위대하다! 요의 임금 됨이여. 높고 크도다! 오직 하늘이 큰일을 행하거늘, 오직 요임금만이 그것을 본받았구나. 넓고 넓도다! 백성들이 이름을 붙일 수 없구나. 높고 크도다. 그 功業이여! 빛나도다. 그 文章이여."

요임금의 德을 하늘에 견주고 거기 "빛나도다, 그 文章이여"라고 한 마지막 구절을 보라. 이로 보건대 文章은 '전해진 고전'을 가리킨다기보다 '공자의 말과 행동, 인품의 문채文彩'를 가리키는 것이 적절해 보인다.

다음 "不可得而聞불가득이문"은 무슨 말일까? ① '얻어들을 수 없었다?' 공자는 이 내면의 비밀을 제자들에게 말하는 것을 삼갔다는 뜻일까? ② 혹은 그 말을 했어도 제자들이 잘 알아듣지 못했다는 뜻일까?

대체로 "不可得而聞"을 "들을 수 없었다" "공자가 말을 아꼈다"로 읽는다. 그러나 쉬푸관은 "夫子之言"으로 보건대, 공자가 이미 말했고, 그것을 자공을 포함한 제자들이 '잘 알아들을 수 없었던 것'이라고 해석한다. 나는 이 해석에 동의한다. 가령 같은 《논어》에서 "朝聞道조문도 夕死可矣석사가의(아침에 道를 聞하면, 저녁에 죽어도 좋다)"에서의 '聞'도 또한 '남한테 듣는 것'이 아니라 '이해했다'는 뜻이 아닌가?

서로 다른 해석이지만 기실 두 의미가 서로 겹쳐 있기도 하다. 공자는 제자들이 잘 알아듣지 못하기에, 그리고 임중도원 즉 먼 길의 실천을 요하기에, 당연히 이 주제에 대한 언급을 아꼈을 것이 틀림없기 때문이다. 실제로 공자는 《논어》에서 性과 天道를 거의 언급하지 않았다. 性에 대해 언급한 곳은 딱 두 군데다. 그리고 지금 보듯 天이나 天命도, 命의 한언罕言처럼 거의 찾아보기 어렵다.

性과 天道는 무슨 말이고, 이들은 서로 어떻게 연관되어 있을까? 공자는 이 두 단어로 무엇을 알리고 싶어 했을까? 많은 독자가 아마도 공자의 天에 대하여 적극적 지위와 의미를 부여하지 못한 듯하다. 《논어》라는 책과 공자라는 인물이 보여주는 합리적 태도, 현세적 입각이 너무 강고해서일 것이다. 그렇지만 지금까지 살핀 몇 안 되는 언급을 보더라도, 공자는 분명 모든 사안에 신의 의사를 묻고, 그 복점에 따라 행동하던 은대의 주술적 신정神政과는 다른 길을 걷고 있으되, '하늘'에 대한 믿음을 완전히 버린 것은 아님을 역력히 볼 수 있었다.

공자는 인간의 본성(性)과 하늘의 의지(天道)를 엮었다. 이 결합은 누구도 상상하지 못했던 것이고, 여기 공자의 학문과 도정의 특징이 있다. 《논어》를 찬찬히 읽다 보면, 《중용》과의 연관, 나아가 《맹자》로 이어진 길이 뚜렷이 드러난다.

子曰: "予欲無言." 子貢曰: "子如不言 則小子何述焉?" 子曰: "天何言哉?
四時行焉 百物生焉 天何言哉?" 《양화》 19장)
공자가 말했다. "나는 이제 말하지 않으려 한다." 자공이 말했다. "스승님이 말
씀하지 않으시면, 저희는 무엇을 보고 배우리이까?" 공자가 말했다. "하늘이 무
슨 말을 하던가? 사계절은 운행하고, 백 가지 생명은 번성한다. 하늘이 무슨 말
을 하던가?"

여기 '하늘'은 무슨 뜻일까? 그저 창공을 짚으며 그것이 대표하는 물리적 자연의 운행을 보라고 권하고 있는 것일까, 아니면 도도한 천시의 창생을 '하늘의 역사와 기적'으로 경외하라고 일러주고 있는 것일까? 다시 말하면, 공자는 여기서 天을 '자연적 진행'으로 설하고 있는 것일까, 아니면 '초월적 경이'로 읽고 있는 것일까?

《논어》에서 天을 저 푸른 하늘이나 자연적 과정으로 읽은 예가 없다. 그렇다면 공자는 지금 天을, 인간의 초월적 특성과 더불어 자연의 경이를 만드신 이로 찬탄하고 있는 것인가? 사람들은 여기서 칸트의 유명한 언급을 떠올릴 것이다. "내 마음속을 늘 새로움과 감탄과 경외심으로 가득 채우는 두 가지가 있다. 저 하늘에 빛나는 별들과 내

가슴속의 도덕률이 그것이다."

공자의 뜻이 이런 것일까? "하늘은 자신의 역할을 묵묵히 수행한다. 그처럼 너희도 내 행동과 선택을 보고 인간이 어디로 가야 하는지를 깨우치길 바란다." 그 소명, 책무가 그의 천하 유랑의 동력이다.

일이관지는 하늘에 닿아 있다

드디어 우리는 공자의 사상, 그 핵심에 다가가고 있다.

> 子曰: "賜也 女以予爲多學而識之者與?" 對曰: "然 非與?" 曰: "非也 予一以貫之." (〈위령공〉 2장)
> 공자가 말했다. "자공아, 너는 내가 배운 것이 많고, 그것을 다 기억하는 사람이라고 생각하느냐?" 자공이 대답했다. "예, 아닌가요?" "아니다. 나는 일이관지, 그 모든 것을 하나로 꿰뚫고 있다."

고래로 공자의 이 말이 무엇을 의미하느냐에 대해 분분한 논의가 있어왔다. 주자는 사상채의 입을 빌려 말한다.

> 사상채가 말했다. "성인의 道는 크다. 사람들은 모두를 두루 보고 전체를 파악하지 못하기 때문에 (공자를 보고) 그저 많이 배우고 박식한 사람이라 치부한다. 그러나 성인은 조물주가 일일이 생명을 찍어내고 새기듯이, 그저 박식에 힘쓰는 사람이 아니다. 그래서 이르길, '나는 일이관지'라고 했다. 또 《중용》 33장에서 이르길) '德은 가볍기가 터럭과 같은

데, 터럭도 오히려 물질에 해당한다. 하늘의 일은 소리도 없고 냄새도 없다.' 그 지극한 저."

謝氏曰: "聖人之道大矣 人不能遍觀而盡識 宜其以爲多學而識之也. 然聖人豈務博者哉? 如天之於衆形 匪物物刻而雕之也. 故曰: '予一以貫之.' 德輶如毛 毛猶有倫. 上天之載 無聲無臭.' 至矣."

주자는 공자를 거의 '모든 것을 이해하는 자'로 읽었다.《중용》27장이 말하는 "致廣大而盡精微치광대이진정미(광대함을 이루고 정미함을 다함)"를 액면 그대로 읽은 듯하다. 이 과장된 어법이 실제 공자가 밟고 성취한 것이 무엇인지를 감 잡을 수 없게 하고 있기도 하다.

주자는 여기 '하나'를 우주 간 다양한 사물을 꿰고 있는 중심으로 읽는다. 그 하나는 당연히 理다. "하나의 理가 우주 전체를 꿰고 있다."

대개 지극한 정성(至誠)은 쉬지 않는다. 道의 體다. 만 가지 생명(萬殊)이 이로써 하나의 근본(一本)을 갖는다. 만물이 각자 자신의 거소(其所)를 얻는 것이 道의 用이다. 이렇게 하니의 근본은 만 가지 생명이 된다. 이로써 살피면, 일이관지의 살상을 가히 볼 수 있다.

蓋至誠無息者 道之體也 萬殊之所以一本也; 萬物各得其所者 道之用也 一本之所以萬殊也. 以此觀之 一以貫之之實可見矣.

윗글이 표명하고자 하는 대략의 취지는 이렇다. 우주는 하나다. 수많은 생명은 제각각(萬殊)이지만, 하나의 통일된 중심(一本) 아래 유기적으로 통합되어 있다. 이 넘치는 활동에는 휴식이나 정지가 없다. 일이관지는 '하나(道 혹은 天理)'의 중심 혹은 실체가 우주의 다양한 변화와 과정을 꿰뚫고 있다는 말이다. 이 의지는 모든 생명의 중심에 있고, 인간은 그 가운데 가장 뛰어난 본질을 받아 이를 삶에서 완성해 나가는 존재다.

다산은 이 형이상학적 해석에 반대한다. 그는 유교의 일관된 원리가 理가 아니고 恕임을 극구 역설해 마지않는다. 이 한 글자가 주자와 다산의 논어 해석뿐만 아니라, 둘의 전 사유체계를 가르는 분수령이라 할 만하다. 다산의 목소리는 격해진다.

一貫의 뜻은 증자가 직접 말한 것이 명명백백한데, 후세 유학자들은 익숙하게 보면서도 의심을 품다니…. 그런데도 이 분명한 해석을 따르지 않는 이유는 忠恕가 일관된 원리로는 너무 '초라하다(小)'고 여겨서다. 노자는 "하나가 둘을 낳고, 둘이 셋을, 그리고 여기서 만물이 나온다"고 하고, 불교는 "萬法은 하나로 돌아간다"고 하니, 공자의 일이관지도 여기 짝이 될 수 있겠다고 생각해서, 천지간에 지고지대한 (理라는) 언사로 읽은 것이다. 그래 놓고 증자의 말을 낮추고 깎아서, 忠恕 두 글자를 극히 미미하게 만들어버렸다. 진유晉儒도 엇나갔고, 송유宋儒도 틀렸다. 그들은 저기서 "증자가 혼자 道의 비밀을 깨치고도, 문인들에게는 (忠恕라는) 찌꺼기로 응답해주었다"고 평가하고, 여기서는 "자공이 공자의 말을 깨닫지 못하고 성인의 쭉정이만 배웠다"고 하니, 이 것이 우리 道의 큰 장애물이다.

一貫之解 曾子親口言之 明明白白 後之儒者 猶復熟視含疑 不肯往從者 其心以忠恕爲小也. 老子言'一生二 三生萬物' 佛氏言'萬法歸一' 孔子言'一以貫之' 可以相配 爲天地間至高至大之言. 曾子落而下之 斲而少之 爲'忠恕'二字 極卑極小. 故晉儒違之 宋儒

違之 於彼則曰'曾子自領妙道 以糟粕酬門人' 於此則曰'子貢不能 妙悟 以秕糠學聖人' 此吾道之巨蔀也.

다산은 힘주어 설득한다. 공자의 평생 학습을 꿰고 있는 중심 원리는 天理가 아니라 忠恕다! 유교를 한 글자로 집약한다면, 그 또한 理가 아니라 恕여야 한다.

무릇 사람이 이 세상을 살아감에, 응애 울음을 터뜨릴 때부터 관에 뚜껑이 덮일 때까지, 그 더불어 처하기는 '(다른) 사람'일 뿐이다(언제나 사람과 더불어 있다). 가까이는 부모와 형제에서 멀리는 친구와 고향 사람, 그 낮기는 신복臣僕과 어린아이에서 그 높기는 군사君師와 어르신을 포괄하기까지, 무릇 둥근 머리와 평평한 발로 하늘을 이고 땅을 밟는 자들은 모두 '나와 더불어' 서로 의지하고 도우며 교제하고 어울리며 부대끼면서 살아간다.

나도 한 사람이고 저도 한 사람이다. 두 사람 사이에 교제가 생긴다. 이 관계를 잘하면, 효도 우애·우정·사애·충성·신뢰·화목·화합이 되고, 그것이 틀어지면 패륜·반역·완고함·우둔함·간사함·사특함·원흉·악의 우두머리가 된다. 우리 道는 무엇을 하자는 것인가? '사이 교제에 선하기(爲善於其際)'에 불과하다. 이리하여 예법을 만들어 선을 이끌고 악을 막는 것이니, 일동일정一動一靜, 일언일묵一言一默, 일사일념一思一念에 모두 형법(刑式)과 금계禁戒가 있어, 백성들이 혹은 따르고 혹은 피하게 한다. 그 文에는 《시경》·《서경》·《주역》·《춘추》에 이미 수많은 말이 있으며, 경례삼백經禮三百 곡례삼천曲禮三千에 가지 잎사귀마다 단락 구절마다 끝없이 넓게 퍼져 있어 일일이 다 파고들 수 없으나, 그 귀착지는 '사이 교제에 선하기'에 불과하다.

'사이 교제에 선하기'란 무엇을 이르느뇨? 미운 윗사람의 행태를 아랫사람에게 하지 말고, 미운 아랫사람들의 행태를 윗사람에게 하지 말며, 앞 사람의 미운 짓을 뒷사람에게 하지 말고, 뒷사람의 미운 짓을 앞 사람에게 하지 마라. 오른쪽 사람의 미운 짓으로 왼쪽 사람과 교제하지 말고, 왼쪽 사람의 미운 짓으로 오른쪽 사람과 교제하지 말지니, 이를 일러 '사이 교제에 선하기'라 한다.

그것을 한 글자로 총괄하면 恕가 아니겠는가? 그런즉 恕라는 물건이 한 가닥 노끈처럼 천만 개의 동전을 꿰고 있으니, 공자의 이른바 '일이 관지'는 이를 가리킨 것이 아닌가?

天이 인간의 선악을 살피는 까닭 또한 바로 이 '두 사람 사이의 교제'에서 그 선악을 감독하는 것인데, 여기 또 이들에게 식색안일의 욕구를 주어, 두 사람 사이에서 그 쟁투와 사양을 확인하고 그 성실과 태만을 점검하는 것이다. 이로 보매 옛 성인의 하늘 섬김의 學은 인간관계를 벗어나지 않으니, 즉 이 한 개의 '恕' 자로 가히 사람을 섬기고 하늘을 섬길 수 있으니, 무슨 까닭에 이를 '작다' 만드는가? '하나(一)'란 恕다.

原夫人生斯世 自落地之初 以至蓋棺之日 其所與處者 人而已. 其近者曰父子兄弟 其遠者曰朋友鄕人 其卑者曰臣僕幼穉 其尊者曰君師耆老. 凡與我同圓顱而方趾 戴天而履地者 皆與我相須相資 相交相接 胥匡以生者也. 我一人 彼一人 兩人之間 則生交際. 善於際 則爲孝·爲弟·爲友·爲慈·爲忠·爲信·爲睦·爲媚 不善於際 則爲悖·爲逆·爲頑·爲罵·爲奸·爲慝·爲元惡·爲大憝. 吾道何爲者也? 不過爲善於其際耳. 於是作爲禮法 以道其善 以遏其惡 一動一靜 一言一默 一思一念 皆有刑式禁戒 俾民趨辟. 其文則

《詩》·《書》·《易》·《春秋》既千言萬語 而經禮三百 曲禮三千 枝枝
葉葉 段段片片 浩浩漫漫 不可究學 要其歸 不過曰善於際也. 善於
際 何謂也? 所惡於上 毋以使下 所惡於下 毋以事上 所惡於前 毋
以先後 所惡於後 毋以從前 所惡於右 毋以交於左 所惡於左 無以
交於右. 斯之謂善於際也. 括之以一字 非即爲恕乎? 然則恕之爲
物 如一條繩索 貫得千萬箇錢 孔子所謂'一以貫之' 非是之謂乎?
天之所以察人之善惡 亦惟是二人相與之際 監其淑慝 而又予之以
食色安逸之慾 使於二人之際 驗其爭讓 考其勤怠. 由是言之 古聖
人事天之學 不外乎人倫 即此一'恕'字 可以事人 可以事天 何故而
小之也? 一者 恕也.

더 이상의 설명이 필요 없을 정도의 명쾌한 글로, 다산의 열정적인 소
신이 가까이에서 들려오는 듯하다. 간략하게 요약하면, 공자 그리고
유학은 '인간관계'의 길을 고취하는 가르침이다. 이 인간중심주의를
잘 보여주는 예화가 있다.

廐焚 子退朝. 曰: 傷人乎? 不問馬. (〈향당〉 12장)
마구간에 불이 났다. 퇴근하고 온 공자가 물었다. "다친 사람이 없느냐?" 정작
말에 대해서는 아무것도 묻지 않았다.

공자의 길은 '인간 사이'에서 어떻게 최선의 행동을 할 것이냐로 집약
된다. 거기서 선을 행하면 德이 될 것이고, 그 사이를 그르치면 악이
될 것이다. 사이에는 상대방이 있기 때문에, 그를 의식하고 배려하는
것이 '사이 교제에서 선하기'의 핵심이 될 것이다. 恕는 바로 그 존중

의 원리를 일컫는다. 더 구체적으로는 "내가 싫어하는 것을 남에게 시키지 말고, 내가 원하는 것을 남도 원할 것이다"라고 유추하는 공감의 정신, 상호성의 원리를 가리킨다. 실제 이 원리는 《논어》에서 "내가 원치 않는 일을 남에게 시켜서는 안 된다(己所不欲 勿施於人)"라는 부정적 어구로, 그리고 "내가 원하는 곳에 그를 세워주며, 내가 가고 싶은 곳에 그를 보낸다(己欲立而立人 己欲達而達人)"라는 적극적인 권고로 집약되어 있다. 이 원리는 동서의 인문 종교의 보편적 규범이기도 하다. 다산은 유교의 경전들, 수많은 권고와 크고 작은 禮가 이 원리를 구현하는 지침이자 행동 요목이라고 정리한다. 天理가 아니라 忠恕가 유교의 원리다. 다산은 이 원리를 복권시키고자 했다.

四書는 우리 道가 추구하는 방향(指南)이다. 《대학》《중용》 모두 恕 자의 부연(衍義)이다. 《논어》《맹자》에서 "恕의 원리를 힘써 실행해서 仁을 구하라(強恕以求仁)"는 말이 반복·중첩해서 나오는 것을 일일이 셀 수 없다. 스승 공자의 道는 '恕' 한 글자일 뿐이다. 이 한 글자를 붙들고 사람을 접하면 仁을 다 쓸 수 없는데, 지금 유학자들은 모호히 더듬고 이리저리 문지르며(東塗西抹) 매번 이르기를, "수많은 다양성(萬殊)은 하나의 근본(一本)이라 다시금 一理로 돌아간다"고 한다. 천지만사만물을 집어 몽땅 一理로 돌리고는 말하길, "이것이 스승 공자의 道"라고 한다. 스승 공자의 道가 너무 휑하니 막막하지 않은가? 一理가 만물을 꿰고 있다고 해도 자신의 선악에는 조금도 관련이 없으니, 온종일 엄숙히 위좌危坐하여, 만수萬殊와 一理를 구하는데, 부모와 처자가 옆에서 비방해도, 고향 사람과 친구들이 뭐라고 충고해도 신경 쓰지 않는다. 그것은 (선가의 화두인) "뜰 앞의 잣나무(庭前柏樹子)"를 붙들고 씨름하는 것과 그리 멀지 않으니, 이는 학도자가 마땅히 경계해야 할 바라.

四書者 吾道之指南也 而《大學》·《中庸》都是恕字之衍義《論語》·《孟子》其言强恕以求仁者 重見疊出 不可殫指 則夫子之道 一'恕'字而已. 執此一字 以之接人 仁不可勝用也 而今之儒者 摸撈探索 東塗西抹 每云"萬殊一本 復合一理" 執天地萬事萬物 都歸之於一理 曰'此夫子之道.' 夫子之道 無亦空曠渺茫矣乎? 以一理貫萬物 於自己善惡 毫無所涉 終日儼然危坐 究得萬殊一理 不念父母妻子在傍訕己 鄕黨賓友歸而議己 其與'庭前柏樹子' 相去未遠. 此學道者 所宜戒也.

이제 다산이 본 공자의 전모가 뚜렷해졌을 것이다. 學은 일상의 관계에서 최선을 구현하려는 '학습과 훈련'을 총칭한다. 이 학습은 근거나 토대 없이 일어나지 않는다. 그것을 독려하고 德을 완성하라는 목소리가 늘 함께 있다.

이 토대가 天이다. 이 보이지도 들리지도 않는 목소리를 듣고, 그와 홀로 대화하는(愼獨) 사람이 바로 군자다. 그는 下學을 통해 점차 上達에, 즉 天德에 가까이 가게 될 것이다. 소인은 이 자각이 없어 무기탄無忌憚, 되는 대로 인생을 산다.

仁은 단적으로 '두 사람 사이에서 선하기'를 직접 가리킨다. 다산이 말한 대로 글자 형태를 보라. '두 사람(二人)'이라고 되어 있지 않은가? 다른 사람을 위해 나를 양보하고 다른 사람의 복지를 증진하려는 노력들이 仁의 성취로 이어진다. 다산의 설명에 의하면, 자기를 지키려는 노력, 원칙을 지키고 자신을 깨끗하게 하려는 노력은 칭찬받을 일이지만, 아직 仁이 되기에는 부족하다고 말한다. 타인을 위한 기여가 있고 공동체를 위해 벽돌 한 장이라도 놓을 때, 우리는 비로소 仁을 말할 수 있다는 것이다.

《논어》에는 공자가 仁으로 칭하기를 거절하는 수많은 사례가 나오는데, 그 거절과 용납이 이와 연관되어 있다고 다산은 말한다. 이 설정은 또한 주자학 등이 명상이나 자기 정화를 축으로 노력하는 것을 비판하는 논거가 되기도 했다. 주자학은 敬의 수양법으로, 무엇보다 자기 내부의 불건전한 의지와 정념을 축출하고자 노력한다. 그 노력을 통해 은폐되고 억압되었던 본성의 자연성, 즉 仁義禮智가 절로 자유를 찾고 적절히 자극에 반응하게 될 것이라고 믿기 때문이다. 그러나 다산은 이 노력이 가상하고 필요한 일이기는 하나, 타인을 이롭게 하는 지경에 이르지 못했다면, 그것은 德이 되기에는 부족하다고 선을 긋는다. 주자학을 진지하게 추구하기는 힘들다. 쉽지 않은 도정이다. 다산은 그 노력이 지나치게 '내면화'되었다고 비판해 마지않는다. 상당한 수련을 거쳤어도, 자기 내적 평정만으로는 아직 적극적 德에 이르지 못한다. 활용되어야 하고, 정치나 사회에 참여해서 이익을 몰고 오는 사람이어야 한다.

이 모든 과정을 하늘(天)이 지켜보고 계신다. 다산의 하늘은 공정하고 도덕적이다. 임의나 변덕을 부리지 않는다. 그분은 다만 德을 기뻐할 뿐이다. 마찬가지로 그분은 자신을 위해 번제를 바치거나 예배를 따로 하라고 권하지도 않는다. 이것이 다산이 신학적 토대 위에 자신의 학문을 세웠으면서도, 결국 가톨릭과 결별하게 한 내재적 요소라고 나는 생각한다. 신은 번제나 기도가 아니라 오직 그의 덕성을 기뻐할 뿐인즉, 그는 아마도 이렇게 명령할 것이다. "교회로 오지 마

라. 거기 나는 없다. 오직 네 이웃과 힘들어하는 이웃 속으로 들어가라. 내가 그를 기뻐하리라."

다산의 신학은 이리하여 종교가 되지 않고, 윤리학이 되었다. 다시 깊이 음미해보자. 다산이 《고금주》를 통틀어 하고 싶은 말의 전체가 여기 담겨 있다.

옛 성인의 하늘 섬김의 學은 인간관계를 벗어나지 않으니, 그러한 바이 '恕' 한 글자가 '사람을 섬기는 방법'이면서, 아울러 '하늘을 섬기는 도리'다.

古聖人事天之學 不外乎人倫 即此一'恕'字 可以事人 可以事天.

공자 일생은 仁을 향한 도전이다. 學은 이 경지를 연마하는 기술이고, 天은 그 순례의 추동이자 지원이다. 그리고 政은 그 가치가 구현되는 현장이다. 중성공지衆星共之, 이를테면 유교의 모든 입설과 제도가 仁을 중심으로 돌고 있다고 해도 과언이 아니다.

仁을 너희 집으로 삼아라

공자는 한편 의아해한다. 그는 그야말로 '자기 자신을 위한(爲己)' 길을 제시했다. 그 길은 《논어》 첫머리에서 갈파한 대로, 곤고가 아니라 기쁨으로 충만해 있는데 왜 다들 외면할까 싶은 것이다. "仁은 인간의 최고 성장으로서, 그것은 다른 누가 아니라 바로 '너 자신을 위한' 도정이다. 그런데 왜 이 길을 버려두고 가지 않는가?" 나중 맹자가 이렇게 한탄한 바 있다.

仁은 인간이 거주할 편안한 집이고, 義는 걸어야 할 바른길이다. 쾌적
한 집을 비워놓고 살지 않으며, 바른길을 버리고 걷지 않는다. 슬프다.
仁 人之安宅也; 義 人之正路也. 曠安宅而弗居 舍正路而不由 哀
哉!(《맹자》〈이루離婁〉上 10장)

송대의 어느 유학자에게 물었다. "義를 지키자고 늘 노심초사하는 것
이 지치고 피곤하지 않습니까?" 그는 대답했다. "요행을 바라고 곁길
을 가는 사람은 그럴지 모르나, 나는 내 앞에 난 길을 편안히 걷고 있
는데 무슨 스트레스가 있겠느냐?" 그처럼 仁도 인간이 거처하기 좋
은 편안한 집인 것을…. 우리는 이 말을 잘 믿지 않으려 한다. 힘들게
자신을 희생하는 것으로, 남의 시선을 의식해서 어쩔 수 없이 하는 것
으로, 요컨대 타인과 공동체를 위해 자신의 욕구나 행복을 포기해야
만 얻을 수 있는 것으로 생각한다. 공자와 맹자는 이 생각이 틀렸다고
거듭 일깨운다.

子曰: "里仁爲美. 擇不處仁 焉得知?"(〈이인〉1장)
공자가 말했다. "仁에 거주하는 것이 아름답다. 선택에서 仁에 처하지 않는다
면, 어찌 知라 하겠는가?"

仁이 편안한 집임을 알고 거기 거주하는 것이 바로 知라고 했다. 知
란 인간과 세상에 관한 바른 '이해'다. 그러나 사람들은 '잘 모르고 있
다.' 仁에 거주하기를 꺼리는 것만 보아도 알 수 있다.

《논어》에서 말하는 知에 대해 더 깊은 유의를 요한다. 이 말은 특정한 사안에 대한 정보나 도구적 목표를 달성하기 위한 기술을 말하는 것이 아니다. 그것은 한마디로 인간의 목적과 그에 합당한 수단에 관한 '통찰'을 의미한다고 해야 한다. 옛 현자들은 한목소리로 말한다. "우리는 아직 그 지식에 도달해 있지 않다." 《중용》 7장은 이 만연한 '무지'를 이렇게 탄식한다.

> 공자가 말했다. "다들 나는 잘 알고 있다고 말한다. 그러면서 지금 그물과 덫, 함정 속으로 끌려 들어가고 있는데, 그것을 피할 줄을 모른다. 사람들은 다들 나는 잘 알고 있다고 말한다. 중용을 택해도 한 달을 지켜내지 못한다."
> 子曰: "人皆曰 '予知' 驅而納諸罟擭陷阱之中 而莫之知辟也. 人皆曰 '予知' 擇乎中庸 而不能期月守也."

공자의 목소리로 말하자면, 인간들은 아직 "자신이 누구인지, 무엇을 위해 태어났는지, 그것을 달성하기 위해 무슨 수단을 동원해야 하는지 모른다." 여기 기본 관건은 "자신이 누구인지"를 아는 것이다.

주자는 里仁爲美이인위미를, "마을 동리의 풍속이 仁한 곳이 좋다"고 풍수 택지에 대한 권고로 읽었다. 그러나 나는 다산의 해석을 따라, 이 구절을 "仁의 가치에 거주(里)하는 것이 아름답다!"로 읽는다. 그래야 "擇不處仁택불처인 焉得知언득지"가 구체적 실증을 얻는다. 處仁처인은 '仁한 마을에 살다'가 아니라 '仁의 가치에 처한다'로 읽어야 하지 않을까?

仁에 거주하는 것이 아름답다! 여기 '아름답다'는 말이 혀끝을 맴

돈다. 이 형용은 仁이 외적 규범이나 강제가 아니라, 내적 심미 상태임을 알려주고 있지 아니한가? 주자와 다산의 해석을 직접 보여드린다.

> 공자가 말했다. "마을 동리의 풍속이 仁한 곳이 좋다. 그런 곳에 거주를 택하지 않는다면, 어찌 知者라 하겠는가?" (주자)
> 공자가 말했다. "인간이 거주할 가치(里)로는 仁이 좋다. 삶에서 仁을 실존적으로 선택하지 않는다면, 그를 어찌 知者라 하겠는가?" (다산)

두 사람의 해석이 전혀 다르다는 것을 알았을 것이다. 주자는 말한다.

> 마을에 인후한 풍속이 있는 것이 아름답다. 동리를 택함에 이런 곳에 거주하지 않는다면, 옳고 그름의 本心을 잃게 되니, 현명한 사람이라 할 수 없다.
> 里有仁厚之俗爲美. 擇里而不居於是焉 則失其是非之本心 而不得爲知矣.

주자는 걱정이다. "인후한 마을이 아니면, 그악하고 무질서한 풍토에서 좌충우돌하다 보면, 건강한 인간성을 유지하기 어렵겠다." "지혜로운 자는 이 위험을 피하고자 거처를 신중히 고를 것이다." 독자들은 그럴 법하다고 수긍할지 모르겠다.

그런데 과연 仁의 의미를 '후덕하고 인심이 좋은 사람들'로, 그들이 사는 마을 정도로 설정해도 괜찮을까? 이 해석은 仁의 실존적 의미와 구원의 지평을 전혀 부각하고 있지 못하는 것이 아닌가? 다산이 바로 이 지점을 파고든다.

공자에게서 仁은 처음부터 끝까지 철저하게 자신이 구현해야 하는 덕성이다. 그런데 지금 주자의 해석을 따르면, 남 탓을 하며 仁의 책임을 거주민들에게 돌리고 있는 것이 아닌가? 다산은 말한다.

> 里란 ('동네'라는 지역이나 명사가 아니라) '거주한다'는 동사다. 사람이 거주할 곳으로는 오직 仁이 아름답다. 맹자가 말한 '仁이란 사람의 편안한 집(安宅)'이라는 뜻과 같다. 거주할 곳을 고르면서 仁에 처하지 않는다면, 어찌 智라 하겠는가?
>
> 〔補曰〕里者 人所居也. 人所居 惟仁爲美. 孟子所謂仁者人之安宅也 擇所居而不處仁 何得爲智.

다시 말하면, 지금 공자는 "仁한 마을에 가서 살라"고 권하는 것이 아니다. 다만 삶에서 仁이라는 가치와 목표에 '거주'하라고 권하는 것이다. 맹자도 나중 말한 바 있다. "仁이란 사람이 거주해야 할 편안한 집이다." 이어지는 "택함에서 仁에 처하지 않는다면(擇不處仁)"이 다산 해석의 신빙성을 더해준다. 분명하다. 삶의 지향(擇)은 다름 아닌 仁에 '처하는' 것이어야 한다. 그 깨달음이 없다면, 진정 智者라 할 수 없다. 다산은 다시 자기 해석의 전고를 끌어온다. 《맹자》는 다산의 해석이 정당하다고 응원해준다.

> 맹자가 말했다. "화살 만드는 이가 어찌 방패를 만드는 이보다 不仁하겠는가? 화살 만드는 이는 화살이 사람을 뚫지 못할까 봐 걱정이고, 방패 만드는 이는 사람을 다치지 않도록 애를 쓴다. 무당이나 장인조차

그러하니, 기술(術)의 선택은 신중해야 한다. 공자가 말했다. '인간이 거주할 곳(里)으로는 仁이 좋다. 삶에서 仁을 실존적으로 선택하지 않는다면, 그를 어찌 知者라 하겠는가?' 무릇 仁은 하늘이 준 고귀한 책무(尊爵)이고, 사람이 거주해야 할 편안한 집(安宅)이다. 가로막는 사람도 없는데 不仁이라면, 이는 不智다."

孟子曰: "矢人豈不仁於函人哉? 矢人唯恐不傷人 函人唯恐傷人. 巫匠亦然 故術不可不慎也. 孔子曰: '里仁爲美. 擇不處仁 焉得智?' 夫仁 天之尊爵也 人之安宅也. 莫之禦而不仁 是不智也."(《맹자》〈공손추〉上 7장)

맹자는 지금 공자의 발언을 그대로 인용하고, 자신의 생각을 덧붙이고 있다. 여기 기술(術)은 선택해서 배우고 익혀야 할 것이다. 활을 만들지 방패를 만들지를 선택해서 집중하는 것을 말한다. 신중히 골라야 한다. 마찬가지로 인간은 삶의 지향을 선택하고, 그 길로 나아감에 신중하고 또 신중해야 한다. 仁은 하늘이 준 고귀한 책무이고, 인간이 머물러야 할 편안한 집이다. 하늘은 오직 인간의 실을 기뻐할 것이다. 누가 그를 가로막을 수 있겠는가? 사람됨의 가치를 선택하지 않는 사람, 그는 진정 이해와 통찰이 부족한 사람임이 틀림없다.

왜 仁을 말하지 않았을까?

그런데 정작 공자 자신은 이를 언급하기를 꺼렸다. 왜 그랬을까?

子罕言利 與命與仁. (〈자한〉 1장)

공자는 '이익(利)'과 '운명(命)'과 '최고의 완성(仁)'에 대하여 자주 언급하지 않았다.

공자는 '운명'에 대해 많은 말을 하지 않았다. "死生有命사생유명 富貴在天부귀재천", 이들은 초대하지 않아도 오는 손님들이다. 어찌할 수 없는 것은 받아들이는 것이 지혜롭다. 또 공자는 '이익'이 삶을 타락시키고 공동체를 혼란스럽게 한다고 생각했다. 그래서 "見得思義견득사의(이익을 보면 義를 생각하라)" "何必曰利하필왈리(하필 이익만 말하는가?)"가 기본적 태도로 자리 잡았다.

운명과 이익을 말하기를 꺼리는 것은 알겠다. 그런데 왜 그는 자신이 설정한 인간성의 최고 이념인 '仁'을 말하는 것을 꺼려했던가? 두 가지를 생각할 수 있다. ① 도달할 곳의 목표를 두고 논하기보다 구체적 실천에 더 무게를 두었을 수 있다.

군자의 道는, 먼 곳을 가려면 반드시 가까운 곳부터 시작하는 것과 같고, 높은 곳을 오르려면 반드시 낮은 곳부터 시작하는 것과 같다.
君子之道 辟如行遠必自邇 辟如登高必自卑. (《중용》 15장)

子夏曰: "博學而篤志 切問而近思 仁在其中矣." (〈자장〉 6장)
자하가 말했다. "널리 學하고 志를 돈독히 하되, 절실하게 묻고 가까이 생각한다. 仁은 바로 그 속에 있다."

공자는 仁의 이름에 걸맞은 사람을 극소수로 한정했다. 자신이 仁의 경지에 도달했다고 자부한 적도 없다. 그는 그저 "공부에 질리지 않고, 가르침에 지치지 않는 사람(爲之不厭 誨人不倦)"이라고 겸양하는 것을 보라. ② 또 하나는 도달하기 어려운 만큼, 그것을 규정하고 개념화하기 어려웠던 탓이 크지 않을까 한다. 공자의 德은 인간에게 '체화된' 형태로 존재하고, 그 德은 층위와 수준을 갖기에, '이것이다'라고 분명히 제시하기가 쉽지 않았을 것이다. 그래서 仁을 말할 때는 서로 다른 지점을 짚어주고, 다양한 덕성을 방편으로 제시하고 있다. 이 서로 다른 대답들은 흡사 선가의 선문답처럼, 때로 연관과 일관성을 확인할 수 없을 정도로 독자를 곤혹시킨다.

이처럼 성장에는 단계가 있고, 인격은 입체적이라는 인식이 공자로 하여금 仁에 대해 말하기를 주저하게 하지 않았을까 하고 생각한다. 해석자들의 논점은 "드물게 말했다"와 《논어》에 실린 많은 이야기 사이의 곤혹을 둘러싸고 전개되었다. 주자는 선배 정자의 입을 빌려 이렇게 말한다.

> 정자가 말했다 "(맹자가 설파하듯) 이익을 따지면 義기 디치고, 순명의 이치는 은미하며, 인간 완성의 道는 크고 위대하기 때문이다."
> 程子曰: "計利則害義 命之理微 仁之道大 皆夫子所罕言也."

주자의 주석을 부연하자면, ① 무엇이 이익될지를 늘 입에 올리는 사람은 공정과 정의에 대한 감각을 잃기 쉽다. 그래서 유교는 이익을 거의 터부시한다. 공자가 평소에 늘 살피라고 촉구하는 아홉 개 항목(九思)이 "이익을 보면 義를 생각하라(見得思義)"로 마무리되는 것을 보라. 이익 앞에서는 그것이 정당한지를 숙고하라! ② 주자는 여기 내가 '운명'이라고 번역한 命을 天道, 즉 자연의 유기적 활동과 그 원리(理)라는 측면에서 언급하고 있다. 그것은 신비하고 심오하기에(微) 쉽게 이해될 수 있는 것이 아니라는 것. 그의 우주론적 형이상학을 떠올리면 좋겠다. ③ 마지막으로 왜 仁을 드물게 말씀하셨나? 주자는 "인간 완성의 道는 크고 위대하기 때문에 함부로 입에 올리지 않았다"고 짚어준다. ①은 쉬이 납득할 만한데, 나머지 ②, ③은 더 자세한 설명이 필요하다.

주자는 天道, 理 그리고 仁을 한 줄에 엮어 나갔다. 정리하자면, "하늘의 명령(天命)은 곧 하늘의 길(天道)과 같은 말인데, 그로 인한 세계는 또 보편적 질서(理)를 갖고 있고, 개별적 존재의 본질(性)은 이 실체(理)를 분유하고 있다. 그 내면화된 것의 기본 특질은 다름 아닌 사랑(仁)이다." 이 원리는 신비하고(微), 그 완성은 크고 위대하기(大)에 공자가 이들에 대해 언급하기를 꺼렸다는 것이다. 주자는 이렇게 우주적 과정과 생명의 탄생 그리고 인간 삶의 의미를 통합하는 새로운 형이상학적 체계를 건립했다.

우주 자연은 장대하고 심원하기가 이를 데 없기에, 공자가 그리 말을 아꼈다는 것이다. 독자들은 여기 주자가 ② 天道의 命과 ③ 仁을 연결하고 있음에 유의해야 한다. 즉 인간의 본성(性)은 하늘의 명령(天命)이고, 이 명령된 본성의 실제 내용이 바로 仁이라는 것이다. 이 도덕 형이상학이 너무 고원하고 심오하기에 공자가 자주 언급하기를 꺼렸다는 것. 주자는 仁을 인간이 타고난 내재적 본성으로 확인했다는 것을 꼭 기억해두셔야 한다. 다산과의 철학적·신학적 논변의 중심에 이 테제가 자리 잡고 있다.

독자들은 주자의 설명이 너무 고원하다고 생각할 수도 있겠다. 얼핏 "주자가 공자를 주해한 것이 아니라, 공자가 주자를 주해한다"고 느꼈을 수도 있겠다. 다산의 의견을 들어보자.

罕한은 드물다는 뜻이다. 利는 '백성을 이롭게 한다' '나라를 이롭게 한다'고 할 때의 利다. 命은 天命이다. 仁은 인간관계의 최고 성취다. 利를 자주 말하면 義가 다치고, 命을 자주 언급하면 '하늘을 모독한다(藝天).' 仁을 자주 말하면 내 실행이 따라주지 못한다. 이것이 드물게 말씀하신 이유다.

〔補曰〕罕 希也. 利 謂利民·利國之利也. 命 天命也. 仁者 人倫之成德也. 數言利則傷義 數言命則藝天 數言仁則躬行不逮 斯其所以罕言也.

역시나 '이익'을 논의의 중심에 세울 경우, 정의와 공정이 다치고 인문이 설 곳이 없어진다. 현재도 그렇지 않은가? 경제의 논리가 지배하면, 생산과 산업이 인간성과 환경, 지속가능성을 돌이켜보지 않게만들 것이다. 담론이 중심에 인간과 환경, 진제와 지속성이 사리 삽고있어야 하지 않겠는가?

지금 보듯, 다산은 여기 命을 일반인들처럼 '운명'이나 '팔자'로 읽지 않고, 또 주자처럼 "天理라 불리는, 자연의 유기적이고 전체적 질서"로 이해하지 않는다. 그는 가히 '절대자의 의지'의 측면에서 읽고있다. 이 절대자의 의지를 두고 이러쿵저러쿵 떠드는 것은 '하늘을 모독하기' 십상이다! 다시 한번 강조하지만, 그가 남긴 글을 보건대, 다산은 유일신적 믿음을 저버린 적이 없다! 공자는 오십에 知天命, 즉삶의 의미를 각성하고, 지상에서의 소명에 대해 흔들리지 않는 확신을 갖게 되었다고 술회했다. 이 지평을 떠나 수명이나 부귀 등을 두고 팔자와 숙명을 논하는 것은, 자칫 절대의 하느님을 모독하고 태만하게 여기는 것이 되기 쉽다. 그래서 자주 언급하지 아니하셨다는 것이다.

다산은 공자가 仁을 언급하지 않은 또다른 이유를 단순한 데서 찾는다. 그것은 仁이 실천하기가 어렵기 때문이다. 그는 주자처럼 인간과 자연을 포괄하는 天理의 신비나 그것을 구체화하고 있다는 仁의 장대함 근처를 더듬지 않는다. 다산의 해석은 사유(思)를 내세우기 전에 학습(學)에 기초하고 있다. 고전 해석에서도, 가령 주자처럼 자신의 철학적 체계를 세운 다음 고전에서 그 증거를 찾는 것이 아니라, 우선 해당 경전 자체에 도움을 구했다. 이를 '이경해경以經解經'이라고 부른다. "왜 仁을 말하기를 꺼려했나?"의 답을 찾으려면, 우선《논어》부터 뒤적거리는 것이 순서다. 공자의 다양한 발언을 참고하면, 그 이유를 때로는 쉽게, 때로는 유추를 통해서 읽을 수 있다.

司馬牛問仁. 子曰: "仁者其言也訒." 曰: "其言也訒 斯謂之仁已乎?" 子曰: "爲之難 言之得無訒乎?" (〈안연〉 3장)
사마우가 仁에 대해 물었다. 공자가 말했다. "仁者는 말을 주저한다." "말을 아끼면 그럼 仁이 되는 겁니까?" "실천하기 어려우니, 말이 어찌 함부로 나오겠느냐?"

子曰: "古者言之不出 恥躬之不逮也." (〈이인〉 22장)
공자가 말했다. "옛사람들이 말을 함부로 하지 않은 것은 행동이 이에 미치지 못하는 것을 부끄러워했기 때문이다."

말은 아껴야 한다. 행동이 따라잡을 때까지 혀를 힘들게 붙잡고 있어야 한다. 그래서 공자는 말이 빠른 자들을 경멸했고, 위태롭게 생각했다. 말이 빠른 것은 仁의 구현에 가장 큰 장애다.

그런데 《논어》를 읽어본 사람들은 이런 의문을 제기한다. 仁을 둘러싼 대화가 상당 분량을 차지하고 있지 않나? '드물게 말했다'더니 이게 어떻게 된 일인가? 다산은 이런 변명을 해주었다.

드물게 말하다 보니, 혹 언급할 때마다 빠지지 않고 다 기록해두었기에, 이리 두툼해졌다.

〔案〕《論語》記夫子言仁 多矣 然言之旣罕 記之不遺 其實不多也.

이렇게 모아진 仁에 대한 언급을 잘 음미하고 종합하면, 공자가 仁이라는 개념을 통해 무엇을 말하고 싶어 하는지 대략 짐작할 수 있게 될 것이라 기대할 수 있다.

그전에 해석의 문제 하나를 더 짚어보자. 위의 본문을 전혀 다르게 읽는 독법도 있다. "子罕言利 사한인리 與命與仁 여명여인"을 이렇게 읽을 수도 있지 않을까?

공자는 利를 잘 언급하지 않으셨다. (할 때는 꼭) 命과 仁을 더불어 하셨다.

혹은 이렇게도 읽을 수 있다.

공자는 利를 말함에, 命이나 仁과 합작해 언급한 경우는 드물다.

한문을 해석함에 얼마나 다양한 길이 열려 있는지를 보여주는 예이기도 하다. 두 번째 해석은 오규 소라이 등이 제시한 것이다. 가령 "자공이 命을 받지 않았음에도 재부를 늘린 것(賜不受命 而貨殖焉)"을 비평한 것이 利를 命과 더불어 논하지 않은 것에 해당하고, 또 "仁이란, 어려운 공적인 일을 먼저하고, 이익이 되는 사적인 일은 나중에 하는 것(仁者先難而後獲)"이라 말할 때, 공자는 利와 仁을 대척적으로 감각하고 있음을 보여준다는 것. 그러나 다산은 이 해석이 문장을 억지로 뒤튼 것이고, 사리에도 맞지 않아 채택하기 어렵다고 일축했다.

짐은 무겁고 길은 멀다

인간은 탄생으로 충분하지 않다. 삶은 도정이다. 최고의 인간으로 거듭날 때, 그는 완성(perfectio)된다. 불교는 이 언덕에서 저 언덕으로 건너가라 하고, 니체는 심연 위에 걸쳐진 밧줄을 건너는 것으로 삶을 모색했다. 공자의 제자 증자는 이 프로젝트를 이렇게 말한다.

> 曾子曰: "士不可以不弘毅. 任重而道遠. 仁以爲己任 不亦重乎? 死而後已 不亦遠乎?" 《태백》 7장)
> 증자가 말했다. "선비는 포부가 크고 단단해야 한다. 짐은 무겁고 길은 멀다. 仁을 내 어깨에 걸었으니, 무겁지 않은가? 죽은 후에야 멈출 것이니, 먼 길이 아닌가?"

자잘하게 성공에 매달리지 말고, 웅혼한 仁을 가슴에 품는 것. 포부는 커도 이 길을 직접 걷기는 쉽지 않다. 단단한 결심으로, 흡사 무릎까지 쌓인 눈을 두 발로 치고 나가듯 길을 헤쳐 갈지니, 이 길은 죽은 후에야 끝날 것이다. 평소 스승에게서 배운 가르침일 것이고. 증자는 마침내 평화를 얻게 된 심정을 다음과 같이 토로한다.

曾子有疾. 召門弟子曰: "啟予足! 啟予手!《詩》云: '戰戰兢兢 如臨深淵 如履薄冰.' 而今而後 吾知免夫! 小子!"《태백》3장)
증자가 병이 들었다. 제자들을 불러놓고 말했다. "내 발을 들추고, 내 손을 펴 보아라.《시경》에서 이르기를, '전전긍긍, 깊은 연못가에 선 듯, 얇은 얼음을 밟듯'이라 했다. 이제야 내가 그 전전긍긍을 면할 수 있겠구나, 제자들아."

먼 길을 걸어, 이제 평화와 휴식을 얻게 된 기쁨(?)을 그는 담담히 말하고 있다. 사람들은 이 길을 가기 꺼린다. 먹고살기가 바쁘고 절실해서이기도 하고 또 너무 멀고 험한 길이라서, 그냥 이 삶을 받아들이고 그 안에서 즐거움을 찾는 것이 좋겠다고 생각하기 때문일 것이다. 사람들은 仁을 무서워(?)한다.

子曰: "民之於仁也 甚於水火. 水火 吾見蹈而死者矣 未見蹈仁而死者也."
《위령공》35장)
사람들은 물·불보다 仁과 가까이하는 것을 더 꺼려한다. 물·불을 밟다가 죽는 사람은 여럿 보았다만, 仁을 밟다가 죽는 사람을 보지 못했다. (다산의 번역)

"사람들은 仁을 가까이하지 않으려 한다." 무엇이 그리 두렵관데? 장사치들은 이문을 위해 목숨을 걸고 험한 바다에 배를 띄우고, 보물을 건지기 위해 사람들은 불 속으로 뛰어들기도 한다. 그런데 정작 仁을 향해 뛰어드는 사람은 보지 못했다. 그를 보매, "사람들이 물·불보다 仁을 더 꺼린다"는 것을 알겠다. 공자의 탄식이다.

공자의 기획에 설득된 사람들은 소수다. 지금도 마찬가지다. 그렇지만 공자는 이 기준을 낮추거나 양보할 생각이 없었다. 천하를 곤고히 철환하고서도 그는 결국 빈손으로 돌아올 수밖에 없었다. 플라톤도 스승 소크라테스의 죽음을 끌어안고 '철인 군주'를 찾았지만, 어디서도 그와 비슷한 인물을 찾지 못했다. 공자는 이 이념을 양보 없는 기준으로 받아들이고, 거기 헌신할 자세가 되어 있는 주변이나 제자들에게 가르침을 베풀어갔다.

위 구절을 둘러싼 주자와 다산의 해석을 음미해보자. 주자의 해석은 다음과 같다.

물과 불은 생활의 필수품이다. 仁도 그것만큼, 아니 그보다 더 인간의 삶에서 하루라도 빠질 수 없다. 仁의 좋은 점은, 물과 불처럼 자칫 잘못 다루다가 다치거나 죽을 위험이 없다는 것이다. 그런데도 왜 사람들은 仁을 향해 나아가려 하지 않는 것일까?

民之於水火 所賴以生. 不可一日無. 其於仁也亦然. 但水火外物而仁在己. 無水火 不過害人之身 而不仁則失其心. 是仁有甚於水火 而尤不可以一日無也. 況水火或有時而殺人 仁則未嘗殺人 亦何憚而不爲哉? 李氏曰: "此夫子勉人爲仁之語." 下章放此.

다산의 해석은 다르다. 그는 왕필王弼과 갈기첨葛屺瞻을 따라 "백성들이 仁을 '멀리하는' 것이 물과 불보다 더하다"라고 읽는다. 여기 물과 불을 주자가 '필수품'으로 보았지만, 다산은 '두려움'의 대상으로 읽는다. "그런데 사람들은 仁을 그보다 더 '두려워'한다. 그래서 범접을 안 하는 것이겠지."

사람들은 물과 불을 두려워한다. 그래도 그들은 물과 불 속으로 뛰어든다. 장사꾼은 이익을 위해 험한 바다에 배를 띄우고, 전사는 공을 세우려 성벽을 타고 뜨거운 기름을 덮어쓴다. 그렇지만 정작 仁을 위해 목숨을 거는 사람은 없다.

다산은 주자의 해석을 직접 비판하지는 않고, 주자가 '채택한' 선배 마융의 설을 공략한다.[1]

다산은 말한다. ① "앞의 물·불과 뒤의 물·불은 같은 의미라야 한다. 앞뒤를 다른 뜻으로 읽을 수는 없다. 앞은 '필수품'으로, 뒤는 '위험 물질'로 읽을 수는 없다. 주자의 해석대로 하자면, '民之於仁也민지어인야'가 아니라 '仁之於民也인지어민야'라고 적어야 한다." ② 또한 "과연 공자가 仁을 밟다가 죽는 법은 없다"며 백성들을 안심시키고 있는 것일까? 여러 학자가 그렇게 생각하지만, 다산은 역시 다르다. "무슨 소리, 仁을 향해 나아가나 나지고 숙어나는 사람들이 부지기수인데…."

마지막 구절은 "죽을 각오로 仁을 밟으러 나서는 사람을 주변에서 본 적이 없다"는 현실적 보고로 읽어야 한다는 것. 공자는 지금 백성들을 안심(?)시키려는 것이 아니다. "仁을 밟아도 아무 위험이 없으

---

1 독자들은 이 경우 타깃이 주자임을 늘 살펴야 한다. 만일 주자의 독창이라면? 그때는 도리가 없다. 다산은 이 경우 '駁曰 非也'라고 대놓고 면박하지 않고, 조심스럽게 '질의'라는 형식을 빌렸다.

니, 두려워 말고 이 길로 제발 오십사…"라고? 仁은 험준한 길이다. 그것은 때로 살신성인殺身成仁, 사람들의 목숨을 내놓으라고 다그치기도 하지 않는가? 왕위를 버리고 유랑하는 백이·숙제, 칼날 앞에 심장을 맡긴 비간, 목숨을 걸고 간한 기자, 행적을 숨기고 은둔한 미자微子 등 "仁을 밟다가 죽은 사람이 예로부터 지금까지 줄줄이 열을 지어 섰다."

그것이 仁의 본질이고 숙명이다. 仁을 행하다 목숨을 잃기도 하는 것, 그것은 예외가 아니라 常理다. 주자는 仁의 자연과 무해함을 강조하는 데 반해, 다산은 이 실현이 때로 목숨을 걸어야 하는 영웅적 선택임을 놓치지 않는다. "그럼에도 인간은 이 길을 가고, 그 德을 성취해야 한다." 유교는 만만한 소풍길을 논하고 있는 것이 아니다.

子曰: "志士仁人 無求生以害仁 有殺身以成仁."《〈위령공〉9장)
공자가 말했다. "志士와 仁人은 삶을 건지기 위해 仁을 해치지 않는다. 때로 자신을 죽여 仁을 이룩하기도 한다."

지사志士는 (자신을 돌보지 않고) 목표에 헌신하는 사람이다. 진시황을 죽이기 위해 먼 길을 떠난 형가荊軻나 나라의 독립을 위해 가족의 재산과 자신의 생명을 바친 사람들이 여기 속한다. 마찬가지로, 군자는 삶에 연연하지 않고 仁의 가치를 구현해 나가며, 이 성취를 위해 때로 자신의 생명을 던지기도 한다. 그런 점에서 두 유형은 닮았다. 공자는 仁을 위해 목숨을 건 인물로 은대 말의 세 仁者를 특필한다. 그 가운데 주왕의 실정을 간하다가 심장을 쪼개 죽임을 당한 비간이 포함되어 있다.

자신을 넘어서는 가치에 헌신하기는 말이 쉽지, 행하기는 어렵다. 그 의지는 도전과 시험 앞에서 그만 꺾이거나 포기되기 십상이다. 오직 예외적 인물만이 이 목표를 향해 지속적으로 나아간다.

이처럼 仁은 자칫 목숨을 걸어야 할지 모르는 길이다. 그렇지만 사람된 자, 이 길을 피할 수 없다. 증자는 그 장엄한 인간의 길을 다음과 같이 선포한다.

曾子曰: "士不可以不弘毅 任重而道遠. 仁以爲己任 不亦重乎? 死而後已 不亦遠乎?" (〈태백〉 7장)

증자가 말했다. "士, 즉 道에 뜻을 둔 자는 웅혼한 포부(弘)와 불굴의 추진력(毅)을 갖추어야 한다. 仁의 책무를 어깨에 지고 있으니, 무겁지 아니한가? 죽어서야 끝날 프로젝트이니, 또한 아득하지 아니한가?"

주자와 다산의 해석에 별 이견이 없다. 다만 주자가 여전히 "仁을 내부의 완전한 덕성으로 이해하고 이것을 임무와 관계지음으로 밖으로 표출하는데, 다산은 다른 곳에서 이 인식을 비판하고 있어서 여기서는 따로 지면을 허비하지 않겠다.

'士'가 무엇이냐에 대해서 당연히 질문이 있을 법하다. 다산은 이 부류를 '도를 닦는(業道)' 무리로 지정해주었다. 단순히 책을 읽고 교습하는 학자들이 감당할 일이 아니라서 그랬을 것이다. 그리고 弘홍은 넓은 포용력과 큰 스케일을 뜻하는 데 비해, 毅의는 결연한 고집을 가리킨다. 다산은 여기 毅의 글자가 "맹수가 성을 내고 털들이 곤두서는 모습(毅字 象猛獸發怒毛豎)"이라고 상형을 밝혀주었다. 문장의 의미가 더 선명히 눈에 들어온다.

仁을 향해 나아가는 방법

말하기에 관련된 조언은 仁의 기초 혹은 한 방면이다. 그리고 다양한 삶의 기술을 연마해야 한다. 학문과 사변思辨으로 걸러, 이를 독행篤行으로 밀고 나가는 곳에 仁이 있다. 다만 거기 진지하고, 열심이어라. "그러니 仁을 따로 말할 필요가 없다." 《논어》 전체가 仁을 둘러싼 조언이고, 그것을 실천해 나가는 방법이며, 그 현장이라고 할 수 있다.

그러나 사람들은 요점을 듣고 싶어 한다. 혹시 그 이념이나 방법을 쉽게 알려줄 수 없을까? 있다. 공자는 제자 자공에게 자신의 삶과 학문을 일관하는 원리를 들려주었다.

> 子貢曰: "如有博施於民而能濟衆 何如? 可謂仁乎?" 子曰: "何事於仁 必也聖乎! 堯舜其猶病諸! 夫仁者 己欲立而立人 己欲達而達人. 能近取譬 可謂仁之方也已." 《옹야》 28장)
>
> 자공이 말했다. "백성들에게 널리 베풀고, 능히 수많은 사람을 구제할 수 있다면 어떻습니까? 이를 仁이라 할 수 있을까요?" 공자가 대답했다. "어디 仁뿐이겠느냐? 聖이라고 해야겠지. 그것은 요순도 애를 태운 바니라. 무릇 仁이란 내가 서고 싶은 곳에 남을 세워주고, 내가 가고 싶은 곳에 다른 사람을 보내는 것이다. 가까운 곳에서 비유를 취할 수 있는 것, 이를 가히 仁의 방법이라 부를 수 있다."

여기서 우리는 세 가지를 읽을 수 있다. ① 하나는 仁이 무엇인가에 대한 공자의 정의다. "내가 서고 싶은 곳에 남을 세워주고, 내가 가고 싶은 곳에 다른 사람을 보내는 것(己欲立而立人 己欲達而達人)"이 그 것이다. ② 또 하나는 그 仁의 '방법'에 관한 것이다. "가까운 곳에서 비유를 취할 수 있는 것(能近取譬)"이 바로 仁에 도달하는 방법 혹은 길이었다. ③ 마지막 하나는 이 도정에서 정치적 역할에 관한 것이다. 仁의 스케일은 정치의 현장과 그 책임에서 최고조에 이른다.

존중받고 싶다면 먼저 존중하라. 그 바탕에 깔린 정신은 상호성이다. 다른 사람이 너를 함부로 대하고 교만으로 으스대며 갑질까지 해대면 얼마나 싫겠는가? 혹 상사가 지시도 안 한 일로 다그치고, 공적을 가로채면 그의 먹살을 잡고 싶지 않겠는가?

仁의 원리는 "내가 원치 않는 바를 남에게 시키지 않는 것(己所不欲 勿施於人)"으로 집약된다. 그것이 仁에 이르는 방법이자 정신이고 원리다. 이 조언은 동서양의 인문과 철학 그리고 종교의 한복판에 있다. 공자의 仁이 유교적 전통만의 독특함이 아니라 인류 보편의 정신생활에 동참하고 있는 것을 여기서 분명히 확인할 수 있다. 유대의 철학자 힐렐은 일찍이 유대의 지혜가 무엇인지를 묻는 말에, "네가 하고 싶지 않은 것은 다른 사람에게 베풀지 마라. 나머지는 나 부연이고 군더더기다"라고 대답했다고 한다.

> 子貢曰: "我不欲人之加諸我也 吾亦欲無加諸人." 子曰: "賜也 非爾所及也." (〈공야장〉 11장)
> 자공이 말했다. "다른 사람이 내게 해서 싫은 일을, 나 또한 다른 사람에게 하고 싶지 않습니다." 공자가 말했다. "자공아, 네가 감당할 만한 일이 아니다."

자공이 스승 공자에게 그동안 이 원칙에 대해 많이 듣고 그 실천을 위해 노력해왔음을 알 수 있다. 그런데 공자는 말한다. "아직 네가 감당할 일이 아니다." 그 길은 멀고 쉽게 할 수 있는 일이 아님을 공자는 젊은 제자에게 다시 한번 환기하고 있다. 그럼에도 우리는 공자가 제자들에게 가르치는 것이 무엇이고, 어떤 원리에 의해 지도하고 있는지를 가늠할 수 있게 되었다.

지금 '내가 원치 않는 바를 남에게 시키지 않는 것'이 仁의 소극적 원리라면, '내가 서고 싶은 곳에 남을 세워주고, 내가 가고 싶은 곳에 다른 사람을 보내는 것'은 그 적극적 원리라 하겠다. 이 두 원리는 기실 하나다. 이 지침을 등불 삼아 길을 걷다 보면, 우리는 어느새 仁이라는 목표, 최고의 인간성에 가까이 닿아 있을 것이다.

能近取譬능근취비는 "能히 가까운 곳에서(近) 비유(譬)를 取한다"는 뜻이다. 여기 가까운 곳이란 '나 자신의 익숙한 호오'를 가리킨다. 그만큼 가까운 것이 어디 있는가? 내가 바라는 것을 남도 바랄 것이고, 내가 싫어하는 것이라면 남 또한 싫어할 것이다. 이 거리를 가늠하고, 공감(empathy)의 지평을 잃지 말자. 이 태도를 현대어로 상호성(reciprocity)라고 불러도 좋겠다. 그것이 仁에 도달하는 방법이고 길이다. 손자 자사는 할아버지 공자의 이 원리를 《중용》 13장에서 더 구체적으로 보여준다.

공자가 말했다. "道는 사람에게서 멀지 않다. 사람이 道를 하면서 사람을 멀리하면 道라 할 수 없다. 《시경》 〈빈풍豳風·벌가伐柯〉에서 말했다. '도낏자루를 찍네. 그 본이 멀리 있지 않네.' 도낏자루를 잡고 도낏자루를 찍어낸다. 흘낏 보면서도, 오히려 (그 본이) 멀리 있다고 생각한다. 그래서 군자는 사람으로 사람을 다스리고, 고친 다음에는 그치는

것이다. 忠恕는 道에 어긋나지도 멀지도 않다. 내게 베풀어 원하지 않
는 것을 다른 사람에게 베풀지 마라. 군자의 道는 넷인데, 나는 하나도
능하지 못했다. 아들에게 원하는 바로 아버지를 모시지 못했고, 신하에
게 바라는 바로 군주를 모시지 못했다. 동생에게 원하는 바로 형을 모
시지 못했고, 친구들에게 바라는 바로 내가 먼저 친구들에게 베풀지 못
했다. 늘 德 있는 행동을 밀고 나가고, 언제나 말을 삼가려 노력한다.
아직 미진한 행동은 더욱 노력하고, 지나친 말은 아끼려고 애쓴다. 말
은 행동을, 행동은 말을 돌아본다. 군자가 어찌 진지하게 온 마음으로
노력하지 않겠는가?"

子曰: "道不遠人. 人之爲道而遠人 不可以爲道.《詩》云: '伐柯伐柯
其則不遠.' 執柯以伐柯 睨而視之 猶以爲遠. 故君子以人治人 改
而止. 忠恕違道不遠 施諸己而不愿 亦勿施於人. 君子之道四 丘未
能一焉: 所求乎子以事父 未能也; 所求乎臣以事君 未能也; 所求
乎弟以事兄 未能也; 所求乎朋友先施之 未能也. 庸德之行 庸言之
謹 有所不足 不敢不勉 有餘不敢盡; 言顧行 行顧言 君子胡不慥
慥爾!"

약간 까다로운데, 설명을 보태기로 한다. "사람에게서 멀지 않다"는
말은 사람을 기준으로 한다는 말이다. 여기 두 가지 의미가 있다고 나
는 생각한다.《중용》3장에서는 ① 道를 말할 때, "똑똑한 사람들(知
者, 賢者)은 지나쳐 가고, 어리석은 이들(愚者, 不肖者)은 너무 뒤처진
다. 다들 음식을 먹지만, 그 맛을 아는 자는 드물다(道之不行也 我知之
矣: 知者過之 愚者不及也. 道之不明也 我知之矣: 賢者過之 不肖者不及也.
人莫不飮食也 鮮能知味也)"라고 했다. 똑똑한 사람들은 고원한 곳에서

道를 추구하고, 어리석은 사람들은 삶을 반성하지 않는다. 다른 말로 하면 똑똑한 사람들은 일상을 넘어 초월을 추구하고, 어리석은 사람들은 일상에 매몰되어 인간의 길에 대한 각성이 없다. 유교는 일상을 개선하되, 일상을 넘어서지 않는 곳에서 길을 모색한다. 이것이 "道는 사람에게서 멀지 않다"는 선언의 1차적 의미라고 나는 생각한다.

그리고 ② "사람에게서 멀지 않다"는 말은 무엇보다 인간의 기준은 인간이라는 휴머니즘의 지평을 고수하겠다는 의지가 아닐까? 道는 오직 인간을 위한 도구, 그 성장을 위한 장치로 기능해야 한다. 가령 법의 외부적 권위나 신의 절대적 의지는 자칫 이 목적을 배반한다. 또 우리가 禮라고 부르는 관습과 사회적 약속도 때로 道가 되기에는 부족하다. 道는 쉽게 알아볼 수 있다. "내가 원하는 것을 너도 원할 것이고, 네가 싫어하는 것을 나도 싫어하는 그곳"에서 찾으면 될 것이기 때문이다. 道는 이 단순한 사실 위에 세운 행동의 원칙이다. "道는 사람에게서 멀지 않다." 군자는 이 기준에 따라 자신의 삶을 개선하려 노력한다. 이것이 노력해야 할 것의 전부다. 그는 더 이상 해야 할 일이 없다(君子以人治人 改而止).

이렇게 道는 사람을 떠나지 않는다. 그러므로 모든 사람에게 道는 환하게 열려 있다. '자신의 호오'를 들여다볼 수 있다면, 다른 사람의 호오 또한 가늠할 수 있다. 자신의 호오를 모르는 사람이 없을 것이니, 道는 누구에게나 열려 있다고 하겠다. 그런데도 道를 멀리서, '사람' 너머에서 찾는 어리석은 사람들이 많다.

인용한 글에 나오는 도낏자루의 비유를 다시 새겨보자. 산에서 도낏자루를 찍어낼 때, 어떤 나무를 골라 어떤 굵기로 잘라내야 할지 잘 모르겠다고? 이런 바보가 있나? "네가 쥐고 있는 도끼를 흘끗 보라.

거기 답이 있다." 기준은 바로 코 앞에 있다. 어떤 태도, 어떤 행동을 해야 할지 너는 즉각적으로 알 수 있다. 즉 道는 아주 가까이 있다. 네 마음 하나면 충분하다. 이 세상 무엇보다 가까이(近) 있는 내 마음으로 다른 사람의 마음을 헤아려(取譬) 행동할 수 있으면(能), 거기 바로 道가 있게 된다. 이 공감과 상호성의 원리를 忠恕라고 한다.

자사는 그 구체적 실례를 네 가지로 예시하고 있다. 事父, 事君, 事兄, 朋友가 그것이다. 요약하면 이렇다. 너는 다양한 인간관계에서 상대방에게 거는 기대와 바람이 있을 것이다. 그게 무엇인지를 우선 선명히 마음에서 읽어라. 그리고 그 기대와 희망을 상대방에게 미리 베풀어주도록 노력하라. 공자는 이 일에, 즉 道에 하나도 능하지 못했다고 겸양하고 있다.

공자가 제창한 유가의 道가 노장이나 불교의 그것과 어디서 어떻게 다른지를 독자들은 뚜렷하게 읽을 수 있게 되었을 것이다. 이것이 道이고, 이 길의 도정에 仁이 자리하고 있을 것이었다.

배려와 전체성

비밀의 키는 여기 있었다. 仁은 결국 '타인을 위한 적극적 배려와 헌신'을 말한다.

> 仲弓問仁. 子曰: "出門如見大賓 使民如承大祭. 己所不欲 勿施於人. 在邦 無怨 在家無怨." 仲弓曰: "雍雖不敏 請事斯語矣." (〈안연〉 2장)
> 중궁이 仁을 물었다. 공자가 말했다. "문을 나서면 (사람들을) 큰 빈객처럼 (경건

하게) 대하고, 사람들을 시킬 때는 큰 제사를 지내듯 (조심스럽게) 한다. 네가 원하지 않는 바를 다른 사람에게 베풀지 마라. 그러면 조정에 있을 때나 집 안에서나 원망이 없을 것이다." 중궁이 말했다. "제가 비록 불민하지만, 이 말씀을 받들어 새기겠습니다."

집 밖을 나서면 길 가는 사람들을 국빈 대하듯 정성과 공경을 다하고, 백성들을 부릴 때에는 큰 제사를 봉행하듯 조심과 공경을 다한다. 그는 이렇게 상대를 존중하고 질서에 헌신하는 것을 사회적 행동의 원칙으로 제시했다. 그는 이 원칙이 특정 지역이나 문화적 형태를 넘어 보편적으로 통용되는 인간 행동의 규율이라고 생각했다.

樊遲問仁. 子曰: "居處恭 執事敬 與人忠. 雖之夷狄 不可棄也." (〈자로〉 19장)
번지가 仁을 물었다. 공자가 말했다. "일상은 단정하게, 일에는 책임을 다하고, 사람들과 어울릴 때에는 진심을 다한다. 그리하면 비록 오랑캐 땅에 가더라도 버림받지 않을 것이다."

이 짧은 구절 셋에 인간이 가져야 할 기본 태도 셋이 다 들어 있다. 평소의 생활 태도는 깔끔하고 단정해야 한다. 그 기초 위에서 일을 감당하는 책임감에 투철하고, 그 위에서 사람들을 존중하는 마음이 살아 있는 것, 그것이 '사람됨의 길'이라고 일러주고 있다. 일상의 원칙으로 그다지 어려워 보이지 않을 수도 있다. 난해한 구절도 심원한 사유도 없다. 독자들에게는 너무나 심심하고 뻔해 보일 수도 있는 이 '일상'에 유교의 모든 것이 집약되어 있다.

상호성의 원리

공자가 행동의 지침을 상황에 따라 중구난방으로 제시하고 있다는 느낌이 들 수도 있다. 공자는 그렇지 않다고 말한다.

"네가 원하지 않는 바를 다른 사람에게 베풀지 마라(己所不欲 勿施 於人)"라는 구절이 유교가 제창하는 공자의 황금률이다. 우리가 어떤 일을 권장하고 저지할 때, 그 원칙은 무엇일까? 신의 계명도, 법전의 규정도 아니다. 공자는 지금 그 원칙을 사회적 지평에서의 상호성 위에서 정초하고 있음을 볼 수 있다.

그는 자신의 길이 일이관지, 하나의 원칙으로 일관하고 있다고 자부했다. 특히 자공과 증자에게 이 점을 환기했다. "내 道는 하나로 꿰고 있다." 자공은 말이 없었지만, 그 뜻을 알았을 것이고, 증자는 그것이 忠恕, 즉 공감과 상호성임을 분명히 짚어주었다.

> 子曰: "賜也 女以予爲多學而識之者與?" 對曰: "然 非與?" 曰: "非也 予一 以貫之." (〈위령공〉 2장)
> 공자가 말했다. "자공아, 너는 내가 그저 이것저것 많이 아는 박학다식한 인물 이라고 생각하느냐?" (자공이) 대답했다. "예, 그렇습니다. 아닌가요?" "아니다. 나는 '하나'로 꿰뚫고 있다."

이 하나가 무엇인지를 특필하지 않았지만, 자공은 익히 알았을 것이다. 자공은 만만한 사람이 아니다.《논어》를 들추어 공자와 진정 대화하는 사람은 자공 하나인 듯하고, 한마디를 듣고 두 마디를 던져 공자를 일깨워주는 사람도 자공 하나인 듯하다. 안회는 그저 듣는 유형이고, 자로는 주로 스승과 맞섰다. 염구는 어디 딴 곳을 보고 있는 듯하다. 이 원칙을 증자에게도 들려준다.

> 子曰: "參乎 吾道一以貫之." 曾子曰: "唯." 子出. 門人問曰: "何謂也?" 曾子曰: "夫子之道 忠恕而已矣." (〈이인〉 15장)
> 공자가 말했다. "삼아, 내 道는 '하나'로 꿰뚫고 있다." 증자가 말했다. "그렇습니다." 공자가 나가고 문인들이 물었다. "무슨 소립니까?" 증자가 말했다. "스승님의 道는 忠恕일 뿐이다."

공자의 삶과 공부를 일관하고 있는 원리가 忠恕인 것은 알았다. 그런데 이런, 두 글자 아닌가? 어쩌나? 다행히 자공이 나서서 이 곤혹을 해결해준다.

> 子貢問曰: "有一言而可以終身行之者乎?" 子曰: "其恕乎! 己所不欲 勿施於人." (〈위령공〉 23장)
> 자공이 물었다. "일생을 지녀서 실현해야 할 한마디가 있다면, 무엇입니까?" 공자가 말했다. "그것 恕가 아니겠느냐? 내가 원하지 않는 것을 다른 사람에게 베풀지 마라."

이 구절로 모든 것이 선명해졌다. 공자의 일이관지가, 그리고 인간이 평생을 지켜나가야 할 삶의 원리가 바로 恕라는 한 글자임을. 그리고 그것은 다름 아니라 "네가 원하지 않는 것을 다른 사람에게 베풀지 말라"는 인류 보편의 권고임을….

지금 恕는 '용서'의 의미로 쓰인다. 그러나 이 한정된 의미로는 공자의 일이관지를 포괄하기에 역부족이다. 다산은 '용서'로 의미가 전환된 것이 한대 이후라고 짚어준 바 있다.

공자와 자사, 맹자의 선진 유학에서 恕는 글자 그대로 "나의 마음이 너와 같다", 즉 "내가 좋아하는 것을 너도 좋아할 것이며, 네가 싫은 것은 나도 싫다"라는 뜻이다. 이 기초를 적극적으로 인지하는 것이 바로 恕다. 그 공감에 따라 상호성을 구현해 나가는 것이 道이고, 그 결과 열리는 열매가 바로 仁이다.

맹자가 말하길, "强恕而行강서이행 求仁莫近焉구인막근언", 즉 "恕의 인식을 행동으로(强) 밀고 가면(行), 거기 仁이 기다리고 있다."《맹자》〈진심〉上 4장에 나오는 한 구절이 그동안 우리가 해온 논의를 단적으로 집약해준다. 공자는 삶에서 이 원칙을 구현하려고 노력했으나, 기실 관계의 주요 지평에서 하나도 제대로 실천하지 못했다고 겸양하고 있다.

"아들에게 원하는 바로 아버지를 모시지 못했고, 신하에게 바라는 바로 군주를 모시지 못했다"를 좀 더 풀면 이렇다. 자식을 키워보면 내 아들딸들이 내게 좀 더 따뜻하게 대하고, 고마움을 알고, 또 자신들의 삶을 개척함에 더 노력했으면 하는 바람도 걸게 된다. 바로 그 '기대'를 우리 부모님도 걸었을 것이다. 어버이를 모실 때, 그 '기대'를 떠올리며 자식의 도리를 할 수는 없을까? 아버지가 되어보기 전에는 그 '기대'가 무엇인지를 알 수 없다. 그래서 어른들 말씀에, 부모가 되어보아야 부모 마음을 알 수 있다고 하지 않던가?

지금은 자식에게 거는 기대를 알 때쯤 부모님이 돌아가시는 경우가 많아 회한에 젖는 사람들이 많다. 그러나 옛적에는 나이 40이면 할아버지가 될 수도 있었고, 3대가 한 집에서 기거할 수 있었을 것이니, 자식에게 원하는 바로 어버이를 모시는 것도 때가 늦지는 않았겠다 싶기도 하다. 군주와 신하의 일은 가상 설정이겠으나, 시뮬레이션으로 추체험을 강조했다고 생각한다. 아니면 제위 승계에 관련된 궁실 내부를 겨냥한 것일지도 모르겠다. 형제와 친구 간의 일은 더 실감을 했을 듯하다.

克己의 훈련, 爲己의 기쁨

공자는 그야말로 임중도원, 무거운 짐을 지고 먼 길을 걸었다. 그가 진 仁의 짐은, 결국 우리 각자 내부의 뿌리 깊은 자기중심성을 극복하고 나와 마주한 타자의 얼굴을 보는 데서 시작한다. 그러므로 仁의 길은 克己에 기초하고 있다.

그런데 克己라는 말은 현대에 특히 부담스러운 것이 되었다. 욕망을 존중하고 자유로운 개성을 고취하고 있는 시대에, 군대나 훈련소의 분위기를 강조하는 것이 영 마뜩잖을 수도 있겠다. 그러나 유교는 바로 이곳을 피해 가지 말라고 다그친다. "너 자신을 극복하지 못하면, 인간이 될 수 없다."

仁으로 가는 길, 무엇을 어떻게 해야 할까? 공자는 사랑하는 수제자 안회에게 仁의 비밀을 조용히 일러주었다.

顏淵問仁. 子曰: "克己復禮爲仁. 一日克己復禮 天下歸仁焉. 爲仁由己 而由人乎哉?" 顏淵曰: "請問其目." 子曰: "非禮勿視 非禮勿聽 非禮勿言 非禮勿動." 顏淵曰: "回雖不敏 請事斯語矣." 〈안연〉 1장)

안회가 仁을 물었다. 공자가 말했다. "극기복례가 仁의 실천이다. '하루' 극기복례하면, 온 천하가 그의 仁을 칭송할 것이다. 仁의 실천은 타인과는 상관없이 오직 나에게 달려 있다." 안회가 그 세목을 묻자, 공자가 말했다. "禮가 아니면 보지 말고, 禮가 아니면 듣지 말며, 禮가 아니면 말하지 말고, 禮가 아니면 움직이지 마라." 안회가 말했다. "제가 비록 불민하지만, 이 말씀을 받들겠습니다." (주자)

안회가 仁을 물었다. 공자가 말했다. "극기복례가 仁의 실천이다. '어느 날' 극기복례하면, 관련된 모든 사람이 내게 감화될 것이다. 仁의 실천은 타인과는 상관없이 오직 나에게 달려 있다." 안회가 그 세목을 묻자, 공자는 말했다. "禮가 아니면 보지 말고, 禮가 아니면 듣지 말며, 禮가 아니면 말하지 말고, 禮가 아니면 움직이지 마라." 안회가 말했다. "제가 비록 불민하지만, 이 말씀을 받들겠습니다." (다산)

克己는 역시 자기 극복을 말한다. 이는 타인으로 열려가기 위한, 그리고 공동체를 염두하기 위한 노력을 총괄하고 있다. 인간이 되기 위해서는 그동안의 관성을, 즉 '나의 좁은 이해관계와 습관이 관성'을 벗어나야 한다. 세계가 나를 위해 존재하고, 지구가 나를 위해 존재한다는 망상을 떨쳐야 세상이 바로 보이기 시작할 것이다.

그런데 놀라운 것은, 이 克己의 길이 곧 爲己의 學이라는 것이다. 자기 극복이 곧 내적 성장의 길이다? 克己라는 말에서, 문득 "나를 극복한다"가 아니라 "능히(克) 내가 되는 것"이라고 읽으면 안 될까 하는 엉뚱한 생각이 잠깐 스쳐 지나갔다. '극복한다'가 너무 험준하고 아득해서 그렇게 트랙을 벗어난 건지 모르겠다. 이왕 일탈한 김에 상상력을 한 번 더 발동해보았다.

子曰: "古之學者爲己 今之學者爲人." (〈헌문〉 25장)

공자가 말했다. "옛 學을 하는 사람들은 자신을 위했는데, 지금 學을 하는 사람들은 타인을 위한다."

주자가 해석했듯, 爲人은 '다른 사람에게 보인다'는 뜻일까? 자랑하고 인정받기 위해서 혹은 밥벌이와 출세를 위해서 學을 한다는 뜻일까? 글자 그대로 "다른 사람을 위한다"라고 읽으면 안 될까? 실제로 다산은 "타인을 위해 강연하고 전달한다"로 해석했다. 그럼 爲己는 "나 자신을 위해 습득하고 실천한다"가 되겠다.

나는 또 이런 생각이 들었다. 爲己나 爲人에서 爲가 혹 '위한다'가 아니라 '된다, 한다'일 수도 있지 않을까? 그럼 爲己는 '진정한 자신이 되기(true to himself)'라는 뜻이 될 것이다. 이런 파천황에 실소를 금치 못할 듯하다. "그럼 爲人은 어떡할거요? 남이 되다니? 도무지 말이 되는 소리를 해야지, 이게 무슨 강아지 풀 뜯어 먹는 소리냐"고 한심해하실 듯도 하다. 이런 억지 변명은 어떨까?

라캉은 우리가 자신의 욕망을 욕망하는 것이 아니라, "타인의 욕망을 욕망하고 살고 있다"고 간파한 바 있다. 일상의 욕구는 문화와 전통, 무엇보다 이웃의 취미, 가치, 문화에 거의 절대적 영향을 받는다. 그것이 소외의 첫 단추다. 왜 나는 나만의 고유한 본성에 입각해, 자신의 가치와 삶을 선택할 수 없는가?

50대 자식을 다 키우고 은퇴를 앞둔 사람들이 묻는다. 이제까지 나는 '남이 되기' 위해 살아왔다. 나는 잘못 살아온 것이 아닐까? 진작부터 나는 '내가 되는' 연습을 하고, 그 방법을 익혀야 했다. 최근 불고 있는 인문학의 돌풍과 자기 발견의 강좌들을 보자. 한 공익 강좌는

"나는 누구냐?"라는 소크라테스적 질문을 내걸고 있다. 산업과 생산의 그늘에 묻혀 있던 인간의 문제가 본격 기지개를 켜고 있는 것이다. 克己復禮에서의 克己가 바로 그 爲己를 가리킨 것은 아닐까? 상상력은 여기까지….

본론으로 돌아가서, 공자가 가장 아낀 제자, 진정 '학문'을 좋아한 (好學) 단 한 사람으로 인정한 안회에게 준 경구다.《논어》의 다른 곳에서는 仁을 통해 관계 속에서의 행동 지평을 충고했다면, 오직 여기서만 자기 극복으로서의 仁을 말해주었다고 다산은 말한다. 그러나 앞에서 말했듯이, 공자의 대답이 서로 달라 보이지만, 취지는 같다고 말한다. 恕라는 상호성을 성취하자면 克己, 즉 이기적 고착과 뿌리 깊은 자기중심성을 극복해내야 하기 때문이다.

타인에게 나아가기 위해서는 장애물을 치워야 한다. 오직 자기만 아는 이기심, 자기를 중심으로 세상을 해석하고 관계를 조율하는 오래된 습성이 타인에게로, 공적 지평으로 가는 길을 가로막고 있다. 그것을 넘어서는 것을 '克己'라고 했다. 그래야만 '復禮', 즉 진정한 사회성은 구현할 수 있지 않은가? 禮의 의미는 다양하고 포괄적이다. 재래의 관습, 의례를 가리키기도 하고, 도덕에서의 규율, 군사 행정을 포함한 사회적 제도를 뭉뚱그려 말하기도 한다.《예기》가 알려주는 바는 禮란 한 인간의 욕망이 몰고 올 분쟁과 갈등을 조정하는 사회적·정신적 장치를 가리키는 것이었다. 유교는 이 객관성에 자발적으로 협력하는 구성원을 양성하고자 한다. 강제는 무의식적으로, 그리고 자발적으로 이루어질 때 가장 효율적이다. 그래서 유교는 공자 이래 감화와 교육을 그토록 강조한다. 극기복례에 대한 주자의 해석을 들어보자.

仁은 내 내부의 덕성으로 다른 사람이 간예할 바 아니다. 내게 있으므로 그 구현은 어렵지 않다. 날마다의 극복이 익숙해지면 私欲이 깨끗이 정화되고, 天理가 流行하게 된다. 仁은 어디서든 스스로를 발현할 것이다. 私欲은 天理를 방해하는 내 내부의 독소다. 이들을 극복하고 정화하는 노력이 지속되면, 억압되어 있던 天理가 자연스럽게 자신을 구현하기 시작한다. 그런 점에서 외부 사건들을 합리적으로 조정하기 이전에, 마음의 동기와 성격이라는 장애를 극복해야 한다. 私欲이 숨을 죽이면, 天理가 공정성과 정의 그리고 사랑과 지혜의 이름으로 사태를 최선으로 이끌고 갈 것이다. 사상채가 말했다. "인간의 성격에는 편협과 고집의 각각 서로 다른 장애물이 자리 잡고 있다. 여기부터 교정해 나가라."

仁者 本心之全德. 克 勝也. 己 謂身之私欲也. 復 反也. 禮者 天理之節文也. 爲仁者 所以全其心之德也. 蓋心之全德 莫非天理 而亦不能不壞於人欲. 故爲仁者必有以勝私欲而復於禮 則事皆天理 而本心之德復全於我矣. 歸 猶與也. 又言一日克己復禮 則天下之人皆與其仁 極言其效之甚速而至大也. 又言爲仁由己而非他人所能預 又見其機之在我而無難也. 日日克之 不以爲難 則私欲淨盡 天理流行 而仁不可勝用矣. 程子曰: "非禮處便是私意. 旣是私意 如何得仁? 須是克盡己私 皆歸於禮 方始是仁." 又曰: "克己復禮 則事事皆仁 故曰天下歸仁." 謝氏曰: "克己須從性偏難克處克將去."

이러한 주자의 자기 내적 구상에 대해, 다산은 또 거듭 비평의 칼날을 세울 만도 한데, 그는 여기서는 그렇게 하지 않았다. 앞에서 보듯, 여러 곳에서 누누이 말한 바 있어서일 것이다. 오히려 여기서는 주자가 설파한 天理와 私欲의 '대결'에 공감을 보이는 듯하다. 그는 이 전투를 더욱 극적으로 강조해 나간다. 다산은 인간의 실존을 사적 이기심과 공적 사회성이 부딪히는 격렬한 전쟁터로 묘사한다.

인간에게는 항상 상반된 두 의지가 동시에 피어난다. 여기가 지상과 천상의 관문이고, 선과 악이 갈라지는 곳이며, 人心과 道心의 교전장이고, 義가 이기느냐 欲이 이기느냐가 판가름 나는 곳이다. 이 자리에서 깊이 반성하고 힘써 (자신의 이기적 욕망을) 극복하면 道에 가까이 가는 것이다. (하지 않아야 할 것을) 안 하고 (욕심내지 않아야 할 것을) 욕심내지 않는 것은 道心에서 발한 것으로, 이는 天理다. (하지 않아야 할 것을) 하고 (욕심내지 않아야 할 것을) 욕심내는 것은 人心에서 발한 것으로, 이는 私欲이다. 하지 않고 욕심내지 않는 것, 이는 人心을 극복하고 제압하여 道心의 명령을 들은 것이니, 이른바 극기복례다. 이 경구는 공자, 안회, 증자, 자사가 서로 전하고 은밀히 당부한 긴요한 뜻이다. 그래서 '오직 이것일 뿐'이라고 매듭지은 것이다. '이것일 뿐'이라고 말한 것으로 보아 길(道)이란 이를 벗어나지 않는다. 오호, 그 지극함이여.

人恒有二志相反 而一時幷發者. 此乃人鬼之關 善惡之幾 人心道心之交戰 義勝欲勝之判決. 人能於是乎猛省而力克之 則近道矣. 所不爲所不欲 是發於道心 是天理也. 爲之欲之 是發於人心 是私欲也. 無爲無欲 是克制人心而聽命於道心 是所謂克己而復禮也. 此一章孔顏曾思 相傳密付之要旨也. 故結之曰 如此而已矣. 旣云如此而已 則道無外是也. 嗚呼至矣. (다산, 《맹자요의》)

여기서 다산은 仁을 성취하는 것은 克己를 통해서이며, 이는 영혼 혹은 정신의 전쟁터에서의 피 튀기는 승리를 통해서 성취된다는 것을 역설한다.

맹자는 '本心(양심)'을 산목에 비유했다. 그리고 私欲을 도끼에 비유했다. 도끼와 산목은 가장 큰 대적의 원수다. "'나로써 나를 이긴다', 이것이 千聖百王이 꼭 하나 전한, 은밀하게 부촉한 묘지妙旨이고 요언要言이다. 이를 통찰하면 성인·현인이 될 수 있고, 여기 어두우면 짐승·금수가 되고 만다. 주자가 우리 道의 중흥자가 된 것은, 다름 아니라 《중용》의 서문에서 이 원리를 밝힐 수 있었기 때문이다. 근세 학자들이 宋元의 여러 유학자의 理氣에 대한 논의와 내선외유內禪外儒의 폐단을 교정하겠다고 경전의 해석과 논의를 漢晉의 학설로 끌고 가면서, 송대의 義理를 불문곡직하고 그저 반대하는 데 바쁘다.

孟子以本心譬之於山木 以私欲譬之於斧斤. 夫斧斤之於山木 其爲敵讎也大矣. 以己克己 是千聖百王單傳密付之妙旨要言. 明乎此 則可聖可賢 昧乎此 則乃獸乃禽. 朱子之爲吾道中興之祖者 亦非他故 其作《中庸》之序 能發明此理故也. 近世學者 欲矯宋·元諸儒評氣說理內禪外儒之弊 其所以談經解經者 欲一遵漢·晉之說 凡義理之出於宋儒者 無問曲直 欲一反之爲務.

여기서 다산은 주자와 송대 유학자들의 업적을 드높이고 있다. 주자의 '새로운 유학'이 다산이 표방한 '공맹의 본래 유학'과 서로 다른 체계이기는 하지만, 인간을 도덕적 전쟁터 위에 있는 존재로 읽은 것은 유교의 핵심을 짚고 있다. 이는 한대 유학이 인간의 실존적 정황과 도덕적 돌파에 대해 매우 안이한 접근을 했던 것과 대조된다. 예를 들면 마융이 克己를 約身(몸가짐을 단속함)으로 읽은 것을 보라. 다산 자신은 송대 주자학에 대해 비판적이지만, 그렇다고 해서 당대의 풍토가 주자학과 양명학에서 비껴나 한대의 훈고학을 다시금 강조하는 쪽으로 유학의 경향이 바뀌는 것에 대해서는 깊은 우려를 하고 있었다.

仁의 지속성

> 子曰: "回也 其心三月不違仁 其餘則日月至焉而已矣." (《옹야》 5장)
> 공자가 말했다. "안회는, 그 마음이 3개월 동안 仁을 어기지 않았다. 나머지 제자들은 하루 혹은 한 달에 한 번 정도 거기에 미칠 뿐이었다." (주자)
> 공자가 말했다. "안회는, 그 마음이 3개월 동안 仁을 어기지 않았다. 나머지 제자들은 하루 혹은 한 달 정도만 유지할 수 있을 뿐이었다." (다산)

이를 보매 仁의 실현에서 '지속성'이 관건임을 알 수 있다. 다산의 해석은 그 점을 집중해서 부각한다. 이 사업은 《중용》의 庸에서처럼 '지구력, 지속성'이 관건이다. 지속할 수 있다면 성인이다. 안회는 不貳過불이과, 실수와 허물을 피할 수 없었지만 그 끊김은 자주 있지 않았고, 바로 깨닫고 고치기에 주저 없었다는 점에서 '학문'의 사람이었다.

> 《중용》은 "백성 중에 능히 오래하는 사람이 드물었다"라고 했다. 능히 오래할 수 있으면 성인이다. 안회는 과실이 없을 수 없었다. 그래서 (나중 공자가 안회의 好學을 말할 때) "과실에 개선을 주저하지 않았다"라고

하지 않았나. 과실을 피할 수 없었다면, 즉 (仁의 지속적 유지에) '끊김'이
있게 된 것이다. 다만 (안회의 경우) 그 끊김이 아주 성글었기에(틈이 길었
기에) "3개월 동안 (仁을) 어기지 않았다"고 한 것이다.

〔案〕《中庸》曰: "民鮮能久矣." 能久則聖人也. 顔子不能無過 故曰
不貳過. 不能無過則不能無間斷 但其間斷甚疏 故曰三月不違.

질문을 원점으로 다시 돌려보자. 대체 仁이란 무엇인가? 공자는 전모
와 체계를 보여주지 않고, 후대의 해석은 난무하고 서로 엇갈린다. 주
자는 仁의 정체에 대해서 이렇게 말한다.

仁이란 마음의 德이다. 마음이 仁을 어기지 않는 자는 私欲이 없어 그
德(즉 仁)을 소유한다. '日月至焉'이란, 하루에 한 번 혹은 한 달에 한
번 도달한다는 뜻이다. 그 경지에 가더라도 오래 버티지 못한다.
仁者 心之德. 心不違仁者 無私欲而有其德也. 日月至焉者 或日一
至焉 或月一至焉 能造其域而不能久也.

다산은 다른 사람들이 "仁의 실행을 하루 혹은 한 달 정도만 '지속'
한다"라고 말하는데, 주자는 그들이 "하루 혹은 한 달에 '한 번만' 仁
의 실체와 만난다"라고 해석한다. 이 차이는 어디에서 온 것일까? 위
에서 보듯, 仁을 다산은 자기 밖의 '실행'에서 읽고, 주자는 자기와의
'대면'에서 읽기 때문이다.
　위 주석을 자세히 읽어보자. 주자는 다시금 "仁者 心之德"임을 강
조한다. 이 선언은 12세기 유학의 혁신, 그 주춧돌이 있는 곳이다. 그
래서 '새로운 유학'이라 부른다. 주자는 仁이란 우리네 마음(心)에 갖

추어진(得=德) 본성이자 그 전체라고 말한다. 즉 마음의 본체(體)가 바로 仁이라고 말한다.

그의 만년작 〈인설〉에서 그는, "仁者 愛之理 心之德"으로 정식화했다. "仁은 사랑(愛)의 원리(理)로서 내 마음(心) 속에 실체로 존재(德)한다." 그 실체의 존재는 일상의 '사랑'이라는 감정을 보면 알 수 있다. 타인을 향한 동정심(惻隱)이라는 단초(端)를 보매, 우리 속에는 이 사랑이라는 감정을 일으키게 한 실체가 존재하고 있음을 알겠다. 물건을 집고 공을 던지는 움직임(用)은 팔이라는 실체(體)가 있어야 가능하지 않느냐? 그와 마찬가지다. 仁이 마음속에 실체로 존재한다는 사실은 타인의 곤경을 보고 발출하는 측은의 감정을 통해 곧바로 유추할 수 있지 않느냐? 그러므로 도덕은 '이미' 우리 내부에 존재한다! 그것은 내부에 장착된 본유적인 것이 이런저런 상황에 따라 '자연스럽게' 발현되는 것이다. 도덕은 인위나 강제가 아니고, 화담의 표현을 빌리면, 그것은 흡사 배가 고프면 밥을 먹고, 추위가 닥치면 두꺼운 옷을 걸치는 것처럼 자연스러운 일이다. 이 본성은 동정심으로도 나타나지만, 때로는 불의에 대한 공분(義)으로, 때로는 사회적 규범의 준수(禮), 그리고 옳고 그름에 대한 센스(智)로 나타난다. 흩어지면 仁義禮智이나, 이들은 결국 하나인 仁의 서로 다른 표현이라고 볼 수 있다. 도덕을 자연 속에 설정한 이 체계는 현대인들뿐만 아니라, 전통시대 학자들에게도 매우 곤혹스러운 기획이었던 것이 분명하다.

문제는 이것이다. 도덕을 자연이 예비했다면서, 왜 인간세는 도덕적이지 않은가? 주자학의 설명은 이렇다. '자연'은 세상 만물[2]에게

---

2 인간을 위시하여, 동물과 식물, 돌과 흙, 태양과 은하계를 모두 포괄한다.

'도덕(理)이거라' 하고 명령을 내렸지만, 心身을 구성하는 물질(氣)의 다양성이 이 구현을 다양한 방식으로 제약하게 되었다는 것. 돌과 흙은 애초에 막혀 있고, 식물은 희미하며, 동물은 부분적이고, 오직 인간만이 그 '순수하고 맑은' 물질(氣)로 하여 자연의 뜻을 완전하게 발양할 수 있는 心身을 갖추고 있다.

인간 사이에서도 편차가 없을 수 없다. 성인들은 물질의 제약이 아예 없다. 그들은 축복을 타고난다. 그들은 《중용》 20장이 말하는 대로, 노력하지 않아도 길을 알고, 생각하지 않아도 바른길을 걷는다(不勉而中 不思而得 從容中道 聖人也). 이들은 이른바 心身을 구성하는 물질, 즉 기질이 맑고(淸) 순수한(粹) 사람들이다.

보통 사람들은 흐리고(濁) 불순한(駁) 기질을 가지고 태어난다. 그 정도와 지형은 서로 다르다. 이 타고난 도덕적 장애 혹은 결함은 가정 환경과 직업, 삶의 굴곡을 거치면서 강화되기도 하고 훈련을 통해 정화되기도 한다. 물질을 각자가 부여받는 의미에서, '기질'을 '기품氣稟'이라 부른다. 기품은 현대적 용어로 '성격'에 가깝다고 나는 생각한다. 이렇게 형성된 성격이 감정과 욕망, 생활 태도와 대인관계를 끌고 나갈 것이다. 주자학은 도덕적 문제의 중심에 이 '성격'을 배치했다. 성격은 욕망을 추동하는 동력이라고 할 수 있다. 주자학은 인간의 도덕적 문제 중심에 "氣稟所拘기품소구 人欲所蔽인욕소폐"를 설정했다. 즉 모든 훈련은 편향된 성격을 교정하고, 물욕을 순화하는 것으로 집약되었다.

다시 원문을 보자. 본구된 仁의 덕을 '私欲'이 뒤흔들고 훼손한다. 이것이 인간의 문제다. 그 방해가 없다면, 마음은 본래의 仁을 보유해 나갈 수 있을 것이다. 私는 '개인적·신체적'이라는 뜻이고, 欲은

'욕구·충동·의지'를 가리킨다. 이들 개체의 욕망이 자연과 우주를 생장시키고 유기적으로 번성시키는 전체의 의지 발현(天理流行)을 방해한다. 주자학은 도덕학의 과제를 私欲의 방해로 인한 본성의 훼손을 막고 본래의 우주적 자기를 회복해 나가는 과정으로 정리했다. 주자는 이 기획을 "復其初복기초"로 특칭화했다. 즉 인간의 과제는 (기품과 물욕으로) '망각된 자기를 되찾는' 자기 발견, 자기 회복의 도정이라는 것이다.

다산은 이런 '仁의 내면화'를 정면으로 반박하고 나섰다. "무슨 소리! 주자학은 길을 잘못 들었다. 이 기획은 본시 불교의 것으로 공맹의 근본정신을 심각하게 훼손하고 있다. 기억하라. 仁은 내부가 아니라 외부에 있다! 즉 仁은 인간의 내재된 '본성'이 아니라, 삶의 현장에서 구축해 나가는 '행동'이 만들어가는 것, 그야말로 '덕성'임을 기억하자!"

仁이란 사람을 향한 구체적 사랑이다. 아들은 아버지를 향해, 동생은 형을 향해, 신하는 군주를 향해, 목민관은 백성을 향해, 무릇 사람과 사람 사이에서 서로를 향해 따뜻하게 피어나는 사랑이 바로 仁이다. (안회는) 그 마음을 어기지 않았던 것이다. 실제 '行事(관계와 일과 행동)'에 드러난 것에 그치지 않고, 그 내면 또한 진정이었다.

仁者 嚮人之愛也. 子嚮父 弟嚮兄 臣嚮君 牧嚮民 凡人與人之相嚮 而藹然其愛者 謂之仁也. 其心不違 則不止顯於行事而已 中心實然也.

다산은 주자와 전혀 다른 사유 체계를 제시했다. 나는 그 사이를 '철학자와 정치가가 '명상에서 정치에로'라는 키워드로 제시한 바 있다. 이 서로 다른 仁은 《논어》는 물론, 사서육경의 경학을 통해 줄기차게 반복된다. 그 점을 새기며 여행을 계속 떠나자.

은나라의 세 현자

공자는 역사 속에서 仁의 개성들을 특필하고, 그들을 기회 있을 때마다 기린다. 《논어》에서 그는 은나라 말기 그리고 주나라 초기의 인물 몇을 거론하고 있다.

> 微子去之 箕子爲之奴 比干諫而死. 孔子曰: "殷有三仁焉." 〈〈미자〉 1장〉
>
> (은나라 말기, 주왕의 폭압으로) 미자는 떠났고, 기자는 노비로 끌려갔으며, 비간은 간하다가 죽었다. 공자가 말했다. "은나라에 세 명의 仁者가 있다." (주자)
>
> (은나라 말기, 주왕의 폭압으로) 미자는 떠났고, 기자는 감옥에 갇혔으며, 비간은 간하다가 죽었다. 공자가 말했다. "은나라에 세 명의 仁者가 있다." (다산)

세 사람은 은나라 말기의 현자였다. 그들은 주왕의 폭정에 서로 다른 방식으로 저항했다. 미자는 주왕의 배다른 형, 비간은 주왕의 삼촌, 기자는 주왕의 친척(다산의 설)이었다. 미자는 무도한 주왕을 보고 일찌감치 자리를 피했고(주자는 종사를 보존하기 위해서였다고 일러준다), 비간은 주왕 앞에서 과감히 실정을 비판하고 개선을 요구하다가 목숨을 잃었다. 전해지기에, "성인의 심장에는 구멍이 일곱이라는데, 확인해봅시다"라며 가슴을 쪼갰다고 한다.

주왕은 지략과 용기가 있었지만, 황음무도荒淫無度한 데다 전제적이었다. 세금은 무겁고 백성들의 원성이 드높아, 서백西伯을 중심으로 한 주변 제후들의 궐기로 멸망에 이르게 되었다. 미자는 이 망한 왕조의 보존을 맡게 되었고, 기자는 무왕에게 홍범洪範이라 불리는 천하 경략의 핵심을 건네주고 동쪽 끝 조선으로 건너가게 된다.

공자는 이들이 서로 다른 선택을 했지만, 공히 仁의 가치를 수호하고 실현한 사람이라고 찬탄한다. 주자의 설명을 듣자.

> 세 사람의 선택은 서로 달랐지만, 공히 '지극히 순수하고 염려하는 마음'에서 발로된 것이다. (본래 부여받은) '사랑의 원리'를 저버리지 않았고, '마음의 본래성을 온전히' 하였다(그 점에서 이들은 하나다).
> 三人之行不同 而同出於至誠惻怛之意 故不咈乎愛之理 而有以全其心之德也.

주자는 양구산의 말을 인용해서 이렇게 못을 박았다.

> 양구산이 말했다. "이 세 사람은 각각 자신의 本心을 얻었으니, 그래서 다 같이 仁이라고 불린 것이다."
> 楊氏曰: "此三人者 各得其本心 故同謂之仁."

주자는 여기서도 그들의 행동이 결국 자기 내부의 '仁으로의 회귀'임을 역설하고 있다. 다산은 갑갑하다는 듯, 이렇게 외친다.

> 仁이란 인간관계의 지극함이다. 가령 (미자처럼) 해를 피해 혈통을 보존

하기도 하고, (기자처럼) 굴욕을 참고 국면을 살피기도 하며, (비간처럼) 목숨을 걸고 잘못을 간하기도 한다.

〔補曰〕 仁者 人倫之至也. 或遠害以存血脈 或忍辱以觀終竟 或殺身以諫過惡 皆忠孝之極 揆義而合 故其成仁也同.

관계 위에서 피어나므로 仁은 서로 다른 상황성, 다양한 선택으로 드러난다. 즉 그것은 주자가 말한 자기 내적 관계로 환원되지 않는다.

仁이란 글자 그대로 '사람과 사람'을 가리킨다. 사람 사이에서 그 직분과 책임을 다하는 것, 그것을 일러 仁이라고 한다. 仁은 마음에 장착된 물건이 아니다.

〔案〕 仁者 人人也. 人與人盡其分 斯之謂仁 心德非仁也.

백이와 숙제

冉有曰: "夫子爲衛君乎?" 子貢曰: "諾. 吾將問之." 入 曰: "伯夷·叔齊何人也?" 曰: "古之賢人也." 曰: "怨乎?" 曰: "求仁而得仁 又何怨." 出 曰: "夫子不爲也." 《술이》 14장)

염구가 물었다. "스승님께서는 (아버지를 제치고 새로 등극한) 출공 첩을 도울(爲)까요?" 자공이 대답했다. "어디 내가 가서 물어보지." 들어가서 말하기를, "백이와 숙제는 어떤 사람입니까?" "옛적의 현인들이지." "후회(怨)했을까요?" "仁을 구해 仁을 얻었으니, 무슨 후회가 있었겠느냐?" 자공이 나와서 말했다. "스승님은 그를 돕지 않을걸세." (주자)

염구가 물었다. "스승님 같으면 위나라 군주가 되었을까요(爲)?" 자공이 대답했다. "어디 내가 가서 물어보지." 들어가서 말하기를, "백이와 숙제는 어떤 사람입니까?" "옛적의 현인들이지." "갈등과 원한(怨)이 있었을까요?" "仁을 구해 仁을 얻었으니, 무슨 앙금이 있었겠느냐?" 자공이 나와서 말했다. "스승님이라면 제후의 지위를 사양했을 것이네." (다산)

백이·숙제는 어떤 사람인가? 주자는 말한다. 사마천의 《사기》〈백이 열전伯夷列傳〉을 기초로 했다.

백이·숙제는 고죽군의 두 아들이다. 아버지가 죽을 때 숙제를 후계로 명했는데, 그가 죽고 나자 숙제는 큰 형 백이에게 왕위를 양보했다. 그러나 백이는 '아버지의 뜻이다' 하고 도망가 버렸다. 숙제 또한 왕위에 오르지 않고 도망가 버렸다. 國人들이 둘째 아들을 세웠다. 그 후 무왕이 은나라 주왕을 칠 때 두 사람은 말을 잡고 (부당하다고) 간했다. 무왕이 은나라를 멸망시키자, 백이·숙제는 주나라의 곡식을 먹는 것이 부끄럽다고 하여 수양산에 숨어 살다가 마침내 굶어 죽었다.
伯夷·叔齊 孤竹君之二子. 其父將死 遺命立叔齊. 父卒 叔齊遜伯夷. 伯夷曰: "父命也." 遂逃去. 叔齊亦不立而逃之 國人立其中子. 其後武王伐紂 夷·齊扣馬而諫. 武王滅商 夷·齊恥食周粟 去隱于首陽山 遂餓而死.

백이는 '아버지의 명령을 따르려' 했고, 숙제는 '천륜을 어기지 않으려' 했다. 그들이 서로 나라를 양보한 것은 '天理의 올바름, 人心의 편안함'이다. 각각 자신들의 뜻을 관철했다. 나라 버리기를 헌신짝 던지듯

했으니, 무슨 원망이 있었겠는가?

蓋伯夷以父命爲尊 叔齊以天倫爲重. 其遜國也 皆求所以合乎天理之正 而即乎人心之安. 既而各得其志焉 則視棄其國猶敝蹝爾 何怨之有?

권력을 양보한 것을 나중에 후회할 수도 있고, 나중 수양산에서 굶어 죽은 것을 원망할 만도 한데, 그렇지 않았다는 것이다. 공자의 평대로, 그들은 仁을, 즉 진정한 인간성을 추구하다가 그것을 성취했고, 여기 아무런 회한도 원망도 없다는 것이다. 그런데 위나라 출공은 나라를 점거하고 아버지를 막아 혹시 지위를 빼앗길까 두려워했으니, 이와는 너무 대조된다. 이 언사를 보건대, 공자는 혹시 요청하더라도 출공을 돕지 않을 것임을 짐작할 수 있다.

다산도 백이·숙제를 둘러싼 사실에 큰 이견이 없다. 다만 두 글자에 주의를 환기한다. 爲와 怨이 그것이다. ① 이 대화의 의제는 '출공을 도울까 말까'가 아니라, '제위에 오를까 말까'를 둘러싼 것이다. 다산은 공자가 이 당시 외국을 떠돌 즈음이라, 출공을 돕고 자시고 할 계제가 아님을 우선 고증한다. ② 여기 怨은 단순히 그들의 가슴속에 남은 '후회'가 아니라, 부자와 형제 사이에 형성된 '갈등'과 '적대감'을 가리킨다는 것을 유의하자.

주자의 《집주》는 "怨은 후회(悔)와 같다"고 하였다. 그러나 내 생각에, 위나라 군주는 3대에 걸쳐 자식이 아비를 원망하고 아비가 자식을 원망하였으니, 자공은 공자에게 질문할 필요도 없이 그들의 不仁을 알고 있었다. 그러므로 하나의 '怨'이라는 글자만을 콕 집어 공자에게 여쭈

었던 것이다. '怨'이란 원수 보듯 원망한다는 말이니, 어찌 회한일 뿐이
겠는가?

〔質疑〕《集注》云: "怨 猶悔也." 〔案〕衛君三世 子怨父 父怨子 子貢
不待質之於夫子 已知其不仁 故特拈一怨字 以問於夫子. 怨也者
直是怨懟如敵讎之謂也 奚但悔恨而已?

그래야 자공이 백이·숙제를 소환한 이유가 뚜렷해지지 않는가? 두
사람은 부자유친을 외쳐야 할 정도로 골육 간 쟁탈과 살육이 드물지
않던 시대, 군신유의를 독려할 정도로 하극상이 일상화된 시대에 서
로 제위를 사양해 마지않은 드문 미덕을 보여주었다. 누가 억지로 강
요한 것도 아니었다. 공자는 그들이 바로 그 인간의 길을 선택했기에
후회(주자)나 앙금(다산)이 남아 있지 않았음을 특필하고 있다.

다산은 여기서 공자가 말한 仁에 대해서 다시 한번 자신의 주장을
피력한다. "지금 보고 있지 않으냐? 仁은 내면의 덕성이 아니라, 그들
의 행동이고 선택을 기리고 있음을…."

仁이란 인간관계의 至善이다. 백이는 부자지간에 있어 그 직분을 다
했고, 숙이는 형제지간에 있어 그 직분을 다했다. 이것이 '仁을 구했다'
는 뜻이다. 마침내 그 뜻을 이루었으니, 이것이 '仁을 얻었다'는 뜻이
다. 仁이란 천하의 至善이니, 仁을 얻는 것이 나라를 얻는 것보다 현
명하다. 여기 또 무슨 원망과 알력이 있겠는가?

仁者 人倫之至善也. 伯夷求父子之間盡其分 叔齊求兄弟之間盡
其分 是求仁也. 卒成其志 是得仁也. 仁者 天下之至善 得仁賢於
得國 又何怨?

공자가 백이·숙제를 仁의 대표적 케이스로 거론하는 것은 왜일까? 이런 생각이 들었다. 仁이란 누구나 가질 수 있는 '자연적 욕망을 향해', 거기가 '아니다'라는 스톱 사인을 주고 조타의 방향을 바꾸어, 선한 일을 하고 올바름을 추구하려는 노력이라 하겠다. 가령 권력은 누구나 추구하는 가치이고, 그 자루를 잡기 위해 때로는 극단적 수단과 살육까지 동원한다. 군주 권력만이 아니다. 피라미드 아래 수많은 하위의 권력과 특권들, 그를 두고 다투는 인간의 삶이 질펀하다. 니체가 인간의 실존을 '권력을 위한 의지' 하나로 집약하는 것을 보라. 현대의 우리네 일상도 미시적 권력을 좇느라 나날의 싸움에 지치고 피로에 절어 있다. 유교는 이 유혈을 멈추고, 흥건한 피비린내를 씻어내고자 한다.

그 제어와 승화의 총체가 仁이다. 그 제어를 義, 그 화해를 禮, 그 판단력을 智, 무장해제의 도움을 樂, 결단을 勇, 그 방향을 正이라고 부르는 듯하다. 그렇게 '나를 넘어서 타인을 향해가는 도정'이 仁의 길이다. 그것은 學을 통해 연마하고, 행동(德)을 통해 축적하며, 습관이 천성이 되는(庸) 곳에서 점차 무르익어 가는 德이다.

德의 배반자들

子曰: "惡紫之奪朱也 惡鄭聲之亂雅樂也 惡利口之覆邦家者." (〈양화〉 18장)
공자가 말했다. "자주색이 정색인 빨간색의 자리를 빼앗는 것이 싫고, 정나라의 음악이 아악을 어지럽히는 것도 싫으며, 이득만을 말하는 입이 국가를 쓰러뜨리는 것도 싫다."

공자는 자주색을 싫어했다. 간색間色이라는 것이다. 빨간색이라면 새빨간 핏빛이어야 하는데, 어정쩡하고 애매한 자주색이 웬 말이냐는 것. 이 구절이 앞의 교언영색巧言令色 장에 바로 붙어 있는 것도 내 눈에는 예사롭지 않다. 공자는 이 비유를 통해, 진정한 군자와 사회적으로 인정받는 사람 사이에, 큰 심연이 파여 있음을 일러주는 듯하다. 이를 일러 '사이비似而非'라고 한다. 겉으로 보면 유덕한 사람처럼 보이나, 실제로는 德과 가장 먼 사람들. 그래서 이 프로젝트가 어렵다. 다산은 이들 '德의 도둑들', 즉 위선자들을 뭉뚱그려 '향원鄕原'이라고 부른다.

子曰: "鄕原 德之賊也." 《〈양화〉 13장》
공자가 말했다. "비루한 시골의 위선자(향원)는 德을 해치는 도적이다." (주자)
공자가 말했다. "도시의 위선자(향원)는 德을 훔치는 큰 도둑이다." (다산)

두 해석의 차이는 '鄕향'이라는 글자 하나에 있다. 주자는 '시골 바닥의 비루한 습속(鄙俗之意)'이라고 읽는 데 비해, 다산은 '옛 수도의 구획 가운데 거주 구역(鄕者 京都之坊曲也)'을 가리킨다고 적었다.

주자는 원론적으로 이들이 "德이 있는 것처럼 보이나, 사실은 德을 어지럽히는 사이비(夫子以其似德非德 而反亂乎德 故以爲德之賊而深惡之)"이고, 그래서 그토록 공자께서 미워하셨다고 적었다. 《맹자》에서 이들 위선자에 대해 더 자세한 이야기를 들을 수 있다. 다산이 인용한 부분만 적어본다.

(제자 만장萬章이 맹자에게 물었다.) "공자께서 '내 집 문 앞을 그냥 지나쳐

도 전혀 서운하지 않은 자들, 그들을 꼽자면 향원이다. 향원은 德의 도적이다' 하셨습니다. 대체 어떤 자를 향원이라 합니까?" 맹자가 답했다. "그들은 이렇게 말한다. '고고한 뜻을 품고서 행실이 말을 따라잡지 못하면서, 그리 옛사람을 찾으며 외로운 길을 가는가? 이 세상에 태어났으니, 이 세상을 따라 잘 적응해 나가는 것이 좋지 않은가?'라고…. 그렇게 거세된 자세로 세상에 영합하는 자들, 이들을 향원이라 하네." 만장이 물었다. "고을 전체가 선량한 사람이라고 인정하면 정말 선량한 사람들일 텐데, 공자께서는 왜 그들을 德의 도적이라고 힐난하신 것입니까?" 맹자가 답했다. "이들은 특별히 비난할 거리가 없고, 지적할 잘못도 딱히 없다. 습속에 편안해하고 세상에 영합하여 착실한 마음가짐과 무던한 행동으로 모두가 좋아하고 스스로도 옳다고 자부하지만, 더불어 요순의 道로 들어서지 못한다. 그래서 德의 도적이라고 한 것이다. 공자가 말했다. '나는 사이비, 즉 그래 보이지만 그렇지 않은 사람을 미워한다. 가라지(볏과의 잡초)는 벼싹을 어지럽히고, 좋은 말은 올바름을, 구변은 믿음을 어지럽힌다. 정악은 음악을 어지럽히고, 자색은 붉은색을, 향원은 덕을 어지럽힌다. 이 모두를 내가 미워하는 까닭이다.'"

〔引證〕孟子曰: "孔子曰: '過我門而不入我室 我不憾焉者 其惟鄕原乎! 鄕原 德之賊也.'" 曰: "何如斯可謂之鄕原矣?" 曰: "何以是嘐嘐也? 言不顧行 行不顧言 則曰古之人 古之人 行何爲踽踽凉凉? 生斯世也 爲斯世也 善斯可矣.' 閹然媚於世也者 是鄕原也." 萬章曰: "一鄕皆稱原人焉 無所往而不爲原人 孔子以爲德之賊 何哉?" 曰: "非之無擧也 刺之無刺也. 同乎流俗 合乎汙世. 居之似忠信 行之似廉潔 衆皆悅之. 自以爲是 而不可與入堯·舜之道 故曰德之賊也. 孔子曰: '惡似而非者. 惡莠 恐其亂苗也. 惡佞 恐其亂義也.

惡利口 恐其亂信也. 惡鄭聲 恐其亂樂也. 惡紫 恐其亂朱也. 惡鄕
原 恐其亂德也."【〈盡心下〉】

어떤 정황인지 짐작이 가실 것이다. 살다 보면, 아예 악인은 뚜렷이
구분된다. 그들과는 거리를 두거나 심하면 감옥에 보내면 그만이다.
문제는 무던한 사람, 착한 사회인이다. 주어진 환경에 잘 적응하고,
당대의 관행을 존중하는 사람, 주변으로부터는 유능하다는 평을 듣
는 사람도 많다. 거기 무슨 문제가 있을까? 독자들은 고개를 갸웃할
수도 있겠다.

다산은 그가 경험한 '향원'의 행태 하나를 다음과 같이 적고 있다.
'학문' 세계에서의 향원이다. 《고금주》는 고전을 해석하는 자리라 목
소리가 차분한데, 가끔 예외적으로 격앙될 때가 있다. 이런 곳은 대체
로 자신의 절실한 체험이 생생하게 배어 있다.

맹자는 지금 생생한 그림 하나를 그려주고 있다. 내가 본 '학문' 세계의
향원은 다음과 같다. 그는 시비와 후배를 가림에, 오직 '세상의 취향(世
趣)'을 주로 한다. 분명 옳다고 믿는 것도 주위가 아니라 하면 아닌가
보다 하고, 검은 것이 틀림없는데 다들 희다고 하면 그런가 보다 한다.
경전을 담론함에 옛 성인을 바라보지 않고 오직 주석만 떠받든다. 禮
를 담론함에 바른 법도(正制)를 추구하지 않고 오직 시속時俗만 따라나
선다. 새로운 해석을 들으면 그저 비웃고, 자기만 옳다고 여기며, 다른
의견은 엉뚱하게 튀어나온 곁가지로 치부한다. 작은 직책을 주면 사양
하는데, 겉보기와는 달리 속내는 '큰 이득'에 관심이 있다. 행실을 보면
특별히 흠잡을 것이 없어 보이지만, 그 심술을 보면 비루하기 이를 데

없다. 이들은 종신토록 '학문을 해도(爲學)' 요순의 영역으로는 함께 들어설 수 없다. 이런 부류가 바로 공자가 말한 향원이다.

〔案〕孟子所言 乃一副活畫. 余觀鄕原之爲學也 凡是非黑白 一以世趣爲主. 明知其是 而衆非之則非之 明知其黑 而衆白之則白之. 談經 則不慕先聖而惟注是宗 論禮 則不求正制而惟俗是從. 聞新義則哂之 自居以正而歸之於旁流 授小職則讓之 外視若謙而意在於大得. 點檢行事 別無可捉 點觀心術 罔非可鄙 終身爲學而不可與入堯·舜之域. 凡如是者 皆孔子所謂鄕原也.

다산의 울분이 생생하다. "주견 없고 세상의 눈치를 살피는 사람들, 경전의 진정한 의미를 탐구하기보다 주석의 권위에 기대 득세하려는 사람들, 새로운 발견과 의미에 귀와 눈을 닫고 지내는 벽창호들, 겉으로는 겸양하나 속내는 열심히 주판을 튕기고 있는 부류들…. 이들은 아무리 고전을 읽어도 그 세계를 진정 이해하지 못하고, 더구나 그곳에 닿기 위해 몸을 내딛는 것은 더욱 꿈꿀 수 없다."

다산은 평생 고전의 탐구를 통해 옛 정치의 실상을 재발견하고자 했다. 아마도 그의 노력은 일반적 동의와 찬탄을 받지 못한 듯하다. 조선의 지식은 주자의 옛 주석에 너무 오랫동안 잠겨 있어 고질이 되고, 비판과 이견을 감당하지 못했다. '사문난적'이라는 무시무시한 꼬리표가 무섭기도 했겠지만, 무엇보다 관성은 편안하고 권위는 달콤했기 때문이라고 생각한다. 더구나 학문을 더 나은 직책과 보수로 생각하는 사람들이야 더 말할 것도 없다.

여기서 하나 새겨 둘 것이 있다. 지금 공자는 "시속의 관행을 벗어나라"고 신신당부하고 있는데, 사람들은 이 권고를 잘 납득하지 못할지도 모르겠다. "유교는 누구보다 禮라는 이름으로 관습과 전통을 존중하는 가르침 아닌가?" 이 의문은 禮가 가진 두 얼굴을 들여다볼 것을 촉구한다. 이렇게 말해두기로 하자. 시속의 관례가 곧 禮가 아니다! 둘은 생각보다 멀고, 대척적일 수 있다. 아니라면 공자가 왜 그토록 "禮를 재건해야 한다"고 외쳤겠는가? 유학자는 세속의 문법과는 전혀 다른 길을 모색하는 사람들이다. 그렇다면 조선에 진정 유학자는 희귀했다는 말이 된다.

배반 혹은 위선

독자들은 仁을 두고 벌이는 두 사상가의 이견을 보고 적잖이 혼란에 빠질 듯하다. 이제 이야기는 시작이니, 이 불편을 안고 여행을 계속해보자. 仁이 내면의 자기 발견이든 타인을 향한 사랑과 배려이든, 그 '길'은 쉽지 않은 영웅적 선택이다. 그러나 仁은 삶의 의미이고, 또한 소명으로 주어졌기에, 인간은 이 길을 떠날 수 없다.

仁이 무엇인지 아는 방법의 하나가 '누가 아닌가?'다. 홍운탁월烘雲托月, 즉 구름을 물들여 달을 드러내듯, '누가 仁이 아닌지'를 점검하면, 그만큼 仁의 실상이 얼굴을 드러낼 것 아닌가?

공자는 《논어》에서 仁이 '말하기'와 연관되어 있음을 특필해서 들려준다. 그 점을 살펴보자.

子曰: "巧言令色 鮮矣仁!" 〈학이〉 3장 / 〈양화〉 17장)
공자가 말했다. "언어의 기술이 뛰어난 사람 그리고 호의적 표정을 짓는 사람중에 仁한 사람은 드물다."

공자는 말을 잘하는 사람에 대한 경멸을 숨기지 않았다. 아울러 그저 사람 좋은 얼굴로 다가오는 사람을 경계했다. 주자는 그 이유를 이렇게 적었다.

(그들은) 외면을 치장해서 상대방의 호의를 얻으려는 사람들이다. 그 바닥에 인간의 이기적 동기가 깔려 있다. 여기 진정한 자신, 본래의 덕성은 소멸한다. 공자께서 박절하게 할 수 없어서 '드물다'고 하셨지, 실제 뜻은 '아무도 없다'임을 짐작할 수 있다.

巧 好. 令 善也. 好其言 善其色 致飾於外 務以悅人 則人欲肆而本心之德亡矣. 聖人辭不迫切 專言鮮 則絶無可知 學者所當深戒也. 程子曰: "知巧言令色之非仁 則知仁矣."

주자의 해석은 우리 정신의 숨겨진 심리학, 일상의 은밀한 위선을 탁월하게 끄집어냈다. 우리는 그것이 너무나 익숙해서, 별문제를 감지하지 못할 수도 있다. 니체는 그의《인간적인, 너무나 인간적인》등에서 그리고 현대의 심리 분석에서, 이 동기와 역동을 다각도로 파헤친다. 이 타자성과 페르소나는 자아실현이나 정신적 병리 등과 깊이 연루된 문제로, 현대 정신분석과 치료가 다루고 있는 테제이기도 하다. 우리는 仁의 구현이 단순히 적절한 행동의 교범을 익히는 것이 아닌, 무의식적 심리에 대한 심층적 반성과 분석까지 요하고 있다는 것을 짐작했을 것이다. 그렇다. 仁의 프로젝트는 모종의 정신적 병리와 건강 그리고 치유와 관련되어 있다.

위 구절에 대한 다산의 생각은 어떨까? 주자와 기본 취지는 같다. "호의를 사기 위해 거슬리지 않는 말을 하고 친근한 표정을 짓는 사람은 仁에 가까이 가기 어렵다."

그러나 다산은 여기에서 노트를 잊지 않았다. '巧言교언'은 꼭 '우호적인 말'을 가리킨다기보다, 글자 그대로 '정제되고 조리 있는 말의 기술'을 가리키지 않는가? '그렇다면 꼭 부정적으로만 볼 것은 아닌데'라는 반문이다. '令色영색' 또한 '아부하는 표정'이라기보다 '친근한 표정'을 말하는데, 이를 묶어 부정적으로만 보는 것은 곤란하지 않을까? 그렇기에, 공자가 "드물다"고 한 것을 액면 그대로 읽어야지, 주자처럼 에누리 없는 부정으로 "아예 없다"로 단정하는 것은 지나치지 않을까 하는 의혹이다. 그래서 다산은 교언영색을 두 부류로 나눈다. '좋은 교언영색'과 '나쁜 교언영색'으로…. 어떻게 구분되는지는 다들 짐작하실 듯하다. 그러면서 巧言을 '훌륭한 말솜씨'로 사용한 두 용례(然《春秋傳》師曠善諫 叔向引《詩》巧言如流以美之)와 令色을 '덕스러운 모습'으로 찬미한 경우(《大雅》美山甫之德曰令儀令色)를 제시했다. 후자의 사례를 보자 《시경》〈대아 증민烝民〉의 일구다.

仲山甫之德　柔嘉維則
令儀令色　　小心翼翼
古訓是式　　威儀是力
天子是若　　明命使賦

중산보의 德은 부드럽고 아름다워
의젓한 자세, 환한 얼굴(令色)
옛 가르침을 본받아 위의를 갖추기 노력하고

다산은 巧言이 긍정적으로 쓰일 때도 있고 부정적으로 쓰일 때도 있으니, 맥락을 살펴야 한다고 충고한다. 그렇다고 해도, 역시 지금 공자의 발언은 부정적 맥락에서 쓴 것이 분명하다. 《논어》에는 거의 같은 구절이 하나 더 있다.

공자는 자기기만의 일상화를 무엇보다 경계한다. 그런 인물은 겉보기에는 사회적 가치와 요구에 잘 부응하는 건전한 인물로 보인다. 공자는 "세상이 시키는 대로 잘 적응해 나가는 거세된 삶(閹然)을 경멸한다."

맹자는 "그리 옛사람을 찾으며 외로운 길을 가는" 그런 '뛰는 자들'을 '狂', 즉 미친 자들이라고 불렀다. 미치지 않으면 道를 향해 나아갈 수 없다는 것이 아닌가? 역시나 '道의 기사도'는 아무나 넘볼 수 있는 것이 아니다.

《맹자》〈진심〉下 37장에는 다음과 같은 이야기가 실려 있다. 14년의 유랑이 지쳐갈 때쯤이었을 것이다. 아마도 염구의 활약으로 호의를 갖게 된 계강자가 공자를 불렀을 때가 아닌가 한다.

만장이 물었다. "공자께서 진陳나라에 계실 때, '돌아가자, 돌아가. 우리 동네의 선비들은 광간狂簡(뜻은 크나 실천력이 없음)하여 진취적이나 그 처음을 잊지 못한다' 하셨습니다. 진나라에 계시면서 왜 노나라의 광사狂士들을 생각하셨나요?" 맹자가 대답했다. "공자께서 '中道의 인물과 더불어 할 수 없다면, 광견狂獧의 인물들과 할 수밖에 없지' 하셨다. 광자狂者는 진취적이고, 견자獧者는 하지 않는 바가 있다. 공자께서 中道

의 인물을 왜 원하지 않으셨겠는가? 못 찾았기 때문에 차선으로 고른 것이다."

萬章問曰: "孔子在陳曰: '盍歸乎來! 吾黨之士狂簡 進取 不忘其 初.' 孔子在陳 何思魯之狂士?"孟子曰: "孔子 '不得中道而與之 必 也狂獧乎! 狂者進取 獧者有所不爲也.' 孔子豈不欲中道哉? 不可 必得 故思其次也."

세속적 관행과 인습을 깨고 나서는 인물들은 두 부류다. 하나는 '미친 자들'이고, 또 다른 하나는 '고지식한 자들'이다. 미친 자들은 '진취적' 이다. 새로운 세상을 향해 몸을 던진다. 또 다른 하나는 '하지 않는 것 이 있는 사람들'이다. 그들은 이를테면 '원칙적'이다. 법적으로 용인 되고 남들이 다 하는 일이라도, 스스로 생각에 아니다 싶으면 선을 넘 지 않는다.

仁은 안인가, 밖인가?

여전히 仁은 난감하다. 주자와 다산은 이 仁을 두고 서로 다르게 정 위한다. 한마디로 주자는 仁이 인간 내부에 본성으로 있다고 하고, 다산은 유덕한 행동 이후에야 仁을 말할 수 있다고 맞섰다. 전장을 더 둘러보기로 하자.

子張問仁於孔子. 孔子曰: "能行五者於天下 爲仁矣." 請問之. 曰: "恭·寬· 信·敏·惠. 恭則不侮 寬則得衆 信則人任焉 敏則有功 惠則足以使人." 《양

자장이 仁을 물었다. 공자가 대답했다. "능히 천하에 다음 다섯 가지를 행할 수 있다면 그게 仁이다." "그게 무엇입니까?" "존중·포용·신뢰·근면·은혜로움이 그것이다. 상대를 존중하면 수모를 당할 일이 없고, 포용력을 발휘하면 대중이 모인다. 신뢰가 있을 때 사람들이 일을 맡기고, 부지런한 노력은 공적으로 이어진다. 또 은혜를 베푸는 사람에게 사람들은 기꺼이 복종할 것이다."

공자의 대답은 다산의 손을 들어주는 듯하다. 仁을 정치적 역량과 공적에서 읽고 있지 않은가? 문면상 크게 까다롭거나 난해한 곳은 없어 보인다. 이 다섯 가지는 공자가 꼽은 리더십의 덕목이라고 해도 좋겠다. 해석상의 이견, 두 가치부터 점검한다.

① 주자는 공자가 자장의 부족한 점을 콕 집어 일러준 것이라고 하는데, 다산은 이를 지나친 억측이라고 반발했다. 주자는 왜 공자의 발언을 매양 이렇게 '당사자적으로만' 해석하는가? 그렇다면 안회가 仁을 물었을 때 공자가 극기복례로 응수한 것은 안회가 자신을 전혀 극복하지 못하는 한심한 인물이었기 때문이란 말인가?

주자는 "다섯 가지 조목은 자장의 부족한 점을 가지고 말한 것이다"라고 했다. 그러나 내 생각에, 자장이 이 다섯 조목에 모두 부족했다고 단정할 수는 없다. 안회가 仁을 물었을 때 공자가 극기복례라고 답했다고 해서 어찌 안회가 극기에 부족했다고 단정하겠는가? 다자이 순다이가 말했다. "자장은 포부가 크고 생각의 규모가 장대하여 남들에 비할 바가 아니었다. 천하 백성을 안정시키려고 한다면 이 다섯 가지 조목이 아니고선 불가하므로, 이렇게 답하신 것이다."

〔質疑〕朱子曰: "五者之目 蓋因子張所不足而言."〔案〕子張於此
五者 未必皆不足. 顔淵問仁 孔子答之以克己復禮 豈必顔子不足
於克己. 純曰: "子張志大 規模宏達 非他人之比. 苟欲安天下之民
非此五者不可 故告之以此."

② 역시나 여기서 또 두 사람의 仁의 해석이 부딪힌다. 주자는 주석
에서 "이 다섯을 행하면 마음이 유지되고, 理가 보존된다(行是五者 則
心存而理得矣)"라고 썼다. 사람들은 이 언급을 예사롭게 들을 가능성
이 크다. 그러나 이 짧은 언사를 주의 깊게 살펴야 한다. 주자의 독자
적 '인간학'이 여기 깔려 있기 때문이다.

주자가 인간의 본질(性)을 仁으로 규정했다는 말은 자주 했다. 모
두에게 빛과 힘으로 존재하는 이 덕성을 각자의 편향된 인식과 분출
하는 욕망으로 제약 또는 은폐하고 있다. 이 장애에서 벗어나는 것
이 주자학이 설정한 인간의 책무다. 그 중심에 당연하게도 '자각'이
있다. 이를 한 글자로 敬이라고 부른다. 이 자각이 뚜렷해질 때, 무엇
이 문제인지 알게 되고 어떤 행동을 선택해야 할지가 아울러 뚜렷해
진다. 그것을 理라고 불렀다. 주자가 위에서 한 말은 "이 다섯을 행
할 때, 그때 내면의 본질(心)이 자각적으로 확보(存)되고, 사물의 이치
(理)가 뚜렷해진다(得)"는 것이다.

다산의 비평을 들어보자. 주자의 독창적 주장이라 '질의'의 형식을
빌렸다. 전문을 번역해본다.

주자는 말한다. "민첩하지 않으면 곧 게을러지고 소홀해진다. 그러면
마음이 '존재하지' 않게 되고(不存), 끊김도 잦아진다. 이것이 不仁이

다."(주자의 사위이자 제자인) 황간이 말했다. "마음이 이 다섯을 주로 할 때, 삿됨 없이 마음의 德이 늘 여기 존재하게 된다."

〔質疑〕朱子曰: "不敏則便有怠忽 心不存而間斷多 便是不仁."【黃勉齋云: "心主乎五者 則無非辟之雜 而心之德常存."】

주자는 仁을 정신의 각성으로 읽고 있다. 반복하건대, 주자에게 仁은 우주의 내적인 힘이자 인간의 본질적(本然) 상태다. 주자는 仁을 한의학에서 말하는 '桃仁도인(복숭아씨)'나 '杏仁행인(살구씨)'의 예에서와 같이 읽었다. 즉 仁은 인간 속에 자리한 씨앗이라는 것이다. 또 한의학에서는 수족의 마비를 不仁이라고 부른다. 주자는 이 용법이 자신이 생각한 仁의 존재와 그 소외를 잘 반영하고 있다고 손뼉을 쳤다. 不仁은 인간성의 마비이자 자기로부터의 소외와 다름없다.

주자가 지금 仁을 두고, '存(존재한다, 보존한다)'과 '間斷(끊긴다, 단절이 있다)'이라는 표현을 쓰는 것을 눈여겨보시라. 이 어법의 한복판에 모종의 의식 흐름, 각성 상태라는 테제가 존재함을 짐작하실 것이다.

다산은 예의 그 비판을 잊지 않는다. 그것은 공자의 취지와는 영 맞지 않는다는 것. 어떻게 이렇게 엉뚱한 곳을 헤맬 수 있는가?

내 생각에, "仁이란 二人을 가리킨다. 고전古篆에 仁이라는 글자는 人 자를 두 개 겹쳐놓은 글자다. 가령 孫 자가 전문篆文에는 '作(子 자를 두 개 겹쳐놓은 모양)'이듯이, (仁은) 사람과 사람 사이의 관계를 나타낸다. 자장이 仁에 대해 물음에, 공자는 '사람과 사람이 함께하는 법'으로 대답했는데, 안으로는 이것으로 제가齊家와 치국治國을 할 수 있고, 밖으로는 이것으로 평천하平天下와 협만방協萬邦을 할 수 있다. 주자학자들

은 〔仁을〕 다만 心學으로 풀이했는데, 아마도 본뜻은 그렇지 않다. 오강
재吳康齋가 말했다. '공자께서 논하신 仁은 결코 공적空寂하지 않다. 만
일 心存을 논한다면 바로 선경禪境으로 들어선다.'"

〔案〕仁者 二人也【古篆 仁者 人人之疊文也 如孫字篆文作】人與
人之相與也. 子張問仁 孔子答之以人與人相與之法 內之可以齊
家治國 外之可以平天下而協萬邦. 先儒只以心學爲解 恐本旨不
然.【吳康齋云:"夫子論仁 決不空寂 論個心存 以入于禪境."】

다산의 비평을 더 음미해보자. 주자학은 "仁을 心學으로," 즉 마음 내
부의 자각 훈련으로 치환했다. 이 발상의 토대는 '仁=마음의 全德'이
라는 선언이다. "마음 '전체'가 仁義禮智"라니, 현대인들은 아무래도
잘 납득하기 어려울 것이다. 예전에도 그랬다. 이해하기 어렵다. 그
모호함으로 수많은 이해가 갈라졌고, 오해도 상당했으며, 논란의 가
닥이 수백 년을 끌고 갔다.

주자의 仁에 대한 생각은 그의 만년작인 〈인설〉에 잘 집약되어 있
다. 퇴계가 주자학의 전체를 《성학십도》 그림 열 개에 담을 때, 당연
히 채택해서 실었다. 제7도 〈인설도仁說圖〉의 전문을 들려드린다.

주자가 말했다. "仁은 천지가 생명을 낳는 '마음'이면서, 동시에 인간이
그에게서 얻은 '마음'이기도 하다. 미발지전未發之前, 즉 감정과 충동이
있기 전에, 인간의 마음에는 仁義禮智의 四德이 미리 갖추어져 있는
데, 그중 仁이 나머지 德을 포괄하면서, 전체적으로 통할하고 있다. 仁
을 '타고난 본질(生之性), 사랑의 원리(愛之理), 仁의 바탕(仁之體)'이라
고 부르는 이유가 여기 있다. 여기서 감정과 충동이 격발될 때(已發之

際) 四端이 표출되는데, 그중 측은지심이 四端을 관류하고 있어 어디
든 스며들지 않는 곳이 없다. 그래서 측은지심을 '본질의 구현(性之情),
사랑의 감정(愛之發), 仁의 작용(仁之用)'이라 부른다. 개괄적으로 말하
면, '未發을 바탕(體), 已發을 작용(用)'이라 하겠는데, 구체적으로 말
하자면, '仁이 바탕(體)이고, 측은지심이 작용(用)이다.' 이 仁을 체화하
는 관건은 바로 公, 즉 전체를 고려하는 자세이니, 공자께서도 仁의 구
현은 '극기복례', 즉 '사적 자아를 극복하여 공적 질서로 회귀하는 것'
이라고 하셨다. 공적 태도의 유지는 자기 본성을 함양하며, 더불어 남
을 사랑하는 마음도 키워낸다. 그러므로 가정에서는 효성과 형제애를
실천해 나가고, 사회에서는 타자에 대한 배려와 관용의 정신(恕)을 잊
지 않아야 한다. 이의 자각(知覺)은 仁의 한 속성인 의식(知)의 영역에
속한다."

朱子曰: "仁者天地生物之心 而人之所得以爲心. 未發之前四德具
焉 而惟仁則包乎四者. 是以涵育渾全無所不統 所謂生之性愛之
理仁之體也. 已發之際四端著焉 而惟惻隱則貫乎四端. 是以周流
貫徹, 無所不通 所謂性之情愛之發仁之用也. 專言則未發是體已
發是用 偏言則仁是體惻隱是用. 公者所以體仁 猶言克己復禮爲
仁也. 蓋公則仁 仁則愛 孝悌其用也 而恕其施也. 知覺乃知之事."

주자의 발상을 더 부연해보자. 자연은 거대한 창조의 마당이다. 그것
은 원형리정, 즉 생명의 탄생, 성장, 결실, 수확의 원리로 드러낸다.[3]
인간 또한 그 창조의 힘을 받아 태어났기에, 仁(사랑)을 각자의 바탕

---

[3]   원형리정의 우주적 과정은 천지 '마음'의 산물이다(元亨利貞 便是天地之心).

으로 갖추게 되었다. 여기 유의할 것은 주자학이 인간을 오롯이 음식남녀, 즉 우리가 이른바 본능이라 부르는, 그리하여 매우 위태롭게 여기는 바로 이 지평에서 인간을 읽지 않는다는 것이다.

자연의 과정은 원형리정의 德을 誠으로 밀고 가는 영원의 박동이다. 인간 또한 그 자연의 德을 내재화하고 살아간다. 이 내재화된 德을 仁義禮智(집약하면 仁으로 수렴된다)라고 부른다. 德이란 장착된 본성이라, '인간 속에 내재화된 본체'임을 알린다. 우리는 이것을 구체적으로 性이라고 부른다. 유의해야 할 것은 주자학이 性이라 말하고 그것이 '성즉리性卽理'라고 정식화할 때, 이 뜻을 우리의 일상적 용법으로의 그야말로 성적(sexual) 지평이나 음식남녀의 본능과 등치해서는 안 된다는 것이다. 주자학은 인간의 性을 모종의 우주적 창조력과 그 활동으로 읽고 있다. 그래서 性=仁義禮智라고 설득한다.

앞의 〈인설도〉에서 말하길, "仁=愛之理 心之德"이라고 정식화한 것을 보라. 즉 仁은 '마음속에 구체화된 본성(心之德)'이고, 이것이 마음의 전부(全體)다. 이 본체로부터 여러 상황과 계기에 따라, 효도와 사랑 같은 情이 피어날 것이다. 그러므로 仁은 '사랑의 원리(愛之理)'이기도 하다. 우리는 사랑의 존재를 통해 우리 내부에 그 '원리' 혹은 덕성이 있다는 것을 알 수 있다. 性의 실체는 잘 보이지 않고, 알아차리기 어렵지 않은가? 그러나 보라. 가령 어린아이가 우물에 빠지려고 할 때, 누구든 놀라 달려가 아이를 건질 것이다. 자신과 상관도 없는 일에 깜짝 놀라 아이를 향해 뛰어가는 마음을 보건대, 仁이 인간의 내면에 그 실체로서 존재하고 있음을 분명히 알 수 있지 않은가?

그런데 다들 알다시피, 인간의 性情이 어디 '사랑'뿐이던가? 사랑보다 치정이 더 많아 보인다. 열망이 좌절되면 분노하고, 필요한 것을 얻기 위해 사기와 술수, 음모, 나아가 다른 사람을 해치는 것도 때로 주저하지 않는 것이 인간세의 풍경이다. 그런데 이것이 인간의 본모습이 아니라고 역설한다. 주자학은 이 心·性·情의 메커니즘을 수리(修)하고자 한다. 제대로 고친다면, 이런 '마비'를 풀고 '일탈'을 막아 본래의 건전한 발양을 기약할 수 있을 것이다. 그 훈련을 촉구하고 있는 표준 구절 가운데 하나가 이른바 "顔子所好何學論안자소호하학론", 즉 "안회가 좋아한 學은 대체 무엇인가?"다.

안회는 지독한 가난과 궁핍 속에서도 자신만의 즐거움을 지켜나갔다. 그 즐거움의 정체가 무엇일까가 주자학의 핵심 화두 가운데 하나였다. 정이천은 그 물음에 이렇게 답한다. 자유롭게 해석해보았다.

이천 선생이 말했다. "천지는 정기를 담고 있는데, 그 가장 순수한 것을 받은 것이 인간이다. 그래서 그 바탕은 참되고 고요하다. 발현되지 않을 때, 그것은 仁義禮智信을 본질로 하고 있다. 그런데 인간이 형태(신체)를 가지므로, 外物이 그 신체의 감각을 촉발시키면, 내부(中)에 갖춘 에너지가 발동하고 반응한다. 그것이 희로애락애오욕의 칠정으로 드러난다. 칠정이 불꽃처럼 치성하고 질펀히 펼쳐지면, 본래 받은 본성(에너지)에 훼손이 간다. 사물의 자극에 대한 반성 없이 미성숙하게 반응하는 것이 일상화되면, 본래의 '본성'에 훼손이 간다. 그러면 어떻게 해야 하나? 당연히 반응을 성찰하고 그 구조를 교정해야 한다. 이것이 유교 수련의 중심에 있다."

伊川先生曰: "學以至聖人之道也. 聖人可學而至歟." 曰: "然." "學之道如何?" 曰: "天地儲精 得五行之秀者爲人. 其本也 眞而靜. 其未發也 五性具焉 曰仁義禮智信. 形旣生矣 外物觸其形而動其中

矣. 其中動而七情出焉. 曰喜怒哀樂愛惡欲. 情旣熾而益蕩 其性鑿
矣. 是故覺者約其情使合於中 正其心 養其性. 愚者則不知制之 縱
其情而至於邪僻 梏其性而亡之. 然學之道 必先明諸心 知所養 然
後力行以求至. 所謂自明而誠也.”(정이, 〈안자호학론顔子所好何學論〉)

정이천은 세 가지 층위에서의 훈련을 주문한다. 배우는 자들은 감정
을 ① '적정한 상태, 합리적 수준(中)으로 통제하고, ② 마음의 구조,
즉 성격을 교정해 나가며, ③ 발현 이전, 즉 내부의 본성에 유의해서
그것을 양성해 나간다.

수행자는 '자기 마음'의 움직임에 극히 유의해야 한다. 마음의 움직
임과 변화, 반응의 패턴 등을 깊이 유의해야 한다. 그런 다음 나아갈
바를 알고 적극 그 길을 구현하려고 노력해야 한다. 안회가 공자에게
서 배운 것이 바로 이것이다.

불교도들은 주자학이 '마음의 움직임에 유의하고, 그 수련과 교정'
에 집중한다는 것을 알면 놀랄지도 모른다. 유교의 학문은 외적으로
는 禮學이지만, 또 하나의 중심은 '마음 훈련'이다. 그것을 '心學'이
라고 불렀다. 주자학 훈련의 중심은 단연 心學이다. 지금은 심리학이
라는 용어의 득세로 잊힌 용어가 되어버렸지만….

이 불건전한 정동과 뒤틀린 반응은 '몸'의 존재로부터 온 것이다.
주자학은 몸과 마음의 氣가 본래의 창조적 의지, 즉 理를 구현하는
정도와 양상이 사람마다 다르다고 정식화한다. 요순 같은 성인은 그
심신(氣)이 한 점 흠도 없이 저 창조의 의지(理)를 완전히 구현하는
축복을 타고난 사람들이다. 그에 비하면 도척처럼 못된 氣를 타고난
부랑아, 파락호, 폭군들도 간간이 있다. 보통 사람들은 그 중간쯤, 불

완전한(?) 心身을 타고나기에, 우주적 의지를 온전히 구현하기 위해서는 적절한 훈련을 거쳐야 한다.《중용》이 말하듯이, "남이 一를 하면 나는 百을 하겠고, 남이 十을 해도 되는 것을 나는 千을 할 것이다"라는 각오가 있어야 한다.

지금 다산이 말하는 心學은 주자학의 학문을 특칭하고 있다. 학문의 중심을 이처럼 '마음의 유지와 교정'에 두는 경향을 총칭한다. 나중 '心學'이라는 용어는 주자학의 다른 이름인 理學과 대비되어 마음의 직접성을 강조하는 육왕학陸王學을 가리키는 것으로 전이되었다. 이 두 용법을 늘 염두에 두어야 한다.

지금 '心學'은 타고난 심리에 불건전한 요소, 과불급이 존재하니, 그것을 교정하고 정화해 나가는 작업을 총칭한다. 공부의 중심에 자기 내적 성찰과 주시가 있고, 불건전한 정념을 제어하는 연습이 있다. 다산이 보기에, 이 훈련들은 궁극적으로 본래 부여받은 仁의 바탕을 '확보'하는 데 주력하기 때문에, 인간관계에서 적절한 태도와 행동을 통해 구축되는 진정한 덕성을 향해 나아가는 것을 방해한다고 생각했다. 이 같은 지향은 다름 아닌 불교가, 특히 선불교가 지향해온 것이었고, 그들이 주창한 수련법이 아니었던가?

心存은 마음의 본래 상태를 내적으로 확보하는 것을 말한다. 그 첫 작업은 머릿속의 혼란한 상념을 제거하고, 비자각의 멍한 상태를 각성으로 되돌리는 데서 출발한다. 이것을 수렴收斂 혹은 敬의 시작이라 불렀다. 이는 초기 불교의 정념正念이나 최근 불교의 위파사나 수련법과 궤를 같이한다. 율곡의《성학집요》〈수기修己〉편의 수렴장에 이를 둘러싼 논의가 잘 정리되어 있다. 해주의 학동들을 위한 기초 교육서로 율곡이 집필한《격몽요결》은 말한다.

일이 있으면 적절한 理로 대응하고, 독서할 때는 誠으로 궁리한다. 이 두 일 외에는 정좌하여 마음을 수렴한다. 그리하여 마음이 고요(寂寂)하여 분란이 일지 않게 하고, 또랑하니 깨어(惺惺) 혼침 속에 빠지지 않게 한다. 이른바 '敬으로써 내면을 바로한다'는 것이 이것이다.

有事則以理應事 讀書則以誠窮理 除二者外 靜坐收斂此心 使寂寂無紛起之念 惺惺無昏昧之失可也 所謂敬以直內者如此.

일을 처리하거나 독서할 때를 빼고는 정좌靜坐, 즉 명상에 몰두하라는 권고 아닌가? 명상은 두 갈래로 이루어진다. 하나는 ① 외부 자극이나 내적 방해물들이 정신의 본래 고요를 다치지 않도록 하는 일이다. 다른 하나는 ② 이런 자극이 없을 때 정신은 꾸벅꾸벅 졸기 쉬우니, 졸지 않고 깨어 있는 정신의 각성을 동시에 유지하는 것이 중요하다. 지금 율곡이 제안한 정좌는 불교의 명상과 닮았다. 적적寂寂, 성성惺惺이라는 용어조차 《대승기신론大乘起信論》의 불교 집약이나 혜능 이래 선불교가 지도해온 명상의 요체에 닿아 있다. 율곡이 불교 공부에 본격 몰두한 적이 있는 것도 이와 무관하지 않겠지만, 다산이 보기에는 송대 주자학자들이 본시 불교의 훈련과 가르침에 오랫동안 침잠해 있었던 흔적이기도 했다. 이들 훈련법을 한마디로 집약하고 있는 것이 새로 해석된 敬이다. 물론 주자는 자신의 길이 불교와 다르다고 극구 손사래를 쳤지만….

지금 《논어》에서 보듯, 敬은 대상을 갖고 있었고, 일에 진지하게 임하고 사람을 존중하는 타자적 태도를 가리켰다. 주자는 이 敬에서 목적어를 탈각하고 내면적 각성과 그 유지로 의미를 환골탈태시켰다. 다산은 이 모든 주자학의 래디컬한 혁신이 공맹 정신과 그 기획의 왜곡으로 판단하고, 사태를 본래대로 되돌리고자 한다. 다산이 자신의 학문적 기획을 '수사학洙泗學'으로 이름 붙인 것도 그 때문이다. 洙泗는 공자와 맹자가 강학하던 곳이다.

다산은 주자학이 '불교'를 이단이라 배척하고 유교의 정통을 지키겠다고 기염을 토하지만, 기실 불교의 구상과 수련법을 그대로 채택하고 있다고 비판했다. 性情의 구조, 그리고 특히《중용》의 未發을 둘러싼 논의는 불교의 심성론을 그대로 가져온 것이라고 생각한다.

仁의 관계성과 외면화의 사례를 읽어보자.

仲弓問仁. 子曰: "出門如見大賓 使民如承大祭. 己所不欲 勿施於人. 在邦無怨 在家無怨." 仲弓曰: "雍雖不敏 請事斯語矣." (〈안연〉 2장)
중궁이 仁에 대해 물었다. 공자가 말했다. "문을 나서면 큰 손님 보듯 하고, 백성을 부림에 큰 제사 받들 듯한다. 내가 원하지 않는 것을 다른 사람에게 베풀지 말라. 그러면 나라에서도 원망이 없고, 집에서도 원망이 없을 것이다." 중궁이 말했다. "제가 비록 불민하지만, 이 말씀을 받들겠습니다." (주자)
중궁이 仁에 대해 물었다. 공자가 말했다. "길 가는 사람들을 제후의 빈객처럼 보고, 백성들 부리기를 天帝나 先王의 제사를 받들 듯한다. 내가 원하지 않는 것을 다른 사람에게 퍼붓지 말라. 그러면 공직에서나 집안에서 원망이 없을 것이다." 중궁이 말했다. "제가 비록 불민하지만, 이 말씀을 받들겠습니다." (다산)

지금의 말을 보건대, 공자는 仁의 이름으로 '인간에 대한 존중'을 권고한다. 주자가 강조한 '내적 본질의 각성과 파지'와는 길이 다른 것을 알 수 있다. 주자가 이 구절을 주석하기를, "敬으로 자신을 대하고 恕로써 사물에 미친다면, 私意(사적 의지, 즉 이기적 관심)가 용납되지 않아 心德이 온전해질 것(敬以持己 恕以及物 則私意無所容而心德全矣)"이라고 적었다.

敬이란 주자학 훈련 전체를 꿰고 있는 중심이다. 대외적 경건과 자기 내적 감시의 양 측면을 갖고 있다. 이와 더불어 私意가 숨을 죽일 때, 비로소 마음의 본래 기능이 온전해진다는 것이다. 이와 더불어 내장된 德은 주어진 계기에 따라 자신의 힘과 빛을 구현한다(看其氣象 便須心廣體胖 動容周旋中禮). 그 효과가 지금 말한 대로 "문을 나서서는 큰 손님을 만난 듯, 백성을 부릴 때는 큰 제사를 모시 듯"으로 드러날 것이다. 공자는 그 권고 이후에, 곧바로 "내가 싫어하는 것을 남에게 씌우지 마라"라고 선언하듯 말했다. 여기 仁의 '원리'가 있다. 공자가 권하는 인간 도리의 핵심이 여기 있다. 이 원리를 통해 仁이 구축되어갈 것이다.

이 지침은 동서양의 모든 종교와 철학, 인문이 공히 강조하는 바이기도 하다. 절대자 신이 있는 종교들은 이 계명을 신의 이름으로 선포했고, 인간이 주축이 된 문명에서는 추월적 권위가 없어도 '오직 인간을 통해서' 이 공감의 원리를 구현할 수 있다고 생각했다.

이 공감의 지평을 공자는 恕라고 부른다. "우리는 모두 같은 마음의 구조를 가지고 있다." 내가 싫다면 남도 싫을 것이고, 내가 원하는 것은 남들도 원할 것이다. 이것은 상호성의 소극적 원리라 할 만하다. 이 원리를 적극적으로 밀고 가면 이렇게 될 것이다. "내가 원한다면, 거기 남을 먼저 고려해주어라!"

仁에서 聖으로, 정치의 문명화

子貢曰: "如有博施於民而能濟衆 何如? 可謂仁乎?" 子曰: "何事於仁 必也
聖乎! 堯舜其猶病諸! 夫仁者 己欲立而立人 己欲達而達人. 能近取譬 可
謂仁之方也已." (〈옹야〉 28장)

자공이 물었다. "백성들에게 (필요한 것을) 널리 베풀고, 무리를 능히 (가난과 곤경
에서) 건질 수 있다면 어떻습니까? 이를 (스승님이 늘 강조하신) 仁(의 '발현')⁴이라
고 할 수 있을까요?" 공자가 대답했다. "어찌 그게 仁에 그치겠느냐? 반드시 聖
(의 경지)라고 불러야겠지. 요순도 그 실현에 애를 태웠나니. 무릇 仁者는 내가
서고 싶은 곳에 다른 사람을 세우고, 내가 가고 싶은 곳에 다른 사람을 보낸다.
가까운 곳에서 비유를 취하는 것, 그것이 仁의 방법이라 하겠다."

이곳에 유교의 원리가 웅변으로 선포되어 있다. 박시제중이라는 정
치와 문명의 이상은 아주 작은 초석 위에서 구축된다. 앞에서 적었듯
이, "내가 싫은 것은 남도 싫다는 것을 알라"에서 한 걸음 더 나아가,
"네가 원하는 것은 남도 원할 것이다. 지위든 가치든…. 그 마음을 따
라가라!" 여기서 유교는 소극적 '하지 않음'에서 적극적 '해 나감'으로
나아갔다. 그 출발에 恕, 즉 상호성과 공감이 있을 것이고, 이를 실현
해 나가는 도정에서 仁과 만날 것이다. 그리고 그 최종적 궁극에 聖
이 기다리고 있을 것이다.

　주자는 여기서도 자신의 독자적 仁觀을 역설한다. 그는 주석에서
"仁이 자연과 인간을 관통하는 원리(仁以理言 通乎上下)라면, 聖은 그

4　다산의 해석에 따르면, '仁의 성취'라고 번역하는 것이 적당하다.

극점에 다다른 경지(聖以地言 則造其極之名也)"라고 서두를 뗐다. 이 어지는 내용에서도 仁者의 행실을 내부에 장착된 仁의 자연 발현으로 읽는다!

仁者의 마음은 (자연히) 남을 향해 뻗어간다. 이를 통해 내 속에 장착된 天理가 두루 넓게 퍼져감에, 아무 간극이 없음을(즉 너와 나의 경계가 없다는 뜻) 볼 수 있다. 仁의 실체를 그려주기가 이만큼 절실할 수가 없다.
以己及人 仁者之心也. 於此觀之 可以見天理之周流而無閒矣. 狀
仁之體 莫切於此.

이 天理의 발현을 가로막는 것이 지적 편향과 이기적 욕구다. 그러면 이것을 어떻게 제거할 것인가?

가까운 곳에서 비유를 취하는 것은 가까운 나의 욕구를 통해 저 바깥 타인의 욕구를 살피는 것이다. 이 성찰을 구체화하는 것이 바로 恕의 실천이고, 仁의 기술이다. 이 일에 힘써 니기면 人欲의 私를 이기고, 天理의 公을 온전히 할 수 있다.
近取諸身 以己所欲譬之他人 知其所欲亦猶是也. 然後推其所欲
以及於人 則恕之事而仁之術也. 於此勉焉 則有以勝其人欲之私
而全其天理之公矣.

이 기술은 정곡을 찌른 것이다. 다산이 줄기차게 강조하는 것도 바로 이 대목이다. 주자 또한 가까운 곳에서 먼 것을 재단하는 것, 다른 말로 나의 욕구와 바람으로부터 타인을 가늠하는 태도가 바로 유교적 상호성의 원리(恕之事)이며, 이를 통해 인간의 길이 시작된다(仁之術)는 것을 분명히 적고 있다. 다산은 이 언급에 하이 파이브, 박수를 쳤을 것이다. 그럼에도 주자는 이 노력이 결국 "내면의 불순물을 걷어내고 순수한 자연성을 회복하기 위한 것(則有以勝其人欲之私 而全其天理之公矣)"임을 꼭꼭 짚어둔다.

대체 그 내면에는 무엇이 있길래, 주자는 이렇게 외면적 성취가 분명한 언급을 보면서도, 결국은 내면성으로 회귀하고 있는가? 그는 정자의 입을 빌려 이렇게 말한다.

정자가 말했다. "의서醫書에 손발의 마비(痿痺)를 '不仁'이라고 하는데, 이 말이 사태의 실상을 잘 그려주고 있다. 仁者는 천지만물을 一體로 보아, (그 모든 것이) 나 아님이 없고, 그것들이 모두 나라면 (나의 범위가) 미치지 않는 곳이 없다. 만약 (어떤 대상이) 내게 속하지 않는다면, 그것들은 나와는 전혀 상관없는 물건이 되고 만다. 그것은 마치 손발이 마비되어 氣가 통하지 않아, 내 손이 아닌 것처럼 느껴지는 것과 같다. 그래서 박시제중을 곧 성인의 功用이라 하는 것이다. 仁은 말하기 지극히 어렵다. 그래서 (공자께서는 仁을 묻는 말에) '무릇 仁者는 내가 서고 싶은 곳에 다른 사람을 세우고, 내가 가고 싶은 곳에 다른 사람을 보낸다. 가까운 곳에서 비유를 취하는 것, 그것이 仁의 방법이라 하겠다'라고 말할 수밖에 없으셨다. 이렇게 仁을 살필 수 있다면, 가히 仁의 體를 얻을 수 있을 것이다."

程子曰: "醫書以手足痿痺爲不仁 此言最善名狀. 仁者以天地萬物爲一體 莫非己也. 認得爲己 何所不至; 若不屬己 自與己不相干. 如手足之不仁 氣已不貫 皆不屬己. 故博施濟衆 乃聖人之功用. 仁

至難言 故止曰: '己欲立而立人 己欲達而達人 能近取譬 可謂仁之
方也已.' 欲令如是觀仁 可以得仁之體."

나와 남이 서로 기맥을 소통하고, 전체의 부분들이라는 생각은 현대
인들에게 잘 납득되지 않을 것이다. 주자학은 우주가 거대한 생명의
장이라고 생각한다. 그 안의 만물은 서로 다른 몸을 갖고 있지만, 유
기적 전체로, 즉 하나로 파악한다. 그 중심을 꿰고 있는 원리가 仁, 즉
사랑이라고 들려준 바 있다.

　가령 우리 인체를 보자. 각각의 기관과 세포 등이 서로 유기적으
로 소통하고 협력함으로써 생명을 유지하고 건강을 확보한다. 이 소
통에 단절이 생기면, 건강을 잃고 암이 번성하며 죽음이 손짓할 것이
다. 인간과 인간 또한 바로 그런 관계라고 말한다. 거대한 생명에 본
래 '단절'은 없다. 단절은 병적 징후이고, 소외를 몰고 온다. 이 해석에
의하면, 인간은 근본적으로 타자와 연동되어 있어 이기적일 수 없다!
이기적이고 자기중심적인 것은 생명의 원리에 반하는 것으로, 그렇
게 추동되는 삶은 자신을 죽이는 것이고, 그 무지로부터 모든 악이 생
겨난다. 퇴계는 선조에게 해준 강의에서 이렇게 말한다.

나와 천지만물은 그 理가 본래 하나입니다. 그러니 仁의 體를 드러내
어 '사적 자아'를 깨뜨리고 공적 자기를 확대하며, (이기심으로) 돌처럼
딴딴해진 마음을 녹이고 교통시켜, 사물과 나 사이에 간극이 없게 해야
합니다. 그 자리에 한 점의 私意도 끼어들지 못하게 하면, 가히 천지가
한 집안이고 중국이 한 사람임을 보게 될 것입니다. (사람들의) 아픔과
가려움이 내 몸의 그것처럼 절실할 때 사람의 길(仁道)이 성취됩니다.

吾與天地萬物其理本一之. 故狀出仁體 因以破有我之私 廓無我
之公 使其頑然如石之心 融化洞徹 物我無間 一毫私意無所容於
其間 可以見天地爲一家 中國爲一人. 痒痀疾痛 眞切吾身 而仁道
得矣. (퇴계, 〈서명고증강의〉)

인간의 일은 이렇게 '마비된(不仁)' 근육을 루슨 업 하듯이, 마음의 근
육을 풀고 사람과 사람 사이의 소통을 확보하는 일과 다름없다고 생
각했다. 이런 우주적 스케일의 仁을 사람들이 쉬이 납득하기 어려워
했기 때문에, 공자께서는 좀 더 쉬운 가르침으로 부득이 "가까운 곳에
서 비유를 취해" 일깨워주셨다고 주자는 말한다. 독자들은 점차 주자
의 인간학적 기획이 무엇인지를 대강 짐작하실 수 있게 되었으리라
고 생각한다.

사람 사이에 가로막힌 벽을 허물면 너와 나 사이에 진정한 소통이
이루어지고, 그 기맥은 온 나라를 넘어 세계로 그리고 우주로 퍼져나
갈 것이라고 주자는 말한다. 그때 나는 자연이 되고, 더 이상의 인위
적 노력은 필요 없다. 바람직한 정치적 행동, 리더십 또한 그 안에 있
을 것이었다. 내가 나를 고집하지 않음으로써 나의 벽이 허물어졌으
므로, 그때의 행동은 나의 것이 아니라 자연의 것이 되고 우주의 것으
로 피어난다. 그것을 주자는 "天理가 流行한다"라고 적었다. 관건은
오직 人欲의 私, 즉 자기중심적 자아가 죽어야만 가능한 것이었다.

이 기획을 본 사람들은 데자뷔, 어딘가 본 적이 있다고 생각할지
모른다. 그렇다. 주자는 자신 극구 부인하지만, 이단이라 칭하는 노장
과 불교의 지향과 아주 가까이 가 있다.

다산은 열심으로 비판한다. 그는 주자학의 이 기획이 송대에 융성

했던 불교와 선학의 흔적, 심하게 말하면 그 체계를 빌려온 것이라고 까지 극언한다. 그는 말한다. 다만 "仁은 다른 사람을 향한 사랑이다! 군주가 백성들을 仁으로 거두는 것처럼(仁者嚮人之愛也 君收仁於民)." 그리고 여기 聖의 의미에 대해서, 그는 자신의 종교적 의미를 부여해 두었다. "聖이란 하늘에 도달한 德이다(聖者達天之德也)." 이 점은 소명과 운명 그리고 하느님을 읽는 '天'의 장에서 같이 읽은 바 있다.

공자, 나는 다만 학습의 사람일 뿐

이제 한 사람이 남았다. 당연히 공자다. 평생을 이 가치를 위해 노력해온 그는 자신을 어떻게 평가하고 있을까? 그는 스스로 仁에 도착한 자라고 자부했을까?

子曰: "默而識之 學而不厭 誨人不倦 何有於我哉?" (〈술이〉 2장)
공지가 말했다. "묵묵히 새기고, 學에 질리지 않고, 가르치는 데 지치지 않는다. 그밖에 내게 뭐가 있는가?"

子曰: "若聖與仁 則吾豈敢? 抑爲之不厭 誨人不倦 則可謂云爾已矣." 公西華曰: "正唯弟子不能學也." (〈술이〉 34장)
공자가 말했다. "聖이나 仁을 내가 어떻게 감당하겠는가? 그렇지 않고, 그것을 행함에 물리지 않고, 남을 깨우침에 지치지 않는 사람이라고는 할 수 있겠지."
공서화가 말했다. "그게 저희가 따라 배울 수 없는 곳입니다." (주자)
공자가 말했다. "聖이나 仁을 내가 어떻게 감당하겠는가? 나는 그저 나날의 배움에 질리지 않고, 남을 깨우침에 지치지 않는 사람일 뿐." 공서화가 말했다. "그게 저희가 따라 배울 수 없는 곳입니다." (다산)

공자는 이처럼 仁과 聖을 자임하지 않은 것은 분명하다. 그런데 주자는 이 말을 공자의 겸사로 읽었다. 공자가 거기 도달해 있으면서 아닌 척 시침을 떼었다는 말이다. 仁聖의 道를 행하면서 아니라고 겸양만 해서는 천하의 인재들을 진작시킬 수 없으니, 다시 "그(仁聖의 道)를 행함에 물리지 않고, 가르치기에도 지치지 않는 사람"이라고 한발 양보했다는 것이다.

주자의 해석은 앞뒤가 순조롭지 않다. 仁聖을 감당할 수 없다고 해놓고서는 그 道를 행함에 질리지 않는다니, 도무지 앞뒤가 어긋난다. 주자의 시대, 공자의 '신성화'와 그 '강박'이 굳어진 탓이다.

실제《논어》에서 공자는 자신이 타고난 성자가 아니고, 그저 옛것을 믿고 열심히 배우는 사람일 뿐이라고 말하지 않는가? 태재 비가 "그분은 성자이신가? 어찌 그리 아는 것도 많고 다재다능하신가?"라고 했을 때, 자공이 "하늘이 성인을 내실제…"라고 대답한 데 대해, 공자는 자신을 聖과 연관시키는 것이 마뜩잖은 듯했다. "태재가 나를 아는구나. 나는 어렸을 때 빈천했기에, 생계를 위해 이것저것 닥치는 대로 일을 해야 했다"고 스스로를 밝혔다. 나는 이것을 공자의 겸양이라고만 생각하지 않는다. 그의 本心이었던 것이 아닐까? 속으로 뻐기면서도 겉으로 짐짓 겸양했다면, 자칫 위선으로 떨어질 수도 있지 않을까?

다산은 여기 爲之가 '(仁聖의 道를) 행한다'가 아니라 '배운다'라는 뜻이라고 일러주었다. 자신은 "그저 배움에 애를 쓰는 자, 그럼으로써

聖을 향해 노력하는 자(爲之者 學也 學將以成聖也)"라는 것. 사람을 가르침에 지치지 않는 것 또한 仁의 실천이겠다(誨人者 敎也 敎所以廣仁也.【孟子云: "學不厭 知也. 敎不倦 仁也."】).

그는 이렇게 聖과 仁을 나누었다. 학습은 聖을 지향하고, 仁은 가르침을 베푼다. 제자들이 따라잡을 수 없는 것은 이 두 가지, 즉 聖을 향한 공자의 학구열, 그리고 가르침에 지치지 않는 仁의 열정이다.

다산의 정의 또한 공자의 뜻을 너무 높게 읽어준 것이 아닐까? 과연 그는 學으로 聖을 이루겠다는 목표하에 나아갔을까? 가르침을 베푸는 것이 꼭 仁을 발양하겠다는 의무감의 발로였을까? 그의 심중에 聖과 仁이 있었을까? 그의 솔직한 토로와 유머로 볼 때, 그는 그저 배움에 질리지 않고, 가르침에 지치지 않는 사람이었을 뿐 아닌가?

공자의 일이관지

우리는 드디어 공자가 말하는 仁의 실체에 아주 가까이 다가가고 있다. 공자의 삶과 學은 '내가 싫어하는 일을 남에게 강요하지 않고', 나아가 '내가 원하는 지위와 목적물에 남이 먼저 닿게 하는 것'으로 요약된다. 공자는 이를 한마디로 "仁은 남을 사랑하는 것"이라고 설파했다. 사람들은 즉각 예수의 말씀 "네 이웃을 네 몸처럼 사랑하라"를 떠올릴 것이다. 실제 공자는 이 원리가 자신의 삶과 가르침을 하나로 꿰뚫는 정신이라고 제자들에게 알려준 바 있다.

子曰: "賜也 女以予爲多學而識之者與?" 對曰: "然 非與?" 曰: "非也 予一

以貫之." (〈위령공〉 2장)

공자가 말했다. "자공아, 너는 내가 박학다식한 사람이라고 생각하느냐?" 자공이 대답했다. "예, 아닌가요?" "아니다. 나는 일이관지, 하나로 꿰뚫고 있다."

그 '하나로 꿰뚫는 원리'가 무엇일까? 제자 증자가 그것이 바로 忠恕임을 알려준다.

子曰: "參乎! 吾道一以貫之." 曾子曰: "唯." 子出. 門人問曰: "何謂也?" 曾子曰: "夫子之道 忠恕而已矣." (〈이인〉 15장)

공자가 말했다. "삼아, 내 道는 하나의 원리로 꿰고 있다." 증자가 말했다. "그렇습니다." 공자가 나가고 난 다음 문인들이 물었다. "무슨 소립니까?" 증자가 말했다. "스승님의 道는 忠恕다."

忠恕란 무엇일까? 주자는 명상의 철학자답게, 忠을 내향적 자기 본질의 확보로, 恕를 외적 사물과 일에의 연장으로 읽었다. 그러나 다산은 이 體用적 발상에 브레이크를 건다. 그렇다면 원리가 하나가 아니라 둘이 되지 않는가? 그는 忠은 '충심으로, 진실하게'라는 부사이고, 핵심 키워드는 恕 한 글자라고 단언했다. 자공과 나눈 다음의 대화가 저간의 안개를 한 번에 걷어주고, 공자의 생각과 유교의 정신을 천둥처럼 일깨운다.

子貢問曰: "有一言而可以終身行之者乎?" 子曰: "其恕乎! 己所不欲 勿施於人." (〈위령공〉 23장)

자공이 물었다. "평생을 안고 갈 만한 한 글자가 있다면 무엇입니까?" 공자가 대답했다. "그것은 恕가 아니겠느냐? 네가 원하지 않는 바를 다른 사람에게 베풀지 마라."

한 인간이 평생을 짊어지고 갈 삶의 원칙은 하나다. "네가 싫어하는 것을 다른 사람에게 베풀지 마라!"라는 것. 《논어》에는 공자의 수많은 격언과 일상, 유력자들이나 제자들에게 준 가르침이 있다. 이들을 꿰고 있는 중심 원리가 있다. 나의 호오를 통해 다른 이의 호오를 알고 존중하는 것, 내가 싫은 것은 남에게 시키지 말고 남이 원하는 것을 존중하는 것, 그것이 전부다. 그 노력이 쌓이는 곳에 仁이 점차 축적되어갈 것이다.

이 원리는 《맹자》와 《대학》 그리고 《중용》에도 힘 있는 목소리로 실려 있다. 그래서 이들이 공자의 道統을 이었다고 말하는 것이다.

> 맹자가 말했다. "만사는 내게 갖추어져 있다. 자신을 돌아보아 진실하다면, 기쁨이 더할 나위 없을 것이다. 恕를 밀어붙여 나가는 것, 仁을 구함에 이보다 가까운 것이 없다."
> 孟子曰: "萬物皆備於我矣. 反身而誠 樂莫大焉. 強恕而行 求仁莫近焉." 《맹자》 〈진심〉 上 4장)

100여 년 후의 맹자 또한 공자의 삶과 학문의 핵심을 누구보다 선명하게 꿰뚫고 있었음을 이 구절로 읽을 수 있다. 그전에 공자의 손자 자사도 말했다.

> 공자가 말했다. "道는 사람에게서 멀지 않다. 사람이 道를 하면서 사람

을 멀리하면 道라 할 수 없다. 《시경》에서 말했다. '도낏자루를 찍네. 그 본이 멀리 있지 않네.' 도낏자루를 잡고 도낏자루를 찍어낸다. 흘낏 보면서도, 오히려 (그 본이) 멀리 있다고 생각한다. 그래서 군자는 사람으로 사람을 다스리고, 고친 다음에는 그치는 것이다. 忠恕는 道에 어긋나지도 멀지도 않다. 내게 베풀어 원하지 않는 것을 다른 사람에게 베풀지 마라. 군자의 道는 넷인데, 나는 하나도 능하지 못했다. 아들에게 원하는 바로 아버지를 모시지 못했고, 신하에게 바라는 바로 군주를 모시지 못했다. 동생에게 원하는 바로 형을 모시지 못했고, 친구들에게 바라는 바로 내가 먼저 친구들에게 베풀지 못했다. 늘 德 있는 행동을 밀고 나가고, 언제나 말을 삼가려 노력한다. 아직 미진한 행동은 더욱 노력하고, 지나친 말은 아끼려고 애쓴다. 말은 행동을, 행동은 말을 돌아본다. 군자가 어찌 진지하게 온 마음으로 노력하지 않겠는가?"

子曰: "道不遠人. 人之爲道而遠人 不可以爲道.《詩》云: '伐柯伐柯 其則不遠.' 執柯以伐柯 睨而視之 猶以爲遠. 故君子以人治人 改而止. 忠恕違道不遠 施諸己而不愿 亦勿施於人. 君子之道四 丘未能一焉: 所求乎子以事父 未能也; 所求乎臣以事君 未能也; 所求乎弟以事兄 未能也; 所求乎朋友先施之 未能也. 庸德之行 庸言之謹 有所不足 不敢不勉 有餘不敢盡; 言顧行 行顧言 君子胡不慥慥爾!"《중용》13장)

《대학》도 같은 뜻을 표명하고 있다. 공자가 말한 恕의 원리가 여기서는 '혈구지도絜矩之道'라는 이름을 얻게 되었다.

平天下가 나라를 다스림에 있다는 것은 무슨 말인가? 위에서 노인을 노인 대접하면 백성들이 아래에서 孝를 일으킬 것이고, 위에서 어른을 어른으로 모시면 백성들이 아래에서 상호 존중을 일으킬 것이다. 위에서 외로운 자를 돌보면 백성들은 등지지 않을 것이다. 그래서 군자는 혈구지도絜矩之道(곱자로 각을 잡듯, 사람의 행동을 상호성의 규범으로 재보기)를 갖고 있다. 그래서 꼴 보기 싫은 윗사람의 행태를 내 아랫사람에게는 저지르지 않고, 아랫사람이 하는 좋지 않은 행태를 보고 윗사람을 섬기는 데 참고한다. 앞뒤 좌우도 마찬가지다. 이를 '혈구지도'라고 한다.《시경》에서 말했다. "즐거운 저 군자여, 백성들의 부모로다." 사람들이 좋아하는 것을 좋아하고, 그들이 싫어하는 것을 미워한다. 이것이 '백성들의 부모'된 도리다. 또《시경》에서 말했다. "저 남산을 보라, 돌들이 우람하다. 혁혁한 사윤이여, 백성들이 모두 지켜보도다." 그러니 나라를 맡은 자, 신중해야 한다. 엇나가면 천하가 그를 도륙할 것이다.

所謂平天下在治其國者: 上老老而民興孝 上長長而民興弟 上恤孤而民不倍 是以君子有絜矩之道也. 所惡於上 毋以使下 所惡於下 毋以事上 所惡於前 毋以先後 所惡於後 毋以從前 所惡於右 毋以交於左 所惡於左 毋以交於右. 此之謂絜矩之道.《詩》云:"樂只君子 民之父母." 民之所好好之 民之所惡惡之 此之謂民之父母.《詩》云:"節彼南山 維石巖巖. 赫赫師尹 民具爾瞻." 有國者不可以不慎 辟則爲天下僇矣.《대학》12장)

그런데 이런 경학적 증거들 앞에서 주자의 해석은 곤혹을 겪는다. 그는 이제까지 보아왔듯, '일이관지'를 우주적 연속성, 만물이 엮여 있는 유기적 전체와 그 과정(一理以貫通之)을 베이스로 읽고 싶어 한다. 주자는 공자의 '일이관지' 또한 이런 우주적 생명의 통일체를 가리킨다고 생각했다.

　지극한 성실이 쉬지 않는 것, 그것이 道의 본체(의 모습)다. 수많은 생명
과 사물은 이 '하나'인 실체에 근거하고 있다. 만물이 각각 자신의 장소
를 차지할 수 있는 것은 道의 활동(의 결과)이다. 이렇게 하나의 근본이
수많은 다른 개체에 펼쳐진다. 이것으로 보면, 일이관지의 실제를 가히
볼 수 있다.
　蓋至誠無息者 道之體也 萬殊之所以一本也; 萬物各得其所者 道
之用也. 一本之所以萬殊也. 以此觀之 一以貫之之實可見矣.

그러나 이 해석은 공자의 본뜻과 너무 멀리 떨어져 있는 것이 사실이
다. 주자의 사유는 고유의 것으로 독립시켜야 할 듯하다. 고금의 수많
은 주석가와 학자가 이 엇갈림과 곤혹 앞에서 근원적 질문을 던질 만
도 한데, 대체로 주자학자들은 주자의 원 구상을 납득하고 그 안에서
의 다양한 이견을 조율하고자 했다. 조선의 유학자들도 마찬가지였
다. 후기에 백호가 의혹의 포문을 열었고, 서계는 이 회의를 표면화했
다. 그 성과가《사변록》이다. 다산은 오랜 탐색을 통해 경전이 말하는
것과 주자가 읽은 것 사이에 심연이 가로놓여 있다는 것을 확신하게
된다.《고금주》는 그 고투의 여정과 최종적 발견을 적어놓은 학문 일
생의 성과다. 그의 해석은 주자의 그것에 비추면 파격적이고 도발적
이지만, 四書의 원문을 평심하게 읽으면 다산의 생각이 지극히 상식
적임을 알고 저도 모르게 고개를 끄덕이게 될 것이다. 주자의 해석은
그 자신의 독창이다. 다산의 격앙된 목소리를 더 들어보자.

하안이 말했다. "善에는 元(여러 善의 으뜸)이 있고, 일에는 모임(會)이 있으니, 세상의 일이 길은 다르지만 돌아가는 곳은 같고, 생각은 백 가지이나 그 이치는 하나다. 그 元을 알면 모든 善을 알 수 있다. 그러므로 많이 배우기를 기다리지 않고도 하나의 이치를 미루어 모든 것을 알 수 있다." 형병이 말했다. "나는 단지 하나의 이치로써 모든 것을 꿰뚫고 있다." 이게 대체 무슨 소린가? 하안은 지금 공자와 자공이 무슨 문답을 주고받는지 알고나 하는 소린가? 一貫의 뜻은 증자가 직접 말한 것이 명명백백한데, 후세 유학자들은 익숙하게 보면서도 의심을 품는다(復熟視含疑). … 그런데도 이 분명한 해석을 따르지 않는 이유는 忠恕가 일관된 원리로는 너무 '초라하다(小)'고 여겨서다. 노자는 "하나가 둘을 낳고, 둘이 셋을, 그리고 여기서 만물이 나온다" 하고, 불교는 "만법은 하나로 돌아간다(萬法歸一)" 하니, 공자의 일이관지도 여기 짝이 될 수 있겠다고 생각해서, 이 세상에 지고지대한 (理의) 언사로 읽은 것이다. 그래 놓고 증자의 말을 낮추고 깎아서 忠恕 두 글자를 극히 미미하게 만들어버렸다. 진유晉儒도 엇나갔고, 송유宋儒도 틀렸다. 그들은 "증자가 혼자 道의 비밀을 깨치고도(自領妙道), 문인들에게는 (忠恕라는) 찌꺼기(糟粕)로 응답해주었다"고 평가하고, 여기시는 "자공이 공자의 말을 깨닫지 못하고 성인의 쭉정이(秕穅)만 배웠다"고 하니, 이것이 우리 道의 거대한 장애물이다.

何曰: "善有元 事有會 天下殊塗而同歸 百慮而一致. 知其元 則衆善擧矣 故不待多學而一知之." 邢曰: "我但用一理以貫通之."〔駁曰〕非也. 平叔知孔子與子貢問答爲何說乎? 一貫之解 曾子親口言之 明明白白 後之儒者 猶復熟視含疑 不肯往從者 其心以忠恕爲小也. 老子言'一生二 三生萬物' 佛氏言'萬法歸一' 孔子言'一以

貫之'可以相配 爲天地間至高至大之言. 曾子落而下之 骮而少之
爲'忠恕'二字 極卑極小. 故晉儒違之 宋儒違之 於彼則曰'曾子自
領妙道 以糟粕酬門人' 於此則曰'子貢不能妙悟 以秕穀學聖人' 此
吾道之巨蠹也.

이어서 다산은 '忠恕'가 유교의 단 하나 일관된 원리임을 힘찬 목소
리로 웅변한다.

무릇 사람이 이 세상을 살아감에, 응애 울음을 터뜨릴 때부터 관에 뚜
껑이 덮일 때까지, 그 더불어 처하기는 '(다른) 사람'일 뿐이다(언제나 사
람과 더불어 있다). 가까이는 부모와 형제에서 멀리는 친구와 고향 사람,
그 낮기는 신복臣僕과 어린아이에서 그 높기는 군사君師와 어르신을
포괄하기까지, 무릇 둥근 머리와 평평한 발로 하늘을 이고 땅을 밟는
자들은 모두 '나와 더불어' 서로 의지하고 도우며 교제하고 어울리며
부대끼면서 살아간다.
나도 한 사람이고 저도 한 사람이다. 두 사람 사이에 교제가 생긴다. 이
관계를 잘하면, 효도·우애·우정·자애·충성·신뢰·화목·화합이 되고,
그것이 틀어지면 패륜·반역·완고함·우둔함·간사함·사특함·원흉·악
의 우두머리가 된다. 우리 道는 무엇을 하자는 것인가? '사이 교제에
선하기(爲善於其際)'에 불과하다. 이리하여 예법을 만들어 선을 이끌고
악을 막는 것이니, 일동일정一動一靜, 일언일묵一言一默, 일사일념一思
一念에 모두 형법(刑式)과 금계禁戒가 있어, 백성들이 혹은 따르고 혹
은 피하게 한다. 그 文에는 《시경》·《서경》·《주역》·《춘추》에 이미 수
많은 말이 있으며, 경례삼백經禮三百 곡례삼천曲禮三千에 가지 잎사귀

마다 단락 구절마다 끝없이 넓게 퍼져 있어 일일이 다 파고들 수 없으나, 그 귀착지는 '사이 교제에 선하기'에 불과하다.

'사이 교제에 선하기'란 무엇을 이르느뇨? 미운 윗사람의 행태를 아랫사람에게 하지 말고, 미운 아랫사람들의 행태를 윗사람에게 하지 말며, 앞 사람의 미운 짓을 뒷사람에게 하지 말고, 뒷사람의 미운 짓을 앞 사람에게 하지 마라. 오른쪽 사람의 미운 짓으로 왼쪽 사람과 교제하지 말고, 왼쪽 사람의 미운 짓으로 오른쪽 사람과 교제하지 말지니, 이를 일러 '사이 교제에 선하기'라 한다.

그것을 한 글자로 총괄하면 恕가 아니겠는가? 그런즉 恕라는 물건이 한 가닥 노끈처럼 천만 개의 동전을 꿰고 있으니, 공자의 이른바 '일이관지'는 이를 가리킨 것이 아닌가?

天이 인간의 선악을 살피는 까닭 또한 바로 이 '두 사람 사이의 교제'에서 그 선악을 감독하는 것인데, 여기 또 이들에게 식색안일의 욕구를 주어 두 사람 사이에서 그 쟁투와 사양을 확인하고 그 성실과 태만을 점검하는 것이다. 이로 보매 옛 성인의 하늘 섬김의 學은 인간관계를 벗어나지 않으니, 즉 이 한 개의 '恕' 자로 가히 사람을 섬기고 하늘을 섬길 수 있으니, 무슨 까닭에 이를 '작다' 만드는가? '하나(一)'란 恕다.

原夫人生斯世 自落地之初 以至蓋棺之日 其所與處者 人而已. 其近者曰父子兄弟 其遠者曰朋友鄕人 其卑者曰臣僕幼穉 其尊者曰君師耆老. 凡與我同圓顱而方趾 戴天而履地者 皆與我相須相資 相交相接 胥匡以生者也. 我一人 彼一人 兩人之間 則生交際. 善於際 則爲孝·爲弟·爲友·爲慈·爲忠·爲信·爲睦·爲婣 不善於際 則爲悖·爲逆·爲頑·爲囂·爲奸·爲慝·爲元惡·爲大憝. 吾道何爲者也? 不過爲善於其際耳. 於是作爲禮法 以道其善 以遏其

惡 一動一靜 一言一默 一思一念 皆有刑式禁戒 俾民趨辟. 其文則
《詩》·《書》·《易》·《春秋》旣千言萬語 而經禮三百 曲禮三千 枝枝
葉葉 段段片片 浩浩漫漫 不可究學 要其歸 不過曰善於際也. 善於
際 何謂也? 所惡於上 毋以使下 所惡於下 毋以事上 所惡於前 毋
以先後 所惡於後 毋以從前 所惡於右 毋以交於左 所惡於左 無以
交於右. 斯之謂善於際也. 括之以一字 非卽爲恕乎? 然則恕之爲
物 如一條繩索 貫得千萬箇錢 孔子所謂'一以貫之' 非是之謂乎?
天之所以察人之善惡 亦惟是二人相與之際 監其淑慝 而又予之以
食色安逸之慾 使於二人之際 驗其爭讓 考其勤怠. 由是言之 古聖
人事天之學 不外乎人倫 卽此一'恕'字 可以事人 可以事天. 何故
而小之也? 一者 恕也.

다산은 왜 그토록 주자의 경학에 반기를 들었는가? 바로 유교를 '정
치' 위에서 논하고자 함이다. 주자와 다산 사이? 나는 그것을 한마디
로 "명상에서 정치로"로 정위한다. 주자학을 '명상'의 코드로 읽는 것
이 의아해할 분들도 있겠다. 다산은 주자학을 아예 '불교'라고까지 극
언한다. 그 일리를 따라가보자.

주자학은 '자기의 발견'에서 시작한다. 사람들은 무엇을 할까를 고
민하지만, 주자는 자신이 누구인지 모르고, 자기 스스로를 구원할 수
없다고 생각한다. 자기 존재의 핵심은 불교의 불성처럼, 우주적 동력
이고 근본적으로 선하다. 꽃이 피고 동물이 달리는 힘처럼, 인간도 선
한 격정과 의지를 발현하도록 유전적으로 프로그램되어 있다고 생각
한다.

인간의 악은 무지와 잘못된 습관에서 온다. 그것은 인간의 고유한

특질이 아니다. 자신의 본성을 자각하고 잘못된 습관과 기질의 편향을 고쳐 나간다면, 그는 본래의 '각성'을 되찾고(明明德) 건전한 사회인으로 살 수 있게 될 것이다. 교육과 정치는 이 목적을 위한 장치다. 각성된 현자는 가족과 이웃 그리고 온 천하를 일깨워, 자신의 본성을 되찾도록 도와주는 사람이다. 그것이 新民이라 불리는, 정치의 궁극적 목적이다.

여기서 악은 우연적이고, 빛의 결여일 뿐이다. 또한 악이란 일종의 겹핍 혹은 소외다. 요컨대 악은 불건전의 다른 이름이다. 이처럼 주자학의 기획은 소외된 인간을 본래의 자신으로, 병든 심신을 고쳐 건강한 인간으로 살게 하려는 치유의 기술로 집약된다.

이 기획의 몇 가지 특징이 눈에 띌 것이다. 자연은 본질적으로 선하다. 인간의 도덕적 특질 또한 자연의 선물이다. "나는 모든 德(仁)을 갖추고 있다." 그러므로 따로 윤리학이 요청되지 않는다. '각성', 즉 무지의 자각이 전부이기 때문이다. 이기적 탐욕도 그와 더불어 자신의 추한 얼굴을 드러낼 것이다. 자기를 발견할 때, 선은 스스로를 드러낸다. 자연은 완전하고, 본성은 선하다. 그리고 지식이 길을 밝히는바, 의지의 선택은 적극적 의미를 갖지 않는다.

주자학은 그리하여 '자기 발견'에 올인한다. "나는 누구인가?" 자기 존재의 본성은 유전적 제약에, 이기적 관심, 나르시스적 자기기만과 감정 편향 등으로 덮여 있다. 이 장애를 뚫고 자신과 만나기 위한 오랜 적공이 필요하다.

인간의 마음은 또한 '현재'에 있지 않고 늘 집을 나간다. 자기 망각이 삶의 현실이 되어버렸다. 주자학은 주시와 명상을 통해 '집 나간 마음'을 찾아오고, '굽은 손가락처럼' 병든 정신을 교정하고자 노력한다. 내가 이 체계를 '명상'으로 정위하는 이유다.

이 노력이 힘을 얻고, 마음의 장애가 치유되며, 은폐의 덮개가 헐거워지면, 그때 그는 자신과 대면할 것이고, 그렇게 자유로워진 '본성'이 외적 환경과 특정한 계기의 촉발에 따라 자신을 '자연스럽게' 발현하게 될 것이다. 도덕은 거기서 완성된다. 주자학은 그런 점에서 도덕의 영역을 따로 설정하지 않고, 자연성의 회복으로 이해한다.

자기 속에 잠자던 힘과 빛은 자연히 외부로 표출된다. 가정 내부의 화목뿐만 아니다. 사회적 교제에서, 공무를 처리하는 현장에서, 그가 만일 오래된 정신 장애로부터 자유롭다면, 자연스럽게 상황에 반응하게 된다. 타인의 소리에 귀를 기울이고, 전체의 이익을 고려하게 된다. 모든 살아 있는 것은 반응한다! 인간의 '본성' 또한 고착이나 차단이 아니라 반응하고 교감하는 것이기 때문이다.

나머지는 범위의 문제다. 작은 사업을 할 수도 있고, 직장에 몸담을 수도 있다. 미관말직도 있겠고, 대국의 리더십을 행사할 수도 있다. 역할은 달라도 원리는 하나다. 이렇게 교육을 통해 자각된 개인들이 공적 광장에서 백성이나 시민들로 참여할 때, 덕성의 공동체가 만들어질 것이고, 꿈꾸던 사회적 질서가 구현될 것이다. 이것이 주자학 구상의 개략이다.

다산은 이 '발견'의 기획이 도무지 마음에 들지 않았다. 이 순진한 기획은 철학자의 이상향이지, 현실 정치를 고려한 해법은 아니라고 판단한 것이다. 다산의 시대는 근본적 변혁의 '인위적' 설계가 필요한 때였다. 그 자신의 개인적 불행도 여기 깊은 상흔을 남겼을 것이라고 생각한다.

안정된 세상은 주자의 기획이 유효할지 모른다. 주자학이 '보수적' 성격을 띠는 것은 그 때문이다. 다산은 그러나 '혁신'을 꿈꾼다. 정조가 때 이르게 죽고 운명이 그를 좌절시켰을 때, 그는 광야에서 예언자의 목소리를 발하기 시작한다. (졸고,《다산학 공부》, 돌베개, 390-392쪽)

子貢曰: "有美玉於斯 韞匵而藏諸? 求善賈而沽諸?" 子曰: "沽之哉 沽之哉 我待賈者也." 〈〈자한〉 12장)

자공이 말했다. "여기 아름다운 옥이 있습니다. 가죽갑에 모셔두어야 할까요, 좋은 값에 팔아야 할까요?" 공자가 말했다. "팔아야지, 팔아야지. 나는 좋은 값을 쳐주기를 기다리고 있다."

이렇게 팔겠다는 열망에 가득 차 있는데, 왜 사는 사람이 없었던 것일까? 공자 道의 특징은 무엇이고, 무엇이 당대의 요청과 그리 엇갈리고 부딪혔던 것일까?

고향을 떠나다

정공 13년(기원전 497년), 공자는 고향을 떠났다. 그의 정치 실험은 실패로 끝났다. 그는 아마도 쫓겨나다시피 했을 것이다. 3가는 그들의 근거지 3도를 허물려는 공자의 의도를 간파했을 것이고, 정공은 이 싸움에 지쳤거나 승산이 없다고 느꼈을 수도 있다. 그의 발걸음은 맨 먼저 위나라로 향했다.

> 子適衛 冉有僕. 子曰: "庶矣哉." 冉有曰: "既庶矣. 又何加焉?" 曰: "富之."
> 曰: "既富矣 又何加焉?" 曰: "敎之." (〈자로〉 9장)
> 공자가 위나라로 갔다. 염구가 고삐를 쥐고 있었다. 공자가 말했다. "인구가 많구나." 염구가 말했다. "많은 인구를 어떡해야 하나요?" "부유하게 해주어야지." "그런 다음에는요?" "가르쳐야지."

인구·산업·교육, 이 셋이 공자가 선포한 정치의 핵심이다. 이 대화는 왜 다들 은퇴를 생각할 나이에 공자가 천하를 주유하게 되었는지를 간결하게 일러준다.

누가 동행했는지에 대한 기록은 없다. 아마도 내가 4대 제자로 꼽는 '안회, 자공, 자로, 그리고 염구'는 분명히 동행했던 것 같다. 염구는 지금 공자의 말고삐를 잡고 국경선을 넘고 있고, 안회는 여행 도중의 변란에서 살아나와 "스승님이 계시는데, 제가 어찌 감히 죽겠습니까?" 하며 재회한 바 있다. 자로는 초나라로 가는 길에 여러 은자와 만났으며, 자공은 자신의 외교력으로 진채의 곤액을 벗어나게 했다. 무엇보다 《사기》에는 진채의 고난 속에서 다들 병들고 먹지 못해 쓰러졌을 때, 거문고를 켜며 노래를 부르는 공자에게 "우리가 왜 이 지경이 되었느냐?"고 울분을 토하는 제자들과 대화하는 장엄한 장면이 실려 있다. 대화의 상대로 세 사람이 등장하는데, 자로, 자공, 안회가 그들이다. 이를 보아서도 위의 넷은 분명히 공자와 동행했던 것이 틀림없다. 공자는 고향이 아닌 타국에서 희망을 찾을 수 있을까?

> 子擊磬於衛. 有荷蕢而過孔氏之門者 曰: "有心哉 擊磬乎." 旣而曰: "鄙哉! 硜硜乎! 莫己知也 斯己而已矣. 深則厲 淺則揭." 子曰: "果哉! 末之難矣."
> 〈헌문〉 42장)

공자가 위나라에서 석경(돌로 만든 악기)으로 음악을 연주하고 있었다. 풀 지게를 지고 그 문 앞을 지나가던 사람이 있었다. "의도를 담고 있구나. 경쇠를 두드림에…." 그러고 나서 다시 말했다. "천박하다, 깽깽이 소리여. 나를 몰라준다? 그러면 그만 아닌가? 물이 깊으면 옷을 벗고, 얕으면 걷어서 건넌다." 공자가 말했다. "맞는 소리(果)라, 대꾸할(難) 말이 없네." (다산의 해석)

주자는 마지막 구절, "果哉과제! 末之難矣말지난의"를 "세상과 인연을 끊는 과감함(果), 이건 그리 어려운(難) 일이 아니야"라고 풀었다. 세상을 향해 나아가는 공자의 비장한 걸음에 주자는 아우라를 제공해주고 있다. 그렇더라도 이렇게 해석이 현격하게 다를 수가 있나?[1]

---

1 고전의 한 글자 한 글자는 수많은 해석의 갈래에 열려 있다. 그것이 고전 읽기의 곤혹이자, 매력이기도 하다. 여기서도 주자와 다산의 해석 성향(?)을 엿볼 수 있다. 주자는 공자를 확신에 차 있으며 시비 판단이 분명한 사람으로 읽으려 한다. 다산은 이와 다르다. 공자가 자신의 결점을 인정하고 타인을 배려하는 쪽에 더 포인트를 둔다. 이를테면, 주자는 공자의 義에, 다산은 공자의 仁에 더 기울고 있다고 할 수도 있다. 이 해석 성향은 자신의 얼굴을 반영하고 있을 것이다.

세상의 흐름을 누가 바꿀 것인가? 주 왕실의 권위는 땅에 떨어졌고, 패권을 잡기 위한 경쟁은 오래되었다. 먹느냐 먹히느냐의 현실 속에서 공자의 이상주의는 설득력을 갖기 어려웠다. "물이 깊으면 옷을 벗고 물이 얕으면 바지를 걷는다." 세상이 너를 알아주지 않거든 조용히 자취를 감추면 그만인 것을⋯. 그렇지 않으려거든 세상의 요구에 부응하는 법을 배우든지⋯.

> 子路宿於石門 晨門曰: "奚自?" 子路曰: "自孔氏." 曰: "是知其不可而爲之者與?"〔〈헌문〉 41장〕
> 자로가 석문에서 묵었다. 성문을 여닫는 책임자가 물었다. "어디서 왔소?" "공자를 모시고 있습니다." "아, 거 안 되는 줄 알면서도 굳이 하겠다는 사람 말이오?"

이 말은 순전한 '힐난'은 아닐 것이다. 다산의 말대로, 이 탄식에는 '안타까움'과 '연민'이 가득 묻어난다(〔案〕 其言則譏 其心則相愛之至也. 情見丁辭 千載如覩), 당대의 사람들은 공자의 꿈이 이루어질 수 없다는 것을 잘 알고 있었다. "세상은 도도한 흙탕물처럼 흐르고 있는데, 그 흐름을 공자 혼자서 되돌려보려고 노력하고 있구나." 그 무리를 보고 격려해준 사람도 물론 없지 않았다.

> 儀封人請見. 曰: "君子之至於斯也 吾未嘗不得見也." 從者見之. 出曰: "二三子 何患於喪乎? 天下之無道也久矣 天將以夫子爲木鐸."〔〈팔일〉 24장〕
> (위나라) 의儀땅의 토지 관리인이 공자를 뵙기를 청했다. "현인들이 오시면 제가 꼭 만나봅니다." 일행이 공자를 만나게 해주었다. 접견을 마치고 나오면서 그는

말했다. "여러분, 다들 무엇을 걱정하십니까? 천하가 무도한 지 오래되었습니다. '하늘'이 장차 그분을 목탁으로 삼으실 게요."

그는 아마도 공자의 품격과 식견에 깊이 감명을 받았을 것이다. 그리고 언젠가 이 무도한 세상을 끝내고 이 땅에 평화와 질서를 구축해줄 영웅적 성취를 기대하며, 일행을 다독이고 있다. 노나라에서의 실패는 일시적이고, 아직 가능성은 열려 있다.

공자는 아직 낙관적이었던 듯하다. 그렇지 않았다면 천하를 철환하지 않았을 것이다. 크릴은 다들 은퇴를 생각할 나이에, 이 무모한 모험에 나선 공자를 기린다. "그것은 흡사 진격하라고 외치는 장군과 몸소 전장에 뛰어드는 장수의 차이와 같다."

子欲居九夷. 或曰: "陋 如之何!" 子曰: "君子居之 何陋之有?" 〈자한〉 13장

공자가 구이의 오랑캐 땅에 가서 살고 싶어 했다. 누가 말했다. "누추한데, 어쩌실려고요?" 공자가 말했다. "군자가 살았는데, 무슨 누추함이 있겠는가?"

오랜 유랑에 지친 공자의 모습이 떠오른다. 자신의 뜻을 알아주는 군주가 아무도 없단 말인가? 이제 저 바다 건너 구이의 오랑캐 땅에 희망을 걸어볼까?

그곳은 누추한 곳이 아니다. 그러면 누구처럼 "공자 자신이 살며 교화를 펼칠 것이므로(君子居之) 누추할 일이 없다"라는 뜻일까? 혹은 "옛적 기자가 가서 교화해둔 곳이 아닌가?"라는 뜻일까? 나는 후자의 해석이 맞다고 생각한다.

스승의 道는 너무 높습니다

그 길을 나설 때, 누가 따라나서 줄까? 아마 자로는 동행할 거야.

子曰: "道不行 乘桴浮于海. 從我者其由與?" 子路聞之喜. 子曰: "由也好勇 過我 無所取材." (〈공야장〉6장)

공자가 말했다. "道가 행해지지 않는구나. 뗏목을 타고 바다로 나갈 때, 나를 따라올 사람, 자로이겠지." 자로가 (나중에) 듣고는 기뻐했다. (이를 두고) 공자가 말했다. "자로는 용기는 드높은데, 도무지 사리를 따져보지 않는구나."

자로는 앞뒤 재지 못하는 무모한 사람일까? 전혀 아닐 수도 있다. 다산은 마지막 구절 번역에 문제가 있다고 생각한다. 다들 주저할 때, 자로만이 나를 믿고 작은 뗏목에 올라탈 것이다. "자로의 용기는 나보다 더하다. 현실적 계산을 하지 않는다." 다산이 읽은 대로, 공자는 자공의 道를 향한 열정과 스승에게 갖는 무한 신뢰를 기렸다. 자로도 그것을 알았다. 그래서 기뻐한 것이다. 공자는 자로가 믿음직스러웠다. 이에 비해 염구는 유능한 관료가 되는 것을 목표로 하고 있었다. 크릴은 "버터가 어디 발라져 있는지를 잘 아는 사람"이라고 평가했다.

冉求曰: "非不說子之道 力不足也." 子曰: "力不足者 中道而廢. 今女畫." (〈옹야〉10장)

염구가 물었다. "스승님의 道를 좋아하지 않는 것은 아닌데, 제가 역부족입니다." 공자가 말했다. "역부족인 사람은 가다가 쓰러질 뿐인데, 지금 너는 발 앞에 미리 선을 그어놓았다."

염구는 도저히 스승의 道를 감당할 수 없다고 꼬리를 뺐다. '좋아하기는 한다'는 뜻으로 보건대, 그에게는 너무 이상적으로 들렸던 듯하다. 과연 "역부족"이라고 토로하게 한 공자의 道는 무엇일까? 자공이 "언덕은 걸어 올라갈 수 있지만, 해와 달은 따라잡을 수가 없다"고 하고, 안회가 "뚫을수록 더욱 단단하고, 여긴가 하면 훌쩍 저만큼 가 있다"는 공자가 서 있는 지점은 어디일까? 이 지점을 개인적 인격 차원과 그가 꿈꾼 정치 문명화 차원, 두 부면에서 읽을 수 있을 것이다. 다들 이 술회를 개인적 성장의 관점에서 읽는데, 공자가 꿈꾼 세상의 수준으로 볼 수도 있다. 이 道의 정치적 이념을 찾아가보자.

사마천의 《사기》 〈공자세가〉에는 진채의 고난 속에서 탈출도 하지 못하고 식량도 떨어져, 쓰러지고 신음하던 제자들의 모습이 그려져 있다. 그 와중에도 공자는 공부하고 악기를 연주하며 태연했다.

공자가 채나라로 옮긴 지 3년째, 오나라가 진陳나라를 쳤고, 초나라는 진나라를 구원하려고 성보에 진을 쳤다. 공자가 진채에 있다는 것을 알고, 초나라가 사자를 시켜 모셔 오게 했다. 공자가 배례하고 떠나려 할 즈음에, 진채의 대부들이 모의했다. "공자는 현자로, 비판적 언사가 제후들의 병폐를 정확하게 짚고 있습니다. 그는 오랫동안 진채에 머물렀는데, 여러 대부의 행동거지가 그의 마음에 들었을 리 없습니다. 초나라는 대국입니다. 거기서 공자를 초빙했으니, 만일 그가 초나라에서 쓰이기라도 하면 진채를 주무르던 대부들이 위태로워집니다." 그래서 수하들을 시켜 공자를 야외에서 포위했다. 공자는 발이 묶였고, 식량은 바닥났으며, 무리는 병으로 일어나지 못했다. 공자는 여전히 시를 읊조리고 노래를 부르며 악기를 연주했다.

자로가 노기를 띠면서 말했다. "군자도 이런 곤궁을 당합니까?" 공자가 말했다. "군자도 때로 이런 곤궁에 처한다. 소인들은 이런 처지에 놓이면 넘치는 짓을 한다." 자공도 안색이 변했다. 공자가 말했다. "자공아, 너는 내가 그저 박식한 딜레탕트라고 생각하느냐?" "예, 아닌가요?" "아니다. 나는 하나로 일관하고 있다."

공자는 제자들의 분노를 읽었다. 그래서 자로를 불러 물었다. 《시경》에 '들소도 아닌 것이 호랑이도 아닌 것이 광야를 헤매고 있다'라고 했다. 우리 道가 틀렸는가? 어쩌다 이렇게 되었을까?" 자로가 말했다. "우리가 아직 仁하지 않아서가 아닐까요? 사람들이 우리를 믿어주지 않습니다. 우리가 아직 知하지 않아서가 아닐까요? 사람들이 우리를 따르지 않습니다." 공자가 말했다. "그런가? 자로야, 仁者가 꼭 신뢰를 얻는다면, 백이·숙제가 어떻게 있겠느냐? 知者가 꼭 통용된다면, 어떻게 왕자 비간이 있겠느냐?"

자로가 나가고, 자공이 들어왔다. 공자가 말했다. "자공아, 《시경》에 '들소도 아닌 것이 호랑이도 아닌 것이 광야를 헤매고 있다'라고 했다. 우리 道가 틀렸는가? 어쩌다 이렇게 되었을까?" 자공이 대답했다. "스승님의 道는 지극히 큽니다. 그래서 천하가 스승님을 수용하지 못합니다. 왜 수준을 조금만 낮추지 않으십니까?" 공자가 말했다. "자공아, 훌륭한 농부가 수확을 보장할 수 없고, 뛰어난 장인의 작품이 늘 주문한 사람의 마음에 들 수는 없다. 군자가 능히 그 道를 닦아 기강을 다듬고 계통을 세웠다고 해도, 받아들여지지 않는 수가 있다. 지금 너는 너의 道를 닦지 않고 인정받을 궁리만 하는구나. 자공아, 너의 뜻이 원대하지 않구나."

자공이 나가고 안회가 들어왔다. 공자가 말했다. "안회야, 《시경》에 '들소도 아닌 것이 호랑이도 아닌 것이 광야를 헤매고 있다'라고 했다. 우리 道가 틀렸는가? 어쩌다 이렇게 되었을까?" 안회가 말했다. "스승님의 道는 지극히 큽니다. 그래서 천하가 수용하지 못합니다. 그러나 스승님은 그저 가시던 길을 밀고 나갑니다. 받아들여지지 않는 것을 왜 걱정하십니까? 받아들여지지 않아야, 그게 진정 군자입니다. 道를 닦지 않는 것은 우리의 추함이지만, 道를 크게 닦았는데도 받아들이지 않는다면 그것은 세상의 추함이요. 세상의 인정이 무슨 걱정입니까? 받아들여지지 않아야 진정한 군자입니다." 공자가 말했다. "그렇지? 안씨의 아들아, 네가 부자라면 나는 거기 집사가 되겠다만…."

孔子遷于蔡三歲 吳伐陳. 楚救陳 軍于城父. 聞孔子在陳蔡之間 楚使人聘孔子. 孔子將往拜禮 陳蔡大夫謀曰: "孔子賢者 所刺譏皆中諸侯之疾. 今者久留陳蔡之間 諸大夫所設行皆非仲尼之意. 今楚大國也 來聘孔子. 孔子用於楚 則陳蔡用事大夫危矣." 於是乃相與發徒役圍孔子於野. 不得行 絶糧. 從者病 莫能興. 孔子講誦弦歌不衰. 子路慍見曰: "君子亦有窮乎?" 孔子曰: "君子固窮 小人窮斯濫矣." 子貢色作. 孔子曰: "賜 爾以予爲多學而識之者與?" 曰: "然. 非與?" 孔子曰: "非也. 予一以貫之." 孔子知弟子有慍心 乃召子路而問曰: "《詩》云: '匪兕匪虎 率彼曠野.' 吾道非邪? 吾何爲於此?" 子路曰: "意者吾未仁邪? 人之不我信也. 意者吾未知邪? 人之不我行也." 孔子曰: "有是乎! 由 譬使仁者而必信 安有伯夷·叔齊? 使知者而必行 安有王子比干?" 子路出 子貢入見. 孔子曰: "賜《詩》云: '匪兕匪虎 率彼曠野.' 吾道非邪? 吾何爲於此?" 子貢曰: "夫子之道至大也 故天下莫能容夫子. 夫子蓋少貶焉?" 孔子曰: "賜 良農能稼而不能爲穡 良工能巧而不能爲順. 君子能脩其道 綱而紀之

統而理之 而不能爲容. 今爾不脩爾道而求爲容. 賜 而志不遠矣!"
子貢出 顔回入見. 孔子曰:"回《詩》云: '匪兕匪虎 率彼曠野.' 吾道
非邪? 吾何爲於此?" 顔回曰:"夫子之道至大 故天下莫能容. 雖然
夫子推而行之 不容何病 不容然後見君子! 夫道之不修也 是吾醜
也. 夫道旣已大修而不用 是有國者之醜也. 不容何病 不容然後見
君子!" 孔子欣然而笑曰:"有是哉顔氏之子! 使爾多財 吾爲爾宰."

그 후 자공이 초나라와 교섭하여 그들은 마침내 포위를 풀고 위기에
서 벗어날 수 있었다. 나는 공자와《논어》그리고 나중 포괄적으로 유
교의 정치사상을 말할 때 가장 중요한 대화라고 생각한다.

공자의 정치 혁명

핵심은 이것이다. "대체 공자는 얼마나 높이 자신의 道를 설정했는
가?" 대체 공자의 무엇이 당대로 하여금 수용 불가라는 낙인을 찍게
했는가다.《논어》에서 그 지점을 찾아 대략 정리해보려고 한다.

(1) 정치는 권력이 아니라 책임이다

定公問:"一言而可以興邦 有諸?" 孔子對曰:"言不可以若是其幾也. 人之
言曰: '爲君難 爲臣不易.' 如知爲君之難也 不幾乎一言而興邦乎?" 曰:"一
言而喪邦 有諸?" 孔子對曰:"言不可以若是其幾也. 人之言曰: '予無樂乎
爲君 唯其言而莫予違也.' 如其善而莫之違也 不亦善乎? 如不善而莫之違

也 不幾乎一言而喪邦乎?"(〈자로〉 15장)

정공이 물었다. "나라를 부흥하게 할 키워드 하나를 들 수 있겠습니까?" 공자가 대답했다. "한마디 말로 될 일이겠습니까마는, 굳이 고르자면 사람들의 말에, '임금 되기 어렵고, 신하 노릇도 쉽지 않다'고 합니다. '임금 되기 어렵다'는 것을 안다면, 그게 나라를 흥하게 할 한마디가 아닐는지요?" "나라를 망하게 할 키워드 하나를 고른다면요?" "그것도 마찬가지로, 한마디 말로 기약할 수 없지만, 사람들의 말에, '임금 되고 별다른 낙이 없는데, 다만 내 말에 나서서 거스르는 자가 없는 것이 낙이다'라고 합니다. 선한 말이라면 거스르지 않는 것이 좋겠지만, 不善한데도 거스르지 않는다면 그게 나라를 망하게 할 한마디라 할 수 있겠지요?"

정공의 물음으로 보건대, 이 대화는 아마도 공자가 50세 전후 노나라에서 협곡의 회맹을 하고 대사구가 되어, 자로와 더불어 정치를 혁신하던 그 무렵일 것이라 생각한다. 공자는 정공에게 말한다. 정치의 흥망은 쉽사리 예측할 수 없다. 그러나 분명한 것은 그 시작 혹은 출발점이 어디인지는 말할 수 있다. 군주가 그 지위를 '권력'으로 감각할 때, 하고 싶은 대로 폭정을 휘두르고 거기 아무도 토를 달거나 반발하지 않을 때, 그 나라는 확실히 망조에 들어선 것이다. 그렇지 않고 군주의 지위를 '책임'으로 이해할 때, 즉 백성들의 안정과 복지 걱정에 밤잠을 설칠 때, 그 나라는 틀림없이 흥륭의 트랙으로 올라선다.

이 생각은 공자의 독창이라기보다 술이부작述而不作 이전 오래된 전통을 갖고 있다. 특히 《서경》은 하은주 왕조의 흥망과 성쇠를 담고 있다. 특히 주나라가 은나라를 정복할 때, 은 말기의 타락과 권력 남용에 대한 묘사가 생생하다. 물론 역사는 정복자들이 쓰는 것이라, 과장과 변명이 상당히 윤색되어 있을 것이다. 그렇다 하더라도 그 정복의 정당화는 이제 곧 자신들에게로 향한다. 만일 같은 행태를 반복한다면, 그들도 저 은나라의 전철을 밟게 되리라는 것이다. 그리하여 《서경》은 통치의 보편적 교범의 지위를 얻게 되었다.

율곡이 자신의 주자학 매뉴얼인《성학집요》를 편찬했다. 거기〈위정爲政〉편에〈수기修己〉편과 거의 맞먹는 방대한 분량을 할애하여, 유교 혹은 주자학 정치의 강령과 세목을 정리해준다.〈위정〉편은 정치의 '근본'이 무엇인가로 시작한다. 그 서두에《서경》〈주서·태서泰誓〉의 글, "군주는 백성의 부모다"가 걸려 있다.

군주는 백성 위에 군림하는 자가 아니라, 백성을 보살피고 양육하는 자임을 왕관 위에 굵게 새겨둔 것이다. 이 취지가 장횡거의《서명西銘》에도 그대로 반영되어 있다. "천지가 부모라면, 군주는 그 맏아들에 해당한다. 백성들은 그의 형제들이다."

맏이의 책임은 무겁다. 집안을 다 건사해야 하는 것이다. 율곡은 이어《서경》〈우서·대우모〉에서의 순임금의 목소리를 인용했다.

> 순임금은 말했다. "군주는 진정 그 군주가 되기 어렵고, 신하는 진정 그 신하가 되기 어렵다. (이 마인드를 유지하고 있으면) 정치가 바로잡힐 것이고, 백성들은 그들의 德에 빠르게 반응할 것이다."
> 曰: "后克艱厥后 臣克艱厥臣 政乃乂 黎民敏德."

이 말은 앞에서 공자가 한 말, "임금 되기 어렵고, 신하 노릇도 쉽지 않다"와 같은 취지를 표명하고 있다. 공자도 이것이 '사람들이 하는 말' 혹은 '전해지는 말'이라고 해서 이 인식 혹은 열망이 오래된 것임을 일러주고 있다. 사람들은 군주와 신하의 이 '책임 의식'에 빠르게 반응한다. 정치는 그 앞에서 효과를 발휘할 것이다.

과거와 현재를 통틀어 이 책임 의식을 내면화하고 있는 정치인들은 드물다. 이 태도 하나를 가슴에 새길 수 있다면, 틀림없이 하루아침에 정치가 쇄신될 것이다. 이 작은 '회심'이 그토록 어려운 것일까? 통치자들은 그저 한 필부로서 자신의 욕망을 추구하고, 권력을 행사하며, 그것을 유지하는 데 모든 관심을 기울였다. 백성의 부모로 그들이 원하는 것을 들어주는 데 헌신하라는 권고는 그토록 어려운 주문이었던가?

그러므로 공자의 道는 "너무 높았다." 염구가 공자의 道를 따라잡기에 역부족이라 한 것은, 그리고 자공이 진채의 고난에서 "스승님의 道를 조금만 낮추어달라"고 한 것은, 바로 이곳을 완화 혹은 수정해달라고 요청한 것이다. 즉 조금은 지배자의 편에 서서, 그들의 욕구와 관심에도 좀 더 귀를 기울이는 것이 좋지 않겠느냐는 푸념이었다고 나는 생각한다. 그래야 그들의 관심을 끌고, 정치에 참여할 수 있는 기회가 더 넓어질 것이었다. 정치는 타협의 기술이고, 그래서 제후나 경대부 등의 '귀족들을 위한 장치' 혹은 배려가 어떤 형태로든 있어야 공자의 기술과 道가 받아들여질 수 있을 것 아닌가?

더구나 당시는 재래의 귀족 봉건체제가 와해되면서, 禮는 무너지고 각자도생할 때였다. 새로운 체제와 기법으로 나라를 보존하고, 강성을 기해 나가야 할 때였던 것이다. 공자의 의도와는 다르게 새로운 기획, 정치, 산업, 군사, 외교, 경제 등의 부면을 담당할 유능한 '관료'들이 절실했던 시절이었다. 제후들은 그들의 '기술'을 채택하고자 했지, 그 '이념'을 공유할 생각은 없었던 것이다.

(2) 나를 버리고 남을 따른다

공자는 지금 불가능한 주문을 하고 있는지도 모른다. 그런데 만일 권력이 공공의 복지를 위한 책임을 각성한다면, 어떻게 달라질까? 백성들의 소리를 귀 기울여 듣고, 현자들의 처방에 무릎을 꿇을 것이다.

내가 우주의 중심이라는 오랜 습성을 바꿔, 원심적으로 '밖을 향해' 돌게 할 수 있을까? 그것은 혁명적 전회다. 이 점에서 노장과 불교의 인식이 큰 도움을 줄 것이다. 그들은 '나의 부재'를 연습하여 평등을 말하는데, 유교는 일상의 세목마다 이 연습을 구체적으로 해나가라고 권한다. 시선을 밖으로 돌리고 객관성에 표준을 설정하는 것은 한 개인의 덕성뿐만 아니라 정치적 미덕을 구성하는 핵심이 된다.

율곡은 같은 〈우서·대우모〉에서 순임금의 다음과 같은 독려를 인용한다.

> 순임금이 말했다. "그렇다. 진실로 그와 같다. 유익한 계책은 사장되지 않도록 하고, 현자들은 들판에 버려져서는 안 된다. 그러면 온 세상이 두루 평안할 것이다. 늘 집단 지성에 의뢰하고, '나를 버리고 남을 따른다(舍己從人).' 무고한 자들을 학대하지 말고, 곤궁한 사람들에게 피난처를 제공한다. 이는 요임금만이 그렇게 하실 수 있었다."
>
> 帝曰: "俞! 允若玆 嘉言罔攸伏 野無遺賢 萬邦咸寧. 稽于衆 舍己從人 不虐無告 不廢困窮 惟帝時克."

율곡은 여기 "유익한 계책은 사장되지 않도록 하고, 현자들은 들판에 버려져서는 안 된다"를 정치의 요체로 삼았다. 제후나 경대부가 그 직을 어렵게 여긴다는 것의 실질이 이 두 마디에 다 담겨 있다는 것이다. 그리고 그러기 위해서는 "나를 버리고 남을 따른다(舍己從人)", 즉 자기 고착을 극복할 수 있어야 한다.

(3) 교육받은 자의 통치

공자는 벼슬에 임하면 '충직하게' 군주 섬기기를 가르쳤다. 물론 이 충직에는 군주의 잘못을 숨김없이 간하고, 거기 때로 목숨을 걸 각오도 포함되어 있다.

> 子路問事君. 子曰: "勿欺也 而犯之." 〈헌문〉 23장)
>
> 자로가 군주를 모시는 법을 물었다. 공자가 말했다. "숨기지 말고, (군주가 싫어하더라도) 적극 거론하라."

그러면 공자는 당시 군주의 권위를 조건 없이 인정하고, 거기 순응하라고 했던 것일까?

> 子曰: "雍也可使南面." 〈옹야〉 1장)
>
> 공자가 말했다. "옹은 가히 남쪽을 바라볼 수 있다."

南面남면은 지금 경복궁에서처럼 제왕이 남쪽을 바라보며 통치하는 것을 말한다. 제자 가운데 하나가 그럴 만한 자격을 갖추었다고 흐뭇해했다.[2] 제후와 귀족이 세습하는 시기에, 이 발언은 가히 충격적일 수 있다.

---

2 이 구절을 달리 해석할 여지는 없다. 주자와 다산 사이에도 아무런 이견이 없다.

공자의 꿈이 순전히 '주대의 계급적 봉건 질서를 회복하는 것'이라는 통념은 수정되어야 할 듯하다. 공자는 분명히 '교육받은 자들'이 다스리는 세상을 꿈꾸었다. 그리고 그것이 아득한 시절, 요임금과 순임금이 몸으로 보여준 '정치'의 문법이었다. 유교의 권력은 세습이 아니라 선양으로 이어지는 것이었고, 관건은 신분이 아니고 德과 유능함이었다. 그 점은 《서경》의 첫머리에서부터 분명하다.

요임금이 나이가 들자, 후계자를 찾았다. 저 들판에 순이라는 효심 깊고 재능 있는 사람이 있다는 소문을 듣고, 관료와 딸들을 보내 그의 역량을 시험하게 한다. 순은 이 시험에 통과함으로써, 자신을 증명함으로써, 요임금의 후계자가 되었다. 다산은 '요순의 정치'가 기본적으로 세습이 아니라 유능함에 기초한 '선양'에 토대를 두고 있다는 것, 그리고 그 정치의 비밀 또한 그저 유유한 '덕치'가 아니라 현능한 인재들의 선발과 엄정하고 치밀한 '고과考課'라는 두 축 위에 세워졌다는 것을 목이 쉬도록 설파한다. 다산이 보기에는 이 정치의 재정위가 그토록 절박했던 것이다.

다시 말하지만, 유교의 원론은 '세습'이 아니다. 아무 노력도 하지 않고 자질도 묻지 않고, 단순히 피를 이어받았다는 사실 하나로 군수가 되고 귀족이 되어 권력을 행사하는 체제는 유교의 공적주의 원칙에 어긋난다. 선양에서 세습으로의 분수령은 우임금이었다. 자신은 순임금으로부터 왕위를 '선양'받아 놓고, 정작 후계는 아들에게 물려준 것이다.

맹자는 이 '곤혹' 혹은 '배반'을 변명해야 했다. 즉 우임금 사후에, 백성들이 '현자'로 지목한 사람에게 가지 않고 우임금의 '아들'에게 몰려갔기 때문에 어쩔 도리 없이 세습이 시작되었다고 변호한다. 형식은 세습이지만 실질은 선양이다? 이 변명은 좀 구차해 보인다. 세습은 권력 자체의 속성이다. 역사는 '장남'을 지정해두는 것이 피의 분란과 카오스를 예방할 차선책이라고 생각하게 되었다. 이를 형제들은 잘 납득하려 하지 않았기에, 칼과 피로 후계를 결정하는 경우가 많았던 것이다.

공자는 이전 시대 권력의 역사를 누구보다 자세히 알고 있는 사람이었다. 그의 꿈은 당대를 넘어 더 오랜 시대로 거슬러 올라갔을 것이다. 그는 누구보다 더 '옛것을 믿고 좋아한' 사람이고, '창작이 아닌 조술한' 사람으로 자신을 정초했다. 그는 유덕하고 유능한 사람이 통치자가 되어야 한다는 원론에 자신의 道를 정초했다고 생각한다.

그렇다면, 공자의 정치사상과 이념은 현대의 민주적 이념과 대화하고 연대할 지평을 매우 넓게 갖고 있다고 할 수 있다. 물론 이 선발을 보통 선거를 통할 것이냐, 임기 동안의 권위를 인정할 것이냐 하는 문제부터 이견이 복잡할 것이지만….

상상력을 더 발휘하는 것은 삼가겠다. 분명한 것은 공자가 옛 세습 질서를 복원하는 데 자신의 道를 설정한 사상가가 아니라는 것. 그는 분명히 '현자들의 지배'를 꿈꾸었고, 이는 당대의 지배계급을 놀라게 하기에 충분했을 것이다. 이것이 공자의 道가 당대에 받아들여지기 어렵게 한 세 번째 요인이라고 생각한다.

공자는 자신을 포함해서 적절한 교육을 받은 제자들이 통치 주체가 되어 이 혼란을 다스리고, 세상에 질서를 가져오게 하고 싶었다. 그 무의식적 열망이 지금의 한마디로 집약해서 드러났다고 생각한다.

(4) 능력 있는 인재를 찾는다

군주만이 아니다. 조정의 다양한 관료도 신분이 아니라 능력에 따라 선발되어야 한다. 공자는 "有敎無類유교무류", 즉 가르침에서는 차별이 없다고 했다. 교육 앞에 모두가 평등하다. 교육을 통해 인간은 거듭날 것이다. 공자는 사적 교육을 개척한 선구자이고, 신분에 상관없이 제자들을 받았다. 몇 사람을 제외하고 신분이 낮은 계층의 인물이 다수였다.

季康子問: "仲由可使從政也與?" 子曰: "由也果 於從政乎何有?" 曰: "賜也 可使從政也與?" 曰: "賜也達 於從政乎何有?" 曰: "求也 可使從政也與?" 曰: "求也藝 於從政乎何有?" (〈옹야〉 6장)

계강자가 물었다. "자로는 정치를 맡길 만합니까?" 공자가 말했다. "자로는 과단성이 있으니, 무슨 문제가 있겠습니까?" "자공은요?" "자공은 통달했으니, 별 문제가 없지요." "염구는 어떻습니까?" "염구는 재주가 많으니, 직책을 맡길 만합니다."

孟武伯問: "子路仁乎?" 子曰: "不知也." 又問. 子曰: "由也 千乘之國 可使治其賦也 不知其仁也." "求也何如?" 子曰: "求也 千室之邑 百乘之家 可使爲之宰也 不知其仁也." "赤也何如?" 子曰: "赤也 束帶立於朝 可使與賓客言也 不知其仁也." (〈공야장〉 7장)

맹무백이 물었다. "자로는 仁한가?" 공자가 대답했다. "모르겠습니다." 다시 묻자 이렇게 말했다. "자로는 천승지국千乘之國에 가히 그 부賦를 다스릴 만합니다. 그가 仁한지는 모르겠습니다만…." "염구는 어떻소?" "염구는 천실지읍千室之邑 백승지가百乘之家에 가히 재宰를 시킬 만하지만, 그가 仁한지는 모르겠습니다." "공서화는 어떻습니까?" "큰 띠를 매고 조정에 서서 가히 빈객과 더불어 말할 만한데, 그가 仁한지는 모르겠습니다."

계강자가 재래의 신분을 떠나 인재를 찾고 있는 모습이 눈에 선하다. 역시 귀족 지배체제는 흔들리고 있었다.

《논어》의 맨 처음을 다시금 음미하자. 學은 개인적 성숙을 위한 노력이고, 동시에 정치적 유능함을 키워나가는 훈련이기도 하다. 그를 통해 학도자는 군자로 거듭난다. 공자가 재래의 지배계급인 군자를 도덕적 인간으로서의 군자로 변모시킨 까닭을 잘 음미해야 한다. '군자(통치, 지배)'의 지위는 진정 군자가, 즉 덕성과 유능함을 갖춘 인물이 맡아야 한다는 인식을 선명히 읽을 수 있지 않은가?

(5) 정치적 신뢰가 관건이다

위정자의 德이 왜 그토록 중요한가? 이 문제는 정치의 근본인 '신뢰'와 깊이 연루되어 있다.

> 子貢問政. 子曰: "足食 足兵 民信之矣." 子貢曰: "必不得已而去 於斯三者何先?" 曰: "去兵." 子貢曰: "必不得已而去 於斯二者何先?" 曰: "去食. 自古皆有死 民無信不立." (〈안연〉 7장)
>
> 자공이 '정치'를 물었다. 공자가 대답했다. "풍족한 식량, 든든한 군대, 그리고 백성들의 신뢰다." "이 셋 가운데 하나를 버려야 한다면 무엇부터 버리시겠습니까?" "군대를 포기해야겠지." "나머지 둘 가운데 하나를 더 버려야 한다면요?" "식량을 포기해야겠지. (먹을 것이 없으면 죽겠지.) 예로부터 죽음은 피할 수 없는 일 아닌가? 백성들의 신뢰가 없으면 나라가 유지될 수 없네."

백성들의 신뢰가 얼마나 중요한지, 공자가 이 문제를 어떻게 생각하고 있는지를 극적이고 분명한 목소리로 알려주고 있는 명구다. 군대나 식량보다 더 중요하다니?

子曰: "人而無信 不知其可也. 大車無輗 小車無軏 其何以行之哉?" (〈위정〉 22장)

공자가 말했다. "신뢰가 없다면, 아무 일도 되지 않는다. 큰 수레에 쐐기와 고리가 없다면, 수레를 움직일 수 있겠느냐?"

'輗예'와 '軏월'은 각각 말과 수레를 연결시키는 끌채 끝의 쐐기와 고리를 뜻한다고 한다. 다산은 큰 수레는 짐수레, 작은 수레는 전투용 병거라고 구분해주었다. 취지는 분명하다. 수레와 말은 이질적이고 분리된 두 물건이다. 사람과 사람 또한 각자 남남이다. 이들을 '연결' 하는 고리가 바로 믿음이고 신뢰다. 이것이 결여된다면 온갖 일이 와해될 것이다. 사람들 사이의 계약에서 교제, 직업과 활동에서 사회를 구성하는 연결과 질서를 기약할 수 없게 된다.

위정자와 백성 사이의 일도 마찬가지다. 만일 백성들이 위성사를 '신뢰'하지 않는다면, 포고나 정령을 믿지 않는다면, 법의 공정성을 의심한다면, 그때 정치는 파탄 나고 만다.

子夏曰: "君子信而後勞其民. 未信則以爲厲己也; 信而後諫. 未信則以爲 謗己也." (〈자장〉 10장)

자하가 말했다. "군자는 신뢰를 얻은 후에 백성들을 동원할 수 있다. 신뢰 없이 동원하면 자신들을 괴롭힌다고 생각한다. (군주에게) 신뢰를 얻은 후에 충고한다. 신뢰 없이 충고하면 자신을 비방한다고 생각한다."

이처럼 위정자는 백성들에게 군주에게 합당한 충성을 요구하거나 자신들을 위해 봉사할 것을 강요하기 전에 '신뢰'부터 쌓아야 한다. 공자는 이 점을 기회 있을 때마다 누누이 가르쳤다. 그의 道가 당대에 받아들여지기 어려웠던 이유 또한 이 근처에 있다고 생각한다.

심정윤리와 책임윤리

(1) 어느 정직한 사나이

子曰: "人之生也直. 罔之生也幸而免." 《옹야》 17장)
공자가 말했다. "사람의 삶은 정직이다. 이것 없이 살아남았다면, 그것은 요행히 (죽음을) 면한 것이다."

공자는 '정직'을 중요한 덕목으로 생각한다. 그러면 정직은 그 자체가 언제든 德이라고 할 수 있을까? 공자는 '어느 정직한 사나이'에 관해 다음과 같이 언급한 바 있다.

子曰: "孰謂微生高直? 或乞醯焉 乞諸其鄰而與之." 《공야장》 23장)
공자가 말했다. "누가 미생고가 정직하다고 말하나? 누가 식초를 구하러 왔을 때, 이웃에서 얻어다 주었다."

지금 공자는 이 인물의 정직성을 의심하고 있는 듯하다. 무슨 근거로? "이웃에서 식초를 꾸러 왔을 때 자기 집에 없는 것을 보고는, 남의 집에서 꾸어다가 자기 집 물건인 양 건네주지 않았더냐? 주자는 한 옥타브를 더 높여 미생고의 '거짓'을 크게 꾸짖는다.

> 공자께서 이렇게 말씀하신 것은 뜻을 굽혀 남의 비위를 맞추고 아름다움을 빼앗아 은혜를 팔아서는 정직함이 될 수 없다고 하신 것이다. 없으면 없다 할 것이지, 이를 기회로 선행을 노략질하고 은혜를 팔아? 바늘 도둑이 소도둑 될 것이고, 작은 일을 보면 큰 일을 짐작할 수 있다.
> 夫子言此 譏其曲意殉物 掠美市恩 不得爲直也. 程子曰: "微生高 所枉雖小 害直爲大." 范氏曰: "是曰是 非曰非 有謂有 無謂無 曰直. 聖人觀人於其一介之取予 而千駟萬鍾從可知焉. 故以微事斷之 所以敎人不可不謹也."

주자의 질책이 무섭다. 바늘 끝 하나 들어갈 틈이 없어 보인다. 정색하고 인간이 붉순한 심리적 동기와 역동의 기미를 한 칼에 잘랐다. 그런데 미생고의 행동이 그렇게 질책받을 일인가? 이런 의혹을 가실 사람들을 향한 듯, 다산은 미생고의 행동을 동정적으로 평가한다.

미생고는 이웃을 위해 수고한 사람이다. 당연히 칭찬받아야지, 비난받을 일은 아니지 않은가? 이웃집에 가서는 '내가 쓸 것'이라고 한 것도 자연스럽다. 이웃은 생판 모르는 사람에게 식초를 내주지 않을 것 아닌가? 다산은 여기 액면의 '정직'보다 이웃을 위한 '배려'가 더 큰 덕성이라고 강조한다.

이웃에게 가서 구할 때 반드시 자기가 쓸 것이라고 말했을 터이니, 이 것이 그의 정직하지 못함이다. (만약 다른 사람이 구한다고 말했다면, 아마 이 웃이 응하지 않았을 것이다.) 비록 미생처럼 곧은 사람일지라도 사소한 언 사들에 작은 흠결이 있을 수밖에 없다. 공자께서 그가 완전히 곧지 못 하였음을 기롱한 것은 그를 심하게 비난한 것이 아니다. 공안국이 말했 다. "이웃에게 빌려서 구함에 응한 것은 마음 씀이 곡진한 것이기는 하 나, 정직한 사람이 되는 것은 아니다." (정자가 말했다. "굽힌 바가 비록 작으 나 정직함을 해친 바는 크다." 범조우가 말했다. "한 가지를 주고받는 데서 관찰하 면 천 승의 병거와 1만 종의 봉록을 어떻게 처리할지도 알 수 있다." 주자가 말했다. "뜻을 굽혀 남을 따르고, 남의 아름다움을 훔쳐 사람들의 호감을 산 것이다.") 여기 어떤 사람이 있다고 하자. 그의 부모가 병들고 힘들어 나에게 약을 구 하는데, 나에게는 없는 약이 이웃에게 있다면, 그리고 나와 이웃은 사 이가 좋지만 부모는 이웃과 알지 못하는 상황이라면, 장차 이웃에게 약 을 구하여 부모에게 주겠는가, 아니면 부모의 청을 거절하여 물리치겠 는가? 돌아다니며 구하여 요구에 응하는 것도 일상적인 일이며, 따라 서 후한 풍속이니, 죄상을 성토하고 벌했다는 해석은 아마 본의가 아 닐 것이다. 협소하게 작은 신의에 얽매이는 자를 군자는 취하지 않는 데, 미생은 자신이 하는 한마디 말도 틀림없노라고 자처하고 표방했기 에 공자가 이 일을 농담 삼아 끄집어내어 그가 완전히 정직할 수 없음 을 증명한 것이다. 아마 그가 이웃에게 구하러 갔을 때는 자기가 쓸 것 이라고 거짓말하지 않을 수 없었을 터이니, 이를 일러 정직하지 못하다 고 한 것이다.

〔補曰〕乞鄰之詞 須云自用 是其不直也.【若云或人求之 恐鄰人不 應】雖以微 生之直 瑣瑣言辭 不免小有出入. 譏其不能盡直 非深

罪之也. 孔曰: "乞鄰以應求 用意委曲 非爲直人." 【程子云: 所枉雖
小 害直爲大. 范云: "觀於一介之取予 而千駟萬鍾 從可知焉." 朱
子云: "曲意徇物 掠美市恩."】〔案〕有人於此 其父母疾困 乞藥於
我 我之所無 鄰則有之 我與鄰好 彼所不知 則將乞諸鄰而與之乎
抑辭而却之乎. 轉乞以應求 自亦常事 仍是厚風 聲罪致討 恐非本
意. 硜硜小信 君子不取. 微生以一言無錯 自命自標 孔子戲拈此
事 以證其不能盡直. 蓋其乞鄰之時 不得不詐言其自用耳 斯之謂
不直.

그런가? 그리 읽으면 공자의 질책(?)을 납득할 수 없다. 다산은 여기
서 해석학적 기지를 발휘한다. "공자의 말은 가벼운 농담이다!" 미생
고가 늘 스스로를 '정직하다'고 뻐기니, 식초 사건을 예로 들며 그를
슬며시 깎아내렸다는 것이다. 놀랍지 않은가? 다산이 《논어》를 엄격
한 설교의 감옥에서 해방시켜주고 있다. 그의 선행은 칭찬받아 마땅
한 것이다. 비록 그것이 '정직'과는 약간 어긋났더라도….

다산은 정직이 그 자체로 절대적 德이 아님을 깔고 있다. 기실 '정
직'은 그보다 상위의 가치, 즉 仁에 견주어 상대적 의미를 가질 수밖
에 없다. 가령 선의의 거짓말도 있고, 의사가 삶의 의지가 없는 환자
를 위해 병명 알리기를 유보할 수도 있다. 최종적 기준은 과연 "사람
에게 유익한가, 그렇지 않은가?"에 있을 것이었다. 그 자체로 가치 있
는 것은 아무것도 없다.

공자는 〈태백〉 2장에서 "곧이곧대로 하는 것을 지나치게 강조하면,
사람의 목을 조를 것이다(直而無禮則絞)"라고 했다. 이 발언은 다산의
해석을 뒷받침해주는 듯하다.

조선조 유학의 영광도 이 정직 하나이고, 오욕도 이 정직에서 왔다고 할 수 있지 않을까? 유교에서조차 정직이 최상의, 절대적인 德일 수 없음을 보여주는 사례 하나를 같이 읽어보자.

(2) 초나라 섭공과의 대화

정직에 관한 또 다른 대화 하나가 《논어》에 실려 있다. 공자의 유랑이 10년을 더 넘기고 있었다. 일행은 뜻을 알아줄 군주를 찾아, 저 먼 초나라에까지 발걸음이 닿았다. 거기 섭공이라는 유명한 정치가가 있었고, 그는 공자에게 이런 말을 했다.

> 葉公語孔子曰: "吾黨有直躬者 其父攘羊 而子證之." 孔子曰: "吾黨之直者 異於是. 父爲子隱 子爲父隱 直在其中矣." 〈〈자로〉 18장〉
> "우리 마을에 궁이라는 정직한 자가 있는데, 아버지가 양을 훔치면 아들이 관에 알립니다." 공자가 말했다. "우리 마을의 정직한 자들은 좀 다른데요, 아버지는 아들을 숨겨주고, 아들은 아버지를 숨겨줍니다. 바로 그곳에 정직이 있지요."

이번에는 주자가 "父子가 서로 숨겨주는 것이 天理 · 人情의 지극함"이라고 당연하다는 듯이 적었다.

> 아버지와 아들이 서로를 숨겨주는 것은 天理 · 人情의 극치다. 특별히 정직을 구하지 않아도 정직이 그 속에 있다. 사상채는 말한다. "순임금도 만일 아버지 고수가 살인을 하면, 왕위를 팽개치고 바닷가로 업고 가서 숨을 것이니, 그처럼 어버이 사랑이 지극하면 정직하고 어쩌고를 따질 겨를이 없다!"

父子相隱 天理人情之至也. 故不求爲直 而直在其中. 謝氏曰: "順
理爲直. 父不爲子隱 子不爲父隱 於理順邪? 瞽瞍殺人 舜竊負而
逃 遵海濱而處. 當是時 愛親之心勝 其於直不直 何暇計哉?"

유교는 '정직'을 주요한 덕목으로 가르친다. 그런데 父子 사이에는
왜 '부정직'이 덕목이 되는가? 父子 사이의 정리情理가 사회적 책무
보다 우선한다는 데 이견을 달지 않은 듯하다. 지금도 법은 부부간에
는 정직할 의무가 없다고 한다. 한발 양보하라는 것은 납득이 되나,
오히려 숨겨주는 곳에 정직이 있다는 말을 어떻게 납득해야 할까? 버
트런드 러셀이 이 일화를 듣고, 유교국 중국은 공공성을 기대하기 어
렵다고 단정했다고 한다. 과연 그런가?

이 문제는 차치하고, 다산의 이야기를 들어보자. 그는 역시나 이 대
화를 액면 그대로 읽지 않는다. 그는 대화의 정황 혹은 맥락을 집요하
게 파고든다. 이 또한 《고금주》의 특징적 스타일이다. 다산은 모든 발
언이 상황을 먹칠하고 상대를 지우면, 자칫 엉뚱한 해석으로 길을 잃
는다고 생각했다.

공자가 초나라로 유세 갔을 때, 섭공이 노나라 사정을 물었다. 공자는
고향 노나라의 단점을 말하기 싫어했다. 그러자 섭공이 이 비유로 (공
자의 태도를) 풍자했고, 공자는 위와 같이 응수했다.
〔補曰〕 孔子遊楚 葉公問魯事 孔子爲魯諱惡. 故葉公以此語諷之
而孔子答之如是.

이해되실 것이다. 섭공은 '정직'을 빌려, 노나라 사정을 듣고 싶어 했

고, 다산은 집안의 분란을 까발리는 것이 내키지 않아서, 이런 에두른 법담(?)을 하게 되었다는 것이다. 이를 감안한다면, 두 사람의 대화는 전혀 다른 빛깔과 의미를 띠게 된다.

〈양화〉편 24장에서 자공과 공자가 "군자는 무엇을 미워하는가?"를 두고 대화를 나눈 바 있다. 그때 자공이 읊은 항목 중의 하나가 "惡訐以爲直者오알이위직자", 즉 남의 흠을 들추는 것을 정직으로 여기는 것이었다. 진정한 '정직'은 때로 덮어주는 데 있다. 정직의 이름으로 이웃의 흠을 흘리고 다니는 것은 좋은 일이 아니다. 유가는 예컨대 법가인 상앙이나 한비자가 고발을 장려하고 상호 감시하는 것을 혐오했다.

역시 다산은 《논어》를 도덕적이라기보다 정치적으로 읽는 데 탁월하다. 그는 얼핏 남녀 간의 사랑이나 연정처럼 느껴지는 곳까지 정치의 메스를 들이댄다. 이 사례들은 통념의 해석을 성큼 뛰어넘는 것으로 그저 놀라울 뿐이다.

이 두 사례를 읽는 주자와 다산의 시선을 두고 짚이는 것이 있으실 줄 안다. 식초 이야기에서 보듯, 주자는 오직 '정직'이 德임을 강조했고, 다산은 '이웃에게 이익 됨'이 더 큰 德임을 일깨웠다. 주자가 仁을 내면에서 찾고, 다산은 외면을 착목한다. 두 사상가의 차이를 선명하게 읽을 수 있을 것이다. 주자는 내적 정직에 불면의 가치를 두고, 다산은 외면의 상황성에 초점을 맞추고자 한다.

不欲이란?

천하를 수레로 돌다가, 마침내 공자는 빈손으로 고향으로 돌아왔다.

그 후 어느 날이었을 것이다.

季康子患盜 問於孔子 孔子對曰: "苟子之'不欲' 雖賞之不竊." (〈안연〉 18장)
계강자가 도둑을 걱정하여, 공자에게 물었다. 공자는 이렇게 대답했다. "진정
그대가 '탐욕을 부리지 않는다면(不欲)', 비록 상을 주더라도 백성들이 도적질에
나서지 않을 것입니다." (주자의 해석)

주자는 여기 다음과 같이 부연했다.

공자의 취지는, 계강자가 '탐욕'을 부리지 않는다면 백성들로 하여금
상을 주며 도둑이 되라고 해도 백성들은 부끄러움을 알아 도둑질에 나
서지 않을 것이라는 뜻이다.
言子不貪欲 則雖賞民使之爲盜 民亦知恥而不竊.

실제 계강자는 자신의 차례가 아닌데도 계씨 집안의 실권을 거머쥐
고 있었다 이를 꼬집은 말이라는 것이다.
그러나 다산은 이 대화를 전혀 다르게 읽는다. 不欲을 '탐욕을 부
리지 말라'라고 읽기는 곤란하다는 것. 두 가지 이유를 댔다.

내가 생각하기에, ① 성인의 말씀은 이렇게 박절하지 않다. 상대부와
더불어 말씀하심에 단정한 모습이었으니, 어떻게 면전에서 그를 질타
한단 말인가? ② 여기 不欲이란 계강자 당신이 백성들이 도적이 되기
를 '원치 않는다면(不欲)'이라고 읽어야 한다. 진정 그들이 도둑이 되기
를 원치 않는다면, 반드시 문제를 해결하고 민생을 두텁게 해주어야 한

다(즉 교화를 높이고 세금을 가볍게 해주어야 한다). 이렇게 하면, 그들을 떠
다밀어도 도둑이 되지 않을 것이다.

〔案〕無論聖人辭不迫切. 孔子與上大夫言 誾誾如也 安得面罵之
如是乎? … 不欲 謂康子不欲民之竊盜也. 誠能不欲其竊盜 則必
能淸化源而厚民生.【崇敎化而薄賦斂】如是 則雖賞之不竊也.

그러면 본문은 이렇게 번역된다.

계강자가 도둑을 걱정하여, 공자에게 물었다. 공자가 대답했다. "진정 그대가
백성들이 도둑이 되는 것을 '원치 않으신다면(교화를 베풀고 세금 부담을 줄여주신다
면)', 상을 주고 떠다 밀어도 백성들이 도둑질에 나서지 않을 것입니다."

주자는 계강자의 '개인적' 탐욕을 문제 삼는다. 그리고 그것을 '도덕
적'으로 절제할 것을 종용한다. 우리가 주자학에서 느끼는 無欲의 지
향을 그대로 보여준다. 그러나 다산은 이런 접근에 동의하지 않았고,
'사회경제적' 곤경을 지목했다. 그는 이 문제를 '정치적'으로 해결하
기를 촉구했고, 그러기 위해서는 유능한 정책과 기술이 필요하다고
역설했다.

역시 주자는 철학자이고, 다산은 정치가다. 주자는 이를테면, 심정
윤리를 고집하고, 다산은 책임윤리에 철저하다. 이 남상濫觴에서 이
제 볼 정치적 견해가 갈라져 뻗어갔다.

덕치의 이상, 유가와 법가

子曰: "道之以政 齊之以刑 民免而無恥; 道之以德 齊之以禮 有恥且格."
〈위정〉 3장)

공자가 말했다. "백성들을 정치로 이끌고 형벌로 다스리면, 백성들은 법망과 규제를 피하려고 할 뿐, (인간과 양심에) 부끄러움을 느끼지 않을 것이다. 덕성으로 이끌고 예의로써 조정하면, 부끄러움을 알고 스스로 교정될 것이다."

새로운 법은 대체로 군주와 체제를 위한 것이었다. 관습과 인정은 무시되고, 제도가 사람을 몰아가게 된다. 정치는 백성들의 삶을 위한 장치가 아닌가? 다산은 〈원정原政〉에서, "백성이 군주를 위해 존재하는가? 아니, 군주가 백성을 위해 존재한다"라고 외쳤다. 이 말은 다산의 독창이 아니라, 유교가 오랫동안 견지해온 전통적 인식이었다. 다만 제국이 오래되고 그것이 현실로 굳어지면서 본래의 정신이 빛을 잃고 봉인되었을 뿐이다. 유가의 정치적 이념은 위의 구절에 뚜렷이 드러나 있다.

여기 政은 주자가 해석하듯, 법제法制와 금령禁令을 가리킨다. 일만 생기면 규정을 들먹이고 성문화된 법과 조항이 삶을 통째로 지배하는 세상에서는, 법이 도덕 위에 군림하게 될 것이다. 법은 도덕을 다 포괄하지 못하고 늘 폐단에 노출되어 있다. 그런데 이 구절은 읽기 단순치 않다. 어떻게 읽느냐에 따라 서로 다른 정치관이 펼쳐질 것이다.

복잡한 법의 그물은 사람들 안에 존재하는 자연법이나 자연적 정서를 상하게 만들어, 인간사를 더 비인간적으로 만들고 갈등과 반목을 더 심화할 수도 있다. … 내 생각에 정치는 다스림의 도구이고, 형벌은 다스림을 보조하는 장치다. 德과 禮는 다스림이 나오는 근본이고, 德은 또 禮의 근본이다.

免而無恥 謂苟免刑罰. 而無所羞愧 蓋雖不敢爲惡 而爲惡之心未嘗亡也. … 愚謂政者 爲治之具. 刑者 輔治之法. 德禮則所以出治之本 而德又禮之本也.

유교는 정치를 '통치'로 관념하지 않는다. 《대학》이 첫 장에서 선언한 대로, 정치의 관건은 군주의 修身, 즉 자기 훈련과 덕성의 연마에 달려 있다. 백성들은 '제어'해야 할 꼭두각시나 톱니바퀴가 아니라, '보호'해야 할 자식이고 형제다. 그들로부터 자발적 복종과 감화를 끌어낼 수 있을 때, 진정한 정치가 구현될 것이다.

이 정치의 관건은 지도자의 덕성이다. 공자는 지도자의 덕성을 연마하는 법에 대해서 많은 이야기를 풀어놓는다.

子曰: "其身正 不令而行; 其身不正 雖令不從." 《자로》 6장)
공자가 말했다. "군주 자신이 올바르면 명령을 내리지 않아도 시행될 것이고, 자신이 올바르지 않으면 명령을 내려도 사람들이 따르지 않을 것이다."

子曰: "苟正其身矣 於從政乎何有? 不能正其身 如正人何?" 《자로》 13장)
공자가 말했다. "진실로 그 몸을 올바르게 하면, 정치에 무슨 어려움이 있겠는가? 그 몸을 올바르게 하지 않으면, 어떻게 다른 사람을 올바르게 할 수 있겠는가?"

德으로 정치한다는 것은 앞에서 말한 바처럼, "무도한 자를 죽여서…"라거나 법가의 주장대로 법제와 금령으로 이끌고 이를 위반하면 형벌로 응징하는 정치가 아니라, 자기 자신을 바로잡는 것(政者正也)에 기초하고 있다. 자기 훈련은 덕성을 키울 것이고, 이는 신비한 감화력을 갖는다. "군자의 德은 바람과 같고, 백성들은 풀과 같다."

다산은 德禮와 政刑의 대비에서 두 가지를 긴히 노트해두고자 한다. 하나는 과연 德이란 무엇이고, 그럼에도 政刑이 필요하냐는 것.

다산은 주석에서 '德으로 하는 정치'의 의미를 열정적으로 논하고 있다. 그는 德이 사람 좋은 무던한 품성을 가리키는 것이 아니라, 타자를 향한 구체적 행동 가운데서 특히 孝悌를 가리킨다고 역설한다. 그의 목소리는 이렇게 높아진다.

요즘 사람들은 德이라는 글자가 무엇인지를 몰라, 고전(聖經)을 읽다가 '德' 자를 만나면 망연히 '이게 뭐지?' 하고 있다. 그래서 순후淳厚하고 혼박渾朴하여 청탁淸濁을 구분하지 않는 사람을 유덕하다고 생각한다. 이런 기상으로 천하를 다스려 만물이 저절로 귀화(감화)하기를 기다리며, 일에 처해서는 어디서부터 손을 써야 할지를 모르니, 정말 우활한 일이 아닌가? 이것이 천하가 날로 썩어 들어가 새롭게 떨치지 못하는 이유다. 德이란 인간관계가 돈독한 것을 말한다. 구체적으로 孝悌慈가 바로 이것이다. ①《예기》에서 말하기를, "자고로 천하에 明德을 밝히고자 하는 자는 먼저 자기 나라를 잘 다스려야 한다"고 했다. 〈치국평천하〉 장에 이르러서도 孝悌慈를 근본으로 했으니, 孝悌慈가 바로 明德이 아닌가? ②《서경》〈상서·요전〉에서도 말하기를, "준덕峻德을 밝혀 구족九族을 화합하게 했다"라고 했으니, 준덕이란 바로 孝悌

가 아닌가? ③《효경》에는, "先王이 지덕至德과 요도要道를 갖추고 있었고, 이로써 천하를 다스렸다"라 했으니, 지덕이 孝悌가 아닌가? 先王의 大道는 몸소 먼저 孝悌로 천하를 이끈다. 이를 일러 '도지이덕道之以德'이라 한다. 德은 모호하고 애매한 것이 아니다.

〔駁曰〕非也. 道德何物? 今人認德字元不淸楚 讀聖經遇德字 茫然不知爲何物 第以淳厚渾朴 不辨淸濁者 爲有德意 欲以此箇氣象坐理天下 庶幾萬物自然歸化 而當局臨事 不知從何處著手 豈不迂哉? 此天下所以日腐爛而莫之新也. 德者 篤於人倫之名 孝悌慈是已.《禮》曰: "古之欲明明德於天下者 先治其國." 及至 '治國平天下'章 乃以孝悌慈爲本 孝悌慈非明德乎? 〈堯典〉曰: "克明峻德 以親九族." 峻德非孝悌乎?《孝經》曰: "先王有至德要道 以順天下." 至德非孝悌乎? 先王之道 身先孝悌以率天下. 此之謂道之以德 德非模糊漫漶之物也.

그리고 이어 중요한 정치적 견해를 밝힌다. 그럼에도 여전히 정법과 형벌이 필요하다는 것! 너무나 상식적이지만, 다산의 현실 정치적 사고가 빛을 발하는 순간이기도 하다.

그런데 '道之以德'이라고 해도 역시 형벌이 필요하다. ④《서경》〈주서·여형呂刑〉에서 이르길, "백이가 법전을 하사해서 백성을 형벌로 꾸짖었다"라고 한 것은, 먼저 오전五典을 베푼 후에 그 따르지 않는 자들을 형벌로 꾸짖었다는 것이다. ⑤《주례》〈지관地官·대사도大司徒〉에도 "마을의 여덟 가지 형벌로 만민을 바로잡았다"라고 했다. 그 절목이 不孝, 不弟, 不睦, 不婣 등속이다. ⑥《서경》〈주서·강고〉에서도 不

孝, 不友를 악의 우두머리로 삼고 있으니, 여기에 형벌이 용서가 없다. 이 모두가 道之以德인데, '형법'을 여기 포함하고 있다.

然道之以德 亦用刑《書》曰: "伯夷降典 折民維刑."【〈呂刑〉文】謂 先敷五典 而其不率敎者 折之以刑也.《周禮·大司徒》: "以鄕八刑 紏萬民." 其目則不孝不弟不睦不婣之類也.〈康誥〉以不孝不友爲 元惡大憝 刑玆無赦. 斯皆道之以德 不在刑法中論.

주자와 다산은 공히 공자의 '덕성으로 이끌고 예의로써 조정해야 함 (道之以德 齊之以禮)'을 강조하지만. 그 실질 속은 완전히 딴판이다.

德은 유교 철학과 정치학의 주요 개념이다. 앞에서 이를 감각하는 두 사상가의 갈래를 몇 번 짚어드린 바 있다. 특히 이 개념을 둘러싸 고 벌인 경학의 전투는《대학》에서 치열하다. 책을 열면 곧바로 "大 學의 道는 明德을 밝히는 데 있다(大學之道 在明明德)"라는 선언부터 나오기 때문이다.

주자는 明德을 자신 내면의 빛과 대면하라는 일종의 '명상(靜坐)' 적 권고로 읽었고, 新民은 그 가성의 전 사회적 확산으로 읽었다. 다 산은 新民이 아니라 親民이 古本의 뜻임을 환기하며, 주자가 묻어 버린 '정치의 차원'을 복구하고자 했다. 다산은 주자가《대학》을 근본 적으로 오독했다면서 포문을 열었다.

明德이란 이른바 仁義禮智라는 내면의 본구적 '지식'이 아니라, 孝悌慈의 친족적 덕목, 사회적 '행동'임을 그는 역설했다. 德을 둘러 싼 공방은 '명상'과 '행동' 사이의 분기점을 극명하게 보여주는 현장 이다. 다산은 정조의 질문에 대해 "《대학》의 첫머리 明德이 孝悌慈 라는 것, 이것이 뚜렷해야 전체의 뜻을 분명히 읽을 수 있습니다"라고 자신 있게 대답했다. 정조가 다산의 참신한 해석을 높이 사서 1등으로 올렸는데, 체제공이 주자의 것과 어긋난다고 염려하여 2등을 주었다. 다산은 이 억울함을 나중에 자신의 《대학공의》에서 잊지 않고 찔러두었다. 그 오랜 세월이 지나도 억울했던 모양이다. "벌써 24년 전의 일이네."

'德'을 읽는 두 사람의 시선은 이처럼 엇갈렸다. 이는 곧바로 仁의 해석에 닿아 있다. 仁은 德의 중심이자 유교의 이상적 가치가 있는 곳이다. 앞의 仁을 다루는 장에서 자세히 다룬 바 있다. 다시 강조하자면, 다산은 "仁이란 누구에겐가 실질적으로 도움을 줄 때 비로소 성립한다"고 말한다. 그것은 관계를 통해, 남을 도와주고 이익되게 할 때 비로소 성립하는 덕성이다. 당연히 정치 또한 그 仁을 구현하는 현장이 되어야 한다.

그리고 당연히 조선의 성리학자들은 仁을 인간 내부에 설정한 것에 이의를 달지 않았다. 仁은 관계 이전에 인간의 내적 본성으로 존재한다는 것. 그리하여 윤리적 과제는 이 본성의 體를 다치지 않고 오염되지 않게 하는 것이었다! 이 안이 자각적으로 확보되고 불건전한 정념과 의지가 정화될 때, 올바른 행동과 바람직한 태도는 자연히 그 결과로 드러날 것이라고 그들은 믿었다.

다산은 이렇게 德을 외향화하는 한편, 그 '德으로 이끄는 정치'에 대한 위반과 그 형벌의 수단 또한 놓쳐서는 안 된다고 역설했다. 일차적으로는 德을 펴나가면서 자발적 순종을 기대하겠지만, 만일 위반자가 생긴다면, 남을 해치고 공동체의 질서를 혼란시킨다면, 여기 '형벌'이 뒤따를 수밖에 없다는 것이다.

다산은 공자가 대사구가 되었을 때, 변론에 능한 소정묘를 죽였다는 기록을 의심하지 않는다. 소정묘를 죽인 것은 후대 유교적 논란의 한가운데 있다. 평소 그의 문치적·교화적 스타일을 보건대, 이 기록은 신빙성이 떨어진다고 생각하는 해석자들이 적지 않지만, 공자는 누구보다 巧言의 폐해를 인지하고 그로 인해 正邪가 뒤바뀌는 세대를 목도한 사람 아닌가? 아니라고 섣불리 단정 짓기는 어렵다. 분명한 것은 정치에서 형벌은 피할 수 없고, 그렇기 때문에 공정한 판단과 집행을 위해 애써야 한다. 다산은 부당한 형벌의 피해자로서,《흠흠신서》를 지은 것도 이 같은 인식의 결과다. 다산은 정치에서 적극적 행동주의자로서의 스탠스를 확고히 잡고 있다. 그리고 공자가 바로 그런 사람이었다고 경학을 통해 정당화하고 목소리를 높인다.

無爲냐, 有爲냐?

그러면 군주는 '덕성'을 닦을 뿐, 적극적 정치 행위를 안 해도 좋은 것인가? 공자의 다음 발언은 흡사 그렇게 말하는 듯 보인다.

> 子曰: "爲政以德 譬如北辰 居其所而衆星共之." 〈〈위정〉 1장〉
> 공자가 말했다. "德으로 정치를 하는 것은, 북극이 제자리에 있고 여러 별이 그를 향해 공경을 표하는 것과 같다."

역시 유교는 지도자의 인격과 덕성이 갖추어지면, 백성들은 저절로 감화되고, 정치는 저절로 자리를 찾을 것이라고 낙관하는 듯하다. 12세기 주자는 그 지점에 초점을 맞추었다.

北辰은 북극성이다. 하늘의 축이다. 제자리에 머물러 움직이지 않는다. "衆星共之"의 共은 '향한다(向)'는 뜻이다. 즉 여러 별이 사면에서 이 북극을 둘러싸고 그를 향해 禮를 표하고 있는 것을 가리킨다. "爲政以德위정이덕", 즉 德으로 정치를 펼치면 '하는 일이 없어도 천하가 돌아올' 것이니 그 형상이 이와 같다. 정자가 말했다. "德으로 정치해야 無爲에 이를 수 있다." 범조우가 말했다. "德으로 정치하면 움직이지 않아도 교화되고, 말하지 않아도 믿게 되며, 無爲에 이를 수 있게 된다. 지키는 것은 지극히 간단하지만 능히 번거로운 일을 제어할 수 있고, 처하는 곳은 지극히 조용하지만 능히 움직임을 제어할 수 있으며, 일은 지극히 적지만 능히 많은 일을 복종시킬 수 있다."

北辰 北極 天之樞也. 居其所 不動也. 共 向也 言衆星四面旋繞而歸向之也. 爲政以德 則無爲而天下歸之 其象如此. 程子曰: "爲政以德 然後無爲." 范氏曰: "爲政以德 則不動而化·不言而信·無爲而成. 所守者至簡而能御煩 所處者至靜而能制動 所務者至寡而能服衆."

이 해석은 군주가 덕성을 갖고 있으면, 더 이상의 정치 행위는 필요 없다는 것으로 들린다. 즉 '無爲', 더 이상 적극적·의도적 행동이 없어도, 백성들이 '감화'되고 정치는 '통제'되며 정책은 유효하게 구현되어, 사회적 질서가 구체화된다는 것이다. 범조우의 말이 그것을 구체적으로 알려준다.

주자학은 정치의 중심을 덕성으로, 그리고 최종적 목표를 無爲로 잡고 있다. 그런데 이 해석은 주자학의 修己 중심, 인위가 아닌 자연성의 제고에 바탕하고 있지만, 그 해석은 다음의 찬탄에 근거한다.

子曰: "無爲而治者 其舜也與? 夫何爲哉 恭己正南面而已矣." (〈위령공〉 4장)

공자가 말했다. "無爲로 다스린 사람은 그 순임금인데, 무엇을 했던가? 다만 자신을 가다듬고, 남쪽을 향했을 뿐이다."

공자의 이 말은 군주의 '덕성'이 모든 것을 해결하고, 적극적 정치 행위가 필요 없다는 말로 들린다. 주자의 해석을 더 들어보자.

무위無爲로 다스린다는 것은 성인의 德이 다해 백성들이 교화되는 것을 말한다. 어떤 작위적 행동도 할 필요가 없다. 오직 순임금만 칭송한 것은 그가 요임금을 이어 사람들을 적절히 골라 책임을 맡겼을 뿐, 더 이상 무슨 정치적 행위를 했다는 것을 볼 수 없기 때문이다. '恭己공기'란 성인이 敬德하는 모습을 말하는데, 아무 하는 바가 없으니, 사람들이 이것을 보고서 하는 말이다.

無爲而治者 聖人德盛而民化 不待其有所作爲也. 獨稱舜者 紹堯之後 而又得人以任衆職 故尤不見其有爲之跡也. 恭己者 聖人敬德之容. 旣無所爲 則人之所見如此而已.

다산은 이 같은 '소극적' 정치론에 대해 격렬하게 반발한다. 순임금이 사람 몇 명 뽑아놓고 그저 손 놓고 사람 좋게 팔짱만 끼고 있었다는 말이 아닌가? 다산은 외친다. "無爲는 노장 청담의 사상으로, 진정한 정치의 길을 가로막는 해악이다." 유가의 정치는 爲政, 즉 有爲를 축으로 하고 있음을 잊지 말아야 한다.

다산은 조선조 후기 정치의 문란과 난맥 그리고 그것을 고쳐 나갈 의지의 부족이, 바로 이 같은 無爲의 정치를 내건 무책임과 무기력에 있다고 극언했다. 다산이 경세 3부작이라 불리는,《목민심서》의 관료 매뉴얼,《경세유표》의 국가 시스템,《흠흠신서》의 형률 재정비라는 실학적 작업과 더불어, 아니 그보다 경학이라 불리는 고전 해석에 더 집중적으로 매달린 이유를 여기서도 읽을 수 있다. 역시나 행동을 바꾸려면 생각부터 고쳐먹어야 한다.

다산은 "北辰은 북극성이 아니라 북극을 가리키며", 수많은 별이 북극 주변을 도는 것이, 이를테면 관료들이 군주와 더불어 책무를 다하고 있는 형국과 닮았다고 해석한다. 또 그는 '衆星共之'의 共이 '향한다(向)'가 아니라, '더불어(同)'임을 새삼 일깨웠다.

'共'이란 '함께(同)'다. 북극이 바른 자리에 거하여 천추天樞를 선회하고, 뭇별이 그에 따라 돌며 북극과 함께 운행하므로 '함께 간다(共之)'고 한 것이다.

〔補曰〕 共者 同也. 北辰居正 斡旋天樞 而衆星隨轉 與北辰同運 故曰共之也.

군주를 주축으로 관료들이 더불어 협력할 때, 비로소 좋은 정치가 가능하다. 이는 有爲를 통한 성과이지, 無爲라는 이름의 자유방임으로 얻어질 수 있는 것이 아니다. 그는 이 지점에서 목소리를 높인다. 이 문제를 얼마나 심각하고 절실하게 인식하고 있는지를 알 수 있다. 그는 말한다.

청정무위淸淨無爲는 즉 한나라 유학자들의 황로 사상과 진晉대의 청담으로 천하를 어지럽히고 만물을 무너뜨린, 이단과 사술 가운데 심한 것이다. 한나라 문제가 이 道를 채택하면서 七國의 亂을 양성했고, 혜제惠帝는 이 術을 숭상함으로써 五胡의 禍를 불렀다. 언제 우리 공자께서 無爲를 法으로 삼으신 적이 있다 하던가? 무릇 無爲이면 無政이다. 공자께서는 분명히 말씀하시길, 爲政이라 했다. 유학자가 無爲를 말하는 것이 옳은가, 옳지 않은가? 공자께서 말씀하시길, "無爲로 다스린 사람은 순임금이 아닌가! 무엇을 했던가? 공손히 남면할 뿐이었다(《위령공》 4장)"라고 하셨다. 이는 순임금이 22인의 인재를 얻어 각각 직책을 맡김으로써 천하가 다스려짐에, 이때를 맞아 순임금은 다만 자세를 바로잡고 남쪽을 향해 있기만 하면 되었다. 이는 나라의 근본이 인재를 얻는 데 있음을 극언한 것이다. 찬탄과 부러움이 표현(辭表)에 흘러넘쳐 그 말이 과장되었는데, 이는 사람들을 고무시키기 위한 것이었다. 훗날의 유학자들이 이 글을 오독하여, 마침내 "요순의 정치는 無爲를 축으로 했다"라고 읽게 되었으니, 이로써 가의賈誼[3]를 두고 일벌이기 좋아한다고 하고, 급암汲黯이 道를 안다고 하며, 위상魏相과 병길丙吉을 大臣으로 여기게 되었다. 그리하여 무능하고 변변치 못한 무리가 관지은 차지하여 모습만 유지하면서 그 단점을 분칠했으니, 모든 정사와 법률과 제도를 부패·타락시켜 떨쳐 일어날 수 없게 한 것도 다 이 '해석'이 뿌린 독이었다. 오호, 어찌 슬프지 아니한가?

내가 보기에 事功을 분발한 사람이 요순만 한 이가 없으니, 오 년에 한 번 순행하고 매해 조회를 열어 제후들의 성과를 체크하며 고찰했으니, 천하가 이미 떠들썩했다. 거기 더해 산을 뚫고 물길을 터서 밭도랑과 봇도랑의 물길을 내고, 가르침을 세우고 형벌을 밝혀 예악을 제정하며,

---

3   한 문제 때의 학자. 법도와 예제의 정비를 주장하다가 대신들의 미움을 사 밀려났다.

흉한 자를 죽이고 아첨꾼을 물리치는 등, 그리고 상하 초목과 짐승에 이르기까지 인재를 선발하여 직책을 주고, 공적을 계산하고 성과를 독려했기에, 그 노력이 가히 크다(健) 할 만하다. 공자가 친히 전모典謨를 정하면서 이 일을 잘 아셨으니, 어떻게 그것을 무함하여 無爲라 하리오? 대개 無爲로 다스린다는 것은 모두 이단과 사술이지, 우리 유가의 말이 아니다.

淸淨無爲 即漢儒黃·老之學 晉代淸虛之談 亂天下壞萬物 異端邪術之尤甚者也. 文帝用此道 釀成七國之亂. 惠帝崇此術 召致五胡之禍. 曾謂吾家大聖 亦以無爲爲法乎? 夫無爲則無政. 夫子明云爲政 儒者乃云無爲 可乎 不可乎? 孔子曰: "無爲而治者 其舜也與! 夫何爲哉? 恭己正南面而已矣."【〈衛靈公〉】此謂'舜得二十二人 各授以職 天下以治 當此之時 惟當恭己南面'. 所以極言人國之不可不得人 而贊歎歆羡之意 溢於辭表 其言抑揚頓挫 令人鼓舞. 後之儒者 誤讀此文 遂謂'堯·舜之治 主於無爲'. 於是以賈誼爲喜事 以汲黯爲知道 以魏相·丙吉爲大臣 而庸陋蔑劣之徒 尸位竊祿 務持大體 以文其短 使萬機百度腐爛頹墮 莫之振起 皆此毒中之也. 嗚呼! 豈不悲哉? 余觀奮發事功 莫如堯·舜. 五載一巡 比年受朝 詢事考言 天下旣紛紛矣. 重之以鑿山瀹水 濬畎疏澮 立教明刑 制禮作樂 誅凶退佞 以至上下草木鳥獸 莫不擇人授任 計功責成. 其用心用力 可謂健矣. 孔子親定典·謨 明知此事 安得誣之曰無爲哉? 凡言無爲而治者 皆異端邪說 非吾家之言也.

다산의 격앙된 목소리를 선명히 들을 수 있다. 그는 한대의 '가의'의 목소리를 그리워한다. 정치는 '성과를 만들어가는 것(有爲)'이지, '굴러가는 대로 맡겨두어서는(無爲)' 하나도 되는 일이 없다. 여기 관건은 둘이다. 유능하고 德 있는 인재를 선발하여 책임을 맡기고 엄격한 인사를 단행하는 것. 그러므로 정치는 바쁘고 힘든, 쉴 틈 없이 모든 정사와 법률과 제도를 감당해야 하는 고된 작업이다. 그런데 無爲라고? 아무 일도 않고 그저 자리만 지키고 팔짱을 끼고 있으면, 세상이 평화롭고 민생은 진작될 것이라고 하는가? 손 놓고 있던 왕조는 다 쇠락하거나 망해갔다. 조선도 이 전철을 밟아서는 안 될 것이다.

그런데 왜 공자는 순임금이 "無爲로 다스렸다"라고 말했을까? 다산은 이것이 찬탄의 과장법이라는 것, 이를 잊지 말라고 신신당부한다. 다산의 《논어》 해석의 한 특징이 여기 있다. 다산은 《논어》에 '과장과 농담' 등이 풍부하게 섞여 있다고 말한다. 모든 언설에는 현장감과 인간적 반응과 표현이 있다. 우리는 언설을 서술 혹은 명령 단 두 가지로, 교과서적으로 읽는 데 익숙하나, 그런 '대화'는 대체로 죽어 있기 십상이다. 드라마나 개그 프로그램, 술집이나 레스토랑의 테이블에서 오가는 얘기들의 다이내믹스는 감탄과 풍자, 생략과 은유, 과장과 농담 등 매우 다양한 양식을 자랑한다. 다산은 《논어》 또한 그렇게 읽어야 한다고 강조한다. "《논어》는 천편일률적인 교훈을 말하는 근엄한 언설이 아니다!"

《논어》는 직설의 언어만 담아놓은 교훈집이 아니다. 공자는 상대와 상황에 따라 역설과 반어를 썼고, 농담과 과장을 즐겼다. 그동안의 논어 해석은 이 '역동적 현장'의 풍경을 놓친 것이 사실이다. 다산은 말한다.

《시경》에 "농담은 잘 하지만, 상처는 주지 않아!"라고 했다. 성인께서도 때로 농담(善謔)을 즐기셨다. 선대 유학자들은 공자의 말씀을 오로지 진담으로 받들어 모셨다. 그건 아닐 것이다.

《詩》云: "善戱謔兮 不爲虐兮." 聖人亦有時乎善謔 先儒奉之爲眞實之言 恐不然也.

반죽이든 도자기든 새 형태를 빚으려면 밀가루와 흙이 말랑말랑해야 한다. 다산이 《논어》의 발언을 유연하게 때로는 농담과 거짓으로 해석함으로써, 공자의 상을 보다 가변적으로 성형하고 확장 가능성을 크게 열어갈 수 있었다. 이 유연과 확장이 《논어》를 역동적으로 읽게 하고, 엇갈리는 공자의 발언들을 조화할 수 있게 해줄 것이다.

다산은 '순임금의 無爲 정치'에 대해 이렇게 말한다.

청정무위는 황로 사상이다. 한대 이전 《서전書傳》에는 이런 설이 없었다. 한대 초에 천하를 통일하고 나서 군신들이 모두 어리석고 글이 없어 어떻게 통치해야 할지 알지 못했다. 그래서 다만 민심에 순하고자 해서 이 설을 창안, 그들에게 휴식을 주고자 했다. 이른바 문제와 경제의 통치 시기(文景之治)가 3대 이후에 유명해진 까닭이다. 그러나 그로 인해 예악과 문물은 이 세상에 다시 부흥하지 못하고 7국의 난을 양성하여 거의 한나라 조정을 뒤엎을 뻔하였은즉, 그것이 난망亂亡의 통치술이라는 것을 이미 체험한 바 있다.

순임금이 섭정할 때 정사에 분발한 것은 典冊에 모두 실려 있다. 그런데 관원을 임명한 이후의 일에 대해 《서경》에 별다른 말이 없는데, 이는 법과 제도를 구축하여 그에 따라 행해 나간 까닭에 더 이상 기록하지 않은 것이다. 어찌 '無爲'여서 그렇게 했겠는가?

(일을 맡기고) 3년에 한 번 점검하고, 그 3번에 (성과가 미약하면) 한 번 축출하며, 5년에 한 번 순행하고, 사방의 제후들이 4년에 한 번 조정에 오게 하여 보고를 받고 성과를 체크, 해마다 법에 따라 시행해 나갔으니, 분분히 일이 많지 않았겠는가? 신하와 관리 무리가 분주히 직무를 다하지 않음이 없었는데, 순임금이 홀로 無爲했겠는가? 고적考績(관리의 업무 성적을 평가하여 결정하는 일)도 반드시 직접 했고(《상서설尙書說》참고), 순수巡守(제후국을 두루 살피며 돌아다니는 일)도 반드시 직접 했으며, 형옥刑獄도 반드시 듣고, 교훈教訓도 반드시 먼저 했으니, 순임금이 어찌 無爲할 수 있었겠는가?

하물며 지금 전하는《서경》〈순전舜典〉은 〈요전堯典〉 밑의 절반(을 자른 것)이라 옛적 〈순전〉은 지금 망실되고 없다. 그 안에 또한 몇 건의 시책, 힘든 노력이 얼마나 들어 있는지 모르게 되었다. 어떻게 한 편의 글로 불쑥 그 無爲를 증거하리오? 공자가 말하는 無爲는 인재를 얻은 효과를 높인 말이니, 가히 나라가 평안하고 조용함(寧謐)으로 찬탄하고 찬양하고자 하는 의기意氣가 가득한데, 이것은 성인의 글 뜻이 격앙된 곳이라 글자 그대로 읽어 뜻을 해쳐서는 안 될 것이다. 지금 사람들이 治道를 논함에 모두 임금에게 팔짱 끼고 침묵하라고 하는 통에, 온갖 제도와 법도가 무너져 내리고 정리가 안 되며 모든 정사가 꺾여서 펼쳐지지 않으니, 10년이 안 되어 천하가 썩어 문드러질 것이다. 재앙과 환란이 계속되고 피폐해진 정사가 쇄신되지 않고 있는데도 끝내 깨닫지 못함은, 바로 이 '無爲' 설이 잘못 인도한 결과다.

〔案〕淸静無爲者 老氏之說也. 自漢以前《書傳》無此說. 漢氏初壹天下 君臣皆椎鹵無文 不知所以治之 第欲順民之心 創爲此說 以與之休息. 所謂文·景之治 有名於三代之後者也. 然以此之故 禮

樂文物不復興於斯世 而釀成七國之亂 幾覆漢祚 則其爲亂亡之術 亦已驗矣. 舜攝政之年 奮發事功 具載典冊. 其自命官以後《書》無 所言者 治成制定 按法而行之 故不復記載 豈邃無爲而然哉? 三載 一考 三考一黜 五載一巡 群后四朝 詢事考言 敷奏試功 年年歲歲 按法而行 不旣紛紛然多事乎? 群臣百工 莫不奔走率職 舜顧獨無 爲乎? 考績必親【見余《尙書說》】巡守必親 刑獄必聞 敎訓必先 舜 何得無爲乎? 況今之所謂〈舜典〉者〈堯典〉之下半也. 古之〈舜典〉 今旣亡逸 不知其中 又有幾件施措 役役勞勞 何得以一篇文字 遽 證其無爲乎? 孔子言無爲者 甚言得人之效 可以寧謐 贊歎揄揚. 意氣洋溢 此聖人辭旨激昂處 正不必以辭害意也. 今人論治道者 率皆導人主端拱玄默 無所猷爲 百度頹墮而莫之整理 萬機叢脞而 莫之搜撥 不十年而天下腐矣. 禍難相承 凋瘵不振 而卒莫之開悟 皆無爲之說 有以誤之也.

요순의 정치, 그 실상에 대하여

'요순'은 유교 정치의 이상을 상징하고 있다. 그것이 실제였는지, 상상이었는지에 대해 분분한 논란이 있지만, 다산은 이 기록의 실재성을 의심하지 않았다. 나아가 이 정치의 실제 현장을 힘써 파고들었다. 다산은 그 정치가 그야말로 물 샐 틈 없는 정치적 행동과 정책들로 가득 차 있다는 것을 알려주고 싶어 했다. 요순의 정치는 그저 사람 좋은 내맡김, 온유한 성품으로 이룩한, 한가한 유토피아가 아님을 그토록 알리고 싶어 했다. 왜? 조선의 정치 풍토를 바꾸고 싶어 했기 때문이다.

다산은 흑산도에 있는 형님에게 요순의 정치를 발견해 나가는 기쁨과 감격을 편지에 담아 보냈다. 좀 길지만 자세히 음미해보자.

근래에 생각하니 요순이 나라를 다스린 법은 후세의 제도에 비해 매우 엄격하고 세밀하여 물 한 방울 새지 않을 정도였습니다. 오늘날 사람들은 요순의 정치가 순박하고 느긋하고 담박하여 천하가 저절로 태평해진 것으로 알고 있는데, 이런 이치는 결코 없으며, 어리석은 사람들의 견해일 뿐입니다. 태초에 인간이 태어날 때 모두 식색의 욕구를 가지고 있어, 여러 뿌리와 덩굴이 뒤얽히듯 수많은 악습이 만들어지는데, 어떻게 저절로 평화롭게 될 리가 있겠습니까? 공자께서 항상 "요순시대는 희희호호熙熙皞皞하였다"라고 하신 말씀을 요즘 사람들은 순박하고 담박하다는 뜻으로 아는데, 절대로 그렇지 않습니다. 희희熙熙는 '밝다', 호호皞皞는 '희다'는 뜻이니, '희희호호'는 '만사가 모두 잘 다스려져 밝고 환했기에, 추호의 악이나 더러움을 숨기고 감출 수 없었다'는 뜻입니다. 지금 세간에서 말하는 '밤이 낮 같은 세상'은 참으로 요순 때를 가리킵니다.

이렇게 된 까닭을 보면, 다만 고적 제도 때문입니다. 당시의 고적 제도는 요즘 쓰는 여덟 가지 항목으로 되어 있는, 엉성하고 거칠며 소략한 것이 아니었습니다. 반드시 본인이 임금 앞에 직접 와서 대면하여 자기 입으로 말하게 하였기에, 잘못한 일을 거짓으로 꾸밀 수 없었고 잘한 일을 겸양할 수도 없었습니다. 말씀을 아뢰고 나면 바로 그 말을 평가하는 제도가 있었으니, 그것이 고적입니다.

그 당시에 배꼽 빠지게 웃기는 대목이 있다면, 바로 우임금이 창언들

言할 때, 즉 자기 입으로 자기 공적을 말할 때의 광경입니다. 순임금이 "오너라. 우야! 너도 꺼리지 말고 공적을 드러내어 말하라"고 하자, 우가 "제가 무슨 말씀을 드리겠습니까? 저는 날마다 부지런히 힘쓰고자 했습니다"라고 했습니다(우가 부끄럽고 껄끄러워 차마 자기 공적을 말하지 못하고 겸양하여 "제가 무슨 말씀을 드리겠습니까?"라고 한 뒤, 기본적인 내용만 대충 말하면서, "저는 오직 부지런히 힘썼을 뿐입니다"라고 한 것이다). 고요가 "아! 어떻게 하였습니까?"라고 하자(고요가 정색하여 엄하게 질책하며 말하길, "고적 제도는 지엄하고 임금께서는 지척에 계시는데, 어찌 감히 망설이고 뒤로 빼는 것이요? 부지런히 힘썼다고 한 구체적 사안들이 무엇입니까? 그 내용들을 상세하게 진술해야 합니다"라고 했다), 우가 말했습니다. "하늘까지 차서 넘치듯 홍수가 나서 가없이 드넓은 물이 산을 휘감고 언덕 위까지 오르니, 백성들이 가물가물 물속에 빠지고 있었는데, 제가 네 가지 탈것을 타고서 산을 따라 나무를 베었고, 익益과 함께 여러 종류의 고기를 먹게 해주었습니다(익의 이름을 넣은 것은 공을 나누려는 의도다). 제가 구주九州의 강줄기를 터서 사해로 물이 빠지게 하고, 밭 사이의 도랑을 깊이 파서 하천으로 물이 빠지게 했으며(다시 '제가'라고 쓴 것은 治水의 일은 진실로 자기 혼자 처리했기 때문에 남에게 양보하려고 해도 그럴 수 없었던 것이다), 직稷과 함께 파종하여 어렵게 수확한 여러 곡식과 고기를 먹게 해 주었고, 있는 것과 없는 것은 힘써 바꾸도록 했으며, 쌓아둔 물건은 팔도록 하였습니다. 이에 백성들이 음식을 먹게 되었고 온 나라가 잘 다스려졌습니다(숨길 수도 없고 양보할 수도 없으며 회피할 수도 없어서, 부끄러움을 무릅쓰고 자기의 공로를 남김없이 드러낸 것이다). 이에 고요가 "좋습니다. 당신이 아뢴 말을 모범으로 삼겠습니다"라고 했습니다("좋습니다"는 실제로 그러함을 인정한다는 뜻이다. "당신이 아뢴 말을 모범으로 삼겠습니다"는 도리가 마땅히 이와 같음을 인정한 것이다).

기夔 역시 자기 공적을 스스로 아뢰었는데, 너무 장황하게 중언부언하였습니다. 그날에 한 자리에서 있었던 광경을 생각해보면, 정말이지 순임금이 임금의 자리에 앉아 있고 고요와 기, 우와 직이 줄줄이 앉아서 고적하던 장면이 한 폭의 생생한 그림을 보는 듯합니다. 상서로운 해와 구름이 또렷하게 보이니 참으로 절묘한 광경입니다.

만약 '그렇지 않다. 순임금이 우의 창언을 듣고자 하자(요즘 사람들은 창언을 직언이라고 여긴다), 고요가 독촉한 것이다'라고 해석한다면, 결국 자화자찬하여 자기 공적만 잔뜩 말한 셈인데, 세상에 그러한 창언과 염치 없는 일이 있을 수 있겠습니까?

(직언을 잘하던) 동방삭東方朔이나 우맹優孟도 기꺼워하지 않을 일을 우가 했겠습니까? 참으로 헛된 꿈 같은 소리입니다. 여기에서부터《서경》의 〈요전〉과 〈순전〉, 〈대우모〉와 〈고요모皐陶謨〉를 거슬러 살펴보면, 이른바 '일에 대해 묻고 말에 대해 살펴보는 일(詢事考言)'이나 '3년에 한 번 공적을 고과하는 일(三載考績)', '말로 아뢰어 보고하게 하는 일(敷奏以言)', '공을 분명히 시험하는 일(明試以功)' 등은 처음부터 끝까지 잘 이어져 있는데, 위와 아래가 잘 연결되어 있는 것은 모두 고적에 관한 일이기 때문입니다. 무릇 '전典'이란 나라를 다스리는 법이고, '모謨'란 나라를 다스리는 계책입니다. 그 법과 계책으로는 고적보다 더 나은 일이 없기에 요와 순의 정치가 실현된 것입니다.

요즘 사람들은 순임금께서 여전히 옷자락을 드리우고 팔짱 끼며 눈을 감고 흙으로 빚은 형상처럼 의젓하게 앉아 있는데도, 천하가 저절로 태평하게 되었고 다스려졌다고 여기는데, 진실로 헛된 꿈 같은 소리가 아니겠습니까?

천하가 썩은 지 이미 오래입니다. 요즘 포상하고 징계하는 제목에 "고요하고 단아한 다스림으로 일대가 편안하다"라고들 적는 경우가 있는데, 이런 사람에게 순임금의 조정에 올라가 자기 공적을 스스로 아뢰게 한다면, 무슨 일을 아뢸 수 있겠습니까? 또 "오랜 집안에서 전해오는 규범이 있어 빛나는 명예를 구하지 않았다"라고 적는 경우, 이런 사람에게 순임금의 조정에 올라가 스스로 자기 공적을 아뢰도록 하고 고요가 옆에서 호령까지 한다면, 무슨 말을 아뢸 수 있겠습니까?

주나라 때까지는 여전히 고적 제도가 있어서 연말에 회계할 때 육관이 모두 있었는데, 회계란 고적입니다. 진秦나라 때도 여전히 고적 제도가 있었음에도 왕계王稽가 하동태수河東太守가 되어 3년이나 회계를 올리지 않았으므로, 범저范雎가 죽을죄라고 했던 것입니다. 한나라 초기에도 역시 군국郡國에서 회계를 올렸지만, 모두 요순시대의 제도만 못합니다. 요순시대에는 반드시 모두 대면하여 입으로 아뢰도록 하여 더욱 엄하고 혹독하게 하였습니다. 조정의 중앙 관원인 대신은 임금이 직접 심사하고, 외신인 지방 수령은 임금이 순수할 때 심사하는데, 더러는 조공을 바치러 조정에 들렸을 때 심사하기도 했습니다.

그러므로 우가 말했습니다. "바닷가의 백성들과 온 나라의 어진 백성들이 모두 임금의 신하가 되려고 할 것이니, 임금께서 이들을 등용해서 말을 널리 받아들이고 공적을 분명히 시험하여 수레와 의복으로 상을 내리십시오(공에 대해 상을 주는 것을 용庸이라 한다). 임금께서 주관하여 베풀지 않으시면(임금이 직접 고적하지 않으면, 같고 다름으로 편들고 배척하는 병폐가 있게 된다), 나날이 허망한 공적을 아뢸 것입니다(임금이 직접 고적하지 않으면 신하들이 나날이 허망한 공로를 아뢴다)."

이렇게 보면, 요순의 다스리는 방법과 정사를 펴는 계책이 고적에서 벗어난 것은 없습니다. 대면하고 말로 아뢰는 것이 가장 좋은 방법이고, 그다음이 스스로 자신의 공적을 진술한 문서를 올리는 것입니다. 설사 지금 더러운 세상에 만약 자기의 공적을 스스로 아뢰게 하는 법이 있다 하더라도, 고을의 수령된 자들 중에는 여전히 몸과 마음을 움직여서 한두 가지 일이라도 자기 책임을 메울 생각으로 그 공적 문서를 꾸미는 이가 있을 것입니다. 백성이 도탄에 빠진 것이 어찌 이같이 심합니까? 누가 백성들을 위해 사실대로 아뢰겠습니까?

年來覺得唐虞做治之法 比之後世 嚴酷綜密 盛水不漏 今人認爲淳厖閑淡 而天下自然太和 此必無之理 下愚之見. 厥初生民 皆具食色之慾 七根八蔓 都是惡習 豈有自然太和之理? 孔子每云: ‘唐虞熙熙皥皥’ 今人認爲淳淡之意 殊不然也. 熙熙 明也.【字從火】皥皥 白也. 熙熙皥皥者 萬事皆理 昭明皓白 一塵一毛 無以隱其惡而藏其醜也. 如今俗所云: ‘夜如晝之世’者. 眞唐·虞之謂. 觀其所以致此之由 唯考績一事是已. 當時考績之法 非如今世八字題目之疏漏粗略 必令本人親至上前 當面自口說道 其惡者容不得飾詐 其善者容不得謙讓. 其言旣陳 乃有考言之法 考言者考績也., 最有一段捧腹折腰 耐不得呵呵噱噱處 卽禹自言其績時光景也. 帝曰: “來 禹. 汝亦昌言.”【昌言者 顯言也. 自己功德 不欲顯言 故導之使昌言】禹曰: “予何言? 予思日孜孜.”【禹羞澁不忍自言 謙云: “予何言也?” 只大綱粗說曰: “予唯孜孜而已.”】皐陶曰: “吁! 如何?”【皐陶正色嚴責曰: “考績之法至嚴 咫尺上前 焉敢周章逡巡如是? 其所云孜孜之節目如何? 函宜詳陳.”】禹曰: “洪水滔天 浩浩懷山襄陵下民昏墊 予乘四載 隨山刊木 曁益奏庶鮮食【挿入益名 有分功之意】予決九川距四海 濬畎澮距川【再下一予字 凡治水之事 眞眞

自己獨辦 讓與人不得】曁稷播 奏庶艱食鮮食 懋遷有無 化居 烝
民乃粒 萬邦作乂."【掩不得 讓不得 逃遁不得 含羞冒恥 說盡自己
功勞 和盤托出】皐陶曰: "兪. 師汝昌言."【兪者 許其實然之意. 師
汝昌言者 許其道理當如是】夔亦自奏其功 極其張皇 重言複言.
想其日一堂光景 眞是一副活畫 令人眼見 帝舜主壁 皐·夔·禹·
稷 列坐考績 瑞日祥雲 歷歷在目 眞是絶妙光景. 如云: '不然. 帝求
禹之昌言【今人以昌言爲直言】皐陶督之' 畢竟自伐自贊 滿設己
功 天下有如是昌言 天下有如是廉恥乎? 東方朔·優孟之所不屑
爲 而謂禹爲之乎? 眞大夢矣. 由是溯觀二典二謨 凡所謂'詢事考
言'·'三載考績'·'敷奏以言'·'明試以功'等 首尾縷縷 上下纏纏 都
是考績一事. 夫典者爲國之法也 謨者治國之謀也. 其法其謨 莫有
先於考績一事 所以爲唐·虞之治也. 今人謂舜方且垂衣拱手 瞑目
儼坐 如泥塑人 而天下自然太和 非大夢乎? 天下腐已久矣. 今襃
貶題目 有曰'恬雅之治 一境晏如' 使此人升之帝舜之堂 使之自奏
其功 將何事之可奏? 有曰'故家遺範 不求赫譽' 使此人升之帝舜
之堂 使之自奏其功 皐陶從旁而號令之 則將何言之可奏? 至周猶
有此法 歲終會計 六官皆有之 會計者 考績也. 雖秦猶有此法 王稽
爲河東守 三歲不上計 范睢以爲死罪. 漢初亦有郡國上計 然都不
如唐·虞之法 必使之面陳而口奏之 更嚴更酷 內臣大臣 則帝自考
之 外臣牧臣 則巡守而考之 或因其朝覲而考之. 故禹之言曰: "海
隅蒼生 萬邦黎獻 共惟帝臣 唯帝時擧 敷納以言 明試以功 車服以
庸.【賞功曰庸】帝不時敷同【帝不親考 則有黨同之患】日奏罔功."
【帝不親考 則日奏虛罔之功】由是觀之 唐·虞之治法政謨 其有外
於考績者乎? 面陳口奏 最上法也 其次 令自奏功狀也. 雖以今日

之汚俗 若有自奏其功之法 則爲守令者猶或有搖手足動心志 思有
一二事以塞其責 以飾其功狀者矣. 生民之塗炭 豈若是之甚乎? 嗚
呼! 孰爲之陳白也? (다산,〈상중씨〉)

敬, 자각적 주시냐, 직무적 책임이냐?

無爲에서 有爲로…. 정치에서 행동주의를 강조하는 다산의 절절한
목소리를 들을 수 있었다. 다산은 말한다. 정치가는 내적 덕성을 믿
고 無爲를 기대할 것이 아니라 적극적으로 직책에 책임을 다하는 자
세가 필요하다고. 다산은《논어》에서 강조하는 敬이 바로 이 有爲의
책임감을 지적하고 있다고 역설한다. 주지하다시피 敬은 주자가 새
로 창도한 '공부'의 중심이고 방법임을 잘 알고 있을 것이다. 그것은
'경건'이라 불리는, 자기 주시와 점검, 명상적 자각을 특별히 강조하
는 것이었다. 다산은《논어》와 이전의 고전에서 敬이 대상을 갖고 있
다고 전제한다.

敬은 기본적으로 상대에 대한 '공경'과 '존중'을 의미한다.

子曰: "晏平仲善與人交 久而敬之." (〈공야장〉 16장)
공자가 말했다. "안평중晏平仲은 사람들과 교제를 잘하여 (관계가) 오래되어도
존경했다."

季康子問: "使民敬·忠以勸 如之何?" 子曰: "臨之以莊則敬 孝慈則忠 擧善
而敎不能 則勸." (〈위정〉 20장)

계강자가 물었다. "백성들로 하여금 공경하고 충성하고 권면하게 하려면 어떻게 해야 합니까?" 공자가 말했다. "엄숙함으로써 대하면 그들이 공경하고, 孝悌하면 충성하며, 선한 사람을 등용하고 무능한 자는 가르치면 권면하게 됩니다."

子謂子産: "有君子之道四焉: 其行己也恭 其事上也敬 其養民也惠 其使民也義." (〈공야장〉 15장)

공자가 자산에 대해 이르기를, "그에게는 군자의 道가 네 가지 있었으니, 자신의 몸가짐이 공손했고, 윗사람을 섬기는 데 공경했으며, 백성을 돌보는 데 은혜로웠고, 백성을 부리는 것이 의로웠다."

부모를 '공경'하는 것은 까다롭고 어려운 일이다. 아니다 싶은 일은 적극 간하되, 존중의 자세를 잊지 말고 인내해야 한다. 단순한 물질적 봉양으로는 충분치 않다.

子曰: "事父母 幾諫 見志不從 又敬不違 勞而不怨." (〈이인〉 18장)

공자가 말했다. "부모를 섬김에 온건하게(幾) 간하되, 그 뜻을 따르지 않음을 알더라도 또한 공경하고 멀리하지 않으며, 힘들더라도 원망하지 않는다."

子游問孝 子曰: "今之孝者 是謂能養. 至於犬馬 皆能有養 不敬 何以別乎?" (〈위정〉 7장)

자유가 孝에 관해 물었다. 공자가 대답했다. "지금의 孝란 단지 봉양하는 것을 말한다. 그러나 개와 말도 모두 먹여 살릴 수 있으니, 공경하지 않는다면 무엇으로 다르다고 할 것인가?"

그 공경의 대상에는 사람뿐만 아니라 귀신도 있다.

樊遲問知 子曰: "務民之義 敬鬼神而遠之 可謂知矣." 問仁 曰: "仁者先難
而後獲 可謂仁矣." (〈옹야〉 20장)
번지가 知에 관해 물었다. 공자가 대답하길, "백성들이 義에 이를 수 있도록 힘
쓰고, 귀신을 공경하되 멀리한다면, 이를 知라 한다." 다시 仁에 관해 묻자, 공
자가 말하길, "仁이란 어려운 일을 먼저 하고 얻는 일은 뒤에 한다면, 이를 仁이
라 한다"

敬은 또한 특정한 의례 앞에서 심신을 여미는 '경건'으로도 표현된다.

子張曰: "士 見危致命 見得思義 祭思敬 喪思哀 其可已矣." (〈자장〉 1장)
자장이 말했다. "士는 위태로움에 목숨을 아끼지 않고, 이익을 보면 義를 생각
하며, 제사 지낼 때는 경건함을 생각하고, 상을 당했을 때는 슬픔을 생각한다.
그것이면 된다."

子曰: "居上不寬 爲禮不敬 臨喪不哀 吾何以觀之哉?" (〈팔일〉 26장)
공자가 말했다. "위에 있으면서 너그럽지 않고, 禮를 행하는 데 경건함이 없으
며, 상에 임하여 슬퍼하지 않는다면, 내 무엇으로 그를 살펴보겠는가?"

《논어》에는 다른 범주가 있다. '일 앞에서의 경건'이다. 공자는 늘 아
홉 가지를 '성찰'하라고 했는데, 그 한가운데 事思敬사사경이 있다.

孔子曰: "君子有九思: 視思明 聽思聰 色思溫 貌思恭 言思忠 事思敬 疑思

問 忿思難 見得思義."(〈계씨〉 10장)

공자가 말했다. "군자에게는 생각해야 하는 것 아홉 가지가 있다. 볼 때는 분명하게 볼 것을 생각하고, 들을 때는 총명하게 들을 것을 생각하며, 안색은 온화할 것을 생각하고, 몸가짐은 공손할 것을 생각하며, 말할 때는 충실할 것을 생각하고, 일할 때는 경건할 것을 생각하고, 의심날 때는 물을 것을 생각하고, 화날 때는 뒤에 어렵게 될 것을 생각하고, 이익을 보면 의로운 것인지를 생각한다."

일에서 敬을 다하는 것이 仁을 성취하는 토대라고 공자는 말한다. 이 책임감이 문화국뿐만 아니라 이적의 오랑캐에게도 어필할 것이라고 자신했다.

樊遲問仁. 子曰: "居處恭 執事敬 與人忠. 雖之夷狄 不可棄也."(〈자로〉 19장)
번지가 仁에 관해 물었다. 공자가 대답했다. "생활할 때는 공손하고, 일할 때는 경건하며, 사람을 대할 때는 충실해야 하는 것이니, 이는 비록 이적의 땅에 간다고 해도 버려서는 안 된다."

지금까지의 《논어》의 용례들은 주자가 생각한 敬의 새로운 방법과는 핀트가 다르다고 느꼈을 것이다. 누구나 이 점을 알아볼 수 있다. 공자는 敬을 사람과 일 모두에 적용하는 덕목임을 강조한다.
　두 개의 해석이 구체적으로 부딪히는 지점을 같이 읽어보자.

子曰: "雍也可使南面." 仲弓問子桑伯子 子曰: "可也. 簡." 仲弓曰: "居敬而行簡 以臨其民 不亦可乎? 居簡而行簡 無乃大簡乎?" 子曰: "雍之言然."

〈〈옹야〉 1장〉

공자가 말했다. "옹(중궁)은 통치자의 자질과 덕성을 가지고 있지." 중궁이 자상 백자子桑伯子는 어떠냐고 물었다. 공자가 대답했다. "그도 괜찮지. 소탈(簡)하잖 아." 중궁이 말했다. "평소에는 치밀하고 행정은 소탈해야 하는 것이 아닙니까? 평소에도 소탈하고 행정도 소탈하면, 너무 지나치게 소탈한 것이 아닙니까?" 공자가 대답했다. "네 말이 맞다."

제자 하나가 남면의 자질과 덕성을 갖고 있다는 칭찬이 아닌가? 들은 사람들 모두 놀랐을 것이다. 당사자는 또 쑥스럽지 않았을까? 그래서 다른 사람을 슬쩍 천거했다.

簡간은 특별한 욕심 없이 관용적인 자세로 무리하게 일을 벌이지 않고 순리에 맡기는 것을 가리킨다. 그저 사람 좋은 好人을 연상해도 좋겠다. 그럼 敬은? 주자의 해석은 이렇다.

敬의 자세를 갖추면, 마음속에 주인이 생겨 엄중함을 갖추게 된다. 이를 바탕으로 간소한 행정으로 백성들에게 임하면, 일이 번잡하지 않고 백성들도 동요하지 않는다. 이것이 적절하다. 만일 간소한 삶의 태도를 고집하면, 마음에 중심이 없어 덕성이 허술해진다. 이를 바탕으로 행정도 간소해지면, 너무 소탈해져 지킬 법도가 없어지는 것이 아니냐?《공자가어》에 이르길, 자상백자가 의관도 없이 지내길래, 공자가 소나 말과 같은 (자연주의적?) 道를 따른다고 그를 비판했다고 한다. 그렇다면 백자는 아마 지나치게 간소한 자일 것이고, 그래서 공자가 그를 지나치게 인정해준 것이 아닌가 하고 중궁이 의심한 것이다.

言自處以敬 則中有主而自治嚴 如是而行簡以臨民 則事不煩而

民不擾 所以爲可. 若先自處以簡 則中無主而自治疏矣 而所行又簡 豈不失之太簡 而無法度之可守乎? 家語記伯子不衣冠而處 夫子譏其欲同人道於牛馬. 然則伯子蓋太簡者 而仲弓疑夫子之過許與?

주자는 지금 敬을 지키는 것을 "마음속에 주인이 생겨 자신을 다스림이 엄중함"으로 해석했다. 태만한 마음을 다잡고 심신의 자각을 엄중하게 유지하는 것이 주자학의 기초 수련이다. 주자는 마음의 자각과 경건이 자리 잡고 지속적으로 파지되면, 자기 내부의 도덕성이 나를 지배하게 되고 악이 범접하지 못하게 된다고 강조한다.

다산의 반론을 들어보자.

자상백자는 노나라 사람이다(아마도 자상호子桑戶인 듯하다. 《장자》〈대종사大宗師〉편에 "자상호, 맹자반孟子反, 자금장자琴張, 세 사람이 서로 친구가 되었다"라는 구절이 있다). 簡은 번거롭지 않다는 말이다(그래서 簡하다고 했다). 居는 스스로 다잡고 행동하는 것을 말한다. 行이란 명령을 시행하고 사람을 다스리는 행위다. 敬이란 마주하고 있는 것을 향해 삼가고 조심하는 것을 말한다(대상이 없으면 敬도 없다). 簡은 세세한 절목에는 소략한 것을 가리킨다(간략히 하면 어지럽지 않다). 居敬은 일을 숙고함이 깊고 치밀한 것을 말한다. 그러고 나서 시행하는 일은 간략하더라도 누락·결핍이 없다. 居簡이면 일을 숙고함이 허술하고 소략해, 시행이 간략하더라도 결국 반드시 혼란 속에 빠져들게 된다.

子桑伯子 魯人.【胡云: "疑即子桑戶."《莊子·大宗師》篇云: "子桑戶·孟子反·子琴張三人 相與爲友."】簡 不煩之謂.【孔云: "以其能

簡故曰可也."】〔補曰〕居謂持己以自處也 行謂施令以治人也. 敬
謂謹於所嚮【無所嚮則無所敬】簡謂略於細節.【省約則不亂】居敬
則慮事周密 其所行雖簡 無攸闕矣 居簡則慮事疏略 其所行雖簡
終必亂矣.

다산은 敬이 '대상을 향해 있다'는 것을 극구 강조한다. 이것은 주자
학이 목적어를 탈각시키고 대상을 자기 내적으로 정위한 것에 대한
반론이다. 그러므로 敬은 사람과 일이라는 '대상'을 가질 수밖에 없다
는 것. 부모나 친구, 군주에 대한 '공경'이 있고, 지금처럼 일을 처리하
는 '책무로서의 공경'이 있다. 다시 음미하자. "居敬은 일을 숙고함이
깊고 치밀한 것을 말한다."

　다산은 자상백자가《장자》〈대종사〉편에 나오는 자상호일 것이라
고 말한다. 거기 이런 이야기가 실려 있다.

자상호, 맹자반, 자금장 세 사람이 서로 벗하며 말했다. "누가 사귐이
없는 데서 서로 사귀고, 위함이 없는 데서 서로 위할 수 있겠는가? 누
가 하늘에 올라 안개구름에서 노닐고, 끝없는 공간을 여행하며, 삶을
잊고 다함이 없게 할 수 있는가?" 세 사람은 서로 바라보고 웃었고, 마
음에 거스르는 바가 없어 마침내 서로 벗이 되었다. 아무 일 없이 얼마
후, 자상호가 죽었다. 공자가 그 소식을 듣고 자공을 시켜 장례 일을 돕
게 했다. 자공이 가보니, 한 사람은 노래를 부르고 다른 한 사람은 거
문고를 타며 서로 화답하며 노래했다. "아아, 상호여! 아아, 상호여! 그
대 이미 참된 세계로 돌아갔으나, 나 아직 인간으로 남았구나!" 자공이
종종걸음으로 나아가 말했다. "감히 묻건대, 시신 앞에서 노래하는 것

이 禮에 맞습니까?" 두 사람이 서로 바라보고 웃으며 말했다. "이 사람이 어찌 禮의 의미를 알겠는가?" 자공이 돌아가 공자에게 보고하면서 말했다. "저들은 어떤 사람입니까? 수행이 되어 있지 않고, 몸뚱이를 도외시하여 시신 앞에서 노래하면서 안색이 변하지 않으니, 무어라 이름할 수도 없었습니다. 저들은 어떤 사람입니까?" 공자가 말했다. "저들은 '지상의 밖(方外)'을 노니는 자이고, 나는 '지상의 안(方內)'을 노니는 사람이다. 밖과 안이 서로 관여하지 않는데, 내가 너를 시켜 조문을 보냈으니, 나의 과오다. 저들은 조물자造物者와 짝이 되어 천지의 一氣를 노닌다. 저들은 삶을 군더더기처럼 붙은 사마귀처럼, 죽음을 종기가 터지는 것처럼 여긴다. 저와 같은 사람들이 어찌 죽고 사는 일의 선후 문제를 알려고 하겠는가! 다른 사물들을 빌려 한 몸에 의탁하여, 간담肝膽을 잊고 이목耳目을 떠나 끝과 시작을 되풀이하니, 그 끝을 알 수 없다. 아득히 세속(塵垢) 바깥을 배회하고 無爲의 일에 소요逍遙한다. 저들이 어찌 번거롭게 세속의 禮를 행하여 뭇 사람들의 이목에 보이겠는가!" 자공이 말했다. "그렇다면 스승님은 어느 세계에 속하십니까?" 공자가 말했다. "나는 '이 지상에 처형된 사람(天之戮民)'이다. 그렇지만 나는 너와 그 세계를 함께 살아갈 것이다." 자공이 말했다. "감히 그 길을 여쭙습니다." 공자가 말했다. "물고기는 함께 물로 나아가고, 사람은 함께 길(道)로 나아간다. 함께 물로 나아가는 것들은 못을 파서 길러줄 수 있고, 함께 길로 나아가는 자들은 일이 없어도 삶이 안정된다. 그러므로 '물고기는 강과 호수 안에서 서로를 잊고, 사람은 道의 세계 안에서 서로를 잊는다'고 말하는 것이다." 자공이 말했다. "감히 기인畸人에 대해 여쭙습니다." 공자가 말했다. "기인이란 인간(人)과는 다르지만 자연(天)을 닮은 자들이다. 그러므로 '자연의 소인은 인간세의 군자이고,

인간세의 군자는 자연의 소인이다'라고 하는 것이다.”

子桑戶·孟子反·子琴張三人相與友 曰:“孰能相與於無相與 相爲
於無相爲? 孰能登天遊霧 撓挑無極 相忘以生 無所終窮?”三人相
視而笑 莫逆於心 遂相與友. 莫然有間 而子桑戶死 未葬. 孔子聞
之 使子貢往侍事焉. 或編曲 或鼓琴 相和而歌曰:“嗟來桑戶乎! 嗟
來桑戶乎! 而已反其眞 而我猶爲人猗!”子貢趨而進曰:“敢問臨尸
而歌 禮乎?”二人相視而笑 曰:“是惡知禮意!”子貢反 以告孔子曰:
“彼何人者邪? 修行無有 而外其形骸 臨尸而歌 顏色不變 無以命
之. 彼何人者邪?”孔子曰:“彼遊方之外者也 而丘游方之內者也.
外內不相及 而丘使女往弔之 丘則陋矣. 彼方且與造物者爲人 而
遊乎天地之一氣. 彼以生爲附贅縣疣 以死爲決疣潰癰. 夫若然者
又惡知死生先後之所在! 假於異物 託於同體 忘其肝膽 遺其耳目
反覆終始 不知端倪 芒然彷徨乎塵垢之外 逍遙乎無爲之業. 彼又
惡能憒憒然爲世俗之禮 以觀衆人之耳目哉!”子貢曰:“然則夫子
何方之依?”孔子曰:“丘 天之戮民也. 雖然 吾與汝共之.”子貢曰:
“敢問其方.”孔子曰:“魚相造乎水 人相造乎道. 相造乎水者 穿池而
養給; 相造乎道者 無事而生定. 故曰:‘魚相忘乎江湖 人相忘乎道
術.’”子貢曰:“敢問畸人.”曰:“畸人者 畸於人而侔於天. 故曰:‘天
之小人 人之君子; 人之君子 天之小人也.’”

이들은 일상의 사회적 규범에 연연해하지 않는다. 자연의 거시적 道
와 하나가 된다는 점에서 앞에서 ‘소나 말의 道’와 같이 가려고 한다
고도 할 수 있겠다. 그들은 삶을 큰 혹이나 종기로, 죽음을 그것을 터
뜨리는 것으로 여기는데, 세세한 예절의 절목을 중하게 여기지 않는

다. 자상호가 죽자, 남은 친구 둘이 시신 앞에서 노래를 부르면서, 자연으로 회귀한 것을 축하(?)했다. 자공이 공자의 명으로 조문하러 갔다가 기겁하며 말했다. "죽은 자를 위한 禮가 이래도 되는 것입니까?" 친구들은 웃으며 서로를 돌아보며 말했다. "이 친구가 진정 禮가 무엇인지를 알까?" 보고를 받은 공자는 내가 조문객을 잘못 보냈다고 하면서, 그들의 道와 우리의 道가 서로 다른 지평, 이를테면 문명의 안과 밖이라 부를 만한 이질성을 갖고 있다고 일러주었다. 다산은 《설원說苑》의 한 구절을 참고로 들려준다.

공자가 자상백자를 만났다. 백자는 의관도 하지 않고 지내고 있었다. 제자들이 볼멘소리로 물었다. "스승님은 이런 사람을 왜 만나셨습니까?" "바탕은 아름답지 않으냐, 문화적 세례가 없어서 그것을 갖추게 하고 싶었다." 공자가 떠나고 자상백자의 문인들이 또한 불만을 표했다. "공자를 왜 만나셨습니까?" "바탕은 아름답지 않으냐, 문화적 장식이 너무 번잡해 그걸 제거해주고 싶었지." 이렇게 말할 수 있다. 교양(文)과 바탕(質)을 두루 닦은 자를 君子, 바탕(質)이 있되 교양(文)이 없는 자를 野人이라 할 수 있겠지.

〔引證〕《說苑》曰: "孔子曰 '可也簡'. 簡者 易野也. 易野者 無禮文也. 孔子見子桑伯子 伯子不衣冠而處. 弟子曰 '夫子何爲見此人乎?' 曰 '其質美而無文 吾欲說而文之.' 孔子去 子桑伯子門人不說 曰 '何爲見孔子乎?' 曰 '其質美而文繁 吾欲說而去其文.' 故曰文質修者 謂之君子 有質而無文 謂之易野. 子桑伯子易野 欲同人道於牛馬 故仲弓曰 '太簡'. 雍之所以得稱南面者 仲弓曰 '居敬而行簡, 以道民 不亦可乎? 居簡而行簡 無乃太簡乎?'

국가 경영에서 敬의 의미가 갈리는 지점 하나를 더 짚어보고자 한다.

子曰: "道千乘之國 敬事而信 節用而愛人 使民以時." (〈학이〉 5장)

천승지국을 이끌자면 경사敬事로 信하고, 절용節用으로 애인愛人하며, 사민使民을 때에 맞게 해야 한다.

주자는 위의 항목을 다섯(敬事, 信, 節用, 愛人, 使民以時)으로 보았다. 절용은 비용을 절약하고 물자를 아끼는 것 즉 재정적 운용을 말하고, 애인은 백성들의 복지와 안녕을 위해 애쓰는 것이고, 사민을 때에 맞게 하는 것은 부역과 동원 등을 줄이고 하게 된다면 농번기를 피해서 할 것을 촉구하는 것이다. 시행하기는 어렵지만 내용은 대략 짐작할수 있을 것이다. 논란은 처음과 두 번째다.

주자는 信을 '상호적'으로 풀었다. 군주가 백성들의 신뢰를 잃지 않게 노력해야 하듯이, 신하들 또한 군주를 배신해서는 안 된다는 것으로 풀이했다. 주자는 말한다.

'敬'이란 전일하여 흐트러지지 않음(主一無適)을 말한다. '敬事而信 경사이신'이란, 그 일에 전일하여 백성에게 신망을 얻는 것이다. '時'는 농한기를 말한다. 治國의 요체는 이 다섯 조목에 있다는 말이니, 또한 근본에 힘쓴다는 의미다. 정자가 말했다. "이 말은 지극히 평범하지만, 당시 제후들이 이것을 행할 수 있었다면 그 나라를 잘 다스릴 수 있었으리라. 성인의 말씀은 지극히 평범하면서도 上下에 모두 통한다. 이 세 마디 말을 그 극단까지 밀고 나가면, 요순의 다스림도 여기에서 벗어나지 않는다. 보통 사람들이 하는 평범한 말은 그저 평범하기만 할 뿐이다."

양구산이 말했다. "윗사람이 전일하지 못하면 아랫사람이 방만해지고, 윗사람이 신망을 얻지 못하면 아랫사람이 의심한다. 아랫사람이 방만하고 의심하면 일이 잘 이루어질 수 없다. '敬事而信'은 몸소 솔선하는 것이다."

敬者 主一無適之謂. 敬事而信者 敬其事而信於民也. 時 謂農隙之時. 言治國之要 在此五者 亦務本之意也. 程子曰: "此言至淺 然當時諸侯果能此 亦足以治其國矣. 聖人言雖至近 上下皆通. 此三言者 若推其極 堯舜之治亦不過此. 若常人之言近 則淺近而已矣." 楊氏曰: "上不敬則下慢 不信則下疑 下慢而疑 事不立矣. 敬事而信 以身先之也.

그러나 다산은 생각이 다르다. 위의 항목은 다섯이 아니고 셋이라는 것. 敬事而信경사이신 節用而愛人절용이애인 使民以時사민이시가 그것인데…. 節用而愛人은 한 항목이다. 사람을 사랑하는 것은 추상적 감정이 아니라 백성들의 재용을 함부로 낭비하지 않고 합리적으로 운용하는 데 있다는 것이다. 맨 처음의 항목, 敬事而信도 묶여 있다. "경사를 통해 신뢰를 얻는다!" 여기 신뢰는 백성들에게 요구하는 것이 아니라 군주가 정치를 통해 획득되는 것임을 역설했다. 그렇다면 敬事 또한 "일 앞에서의 경건"을 가리키고 있는 것은 아니다.

주자는 "敬이란 主一無適주일무적을 가리킨다. 敬事而信은 그 일에 전일하여(敬其事) 백성에게 신망을 얻는(信於民) 것이다"라고 했다. 主一無適은 敬의 일상적 훈련법으로 제시된 것이다. 主一은 분열되지 않는 마음이고, 無適은 산만과 혼란을 다스리는 기법이다. 지금 여기 '한 일이 있다.' 여기 집중하여 마음을 흩트리지 말고, 효과나 이

득 등의 여러 이기적 동기에 휩쓸리지 말고, 오직 이 일이 주고 있는 현재성을 자각하고 집중하라고 권고한다.

다산은 이 훈련이 유익하다는 것을 부정하지 않는다. 그러나 그것은 원래 敬의 의미가 아니고, 더구나 지금처럼 정치적 현장에서의 기술로서는 아무래도 실천적 의미를 확보하기는 부족하다고 강조한다. 다산은 말한다.

敬事란 어떤 일의 처음(발단)과 끝(결과)을 숙고하고, 그것이 혹 몰고 올 폐단을 아울러 헤아리는 것을 말한다. 그런 다음 시행하면 방해와 혼선이 없어 백성들의 신뢰를 얻는다(《예기》〈치의緇衣〉편에 이르기를, "군자는 말함에 반드시 그 끝을 헤아리고, 행함에 반드시 몰고 올 폐단을 고려한다. 그러면 백성들이 말에 신중해질 것이다"라고 하였다).

〔補曰〕敬事 謂慮其始終 度其流弊也. 然後行之 無所沮撓 則民信之矣.【〈緇衣〉云: "君子言必慮其所終 而行必稽其所敝 則民謹於言."】

여기서도 분명히 확인할 수 있는 것은, 주자가 정신의 냉징싱과 지각을 확보하는 것을 자기 훈련과 정치적 책임의 토대로 삼고 있는 데 반해, 다산은 구체적 인간관계에서의 태도, 숙고와 시행의 책임을 강조하고 있다. 이를 가르고 있는 개념적 중심이 바로 敬이다. 그럼 무슨 일을 어떻게 해야 할까?

정치의 목표

정치는 역시 선비가 감당할 수 없는 것인가? 다산은 고전을 학습하고 일상의 몸가짐을 닦는 '학자'와는 다른 지평의 '정치적 자질과 태도'를 주문하고 있는 듯하다. 그러면 정치에서 성취해야 할 책무는 과연 무엇인지 읽어보자.

공자가 노나라를 떠나 천하를 향해 발걸음을 내디딜 때, 처음 간 곳이 위나라다.

> 子適衛 冉有僕. 子曰: "庶矣哉!" 冉有曰: "旣庶矣. 又何加焉?" 曰: "富之."
> 曰: "旣富矣 又何加焉?" 曰: "敎之." (〈자로〉 9장)
> 공자가 위나라로 갔다. 염구가 말고삐를 쥐었다. 공자가 말했다. "많구나, 백성이…." 염구가 말했다. "이 많은 백성을 어찌해야 합니까?" "부유하게 해주어야지." "그런 다음에는요?" "가르쳐야지!"

공자의 포부를 한눈에 알려주는 구절이다. 아마도 이 대화는 공자가 고향 노나라를 떠나 천하를 향해 내딛는 첫걸음 때일 것이다. 공자가 처음 도착한 곳이 위나라이고, 가장 오랜 시간을 보낸 곳도 다름 아닌 위나라다. 이 대화는, 남들이 은퇴를 생각할 나이에 그가 왜 천하를 향해 수레를 몰았는지를 간결하게, 그러나 두중하게 알려준다.

정치의 스케일은 인구, 민생, 교육 셋이다. 이 셋은 또한 단계적 구조로 되어 있다. 먼저 주자의 해석을 읽어보자.

인구가 많아도 생업이 넉넉하지 않으면 생명을 부지할 수 없다. 그래서 논밭을 경계 짓고, 세금을 경감하여 부를 도모한다. 넉넉한 부를 갖더라도 가르치지 않으면 금수에 가깝다. 그래서 학교를 세우고 예의를 밝혀 가르친다. … 하은주 3대 이후에는 이 교육이 거의 행해지지 못했다. 한의 문제와 명제, 그리고 당의 태종은 인구와 민생은 이루었으되, 교육의 소리는 듣지 못했다. 그들은 교육에 힘쓰긴 했으되, 어떻게 무엇을 가르쳐야 하는지 몰랐다.

庶而不富 則民生不遂 故制田里 薄賦斂以富之. 富而不敎 則近於禽獸. 故必立學校 明禮義以敎之. 胡氏曰:"天生斯民 立之司牧 而寄以三事. 然自三代之後 能擧此職者 百無一二. 漢之文明 唐之太宗 亦云庶且富矣 西京之敎無聞焉. 明帝尊師重傅 臨雍拜老 宗戚子弟莫不受學; 唐太宗大召名儒 增廣生員 敎亦至矣 然而未知所以敎也. 三代之敎 天子公卿躬行於上 言行政事皆可師法 彼二君者其能然乎?"

이제 다산의 목소리를 들어보자.

'庶'는 많다는 뜻이다. 나라 안으로 들어가 백성이 많은 것을 보고, 천하의 생령生靈(생명체)이 많음을 깨달아 감탄하며 '많구나'라고 말한 것이다(위나라 백성이 많다는 뜻이 아니다). … 공안국이 말했다. "庶는 많다는 뜻이니, 위나라 사람이 많다는 것을 말한다." 내가 생각하건대, 위나라의 인구와 물자는 제나라나 초나라와 같지 못한데, 어떻게 위나라 사람이 많을 수 있겠는가? 성인은 천하를 경영할 만한 재능을 가지고 있었으나 펼칠 곳이 없었으므로, 매번 백성의 번성한 모습을 볼 때마다 그들을 먹일 방법을 생각하고 가르칠 방법을 생각했다. 그러므로 입성하자마자 이러한 탄식을 한 것이다(방문백方文伯이 이르길, "이는 성인이 천하를 사랑하는 마음으로, 특히 위나라 백성으로 인하여 드러난 것이다"라고 하였다).

〔補曰〕庶 衆也. 入國見人民衆多 覺天下生靈之衆 歎曰'庶矣哉'.【非謂衛民多】… 孔曰: "庶 衆也 言衛人衆多." 〔案〕衛之民物 不能如齊·楚 何得衛人衆多乎? 聖人懷經天緯地之才 無所施展 每見人民之繁庶 思所以食之 思所以敎之 故及入國城 發此歎也.【方文伯云: "此聖人仁天下之心 特因衛民而發."】

다산은 공자의 포부를 위나라에 한정하지 않았다. 새 지역, 다른 나라에 갈 때마다 그는 새삼 천하의 백성들을 걱정했다는 것이다. 여기 중요한 것은 순서다.

다산은 교육이 정치의 최종적 목표이지만, 그전에 생업과 부가 우선되어야 함을 역설했다. 그의 정치 지향의 면모가 여기서 분명하다. 앞에서 보듯, 주자는 생업을 일으켰으되 교육에는 실패한 군주들을 짚어두었다. 주자의 역사관에 의하면, 요순과 3대 이래 이 道를 구현한 정치가는 한 명도 없다! 이 문제를 두고 당대에 공리주의자 진량陳亮과 본격 논쟁을 벌인 것은 유명하다.[4]

다산은 이 지향과 달리, 생산과 부가 얼마나 중요한지, 교육은 이 토대가 마련된 후에 성과를 기약할 수 있다는 것을 강조했다. 그의 현실적 면모를 여기서도 확인할 수 있다.

순임금이 관직을 세울 때, 먼저 (곡식을 관장하는) 직稷을 임명하고, 그리

---

4   호이트 틸만, 《공리주의 유가》, 김병환 역, 교육과학사, 2017 참고.

고 나중 (교육을 담당하는) 설契을 임명했다. 기자가 홍범을 강설할 때에
도 食을 정치의 맨 첫머리에 두었다. 그래서 《관자》에서 이르길, 정치
를 논할 때, "의식이 족해야 예절을 안다"라고 했던 것이다. 그뿐인가?
맹자는 백무百畝(의 경작)를 우선하고, 다음에 상서庠序 즉 학교를 논했
다. 이것이 군자가 알아야 할 기본이다. 물론 군자 자신은 '먹음에 배부
름을 구하지 아니하고', '도시락 하나 물 한 바가지에, 그 즐거움을 고
치지 아니하고'의 자세로 살아야겠지만….

〔案〕舜之命官 先稷後契 箕子陳範 食爲政首. 故《管子》論治 先衣
食而後禮節. 孟子論道 先百畝而後庠序 此君子之識務也. 若夫君
子之自治也 必曰'食無求飽' 曰'簞食瓢飮 不改其樂'.

주자는 "역사적으로 교육이 행해진 적이 없다"고 했다. 그러면 그동안
역사는 금수의 역사에 불과했다는 것이 아닌가? 기준은 지나치게 높
고, 판단은 서슴없이 자른다. 주자학은 날카롭다. 너무 예리해서 인정
사정없다.

다산은 교육이 가능하기 위해서는 '경제적 문제 해결'이 우선되어
야 한다고 역설한다. 일에는 순서가 있다. 경제 없이 교육은 없다. 그
는 이 순차적 인식이 유교의 오랜 전통임을 증거한다! 다산의 해석학
적 강점은 자기주장의 근거를 옛 전통과 문헌에서 찾아내 제시하는
그 현란한 솜씨에 있다. 열거된 사례를 보자.

위에서 보듯, ① 순임금이 관직을 임명할 때, 곡식과 재정 담당을
먼저 세우고, 나중에 교육을 맡는 설을 보임했으며,[5] ② 이어 주나라

---

5 帝曰: "棄 黎民阻飢 汝后稷 播時百穀." 帝曰: "契 百姓不親 五品不遜. 汝作司徒 敬敷五敎

초기 기자가 무왕에게 설한 홍범 또한 정치의 핵심들(八政) 가운데, '먹고사는 것(食)'을 맨 처음에 둔 것을 보라![6] 덧붙이자면, 다산은 홍범의 아홉 범주(구주) 가운데 가장 먼저 나오는 五行도 주자학이 사물의 기본 원질과 활동으로 읽은 과학적(?) 접근과는 다르게, 인간이 이용하는 기본적 재화라고 역설한다.[7] 그의 실용정치적 사고가 여기서도 뚜렷하다. ③ 그는 《관자》까지 들고 나왔다. "의식이 족해야 예절을 안다(先衣食而後禮節)"는 유명한 경구다. 주자학자라면 이런 이단(?)의 사고에 도움을 받으려 하지 않을 것이다. 그러나 다산은 관중에 대해 공자처럼 호의적 태도를 보이고 있었고, 그 말이 타당하다면 사람과 유파를 가리지 않고 적극 인용했다. ④ 이 인식은 《맹자》에 와서도 그대로 이어진다. 해당 대목은 그 유명한 "오십보백보"의 고사가 있는 곳이다. 양혜왕이 맹자에게 묻는다. "나는 하내에 흉년이 들면 하동의 곡식을 그리 옮기고, 하동에 흉년이 들면 하내의 곡식을 그곳으로 옮겨 준다. 이런 훌륭한 정치를 보고도 백성들이 사방에서 이고 지고 달려오지 않는 것은 왜인가?" 맹자는 이에 대해 "오십보백보", 즉 "그래봤자 너도 다른 군주들이랑 별 다를 바 없지 않느냐?"며 면박을 주었다. 그런 다음 훌륭한 정치 강령을 설파했다.

　(맹자가) 말했다. "왕이 그걸 안다면 인구가 늘 것이라고 기대하지 마십

　在寬." 《서경》〈우서·순전〉

6　八政: 一曰食 二曰貨 三曰祀 四曰司空 五曰司徒 六曰司寇 七曰賓 八曰師. 《서경》〈주서·홍범洪範〉 여기서 교육은 다섯 번째다.

7　五行: 一曰水 二曰火 三曰木 四曰金 五曰土. 水曰潤下 火曰炎上 木曰曲直 金曰從革 土爰稼穡. 潤下作鹹 炎上作苦 曲直作酸 從革作辛 稼穡作甘. 《서경》〈주서·홍범〉

시오. 농사 때를 어기지 않으면 곡식을 먹어도 남을 것이고, 촘촘한 그
물을 연못이나 강에 던지지 않으면 고기와 자라를 다 먹지 못할 것이
며, 도끼를 시기에 맞추어 산림에 들이밀면 재목을 넉넉히 쓸 수 있을
것입니다. 곡식과 물고기를 다 먹지 못하고 재목을 다 쓰지 못하면, 백
성들이 넉넉히 살아가고 상례를 치르는 데 유감이 없을 것입니다. 그
생업을 다지는 것이 王道의 시작입니다. 다섯 무의 집에 뽕나무를 심
으면 나이 오십인 사람이 비단을 입을 수 있고, 닭·돼지·개를 키움에
때를 놓치지 않으면 일흔 노인이 고기를 먹을 수 있습니다. 백 무의 밭
에 (관에서) 때를 뺏지 않으면 몇 식구 일가가 굶주리지 않을 것입니다.
(그 후) 학교를 통해 가르치고, 孝悌의 도리를 일깨우면 머리 희끗한 어
르신이 길에서 짐을 지고 가지 않게 될 것입니다. 나이 칠십인 노인이
고기를 먹고 일반 백성들이 굶주리거나 추위에 떨지 않는데도, 왕 노릇
을 하지 못한 사람은 없습니다."

曰: "王如知此 則無望民之多於鄰國也. 不違農時 穀不可勝食也;
數罟不入洿池 魚鼈不可勝食也; 斧斤以時入山林 材木不可勝用也.
穀與魚鼈不可勝食 材木不可勝用 是使民養生喪死無憾也. 養生
喪死無憾 王道之始也. 五畝之宅 樹之以桑 五十者可以衣帛矣; 雞豚
狗彘之畜 無失其時 七十者可以食肉矣; 百畝之田 勿奪其時 數口之
家可以無飢矣; 謹庠序之敎 申之以孝悌之義 頒白者不負戴於道路
矣. 七十者衣帛食肉 黎民不飢不寒 然而不王者 未之有也."《맹자》
〈양혜왕〉上 3장)

이것이 맹자가 천명한 王道의 기획이다. 단순하다. 생업을 보장해주
는 것, 교육을 통해 인간의 도리를 닦게 하는 것, 이 둘이다.

다산은 지금 네 가지 사례를 들면서 교육 이전에 생산을 늘리고, 필요한 부를 갖추게 하는 것이 좋은 정치의 시작이고 기초라는 것을 다시금 환기했다. 주자는 생산의 문제보다 교화에 최종적 관심을 갖고 있다. 그의 주석을 다시 음미해보면, 이 점이 더욱 뚜렷해진다.

주자는 '교화'를, 다산은 '생산'에 우선 포인트를 둔다. 이 서로 다른 인식은 '정직'이라는 덕목을 바라보는 두 사상가의 안목에도 그대로 드러난다.

신뢰, 정치의 기반

정치의 관건은 신뢰다.

> 子貢問政. 子曰: "足食 足兵 民信之矣." 子貢曰: "必不得已而去 於斯三者
> 何先?" 曰: "去兵." 子貢曰: "必不得已而去 於斯二者何先?" 曰: "去食. 自古
> 皆有死 民無信不立." 《〈안연〉 7장》
> 자공이 정치의 요체에 대해 물었다. 공자가 말했다. "충분한 양식, 충분한 군사,
> 그리고 백성들의 신뢰다." 자공이 말했다. "꼭 하나를 버려야 한다면, 셋 가운데
> 무엇을 뺄까요?" "군대를 포기해야겠지." "부득이해서 남은 둘 가운데 하나를
> 더 버려야 한다면요?" "양식을 포기해야겠지. 자고로 죽음은 피할 수 없는 것.
> 백성들의 신뢰가 없다면, 나라가 바로 설 수 없지."

대체적인 취지는 분명해 보인다. 작은 해석의 문제들은 덮어두고, '신뢰' 하나에 집중해서 두 사람의 견해를 읽어보자. 주자는 말한다.

공자의 취지는, 창고가 그득하고 무비가 갖추어질 때, 교화가 행해져서 백성들이 나(군주)를 신뢰하고 이반을 하지 않는다는 뜻이다. … 백성들은 식량이 없으면 죽는다. 그러나 죽음은 사람이면 피할 수 없는 것. 신뢰가 없으면 살아도 자립할 수 없다. 차라리 죽는 것이 편하다. 그래서 차라리 죽을지언정 백성들에 대한 신뢰를 잃지 말고, 또 백성들에게도 차라리 죽을지언정 나에 대한 신뢰를 잃지 않게 한다. … 내가 생각하기에, 人情(자연적 정서의 발로)으로 말하면 군사와 식량이 비축된 후에야 나에 대한 신뢰가 백성들 사이에서 굳건하고, 民德(본래적 덕성)으로 말하면 신뢰는 인간 안에 고유한 것이어서[8] 군사와 식량이 앞설 수 있는 것이 아니다. 그리하여 위정자는 몸소 온 백성들을 이끌어 죽음으로써 지킬 것이지, 위급하다고 내버려서는 아니 된다.

言倉廩實而武備修 然後敎化行 而民信於我 不離叛也. … 民無食 必死 然死者人之所必不免. 無信則雖生而無以自立 不若死之爲 安. 故寧死而不失信於民 使民亦寧死而不失信於我也. … 愚謂以 人情而言 則兵食足而後吾之信可以孚於民. 以民德而言 則信本 人之所固有 非兵食所得而先也. 是以爲政者 當身率其民而以死 守之 不以危急而可棄也.

주자 해석의 특징은 세 가지다. ① 식량과 군사가 넉넉해야 신뢰가 자란다. ② 그렇지만 식량과 군사가 없더라도 본래의 덕성으로 신뢰가 자리하고 있다. ③ 신뢰는 양방향이다. 군주와 백성이 서로의 신뢰를 저버리지 않는 것이 중요한데, ④ 군주는 절체절명의 순간에도 백성

---

8   주자는 仁義禮智信이 인간의 본성 속에 뿌리박혀 있다고 설파한다.

을 지킴으로써 신뢰를 다져야 한다.

다산은 여기 이의를 제기한다. 우선 ①부터 잘못 설정되었다. 그는 질의에서 이렇게 의문을 던진다.

주자는 《집주》에서 "창고가 그득하고 무비가 갖추어질 때, 교화가 행해 져서 백성들이 나(군주)를 신뢰하고, 이반하지 않는다"고 했는데, 이 셋 은 각각 독립된 항목이라 서로 연결되어 있지 않다. 그래서 솥발처럼 우뚝 대치하고 있는 것이다. 식량과 군사 때문에 신뢰가 있다면, 결국 항목은 둘이지 셋이 아니게 된다. 군사와 식량이 사라지는 순간, 신뢰 도 같이 무너지기 때문이다. 왜냐? 애당초 신뢰가 군사와 식량에 말미 암았으니, 그 둘이 사라진 마당에 신뢰가 어찌 혼자 있을 수 있겠는가? 〔質疑〕《集注》云: "倉廩實 武備修 然後敎化行 而民信於我." 〔案〕 三者 各爲一事 不相牽連 然後三者可以鼎峙瓜分 而議其去存. 若 以兵食之故 得有民信 則仍是二事 不成三也. 若去兵食 信亦偕 亡. 何者? 信之初起 旣由兵食 兵食之去 信其獨存乎?

다산은 이어 ②, ③, ④의 논의가 본문의 내용과는 거리가 있는, 주자 자신의 억지 부연이라고 생각하는 듯하다. 다산은 말한다.

여기 民信之는 그 위를 믿는다는 뜻이다. 백성들이 신뢰를 거둔다고 어떻게 그것을 책할 수 있겠는가?
且民信之者 信其上也. 民之失信 何以責矣?

공자가 언급한 신뢰는 두 방향을 가리키는 것이 아니라, 명백히 '백성들이 군주에게 갖는 신뢰'이고, 그것은 '모반' 등의 한계 상황을 염두에 둔 것이 아니다. 주자가 이 '신뢰'를 백성들이 위정자를 향해 내보이는 무조건적(?) '덕성'으로 강조하는 데 반해, 다산은 이 '신뢰'가 통치자의 有德·有能에 따라 얼마든지 상대적인 것임을 강조한다. 즉 충성이나 신뢰는 무조건적일 수가 없다. 다산은 여기 신뢰가 구체적으로 '위에서 내려오는 법령에 대한 신뢰(民信之者 信上之法令)'임을 분명히 해두었다. 이 신뢰는 군사가 있고 없음과 식량이 넘치고 부족함에 꼭 연동되어 있지 않을 것이다.

가령, 태왕 고공단보古公亶父를 따라 정든 고향을 버리고 새 땅을 찾아가던 그의 백성들이 떠오른다. 이웃 족속이 침범했고, 쌀과 곡식을 주어도 약탈은 그치지 않았다. 태왕은 그들이 땅을 욕심내고 있다는 것을 알았다. 백성들에게 말했다. "내가 떠날 테니 그들을 지배자로 추대하시오. 그럼 다치지 않으리다." 그런데도 백성들은 이고 지고 그를 따라나섰다고 한다. "그는 의로운 사람이다." 공자는 이것이 정치의 가장 중요한 자산이자 요건임을 지금 '목숨을 담보로' 역설하고 있다. "고래로 죽음은 있다. 그러나 통치자에 대한 신뢰가 없다면, 거기서 내리는 시책이나 법령을 믿지 않게 될 것이고, 그러면 나라는 끝이다."

다산은 인간 내부에 본유의 '신뢰'가 있다고 믿지 않는다. 그는 仁義禮智信을 인간이 본래 구유한 덕성이라는 주자의 교의를 한사코 깨부수고자 한다. 주자는 정치가가 책무를 던지고 자신의 사욕에 몰두해도, 백성들은 그것을 이해하고 그를 신뢰한다고 보는 듯한데, 천만에 그런 것은 없다. "신뢰는 얻는 것이다." 그래서 다산은 주자처럼, 人情과 덕성을 이분하는 애매한 설법을 펴지 않는다. 있는 것은 人

情이다! 위정자가 정의롭다면 신뢰를 줄 것이고, 그렇지 않다면 신뢰를 거두고 다른 생각을 할 수도 있다.

군주가 절체절명의 순간에도 백성을 지켜야 함은 당연하다. 실제 그러기가 쉽지 않지만…. 선조가 백성을 버리고 의주를 넘겠다고 고집한 것은 이 기대가 얼마나 허망한지를 보여준다. 다산은 이게 중요하지 않다고 말하는 것이 아니다. 공자가 말한 본래의 취지와는 동떨어져 있다고 생각하는 듯하다. 취지는 단순하다.

> 백성들이 위를 믿는 마음이 없으면, 부서지고 무너져서 바로 설 수 없다(흙이 무너지고 기와장이 깨져 나가는 듯하다). 백성들이 서지 못하면, 군사가 있어도 외적을 막을 수 없고, 식량이 있어도 삶을 향락하지 못한다. 〔補曰〕 民無信上之心 則頹墮而不立.【有土崩瓦解之勢】民不立 則雖有兵 無以禦患 雖有食 無以享樂.

군사와 군대

이제 군사에 대한 공자의 생각을 읽어보자. 전쟁은 정치의 최전선이라고 생각하는데, 아무래도 주자학은 문치적 이상 때문인지 이 문제를 정면에서 거론하기를 꺼리는 듯하다. 다산도 그러할까?

문치의 나라에서 武를 언급하는 것이 적절할까? 임진왜란과 병자호란의 난리를 겪고도 군비의 중요성을 각성하지 못했다면 그게 나라일까? 그런데도 선비나 사대부들은 군대의 일에 적극 뛰어들지 않았던 것이 사실이다. 송시열의 북벌北伐은 이름과 명분에 치중했고,

국제적 정세와 상대방의 국력을 현실적으로 감안했는지도 미지수다. 정조는 이렇게 탄식한 바 있다.

정조가 말했다. "文武를 병용하는 것이 국운을 장구하게 하는 계책이다. 3대의 융성하던 시절은 비할 바가 없거니와, 진한 이래로는 비록 영명하고 의로운 군주라 하더라도 文武를 병용하는 계책을 시행한 이가 희소하니, 그 까닭은 무엇이냐? 대저 문한文翰과 무략武略의 道란 서로 이용되어, 마치 거허駏驉와 공공蛩蛩(전설상의 두 짐승으로, 서로 의지하여 떨어지지 않는다 한다)이 단독으로는 움직일 수 없는 것과 같다. 예로부터 현명한 군주와 능력 있는 신하가 시대마다 결핍되지는 않았지만, 결코 文武를 겸하여 아울러 사용한 이는 없었으니, 어쩌면 문한과 무략의 道란, 마치 물과 불처럼 상반되어 서로 보완하고 협력할 수 없어서 그러한 것이냐? 아니면 인재가 옛날 같지 않고 기량이 국한되어, 이것에 능하면 저것에 능할 수 없기에 그러한 것이냐?

우리 동방도 작은 중국이라고 칭하니, 의관衣冠의 찬란함에서는 '성대하도다, 그 문화여! 나는 주나라를 따르겠다'고 한 공자의 말에 부합한다. 그러나 남북에는 융식戎狄이 있고 봉화는 언제든지 오를 수 있으니, 군병을 단련하고 무략을 강론하여 불의의 사태에 대비함을 어찌 소금이나마 소홀히 할 수 있겠느냐?

그런데도 文人은 안일만 추구하고, 武人은 즐기기만 하여 게으름만 피우고 잔약하다. 새 울음과 벌레 소리가 생용笙鏞의 다스림에 아무 보탬이 될 게 없으며, 바람 소리와 학의 울음에도 겁을 집어먹기는 전쟁터나 다름없다. 재상은 장부나 문서로써 작록爵祿의 자료로 삼고, 장수는 훈련을 하잘것없는 것으로 여기니, 문한이 땅에 떨어지고 道가 상실되었다고 탄식한 지가 하루 이틀이 아니다. 만약에 변방의 독수리가 다시 오고 바다의 고래가 또 움직여 사납게 날뛰기를 불행히 임진란이나 병자란 같이 한다면, 비록 지혜로운 자가 있다 하더라도 어떠한 계책을 세워야 할지 모를 일이다. 생각이 여기에 미치면 어찌 한심하지 않겠느냐?

어떻게 하면 국가를 다스리는 계책에서 文武를 병용하는 실상을 다하고, 인재를 등용하는 방안에서는 文武를 겸전한 재목을 얻어서, 文武의 道에 부합하고 장구한 아름다움을 누릴 수 있겠느냐?"

王若曰: "文武竝用 長久之術也 三代盛時尙已 秦漢以來 雖號爲英君懿辟 罕盡竝用之術者 其故何歟. … 大抵文武之道 迭相爲用 其猶駏蛩之不可獨行 而終古賢主能臣 代不乏人 卒無兼修竝用者 則意者 文武之道 如水火之相反 有不可調劑協用而然歟. 抑亦人才不古 器量有局 能乎此則不能乎彼而然歟. 惟我東方 亦稱小華 衣冠彬蔚 則郁郁乎文 吾從周矣. 然而北狄南戎 烟火相警 則勵兵講武 陰雨之備 豈容少緩 而然而文恬武嬉 嫺惰委靡 鳥啼蟲唫 何補於笙鏞之治 風聲鶴唳 無異於干戈之場 宰相 以簿書爲黼黻之資 將帥 以訓鍊爲弁髦之地 文墜道喪之歎 固非一日 而有如塞鵰復至 海鯨再動 陸梁奔突 不幸如壬丙之歲 則雖有智者 不知所爲計矣 思之及此 寧不寒心 何以則治國之謨 克盡竝用之實 而用人之方 必得兼全之才 合弛張之道 享長久之美歟." 《홍재전서弘齋全書》卷48, 〈문무文武〉)

정조는 王道의 이념에 의혹을 품고 패도覇道를 돌아보았다. 아울러 文과 더불어 武가 필수적이라는 것을 의식했다. 임진과 병자를 겪었다면 누구라도 그래야 했을 것이다. 그런데도 연암이 그 소설에서 신랄히 풍자했듯이, 북벌에 대한 목소리는 무성했으되 용약勇躍의 실질은 없었고, 재용을 생산하고 군비를 튼튼히 하여 다시는 그런 비극을 막아보자는 힘이 결집되지 않았다. 산타야나의 경구처럼, "역사는 그것을 잊는 사람에게 그것을 상기시켜 주기 위해 같은 일이 다시 한번 일어나는 법"이다. 임진과 병자의 기억이 조야를 일신하고 학문의 실용을 기해 나갔더라면, 한 말의 그 처참한 치욕과 고통은 면할 수 있었을 것이다. (졸저,《조선유학의 거장들》, 문학동네, 273-274쪽)

다산의 군사 인식은 어떠했을까? 앞 '신뢰' 장의 끝에서, 그는 형병의 다음과 같은 언급을 비평한다.

형병이 말했다. "식량이 풍부하면 사람들이 예절을 알고, 군사가 넉넉하면 불측한 무리가 겁을 낸다. 백성들이 신뢰하면 명령에 복종하고 교화를 따를 것이다." (또 말했다. "군대는 흉기다. 백성들을 죽이고, 재용을 좀먹는다. 그래서 맨 먼저 없애야 한다.") 아니다. 풍부한 식량이 예절을 위한 것도 아니고, 넉넉한 군대가 불측한 무리에게 겁주자는 것도 아니다. 징치의 요목을 열 개 백 개를 들 수 있지만, 공자는 특히 세 가지를 들었는데, 군대가 여기 들어 있다! 그런데 형병은 그것을 흉기라 하여 내버려야 한다고 했으니, 쯧, 우활한 유학자여!
邢曰: "足食則人知禮節 足兵則不軌畏威 民信之則服命從化." 【又云: "兵者凶器 民之殘也 財用之蠹也 故先去之."】〔駁曰〕非也. 足食非爲禮節 足兵非爲不軌. 然且政之數目 可十可百 孔子特擧三大政 而兵與焉. 邢乃欲以凶器而去之 迂儒哉!

다산은 군사를 부정적으로 보는 유학자들의 시선에 혀를 끌끌 찬다. 그것은 국가의 중심에 있고, 내버리거나 소홀할 수 없다. 군대는 국가 존립에 필수적이고, 늘 외침을 경계하고 전쟁을 대비해야 한다. 공자가 수많은 정치의 요목 가운데 뽑은 셋 가운데 군사가 들어 있는 것을 보라. 그래서 육조六曹라는 국가 부서 안에 병조兵曹, 즉 군사를 다루는 기관이 들어 있는 것 아닌가?

그런데 조선의 주자학은 문치의 이상을 외치며, 공자와 군사를 따로 떼어내려는 성향을 보인다. 이 인식은《집주》의 여러 곳에서 드러난다.

衛靈公問陳於孔子. 孔子對曰: 俎豆之事 則嘗聞之矣 軍旅之事 未之學也. 明日遂行. (〈위령공〉 1장)

위 영공이 공자에게 진법에 대해 물었다. 공자가 대답했다. "제사상 그릇들을 '늘어놓는' 법은 들은 바 있지만, 대규모 군사를 '늘어놓는' 법은 배우지 못했습니다." 그러고는 다음 날 (위나라를) 떠났다.

이 '만남'은 언제 있었을까? 주자는 노 애공 3년(기원전 492년, 공자 60세)이라고 했지만, 다산은 그럴 수 없다고 확언한다.《춘추》에 의하면, 위 영공은 노 애공 2년(기원전 493년, 공자 59세)에 사망하기 때문이다. 다산은 이 만남이 정공 말년의 일이라고 단정한다.《공자세가》에 따르면, 공자가 위나라를 떠난 것이 정공 15년(기원전 495년, 공자 57세)이니, 두 사람의 대화는 그 이전 어느 무렵의 일이었다는 것이다.

위나라에 처음 온 공자는 거백옥의 집에 머물렀다. 다른 날 영공이 공자에게 진법을 물었다. 다음 날 공자와의 대화에서 날아가는 기러기를 쳐다보며 딴청을 피웠다. 공자에게 관심이 없는 것을 알고 공자는 위나라를 떠나 진陳으로 갔다.

〔事實〕《史記·世家》云: "孔子適衛 主蘧伯玉家. 他日靈公問兵陳 於孔子 明日與孔子語 見蜚鴈仰視之 色不在孔子 遂行復如陳." 《集註》云: "是歲魯 哀公三年 孔子年六十矣."〔案〕《春秋》哀二年 四月丙子 衛侯 元卒.【即靈公】安得魯 哀公三年 靈公問陳乎? 靈 公問陳 蓋在定公之末年.【十五年】是年孔子去衛 如陳而過鄭. 有 匡人之畏 至於絶糧之厄 明在哀六年 距問陳之年 已七年矣.

그런데 공자는 정말 '군사'에는 문외한이었을까? 조선조의 주자학은 문치의 이상을 외치며 공자의 군사적 역량을 도외시하려는 경향을 보인다. 주자도 윤화정의 말을 인용하여 "무도한 군주가 다시금 전쟁을 벌이려 하기에, 배우지 않았다고 답하고 떠났다(衛靈公 無道之君也 復有志於戰伐之事 故答以未學而去之)"라고 적었다.

공자가 군사를 실제 익혔는지에 대해서는 별말이 없다. 다산은 여기 한 걸음 더 나간다. 그는 공자를 순진한 책상물림에서 건져내 그의 실무 정치적 면목을 부각하고자 한다. 즉 공자는 당대의 모든 '학문', 즉 지식과 기술을 한 몸에 구현하고 있는 종합 르네상스적 인물이고, 당연히 군사의 역량과 식견 또한 남달랐다고 강조한다. 즉 "(군사를) 배우지 않았다"는 말은 면피용이지, 실제 그렇다는 것이 아니라는 말을 꼭 하고 싶어 한다.

한대의 정현이 "군대는 末事이니, 근본이 서지 않았는데 末事를 가르쳐서는 안 된다(軍旅末事 本未立 不可以敎末事)"라고 하고, 형병은 또 "治國은 예의를 근본으로 하고, 군대는 末節이다(治國以禮義爲本 軍旅爲末)"라고 한 데 대해, 다산은 다음과 같이 큰 목소리로 비판한다.

군대의 일은 태평한 세상에도 준비를 느슨히 할 수 없다. 하물며 춘추시대에는 아침에 포위되고 저녁에 침략받는 판이라, 우왕禹王과 후직后稷이라 하더라도 어찌 강습을 아니 할 수 있으리. 공자가 ① 협곡의 회맹에서 (노군에게) 무비를 단단히 하기를 권했고, ② 진항이 (제나라 군주를) 시해함에 목욕재계하여 토벌하기를 청했으니, '공자가 군사를 좋아하지 않은 적이 없다.' 그래서 공자는 스스로 ③ "나는 전쟁을 하면 이긴다(我戰則克)"고 하였고, 또 ④ "백성을 7년 가르치면, 가히 군대를 일으킬 수 있다(敎民七年 可以卽戎)"고 하였다. ⑤《주역》에 이르길, "활과 화살의 이로움이 천하를 덮는다(弧矢之利 以威天下)"고 하셨다. 어찌 꼭 부의박대衰衣博帶를 입고 빈제賓祭의 禮를 날마다 강의하는 것을 유학자라 하리오?

다만 이때 영공이 모란旄亂 무도無道하여 음인淫人을 부르고 세자를 추방해 원망과 비방이 분분했는데(정공 14년), 근 몇 년 전쟁이 끊이지 않아 조曹나라와 진晉나라를 정벌함(애공 원년)에 거의 세월을 보내고 있었다. 공자는 이때를 당해, 혹시 군사의 일로 위후衛侯에게 말했다가는 위나라에 화를 부르고 자신의 몸도 다칠 것 같아, 이처럼 (대답을) 거절하고 말씀을 아니 하신 것이다. ⑥ 이것은 공문자와의 문답과 같은 투로, 이는 분명히 공자의 뜻이 재앙을 두려워하는 데 있는바, 군자는 예의를 버리고 군사(甲兵)을 숭상하지 말라는 취지가 아님이 분명하다. 만일 그랬다면 대답하지 않으면 그만이지, 하필 급급히 그곳을 떠나셨겠는가?

〔案〕軍旅之事 在平世猶不敢弛備 況於春秋之時 朝被圍 夕受伐 雖禹・稷當之 何得不講習乎? 孔子於夾谷之會 請修武備 於陳恒之弑 沐浴請討 孔子未嘗不好兵也. 故子自言'我戰則克'【〈禮器〉文】又曰'教民七年 可以卽戎' 其作《易傳》曰'弧矢之利 以威天下' 豈必衰衣博帶 日講賓祭之禮 方可云儒者乎? 但此時 靈公耄亂無道 召淫人逐世子 怨讟紛興【定十四】而數年之間 兵連禍結 伐曹伐晉【哀元年】殆無虛歲. 孔子若於此時 或以軍旅之事 言於衛侯 則不但禍衛 亦足戕身 斯其所以拒絶而不言也. 此與孔文子之問答 前後一套. 明孔子之意在於畏禍 不但舍禮義而崇甲兵 爲君子之所惡也. 審如是也 不對斯足矣 何必汲汲然去之乎?

다산은 여기 '공자와 군사'라는 문제를 읽기 위한 참고를 여럿 적기해 두고 있다. 맨 마지막부터 읽어보자.

⑥ 애공 11년(기원전 484년), 위나라 공문자(공어)가 대부 태숙질을 공격하고자 했다. 그 일로 공자를 방문했다. 공자는 이렇게 말했다. "제사 지내는 그릇들에 대해서는 배운 적이 있지만, 군사(甲兵)의 일은 들은 적이 없습니다" 하고서 물러 나와, 수레를 몰고 가면서 말하기를, "새가 (깃들일) 나무를 선택하는 것이지, 어떻게 나무가 새를 선택하겠는가?" 라고 했다(주인은 빈객을 잡을 수 없다는 말이다).

〔引證〕哀十一年《左傳》云: "孔文子【卽孔圉】之將攻太叔也【衛大夫大叔疾】訪於仲尼. 仲尼曰 '胡簋之事 則嘗學之矣【胡・瑚同】甲兵之事 未之聞也.' 退 命駕而行曰 '鳥則擇木 木豈能擇鳥?'"【言

主人不能執賓】

지금 《좌전》의 기사는 《논어》와 거의 같다. 다산의 해석이 신빙성을 더한다. 여담이지만, 이 해 공자는 노나라에서 성공한 제자 염구의 활약에 힘입어 계강자의 초빙을 받고 그리던 고향으로 돌아오게 된다. 그 결정에 혹 위의 전운이 한 계기가 되었을지도 모르겠다. 이 사실에 대한 다산의 평어를 보자.

> 공자께서 이 자리에서 대답하지 않으면 그만일 텐데, 왜 하필 급급히 수레를 몰고 떠나셨을까? 군대를 일으키고 난을 엮는 것은 다른 나라를 침범하는 일이고, 이는 주도한 군주를 위태롭게 한다. 지금 이 두 일을 묶어보면 공자의 뜻을 알 수 있다. 위 영공과 공어는 모두 不義하게 군대를 일으켰고, 그래서 공자께서 피하신 것이다. 만일 그것이 합당(合理)한 것이었다면, 반드시 목욕하고 나가서 토벌하자고 외치셨을 것이다.
> 〔案〕仲尼於此 不對斯足矣 何必悻悻然命駕乎? 興兵搆亂 以伐人之國家 則其謀主危矣 合觀兩事 其志見矣. 且衛 靈·孔圉 皆不義而用兵 故孔子避之. 苟其合理 則固嘗沐浴而請討矣.

공자가 군대를 언급하지 않은 것은 그것이 不義하기 때문이었다! 만일 그것이 정당한(合理) 것이었다면, 그는 군대를 동원하자고 먼저 나섰을 것이다. 이러한 다산의 해석이 전통적 유생, 선비들을 놀라게 했을 수도 있겠다. 그러나 이 주장의 근거는 《논어》 등 공자의 발언과 행적에서 찾을 수 있다.

우선 하나는 분명해졌다. "공자는 군사에 문외한이 아니었고, 나름의 역량을 갖고 있었다." 다른 이야기를 들어보자.

子謂顏淵曰: "用之則行 舍之則藏 唯我與爾有是夫!" 子路曰: "子行三軍則誰與?" 子曰: "暴虎馮河 死而無悔者 吾不與也. 必也臨事而懼 好謀而成者也." (〈술이〉 10장)

공자가 안회에게 말했다. "발탁이 되면 (적극) 포부를 실현하고, 내버린다면 (운명이라 그 뜻을) 가슴에 묻어두는 것, 이건 나나 네가 할 수 있겠지." 자로가 (벌컥) 나섰다. "스승님이 대규모 군대를 동원한다면 누구랑 지휘하겠습니까?" 공자가 말했다. "맨손으로 호랑이를 때려잡고, 배도 없이 황하를 건너려는 사람, 그렇게 죽어도 그만이라는 사람과는 같이하지 않으련다. 반드시 일 앞에서 두려워하고, 계획과 예측을 통해 성공을 도모하는 사람과 같이하련다."

자로는 공자가 군사를 지휘할 능력이 있음을 분명히 알고 있다. 스승 공자에게서 배운 것인지도 모른다. 공자는 군대를 동원하고 지휘하는 일은 매우 신중히 해야 한다고 일깨웠다. 공자는 무턱대고 달려드는 만용이 아니라, 신중하게 작전을 짜고 승패를 가늠하는 그런 '두려움'이 지휘관의 자질임을 강조하고 있다. 또 다른 구절도 있다.

子之所愼 齊·戰·疾. (〈술이〉 12장)

공자는 제사와 군사, 그리고 질병을 신중하게 다루었다.

공자가 군사 문제를 다룰 때, 매우 신중하고 삼갔음을 여기서도 알 수 있다. 그럼에도 군대를 동원해야 한다면, 피하지 말고 해야 한다.《예기》의 〈예기禮器〉 편에는 공자 스스로 "나는 전쟁을 하면 이긴다(我戰則克)"는 자신감을 피력한 구절이 나온다.

다산은 공자가 무비를 동원한 대표적인 사례를 '협곡의 회맹'에서 찾고 있다. 공자가 대사구를 지낼 때다. 정공 10년(기원전 500년, 공자 52세), 노나라와 제나라가 협곡에서 회맹했다. 《사기》〈공자세가〉의 기록이다.

정공 10년 봄, 제나라와 평화를 맺었다. 제나라 대부 여서黎鉏가 경공에게 말했다. "노나라가 공자를 등용하여 기세가 제나라를 위협하고 있습니다." 그래서 사신을 노나라에 보내어 평화(好會)를 맺자고 했다. 회담은 협곡에서 열렸다. 노 정공이 수레를 타고 가려고 했다. 실무를 주관한 공자가 말하기를, "신이 듣기에 文事에는 무비가, 武事에는 문비가 반드시 있어야 한다고 합니다. 옛적에는 제후가 영토를 나설 때는 반드시 문무관을 대동합니다. 좌우에 사마司馬를 갖추시지요." 정공이 말했다. "그러자." 그렇게 좌우 司馬를 데리고 갔다.

노 정공이 협곡에서 제 경공과 만남에, 예로써 서로를 보았고, 읍하여 사양하면서 단 위로 올랐다. 술잔이 돌고 예절을 마치자, 이윽고 깃발을 들고 깃털 모자와 털가죽 옷을 입은, 창검을 든 무리가 북을 치고 왁자지껄 달려 나왔다. 이에 공자가 서둘러 단상으로 올라가, "우의를 나누는데 오랑캐의 음악이 가당치 않다"고 나무랐다. 제 경공이 흠칫했다. 공자가 "이 일을 주도한 자를 벌주라"고 하자, 경공은 신하들에게 말했다. "노나라는 군자의 道로 군주를 보필하는데, 그대들은 이적의 道로 과인을 가르치는가? 노나라 군주에게 죄를 지었으니, 이를 어쩔 것인가?" 사죄의 뜻으로 침범했던 노나라 땅 몇을 돌려주었다.

定公十年春 及齊平. 夏 齊大夫黎鉏言於景公曰: "魯用孔丘 其勢危齊." 乃使使告魯爲好會 會於夾谷. 魯定公且以乘車好往. 孔子攝相事 曰: "臣聞有文事者必有武備 有武事者必有文備. 古者諸侯出疆 必具官以從. 請具左右司馬." 定公曰: "諾." 具左右司馬. 會齊侯夾谷 爲壇位 土階三等 以會遇之禮相見 揖讓而登. 獻酬之禮畢 齊有司趨而進曰: "請奏四方之樂." 景公曰: "諾." 於是旍旄羽袚矛戟劍撥鼓噪而至. 孔子趨而進 歷階而登 不盡一等 擧袂而言曰: "吾兩君爲好會 夷狄之樂何爲於此! 請命有司!" 有司卻之 不去 則左右視晏子與景公. 景公心怍 麾而去之. 有頃 齊有司趨而進曰: "請奏宮中之樂." 景公曰: "諾." 優倡侏儒爲戱而前. 孔子趨而進 歷階而登 不盡一等 曰: "匹夫而營惑諸侯者罪當誅! 請命有司!" 有司加法焉 手足異處. 景公懼而動 知義不若 歸而大恐 告其群臣曰: "魯以君子之道輔其君 而子獨以夷狄之道敎寡人 使得罪於魯君 爲之柰何?" 有司進對曰: "君子有過則謝以質 小人有過則謝以文. 君若悼之 則謝以質." 於是齊侯乃歸所侵魯之鄆·汶陽·龜陰之田以謝過.

이 협곡에서의 공자의 활약은 이웃 나라들을 깜짝 놀라게 했음이 틀림없다. 공자는 지금 문사와 무비, 그중 하나도 빠져서는 안 된다고 군주를 설득하고 있다. 그동안 근엄한 도덕적 설교가, 책을 좋아하는 서생으로 공자를 읽어왔던 사람에게는 이 면모가 꽤 새로울 것이다.

실제로 유교와 공자가 말하는 고전과 전통, 학식이라는 문치적 인상에 근거하여, 무비를 동원한 과감한 시도를 믿기 어렵다는 회의론자들이 적지 않았다. 그들은 공자가 형벌을 담당한 대사구의 직책을 맡아, 소정묘를 죽였다는《공자세가》의 기록에도 의혹의 눈길을 보냈다. 사람을 죽이는 것은 아무래도 공자의 근본 사상과 어울리지 않고, 무엇보다 공자가 그리도 바라는 고위직에 올랐는데, 그 당시의 행적이나 대화가《논어》에 전혀 나오지 않는다는 것을 이유로 꼽았다. 소련의 중국학자 비탈리 루빈Vitaly A. Rubin은 이렇게 적었다.

중국에는 공자가 노나라의 사법상 책임을 맡은 중요한 고위 관리였다는 전설이 있다. 이 전설의 근거를 밝히려면, 귀하게 여길 만한 출처로 거슬러 올라가야 한다. 최근까지는 2천 년의 전통으로 지탱하고 보강해온 사마천의 권위가 이 전설의 정확성을 충분히 보장해주는 듯 보였다. 그러나 현대 학자들의 비판적 연구는 사마천이 쓴 모든 것이 결코 의심 없이 받아들여져서는 안 된다는 것을 증명하고 있다. 특히 사마천은 중앙집권화된 국가에서 살았기 때문에, 그가 태어나서 3세기 전에 없어진, 소규모의 독립된 도시국가에서 일어났던 상황들을 알 수가 없었을 것이라는 의견이 제시되어 왔었다. …
왜냐하면 당시까지 공자는 국가이념의 창시자로 여겨졌기 때문이다. 사마천에게는 겸허한 선생이라는 직분이 공자와 같은 그런 인물에게는 적당치 않은 듯이 보였을지도 모른다. 당시까지 공자의 인격을 감싸왔던 전설을 바탕으로 해서, 그는 공자에게 높은 지위를 부여하고 그의 전기를 왕과 군주들 사이에 두려고 했다.
현대 공자의 전기학자인 크릴은 이런 해석을 설득력 있게 비판했다. 그의 중심 논점은 그 당시에는 귀족 가문에 속한 사람만이 높은 지위를 차지할 수 있었으며, 만일 공자가 정말로 이런 지위를 지녔었다면, 그 사실이 공자에 대한 가장 신뢰할 만한 책인《논어》에 기록되어 있어야만 했다는 것이다. 뒤에 공자에 대한 전설이 전개되기 시작했을 무렵에, 공자가 사법 집행관으로서 '유별난 옷의 발명'과 같은 죄목들에 대해서 사형을 언도했다고 주장된 적도 있지만, 그런 행동 방침이 잔인한 형벌의 반대주의자였던 공자의 유명한 말들과는 전적으로 모순된다는 사실을 여기서도 주목할 가치가 있다. (비탈리 루빈, 《중국에서의 개인과 국가》, 임철규 역, 율하, 28-29쪽)

그러나 피에르 도딘은 이 기록들의 신빙성을 조심스럽게 제안한다. 도딘은 공자가 나라에서 실제로 고위직을 맡았다는 통설을 지지하면서, 회의적 관점도 함께 소개한다. 마스페로는 사공이 맹씨의 세습 관직이었고, 대사구는 장씨의 세습관직이었기 때문에, 이런 자리에 공자가 임용되지 못했을 것이라고 보았고, 제임스 레그 역시 공자가 정식으로 그 직책을 맡은 것이 아니라 보좌했을 것이라고 선을 그었다는 것이다. 도딘은 형세를 다르게 읽는다. 양호와 공산불뉴의 난 이후 5년이 지난 시점은 노나라의 지배 가문들이 타격을 입고, 권력 구도가 크게 흔들린 상황이었다. 이런 때일수록 군주는 정통성을 강조하는 충성심 깊은 인물을 기용하려 했을 것이고, 공자가 바로 그러한 인물이었다. 사마천이 〈공자세가〉에서 공자의 관직을 명시한 점도 이를 뒷받침한다. 이런 전거를 굳이 뒤집을 이유가 없다는 것이다. 그리고 일본 학자 카이즈카 시게키 역시 자신과 비슷한 결론에 이르렀다는 점을 들어 자신의 견해에 힘을 주었다(피에르 도딘, 《공자》 85-86쪽 참고).

과연 그러한가? 혹 이는 공자에 대한 선입견이 시킨 것은 아닐까? 한 인간 속에도 수많은 얼굴이 있고, 많은 일이 정합적으로 존재하는 것도 아니다. 요컨대 우리는 쉽사리 옛일들의 진위를 판단할 수 없다.

20세기 초 의고疑古의 기풍이 한창 뜨거울 때, 역사가들은 하와 은의 역사가 전설이라고까지 한 바 있다. 그런데 은허의 발굴로 갑골문이 대량 발견되었고, 그것이 보여주는 세계世系가 지금《서경》의 그것과 거의 일치한다는 것을 알게 되었다. 그렇다면 하나라의 역사도 어느 날 발굴될지 모르고, 요순의 사적도 어느 날 역사적 사실로 드러날지 알 수 없다. 쉽게 역사와 기록의 진위를 판단해서는 안 될 줄 안다.

다산은 공자가 협곡의 회맹에서 활약한 것을 추호도 의심하지 않는다. 그 장면에서 공자의 군사적 능력을 보고, 文武를 겸비한 공자의 면모를 더욱 뚜렷이 느꼈던 듯하다. 다산은 언급하지 않지만, 공자의 군사적 능력을 대사구가 되어 3도를 허무는 그의 활약에서도 역력히 읽을 수 있다고 나는 생각한다.《공자세가》와《좌전》의 기록을 종합해서 다산은 이렇게 적고 있다.

정공 12년(기원전 498년)[9] 여름, 자로가 계씨의 읍재가 되어 3가의 도성을 무너뜨리려 하였다(비·후·성으로, 이들이 강성하면 장차 나라의 해가 될 것이기 때문이다). 숙손씨가 후성을 먼저 허물고 계씨도 비성을 허물려고 하니, 공산불뉴와 숙손첩이 반발, 노나라의 도성을 습격했다. 정공은 3환(계손사·중손하기·숙손주구)과 더불어 계씨의 저택 누대로 올라갔다. 비땅 사람들이 누대 곁까지 진입하기도 했다. 공자가 신구수와 악기에게 명해 그들을 토벌케 하니, 비땅 사람들이 도망쳤고, 이들을 추격, 고멸에서 쳐부수었다. 공산불뉴와 숙손첩은 제나라로 도망가고 마침내 비성을 함락시켰다. 이어 마지막 남은 성성을 무너뜨리려고 하자 공렴

---

9 《사기》는 정공 13년이라고 했는데, 다산은 고증을 통해 연대를 조정했다.

처보가 맹손씨에게 "성을 무너뜨리면 제나라 사람들이 노나라 도성의
북문으로 쳐들어올 것이고, 이 성은 또 맹손씨의 보장이자 본거지이니,
허물어서는 안 된다"고 부추겼다. 겨울에 정공이 성땅을 포위했으나,
이기지 못했다.

〔事實〕 定十二年夏 仲由爲季氏宰 將墮三都.【費·郈·成也. 彊盛
將爲國害 故仲由欲毀之】於是叔孫氏墮郈 季氏將墮費 公山不
狃·叔孫輒帥費人以襲魯. 公與三子入于季氏之宮 登武子之臺 費
人攻之 弗克. 入及公側【至臺下】仲尼命申句須·樂頎下伐之.【二
子 魯大夫. 仲尼 時爲司寇】費人北 國人追之 敗諸姑蔑. 二子奔
齊.【不狃·叔孫輒】遂墮費. 將墮成 公斂處父謂孟孫: "墮成 齊人
必至于北門. 且成 孟氏之保障也 無成是無孟氏也. 子僞不知【佯
不知】我將不墮." 冬十二月 公圍成弗克.

다산은 공자의 의도를 다음과 같이 적고 있다.

공산불뉴는 8년 동안 비읍을 점거하다 정공 12년에 반기를 들었다. 계
씨도 이를 근심했고, 공자도 사구가 되어 비읍을 걱정했다. 3가에게 모
두 그 사읍私邑을 허물게 하니, 3가는 마지못해 이를 허락하였는데, 기
실 공자의 속내는 이를 계기로 3환을 약하게 하고 공실을 강하게 하고
자 한 것이었다. 공렴처보는 그 의도를 알았기 때문에, 정공의 군사를
막아 성성을 허물지 못하게 했다.

〔案〕 公山不狃據邑以畔 于今八年矣. 季氏患之 孔子時爲司寇 怵
之以費 令三家盡墮其私邑 三家不得已而許之. 其實孔子欲乘此
機 弱三桓以強公室也. 公斂處父知其意 故距公師而不墮.

자로에게 시켰지만, 기획은 공자가 했다. 이 대규모의 군사적 동원에 공자가 중심에 있는 것이다. 이것이 공자의 마지막 정치적 실험이 되었다.

이듬해 공자는 더 이상 노나라에 희망을 걸지 못하고, 자신의 이상을 알아줄 나라를 찾아 천하를 철환하게 된다. 공자가 군사를 마지막으로 언급한 것은 그가 천하를 돌다가 돌아온 후의 일이다. 공자는 제나라에서 진항(진성자)이 제나라의 간공을 시해했다는 소식을 들었다. 〈헌문〉 편 22장은 이때 공자가 노 애공을 찾아가 정벌을 촉구한 사실을 기록하고 있다. 애공 14년(기원전 481년, 공자 71세) 때의 일이다.

陳成子弑簡公. 孔子沐浴而朝 告於哀公曰: "陳恒弑其君 請討之." 公曰: "告夫三子!" 孔子曰: "以吾從大夫之後 不敢不告也. 君曰'告夫三子'者." 之三子告 不可. 孔子曰: "以吾從大夫之後 不敢不告也." 〈헌문〉 22장)

진성자가 (제의) 간공을 시해했다. 공자는 목욕하고 조회에 나가, 애공에게 고했다. "진항이 그 군주를 시해했습니다. 청컨대 토벌하소서." 애공이 말했다. "3환의 세 사람에게 고하시오." 공자가 "저는 대부의 말석으로 고하지 않을 수 없었는데, 군주께서는 세 사람에게 고하라 하셨습니다"라고 3가에게 가서 고하니, 다들 "안 된다"고 했다. 공자는 말했다. "나는 대부의 말석으로 고하지 않을 수 없었다."

하극상의 시해 사건을 듣고, 목욕재계하고 토벌을 청하는 공자의 결기는 그를 연약한 교사나 학자로 알고 있던 사람들을 놀라게 할 것이 틀림없다. 그들은 공자의 이 촉구를 진지하게 듣지 않으려 한다. 원칙을 중시하는 공자가 '명분상' 던져본 이야기로 치부하는 것이다.

다산은 이 생각에 동의하지 않는다. 공자는 진짜 '토벌'을 주청했다. 다산은 《고금주》의 부록 〈춘추성언수春秋聖言蒐〉에서 《좌전》의 기록을 인용했다.

제의 진항이 그의 군주 간공을 서주舒州에서 시해했다. 공자는 3일을 재계하고 제나라 토벌을 세 번이나 주청했다. 애공이 말하길, "노나라가 제나라에 약세인지 오래인데 토벌하자니, 어찌하려는 것이오?" 대답하기를, "진항이 그 군주를 시해함에 동조하지 않는 세력이 절반입니다. 여기 노나라의 무리를 보태면 가히 이길 수 있습니다." 애공이 대답하되, "계손씨에게 말해보시오." 공자 인사하고 물러나 사람들에게 말했다. "나는 대부의 말석으로 꼭 고해야만 했다."

齊 陳恒弑其君壬于舒州. 孔丘三日齊 而請伐齊三. 公曰: "魯爲齊弱久矣 子之伐之 將若之何?" 對曰: "陳恒弑其君 民之不與者半. 以魯之衆加齊之半 可克也." 公曰: "子告季孫." 孔子辭 退而告人曰: "吾以從大夫之後也 故不敢不言."【哀十四年】

이 해석은 정말 파격적이다. 다산에 의하면, 제나라의 백성 가운데 진항의 반란과 시해에 반감이 있는 사람들이 절반은 되며, 거기 노나라의 군사가 가세하면 진항을 응징할 수 있다고 계산한 후, 애공을 부추겼다는 것이다. 다산은 이토록 공자의 군사적 역량에 대한 믿음을 가지고 있었다.

요컨대 공자는 승산이 있었다. 이것은 앞에서 그가 말한, "신중히 승패를 가늠해서 군대를 동원한다"는 말이나 "나는 싸우면 반드시 이긴다"고 한 것과도 맞아떨어진다. 즉 공자는 뛰어난 군사적 식견과 지휘 능력을 갖고 있었다는 것. 군사의 일을 흉기凶器라 하여 배척하는 것은 공자의 뜻도 유교의 본령도 아니라고, 다산은 힘주어 강조하고 있다. 또 실제 五禮 가운데 軍禮가 당당히 하나를 차지하고 있지 않은가? 조선의 유학은 이 실무적 부문에서 실력을 쌓는 데 소홀했다.

> 사대부들은 본령인 정치에 나아가서도 군사나 재정, 생산에 관련된 업무를 맡기면 체모를 깎는다 하여 화를 냈다. 그들이 선호한 직책은 세자의 교육이나 임금과의 학문 토론, 그리고 고전을 동원한 비판적 언설이었다. (졸저,《왜 조선유학인가》, 26쪽)

앞에서 공자는 위 영공에게 "군사에 대해 배운 적이 없다"고 했다. 액면 그대로는 스스로 군사에 대해 문외한임을 고백하는 것이 된다. 이 언급을 따라 사대부들은 '공자가 그랬듯이' 군사나 전쟁을 금기시하고, 치지도외置之度外 했는지도 모른다. 어디 군사뿐이랴? 재정, 법률, 기술, 행정 등의 실무에 대한 전반적인 소홀로 이어졌는지도 모른다.

　다산은 여기 제동을 걸고, 경세가로서의 공자 상을 적극 보여주고자 한다. 이처럼 경학은 고전의 재발견과 창의를 통해 그동안 묻히고 뒤틀려온 통념을 교정하고, 때로 있지 않았던 기풍을 새로 진작해 나가는 동력을 제공한다. 공자가 군사 전문가이고, 자로와 자공처럼 재정과 외교에 능한 것이 또한 공자의 능력이었다는 것이 적극 알려지면, 학자 사대부들도 창시자를 따라 이 부문을 학습하고 실력을 키우는 데 적극 노력할 것이기 때문이다.

감옥과 형벌

역시 도덕과 교화가 정치의 전부일 수는 없다. 무비는 필요하고, 때로는 전쟁을 피할 수 없다. 그럼 그냥 손 놓고 당하고 있을 것인가? 다산은 말한다. "유교는 군사를 흉기로 배척하지 않는다." 다산은 사대부들의 정치적 무지와 순진함을 두드려 부순다. 고착을 타파하고 새 각오를 불어넣기 위해 경학은 최적의 장소였다. 우리는 지금 유교의 성전인《논어》를 통해 그 점을 짚어보고 있다.

군사뿐만 아니다. 법률과 재판에 관련된 지식 또한 빠질 수 없다. 공자는 '德으로 이끄는 정치(道之以德)'를 강조했음은 이미 살펴보았다. 그런데 여기서 다산은 '잠깐'이라고 토를 단다. 그의 목소리를 들어보자.

'德으로 이끄는 정치'라고 해도 역시 형벌이 필요하다. ①《서경》〈주서·여형〉에서 "백이가 법전을 하사하여 백성을 형벌로 꾸짖었다(伯夷降典 折民維刑)"라고 한 것은 먼저 五典을 베푼 후에, 그 따르지 않는 자들을 형벌로 꾸짖었다는 것이다. ②《주례》〈지관·대사도〉에도 "마을의 여덟 가지 형벌로써 만민을 바로잡았다(以鄕八刑糾萬民)"라고 했다. 그 절목이 不孝, 不弟, 不睦, 不婣 등속이다. ③《서경》〈주서·강고〉도 不孝, 不友를 가장 흉악 범죄(元惡大憝)로 삼고 있으니, 여기 형벌이 용서가 없다. 이 모두가 '德으로 이끄는 정치'인데, '형법'을 그 안에 포괄하고 있다.

然道之以德 亦用刑《書》曰: "伯夷降典 折民維刑."【〈呂刑〉文】謂先敷五典 而其不率敎者 折之以刑也.《周禮·大司徒》: "以鄕八刑

糾萬民." 其目則不孝不弟不睦不婣之類也. 〈康誥〉以不孝不友爲
元惡大憝 刑玆無赦. 斯皆道之以德 不在刑法中論.

교화와 덕성을 통해 백성들을 이끌겠지만, 조화를 흩트리고 질서를
뒤흔드는 무리에게는 형벌로 징치해야 한다. "그 형벌에는 용서가 없
다"고 단호히 선포했다. 공자는 학습의 사람으로, 그 교과와 훈련 안
에 형벌을 다루는 기술도 포함되어 있다. 가령 자로를 보자.

子曰: "片言可以折獄者 其由也與." (〈안연〉 12장)
공자가 말했다. "한마디 말로 벌써 판결을 내리는 사람, 그는 자로다.

이것은 주자의 해석을 따른 것이다. '片言편언'이란 무엇인가? 해석에
몇 갈래가 있다. ① '당사자의 말 한두 마디만 듣고도'라고 읽을 수 있
고, 그리고 지금 주자처럼 ② '판결을 한두 마디로 끝내는'이라고 읽
을 수도 있다.

자로에 대한 신뢰가 대단했기에, 한두 마디에 곧바로 믿었다. 말이 끝
나기를 기다릴 필요가 없었다.
子路忠信明決 故言出而人信服之 不待其辭之畢也.

이와 달리 다산은 ③ "소송 당사자 가운데 한쪽 편"으로 읽는다. 나는
다산의 시각에 기운다. 말은 안방 며느리와 부엌의 며느리 양쪽을 다
들어보아야 실상을 가늠할 수 있는데, 자로는 한쪽 편만 듣고도 허실
을 곧 간파했다는 것이다. 주자는 자로의 '정직과 인간적 신뢰'에 초

점을 맞추었고, 다산은 그의 '감식과 판단력'을 높이 샀다. 주자는 자로가 우직하지만 세상 물정은 잘 모르는 사람이라는 편견을 갖고 있었던 듯하다. 그러나 다산은 자로의 기예를 높이 산다.

공자의 치안과 사법 역량은 특히 정공 10년(기원전 500년) 대사구가 되고 나서 마음껏 발휘했을 것이다. 그는 자신이 이 부문에 상당한 실력이 있다고 자부하기도 했다. "나는 다른 사람만큼의 역량이 있다(聽訟 吾猶人也)." 그러나 공자 자신의 꿈은 그보다 더 높은 것이었다. "그렇지만 나는 소송 없는 세상을 꿈꾼다(必也使無訟乎)."

子曰: "聽訟 吾猶人也. 必也使無訟乎!"〈안연〉13장)
공자가 말했다. "소송을 다스리는 것은 내가 남과 같지만, 반드시 소송이 없게 할 것이다!"

다산의 말을 들어보자. 의역하면 이렇다.

분쟁을 다스리는 것은 말절末節이다. 근본적으로 분쟁이 없는 세상을 어떻게 만들 것인가? 윗물이 맑고 백성들이 교화되면 분쟁은 저절로 사라질 것이다. 이건 강제로 하는 것이 아니라, 소리 없이 조용히, 꼭 누가 시킨 것처럼 절로 그리된다.

여기 거짓이나 음모가 발붙이지 않고 오직 진실만이 말할 것이다. 백성들은 자기 속의 입법자를 두려워한다. 그리하여 송사에 이르지 않는다. 우리가 禮라고 말할 때, 요는 싹트기 이전에 미리 끊고, 미묘한 곳에서 경건을 불러일으키는 것이다. 그래서 사람들로 하여금 나날이 선으로 나아가고 죄를 멀리하게 하는데, 자기도 모르게 절로 그렇게 된다. 이

것이 "나는 소송 없는 세상을 꿈꾼다"는 말의 뜻이다.

范曰: "聽訟者 治其末 塞其流也. 正其本 淸其源 則無訟矣." 【陳
云: "躬行化民 而民自不爭 無訟可聽 非禁之使然 黙化潛孚 若使
之耳."】

〔引證〕《大學》引此章曰: "無情者不得盡其辭 大畏民志." 【鄭云:
"情 猶實也. 無實者多虛誕之辭 聖人之聽訟 與人同耳. 必使民無
實者 不敢盡其辭 大畏其心志 使誠其意 不致訟."】〔案〕大畏民志
修身之效也. 非明於聽訟而民畏之也.

〔引證〕《大戴禮》曰: "禮云禮云 貴絶惡於未萌而起敬於微眇 使民
日徙善遠罪而不自知也. 孔子曰 '聽訟 吾猶人也 必也使無訟乎!'
此之謂也." 【〈禮察〉篇】

재정을 다루는 기술

다산에 의하면, 爲政과 從政은 구분된다. "위정은 지배자, 군주의 통
치를 말하고, 종정은 귀족과 사대부 관료들의 정치를 말한다." 정치를
하든 거기 종사하든, 전문적 행정이나 외교, 군사 등의 부문에서 실력
과 기술이 필요하다.

공자는 제자들에게도 이 기술을 가르쳤고, 전문 분야가 이렇게 분
화되게 되었다. 공자가 천하를 돌던 막바지, 애공 11년(기원전 484년)
봄, 제나라가 노나라를 침범하자 제자 염구가 우군을 통솔하여 싸워
승리했다. 계강자는 폐백을 갖추어 공자를 초대했다. 지쳐가던 공자
는 이 초대에 응해 마침내 고향으로 돌아오게 된다. 그 귀환 후의 어

느 날이었을 것이다. 이런 대화가 오갔다.

季康子問: "仲由可使從政也與?" 子曰: "由也果 於從政乎何有?" 曰: "賜也可使從政也與?" 曰: "賜也達 於從政乎何有?" 曰: "求也 可使從政也與?" 曰: "求也藝 於從政乎何有?" (〈옹야〉 6장)

계강자가 물었다. "자로는 가히 정치에 종사시킬 만합니까?" "자로는 과단성 (果)이 있으니, 정치에 종사함에 무슨 문제가 있겠습니까?" "자공은 가히 정치에 종사시킬 만합니까?" "자공은 사리를 꿰고(達) 있으니, 정치에 종사함에 무슨 문제가 있겠습니까?" "염구는 가히 정치에 종사시킬 만합니까?" "염구는 다재다능(藝)하니, 정치에 종사함에 무슨 문제가 있겠습니까?"

자로는 '과단성'이 있고, 자공은 '사리를 꿰고' 있으며, 염구는 '다양한 재능'을 갖고 있다. 자로의 과단성은 군사에, 자공의 사리는 외교에, 염구의 다양한 재능은 행정에 걸맞는다. 각각 적절한 책임을 맡기에 전혀 손색없는 인재라는 것이다. 비슷한 시기, 맹씨의 질문도 있었다. 이들우 역시 유능한 관료들을 찾고 있었다.

孟武伯問: "子路仁乎?" 子曰: "不知也." 又問. 子曰: "由也 千乘之國 可使治其賦也 不知其仁也." "求也何如?" 子曰: "求也 千室之邑 百乘之家 可使爲之宰也 不知其仁也." "赤也何如?" 子曰: "赤也 束帶立於朝 可使與賓客言也 不知其仁也." (〈공야장〉 7장)

맹무백이 물었다. "자로는 仁한가?" 공자가 대답했다. "모르겠습니다." 다시 묻자 이렇게 말했다. "자로는 천승지국에 가히 그 부賦를 다스릴 만합니다만, 그가 仁한지는 모르겠습니다." "염구는 어떻소?" "염구는 천실지읍 백승지가에서

가히 그를 위한 宰가 될 만합니다만, 그가 仁한지는 모르겠습니다." "공서화는
어떻소?" "큰 띠를 매고 조정에 서서, 가히 빈객과 더불어 말할 만하지만, 그가
仁한지는 모르겠습니다."

맹무백은 공자의 제자들이 공자가 그리는 이상적 인격(仁)을 갖추고
있는지를 물었다. 공자의 대답은 부정적이었다. 그럼에도 그들이 특
정한 분야에서 제 역할을 할 만큼 지식과 재능을 연마했다고 그들을
천거했다.

　자로는 대국의 군사와 재정을 감당할 만한 그릇이라고 했다. 주자
는 이 재정(賦)을 굳이 군사(兵)로 바꾸어 읽었다. "예전에는 田賦로
出兵했기에 兵을 賦라고 말했다." 여기서도 주자는 자로의 능력에
편견이 있는 듯하다. 주자는 군사가 '단순한 데' 비해, 재정은 더욱 섬
세하고 복잡한 방정식이라서 자로에게는 허여하기 어려웠던 것은 아
닐까? 앞에서도 자세히 읽은 바 있듯이, 다산은 부당하게 취급된 자
로를 복권하고자 한다. 여기 賦가 당연히 군사를 포함하지만, 핵심은
'재정'임을 분명히 한 것이다. 지금 같으면 재무부나 기획재정부 장관
쯤의 역할이라고 할 수 있겠다.

《주례》〈천관·총재〉에 "九賦로 재화를 징수한다"는 용례가 있다(나라
안의 사교四郊 관시關市 산택山澤 폐여幣餘 등의 부세를 포함한다). 물론 여기 田
賦에서 兵을 낸다. 邑은 공읍, 家는 경대부의 집을 말하는데, 그 田賦
가 수레 백 대를 낼 규모다. 邑宰·家宰는 모두 주제主制의 이름이다.
〔補曰〕賦《周禮》所謂以九賦斂財賄者也.【〈家宰〉文也. 若邦中·
四郊·關市·山澤·幣餘之類. 鄭云:"口率出泉也."〕又田賦出兵.

【襄八年《左傳》云: "悉索敝賦."】邑 公邑也.【如中都·武城之類】家
卿大夫之家 其田賦出車百乘者也. 邑宰·家宰 皆主制之名.

자공은 더 말할 필요가 없는 인물이고, 공서화는 공자보다 42세 연하
의, 용모가 있고 외교를 감당할 만한 인물이라고 했다. 빈객의 예와
조근, 빙문의 일을 감당하는 行人의 직책에 어울린다는 것. 왜 이처
럼 군사와 재정, 형률 등과 관련된 이야기를 장황하게 늘어놓았는가?
그 이유는 다음 다산의 《경세유표》의 일절을 보면 납득이 되리라고
믿는다.

유학자들은 독서가 정밀치 못하면, 學道에 치우침이 있게 된다. 그 폐
단은 어디까지 가느냐 하면, 무릇 山林과 경악經幄의 신하가 책을 끼
고 연석에 오름에, 오직 理氣心性의 설만 논해 아뢸 뿐이고, 一字半
句도 혹 재부에 미치지 않으려 한다. 그 사람이 본래 소통하여 천하 국
가를 위함에 재부에 마음을 두지 않을 수 없다는 것을 모르지 않을 것
이나, 이 아룀이 한번 나오면 무리 지어 비웃고 조롱하여 명성이 크게
떨어지니, 차라리 식자의 마음속 비웃음을 받을지언정, 그릇된 자들(妄
人)이 대놓고 하는 배척을 감당하기 어려운지라, 그래서 하던 대로(依
例) 아뢰고 물러나고 만다. 공자가 그 제자들을 칭찬하여 "자로는 천승
지국에 가히 그 賦를 다스릴 만하고, 염구는 천실지읍 백승지가에서
가히 그를 위한 宰가 될 만하다"라고 했다. 자고로 재물을 생산하고 돈
을 모으는 데에는 관중만 한 사람이 없어 공자께서 늘 그 공을 상찬하
셨으니, 재부를 오직 더러운 물건으로 여겨 감히 입에 올리지도 못하는
것은 천하 국가를 위한 소이가 아니다. 우리나라 선배 가운데 오직 문

성공과 이이만이 공안貢案을 개정하고 군적軍籍을 개량하며 10만 군사를 양성하자는 말로 거듭 임금께 아뢰었으니, 참으로 유용한 學이었다. 일절지사一節之士도 재부를 말하는 것을 부끄러워해서는 안 되는데, 하물며 萬乘의 왕과 三事의 신하가 청소淸疎함이 이와 같으니, 그 어찌 나라를 다스리겠는가?

儒者 讀書未精 學道有偏. 其流之弊 凡山林經幄之臣 挾册登筵 惟理氣心性之說 是論是奏 一字半句 未敢或及於財賦. 其人本自疏通 非不知爲天下國家者 不能不留心財賦 而此奏一出 羣嘲衆嗤 名聲大落 寧受識者之暗笑 難當妄人之顯斥 故依例敷奏而出也. 孔子譽其弟子曰: "由也 千乘之國 可使治賦. 求也 千室之邑 可使爲宰." 自古生財聚貨 莫如管仲 而孔子常稱其功. 專以財賦 爲汚穢之物 不敢以登諸口吻 非所以爲天下國家也. 我東先輩 唯文成公臣李珥 以改貢案·改軍籍 養兵十萬之說 申申然陳於上前 眞是有用之學也. 一節之士 尙不當恥言財賦 況萬乘之君 三事之臣 淸疎如此 其何以爲國家乎? (다산, 《경세유표》 卷2, 〈천관수제〉)

다산의 정치적 현실주의

(1) 악인과도 도모한다

다산은 이렇게 말하는 듯하다. "공자는 학도자가 아니다!" 공자는 선악을 가르지 않고, 현실적 실현 가능성을 따진다. 만일 道를 구현할 수 있다면, 그는 악인과도 손을 잡을 자세가 되어 있다.

이 말은 사람들을 놀라게 할 것이다. 가령 공자는 양호와 대화하기를 꺼렸으며, 공산불뉴의 초청에도 응하지 않았다. 이는 공자가 그들을 악인이라고 단정했기 때문일까? 주자의 《집주》는 장경부의 견해를 인용하고 있다.

공산불뉴나 필힐의 부름에 모두 가려고 한 것은, 천하에 변화시킬 수 없는 사람이 없고 할 수 없는 일이 없기 때문인데, 그럼에도 끝내 가지 않은 것은, 그 사람을 마침내 변화시킬 수 없고 일을 마침내 할 수 없음을 알았기 때문이다.
夫子於公山佛肸之召 皆欲往者 以天下無不可變之人 無不可爲之事也. 其卒不往者 知其人之終不可變而事之終不可爲耳.

장경부는 이 반란자들을 '교화시킬 것'인가 여부를 두고 논하고 있다. 다산은 그쪽에는 관심을 두지 않는다. 공자가 염두에 둔 것은 이들과 도모할 때, 과연 기대한 성과를 얻을 수 있을까였다.

"공자와 그 제자들은 계씨나 유력 가문에서 일하는 것을 꺼리지 않았다!" 당대의 정치 조건은 열악했다. 최선의 환경, 최선의 인물과 더불어 일을 할 수 있는 여건이 아니었고, 그런 경우에도 공자는 한사코 나아가려고 했다. 현실적으로 이들과 더불어 정치를 펴나갈 수밖에 없다는 것을 너무 잘 알고 있었기 때문이라는 것이다. 다산은 말한다.

계평자도 주군을 축출했지만 공자는 그 아래 관리를 지냈고, 맹의자도 군주를 쳤지만 제자로 받아들였다. 그런 마당에 어떻게 필힐만 '더럽다'고 내치겠는가? 당시는 이미 쇠란한 시기라, 이미 군은 군답지 않고 신은 신답지 않으며 아비는 아비답지 않고 자식은 자식답지 않았다.

세상을 청평지세淸平之世처럼 다그칠 수는 없는 시절이었다. 그러므로 군자의 처신은 때를 고려하고 감안하는 것이어야 했다.

季平子親身逐君 而孔子嘗爲其屬吏 孟懿子親身伐君【與陽虎伐郰】而孔子收之爲門人 奚獨佛肹爲穢物哉? 當時衰亂 君不君 臣不臣 父不父 子不子 不可一一苟責如淸平之世. 故君子之所以處其身者 亦自有時措之宜.

공자가 양호를 피한 것도, 그 성정이나 의도가 같이 일을 할 수 없었기 때문이지, 양호가 악인이어서가 아니라고 다산은 변호한다. 이는 재래의 주자학적 순수주의, 명분주의와는 전혀 다른 정치적 원리를 표명하고 있는 것으로 보인다. 공산불뉴나 필힐에게로 가지 않은 것은 그들이 '일을 같이 도모하기에 부족한 인물들'이었기 때문이다. 관건은 오직 일의 성패 여부에 있다. 다산은 《주역》의 한마디를 인용한다. "악인을 보더라도, 허물이 없다." 양호나 공산불뉴 모두 한때의 반신叛臣인데, 그들이 비록 악인이더라도 교제의 성의를 보였더라면 같이 어울릴 수도 있었다.

맹자가 말했다. "양호가 먼저 왔는데 어찌 만나보지 않을 수 있겠는가?" 이것이 정의正義다. 《주역》에선 다음과 같이 말했다. "악인을 만남에 허물이 없다." (진陳씨가 이르길, "양호와 공산은 모두 한때 반역한 신하였다. 비록 그들은 악인이지만, 만일 교제에 진실함이 있었다면 누구와도 사귈 수 있었다. 그러나 양호는 교제하는 禮가 성실하지 못했다"라고 했다.)

孟子曰: "陽貨先 豈得不見?" 此正義也. 《易》曰: "見惡人無咎."【陳云: "陽貨與公山 皆一時叛臣. 雖是惡人 苟其交際之誠 無不與之

陽貨則交際之禮不誠."】

다산의 이 인식은 조선조 유학의 정치학적 인식을 일거에 뒤흔드는 뇌관을 끌어안고 있다. 조선 후기 당파와 지목, 예송과 사람 사이의 은원을 보건대, 그리고 엄격한 자의적 군자 소인론을 보건대, 그리하여 실무적 에너지가 명분 속에서 소모되고 소진되어 버린 안타까운 역사에 비추어 보면, 다산의 인식은 대서특필될 필요가 있는 것이었고, 지금도 참고해야 할 소중한 자산이라고 생각한다.

(2) 누가 적통인가?
공자가 음란한 위 영공의 부인을 만났다. 자로는 싫어했다.

> 子見南子 子路不說. 夫子矢之曰: "予所否者 天厭之 天厭之." (〈옹야〉 26장)
> 공자가 (위 영공의 부인) 남자를 만났다. 자로가 기뻐하지 않았다. 공자가 맹서하며 말했다. "내가 잘못한 일이 있다면(予所否者), 하늘이 나를 싫어할 것이다. 하늘이 나를 싫어할 것이야." (주자의 해석)

그러나 다산은 이 만남을 로맨스로 읽지 않는다.

> (다산이) 말했다. "공자가 남자를 만난 것은 괴외를 불러들여 모자 사이의 은혜를 온전히 하라고 '권고'하려는 것이었다. 그래서 '내가 (남자를) 만나(조언하)지 않았다면(予所否者), 하늘이 나를 싫어했을 것이다'라고 (변명)한 것이다. 대부들이 제후의 부인을 만난 것은 (특별한 사건이 아니라) 당시의 일반적 의례였다."

曰: "子見南子 欲勸使召蒯以全其母子之恩也. 故曰'予所否者 天厭之'. 若夫大夫之見小君 當時之恒禮也."(다산, 〈자찬묘지명〉)

사람들이 의아해할지 모르겠다. "아니, 孝를 지고의 가치로 삼는 유가에서, 그 창시자 공자께서, 어머니를 죽이겠다고 나선 패륜아를 다시 모셔 권력을 이양하라고 권했다는 것이 말이 되는가?" 주자의 '합리적' 해법은 다음과 같다.

호인이 말했다. "위나라 세자 괴외가 어머니 남자의 음란을 부끄러워하여 죽이고자 했으나, 미수에 그치고 망명했다. 영공은 (둘째인) 공자 영을 세우고자 했지만, 사양했다. 영공이 죽고 부인(남자)이 또 권했지만, 사양했다. 그래서 괴외의 아들 첩을 세워 괴외를 막았다. 괴외는 어머니를 죽이려 했고, 이로써 아버지에게 죄를 지었기 때문이다. 첩은 온 나라를 방패로 아비를 거절했으니, '아비 없는 사람'이라 하겠다. 그 아비도 나라를 가질 자격이 없다. 공자가 정치를 맡으면 正名, 이름을 바로 세운다고 했는데, (어떻게 하는 것이냐 하면) 일의 전말을 적어 천자에게 고하고 여러 제후에게 청해, 공자 영을 지목해 후계로 세운다. 이 해법이 인륜에 합당하고 이성에 적합하다. 그래야 (공자의 말씀처럼) '이름이 바르고, 일이 순조로워진다.' 공자의 이 설득을 자로는 도무지 납득하려 하지 않았다. 그래서 출공 첩을 모시다가, 결국 난리 통에 죽었다. 그는 녹을 먹으면 재난을 피하지 않는 것이 도의라는 것만 알았지, 출공의 녹을 먹는 것이 잘못인 줄 몰랐다."

胡氏曰: "衛世子蒯聵恥其母南子之淫亂 欲殺之不果而出奔. 靈公欲立公子郢 郢辭. 公卒 夫人立之 又辭. 乃立蒯聵之子輒 以拒蒯

職. 夫蒯聵欲殺母 得罪於父 而輒據國以拒父 皆無父之人也 其不
可有國也明矣. 夫子爲政 而以正名爲先. 必將具其事之本末 告諸
天王 請于方伯 命公子郢而立之. 則人倫正 天理得 名正言順而事
成矣. 夫子告之之詳如此 而子路終不喩也. 故事輒不去 卒死其難.
徒知食焉不避其難之爲義 而不知食輒之食爲非義也."

말한 대로 세자 괴외는 패륜이고, 손자 첩은 아버지를 팽개쳤다. 오직
흠 없는(?) 공자 영이 유일한 대안이라는 것. 유교의 도덕주의적 강박
을 여기서도 확연히 느낄 수 있다.

그런데 다산은 전혀 다른 소리를 하고 있다. 괴외를 권좌에 계승시
키지 않으면, 위나라의 혼란과 무질서를 피할 수 없게 된다는 것이다.
해법은 현실을 참고해야지, 그저 명분에 집착해서는 안 될 것이다. 한
비자가 말한 "정인매리鄭人買履"의 고사가 생각난다.

신발을 맞추려고 생각한 정나라 사람이 발의 본을 뜨고 치수를 재어
놓았다. 신발가게에 와서 보니, 그것을 안 가지고 온 것을 알았다. 그는
다시 집으로 가서 본을 가지고 왔더니, 가게는 이미 문을 닫아버렸다.
지나가던 사람이 핀잔을 주었다. 발은 뒀다 뭐 하시려고? 그랬더니 그
사람의 대답이 이랬다. "본은 믿을 수 있는데, 내 발을 어떻게 믿겠소?"
鄭人有且置履者 先自度其足而置之其座 至之市而忘操之. 已得
履 乃曰: 吾忘持度 反歸取之. 及反 市罷 遂不得履. 人曰:"何不試
之以足?"曰:"寧信度 無自信也."(《한비자》〈외저설外儲說〉左上)

이념을 고집할 것이 아니라, 현실의 개선을 위해 도움이 된다면 무슨

시책이든지 사양하지 말아야 한다. 공자는 패륜 등의 유교적 가족관이 정치와 만날 때는 양보해야 한다고 설득하고 있는 듯하다. 무엇이든 가치의 위계가 존재하고, 선택은 현실의 기반 위에서 이루어져야 한다.

공자는 또 100여 년 전, 제나라 관중이 주군을 따라 죽지 않고 제환공을 위해서 봉사했고 사치하고 방자했지만, "그가 있어서 중화 문명을 오랑캐로부터 지켜냈고, 힘을 통해 천하의 평화를 누릴 수 있었다"고 그의 공적을 기렸다. 나중 맹자가 자신을 관중 따위(?)와 견주는 것조차 불쾌해한 것과는 전혀 다른 인식이다.

다산은 공자의 현실적 해법을 부각하고 있다. 필요하다면 악인과 손잡을 수도 있다. 그들의 이력은 묻지 않는다. 남자처럼 음란한 여인이든, 양호처럼 실세 권력자든, 위 영공처럼 호전적 군주이든…. 다만 자신의 뜻을 이해하고 자신이 활동할 여지만 있다면, 그는 생민을 위해 할 수 있는 일에 최선을 다해 나아갈 것이다.

《논어》에서 공자는 "이것이 나다"라는 말을 가끔 던진다. 나는 이러한 道의 소명을 가슴에 품고 세상을 위해 道를 구현하고자 하는 열망에 찬 사람, 그것을 위해서는 무슨 일이든지 마다하지 않을 각오를 다진 사람이 바로 그 공자라고 생각한다. 그 면모를 다산이 저 숨겨진 속내까지 찾아내서 테이블 위에 올려주고 있다.

(3) '충성'이 언제나 덕은 아니다

관중은 문제적 인물이다. 다산은 사태를 매우 현실적으로 읽는다. 주자는 관중이 모시던 공자公子 규糾가 환공의 동생이라고 변명하려 했지만, 다산은 그것은 사실이 아니라고 일축했고, 그전에 주군과의 군신 간 의리가 정해지지 않았다는 또 다른 이의 말에도 '무슨 소리!'라고 반발했다. 변명의 길을 다 잘라놓고 다산은 시치미를 뗀다. "배신할 수도 있다!" 그것은 중요한 것이 아니다. 충성을 최고의 덕목으로 알던 조선의 주자학 풍토에서 이 선언은 가히 폭탄급이다. 다산의 말을 직접 들어보자.

공자 규와 관중 사이에는 실로 군신 간의 의리가 있다. 그래서 환공이 "관중이 나를 죽이려고 활을 쏘았지 않았소?" 하니, 포숙鮑叔이 말하길, "그는 자신의 군주를 위해 그렇게 했습니다(사람들은 각자 자신의 군주를 위합니다). 임금께서 그를 용서하여 귀국시킨다면 또 그와 같이 할 것입니다(규에게 하듯 충성할 것입니다)."
이 설은《국어》〈제어齊語〉에 실려 있고,《관자》에도 기록되어 있으니, 당시 실제로 공자 규와 관중이 군신 관계였음을 알려준다. 그뿐인가? 관중은 공자 규의 사부였다(《관자》에 있다). 사부의 직책은 반드시 목숨을 걸어야 한다. 순식荀息이나 오사伍奢(오자서의 아버지) 등 이런 예는 부지기수이니, 아직 군신 관계가 성립되지 않았다면서 죄를 피해 길 수 있겠는가?
다만 공실이 어렵다고 대부가 반드시 다 죽을 필요는 없다.《춘추》를 두루 살펴보면, 무릇 자식이 아비를 죽이고, 아우가 형을 죽인 일들이 앞뒤로 끝이 없다. 그 일에 관련된 신하들이 도망가고 혹은 죽으니, 그 죽은 자를 꼭 포상할 것도 아니고 도망간 자를 꼭 잡아 죽일 것도 아니어서, 大夫와 國人들은 태연히 충성의 대상을 옮겼다. 오나라의 계찰季札이나 위나라 거원蘧瑗(거백옥)은 공자가 늘 군자라고 칭찬했지만, 국난이 있을 때마다 늘 몸을 빼서 간여하지 않았으니, 이들을 모두 군신의 의리가 없다고 하랴?

公子와 公弟는 제도에 따라 君國이 되니, 이미 그 지위가 정착되면 그를 원수로 삼을 수 없다! 이것이 《춘추》의 의례다. 공자 규와 소백은 모두 희공의 아들이다. 그 지위가 정해지면 그는 내 군주인 것이다. 공자 규가 살아 있을 때는 그가 내 주군이라 환공이 원수가 되겠지만, 그가 죽었는데도 꼭 환공을 원수로 삼겠는가? 소홀召忽의 죽음은 진실로 仁이라 하겠지만, 관중의 섬김이 꼭 不仁이 되는 것은 아니다. 왕규王珪와 위징魏徵의 경우도 이와 같다. 반드시 꼭 죽어야만 仁이 된다는 것은 경전의 뜻에 어긋난다.

〔案〕管仲爲孔子所與 故子雍回護如是也. 然子紏·管仲 實有君臣之義 故桓公曰: "管仲射寡人中鉤." 鮑叔對曰: "夫爲其君動也.【人各爲其君】君若宥而反之 夫猶是也."【謂移忠】此說載於〈齊語〉紀於《管子》則當時實以紏·管目爲君臣. 不惟是也 管仲者 子紏之傅也.【見《管子》】傅之爲職 必致其死 荀息·伍奢 項背相望 豈可以未成君臣 得逃其咎? 但公室有難 大夫不必皆死. 歷觀《春秋》凡子弑其父·弟弑其兄者 前後何限? 惟當事之臣 或奔或死. 其死者不必褒襃 其奔者不必鈇誅 而大夫國人 晏然移事. 若吳 季札·衛 蘧瑗 皆仲尼之所嘗亟稱爲君子者 而每有國難 身必不與 豈皆無君臣之義於其前君乎? 公子公弟 法當君國 旣正其位 義不敢讎 此《春秋》之義例也. 子紏·小伯 均是僖公之子 旣正其位 斯我君也. 子紏之未死也 我以子紏爲君 故可以讎桓. 子紏旣死 猶必讎之乎? 召忽之死 固爲仁矣 管仲之事 未必爲不仁也. 王珪·魏徵 亦其所秉者如此 必以殉死爲仁者 違於經也.

다산의 '현실적' 사고를 뚜렷이 보여주는 열정적인 글이다.

앞에서 주자의 우려를 본 적이 있다. "만일 소백(환공)이 형이 아니라면, 그는 정당성이 없는 '찬탈자'가 된다. 그 '원수'를 위해 충성을 맹세하는 것을 성인 공자께서 그토록 칭찬하셨을 리가 없다. 그건 모반과 불충의 문을 활짝 열어놓는 위태로운 결과를 몰고 온다."

다산은 이 심각한 우려(?)에 별걱정을 안 하는 듯하다. 다산은 능청스레 이렇게 반문한다. "만일 주군을 위해 꼭 죽는 것이 의리라면, 은나라 말의 3仁이라는 비간·미자·기자는 지극히 '불충한 자'들로 낙인찍혀야 마땅하지 않은가?" 그의 말을 직접 또 들어보자.

무왕이 (은의) 주왕을 죽였는데, 기자는 죽지 않았다. 오히려 원수를 위해 홍범을 진강하고 왕도를 보좌했으니, 不仁이 아닌가? 무왕이 주왕을 죽였는데도 미자는 죽지 않았다. 무왕을 좇아 봉지를 받고 제사를 받들었으니, 不仁이 아닌가? 저 '혁명'의 시대를 만났을 때도 처신이 이러한데, 하물며 공자 규와 소백은 똑같이 제후의 아들이다. 관중이 충성을 다하여 섬겼으나, 규가 죽음에 다시 환공에게 들어가 그를 보좌, 제나라의 패권을 쥐게 하고 주 왕실을 받들었으니, 어디 義를 해쳤다는 말인가? 성인의 말씀을 귀하게 여기는 것은 무릇 의리의 당부를 이 말씀에 의뢰하는 것이다. 만약 성인의 말씀을 듣고도 자기 의견만 고집하고 있다면, 성인의 말씀은 대체 어디다 쓸 것인가? 그래서 이 문제를 논변하지 않을 수 없다.

〔案〕武王殺紂 箕子不能死 又從而陳洪範輔王道 無乃不仁乎? 武王殺紂 微子不能死 又從而受封以奉祀 無乃不仁乎? 彼當革世之際 猶且如此 況子糾·小白 均吾君之子 管仲盡忠所事 及糾之死

入輔桓公 以霸齊而尊周 何謂之害義乎? 所貴乎聖經者 凡義理當
否 質之於聖言也. 若旣聞聖言 猶守己見 亦奚以哉? 此不敢不辨.

다산은 관중의 '배신'을 변명하려 하지 않는다. 변명할 필요조차 없는
일상(?)이라는 것. 이 과격한 변호는, 이를테면 고지식한 충성 관념에
빠져 있던 자로와 자공 그리고 주자학의 명분주의자들을 일거에 잠
재워버렸다. 다산은 그것이 유교 경전에 실린 성인 공자의 말임을 주
지시키고 있다. 그는 말한다. "공자의 뜻을 깊이 파고들어 새겨라. 당
신들의 선입견으로 사태를 판단하지 말고…."

관중은 위대한 사람이다! 그는 자신의 능력을 통해 중원에 전쟁 없
는 평화를 가져왔고, 성과는 2백 년 동안 이어졌다. 그만한 위대한
업적이 어디 있는가? 작은 절개에 연연해 도랑에서 이름 없이 자신
의 목숨을 끊는 사람과 이 위대한 정치적 업적을 한자리에 놓고 보지
말라.

공자는 도덕적 설교가가 아니다. 누구보다 현실적인 정치가였다.
다산은 그 잊힌 현실성을 복원하려고 고군분투했다. "제발 후대의 주
석 등에 혹하지 말고, 성인의 말씀을 귀 기울여 들으라!"

결어

《논어》는 유교 제1의 책이다. 공자의 삶과 학문이 여기 있고, 유교 문명의 원리가 담겨 있다. 그러나 책은 절로 분명하지 않으니, 수많은 함정과 갈래가 독자들을 기다리고 있다.

동아시아의 수많은 학자가 이 책을 주석하고 해석했다. 주자의 《집주》가 대표로 낙점되었고, 조선의 경우 더욱 정통의 권위를 누렸다. 백호와 서계 등이 이견을 내놓았지만, 본격적 비평과 대안 제시는 다산의 《고금주》가 맡았다. 그는 중국을 위시한 동아시아 고금의 주석들을 한 손에 장악하고 비평하며 자신의 견해를 피력했다.

이 책은 이 두 해석을 나란히 읽어 나간 결과다. 의미는 둘이다. ① 주자와 다산의 서로 다른 세계관과 인간관, 수양론과 정치학을 읽는다. 독자들은 너무나 다른 체계 앞에서 놀랄 것이 틀림없다. ② 이들의 해석을 통해 《논어》의 의미를 뚜렷이 함으로써, 공자의 사상에 접근하는 길을 제공해주고자 했다. 고전에 익숙하고 독창적으로 사유하는 두 사상가의 안내를 따라가다 보면, 공자의 목소리를 듣는 귀를 열어 그의 사상과 포부를 가늠하는 행운을 누리게 될지도 모른다.

다산은 '실학'의 대표자다.《목민심서》를 위시한 경세 3부작이 늘 거론되어 왔다. 그의 경학 작업에 대한 관심은 한발 늦게 찾아왔다. 이때에도 연구자들은 '경학' 자체가 아니라 주자학과의 대비적 논점들을 핀셋으로 골라냈다. 가령 그의 독특한 신학적 입장(天觀)이나 영육의 도덕적 갈등(心論)들을 둘러싼 구절들이 늘 회자되었다. 이 접근은 많은 것을 놓칠 수밖에 없다. 다산이 경학을 통해 보여주고자 하는 작업의 실상과 그 전체 기획을 읽는 데는 아무래도 한계가 있는 것이다.

다산은 강진에 유배된 후, 죽음의 공포로부터 벗어난 후, "이제 여가를 얻었다. 先王의 大道가 무엇인지를 알리리라"고 다짐했다. 그는 '유교 문명의 원리'를 재정립하고자 했던 것이다. 이제 '근대' 여부에 대한 강박을 내려놓고, 다산 자신이 그려낸 그 미래의 구상을 읽는 연습을 할 때가 되었다.

다산의 새 경학은 조선의 유학을 지배한 주자의 경학과 바로 부딪혔다. 이 경학적 대결은 불꽃을 튀길 정도로 격렬하고, 차이는 근본적이다.

《논어》는 하나가 아니다. 불교는 "티베트에는 승려 수만큼의 불교가 있다" 하고,《성경》에는 "아버지의 집에는 수많은 방이 있다"고 했다. 유교에도 주석가만큼의《논어》가 있을 것이다. 그럼에도 특히 조선의 오랜 해석의 권위는 주지하다시피 주자가 독점해왔다. 다산의 《논어》는 주자와의 비교 혹은 대결 없이는 그 의미가 충분히 드러나지 않는다.

다산의 《논어》에는 '고금주'라는 이름이 붙어 있다. 제목이 예사롭지 않다. 한국, 중국, 일본이 오랜 시간 동안 축적한 성과를 비평적으로 음미하고 새 길을 제시하겠다는 포부가 가득하다. 《고금주》는 그의 四書 경학 가운데 가장 세밀하고 풍부한 작품이다. 그 첫머리에 '원의총괄'이라고 하여 170여 조항에 걸쳐 새로운 해석의 목록이 게시되어 있다. 논어 전체 분량의 3분의 1에 해당한다.

주자와 다산, 두 거장의 《논어》 해석의 차이는 그들이 처한 환경, 문제, 그리고 개성의 산물이다. 다산이 이 작업에 뛰어든 것은 단순한 소일거리나 자신의 학문을 과시하겠다는 공명심의 발로가 아니었다. 그는 공자라는 무관의 제왕이 구현한 유교 문명의 이념과 설계를 다시금 정위하고자 한 것이다. 그 바탕에 물론 조선의 현실에 대한 각성, 그리고 개혁의 열망이 가로놓여 있다. 나는 두 거장의 해석 정신의 차이를, 서양의 고전적 어법으로 "명상(vita contemplativa) vs. 활동(vita activa)"으로 읽는다.

위와 같은 문제의식과 방법으로 3년 동안 연구를 진행해왔다. 그 결과는 대략 다음과 같다. 이 연구는 《논어》 선부를 다루지 않았다. 체계를 고려하고 중요도를 가늠하며 편집을 거친 챕터를 중심으로 분석했다. 우선 '공자의 전기와 관련된 사실'을 집중해서 다루었고, 이어 공자의 제자들을 독해했다. 이들을 보는 주자와 다산의 시각이 상당히 다르고, 때로 부딪힌다. 제자들은 곧 공자의 얼굴이다. 그리고 그들에 대한 평가가 인격이나 정치를 보는 안목에 중대한 영향을 끼친다. 이 예비를 음미한 다음, 가장 까다롭고 어려운 과제, 즉 공자의 사상을 주제별로, 유기적 연관으로 읽어 나갔다.

사건과 정황

공자의 일생에서 만난 사건들과 인물들을 읽었다. 주자는 연도와 상황에 큰 관심이 없는 듯하다. 고증이 불가능하다고 여겼는지 모른다. 그보다는 그의 철학적 열정이 무시간성에 대한 부담을 압도했다고 생각한다.

이와 달리 다산은 자신의 역사학적 성향과 정치적 관심으로《논어》의 정황을 가능한 한 치밀하게 파고든다. 이 작업으로 그동안 묻혀 있던 시간을 찾아주고 맥락을 부여함으로써, 때로 발언의 의미가 완전히 새로운 빛 속에 드러나도록 했다.

그는 당대까지 축적된 훈고학과 경학의 성과를 백분 활용하여, 그리고 자신의 통찰에 입각해서,《논어》를 하나의 '사건'으로 재구성하고 있다.《좌전》등의 문헌과 흩어진 고전들의 틈새까지 확인하여, 연대와 사건을 비정해 나가는 그의 솜씨는 치밀하고 담대하다. 그는 자식들에게 보낸 편지에서, 가령 사마천의《사기》가운데 가장 중요한 파트가 어디냐고 자문하고, 이렇게 대답했다. "그것은 연표다." 그는 각 사건과 인물들의 시간표를 새까만 선으로 그어가며 역사를 읽어 나갔다. 그 성형이《논어》해석에도 그대로 드러나 있다.

이 작업은 결코 사소하지 않다. 맥락이 거세되면, 언술은 부당한 의미 치환에 놓이고, 일반화 속에서 오해에 곧바로 노출되기 때문이다.

《논어》〈팔일〉편의 짤막한 언구, "夷狄之有君이적지유군 不如諸夏之亡也불여제하지무야"가 대표적이다.

일본의 카이즈카 시게키는《공자의 생애와 사상》에서 이 발언을 기원전 517년으로 특정했다. 그는 이 발견이 천고의 비밀을 푼 통찰

력이라면서 스스로 감탄했다. 그러나 그는 다산의 《고금주》를 읽지
않았던 것이 틀림없다.

> 임금이 임금답지 않고 신하가 신하답지 않은 이적의 상황에서 미봉하
> 고 안주하느니, 난신亂臣을 죽이고 도적을 토벌하여 제하의 법을 닦
> 으려다가 군주의 지위를 잃게 되는 편이 오히려 떳떳함을 일깨우고자
> 했다.
>
> 君不君 臣不臣 是亦夷狄而已. 安於夷狄 而苟保君位 不若遵先王
> 之法 修華夏之禮 而不保其君位也.

이로써 의미도 모호하고 맥락도 알 수 없었던 구절이 생생하게 역사
속으로 걸어 나왔다. 공자 전기의 중요한 '사건'과 '발언' 하나를 배치
할 수 있게 된 것이다.

《논어》 안에 수많은 발언이 시간과 장소가 배제된 채 일반적 교훈
으로 남아 있고, 맥락을 배제하여 운위되고 있다. 다산의 해석을 토대
로 공자의 전기를 새로 구성하면, 역동적 공자 상 하나를 일세 될 것
이다.

의의는 여기에 그치지 않는다. 다산은 여기서 '이적'과 '제하'가 지
역이나 종족에 따른 구분이 아니라 道, 즉 휴머니티와 예악의 질서를
축으로 한 구분임을 역설했다. 다산은 유교의 원리를 재래의 민족이
나 인종이나 지역이 아니라, '문명의 질서' 위에서 생각한다. 그러면
유교는 "중국의 장물, 전유가 아니다." 다산은 이민족인 탁발씨 등이
오히려 유교 문명을 잘 구현했다고 찬탄한 바 있다. 열린 문명의 구상
은 다산의 유교 해석에서 중요한 키워드다.

안타깝게도 이들 고증의 분량은 공자의 전기를 다시 쓸 정도는 아니다. 증거 없이는 나아갈 수 없다. 《논어》의 상당 부분은 여전히 시간과 배경이 없는 단편으로 남을 수밖에 없다.

공자의 제자들

3천의 제자가 있었다고 하나 과장일 것이고, 사마천은 70여 명의 이름을 기록하고 있다. 《논어》는 십철十哲을 꼽았는데, 그 가운데 대표적인 3인을 골랐다. 공자와 더불어 유랑을 떠났고, 고난을 함께했으며, 가장 오래 그리고 깊이 공자에게 배웠으되, 개성이 뚜렷한 제자 세 명을 집중 조명했다. 안회, 자공, 자로가 그들이다. 염구도 다룰까 했는데, 공자의 이상보다 현실적 기능(藝)을 중시하는 인물이라서 제외했다. 孔門의 정통으로 불리는 증자도 생략했다. 주자가 말한 대로 그의 사적과 발언이 많지 않고, 앞의 세 제자에 비해 나이나 경륜이 쳐진다고 생각해서다.

위의 세 '제자'는 역설적으로 공자가 누구인지, 무엇을 추구하려 했는지를 선명히 보여주는 거울이기도 하다. 그런데 이들을 보는 주자와 다산의 시각이 서로 완연히 다르다. 때로 충격적으로 부딪힌다. 둘의 경학적 대치는 일종의 전투를 연상시킨다.

주자의 시각은 이 셋 가운데 단연 '안회'를 아성亞聖으로, 대표격으로 내세웠다. 자공은 공자가 미심쩍어하는(?) '언어'에 능하고 '부귀'를 구한 인물로, 그리고 자로는 나서기 좋아하고 용기는 넘치되 식견이 부족한 인물로 그리고 있다.

다산은 주자의 이 시각에 도전한다. 자공과 자로는 孔門의 이류급이 아니다! 자공은 "둘 중 누가 더 나으냐?" 할 정도로 안회와 어깨를 견주고 있고, 공자의 정치적 이상을 이해하며 그의 내면과 종교성까지 엿보는 '대화'의 파트너다. 다산은 공자가 자공의 유능한 정치적 기술을 높이 인정하고 아꼈으며, 생산과 부에 대한 건전한 상식을 갖고 있었다고 역설한다.

자로에 대한 해석은 더욱 극적이다. 자로는 한 국가의 재정과 군사의 전문가였을 뿐만 아니라 한쪽의 말만 듣고도 옥사를 판정할 정도의 식견을 갖추고 있는 인물이었다는 것이다. 대표적인 챕터를 하나 들자면, "道가 행해지지 않아 바다에 뗏목을 띄우자고 나설 때, 나를 따라나설 자는 자로겠지"라는 공자의 탄식에 자로는 기뻐했다. 주자는 자로의 무모함을 공자가 '기롱'했다 하고, 다산은 그 道의 열정과 스승에 대한 믿음을 '찬탄'했다고 정반대의 해석을 한다.

안회의 가난에 대한 평가도 엇갈린다. 주자와는 달리 다산은 공자가 "쌀독이 자주 비는" 안회의 형편을 안타까워했지, 그것을 찬미한 것이 아니라고 확언했다. 다산은 말한다. "무릇 군자의 道는 부귀를 떠날 수 없다." 부에 대한 인식이 긍정적·적극적으로 바뀔 필요가 있지 않은가?

경학의 중요성을 여기서 확인할 수 있다. 행동 이전에 생각이 있다. 시각과 사상이 바뀌어야 행동이 달라지고 제도가 변화할 것이다. 다산이 경세 3부작과 함께 경학의 중요성을 강조한 이유가 여기 있다.

공자의 사상

고민 끝에 《논어》의 핵심 주제 넷을 골랐다. ① 학문(學) ② 기원(天) ③ 덕성(仁), ④ 정치(政)가 그것이다. 道는 이들을 총괄한다. 나머지 주요 개념들은 이 속에 다 포함되어 있고, 서로 연관되어 있다. ① 유교는 "學而時習之"에 기초하고 있다. 군자는 이 성장의 프로그램을 삶의 과제로 떠맡는 사람이다. ② 기원은 天이다. 인간이 어디서 왔는지를 알려준다. 그 조건과 가능성 위에 學이 자리 잡을 것이다. ③ 學으로 德이 쌓일 것이고, 그 완전성을 仁이라고 부른다. ④ 유교는 교육과 계몽으로 교화된 사람들의 공동체를 생각한다. 정치적 질서의 현재와 이상, 그리고 보편 문명의 구상을 여기에서 다룬다.

이 넷의 연관을 읽는 주자와 다산의 기획이 다르다. 편의상 ③ 仁부터 점검하면, 유교는 仁을 최고의 목표로 한다. 개인의 품성과 사회적 질서가 이 仁을 구현할 수 있다면 최상의 삶이 가능할 것이다. 그런데 대체 仁이란 무엇인가? 여기서 주자와 다산의 길이 갈라진다.

12세기 주자는 이 '본성'을 자기 내부에서 '명상'을 통해 발견하라고 권하는 데 반해, 다산은 仁이 내부에 있지 않으며 사회적 공간에서 행동의 선택을 통해 힘겹게 축적되는 외재적 덕성임을 역설한다. 다산은 주자와 달리, 사회적 관계 속의 인간, 그리고 거기 작동하는 양심과 욕구의 충돌, 그리고 그 전투를 감시하고 격려하는 신의 목소리라는 틀 속에서 읽는다.

이 서로 다른 시각은 당연히 ① 學, 즉 仁에 이르는 길을 달리할 수밖에 없다. 주자는 仁을 자기의 본래적 존재성으로 읽었다. 그렇다면 그에 이르는 길은 오래된 자기 망각, 그 오염(舊染)을 걷어내고 본래의 빛과 힘을 회복하는 것으로 가닥을 잡았다. 자세와 태도 등의 기초적 훈련은 필수이고, 나아가 사물의 지식을 획득하는 것(窮理)과 더불어 정신의 자기 각성을 유지하는 것(居敬)이 양 날개라고 강조했다. 이 셋의 공부를 관통하고 있는 정신을 敬 한 글자로 집약했다. 이 훈련이 끊이지 않고 환하게 지속되면, 그 효과는 자연스럽게 감정의 균형, 활동의 합리성을 기약하게 된다고 생각했다. 주자가 "學而時習之"의 學을 覺이라고 단정하고, 이 훈련의 중심에 "인간의 본성은 선하다"라는 명제를 전제하는 것을 보면 짐작할 수 있다.

다산은 이 '발견'으로서의 學에 동의하지 않는다. 學은, 이를테면 仁에 이르기 위한 제반 노력을 총칭하고 있을 터인데, 그 仁은 내부의 발견이 아니라 오직 '사람과 사람의 관계'라는 장 속에서 적절한 행동으로 벽돌 쌓듯 축성되는 덕성일 뿐이다.

이념과 목표가 다르기에, 인간의 근본 조건과 가능성에 대한 의견도 서로 다를 수밖에 없다. 즉 '본성'에 관한 것이다. 주자는 "性=仁義禮智"로 정식화한다. 인간은 내부에 모든 것을 갖추고 있다! 다만 오염과 일탈을 막으면 된다. 기질로 인한 편향과 과도한 물욕이 방해하지 않으면, 본성인 仁義禮智는 자신의 빛과 힘을 자연스럽게 발양하게 될 것이다. 그러므로 주자학의 수양론은 무엇인가를 축적한다기보다, 오히려 덜어내는 곳에 초점을 맞추게 된다.

다산은 이 논법을 도무지 납득할 수 없었다. 인간에게는 도덕을 향한 가녀린 불씨만 존재할 뿐이다. 맹자가 그러지 않았나? 인간과 금수의 차이는 아주 작고, 다만 군자만이 그 불씨를 꺼트리지 않고 호호 불어 살려 확충해 나간다. 확충하지 않으면 덕성은 없다!

둘의 차이는 이렇게 四德과 四端을 읽는 시선에 단적으로 드러나 있다. 주자는 四德이 인간의 본성이고 四端은 바로 그 본성(體)의 외적 '표현(用)'으로 생각하는 데 반해, 다산은 四端이야말로 '본성'의 실제이고, 四德은 그 본성의 불씨를 사회적 공간에서 실질로 구현하고 확충해 나간 결과이자 효과라는 것이다. 이 문제를 둘러싸고 다산은 나이와 당파를 넘어 정통 주자학의 입장에 선 문산과 격렬한 논쟁을 편지로 주고받은 바 있다.

② '본성'의 조건을 허여한 주체 혹은 기원은 天이다. 주자는 《시경》《서경》과 《논어》에 등장하는 天과 天命을 天理라는 새로운 개념으로 치환했다. 그 치환으로 天에 담겨 있던 초자연적·종교적 지평이 탈각되었다.

주자의 생각은 이렇다. "天理流行, 자연의 창조력이 온갖 사물과 생명을 낳았고, 그것은 모두 선하다. 인간 또한 이 생명력을 분지하고 있기에 근원적으로 선하며, 그렇기에 인간은 仁義禮智라는 덕성을 그 전체로 갖추고 있다. 기질과 물욕의 방해만 없다면, 이 덕성은 자연스레 자신의 실체를 일상에서 드러낼 것이다."

다산은 반박한다. 공자의 天은 '자연'으로 환원할 수 없다. 다산은 오래된 종교적 관념, 초월적 존재를 다시금 복권하고자 한다. 이런 비유를 들 수 있을지 모른다. 그리스의 신들은 인간과는 다른 존재이지만 근본적으로 '로고스' 즉 자연의 이법을 무시할 수 없는데, 기독교의 신은 이 법칙 밖에서 행할 수 있는 존재로 등장했다. 다산은 天이 만물을 만들고 인간에게 특별한 소명을 주신 분이라고 말한다.

《논어》에서 공자는 이 존재와 '홀로', 즉 남들은 알 수 없는 단독자적 대화를 해나가고 있다(그는 이를 신독愼獨이라고 해석했다). "나는 기도한 지 오래되었다"라거나 "하늘에 죄를 지으면 빌 곳이 없다"라거나

"나를 아는 자는 저 하늘인저" 등의 토로를 보면 알 수 있지 않은가? "주자는 지금 부당하게 공자의 삶이 근거하고 있는 종교적 지평을 무신론적으로 지워버렸다."

다산은 서교를 돌아섰으되, 초월적 신을 향한 믿음은 버린 적이 없다. 그 점을 여기 《논어》 그리고 특히 《중용》의 해석에서 확실하게 읽을 수 있다. 다산은 만일 天, 天命 등이 天理라면, 도무지 古經의 "天命靡常천명미상(천명은 일정하지 않다)" 등의 구절을 어떻게 읽을 수 있느냐고 반문한다. 《시경》과 《서경》 그리고 《논어》까지, 天은 적어도 '지각'과 '공능'을 가진 절대적 존재를 가리키고 있다고 그는 확언한다.

다산의 윤리학은 이 天과의 대화라고 부를 수 있다. 이 존재는 자신의 존재를 형상으로 혹은 목소리로 알리지 않는다. 그는 인간의 내밀함 속에서 희미한 양심의 소리(道心)로 울린다. 이 목소리에 경건하게 귀 기울여 그를 따라나서면 德과 仁이 될 것이고, 육신의 광포한 의지(人心)에 굴복하면 금수가 될 것이다. 다산은 공자가 회고한 70의 일생이 이 투쟁을 통해서 도달한 경지라고 말한다.

④ 마지막으로 政. 다산의 해석은 주자의 징지학에 견주어 세 가지 점이 두드러진다. 먼저 다산은 정치적 행동주의(activism)라 할 만한 것을 고취한다.

조선의 혼란과 무능은 정치의 실패다. 다산은 그 원인이 경학의 오독에 있다고 극언한다. 가령 주자는 《논어》 〈위령공〉 편 5장 "無爲而治者무위이치자 其舜也與기순야여! 夫何爲哉부하위재? 恭己正南面而已矣공기정남면이이의"를 액면 그대로 읽었다. 위대한 정치는 자유방임에 맡긴다? 다산은 이 챕터를 해석할 때 격앙을 숨기지 않는다. 여기 無爲는 "순임금의 효율적 정치에 대한 감탄으로 읽어야지" 그야말로, 레세

페르의 자연 질서 찬가로 노래해서는 안 된다는 것이다. 요순 정치의 실체는 엄정한 인재 선발 그리고 물 샐 틈 없는 인사고과다.

경학은 한가한 서재의 작업이 아니다. 그것은 세상을 바꾸려는 혁신, 미래의 꿈이 담겨 있다. 이것이 우리가 다산의 경학에 집중해야 할 근본 이유다.

두 번째로 다산은 정치에서 현실주의를 고취한다. 이는 주자의 명분론과 대치되는 지점에 있다. 주자학은 주지하다시피 정치를 도덕에 귀속시킨다. "죽는 것은 가벼운 일이고, 의리는 무겁다"가 이 사고를 대변한다.

《논어》에서 가장 곤혹스러운 장면을 꼽으라면, 주자학은 아마 공자가 "무우에서 소풍하고 노래하며 돌아오겠다"는 증점의 손을 들어준 것과 주군을 배신하고 원수의 조정에서 재상을 그리 오래 지낸 관중에게 공자가 그리 아끼는 仁을 허여한 것일 것이다. 주자는 관중이 모시던 주군이 원래 서열상 동생이었다는 것으로 관중의 배신을 무마시켜보려 하지만, 역사는 반대의 증거를 더 많이 제시하고 있다.

다산은 파격적 선언을 한다. "명분보다 실리가 중요하다." 仁이라는 것은 결신潔身과는 상관없다. 그것은 남에게 어떤 이득을 주고, 사회에 무슨 기여를 하느냐가 관건이다. 그런 점에서 창칼을 동원하지 않고 중원의 평화를 몰고 온 관중의 공적은 최고의 찬사를 받아 마땅한 것이다.

다산은 공자가 위 영공의 부인 남자에게, 자신을 죽이려다 실패하고 타국으로 도망간 아들을 다시 불러 후계를 삼으라고 충고했다고 한다(이것이 正名論의 실제라고 했다. "세자는 제후로, 세자의 아들은 세자로!"). 그렇지 않으면 위나라는 혼란에 빠질 것이고, 백성들은 고초를 겪게 될 것이다. 불효의 악덕보다 닥쳐올 환란이 더 크다는 것이다. 그의 현실주의적 사고를 따르면, 현실을 타개하기 위해 명분이나 심지어 孝라는 기본 덕목까지 무시해야 할 상황이 온다.

세 번째로, 다산은 군사, 재정, 형벌 등의 실무적 영역을 존중하고, 학습의 필요성을 역설한다 다산은 자로의 실력을 다시 읽어야 한다고 강조한 바 있다.《논어》에는 그가 늘 스승으로부터 핀잔을 받는 사람으로 묘사되어 있지만, 그것은 상당히 오해이고, 그는 재정과 군사, 형정에 상당한 재능과 실력을 갖춘 사람임을 특기한다.

위 영공이 진법을 묻자, 공자는 배운 바가 없다고 발뺌한다. 주자는 공자의 군사를 적극적으로 언급하지 않는다. 또 군사를 혐오했다는 사람도 있다. 문치의 이념 때문일 것이다.

다산은 공자의 발언은 면피용이며, 공자의 군사에 대한 인식과 능력을 과소평가해서는 안 된다고 의견을 피력했다. "평소 공자는 제사, 질병, 전쟁에 신중했다"라고《논어》에 적혀 있지 않으냐? 나중 고향에 돌아와 제나라의 정변 소식이 들려왔을 때, 공자는 애공에게 토벌을 주청했다. 그거 의무감에서 해본 소리가 아니라, 전쟁의 승산을 다계산한 다음의 건의라고 주자학자들을 놀라게 했다.

이제 분명해졌을 것이다. 목표와 방향이 다르므로 學을 읽는 두 사상가의 시선이 다를 수밖에 없다. 주자는 仁이라는 최종 목표가 인간 내부에 있기에, 學의 노력 역시 내적 자각으로 모이게 된다.《논어》첫머리의 學而時習之의 해석에서 '學=覺'이라고 읽은 것이 저간의 사정을 집약해서 일러준다. 주자는 인간의 현재를 '자기 망각'으로 본다. 인간의 실체와 존재성이 仁이며, 모든 사람은 그 빛과 힘(明德)을 전체로 갖추고 있다는 것을 모른 채 허랑방탕하게 살고 있다는 것이다. 율곡은《성학집요》에서 이 정황을 '집 떠난 거지'에 비유한 바 있다. 누군가가 거지의 집 마당에 무진장의 보물이 있다는 것을 일러주었다. 그러나 대부분은 "무슨 말도 안 되는 소리!" 하며 코웃음을 친다. 그 말을 믿고 땅을 파본 사람은 그 보물의 주인이 되어 인생을 제대로 즐기며 살게 될 것이다. 마찬가지로, 사람들은 성현의 '이 말씀'을 믿지 않는다. 그것이 일반적 流俗의 삶이다. 예외적으로 이 말을 '믿고' 그 길을 따라간 사람만이 자신의 본성을, 그 빛과 힘을 각성하고, 그 보물을 마음껏 쓰는 축복을 누리게 될 것이다. 주자는 여기서 學을 "나중 깨달은 자가 먼저 깨달은 자를 본받는다"라고 풀이한 것을 기억할 것이다.

인간은 왜 이런 자기 망각에 빠지게 된 것일까? 그래서 본래 부여받은 축복을 누리지 못하고, 진흙 속의 삶, 먼지와 녹이 낀 거울 같은 정신으로 삶을 낭비하고 있는 것일까? 주자는 기질의 제약과 욕망의 추동에서 그 원인을 찾는다. 타고난 유전적 제약이 이 明德을 가리고 발목 잡고 있고, 후천적 환경과 외물에 대한 욕망이 덧씌워져 이 어둠을 더욱 짙게 만들고 있다는 것이다. 주자학은 유학의 모든 '훈련'이 종국적으로는 이들 장애를 제거하고, 기질(성격, 습성)을 교정하는 것으로 정리한다. 율곡은 이를 "矯氣質교기질"이라는 한마디로 정식화한 바 있다.

우선 소학의 노력이 있다. 물 뿌리고, 마당 쓸고, 어른의 부름에 응답하는 이 기초적 훈련은, 그리하여《소학小學》이라는 책에 정리된 수많은 행동규범과 태도는, 가족의 일원으로서, 사회의 구성원으로서 감당해야 하는 윤리적 책무에 방점이 찍히기보다, 종국적으로 자신의 본성, 그 빛과 힘을 재전유하는 노력의 기초 혹은 일환으로 제시되었다. 소학의 기초 훈련 다음에는 대학이라는 보다 고차원의 훈련이 기다리고 있다. 대학의 훈련은 격물치지라는 지식의 탐구로부터 시작한다. 소학을 통해 준비가 되고 거경을 통해 마음의 각성이 유지되면, 본격적으로 사물들의 이치를 탐구해 나갈 준비가 된 것이다. 사물들의 이해가 바른길을 지시하게 될 것이다. 先知後行, 지식은 행동으로 완성되지만, 지식이 선행하지 않으면 행동은 맹목이 되고 만다.

궁리라고도 불리는 격물치지는 사물의 존재와 그 필연성을 이해하는 노력이다. 천지가 생명을 낼 때에는 다 일정한 원리가 있을 것이고, 사물들이 움직이고 변화하는 과정은 일정한 조직과 법칙을 따를 것이다. 그것을 이해하는 것이 적절한 행동의 기반이 될 것이다. 원론적으로는 인간은 우주 간 세상의 모든 사물을 알아야 한다. 그러나 그 중에서도 가장 절실한 것이 다름 아닌 자기 자신에 대한 앎일 것이다.

율곡은 말한다. "우주 간 사태가 중요하지 않은 것이 없지만, 여기 말이 적고 인간에 대한 언급이 많은 것은 그것이 가장 절실하기 때문이다." 그래서 주자학은 인간의 정신적·심리적 구조에 대하여, 그리고 그 가능성과 조건에 대하여 많은 말을 하게 되고, 조선조에는 본격적 논쟁을 벌이게 된다. '심성론心性論' '성정론性情論'이라 불리는 것이 그것이고, 조선조에서는 처음 '사단칠정론四端七情論'으로, 그리고 더욱 '인물성동이론人物性同異論'으로 심화되었다.

이 논의가 '공리공론空理空論'으로 매도되기도 한다. 그러나 올바른 행동을 하기 위해서는 그것의 구조와 가능성을 제대로 읽어야 한다는 것은 틀림없다. 소크라테스도 "인간의 유일한 악덕은 무지"라고 했고, 스피노자도 "지식이 행동에 앞선다"라고 했다. 무엇을 하기 전에 우리가 무엇인지부터 알아야 한다는 것은 틀림없다.

주자는 인간 전체를 낙관했다. 기질의 방해와 물욕의 간섭만 없으면 인간의 본성이 본래의 빛과 힘을 언제 어디서나 발휘할 수 있다고 생각했던 것이다. 인간의 노력은 내적 방해물의 발견과 그 제거에 맞추어지게 되었고, 그와 더불어 '행동'에 나서는 데 소극적으로 만들었다. 주자는 간간 일을 하고 나면, 독서와 명상을 일과의 중심에 세우라고 권했다.

다산은 사람들이 '일하기'를 권했다. 내부를 들여다보는 것은 공자가 권한 것이 아니지 않은가? 《논어》를 펼쳐 보라. 어디서나 사람을 만나고 늘 무엇인가 '행동'하기를 권하지, 조용히 앉아 명상을 권하는 것을 본 적이 없다. 명상을 권하는 것은 불교의 습관이다. 다산은 주자의 체계가 결국 불교의 구상을 모방한 것이라고 단언하기까지 한다. 어떻게 이 강고한 주자학의 체계와 방법론을 깨고, 공자 본래의 가르침으로 돌아갈 것인가? 이것이 다산의 과제였다고 누구이 말했다.

다산은 모든 學의 중추에 '관계'를 내세운다. 즉 인간은 안이 아니라 밖을 향해 있다는 것이었다. 태어나면서 죽을 때까지, 인간은 시시각각 사람을 만나고 일하게 된다. 이를 어떻게 잘할 수 있느냐가 유교의 본질적이고 유일한 관심이라는 것이다. 《논어》를 어디든 펼쳐 보라. 이 관심에 부응하지 않는 말이 어디 있는가? 거기 어디 '명상'을 하라는 권고가 있는가? 독서조차 學의 일부일 뿐이다. 誦習은 學의 기초에도 못 미친다. 學은 인간이 사회 한가운데에서 어떤 행동을 어떻게 해야 할지를 배워 나가는 일 아닌가? 거기서 핵심은 사람과 일을 '공경(敬)'하는 일이다. 이 한 글자가, 공자와 《논어》를 둘러싼 후대의 갈림길을 대표하고 있다고 해도 과언이 아니다.

敬이라는 글자 하나가 주자와 다산의 지향을 대조적으로 보여준다. 주자는 이것을 '자신을 관찰하는 조심성, 의식의 각성과 그 유지'로 읽었다. 불교에 익숙한 사람들은 이것이 불교의 팔정도 가운데 正念(mindfulness)에 해당하며, 지금 유행하고 있는 위파사나(觀)가 비슷한 취지의 수련법임을 감지했을 것이다. 주자는 敬을, 이를테면 '放心을 거두어들이는(求), 집 나간 마음을 불러들이는 자각의 회복'으로 이해했다.

그러나 다산은 敬이 본래 목적어를 갖고 있기에, 이런 자기 내적 회귀는 경전의 심각한 일탈이고 왜곡이라고 목소리를 높인다. 敬兄, 敬長, 敬君, 敬天 등의 용례를 보라. 그리고 《논어》는 정치의 요체로 敬事를 강조했다. 이는 상대방에 대한 존중이고 일에 대한 성실을 가리킬 뿐이라고 역설했다. 즉 내부로 향하는 시선은 없다. 그것은 공허하고, 자칫 인간의 일을 망가뜨리기 십상이다. 다산은 조선 후기 조선의 정치가 이렇게 썩어 문드러진 것은 바로 이 같은 주자의 내면적 경향의 결과이기도 하다고 울분을 토한다.

어디서부터 길이 갈라졌을까? 다산은 주자가 天이 주재자, 감시자의 의미를 탈색시키고 理로 치환하면서 트랙이 빗나가기 시작했다고 생각한다. 주자에 따르면, 理는 사물의 필연성이고, 그 최고의 이상은 바로 '자연'이다. 욕망에 뒤틀리지 않고 외물의 방해가 없을 때, 인간 내부의 자연인 仁이 자신의 길을, 예비된 길을, 어떤 의도나 노력 없이 자연스럽게 가게 될 것이다. 여기 혹 人爲나 계산이 끼어든다면, 본래의 자연성을 다친다고 생각했다. 이게 과장된 해석이라고?

율곡의 《성학집요》에는 주자의 학우 장남헌張南軒의 통찰이 하나 실려 있다. 《논어》가 "소인은 利에 밝고, 군자는 義에 밝다"라고 한 구절을 두고, 장남헌이 "어떤 의도도 개입시키지 않는 것(無所爲)이 바로 義다. 의도가 개입된다면 義를 떠나 利가 된다"라고 했고, 주자는 친구가 "성현 공맹도 미처 드러내지 못한 곳을 밝혀냈다"라고 극찬을 아끼지 않았다.

공자는 見利思義, 이익이 앞에 놓일 때 義를 생각하라고 권했다. 장남헌과 주자의 설에 따르면, 여기 思를 하는 순간, 이미 義를 떠나게 된다는 것 아닌가? 이들이 생각하는 이상적인 경지는 이렇다. 이익이 앞에 놓일 때, '자연히' 아무런 노력 없이 義의 길로 마음이 향해야 한다. 그것이 인간의 '본성'이니까(주자가 仁義禮智를 인간의 내장된 '본성'으로 이해했다는 얘기는 앞에서 자주 했다). 여기 주저하거나 계산하거나 노력해서 義를 '선택'하는 것은 이미 틀렸다는 것. 주자학이 무엇을 꿈꾸고 있는지를 엿보셨을 것이다.

다산은 이 함양涵養의 여유와는 거리가 멀다. 그는 각고刻苦의 길을 제시한다. 그의 學은 이를테면 전쟁이다. 義는 이익의 한복판에서 자신과의 투쟁을 통해 조금씩 전진하고 얻어질 뿐이다. 오늘 유혹을 벗어났다고 해서 끝나는 것이 아니고, 한 번 승리했다고 해서 트로피가 주어지는 것도 아니다. 또 오늘 졌다고 해서 내일도 지라는 법은 없다. 그래서 다산은 '후회'를 적극적으로 긍정한다. 인간이 후회 없이 어떻게 삶을 개선할 수 있냐고 호소한다.

다산의 學이란 곧 윤리학인바, 그것은 전쟁터를 불사한다. "공자는 나이 70이 되어서야 비로소 이 전쟁을 멈추고 평화를 찾았다."

인간의 실존은 윤리적이다. 그것은 道心과 人心 사이의 사투다. 人心은 육신의 욕구이고, 道心은 천상의 목소리다. 육신은 강고한데, 천상의 목소리는 잘 들리지 않는다. 이 목소리에 귀를 기울이고 청종하는 것이 삶의 길이고, 윤리학이며, 그것을 익혀 나가는 도정이 바로 學이다.

천상의 목소리는 우리 각자의 마음속 깊은 곳에 늘 계신다. 그분은 한 번도 나를 떠나신 적이 없다. 그분이 너의 선택을 보고 평가하실 것이다. 이 싸움에서 승리하면 복이 기다리고 있고, 지면 쓸쓸하고 하찮은 인생을 살게 될 것이다. 그러므로 天은 창공이나 주자가 말한 천지자연을 가리키는 것이 아니다. 그분은 모종의 인격적 존재로서 천지를 창생하고 인간의 삶을 조건 지으신 분이다. 그 명령(天命)으로부터 누구도 벗어날 수 없다. 그래서 공자가 말하지 않았나? "군자는 天命을 두려워한다." 그러므로 學으로 시작한 《논어》가 "天命을 알라"로 끝난 것은 우연이 아니다.

의미와 전망

이 책은 《논어》 읽기의 새 시도다. 번역은 그 도정의 산물이다. 이 작업에는 네 사람의 시선이 착종되어 있다. 공자, 주자, 다산, 그리고 독해자다. 공자는 《논어》로만 있기에, 마이크는 주로 주자와 다산이 쥐게 했다. 나는 그 목소리들을 알아듣는 데 주력했는데, 가끔 주제넘게 비평하고 판단하기도 했다.

이 책은 이와 같은 과정을 거쳤지만, 하나로 정리하자면 《논어》에 담긴 공자의 사상과 그 체계를 이해하자는 것이다. 이 성과를 새로운 번역에 담았다.

《논어》는 유교 문명의 문법을 담고 있다. 이 문법을 읽는 시선을 두고 주자와 다산이 갈렸다. 우리는 세 개의《논어》를 이 연구에서 읽게 되었다. 제목은 주자와 다산을 특필하여 《두 개의 논어》라고 달았다. 독자들은 주자가 읽은 문명의 지도가 조선조 500년을 지배했으며, 다산이 실학의 정신으로 새로운 유교 문명을 구상했음을 《논어》 해석을 통해서도 읽을 수 있게 되었을 것이다. 나는 그것을 '명상과 행동'이라는 구도로 단순화할 수 있었다. 다산의 해석이 뜻을 얻어 주류로 리드했더라면, 조선 후기의 유교 문명은 전혀 다른 길을 갔을지도 모른다.

이 둘만이《논어》해석의 독점권을 쥔 것은 아니다. 또 다른 해석에도 열려 있다. 유교를 찾는 시대가 다시 오고 공자가 다시 소환된다면, 누군가가《논어》를 과감하게 다시 해석해 나갈 수도 있을 것이다.

그렇지 않더라도 공자의 삶이 녹아 있는《논어》는 인류의 고전이다. 인간이 생물학적으로 적어도 수십만 년간 변한 것이 아니라면, 이 책은 현대의 인간이 마주친 곤혹과 그 타개에 대한 근본적 조언을 담고 있다. 그래서 옛적부터 고전 독서법의 핵심은, 주어진 상황과 공자의 조언을 내가 질문하고 내게 대답해주는 것으로, 실존적으로 수용하고 음미하며 사색하고 결단하며 그리고 실행해 나가라고 가르쳤다.

이 책은 바로 그런 실행의 사람들에게 작은 도움이 될 수 있을 것으로 생각한다. 주자의 사유도 분명하게 드러나게 애썼고, 다산의 주장도 상세히 짚어두었다. 두 사상가의 뜻이 때로 극단적으로 갈리더라도, 독자들은 이 두 뿔을 잡고 사색하다 보면, 그 사이 어딘가에서 공자의 목소리가 들릴 것이라 생각한다.

지금 유교는 잊혔다. 중국의 굴기와 더불어 새로운 이념의 지형을 유교를 통해 읽어내고자 하지만, 국가적 동원은 위태로워 보인다.

17, 18세기 계몽주의가 읽고 선교사들의 활발한 소개로 습득되고 영향을 끼친 그 지평 근처에 유교의 가치가 있을지 모른다. 이 책은 유교의 미래를 아울러 점검한다. '완전성(perfectio)'에 대한 이념과 방법은 현재에도 여전히 유효한 것일까? 유교 교육을 통해서도 건전한 시민의 육성이 가능할까? 이 시도는 시대착오적인가? 동서 교섭, 식민지의 경험이 유교의 가치를 새로 읽고 접근하는 것을 방해해왔다. 유교의 다른 지평과 가능성을 읽고, 필요하다면 탈역사적 접근도 과감하게 시도해야 할 때라고 생각한다.

참고 문헌

《論語古今注》 1, 2, 茶山學術文化財團, 2012.

吉川幸次郎, 《論語》, 朝日新聞社, 1996.

楊伯峻, 《論語譯註》, 中華書局, 1992.

荻生徂徠, 《論語徵》, 東洋圖書刊行會, 1926.

漢文大系, 《論語》, 富山房, 新文豊, 1978.

A. C. Graham, *Disputers of Tao: Philosophical Argument in Ancient China*, Open Court Publishing, 1983.

Arthur Waley, *The Analects of Confucius*, Everyman's Library, 2001

Benjamin I. Schwartz, *The World of Thought in Ancient China*, Harvard University Press, 1989.

D. C. Lau trans., *Confucius the Analects*, Penguin Classics, 2005.

Daniel K. Gardner, *The Four Books: The Basic Teachings of the Later Confu-*

cian Tradition, Hackett Publishing Company, 2007.

Daniel K. Gardner, *Zhu Xi's Reading of the Analects: Canon, Commentary, and the Classical Tradition*, Columbia University Press, 2003.

David L. Hall & Roger T. Ames, *Thinking Through Confucius*, State University of New York Press, 1987.

Herbert Fingarette, *Confucius: The Secular as Sacred*, N.Y. Harper & Row, 1972.

Hongkyung Kim trans., *The Analects of Dasan: A Korean Syncretic Reading*, Oxford University Press, 2016.

James Legge trans., *Confucian Analects*, Oxford, 1865.

John Dollard, *Frustration and Aggression*, Praeger, 1980.

Lin Yutang, *The Wisdom of Confucius*, The Modern Library, 1994.

Philip J. Ivanhoe, *Confucian Moral Self-Cultivation*, Hackett Publishing Company, 2007.

Will Durant, *Our Oriental Heritage*, Simon and Schuster, 1963.

Will Durant, *The Story of Philosophy*, Simon and Schuster, 1967.

A. C. 그레이엄,《정명도와 정이천의 철학》, 이현선 역, 심산문화, 2011.

F. W. 모트,《중국의 철학적 기초》, 김용헌 역, 서광사, 1994.

H. G. 크릴,《공자, 인간과 신화》, 이성규 역, 지식산업사, 1983.

《주주금석 논어》, 김도련 역, 현음사, 2000.

류종목,《논어의 문법적 이해》, 문학과지성사, 2000.

미나모토 료엔,《도쿠가와 시대의 철학사상》, 박규태 · 이용수 공역, 예문서원, 2000.

《대역 논어집주: 주자와 제자들의 토론》, 박성규 역, 소나무, 2011.

벤자민 슈월츠, 《중국 고대사상의 세계》, 나성 역, 살림출판사, 1997.

비탈리 에이 루빈, 《중국에서의 개인과 국가: 공자, 묵자, 상앙, 장자의 사상 연구》, 임철규 역, 율하, 2007.

《논어집주》, 성백효 역, 전통문화연구회, 2010.

시라카와 시즈카, 《공자전: 반체제 인사의 리더에서 성인이 되기까지 우리가 몰랐던 공자 이야기》, 장원철·정영실 공역, 펄북스, 2016.

안핑 친, 《공자 평전: 권위와 신화의 옷을 벗은 인간 공자를 찾아서》, 김기협 역, 돌베개, 2010.

알렉시스 드 토크빌, 《미국의 민주주의》, 은은기 역, 계명대학교출판부, 2013.

왕건문, 《공자, 최후의 20년: 유랑하는 군자에 대하여》, 은미영·이재훈 공역, 글항아리, 2010.

《논어고금주》 전 5권, 이지형 역, 사암, 2010.

이토 진사이, 《어맹자의》, 최경렬 역, 그린비, 2017.

정약용·이재의, 《다산과 문산의 인성 논쟁》, 실시학사경학연구회 역, 한길사, 1996.

정일균, 《다산 사서경학 연구》, 일지사, 2000.

조지프 니덤, 《중국의 과학과 문명: 사상적 배경》, 김영식·김제란 공역, 까치, 1998.

차이전펑, 《다산의 사서학: 동아시아의 관점에서》, 김중섭·김호 공역, 너머북스, 2014.

카이즈카 시게키, 《공자, 생애와 사상》, 박연호 역, 서광사, 1991.

피에르 도딘, 《공자》, 김경애 역, 한길사, 1998.

허버트 핑가레트,《공자의 철학: 서양에서 바라본 예에 대한 새로운 이해》, 송영배 역, 서광사, 1993.

호이트 틸만,《공리주의 유가: 주희에 대한 진량의 도전》, 김병환·임명희 공역, 교육과학사, 2017.

부록

1

〈공자세가〉 번역

조상, 어린 시절, 그리고 청년기(기원전 551-523년)

공자는 노나라 창평향昌平鄕의 추읍陬邑에서 태어났다. 그의 선조는 송나라 사람이다.[1] 가까운 조상은 공방숙孔防叔이다.[2] 방숙은 백하伯夏를 낳고, 백하는 숙량흘叔梁紇을 낳았다. 이 숙량흘이 공자의 아버지다. 흘이 안씨 집의 딸인 처녀와 야합野合(extra marital union)하여 그를 낳았다. 그녀는 니구 언덕에서 빌었고, 기도에 대한 응답으로 공자를 얻었다. 그때가 노나라 양공襄公 22년(기원전 551년)이었다. 이마가 혹처럼 튀어나와 '丘(언덕, 짱구)'라고 불렀다. 그의 필명은 중니仲尼이고, 성은 孔씨다.[3]

---

1 宋은 주나라 무왕이 은을 멸망시킨 다음, 그 유민들을 위해 떼준 봉토였다.
2 송나라 제후의 9대손이자, 공자의 4대 선조다.

공자가 태어나고 얼마 되지 않아 아버지가 죽었다. 그는 노나라 동쪽 방산防山에 묻혔다. 어머니가 이를 숨기는 바람에, 공자는 아버지의 무덤이 어디인지를 몰랐다. 어린 공자는 제물을 준비하고 제사를 지내며 놀았다. 어머니가 죽자, 신중을 다해 우선 그녀를 오부지구五父之衢에 묻었다. 어떤 늙은 부인(추읍 출신의 만보輓父의 어머니)이 아버지가 묻힌 곳을 알려주었고, 공자는 부모를 방산에 합장했다.

공자가 상중일 때, 노나라 제후가 마을의 학자들(士)에게 연회를 베푼 적이 있다. 공자가 그곳을 방문했을 때, (부패한 관리) 양호가 공자를 힐난했다. "제후는 학자들을 위해 연회를 베풀었지, 너를 위해 자리를 만든 것이 아니야." 이 말에 공자는 자리를 떠났다.

공자가 열일곱 살이 되었을 때, 귀족 맹리자孟釐子가 병이 들었다. 죽으면서 아들 의자懿子에게 다음과 같이 당부했다. "공구는 송나라의 위대한 귀족(聖人)의 자손이다. 공씨 가문은 송나라에서 멸망했다.[4] 그의 위대한 선조 불보하弗父何는 송나라 제후의 후계자였는데, 동생에게 왕위를 양보했다. 이가 송의 여공厲公이다. 다음 세대의 정고부正考父는 대공·무공·서공을 보좌했다. 그의 겸손은 관직이 높아지면서 더욱 커졌다. 공씨 집안의 솥에 이런 글이 새겨져 있다. '첫 번째 승진에 머리를 숙이고, 두 번째 승진에 목을 굽히며, 세 번째 승진에 허리를 꺾는다. 내가 벽을 따라 걸을 때 아무도 나를 모욕하지 않는다. 여기 내 입에 풀칠할 쌀이 있고, 또 죽이 있다.' 이게 그의 겸손이었다. 내가 듣기에 철학자들은 권력이 없더라도 위대한 가문에서

---

3   Confucius는 master 공이라는 뜻이다.

4   공자의 선조들은 적수들의 박해를 받아 쫓겨나 노나라로 이주했다.

나온다고 한다. 지금 공구는 젊고 역사적 학식의 열렬한 애호가다. 그는 아마 철학자가 될 것이다. 내가 죽거든 그를 스승으로 삼고 따라 배워야 한다." 아버지가 죽자, 의자는 노나라 남궁경숙南宮敬叔(아마도 그의 동생이었을 것)과 함께 가서 공자 문하에서 禮를 공부했다. 이 해에 (실권자 계씨 집안의) 계무자季武子가 죽고 계평자가 뒤를 이었다.

공자는 가난한 평민이었다. 성장해서 계씨 집의 창고지기로 일한 적이 있다. 계량이 공평한 것으로 이름났다. 목축 담당도 한 적이 있는데 가축들이 번창했다. 이를 계기로 사공司空(공공 업무의 책임자)으로 승진했다.

얼마 되지 않아 노나라를 떠났다. 제나라에서는 (인사도 없이) 밀려났고, 송나라와 위나라에서는 쫓겨났으며, 진陳나라와 채나라 사이에서는 곤액을 당했다. 마침내 (이 모든 방황을 끝내고) 노나라로 돌아왔다.[5]

공자의 키는 9척 6촌이었다.[6] 다들 신기해하며 '키다리'라고 불렀다. 노나라가 늘(다시?) 정중하게 대해주었으므로, 노나라로 돌아왔다.

제자 남궁경숙이 노나라 군주에게 공자와 함께 주나라로 여행을 가게 해달라고 부탁했다. 노나라 군주는 말 두 필이 끄는 수레에, 몰이꾼 하나를 붙여주었다. 그들은 주의 수도에 가서 고대의 예법과 의식을 공부했다.

그들은 노자를 만나볼 수 있었다. 헤어질 때 노자는 다음과 같은

---

5 이 일은 나중 그의 회고 전반을 말하는 듯한데, 여기 청년기에 미리 한번 천하를 돌았다는 말일까?
6 지금 자尺보다 훨씬 짧았다. 문왕의 키가 10척으로 알려져 있다.

말을 해주었다. "헤어질 때 부자는 돈을 주고, 어진 사람은 덕담을 건넨다고 하더이다. 나는 그대에게 충고 한마디를 하려 하오. 총명하고 사려 깊은 사람은 때로 자신의 목숨을 위태롭게 합니다. 남을 비판하기를 좋아하기 때문입니다. 박식하고 논쟁에 뛰어난 사람도 종종 위험에 빠지는데, 남의 결점을 드러내는 것을 좋아해서입니다. 남의 자식 된 자는 자기를 드러내지 않고, 남의 신하 된 자는 자신을 앞세우지 않는 법입니다."

제나라에서 돌아온 후(기원전 522-503년)

공자는 (周의) 수도에서 고향 노나라로 돌아왔다. 제자들이 점점 더 늘어났다. 이때 진晉나라 평공平公은 황음하여 여섯 장관이 국정을 주물렀고, 동쪽 나라들을 공격했다.[7] 초나라 영왕靈王은 중원을 지배할 군대를 과시했다.[8] 대국 제나라도 노나라에 인접해 있었다.[9] 노나라는 약소국으로 초나라에 붙으면 진나라가 말썽하고, 진나라와 동맹하면 초나라가 침공해왔다. 제나라와도 우호가 소홀하면 곧 군대가 들이닥쳤다.

노 소공 20년(기원전 522년, 공자 30세), 제 경공이 (재상) 안영과 함께 노나라에 왔다. 그가 공자에게 물었다. "목공 시절 진秦나라는 작고 서

---

7 晉나라는 노나라 서쪽에 위치했다.
8 楚나라는 노나라 남서쪽에 있었다.
9 齊나라는 노나라 북쪽에 있었다.

쪽 변방에 치우쳐 있었는데, 어떻게 이웃 나라들을 제압할 수 있었는가?" 공자가 대답했다. "나라는 작았지만 그들의 야망이 컸고, 서쪽 구석에 있었지만 그들의 행동은 올바른 원칙을 따랐습니다. 목공은 직접 백리해를 감옥에서 빼내 작위를 주었고, 3일을 대화한 후 그를 재상으로 임명했지요. 그래서 목공이 득세할 수 있었습니다. 패자 정도가 아니라 천하를 호령할 수도 있었습니다." 경공은 이 말에 기뻐했다.

노 소공 25년(기원전 517년, 공자 35세), 계평자는 닭싸움으로 후소백과 다투었고, 이것이 노 소공을 격분시켰다. 소공은 군사를 이끌고 계평자를 쳤고, 계평자는 맹씨와 숙손씨 가문과 합심하여 소공을 공격했다. 소공의 군사는 패해 제나라로 도망쳤다. 제나라는 그를 간후에 거처하게 했다. 곧 노나라는 혼란에 빠졌고, 공자는 제나라로 갔다. 경공과 연결되리라는 희망으로 고소자의 가신이 되었다. 제나라의 음악 마스터와 음악을 논했다. 거기서 소韶(순임금이 지었다는 상징적 댄스 음악)를 듣고 그것을 익혔다. 석 달 동안 고기 맛을 잊었다.

어느 날 경공이 공자에게 '정치(의 비결)'를 물었다. 공자는 대답했다. "군주는 군주답고, 신하는 신하답고, 아버지는 아버지답고, 아들은 아들다워야 합니다." 경공이 맞장구를 쳤다. "좋군요. 군주가 군주답지 않고, 신하가 신하답지 않고, 아버지가 아버지답지 않고, 아들이 아들답지 않으면, 나라에 곡식이 풍족한들 내가 어떻게 먹을 수 있겠소?"

다른 날 그가 '좋은 정부'에 대해서 물었다. "좋은 정부는 나라 재정을 절약합니다." 경공은 흡족하여 공자에게 니계의 땅을 봉지로 주려고 했다. 그러자 재상인 안영이 막아섰다.

"공자의 무리는 혀가 너무 미끄러워 좋은 본보기가 될 수 없습니다. 신하로 삼기에는 너무 거만해서 부리지 못합니다. 죽은 자를 떠나보내는 데 너무 많은 신경과 재화를 씁니다. 이를 풍속으로 권할 것입니까? 사방으로 유세 다니며 관직을 구걸하고 있으니, 그들에게 유익한 정치를 기대하기 어렵습니다. 위대한 사람들은 죽고, 주 왕실은 기울었습니다. 옛 예악은 지금 퇴락했고, 대개 잊혔습니다. 지금 공자가 와서 복장을 여미고 세세한 의례 과정, 궁정 에티켓을 강조하고 있습니다. 몇 생을 거쳐도 그것을 다 배우지 못하고, 일생을 바쳐도 그것을 익히지 못합니다. 군주께서는 그를 등용해서 나라의 습속을 바꾸시려고 하는데, 그것은 진정 백성들을 위한 조치가 아닙니다. 부디 백성들을 고려해주시기 바랍니다."

나중 경공은 공자를 정중히 대했지만, 더 이상 禮를 묻거나 하지 않았다. 다른 날 경공이 공자를 불러, "그대를 계씨 급으로 대접하지는 못하겠고, 계씨와 맹씨 사이쯤으로 처우하겠습니다"라고 했다.

제나라 대부들이 공자를 해치려 들었다. 공자가 그 소식을 들었다. 경공이 말했다. "나는 늙었으니, 그대를 쓸 수 없소." 공자는 곧 짐을 챙겨 노나라로 돌아왔다.

공자가 42세였을 때(기원전 510년), 노 소공이 간후에서 죽고, 정공이 즉위했다. 정공 5년 여름, 계평자가 죽고, 아들 계환자가 뒤를 이었다.[10]

중량회는 계환자의 총신이었는데, 양호와 자주 부딪혔다. 양호는

---

10 이어, 두 개의 에피소드가 등장한다. 하나는 우물에서 파낸 그릇 안에 담긴 동물의 정체에 대해, 그리고 오나라에서 발굴된, 수레에 가득 담길 정도의 거대한 뼈의 정체를 두고 거침없이 설명해가는 공자를 그리고 있다. 사마천은 박식한 역사학자로서의 공자를 드러내고 있다. 나중이 건에 대해 린위탕은 아마도 공룡(?)의 뼈가 아닐까 추측했다. 설명이 아무래도 신화적이고 설화적이라서 여기서는 생략한다.

그를 쫓아내려 했으나, 공산불뉴가 말렸다. 중량회는 더욱 기세등등했고, 양호는 그를 구금했다. 계환자가 분노하여 날뛰자, 양호가 계환자까지 붙잡아 가두었다. 서약서를 받고 나서 그를 풀어주었는데, 이로부터 양호는 계씨를 더욱 우습게 보았다. 계씨 또한 노 공실(제후)을 침범했다. 이렇게 신하가 국정을 장악함으로 노나라는 위아래 모두 바른 道를 벗어났다. 그래서 공자는 벼슬하지 않고 물러나, 시서예악을 학습하고 편집했다. 제자가 점점 더 많아졌고, 멀리서도 찾아왔다. 누구나 수업을 들을 수 있었다.

노나라 정치의 한가운데에서(기원전 502-497년)

노 정공 8년(기원전 502년), 공산불뉴는 계환자와 불화하여, 양호와 결탁, 반란을 일으켰다. 양호는 계환자의 후계자로 적자 대신 자신과 가까운 첩의 자식들로 바꿔치려고 했다. 그래서 계환자를 붙잡았는데, 그는 꾀를 써서 탈출했다. 그 이듬해 양호는 싸움에서 지는 바람에 제나라로 도망쳤다. 이때 공자의 나이 50이었다.

공산불뉴가 (자신이 관할하던 계씨의 성읍) 비땅을 근거지로 반란을 일으켰다. 사람을 보내 공자를 불렀다.[11] 공자는 오랫동안 학문에 헌신해왔고, 그 실력을 정치에서 실험해볼 기회가 없어 답답해하던 차였다. "문왕과 무왕은 풍豐과 호鎬(의 작은 읍)에서 일어나 주 왕조를 일으켰다. 비록 비땅이 작지만 한번 시도해볼 만하지 않겠는가?" 공자

---

11 린위탕은 계환자가 공자를 부른 것으로 해석했다.

가 가려고 하자, 제자 자로가 싫은 기색으로 막아섰다. "나를 부른 데
는 무슨 계책이 있지 않겠는가? 내가 나서면 동쪽에 새로운 주나라
(東周)를 세워볼 수 있지 않을까?" 결국 그는 가지 않았다.

그 후, 정공이 공자를 중도(라는 도시)의 책임자로 삼았다. 1년 만에
이 도시는 이웃이 본받는 모델이 되었고, 공자는 중도의 책임자에서
사공(공공 인력과 건설 비서)으로, 사공에서 대사구(법률의 최고 장관)로
승진했다.

노 정공 10년(기원전 500년, 공자 52세) 봄, 제나라와 평화 조약을 맺
었다. 제나라 대부 여서가 경공에게 말했다. "노나라는 공자를 등용하
여 세력이 제나라를 위협하고 있습니다." 제 경공은 노나라에 사신을
보내 협곡에서 우호 조약을 맺자고 제안했다. 노 정공은 별다른 대비
없이 수레에 올랐다. 이 일을 주관하고 있었던 공자가 정공에게 말했
다. "문화적 사안(문사)에도 군사적 대비(무비)가 필요하고, 군사의 일
이라 해도 문화적 격식을 갖추어야 한다고 들었습니다. 옛적부터 제
후가 이웃 나라를 방문할 때는 군대의 호위를 갖추는 것이 법도였습
니다. 좌우에 군사를 대동하시지요." 정공이 "알았다" 하고, 좌우의 군
사를 대동했다. 협곡에는 회담 장소를 만들고, 흙으로 세 계단을 쌓았
으며, 양측의 사절들이 서로 인사를 나누고 예를 표한 다음, 단상에
올랐다. 술잔을 돌리고 의례를 마치자, 제나라의 의전관이 나서서 준
비해온 '이방의 오케스트라(四方之樂)' 연주를 청했다. 경공의 허락이
떨어지자, 깃발과 털 장식을 한 무리가 우르르 창칼과 방패를 휘두르
며 와자지껄 시끄럽게 등장했다. 공자가 종종걸음으로 계단을 뛰어
올라, 소매를 뿌리치며 말했다. "우리 두 군주께서 우호를 다지는 마
당에 오랑캐의 음악이 웬일입니까? 물리쳐주시기 바랍니다." 의전관

이 물러가라 했지만, 악단은 말을 듣지 않았다. 모두 안영과 경공을 쳐다보았다. 경공은 민망한 표정으로, 손을 흔들어 악단을 물리쳤다. 그러자 의전관이 다시 나서서 '왕실의 정통 음악'을 연주하게 해달라고 청했다. 경공이 허락하자, 복장을 갖춘 배우와 난쟁이들이 공연을 시작했다. 공자는 또 종종걸음으로 계단을 뛰어올라, "제후를 욕보이면 보통 사람도 죽음을 면치 못합니다. 저들을 벌주라 명하십시오." 의전관은 이들을 처형했고, 그들의 팔과 다리는 몸에서 분리되었다.

경공은 크게 놀라 철렁했다. 정당한 항의였기 때문이다. 제나라로 돌아온 경공은 우려의 목소리로 이렇게 말했다. "노나라 신하들은 제후를 군자의 道로 이끌었는데, 너희는 내가 오랑캐처럼 행동하도록 부추겼다. 노나라 제후에게 죄를 지었으니, 이를 어떡할 것인가?" 한 관리가 나아가 대답했다. "군자는 잘못을 행동으로 사죄하고, 소인은 말로 사과합니다. 부끄러움을 느끼셨다면 행동으로 보상하심이 어떨까 합니다." 이에 경공은 사죄의 뜻으로 노나라에서 빼앗은 운鄆, 민양汶陽 구음龜陰의 땅을 반환했다.

노 정공 13년(기원전 497년, 공자 55세) 여름, 공자가 정공에게 말했다. "신하는 사적인 무장을 할 수 없고, 대부는 100치[12]의 성벽을 쌓을 수 없습니다." 정공은 공자의 제자 자로를 계씨의 비서로 임명하여, 3도(계씨·맹씨·숙손씨 세 실력자 가문의 본거지)를 부수게 했다. 숙손씨가 먼저 후성을 무너뜨렸고, 이어 계씨가 비성를 부수려 하자, (이 도시를 점거하고 있던) 공산불뉴와 숙손첩이 비성의 사람들을 이끌고 노나라 도성에 쳐들어왔다. 정공은 3가와 함께 계씨의 궁전으로 피신, 무자

---

12 치는 성벽의 폭과 높이를 재는 단위로, 1치는 대략 3.3센티미터 정도라 한다.

武子의 누대로 올라갔다. 정공의 코앞까지 비성 사람들이 들이닥쳤으나, 승리를 거두지는 못했다. 공자는 신구수와 악기를 시켜 이들을 격퇴하게 했고, 비성 사람들은 패해서 달아났다. 노나라 군사들이 이들을 추격해 고멸에서 무찔렀다. (주모자) 두 사람은 제나라로 달아났고, 이윽고 비성을 무너뜨릴 수 있었다. 마지막 남은 성성을 무너뜨리려 했을 때, 공렴처보가 맹손씨에게 말했다. "성성을 없애면 제나라 군대가 북문으로 쳐들어올 것이고, 또 성성은 맹씨의 울타리인데, 이 성이 없으면 맹씨도 사라지는 것입니다. 저는 부수는 데 반대합니다." 12월에 정공은 성성을 포위했지만, 함락시키지 못했다.

노 정공 14년(기원전 496년), 공자 나이 56세로 대사구에서 섭정으로 승진했다. 그 소식에 기뻐하자, 제자가 말했다. "제가 듣기로 군자는 화가 닥쳐도 두려워하지 않고, 복이 굴러와도 기뻐하지 않는다고 합디다만…." 공자가 말했다. "그런가? '보통 사람 이상으로 지위가 높아지니 즐겁지 않은가?'라고는 않던가?"

그때 노나라 정치를 혼란에 빠트린 대부 소정묘를 죽였다. 국정을 맡은 지 3개월 만에, 양·돼지를 파는 사람들이 값을 속이지 않았고, 남녀가 길을 따로 걸었으며, 길에 떨어진 물건을 줍는 사람이 없었다. 외국에서 온 방문객들도 관청에 갈 일이 없었고 제집처럼 자유롭게 드나들 수 있었다.

제나라 사람들이 이 소식을 듣고 크게 우려했다. "공자가 실권을 잡고 있다간 주변국을 압도하는 힘을 가질 것이다. 제나라는 그와 가장 가까이 있다. 왜 미리 작은 땅을 떼 주어 우호를 다지지 않는가?" 여서가 말했다. "우선 이 사태를 막아봅시다. 여의치 않으면, 그때 땅을 떼 주어도 늦지 않을 것이오." 나라 안의 미녀 80명을 뽑아 화려한 옷으로 치장시킨 다음 강락무康樂舞를 가르쳤고, 이들을 멋진 말 120필과 함께 노나라에 선물로 보냈다. 노나라 성문 남쪽 큰 누대 밖에서 공연이 펼쳐졌다. 계환자는 평복 차림으로 세 번이나 관람했다. 이 선물을 받을 생각을 하고, 노 정공을 부추겨 샛길로 가서 공연을 관람하도록 했다. 정공도 며칠 동안 구경에 빠져 정사는 뒷전으로 팽개쳤다.

자로가 말했다. "그만둘 때가 된 듯합니다." 공자가 말했다. "곧 하늘에 지내는 교 제사가 있는데, 대부들에게 고기를 나누어준다면 계속 머무를 생각이다." 계환자는 결국 이 미녀 공연단을 받아들였고, 사흘 동안 정사를 돌보지 않았다. 관리들에게 고기를 나누어주는 것도 까마득히 잊었다. 그러자 공자는 노나라를 떠났다. 둔屯이라는 곳에 머물 때 사기師己가 나와 배웅했다. "선생님이 잘못한 것이 아닌 줄 알고 있습니다." 공자가 말했다. "노래 한 곡 해도 될까요?" 하면서 이렇게 읊었다.

여인네의 혀를 잘 살피라
거기 찔릴 수도 있으니
여인네의 방문을 조심해라
조만간 낭패를 볼 수 있으니
아하, 오호
나는 멀리 떠나가노라

사기가 돌아오자, 계환자가 물었다. "공자가 무슨 말을 하던가?" 사기가 있었던 일을 그대로 보고하자 계환자가 말했다. "그 여인네들 일로 공자를 불편하게 했나 보다."

첫 방랑 5년(기원전 496-492년)

공자는 처음 위나라로 갔다. 자로의 처형인 안탁추顏濁鄒의 집에 거처를 정했다. 위 영공이 공자에게 "노나라에서 녹봉을 얼마나 받았습니까?"라고 묻자, "곡식 6만입니다"라고 대답했다. 위나라는 그만큼을 녹봉으로 주었다. 얼마 후, 주위에서 공자를 참소했다. 위 영공은 공손여가公孫余假를 무장시켜 공자의 거동을 감시하게 했다. 10개월 후에 공자는 위나라를 떠났다.

진陳나라로 가는 길에 광땅을 지나게 되었다. 안각顏刻이 고삐를 잡았는데, 채찍으로 성벽의 틈새를 가리키며 말했다. "옛날 이곳으로 도시 안쪽을 뚫고 들어갔지." 광땅 사람들이 이 말을 듣고는 공자를 (당시의 침략자) 양호라고 생각했다. 그들은 공자를 막아세웠다. 일찍이 양호가 광땅 사람들을 거칠게 대했기 때문이다. 공자는 양호와 비슷한 용모를 하고 있었다. (공자 일행은) 5일 동안 붙잡혀 있었다. 안회가 나중에 나타났다. 공자가 말했다. "나는 네가 죽은 줄 알았다." 안회가 대답했다. "스승님께서 살아게시는데, 제가 어떻게 죽겠습니까?"

상황이 더욱 급박해지자 제자들이 두려워했다. 공자가 말했다. "문왕이 죽고 나서 그 전통[13]은 여기 내 손 안에 있다. 하늘이 이를 멸실하겠다면, 후세는 이 (도덕적 전통의) 지식을 접하지 못할 것이다. 만일 하늘의 뜻이 이 전통을 멸실하지 않겠다면, 저 광땅 사람들이 나를 어떻게 할 수 있겠느냐?" 공자는 따르던 영무자寧武子를 위나라 조정에 보내, 곤경을 벗어날 수 있었다.

---

13 공자에 의하면, 문왕은 정치의 이상적 전통을 구현한 군주다.

그 후, 포蒲땅을 지나면서 이곳에서 한 달여를 머물렀다. 위나라로 돌아와 거백옥[14]의 집에 거처를 정했다. 영공의 부인 남자가 공자에게 메시지를 보냈다. "이 나라를 기꺼이 방문해 주군과 우호를 맺으려는 외국의 군자들은 다 저를 만났습니다. 당신을 만나보고 싶군요." 공자는 거절했지만, 어쩔 수 없이 대면하게 되었다. 부인은 장막 저편에 있고, 공자가 문으로 들어와 북쪽으로 두 번 절했다. 부인도 장막속에서 두 번 절하는데, 패옥 소리가 청량하게 울렸다. 회동이 끝나고 공자가 말했다. "만나볼 생각이 아니었지만, 우리의 만남은 정중하고 법도에 맞았다." 자로가 매우 불쾌해하자,[15] 공자는 맹세 조로 말했다. "내가 무슨 잘못을 했다면, 하늘이 나를 칠 것이다. 하늘이 나를 벌할 것이야."

공자는 한 달 넘게 위나라에 머물렀다. 하루는 영공이 부인을 대동하고, 환관 옹거雍渠가 모는 수레를 타고 외출을 나갔다. 공자를 다음 수레에 따르게 하고 온 도시를 퍼레이드했다. 공자가 말했다. "나는 아름다운 여인에 이끌리는 것만큼, 현자의 德에 매혹되는 사람을 보지 못했다." 모욕을 느낀 공자는 위나라를 떠나 조나라로 갔다. 이 해에 노 정공이 죽었다.

공자는 조나라를 떠나 송나라로 갔다. 제자들과 더불어 큰 나무 아래에서 禮를 익히고 있었는데, 송나라의 사마환퇴司馬桓魋가 공자를 죽이려고 그 나무를 뽑아버렸다. 공자는 곧 자리를 떠났다. 제자가 "어서 빨리 서두르시죠" 하니, 공자는 "하늘이 내게 도덕적 소명(미션)

---

14 거백옥은 공자가 존경한 교양 있는 군자다.
15 남자는 도덕적으로 느슨하기로 악명이 높았다.

을 주었는데, 환퇴가 나를 어찌할 수 있겠느냐?"라고 했다.

공자는 정나라로 갔다. 스승과 제자들이 서로를 놓쳤다. 공자가 혼자 성 밖 동문에 서 있는데, 그곳 주민들이 자공에게 (공자가 있는 곳을) 알려주었다. "동문 쪽에 보니, 이마는 요임금 같고, 목은 옛 재상 고요 같고, 어깨는 (정나라의 유명한 정치가) 자산을 닮은 사람이 있습디다. 허리는 우임금보다 3인치 작고요. 그런데 풀이 죽은 것이 집 없이 떠도는 노숙 개를 닮았더군요." 자공이 (나중) 이 이야기를 전해주자, 공자는 활짝 웃으며 말했다. "인상착의는 모르겠지만, 집 잃고 떠도는 개를 닮았다는 말은 정말이네, 영락없이!"

공자는 마침내 진陳나라로 가서, 도시 책임자(司城)인 정자貞子의 집에 머물렀다. 오나라 왕 부차가 진陳나라를 공략해서 세 도시를 점령했다. 조간자는 조가朝歌를 정벌했다(기원전 494년). 초나라 군대가 채나라를 점령했고, 채나라 백성들은 오나라로 이주했다. 오왕이 월나라 왕 구천을 회계에서 대파했다.

(공자가 머물던) 진나라 조정에 매 한 마리가 화살이 꽂힌 채 떨어져 죽어 있었다. 길이는 30센티 정도, 화살은 싸리나무로 만들었는데, 끝에 돌로 된 촉이 달려 있었다. 진나라 민공湣公이 사람을 보내 공자에게 물었다. 공자가 말했다. "매는 멀리서 왔습니다. 이것은 야만 숙신肅愼의 화살입니다. 옛적 무왕이 은나라(상나라)를 정벌할 때 사방의 민족들과 우호를 열었는데, 복종의 뜻으로 각 지방의 산물을 바치게 했습니다. 이에 숙신은 돌촉을 붙인 싸리나무 화살을 보냈는데, 길이가 1척 8촌이었다 합니다. 선왕은 이를 큰 딸에게 사랑의 징표로 보냈습니다. 그녀는 우虞나라 공작과 결혼했고, (무왕은) 그를 진나라의 제후로 봉했습니다. (주 왕실은 관례로) 같은 성姓의 친척 제후들에게는

친밀의 뜻으로 옥을 선물하고, 다른 성의 먼 제후들에게는 왕실과의 동맹을 잊지 말라는 뜻에서 먼 곳에서 온 공물을 나누어 주었습니다. 그래서 진나라에 숙신에서 온 화살을 준 것이었지요. 옛 서고를 뒤져 보면 무언가 나올 것입니다." 진 민공이 창고를 뒤졌더니, 과연 공자가 말한 대로 비슷한 화살들을 찾을 수 있었다.

공자는 진나라에서 3년을 지냈다. 당시 진나라(지금의 산서성)와 초나라(지금의 호북성)가 힘을 겨루고 있었는데, 가끔 오나라가 진나라를 침략했다. 오나라가 다시 진나라를 침범하자, 공자가 말했다. "아, 돌아가자, 돌아가. 우리 고장의 젊은이들은 뜨거운 열정에 불타거나 원칙을 고수하는 자들이다. 그들은 인간 본래의 단순함을 잃지 않고 있다." 그래서 공자는 진나라를 떠났다.

포땅을 지나고 있었는데, 마침 어떤 공숙씨가 반란을 일으켰다. 포땅 사람들이 공자를 가로막았다. 제자 가운데 공양유公良孺라는 이가 수레 다섯 대를 거느리고 공자를 따르고 있었는데, 키가 크고 유능하며 용감했다. "이건 운명인가요? 옛적에도 스승님을 따라다니다가 광땅에서 곤경에 처한 적이 있었는데, 지금 여기서 또 난리를 겪는군요. 스승님과 또 환란을 만났으니, 이번에는 싸우다 죽겠습니다." 싸움이 격렬해지자, 포땅 사람들이 겁을 먹었다. "위나라로 가지 않겠다면, 당신들을 보내드리겠소." 그러겠다는 맹세를 하고 공자는 동문으로 나갈 수 있었다. 그러나 공자는 (약속을 지키지 않고) 위나라로 갔다. 자공이 말했다. "맹세를 저버려도 되는 것입니까?" 공자가 말했다. "강요된 맹세는 신도 듣지 않는다."

위 영공이 공자가 온다는 소식을 듣고, 교외까지 마중을 나갔다. 공자에게 물었다. "포땅을 정벌해도 될까요?" 공자가 대답했다. "그래도 될 것입니다." "내 신료들은 불가하다 하던데요. 지금 포땅은 (강대국) 진, 초로부터 우리를 지켜주는 방패막이 역할을 하고 있으니, 그곳을 쳐서는 안 될 것같습니다만…." 공자가 말했다. "지금 그곳 남자들은 죽을 각오를 다지고 있고, 여인들은 고향을 지키겠다는 일념에 불타고 있습니다. 우두머리 4, 5인만 치면 될 것입니다." 영공이 말했다. "좋습니다." 그렇지만 결국 포땅을 공격하지는 않았다.

영공은 그만 늙었고, 정사는 느슨했다. 공자를 등용할 생각도 없었다. 공자는 한숨 쉬며 탄식했다. "나를 써주기만 하면, 한 달이면 효과가 날 것(새로운 질서의 기초가 설 것)이고, 3년이면 반석 위에 설 텐데(위대한 성취를 이룩할 수 있는데)…." 공자는 (위나라를) 떠났다.

진晉나라의 경卿 조간자가 필힐을 (도시) 중모中牟의 책임자로 세웠다. 조간자가 범씨, 중행씨와 전쟁을 벌이면서 (그들의 도시인) 중모를 쳤다. 필힐이 (이에) 범씨의 편을 들고 조간자에게 반격하면서 공자에게 도와주기를 청했다. 공자는 가려고 했는데, 자로가 반대했다. "스승님에게 듣기를, 군자는 나쁜 일을 하는 통치자와는 어울리지 않는다고 하셨습니다. 그런데 지금 중모에서 민란을 일으킨 필힐을 도우러 가겠다는 말씀입니까?" 공자가 말했다. "이런 말이 있지 않으냐, 진짜 견고한 것은 갈아도 닳지 않고, 참으로 하얀 것은 물들여도 검어지지 않는다고…. 내가 무슨 벽에 매달린 마른 박이냐? 아무도 손대지 않고 혼자 쓸쓸히 말라가는?"

공자가 석경(돌로 만든 악기)을 연주하고 있었다. 망태를 울러매고 문 앞을 지나가던 사람이 말했다. "생각이 가득하구나, 경쇠를 연주하는 자여. 깽깡깽깡, 세상이 알아주지 않으면 그뿐이건마는…."

공자가 양자襄子라는 마스터로부터 거문고를 배웠다. 열흘이 지나도록 별 진전이 없었다. 마스터가 "이제 다른 곡을 배워볼까요?"라고 했다. 공자가 말했다. "멜로디는 대강 알겠는데, 박자와 리듬은 아직 익히지 못했습니다." 얼마 후 마스터가 말했다. "박자와 리듬을 대략 익혔으니, 다른 곡으로 넘어가도 되겠습니다." 공자가 말했다. "나는 아직 그 표현을 배우지 못했습니다." 얼마 후 마스터가 말했다. "표현을 익히셨으니 다른 곡으로 넘어갈까요?" "나는 작곡자의 개성을 마음에 뚜렷이 떠올리지 못하겠군요." 조금 있다가 마스터가 말했다. "이 음악의 뒤에 깊은 생각에 잠긴 사람이 하나 있습니다. 가끔 기쁜 마음으로 머리를 들어, 저 높은 곳을 보며, 먼 곳을 쳐다보고 있군요." 공자가 말했다. "아, 이제 누군지 알겠습니다. 키가 크고 검은 피부에, 눈이 뚜렷한 것이 제국의 건설자 같습니다. (주나라의 창건자인) 문왕이 아니고 누구겠습니까?" 마스터 양자가 자리에서 일어나 공자에게 두 번 절하고 말했다. "그것은 문왕이 지은 곡입니다."

위나라에서 할 수 있는 일이 없었기에, 공자는 서쪽으로 (진의) 조간자를 만나려고 했다. 황하에 이르러 두명독竇鳴犢과 순화舜華가 죽었다는 소식을 들었다. 강둑에 서서 공자는 탄식했다. "물은 저리 아름답게 넘실대는데, 나는 이 강을 건너지 못하니, 운명이구나." 자공이 다가와 물었다. "무슨 말씀이십니까?" 공자가 말했다. "두명독과 순화는 진나라의 훌륭한 관료다. 조간자가 권력을 쥐기 전에는 이들이 있어야 정치를 할 수 있다고 하다가, 권력을 얻고 나서는 이들을 죽이고 말았다. 태를 가르고 새끼를 죽이면 기린도 교외에 오지 않는다고 들었다. 물고기를 잡자고 연못을 퍼내면 교룡도 음양의 비구름을 내리지 않으며(기근이나 가뭄이 닥친다), 둥지를 엎어 새알을 깨트리면 봉황도 날아오지 않는다고 했다. 왜 그런가? 군자는 자신의 종족을 해치기를 꺼린다. 새나 짐승도 불의한 것을 보면 피할 줄 아는데, 내가 그만 못할까 보냐?" 그래서 추읍으로 돌아가 쉬면서 추조를 써서 둘을 애도했다.

공자는 위나라로 돌아가, 거백옥의 집에 거처했다. 어느 날, 영공이 군사에 대해 물었다. 공자가 대답했다. "의례와 제사는 좀 알지만, 군대의 배치와 운용은 배운 바 없습니다." 다음 날, 공자와 대화를 나눌 때, 영공은 고개를 들어 날아가는 기러기나 쳐다볼 뿐, 공자의 말에 귀를 기울이지 않았다. 결국 공자는 위나라를 떠나 다시 진陳나라로 갔다.

그해(기원전 493년) 여름, 영공이 죽고 손자 첩이 후계를 이었다. 이가 위 출공이다. 6월에 조간자가 세자 괴외에게 척읍에 피난처를 마련해주었다.[16] 그때 (조간자의 명을 받은) 양호는 여덟 명에게 장례복을 입혀, 위나라 영지에서 온 사절로 위장해 세자를 수행하게 했다. 장례식에서 그들은 다른 사람들처럼 천연스레 곡을 했다. 괴외는 결국 척읍에서 살게 되었다.

겨울, 채나라는 주래州來로 도읍을 옮겼다. 이 해가 (노나라) 애공 3년(기원전 492년)이고, 공자 나이 60세였다. 위나라는 망명한 내사 괴외가 있는 척읍을 포위했고, 제나라가 군사를 보내 이를 도왔다.

여름, 노나라에서 환리桓釐의 사당이 불탔다. 남궁경숙이 불길을 껐다. 공자는 당시 진나라에 있었는데, 소식을 듣고 말했다. "화재는 틀림없이 환리의 사당에서 났겠지?"[17] 확인해보니 과연 공자의 짐작

---

16 괴외는 영공의 아들이자 출공의 아버지였으나, 영공의 부인 남자를 죽이려 한 일로 자격을 박탈당하고 국외로 망명했다.

17 계씨가 그들의 조상인 환리에 대한 제사를 당대의 봉건적 질서에 반해 참람하게 지냈기 때문이다.

대로였다.

겨울, 계환자가 병이 들었다. 수레에 올라 노나라의 도시를 돌아보는데, 성벽을 바라보며 그가 탄식했다. "옛적 이 나라가 흥륭할 기회가 있었는데…. 내가 공자에게 죄를 짓는 바람에(그를 등용하지 못하고, 떠나가게 하는 바람에) 그 기회를 날려버렸다." 아들인 강자를 돌아보며 말했다. "내가 죽으면 네가 노나라의 재상이 될 터이니, 꼭 공자를 부르도록 해라." 며칠 후 환자가 죽고 강자가 대를 이었다. 장례를 마치고 공자를 부르려고 했는데, 공지어公之魚가 말했다. "옛날 선군께서 그를 등용했다가 끝까지 가지 못해 제후들의 비웃음을 샀습니다. 지금 또 불렀다가 나중 일이 어긋나면, 또 한 번 웃음거리가 될 것입니다." 강자가 말했다. "그러면 누구를 부르는 것이 좋을까?" "(공자의 제자인 현실주의자) 염구가 딱 좋습니다." 이에 사람을 시켜 염구를 초청했다. 염구가 떠날 때 공자가 말했다. "노나라에서 작은 직책을 주려고 너를 부르는 것이 아닐 것이다. 큰 책무를 감당해달라는 것일 게다." 이날 공자는 말했다. "돌아가자, 돌아가. 우리 동네의 젊은이들은 열정에 차 있거나 단순한 성품을 갖고 있다. 이 빛나는 옷감을 그들은 어떻게 재단할지(그래서 멋진 옷을 지을지) 모르고 있다." 자공은 공자가 고향으로 돌아갈 생각을 하고 있다는 것을 알았다. 떠나는 염구에게 일렀다. "등용이 되거든, 스승님을 부르시게."

진나라와 채나라 사이에서의 곤경(기원전 491-489년)

염구가 떠난 이듬해, 공자는 진나라에서 채나라로 옮겼다. 채 소공이 오나라의 부름에 응하려고 했다. 대부들이 걱정했다. 저번에도 소공이 신하들을 속이고 주래州來로 수도를 옮기지 않았던가? 이번에도 그럴까 싶어 공손편公孫翩이 소공을 활로 쏘아 죽였다. 초나라가 채나라를 침략했다. 가을, 제 경공이 죽었다.

이듬해(기원전 490년), 공자는 채나라에서 (초나라의 작은 나라) 섭葉으로 갔다. 섭공이 좋은 정치를 물었다. "좋은 정부는 가까운 백성들의 충성을 얻고, 먼 나라들이 호의를 보입니다." 다른 날, 섭공이 자로에게 '공자가 어떤 사람인지'를 물었다. 자로는 대답하지 못했다. 공자가 듣고 이렇게 말했다. "자로야, 왜 이렇게 대답하지 않았느냐? 그는 배움에 지치지 않고, 진리를 추구하며, 사람을 가르침에 싫증 내지 않는 사람이라고…. 어떤 일에 몰두하면 먹는 것도 잊어버리고, 그 기쁨과 즐거움에 온갖 근심도 사라져, 언제 늙음이 다가오는 줄도 모르는 그런 사람이라고…."

섭을 떠나 채나라로 돌아왔다. 도중에 장저와 걸닉이 함께 밭을 갈고 있었다. 공자는 그들이 은둔의 철학자임을 알았다. 자로로 하여금 (강을 건너는) 나루가 어디 있는지 묻게 했다. 장저가 말했다. "수레 고삐를 쥐고 있는 저 사람은 누구인가?" "공자입니다." "노나라 공구 말이지?" "예." "(천하를 하도 돌아다녔으니) 나루가 어디 있는지 알 것 아닌가?" 걸닉이 물었다. "그대는 누구인가?" "중유(자로의 이름)라고 합니다." "공구의 제자인가?" "그렇습니다." 걸닉이 말했다. "도도한 물결이 천하를 덮고 있는데, 누가 그것을 뒤집을 수 있겠나? 사람에게 쫓겨 다니는 인사(士)를 따라다니기보다, 세상을 피해 사는 우리를 따르는 것이 더 나을 듯하네만…" 하고 씨를 덮어 나갔다(나루터가 어딘지는 끝내 알려주지 않고). 자로가 가서 공자에게 고하자, 공자가 실망하여 말했다. "새나 짐승과 어떻게 함께 살겠는가? 천하에 道가 있다면(지금 세상에 온당한 도덕적 질서가 있다면), 내가 굳이 세상을 바꾸려 (이리 노력) 하지 않겠지."

다른 날, 자로가 가다가 어깨에 풀 바구니를 지팡이에 짊어진 노인을 만났다. 자로가 말했다. "제 스승을 보지 못하셨습니까?" "사지 육신을 움직이지 않고 오곡도 분간하지 못하는 사람을 어찌 스승이라 할까?" 그러면서 지팡이를 땅에 꽂고, 계속 김을 맸다. 자로가 이 일을 말했더니, 공자가 "은자들이다"라고 했다. 나중에 가 보니, 그들을 찾을 수 없었다.

공자가 채나라를 오간 지 3년, 오나라가 진나라를 쳤다. 초나라가 진나라를 구하기 위해 성보에 군대를 주둔시켰다(기원전 489년). 공자가 진나라와 채나라 어디쯤 있다는 소식을 듣고, 초나라가 공자를 모셔 오라고 사람을 보냈다. 공자가 그 초빙에 응하려고 하자, 진나라와 채나라의 대부들이 모의했다. "공자는 현자로 제후들의 폐단과 결점을 정확하게 지적해왔습니다. 지금 오랫동안 진과 채에 머무르면서 우리 대부들의 행적이 하나도 마음에 들지 않았을 것입니다. 지금 초나라는 대국입니다. 공자를 등용하려는 듯한데, 그렇게 되면 진나라와 채나라를 쥐고 흔들던 우리 대부들이 위태로워집니다." 그래서 군사를 동원해 공자를 들판에서 포위했다. 움직일 수가 없어, 식량은 떨어지고 무리는 병들어 다들 쓰러져 일어나지 못했다. 그런데도 공자는 여전히 고전을 읊조리고, 악기를 연주하며 노래를 불렀다. 자로가 화난 얼굴로 말했다. "군자도 이런 곤궁에 처합니까?" 공자가 말했다. "군자도 그렇다. 그러나 소인은 곤경 앞에서 자신을 잃고 어리석은 행동을 한다." 자공의 얼굴이 굳었다. 공자가 말했다. "사(자공의 이름)야,

너는 내가 그저 박식한 인물로 알고 있느냐?" "그렇습니다. 아닌가요?" "아니다. 나는 '하나'로 이 모든 것을 꿰고 있다."

공자는 제자들 마음속에 싹튼 불만을 알고, 이렇게 물었다. 《시경》에 그랬지. '들소도 아닌 것이 호랑이도 아닌 것이 광야를 헤맨다'고…. (이건 흡사 우리를 묘사하고 있는 것 같지 않으냐?) 너는 우리의 道(가르침)가 잘못되었다고 생각하느냐? 우리가 어쩌다 이렇게 되었을까?" 자로가 대답했다. "내 생각에, 우리가 충분히 성숙하지(仁) 못했기 때문이 아닐까요? 그래서 사람들이 우리를 신뢰하지 않습니다. 우리가 충분히 현명하지(知) 않기 때문이 아닐까요? 그래서 사람들이 우리의 가르침을 따르려 하지 않습니다." 공자가 말했다. "그런가? 자로야, 사람들이 성숙한(仁) 자들을 늘 신뢰했다면, 어찌 백이·숙제가 (좌절과 유랑 속에서) 굶어 죽었겠느냐? 사람들이 현명한(知) 자를 꼭 따른다면, 어찌 왕자 비간이 (심장이 도려내져) 죽었겠느냐?"

자로가 나가고, 자공이 들어왔다. 공자가 물었다. "《시경》에 그랬지. '들소도 아닌 것이 호랑이도 아닌 것이 광야를 헤맨다'고…. (이건 흡사 우리를 묘사하고 있는 것 같지 않으냐?) 너는 우리의 道(가르침)가 잘못되었다고 생각하느냐? 우리가 어쩌다 이렇게 되었을까?" 자공이 대답했다. "스승님의 道가 너무 위대하기 때문입니다. 그래서 사람들이 그 가르침을 받아들이지 못합니다. 눈높이를 조금 낮추시는 것이 어떻겠습니까?" 공자가 대답했다. "자공아, 유능한 농부라도 수확을 장담할 수 없고, 훌륭한 장인이 만든 물건도 꼭 주문자의 취향에 맞을 수 없다. 군자는 그저 자신의 道를 개척해 나갈 뿐이다. 그런데 지금 너는 그 道를 연마하기보다 사람들이 받아들여 줄까를 걱정하고 있구나. 자공아, 너의 뜻이 원대하지 않구나."

자공이 나가고 안회가 들어왔다. 공자가 물었다. "《시경》에 그랬지. '들소도 아닌 것이 호랑이도 아닌 것이 광야를 헤맨다'고…. (이건 흡사 우리를 묘사하고 있는 것 같지 않으냐?) 너는 우리의 道(가르침)가 잘못되었다고 생각하느냐? 우리가 어쩌다 이렇게 되었을까?" 안회가 대답했다. "스승님의 道는 위대합니다. 그래서 천하가 이를 수용하지 못합니다. 그렇지만 스승님은 스승님의 가르침을 펴 나갈 뿐, 받아들이고 말고가 무슨 걱정입니까? 세상이 받아들이지 않아야, 그가 진정 위대한 자(君子)임을 알 수 있습니다. 道를 닦지 않는 것(진리를 향해 나아가지 않는 것)은 우리 잘못이지만, 큰 道를 닦고 준비가 되었는데(도덕적 질서의 가르침을 부지런히 연마했는데) 세상에 쓰이지 못한다면, 이것은 통치자들의 잘못이지요. 받아들여지지 않는다고 걱정하지 마십시오. 진정 위대한 자는 세상이 받아들이지 않습니다." 공자는 그제야 기쁜 표정으로 웃으며 말했다. "그러냐? 안씨의 아들아. 네가 부자라면 네 집의 집사가 되겠구마는…."

　공자는 자공을 초나라로 보냈고, 초 소왕이 군사를 보내와, 공자는 마침내 곤경에서 벗어날 수 있었다.

　초 소왕이 서사書社의 땅 700리를 공자에게 봉하려고 했다. 초의 재상 자서가 말했다. "왕의 외교관 가운데 자공만 한 사람이 있습니까?" "없다." "왕의 보좌관 가운데 안회만 한 이가 있습니까?" "없다." "왕의 장수 가운데 자로만 한 이가 있습니까?" "없다." "왕이 부리는 신하 가운데 (역시 공자의 제자 중) 재여만 한 이가 있습니까?" "없다." "초나라가 처음 주 왕실로부터 분봉을 받을 때, 낮은 직급에 겨우 50리였습니다. 지금 공자는 옛적 위대한 세 왕의 제도를 설하고, (주의 창업 현자인) 주공·소공의 도덕적 유산을 알리고 있습니다. 공자가 힘을 갖고 자신의 이상을 구현하기 시작한다면, 초나라가 어떻게 세세년년 이 수천 리의 땅을 유지해 나갈 수 있겠습니까? (옛적 주나라의) 문왕은 풍(이라는 작은 마을)에서 시작했고, 무왕은 호라는 (변방의) 도시에서 일어섰습니다. 그들은 겨우 100리의 영토에서 출발했지만, 마침내 전 중국을 지배하는 제국이 되었습니다. 지금 공자가 이 땅을 터전으로 뛰어난 제자들의 보좌를 받는다면, 그것은 초나라의 복이 아닌 듯합니다." 소왕은 이 말을 듣고 (공자를 등용하려던 생각을) 접었다. 그해 가을(기원전 489년), 소왕은 성보에서 죽었다.

초나라의 미치광이 접여가 노래를 부르며, 공자를 지나갔다. "봉[18]이여, 봉이여, 그대의 德이 왜 이렇게 퇴조했는가? 지나간 일은 어쩔 수 없지만, 앞으로 올 일은 고칠 수 있으리. 그만두게, 그만두어. 지금 정치 현실은 위태롭다네(정치에 발 담그는 것은 위태롭다네)."[19] 공자는 수레에서 내려 그를 만나려 했지만, 달아나 버려 대화를 나눌 수 없었다. 그렇게 공자는 초나라에서 위나라로 돌아왔다. 이때가 노 애공 6년(기원전 489년), 공자의 나이 63세였다.

계속되는 유랑(기원전 488-484년)

이듬해(기원전 488년), 오나라는 노나라와 회담을 하고, 제단에 소 100마리를 희생으로 바쳤다. (공자가 생각한 봉건 질서에 반하는 주제넘은 숫자

---

18 봉새는 일종의 불사조로, 천국의 메신저이자, 완전한 덕성의 상징이다.
19 린위탕은 "지금의 통치자들은 위태롭다"로 번역했다.

였다.) 오나라의 태재(재상) 비가 계강자를 노나라 대표로 오라고 불렀다. 강자는 내키지 않아 자공을 대신 보냈다.

공자가 말했다. "노나라와 위나라는 형제다."[20] 이때 여러 제후는 위나라 군주인 (출공) 첩에게 국외에 머무르고 있는 아버지에게 후계를 양보하라는 권유를 지속적으로 하고 있었다. 이때 공자의 여러 제자가 위나라 조정에서 벼슬을 하고 있었다. 위나라 군주는 공자에게 정치적 보좌를 받고 싶어 했다. 자로가 말했다. "위나라 군주가 스승님께 정치적 책무를 맡긴다면, 무슨 일부터 하시겠습니까?" 공자가 대답했다. "이름부터 바로잡아야지(지위와 직책의 용어부터 올바르게 쓰도록 해야지)." "정말이십니까? 이렇게 비현실적이시라니까…. 그게 바로잡히겠습니까?[21]" "유야, 정말 단순하구나. 무릇 용어가 올바르지 않으면 말이 순조롭지 않고, 말이 순조롭지 않으면 일이 되지 않는다. 일이 되지 않으면 예악이 일어날 수 없고, 예악이 일어나지 않으면 형벌이 제대로 시행될 수 없다. 형벌이 중심을 잃으면 사람들은 어떻게 행동해야 할지 모르게 된다. 무릇 군자는 무엇인가를 시작하면 용어와 표현을 정확하게 하고, 명령을 내리면 그게 틀림없이 행해질 것을 안다. 군자는 말함에 무분별하거나 부정확하지 않다."

그 이듬해(기원전 484년), 염구가 계씨의 군대를 이끌고 낭郞에서 제나라와 벌인 전투에서 승리했다. 계강자가 말했다. "그대의 전쟁 기술은 어디서 배운 것인가, 타고난 것인가?" 염구가 말했다. "공자에게서 배웠습니다." 계강자가 말했다. "공자는 어떤 사람인가?" 염구가 대

---

20 처음 분봉을 받은, 두 제후의 선조들은 형제지간이었다.
21 린위탕은 "바로잡아서 어디다 쓰시게요?"로 읽었다.

답했다. "그분에게 실권을 주면, 명성이 곧 사방에 퍼질 것입니다. 그의 가르침을 백성들뿐 아니라 신들에게도 적용할 수 있습니다. 신들도 그의 잘못을 찾지 못할 것입니다. 그가 추구하는 것은 나라를 온전히 도덕적으로 질서 잡히게 하는 것입니다. 당신이 그에게 2만5천 가문을 통치하라고 맡겨도 자신을 위해 그 권력을 남용하지는 않을 것입니다." 강자가 말했다. "그럼, 그를 초빙하고 싶은데, 올까?" 대답했다. "안 됩니다. 그를 '부르는' 것은 무례하고, 그를 보통 사람 대하듯이 취급하는 것입니다. 그가 '오시도록' 간곡히 청해야 합니다."

(이때) 위나라 공문자가 태숙질을 칠 생각에[22], 공자에게 계책을 물었다. 공자는 모른다고 거절하고, 물러나 수레를 매고 (위나라를) 떠났다. "새가 (앉을) 나무를 택하는 것이지, 나무가 어떻게 새를 고르겠나?" 공문자는 간곡히 만류했지만, 계강자가 공화公華, 공빈公賓, 공림公林을 내쫓고 예물을 갖추어 공자를 초빙했다. 공자는 노나라로 돌아왔다. 집을 떠난 지 14년, 마침내 고향으로 돌아온 것이다(기원전 484년).

학자로서의 활동과 개인적 습관(기원전 484-481년)

노나라 애공이 공자에게 정치를 묻자, 공자가 대답했다. "정치의 비결

---

22 공문자가 자신의 딸을 태숙질에게 시집보내기 위해 태숙질에게 본처를 내쫓도록 부추겼다. 태숙질은 결국 부인을 내쫓고 공문자의 딸과 결혼하지만, 얼마 지나지 않아 내쫓은 본처의 여동생과 정을 통하게 된다. 이 사건으로 공문자는 크게 분노하여 태숙질을 죽이려 했다.

은 관리를 선발하는 데 있습니다." 계강자가 정치에 대해 물었다. 공자가 말했다. "곧은 사람을 끌어올려 굽은 사람 위에 두면, 굽은 사람들도 곧아질 것입니다." 강자가 도둑을 걱정하자 공자가 말했다. "진정 당신이 (재물에) 탐욕을 부리지 않는다면, 그들을 부추겨도 도둑이 되지 않을 것입니다." 그렇지만 노나라는 결국 공자를 등용하지 않았고, 공자도 굳이 벼슬길에 나설 생각이 없었다.

공자의 시대, 주 왕실의 권위는 땅에 떨어졌고, 예악(존중과 사회적 교제의 양식)은 무너졌으며, 시서(배움과 학술)는 퇴락했다. 공자는 (하은주) 3대의 종교적 · 예식적 질서와 역사적 기록들을 공부하여, 아득한 요순시대에서 당대 진 목공의 사건들을 추적, 그들을 연대순으로 정리했다. "나는 하나라의 禮(봉건적 질서)를 말하고 싶은데,[23] (하나라의 후손이 살고 있는) 기나라에는 충분한 관습이 남아 있지 않다. 나는 은나라의 禮를 말하고 싶으나, (은나라의 후손이 살고 있는) 송나라에는 충분한 관습이 남아 있지 않다. 충분한 관습이 남아 있다면 그들의 禮를 재구성할 수 있을 텐데…." 그리하여 그는 하나라와 은나라의 禮 (관습)의 변화를 탐구하고, 이들이 주나라의 禮에 어떻게 접목되었는지를 관찰했다. "나는 앞으로 100세대 후의 역사적 발전을 예측할 수 있게 되었다. 한 왕조(은나라)는 풍부한 예식을 자랑하고 있고, 또 다른 한 나라(하나라)는 단순한 삶을 전통으로 하고 있다. 주나라는 이 두 문화를 결합하여 아름답게 완성했다. 나는 주나라 문화를 이상적 형태라고 생각한다." 그래서 공자는 역사적 기록(《서경》 등)과 다양한

---

23 보통 "할 수 있는데"로 번역하는데, 린위탕은 "능히 해야 하지만"으로 번역했다. 탁견이 아닌가 생각한다.

고대 관습과 민족지(《예기》)를 전승시켰다.

노나라 음악의 총책임자와 얘기를 나누는 자리에서 공자가 이렇게 말했다. "음악의 원리를 알 듯합니다. 연주는 고요하게 시작하고, 조화롭고 투명하게 진행하다가, 테마를 완성하면서 끝납니다." 이런 말도 했다. "위나라에서 노나라로 돌아온 후에, 음악의 전통을 복원하고 송(의식적 연주)과 아(주나라의 고전 음악)를 분류할 수 있게 되었습니다."

옛날부터 전해지는 시는 3천여 편이었다. 공자는 중복을 털고 적절한 양식을 갖춘 것을 선별했다. 시대는 위로 (주 왕실의 전설적 선조인) 설과 후직에서부터, 은과 주의 성세를 거쳐, 폭군 유왕과 여왕의 쇠퇴기에까지 걸쳐 있다. 그것은 짝을 찾는 사랑 노래로 시작한다. 그래서 "〈관저關雎〉의 노래가 〈풍風(나라별로 모집한 민속 노래)〉의 첫머리에 있고, 〈녹명鹿鳴〉이 〈소아小雅〉의 첫머리, 그리고 〈문왕〉이 〈대아〉의 첫머리에 있으며, 〈청묘清廟〉가 〈송頌〉의 첫머리에 있다"고들 한다. (시) 305편을 공자는 직접 노래를 불렀고, 소韶·무武·아雅·송頌의 곡조에 맞는지 직접 악기를 들고 연주했다. 이런 노력을 통해 옛 의례와 음악의 전통이 망실되지 않고 보존될 수 있었다. 이로써 육예六藝의 가르침을 통한 정치의 이상을 후세에 전달할 수 있었다.

공자는 만년에 《주역》을 좋아했다. 서문, 단전, 계사, 상전, 설괘, 문언 등 하도 읽어서 책을 묶은 가죽끈이 세 번이나 끊어질 정도였다.[24] 그는 말했다. "내게 몇 년을 더 준다면, 《주역》을 연구하여 인간사의 변화에 대한 철학을 통달할 수 있을 터인데…."

공자는 시·역사·의례·음악을 제자들에게 가르쳤다. 3천 명의 제

---

24 옛적의 책은 대나무껍질에 글씨를 써서 엮은 것이라, 무겁고 끊어지기 쉬웠다.

자 가운데 안탁추를 포함한 72명이 육예(아마도 六經)를 마스터했다. 수많은 사람이 그에게 배우기 위해 몰려들었다.

공자는 네 가지를 가르쳤다. 문학, 인간적 행동, 진정한 자신 되기, 사회적 관계에서의 정직. 공자는 또 네 가지를 완전히 끊으려고 애썼다. 독단적 견해, 도그마티즘, 편협, 자기 중심성. 그리고 세 가지 경우를 염려했다. 제식을 앞둔 경건, 전쟁, 질병. 그는 이익과 천명, 그리고 완전한 인간(仁)에 대해서는 극히 말을 아꼈다. 그는 진리에 대한 열망을 가진 사람에게만 길을 열어주었고, 한 모서리를 보여주었을 때 다른 세 모서리로 응답하지 않는 사람은(하나의 진리를 듣고, 성찰하고 노력하여 그 함축을 알고 몸으로 체화해 나가며 노력하지 않는 사람에게는) 더 이상 가르치려고 하지 않았다.

일상의 기거에서나 마을 사람들과의 교제에서, 공자는 말 못하는 사람처럼, 조용하고 세련되었다. 공적 예배의 자리나 궁정 안에서는 말을 아끼지 않았지만, 단어를 고르는 데 매우 신중했다. 조정에서 상급자와 대화할 때는 차분히 상대방을 존중했고, 직급이 낮은 사람과 대화할 때는 상냥한 태도를 잃지 않았다. 관청을 출입할 때는 등을 굽혔고, 나아갈 때는 공손히 빠르게 걸었다. 제후의 메신저가 도착하면 곧바로 진중한 자세를 취했고, 제후가 부르면 수레가 도착하기를 기다리지 않고 한걸음에 달려갔다.

생선이 무르거나 고기가 상하거나 반듯이 자른 것이 아니면 먹지 않았다. 자리가 똑바르지 않으면 앉지 않았다. 상을 당한 사람 곁에서는 배불리 먹지 않았다. 곡을 한 날(남의 상가에 조문하러 간 날)은 노래를 부르지 않았고, 상복을 입은 사람이나 눈먼 사람이 지나가면 어린 아이라 할지라도 용모를 새삼 바로잡았다.

(그는 말했다.) "세 사람과 동행할 때, 나는 언제나 그들로부터 가르침을 얻는다." "내가 염려하는 것은 다음과 같다. 내 덕성을 제대로 경작하고 있는지, 학습에 소홀하지는 않은지, 바른길을 보고도 그 길을 저버리고 있지 않은지, 그리고 내 잘못을 제대로 고치고 있는지를…." 사람들의 노래가 마음에 들면 공자는 꼭 다시 부르게 했고, 자신도 따라 불렀다. 그는 신비적인 것, 체력의 과시, 난동, 그리고 귀신에 대해 대화하기를 꺼렸다.

자공이 말했다. "스승께서는 문학과 학술을 가르쳤고, 우리는 그것을 배울 수 있었다. 그러나 그분은 하늘의 뜻(天道)과 인간의 본성 및 운명(性命)에 대해서는 가르치지 않으셨다."

안회가 한숨을 쉬며 말했다. "(스승님은) 우러러보면 아득히 높고, 뚫고 들어가면 더 단단한 것이 가로막고 있는 듯하다. 앞에 계신가 하고 손을 내밀면 어느새 훌쩍 뒤에 서 계신다. 스승님은 사람들을 인도하고 가르치는 데 탁월하시다. 책(의 학습)으로 나를 넓혀주시고, 적절한 禮(의 행동으)로 귀결되게 하신다. 이 길을 꽤 멀리 왔다. 내 힘과 재주를 다했지만, 여전히 (道는) 저 앞에 우뚝 서 있는 것을 어써랴? 그분의 경지를 따라가고자 해도 그럴 방도가 없다."

달항 마을의 젊은이가 말했다. "위대하도다, 공자여! 그는 모르는 것이 없지만, 전문적 분야는 하나도 없네." 공자가 듣고 말했다. "어느 분야를 전문으로 할까? 말몰이를 할까, 활쏘기를 할까? 아무래도 말몰이가 낫겠지." 자뢰子牢가 말했다. "공자께서 이리 말씀하신 적이 있다. 나는 (오랫동안) 정치에 참여할 기회가 없었기에, 시간이 많았고 수많은 문헌과 기술을 익힐 수 있었다."

노 애공 14년(기원전 481년) 봄, 너른 들판에서 사냥을 했다. 숙손씨의 마부 서상鉏商이 상서롭지 않은 짐승 하나를 잡았다. 공자가 보고, 기린[25]이라고 단언했다. 사람들이 그 짐승을 집으로 데리고 왔다. 공자가 말했다. "황하에서는 (이제 더 이상) 신비적 도상을 짊어진 거북이 나오지 않고, 낙수에서는 성스러운 문자가 나타나지 않는다.[26] 나의 시대가 저물었구나." (이 해에) 안회가 죽자 공자는 "하늘이 나를 버렸다"[27]고 했다. 서쪽 교외로 나간 사냥에서 기린이 잡힌 것을 보고, 공자가 말했다. "이제 모든 것이 끝이구나." 그는 깊은 한숨을 쉬었다. "이 시대에 나를 아는 사람이 없구나." 자공이 "스승님을 이해하는 사람이 아무도 없다니, 무슨 말씀이십니까?"라고 묻자 공자가 말했다. "하늘(운명)을 한탄하지 않고, 사람을 원망하지 않는다. 내가 하려고 했던 것은 지식을 얻기 위해 최선을 다하고 보다 높은 이상을 향해 나아가는 것이었다. 아마도 하늘만이 나를 이해하는 유일한 존재일 것이다."

공자가 말했다. "백이·숙제가 원칙을 타협하지 않고 명예를 더럽히지 않았다. (그에 비해) 유하혜와 소련少連은 원칙을 타협하고 명예를 더럽혔다. 우중虞仲과 이일夷逸은 은거하며 철학적 논쟁에 빠져들었는데, 이들은 고답적인 삶을 영위했지만 사회적 존재로서의 책임은 방기했다.[28] 나는 이들과 다르다. 나는 시대와 환경에 따라 그에 맞게 행동한다.[29]

---

25 중국의 전설적 동물, 서구의 유니콘 정도에 해당한다. 현자의 상징이다.
26 전통적 인식에 의하면, 이 둘은 철학자-왕이 나타날 징조라고 한다.
27 린위탕은 "하늘이 나의 미션을 빼앗고 마는구나"로 해석했다.
28 열거된 인물 모두 '은둔'을 공유하고 있지만, 가치와 등급에서 차이가 있다.
29 공자는 지금 '중용'을 삶의 중심에 세우라고 권하고 있다.

공자가 말했다. "그럴 수 없네, 그럴 수 없어. 군자는 아무것도 이룬 바 없이 죽는 것을 부끄러워한다. 나는 정치적 이상을 실현할 기회를 얻지 못했으니, 후세에 나를 어떻게 설명할 것인가?" 그래서 그는 기존의 기록을 토대로 《춘추》를 썼다. 노나라 은공(기원전 722년)에서 시작하여 애공 14년(기원전 481년)까지, 열두 제후에 걸친 (사건들의) 연대기다. 책은 노나라의 관점에서 기록되어 있고, 주 왕실의 권위를 존중했으며, 3대의 변화를 살피고 은대의 전통을 고려했다. 그는 간결한 문장에 깊은 의미를 담고자 했다. 가령 오나라와 초나라의 군주들이 (제후의 지위임에도 스스로 높여) '왕'을 칭하는 것을 비판하는 뜻에서 계급을 낮추어 '子(자작, 남작 정도의 뜻)'로 불렀다. 어떤 회합에서 제후가 왕을 소환한 적이 있었는데, 《춘추》는 그것을 가려주는 뜻에서 "하늘 같은 왕(天王)이 하양河陽에서 사냥을 했다"로 적었다. 그는 같은 행동이라도, 동의나 비난의 뜻을 함축하고 있는 서로 다른 단어를 썼다. 앞으로 올 위대한 왕들은 이 책을 열어 보고 거기 담긴 옳은 행동의 원칙을 알아볼 수 있을 것이고, 정의의 원칙을 저버린 무리는 이 책을 보고 불안에 떨게 될 것이다.

그가 관리로서 옥사를 처리할 때, 공식 문서를 공유하고 다른 사람들의 의견을 구했지만, 《춘추》에서만은 무엇을 쓰고 지울지는 자신의 독자적 판단에 의지했다. 자하와 같은 제자들도 여기 한 글자도 간여할 수 없었다. 제자들에게 《춘추》를 가르칠 때 공자는 말했다. "후세는 이 책을 통해 나를 이해하게 될 것이고, 비난 또한 이 책에 토대해서 하게 될 것이다."

공자의 죽음 그리고 평가

이듬해(기원전 480년), 자로가 위나라에서 죽었다. 공자도 병석에 누웠다. 자공이 그를 보러 갔다. 공자는 지팡이를 짚고 문쪽으로 천천히 걸음을 떼며 말했다. "사야, 왜 이렇게 늦게 왔느냐?" 그 자리에서 탄식하며, 이런 노래를 불렀다. "아, 태산이 무너지는구나. 들보가 내려 앉고, 철학자는 꺾이는구나." 그러고서 눈물을 흘렸다. "사야, 세상은 오랫동안 無道, 즉 도덕적·정치적 무질서 속에 놓여 있었다. 어느 군주도 내가 품은 뜻을 존중하고 그 기획을 따르려 하지 않았다. 하 왕조의 사람들은 (무덤에 묻기 전) 관을 (정원의) 동쪽 계단 위에 두었고, 주나라 사람들은 그것을 서쪽 계단 위에 두었다. 상나라 사람들은 (메인 홀의) 두 기둥 사이에 두었다. 지난밤 나는 두 기둥 사이에 앉아 차림상을 받는 꿈을 꾸었다. 그건 내가 아마 상나라의 후손이기 때문이겠지." 그 후 7일, 공자가 죽었다. 공자의 나이 73세, 노나라 애공 16년(기원전 479년), 4월 기축일이었다.

애공이 애도문을 보내왔다. "하늘이여, 나를 돕지 않는구나. 저 위대한 노인을 내게서 뺏아가다니…. 공자는 불쌍한 나를 제위에 홀로 무력하게 남겨두고 떠났다. 그리고 나는 지금 병들었다. 오호, 슬프다. 아버지 같은 공자여, 나를 잊지 마시오.[30]" 자공이 말했다. "공자께서 어디 다른 데서 돌아가셨던가? (노나라 땅이 아니냐?) 스승님 말씀에, '예의(행동)가 적절치 않으면 온갖 일이 무질서해지고, 명칭(말)이 적절치 않으면 사물들이 제자리를 벗어난다'고 하셨다. 무질서라 함

---

30   문자 그대로는, "당신만 챙기지 마시오"다.

은 도덕적 원칙을 저버린다는 뜻이고, 일탈이라 함은 적절한 장소와 몫을 놓친다는 뜻이다. (그러한 바) 스승님이 살아계실 때는 나 몰라라 하다가 돌아가시고서야 애도문을 보낸 것은 적절한 예의(행동)가 아니고, (애공이) 스스로 '불쌍한 나'라고 부른 것 또한 적절한 명칭(말)이 아닌 것을…."

공자는 노나라 성 북쪽, 사수泗水에 묻혔다. 제자들은 모두 3년의 복을 입었다. 3년의 심상이 끝나고, 모두 이별하고 헤어졌다. 헤어지기 전 무덤 앞에서 다시 한바탕 울음을 삼켰다. 몇몇은 남았다. 자공만이 무덤가에 초목을 짓고, 도합 6년을 지켰다. 공자의 제자들, 노나라 주민 백여 가구가 무덤 주위에 모여 살았다. 이렇게 해서 孔里, 공자 마을이 형성되었다. 공자의 제사는 대대로 이어졌다. 노나라는 때가 되면 공자의 사당에서 제사를 지내고, 유학자들은 무덤 곁에서 학문을 토론하고, 예악을 강습하며, 술을 마시고, 활을 쏘았다. 무덤 면적은 100무(1무는 1/6에이커 정도)의 규모여서 제자들을 홀 안으로 수용할 수 있었다. 공자가 쓰던 물건, 즉 모자, 가운, 거문고, 수레, 책들은 공자의 사당에 보관되어, 한 제국에 이르기까지 대대손손 전해졌다. 한의 창시자 고조는 이곳을 지나면서 공자에게 (소, 양, 돼지 등) '큰 잔치(태뢰)'로 그에게 제사를 지냈다. 제후들과 고위 관료들이 이곳에 부임하면, 먼저 이곳 공자의 사당에 들러 예를 표한 다음, 직무에 착수했다.

공자는 아들 리鯉를 낳았다. 자는 백어인데, 50세에 공자보다 일찍 죽었다. 백어는 아들 급伋을 낳았다. 자는 자사이고, 62세를 살았다. 송나라에서 곤욕을 당한 적이 있다. 그는 《중용》을 지었다.[31]

나는 말한다.[32]

"《시경》에 있다. '올려보니 산은 저리 높고, 길은 멀리 뻗어 있네.' 도달하기는 어렵지만, 마음은 늘 그 등정을 꿈꾼다. 나는 공자의 책을 읽고 그 사람을 늘 생각해왔다. 노나라에 가서는 공자의 사당과 수레, 의복, 예식의 집기 등을 둘러보고, 여러 유생이 가문의 예를 때마다 강습하는 것을 참관할 수 있었다. 나는 고개 숙여 곰곰이 생각하며, 한동안 그 자리를 떠나지 못했다. 천하에 수많은 제왕과 현인, 그들은 살아서 화려한 명성과 영광을 누렸지만, 죽고 나서는 다 먼지로 흩어지지 않았는가? 그렇지만 공자는 포의(흰옷의 평민)로 일어나 10여 세대에 걸쳐 학자들이 그를 받들고, 정신적 유산을 이어가고 있다. 중국에서 육예를 논하는 사람들은, 황제에서 왕후 귀족들에 이르기까지 공자의 말에 귀 기울이고, 그를 최종적 권위로 삼고 있다. 그는 가히 '최고의 성인(지성)'이 아닌가?"

---

31 이어, 가계들이 사마천 당대에까지 이어지는데, 독자들의 관심을 고려하여, 여기서는 생략한다.

32 태사공은 사마천의 직책으로, 글자 그대로는 '위대한 혹은 최고위의 역사가'라는 뜻. 그는 한나라 궁정의 공식 역사가 가문에서 태어났다. 그는 《사기》의 전기를 쓴 다음, 끝에 존중 혹은 비평을 담은 자신의 간략한 평을 덧붙여 놓았다.

2

다산을 위한 변명[33]
(정민 교수 발제 논평)

정신 혹은 영혼은 형체 위의 불꽃이다.

形旣生矣 神發知矣. (주돈이, 《태극도설太極圖說》)

말미에서 정민 교수는 말한다.

벼슬길에 오른 뒤로는 천주학을 전혀 하지 않았다고 한 술회가 이어지는데, 이는 더더욱 사실이 아닌 구차한 변명이었다. 당시 다산은 1787년 성균관 학생 시절 이승훈과 함께 동료인 강이원 등을 끌어들여 서학 공부에 몰두하다가 정미반회 사건의 물의를 일으켰고, 제사에 관한 문제가 출제되자 교리에 위배된다 하여 이승훈과 함께 백지 답안지를

---

1   이 장은 2023년 12월 8일 "제37회 다산학 국내학술회의"에서 정민 교수님의 〈서학의 관점에서 읽는 다산 4종 일기의 행간〉 발표에 대한 논평문을 토대로 한 글이다.

제출하고 나오기까지 한 상황이었다.

또 신해년(1791)의 진산 사건을 두고도 윤지충과 권상연 등을 원수처럼 미워하고 역적 보듯 하였다며, 제사 폐지 교리의 부당성에 대해 열변을 토했다. 하지만 다산은 벼슬길에 오른 뒤에도 한동안 천주학 공부에 진심이었고, 심지어 1795년 주문모周文謨 신부의 탈출을 돕기까지 했으며, 최근 무덤에서 출토된 윤지충과 권상연의 묘지 사발에 글씨까지 써주고 있는 것으로 보아, 이 대목의 진술 또한 사실과는 상당한 거리가 있다. (정민, 〈서학西學의 관점에서 본 다산 4종 일기〉, 《다산학》44호, 2024, 127쪽)

다산은 배교 이후에도 여전히 '숨은 가톨릭(secret Catholic)'으로 남아 있었다는 말인가? 논평은 80%가 발제를 학습하는 시간이다. 나머지 한둘 의문 사항이나 부가 설명을 요청하는 것이 상례인데, 정민 교수의 발제는 기존 통념을 흔들고, 자칫 다산 자신의 성실성까지 시험대에 올리고 있지 않나 싶다. 아니어도 이 문제를 다시 정리해볼 생각이 있었는데, 마침 좋은 기회다 싶어 장문의 '변명'을 적는다.

강이원의 누설

강세정의 《송담유록松潭遺錄》을 보자.

정미년(1787년, 정조 11년) 겨울에, 이승훈과 정약용이 성균관에서 지내며 과거 공부를 하겠다는 핑계로, 동반촌東泮村 김석태의 집에 모여 사서邪書를 강설한 지 거의 한 달 가까이 되었다. 진사 강이원이 '사학쟁이라 사칭하면서' 마침내 그 집에 들어가, 서양의 책 이름과 설법 등의 일을 죄다 살펴 얻었다. 갑자기 벗인 이기경에게 적발되자, 강이원이 한바탕 크게 놀라 그 즉시 그만두고 나왔다. 강이원이 그 주장을 벗들 사이에 누설하여 모르는 사람이 없게 되었다. (정민 역주,《송담유록》, 김영사, 46-47쪽)

미묘한 차이가 있다.《송담유록》은 강이원이 '같이 공부를 한 것이 아니라' '정탐을 위해 몰래 들어가 책과 내용을 염탐했다'는 것이 아닌가? 이어 '제사'와 연관된 문제가 출제되자, 다산이 이승훈과 함께 시험을 포기하고 나왔다고 썼다.

이승훈과 정약용의 무리가 감제柑製에 들어갔는데, 성상께서 내리신 제목에 제사에 대한 주장이 있자, 둘 다 백지를 내고 시험을 보지 않았다. 이 또한 제사는 마귀가 먹는다는 이유로 제사가 무익하다고 여겼기 때문이다. (강이원이 전해준 이야기다.) (같은 책, 48쪽)

정민 교수는 이 기록의 신빙성을 의심하지 않는다. 그러나 강이원은 자신이 연루될까 보아서, 사실을 과장하고 거짓을 고하고 있을 수도 있다. 목숨이 달린 일이 아닌가?《송담유록》은 傳聞, '하더라'라는 얘기들을 싣고 있다. 또 전문자傳聞者가 사건에 연루된 당사자라면 더욱 신빙성을 의심할 만하다.

이가환은 邪學의 교주인가?

《송담유록》을 믿을 수 없는 결정적 이유가 있다. 주로 공초供招, 결안 結案의 문자들을 모았다. 과학 수사가 불가능한 시절, 증거는 '자백'에 의존했다. 형신刑訊과 압슬壓膝 등의 고통과 죽음의 공포가 신앙과 교차할 때 나온 얘기들, 그리고 그것을 입맛에 맞추어 적어 나간 심문자의 필요가 혼재된 기록들 아닌가? 그러므로 이 책은 '눈을 반쯤만 뜨고 읽어야 한다.' 예를 들어, '이가환'을 언급한 기사들을 보자. 다음은《송담유록》에서 발췌한 기사들이다.

> 정헌 이가환은 무리를 불러 모아 스스로 교주가 되었고, 이승훈은 요사한 서적을 구입해 와서 달가운 마음으로 사법邪法을 옹호하였습니다. 정약용은 본래 두 추잡한 것과 배포가 맞아서 한데 뭉쳤으니, 이 세 흉적이 모두 사학의 뿌리가 됩니다. (같은 책, 86쪽)

> 사족의 부녀의 경우, 처음에는 이가환의 가까운 인척부터 전하고 익혔다가, 집안과 혼인한 가문에까지 이르렀으니, 오도된 자가 몹시 많았다. 여염의 여자도 따라서 감화되었는데, 그중에서도 과부들이 천당과 지옥의 주장을 깊이 믿어 귀천을 가리지 않고 많이들 빠져들었다. 또 모여서 강학하는 장소가 있어, 밤을 타서 왕래하였다. 달마다 강습하고 배례하는 날이 따로 정해져 있었다. 저마다 찬 작은 주머니에는 천주의 화상이 있었고, 반드시 편경片鏡을 지녔다. 아마도 이가환이 한문 사서의 한글 번역본으로 인척 집의 부녀를 가르쳐 이끌자, 그들도 점차 배워 익혔기 때문이다. (같은 책, 101쪽)

유항검과 유관검 형제는 전주의 한미한 집안인데, 혼인으로 이어진 충청도의 세족이 제법 많아서 누대에 걸쳐 재물을 모아 세상에서 부호로 일컬었으니, 바로 윤지충의 고모의 아들이다. 윤지충에게서 사학을 배워 여러 해 동안 몹시 현혹되어 신주를 훼손하고 제사를 폐지한 일이 윤지충과 똑같았다. 윤지충의 변고가 일어나자, 사판祠版을 다시 만들어 겉모양을 꾸며놓았지만, 실은 조금도 회개하지 않았다. 신유년(1801년, 순조 1년) 옥사에 이르러, 이름이 국문의 공초에 나와 체포되어 와서 낱낱이 자복하였다. 공사에는 "이가환과 정약종 및 여러 사적邪賊이 모두 은화를 갹출하여 서양의 큰 배를 보내줄 것을 요청하여 군대를 일으켜서 우리나라를 도륙하는 거사를 하려고 하였습니다"라고 하였다. 능지처참하고 가산을 적몰하였다. (같은 책, 122-123쪽)

위 세 기록을 보면, 이가환은 "교주가 되어 무리를 이끌고, 교리를 한글로 번역하여 집안 부녀들부터 포교했으며, 마침내 은화를 갹출, 서양의 큰 배를 보내달라고 거사를 도모한 사람"으로 낙착된다.

과연 그런가? 다산이 쓴 〈정헌묘지명貞軒墓誌銘〉은 전혀 다른 이야기를 들려준다. 다음은 부사직副司直 박장설이 상소문에서 이가환을 공격한 말이다.

이가환은 邪學을 창립해서 사도를 배신했다. 생질 이승훈을 보내 사학책을 사들이고, 부자들을 꾀어 그들의 재산을 빼앗으며, 스스로 교주가 되어 그 邪術을 널리 전파했다.

後數日 副司直朴長卨上疏 自稱羈旅之臣 首論徐有防奸邪 次論捕廳事 以及於公 謂'公薄有文藝 變亂義理【謂訟剡溪冤】倡立邪

學 背馳吾道 縱甥購書【李承薰】誘富騙財 自作敎主 廣張其術'.

(다산, 〈정헌묘지명〉)

이에 이가환이 발끈했다.

사람을 해치고 제사를 지내지 못하게 했다고 하는데, 증거가 있는가?
내놓아라. 내가 또 邪學을 배척하는 글을 썼다고 하는데, 나는 그런 적
이 없다. 나를 함정에 끌어들이려는 수작이다.

賊人斬祀 果指誰某? 其有證耶 何不露出? 若其無證 何故容易?
至於乙巳作文之說 又何厚也? 斥邪之作 謂出臣手 臣何必固讓 而
臣實無作 亦安得據而有之乎? 方斥以邪 又言斥邪 亦可見其急於
阮陷 觸事憑虛也. (같은 곳)

신은 평소에 책 읽기를 좋아하는 벽이 자못 있습니다. 몇 해 전에 보지
못한 책이 연경燕京에서 왔다는 말을 갑자기 듣고서 빌려다 탐독했습
니다. 내용이 더러 신기하여 처음에는 대략 섭렵했으나, 점차 자세히
읽다 보니 그 내용이 허황되고 正道에 어긋남을 알고서 노자나 불교
와 같은 것이라 여겼습니다. "벼슬하지 말고 제사 지내지 말라"라는 대
목에 이르러서는 그들의 주장이 人倫을 거스르고 正道를 어지럽히며
아비도 없고 임금도 없다는 것이기에, 곧 그 주장의 잘못을 공격하고
물리치기를 저의 임무로 삼았습니다. 그래서 한갓 피하고 멀리할 뿐만
아니라 맹세코 멸하여 없애고자 하였습니다. 이는 참으로 친지들도 모
두 아는 바이니 누구를 속이겠습니까?

臣於平日 粗有看書之癖 年前驟聞 未見之書 自燕出來 借來耽看

語或新奇 初頗涉獵 及其漸次披閱 見其荒誕不經 猶以爲老·佛之
緒餘也. 至其絶仕宦廢祭祀 則悖倫亂常 無父無君 乃以辭闢爲己
任 非徒避而遠之 誓欲滅而絶之. 此實親知之所共聞 其誰欺乎?
(같은 곳)

공은 평소에 역상曆象에 관한 책을 좋아하였다. 일식하고 월식하는 주
기와 五星이 숨었다 나타나는 주기, 그리고 황도黃道와 적도赤道의 거
리 및 차이의 도수度數에 대하여 모두 그 근본 원리를 통달하였다. 아
울러 지구의 둘레와 지름에 대해서도 별도로 도설圖說을 만들어 후배
들을 가르쳤다. 공이 서교를 신봉한다는 지목을 받게 된 것도 모두 이
런 이유 때문이었다.

雅好曆象之書 凡日月五星交食伏見之期 及黃道赤道交距差互之
度 悉通其本理 竝地球圜徑諸度 另有圖說 以示後生 其得指目 凡
以是也. (같은 곳)

이가환이 사학의 지목을 받은 이유가, 천문, 역상 등의 서양 과학 기
술 때문이라는 것을 특기했다. 정조가 과학 기술 책의 편찬을 주문하
자, 오해를 사게 될 것이라면서 사양했다고 말하기까지 했다. 서양의
과학과 신앙이 혼동될 위험을 이가환이 미리 알고 있었다는 것이다.

이때는 중국의 소주蘇州 사람 주문모가 우리나라로 몰래 들어와서 서
교를 널리 선교한 지 이미 6년이 되었다. 물이 스며들고 불이 타오르듯
교세가 날로 번성하고 달로 치열해져서, 안으로는 서울의 여항閭巷에
서부터 밖으로는 시골 마을에 이르기까지 상하의 남녀가 서로 모여, 가

르치고 익히는 자들이 가는 곳마다 수백 명씩 되었다. 그러나 약용과 공은 그들의 동정을 전혀 듣지 못하였고, 다만 화란의 기미가 만연하여 가까운 시일에 화가 반드시 닥치리라는 것을 알았을 뿐이었다.

時蘇州人周文謨潛出廣宣已六年 水漬火燃 日滋月熾 內而閭巷 外而鄉曲 上下男婦相聚敎習者 動以百數 而鏞與公且漠然不聞其 動靜 但知禍機森張 朝夕必發. (같은 곳)

신유년 1801년.

고문이 가혹했지만, 종이 한 조각이나 어떤 죄수의 공초에서도 끝내 증거가 될 만한 것은 나오지 않았다. 오직 어지럽게 쌓아놓은 문서 더미 속에서 노인도老人圖를 찾아내어, 이것이 누구의 像이냐고 물었다. 그러나 이 또한 증거물이 될 수 없었다.

雖拷掠甚嚴 而一片之紙 · 一囚之招 卒無可憑 唯於亂堆中 得老人 圖 問是何像 亦無以爲贓. (같은 곳)

정경正卿의 몸으로 이런 지목을 받았으니, 그 죄가 죽어 마땅하다.

身以正卿 得此指目 厥罪當死. (같은 곳)

이 말에 옥관들이 드디어 죄를 승복한 것으로 여겼다. 공은 죽음을 면하지 못할 줄을 알고, 단식한 지 6, 7일 만에 기절하여 죽었다. 판결이 마침내 기시棄市로 정해졌으니, 이때가 3월 24일이었다.

獄官遂以爲承服. 公知不免 卽絶粒不食六七日 氣絶而死 議竟棄 市 時二月二十四日也. (같은 곳)

기록은 분명하다. 서교에 물든 아무런 흔적도, 물증도 없었다. 이 글은 다산 자신이 쓴 글이다. 누구 말을 더 믿을 것인가?

정민 교수는 다산이 주문모를 피신시킨 장본인이라고 했다. 과감하고 새로운 주장이다. 서교 관련 기록들이 함구·훼손·개작되었을 것은 틀림없고, 그러기에 더 세심한 독법이 필요한 것은 물론이다. 그렇지만 지금 다산은 스스로 말하고 있지 않은가?

> 그러나 나와 공은 그들의 동정을 전혀 듣지 못하였고, 다만 화란의 기미가 만연하여 가까운 시일에 화가 반드시 닥치리라는 것을 알았을 뿐이었다.

다산이 주문모를 피신시켰다는 것은 추측인가, 정황적 판단인가?

그리고 작은 것 하나. 1787년은 정미반회丁未泮會 사건(이승훈, 정약용 등이 반인 김석태의 집에서 천주교 서적을 읽다가 발각되는 사건)이 있었다. 다산이 과거에 급제하는 것이 1789년이다. 정미반회까지는 몰라도, 관류로 출신한 이후에는 멀어졌다는 것이 시산상 엇갈리는 것은 아니다. 정민 교수는 이 무렵 다산의 서교 공부에 대한 다른 증거를 가지고 있는지 모르겠다.

성호의 서학관

이가환의 태도는 성호 이익이 서학을 대하는 자세와 닮아 있다.

2022년 성호학회에서 정민 교수의 "성호의 서학 진의론과 일계의 서학 인식"을 들을 기회가 있었다. 발제를 들으며 몇 가지 노트를 해두었는데, 지금 이 자리에서 같이 리뷰해보는 것이 도움이 될 듯하다.

정민 교수는 성호의 태도가 애매하고 화법이 모호하다고 생각한다.

> 서학을 바라보는 성호의 관점은 다른 유학자와 달리 유연하고 포용적이었다. 성호 사후, 성호를 지근거리에서 지켜본 일가인 이가환과 제자 중 홍유한, 권철신, 이기양 등이 점차 학술에서 신앙의 영역으로 넘어가려는 움직임을 보였고, 순암 안정복이 이를 적극 제지하는 과정에서 갈등이 폭발했다. 격돌의 과정에서 양측 모두 자신들이 성호의 계승자임을 분명히 하고 있었기에, 성호의 진의가 무엇이었는지를 둘러싼 논의가 쟁점화되었다.
> 성호 자신의 모호한 태도와 화법에 원인이 있었다. 성호는 서학에 대해 공개적인 옹호도 격렬한 비판도 하지 않았다. 반대에 부딪히면 조금 물러서는 발언으로 응대했고, 허물없는 일가나 측근의 제자들에게는 적극적인 지지를 표시했다. 여기에 전달 과정에서 왜곡과 검열이 더해지자, 성호 진의의 소재는 갈수록 모호해졌다. (정민, 〈星湖의 西學 眞意論과 一系의 西學 認識〉, 《한국학문학연구》 90호, 2024, 163쪽)

내 생각에 성호는 전혀 모호하지 않다. 정민 교수의 말대로, 그의 남다른 포용성과 개방성은 '자신감'에서 온다. 배타적 태도는 열등감과 두려움에서 오고, 무조건 추종하는 것 또한 비굴한 영합이겠다.

지금 우리가 물어야 할 것은 성호가 무엇을 취하고 무엇을 버렸느냐를 낱낱이 살피는 일이다. 그에게 all or nothing, '유교냐 서학이냐의 이분법'을 강요하는 것은 부당하고 시대착오적이다.

다음 정리는 정민 교수의 발제에 나온 인용문만으로 성호의 생각을 더듬어보고, 그것을 정리해본 것이다.

① 그들의 과학 지식은 놀랍다. 그러나 '천주' '천당·지옥'은 불교라, 결국 이단이다. 고의로 혹세무민할 생각은 아닐 것이다. 식견이 부족했다.

> 서양의 여러 책은 실로 기뻐할 만한 것이 많다. 그중 역수曆數를 추보推步하거나 기계를 제조하는 것 같은 것은 중국 사람이 미칠 바가 아니다. 다만 그 학문은 비록 오묘한 이해가 많지만, 이단의 문자임이 분명하다. (정민 역주, 《송담유록》, 302쪽)

> 내가 일찍이 윤유장의 말을 들으니, 자네가 마테오 리치의 학문을 배척하는 데 전력을 다한다고 하더군. 자네는 마테오 리치의 학문이 어떠한지 아는가? 내가 장차 자네를 위해 말해보려네. 서학에서 천당과 지옥의 주장 같은 것은 진실로 불교에 불늘었다고 할 수밖에 없네. 하지만 천문과 역법의 수를 논한 것은 실로 전고에 미처 발견하지 못한 점이 있다네. 요컨대 천당·지옥의 주장 또한 그 견해가 이르지 못한 지점이니, 불교에서 하듯이 일부러 세상을 속이는 뜻이 있는 것은 아닐세. (같은 책, 281쪽)

> 그들이 천신의 일을 말한 부분은 비록 허황하지만, 서양 선비가 어찌 반드시 세상을 미혹시키고 사람을 속이려는 자들이겠는가? 그들이 태극의 주장을 변정하여 배척한 것에 이르러서는 비록 육상산, 왕양명

과 우연히 합치되지만, 그 주장 또한 본디 견해가 있는 것일세. (같은 책, 291쪽)

② 과학 기술은 중국보다 월등하다. 그러나 3혼설², 영혼불멸, 천당·지옥 등은 확실히 이단이다.

선생이 말하기를, "서양 사람들 중에는 대체로 이인異人이 많아서 예로부터 천문의 관측, 기기의 제조, 산수 등의 기술은 중국이 따라갈 수 없었다." … 내가 묻기를, "洋學도 학술로써 말할 만한 것이 있습니까?" 하니, 선생이 "있다" 하고, 이어서 3혼설 및 영혼불멸설, 천당·지옥의 설에 대하여 말했다. 그러고는 "이것은 분명 이단이다"라고 하였다.
先生曰: "西洋之人 大抵多異人. 自古天文推步 製造器皿 筭數等術 非中夏之所及也." … 余因問: "洋學有可以學術言之者乎?" 先生曰: "有之矣. 因言三魂之說及靈神不死天堂地獄之語" 曰: "此決是異端." (순암,《천학문답天學問答》)

③ 귀신을 믿는 것도 황당한데, 천주가 강생했다는 이야기는 더욱 황탄하다.

귀신을 믿는 폐해는 진실로 허황한 데 이르지만, 이른바 천주가 강생했다는 주장 같은 경우는 그 허황함이 또한 너무 심합니다. … 그가 태극

---

2 본질적으로 모든 생물에는 그 근본 질료의 원료가 되는 혼이 있는데, 이 혼에는 초목의 혼인 생혼生魂, 금수의 혼인 각혼覺魂, 사람의 혼인 인혼人魂 세 가지가 있다 한다.

에 대해 변정하여 배척한 주장에 이르러서는 온통 육상산과 왕양명이 남긴 이론을 답습하였습니다. (정민 역주,《송담유록》, 291쪽)

④ 3혼설이 참신한데 주자학의 人物 구분과 크게 다를 바 없고, 뇌낭설腦囊說도 새로운 명칭에다 기발한 접근인데 특별히 새롭다고 볼 수 없다.[3]

"마테오 리치의 주장은 '초목의 혼은 살아 있을 뿐이고, 짐승의 혼은 살아 있고 또 감각을 느낀다. 사람의 혼은 살아 있고 감각을 느낄 뿐 아니라 또 영명하다'고 합니다. 또 '사람에게는 뇌낭이 있는데 두개골 안에 자리 잡았고, 기억의 주체다'라고 하였습니다. 안산의 성호 선생이 그 말이 일리 있다며 칭찬한 적이 있습니다." 이만부가 말했다. "3혼의 주장이 비록 새로운 것 같지만, 등급을 나누는 뜻을 살펴보니, 실은 우리 유가에서 사람과 사물이 통하고 막히고를 논한 것에서 나온 것일세. 뇌낭에 대한 주장은 또 의서醫書에서 이른바 '수해髓海'[4]를 논한 것과 더불어 서로 맞아떨어진다네. 이것은 그 이름을 새롭게 바꾸고 그 학술을

---

3 理는 하나인데, 식물은 거꾸로 된 뿌리이고 동물은 옆으로 기는 몸을 받았기에, 그 '명령'을 온전히 구현하지 못한다. 다만 인간만이 머리는 둥글고 발은 편편해 天理를, 그 仁義禮智를 온전히 구현할 수 있다. 성호는 이 전통적인 주자학의 생명관이 3혼설과 기본 구조가 다를 바 없다고 말했다. 다산은 이 생명의 '연속적 스펙트럼', 즉 모종의 진화적 발상을 막아서서, 동식물과 인간 사이는 건널 수 없는 심연·단절이 있다고 외친다. 仁義禮智의 '도덕'은 오직 인간만의 사태라고 강조한다. "그 동물과 인간 사이의 차이는 아주 작다. 바로 '도덕적 지각(道心)'이다. 이것은 형태도 없고 물질도 아닌 것이, 신비이고 돌발이다(所異者 惟是一箇道心. 而道心爲物 無形無質 至微至忽)." 다산은 이 '道心'이 신의 목소리가 깃든 곳이라고 말한다.
4 글 속의 수해髓海는《동의보감》등 여러 의서에서 백회혈百會穴 자리에 위치한 뇌를 가리켜서 쓴 표현이다.

기이하게 만든 것에 지나지 않으니, 굳이 대단히 특출한 견해가 있는 것은 아닐세. (같은 책, 296-297쪽)

性에는 세 가지 품급이 있다. 초목의 性에는 생명은 있으나 지각이 없고, 금수의 性에는 생명에다가 지각도 있다. 우리 인간의 性에는 생명과 지각이 있고 또 신령하고 선하다. 상중하 세 품급 간에는 절연한 차이가 있다.

性有三品. 草木之性 有生而無覺; 禽獸之性 旣生而又覺; 吾人之性 旣生旣 覺 又靈又善. 上中下三級 截然不同. (다산,《중용강의보》)

순자가 말했다. "물과 불에는 氣는 있으나 생명이 없고, 초목에는 생명은 있으나 지각이 없으며, 금수에는 지각은 있으나 義가 없고, 인간에는 氣와 생명과 지각과 義가 모두 있다." 그 부여받은 性에는 모두 네 등급이 있는데, 사람과 금수가 가장 가까워서, 귀로 듣고 눈으로 보는 점에서 차이가 없고, 코로 냄새 맡고 혀로 맛본다는 점에서도 차이가 없으며, 식색안일의 욕망에서도 차이가 없다. 차이가 나는 부분은, 오직 하나의 道心에 있다. 道心이라는 것은 형체도 질감도 없고, 지극히 미세하고 희미하다.

荀子曰: "水火有氣而無生 草木有生而無知 禽獸有知而無義 人有氣有生有知有義." 蓋其受性之品 凡有四等 而人與禽獸最相近. 耳聽目視無以異也, 鼻嗅舌舐 無以異也 食色安逸之欲無以異也. 所異者 惟是一箇道心. 而道心爲物 無形無質 至微至忽. (다산,《맹자요의》)

순자가 말했다. "물과 불에는 氣는 있으나 생명이 없고, 초목에는 생명은 있으나 지각이 없으며, 금수에는 지각은 있으나 義가 없고, 인간에는 氣와 생명과 지각과 義가 모두 있다." 이는 이치에 합당한 말이다.

荀子曰: "水火有氣而無生 艸木有生而無知 禽獸有知而無義 人有氣有生有 知有義." 此合理之言也. (다산,《논어고금주》卷9,〈양화〉下)

이는 전성前聖이 발명하지 못한 말을 발명한 것이니, 마음을 다스리는 학문에 큰 도움이 되겠다.

此發前未發 於心術之學大益. (성호,《성호사설星湖僿說》卷19,〈순자荀子〉)

이 한 가지 말은 탁설卓說이 아닐 수 없으니, 그 知가 있고 義가 있다는 것은 곧 人心·道心과 더불어 합치됨과 동시에 근원을 추궁하고 실마리를 연구하여 다시 남은 감추어진 것이 없으니, 천지 사이에 이 한 가지 말이 없어서는 안 된다.

此一段卓然該說 其有知有義 卽與人心道心合 而窮源究緒 無復餘蘊 天地間 不可無此一轉 語. (성호,《성호사설》卷30,〈순자해폐편荀子解蔽篇〉)

⑤《칠극》은 유교의 克己론과 같다. 이 책은 "禮가 아닌 것은 보지도 듣지도 말하지도 행하지도 말라"는 유교의 선언적 교훈보다 절목이 풍부하고 조리가 있으며 비유가 절실하다. 유교에서 미처 다루지 못한 것도 있으니, 인간성의 회복에 '크게 유익하다.' 이단의 말이라도 옳으면 취할 일이다. 그런데 거기 천주와 귀신의 설이 섞여 있어 놀랐다. 모래 자갈을 걸러내고 온전한 것을 채택한다면, 유가자류儒家者流

라 하겠다.

《칠극》은 서양 사람 방적아龐迪我(판토하)의 저술로, 곧 우리 유교의 克己설과 같다. 칠지七枝 가운데에는 다시 절목節目이 많고 조관條款이 순서가 있으며 비유하는 것이 절실하여 간혹 우리 유교에서 밝히지 못하였던 것도 있으니, 그 극기복례의 공정功程에 도움이 크다고 하겠으나, 다만 천주와 마귀의 설이 섞여 있는 것만이 해괴할 따름이니, 만약 그 잡설을 제거하고 명론만을 채택한다면, 바로 유가자류라고 하겠다.

七克者 西洋龐迪我所著 卽吾儒克己之說也. 七枝之中 更多節目 條貫有序 比喩切已 間有吾儒所未發者 其有助於復禮之功大矣. 但其雜之以天主鬼神之說 則駭焉. 若刊汰沙礫 抄採名論 便是儒家者流耳. (성호,《성호사설》卷11,〈칠극〉)

《칠극》은 바로 사물四勿(禮가 아니면 보지 말며, 듣지 말며, 말하지 말며, 움직이지 말라는 네 가지 가르침)의 각주와 같은 것이다. 그 말 가운데 대개 폐부를 찌르는 말이 많기는 하지만, 이것은 단지 문인의 재담才談이나 아이들의 경어警語에 불과한 것이다. 그러나 그 황탄한 말들을 제거하고 경어만을 요약한다면, 우리 유자儒者의 克己 공부에 얼마간의 도움이 없지는 않을 것이다. 이단의 글이라 하더라도, 그 말이 옳으면 취할 뿐이다.

又曰: "七克之書 是四勿之註脚 其言盖多刺骨之語 是不過如文人之才談 小兒之警語. 然而削其荒誕之語 而節略警語 於吾儒克己之功 未必無少補. 異端之書 其言是則取之而已."[37] (순암,《천학문답》)

⑥ 마테오 리치는 성인이다? 성호는 이 사람의 학문을 쉽게 보아서는 안 된다고 주의를 준다.《천주실의》등 그의 저작을 보면 그게 우리 유교와 합치하는지는 잘 모르겠지만, 그들의 道에 입각해서 그의 무게를 가늠해보면, 그는 가히 성인이라 할 수 있다.

> 갑진년(1724년) 3월 21일에 내가 성호 이익 선생을 아현鵝峴의 지내시던 집으로 찾아가 뵈었다. 선생은 바야흐로 다른 사람과 마테오 리치의 일에 대해 논하고 계셨다. 내가 물었다. "마테오 리치는 과연 어떤 사람인지요?" 성호 선생이 말했다. "이 사람의 학문은 허투루 볼 수가 없네. 이제 그가 지은 글 중《천주실의》와《천학정종天學正宗》같은 여러 책을 볼 것 같으면, 비록 그 도리가 우리 유가에 꼭 맞는지는 모르겠네만, 그 道에 나아가 그가 이른 바를 논한다면 또한 성인이라 말할 수 있을 것이네." (정민 역주,《송담유록》, 274-275쪽)

순암이 "이마두利瑪竇(마테오 리치)를 성인이라 하셨다고?"를 두고, 이렇게 변명한다. "서양 신비 가운데 학식과 재능이 남다르다는 뜻이겠지. 요순이나 주공, 공자의 반열을 허하셨겠느냐?"[6]

---

5   人心(동물성)은 인간의 육신으로부터 오는 것이라, 다른 데서 찾을 것이 없다. 그런데 이 책은 왜 인간이 악을 저지르는 것을 마귀의 인도라고 하나? 분명 이단이 틀림없다.
6   성호가 이마두를 '성인'이라 칭한 적이 있다는 것은 사실인 듯하다. 서양의 수준 높은 과학과 지식에 통달하고, 교리를 중국과 맞세워 설득하는《천주실의》의 정치한 변증, 일신의 영달을 버리고 천학을 익혀 목숨을 돌보지 않고 이역만리에 그 소식을 전하러 온 그를 보고, 뛰어나고 고결한 현자임이 틀림없다고 생각한 듯하다.

어떤 사람이 또 물었다. "성호 선생이 일찍이 마테오 리치를 성인이라고 했다 하여, 이들 무리 중에 핑계 삼아 말하는 자가 많습니다. 그게 사실입니까?" 내가 듣고 나도 모르게 실소하면서 대답했다. "성인에도 여러 유형이 있는바, 공자와 같은 성인도 있고 삼성三聖과 같은 성인도 있으므로 한마디로 말할 수 없다. 옛사람이 聖을 풀이하기를, '통명通明함을 이른다' 하였으니, 광대光大하여 화성化成하는 聖과는 서로 같지 않다. 선생이 그런 말을 했는지 나는 모르겠으니, 혹시 내가 잊어버린 것인가? 그러나 가령 했다고 하더라도, 그것은 西士의 재주와 식견이 통명하다고 이를 만함을 말한 것에 불과하다. 그것이 어찌 요순·주공·공자와 같은 성인으로서 허여한 것이겠는가? 근일에 사람들이 흔히 어떤 이를 성인이라고 하는데, 그 사람은 나도 본 사람이다. 선생이 설사 그런 말을 했다 하더라도, 그것은 그런 부류에 불과한 것이다. 어찌 진짜 성인이겠는가? 아아, 우리의 道가 밝혀지지 않아 사람들은 각자 자기의 좁은 소견을 가지고 스스로 옳다고 여기면서도 깨닫지 못한다. 그리하여 후생後生을 그르치기까지 하면서도 이를 알지 못하니, 참으로 안타까운 노릇이다. 달리 무슨 말을 더 하겠는가?"

或又問曰: "星湖先生嘗謂利瑪竇聖人也. 此輩之藉此爲言者多. 其信然乎?" 余聞之. 不覺失笑曰: "聖有多般 有夫子之聖 有三聖之聖 不可以一槩言也. 古人釋聖字曰: 通明之謂聖 與大而化之之聖 不同矣. 先生此言 余未有知 或有之而余或忘之耶? 假有是言 其言不過西士才識 可謂通明矣 豈以吾堯舜周孔之聖 許之者乎? 近日人多以某人爲聖人 某人余所見也. 先生雖有此言 是不過某人之類耳 豈眞聖人也哉? 噫嘻! 吾道不明 人各以自己斗筲之見 自以爲是而不能覺焉 至於誤後生而不知 誠足憐憫. 他尙何言?" (순암,

《천학문답》

⑦ 불멸이어도 좋지 않겠는가? 성호는 말한다. "만일 영혼이 풍운과 더불어 저 허공에 표류한다면, 그 아니 쾌사이겠는가? 한퇴지韓退之가 읊었듯이, 나풀나풀 큰 벌판에 내려와 머리 풀고 기린을 타듯(翩然下大荒 被髮騎麒麟) 멋진 광경일 듯…."

> 魂과 氣가 바람에 흩어져 바람, 구름과 함께 허공을 떠다닌다면 하나의 상쾌한 일일 것입니다. 한퇴지의 시에 "너울너울 큰 벌판으로 내려올 제, 머리를 풀고 기린을 타리라"라고 하였으니, 이것이 어떤 광경입니까? … 유럽의 천주설은 내가 믿는 바는 아니지만, 하늘과 땅을 설명한 말은 이치가 철두철미하고 공력功力이 결집되어 있으니, 전에 없던 말입니다.
>
> 默思魂氣飄蕩 與風雲浮遊於太空 是一快事. 退之詩云'翩然下大荒 被髮騎麒麟.' 此何等光景. … 歐羅巴天主之說 非吾所信 其談天說地 究極到底 力量包括 蓋未始有也. (성호, 〈답안백순答安百順〉)

그러고 나서 이렇게 단정한다. "유럽의 천주설은 내 믿지 않지만, 하늘과 땅(천문, 역사, 지리, 풍속)을 설하는 것은 최고 지점에 도달했다. 그들의 역량이 포괄하는바, 미치는 범위는 이전에 없던 일이다."

이 몇 건의 기록만 해도, 성호의 생각을 대개 가늠할 수 있다. 전혀 모호한 바가 없다. 그를 좌우로 끌어가려는 기대와 선입을 유보하면, 사태의 실상이 더 뚜렷해지지 않을까?

성호의 시대는 비교적 자유로웠다. 본격적으로 부딪히기 전이었다. 한 세대가 지나 이가환의 시대가 오면, 좀 더 심각한 격돌로 이어진다.

⑧ 순암은 "유교가 위험하다!"고 경보를 발하기 시작한다.

권철신 등이 재기가 승해, 독단으로 '앞 사람(주자학의 선배들)'을 누르려한다. 장차 심각한 폐단이 될 것이다. 주자학의 기초 훈련인 '미발未發'을 선불교에 빠졌다 일축하고, 《중용》에서 말하는 '삼가고 두려움(戒懼之意)'은 정적 명상(靜存)이 아니라고 말한다. 그의 주장대로라면, 주렴계 이후 정자, 주자 등이 논한 敬이나 靜은 당장 내버려야 할 것이다. 그가 논한 것을 보니, 오직 '움직임' 위에 힘쓸 뿐, 靜 한 글자가 빠져있으니, 이게 어디 말이 되는 소리인가? … 형(이병휴)이 이들을 좀 꾸짖고 눌러야지, 이러다가는 사람들의 웃음거리가 되지 않겠는가?[7]

旣明士興 非惟當世之才 求之古人 亦罕其倫. 但其才氣勝 而工夫不篤 欲以一時所見 求壓前人. 此習若長 弊將如何? 其所可悶者以程朱未發用工之語 謂之涉禪 而以中庸戒懼之意 謂非靜存之工. 若如其說 則濂洛以後論敬論靜文字 皆當毀之矣. 觀渠所論 只在

---

7   주자학은 체용론體用論 위에 서 있다. 心學은 자극에 대한 심리적·정서적 반응을 교정하는 데서 출발한다. 그런데 주자는 이 '情'을 쫓아가다 가는 부지하세월이고, 산만하고 피곤할 뿐임을 알았다. 그래서 발출 이전(未發)을 미리 확보하는 것이 '발출'의 적정을 기약하는 길이라고 생각했다. 이를 中和 新說, 새로운 방법의 낙착이라 한다. 未發의 體를 확보하는 것을 '계구戒懼', 已發의 用을 성찰하는 것을 '신독愼獨'이라 불렀다. 이 두 용어는 《중용》 첫머리의 선언에 있다. 주자의 '해석'에 의하면, 신독은 감정과 의지, 사려의 단초를 살피는 일이다. 자신만이 알고 있는 것(獨)을 감시한다는 의미에서 신독에 배정했고, 아직 아무 흔적도 없는 곳에서 '보이지도 들리지도 않는 그곳'을 '두려움'으로 주시한다는 의미에서 '계구'에 배치했다. 그런데 지금 권철신이 주자학의 유구한 방법, 그리고 《중용》의 정통적 해석에 반기를 들고 나선 것이다.

動上用工而闕一靜字 是豈可成說乎? … 尊兄何不呵抑之耶? 若此
不已 則其取笑於人而愧於自心者多矣. (순암,〈답이경협서答李景協書〉)

"'정적 훈련', 오래된 명상은 별 의미 없다. 그것은 선불교에서 배워온
것이 아니냐? 도덕적 훈련은 오직 마음이 '발출한' 바로 그곳을 향해
돌진해 나가는 것일 뿐이다." 이 주장은 일찍이 명대 왕양명이 주자
학에 던진 폭탄이다. 권철신은 그 도전과 일전의 역사를 잘 알고 있을
것이다. 그리고 서교가 새로운 반기의 기치를 들고 성 밖에 포진하고
있다.

　다산이 정조에게 칭찬받은 그《중용》해석의 중심에 이 구절이 있
다. "그 보이지 않는 것을 삼가고, 그 들리지 않는 것을 두려워한다(君
子戒愼乎其所不睹. 恐懼乎其所不聞)."

　권철신의 해석이 어떤지는 모르나, 이 구절이 모종의 '신학적' 언명
이라고 했을 듯하다. 보이지도 들리지도 않지만, '그분'의 존재는 뚜
렷하다. 다산은 이벽의 도움을 받아, 이 지점을 확실히 함으로써 주자
학 너머의 새 해석의 지평을 열었고, 정조의 놀람을 자아냈다. 이 구
절 뒤에 다음 구절이 이어진다.

　보이지 않는 것보다 더 분명한 것은 없고, 은미한 것보다 더 확실한 것
　은 없다. 그래서 군자는 그 '홀로'를 삼간다.
　莫見乎隱 莫顯乎微 故君子愼其獨也. 《중용》1장)

서교를 믿는 사람은 여기 환호할 것이다. 유교와 서학의 접점은 양 진
영이 생각하는 것보다 넓고 크다. 여기 서서야 다음 성호의 언급이 이

해될 것이다.

⑨ 천주와 상제는 병행한다.

천주설을 듣고 어리석은 사람들은 놀라 휘둥그레지겠지만, 유교의 경
전에 실려 있는 상제, 귀신 등의 말을 보면, 서양의 천주설과 서로 맞아
떨어지는 바가 있다. 이 논점에서 중국 학자들이 서양 학자들에게 밀린
다. 그런즉 군이 지금 그들을 배척하고 있는데, 아무래도 성찰을 더 깊
이 해야 한다.
至其天主之說 昧者瞠焉 而今以經傳所載上帝鬼神之語觀之 則其
說亦有嘿相契者. 此中士斥天主之說 而所以見屈於西士者也. 然
則君之今日之斥 亦恐有未深考者也. (신후담, 〈돈와서학변遯窩西學辨〉)

위의 인용문들을 종합하여 성호의 서학관을 정리하면 다음과 같다.

- 서양의 과학 기술은 탁월하다.
- 천주 강생은 믿기 어렵고, 천당·지옥은 황당하다. 그럼에도 천주
  와 상제의 접점이 있다.
- 3혼설은 유교와 비슷하고 뇌낭설은 참신하지만, 크게 중요하지
  않다.
- 영혼불멸이라니…, 믿기 어려운 얘기. 그래도 구름 속을 표탕한다
  면 쾌사이리.[8]

---

8   詩云: "善戲謔兮 不爲虐兮." 聖人亦有時乎善謔 先儒奉之爲眞實之言 恐不然也. (다산, 《논어

- 영혼의 치유를 말하는《칠극》은 악덕을 구체적으로 치유하는 방안으로 유익하다. 다만 귀신, 마귀 등이 섞인 것은 흠이다.
- 마테오 리치는 현자다. 과학 기술의 지식도 그렇고, 육신을 극복한 점에서도, 이역 너머 그 소식을 전파하겠다고 나선 것을 보아도….

마테오 리치는 이 접점을《천주실의》에 담고 있고, 나중 다산은 그 자극을 받아 주자학의 '자연론적' 접근을 망치로 두드리며, 오랫동안 잊힌 유교의 '유신론적' 발상을 적극 부활시켰다.

다산의 4종 저작, 면피 혹은 반성?

정민 교수는 1795년 금정찰방 시절에서 1797년 〈자명소自明疏〉를 올리는 기간의 다산의 일기 4편을 찬찬히 살펴서 들려준다. 이 저작들의 집필 동기와 저간의 사정을 바로 옆에서 이야기해주는 듯하다. 그런데 정작 이들 사료를 점검하면서, 꽤 석연치 않아 한다. 가령,

> 이 같은 일사천리의 검거 과정은 왠지 석연치가 않다. 교회 조직의 피해를 최소화하면서 4년 전 박종악에 의해 이미 노출되었던 김복성을 내세워 검거와 교화의 모양새만 갖추려 한 느낌이 든다. 더욱이 체포나 검거 이전 다산과 김복성 사이에 교회 조직의 피해를 최소화하기 위한 모종의 약속이 전제되었다면, 이 같은 일 처리는 서로에게 손해될 것이

고금주》, 〈자로문성인장子路問成人章〉)

하나도 없는 거래에 지나지 않았다. 다산은 붙잡아 온 그들을 타일러 훈방하여 교화의 명분을 얻고, 김복성은 이에 화답하듯 네 사람을 더 데려와 감화의 모양새를 취함으로써 사면을 얻어 감시망에서 벗어나는 효과를 얻었을 것이기 때문이다. 당시 이존창을 비롯해 이 지역 천주교 지도자들에게 이 같은 방편적 배교는 교회를 지키기 위해 전략적으로 행해지던 모면의 수단이기도 했다. (정민, 〈西學의 관점에서 본 다산 4종 일기〉, 《다산학》 44호, 다산학술문화재단, 92쪽)

다산은 주문모 신부를 도피시킨 장본인이었고, 교회 조직과 내밀한 선이 닿아 있었으며, 동시에 백방으로 자신의 배교를 입증해야 하는 난감한 처지에 놓여 있었다. (같은 책, 76쪽)

정민 교수는 다산이 아직 천주교와의 인연을 끊지 않았다고 말하고 있는 듯하다. 과연 그런가? 이 주장에 대한 의문 그리고 반론을 생각나는 대로 해보고자 한다.

(1) 한영익

우선 스치는 생각 하나.

한영익의 서매庶妹는 당시 신부를 모시고 미사드릴 수 있었던 극소수의 신자 그룹 안에 속했던 독실한 천주교인이었다. 한영익 자신도 한때 천주교 신앙을 받아들였다가, 1791년 진산 사건 이후로 신앙에서 멀어진 상태였다. 그런데 천만뜻밖에도 몇 해 뒤 한영익의 서매는 다산의 서제庶弟 정약횡과 혼약을 맺는다. (같은 책, 100쪽)

한영익은 주문모 신부를 관에 고변한 사람이라고 들었다. 정민 교수는 그 고변 현장에 있던 '무관'이 이 사실을 미리 알려주어 도피할 수 있었는데, 그 주인공이 다름 아닌 다산이라고 주장했다. 다산이 숨은 천주교도라면, 왜 그는 밀고자 한영익과 사돈을 맺었을까?

(2) 관찰사와의 협조

또 관찰사 유강에게 보낸 편지에서 다산은 다음과 같이 말한다.

> 어리석은 백성들이 또 모두 그림자를 감추고 동에 번쩍 서에 번쩍 속이고 숨기는 행실이 많습니다. 말을 타고 강변을 달리다 보면, 박 넝쿨 얹힌 울타리와 오두막집들이 이따금 마을을 이룬 것이 보일 뿐입니다. 저들이 그 속에 몰래 숨어 엎디어 새처럼 모여서 쥐처럼 손을 모으는 것을 무슨 수로 적발하겠습니까?
> 蚩氓又皆匿影 多閃忽詭祕之行. 走馬湖邊 但見匏籬蔀屋 往往成村. 彼潛伏其中 鳥聚而鼠拱者 安得以摘發哉. (다산, 〈여유관찰柳觀察〉)

'조취서공鳥聚鼠拱', 즉 새처럼 머리를 맞대고 모여서 쥐처럼 두 손을 맞잡는다고 하여, 이들이 무리 지어 두 손을 모아 기도하는 모습을 묘사했다.

이 체포에 대한 열의는 어떻게 설명할 수 있을까? 단순히 보여주기인가? 정민 교수는 다산의 활약을 (용서하시라) '짜고 치는 고스톱'과 비슷하다 하고 있는가?

그 무렵 다산은 ① 내포의 가톨릭교도들을 회유했고, ②《주자가례

朱子家禮》 등의 禮書들을 손보았으며, ③ 아버지의 제사를 엄격한 유교적 격식에 따라 거행했다. 다음은 〈자명소〉의 일절이다.

금정에 도착하고, 나날이 심신을 점검했습니다. '개혁'은 오래였으나 찌꺼기가 남아 있을까 두려워했고, 내 후회는 진실되나 남은 쭉정이가 익어 있을까 두려워했습니다. 선의 싹을 키워 전하의 은덕과 기대에 부응하려 노력했습니다. 특히나 이쪽 충청지방은 사설이 그르친 동네라 우맹들이 미혹에 빠져, 세가 번성 중이었습니다. 관찰사와 의논해 이들을 사로잡을 계책을 강구하고, 숨은 자를 찾아내며, '화복의 (유교적) 이치'를 타일러 그들의 의심과 두려움을 떨어주었습니다. 척사의 계를 설치해 제사를 권하고, 여기 물든 여자들을 혼인시키며, 고을의 훌륭한 선비를 찾아 (서학의 교리를) 질의·토론하게 하고 성현의 고전을 강론하게 했습니다. 신이 한 일이 효과가 있었다는 생각이 듭니다. 스스로 다행이라 여기고 기뻐했습니다. 이 모두가 누가 내린 은덕이겠습니까?
臣到湖郵 每蚤夜淸明 必點檢身心. 改革雖已久矣 而猶懼渣滓之未淨 悔悟雖已眞矣 而猶懼稊稗之已熟 務養善端 冀副我殿下陶鑄生成之至仁大德. 而況其所莅地方 卽邪說詿誤之鄕 愚氓之迷 不知反者 寔繁其徒. 故臣就議按道之臣 講搜捕之方 而發其隱匿 諭禍福之義 而曉其疑怯 設斥邪之禊 而勸其祭祀 執守邪之女 而成其婚嫁 復求一鄕之善士 而相與質疑論難 以講聖賢之書. 旣以思之 臣之所爲 殆亦有進 自幸自欣 伊誰之賜? (다산, 〈변방사동부승지소辨謗辭同副承旨疏〉)

이 기록들이 다 '허위'라고 말하고 있는가?

(3) 〈도산사숙록〉

정민 교수가 정리하듯, 다산의 이 기록은 일종의 '반성문'이다. 그 점에 주목하는 것이 공정하지 않을까? 인용 가운데 두 항목을 일별하면,

우리는 허물이 있는 자들이다. 힘써야 할 것 중에 급한 일은 오직 '改過(허물을 고치는 것)' 두 자일 뿐이다. 세상을 오시하고 남을 능멸하는 것이 한 가지 허물이고, 기예를 자랑하고 재능을 뽐내는 것이 한 가지 허물이며, 영화를 탐내고 이익을 사모하는 것이 한 가지 허물이고, 은택恩澤을 생각하고 원한을 잊지 않는 것이 한 가지 허물이며, 뜻이 같으면 한패가 되고 뜻이 다르면 배척하는 것이 한 가지 허물이고, 잡서雜書 보기를 좋아하는 것이 한 가지 허물이며, 새로운 견해 내기를 힘쓰는 것이 한 가지 허물이니, 가지가지 결점을 이루 셀 수 없다. 여기에 맞는 약제 하나가 있으니 '改' 자가 그것일 뿐이다. 진실로 그 허물을 고치면 우리 퇴옹退翁 또한 "어떤 이 역시 허물없는 사람이다" 할 것이다.

吾輩有過者也 當務之急 惟'改過'二字也. 傲世凌物一過也 矜技衒能 一過也 貪榮慕利一過也 懷恩念怨一過也 黨同伐異一過也 喜觀雜書一過也 務出新見一過也. 種種 毛病 不可勝數 有一當劑 曰 惟'改'字是已. 苟其改之 我退翁亦將曰: '某也無過人矣.' (다산, 〈도산사숙록陶山私淑錄〉 25장)

오만, 과시, 탐욕, 은원, 파당, 잡서 남독(?), 새로운 견해 내놓기…. 이 많은 병폐를 '고쳐야' 한다.

그대가 "석가의 글을 읽고 거기에 중독되었다" 하기에, 마음으로 애석하게 여긴 지 오래였습니다. 그런데 일전에 나를 보러왔을 적에 그런 사실을 숨기지 아니하고 능히 그 그름을 말했으며, 이번 두 차례에 걸쳐 보낸 편지의 뜻도 그러하니, 나는 그대가 함께 道를 향해 나아갈 수 있음을 알았습니다. 내 두려워하는 바는, 새로운 것은 달지 않고 익숙한 맛은 잊기 어려운지라, 오곡의 알이 여물기도 전에 가라지와 피가 온통 번지지나 않을까 하는 것입니다. 이러한 일을 모면하려면 역시 다른 곳에서 찾을 필요가 없습니다. 오직 궁리·거경의 공부에 충분히 노력하면 되는 것인데, 이 두 가지를 하는 방법은 《대학》에 나와 있고, 《장구》에서 밝혔으며, 《혹문》에서 자세하게 말해 놓았습니다.

足下讀釋氏書而頗中其毒 心惜之久矣. 日者之來見我也 不諱其實 而能言其非 今見兩書之旨又如此 吾知足下之可與適道也. 所懼者 新嗜靡甘 熟處難忘 五穀之實未成 而稊稗之秋遽及也. 如欲免此 亦不待他求 惟十分勉力於窮理居敬之工 而 二者之方 則大學見之矣 章句明之矣 或問盡之矣. (다산,〈도산사숙록〉30장)

율곡은 불교에의 몰두를 퇴계에게 솔직히 털어놓았다. 퇴계는 젊은 나이에 정학으로 들어선 것을 격려해주었다. "《대학》이 길잡이가 되어줄 것이다." 다산은 이곳을 한 글자, 한 글자 음미해야겠다고 다짐한다. 더 보탤 말이 없다면서….

정민 교수의 말대로, 지금 다산은 정조가 낸 '숙제'를 착실히 하고 있는지도 모른다. 그러나 그 계기와 내용의 진실성은 별개의 문제다. 율곡의 경우처럼, 다산도 지난날의 '잘못'을 반성하고, 다시금 정학으로 돌아가겠다는 '각오'를 다지고 있지 않은가?

(4) 〈자명소〉

1784년, 형수 제사를 마치고 돌아오는 배 위에서 그는 이벽으로부터, "창세의 처음(天地造化之始), 영혼과 육신 그리고 삶과 죽음의 이치(形神生死之理)에 대해 은하수처럼 펼쳐지는(若河漢之無極) 놀랍고 의아한(怡悅) 이야기"를 듣게 된다. 달빛과 별빛이 쏟아지는 배 위에서, 물결을 가르며 홀린 듯이 이벽의 이야기를 듣고 있는 풍경이 그림처럼 떠오른다.

다산의 서학을 알기 위해서는 그의 〈자명소〉부터 자세히 읽어볼 필요가 있다. 요점을 짚는다.

• 젊은 시절, 서양 책들을 보았다. 기쁘게 받아들였고, 남에게 자랑했다.

신은 서양의 사설을 다룬 책들을 본 적이 있습니다. 보기만 했으면 무슨 문제겠습니까(책을 본 것 자체만으로 죄를 물을 수 없다)? 저는 마음으로 기뻐하며 사모했고, 다른 사람에게 (이 새 지식을) 자랑했습니다. 내 마음의 깊은 곳에 기름이 젖고 물이 오염되며, 뿌리를 내리고 가지가 뻗는 것을 자각하지 못했습니다. 이는 곧 맹자 문 앞의 묵자요, 정자 문밖의 선맥입니다. 대체가 훼손되고 본령이 어그러졌으니, 얼마나 혹했는지 언제 회개했는지는 중요치 않습니다. 그렇지만 증자가 "나는 올바름을 얻고 죽고 싶다. 다만 그것뿐"이라 했듯이, 저도 바로 그 심정입니다. 하여 자포自暴, 저간의 사정을 다 말씀드리려 합니다.

臣於所謂西洋邪說 嘗觀其書矣. 然觀書豈遽罪哉? 辭不迫切 謂之觀書. 苟唯觀書而止 則豈遽罪哉? 蓋嘗心欣然悅慕矣 蓋嘗擧而夸

諸人矣. 其於本源心術之地 蓋嘗如膏漬水染 根據枝縈而不自覺
矣. 夫旣一番如是 此卽孟門之墨者也 程門之禪派也. 大質虧矣 本
領誤矣. 其沈惑之淺深 遷改之遲速 有不足論. 雖然 曾子曰:"吾得
正而斃焉 斯已矣." 臣亦欲得正而斃矣 可不一言以自暴乎? (다산,
〈변방사동부승지소〉)

• 천문, 역상 등 서양 과학에 끌렸다. 그러나 깊이 이해하지는 못했
  다. 서교의 가르침, 새로운 문장에도 혹했다. 근본 동기는 '새로운
  지식의 확장'에 있었다.

신이 이들 책을 약관 초에 얻어 읽었는데, 당시에는 '새로운 지식을 향
한 기풍'이 있었습니다. 천문, 역상, 농정 수리, 측량 추험 등 서양에서
들어온 과학과 기술들이 유포되었고, 여기 박식한 사람들을 존경했습
니다. 저도 어렸지만 이를 흠모했습니다. 그러나 재능이 거칠어, 난해
하고 심오하며 정교한 글들을 치밀하게 파고들지 못했습니다. 대강의
지식, 표면적 이해에 그쳤을 뿐입니다. 그러고는 死生說에 얽히고, 극
벌克伐의 계誡에 끌렸으며, 새로운 문장과 표현에 혹했습니다. 저는 그
들을 유학의 별파別派로 알고 문원文垣의 기이한 구경거리로 보아, 사
람들과 이를 두고 담론함에 거리낌이 없었습니다. 사람들이 비난하면,
식견이 모자란 자로 치부했지요. 이 모든 일의 동기는 바로 '박이문博
異聞', 즉 새로운 지식의 습득과 확장에 있었습니다.
臣之得見是書 蓋在弱冠之初. 而此時原有一種風氣 有能說天文
曆象之家·農政水利之器·測量推驗之法者 流俗相傳 指爲該洽.
臣方幼眇 竊獨慕此. 然其性力躁率 凡屬艱深巧密之文 本不能細

心究索. 故其糟粕影響 卒無所得 而乃反繳繞於死生之說 傾嚮於
克伐之誠 惶惑於離奇辯博之文 認作儒門別派 看作文垣奇賞 與
人譚論 無所忌諱 見人詆排 疑其寡陋. 原其本意 蓋欲以博異聞
也. (같은 곳)

- 그마저도 '과거 시험'과 공명에 집중하느라 2차적 관심이었다.

그렇지만 신의 오랜 꿈은 '영달'에 있었으니, 성균관 시절부터 주력한
것은 오로지 공령功令, 즉 과거 시험 공부였습니다. 어찌 '방외方外'에
마음을 노닐 수 있었겠습니까?
然臣自來志業 只在榮達. 自登上庠 所專精壹意者 卽功令之學 尤
何能游心方外. 奈其標榜一立 涇渭無別 斷斷至今 掉脫不得? (같
은 곳)

- 1791년, 제사를 금하는 것을 보고 번쩍 정신이 들었다.

그 책 가운데 윤상倫常을 상하고 天理에 거슬리는 말은 진실로 이루
다 헤아릴 수 없이 많고 또한 감히 전하의 귀를 더럽힐 수 없으나, '제
사를 폐한다'는 설은 신이 옛적 보던 책에는 없던 것입니다. 갈백葛伯
이 다시 태어난 셈이고, 승냥이 수달조차 놀랄 일입니다. 사람의 理를
한 푼이라도 갖춘 사람은 마음이 내려앉고 뼈가 저려, 혼란의 싹을 싹
끊어버리지 않겠습니까? 또 홍수가 언덕을 넘고 맹렬한 불길이 벌판을
태우듯 성하게 하겠습니까? 그런데 불행히도 신해의 변고(1791년 진산
사건)가 제 가까이(친척)에서 일어나, 신은 그 이후 분노와 원통함에 사

988 · 부록

무쳐 (서교를) '내 원수로 미워하고 흉적으로 성토하기로' 맹세하고 뜻을 다졌습니다. 그렇게 양심이 돌아오고 理가 뚜렷해지자, 전날 기쁘게 흠모했던 것들이, 돌이켜보니 허황되고 괴이쩍지 않은 것이 없었습니다. 거기서 말하는 生死說은 석가가 만든 공포령恐怖令이었고, 거기 극벌의 계(克伐之誡)는 도가에서 말하는 욕화慾火을 없애라는 것이었습니다. 신기한 지식과 박식한 논변도 패관(稗家)의 (쓸데없는) 자잘한 이야기들(小品)이나 진배없는 것이었습니다.

其書中傷倫悖理之說 固不可更僕數之 亦不敢汚穢天聽 而至於廢祭之說 臣之舊所見書 亦所未見 葛伯復生 豺獺亦驚. 苟有一分人理者 豈不崩心顫骨 斥絶亂萠 而洪流襄陵 烈火燎原? 辛亥之變 不幸近出 臣自玆以來 憤恚傷痛 誓心盟志 疾之如私仇 討之如凶逆. 而良心旣復 見理自明 前日之所嘗欣慕者 反而思之 無一非荒虛怪妄. 其所謂死生之說 佛氏之設怖令也. 其所謂克伐之誡 道家之伏慾火也. 其離奇辨博之文 卽不過稗家小品之支流餘裔也. (같은 곳)

다산은 형 정약전의 묘지명에서도 이 점을 강조한다. 당시에는 제사를 금한다는 설은 없었다고….

갑진년 4월 15일에 맏형수의 기제忌祭를 지내고 나서 우리 형제와 이덕조가 한배를 타고 물길을 따라 내려올 적에, 배 안에서 덕조에게 천지조화의 시작과 육신과 영혼의 생사에 대한 이치를 듣고는 정신이 어리둥절하여, 마치 은하수가 끝이 없는 것 같았다. 서울에 와서 또 덕조를 찾아가《실의》와《칠극》등 몇 권의 책을 보고는 비로소 마음이 흔연히 서교에 쏠렸으나, 이때는 제사 지내지 않는다는 말은 없었다.

甲辰四月之望 既祭丘嫂之忌 余兄弟與李德操 同舟順流 舟中聞
天地造化之始 形神生死之理 怳怳驚疑 若河漢之無極. 入京 又從
德操見《實義》·《七克》等數卷 始欣然傾嚮 而此時無廢祭之說. (다
산,〈선중씨묘지명先仲氏墓誌銘〉)

이는《송담유록》에서 제사 문제가 나와 이승훈과 함께 시험을 거부
했다는 말과 어긋난다. 누구의 말을 믿을 것인가?

갈백은 은나라 탕왕의 이웃으로 '제사'를 지내지 않은 족속이었다.
희생 동물을 보내주어도 먹어치우고 곡식을 보낸 사람을 해치다가,
결국 가장 먼저 탕왕의 정벌을 당했다.

승냥이 수달은 '제사'의 禮를 아는(?) 짐승이다. 주자학은 仁義禮
智의 본성을 짐승도 일부나마 혹은 불완전하게나마 '공유'하고 있다
고 생각한다. 가령 호랑이는 부자 사이의 사랑(仁)을, 그리고 벌과 개
미는 사회적 질서를 위한 책임과 헌신(義)을 타고났다는 것 등이다.
그러면 승냥이 수달은? 개울가에 음식을 늘어놓는 것을 보면, 그 천
성이 禮를 아는 것이 틀림없다는 것.

• 그 나머지 '하느님'과 그를 둘러싼 이야기들은 허황한 미혹에 불과
  하다는 것을 알았다.

그 밖에 '하늘을 거역하고 신을 모독하는(逆天慢神)' 것은 죽음으로도
속죄할 수 없습니다. 그래서 중국 문인 가운데 전겸익, 담원춘, 고염무,
장정옥의 무리가 일찌감치 그 '거짓과 기만(虛僞)'을 밝히고, 그 '두뇌

(핵심)'를 깨뜨려 놓았습니다. 그런데도 (제가) 몽매 무지해서 그 미혹에 휘둘렸으니, 유년의 고루하고 과문했던 소치라 자신의 부끄러움과 분노를 끌어안고 탄식할 뿐입니다.

外此則逆天慢神 罪不容誅 故中國文人 如錢謙益·譚元春·顧炎武·張廷玉之徒 早已燭其虛僞 劈其頭腦. 而蒙然不知 枉受迷惑 莫非幼年孤陋寡聞之致 撫躬慙忿 何嗟及矣? (다산, 〈변방사동부승지소〉)

- 그 이후 나는 서학을 적이나 원수같이 여겼고, 그 이론의 허실을 분명히 간파하게 되었다.

당초의 그렇게 '물든' 자취는 어린아이들의 장난과 같았습니다. 식견이 점차 자라면서 (서학은) '원수(敵讎)'가 되었고, 지식이 명료해지자 (그 허황됨을) 더욱 엄밀하게 변증할 수 있게 되었습니다. 제 마음(심장)을 갈라 일곱 구멍을 들여다보아도 남은 흔적이 없고, 구곡간장을 다 뒤져도 남은 찌끼가 없습니다. 그런데도 군부로부터는 의심을 사고 당세의 비방을 받게 되었으니, 몸을 한번 잘못 세움에 만사가 와해되었습니다. 살아 무엇하며, 죽어 또 어디로 가리까? 신의 직책을 갈고 쫓아내소서.

當初染跡 有同兒戲 而知識稍長 便爲敵讎 知之旣明 卞之愈嚴 剔心七竅 實無餘翳 搜腸九曲 實無遺滓. 而上而受疑於君父 下而遭謫於當世 立身一敗 萬事瓦裂 生亦何爲 死將安歸? 乞遞臣職 仍賜斥黜焉. (같은 곳)

이 글을 보고 정조의 격려가 있었고, 조정 대신들의 칭찬이 쏟아졌다

한다.

> 소疏를 자세히 살펴보니, 착한 마음의 싹이 마치 봄바람에 만물이 자라
> 는 것 같다. 종이에 가득히 열거한 말은 듣는 이를 감동시킬 만하다. 너
> 는 사양치 말고 직책을 수행하라.
> 省疏其悉 善端之萌 藹然如春噓物苗 滿紙自列 言足感聽. 爾其勿
> 辭察職. (다산, 〈함주일록含珠日錄〉 6월 21일)

특히 심환지와의 대화가 인상적이다. 정조에게 한 칭찬도 본심이 아
니었을 것임은 짐작대로다. 찾아간 다산에게 그는 끝내 꿀 먹은 벙어
리로 대답을 얼버무렸다 한다.
　정민 교수는 〈자명소〉의 진실성을 의심한다.

> 자신의 천주교 입문 계기가 서양 과학 지식에 대한 호기심 때문이었고,
> 이후 《천주실의》와 《칠극》을 탐독했지만, 이 또한 유학의 별파로 이해
> 해 견문을 넓히려 한 의두였을 뿐이라고 둘러댔다. 이것은 사실과 거리
> 가 아주 멀다.
> 이어지는 단락에서는 성균관 입학 이후, 천주학에 대한 뜻을 끊고 정력
> 을 쏟고 뜻을 한결같이 하여 매처럼 맹렬한 기세로 공령功令의 학문에
> 힘을 쏟았으며, 벼슬길에 오른 뒤로는 천주학을 전혀 하지 않았다는 술
> 회가 이어지는데, 이는 더더욱 사실이 아닌 구차한 변명이었다. …
> 천주교 문제와 연관되는 순간, 다산은 모순적인 캐릭터로 변한다. 천주
> 교와 관련된 다산의 말과 행동에는 양가감정이 병존한다. 그는 신앙을
> 버렸지만, 신앙을 완전히 떨치지 못한 상태였다. 훗날 다산은 권철신,

이가환, 이기양, 오석충, 정약전 등 5인의 묘지명에서 그들이 천주교 신자가 아니었음을 입증하기 위해 사실을 왜곡하거나 가짜 정보를 섞기까지 했다.

이 같은 다산의 모순은 그 시대의 모순이었다. 그는 살아남기 위해 거짓을 고했고, 한때 스스로도 그 거짓을 진실로 믿어버렸던 것 같다. 다산은 천주교 지도자 검거를 통해 배교의 명분을 얻는 동시에, 형식적 단죄로 그들에게 면죄부를 주었다. 일종의 자기최면 상태에 빠진 것이다. 천주교 문제에 관한 한 다산에게서 수미관통, 초지일관을 기대할 수 없다는 생각이다. 대방의 질정을 청한다. (정민, 〈西學의 관점에서 본 다산 4종 일기〉, 《다산학》 44호, 다산학술문화재단, 126-129쪽)

〈자명소〉의 고백이 "사실과 아주 멀고" "구차한 변명"이었다고 말한다. 방인 교수가 인용한 글 중, 《벽위편闢衛編》의 한 기사도 이런 이야기를 전해준다.

정조가 승지 사관에게 물었다. 정약용의 상소가 어떻던가? 각자 소견을 말해보라. 검열 오태증이 말했다. "신이 보기에는 아직 그 學을 버리지 못했습니다." 상이 크게 웃으며 말했다. "네 말이 맞다."
上問入侍承史曰: "丁若鏞疏 何如? 各陳所見 可也." 檢閱吳泰曾曰: "以臣所見 此人 尙不棄其學矣." 上大笑曰: "爾言果是矣."

과연 그랬을까? 《함주일록》에 조정 대신들, 심환지를 비롯한 인물들의 '칭찬'과 '우호'를 그리 시시콜콜 적어 놓은 이유가 무엇일까? 누구를 속일 수 있었을까? 이 기록들은 "나는 이제 지난날을 반성하고, 정학으로 돌아왔다. 다들 인정했으니, 더 이상은 비방을 멈춰달라"가 아니었을까?

지금부터 다산을 위해 변명(apologia)[9]을 해볼까 한다. 주제는 둘이다. ① 다산은 처음 서교를 "유문儒門의 별파別派로 알고, 문원文垣의 기이한 구경거리로 보았다"고 했다. ② 그런데 돌이켜보니, 그 교설이 허황되고 괴이하지 않은 것이 없었으며, 마침내 하늘을 거스르고 신을 모독하는 것임을 깨달았다고 했다.

처음은 유교와 서학의 접점이라 할 만하고, 나중은 둘이 갈라서는 이별사라 할 만하다.

유학의 별파 혹은 유교적 유신론자

《칠극》은 '四勿'의 주각이라고 했다. 가령 '질투'를 보자. 이것은 동서고금 만연한 심각한 정신의 병폐다. 유교는 '질투'만을 콕 집어 그 심리적 동기와 원리, 사례들, 그리고 치유의 방법까지 친절하게 논하지 않는다.

子曰: "衣敝縕袍 與衣狐貉者立 而不恥者 其由也與? '不忮不求 何用不臧?'" 子路終身誦之. 子曰: "是道也 何足以臧?" (〈자한〉 26장)
"다 떨어진 옷을 걸치고도 화려한 의상을 입은 고관대작들에게 기죽지 않는 것은 자로일 것이야. 《시경》에서 그랬지, '시기도 하지 않고, 자책도 하지 않아'라

---

9   Apologia는 플라톤이 소크라테스를 위해 그랬듯이, 사실을 그대로 살펴 밝힌다는 뜻이다.

고…." 자로가 이 말을 나날이 외고 다녔다. 공자가 말했다. "뭘 대단한 일이라고 그래?" (다산의 해석)

《칠극》의 〈평투〉 조에 있는 이야기가 섬뜩하다. 시기하는 자가 하나 있었다.

> 왕이 두 사람을 불러, 소원을 들어주겠다고 했다. 단 "나중 말하는 사람에게는 첫 사람의 두 배를 주마." 시기하는 자가 먼저 지목되었다. 잠깐 생각하다가 이렇게 주문했다. "제 눈 하나를 빼주십시오."
> 西土有兩人 一甚妬 一甚慳 俱聞於國. 國王賢者 設計以探其情 召謂之曰: "任爾所求 我皆聽爾 先請者予一 後請則倍." 兩人各遜居後 欲倍之也. 王命妬者先 妬者諦思曰: "願王鑿我一目."

'시기'라는 정신의 병폐, 정신의 악덕을 섬뜩하게 일러준다. 경계의 효과가 자로의 암송과는 달랐을 것이다.

유교는 이 새로운 지식과 사례들을 거부할 이유가 없었다. 현대 심리학 책은 수많은 일상의 사례를 들어 사람들을 각성시킬 수 있다. 쇼펜하우어는 말한다. "친구인지 아닌지는 슬픈 일에 공감하는 것을 보기보다, 네가 기뻐하는 일을 들었을 때의 반응을 보라. 알 수 없는 표정이 얼굴을 잠깐 스쳤다 지나가는지를…." 독일어 샤덴프로이데 Schaden-Freude는 '남의 슬픔을 기뻐하는' 인간의 어두운 일면을 개념화한 것이다.

그럼에도 유교는 인간 속의 악덕이 마귀와 연관되는 것을 납득하기 어려웠다. 앞의 순암의 말처럼, "악덕은 우리의 '육신(신체성)'으로부터 온다. 왜 마귀 등을 끌어들이는가?"

인간 속의 악덕들을 어떻게 다스릴 것인가? 유교에서는 '心學'이 이 과제를 다루고 있다. 다음은 퇴계가 하늘같이 받들고 날마다 유장하게 읊던 《심경》과 리치의 《천주실의》 그리고 《천주 성교실록》과의 대화 혹은 평행(parallels)이다.

(1) 《심경》

《심경》은 조선 주자학의 최심층이자 남인들의 종장인 퇴계가 평생을 "신명처럼 믿고, 엄부처럼 공경했다"는 책이다. 새벽에 유장하게 이 책을 암송하며 하루를 시작했다.

《시경》《서경》 등 중국 고전의 원문들을 표제로 걸고, 수많은 '참고' '해석' '부연'이 부주로 달려 있다. 4권 가운데 잡담을 제하고, 1권의 표제어만 정리하면 다음과 같다.

- 인간은 육신(人欲)과 초월(天理)의 격전장이다(人心惟危 道心惟微). 이 전쟁에서 승리해야 한다(惟精惟一 允執厥中).
- '상제'가 너에게 임하시니, 의심하지 말라(上帝臨女 無貳爾心).
- 그분은 늘 여기 와 계신다(神之格思 不可度思 矧可射思).
- '내적 성채(Inner Citadel)'를 굳건히 지키라(閑邪存其誠. 動容貌 整思慮 則自然生敬).
- 안으로 경건을 유지하고 밖으로 덕성을 발휘하면, 하늘의 德에 닿으리니(敬義夾持 直上達天德).
- 분노와 욕망을 다스리고(懲忿窒慾), 선을 향해 나아가자(遷善改過).
- 너무 멀리 방황하지 말고, 어서 빨리 돌아오라(不遠復 無祗悔).

- 공자께서는 이기적 자아의 고착을 완전히 벗어나셨다(子絶四). 그렇게 자신을 극복하고 사회적 책임과 공공성으로 돌아가는 것이 인간의 완성이다(克己復禮 爲仁).

이것이 퇴계의 '공부'이자, 유교의 간략한 개요다. 어디선가 많이 들어보지 않았는가? 서학의 '구원론'도 이 얼개 위에 자리 잡고 있다.

(2) 《천주실의》

《천주실의》는 동물과는 다른 인간의 '영혼'이 이 책무를 담당한다고 말한다.

> 영혼은 신체에 의존하지 않는다. 신체의 욕구는 옳고 그름을 따지지 않는다. 짐승들을 보라. 먹을 것을 보고 달려들 뿐이지, 무슨 시비를 따지던가? 사람은 주린 배를 움켜쥐고서도 의롭지 않은 것이면 달려들지 않는다. 맛있는 음식들이 한 상 그득해도 먹을 생각을 하지 않는다.
> 若夫靈魂之本用 則不恃乎身焉 蓋恃身則爲身所役 不能擇其是非. 如禽獸見可食之物即欲食 不能自已 豈複明其是非? 人當飢餓之時 若義不可食 立志不食 雖有美味列前 不屑食矣. (마테오 리치, 《천주실의》)

이처럼 인간 안에 두 개의 충동이 있다. 하나는 동물성(獸心)이고, 다른 하나는 인간성(人心)이다. 이를 '육신의 욕구(形性)' '초월적 욕구(神性)'라고도 했다.

한 생명체는 오직 하나의 마음을 갖는다. (그러나) 사람이라면 두 마음을 겸하고 있다. 짐승의 마음과 인간의 마음이 그것이다. 그렇다면 (사람은) 또한 두 가지 본성을 가진 것이다. 그 하나는 물질성(形性)이고, 다른 하나는 곧 정신성(神性)이다. 따라서 무릇 서로 모순되는 감정이 일어나는 것 또한 일으킨 본성이 서로 모순됨에서 말미암은 것이다.

一物之生惟得一心. 若人則兼有二心: 獸心·人心是也; 則亦有二性: 一乃形性 一乃神性也. 故擧凡情之相背 亦由所發之性相背焉.

(같은 책)

인간은 이 두 충동이 격돌하는 현장이다. 여기 '인간성'은 초월적 욕구에 기초해 있고, 이는 곧 신성과 같다.

사람이 한 가지 일을 당했을 때 또한 동시에 두 가지 생각이 함께 일어나기도 하는데, 이 둘이 서로 반대됨을 자주 느낀다. 마치 우리가 술이나 여색에 미혹되게 되면, 일단 (그것에) 미련을 두고 따르고자 하지만, 그것이 도리가 아님을 또한 다시 반성히게 된다. 진자를 따르는 것은 '짐승 같은 마음'이라 하니, 짐승(의 마음)과 구별되지 않는다. 후자를 따르는 것을 '사람의 마음'이라 하니 천신(의 마음)과 서로 같다.

人之遇一事也 且同一時也 而有兩念並興 屢覺兩逆 如吾或惑酒色 卽似迷戀欲從 又複慮其非理. 從彼 謂之獸心 與禽獸無別; 從此 謂之人心 與天神相同也. (같은 곳)

사물은 끼리끼리 어울린다. 육신은 형체 있는 것을 좋아하거나 싫어하는 반면, 초형超形의 性은 무형의 사물을 애증한다. 덕과 죄악은 무형을 둘러싼 사태다.

사물의 종류마다 좋아하는 것과 싫어하는 것은 항상 그 (사물의) 본성
과 서로 걸맞다. 그러므로 형체를 가진 것(material things)의 본성은 오직
형체를 가진 사물을 좋아하거나 싫어한다. 그리고 형체를 초월하는 것
(immaterial things)의 본성은 형체가 없는 사물을 좋아하거나 싫어한다.
物類之所好惡 恒與其性相稱焉. 故著形之性 惟著形之事爲好惡;
而超形之性 以無形之事爲愛惡. (같은 곳)

이 주장은 앞에서 인용한 퇴계의 《심경》과 같은 취지를 표명하고
있다.

(3) 《신편천주실록》

《천주실의》 이전에 본격적인 교리서로, 미켈레 루제리Michele Ruggieri
가 쓴 《신편천주실록》이 있다. 1584년, 이 책이 서교의 교리를 잘 '개
략'하고 있다. 리치도 여기 협력했다고 한다. 《천주실의》는 이 일반적
교리 위에서 논점을 부각하고 논의를 더 치밀하게 다듬었다는 생각이
든다. 이 책은 라틴어로 미리 쓰였고, 한문으로 발췌 및 번역되었다.

거기 8장은 '입법자 하나님과 관련된 것과 神法(lex divina)'에 대해
서 말한다. 법은 세 번 공포되었다. 모세의 석판, 예수의 복음 이전에
맨 처음 주신 것이 '본성의 법(naturae legem)'이다.

그러므로 하나님이 제정하신 첫 번째 법은 우리가 본성의 법이라고 부
르는 법입니다. 이 법은 먼저 말로 소리 내고 기록하지 않은 채, 말하자

면 우리와 함께 태어났습니다. 우리는 이 법을 배우고 받아들이고 읽지 않고, 모든 지혜의 샘인 하나님 자신으로부터 배우고 퍼내고 나타내었습니다. 이 법은 한 종족뿐만 아니라 세상의 모든 민족에게 새겨졌으므로, 우리는 이 법의 반포를 고백하지 않을 수 없습니다. 당신은 이 법을 정신 안에 지니고 있으며, 땅의 모든 백성은 이 법이 '영혼' 안에 심겨 있습니다. 이 법은 인간 이성이 미칠 수 있는 세상의 끝부분까지 이성과 함께 반포되었습니다.

이 법의 주요 두 가지 항목은 다음과 같습니다. 첫째 항목은 이성에 참여하는 누구나 만물의 창시자 주님을 참 하나님으로 인정하고 최고의 경건으로 예배하는 것입니다. 그다음 항목은 자비의 규정을 활용하여, 자신에게 일어나도록 내버려두지 않을 어떤 것도 다른 사람에게 일어나게 하지 않고, 오히려 자신에게 일어나도록 선택하는 모든 일을 다른 사람에게 베푸는 것입니다. 누구든지 이 두 항목을 지키고 그 안에 담겨 있는 것을 열심히 따르면, 본성의 법을 지킨다고 할 수 있습니다.

이교도 철학자: 저는 나중 항목이 우리 공자의 경전들에게도 전해졌다고 생각합니다. 하지만 첫째 항목을 공자가 견혀 설명하지 않은 것이 놀랍습니다.

그리스도교 사제: 이 첫째 항목은 '본성의 빛(naturae lumine)'으로 인식될 수 있다고, 우리 민족의 현자들은 주장합니다. 저는 당신의 공자가 몰랐다고는 전혀 생각하지 않습니다. 아마도 당신들이 하늘을 가리킨다고 생각했던 말(天)로 공자는 하늘과 땅을 지배하는 '최고의 정신'을 설명하고 싶었을 것입니다. 그러나 그가 무엇을 깨달았는지 나는 모릅니다. 제가 아는 것은 하나입니다. 누구든지 악의 구름으로 가려진 지성으로부터 어둠을 몰아내기를 원한다면, 이러한 빛에 도달하여 세상

의 유일한 창시자가 하나님이라고 알고, 하나님이 도우시면 그분을 경건하고 거룩하게 예배할 것입니다. (미켈레 루제리,《신편천주실록 라틴어본·중국어본 역주》, 곽문석 등 공역, 동문연, 262-264쪽)

(4) 공자

己所不欲기소불위 勿施於人물시어인, 즉 내가 원치 않는 일을 남에게 시켜서는 안 된다는 것이 동서양 모든 지혜의 중심에 있는 것은 주지의 사실이다. 공자는 그 토대인 '초월적 존재'에 대해 이렇게 말하고 있다.

- 하늘에 죄를 지으면 빌 데가 없다(獲罪於天 無所禱也).
- 군자는 하늘의 명령을 두려워한다(君子有三畏: 畏天命 畏大人 畏聖人之言).
- 그는 운명과 세상을 탓하지 않는다. 일상의 德을 통해 초월자와 만난다(不怨天 不尤人. 下學而上達. 知我者 其天乎!).
- 나는 50에서야 天命, 하늘이 준 소명을 알았고(五十而知天命), 그 완성은 70에서야 이루었다(七十而從心所欲不踰矩).[10]
- 그러나 그 초월자와 소명에 대해서는 말을 아끼셨다(夫子之言性與天道 不可得而聞也).
- 내 道는 하나로 꿰고 있다(予一以貫之). 그것은 상호성의 실천이다(夫子之道 忠恕而已矣).

---

10 다산: 그것은 "육신을 넘어 도덕심을 완성하는 먼 길이었다." 〔補曰〕道心爲之主 而人心聽命 則從心所欲 爲從道心之所欲 故不踰矩也. 若衆人從心所欲 則爲從人心之所欲 故陷於惡也. 【〈曲禮〉云: "欲不可從."】

- 네가 싫어하는 것을 남에게 하지 마라(己所不欲 勿施於人). 이 원칙을 나날이 행할지라.

덕성의 보편성, 그리고 그 길을 따라 만나는 초월자와의 대화가 유교와 제1계명과 같은 길을 걷고 있다. 공자와 퇴계,《천주실의》와《신편천주실록》이 서로 어법은 달라도 비슷한 지점을 공유하고 있다는 생각이 들지 않는가?

내친김에, 조선 유학의 논제도 살펴보자. 유교의 기본 프레임 위의 변주다.

(5) 사단칠정론

다산은 〈서암강학기西巖講學記〉에서 요순 이래의 유학 원론을 다시금 확인하고 있다.

> 理는 道心으로 바로 天理와 성령에 해당하고, 氣는 人心으로 바로 人慾과 혈기에 해당합니다. 그러므로 四端을 이빌기수理發氣隨라 하고 七情을 기발이승氣發理乘이라 하였습니다. 대개 마음이 발하는 바가 天理나 성령으로부터 오는 것은 바로 본연지성本然之性의 감발感發이고, 人慾이나 혈기로부터 오는 것은 바로 기질지성氣質之性의 촉발觸發이라고 보셨기 때문입니다.
>
> 理者 道心也 天理分上也 性靈邊的也; 氣者 人心也 人慾分上也 血氣邊的也. 故曰: '四端理發而氣隨 七情氣發而理乘.' 盖心之所發 有從天理性靈邊來者 此本然之性有感也; 有從人慾血氣邊來者 此氣質之性有觸也.[43]

퇴계를 종장으로 하는 남인의 '철학'이 이 '이분법' 위에 서 있다. 성호가 《사칠신편四七新編》에서 강조한 것도, 지금 〈서암강학기〉에서 목재와 나눈 얘기대로, 유교는 '덕성'을 이념으로, 즉 육신과 초월의 긴장 혹은 대치 위에 서 있다.[12]

다산은 퇴계의 의도를 정확하게 짚었다. 四端은 맹자의 용례대로 덕성, 즉 타인과 전체를 위한 '인간적' 충동인데, '짐승'의 이기적 세계에서는 기대할 수 없는 '초월적 감성'이다. 그래서 이원론을 고집했다. 가치와 중요성은 물론이고, 둘은 '기원'이 서로 다르다고 해서 분분한 논란을 일으켰다.

> 氣發은 육신에서 오고, 理發은 초월적 지평에서 옵니다.
> 盖心之所發 有從天理性靈邊來者 此本然之性有感也 有從人慾血氣邊來者 此氣質之性有觸也. (다산, 〈서암강학기〉)

《천주실의》의 용어를 빌리자면, 기발氣發=형성形性(獸性), 이발理發=신성神性(人性)에 해당한다.[13] 퇴계의 확신은 《심경》의 편찬자 진덕수

---

11 理=道心(도덕)=天理分上(초월), 性靈邊的(영혼 쪽에서)/ 氣=人心(자연)=人慾分上(욕구), 血氣邊的(신체 쪽에서)

12 조선 후기 일급의 유학자들이 서학에서 느낀 동질감(?), 감탄의 단초가 바로 이곳이다. 틀림없다. 성호가 "이마두를 쉽게 보아서는 안 되네"라고 토로한 것은 리치의 천문·역상·수학의 새로운 지식을 경탄한 것이기도 하지만, 바로 이 '유교의 핵심'을 격하게 짚어낸 통찰 그리고 그것을 자신의 삶에 증거하고, 이역만리 죽음을 무릅쓰고 포교에 힘쓴 그 정열에 대한 경의다.

13 놀랍게도 우계, 율곡 모두 뒤에 붙은 氣隨, 理乘의 의미를 몰랐던 듯하다(우계는 "이발 기발이면 되는데, 후렴은 납득이 안 된다"고 했고, 율곡은 "후렴은 물론이고, 둘로 가른 것부터가 틀렸다"고 대답했다). 성호도 오해 혹은 불만에서 이 정식을 고쳤다. 그러나 뒷부분이 아주 중요하다. "덕성의 발현(理發)이 완성되기 위해서는 육신의 '동의(氣隨)'가 있어야 한다. 육신의 욕구(氣發)는 날뛰는 말처

에게 힘입었다.

감각적 욕구는 다들 氣에서 발한다. 그래서 '인간적 마음(人心)'이라 한다. 공공적 덕성은 (잘 보이지 않겠지만) '인간의 본성(性)'에 뿌리박고 있다. 그래서 '사회적 충동(道心)'이라 한다. … 일상의 삶에서 긴장과 경건으로 마음이 일어서는 자리를 유의·관찰해 나간다. 그것이 감각적 욕구라면 힘써 제어·정복하여 더 자라지 않게 하고, 공동체적 덕성이라면 한마음으로 이를 지켜 변질되지 않도록 노력한다.

夫聲色臭味之欲 皆發於氣 所謂人心也. 仁義禮智之理 皆根於性 所謂道心也. … 惟平居莊敬自持 察一念之所從起 知其爲聲色臭 而發則用力克治 不使之滋長. 知其爲仁義禮智而發 則一意持守 不使之變遷.[14] (진덕수,《심경》)

주자학을 '새로운 유교(Neo-Confucianism)'라 부른다. 이 기획에 철저한 인물이 율곡이다. 그 구상을 다산은 〈서암강학기〉에서 다음과 같이 정리하고 있다.

율곡이 논한 理氣는 천지의 만물을 총괄해서 설명한 것입니다. 그러므로 율곡이 말한 理는 無形으로 사물의 소유연所由然이고, 氣는 有形으로 사물의 체질體質입니다. 그러므로 '四端·七情으로부터 천하의

럼 천방지축하기 쉬운데, 당연히 이성의 '제어(理乘)'가 있어야 하고…."
14 율곡의 《성학집요》는 이 구절을 인용하면서, 자신의 구상을 훼손(?)시킨다고 생각해서, "發於氣 根於性"을 빼버렸다.

만물에 이르기까지 기발이승氣發理乘이 아닌 것이 없다'고 하였습니다. 이는, 대개 사물이 발동할 수 있는 것은 그 형질이 있기 때문인데, 이 형질이 없으면 아무리 理가 있다고 한들 그 발동을 할 수가 없으므로, 미발지전未發之前에 비록 理가 먼저 있다 하더라도 그것이 발할 때에는 氣가 반드시 먼저 하는 것이라고 본 것입니다. 율곡은 이러한 생각에서 그렇게 말한 것입니다.

栗谷所論理氣 總括天地萬物而立說 理者 無形的也 物之所由然也 氣者 有形的也 物之體質也. 故曰: "四端七情以至天下萬物 無非氣發而理乘之." 盖物之能發動 以其有形質也. 無是形質 雖有理乎 安見發動? 故未發之前 雖先有理 方其發也 氣必先之. 栗谷之言 其以是也.

다산은 퇴계와 율곡이 같은 용어를 쓰고 있지만, '서로 다른 체계'를 표명하고 있다고 단언한다.

퇴계(전통적 유교)	율곡(새로운 유교)
氣(육신)+理(덕성) 유신론적(theistic 主理) 이원론	氣(물질)+理(구조) 자연론적(naturalistic 主氣) 일원론

다산은 이 두 기획이 서로 다른 체계라는 것을 결국 간파했다. 율곡은 주자학의 '새로운 기획'에 철저했고, 퇴계는 '오직 주자학에 헌신했지만' 본래 유교의 관성 때문에 새로운 유교의 프레임인 이기론을 수정할 수밖에 없었다. 이 '독자적 수정'이 고봉의 이의 제기를 불러왔고, 나중 율곡이 백업하면서 조선조 몇백 년의 철학 논쟁이 펼쳐졌다. 유

교의 원 프레임을 '人心과 道心'으로 내걸듯이, 서학의 어법을 빌리면 영육의 전쟁이라 불릴 만한 것이다.[15]

성호는 퇴계가 고집한 '유신론적 입장'을 더 강화해 나간다. 식산 이만부와의 대화에서 "퇴계는 호발론互發論을 제창한 적이 없다"고 했다. 《사칠신편》에 그 곡절이 표명되어 있다. 그의 생각을 정리하면 이렇다.

> 氣發은 없다. 존재하는 것은 모두 理發이다. 도덕성만 초월적인 것이 아니라, 짐승 육신의 욕구도 마침내 저 '초월자'의 의지의 결과라고 할 것이다. 그러므로 우주에 두 '기원'은 없다!

율곡은 온통 기발이라 버텼는데, 성호는 지금 온통 이발이라고 맞섰다. 퇴계조차 놀랐을 것이다. 성호는 이런 비유를 들고 있다.

> 목수가 온갖 목재로 연장을 동원하여 집을 짓고 있다. 그러면 그 집은 '누가' 짓는 것이냐?

또 이런 비유도 들고 있다.

> 병졸들이 전장에서 적과 전투를 벌인다. 또 들판에 솥을 걸고 밥을 짓

---

15 다들 감각적 욕망(氣)에 허덕이는데, 그 충족이 행복보다 허무감을 주고, 또 한편 그 추진을 가로막는 자의식, 나를 방해(?)하는 양심이 있다. 이것은 대체 어디서 온 것일까? 그 '기원'을 다루는 것이 형이상학이다. 대중은 추상적 사고에 약하다. 그래서 신학에 해답을 의뢰하기 쉽다. 쇼펜하우어는 신학을 '대중의 형이상학'이라 불렀다. 이 불가해한 '양심'의 자의식은 어디서 온 것일까?

고 있다. 이 일은 '누가' 하는가? 목수는 주인의 주문에 따라 집을 짓고, 병졸들은 장수의 명령에 따라 전쟁을 하고, 또 밥을 짓는다.

고로 우주 간 모든 일은 氣가 아니라 理가 主宰한다.

성호는 지금 이기론 위에서 신학을 논하고 있다. 여기서 다산까지는 딱 한 발짝 걸음이다.

누가 이렇게 묻는다. "理와 신학이라니? 마테오 리치는 그리 太極의 주재를 부정하고, 理를 속성으로 격하시키던데…. 다산도 그렇고…."

마테오 리치는 理가 본시, '자연론적 접근' 위에 서 있다는 것을 알았다. 이 성채를 허물어야 유신론적 설득의 길이 열릴 것이었다. 그런데 과연 理는 '무신론적'인가?

선교사들이 보내온 편지를 보고, 라이프니츠는 저 멀리 서울도 가보지 않고, "당신들이 오해했다"고 말한다. 理나 太極은 사물의 속성이 아니라, 기독교의 신에 해당하는 개념이라고 일깨워준 것이다.

롱고바르디Longobardi는 理가 "그 자체로 볼 때, 영혼도 생명도 없으며, 섭리도 지성도 없는" 수동적 제일질료라고 생각했다. 그러나 라이프니츠는 선교사들이 보내주는 단편을 통해, 이 같은 이해가 심각한 결함이 있고 오해를 품고 있다고 일깨운다. 理가 무신론적이라는 롱고바르디의 말은 당대 중국 관료들의 세속적 견해를 옮긴 것일 뿐, 理의 진정한 함의는 아니라고 말한다.

太極은 힘이거나 제일원리다. 理는 사물들의 이데아와 본질을 포함하는 지혜다. 우리가 정신이라 부르는 최초의 에테르는 의지이거나 욕구이며, 이것에 의해 비로소 활동이 시작되고 창조가 실행된다. 理에서 나온 것이라는 德들이 아무짝에도 쓸모없는 것이 아니다. 당신은 아마도 이 德들을 통해 理 안에는 진리와 선의 근원이 들어 있음을 알 것이다. (빌헬름 라이프니츠,《라이프니츠가 만난 중국》, 이동희 역, 이학사, 78쪽)

그는 또 이 理가 "모든 것을 보고, 모든 것을 알며, 모든 것을 할 수 있는 '지성적' 본성"이라고 말한다. 그러면서 덧붙인다.

중국인들이 아무런 능력도 생명도 의식도 지성도 지혜도 없는 자연물에 그렇게 고상한 속성을 부여하지는 않았을 것입니다. (같은 책, 97쪽)

그는 롱고바르디가 오해한 "沖漠無朕충막무짐(천지가 공허하고 광막하여 아무 조짐이 없음)"이나 "無情意무정의 無計度무계탁 無造作무조작(감정도 의지도 없고, 계산도 헤아림도 없고, 만들고 지어냄도 없음)"이 인간의 유한한 지식이나 결단이니 숙고의 인위성이 배제되었다는 뜻일 뿐, 거기 '자연적 성향'과 '예정 조화豫定調和(harmonie preetabilie)'[16]의 정신이 결여되었다는 것이 아님을 누누이 강조한다.[17] 그는 理를 無爲로 보는 롱

---

16 라이프니츠에 따르면, 이 세계는 무수한 단자(monad)로 이루어져 있는데, 그것들은 저마다 독립적이고 상호 간에 아무런 인과관계도 없다. 그럼에도 우주에 질서가 있는 것은, 신이 미리 모든 단자의 본성이 서로 조화할 수 있도록 창조하였기 때문이다.

17 가령 주자가 天地之心이라고 할 때, 이 '마음' 또한 인간적인 숙고는 아니다. 그것이 '없다면' 오얏나무에 딸기가 열릴지 모르고, 그것이 '있다면' 저 너머의 수염 난 인격을 떠올릴 것이다. 이 곤혹 앞에서 "그것은 마음이 아니면서 마음이다"라고 할 수밖에 없었다.

고바르디에 대해 반발하면서 이렇게 말한다.

理가 그 자체로는, 그리고 氣가 없이는 아무것도 하지 않는다면, 어떻게 氣를 산출할 수 있겠습니까? 어떠한 행위도 하지 않고 어떤 것을 산출해낼 수 있을까요? 그리고 氣가 단지 理의 도구에 불과하다면, 理에는 힘 또는 최초의 동력인(la vertu ou la cause efficiente)이 있다고 말할 수밖에 없지 않습니까? 제일질료가 제일원리 또는 제일의 형식, 순수한 활동성, 신의 작용에 의해서 산출되었다는 것을 고려한다면, 중국의 철학은 고대 그리스인의 철학보다 훨씬 더 기독교 신학에 가깝다고 할 수 있습니다. (같은 책, 111쪽)

라이프니츠는 중국의 理가 제일원리이며, 이를 통해 중국의 철학이 "그리스의 철학보다 더 기독교 신학에 가깝다"고 쓰고 있다.

방인 교수의 논문을 읽고 깜짝 놀랐다. 마테오 리치가 太極, 理 속 '최초의 동력'을 인정했다고?

《천주실의》가 출간되고 1년이 지난 뒤인 1604년에 마테오 리치는 예수회 총장 아쿠아비바Claudio Acquaviva에게 보낸 편지에서, 《천주실의》에서와 달리 매우 유연한 태도를 보였다. 만약 太極을 지성과 무한성이 부여된 제일원리로 간주한다면, 그는 太極을 하느님으로 간주하는 데 더 이상 반대하지 않을 것임을 밝혔다. …
만약 그들이 마침내 太極을 실체적(substantial)이고 지성적(intelligent)이며 무한한(infinite) 제일원리(first principle)로 이해한다면, 우리는 이것이 다름 아닌 하느님(God)이라고 말하는 데 동의할 것이다. (방인, 〈다산 정

약용의 천지창조설에 관한 다섯 개의 이야기〉,《다산학》44호, 다산학술문화재단,
33-34쪽)

다산은 주자학의 '새로운 프레임'이 공맹 유학의 왜곡 및 심각한 변질
이라고 생각해서, 이 체계를 망치로 허물어버렸다. 즉 理 대신 上帝
를 복권시킨 것이다. 그리고 본래의 유교로 돌아가겠노라고 선포했
다. 자신의 사상을 '본래의 유교 정신으로의 회귀'라는 뜻에서 수사학
洙泗學이라 불렀다. 그 중심에 인간 내부의 이 오래된 이분법이 있다.
《논어》에 나온 극기복례에 대한 다산의 해석은 이렇다.

인간에게는 늘 상반된 두 의지가 동시에 피어난다. 여기가 지상과 천상
의 관건(人鬼之關)이고, 선악이 갈라지는 곳(善惡之幾)이며, 人心과 道
心의 교전장이고, 義가 이기느냐 欲이 이기느냐가 판가름 나는 곳이
다. 이 자리에서 깊이 반성하여 힘써 (자신의 이기적 욕망을) 극복하면 길
(道)에 가까이 가는 것이다. (하지 않아야 할 것을) 안 하고 (욕심내지 않아
야 할 것을) 욕심내지 않는 것은 道心에서 발현 것으로 이는 天理나. (하
지 않아야 할 것을) 하고 (욕심내지 않아야 할 것을) 욕심내는 것은 人心에서
발한 것으로 이는 私欲이다. 하지 않고 욕심내지 않는 것, 이는 人心
을 극복하고 제압하여 道心의 명령을 들은 것이니, 이른바 극기복례가
이것이다. 이 경구는 공자, 안회, 증자, 자사가 서로 전하고 은밀히 당
부한 긴요한 뜻이다. 그래서 '오직 이것일 뿐'이라고 매듭지은 것이다.
'이것일 뿐'이라고 말한 것으로 보아, 길(道)이란 이를 벗어나지 않는
다. 오호, 그 지극함이여.
人恒有二志相反 而一時幷發者. 此乃人鬼之關 善惡之幾 人心道

心之交戰 義勝欲勝之判決. 人能於是乎猛省而力克之 則近道矣.
所不爲所不欲 是發於道心 是天理也. 爲之欲之 是發於人心 是私
欲也. 無爲無欲 是克制人心而聽命於道心 是所謂克己而復禮也.
此一章孔顔曾思 相傳密付之要旨也. 故結之曰 如此而已矣. 旣云
如此而已 則道無外是也. 嗚呼至矣. (다산,《맹자요의》)

다산의 고전해석학 전편이 이 '대치' 위에 세워져 있다. 이 회귀에 서
학의 영향이 크게 자리하고 있는 것은 틀림없다. 서학이 결정적이라
고 판단하는 사람도 있다. 그러나 그들은 서교를 접하기 전에, 사서
삼경을 뼛속까지 학습한 사람들이라는 것, 주자를 위시한 양명학, 명
청대의 학술까지 섭렵한 일급의 학자들임을 잊어서는 곤란하다. 이
들에게 서교의 기초는 별로 낯설지 않았을 것이다. '유교의 협력자(補
儒)'라는 인식은 자연스러운 것이었다. 나는 바로 이곳이 다산이 〈자
명소〉에서 서교를 "유학의 별파로 알았다"고 한 말의 곡절이 들어 있
는 곳이라고 생각한다.

　화이트헤드는 서양철학이 '플라톤의 각주'라고 정리했다. 유학 또
한 '공동체'를 위한 헌신을 덕성으로 고취해왔다. 노장·불교를 제치
고 유학이 '정통'의 지위를 갖게 된 까닭이 여기 있다. 동서양의 인문
학·철학뿐만 아니라 종교 또한 그렇다. 유대의 철학자 힐렐은 유대
교를 한마디로 정의해달라는 요청을 받고 이렇게 말했다. "네가 싫어
하는 바를 남에게 행하지 마라. 나머지는 다 주석에 불과하다."

　유교는 "내가 원치 않는 일을 남에게 시켜서는 안 된다(己所不欲 勿
施於人)"는 소극적 경계에서, 나아가 "네가 서고 싶은 곳에 남을 세워
주라(己欲立而立人)"는 적극적 주문으로 자신의 원리를 일이관지, 한

마디로 정리했다.

자신을 넘어 공동체에 헌신하라는 德의 요청, 도덕의 규율은 그 너머의 토대와 이어진다. 도덕학은 신학과 짝해 있다. 왜 덕성의 고취가 신학과 닿아 있는가?

니체의 계보학적 분석에 의하면, 인간은 공동체에 빚을 지고 있다. 그 부채가 죄의식을 부른다. 죄의식은 또 초월적 권위와 연결된다. 즉 도덕과 신학은 한 몸으로, 둘은 분리될 수 없다. 아리스토텔레스는 말한다. "형이상학의 빛이 없으면 도덕은 암흑 속으로 침잠한다." 주자의 형이상학과 서교의 신학 사이의 거리는 생각보다 멀지 않다.

도널드 베이커Donald Baker 교수가 말했듯이, 다산의 신 혹은 하느님(天) 관념의 형성에 가톨릭이 깊이 영향을 끼친 것은 사실이다. 그는 가혹한 심문 과정에서 살아남기 위해 안간힘을 쓰는 그 와중에서도, 초월적 인격으로서의 신이나 그를 보좌하고 있는 정령들에 관한 믿음을 비난하지 않았다.

다산이 초월적 신을 믿었던 것은 분명하다. "上帝는 천지를 창조하고, 인간을 우뚝 만물 위에 세우셨다." 그는 인간의 본질이 대지에 속해 있지 않고, 초월로부터 왔다는 것을 의심한 적이 없다.

천하의 만민들은 배태의 초에 이 영명靈明을 부여받았기에, 만류를 훌쩍 뛰어넘어 만물을 이용하고 향유한다.

人則不然 天下萬民 各於胚胎之初 賦此靈明 超越萬類 享用萬物.

(다산,《중용강의보》)

인간의 지적·도덕적 능력이 그로부터 왔다. 〈자찬묘지명〉의 마지막 대목을 다시 음미해보자.

> 荷天之寵　牖其愚衷
> 精硏六經　妙解微通
> 하늘(天)의 은총을 입어 어리석은 나를 깨우쳤네
> 六經을 깊이 연구하여, 심오한 이해, 섬세한 통찰에 이르렀다네

인간은 자신에게 주어진 판단과 행동의 권능으로 신의 뜻을 구현해야 한다. 다산은 인간의 본성을 '선을 좋아하고 악을 증오하는(好善惡惡) 충동(嗜好)'으로 규정했다. 소크라테스의 다이몬처럼, 그 내면의 지속적 '목소리'가 초월적 신을 증거하고 있다고 믿었다. 삶은 그 목소리에 귀를 기울이고 배반하지 않는 선택으로 점철되어 가는 도정이라고 생각했다. 그런 점에서 신은 시험하는 자이자 관찰하는 자다. 나는 최근 다음과 같은 글을 읽고 화들짝 놀랐던 적이 있다.

> 食色이 안에서 유혹하고, 名利가 밖에서 끌어당기고, 또 사적 기질이 나태를 좋아하고 일하기는 싫어하니, 그 결과 선을 따르기가 산을 오르듯 어렵고, 악에 빠지기는 흙이 무너지듯 쉽다. 하늘이 이를 모르고 그렇게 시키는 것이 아니다. 다만 이렇게 해야 진정 선을 행함이 귀해지기 때문이다.
> 食色誘於內 名利引於外. 又其氣質之私 好逸而惡勞 故其勢從善如登 從惡如崩. 天非不知而使之然也 爲如是 然後其爲善者 可貴也. (다산,《매씨서평梅氏書平》)

하늘이 선한 본성을 주고도 선악의 갈림길에서 고투하게 한 것이 다 '하느님의 의도'라는 것이 아닌가? "하느님이 알고도 그렇게 시키신다(天非不知而使之然也)." 그래야 선이 귀하다는 것을 증거할 수 있다는 것이다. 이것은 가톨릭의 논리이고, 칸트의 도덕철학에서 만나는 것이기도 하다. 여기가 서교와 다산의 공유 지반이다.

허황되고 괴이하며 하늘을 거스르고 신을 모독하다

그런데 왜 그는 서교를 배척하게 되었을까? 아니, 목숨을 구걸하려 했다거나 정치적 야망이 컸다거나 정조와의 의리 때문이라는 등 주변적 요인을 들먹이지 말고, 그의 정신 혹은 양심의 직접적 계기에 귀를 기울여보자. 자료를 대하는 최우선의 덕목은 '우호적 인식'의 노력일 것이다. 채제공이 순암에게 써 준 글이 있다.

> 8년 가을, 순암 안공이 동궁東宮을 위한 계방관桂坊官이 되었다. 빌명하고 나서 상께서 특별히 만나보시고선, 기뻐하며 말씀하시기를, "그대는 (기력이) 쇠하지 않았다." 공의 나이 73세였다.
> 八年秋 順菴安公 爲東宮桂坊官. 旣肅命 上特賜對喜曰: "君不衰."
> 公時年七十三. (채제공, 〈불쇠헌기不衰軒記〉)

그는 기념으로 집에 '不衰軒불쇠헌'이란 당호를 걸었다.

얼마 안 되어 공이 젊은 사람들의 구설로 곤경에 처했다는 소식을 들었다. 노망이라는 소리를 들어가며… 西國의 이마두가 지은 책이 근래 동국에 유행하기 시작했는데, 學에 뜻을 둔 젊은이들이 구문舊聞에 질리고 신기新奇를 좋아라 하여, 풀이 눕듯 옛 학문을 버리고 저것을 추종하고 있다. 마침내 ① '부모는 천주에 비하면 이차적이다(父母比天主 猶爲外也)'라거나 ② '임금은 권속이 없어야 세울 수 있다(人主無眷屬而後可立也)'라거나 ③ '음양 二氣로는 만물을 능히 生할 수 없다(二氣不能生萬物也)'라거나 ④ '천당과 지옥은 분명히 있다(堂獄的然爲眞有也)'라거나 ⑤ '태극도는 상대적 배치를 그려놓은 것일 뿐(太極圖不過爲對待語也)'이라거나 ⑥ '천주 하느님이 강림하신 것이 예수다(天主眞降爲耶穌也)'라고 하는 데까지 이르렀다. 대개 그 설들이 아득하고 속임이 많아서 종잡을 수 없는데, 다들 程朱와 어긋나고 있다. 불교를 배척하고 있지만, 그건 흡사 도적이 주인을 미워하는 것과 같다.

未幾 聞公大困於年少輩口舌 譁然以老妄歸之. 蓋西國利瑪竇輩所著書 近始有流出東國者 年少志學之人 厭舊聞而喜新奇 靡然棄其學而從焉 至曰: "父母比天主 猶爲外也. 人主無眷屬而後可立也. 二氣不能生萬物也. 堂獄的然爲眞有也. 太極圖不過爲對待語也. 天主眞降爲耶穌也." 蓋其爲說 汪洋譎詭. 千百其端 而無一不與程朱乖鼇. 其所以詆排釋氏 直盜憎主人耳. (같은 곳)

지금 열거한 대목들은 유교와 서교의 갈라지는 지점들 가운데 대표적인 것 몇 가지다. 이를 감안하여 다산의 '비판'을 네 가지 항목으로 정리·점검해보고자 한다. ① 현세 부정, ② 영혼불멸, ③ 교회와 도그마, ④ 自主之權자주지권 혹은 자유에 대하여.

⑴ 현세는 짐승의 세상?

《천주실의》는 신의 존재를 증명한 다음, 이어 본격적으로 '인간이 처한 현실'에 대해 설하기 시작한다. 두어 대목의 번역을 들려드린다. 서두는 대략 이렇다.

하느님이 인간을 동물 위에 세우셨다는데, 보면 동물이 더 축복받은 것 같다. 수고할 필요도 저장할 필요도 없지 않으냐? 인간은 울며 태어나, 온갖 병고와 노역에 시달리다가 간다. 주변 미물들의 성가심은 말할 것도 없고, 서로 죽이고 속이는 곳이 이 세상이다.

吾觀天地萬物之間 惟人最貴 非鳥獸比 故謂人參天地. 然吾復察鳥獸 其情較人反爲自適 何者? 其方生也 忻忻自能行動 就其所養 避其所傷; 身具毛羽爪甲 不俟衣履 不待稼穡 無倉廩之積藏. 無供爨之工器 隨食可以育生 隨便可以休息 嬉遊大造 而常有餘閒. 其間豈有彼我 貧富 尊卑之殊 豈有可否 先後 功名之慮操其心哉? 熙熙逐逐 日從其所欲爾.

人之生也 母先痛苦 赤身出胎 開口便哭 似已自知生世之難; 初生而弱 步不能移 三春之後 方免懷抱; 壯則各有所役 無不勞苦 農夫四時反土於畎畝 客旅經年遍渡於山海 百工無時不勤動手足 士人晝夜聚神殫思焉; 所謂君子勞心 小人勞力者也. 五旬之壽 五旬之苦. 至如一身疾病 何啻百端! 嘗觀醫家之書 一目之病 三百餘名 況罄此全體 又可勝計乎! 其治病之藥 大都苦口. 即宇宙之間 不論大小蟲畜 肆其毒具 往爲人害 如相盟詛 不過一寸之蟲 足殘七尺之軀. 人類之中 又有相害 作爲兇器 斷人手足 截人肢體 非命之死 多是人戕. 今人猶嫌古之武不利 則更謀新者 輾轉益烈 甚至

盈野盈城 殺伐不已. (마테오 리치, 《천주실의》)

리치의 이야기는 계속된다.

태평 세상도 있지 않냐고? 글쎄, 그때라도 온전한 복을 누릴 수 있을
까? "창고가 그득하면 자식이 없고, 자식이 있으면 재능이 없고, 재능이
있어도 생활이 안 되고, 여유가 있다 싶으니 권세가 없네." 인생, 어딘
가는 부족해! 그렇지 않은가? 벅찬 기쁨과 환희도 조그맣고 성가신 불
행에 쓰러지고 말지. (이처럼) 일생을 온갖 근심과 걱정에 시달리다가,
마침내 '큰 걱정' 즉 죽음으로 종결된다! 누가 흙속의 무덤을 피해 갈
수 있을까? 그래서 옛 현자가 자식들을 경계했다네. "너 자신을 속이지
말고, 마음의 빛을 어둡게 하지 마라(양심을 저버리지 마라). 사람들이 그
토록 밀치고 달리나, 결국은 무덤으로 종착되는 것을…." 우리는 지금
살아 있는 것이 아니라 죽음의 한가운데 있으니, 탄생과 더불어 죽음이
시작되고 죽음으로 이 일이 끝난다. 오늘 지나간 하루는 하루가 사라진
것이고, 하루 더 무덤으로 가까이 간 것이다. 피할 수 없는 재앙을 항상
두려워하며, 언제 안정을 찾을 수 있겠는가?

지금까지는 다만 '外苦(환경적·물질적 제약)'만을 읊었을 뿐이다. 그 '內
苦(정신의 실존적 곤고)'를 어찌 감당할 것인가? 이 세상의 고통은 리얼
한 고통이고, 쾌락은 거짓된(일시적·수동적) 해소일 뿐, 수고와 번질이
일상이고, 오락(즐거움)은 어쩌다 주어지는 것. 하루의 환난을 적자고
해도 10년의 붓이 모자라는데, 일생의 통고를 어찌 한 생으로 읊어낼
수 있으리. 인간의 마음은 이처럼 사랑·증오·분노·두려움이라는 네
가지 정(四情)의 침공을 받는다. 흡사 높은 산에 있는 나무가 사방에서

불어오는 바람에 두들겨 맞는 것처럼…. 여기 누가 고요를 누릴 수 있 겠는가? 혹은 주색에 빠지고 혹은 공명에 혹하며 혹은 재물에 눈이 머 는 등 각각의 욕망이 요동친다. 누가 외물을 돌아보지 않고 자신의 존 재에 충만할 수 있을 것인가? 사해의 땅을 주고 온 나라 백성을 다스려 도 도무지 만족할 줄 모르나니, 어리석도다!

그런즉, 사람들은 저 한 몸의 道도 모르는데(저 하나 어디로 가야 할지 막 막한데), 하물며 그 밖의 道를 어찌 알겠는가? 혹은 석가를 따르고 혹은 노자를 밟으며 혹은 공자를 본받는다. 이 셋이 천하의 마음을 다 휘어 잡을 수 있겠는가? 호사가가 나타나서 새 교설을 싣고 따로 문호를 세 우니, 3교의 갈래가 어느새 3천 너머로 갈라졌다. 다들 자신이 "바른길 이다, 바른길이다"라고 떠들면서, 천하의 道(질서)는 날로 삐걱대고 혼 란에 빠졌다. 윗사람은 아랫사람을 밟고, 아랫사람은 윗사람을 치받으 며, 폭력적인 아버지에 망나니 아들! 임금과 신하는 서로를 엿보고, 형 제는 서로 다투며, 부부는 각자 딴 생각이고, 친구들은 서로를 속인다. 온 세상이 모두 거짓과 기만, 사특 망상에 빠져 있어, 도무지 '진실한 마음(眞心)'이 없게 되었다. 오호라, 진실로 세상 사람들을 볼작시면, 그 모습이 흡사 대양에서 큰 풍랑을 만나 선박은 부서지고 사람들은 파도 에 잠겨 꼬륵거리는데, 각자 제 살길을 찾느라 다른 사람 돌아볼 겨를 이 없는 듯하다. 손에 닿는 대로 부서진 널빤지를 잡고 혹은 썩은 돛대 를 붙들고 혹은 부서진 광주리를 안고…. 한사코 붙들고 있지만, 사람 들은 속절없이 죽어 나간다. 정말 애석하도다. 모를레라. 천주께서는 왜! 사람을 이런 환난 가운데 던지셔서, 그 사랑이 도리어 짐승에게만 도 못 하게 하셨을꼬?

縱遇太平之世 何家成全無缺? 有財貨而無子孫 有子孫而無才能

有才能而身無安逸 有安逸而無權勢 則每自謂醜 極大喜樂而爲

小不幸所泯. 蓋屢有之. 終身多愁 終爲大愁所承結 以至於死 身入

土中 莫之能逃. 故古賢有戒其子者曰: "爾勿欺己 爾勿昧心. 人所

競往 惟於墳墓." 吾曹非生 是乃常死. 入世始起死 曰死則了畢已

月過一日 吾少一日 近墓一步 常畏所不得避患 何時安乎?

夫此只訴其'外苦'耳 其'內苦'誰能當之? 凡世界之苦辛 爲眞苦辛;

其快樂 爲僞快樂; 其勞煩爲常事 其娛樂爲有數. 一日之患 十載訴

不盡; 則一生之憂事 豈一生所能盡述乎? 人心有此爲愛·惡·忿·

懼四情所伐 譬樹在高山 爲四方之風所鼓 胡時得靜? 或溺酒色 或

惑功名·或迷財貨 各爲欲擾 誰有安本分而不求外者? 雖與之四海

之廣 兆民之衆 不止足也. 愚矣!

然則 人之道 人猶未曉 況於他道? 而或從釋氏 或由老氏 或師孔

氏 而折斷天下之心於三道也乎! 又有好事者 另立門戶 載以新說

不久而三敎之歧必至於三千敎而不止矣. 雖自曰: "正道! 正道!" 而

天下之道日益乖亂. 上者陵下 下者侮上 父暴子逆 君臣相忌 兄弟

相賊 夫婦相離 朋友相欺 滿世皆詐諂誑誕 而無複眞心. 嗚呼! 誠

視世民 如大洋間著風浪 舟舶壞溺 而其人蕩漾波心 沉浮海角. 且

各急於己難 莫肯相顧. 或執碎板 或乘朽蓬 或持敗籠 隨手所值 緊

操不舍 而相繼以死. 良可惜也! 不知天主何故 生人於此患難之

處? 則其愛人反似不如禽獸焉? (같은 책)

다음은 서양 수도사(西土)의 답변이다.

세상이 이처럼 환난으로 낭자한데, 우리는 지상의 애착을 끊어내지 못해 편안할 날이 없다. 어째 그런고? 세상의 곤고가 이리 극심하거늘, 세상 사람들은 어리석고 무지해 이곳에다 大業을 세우려 한다. 토지와 건물을 사들이고, 이름과 지위를 도모하며, 오래 살겠다고 바득대고, 자식 경영에 골몰한다. 이 과정에서 사람을 죽이고, 불의한 침탈도 서슴지 않는다. 위태로운 삶이여!

옛적 西國에 유명한 두 현자가 있었으니, 하나는 헤라클레이토스(黑蠟), 다른 하나는 데모크리토스(德牧)라 했다. 헤라클레이토스는 언제나 웃고 다녔고, 데모크리토스는 늘 통곡에 목이 메었다. 세상 사람들이 헛된 물건을 좇아 헤매는 것을 보고, 한 사람은 한심해서 놀렸고, 또 한 사람은 불쌍해서 울어주었던 것이다.

또 이런 이야기도 들은 적이 있다. 지금도 그런지는 모르겠으나 옛적 어느 나라의 풍습으로, 그곳에는 자식을 낳으면 친구 이웃들이 몰려가서 목 놓아 통곡했다고 한다. 이 괴롭고 곤고한 세상을 견뎌 나가야 할 것이 가슴 아파서였다. 반대로 누군가가 죽으면 그 문에 몰려가서 악기를 퉁기며 축하해주었다고 한다. 이제 그 고통과 수고로부터 자유롭게 되었기 때문이다. 그들은 삶이 재앙이고, 죽음은 축복이리 여겼다. 그렇지? 좀 심했지. 그러나 이 세상의 실제를 환상 없이 들여다본 통찰이 아닌가? 그러한 바, 인간은 이 세상에 속한 것이 아니다. 진정한 삶은 죽음 이후에 열린다!

世上有如此患難 而吾疑心猶憐愛之不能割. 使有寧泰 當何如耶? 世態苦丑至如此極 而世人昏愚 欲於是爲大業 闢田地 圖名聲 禱長壽 謀子孫 簒弑攻並 無所不爲 豈不殆哉!

古西國有二聞賢: 一名黑蠟 一名德牧. 黑蠟恒笑 德牧恒哭 皆因視世人之逐虛物也 笑因譏之 哭因憐之耳.

又聞近古一國之禮: 不知今尚存否 凡有産子者 親友共至其門哭
而吊之 爲其人之生於苦勞世也. 凡有喪者 至其門作樂賀之 爲其
人之去勞苦世也. 則又以生爲凶 以死爲吉焉. 夫夫也 太甚矣! 然
而可謂達現世之情者也.

現世者 非人世也 禽獸之本處所也 所以於是反自得有餘也. 人之
在世 不過暫次寄居也 所以於是不寧·不足也. 故現世者 吾所僑
寓 非長久居也. 吾本家室 不在今世 在後世; 不在人 在天 當於彼
創本業焉. 今世也 禽獸之世也 故鳥獸各類之像俯向於地; 人爲天
民 則昂首向順於天. 以今世爲本處所者 禽獸之徒也 以天主爲薄
於人 固無怪耳. (같은 책)

다산이 '유문의 별파(認作儒門別派)'와 '문원의 기상(看作文垣奇賞)'이
라 했을 때, 이런 새로운 비유와 어법, 허를 찌르는 상상력이 그를 매
료시켰을 것이다. 실제 다산은 유배 이후에도, 자신의 시와 편지와 논
설 가운데, 서학의 상상력을 빌려 자신의 문체에 녹여낸 것이 적지 않
다. 가령,

有粟無人食　多男必患飢
達官必憃愚　才者無所施
家室少完福　至道常陵遲
翁嗇子每蕩　婦慧郞必癡
月滿頻値雲　花開風誤之
物物盡如此　獨笑無人知 (〈혼자 웃다(獨笑)〉)
창고가 그득하면 자식이 없고

자식이 있으면 재능이 없고

재능이 있어도 생활이 안 되고

여유가 있다 싶으니 권세가 없네

지금 하려는 말은, 서교가 이 '현세'를 보는 시각이다. 현생은 금수의
세상이고, 인간의 세상은 사후에 다시 기약하는 것인가? 다산은 형에
게 보낸 편지에서 다음과 같은 일화를 전한다.

> 윤외심을 재작년 해남에서 만났습니다. 내가 "죽지 않고 서로 만났으
> 니, 이상도 하네"라고 하자, 윤이 "사람이 죽기가 어찌 쉬운 일인가?"라
> 고 물었습니다. "사람이 죽기가 가장 쉬운 일이네." "죄악이 다해야 죽
> 지 않겠는가?" "무슨 소리, 복록福祿이 다한 후에 죽는 법이네." 하다가
> 마주 보고 웃었지요. 죄악이 다한 연후에 사람이 죽는다고 한 것은 이
> 세상을 고난으로 여기기 때문입니다. 이는 '하늘을 원망하고 사람을 탓
> 하는 것으로 진정으로 道를 아는 사람의 말은 아니지요.
> 尹畏心再昨年海南相見時 我曰: "不死而相見 異哉!" 尹口: "人死
> 豈易事耶?" 我曰: "人死最易事." 尹曰: "罪惡盡 然後人死." 我曰:
> "福祿盡 然後人死." 相笑而罷. 彼云: '罪惡盡然後人死'者 蓋以此
> 世爲苦世也. 然此乃怨天尤人之言 非眞正知道之言也. (다산, 〈답중
> 씨答仲氏〉)

이 구절은 다산이 '현세'를 인간의 세상으로, 요수불이夭壽不貳 궁통
득실窮通得失을 '운명'으로 알고 받아들여야 한다는 토로다. 현세를
부정하는 것은 '하늘을 원망하고 사람들을 탓하는' 것으로 '道를 아

는 사람의 발언'이 아니라는 것이다.

여기가 서교가 유교와 갈라지는 첫 갈림길이라고도 볼 수 있다. 서교는 삶을, 이 지상에 있지만(in the world) 여기 속한 것(of the world)은 아니라 말한다. 그러나 다산은 이 삶이 천상이 아니라 지상에 세워진 것임을 분명히 일러주고 있다.

(2) 영혼은 불멸인가, 천당·지옥은 있고?

영혼은 불멸한가? 리치는 영혼의 불멸을 다음과 같이 논증한다.

① 감각은 사물 등 물질에 기초하고 있다. 동물은 여기에 갇혀 있다. 그러나 영혼은 물질에 매여 있지 않다.

② 변화는 물과 불처럼 서로 다른 물질이 부딪힐 때 일어난다. 그런데 이 영혼은 비물질적이므로 부딪힐 일이 없다.

③ 금수는 몸의 노예일 뿐이지만, 인간은 그 영혼으로 하여 몸의 주인이므로, 자유 전권을 가진다. 이는 신적인 특징이다.

④ 사후에 명예 얻기를 바라는 사람이 많다. 그런데 다 흩어지고 영혼이 없다면 보고 듣지도 못하는데, 무슨 소용일 것인가?

⑤ 효자들은 '생시처럼 돌아가신 이후에도 모신다'고 했는데, 영혼이 없다면 이건 아무런 의미가 없지 않은가?

⑥ 사람은 누구나 장수와 영생을 바라지 않는가?

⑦ 이 세상에 만족하는 사람이 누가 있는가? 그래서 내세가 있다.

⑧ 오직 천주만이 우리를 만족시킨다. 그래서 이런 기도가 있다. "상제 공변된 주께서 우리를 여기 낳으셨으니, 당신만이 우리를 만족시킬 것임이라. 당신께로 돌아가지 않으면, 그 마음 편안하고 만족

할 수 없네."

⑨ 천주께서는 공변되시어, 선한 자에게는 상을 주고 악한 자에게는 벌을 준다. 지금 악한 자가 부귀와 안락을 누리고, 선한 자들이 빈천과 고난을 겪고 있지 않나? 지상의 정의가 충분하지 않으므로, 죽음 이후에 선한 혼을 상 주고 악한 혼을 벌준다. 만약 몸 따라 영이 죽고 말면, 천주는 대체 어떻게 벌줄 것인가?

④, ⑥, ⑦은 적절한 논리가 아닌 듯하다. 사람이 바라므로, 그것이 존재한다니? 내가 상상하는 것은 당연히 실재할 것이라 믿는 것인가?

⑤는 제사 문제와 걸려 있다. 주자학의 변명은 이렇다. 율곡은 '물질성'을 묻는 것이 핀트가 어긋났다고 말한다. 부모도 그렇고 고전이나 종교처럼, 그는 기억함으로써 그리워함으로써 '존재'하게 된다. 고전을 통해 古人들을 불러내 흠모하고 대화하는 것처럼….

"唐棣之華 偏其反而! 豈不爾思? 室是遠而." 子曰: "未之思也 夫何遠之有?"(〈자한〉 30장)
"누가 집이 멀다고 하는가? 그를 생각함으로 그대는 여기 와 있는 것을…. 길이 멀고 강이 가로막고 있다 함은 사랑과 그리움이 부족한 것이라네.

대중적 설득력이 가장 강력한 것은 ⑨다. 억울한 세상, 나쁜 놈들이 득세하고 선한 자들이 핍박받는 부정의한 세상에서 눈을 감지 못하는 사람들은 내세의 심판을 떠올릴 것이다. 다산이 이 주제를 본격 언급하고 있지 않지만, 단서는 있다. 〈변방사동부승지소〉의 다음 대목이다.

더구나 신이 부임한 지방은 곧 사설邪說이 그르친 지방으로서, 어리석은 백성이 현혹되어 진실로 돌이킬 줄 모르는 무리가 많았습니다. 그러므로 신이 관찰사에게 나아가 의논하고 수색해서 체포할 방법을 강구하여, 그 숨은 자를 적발하고 禍福의 의리를 일깨워주었습니다. 그들이 의심하고 겁내는 것을 깨달아 알아듣도록 타이르고, 사邪한 것을 물리치는 계제禊祭를 만들어서 그들에게 제사를 권하고, 사교邪敎를 믿는 여자를 잡아다가 그들이 혼인하도록 하고, 다시 일향一鄕의 착한 선비를 구해서 서로 더불어 질의하고 논구하여 성현의 글을 강론하게 하였습니다. 이윽고 생각하건대, 신이 한 일이 자못 진보가 있었으니, 스스로 다행스럽고 기쁘게 여깁니다. 이것이 누구의 은혜이겠습니까?

況其所莅地方 卽邪說詿誤之鄕 愚氓之迷不知反者 寔繁其徒. 故臣就議按道之臣 講搜捕之方 而發其 隱匿 諭禍福之義 而曉其疑怯. 設斥邪之禊 而勸其祭祀 執守邪之女 而成其婚嫁. 復求一鄕之善士 而相與質疑送難 以講聖賢之書. 既以思之 臣之所爲 殆亦有進 自幸自欣 伊誰之賜?

다산은 서교가 아닌 유교의 '禍福' 메커니즘으로 그들을 설득하고, 그들의 '의심'과 '두려움'을 제거해 나갔다고 했다. ①, ②, ③을 두고 주자학은 이렇게 답할 것이다.

생명은 氣의 결합으로, 죽음은 그 흩어짐이다. 육신과 더불어 감각과 정신 또한 흩어진다. 이 점에서 사과와 매미, 소와 사람 사이에 아무런 차이가 없다. 모인 氣는 때가 되면 흩어지는 것. 내세는 없다.

리치는 "영혼이 무형이기에 신적 속성을 갖고 있고, 또 불멸"이라고 말한다. 그러나 氣의 사유는 이렇게 말할 것이다.

정신 또한 물질의 구성이다. 두뇌는 척추골이 진화한 것. 감각과 적응의 최상층에 있지만, 물질과 감각을 떠나 있지 않다. 남들에게 별 관심이 없고 흥미 없는 책에 시큰둥한 이유는, '내 몸에 절실한 구석'이 없기 때문이다. 본능은 내분비선과 신경조직과 얽혀 있다. 몸이 사라지면 이들 또한 사라지고, 감정도 욕구도 그와 더불어 소멸할 것이다. 율곡은 '사려(意)'가 감정과 욕구를 판단하고 행동을 조율하는 기능이라고 했다. 몸이 사라지면 당연히 '사려'가 사라진다. 몸을 위해 저장된 기억들도 흩어지고, 그는 마치 태어나기 이전의 자신(?)으로 돌아간다. 원시반종原始反終. 영혼은 육신처럼 유한하고 일시적이다. 너무 슬퍼하지 마라.

이 논제는 조선 유학에서 일반적 시각으로 자리 잡았다. 삼봉의《불씨잡변佛氏雜辨》첫머리에 불교를 두고 한 논의가 있다.

불교는 말한다. "사람이 죽어도 정신은 불멸이라, (현세의 업보에 따라) 다시 형태를 부여받는다." 이것이 윤회설이다.《주역》은 달리 말한다. "처음 온 곳을 보고 나중 갈 곳을 돌아보면, 삶과 죽음의 이치를 알 것이다." 또 "정기精氣(물질과 에너지)가 모여 사물이 되고, 유혼游魂은 분리되어 소멸한다"고 했다. 선대 유학자들은 다음과 같이 해석했다. "천지의 변화는 生生不窮, 끝없이 이어진다. 결합이 있으면 분해가 있고, 삶이 있다면 곧 죽음이 있다. 애초 (氣의) 결합으로 생명이 있었음을 알

면, 나중 반드시 氣가 흩어져 죽는다는 것을 알 것이다." 삶이란 氣의
변화, 그 자연적 결과라서, 애당초 영혼이 太虛 가운데 머물러 있던 것
이 아니다. 그것을 안다면, 죽음 또한 氣와 더불어 흩어지는 것이라서,
모종의 형상이 막막한 허공에 머물러 있지 않음을 알 것이다.

佛之言曰: "人死精神不滅 隨復受形." 於是輪廻之說興焉. 《易》曰:
"原始反終 故知死生之說" 又曰: "精氣爲物 游魂爲變." 先儒解之
曰: "天地之化 雖生生不窮. 然而有聚必有散 有生必有死. 能原其
始而知其聚之生 則必知其後之必散而死." 能知其生也得於氣化
之自然 初無精神寄寓於太虛之中. 則知其死也與氣而俱散 無復
更有形象尚留於冥漠之內.

우물에서 물을 길어 밥을 지을 때, 김으로 날아간 수증기가 다시 우물
속으로 들어오는 것은 아니지 않느냐? 한 번 간 氣는 다시 돌아오지
않는다.

"혼이 하늘로, 백이 땅으로"라는 어법에 혼동되지 말라. 둘 다 氣다. 다
만 재질에 따라 허공과 지상으로 돌아가는 장소가 다를 뿐….

或問 子引先儒之說 解《易》之'游魂爲變'曰: "魂與魄相離 魂氣歸
於天 體魄降于地'是人死則魂魄各歸于天地 非佛氏所謂'人死精
神不滅'者耶?" 曰: "古者 四時之火皆取於木 是木中元有火 木熱
則生火." 猶魄中元有魂 魄煖者爲魂. 故曰鑽木出火 又曰形既生矣
神發知矣. 形 魄也. 神 魂也. 火緣木而存 猶魂魄合而生. 火滅則煙
氣升而歸于天 灰燼降而歸于地 猶人死則魂氣升于天 體魄降于
地. 火之煙氣 卽人之魂氣 火之灰燼 卽人之體魄 且火氣滅矣 煙氣

灰燼 不復合而爲火 則人死之後 魂氣體魄 亦不復合而爲物 其理
豈不明甚也哉. (같은 책)

다산은 〈자명소〉에서 말한다.

양심이 이미 회복되자 이치가 자명해졌으므로, 지난날에 일찍이 흠모
한 것을 돌이켜 생각하니, 하나도 허황하고 괴이하고 망령되지 않은 것
이 없었습니다. 거기에 이른바, 死生의 말은 부처가 만든 공포령恐怖令
입니다.

다산은 분명 영혼의 불멸과 내세의 존재를 거부하고 있다. 즉 정도전
의 불교 비판이 곧 다산의 서학 비판과 궤를 같이하고 있다. 다산은
지금 분명히 서학의 영혼불멸론, 사후세계론이 일찍이 우매한 중생
을 겁주며 등장한 불교의 '논법'과 같다고 말하지 않는가? 이 한 구절
이 저간의 사정을 압축적으로 증거해주고 있다.

아직 문제가 하나 더 남았다. 마지막 남은 ⑨를 살펴보자. 사람들
이 묻는다. "그러면 복선화음은 어떡합니까?" 당연히 天道는 선한 자
에게 복을 주고, 악한 자에게 징벌을 내린다. 《서경》은 일찌감치 말한
다. "천도복선화음天道福善禍淫!"

초자연적 보수자는 없다면서 어떻게 그럴 수 있는가? 율곡의 《성
학집요》〈위정〉 편에 주자학의 화복론이 집약되어 있다.

아버지를 섬기듯 하늘을 섬겨라. 그분과의 나날의 대면에 조금도 소홀
해서는 안 된다. 하늘의 견책을 더욱 두려워하라.

人君事天 如子事父. 念念對越 不可少忽. 人事旣已愼修 而天戒尤
當祗畏.

《시경》〈대아·대명大明〉에서 말했다. "조심조심, 늘 삼가며 '하늘'을 섬
긴다."
《詩》曰: "維此文王 小心翼翼 昭事上帝 聿懷多福. 厥德不回 以受
方國."[18]

《시경》〈대아·판板〉에서 말했다. "(그러므로) 하늘의 '진노'를 두려워하
라."
《詩》曰: "敬天之怒 無敢戲豫 敬天之渝 無敢馳驅. 昊天曰明 及爾
出王 昊天曰旦 及爾游衍."

(《서경》〈상서·탕고湯誥〉에서 이르길) 성왕과 탕왕이 고誥를 지어 말했다.
"하늘은 선한 자에게 복을 주고, 악을 행하는 자에게 화를 내린다."
成湯作誥曰: "夏王滅德作威 以敷虐于爾萬方百姓 天道福善禍淫
降災于夏 以彰厥罪."

(《서경》〈상서·태갑太甲〉에서 이르길) 이윤이 말했다. "이 하늘은 따로 번제
를 받거나 제의에 기뻐하지 않는다."
伊尹曰: "嗚呼 惟天無親 克敬惟親 民罔常懷 懷于有仁 鬼神無常
享 享于克誠 天位艱哉."

---

18 이 구절은 리치가 인용하고, 다산이 강조하는 대목이다.

《서경》〈주서·주관周官〉에서 이르길) 성왕이 말했다. "그는 다만 올바른 행
동과 정치를 기뻐할 것이다."
成王曰: "若昔大猷 制治于未亂 保邦于未危."

사람들이 묻는다. 주자학은 '자연론'에 철저하다. 그런데 여기 인용들
은 '유신론적' 외경을 표명하고 있는 듯하다. 화복을 주관하고 있는
누군가가 '저편에' 있다는 말인가? 이 질문을 의식한 듯, 율곡은 주자
학의 화복론을 이렇게 정리한다.

'天何心哉천하심재', 즉 하늘은 '의지'가 없다. 즉 특정한 인격으로 의도
적 판단, 자의적 힘을 행사하지 않는다. 가령, 군주가 선정을 베풀면 나
라에 화기가 돌고, 선한 영향력들이 퍼져나갈 것이다. 반대이면 원망과
갈등이 무성하고, 무질서가 자랄 것이다. 당장 별일이 닥치지 않는다고
무심 태만하면 반드시 재앙이 닥친다. 이것은 필연적인 사세다.
臣按 人者 天地之心也. 人君能行善政 和氣感乎上 則休祥至焉 多
行非道 乖氣感乎上 則災異作焉 天何心哉. 皆人所召耳 第於其間
有常有變 善之致祥 惡之致災 理之常也 善不見祥 惡不見災者 數
之變也. 聖賢之君 因災修省 則災變爲祥 庸暗之主 狃於無災 則反
招殃禍 此必然之勢也. 大抵應天以實 不以文 誠以實心修實德 則
危可使安 亂可使治 亡可使存 何災之不可弭乎? 惟其外示恐懼之
容 內無修省之實 故天怒不可回 國勢不可救耳. (율곡,《성학집요》)

이처럼 자연의 이치는(理之常) 선악의 과보가 어김없이 진행되도록
했으나, 세상은 氣數之變기수지변, 이 과보가 제대로 행사되지 않는 것

도 사실이다. 시간차도 있고, 우연도 개입한다. 그 점을 숨기지 않는다. 그렇다고 율곡은 '이 과정'에 '초자연적 의지'가 개입할 수는 없다고 말한다.

> 보통 사람의 마음은 걱정이 눈앞에 나타나면 조금 삼갈 줄을 알지만, 생각지 못한 환난이 생기면 대체로 경계할 줄 모릅니다. 그러므로 재변 災變이 처음 일어나면 비록 평범한 임금이라도 경동驚動할 줄 알지마는, 재변이 자주 일어나는데 당장 반응이 나타나지 않으면 이것에 익숙해져서 두려워하지 않는 것입니다. 그러나 이는 요사스러운 기운의 반응이 늦기도 하고 빠르기도 한데, 빠르면 禍가 적고 늦으면 禍가 크다는 것을 너무도 모르는 것입니다. 화란이 이미 일어나 멸망의 형상이 나타난 뒤에는 비록 마음을 혁신하고 德을 닦고자 하여도 이미 소용이 없습니다. 천고 이래로 실패한 자취가 서로 일치하니 슬퍼할 만한 일입니다.
>
> 常人之情 憂現目前 則稍能謹愼 患在慮外 則類不知戒. 是故 當災異之初作也 雖凡主 亦知驚動 及乎災異屢作 不見朝夕之應 則玩而不懼. 殊不知妖孽之應 或緩或速 速則禍小 緩則禍大. 患難旣作 亡象已著 然後雖欲革心修德 已無及矣. 千古以來 覆轍相接 吁可悲哉. (율곡,《성학집요》)

보통 사람들은 눈앞에 그 '과보'가 닥치지 않는 것을 보고, 삼가고 두려워할 줄 모른다. 재앙의 도래는 빠르기도 하고 느리기도 하다. 빨리 오는 것은 미약하고, 늦게 오는 것이 무섭다. 천계天戒를 두려워하지 않고 태만하다가, 나라가 망하고 환난이 닥치는 수가 있다. 그때 아차

해도 이미 늦었다.

다시 말하지만, 초자연적 의지는 사물의 과정에 절대로 개입할 수 없다. 주자학의 理는 자연의 원리다. 모든 것은 사물들의 내부와 물질들의 계기로 일어난다. 그 밖에 힘을 행사하는 외부적 동력은 없다. 화복 또한 사태 내부의 메커니즘으로 존재할 뿐, 외부의 초월적 의지가 개입될 수 없다. 하여 理는 '사물의 필연성'일 뿐 초월적 인격은 아니고, 인간의 운명을 시험하거나 심판에 나서지 못한다!

> 문: 선하면 복을 받고 악하면 화를 입는 건 어째서 그러한가?
> 답: 이는 자연의 이치(理)이니, 선하면 복이 있고, 악하면 화가 있다.
> 문: 天道는 무엇인가?
> 답: 그것은 그저 이치일 뿐이다. 이치가 바로 天道다. 예를 들어, 황천이 진노한다고 하는 것은 결코 위에서 진노하는 사람이 있는 것이 아니라 그저 理가 그러할 뿐이다(즉 죄가 진노를 당할 만한 것이기 때문이다).
> 문: 지금 사람들의 선악에 대한 보응은 어떻게 되는가?
> 답: 이는 운과 불운의 문제다
> 棣問: "福善禍淫如何?"曰: "此自然之理 善則有福 淫則有禍." 又問: "天道如何?"曰: "只是理 理便是天道也. 且如說皇天震怒 終不是有人在上震怒 只是理如此." 又問: "今人善惡之報如何?"曰: "幸不幸也." (《이정유서二程遺書》卷2, 12 上)

율곡은 《성학집요》 〈위정〉 편에서도 이를 다시 확인한다. 《서경》 〈우서 · 고요모〉에서는 이렇게 말했다.

고요가 말했다. "하늘은 유덕한 자에게 五服과 五章으로 임명한다. 하늘은 죄 있는 자에게 五刑과 五用으로 벌준다."

皐陶曰: "天命有德 五服五章哉; 天討有罪 五刑五用哉. 政事 懋哉 懋哉."

유교의 오래된 고전들은, 마테오 리치가 적극 원용했듯이, '초자연적 의지'가 있어 유덕한 자에게 직접 상을 내리고 유죄한 자에게는 벌을 가하는 듯이 들린다. 그러나 주자학의 '자연론'은 이 상벌의 초월적 개입이나 인간적 의도를 연상하지 않도록 기회가 있을 때마다 경계한다.

정자가 말했다. "만물은 예외 없이 다만 하나의 '자연적 진행(天理)'일 뿐이다. '나'는 여기 간여할 수 없다. '하늘이 죄 있는 자를 5형, 5용으로 벌준다'고 할 때, 또 '하늘은 유덕한 자에게 5복 5장으로 임명한다'고 할 때, 이는 '사물의 자연성이 그와 같다(天理自然當如此)'는 뜻일 뿐, 여기 무슨 '인간적 감정이나 변덕'이 개입되는 것은 아니다. 순임금이 16명의 재상을 등용할 때 요임금도 이들을 알고 있었지만, 다만 그들의 선이 아직 드러나지 않았기에 등용하지 않았던 것이고, 순이 사흉을 죽일 때 요도 이들을 몰랐을 리 없지만, 그들의 악이 아직 드러나지 않았기에 손을 쓰지 않았을 뿐이다. 등용과 토벌은 다만 하나의 '적절성과 정당성(義理)'에 매여 있다. 모든 일은 이 원리에 따라 일어난다."

程子曰: "萬物皆是一箇天理 己何與焉? 如言天討有罪 五刑五用哉; 天命有德 五服五章哉. 只是天理自然當如此 曷嘗容心喜怒於其間哉? 舜擧十六相 堯豈不知 只以他善未著 故不自擧. 舜誅四

凶 堯豈不察 只爲他惡未著 那誅得他. 擧與誅 只有一箇義理 義之
與比." (율곡, 《성학집요》)

다시 강조하지만, 초자연적 개입은 없다. 사물은 사물 자체의 필연성
에 따라 흘러갈 뿐이다. 인간은 오직 자신의 힘과 이성에 의존해서 자
신을 구원하고 사회적 책임을 다할 수 있다.

다산이 충청 내포에서 신자들을 회유함에, "화복의 이치를 가르쳐
주고, 그들이 의심하고 겁내는 것을 분명히 알려주었다(諭禍福之義 而
曉其疑怯)"고 한 것은, 바로 이 유학의 화복론을 들어 그들을 일깨웠
다는 것을 말하고 있다. 틀림없다.

그러면 세상 억울한 것은 어떡하냐는 항의를 어찌할 것인가? 선악
의 화보華報(현세에서 받는 과보)는 '지금 당장' 결정 나는 것은 아니다.
일에는 상황과 운이 있다 '사물의 필연성'이 시간을 통해 자신의 선을
행사하도록 기다리고 준비하며, 행동하기 위해 노력할 뿐이다. 나아
가 놀랍게도 주자학은 "德에는 따로 보상이 필요 없다"고 말한다. 德
그 자체가 바로 보상이라는 것. 이는 스피노자의 생각과 한치 다르지
않다. 《에티카》의 최후의 정리는 다음과 같다.

지복은 德의 보상이 아니라 德 그 자체다.

순암은 말한다.

설사 천당과 지옥이 있다고 하더라도, 사람이 현세에 살면서 선을 행
하고 악을 제거하여 행실이 온전하고 德이 갖추어진다면, 틀림없이 천

당으로 갈 것이다. … 그러니 사람이 현세에 사는 동안에 열심히 선을 실천하여 하늘이 내려준 나의 참된 천성을 저버리지 않는다면 그뿐이지, 어찌 털끝만큼인들, 후세의 복을 바라는 마음을 가질 필요가 있겠는가?

假使信有堂獄 如彼之說 人在現世 爲善去惡 行全德備 則必歸天堂. … 人當於現世之內 孳孳爲善 毋負我降衷之天性而已 有何一毫邀福於後世之念? (순암, 《천학문답》)

순암은 보상을 기대하지 않고 德 자체를 닦는 것이 聖學이라고 말한다. 그것은 당연한 귀결로 현세에 집중하기를 요구한다.

(세상을 원수로 여기다니…) 이 세상에 태어난 이상, 부귀와 빈천, 궁통과 利害가 따르는 것은 형세상 당연한 일이다. 그런데 이를 성찰하여 극복하는 노력에 대해서는 알지 못하고 이 세속을 원수라고 여긴다면, 군신의 의리 또한 끊어지게 된다. 마귀에 대한 설은 더욱 이치에 닿지 않는다.

且旣生此世 則富貴貧賤窮通利害 勢當然矣. 不知所以省察克治之工 而以世俗爲仇 則君臣之義亦絶矣 若魔鬼之說 尤不近理. (같은 책)

그는 유교의 제사가 '보답'인 데 반해, 가톨릭은 '기복'이라고 생각했다. 그런데도 가톨릭이 제사를 부정하는 것을 도무지 이해할 수 없다고 말했다.

정민 교수는 다산이 금정에서의 활동이 보여주기식, 일종의 면피였다고 주장한다. 그런가? 가령 〈자명소〉의 다음과 같은 구절을 보자. 다산의 활동이 오히려 필사적(?)이라는 생각까지 든다. 심지어 그 성과를 뿌듯해하고 자랑하기까지 한다.

> 동내 계를 만들어 주민들에게 제사를 권고했고, 삿된 가르침에 빠져 혼자 사는 처녀들을 혼인시켰다. 똑똑한 학자들에게 서교의 허실을 강론하고, 유교 고전을 다시 강론하게 했다.

그때를 돌이켜 보니, 나름 꽤 효과가 있었다고 스스로 자축하고 있다. 또 그것이 임금의 은덕이라고 공을 돌리기까지 하고 있다. 그러면 이 모든 기록이 허위이고 기만이란 말인가? 정민 교수는 지금 다산을 어떤 사람으로 그리고 있는가?

(3) 신화, 복음, 교회 체제

다산은 "하느님의 혀가 내 道心에 깃들어 있다"고 한마디로 정리했다. 하느님은 나와 직접 소통하시고 있다. 거기에는 어떤 내리인노, 민족지적 신화와 상상력이 필요하지 않다.

> 하늘이 생명을 부여할 때, 이 '명령'이 있었다. 이 명령은 삶 안에 시시각각 존재한다. 하늘이 무슨 차근차근한 목소리로 이 '명령'을 내리는 것은 아닌데, 그럴 수 없어서 그러는 것은 아니다. 하늘의 '목소리(혀)'는 道心(사회적 충동)에 깃들어 있다. 道心이 경고하는 바가 바로 황천 하늘의 명령이고 경계다. 다른 사람에게는 아니어도 내게는 뚜렷이 들리는 것, 조칙이나 훈계처럼 분명하고 엄중한 것이다.

옳지 않은 일 앞에서 道心은 부끄러워한다. 부끄러움을 느낀 그곳이 天命의 목소리가 있는 곳이다. 행동에 문제가 있으면 道心이 후회한다. 후회를 느낀 곳, 거기가 天命의 목소리가 있는 곳이다. 《시경》에서 "하늘이 백성을 일깨움에 질나발(塤)과 피리(篪)의 악기를 두드리듯 한다"라고 했는데, 이를 말하는 것이 아닌가? "상제와의 대면은 바로 내 마음속에 있다"고 한 것도 이를 말하고 있다. '天命'을 도록圖錄에서 찾는 자들은 모두 이단·황탄의 술법이고, 그것을 내 마음의 本心에서 찾는 것이 성인께서 하늘을 밝게 섬기는 방법이다.

天於賦生之初 有此命 又於生居之日 時時刻刻 續有此命. 天不能 諄諄然命之 非不能也 天之喉舌 寄在道心 道心之所儆告 皇天之 所命戒也. 人所不聞 而己獨諦聽 莫詳莫嚴 如詔如誨 奚但諄諄已 乎? 事之不善 道心愧之 愧怍之發 諄諄乎天命也. 行有不善 道心 悔之 悔恨之發 諄諄乎天命也. 《詩》云 '天之牖民 如塤如篪' 非是 之謂乎? '對越上帝之只在方寸' 正亦以是. 求天命於圖錄者 異端 荒誕之術也 求天命於本心者 聖人昭事之學也. (다산,《중용자잠》)

하느님과 나와의 직접적 연결 외에, 다산은 서교의 어느 교리나 신화, 상징, 체계, 역사도 자신의 기록 안에 언급하지 않는다.

《신편천주실록》이 말하는 세 차례 계명 가운데, 유교는 첫 번째 '자연의 법'에 고개를 끄덕일 것이다. 이 법은 '보편적'이다. 민족지적 선택이나 특별한 은총이 아닌 모두의 것이다. 이것이 유교와 궤를 같이하고 있다는 것은 앞에서 살폈다. 그러나 다산은 모세의 십계 명판이나 하느님이 동정녀의 몸을 빌려 '예수'로 강생한 것에 대해 아무런 언급도 하지 않았다.

성경은 수많은 이야기를 전하고 있다. 거기 '이성'이 감당할 수 없는 수많은 신화와 이적이 있다. 천상에 계시던 천주가 교화를 위해 예수로 강생했다는 이야기, 처녀의 몸을 빌려 태어났다는 이야기, 수많은 병자를 고치고 기적을 행했다는 이야기, 십자가에 못 박혔으나 사흘 만에 부활했다는 이야기, 죽음은 육신의 일일 뿐 영혼은 다음 생에서 심판을 받고 천당의 복을 누리거나 지옥으로 끌려간다는 이야기, 애매한 사람은 연옥이라는 중간 지대의 단련이 기다리고 있다는 이야기 등등. 생물학적 진실을 무시하고 과학적 사실과 배치되는 이 수많은 '성경'의 이야기를 모두 '액면 그대로' 믿고 있는 것일까? 그리고 당대의 '사물 자체에로(格物)'를 외치고 객관적 지식(窮理)이 길을 밝혀주리라고 믿었던 유교적 합리주의자들이 이들 얘기를 별 의심 없이 그대로 믿었을 것이라고 생각하는가?

성경의 말씀들을 유의미하게 읽자면 방법적 회의가 필요하고, 고등 비평을 거쳐야 한다. 최근 길희성, 오강남 교수 등은 기독교의 교리와 성경 등을 '액면 그대로' 읽으려는 성서 문자주의를 반성해야 한다고 역설하고 있다.

이성의 법정

(1) 다산의 유신론

① 누가 신의 존재를 논증하는가? 그것은 즉각적으로 확인된다. 다산은 신의 존재를 논증하는 데 관심이 없었다. 그의 확신은 즉각적이

고 심정적인 것이었다. "하늘은 말씀이 없다. 내 속의 도덕감이 곧 그분의 혀가 있는 곳이다."

② **신은 도덕적이고 합리적이다. 신은 변덕을 부리지 않는다.** 그의 '하늘'은 철두철미 '도덕적'임을 빼놓을 수 없다. "하느님은 질투하거나 화내지 않는다." 더구나 자신의 '믿음'을 실험해보기 위해 아들을 번제로 바치라는 '명령'을, 다산은 도무지 이해할 수 없었을 것이다.

③ **그를 위해 따로 드릴 예배는 없다.** 다산은 공자가 "내가 기도를 드린 지 오래되었다(丘之禱久矣)"는 말에 동의하고 있다. 하느님의 뜻이 구현되는 공간은 '일상'의 관계와 거래에 있을 뿐이다. 신은 자신의 공간 혹은 거소를 가지고 있지 않기에, 신을 향한 예배(事天)는 신 '그 자신'을 경배하는 데 있지 않고, 이웃과 사회를 향한 동정(仁)과 책임(義)을 다하는 데 있다. "신은 백성을 통해서 보고 듣는다."

④ **계시를 말하지 않는다.** 각자가 홀로 이 '운명'을 감내해야 한다. 누가 대신 죄를 안고 갈 수도 없고, 하느님의 계시로 구원받을 특권이나 첩경은 없다.

⑤ **대속代贖은 없다.** 각자 자기 죄의 가능성과 대면한다. 인간은 각자 자신의 선악을 감당할 뿐이다. 누구나 시시각각 도덕적 갈등 상황에 빠지며, 그 '날마다의 전장'에서 선한 실천은 어렵고, 우리는 '무너지듯' 악을 선택하고 죄에 빠진다. 아무도 이 실존을 대신할 수 없다.

⑥ **교회와 사제가 왜 필요한가?** 그렇지만 가톨릭의 교리와 성례에 대해 아무 언급이 없다. 교황의 권위와 미사의 의례에 대해서도 당연

히 아무 언급이 없다.

이 점에서 다산은 '종교적'이지 않다! 하느님을 믿고 있으되, 그 구현의 공간은 '평범한 개인'이 '일상적 공간'에서 감당하는 것이기에, 그에게는 이를테면 모든 사람이 사제였고, 모든 공간이 교회였던 셈이다. 그는 계급으로서의 사제를 말한 바 없고, 구원의 중심으로서의 보편 교회(가톨릭)를 따로 세운 바 없다.

(2) 제사에 대하여

1790년 윤유일이 북경을 방문할 때, 구베아 주교는 가톨릭의 이름으로 조상의 제사를 지내서는 안 된다고 잘라 말했다. 가톨릭이 '종교'가 되는 순간, 조선의 자생적 신자들은 전통의 유교로 돌아갈 것인지, 순금의 신자로 아웃사이더가 될 것인지를 결정해야 했다. 그 가혹한 심판대가 이후의 피비린내를 예고했다.

혼란과 박해, 피비린내를 헤치며 유배의 18년 세월 그 한가운데에서, 다산의 흉중에 그런 생각이 들지 않았을까? '제사를 지내지 말라'는 계명은 어디서 발화된 것일까? 그것이 하느님 상제의 뜻일까? 그 판단은 누가 하는가? 리치는 말했다.

인간에게는 이성(靈才)이 있는데, 이것이 시비를 가리고 진위를 판단할 수 있다. (마테오 리치,《천주실의》)

凡人之所以異於禽獸 無大乎靈才也. 靈才者 能辯是非 別眞僞 而難欺之以理之所無.

이성이 발동하는 곳에 타인의 판단이나 강제가 끼어들 수 없다고 했다. 이를, 해가 중천에 떴는데 등불을 들고 설치는 어리석음에 비유하기도 했다.

> 이성(靈才)에 의해 드러난 것을 참이 아닌 것에 억지로 따르게 할 수 없습니다. 무릇 이치상 참되고 옳은 것을 우리는 참되고 올바른 것으로 보지 않을 수 없습니다. 이는 사람에게 있어서 마치 태양이 이 세상을 두루 밝혀주는 이치와 마찬가지입니다. '이성'이 옳다고 하는 가르침의 이치를 버리고 남이 전하는 것을 좇는 것은 바야흐로 햇빛을 가리면서 촛불을 들고 물건을 찾는 것과 다를 바 없습니다.
> 靈才所顯 不能强之以殉夫不眞者. 凡理所眞是 我不能不以爲眞是; 理所僞誕 不能不以爲僞誕. 斯於人身 猶太陽於世間 普遍光明. 舍靈才所是之理 而殉他人之所傳 無異乎尋覓物 方遮日光而持燈燭也. (같은 책)

왜 제사를 지내지 못하게 했을까? 중국의 선교를 둘러싼 가톨릭 교파들의 분쟁이 있고, 이의 제기 그리고 교황청의 칙령이 있다. 교황청의 권위가 '이성'에 앞서는 것일까? 만일 교황청이 아닌 내 '이성'이, 돌아가신 분을 추모하고 그분을 기억하는 전례를 행하는 것이 떳떳하고 옳은 일이라고 판단할 수 없는 일인가? 다산은《고금주》에서 天命에 대해 이렇게 말한다.

> 天命을 안다는 것은 窮通에 의연하게 上帝의 규칙을 따르는 것. 그 길을 따라 '기다릴 뿐'. 그것이 하늘의 뜻에 선다는 뜻이다.

知天命 謂順帝之則 窮通不貳也.【《孟子》云: "殀壽不貳 修身以俟之 所以立命也."】

하늘의 명령은 둘이다. ① 내게 주신 덕성, ② 내게 주어진 숙명.
〔補曰〕命 天之所以賦於人者 性之好德 是命也 死生禍福榮辱 亦有命. 不知命 則不能樂善而安位.【不能素其位】故無以爲君子.

하늘의 뜻은 은미하고 심상해서, 소인들은 잘 모른다.
〔補曰〕天命隱微若自然 故小人不知.

성경과 교회에 대해 다산이 어떻게 생각했는지 구체적으로는 알 수 없다. 다만 그가 〈자명소〉에서 밝힌 대로, 그는 서교가 가르치는, 이성적으로 납득되지 않는 것들, 과학으로 확인되지 않는 것들을 '誑虛怪誕황허괴탄', 하느님에 대한 서교의 인식을 '逆天慢神역천만신'이라고 단언한 것으로 저간의 사정을 짐작할 수 있을 뿐이다. 앞에서 보듯, 그는 서교에서 "하늘의 존재가 나의 道心을 통해서 역사한다"라는 사실 하나만을 취했다고 할 수 있다. 이곳이 유교와 통하는 교통의 다리다.
　그런데 유교에서, 그리고 다산이 확인한 바에서 "道心이 향하는 대상은 초월자가 아니다. 그것은 자신의 욕구와 의지를 갖지 않는다. 오직 나의 德을 기뻐할 뿐이다." 다산은 교회에서 신을 향해 기도하라고 하지 않는다. 교회가 있다면 그곳은 내가 타자와 '관계'하는 일상에 있다. 관계 속에서 최선을 추구하는 것, 그곳이 덕성을 구현하는 자리이고, 여기가 하늘이 임하는 곳이다. 교회와 사제는 이 '만남'의 직접성에 아무 관계가 없다. 그는 오직 양심(道心)을 통해 공동체에 헌신하며, 신이 있다면 오직 그 德을 기뻐할 것이다.

그 점에서 다산의 유신론은 '종교적 예배'가 아니라 '사회적 책임과 헌신'으로 귀착된다. 여기가 다산의 경세학이 출발하는 지점이다. 다산은 그렇게 경세학 이전에 경학이 있다고 역설했고, 이 지점에서 둘은 통합된다.

그가 받은 소명은 털끝까지 문드러진 나라를 건지는 데 온 힘을 다해달라는 것이었다. 그곳이 天命, 신의 소명이 있는 곳이었다. 여기가 다산이 서 있는 곳이다.

마무리

사설이 길었다. 한두 논점이 문제가 아니라 근본적인 시각이 부딪히고 있다.

정민 교수는 다산이 배교 이후에도 여전히 '숨은 가톨릭(secret Catholic)'으로 남아 있었다고 생각한다. 공식적 표명과 속내 사이에 혼돈과 불일치가 곳곳에서 발견된다는 것이다. 나는 다산의 태도가 일관되며, 그 자신의 기록이 진실하고 신뢰할 만하다고 생각한다. 도널드 베이커 교수의 판단이 균형 잡혀 있다. 다산은 유교적 유신론자(Confucian Theist)라 부를 만하다.

傳聞은 불확실하고, 공초는 진실을 왜곡한다. 주변의 소문보다 다산 자신의 목소리에 귀를 더 깊이 기울여야 하지 않겠는가?

퇴계는 과장 혹은 아부가 섞일까 싶어, 그리고 자신의 내면을 아는 이가 바로 자신이라는 생각에서 〈자명自銘〉을 썼다. 다산은 오해와 편견이 자신을 왜곡할까 보아, 〈자명소〉와 〈자찬묘지명〉을 써 두었다. 그가 아들에게 보낸 편지의 일절이 그 속을 짐작게 한다. "내 글이 전해지지 않으면, 후세 사람들은 단지 나를 탄핵한 글과 재판 기록만 보고 나를 판단할 것이다. 그러면 나는 장차 어떤 사람이 되겠느냐?" 다산이 무덤으로 가져갈 자신의 묘지명, 해당 대목을 다시 한번 상기시키고자 한다.

결혼하고 서울에서 공부할 때, 성호 이익의 순수 독실한 학행을 들었다. 이가환, 이승훈 등과 함께 그분의 저서를 보고, 경전과 문헌에 뜻을 두었다. 성균관에서는 이벽과 종유하며, 西敎를 듣고 西書를 보았다. 정미년(1787년) 이후, 4-5년 자못 열정을 기울였다. 신해년(1791년) 이래 나라의 금제가 엄격해 마침내 뜻을 끊었다. 을묘년(1795년) 여름, 소주 사람 주문모가 왔고, 나라 안이 흉흉했다. 금정찰방의 직책을 받아, 임금의 뜻을 받들고 그들을 교화했다.

嘉慶丁巳 出爲谷山都護使 多惠政. 己未 復入爲承旨 刑曹參議 理冤獄. 庚申六月 蒙賜《漢書選》. 是月正宗大土虆 於是乎禍作矣. 十五娶豊山 洪氏 武承旨和輔女也. 旣娶游京師 則聞星湖 李先生 漢學行醇篤 從李家煥·李承薰等 得見其遺書 自此留心經籍. 旣上庠 從李檗游 聞西敎 見西書 丁未以後四五年 頗傾心焉 辛亥以來 邦禁嚴 遂絕意. 乙卯夏 蘇州人周文謨來 邦內洶洶 出補金井察訪 受旨誘戢. (다산, 〈자찬묘지명〉)

부스러기 공방으로는 도움이 되지 않겠다 싶어, 나름 근본 지점을 복기해보았다. 논평하랬더니, 번다한 사설을 늘어놓은 듯하다. 모쪼록 발제자의 양해를 구한다. 구체적으로 제기한 질문에 응답하시면 될 듯하다.

지금 발제를 포함해 정민 교수의 최근 책과 주장들이 기존의 통념을 점검하고 이의를 제기함으로써, '지식'을 새롭게 하고 사태의 실상에 더 가까이 갈 수 있는 계기가 되리라고 믿는다.

후기

이 글을 적으며, 서교와 다산을 둘러싼 곡절을 더듬다 이런 생각이 들었다. 조선 조정은 유교의 '정통'만을 고집할 것이 아니라, 학습과 대화의 장에 나섰어야 했다. 마찬가지로, 서교는 또 다산의 기대대로, 유문의 별파로 스스로를 '정위'해도 좋지 않았을까? 이를 거부함으로써 대화와 우정의 다리는 끊겼고, 조선에는 피바람이 불었다.

시대가 달라졌다. 유림은 거의 와해되었고, 자신의 자원이 무엇인지도 희미하다. 반대로 서교는 수많은 신도와 잘 짜인 조직으로 막강한 파워를 행사하고 있다. 이제는 가톨릭이 신중해야 할 때가 되지 않았나 싶다. 천진암의 강회에서부터 축성의 이름들까지…. 유교와의 문제를 다룸에 리치보다 더 '적응적'일 필요가 있지 않을까?

다산을 자꾸 '배교'라는 이름으로 부른다. 부당한 단죄다. 가톨릭은 보편의 종교, 유일한 진리가 아니지 않은가? 또 다산과 교단을 등진 것은 가톨릭이 아닐까? 자발적 신자들을 '제사'라는 '습속' 하나에 목숨을 걸게 내몰지 않았어야 했다.

유교는 '덕성'을 축으로 수많은 사상적 모험과 '별파'를 생산해온 역사를 갖고 있다. 앞에서 본 대로, 공맹이 기초를 잡았고, 한대 이래 국교가 되면서 잠시 잊혔던 공터에 불교가 들어와 천 년을 군림했다. 불교 안에서도 수많은 가지가 뻗고, 이윽고 선불교가 태동했다.

선불교는 '덕성'을 직접적 도덕감이 아니라 명상의 본체를 통해 확보하고자 했다. 송대에 들어 이 기획이 너무 개인적 구원을 목표로 정적 몰입에 편향되어 있다고 생각, 그 사회적 각성이 유교 본래의 '덕성'을 요청했다.

그 집대성자가 주자다. 주자는 유교적 덕성을 한 날개로 하되, 거기 불교를 따라 '본체'를 명상으로 미리 확보하기를 주문했다. 주자학은 불교와 유교를 통합한 체계다.

양명학은 이 통합 기획이 너무 겉돈다고 비판한다. 외면적 학식은 번잡하고, 내면적 명상은 '덕성'과는 상관이 없다면서, '양심의 직각' 한곳에만 집중하자고, 주자학의 한복판에 폭탄을 투척했다. 앞에서 권철신이 순암에게 한 비판, 그리고 다산이 〈도산사숙록〉에서 제기한 것이 바로 이 지점이다.

조선 유학 또한 '주자학 독존'하에서 다양한 가지를 뻗고 대안을 모색했다. 양명학이 금지되었으므로, 논쟁과 발전은 주자학의 프레임을 빌려 전개되었다. 조선의 주자학은 하나가 아니라 여럿이다.

큰 줄기는 퇴계의 '유신론적' 접근, 율곡의 '자연론적' 접근으로 갈라진다. 율곡계에서 '소론'은 '자연론적' 기초하에서 노론의 보수를 뚫고 새로운 유교의 대안을 모색하게 된다. 하곡이 창제한 강화의 양명학, 그리고 명재 등의 실심實心 유교가 있고, 서계는 새로운 경전 해석과 노장으로의 접맥까지 시도하게 된다. 여기까지는 도덕이 본능과 대치했지만, 인간의 욕구에 대한 존중이 자라 실학을 태동했고,

최한기는 본능의 자발적 질서를 고취하는 과격한 氣學의 대안을 제시했다. 퇴계의 '남인' 계열은 서교를 본격 흡수하며 새 전통을 만들어가고 있었다. 유신론적 心學과 서교의 천주학이 적극적 대화를 열어가면서, 일부는 종교적 회심으로까지 가지를 뻗었다. 주자학이 불교를 끌어안고 새로운 학문을 창도했듯이, 조선 후기 주자학은 서교를 만나 새로운 가지를 뻗고, 사상과 문화를 풍요롭게 해줄 수 있었다. 종교적으로는 박해로 끝났으나, 그 통합은 다산의 방대한 학문으로 결집되어 후대를 위한 유산으로 남겨졌다.

서교는 자신을 궁극적 진리이고 바닷가 어린아이의 조개껍질로는 담을 수 없는 바다처럼 무한한 품이라고 하겠지만, 거꾸로 그 '신앙'은 다산의 '학문'과 '열정'을 포괄하기에는 너무 좁다고 생각할 수도 있다. 지금도 대화는 유익할까?

18세기 서교와 유학의 창조적 만남은 좌절되었다. 안타까운 일이다. 주제는 지금도 유효하고 대화의 창구는 열려 있다. 진영을 고집하지 않고 호교의 박스를 깰 수 있을까? 아리스토텔레스가 중용을 주문했다. "호전과 아부 사이에 우정이 있다." 우정이 있는 곳에 창조가 있다.

내가 좋아하는 고전 구절

蘧伯玉使人於孔子. 孔子與之坐而問焉 曰: "夫子何爲?" 對曰: "夫子欲寡
其過而未能也." 使者出. 子曰: "使乎! 使乎!" (〈헌문〉 26장)
거백옥이란 위나라의 현자가 있었다. 공자가 그를 만나기 전, 使人을 접견했
다. "주인은 어떤 사람이오?" "잘못을 줄이고자 하는데, 아직 능하지 못하다 하
십니다." "훌륭하다, 훌륭한 사인을 두었다."

過는 惡이랑 다른데, 이것이 기독교 문명과 중국의 차이를 보여주는
지표 가운데 하나다. 《논어》의 學 안에 이 過와 마주하는 법이 많이
나온 듯해, 이참에 한번 정리해보자.

[서설]

① 허물(過)이란, 특정한 지표, 중심을 지나친 것이다. 즉 지나친 것이
   허물이다. 정도 문제이고, 우연적이며, 개선에 열려 있다. 돌아가

신 김형효 교수님은 이를 자주 "근본 악은 없다"라고 표현하셨다.

子貢問: "師與商也孰賢?" 子曰: "師也過 商也不及." 曰: "然則師愈與?" 子
曰: "過猶不及." (〈선진〉 15장)
자공이 물었다. "자장과 자하 중 누가 더 낫습니까?" 공자가 말했다. "자장은 과
過하고, 자하는 불급不及하다." 자공이 말했다. "그럼 자장이 낫겠습니다?" 공자
가 말했다. "과함은 불급함과 같다."

[잘못에 대하여]

② 누구나 잘못을 한다. 그 잘못의 '종류'와 '성격'을 보면, 그 사람을
알 수 있다. 어떤 사람은 탐욕으로, 또 어떤 사람은 눈물이 너무 많
아 잘못(?)을 저지른다.

子曰: "人之過也 各於其黨. 觀過 斯知仁矣." (〈이인〉 7장)
공자가 말했다. "사람의 잘못은 그 부류에 따라 제각각이다. 잘못을 보면 그의
仁의 정도를 알 수 있다."

③ 잘못은 잘못이 아니다. 그것을 '인지하고' 고칠 때, 더 이상 잘못이
아니다.

子曰: "過而不改 是謂過矣." (〈위령공〉 29장)
공자가 말했다. "잘못하고서도 고치지 않는 바로 그것이 잘못이다."

④ 그런데 사람들은 인정하기보다 덮고 변명하기에 급급하다.

子夏曰: "小人之過也必文." (〈자장〉 8장)

자하가 말했다. "소인은 잘못을 저지르면 반드시 그럴듯하게 꾸며댄다."

⑤ 공자의 탄식, "오호라, 잘못을 끌어안고 번뇌하는 자를 보지 못하였노라!"

子曰: "已矣乎! 吾未見能見其過而內自訟者也." (〈공야장〉 26장)

공자가 말했다. "어이 할꼬! 능히 잘못을 발견하고 내면에서 자책하는 자를 나는 못 보았네."

⑥ 군자는 허물을 떳떳하게 보여주고, 개선에 주저하지 않는다.[1]

子貢曰: "君子之過也 如日月之食焉. 過也 人皆見之; 更也 人皆仰之." (〈자장〉 21장)

자공이 말했다. "군자의 잘못은 일월식과 같아, 잘못하면 사람들이 모두 알게 되고, 그 잘못을 고치면 사람들이 모두 우러러본다."

⑦ 그러므로 잘못을 '고치는 데' 주저하지 말고 과감하라.

子曰: "君子不重則不威 學則不固. 主忠信 無友不如己者 過則勿憚改." (〈학이〉 8장)

공자가 말했다. "군자는 중후하지 않으면, 위엄이 서지 않고 배움도 견고하지

---

1 이 '회개'가 《주역》이 가르치는 중심이다.

못하다. 忠信의 의지를 품고, 나와 같지 못한 자를 벗 삼지 말며, 잘못하면 고치기를 주저치 말라."

[제자들]

⑧ 자로는 잘못을 들으면 기뻐했다.

孟子曰: "子路 人告之以有過則喜. 禹聞善言則拜. 大舜有大焉 善與人同. 舍己從人 樂取於人以爲善."《맹자》〈공손추〉上 8장)

맹자가 말했다. "자로는 사람들이 잘못이 있다고 말해주면 기뻐했고, 우임금은 선한 말을 들으면 절을 했다. 위대한 순임금은 더 뛰어나서 자신의 선을 사람들과 같게 했으니, 자기를 버리고 사람들을 따랐고, 자연스레 사람들에게서 취하여 자기 선으로 삼았다."

⑨ 공자는 다른 사람의 지적에 '고맙다'고 말할 줄 아는 사람이다.

子曰: "丘也幸 苟有過 人必知之."《술이》 30장)

공자가 말했다. "나는 행복하구나. 잘못을 저지르면 사람들이 반드시 알려주니."

⑩ 수제자 안회는 분노를 옮기지 않았고, '잘못'에 주저하지 않았다. 그것을 3개월이나 유지할 수 있었다.

哀公問: "弟子孰爲好學?" 孔子對曰: "有顔回者好學 不遷怒 不貳過. 不幸短命死矣! 今也則亡 未聞好學者也."《옹야》 2장)

애공이 물었다. "제자 중 누가 학문을 좋아합니까?" 공자가 대답했다. "안회라는 이가 학문을 좋아하여, 분노를 옮기지 않았고 잘못에 주저하지 않았습니다만, 불행히 단명하여 죽고 이제는 없으니, 학문을 좋아하는 자에 대하여 듣지 못하였습니다."

子曰: "回也 其心三月不違仁." (〈옹야〉 5장)
공자가 말했다. "안회는 그 마음이 삼 개월 동안 仁에서 멀어지지 않았다."

[용서와 관용]

⑪ 다른 사람의 잘못과 작은 것은 용납해주라. 忠恕가 유교를 꿰뚫고 있는 일이관지의 원리 아니냐?

仲弓爲季氏宰 問政. 子曰: "先有司 赦小過 擧賢才." (〈자로〉 2장)
중궁이 계씨의 가신이 되어 정사를 물었다. 공자가 말했다. "유사有司(실무 담당자)에게 먼저 시키고, 작은 허물은 용서하며, 유능한 인재를 등용하라."

[지침]

⑫ 모쪼록 언행에 신중을 기하고, 후회를 줄이라. 거기 복이 있나니….

子張學干祿. 子曰: "多聞闕疑 愼言其餘 則寡尤; 多見闕殆 愼行其餘 則寡悔. 言寡尤 行寡悔 祿在其中矣." (〈위정〉 18장)
자장이 녹을 구하는 법을 배우려 하였다. 공자가 말했다. "많이 듣되 의심나는 것을 비워 두고 그 나머지를 신중히 말하면 허물이 적을 것이다. 많이 보되 위태로운 것을 비워 두고, 그 나머지를 신중히 행하면 후회가 적을 것이다. 말에 허물이 적고 행동에 후회가 적다면, 녹은 이미 거기 있을 것이다."

[개과천선]

⑬《주역》이 그 권고문이라 할 것이니, '더는 공부'와 '더하는 공부'가 필요하다. 산은 우뚝 탱천. 분노가 이를 닮았다. 이를 꺾을 수 있을까? 그리고 골짜기 연못. 인간은 '결손'의 존재. 허기진 욕망을 어떻게 채우나?

損之象曰: "山下有澤損 君子以懲忿窒慾."《주역》
손괘損卦의 상전象傳에서 말했다. "산 아래 못이 있는 것이 손損이니, 군자가 이것을 보고서 분함을 징계하고 욕심을 막는다."

⑭ 바람직한 것을 보면, 바람처럼 빠르게 움직이게. 그리고 잘못은 그토록 완강하니, 고치려면 뇌성의 벽력이 필요하다네.

益之象曰: "風雷益. 君子以見善則遷 有過則改."《주역》
익괘益卦의 상전에서 말했다. "바람과 우레가 익益이니, 군자가 이것을 보고서 선이 있으면 옮겨 가고 잘못이 있으면 고친다."

한형조의 바다와 삶, 학문과 철학

최진덕(한국학중앙연구원 명예교수)

바다 사람 한형조

한형조는 동해안의 작은 마을 강구 출신이다. 일찍 아버지를 여의고 홀어머니 밑에서 자랐다. 집안이 가난했지만 머리가 좋고 공부를 잘했다. 어머니는 그를 중학교 때 부산으로 보냈다. 경남고등학교를 수석으로 졸업하고 선생님들이 가라는 서울대 법대를 마다하고 철학과로 갔다. 관악산 자락 서울대에서 철학과를 마친 다음, 학비 걱정을 하지 않아도 되는 청계산 자락 한국학대학원으로 갔다. 거기서 석사 학위와 박사 학위를 받고 평생 교수 생활을 했다.

그는 바닷가에서 태어나 자란 다음 바닷가가 아닌 육지의 산자락에서 대학과 대학원을 다니고 철학 교수가 되어 자신의 이름을 세상에 알렸지만, 교수 생활을 하면서도 자신의 뿌리가 바다임을 잊지 않았다. 그가 쓴 책마다 저자 프로필은 예외 없이 "동해안의 바닷가 강구에서 태어나 자랐다"라든가 혹은 "1958년 동해안 강구에서 태어나 서울대 철학과를 나왔다"라고 하는 식의 문구로 시작된다. 문구의 어휘는 조금씩 달라도 동해 바다는 빠지지 않았다.

한형조는 평생토록 강구 출신임을 특별하게 여겼고, 물회나 대게 혹은 생선회와 같은 강구 음식을 매우 좋아했다. 나는 한형조로부터 물회를 한 번 얻어먹고 배탈이 나서 두 번 다시 먹지 않았지만, 그는 강구 출신이 운영하는 횟집을 즐겨 찾았고 물회를 너무 좋아했으며 생선 맛에 관해서는 늘 일가견이 있었다. 그는 다양한 음식을 골고루 좋아하는 도시형 미식가가 아니라 고향의 맛에 길들여진 까다로운 식성의 시골형 미식가였다.

그의 입맛만 그랬던 것은 아니다. 그의 철학과 학문 또한 그랬다. 그는 대학 시절부터 선불교에 심취했고 평생 불교와 친화적이었다. 그의 불교 취향은 바닷가 출신과 깊은 관련이 있다고 생각한다. 은유의 차원에서건 실제의 차원에서건 유교는 바다에 별 관심이 없는 반면, 불교는 바다에 관심이 매우 많다. 불교의 바다는 고통의 바다이기도 하고 해탈의 바다이기도 하지만, 서해나 남해와는 다른 일망무제의 동해바다는 해탈의 바다에 더 가깝다. 한형조의 불교 취향은, 파도가 넘실대는 모래사장에서 바라보던 어린 시절의 경험과 불가분하지 않을까 생각한다.

온갖 더러운 강물을 받아들여 청정하게 만드는 바다, 그 바다는 광대하고 평등하고 자유롭다. 거기엔 언어도, 윤리도 없다. 위계질서라든가 예의범절 따위도 없다. 거기엔 모든 것을 다 받아주는 어머니는 있어도, 사사건건 제동을 거는 아버지는 없다. 거기에는 의지하고 작위하고 문명과 질서를 만드는 인간 자체가 없다.

하늘과 마찬가지로 바다는 한마디로 거대한 空이다. 거칠 것 없는 바다의 시원스러움은 '일미평등一味平等'이라든가 '해인삼매海印三昧' 혹은 '무애자재無碍自在'와 같은 불교 용어를 떠오르게 한다. 하지만 바다가 늘 고요하고 평화롭기만 한 것은 아니다. 때로는 무섭게 파도가 몰아치면서 포효하기도 한다. 바다는 고요하고 평화로운 동시에, 말할 수 없이 난폭하다. 바다는 문명 이전의 길들지 아니한 원시의 거친 야성이기도 하다.

80년대 초 대학원 시절에 내가 보았던 한형조는 거친 뱃사람처럼 길들지 아니한 야생마였다. 길게 수염을 기르고 어디에도 구애받지 않는 자유로움은 그의 상징이었다. 약간 권위주의적인 어떤 교수님이 수염을 깎으라고 타박했지만, 그는 전혀 개의치 않았다. 또 어떤 교수님은 버르장머리가 없다고 눈살을 찌푸리기도 했지만, 그는 아랑곳하지 않았다. 대학원생들은 뱃사람처럼 거칠고 깨달은 자처럼 자유로운 그를 은근히 선망하기도 했다.

한형조의 학문적 편력 과정 곳곳에서 맡게 되는 냄새는 동해의 냄새였다. 그는 시종일관 동해 사람이었다. 동해 바다는 그의 몸이고, 그의 영혼이었다. 하지만 관악산이나 청계산 주변 산자락은 바다가 아니었다. 곧바로 도시로 이어지는 거기에는 이미 위계질서와 예의범절이 있었고 제동을 거는 아버지가 있었다. 바닷가에서 자란 한형조의 체질과는 어울리지 않는 것들이 육지에는 많았다. 학문의 세계는 애당초 바다가 아니라 육지의 도시에 속해 있었다. 철학 자체가 아테네라는 도시의 산물 아닌가?

바다가 空이고 無라면, 산과 평지 그리고 도시가 있는 육지는 有다. 바다가 자연 혹은 신이고 야성이라면, 육지의 도시는 인간의 작위이고 문명이다. 바다가 자유라면 도시와 문명은 부자유이고, 바다가 해탈이고 구원이라면, 도시와 문명은 번뇌이고 죄악이다. 인간은 누구나 서로 이질적인 바다와 육지, 無와 有, 자연과 인간, 야성과 문명, 자유와 부자유, 해탈과 번뇌, 구원와 죄악 사이에서 오가는 가운데 별 생각 없이 자신의 삶을 살아간다.

하지만 한형조는 사유하는 철학도답게 서로 이질적인 두 항의 대립에 매우 예민하게 반응했다. 그러면서 그는 바다 사람답게 예의범절이라든가 법률제도가 있는 아버지 같은 육지보다는, 모든 걸 다 품어주는 어머니 같은 바다를 훨씬 더 좋아했다. 하지만 그도 사람인 이상 도시와 문명의 질서에서 벗어날 수는 없었다. 이 두 항의 대립 속에서 그가 겪은 불안과 안심, 좌절과 희망, 슬픔과 기쁨, 소심함과 대담함의 교직交織이 그의 삶이고, 그의 학문이며, 그의 철학이고, 또한 그의 죽음이 아니었을까?

한국학대학원 시절의 몇 가지 추억

제대 후 독일에서 유학하기로 했던 나는 우리 것이 서양 것보다 더 좋을지 모른다는 민족주의에 사로잡혀, 1982년 김형효 선생님이 계시는 한국학대학원에 입학했다. 나는 다 늙어서야 그걸 크게 후회하고 있지만, 당시 한국학대학원에는 나처럼 민족주의적 착각을 했던 당대 최고의 인재가 적지 않았다. 특히 철학과가 그랬다. 거기서 나는 한형조와 김현을 만났다.

한형조와 김현은 둘 다 나와는 비교도 안 될 정도로 머리가 좋고 공부를 잘하는 수재였다. 하지만 겉으로 보이는 두 사람의 성향은 정반대였다. 한형조는 자유분방 그 자체였다. 반면 동양철학을 하기 위해 서울대가 아닌 고려대로 가서 수석 입학, 수석 졸업을 했던 김현은 방정하기 이를 데 없는 모범생 그 자체였다. 한형조가 바다 사람이라면, 김현은 도시 사람이었다.

이 두 친구는 속으로도 정반대의 성향을 보여주었다. 한형조는 자유분방함의 이면에 치밀함과 소심함을 숨기고 있었고, 김현은 모범생의 이면에 결코 모범적이지 않은 창조적 상상력을 숨기고 있었다. 그래서 두 친구 모두 매력적이었다. 한형조는 동양철학 내지 한국철학의 대가가 되었고, 김현은 인문정보학의 창시자가 되었다.

나는 군대에서 제대하고 입학한 탓에 이 두 친구에 비해 나이가 많았지만, 내세울 만한 장점이라고는 한번 물면 놓치지 않는 끈질김 외에 아무것도 없었다. 그럼에도 이 두 친구는 나를 잘 대접해주었다. 우리 세 사람은 기숙사 같은 방에서 서로를 자랑스러워하면서 선의의 경쟁을 이어가는 가운데 정이 깊어져 갔다. 머리가 그다지 좋지 않을 뿐 아니라 세상 물정에 어두운 나는 대학원 시절 이후 오늘에 이르기까지 두 친구로부터 많은 도움을 받았다.

한국학대학원 철학과 교수로 제일 먼저 자리 잡은 사람은 한형조였다. 한형조는 교수로 자리 잡은 다음 내가 교수가 되는 데에 큰 도움을 주었다. 나는 한형조와 함께 한국학대학원 철학과에서 24년 동안 함께 교수로 봉직했다. 나는 한형조와 형제 이상으로 친밀했다. 하지만 실제로 형노릇을 한 사람은 내가 아니라 한형조였다는 걸 아는 사람은 많지 않다.

나는 한형조로부터 물심양면에 걸쳐 참으로 많은 도움을 받았다.

그는 늘 침착했고 천칭처럼 균형이 잡혀 있었다. 그는 흥분하고 덤벙대는 나를 보고 싱긋이 웃으면서 현실적 방향을 제시하는 경우가 많았다. 그의 말대로 하면 실수하는 일이 훨씬 적었다. 함께 교수 생활을 하면서 나는 그가 자유분방한 겉모습과는 달리 속이 깊다는 것을 눈치챘다. 또한 그는 조그만 일도 놓치지 않았다. 그는 매우 섬세했다.

함께 교수 생활을 하며 알게 된 한형조의 내면세계는 바다와 거리가 있었다. 그는 바다를 떠나 육지의 도시에서 각종 예의범절과 법률 제도에 익숙해지기 위해 애를 쓰고 있었다. 간혹 그는 자신이 공부를 잘하지 못했다면, 동해안 강구에서 어판장 찌끼미(경매가 끝난 뒤 남은 생선 찌꺼기를 주워가는 사람) 노릇을 하고 있었을지도 모르겠다는 말을 했다. 또 어쩌다 한 번씩 자신이 너무 버릇이 없는 것 같다는 말을 하면서 지난 일을 후회하기도 했다.

대학원 때보다는 많이 나아지긴 했지만, 교수가 된 후에도 한형조는 다른 교수들에 비하면 자유분방한 편이었다. 그래서 때로는 버릇없어 보인다는 인상을 선배 교수들에게 주기도 했던 것 같은데, 내가 보기엔 문제될 만한 일이 전혀 아니었다. 그것은 그의 개성일 뿐 아니라 매력이기도 했다. 그는 주위 사람들을 위해 내심 많은 배려를 했다. 배려의 수준은 늘 상상 이상이었다. 그는 바다 사람인 동시에 도시 사람이었다. 바다와 육지가 겹치고 있었다.

대학원 시절 이래로 한형조는 김현을 좋아하면서도, 은근히 경쟁 상대로 여기는 듯 보였다. 하지만 강구 출신의 한형조는 서울 출신의 김현이 가진 문화적 자산을 따라갈 수 없었다. 한형조는 이 점을 흔쾌히 인정했다. 김현은 학부 시절부터 타이프라이터로 글을 썼고, 플루

트도 잘 연주했다. 게다가 논리정연한 사유 능력에서는 김현을 따라 갈 자가 없었다. 결국 김현은 석사 학위를 마친 다음 카이스트로 가서 컴퓨터를 공부하고 조선왕조실록 데이터베이스화의 주역이 되었다. 김현은 한형조와도 달랐고 나와도 물론 달랐다.

세월이 한참 지난 뒤 나와 한형조는 김현을 한국학대학원 교수로 데려오기 위해 함께 노력했다. 하지만 한형조는 김현을 철학과 교수로 받아들이는 데는 찬성하지 않았다. 내게는 뜻밖으로 여겨졌지만, 김현이 오랫동안 동양철학이 아닌 분야에서 일했다는 것이 그가 제시한 이유였다. 하지만 김현이 그 때문에 한형조와 거리를 둔 적은 없었다. 우리의 우정은 변함이 없었다. 한국학중앙연구원 보직 교수들의 노력으로 김현은 인문정보학과를 새로 창설한다는 조건하에 한국학대학원 교수로 초빙되었다. 사상 초유의 일이었고, 철학과 교수가 되는 것보다 더 영광스러운 일이었다.

그리하여 대학원 시절, 기숙사에서 같은 방을 쓰던 철학과 세 친구가 같은 대학원의 교수로 함께 봉직하게 되었다. 돌이켜 보면 기쁜 일이었지만 아무도 기쁘다고 말하지 않았다. 다들 그 정도 일로 기쁘다고 말할 만큼 한가하지 않았다. 우리는 자주 만나지 못했다. 한형조와 나는 늘 연구실을 나란히 했지만, 김현의 연구실은 늘 멀리 떨어져 있었다. 하지만 우리 셋은 마음으로 늘 가까이 있었다. 2024년 여름, 한형조가 불귀의 객이 되었을 때, 비보를 듣고 그의 집으로 제일 먼저 달려간 사람도 나와 김현이었다.

참으로 아름다운 시절

우리는 한국학대학원 3기였다. 지금도 김현은 청계산 기슭에 자리 잡은 한국학대학원이야말로 최고의 대학원이었다고 자랑스럽게 말한다. 국내 최고의 학자들이 교수로 와 있었고 빡빡한 커리큘럼에 따라 수업이 밤낮으로 진행되었다. 대학원생들에게 주어지는 각종 혜택 또한 파격적이었다. 하지만 무엇보다 중요한 것은 우리가 한국의 학문적·정신적 미래를 책임진다는 대학원생들의 기백이었다.

학문적 기백에서 한형조와 김현, 그리고 나는 급선봉이었다. 기백만으로는 학문이 안 된다는 것을 한참 뒤에야 깨닫긴 했지만, 그때는 그랬다. 야생마와도 같은 한형조의 기백이 바다에서 나온다는 것을 나는 그때 눈치채고 있었다. 말하자면 뱃사람의 배짱이 한형조에게 있었다. 김현의 기백은 모범생이 모범생의 한계를 스스로 뛰어넘을 때 나오는 패기였다. 나의 기백은 그냥 아무 근거도 없는 객기 같은 것이었다.

우리 셋은 강의 시간마다 교수님들에게 골치 아픈 질문을 많이 하기로 유명했다. 당시 우리는 교수님들의 학식에 별로 만족하지 못했다. 기존의 학문 수준으로는 안 된다는 것이 우리 셋의 공통된 의견이었다. 그래서 대학원생치고는 다들 너무 오만방자했다. 그 방면에서 제일은 한형조였고, 그다음이 나였으며, 그나마 김현은 모범생답게 온건했고 예의범절을 갖췄다. 우리의 이런 태도 앞에서 어떤 교수님들은 모욕감을 느꼈고, 어떤 교수님들은 간혹 칭찬을 해주기도 했다. 우리를 대견하게 바라본 교수님 가운데 한 분이 몇 년 전 작고하신 사회학자 강신표 교수님이다.

당시 비교철학을 강의하면서 철학과를 이끌던 김형효 선생님은 아직 40대 초반의 소장 학자였다. 이분의 철학적 진면목은 10년 뒤 50대 이후에야 나타났지만, 이미 대단한 분이었다. 나는 학부 시절부터 김형효 선생님의 강의를 들었고, 한국학대학원에 입학한 것도 김형효 선생님 때문이었다. 하지만 대학원 시절 나는 무슨 힘이 뻗쳤는지 "김형효를 극복해야 한다"고 떠들어댔다. 기백은 넘치지만 유치찬란한 시절이었다.

그런데 한국학대학원 박사과정에서 우여곡절 끝에 김형효 선생님이 한형조의 지도 교수가 되었다. 박사 논문을 지도받으면서 한형조는 비로소 김형효 선생님에 대해 존경심을 가지게 되었다. 야생마와도 같은 그의 뱃사람 기질을 어느 정도라도 제압한 것은 김형효 선생님뿐이었다. 김형효 선생님은 정해창 선생님과 힘을 합쳐 한형조를 한국학대학원 철학과 교수로 만들어주었고, 그다음 해 1996년에는 나까지 교수로 뽑아주었다. 그때 한형조가 나를 적극적으로 지지하지 않았다면 성사될 수 없었다. 내게는 두 선생님뿐만 아니라 한형조도 큰 은인이었다.

김현은 고려대로 돌아가 박사학위를 받고 카이스트 등의 공기관과 민간사업체에서 인문정보학 분야를 혼자서 개척했고, 그러다 보니 일찌감치 거물이 되어 있었다. 한편, 한국학대학원에서는 김형효 선생님을 정점으로 왼쪽에는 한형조가, 오른쪽에는 내가 있었다. 김형효 선생님과 한형조와 나, 세 사람은 거의 티타임을 가지며 철학적 대화를 나누었다. 어떤 후배는 우리를 보고 철학계에서 가장 행복한 사람들이라 불렀다.

내 연구실은 오랫동안 한형조의 연구실 바로 옆이었다. 우리는 심심하면 서로의 연구실을 왕래했다. 내가 그의 연구실에 가 보면, 그가 굵고 큰 글씨로 쓰인 옛날 문집이나 경서를 손에 들고 이리저리 걸으면서 읽고 있는 장면을 자주 목격할 수 있었다. 나는 텍스트를 보면 일단 긴장하고 마치 적을 대하듯 분석하려고 달려드는 편이지만, 그는 긴장도 적대감도 없이 분석 따위는 제쳐두고 그냥 즐기는 편이었다.

나는 김형효 선생님의 철학적 사유의 깊이를 잘 알고 있었기 때문에, 선생님 앞에서는 늘 위축되어 있었다. 반면 한형조는 선생님 앞에서도 거침이 없었다. 선생님의 깊이를 몰라서가 아니었다. 한형조의 기백 덕분이었다. 나는 선생님 앞에서는 도무지 자신감이 생기지 않고 자꾸 주눅 들었다. 선생님을 내심 너무 부러워한 탓인지도 모른다. 한형조는 선생님을 존경할지언정 부러워하지 않았다. '선생님은 선생님이고 나는 나'라는 의식이 확고했다. 그럼에도 그의 삶과 학문에 드리운 선생님의 그림자는 짙었다.

90년대 중반부터 선생님이 정년 퇴임하는 2005년까지 약 10년 동안은 참으로 아름다운 시절이었다. 선생님과 한형조와 나, 세 사람은 가까이서 보면 제각각이었지만, 멀리서 보면 한통속이었다. 한통속이라는 것은 세 사람 다 서양철학에서 배운 말로 동양철학을 설명하는 비교철학적 경향이 강했고, 강단철학을 혐오하고 있었으며, 더 근본적 차원에서는 불교를 좋아하고 바다를 지향하고 있었다는 뜻이다.

주자학과 다산학의 차이

대학원생 한형조는 불교와 유교 사이를 오락가락했다. 바다와 육지 사이를 오간 셈이다. 그런데 석박사 논문의 주제는 뜻밖에 주자학과 다산학이었다. 바다 사람과는 어울리지 않게 유학을 전공한 셈이다. 그럼에도 그 안에는 바다 냄새가 적지 않게 남아 있었다. 한국학대학원에 제출한 그의 박사 논문 〈주희에서 정약용으로〉(1992)가 책으로 출판된 후, 간결하면서 도발적인 문체와 파격적이라 해도 좋을 정도로 신선한 접근 방식 덕분에 학계와 문화계 일반에서 아주 좋은 반응을 이끌어냈다. 바다 사람다운 한형조의 특징은 간결함과 도발, 신선함과 파격으로부터 시작된다.

그의 박사 논문이 갖는 최대의 장점은 딱딱하지 않고 잘 읽힐 뿐만 아니라 무슨 소리를 하는지가 분명하다는 점이었다. 그는 교수가 된 다음에도 자주 내게 우리 학계에는 무슨 소리를 하는지 모를 글이 많다고 투덜댔다. 무슨 소리인지 알 수만 있어도 일단 수준급이라는 말도 했다. 그는 평생토록 뜻이 명료하게 전달되는 글을 썼다, 나도 모르고 너도 모르는 애매모호한 글을 그는 아주 싫어했다. 한형조의 글은 복잡하지 않고 늘 단순명쾌하다는 점에서 바다에 가까웠다.

유학자들은 바다를 몰랐다. 인간보다 자연을 더 좋아하는 주자학자들의 마음은 바다보다 산에 치우쳐 있었다. 주희 자신부터 남송의 수도 임안(현재 항저우)과 같은 대도시를 멀리하고 무이산과 같은 큰 산에서 놀았다. 퇴계는 서울에서 관료 생활을 하면서도 고향 마을 도산의 매화를 몹시 그리워했다. 조선의 주자학자들이 산에 놀러 간 기록은 많아도 바다에 놀러 간 기록은 별로 없다. 바다를 읊은 시들이 간혹 있긴 했지만 바다의 광대무변함을 잘 살리지 못하는 느낌을 준다. 바다는 애당초 언어의 한계 너머에 있어서 그런 건지도 모른다.

조선의 주자학자들은 자연과 인간의 경계를 분명히 하고, 인간보다 자연을 더 높이면서 도시에서 거리를 두고자 했다. 그럼에도 가족과 사회와 국가에 대한 도덕적 의무 때문에 인간 세상을 버리고 떠날 수는 없었다. 기껏해야 산과 도시 사이를 오갈 뿐이었다. 유교 윤리로 인해 그들의 자연 회귀에는 한계가 분명했다.

다산은 바다도 몰랐고 산도 몰랐다. 다산은 孝悌와 三綱五倫이라는 유교 윤리를 주자학자들보다 훨씬 더 강조했다. 다산의 관심은 하느님 아니면 인간이었고, 그의 하느님은 모든 관심이 인간에게 쏠려 있었다. 그의 하느님은 천지만물의 창조주이면서, 유교 윤리를 명령하고 그 집행을 감시하는 초월적 신이었다. 결국 인간의 역사, 인간의 사회, 인간의 정치에 대한 도덕적 관심이 다산학의 핵심이었다. 다산학에서 천주교의 신중심주의는 유교 윤리를 실천하고 법률과 제도를 만드는 인간의 작위를 옹호하고 정당화하기 위한 인간주의적 장치였다.

다산은 자연과 인간의 연속성을 전제하는 주자학의 자연주의적 세계관과 인간관을 송두리째 해체하고, 자연과 인간의 불연속성 위에서 자연을 극복하는 자로서의 인간을 새롭게 자리매김했다. 다산의 새로운 인간관은 근대적이었지만, 그 근거는 중세적이었다. 다산이 말하는 인간의 본질은 신체와는 구별되는 영혼이었고, 하느님 그 영혼 속에서 유교 도덕을 명령하고 있었다.

주자학은 자연에 중심을 두고 있고, 다산학은 인간에 중심을 두고 있다. 그렇다면 주자학과 다산학의 대립은 자연과 인간의 대립이고,

무위와 작위의 대립인 동시에, 마음 안과 마음 밖의 대립이었다. 또한 그것은 바다와 육지의 대립이고, 산과 도시의 대립이기도 했다. 한형조는 박사 논문에서부터 주자학과 다산학을 어떤 좌표상에 두고 보아야 하는지 잘 알고 있었고, 그가 초기에 설정한 좌표는 최후의 유작에 이르기까지 평생 변함없이 유지되었다.

자연과 인간을 두 축으로 하는 한형조의 좌표는 인류 보편적인 철학적 문제의식을 반영하고 있다. 그리스철학의 근본 문제도 자연(physis)과 인간(nomos)이었고, 중국철학의 근본 문제도 자연(天)과 인간(人)이었다. 동서고금을 막론하고 모든 인간은 자연으로부터 와서 그 자연을 가공하여 인간화하는 노동 혹은 작위를 통해 문명을 만들어 나간다. 자연과 인간의 대립은 가장 근본적이고 보편적인 철학적 문제가 아닐 수 없다.

주자학과 다산학의 비교는 석박사 논문 이후 한형조의 평생에 걸친 학문적 관심사였다. 만년으로 갈수록 다산학보다는 주자학을 더 좋아했던 것은 바다 사람 한형조의 성향상 불가피한 일이었다고 생각한다. 하지만 그렇다고 해서 다산학에 대한 존중과 애호를 포기한 적은 없었다. 이는 내게 상당히 신기하게 느껴진다.

한형조는 바다 사람임에도 세상만사에 관심이 많았다. 하지만 그는 세상만사를 정리해서 일반법칙을 세우는 학문적·철학적 작업에는 별 관심이 없었고 사회과학 혹은 사회철학에도 흥미가 없었다. 오히려 그는 세상만사의 시시콜콜한 디테일을 즐기는 편이었다. 다시 말해, 세상만사에 대한 미학적 관심을 갖고 있었다. 바로 이것이 한형조가 다산학을 존중하고 애호하는 이유였다.

한형조는 다산학 가운데서 특히 경학을 좋아했다. 세상만사에 대해 두서없이 언급한 경서를 수천 년 동안 수많은 경학자가 깊이 음미해왔다. 그런데 다산은 해박한 지식과 빛나는 통찰력으로 재래의 경학 전통을 일거에 뒤집어버렸다. 상식과 통설을 깨버린 다산의 파격과 도발이 그를 매료시켰던 듯하다.

한형조는 만년으로 갈수록 세상만사와 경학에 대한 관심이 깊어졌다. 그리고 그럴수록 다산의 파격적이고 도발적인 경서 주석을 자주 인용했다. 만년으로 갈수록 주자학을 더 좋아하게 되었음에도, 세상만사와 경학에 관한 한 그는 주자학보다는 오히려 다산학에 더 많이 의존했다.

한형조가 만년에 쓴 주요 저술 가운데 상당수가 일관된 체계적 양식이 아니라 다소 산만한 경학적 양식을 취하고 있는 것 또한 세상만사에 대한 그의 미학적 관심과 밀접한 관련이 있다. 그는 만년으로 갈수록 세상만사에 대한 관심이 깊어지면서 촌철살인의 지혜가 늘어갔다. 그리고 그는 세상만사에 대한 자신의 지혜를 경학적 양식의 저술을 통해 독자들과 나누고 싶어 했다. 그가 그런 의도를 가지고 쓴 경학적 양식의 저술 가운데 최고봉은 아마도 《두 개의 논어》일 것이다.

《두 개의 논어》 혹은 '세상만사'라는 바다

한형조가 《논어》에 대한 공부를 본격적으로 시작한 것은 내가 2021년 초 정년을 한 다음이었던 것으로 기억한다. 정년 이후엔 자주 만나지 못했지만, 어쩌다 만나게 되면 그는 《논어》에 대한 주희와 다산의 주석을 읽으면서 새롭게 알게 된 사실을 신이 나서 설명해주었다. 그는 주희의《논어집주》와 다산의《논어고금주》를 비교하는 일에 자신의 생애 마지막의 모든 에너지를 쏟아붓고 있었다. 그러나 그게 마지막이 되리라고는 당시엔 꿈에도 생각하지 못했다.

공자와 그 제자들의 언행을 기록한《논어》는 〈학이〉 편 첫 장부터 〈요왈〉 편 마지막 장까지 매 장 매 절마다 보는 각도에 따라 얼마든지 다르게 해석될 수 있는 책이다.《논어》의 매력은 이 같은 근본적 애매함에 있다고 생각한다. 솔직히 말하면, 무슨 소리인지 알 수 없기에 매력적인 책이《논어》인 것이다. 이 책은 심오하고 난해한《논어》에 관해 전혀 애매하지 않은 명료한 문장으로 시종일관 흥미롭게 이야기를 끌고 간다.

이 책은 무려 1천 쪽이 넘는 그야말로 두꺼운 벽돌과 같은 책이다. 그럼에도 쉽게 읽히는 문장으로 시종일관 재미있게 이야기를 끌고 간다는 것은 보통 일이 아니다. 여기에는 우선 오랜 시간에 걸친 치밀한 독서와 깊이 있는 사색이 당연히 전제되어야 한다. 그다음에는 사색의 결과를 명징한 문장으로 표현하는 능력과 그 문장을 재미있는 이야기로 엮어내는 능력이 필요하다.

이 책의 페이지를 넘길 때마다 수많은 한문 인용문이 있어 읽기에 불편해 보이기도 하지만, 명료하고 유려하게 번역을 해놓아서 그런지 독서에는 전혀 방해되지 않는다. 경학적 양식의 저술이 본문과 인용문을 가리지 않고 이토록 잘 읽히는 것은, 우선은 한형조의 글솜씨가 탁월한 덕분이기도 하지만, 더 근본적으로는 중국사상사와 유교 및 주자학과 다산학에 대해 전 세계 어떤 학자보다도 분명하고 깊이 있게 이해하고 있는 덕분이 아닐까 생각한다. 그가 살아 있다면 나는 그에게 최고의 찬사로 축하의 말을 해주고 함께 기쁨을 나누었을 것이다.

이 책은 다산학과 주자학을 대비한다는 점에서, 그의 첫 책《주희에서 정약용으로》와 연속적이다. 하지만 많은 점에서 불연속적이다. 《주희에서 정약용으로》은 자연주의와 인간주의를 대비하는 관점에서 주자학과 다산학 간의 철학적 차이에 주목했다. 반면《두 개의 논어》는《논어》라는 애매한 텍스트를 중간에 놓고 명상적 삶과 행동적 삶을 대비하는 관점에서 주자학과 다산학을 비교한다. 명상과 행동의 대비는 자연과 인간의 대비를 당연히 전제하지만, 그것보다 월등히 폭이 넓다.

자연주의와 인간주의로 주자학과 다산학을 대비할 때 한형조는 세상만사의 추상적인 일반원리(一貫의 道)를 찾으려는 철학자였다. 하지만 명상적 삶과 행동적 삶을 대비하는 한형조는 세상만사의 디테일에 시시콜콜 몰두하는 고전문헌학자다. 고전문헌학자로서의 한형조는 이 애매하기 짝이 없는 텍스트《논어》의 문장 하나하나를 미주알고주알 파고든다.

한형조는 이 책에서 세상만사의 디테일을 찾아 그 속에서 새로운 사실, 새로운 지혜를 발굴하고 있다. 이 과정에서 그는 압도적인 경학 지식으로 파격적인 해석을 제시하는 다산으로부터 큰 도움을 받는다. 그런데 그는 뭔가 새로운 것을 찾고 발굴하는 과정 자체를 즐기고 있는 듯한 느낌을 준다. 내가 보기에 이 책을 쓰고 있을 때 세상만사가 그에게 새로운 바다가 된 듯하다.

사람들이 치고받으면서 전개되는 세상만사가 어떻게 인간도 없고 세상도 없는 바다가 될 수 있을까? 앞에서 자연과 인간을 나누었지만, 더 깊이 생각해보면 인간치고 자연 아닌 것이 없다. 인간도, 그들의 작위도 결국은 다 자연에서 오기 때문이다. 그 자연은 무한한 신이기도 하다. 한형조는 "신이 곧 자연"이라는 스피노자의 말을 좋아한다. 모든 것이 자연이고 신이라면, 바다만 바다인 것은 아닐 수도 있지 않을까? 일찍 바다를 떠난 한형조는 세상만사의 디테일에서 다시 바다를 발견한 것일지도 모른다. 연구실 유리창 밖으로 보이는 청계산을 배경으로 책을 들고 무언가를 음미하듯 서성거리던 바로 그의 모습이 아른거린다.

세상만사의 추상적 일반원리를 찾는 것은 분명 작위적이다. 반면 세상만사를 있는 그대로 두고 그 디테일을 즐기는 것은 자연적이다. 나는 이 책을 읽으면서 한형조가 《논어》의 문장 하나하나가 말해주는 잡다한 세상만사의 디테일을 즐기고 있다는 인상을 강하게 받았다.

내가 보기에, 《두 개의 논어》는 분명히 즐기듯 공부하는 한형조식 공부의 산물이다. 그는 《논어》가 말해주는 세상만사의 구체적 디테일을 즐기는 가운데, 새로운 사실과 새로운 지혜를 발굴하고 주자학과 다산학의 차이를 재발견하면서, 즐겁게 이 책을 쓴 것으로 보인다. 그래서 나는 독자들에게 한형조가 즐겁게 이 책을 쓴 것처럼 즐겁게 이 책을 읽으라 권하고 싶다.

한형조는 이 방대한 규모의 책을 유작으로 남기고 세상을 떠났다. 그는 아주 젊은 시절부터 삶의 현실과 유리된 강단의 너무 진지한 철학을 아주 싫어했다. "강단의 철학보다는 길거리의 사주 관상이 더 철학적"이라고까지 그는 말했다. 그는 "체계성과 일관성보다는 적실성과 유효성이 철학이 핵심"이라 말하면서, 강단의 철학을 버리고 문학과 동양철학에 몰두했다. 그는 "나는 동양철학을 통해 나를 이해하고 상황을 이해하는 법을 배웠다"고 말하기도 했다.

내가 보기에 한형조는 《두 개의 논어》에서 자신이 젊은 시절부터 추구해온 학문의 이상을 웬만큼 이루었다. 그런데 그는 동양철학을 통해 어린 시절 자신을 키운 그 동해 바다를 온전히 되찾았을까? 경서가 말해주는 세상만사의 디테일이 과연 바다와 같은 그를 품어줄 수 있을까?

그는 "시간이란 길 위에서의 설렘이고, 산다는 것은 결국은 나를 향해 돌아오는 도정"이라고 말했다. 《두 개의 논어》는 "나를 향해 돌아오는 도정"에서 과연 어떤 의미를 가질까? 여기서 '나'를 동해 바다로 본다면, 《논어》가 말해주는 세상만사의 디테일에서 한형조는 동해 바다를 정말로 되찾았을까? 그가 이 책을 쓰면서 누렸던 그 즐거움은 도대체 어떤 즐거움이었을까? 한형조의 때 이른 죽음이 한없이 비통하기에 이런 물음들을 묻지 않을 수 없다. 나 역시 한형조처럼 강단의 철학을 혐오했고, '철학은 삶의 카운슬링'이어야 한다고 믿는 사람이다. 삶에 봉사하지 않는 철학을 할 이유는 없다. 나는 내가 해온 모든 학문이 나의 삶에 무슨 도움을 주었는지 심각하게 고민하고 있다.

한형조는 젊은 시절부터 '구원'이란 말을 즐겨 사용했다. 학문 혹은 철학의 목적이 구원에 있다고 그는 생각했다. 그는 성인이 되기 위한 학문으로서의 주자학을 "자기 구원을 위한 가이드맵"이라 불렀다.

하지만 내가 보기엔 세상만사의 디테일에 대한 천착도, 성인이 되기 위한 주자학의 학습도 "자기 구원의 가이드맵"이 되기에는 역부족하다. 어떤 것도 우리를 바다로 데려다주지 않는다. 한형조는 나보다 순진했던 것일까? 지난 10여 년 동안 그와 나는 주자학을 두고 많은 논쟁을 벌였다. 그는 주자학을 높이고, 나는 주자학을 낮추었다.

한형조는 구원을 바라고 있었다. 다시 말해 동해로 돌아가기를 바라고 있었다. 유감스럽게도 내가 보기에, 유교는 원래 바다로 돌아가는 지름길일 수 없었다. 아버지 중심의 유교 윤리가 근본 문제다. 물론 한형조는 유교 윤리와 예학을 도외시했지만, 그렇다고 해서 주자학의 이기론이나 마음공부론이 바다로 가는 지름길을 알려주는 것은 아니라고 생각한다. 주자학에는 바다의 광대함도, 광포함도 없기 때문이다.

불교와 광자기상

다시 물어보자. 주자학과 다산학이 바다 사람 한형조의 마음을 얼마나 감동시키고 얼마나 기쁘게 했을까? 다산학은 애당초 구원에는 관심이 없고, 주자학은 유교 윤리와 예학으로 인해 그 길이 지루하고 산만하다. '구원'이란 가슴 두근거리는 감동이고 기쁨이 아니겠는가? 만년의 그가 주자학에 심취해 있던 것을 나는 아직도 선명하게 기억하고 있지만, 당시 그에게 정말 감동과 기쁨이 있었는지 나는 모르겠다. 주자학도 다산학도 젊은 시절 야생마와 같았던 한형조의 '광자기상狂者氣象'과는 거리가 멀어도 너무 멀다.

80년대 말 대학원 시절 한형조는 루뱅 대학의 교환학생으로 있으면서 유럽 여행을 한 적이 있었다. 그때 그는 호머와 니체, 베르그송과 불교로부터 영향을 받고, 또 조르바라는 생명력 넘치는 사나이로부터 영향을 받은 니코스 카잔차키스를 흠모하여 그리스에서 크레타로 건너가 열흘을 머문 적이 있다. 10년 뒤 불교에 관한 논문의 첫머리에 당시를 회고하면서 다음과 같이 썼다. 내가 읽은 한형조의 글 가운데 가장 바다 사나이다운 글이 아닐까 생각한다.

"10년 전이었다. 피레우스에서 배를 타고 지중해를 가로지를 때 잡힌 가슴의 동계를 잊을 수 없다. 망망히 펼쳐진 하늘과 바다, 호흡은 막혀오고 전신은 전류에 감전된 듯 떨려왔다. 아마도 그건 원시의 기억, 신화적 향수 같은 것이 아니었던가 싶다. 열흘을 크레타에 머물면서 나는 미노타우로스의 죽음과 더불어 에게해로 건너간 그리스 문명이 진보가 아니라 쇠퇴요, 번영이 아니라 타락이라는 판단을 굳혔다. 크레타에는 인간이 문명의 관행과 양식을 배우고 익히면서 사라진 남성적 비극적 요소들이 섬 전체를 메우고 있었다. 미노스 문명의 야만적 감성과 사고, 거기에 오랜 정치적 핍박과 식민지의 경험으로 인한 모험과 저항, 열정과 비극의 정신이 유구하게 살아 있는 곳."(《왜 동양철학인가》, 문학동네, 35쪽)

아테네에서 크레타로 가는 배 위에서 한형조는 "가슴의 동계", 즉 가슴 두근거리는 감동을 느꼈다. 망망히 펼쳐진 지중해의 하늘과 바다를 보면서 느낀 감동으로 인해, 호흡이 막히고 전신이 전류에 감전된 듯 떨었다. 그 감동의 정체는 무엇일까? "원시의 기억, 신화적 향수"라고 한형조는 말한다. 그가 크레타에 머물면서 그리스 문명보다 훨씬 더 오래된 미노스 문명의 흔적을 보고 느낀 바에 따른다면, 아마도 그것은 소크라테스 때보다 훨씬 더 이전, 문명 이전의 야만적 감성이 살아 있던 청동기 시대, 영웅이라 불리는 비극적 사나이들의 모험적이고 열정적인 세계에 대한 기억 혹은 향수가 아닐까?

한형조는 크레타섬에서 제일 큰 도시 이라클리온에 도착하던 날

저녁, 니코스 카잔차키스의 무덤을 찾았다. 그 무덤에는 초라한 나무 십자가 아래에 대강 쓴 듯한 초라한 묘지명이 있었다. "나는 아무것도 바라지 않는다(I hope for nothing). 나는 아무것도 두려워하지 않는다(I fear nothing). 나는 자유롭다(I am free)." 한형조는 이 묘지명에서 불교를 읽었다. 중세 수도승처럼 치열하게 금욕 수행을 했던 니코스 카잔차키스가 대승공관과 선불교를 알았더라면, 불교와 그리스인 조르바를 통합할 수 있었을 것이라고 그는 아쉬워했다.

'아무것도 바라지 않고, 아무것도 두려워하지 않고, 그래서 자유로울' 때, 바다가 된다. 그때 바다처럼 광대하고 평온하고 자유롭고, 광포하게 파도칠 수 있다. 내가 대학원 시절 처음 만났던 한형조는 바다와 같은 '광자기상'의 소유자였다. 야생마 같았던 그는 바다 사람이라기보다 바다 사나이였다.

대승공관은 모든 것이 空임을 말해준다. 禪은 모든 것이 空임을 깨달은 자의 모습이다. 선사의 모습은 '아무것도 바라지 않고, 아무것도 두려워하지 않고 그래서 자유로운' 광자기상 그 자체다. 한형조는 선불교에 관한 몇 권의 책에서 깨달은 자의 깽지기깅을 그렸다. 나는 그가 그린 깨달은 자들의 모습에서 문명의 때를 벗겨낸 비극적 사나이들의 모험적이고 열정적인 세계를 본다.

강구 출신의 바다 사나이 한형조에게는 유교보다는 불교가 어울린다고 나는 생각한다. 유교보다는 불교가 바다에 훨씬 더 어울리기 때문이다. 바다 사나이 한형조에게는 바다와 멀리 떨어진 내륙의 도시가 어울리지 않았고, 예의범절이 까다로운 유교가 어울리지 않았다. 유교가 어울리지 않기로는 나 역시 마찬가지였다. 그래서 나는 주자학이나 다산학을 아무리 공부해도 감동과 기쁨이 없었다.

한형조가 주자학이나 다산학 말고 선불교에 계속 몰두했더라면 어땠을까? "선 수행을 하지 않아도 좋다. 깨닫지 않아도 좋다. 깨달은 선사처럼 말만 해도 된다" 그렇게 말만 해도 주자학이나 다산학보다 낫지 않았을까? 마음이 즐겁지 않아도 자꾸 웃다 보면 즐거워지기도 한다. 안이 밖을 만들기도 하지만, 밖이 안을 만들기도 한다.

한형조가 살아 있어 내가 쓴 이 글을 본다면 뭐라고 할까? 아마 '그럴 줄 알았다'는 표정을 지으며 말없이 웃기만 할 것이다. 나는 유교와 주자학에 심취한 한형조의 만년 모습도 나쁘진 않지만, 젊은 시절 버르장머리 없고 야생마 같던 그의 광자기상이 더 좋다.

그럼에도 나는 한형조의 유작 《두 개의 논어》를 읽으면서 예상보다 완벽하고 재미있음에 놀랐다. 미완으로 남긴 유작이라 허술한 데가 있을 줄 알았는데 그게 전혀 아니었다. 그의 유작을 읽으며, 나의 친구가 학자로서 정말 훌륭하다는 사실에 나는 새삼 큰 긍지를 느꼈다. 하늘에 계신 김형효 선생님도 나와 같은 마음일 것이다. 장담컨대, 주자학과 다산학에 대해 이처럼 깊이와 재미를 다 갖춘 책을 쓸 사람은 예전에도 없었지만 앞으로도 없을 것이다.

하지만 이 방대한 책을 쓰느라 자신의 마지막 에너지를 다 소모했을지 모른다는 생각이 들어 안타까움을 금할 수가 없다. 도대체 유교가 뭐길래, 도대체 주자학과 다산학이 뭐길래, 목숨과 바꾼단 말인가? 나는 한형조의 유작이 갖는 학문적 견고함과 그의 빛나는 지혜를 자랑스럽게 여기면서 상찬을 보내는 한편, 한형조가 살아 있다면 얼마나 좋을까 하는 마음에서 약간의 유감을 표하지 않을 수 없다. "한형조, 하늘나라에서 우리 다시 만나 실컷 얘기하세."

찾아보기

인물명

|ㄱ|

저술명